PREVIDÊNCIA SOCIAL

Custeio e Benefícios

CLÁUDIA SALLES VILELA VIANNA

Advogada, Mestra pela PUC/PR, Consultora Jurídica Empresarial nas Áreas de Direito do Trabalho e Direito Previdenciário, Professora universitária de Direito Previdenciário e Direito do Trabalho, Professora da EMATRA/PR, ESMAFE/PR e Escola Superior de Advocacia da OAB/PR.

PREVIDÊNCIA SOCIAL

Custeio e Benefícios

2ª edição

EDITORA LTR
SÃO PAULO

Dados Internacionais de Catalogação na Publicação (CIP)
(Câmara Brasileira do Livro, SP, Brasil)

Vianna, Cláudia Salles Vilela

Previdência social : custeio e benefícios / Cláudia Salles Vilela Vianna. — 2. ed. — São Paulo : LTr, 2008.

Bibliografia.

ISBN 978-85-361-1166-7

1. Previdência social — Brasil 2. Previdência social — Leis e legislação — Brasil I. Título.

08-04434 CDU-34:368.4

Índice para catálogo sistemático:

1. Previdência social : Direito previdenciário 34:368.4

EDITORA LTDA.

Rua Apa, 165 — CEP 01201-904 — Fone (11) 3826-2788 — Fax (11) 3826-9180

São Paulo, SP — Brasil — www.ltr.com.br

LTr 3664.5

Junho, 2008

Dedicatória

Para Cecília e Fernanda, com amor.

Agradecimento

Maria, mãe de Jesus,
a quem, por tão grande intercessão,
devo eterno agradecimento.

Índice

PARTE I
NOÇÕES INTRODUTÓRIAS

PARTE II
CONTRIBUINTES E BENEFICIÁRIOS

PARTE VI
DISPOSIÇÕES GERAIS

PARTE VII
TABELAS AUXILIARES

Parte I

Noções Introdutórias

Capítulo I

Seguridade Social — Histórico, Conceituação e Princípios Aplicáveis

1. ORIGEM E EVOLUÇÃO HISTÓRICA

Até o século XVII nenhuma forma de prestação do Estado havia se concretizado no sentido de instituir um sistema de proteção social, com parte do salário dos trabalhadores, em que pese a existência de preocupações por parte da Igreja Católica neste sentido, registradas, por exemplo, por pronunciamento de Papas, como *Leão XIII*.

A primeira concretização de proteção social de que se tem registro ocorreu, pois, em 1601, na Inglaterra, com a edição da lei "Poor Relief Act" (Ato de Alívio/Auxílio aos Pobres), de cunho assistencial e que instituía contribuição obrigatória para fins sociais. O Estado limitava-se, regra geral, a prestar benefícios assistenciais, oferecendo pensões pecuniárias e locais de moradia à população carente.

A noção de Seguridade Social como uma forma de proteção social assegurada a todos os cidadãos se registrou apenas no século XVIII, especificamente em 1789, na Declaração dos Direitos do Homem e do Cidadão.

Os países europeus, motivados pela iniciativa inglesa, criaram, gradativamente, sistemas protecionistas que garantiam, mediante contribuição, o direito ao indivíduo vítima de algum infortúnio (incapacidade laborativa decorrente de doença, invalidez ou velhice, bem como pensão por morte, devida aos dependentes do contribuinte) a percepção de renda. Observe-se, contudo, que a prestação social existia somente para os contribuintes do sistema, não existindo, até então, nenhuma forma de proteção garantida pelo Estado a todos os indivíduos, objetivo da verdadeira Seguridade Social.

Em 1883, a Alemanha, por *Otto Von Bismarck*, introduziu uma série de seguros sociais, como, por exemplo, o seguro contra acidentes do trabalho (totalmente custeado pelos empregadores e independente da comprovação de culpa) e seguro-doença (com custeio a cargo do trabalhador, empregador e Estado). Em 1889 editou-se uma lei que criou o seguro-invalidez e velhice, igualmente custeado pelos trabalhadores, empregadores e Estado.

No início do século XX, novamente a Inglaterra inovou em termos previdenciários, promulgando em 1907 uma lei de reparação de acidentes do trabalho e, em 1911, da cobertura às situações de invalidez, doença, aposentadoria e desemprego. Em seguida, a Constituição Mexicana (1917) e a Constituição de Weimar (1919) foram as primeiras a inserir normas sobre previdência social.

Em 1917 surge, com o Tratado de Versailles, a Organização Internacional do Trabalho (OIT), que evidenciava a necessidade de um programa sobre previdência social. Em 1927 foi criada, com sede em Bruxelas (Bélgica), a Associação Internacional de Seguridade Social.

No entanto, toda esta evolução e ordenamento legal, e seus planos previdenciários, via de regra, exigiam contribuição dos trabalhadores, através de uma poupança individual de cunho obrigatório (sistema de capitalização), apesar de serem geridos pelo Estado. Inexistia, na verdade, a proteção social garantida a todos os indivíduos independente de contribuição e mantida pelo Estado. Faltava a noção de solidariedade social, princípio fundamental da Seguridade Social.

Este princípio surgiu somente a partir das políticas dos Estados Unidos, após a crise de 1929. Àquela época, o então Presidente *Franklin Roosevelt*, preocupado com o desemprego que crescia a largos passos, adotou o *New Deal* (Novo Negócio), política que inspirou uma doutrina do Estado de Bem-Estar Social (*Welfare State*). A nova política e a doutrina no *Welfare State* objetivavam dar ao trabalhador, dentre outros direitos, novos postos de trabalho e uma rede de previdência e saúde públicas.

Em 1940, na Grã-Bretanha (onde se inclui a Inglaterra), foram alterados os planos previdenciários existentes pelo *Plano Beveridge*, transformando a previdência num sistema universal, abrangendo todas as classes societárias e de participação compulsória de toda a população. Criada estava, portanto, a Seguridade Social, com o objetivo precípuo de proteção através da solidariedade social. Surge, então, e por conseqüência, o regime de repartição, onde toda a sociedade contribui para a criação de um fundo único previdenciário, do qual se retiram as prestações para os indivíduos que dele necessitarem. Este é o modelo previdenciário existente atualmente na maioria dos países.

Ressalte-se, no entanto, que este modelo previdenciário vem sendo substituído, em vários países da América Latina (Chile, Peru, Argentina, Colômbia, etc.), pelo sistema privatizado, mantendo o dever de assistência pelo Estado a níveis mínimos, ou até mesmo inexistente.

1.1. Evolução Histórica no Brasil

1888 — Primeiro registro de Previdência Social no Brasil, o Decreto n. 9.912-A, de 26.3.1888, criou e regulou o direito à aposentadoria dos empregados dos Correios, fixando como requisitos à sua concessão 30 anos de serviço efetivo e idade mínima de 60 anos. Em 24.11.1888, copiando o modelo adotado pelos Correios, surge a Lei n. 3.397, criando a Caixa de Socorros em cada uma das Estradas de Ferro do Império.

1889 — Publicado o Decreto n. 10.269, de 20.7.1889, criando o Fundo de Pensões do Pessoal das Oficinas da Imprensa Nacional.

1890 — O Decreto n. 221, de 26.2.1980, institui a aposentadoria para os empregados da Estrada de Ferro Central do Brasil, posteriormente ampliada para todos os ferroviários (Decreto n. 565, de 12.7.1890). Em 31.10.1890, o Decreto n. 942-A criou o Montepio Obrigatório dos Empregados do Ministério da Fazenda.

1891 — *Constituição Federal de 1891* — Primeira Constituição Brasileira a conter a expressão "aposentadoria", concedida somente aos funcionários públicos em caso de invalidez decorrente de serviços prestados à Nação. Não havia fonte de contribuição.

1892— Publicada a Lei n. 217, de 29.11.1982, instituindo a aposentadoria por invalidez e pensão por morte para os Operários do Arsenal de Marinha do Rio de Janeiro.

1894 — O projeto de lei apresentado pelo Deputado Medeiros e Albuquerque visava instituir um seguro de acidente do trabalho. No mesmo sentido foram os projetos dos Deputados Gracho Cardoso e Latino Arantes (1908), Adolfo Gordo (1915) e Prudente de Moraes Filho.

1911 — Publicado o Decreto n. 9.284, de 30.12.1911, criando a Caixa de Pensões dos Operários da Casa da Moeda.

1912— Publicado o Decreto n. 9.517, de 17.4.1912, criando uma Caixa de Pensões e Empréstimos para o pessoal das Capatazias da Alfândega do Rio de Janeiro.

1919— A Lei n. 3.724, de 15.1.1919, torna obrigatório o seguro contra acidentes do trabalho em determinadas atividades.

1923— Lei Eloy Chaves— Publicado o Decreto n. 4.682, de 24.1.1923, conhecido como Lei Eloy Chaves (nome do autor do projeto respectivo), determinando a criação de uma Caixa de Aposentadoria e Pensões para os empregados de cada empresa ferroviária. É considerada o marco inicial da Previdência Social brasileira. Os beneficiários eram os empregados e os diaristas que executassem serviços de forma permanente. A primeira a ser criada foi a da empresa Great Western do Brasil, em 20.3.1923.

Ainda no ano de 1923 foi publicado o Decreto n. 16.037, de 30.4.1923, criando o Conselho Nacional do Trabalho, com atribuição, inclusive, de decidir sobre questões relativas à Previdência Social.

1926— A Lei n. 5.109, de 20.12.1926 estende o regime da Lei Eloy Chaves aos portuários e marítimos.

1928— A Lei n. 5.485, de 30.6.1928 estende o regime da Lei Eloy Chaves aos trabalhadores dos serviços telegráficos e radiotelegráficos.

1930— Época da Revolução — O sistema previdenciário deixa de ser estruturado por empresa, passando a abranger categorias profissionais.

O Decreto n. 19.433, de 26.11.1930, cria o Ministério do Trabalho, Indústria e Comércio, tendo como uma das atribuições orientar e supervisionar a Previdência Social, inclusive como órgão de recursos das decisões das Caixas de Aposentadorias e Pensões.

No mesmo ano, o Decreto n. 19.497 (de 17 de dezembro) determinou a criação de Caixas de Aposentadorias e Pensões para os empregados nos serviços de força, luz e bondes.

1931 — O Decreto n. 20.465, de 1º.10.1931, estende o regime a Lei Eloy Chaves aos empregados dos demais serviços públicos concedidos ou explorados pelo Poder Público, e consolida a legislação referente às Caixas de Aposentadorias e Pensões.

1932— Inclusão dos trabalhadores de mineração no Regime da Lei Eloy Chaves.

1933— O Decreto n. 22.872, de 29.6.1933, cria o Instituto de Aposentadoria e Pensões dos Marítimos — IAPM —, considerado como a primeira instituição brasileira de Previdência Social de âmbito nacional, estruturado por categoria profissional, e não por empresa. O IAPM tinha por associados todos os empregados das empresas de navegação marítima e fluvial, bem como também os prestadores de serviços subordinados a empresas a elas vinculadas. Em 1941 (Decreto-Lei n. 3.832) os armadores de pesca, os pescadores e os indivíduos empregados em profissões conexas com a indústria da pesca passaram a pertencer também ao IAPM.

1934 — Constituição Federal de 1934— Esta Carta Constitucional determinou ser competência da União a fixação das regras de assistência social e competência do Poder Legislativo (Congresso) a instituição de normas sobre aposentadorias. Tratou da assistência médica ao trabalhador e à gestante, da licença-maternidade, da instituição de previdência a favor da velhice, invalidez, maternidade, acidentes do trabalho e morte. Institui também a forma tríplice de custeio (ente público, empregador e empregado), de contribuição obrigatória. Utilizou, pela primeira vez na legislação brasileira, a expressão "previdência".

Ainda em 1934 diversos institutos legais trataram de matéria previdenciária. 1) A Portaria n. 32, de 19.5.1934, do Conselho Nacional do Trabalho, criou a Caixa de Aposentadoria e Pensões dos Aeroviários. 2) Os trabalhadores nas empresas de transportes aéreo foram incluídos no Regime da Lei Eloy Chaves. 3) O Decreto n. 24.272, de 21.5.1934, criou o Instituto de Aposentadoria e Pensões dos Comerciários. 4) O Decreto n. 24.274, de 21.5.1934, criou a Caixa de Aposentadoria e Pensões dos Trabalhadores em Trapiches e Armazéns. 5) O Decreto n. 24.275, de 21.5.1934, criou a Caixa de Aposentadoria e Pensões dos Operários Estivadores. 6) O Decreto n. 24.615, de 9.7.1934, criou o Instituto de Aposentadoria e Pensões dos Bancários. 7) O Decreto n. 24.637, de 10.7.1934, modificou a legislação de acidentes do trabalho.

1936— A Lei n. 367, de 31.12.1936, cria o Instituto de Aposentadorias e Pensões dos Industriários.

1937 — Constituição Federal de 1937— Esta Carta Constitucional não trouxe qualquer progresso em matéria previdenciária. Foi utilizada, pela primeira vez, a expressão "seguro social".

1938— O Decreto-Lei n. 288, de 23.2.1938, criou o Instituto de Previdência e Assistência dos Servidores do Estado.

No mesmo ano, o Decreto-Lei n. 651, de 26.8.1938, criou o Instituto de Aposentadorias e Pensões dos Empregados em Transportes e Cargas, mediante a transformação da Caixa de Aposentadoria e Pensões dos Trabalhadores em Trapiches e Armazéns (ver em 1934). Este Decreto-Lei traz a conceituação do trabalhador autônomo e autoriza seu ingresso no sistema previdenciário.

1939— O Decreto-Lei n. 1.142, de 9.3.1939, estabeleceu exceção ao princípio da vinculação pela categoria profissional, com base na atividade genérica da empresa, e filiou os condutores de veículos ao Instituto de Aposentadoria e Pensões dos Empregados em Transportes e Cargas.

Ainda nesse ano foi reorganizado o Conselho Nacional do Trabalho, criando-se a Câmara e o Departamento de Previdência Social, e foram publicados dois novos institutos legais sobre matéria previdenciária: 1) O Decreto-Lei n. 1.355, de 19.6.1939, criou o Instituto de Aposentadoria e Pensões dos Operários Estivadores; e 2) O Decreto-Lei n. 1.469, de 1º.8.1939, criou o Serviço Central de Alimentação do Instituto de Aposentadoria e Pensões dos Industriários.

1940 — O Decreto-Lei n. 2.122, de 9.4.1940, estabeleceu para os comerciantes um regime misto de filiação ao sistema previdenciário. Até 30 contos de réis de capital o titular de firma individual, o interessado e o sócio-quotista eram segurados obrigatórios; acima desse limite a filiação era facultativa.

O Decreto-Lei n. 2.478, de 5.8.1940, criou o Serviço de Alimentação da Previdência Social, que absorveu o Serviço Central de Alimentação do IAPI.

1943 — CLT — O Decreto-Lei n. 5.452, de 1º.4.1943, aprovou a Consolidação das Leis do Trabalho, elaborada pelo Ministério do Trabalho, Indústria e Comércio e que elaborou também o primeiro projeto de Consolidação das Leis de Previdência Social.

1944 — A Portaria n. 58, de 22.9.1944, criou o Serviço de Assistência Domiciliar e de Urgência, como comunidade de serviços da Previdência Social. E o Decreto-Lei n. 7.036, de 10.11.1944, reformou a legislação sobre o seguro de acidentes do trabalho.

1945 — 1) O Decreto n. 7.526, de 7.5.1945, dispôs sobre a criação do Instituto de Serviços Sociais do Brasil. 2) O Decreto-Lei n. 7.720, de 9 de julho de 1945, incorporou ao Instituto dos Empregados em Transportes e Cargas o da Estiva. 3) O Decreto-Lei n. 7.835, de 6.8.1945, estabeleceu que as aposentadorias e pensões não poderiam ser inferiores a 70% e 35% do salário mínimo.

1946 — Constituição Federal de 1946 — Sistematização constitucional da matéria previdenciária (art. 157). Surge a expressão "Previdência Social". Manteve a forma tríplice de custeio (União, empregador e empregado). Consagrou a Previdência Social em favor da maternidade e contra as conseqüências da doença, velhice, invalidez e morte.

Ainda neste ano: 1) O Decreto-Lei n. 8.738, de 19.1.1946, criou o Conselho Superior da Previdência Social. 2) O Decreto-Lei n. 8.742, de 19.1.1946, criou o Departamento Nacional de Previdência Social. 3) O Decreto-Lei n. 8.769, de 21.1.1946, expediu normas destinadas a facilitar ao Instituto de Aposentadoria e Pensões dos Industriários e melhor consecução de seus fins.

1949 — O Decreto n. 26.778, de 14.6.1949, regulamentou a Lei n. 593/48, referente à aposentadoria ordinária (por tempo de serviço) e disciplinou a aplicação da legislação em vigor sobre Caixas de Aposentadorias e Pensões.

1950 — O Decreto n. 35.448, de 1º.5.1950, expediu o Regulamento Geral dos Institutos de Aposentadoria e Pensões.

1953 — O Decreto n. 32.667, de 1º.5.1953, aprovou o novo Regulamento do Instituto de Aposentadoria e Pensões dos Comerciários e facultou a filiação dos profissionais liberais como autônomos.

O Decreto n. 34.586, de 12 de novembro de 1953, criou a Caixa de Aposentadoria e Pensões dos Ferroviários e Empregados em Serviços Públicos, que ficou sendo a Caixa Única.

1960 — Lei Orgânica da Previdência Social — A Lei n. 3.807, de 26.8.1960, criou a LOPS — Lei Orgânica de Previdência Social, que unificou a legislação referente aos institutos de aposentadorias e pensões. O Decreto n. 48.959-A, de 10.9.1960, aprovou o Regulamento Geral da Previdência Social.

A Lei n. 3.841, de 15.12.1960, dispôs sobre a contagem recíproca, para efeito de aposentadoria, do tempo de serviço prestado à União, autarquias e sociedades de economia mista.

1963 — A Lei n. 4.214, de 2.3.1963, criou o Fundo de Assistência ao Trabalhador Rural — Funrural.

A Resolução n. 1.500, de 27.12.1963, do Departamento Nacional de Previdência Social, aprovou o Regimento Único dos Institutos de Aposentadoria e Pensões.

1964 — O Decreto n. 54.067, de 29.7.1964, instituiu a comissão interministerial com representação classista para propor a reformulação do sistema geral de previdência social.

1965 — Emenda Constitucional n. 11 — Esta EC acrescentou um parágrafo ao art. 157 da CF de 1946, determinando que "nenhuma prestação de caráter assistencial ou de benefício compreendido na previdência social poderá ser criada, majorada ou estendida sem a correspondente fonte de custeio total". Definia-se, então, o princípio da precedência da fonte de custeio.

1966 — 1) O Decreto-Lei n. 66, de 21.11.1966, modificou os dispositivos da Lei Orgânica da Previdência Social, relativos às prestações e ao custeio. 2) A Lei n. 5.107, de 13.9.1966, instituiu o Fundo de Garantia por Tempo de Serviço — FGTS. 3) O Decreto-Lei n. 72, de 21.11.1966, reuniu os seis Institutos de Aposentadorias e Pensões no Instituto Nacional de Previdência Social — INPS.

1967 — Constituição Federal de 1967 — Praticamente nenhuma inovação previdenciária. Destaque apenas para o art. 158, XVI, que tratava do benefício do seguro-desemprego. Este benefício havia sido regulamentado em 1965 pela Lei n. 4.923, com o nome de auxílio-desemprego.

Ainda em 1967, a Lei n. 5.316, de 14.9, integrou o seguro de acidentes do trabalho na Previdência Social e o Decreto n. 61.784, de 28.11.1967, aprovou o novo Regulamento do Seguro de Acidentes do Trabalho.

1968 — O Decreto-Lei n. 367, de 19.12.1968, dispôs sobre a contagem de tempo de serviço dos funcionários públicos civis da União e das autarquias.

1969 — 1) O Decreto-Lei n. 564, de 1º.5.1969, estendeu a Previdência Social ao trabalhador rural, especialmente aos empregados do setor agrário da agroindústria canavieira, mediante um plano básico. 2) O Decreto-Lei n. 704, de 24.7.1969, ampliou o plano básico de Previdência Social Rural. 3) O Decreto-Lei n. 710, de 28.7.1969 e o Decreto-Lei n. 795, de 27.8.1969, alteraram a Lei Orgânica da Previdência Social. 4) O Decreto n. 65.106, de 6.9.1969, aprovou o Regulamento da Previdência Social Rural.

1970 — A Lei Complementar n. 7, de 7.9.1970, criou o Programa de Integração Social — PIS e a Lei Complementar n. 8, de 3.12.1970, instituiu o Programa de Formação do Patrimônio do Servidor Público — PASEP.

1971 — 1) A Lei Complementar n. 11, de 25.5.1971, institui o Programa de Assistência ao Trabalhador Rural — PRO-RURAL, em substituição ao plano básico de Previdência Social Rural. 2) O Decreto n. 69.14, de 4.8.1971, estruturou o Ministério do Trabalho e Previdência Social — MTPS.

1972 — O Decreto n. 69.919, de 11.1.1972, regulamentou o Programa de Assistência ao Trabalhador Rural — PRO-RURAL e a Lei n. 5.859, de 11.12.1972, inclui os empregados domésticos obrigatoriamente na Previdência Social.

1973 — 1) A Lei n. 5.890, de 8.6.1973, alterou a Lei Orgânica da Previdência Social. 2) O Decreto n. 72.771, de 6.9.1973, aprovou o Regulamento do Regime de Previdência Social, em substituição ao Regulamento Geral da Previdência Social. 3) A Lei n. 5.939, de 19.11.1973, instituiu o salário-de-benefício do jogador de futebol profissional.

1974 — 1) A Lei n. 6.036, de 1º.5.1974, criou o Ministério da Previdência e Assistência Social, desmembrado do Ministério do Trabalho e Previdência Social. 2) Em 2.5.1974, Arnaldo da Costa Prieto foi nomeado Ministro da Previdência e Assistência Social (cumulativamente), sendo exonerado em 4.7.1974, mesma data em que foi publicado o Decreto n. 74.254, estabelecendo a estrutura básica do Ministério da Previdência e Assistência Social e nomeando como Ministro Luiz Gonzaga do Nascimento e Silva. 3) A Lei n. 6.118, de 9.10.1974, instituiu o Conselho de Desenvolvimento Social, como órgão de assessoramento do Presidente da República. 4) A Lei n. 6.125, de 4.11.1974, autorizou o Poder Executivo a constituir a Empresa de Processamento de Dados da Previdência Social. 5) A Lei n. 6.168, de 9.12.1974, criou o Fundo de Apoio ao Desenvolvimento Social. 6) A Lei n. 6.179, de 11.12.1974, instituiu o amparo previdenciário para os maiores de 70 anos ou inválidos, também conhecido como renda mensal vitalícia. 7) A Lei n. 6.195, de 19.12.1974, estendeu a cobertura especial dos acidentes do trabalho ao trabalhador rural.

1975 — 1) O Decreto n. 75.208, de 10.1.1975, estendeu os benefícios do PRO-RURAL aos garimpeiros. 2) O Decreto n. 75.508, de 18.3.1975, aprovou o regulamento do Fundo de Apoio ao Desenvolvimento Social destinado a dar apoio financeiro a programas e projetos de caráter social que se enquadrem nas diretrizes e prioridades da estratégia de desenvolvimento social dos Planos Nacionais de Desenvolvimento. 3) A Lei n. 6.226, de 14.7.1975, dispôs sobre a contagem recíproca, para efeito de aposentadoria, do tempo de serviço público federal e de atividade privada. 4) A Lei Complementar n. 26, de 11.9.1975, unificou o Programa de Integração Social e o Programa de Formação do Patrimônio do Servidor Público e criou o Fundo de Participação — PIS/PASEP. 5) A Lei n. 6.243, de 24.9.1975, determinou, entre outros pontos, a elaboração da Consolidação das Leis da Previdência Social. 6) A Lei n. 6.260, de 6.11.1975, instituiu para os empregadores rurais e dependentes benefícios e serviços previdenciários. 7) A Lei n. 6.269, de 24.11.1975, instituiu um sistema de assistência complementar do jogador de futebol. 8) O Decreto n. 76.719, de 3.12.1975, aprovou nova estrutura básica do Ministério da Previdência e Assistência Social.

1976 — O Decreto n. 77.077, de 24.1.1976, expediu a CLPS — Consolidação das Leis da Previdência Social. Nova publicação desta Consolidação ocorreu pelo Decreto n. 89.312, de 23.1.1984. Possuía força de decreto, e não de lei, de forma que, em casos de dúvida, deveria ser consultada a LOPS.

Ainda neste ano: 1) O Decreto n. 77.514, de 29.4.1976, regulamentou a lei que instituiu benefícios e serviços previdenciários para os empregadores rurais e seus dependentes. 2) A Lei n. 6.367, de 19.10.1976, ampliou a cobertura previdenciária de acidente do trabalho. 3) O Decreto n. 79.037, de 24.12.1976, aprovou o novo Regulamento do Seguro de Acidentes do Trabalho.

1977 — 1) A Lei n. 6.430, de 7.7.1977, extinguiu o Serviço de Assistência e Seguro Social dos Economiários; 2) A Lei n. 6.435, de 15.7.1977, dispôs sobre previdência privada aberta e fechada (complementar). 3) A Lei n. 6.439, de 1º.9.1977, instituiu o Sinpas — Sistema Nacional de Previdência e Assistência Social, cujo objetivo era reorganizar a Previdência Social. Foram criados o Inamps e o Iapas (autarquias vinculadas ao MPAS). Entidades que integraram o Sinpas: INPS, Inamps, LBA, Funabem, Dataprev, Iapas e Ceme.

1978 — O Decreto n. 81.240, de 15.1.1978, regulamentou a Lei n. 6.435/77, na parte referente à Secretaria de Previdência Complementar.

1979 — 1) O Decreto n. 83.080, de 24.1.1979, aprovou o Regulamento de Benefícios da Previdência Social e o Decreto n. 83.081, de mesma data, aprovou o Regulamento de Custeio da Previdência Social. 2) O Decreto n. 83.266, de 12.3.1979, aprovou o Regulamento de Gestão Administrativa, Financeira e Patrimonial da Previdência Social. 3) Em 14.3.1979 Luiz Gonzaga do Nascimento e Silva é exonerado do cargo de Ministro da Previdência e Assistência Social e em 15.3.1979 Jair de Oliveira Soares é nomeado em seu lugar. 4) O Decreto n. 84.362, de 31.12.1979, alterou a denominação das inspetorias gerais de finanças dos Ministérios civis para secretarias de controle interno.

1980 — 1) O Decreto n. 84.406, de 21.1.1980, criou a coordenadoria de assuntos parlamentares (CAP) e a coordenadoria de assuntos internacionais (Cinter). 2) A Lei n. 6.887, de 10.12.1980, alterou a legislação de Previdência Social.

1981 — 1) O Decreto n. 86.329, de 02.9.1981, criou, no Ministério da Previdência e Assistência, o Conselho Consultivo da Administração de Saúde Previdenciária — CONASP. 2) O Decreto-Lei n. 1.910, de 29.12.1981, dispôs sobre contribuições para o custeio da Previdência Social.

1982 — 1) Em 7.5.1982, Jair de Oliveira Soares é exonerado do cargo de Ministro da Previdência e Assistência Social e em 10.5.1982, Hélio Marcos Pena Beltrão é nomeado em seu lugar. 2) O Decreto n. 87.374, de 8.7.1982, alterou o Regulamento de Benefícios da Previdência Social.

1983 — Em 11.11.1983, Hélio Marcos Pena Beltrão foi exonerado do cargo de Ministro da Previdência e Assistência Social e nesta mesma data Jarbas Gonzaga Passarinho foi nomeado em seu lugar.

1984 — O Decreto n. 89.312, de 23.1.1984, aprovou nova Consolidação das Leis da Previdência Social.

1985 — 1) O Decreto n. 90.817, de 17.1.1985, alterou o Regulamento de Custeio da Previdência Social. 2) Em 14.3.1985, Jarbas Gonzaga Passarinho foi exonerado do cargo de Ministro da Previdência e Assistência Social e em 15.3 Francisco Waldir Pires de Souza foi nomeado em seu lugar. 3) O Decreto n. 91.439, de 16.7.1985, transferiu a Central de Medicamentos (Ceme) do MPAS para o MS.

1986 — 1) Em 13.2.1986, Francisco Waldir Pires de Souza foi exonerado do cargo de Ministro da Previdência e Assistência Social e em 18.2.1986 Raphael de Almeida Magalhães foi nomeado em seu lugar. 2) O Decreto-Lei n. 2.283, de 27.2.1986, instituiu o seguro-desemprego e o Decreto-Lei n. 2.284, de 10.03 o manteve. 3) O Decreto n. 92.654, de 15.5.1986, instituiu no Ministério da Previdência e Assistência Social grupo de trabalho para "realizar estudos e propor medidas para reestruturação das bases de financiamento da previdência social e para reformulação dos planos de benefícios previdenciários". 4) O Decreto n. 92.700, de 21.5.1986, instituiu a função de Ouvidor na Previdência Social. 5) O Decreto n. 92.701, de 21.5.1986, instituiu o Conselho Comunitário da Previdência Social, associação constituída por "contribuintes e usuários dos serviços previdenciários ou por entidades sindicais, profissionais ou comunitárias com representatividade no meio social". 6) O Decreto n. 92.702, de 21.5.1986, criou o Conselho Superior de Previdência Social, como órgão coletivo de caráter consultivo.

1987 — Em 22.10.1987, Raphael de Almeida Magalhães foi exonerado do cargo de Ministro da Previdência e Assistência Social e em 27.10 Renato Archer foi nomeado em seu lugar.

1988 — Constituição Federal de 1988 — Possui capítulo próprio sobre a Seguridade Social (anteriormente tratado juntamente com o Direito do Trabalho), que compreende ações e benefícios nas áreas de Assistência Social, Saúde e Previdência Social — arts. 194 a 204. Esta Carta Constitucional concedeu, portanto, autonomia ao Direito Previdenciário.

Em 28.7.1988, Renato Archer foi exonerado do cargo de Ministro da Previdência e Assistência Social e em 29.7 Jader Barbalho foi nomeado em seu lugar.

1990 — Restabelecimento do MTPS e Criação do INSS — A Lei n. 8.029, de 12.4.1990, extinguiu o Ministério da Previdência e Assistência Social e restabeleceu o Ministério do Trabalho e da Previdência Social e o Decreto n. 99.350, de 27.6.1990, criou o INSS, mediante a fusão do IAPAS com INPS.

Em 14.3.1990, Jader Barbalho foi exonerado do cargo de Ministro da Previdência e Assistência Social e em 15.03 Antônio Rogério Magri foi nomeado em seu lugar.

1991 — Leis ns. 8.212 e 8.213, de 24.7.1991 — Lei de Custeio e Lei de Benefícios, respectivamente. O Decreto n. 357, de 7.12.1991, aprovou o Regulamento dos Benefícios da Previdência Social.

A Lei Complementar n. 70, de 30.12.1991, instituiu contribuição para o financiamento da Seguridade Social, elevando a alíquota da contribuição social sobre o lucro das instituições financeiras, entre outras providências.

1992 — 1) Em 19.1.1992, Antônio Rogério Magri foi exonerado do cargo de Ministro do Trabalho e da Previdência Social e em 20.1.1992 Reinhold Stephanes foi nomeado em seu lugar. 2) O Decreto n. 611, de 21.7.1992, deu nova redação ao Regulamento dos Benefícios da Previdência Social. O Decreto n. 612, de mesma data, deu nova redação ao Regulamento da Organização e Custeio da Seguridade Social. 3) Em 2.10.1992 Reinhold Stephanes foi exonerado do cargo de Ministro e em 15.10 Antônio Brito Filho foi nomeado em seu lugar. 4) A Lei n. 8.490, de 19.11.1992, dispôs sobre a organização da Presidência da República e dos Ministérios, oportunidade em que extinguiu o Ministério do Trabalho e da Previdência Social e restabeleceu o Ministério da Previdência Social (MPS). 5) A Lei n. 8.540, de 22.12.1992, dispôs sobre a contribuição do empregador rural para a Seguridade Social. 6) A Lei n. 8.542, de 23.12.1992, dispôs sobre a política Nacional de Salários, entre outras providências.

1993 —Ano de grandes mudanças na legislação previdenciária, destaca-se a extinção do Inamps e a criação do Sest e do Senat. Confira-se:

1) O Decreto n. 752, de 16.2.1993, dispôs sobre a concessão do Certificado de Entidades Filantrópicas. 2) O Decreto n. 757, de 19.2.1993, dispôs sobre a arrecadação das diretorias e dos conselhos de administração fiscal e curador das entidades estatais. 3) A Lei n. 8.641, de 31.3.1993, estabeleceu normas sobre a contribuição dos clubes de futebol e o parcelamento de débitos. 4) A Lei n. 8.647, de 13.4.1993, dispôs sobre a vinculação do servidor público civil, ocupante de cargo em comissão ao Regime Geral de Previdência Social. 5) O Decreto n. 801, de 20.4.1993, dispôs sobre a vinculação das entidades integrantes da administração pública federal indireta ao Ministério da Previdência Social (MPAS). 6) A Lei n. 8.650, de 22.4.1993, dispôs sobre as relações de trabalho do treinador profissional de futebol. 7) O Decreto n. 832, de 7.6.1993, dispôs sobre a contribuição empresarial devida ao clube de futebol profissional e o parcelamento de débitos (de acordo com a Lei n. 8.641/93). 8) A Lei n. 8.672, de 6.7.1993, instituiu normas gerais sobre desportos. 9) A Lei n. 8.688, de 21.7.1993, dispôs sobre as alíquotas de contribuição para o Plano de Seguridade do Servidor Público Civil dos Poderes da União, das autarquias e das fundações públicas, e deu outras providências. 10) A Lei n. 8.689, de 27.7.1993, dispôs sobre a extinção do Inamps. 11) O Decreto n. 894, de 16.8.1993, dispôs sobre a dedução de recursos do Fundo de Participação dos Municípios para amortização das dívidas para com a Seguridade Social e ao FGTS. 12) A Lei n. 8.706, de 14.9.1993, dispôs sobre a criação do Serviço Social do Transporte Sest e do Serviço Nacional de Aprendizagem do Transporte — Senat. 13) O Decreto n. 982, de 12.11.1993, dispôs sobre a comunicação, ao Ministério Público Federal, de crimes de natureza tributária e conexos, relacionados com as atividades de fiscalização e lançamento de tributos e contribuições. 14) O Decreto n. 994, de 25.11.1993, dispôs sobre a arrecadação e distribuição do salário-educação. 15) A Lei n. 8.742, de 7.12.1993, dispôs sobre a Organização da Assistência Social. 16) O Decreto n. 1.007, de 13.12.1993, dispôs sobre as contribuições ao Sest e ao Senat.

Em 15.12.1993, Antonio Brito Filho foi exonerado do cargo de Ministro da Previdência Social e, nesta mesma data, Sérgio Cutolo foi nomeado em seu lugar.

1994 —Ano igualmente de alterações na legislação previdenciária. Destaque para a Lei n. 8.870, de 15.4.1994, que, entre outras disposições, isenta o aposentado que permanece ou retorna ao exercício de atividade profissional de contribuir para o sistema previdenciário, extinguindo o benefício do pecúlio.

Confiram-se outras alterações: 1) O Decreto n. 1.097, de 23.3.1994, dispôs sobre providências relativas às entidades de fins filantrópicos. 2) A Lei n. 8.861, de 25.3.1994, dispôs sobre a licença por maternidade. 3) A Lei n. 8.864, de 28.3.1994, estabeleceu tratamento diferenciado e simplificado para as microempresas e empresas de pequeno porte. 4) A Lei n. 8.900, de 30.6.1994, dispôs sobre o seguro-desemprego. 5) A Lei n. 8.935, de 18.11.1994, vinculou os notários, oficiais de registro, escreventes e auxiliares à Previdência Social, de âmbito federal, assegurando a contagem recíproca de tempo de serviço e sistemas diversos. 6) O Decreto n. 1.317, de 29.11.1994, estabeleceu que a fiscalização das entidades fechadas de previdência privada seja exercida pelos Fiscais de Contribuições Previdenciárias do INSS. 7) O Decreto n. 1.330, de 8.12.1994, regulamentou a concessão do benefício de prestação continuada, previsto no art. 20 da Lei n. 8.742/93.

1995 —Novas mudanças previdenciárias, com destaque para a publicação da Lei n. 9.032, de 28.4.1995, trazendo novo regramento à concessão da aposentadoria especial e retornando com a contribuição previdenciária dos aposentados que permanecem ou retornam ao exercício de atividade remunerada.

Ainda em 1995: 1) A Medida Provisória n. 813, de 1º.1.1995, dispôs sobre a organização da Presidência da República e dos Ministérios, oportunidade em que transformou o Ministério da Previdência Social em Ministério da Previdência e Assistência Social — MPAS. 2) Também em 1º.1.1995, Sérgio Cutolo dos Santos foi exonerado do cargo de Ministro da Previdência Social e, nesta mesma data, Reinhold Stephanes foi nomeado Ministro da Previdência e Assistência Social. 3) A Lei n. 8.981, de 20.1.1995, institui o Real. 4) O Decreto n. 1.457, de 17.4.1995, promulgou o Acordo de Seguridade Social entre Brasil e Portugal. 5) O Decreto n. 1.514, de 5.6.1995, alterou o Regulamento da Organização e do Custeio da Seguridade Social. 6) O Decreto n. 1.644, de 25.9.1995, aprovou estrutura regimental do Ministério da Previdência e Assistência Social (MPAS), revogando o Decreto n. 503, de 23.4.1992. 7) O Decreto n. 1.689, de 7.11.1995, promulgou o Convênio de Seguridade Social entre o Brasil e a Espanha. 8) O Decreto n. 1.744, de 18.12.1995, regulamentou a concessão de benefício de prestação continuada à pessoa portadora de deficiência ou idosa e extinguiu o auxílio-natalidade, o auxílio-funeral e a renda mensal vitalícia.

1996 —A Medida Provisória 1.526, de 5.11.1996, dispôs sobre o regime tributário das microempresas e empresas de pequeno porte, instituindo o Sistema Integrado de Pagamento de Impostos e Contribuições das Microempresas e Empresas de Pequeno Porte — Simples, entre outras providências.

Ainda em 1996: 1) O Decreto n. 1.823, de 29.2.1996, transfere ao Ministério da Previdência e Assistência Social competência para análise e aprovação das prestações de contas de processos oriundos da extinta Fundação Legião Brasileira de Assistência e dá outras providências. 2) A Lei Complementar n. 85, de 15.2.1996, alterou o art. 7º da Lei Complementar n. 70, de 30.12.1991, que estabeleceu a Contribuição para Financiamento da Seguridade Social — Cofins. 3) O Decreto n. 1.875, de 25.4.1996, promulgou o acordo de previdência social, entre o governo da República Federativa do Brasil e o governo da República do Chile, de 16.10.1993. 4) A Medida Provisória n. 1.415, de 29.4.1996, dispõe sobre o reajuste do salário mínimo e dos benefícios da previdência social, alterou alíquotas de contribuição para a seguridade social e instituiu contribuições para os servidores inativos da união.

1997 —Publicada a Lei n. 9.528, de 10.12.1997, trazendo diversas alterações às Leis ns. 8.212 e 8.213/91.

E ainda em 1997: 1) O Decreto n. 2.115 de 08.1.1997, aprovou o estatuto social da Empresa de Processamento de Dados da Previdência e Assistência Social — Dataprev, e deu outras providências. 2) O Decreto n. 2.172, de 05.3.1997, aprovou o regulamento dos benefícios da Previdência Social e o Decreto n. 2.173, de mesma data, aprovou o regulamento da organização e do custeio da seguridade social. 3) A Lei n. 9.477, de 24.7.1997, instituiu o Fundo de Aposentadoria Programada Individual — FAPI e o plano de incentivo a aposentadoria programada individual, dentre outras providências. 4) A Lei n. 9.506, de 30.10.1997, dentre outras providências, extinguiu o Instituto de Previdência dos Congressistas — IPC.

1998 — Publicadas as Leis ns. 9.711, de 20.11.1998, e 9.732, de 11.12.1998, trazendo diversas alterações às Leis ns. 8.212 e 8.213/91. Publicada a Emenda Constitucional n. 20, de 15.12.1998, alterando de forma bastante significativa o sistema de previdência social, principalmente quanto à concessão de aposentadorias.

Ainda em 1998: 1) Em 2.4.1998, Reinhold Stephanes foi exonerado do cargo de Ministro da Previdência e Assistência Social e em 6.4 Waldeck Vieira Ornélas foi nomeado em seu lugar. 2) Publicada, em 23.4.1998, a Lei n. 9.630, dispondo sobre as alíquotas de contribuição para o Plano de Seguridade Social do Servidor Público Civil ativo e inativo dos poderes da União, das autarquias e das fundações públicas, dentre outras providências. 3) A Lei n. 9.717, publicada no DOU de 28.11.1998, dispõe sobre regras gerais para a organização e o funcionamento dos regimes próprios de previdência social dos servidores públicos da União, dos Estados, do Distrito Federal e dos Municípios, dos militares.

1999 — Publicado o Decreto n. 3.048, de 6.5.1999, novo Regulamento da Previdência Social, e a Lei n. 9.876, de 26.11.1999, trazendo diversas alterações às Leis ns. 8.212 e 8.213/91 (alterando o critério de cálculo do Salário-de-Benefício através da criação do fator previdenciário e da utilização de média dos salários-de-contribuição a contar de julho/94).

Ainda em 1999: 1) A Lei n. 9.783 dispôs sobre a contribuição para o custeio da Previdência Social dos servidores públicos, ativos e inativos e dos pensionistas dos três Poderes da União. 2) A Emenda Constitucional n. 21 prorrogou, alterando a alíquota, a Contribuição Provisória sobre Movimentação ou Transmissão de Valores e Créditos e Direitos de Natureza Financeira — CPMF. 3) O Decreto n. 3.039 alterou os arts. 30 a 33 do Regulamento da Organização e do Custeio da Seguridade Social, aprovado pelo Decreto n. 2.173, de 5.3.97. 4) O Decreto n. 3.142 regulamentou a contribuição social do salário-educação, prevista no art. 212, § 5º, da Constituição, no art. 15 da Lei n. 9.424, de 24.12.1996 e na Lei n. 9.766, de 18.12.1998. 5) O Decreto n. 3.265 alterou o Regulamento da Previdência Social, aprovado pelo Decreto n. 3.048, de 6.5.1999.

2000 — Publicada a Lei n. 9.983, de 14.7.2000, alterando o Código Penal Brasileiro para inserção dos Crimes Previdenciários.

Ainda em 2000: 1) Publicado o Decreto n. 3.342, de 25.1.2000, regulamentando a execução do Programa de Recuperação Fiscal — Refis. 2) Publicado o Decreto n. 3.409, de 10.4.2000, definindo as ações continuadas de assistência social. 3) Publicado o Decreto n. 3.431, de 24.4.2000, novamente regulamentando a execução do Refis. 4) Publicada a Lei n. 9.964, de 10.4.2000, instituindo o Refis, dentre outras providências. 5) Publicado o Decreto n. 3.452, de 9.5.2000, alterando o Regulamento da Previdência Social, aprovado pelo Decreto n. 3.048/99. 6) Publicado o Decreto n. 3.454, de 9.5.2000, aumentando a competência do Ministro de Estado da

Previdência e Assistência Social. 7) Publicado o Decreto n. 3.504, de 13.6.2000, alterando dispositivos do Decreto n. 2.536/98, que dispõe sobre a concessão do Certificado de Entidade de Fins Filantrópicos. 8) Publicada a Lei n. 10.002, de 14.9.2000, reabrindo o prazo de opção ao Refis. 9) Publicada a Lei n. 10.034, de 24.10.2000, alterando a Lei n. 9.317/96, que instituiu o Simples. 10) Publicada a Lei n. 10.035, de 25.10.2000, alterando a CLT para estabelecer os procedimentos, no âmbito da Justiça do Trabalho, de execução das contribuições devidas à Previdência Social. 11) Publicada a Lei n. 10.050, de 14.11.2000, alterando o art. 1.611 do Código Civil de 1916, estendendo o benefício do § 2º ao filho necessitado portador de deficiência. 12) Publicada a Lei n. 10.099, de 19.12.2000, alterando a Lei n. 8.213/91, regulamentando o disposto no § 3º do art. 100 da CF/88, definindo obrigações de pequeno valor para a Previdência Social. 13) Publicada a Lei n. 10.170, de 29.12.2000, acrescentando parágrafos ao art. 22 da Lei n. 8.212/91, dispensando as instituições religiosas do recolhimento de contribuições previdenciárias incidente sobre o valor pago aos ministros de confissão religiosa, membros de vida consagrada, de congregação ou de ordem religiosa.

2001 —1) Publicada a Lei n. 10.189, de 14.2.2001, dispondo sobre o Programa de Recuperação Fiscal — Refis. 2) Em 11.4.2001, o Decreto n. 3.788 institui, no âmbito da administração pública federal, o Certificado de Regularidade Previdenciária — CRP. 3) Em 29.5.2001, a Lei n. 109 dispõe sobre o regime de Previdência Complementar e dá outras providências. 4) Em 31.5.2001, o Decreto n. 3.826 dispõe sobre o reajuste dos benefícios mantidos pela Previdência, a partir de 1º.6.2001. 5) Em 12.7.2001, a Lei n. 10.259 dispõe sobre a instituição dos Juizados Especiais Cíveis e criminais no âmbito da Justiça Federal. 6) Em 26.11.2001, o Decreto n. 4.032 altera dispositivos do regulamento da Previdência Social, aprovado pelo Decreto n. 3.048/99. 7) Em 26.12.2001, a Lei n. 10.355 dispõe sobre a estruturação da carreira previdenciária na âmbito do Instituto Nacional do Seguro Social — INSS, e dá outras providências.

Em 12.3.2001, Roberto Brant assume o cargo de Ministro de Estado da Previdência e Assistência Social.

2002—1) Em 9.1.2002, o Decreto n. 4.079 altera dispositivos do regulamento da Previdência Social, aprovado pelo Decreto n. 3.048/99. 2) Em 15.4.2002, a Lei n. 10.421 estende à mãe adotiva o direito à licença-maternidade e ao salário-maternidade. 3) Em 24.5.2, o Decreto n. 4.249 dispõe sobre o reajuste dos benefícios mantidos pela Previdência Social, a partir de 1º.6.2002. 4) Em 27.5.2, o Decreto n. 4.250 regulamenta a representação judicial da União, autarquias, fundações e empresas públicas federais perante os Juizados Especiais Federais, instituídos pela Lei n. 10.259/01. 5) Em 28.6.2002, a Lei n. 10.478 dispõe sobre a complementação de aposentadorias de ferroviários da Rede Ferroviária federal S.A. — RFFSA, em liquidação, dentre outras providências. 6) Em 3.7.2002, a Lei n. 10.483 dispõe sobre a estruturação da carreira da seguridade social e do trabalho no âmbito da administração pública federal, dentre outras providências. 7) Em 5.9.2002, o Decreto n. 4.360 altera o art. 36 do Decreto n. 1.744/95, que regulamenta o benefício de prestação continuada devido a pessoa portadora de deficiência e a idoso, de que trata a Lei n. 8.742/93. 8) Em 17.9.2002, o Decreto 4.381 acresce parágrafos ao art. 3º do Decreto n. 2.536, de 6 de abril de 1998, que dispõe sobre a concessão do certificado de entidade de fins filantrópicos a que se refere o inciso IV do art. 18 da Lei n. 8.742, de 7 de dezembro de 1993.

Em 8.3.2002, José Cechin assume o cargo de Ministro de Estado da Previdência e Assistência Social.

2003 — 1) Em 1º.1.2003, Ricardo Berzoini assume o cargo de Ministro de Estado da Previdência Social. 2) Publicado o Decreto n. 4.660, de 2.4.2003, aprovando a estrutura regimental do INSS, entre outras disposições. 3) Publicado o Decreto n. 4.668, de 7.5.2003, aprovando nova estrutura regimental do INSS, entre outras disposições. 4) Publicada a Lei n. 10.666, de 8.5.2003, dispondo sobre a concessão da aposentadoria especial ao cooperado de cooperativa de trabalho ou de produção. 5) Publicado o Decreto n. 4.709, de 29.5.2003, dispondo sobre o reajuste dos benefícios mantidos pela Previdência Social a partir de 1º.6.2003. 6) Publicada a Lei n. 10.683, de 28.5.2003 (conversão da MP n. 103, de 30.12.2002), dispondo sobre a organização da Presidência da República e dos Ministérios, oportunidade em que desmembra o então Ministério da Previdência e Assistência Social em dois ministérios distintos: Ministério da Previdência Social e Ministério da Assistência Social. 7) Publicado o Decreto n. 4.712, de 29.5.2003, alterando o Decreto n. 1.744/95, que regulamenta o benefício de prestação continuada devida a pessoa portadora de deficiência e ao idoso, de que trata a Lei n. 8.742/93. 8) Publicada a Lei n. 10.684, de 30.5.2003, alterando a legislação tributária e criando modalidade especial de parcelamento de débitos previdenciários (PAES). 9) Publicado o Decreto n. 4.729, de 9.6.2003, alterando dispositivos do Regulamento da Previdência Social, aprovado pelo Decreto n. 3.048/99; 10) Publicada a Lei n. 10.710, de 5.8.2003, restabelecendo o pagamento, pela empresa, do salário-maternidade devido à segurada empregada gestante. 11) Publicado o Decreto n. 4.818, de 26.8.2003, aprovando a estrutura regimental do Ministério da Previdência Social, entre outras providências. 12) Publicado o Decreto n. 4.827, de 3.9.2003, alterando o art. 70 do Decreto n. 3.048/99 sobre a conversão de tempo de atividade sob condições especiais em tempo de atividade comum. 13) Publicada a Lei n. 10.736, de 15.9.2003, concedendo remissão de débito previdenciário do período de 4.94 a 4.97, em face do recolhimento com base na Lei n. 8.870/94, pelas agroindústrias. 14) Publicado o Decreto n. 4.840, de 17.9.2003, regulamentando a MP n. 130/03, que dispõe sobre a autorização de descontos provenientes de operações financeiras nos benefícios previdenciários. 15) Publicado o Decreto n. 4.845, de 24.9.2003, alterando o art. 9º do Decreto n. 3.048/99 sobre a caracterização do segurado especial. 16) Publicada a Lei n. 10.741, de 1º.10.2003, criando o Estatuto do Idoso. 17) Publicado o Decreto n. 4.862, de 21.10.2003, alterando dispositivos do Decreto n. 3.048/99, em especial a data de pagamento dos benefícios previdenciários. 18) Publicado o Decreto n. 4.874, de 11.11.2003, acrescentando o art. 296-A ao Decreto n. 3.048/99, que cria os Conselhos de Previdência Social, unidades descentralizadas do Conselho Nacional de Previdência Social. 19) Publicado o Decreto n. 4.882, de 18.11.2003, alterando dispositivos do Decreto n. 3.048/99 sobre a aposentadoria especial. 20) Publicada a Lei n. 10.820, de 17.12.2003, autorizando o desconto de prestações no pagamento dos benefícios previdenciários, referentes ao pagamento de empréstimos, financiamentos e operações de arrendamento mercantil. 21) Publicada a Emenda Constitucional n. 41, de 19.12.2003, alterando as regras para concessão de aposentadoria dos servidores públicos (Reforma Previdenciária dos Servidores) e aumentando o teto dos benefícios previdenciários do RGPS. 22) Publicada a Lei n. 10.832, de 29.12.2003, alterando as Leis ns. 9.424/96 e 9.766/98, que dispõem sobre o Salário-Educação.

2004 — 1) Em 23.1.2004, Amir Lando assume o cargo de Ministro de Estado da Previdência Social. 2) Publicada a Lei n. 10.839, de 5.2.2004 (conversão da MP n. 138, de 19.11.2003), alterando para dez anos o prazo de decadência para os direitos de ação pelo segurado ou beneficiário para a revisão do ato de concessão de benefício, dentre outras alterações. 3) Publicada a Lei n. 10.855, de 1º.4.2004, reestruturando a Carreira Previdenciária de que trata a Lei n. 10.355/01, instituindo a Carreira do Seguro Social. 4) Publicado o Decreto n. 5.061, de 30.4.2004, dispondo sobre o reajuste dos benefícios mantidos pela Previdência Social a partir de 1º.5.2004. 5) Publicada a Lei n. 10.689, de 13.5.2004 (conversão da MP n. 163, de 23.1.2004), alterando a denominação do Ministério da Assistência Social para Ministério do Desenvolvimento Social e Combate à Fome. 6) Publicada a Lei n. 10.876, de 2.6.2004, criando a carreira de Perícia Médica da Previdência Social, entre outras providências. 7) Publicada a Lei n. 10.877, de 4.6.2004, alterando a Lei n. 7.070/82 que dispõe sobre pensão especial para os deficientes físicos portadores da "Síndrome da Talidomida". 8) Publicada a Lei n. 10.887, de 18.6.2004, dispondo sobre a aplicação das disposições da Emenda Constitucional n. 41/03 e alterando dispositivos das Leis ns. 9.717/98 e 8.213/91. 9) Publicada a Lei n. 10.953, de 27.9.2004, alterando a Lei n. 10.820/03 sobre a autorização para desconto de prestações provenientes de operações financeiras sobre os benefícios previdenciários. 10) Publicado o Decreto n. 5.254, de 27.10.2004, alterando o art. 303 do Decreto n. 3.048/99 sobre a composição do Conselho de Recursos da Previdência Social. 11) Publicado o Decreto n. 5.256, de 27.10.2004, alterando a estrutura regimental do Ministério da Previdência Social, entre outras providências. 12) Publicado o Decreto n. 5.257, de 27.10.2004, alterando a estrutura regimental do INSS, entre outras providências.

2005 — 1) Destaque para a Lei n. 11.098, de 13.1.2005, que autoriza a criação da Secretaria da Receita Previdenciária. O INSS passa a cuidar apenas da parte de benefícios e esta nova secretaria, da parte de custeio. 2) Alterações no Regulamento da Previdência Social pelos Decreto n. 5.399, de 24.3.2005; Decreto n. 5.545, de 22.9.2005 e Decreto n. 5.586, de 19.11.2005. 3) Em 22.3.2005 Amir Lando deixa o cargo de Ministro de Estado da Previdência Social, assumindo Romero Jucá até a data de 21.7.2005, quando foi substituído por Nelson Machado. 4) Publicada a Lei n. 11.186, de 19.10.2005, que dispõe sobre a instituição de concurso de prognóstico destinado ao desenvolvimento da prática desportiva, a participação de entidades desportivas da modalidade futebol nesse concurso e o parcelamento de débitos tributários e para com o Fundo de Garantia do Tempo de Serviço — FGTS. (Conversão da MP n. 254/05 em Lei). 6) Publicado o Decreto n. 5.644, de 28.12.2005, que dispõe sobre a atuação integrada e o intercâmbio de informações entre a Secretaria da Receita Federal e a Secretaria da Receita Previdenciária e dá outras providências.

2006 — 1) Publicada a Lei n. 11.258, de 30.12.2005, que altera a Lei n. 8.742/93, que dispõe sobre a organização da Assistência Social, para acrescentar o serviço de atendimento a pessoas que vivem em situação de rua. 2) Destaque para a Lei n. 11.301, de 10.5.2006, que define as funções de magistério para fins de aposentadoria diferenciada e para a Lei n. 11.345, de 14.9.2006, que dispõe sobre a instituição de concurso de prognóstico destinado ao desenvolvimento da prática desportiva; 3) Alterações nas Leis ns. 8.212/91 e 8.213/91 pela Lei n. 11.324, de 19.7.2006; 4) Alterações no Regulamento da Previdência Social pelo Decreto n. 5.699, de 13.2.2006 e pelo Decreto n. 5.844, de 13.7.2006. 5) Publicado o Decreto n. 5.895, de 18.9.2006, que dá nova redação ao art. 3º do Decreto n. 2.536/98, que dispõe sobre a concessão do Certificado de Entidade Beneficente de Assistência Social a que se refere o inciso IV do art. 18 da Lei n. 8.742/93. 6) Publicada a Lei Complementar n. 123, de 14.12.2006, que institui o Estatuto Nacional da Microempresa e da Empresa de Pequeno Porte; altera dispositivos das Leis ns. 8.212 e 8.213, ambas de 24 de julho de 1991, entre outras disposições.

2007 — 1) Publicado o Decreto n. 6.042, de 12.2.2007, que altera o Regulamento da Previdência Social (Decreto n. 3.048/99) disciplinando a aplicação, acompanhamento e avaliação do Fator Acidentário de Prevenção — FAP e do Nexo Técnico Epidemiológico. 2) Publicada a Lei n. 11.457, de 16.3.2007 (Super-Receita), que dispõe sobre a Administração Tributária Federal e altera a Lei n. 8.212/91. 3) Em 29.3.2007 Luiz Marinho assume o cargo de Ministro de Estado da Previdência Social. 4) Alterado o Decreto n. 3.048/99 pelos Decretos ns. 6.122/07 (salário-maternidade) e 6.208 (desistência da aposentadoria). 5) Publicada a Lei n. 11.501, de 11.7.2007, que altera a Lei n. 8.212/91 dentre outras providências. 6) Publicado o Decreto n. 6.187, de 14.8.2007, que regulamenta a Lei n. 11.345/06, a qual instituiu o concurso de prognóstico denominado Timemania, estabelecendo os critérios de participação e adesão das entidades de prática desportiva da modalidade de futebol profissional, entre outras providências. 7) Publicado o Decreto n. 6.214, de 26.9.2007, que regulamenta o benefício de prestação continuada da assistência social devido à pessoa com deficiência e ao idoso de que trata a Lei n. 8.742/93 e acresce parágrafo ao art. 162 do Decreto n. 3.048/99, dentre outras providências.

2. CONCEITUAÇÃO

A Seguridade Social compreende um conjunto de ações destinado a assegurar direitos relacionados à saúde, à previdência e à assistência social. Trata-se, portanto, de uma proteção social constituída de princípios e ações voltadas ao indivíduo, garantindo-lhe meios de subsistência, assistência e saúde, de responsabilidade dos Poderes Públicos e da sociedade.

Ao Estado compete a organização e administração da Seguridade Social, através de ministérios, entidades e instituições que se encarregam da árdua tarefa de mantê-la em funcionamento, cabendo-nos citar o Ministério da Saúde, o Ministério da Previdência Social e o Ministério do Desenvolvimento Social e Combate à Fome (antigo Ministério da Assistência Social) — Lei n. 10.683/03, art. 25.

O direito à saúde garantido pela Seguridade Social se traduz em uma política socioeconômica concentrada na erradicação e prevenção de doenças, tratamento e recuperação das pessoas já debilitadas e, principalmente, na manutenção do estado saudável da população através de alimentação adequada e boa condição de higiene. A saúde é direito de todos os cidadãos, independente de filiação ou contribuição ao sistema.

A assistência social atende a população carente através de ações voltadas à proteção da família, da maternidade, da infância, da adolescência e da velhice. Tal direito também não se encontra vinculado à filiação ou contribuições para o sistema, sendo garantido aos cidadãos, de forma gratuita.

Já a Previdência Social garante ao segurado a cobertura de situações impeditivas ao trabalho e à percepção de rendimentos, tais como maternidade, idade avançada, doença e invalidez, mediante filiação e contribuição ao sistema previdenciário. Aos dependentes do segurado são também garantidos determinados benefícios com o objetivo de assegurar-lhes meios de subsistência, como nas hipóteses de falecimento (benefício de pensão por morte) ou reclusão (benefício de auxílio-reclusão) do indivíduo associado. Note-se, portanto, que das três esferas de atuação da Seguridade Social — saúde, assistência social e previdência social — somente esta última possui caráter contributivo, sendo as demais de natureza gratuita e, assim, independentes de contribuições para o sistema.

Fundamentação: Constituição Federal/88, arts. 194 a 204; Lei n. 8.212/91, arts. 1º a 4º; Lei n. 8.742/93; Decreto n. 3.048/99, art. 1º.

3. PRINCÍPIOS CONSTITUCIONAIS

A Constituição Federal, em seu art. 194, enumerou em sete incisos os princípios constitucionais que regem o gênero Seguridade Social e, conseqüentemente, as espécies "saúde", "assistência social" e "previdência social". São eles:

I. Universalidade da cobertura e do atendimento

O princípio da universalidade da cobertura garante a disponibilização das ações e benefícios abrangidos pela Seguridade Social (saúde, assistência social e previdência social) em todas as contingências a que estejam sujeitos os indivíduos. A Seguridade Social estará presente, portanto, em todas as situações (emergentes ou não) que implicarem sua proteção social.

Por universalidade do atendimento entenda-se que as ações e os benefícios de que se constituem a saúde, a assistência social e a previdência social (este último de caráter contributivo, repita-se) se encontrarão disponíveis e serão oferecidos a todos os indivíduos que deles necessitarem.

II. Uniformidade e equivalência dos benefícios e serviços às populações urbanas e rurais

A proteção social oferecida pela Seguridade Social deverá ser disponibilizada de maneira uniforme e equivalente, tanto aos indivíduos da área urbana, quanto àqueles da área rural. Não poderá haver distinção entre as modalidades de benefícios e serviços oferecidos, devendo, ao contrário, existir forma única ou semelhança (uniformidade).

Todos os eventos cobertos pela Seguridade Social à população urbana deverão também existir à população rural, sem qualquer distinção em qualidade e pronta disponibilização.

Também a igualdade de valor se fará presente. As ações e benefícios de que se constitui a Seguridade Social deverão ser equivalentes (do latim "aequivalere": ter o mesmo valor). Os benefícios de assistência social e os serviços na área de saúde, por exemplo, serão oferecidos em valores iguais, indiferentemente a urbanos ou rurais. Atenção especial, entretanto, deverá ser dada aos benefícios de Previdência Social, dado seu caráter associativo e contributivo. Somente na hipótese de segurados com igual contribuição (rurais ou urbanos) é que os benefícios serão equivalentes.

III. Seletividade e distributividade na prestação dos benefícios e serviços

Os benefícios e serviços serão oferecidos aos indivíduos que deles necessitarem através de uma escolha fundamentada e criteriosa. Não existirá somente único benefício ou serviço, mas sim diversas modalidades aptas a atender exatamente a necessidade do beneficiado. O benefício de assistência social, por exemplo, somente será concedido a indivíduos sem qualquer condição própria de subsistência (pessoas carentes). O salário-família somente àqueles que possuírem baixa renda e filhos menores de 14 anos. E assim por diante.

A distributividade implica a distribuição de renda e proteção social. Os serviços e benefícios serão concedidos com eqüidade e justiça, o que não significa que um contribuinte da Previdência Social, por exemplo, receberá integralmente tudo o que contribuiu aos cofres do sistema. Todas as contribuições são convertidas em um caixa único (e não individualizado), e o Estado trabalha distribuindo com retidão estes valores aos serviços e benefícios nas áreas de saúde, assistência e previdência social. Existe uma distribuição de renda (benefícios de assistência social, aposentadorias, etc.) e uma distribuição da proteção social (serviços de saúde, auxílio-doença, etc.).

Lamentavelmente o sistema de Seguridade Social tem sido constantemente alvo de escândalos. O que vemos, em vez de distribuição eqüitativa de renda e bem-estar social, são desvios de contribuições, fraudes ao sistema previdenciário por meio de segurados-fantasmas e uma corrupção infinita por parte de ministros de Estado e servidores públicos.

IV. Irredutibilidade do valor dos benefícios

O princípio da irredutibilidade visa garantir ao indivíduo que o benefício assistencial ou previdenciário que lhe for concedido não sofrerá qualquer redução de valor e não poderá ser objeto de desconto (salvo determinação legal ou judicial), arresto, seqüestro ou penhora.

O art. 201, § 4º, da Constituição Federal, dentro deste mesmo princípio de irredutibilidade, assegurou o reajustamento dos benefícios previdenciários para preservar-lhes, em caráter permanente, o valor real. Entretanto, remete o critério a ser utilizado para o reajustamento à lei ordinária. A Lei n. 8.213/91 (Lei de Benefícios), por sua vez, garante o reajuste anual *pro rata* (conforme data de início ou último reajustamento), na mesma data do reajuste do salário mínimo, com base no Índice Nacional de Preços ao Consumidor — INPC, apurado pela Fundação Instituto Brasileiro de Geografia e Estatística — IBGE (art. 41-A).

Não obstante a garantia constitucional da irredutibilidade, os beneficiários do Regime Geral de Previdência Social vêm, há longos anos, sofrendo verdadeiro "achatamento" na renda mensal percebida, seja em comparação com o salário mínimo ou com o próprio teto de benefícios divulgado pelo Ministério da Previdência Social, problema que se tem buscado corrigir através de ações judiciais.

V. Eqüidade na forma de participação no custeio

O princípio da eqüidade na forma de participação no custeio tem por objetivo distribuir com justiça e retidão o percentual de contribuição cabível à sociedade na manutenção do sistema de Seguridade Social.

Toda a sociedade contribui para a manutenção do sistema, mas garante-se por este princípio a progressividade da contribuição conforme a capacidade contributiva de cada um. As empresas, por exemplo, sofrem maior desconto em seu rendimento bruto para a manutenção do sistema de Seguridade em razão de sua maior capacidade contributiva (o valor é geralmente repassado ao custo final do produto ou serviço oferecido ao consumidor). Os empregados contribuem conforme tabela progressiva, sempre condizente com o salário percebido. Os empresários têm percentual de contribuição equivalente (11%), mas base de cálculo passível de diferenciação em razão da remuneração mensalmente percebida. Trata-se, pois, nada mais do que o velho ditado popular: "quem ganha mais, paga mais; quem ganha menos, paga menos".

Cabe ao legislador ordinário, ao redigir as normas de custeio para a Seguridade Social, observar o princípio constitucional de eqüidade garantido pela Constituição Federal.

VI. Diversidade da base de financiamento

O financiamento da Seguridade Social é constituído por diversas fontes de receita. Determina o art. 195 da Constituição Federal que a Seguridade Social será financiada por toda a sociedade, de forma direta e indireta, nos termos da lei, mediante recursos provenientes dos orçamentos da União, dos Estados, do Distrito Federal e dos Municípios, e de contribuições sociais obrigatórias a empresas e trabalhadores.

Nada impede, entretanto, que sejam criadas outras fontes de receita desde que tais fontes sejam instituídas mediante lei complementar, não sejam cumulativas e não tenham fato gerador ou base de cálculo próprias dos discriminados na Constituição Federal — CF/88, art. 195, § 4º c/c art. 154, I.

VII. Caráter democrático e descentralizado da administração, mediante gestão quadripartite, com a participação dos trabalhadores, dos empregadores, dos aposentados e do Governo nos órgãos colegiados

Os trabalhadores, os empresários, os aposentados e o Governo participam da gestão administrativa da Seguridade Social, que deverá possuir caráter democrático e descentralizado. Assim, podemos dizer que a gestão dos serviços e benefícios de que se constitui a Seguridade Social (nas áreas de saúde, assistência e previdência social) tem a participação ativa da sociedade.

Esta participação é exercida através dos órgãos colegiados de deliberação, quais sejam: Conselho Nacional de Saúde (Lei n. 8.080/90), Conselho Nacional de Assistência Social (Lei n. 8.742/93, art. 17) e Conselho Nacional de Previdência Social (Lei n. 8.213/91, art. 3º), que têm composição paritária integrada por representantes do Governo Federal, representantes dos aposentados, representantes dos trabalhadores em atividade e representantes dos empregadores.

Fundamentação: Constituição Federal/88, art. 194; Lei n. 8.212/91, art. 1º; Lei n. 8.213/91, arts. 1º e 2º; Decreto n. 3.048/99, art. 1º.

Capítulo II

Seguridade Social — Abrangência

O sistema de proteção social no qual se constitui a Seguridade Social, como anteriormente mencionado, abrange ações e benefícios nas áreas de previdência social, assistência social e saúde.

1. PREVIDÊNCIA SOCIAL

Organizada sob forma de regime geral, de caráter contributivo e de filiação obrigatória, a Previdência Social observa critérios que lhe preservem o equilíbrio financeiro e atuarial. O sistema previdenciário constitui-se em um direito protetivo, garantindo a seus segurados contribuintes meios de subsistência quando de períodos de improdutividade financeira, tais como doença, maternidade, idade avançada e invalidez.

Abrangendo somente uma parcela da sociedade (em razão de seu caráter contributivo), a Previdência Social deixa à margem de seus benefícios aqueles que não exercem atividade remunerada (contribuintes obrigatórios) ou que manifestamente não expressam seu desejo associativo (contribuintes facultativos). A população mais carente, e, portanto, não contribuinte, usufrui somente das ações da Saúde e das ações e benefícios mantidos pela Assistência Social.

1.1. Princípios e Diretrizes Específicos

A organização da Previdência Social obedecerá aos seguintes princípios e diretrizes:

a) universalidade de participação nos planos previdenciários, mediante contribuição;

b) valor da renda mensal dos benefícios, substitutos do salário-de-contribuição ou do rendimento do trabalho do segurado, não inferior ao do salário-mínimo;

c) cálculo dos benefícios considerando-se os salários-de-contribuição corrigidos monetariamente;

d) irredutibilidade do valor dos benefícios, de forma que lhe preserve o poder aquisitivo.

Fundamentação: Constituição Federal/88, art. 201; Lei n. 8.212/91, art. 3º; Lei n. 8.213/91, arts. 1º e 2º; Decreto n. 3.048/99, art. 4º.

1.2. Finalidade

A Previdência Social tem por finalidade assegurar aos seus beneficiários meios indispensáveis de manutenção e subsistência nas seguintes hipóteses:

a) cobertura dos eventos de doença, invalidez, morte e idade avançada;

b) proteção à maternidade, especialmente à gestante;

c) proteção ao trabalhador em situação de desemprego involuntário;

d) salário-família e auxílio-reclusão para os dependentes dos segurados de baixa renda;

e) pensão por morte do segurado, homem ou mulher, ao cônjuge ou companheiro e dependentes.

Vale observar, portanto, que a finalidade maior dos benefícios previdenciários (com exceção apenas do salário-família) é proporcionar ao segurado (contribuinte, regra geral) o recebimento de quantia suficiente à sua subsistência e de sua família, em momentos (contingências) nos quais não lhe é possível garantir tais valores por conta própria, tais como doença, idade avançada, reclusão, falecimento, entre outros.

Justamente no intuito de garantir meios indispensáveis de subsistência aos segurados, conforme já observado, determinou a Carta Magna em seu art. 201, § 2º, que nenhum benefício previdenciário que venha a substituir o salário-de-contribuição ou o rendimento do trabalho poderá ter valor mensal inferior ao salário mínimo.

Fundamentação: Constituição Federal, art. 201; Lei n. 8.212/91, art. 3º; Lei n. 8.213/91, art. 1º; Decreto n. 3.048/99, art. 5º.

1.3. Regimes Previdenciários

A Previdência Social, apesar da existência expressa na Constituição Federal do princípio da uniformidade e equivalência dos benefícios e serviços às populações urbanas e rurais (art. 194, II), compreende três regimes distintos, abrangendo, cada um deles, determinada classe de indivíduos, agrupados em razão da relação de trabalho ou categoria profissional a que se vinculam.

O art. 9º da Lei n. 8.213/91 e o art. 6º do Decreto n. 3.048/99 (Regulamento da Previdência Social) determinam compreender a Previdência Social os seguintes regimes:

I. Regime Geral de Previdência Social

Principal regime previdenciário por abranger maior percentual da população brasileira (todo o setor privado e servidores municipais de 3.419 municípios, conforme dados do Ministério da Previdência Social de 2002), sua administração é atribuída ao Ministério da Previdência Social, sendo exercida através do Instituto Nacional de Seguridade Social — INSS, autarquia federal responsável, até a publicação da Medida Provisória n. 222/04, não só pela concessão dos benefícios previdenciários (do Regime Geral), como também por toda a arrecadação de contribuições sociais para a Seguridade Social.

A contar da publicação da referida Medida Provisória, criou o Poder Executivo a Secretaria da Receita Previdenciária, assumindo esta a responsabilidade de arrecadação, cobrança e fiscalização das receitas (sobre o tema, ver nesta Parte I o Capítulo V, subitem 1.3.3).

Conforme dados fornecidos pelo Ministério da Previdência Social em 2006, o Regime Geral de Previdência Social (RGPS) conta com aproximadamente 46,7 contribuintes ativos pessoa física (mais de 40% da população com capacidade contributiva) e 24,4 milhões de benefícios ativos (Anuário Estatístico da Previdência Social — 2006). Por divisão simples, temos, aproximadamente, 1,9 contribuinte para cada beneficiário do sistema, sendo que a fração ideal, para um regime de repartição, é de 7/1.

Este desequilíbrio entre contribuintes e beneficiários encontra diversas causas, entre elas a redução da taxa de natalidade (menor número de pessoas na idade contributiva), aumento da expectativa de sobrevida (maior número de beneficiários e por maior tempo) e, principalmente, o mercado informal de trabalho, a sonegação de contribuições e a corrupção interna. Para compensar o déficit de contribuintes pessoa física, também as empresas, os empregadores em geral e os produtores rurais contribuem para o sistema.

As Leis ns. 8.212 e 8.213, ambas de 24.7.1991, referem-se a este regime previdenciário (RGPS), o qual é, inclusive, o objeto desta obra.

II. Regime próprio de previdência social dos servidores públicos

Os servidores titulares de cargos efetivos da União, dos Estados, do Distrito Federal e dos Municípios, incluídas suas autarquias e fundações, possuem tratamento diferenciado quanto ao sistema previdenciário, conferido pela própria Constituição Federal, art. 40, *caput* (redação dada pela Emenda Constitucional n. 41/03), que lhes assegura a existência de regime próprio.

O Plano de Seguridade Social do Servidor Público Federal e os regimes específicos dos servidores estaduais e municipais possuem normas próprias de filiação, arrecadação e concessão de benefícios, reguladas em estatuto, cabendo sempre a observação de critérios que preservem o equilíbrio financeiro e atuarial dos sistemas. As regras gerais a serem observadas constam do próprio art. 40 da CF/88, cujo § 12 determina, inclusive, que sejam observados, no que couber, os requisitos e critérios fixados para o RGPS — Regime Geral de Previdência Social.

III. Regime próprio de previdência social dos militares

As Forças Armadas, constituídas pela Marinha, Exército e Aeronáutica, são instituições nacionais permanentes e regulares, organizadas com base na hierarquia e na disciplina, sob a autoridade suprema do Presidente da República. A finalidade destas instituições se constitui na defesa da Pátria, na garantia dos poderes constitucionais e, por iniciativa de qualquer destes, da lei e da ordem.

Os membros das Forças Armadas são denominados militares, e a Constituição Federal, em seu art. 142, § 3º, inciso X, combinado com o § 20 do art. 40, confere à lei ordinária a competência para a instituição de sistema próprio previdenciário.

IV. Números dos Regimes Próprios e a Emenda Constitucional n. 41/03

Conforme dados fornecidos pelo Ministério da Previdência Social em dezembro/2002 (à época Ministério da Previdência e Assistência Social), os Regimes Próprios de Previdência Social (civil e militar, conjuntamente) contavam com aproximadamente 3.745.068 contribuintes ativos e 2.621.253 inativos e pensionistas (beneficiários), o que correspondia a 1,42 contribuinte para cada beneficiário do sistema.

Divulgado, também em 2002, um prejuízo anual para os Regimes Próprios na ordem de 39,8 bilhões de reais, foi então publicada a Emenda Constitucional n. 41/03, modificando as regras do sistema (reforma previdenciária dos servidores públicos).

2. ASSISTÊNCIA SOCIAL

Política social que provê o atendimento das necessidades básicas, a assistência social traduz-se a assistência social em ações e benefícios que objetivam a proteção à família, à maternidade, à infância, à adolescência, à velhice e à pessoa portadora de deficiência, independente de qualquer contribuição ao sistema da Seguridade Social.

Obs.: A legislação que rege, atualmente, a organização da Assistência Social é a Lei n. 8.742, de 7.12.1993 — DOU de 8.12.1993.

2.1. Princípios e Diretrizes Específicos

A organização da Assistência Social deverá obedecer às seguintes diretrizes:

a) descentralização político-administrativa;

b) participação da população na formulação e controle das ações em todos os níveis;

c) primazia da responsabilidade do Estado na condução da política de assistência social em cada esfera de governo;

d) supremacia do atendimento às necessidades sociais sobre as exigências de rentabilidade econômica;

e) universalização dos direitos sociais, a fim de tornar o destinatário da ação assistencial alcançável pelas demais políticas públicas;

f) respeito à dignidade do cidadão, à sua autonomia e ao seu direito a benefícios e serviços de qualidade, bem como à convivência familiar e comunitária, vedando-se qualquer comprovação vexatória de necessidade;

g) divulgação ampla dos benefícios, serviços, programas e projetos assistenciais, bem como dos recursos oferecidos pelo Poder Público e dos critérios para sua concessão;

h) igualdade de direitos no acesso ao atendimento, sem discriminação de qualquer natureza, garantindo-se equivalência às populações urbanas e rurais.

Fundamentação: Constituição Federal/88, art. 204; Lei n. 8.212/91, art. 4º; Lei n. 8.742/93, art. 4º.

2.2. Finalidade

A assistência social deverá ser disponibilizada a quem dela necessitar, independentemente de contribuição à seguridade social, e tem por objetivos (Constituição Federal, art. 203):

a) a proteção à família, à maternidade, à infância, à adolescência e à velhice;

b) o amparo às crianças e adolescentes carentes;

c) a promoção da integração ao mercado de trabalho;

d) a habilitação e reabilitação das pessoas portadoras de deficiência e a promoção de sua integração à vida comunitária;

e) a garantia de um salário mínimo de benefício mensal à pessoa portadora de deficiência e ao idoso que comprovem não possuir meios de prover à própria manutenção ou de tê-la provida por sua família, conforme dispuser a lei.

Consideram-se entidades e organizações de assistência social aquelas que prestam, sem fins lucrativos, atendimento e assessoramento aos beneficiários abrangidos por esta lei, bem como as que atuam na defesa e garantia de seus direitos.

Fundamentação: Constituição Federal/88, art. 203; Lei n. 8.742/93, art. 2º; Decreto n. 3.048/99, art. 3º.

3. SAÚDE

Garantida mediante políticas sociais e econômicas que visam à redução do risco e doença e de outros agravos, a saúde é direito de todos e dever do Estado. Objetivo não menos importante é garantir a todos os indivíduos, independente de filiação ou contribuição, acesso igualitário às ações e serviços para sua promoção, proteção e recuperação. Cabe ao Poder Público dispor, nos termos da lei, sobre sua regulamentação, fiscalização e controle (Constituição Federal, arts. 196 a 200).

A assistência à saúde é livre à iniciativa privada. Assim, as instituições privadas poderão participar de forma complementar do Sistema Único de Saúde, segundo diretrizes deste, mediante contrato de direito público ou convênio, tendo preferência as entidades filantrópicas e aquelas sem fins lucrativos.

A Constituição Federal proíbe, entretanto, a destinação de recursos públicos para auxílios ou subvenções às instituições privadas com fins lucrativos e a participação direta ou indireta de empresas ou capitais estrangeiros na assistência à saúde no País, salvo nos casos previstos em lei (art. 199, §§ 2º e 3º).

3.1. Princípios e Diretrizes Específicos

As ações e serviços públicos de saúde são de relevância pública, sendo organizados de acordo com as seguintes diretrizes (art. 2º da Lei n. 8.213/91):

a) acesso universal e igualitário;

b) provimento das ações e serviços através de rede regionalizada e hierarquizada, integrados em sistema único;

c) descentralização, com direção única em cada esfera de governo;

d) atendimento integral, com prioridade para as atividades preventivas, sem prejuízo dos serviços assistenciais;

e) participação da comunidade na gestão, fiscalização e acompanhamento das ações e serviços de saúde;

f) participação da iniciativa privada na assistência à saúde, obedecidos os preceitos constitucionais.

3.2. Finalidade

Garantido através de uma política socioeconômica concentrada na erradicação e prevenção de doenças, tratamento e recuperação das pessoas já debilitadas e, principalmente, na manutenção do estado saudável da população através de alimentação adequada e boas condições de higiene, ao sistema único de saúde compete, além de outras atribuições, nos termos da lei (Constituição Federal, art. 200):

a) controlar e fiscalizar procedimentos, produtos e substâncias de interesse para a saúde e participar da produção de medicamentos, equipamentos, imunobiológicos, hemoderivados e outros insumos;

b) executar as ações de vigilância sanitária e epidemiológica, bem como as de saúde do trabalhador;

c) ordenar a formação de recursos humanos na área de saúde;

d) participar da formulação da política e da execução das ações de saneamento básico;

e) incrementar em sua área de atuação o desenvolvimento científico e tecnológico;

f) fiscalizar e inspecionar alimentos, compreendido o controle de seu teor nutricional, bem como bebidas e águas para consumo humano;

g) participar do controle e fiscalização da produção, transporte, guarda e utilização de substâncias e produtos psicoativos, tóxicos e radioativos;

h) colaborar na proteção do meio ambiente, nele compreendido o do trabalho.

Fundamentação: Constituição Federal/88, arts. 196 a 200; Lei n. 8.212/91, art. 2º; Decreto n. 3.048/99, art. 2º.

Capítulo III

Fontes Formais do Direito Previdenciário

Formas de manifestação do direito, as fontes formais do Direito Previdenciário são essencialmente emanadas do Estado, posto que sua composição se fundamenta em normas de Direito Público.

A fonte de maior hierarquia é, sem dúvida, a Constituição Federal. Seguem-se a ela no âmbito legislativo: Emendas Constitucionais, Leis Complementares, Leis Ordinárias, Leis Delegadas, Medidas Provisórias e Decretos Legislativos.

Na esfera administrativa, são consideradas fontes formais do Direito da Seguridade Social:

— Decretos;

— Portarias (objetivam trazer instruções para a execução das leis, decretos e/ou regulamentos);

— Resoluções (fundamentadas nas portarias, objetivam complementá-las);

— Instruções Normativas (fundamentadas nas portarias, objetivam trazer esclarecimentos adicionais sobre a matéria tratada);

— Ordens de Serviço (fundamentadas em fontes de maior hierarquia objetivam, geralmente, melhor elucidar as questões tratadas pelas Portarias);

— Orientações Normativas (fontes de mesma hierarquia e objetivo que as ordens de serviço);

— Circulares (fonte formal de menor valor hierárquico. Objetivam transmitir regras internas a serem seguidas pelos servidores e nem sempre publicadas no Diário Oficial da União); e

— Pareceres (trabalho técnico, emitido pela Consultoria Jurídica do Ministério pertinente, traz esclarecimentos e posições adotadas sobre matéria de dúvida).

Os costumes, a jurisprudência, a doutrina, o direito comparado e a eqüidade não são considerados fontes formais do Direito Previdenciário, mas sim critérios de integração da ordem jurídica, adotados pelo Juízo quando da existência de lacunas no direito positivado.

Capítulo IV

Normas de Direito Previdenciário — Eficácia no Tempo e no Espaço

1. EFICÁCIA DAS NORMAS PREVIDENCIÁRIAS NO TEMPO

Determina expressamente o § 6º do art. 195 da Constituição Federal de 1988 que as contribuições sociais somente poderão ser exigidas "após decorridos noventa dias da data da publicação da lei que as houver instituído ou modificado, não se lhes aplicando o disposto no art. 150, III, 'b'."

Depreende-se, portanto, que todas as normas referentes ao custeio do sistema de Seguridade Social (aí compreendida a Previdência Social), que venham a instituir novas contribuições ou mesmo alterar alíquotas ou bases de cálculo já existentes, somente poderão ser exigidas depois de decorridos noventa dias de sua publicação. O princípio da anterioridade do exercício financeiro, em que os novos tributos somente são exigidos no exercício posterior ao de sua publicação, previsto no art. 150, III, "b", da Carta Magna, não se aplica às normas previdenciárias, por disposição expressa do mesmo texto constitucional, art. 195, § 6º.

Note-se, portanto, que, caso seja publicada em 10.1.2008 uma determinada norma alterando, por exemplo, a alíquota de contribuição previdenciária devida pelas empresas (de 20% para 25%), o novo percentual entrará em vigor não em 1º.1.2009 (princípio da anterioridade do exercício financeiro — CF/88, art. 150, III, "b"), mas sim em 9.4.2008 (após 90 dias de sua publicação — CF/88, art. 195, § 6º).

Observe-se que a contagem deste prazo (noventa dias) deverá ser efetuada com a inclusão da data da publicação e do último dia do prazo, entrando em vigor no dia subseqüente à sua consumação integral (Lei Complementar n. 107/01, que acrescenta o § 1º ao art. 8º da Lei Complementar n. 95/98).

As demais normas de custeio, que não instituem novas fontes de financiamento da Seguridade Social e que não modificam contribuições já existentes (data de arrecadação das contribuições ou modelo de guia a ser utilizado, por exemplo), bem como também as normas referentes aos benefícios previdenciários, observam por eficácia a data existente na própria norma legal determinando sua entrada em vigor, quando então será esta aplicada obrigatoriamente a todos os eventos por ela convencionados. Inexistente a fixação de data na norma previdenciária, aplicar-se-á a Lei de Introdução ao Código Civil, art. 1º, que determina prazo de quarenta e cinco dias após sua publicação.

2. EFICÁCIA DAS NORMAS PREVIDENCIÁRIAS NO ESPAÇO

Adota-se no direito previdenciário o princípio da territorialidade, sendo as normas legais aplicadas, portanto, em todo o território nacional. Sendo a regra direcionada ao indivíduo, por certo há hipóteses de aplicação extraterritorial, sendo tais situações tratadas expressamente na legislação previdenciária, dado o caráter de exceção que as acompanha.

Regra geral, portanto, a legislação será aplicada a brasileiros e estrangeiros residentes no Brasil. Não poderão ser ignorados, contudo, os acordos ou tratados internacionais celebrados, que poderão prever tanto a não aplicação da legislação previdenciária em território brasileiro quanto sua aplicação no exterior.

2.1. Atividade Profissional Exercida no Exterior

Quando de atividade exercida no exterior, prevê a legislação previdenciária a aplicação obrigatória de suas normas aos seguintes profissionais:

I — brasileiro ou estrangeiro domiciliado e contratado no Brasil para trabalhar como empregado no exterior, em sucursal ou agência de empresa constituída sob as leis brasileiras e que tenha sede e administração no País;

II — brasileiro ou estrangeiro domiciliado e contratado no Brasil para trabalhar como empregado em empresa domiciliada no exterior com maioria do capital votante pertencente à empresa constituída sob as leis brasileiras, que tenha sede e administração no país e cujo controle efetivo esteja em caráter permanente sob a titularidade direta ou indireta de pessoas físicas domiciliadas e residentes no país ou de entidade de direito público interno;

III — brasileiro civil que trabalha para a União no exterior, em organismos oficiais internacionais dos quais o Brasil seja membro efetivo, ainda que lá domiciliado e contratado, salvo se amparado por regime próprio de previdência social;

IV — brasileiro civil que presta serviços à União no exterior, em repartições governamentais brasileiras, lá domiciliado e contratado, inclusive o auxiliar local de que trata a Lei n. 8.745, de 9.12.93, este desde que, em razão de proibição legal, não possa filiar-se ao sistema previdenciário local;

V — o brasileiro civil que trabalha no exterior para organismo oficial internacional do qual o Brasil é membro efetivo, ainda que lá domiciliado e contratado, salvo quando coberto por regime próprio de previdência social.

Fundamentação: Lei n. 8.212/91, art. 12; Lei n. 8.213/91, art. 11; Decreto n. 3.048/99, art. 9º.

2.2. Acordos Internacionais de Previdência Social

Tratados internacionais, ou acordos internacionais, são ajustes bilaterais celebrados entre dois países (Brasil e outro) que, inseridos no contexto da política externa brasileira conduzida pelo Ministério das Relações Exteriores, têm por objetivo principal a garantia dos direitos de Seguridade Social previstos nas legislações dos dois países, especificados no respectivo acordo, aos trabalhadores e dependentes legais, residentes ou em trânsito nos países acordantes.

No Brasil, os Acordos Internacionais são aprovados pelo Congresso Nacional e promulgados e assinados pelo Presidente da República, por meio de Decreto.

Existente o acordo internacional, cada País deverá analisar os pedidos de benefícios apresentados pelos cidadãos, decidindo quanto ao direito e às condições aplicáveis, conforme legislação própria e as especificidades de cada acordo.

Mantém o Brasil Acordo de Previdência Social com os seguintes países:

• *Argentina* — acordo assinado em 20.8.1980, aprovado pelo Decreto Legislativo n. 95, de 5.10.1982. Promulgação pelo Decreto n. 87.918, de 7.12.1982 (vigência em 18.12.1982). Ajuste administrativo assinado em 6.7.1990. Esse acordo foi derrogado em 31.5.2005, dia anterior à entrada em vigor do Acordo Multilateral de Seguridade Social do Mercado Comum do Sul (Mercosul).

• *Ilha de Cabo Verde* — acordo assinado em 7.2.1979 (DOU de 1º.3.1979) e vigência a contar de 7.2.1979.

• *Espanha* — acordo assinado em 16.5.1991, aprovado pelo Decreto Legislativo n. 123, de 2.10.1995. Promulgação pelo Decreto n. 1.689, de 7.11.1995 (vigência em 1º.12.1995).

• *Grécia* — acordo assinado em 12.9.1984, aprovado pelo Decreto Legislativo n. 3, de 23.10.1987. Promulgação pelo Decreto n. 99.088, de 9.3.1990 (vigência em 1º.7.1990). Ajuste administrativo assinado em 16.7.1992.

• *Chile* — acordo assinado em 16.10.1993, aprovado pelo Decreto Legislativo n. 75, de 4.5.1995. Promulgação pelo Decreto n. 1.875, de 25.4.1996 (vigência em 1º.3.1996).

• *Itália* — acordo assinado em 30.1.1974, aprovado pelo Decreto n. 80.138, de 11.8.1977. Vigência em 05.8.1977.

• *Luxemburgo* — acordo assinado em 16.9.1965, aprovado pelo Decreto Legislativo n. 52/66. Promulgação pelo Decreto n. 60.968, de 7.7.1967 (vigência em 1º.8.1967).

• *Uruguai* — acordo assinado em 27.1.1977, aprovado pelo Decreto Legislativo n. 67, de 5.10.1978. Promulgação pelo Decreto n. 85.248, de 13.10.1980 (vigência em 1º.10.1980). Ajuste administrativo assinado em 22.9.1980. Esse acordo foi derrogado em 31.5.2005, dia anterior à entrada em vigor do Acordo Multilateral de Seguridade Social do Mercado Comum do Sul (Mercosul).

• *Portugal* — acordo assinado em 7.5.1991, aprovado pelo Decreto Legislativo n. 95, de 23.12.1992. Promulgação pelo Decreto n. 1.457, de 17.4.1995 (vigência em 25.3.1995). Ajuste administrativo assinado em 7.5.1991.

• *Mercosul (Argentina, Uruguai e Paraguai)* — acordo multilateral assinado em 15.12.1997, aprovado pelo Decreto Legislativo n. 451, de 14.11.2001. Vigência em 1º.5.2005.

A Instrução Normativa INSS n. 20/07 (DOU de 11.10.2007) traz detalhamentos operacionais e regras de cálculo dos benefícios nos artigos 537 a 559.

Capítulo V

Organização da Seguridade Social

As ações nas áreas de Saúde, Previdência Social e Assistência Social, como já observado no Capítulo I desta obra (item 1), se encontram organizadas em Sistema Nacional de Seguridade Social composto por uma estrutura administrativa que lhe garante executar as políticas necessárias ao cumprimento de seu objetivo maior, qual seja: a proteção social.

Tal estrutura, atualmente, é constituída por três Ministérios: Ministério da Previdência Social — MPS, Ministério do Desenvolvimento Social e Combate à Fome (antigo Ministério da Assistência Social, que no governo Fernando Henrique Cardoso era unificado ao Ministério da Previdência Social, compondo o MPAS — Ministério da Previdência e Assistência Social) e Ministério da Saúde — Lei n. 10.683/03, art. 25.

Destacamos, nesta obra, o Ministério da Previdência Social e o INSS, autarquia federal a ele vinculada.

1. MINISTÉRIO DA PREVIDÊNCIA SOCIAL

1.1. Competência

Órgão da administração direta, o Ministério da Previdência Social tem por área de competência os assuntos relacionados à previdência social e à previdência complementar. Integram sua estrutura básica o Conselho Nacional de Previdência Social (CNPS), o Conselho de Recurso da Previdência Social (CRPS), o Conselho de Gestão da Previdência Complementar e até duas secretarias — Lei n. 10.683/03, art. 27, XVIII, c/c art. 29, inciso XVIII, este último com redação dada pela Lei n. 11.457/07.

1.2. Estrutura Organizacional

Compõem a estrutura organizacional do Ministério da Previdência Social — MPS (Decreto n. 5.256/04):

I. Órgãos de assistência direta e imediata ao Ministro de Estado:

a) Gabinete;

b) Secretaria-Executiva:

b.1) Departamento de Tecnologia e Informação;

b.2) Subsecretaria de Planejamento, Orçamento e Administração; e

c) Consultoria Jurídica; e

d) Ouvidoria-Geral da Previdência Social.

II. Órgãos específicos singulares:

a) Secretaria de Previdência Social;

a.1) Departamento do Regime Geral de Previdência Social; e

a.2) Departamento dos Regimes de Previdência no Serviço Público;

b) Secretaria de Previdência Complementar:

b.1) Departamento de Análise de Investimentos;

b.2) Departamento de Contabilidade;

b.3) Departamento de Fiscalização;

b.4) Departamento de Análise e Orientação Jurídica; e

b.5) Departamento de Atuaria;

III. Secretaria da Receita Previdenciária:

a) Departamento de Administração da Receita Previdenciária;

b) Departamento de Fiscalização da Receita Previdenciária;

c) Departamento de Informações Estratégicas; e

d) Assessoria de Estudos Tributários e Normatização;

Obs.: Apesar de o Decreto n. 5.256/04 não ter sido alterado, a Lei n. 11.457/07 extinguiu expressamente a Secretaria da Receita Previdenciária, passando suas atribuições para competência da Secretaria da Receita Federal do Brasil.

IV. Órgãos de Gestão:

a) Comitê de Gestão Estratégica da Previdência Social; e

b) Comitê de Tecnologia e Informação da Previdência Social;

V. Órgãos colegiados:

a) Conselho Nacional de Previdência Social;

b) Conselho de Recursos da Previdência Social; e

c) Conselho de Gestão da Previdência Complementar;

VI. Entidades vinculadas:

a) Autarquia: Instituto Nacional do Seguro Social — INSS; e

b) Empresa Pública: Empresa de Tecnologia e Informações da Previdência Social — Dataprev.

Fundamentação: Decreto n. 5.256, de 27.10.2004 — DOU de 28.10.2004; Decreto n. 3.048/99, art. 7º.

1.3. Competência dos Órgãos

Conforme observado, a estrutura organizacional do Ministério da Previdência Social — MPS envolve órgãos de assistência direta e indireta, cada qual com suas atribuições específicas, detalhadas no Decreto n. 5.256/04. Confira-se:

1.3.1. Órgãos de Assistência Direta e Imediata ao Ministro de Estado

a) Gabinete do Ministro

• Assistir ao Ministro de Estado em sua representação política e social, ocupar-se das relações públicas e do preparo e despacho do seu expediente pessoal;

• Acompanhar o andamento dos projetos de interesse do Ministério, em tramitação no Congresso Nacional;

• Providenciar o atendimento às consultas e aos requerimentos formulados pelo Congresso Nacional;

• Providenciar a publicação oficial e a divulgação das matérias relacionadas com a área de atuação do Ministério;

• Assistir ao Ministro de Estado nos assuntos referentes a acordos internacionais;

• Planejar, coordenar e supervisionar o desenvolvimento das atividades de comunicação social do Ministério; e

• Exercer outras atribuições que lhe forem cometidas pelo Ministro de Estado.

b) Secretaria Executiva

• Assistir ao Ministro de Estado na supervisão e coordenação das atividades das Secretarias integrantes da estrutura do Ministério e das entidades a ele vinculadas;

• Supervisionar e coordenar as atividades relacionadas com os sistemas federais de planejamento e de orçamento, de administração financeira, de contabilidade, de organização e modernização administrativa, de administração de recursos de informação e informática, de recursos humanos e de serviços gerais;

• Gerir o Cadastro Nacional de Informações Sociais;

• Definir políticas, metodologias, controles e normas de segurança e coordenar esforços para o gerenciamento de riscos de fraudes;

• Supervisionar e coordenar os programas e atividades de combate à fraude ou quaisquer atos lesivos à Previdência Social, mediante ações e procedimentos técnicos de inteligência;

• Auxiliar o Ministro de Estado na definição das diretrizes e na implementação das ações da área de competência do Ministério; e

• Aprovar, ouvido o Comitê de Gestão Estratégica da Previdência Social, a política, planos e programas estratégicos de tecnologia e informação, bem como estabelecer normas e diretrizes gerais para a adoção de novos recursos tecnológicos em informática e telecomunicações no âmbito da Previdência Social.

Obs.: A Secretaria-Executiva exerce, ainda, o papel de órgão setorial dos Sistemas de Pessoal Civil da Administração Federal — SIPEC, de Organização e Modernização Administrativa — SOMAD, de Administração dos Recursos de Informação e Informática — SISP, de Serviços Gerais — SISG, de

Planejamento e de Orçamento Federal, de Administração Financeira Federal e de Contabilidade Federal, por intermédio da Subsecretaria de Planejamento, Orçamento e Administração a ela subordinada.

b.1) Departamento de Tecnologia e Informação

• Coordenar, supervisionar, orientar, acompanhar e avaliar a elaboração e execução dos planos, programas, projetos e contratações estratégicas de Tecnologia e Informação da Previdência Social;

• Coordenar a gestão do conhecimento, análise e modelagem de dados e informações no âmbito da Previdência Social;

• Representar institucionalmente a Previdência Social em assuntos de Tecnologia e Informação;

• Presidir o Comitê de Tecnologia e Informação da Previdência Social, oferecendo o apoio técnico e operacional necessário ao seu adequado funcionamento;

• Definir, ouvidas as áreas envolvidas, papéis e responsabilidades na condução dos projetos e atividades de Tecnologia e Informação no âmbito da Previdência Social;

• Formular critérios de avaliação da gestão de Tecnologia e Informação no âmbito da Previdência Social; e

• Supervisionar a implementação do Plano Diretor de Tecnologia e Informação no âmbito do Ministério.

b.2) Subsecretaria de Planejamento, Orçamento e Administração

• Planejar, coordenar e supervisionar a execução das atividades relacionadas com os sistemas federais de organização e modernização administrativa, de recursos humanos, de serviços gerais, de administração dos recursos de informação e informática, de planejamento e de orçamento, de contabilidade e de administração financeira, no âmbito do Ministério;

• Promover a articulação com os órgãos centrais dos sistemas federais referidos no item anterior e informar e orientar os órgãos do Ministério quanto ao cumprimento das normas administrativas estabelecidas;

• Promover a elaboração e consolidação dos planos e programas das atividades de sua área de competência e submetê-los à decisão superior;

• Coordenar a elaboração e a consolidação dos planos e programas das atividades finalísticas do Ministério, seus orçamentos e alterações, e submetê-los à decisão superior;

• Acompanhar e promover a avaliação de projetos e atividades;

• Promover as atividades de execução orçamentária, financeira e contábil, no âmbito do Ministério;

• Promover a evolução da política e administrar os recursos de informação e informática do Ministério;

• Realizar tomadas de contas dos ordenadores de despesas e demais responsáveis por bens e valores públicos e de todo aquele que der causa a perda, extravio ou irregularidade que resulte em dano ao erário; e

• Promover o registro, o tratamento e o controle das operações relativas à administração orçamentária, financeira e patrimonial do Ministério, com vistas à elaboração de demonstrações contábeis, das atividades do Sistema de Contabilidade Federal.

c) Consultoria Jurídica

Órgão setorial da Advocacia-Geral da União, a Consultoria Jurídica tem por atribuições as seguintes:

• Assessorar o Ministro de Estado em assuntos de natureza jurídica;

• Exercer a coordenação das atividades jurídicas do Ministério e das entidades vinculadas;

• Fixar a interpretação da Constituição, das leis, dos tratados e dos demais atos normativos a ser uniformemente seguida em suas áreas de atuação e coordenação, quando não houver orientação normativa do Advogado-Geral da União;

• Elaborar estudos e preparar informações, por solicitação do Ministro de Estado;

• Assistir ao Ministro de Estado no controle interno da legalidade administrativa dos atos a serem por ele praticados ou já efetivados e daqueles oriundos de órgão ou entidade sob sua coordenação jurídica; e

• Examinar, prévia e conclusivamente, no âmbito do Ministério, os textos de edital de licitação, assim como os dos respectivos contratos ou instrumentos congêneres, a serem publicados e celebrados, bem como os atos pelos quais se vá reconhecer a inexigibilidade, ou decidir a dispensa de licitação.

d) Ouvidoria-Geral

• Receber as reclamações, sugestões ou representações relativas à prestação dos serviços afetos à previdência social e adotar o procedimento necessário;

• Receber denúncia de prática de irregularidades e de atos de improbidade administrativa por parte de seus agentes e encaminhar a solução respectiva; e

• Dar a conhecer aos órgãos de direção superior da previdência social as reclamações a respeito das deficiências em suas respectivas áreas que venham do público em geral e dos segurados e contribuintes da previdência social, para a adoção de medidas próprias destinadas a prevenir, reprimir e fazer cessar a conduta inadequada de órgãos e servidores da previdência social e a melhorar a eficácia na prestação do serviço.

1.3.2. Órgãos Específicos Singulares

a) Secretaria de Previdência Social

• Assistir ao Ministro de Estado na formulação da política de previdência social e na supervisão dos programas e atividades das entidades vinculadas;

• Assistir ao Ministro de Estado na proposição de normas gerais para organização e manutenção dos regimes próprios de previdência da União, dos Estados, do Distrito Federal e dos Municípios;

• Elaborar e promover, em articulação com os órgãos envolvidos, a atualização e a revisão dos planos de custeio e benefícios da Previdência Social;

• Orientar, acompanhar, normatizar e supervisionar as ações da previdência social nas áreas de benefícios e arrecadação previdenciária;

• Prestar apoio técnico aos órgãos colegiados do Ministério, na sua área de competência;

• Realizar estudos e subsidiar a formulação de políticas, diretrizes e parâmetros gerais do Sistema de Previdência Social;

• Acompanhar e avaliar as ações estratégicas da previdência social;

• Promover ações de desregulamentação voltadas para a racionalização e a simplificação do ordenamento normativo e institucional da previdência social;

• Orientar, acompanhar, avaliar e supervisionar as ações da previdência social nas áreas do Regime Geral de Previdência Social;

• Orientar, acompanhar e supervisionar os regimes próprios de previdência social dos servidores públicos e dos militares da União, dos Estados, do Distrito Federal e dos Municípios;

• Articular-se com entidades governamentais e organismos nacionais, internacionais e estrangeiros com atuação no campo econômico-previdenciário, para realização de estudos, conferências técnicas, congressos e eventos semelhantes; e

• Aprovar pareceres técnicos emitidos pelos Departamentos da Secretaria.

a.1) Departamento do Regime Geral de Previdência Social

• Coordenar, acompanhar, avaliar e supervisionar as ações do Regime Geral de Previdência Social nas áreas de benefícios e custeio;

• Coordenar, acompanhar e supervisionar a atualização e a revisão dos planos de custeio e benefícios do Regime Geral de Previdência Social;

• Desenvolver projetos de racionalização e simplificação do ordenamento normativo e institucional da previdência social;

• Realizar projeções e simulações das receitas e despesas do Regime Geral de Previdência Social;

• Coletar e sistematizar informações previdenciárias;

• Realizar estudos visando ao aprimoramento do Regime Geral de Previdência Social; e

• Emitir pareceres técnicos sobre matéria de sua competência.

a.2) Departamento dos Regimes de Previdência no Serviço Público

• Coordenar, acompanhar e supervisionar os regimes próprios de previdência social dos servidores públicos e dos militares da União, dos Estados, do Distrito Federal e dos Municípios;

• Realizar estudos técnicos necessários ao aprimoramento dos Regimes de Previdência no Serviço Público;

• Realizar e assessorar a realização de projeções e simulações das receitas e despesas dos regimes próprios de previdência da União, dos Estados, do Distrito Federal e dos Municípios;

• Prestar assistência técnica com vistas ao aprimoramento das bases de dados previdenciárias, a realização de diagnósticos e a elaboração de propostas de reformas dos sistemas previdenciários no serviço público;

• Emitir pareceres para acompanhamento dos resultados apresentados pela União, pelos Estados, pelo Distrito Federal e pelos Municípios na organização dos seus regimes de previdência;

• Administrar o Certificado de Regularidade Previdenciária — CRP, bem como o Processo Administrativo Previdenciário — PAP;

• Fomentar a articulação institucional entre as esferas de governo em matéria de sua competência; e

• Coletar e sistematizar informações dos regimes de previdência no serviço público.

b) Secretaria de Previdência Complementar

• Propor as diretrizes básicas para o Sistema de Previdência Complementar;

• Harmonizar as atividades das entidades fechadas de previdência privada com as políticas de desenvolvimento social e econômico-financeira do Governo;

• Supervisionar, coordenar, orientar e controlar as atividades relacionadas com a previdência complementar fechada;

• Analisar e aprovar os pedidos de autorização para constituição, funcionamento, fusão, incorporação, grupamento, transferência de controle das entidades fechadas de previdência complementar, bem como examinar e aprovar os estatutos das referidas entidades, os regulamentos dos planos de benefícios e suas alterações;

• Examinar e aprovar os convênios de adesão celebrados por patrocinadores e por instituidores, bem como autorizar a retirada de patrocínio; e

• Decretar a administração especial em planos de benefícios operados pelas entidades fechadas de previdência complementar, bem como propor ao Ministro a decretação de intervenção ou liquidação das referidas entidades.

b.1) Departamento de Análise de Investimentos

• Analisar, monitorar e fiscalizar a formulação e execução das políticas de investimentos dos recursos garantidores das reservas técnicas, fundos e provisões dos planos operados pelas entidades fechadas de previdência complementar; e

• Analisar, monitorar e fiscalizar, em seus diversos segmentos de investimentos, as operações e aplicações dos recursos garantidores das reservas técnicas, fundos e provisões dos planos operados pelas entidades fechadas de previdência complementar.

b.2) Departamento de Contabilidade

Ao Departamento de Contabilidade compete examinar, monitorar e fiscalizar as demonstrações contábeis dos planos de benefícios das entidades fechadas de previdência complementar.

b.3) Departamento de Fiscalização

Ao Departamento de Fiscalização compete proceder a fiscalizações, inquéritos, sindicâncias e acompanhamento de regimes especiais referentes às entidades fechadas de previdência complementar e seus planos de previdência.

b.4) Departamento de Análise e Orientação Jurídica

• Análise jurídica dos requerimentos de autorização para constituição, funcionamento, fusão, incorporação, cisão ou qualquer outra forma de reorganização societária das entidades fechadas de previdência complementar, bem como exame jurídico de estatutos e regulamentos dos planos de benefícios dessas entidades previdenciárias e suas respectivas alterações;

• Analisar, do ponto de vista jurídico, os requerimentos de convênios de adesão a planos de entidades fechadas de previdência complementar, transferência de planos de benefícios ou grupos de participantes ou de reservas;

• Análise de consultas e emissão de pareceres sobre as matérias relativas às entidades fechadas de previdência complementar;

• Formulação de instruções e normativos para implementação das normas estabelecidas pelo órgão regulador das entidades fechadas de previdência complementar.

b.5) Departamento de Atuaria

• Monitorar, examinar e fiscalizar as demonstrações atuarias dos planos de benefícios das entidades fechadas de previdência complementar;

• Analisar os procedimentos adotados pelas entidades fechadas de previdência complementar em relação ao custeio de seus planos de benefícios;

• Analisar a constituição das reservas técnicas, provisões e fundos dos planos das entidades fechadas de previdência complementar;

• Propor a adoção de medidas de equacionamento financeiro e atuarial dos planos de benefícios operados pelas entidades fechadas de previdência complementar; e

• Analisar os requerimentos de convênios de adesão a planos de entidades fechadas de previdência complementar, transferência de planos de benefícios ou grupos de participantes ou de reservas.

1.3.3. Secretaria da Receita Previdenciária

Autorizada sua criação pela Medida Provisória n. 222/04 (posteriormente convertida na Lei n. 11.098/05), à Secretaria da Receita Previdenciária competia substituir o INSS em todo o serviço pertinente à arrecadação e cobrança das contribuições previdenciárias, especificadamente:

- Promover a arrecadação, fiscalização e cobrança das contribuições sociais destinadas ao financiamento da previdência social, bem como as relativas a outras entidades e fundos, na forma da legislação em vigor;
- Orientar, coordenar, acompanhar, disciplinar, supervisionar e avaliar as atividades e ações de arrecadação, fiscalização, recuperação de créditos e de lançamento relativas às contribuições por ela administradas;
- Estabelecer diretrizes gerais para o desenvolvimento de planos, programas e metas das atividades de arrecadação, fiscalização e cobrança administrativa das contribuições por ela administradas, bem como desenvolver estudos e ações para combate à sonegação e à evasão fiscais;
- Propor, em conjunto com a Secretaria de Previdência Social, o aperfeiçoamento da legislação tributária relacionada à previdência social e expedir os atos normativos e as instruções necessários à sua execução;
- Elaborar, conjuntamente com a Secretaria de Previdência Social, e em articulação com os demais órgãos envolvidos, o plano de custeio da previdência social;
- Decidir, em primeira instância, sobre processos administrativos de créditos relativos às contribuições sociais por ela administradas;
- Articular-se com entidades governamentais e organismos nacionais, internacionais e estrangeiros com atuação no campo econômico-previdenciário, para realização de estudos, conferências técnicas, congressos e eventos semelhantes;
- Orientar, supervisionar e coordenar as atividades de produção e disseminação de informações estratégicas na área de sua competência, destinadas ao gerenciamento de riscos ou à utilização por órgãos e entidades participantes de operações conjuntas, visando à prevenção e ao combate às fraudes e práticas delituosas no âmbito da previdência social;
- Assistir, conjuntamente com a Secretaria de Previdência Social, ao Ministro de Estado na formulação da política econômico-tributária, no âmbito da previdência social;
- Definir a localização das suas unidades descentralizadas, bem como propor a sua criação; e
- Desenvolver análises voltadas às oscilações, variáveis e tendências econômicas que influenciam na arrecadação das contribuições por ela administradas.

No entanto, com a publicação da Lei n. 11.457/07 (DOU de 19.3.2007), foram unificadas a Receita Previdenciária e a Receita Federal, criando-se a Secretaria da Receita Federal do Brasil, restando aquela expressamente extinta.

1.3.4. Órgãos de Gestão

a) Comitê de Gestão Estratégica da Previdência Social

- Deliberar sobre políticas, diretrizes, planos, programas e projetos que tenham por finalidade a modernização e o aprimoramento da gestão da Previdência Social no Brasil;

• Formular diretrizes estratégicas para o aperfeiçoamento dos procedimentos de gestão visando a melhoria na qualidade dos produtos e serviços oferecidos pela Previdência Social;

• Deliberar sobre a adoção de mecanismos institucionais pelos quais seja garantida a necessária integração de esforços entre as diferentes áreas que compõem o sistema de Previdência Social brasileiro;

• Promover a adoção de metodologias e procedimentos de gestão que propiciem o permanente monitoramento e avaliação das ações no âmbito da Previdência Social; e

• Exercer outras atribuições que lhe forem cometidas pelo Ministro de Estado da Previdência Social.

b) Comitê de Tecnologia e Informação da Previdência Social

• Deliberar sobre políticas, diretrizes, planos, programas e projetos estratégicos de tecnologia e informação no âmbito do Ministério e de suas entidades vinculadas;

• Estabelecer diretrizes, normas, padrões e metodologias de uso de tecnologias de informação no âmbito da Previdência Social;

• Analisar e aprovar planos de aquisição de bens e serviços de tecnologia e informação, de natureza estratégica, a serem utilizados pelo Ministério, INSS e Dataprev;

• Deliberar sobre as normas de seu funcionamento, sob a forma de regimento interno; e

• Exercer as funções que lhe forem atribuídas pelo Ministro de Estado.

1.3.5. Órgãos Colegiados

a) Conselho Nacional de Previdência Social

Órgão superior de deliberação colegiada, criado pela Lei n. 8.213/91, o Conselho Nacional de Previdência Social possui a seguinte composição:

a) seis representantes do Governo Federal;

b) nove representantes da sociedade civil (3 representantes dos aposentados e pensionistas; 3 representantes dos trabalhadores em atividade e 3 representantes dos empregadores).

Os membros do Conselho e seus respectivos suplentes são nomeados pelo Presidente da República, tendo os representantes, titulares da sociedade civil, mandato de dois anos e podendo ser reconduzidos, de imediato, uma única vez. Os representantes dos trabalhadores em atividade, dos aposentados, dos empregadores e seus respectivos suplentes serão indicados pelas centrais sindicais e confederações nacionais.

As reuniões ordinárias do Conselho Nacional de Previdência Social são realizadas uma vez por mês, por convocação de seu Presidente, não podendo ser adiada a reunião por mais de quinze dias se houver requerimento nesse sentido da maioria dos conselheiros. As reuniões somente serão iniciadas com a presença da maioria absoluta de seus membros, sendo exigida para deliberação a maioria simples dos votos.

Poderá ser convocada reunião extraordinária por seu Presidente ou a requerimento de um terço de seus membros, conforme dispuser seu regimento interno.

Aos membros do CNPS, enquanto representantes dos trabalhadores em atividade, titulares e suplentes, é assegurada a estabilidade no emprego, da nomeação até um ano após o término do mandato de representação, somente podendo ser demitidos por motivo de falta grave, regularmente comprovada através de processo judicial. As ausências ao trabalho decorrentes das atividades do Conselho serão abonadas, computando-se como jornada efetivamente trabalhada para todos os fins e efeitos legais.

Ao Conselho Nacional de Previdência Social compete:

- Estabelecer diretrizes gerais e apreciar as decisões de políticas aplicáveis à Previdência Social;
- Participar, acompanhar e avaliar sistematicamente a gestão previdenciária;
- Apreciar e aprovar os planos e programas da Previdência Social;
- Apreciar e aprovar as propostas orçamentárias da Previdência Social, antes de sua consolidação na proposta orçamentária da Seguridade Social;
- Acompanhar e apreciar, através de relatórios gerenciais por ele definidos, a execução dos planos, programas e orçamentos no âmbito da Previdência Social;
- Acompanhar a aplicação da legislação pertinente à Previdência Social;
- Apreciar a prestação de contas anual a ser remetida ao Tribunal de Contas da União, podendo, se for necessário, contratar auditoria externa;
- Estabelecer os valores mínimos em litígio, acima dos quais será exigida a anuência prévia do Procurador-Geral ou do Presidente do INSS para formalização de desistência ou transigência judiciais, conforme o disposto no art. 132 da Lei n. 8.213/91; e
- Elaborar e aprovar seu regimento interno;
- Aprovar os critérios de arrecadação e de pagamento dos benefícios por intermédio da rede bancária ou por outras formas; e
- Acompanhar e avaliar os trabalhos de implantação e manutenção do Cadastro Nacional de Informações Sociais — CNIS.

Obs.: As decisões proferidas pelo CNPS deverão ser publicadas no Diário Oficial da União.

O Conselho Nacional de Previdência Social — CNPS contava, até a extinção provocada pela Medida Provisória n. 1.799-5, de 13.5.1999 (atualmente MP n. 2.216-37, de 31.8.2001), com o auxílio dos Conselhos Estaduais e dos Conselhos Municipais de Previdência Social, respectivamente CEPS e CMPS, órgãos de deliberação colegiada e subordinados ao CNPS.

Obs.: Conforme art. 2º da Emenda Constitucional n. 32/01, a Medida Provisória n. 2.216-37/01 não necessita ser reeditada, mantendo-se em vigor até que medida provisória ulterior a revogue explicitamente ou até deliberação definitiva do Congresso Nacional.

a.1) Conselhos de Previdência Social — CPS

Instituídos como unidades descentralizadas do Conselho Nacional de Previdência Social — CNPS, os Conselhos de Previdência Social — CPS funcionam junto às Gerências-Executivas do INSS ou, na hipótese de haver mais de uma Gerência no mesmo Município, às Superintendências Regionais.

Os CPS são compostos por dez conselheiros e respectivos suplentes, da seguinte forma:

a) quatro representantes do Governo Federal; e

b) seis representantes da sociedade (dois empregadores; dois empregados; e dois aposentados e pensionistas).

Também nos CPS os representantes dos trabalhadores, aposentados e empregadores deverão ser indicados pelas respectivas entidades sindicais ou associações representativas, após o que serão designados pelo Gerente-Executivo ou pelo Superintendente.

Os CPS possuem caráter consultivo e de assessoramento e as funções dos conselheiros não serão remuneradas, sendo, no entanto, seu exercício considerado como serviço público relevante.

Fundamentação: Decreto n. 5.256, de 27.10.2004 — DOU de 28.10.2004; Lei n. 8.213/91, arts. 3º, 4º, 7º e 8º; Decreto n. 3.048/99, arts. 295 a 302.

b) Conselho de Recursos da Previdência Social

Regulamentado pelo Decreto n. 3.048/99 (arts. 303 e 304), com as alterações procedidas pelos Decretos ns. 3.452/00; 3.668/00; 4.729/03; Decreto n. 5.254/04 e Decreto n. 5.699/06, o Conselho de Recursos da Previdência Social é órgão de controle jurisdicional das decisões do INSS, nos processos de interesse dos beneficiários e dos contribuintes da seguridade social, compreendendo os seguintes órgãos:

I — 29 Juntas de Recursos, com a competência de julgar, em *primeira instância*, os recursos ordinários interpostos contra as decisões do INSS em matéria de benefícios previstos na legislação previdenciária, dos benefícios assistenciais de prestação continuada previstos no art. 20 da Lei n. 8.742/93 e também da aplicação das regras do nexo técnico epidemiológico de que trata o § 13 do art. 337 do Decreto n. 3.048/99.

Constitui alçada exclusiva das Juntas de Recursos, não comportando recurso à instância superior, as seguintes decisões colegiadas:

a) fundamentada exclusivamente em matéria médica, quando os laudos ou pareceres emitidos pela Assessoria Médica da Junta de Recursos e pelos Médicos Peritos do INSS apresentarem resultados convergentes; e

b) proferida sobre reajustamento de benefício em manutenção, em consonância com os índices estabelecidos em lei, exceto quando a diferença na Renda Mensal Atual — RMA decorrer de alteração da Renda Mensal Inicial — RMI.

Obs.: O acréscimo de uma Junta de Recursos se deu com a publicação do Decreto n. 5.254, de 27.10.2004 — DOU de 28.10.2004, o qual altera a redação do inciso I do § 1º do art. 303 do Regulamento da Previdência Social (Decreto n. 3.048/99). Até então o CRPS era composto apenas por 28 Juntas de Recursos.

II — 4 Câmaras de Julgamento, com sede em Brasília, com a competência para julgar, em *segunda instância*, os recursos especiais interpostos contra as decisões das Juntas de Recursos.

III — Conselho Pleno, com a competência para uniformizar a jurisprudência administrativa previdenciária através de enunciados; dirimir as divergências de entendimento jurisprudencial entre as Câmaras de Julgamento, por provocação de qualquer Conselheiro integrante das Câmaras ou da parte, por meio de uniformização de jurisprudência; deliberar acerca da perda de mandato de Conselheiros, nos casos em que o Presidente do CRPS entender necessário submeter à decisão do colegiado.

Obs.: O Regimento Interno do Conselho de Recursos da Previdência Social foi aprovado pela Portaria MPS n. 88, de 22.1.2004 — DOU de 28.1.2004. No mesmo Diário Oficial da União (28.1.2004) foi ainda publicado o Provimento MPS/CRPS n. 55, de 26.1.2004, determinando que a 2ª e a 4ª Câmaras do Conselho de Recursos são competentes para julgar recursos relativos a matéria de interesse dos contribuintes da Previdência Social. Atualmente, o Regimento Interno encontra-se na Portaria MPS n. 323, de 27.8.2007 — DOU de 29.8.2007.

Preside o Conselho um representante do Governo, com notório conhecimento da legislação previdenciária, nomeado pelo Ministro de Estado da Previdência Social, cabendo-lhe dirigir os serviços administrativos do órgão.

As Juntas e as Câmaras, presididas por representante do Governo, são compostas por quatro membros, denominados conselheiros, nomeados pelo Ministro de Estado da Previdência e Assistência Social, sendo dois representantes do Governo, um das empresas e um dos trabalhadores.

O mandato dos membros do Conselho de Recursos da Previdência Social é de dois anos, permitida a recondução, atendidas as seguintes condições (Decreto n. 3.048/99, art. 303, § 5º):

a) os representantes do Governo são escolhidos entre servidores federais, preferencialmente do Ministério da Previdência Social ou do INSS, com curso superior em nível de graduação concluído e notório conhecimento da legislação previdenciária, que prestarão serviços exclusivos ao Conselho de Recursos da Previdência Social, sem prejuízo dos direitos e vantagens do respectivo cargo de origem;

b) os representantes classistas, que deverão ter nível superior (exceto os representantes dos trabalhadores rurais, que deverão ter nível médio), são escolhidos dentre os indicados, em lista tríplice, pelas entidades de classe ou sindicais das respectivas jurisdições, e manterão a condição de segurados do Regime Geral de Previdência Social; e

c) o afastamento do representante dos trabalhadores da empresa empregadora não constitui motivo para alteração ou rescisão contratual.

Fundamentação: Decreto n. 5.256, de 27.10.2004 — DOU de 28.10.2004; Decreto n. 3.048/99, arts. 303 e 304.

c) Conselho de Gestão da Previdência Complementar

Ao Conselho de Gestão da Previdência Complementar compete deliberar, coordenar, controlar e avaliar a execução da política de previdência complementar das entidades fechadas de previdência privada, e, em especial, exercer as competências estabelecidas no art. 74 da Lei Complementar n. 109/01.

2. INSTITUTO NACIONAL DO SEGURO SOCIAL — INSS

O Instituto Nacional do Seguro Social — INSS, autarquia federal com sede em Brasília e vinculada ao Ministério da Previdência Social, foi instituído com fundamento no artigo 14 da Lei n. 8.29, de 12.4.1990 (resultado da fusão do Instituto de Administração da Previdência e Assistência Social — IAPAS, com o Instituto Nacional de Previdência Social — INPS), consistindo sua finalidade em:

• Promover a arrecadação, a fiscalização e a cobrança das contribuições sociais destinadas ao financiamento da Previdência Social, na forma da legislação em vigor; e

• Promover o reconhecimento, pela Previdência Social, de direito ao recebimento de benefícios por ela administrados, assegurando agilidade, comodidade aos seus usuários e ampliação do controle social.

No entanto, em 5.10.2004 foi publicada no Diário Oficial da União a Medida Provisória n. 222, de 4.10.2004, autorizando o Poder Executivo a criar a Secretaria da Receita Previdenciária (ver subitem 1.3.3, deste Capítulo), no âmbito do Ministério da Previdência Social, dentre outras medidas. Com a criação da referida Secretaria, todas as atribuições referentes à arrecadação das receitas previdenciárias (incluindo fiscalização e cobrança) deixaram de ser da competência do INSS, que até então, e desde sua criação em 1990, acumulava as funções de arrecadação e distribuição de benefícios, como visto acima.

A MP n. 222/04 transferiu, assim, da estrutura do INSS para a estrutura do Ministério da Previdência Social (MPS) todos os órgãos e unidades técnicas e administrativas que se encontravam vinculados à Diretoria da Receita Previdenciária e à Coordenação-Geral de Recuperação de Créditos, ou que estavam exercendo atividades relacionadas com a área de competência das referidas Diretoria e Coordenação-Geral, inclusive no âmbito de suas unidades descentralizadas.

Em face desta modificação, o INSS passou a ter como finalidade apenas a promoção do reconhecimento, pela Previdência Social, de direito ao recebimento de benefícios por ela administrados, assegurando agilidade, comodidade aos seus usuários e ampliação do controle social, ficando revogado o Decreto n. 4.688/03, que até então regulamentava sua estrutura organizacional. Atualmente a estrutura regimental e o quadro demonstrativo dos cargos em comissão do INSS se encontram dispostos no Decreto n. 5.257/04 (DOU de 28.10.2004).

A Secretaria da Receita Previdenciária, por sua vez, acabou sendo extinta pela Lei n. 11.457/07, que, unificando esta Secretaria à da Receita Federal, criou a Secretaria da Receita Federal do Brasil.

2.1. Estrutura Organizacional

Como mencionado, a estrutura organizacional do Instituto Nacional do Seguro Social — INSS se encontra aprovada pelo Decreto n. 5.257, de 27.10.2004 — DOU de 28.10.2004, e também na Portaria MPS n. 26, de 19.1.2007 — DOU de 22.1.2007, sendo composta pelos seguintes órgãos:

I — órgãos de assistência direta e imediata ao Presidente:

a) Gabinete;

b) Coordenação-Geral de Planejamento e Gestão Estratégica; e

c) Coordenação-Geral de Tecnologia da Informação;

II — órgãos seccionais:

a) Procuradoria Federal Especializada:

1. Procuradorias Regionais; e

2. Procuradorias Seccionais;

b) Corregedoria-Geral;

c) Auditoria-Geral;

d) Diretoria de Orçamento, Finanças e Logística; e

e) Diretoria de Recursos Humanos;

III — órgãos específicos singulares:

a) Diretoria de Benefícios; e

b) Diretoria de Atendimento;

IV — unidades e órgãos descentralizados:

a) Gerências Regionais;

b) Gerências-Executivas;

c) Agências da Previdência Social;

d) Agências da Previdência Social de Benefícios por Incapacidade;

e) Agências da Previdência Social de Atendimento de Demandas Judiciais;

f) Auditorias Regionais; e

g) Corregedorias Regionais.

2.1.1. Direção e Nomeação

O INSS é dirigido por uma Diretoria Colegiada composta por um Diretor-Presidente e quatro diretores, nomeados pelo Presidente da República. O Procurador-Chefe é nomeado pelo Presidente da República, precedido da anuência do Advogado-Geral da União.

A nomeação do Auditor-Geral e do Corregedor-Geral será precedida da anuência do Ministro de Estado do Controle e da Transparência.

Cabe ao Presidente indicar e nomear o Chefe de Gabinete, os Coordenadores Gerais, o Gerente de Projeto, os Assessores e os Gerentes Regionais.

Os cargos em comissão e as funções gratificadas integrantes das Gerências-Executivas e Agências da Previdência Social, fixas e móveis, serão providos, exclusivamente, por servidores ocupantes de cargos efetivos pertencentes ao quadro de pessoal do INSS ou do Ministério da Previdência Social.

2.1.2. Competência dos Órgãos

As competências detalhadas de cada órgão que integra a estrutura do INSS encontram-se dispostas na Portaria MPS n. 26, de 19.1.2007 (DOU de 22.1.2007), cujo Anexo contém o Regimento Interno do INSS.

Parte II

Contribuintes e Beneficiários

Capítulo VI

Contribuintes Obrigatórios e Facultativos — Filiação e Inscrição

1. CONTRIBUINTES OBRIGATÓRIOS

1.1. Pessoas físicas

O Regime Geral de Previdência Social tem por segurados obrigatórios todas as pessoas físicas que exercem atividade remunerada, sejam estes trabalhadores empregados ou não.

Na condição de segurados, esses indivíduos contribuem obrigatoriamente para o Sistema de Seguridade Social, podendo ser classificados em: empregados, empregados domésticos, contribuintes individuais, trabalhadores avulsos e segurados especiais.

1.1.1. Empregados

São considerados "segurados empregados" para o Regime Geral de Previdência Social, e, nesta qualidade, contribuintes obrigatórios para o sistema:

I. Atividade exercida no Brasil:

a) aquele que presta serviço de natureza urbana ou rural a empresa, em caráter não eventual, sob sua subordinação e mediante remuneração, inclusive como diretor empregado;

Obs.: Este conceito, constante da alínea "a" do inciso I do art. 12 da Lei n. 8.212/91 se assemelha ao conceito de empregado trazido pelo art. 3º da Consolidação das Leis do Trabalho.

b) aquele que, contratado por empresa de trabalho temporário, por prazo não superior a três meses, prorrogável, presta serviço para atender à necessidade transitória de substituição de pessoal regular e permanente ou a acréscimo extraordinário de serviço de outras empresas, na forma da Lei n. 6.019/74;

Obs.: O trabalhador temporário, no período compreendido entre 11.6.1973 a 12.3.1974 (véspera da publicação do Decreto n. 73.841/74, que regulamentou a Lei n. 6.019/74), era enquadrado como trabalhador autônomo, ficando a empresa tomadora de serviço excepcionalmente responsável pelo recolhimento das contribuições previdenciárias — IN INSS n. 20/07, art. 3º, inciso VI.

c) aquele que presta serviço no Brasil a missão diplomática ou a repartição consular de carreira estrangeira e a órgãos a elas subordinados, ou a membros dessas missões e repartições, excluídos o não-brasileiro sem residência permanente no Brasil e o brasileiro amparado pela legislação previdenciária do país da respectiva missão diplomática ou repartição consular;

d) o bolsista e o estagiário que prestam serviços à empresa, em desacordo com a Lei n. 6.494, de 7.12.1977;

e) o servidor civil titular de cargo efetivo ou o militar da União, dos Estados, do Distrito Federal ou dos municípios, bem como o das respectivas autarquias e fundações de direito público, desde que, nessa qualidade, não esteja amparado por regime próprio de previdência social;

f) o servidor da União, Estado, Distrito Federal ou Município, incluídas suas autarquias e fundações, ocupante de emprego público;

g) o escrevente e o auxiliar contratados por titular de serviços notariais e de registro a partir de 21.11.94, bem como aquele de investidura estatutária ou de regime especial que optou pelo regime da legislação trabalhista, em conformidade com a Lei n. 8.935, de 18.11.94;

h) o escrevente e o auxiliar contratados até 20.11.1994 por titular de serviços notariais e de registro, sem relação de emprego com o Estado;

i) o empregado de organismo oficial internacional ou estrangeiro em funcionamento no Brasil, salvo quando coberto por regime próprio de previdência social, a partir de 1º.3.2000, em decorrência da Lei n. 9.876/99;

Obs. I: Até 28.11.1999 o empregado de que trata a letra "i", *supra*, era considerado equiparado ao trabalhador autônomo. E no período compreendido entre 29.11.1999 e 28.2.2000, contribuinte individual.

Obs. II: Entende-se por regime próprio de previdência social, para fins do enquadramento de que trata a letra "i", *supra*, aquele garantido pelo organismo oficial internacional ou estrangeiro, independentemente de quais sejam os benefícios assegurados pelo organismo.

j) o servidor da União (incluídas suas autarquias e fundações de direito público) ocupante, exclusivamente, de cargo em comissão declarado em lei de livre nomeação e exoneração:

- Até 7.93, quando não amparado por regime próprio de previdência social, nessa condição;
- A partir de 8.93, em decorrência da Lei n. 8.647/93.

Obs.: Esta vinculação do servidor público ocupante de cargo em comissão ao Regime Geral de Previdência Social — RGPS — se encontra expressamente prevista também no § 13 do art. 40 da Constituição Federal/88.

k) o servidor da União (incluídas suas autarquias e fundações de direito público), ocupante de emprego público e, a partir de 10.12.1993, em decorrência da Lei n. 8.745/93, o contratado por tempo determinado para atender a necessidade temporária de excepcional interesse público, nos termos do inciso IX do art. 37 da CF/88;

Obs. I: Até 9.12.1993 o servidor contratado pela União (incluídas suas autarquias e fundações) por tempo determinado, para atender a necessidade temporária nos termos do inciso IX do art. 37 da CF/88 era considerado como trabalhador autônomo.

Obs. II: Todos os prestadores de serviços eventuais dos órgãos públicos se encontram obrigatoriamente vinculados ao RGPS, na condição de "empregados", desde 10.12.1993, data de publicação da Lei n. 8.745 — IN INSS n. 20/07, art. 3º, inciso VII.

l) o servidor dos Estados, do Distrito Federal ou dos Municípios, incluídas suas autarquias e fundações de direito público, assim considerado o ocupante, exclusivamente, de cargo em comissão declarado em lei de livre nomeação e exoneração; o ocupante de emprego público; o contratado por tempo determinado para atender a necessidade temporária de excepcional interesse público e, finalmente, o servidor estável não titular de cargo efetivo, por força do art. 19 do Ato das Disposições Constitucionais Transitórias:

• Até 15.12.1998, desde que não amparado por regime próprio de previdência social, nessa condição;

• A partir de 16.12.1998, por força da Emenda Constitucional n. 20/98.

m) o detentor de mandato eletivo federal, em decorrência da Lei n. 9.506/97 (desde que não vinculado a Regime Próprio de Previdência Social), a partir de 1º.2.1999;

Obs. I: A previsão legal de enquadramento dos detentores de mandato eletivo consta do art. 12 da Lei n. 8.212/91, alíneas "h" e "j". A alínea "h" foi suspensa pela Resolução n. 26, de 21.6.2005 (DOU de 22.6.2005), do Senado Federal, em virtude da declaração de inconstitucionalidade em decisão definitiva do STF, nos autos do Recurso Extraordinário n. 351.717-1/PR. A alínea "j", contudo, foi inserida pela Lei n. 10.887/04 (idêntica redação da alínea "h") e não foi objeto da ação de inconstitucionalidade. A Secretaria da Receita Previdenciária publicou, em 18.9.2006, a Instrução Normativa n. 15, determinando a possibilidade de restituição das contribuições efetuadas até a data de 18.9.2004 (dia anterior à vigência das contribuições instituídas pela Lei n. 10.887/04). As contribuições efetuadas a contar de 19.9.2004 permanecem válidas, com fundamento na alínea "j" do art. 12 da Lei n. 8.212/91. Atualmente disciplinam sobre o tema a IN SRP n. 3/05 e a IN INSS n. 20/07.

n) o detentor de mandato eletivo estadual ou municipal, em decorrência da Lei n. 9.506/97 (desde que não vinculado a Regime Próprio de Previdência Social), a partir de 1º.2.1998;

Obs. I: A partir de 16.12.1998, o vereador que exercer, concomitantemente, mandato eletivo e cargo efetivo, deverá filiar-se ao RGPS pelo exercício do mandato eletivo e ao regime próprio de previdência social pelo exercício do cargo efetivo ou ao RGPS por ambas as atividades na hipótese do município a que esteja vinculado não possuir regime próprio de previdência social.

Obs. II: A previsão legal de enquadramento dos detentores de mandato eletivo consta do art. 12 da Lei n. 8.212/91, alíneas "h" e "j". A alínea "h" foi suspensa pela Resolução n. 26, de 21.6.2005 (DOU de 22.6.2005), do Senado Federal, em virtude da declaração de inconstitucionalidade em decisão definitiva do STF, nos autos do Recurso Extraordinário n. 351.717-1/PR. A alínea "j", contudo, foi inserida pela Lei n. 10.887/04 (idêntica redação da alínea "h") e não foi objeto da ação de inconstitucionalidade. A Secretaria da Receita Previdenciária publicou, em 18.9.2006, a IN n. 15, determinando a possibilidade de restituição das contribuições efetuadas até a data de 18.9.2004 (dia anterior à vigência das contribuições instituídas pela Lei n. 10.887/04). As contribuições efetuadas a contar de 19.9.2004 permanecem válidas, com fundamento na alínea "j" do art. 12 da Lei n. 8.212/91. Atualmente disciplinam sobre o tema a IN SRP n. 3/05 e a IN INSS n. 20/07.

o) a partir de 3.2000, o ocupante de cargo de Ministro de Estado, de Secretário Estadual, Distrital ou Municipal, desde que não amparado por regime próprio de previdência social pelo exercício de cargo efetivo do qual se tenha afastado para assumir essa função, em decorrência da Lei n. 9.876/99 — IN SRP n. 3/05, art. 6º, XX;

p) o contratado por titular de serventia da Justiça, sob o regime da legislação trabalhista, e qualquer pessoa que, habitualmente, lhe presta serviços remunerados, sob sua dependência, sem relação de emprego com o Estado, a partir de 1º.1.1967 — IN INSS n. 20/07, art. 3º, XI;

q) o médico-residente ou o residente em área profissional da saúde que prestam serviços em desacordo, respectivamente, com a Lei n. 6.932, de 1981, na redação dada pela Lei n. 10.405, de 2002, ou com a Lei n. 11.129, de 2005 — IN SRP n. 3/05, art. 6º, XXV;

Obs.: Residência médica, conforme disposto na Lei n. 6.932/81, com a redação da Lei n. 10.405/2002, é a modalidade de ensino de pós-graduação, destinada a médicos, sob a forma de cursos de especialização, caracterizada por treinamento em serviço, funcionando sob a responsabilidade de instituições de saúde, universitárias ou não, sob a orientação de profissionais médicos.

r) o médico ou o profissional da saúde, plantonista, independentemente da área de atuação, do local de permanência ou da forma de remuneração — IN SRP n. 3/05, art. 6º, XXVI;

s) o diretor empregado de empresa urbana ou rural (assim considerado aquele que for eleito como diretor de sociedade de cotas por responsabilidade limitada) que, participando ou não do risco econômico do empreendimento, seja contratado ou promovido para cargo de direção de sociedade anônima, mantendo as características inerentes à relação de emprego — IN SRP n. 3/05, art. 6º, XXVII;

t) o treinador profissional de futebol, independente de acordos firmados, nos termos da Lei n. 8.650/93 — IN SRP n. 3/05, art. 6º, XXVIII;

u) o trabalhador aprendiz, com idade de 14 a 24 anos, sujeito à formação técnica-profissional metódica, sob a orientação de entidade qualificada, nos termos das Leis ns. 10.097/00 e 11.180/05 e dos arts. 428 a 433 da CLT;

Obs.: A contratação como aprendiz, nos termos da Lei n. 10.097/00, poderá ser efetivada pela empresa onde se realizará a aprendizagem ou pelas entidades sem fins lucrativos, que têm por objetivo a assistência ao adolescente e a educação profissional, caso em que não gera vínculo de emprego com a empresa tomadora dos serviços.

v) o empregado de conselho, de ordem ou de autarquia de fiscalização no exercício de atividade profissional, a contar de 1º.4.1968, data em que entrou em vigor a Lei n. 5.410;

x) o trabalhador contratado no exterior para trabalhar no Brasil em empresa constituída e funcionando em território nacional segundo as leis brasileiras, ainda que com salário estipulado em moeda estrangeira, salvo se amparado pela previdência social de seu país de origem, observado o disposto nos acordos internacionais porventura existentes — IN INSS n. 20/07, art. 3º, VIII;

II. Atividade exercida no exterior

a) o brasileiro ou o estrangeiro domiciliado e contratado no Brasil para trabalhar como empregado no exterior, em sucursal ou agência de empresa constituída sob as leis brasileiras e que tenha sede e administração no Brasil;

b) o brasileiro ou o estrangeiro domiciliado e contratado no Brasil para trabalhar como empregado em empresa domiciliada no exterior com maioria do capital votante pertencente à empresa constituída sob as leis brasileiras, que tenha sede e administração no País (Brasil) e cujo controle efetivo esteja em caráter permanente sob a titularidade direta ou indireta de pessoas físicas domiciliadas e residentes no País (Brasil) ou de entidade de direito público interno;

c) o brasileiro civil que trabalha para a União no exterior, em organismos oficiais internacionais dos quais o Brasil seja membro efetivo, ainda que lá domiciliado e contratado, salvo se amparado por regime próprio de previdência social ou se for segurado na forma da legislação vigente do país do domicílio;

d) o brasileiro civil que presta serviços à União no exterior, em organismos oficiais brasileiros (repartições governamentais, missões diplomáticas, repartições consulares, entre outros), lá domiciliado e contratado, inclusive o auxiliar local de que trata o art. 56 da Lei n. 11.440, de 29 de dezembro de 2006, lá domiciliados e contratados, salvo se segurados na forma da legislação vigente do país do domicílio.

Obs.: A contar de 10.12.1993 o auxiliar local de nacionalidade brasileira se encontra filiado ao RGPS por força do art. 67 da Lei n. 7.501/86, na redação dada pelo art. 13 da Lei n. 8.745/93, desde que, em razão de proibição legal, não possa filiar-se ao sistema previdenciário do local do domicílio. Também disciplinam sobre o tema as Portarias Interministeriais n. 452, de 25 de agosto de 1995; n. 32, de 10 de junho de 1998; n. 2.640, de 13 de agosto de 1998; n. 774, de 4 de dezembro de 1998, e Portaria Conjunta n. 4, de 29 de julho de 1999.

Para os efeitos das letras "c" e "d", entende-se por regime próprio de previdência social aquele garantido pelo organismo oficial internacional ou estrangeiro, independente de quais sejam os benefícios assegurados pelo organismo.

Observações gerais:

1) O servidor civil ocupante de cargo efetivo e o militar não serão considerados segurados obrigatórios do RGPS se estiverem amparados por regime próprio de Previdência Social. No entanto, caso venham a exercer, concomitantemente, uma ou mais atividades abrangidas pelo RGPS, então se tornarão segurados obrigatórios em relação a essas atividades.

2) Na hipótese de o servidor público, vinculado a regime próprio de previdência social exercer, concomitantemente, o mandato eletivo no cargo de vereador, será obrigatoriamente filiado ao RGPS em razão do cargo eletivo, devendo contribuir para o RGPS sobre a remuneração recebida pelo exercício do mandato eletivo e para o RPPS sobre a remuneração recebida pelo exercício do cargo efetivo (IN SRP N. 3/05, art. 6º, § 2º).

3) Quanto à filiação do servidor civil ou militar cedido ou requisitado para órgão ou entidade, deverá ser observado o seguinte (Instrução Normativa SRP n. 3/05, art. 6º):

• até 15.12.1998, contribuía para o RGPS caso não fosse amparado por RPPS no órgão cessionário ou requisitante, relativamente à remuneração recebida neste órgão ou entidade;

• a partir de 16.12.1998, em decorrência da Emenda Constitucional n. 20/98, até 28.11.1999, contribuía para o RGPS relativamente à remuneração recebida da entidade ou do órgão para o qual foi cedido ou requisitado, ressalvado o disposto no § 12 do art. 6º da referida IN;

• a partir de 29.11.1999, em decorrência da Lei n. 9.876/99, até 27.8.2000, permanece vinculado ao regime de origem, para o qual são devidas suas contribuições, desde que o regime previdenciário do órgão cessionário ou requisitante não permita sua filiação na condição de servidor cedido; e

• a partir de 28.8.2000, em decorrência da Medida Provisória n. 2.043-21, de 25 de agosto de 2000, que acrescentou o art. 1º-A à Lei n. 9.717/98, permanece vinculado ao regime de origem.

4) O servidor público da União, dos estados, do Distrito Federal, dos municípios, inclusive suas autarquias e fundações de direito público, amparado por regime próprio de previdência social, quando requisitado pela Justiça Eleitoral, permanecerá vinculado ao regime de origem, por força do art. 9º da Lei n. 6.999, de 7 de junho de 1982 — IN SRP n. 3/05, art. 6º, § 4º.

Fundamentação: Lei n. 8.212/91, art. 12, inciso I e art. 13, com as alterações da Lei n. 10.887/04; Lei n. 8.213/91, arts. 11, inciso I, e 12; Decreto n. 3.048/99, arts. 9º, inciso I, 10 e 191; Instrução Normativa SRP n. 3/05, art. 6º; Instrução Normativa INSS n. 20/07, art. 3º.

1.1.2. Empregados domésticos

Os empregados domésticos, assim considerados pela legislação previdenciária como *"aqueles que prestam serviços de natureza contínua, mediante remuneração, a pessoa ou família, no âmbito residencial desta, em atividade sem fins lucrativos"*, também tem por obrigatoriedade a participação como segurado da Previdência Social e a respectiva contribuição para o Sistema de Seguridade Social.

Do conceito trazido pelo legislador verificamos, portanto, a necessidade da existência de quatro requisitos básicos para a caracterização do vínculo empregatício doméstico, quais sejam:

1 — A natureza do serviço a ser prestado deverá ser contínua, ou seja, não poderá ser um trabalho eventual, episódico, existente apenas em determinado momento ou acontecimento. Haverá que ser, ao contrário, sucessivo, incessante, de existência perene, de forma que se considere ininterrupto, como acontece na manutenção da ordem e limpeza de determinada residência. Observe-se que, neste exemplo, o serviço a ser executado, por sua natureza, não se caracteriza finito, pois que sua necessidade existirá continuamente.

Há que ser observado, ainda, que a atividade intermitente, ou seja, que apresenta interrupções temporais, não descaracteriza, por si só, a prestação do serviço doméstico. As peculiaridades de usos e costumes no meio familiar permitem, atualmente, diferenciar o trabalho autônomo de uma diarista com o de uma doméstica com atividade intermitente, que presta serviços de natureza empregatícia, ainda que assim não o faça durante todos os dias da semana.

2 — O trabalhador deverá ser, necessariamente, pessoa física, cujo labor será retribuído por remuneração. Não se admite, portanto, nesta relação de emprego, a prestação do serviço por pessoa jurídica ou o trabalho voluntário, gratuito por sua natureza espontânea.

3 — O serviço deverá ser prestado à pessoa física ou à família, não existindo, em qualquer hipótese, a prestação de serviço doméstico a pessoas jurídicas.

4 — O trabalho a ser executado deverá se limitar ao âmbito residencial do empregador, sempre sem finalidade lucrativa. O empregador jamais poderá, portanto, utilizar-se do trabalho desenvolvido por seu empregado para obter qualquer forma de lucro, sob pena de restar descaracterizado o trabalho doméstico.

A contribuição obrigatória para a Previdência Social existe desde a competência abril de 1973, em razão da entrada em vigor do Decreto n. 71.885, de 9.3.1973, o qual regulamentou a Lei n. 5.859/72.

Fundamentação: Lei n. 8.212/91, art. 12, inciso II; Lei n. 8.213/91, art. 12, inciso II; Decreto n. 3.048/99, art. 9º.

1.1.3. Contribuintes individuais

Denominados como "empresários e autônomos" anteriormente à publicação da Lei n. 9.876, de 26.11.1999, são hoje considerados contribuintes individuais da Seguridade Social e, na seqüência, segurados obrigatórios do Regime Geral de Previdência Social os seguintes trabalhadores:

a) a pessoa física, proprietária ou não, que explora atividade agropecuária (agrícola, pastoril ou hortifrutigranjeira) ou pesqueira, em área urbana ou rural, em caráter permanente ou temporário, diretamente ou por intermédio de prepostos (terceiros) e com auxílio de empregados utilizados a qualquer título, ainda que de forma não contínua, a partir de 7.11.1975, data da publicação da Lei n. 6.260;

b) a pessoa física, proprietária ou não, que explora atividade de extração mineral — garimpo —, em caráter permanente ou temporário, diretamente ou por intermédio de prepostos, com ou sem o auxílio de empregados, utilizados a qualquer título, ainda que de forma não contínua;

Obs. I: Para os fins previstos nas letras "a" e "b", acima, entende-se que a pessoa física, proprietária ou não, explora atividade através de prepostos quando, na condição de parceiro outorgante, desenvolve atividade agropecuária, pesqueira ou de extração de minerais por intermédio de parceiros ou meeiros. Havendo exploração de atividade agropecuária ou pesqueira por intermédio de prepostos, com ou sem o auxílio de empregados, será o cidadão considerado "contribuinte individual" do RGPS, exceto se se enquadrar como segurado especial.

Obs. II: O marisqueiro que, sem utilizar embarcação pesqueira, exerce atividade de captura dos elementos animais ou vegetais, com auxílio de empregado, é considerado "contribuinte individual".

c) o ministro de confissão religiosa e o membro de instituto de vida consagrada, de congregação ou de ordem religiosa, quando mantidos pela entidade a que pertençam, salvo se obrigatoriamente filiados à Previdência Social em razão de outra atividade ou a outro regime previdenciário militar ou civil, ainda que na condição de inativos, a partir de 9.10.1979, data de publicação da Lei n. 6.696.

Obs. I: Com o advento da Lei n. 10.403, de 8.1.2002 o ministro de confissão religiosa e o membro de instituto de vida consagrada, de congregação ou de ordem religiosa, passaram a ser segurados obrigatórios do RGPS, independente de outra filiação ao próprio RGPS ou a outro regime previdenciário.

Obs. II: Caso os valores recebidos por esses segurados independam da natureza e da quantidade de trabalho executado não lhes será atribuído o caráter de remuneração, devendo o ministro de confissão religiosa e assemelhados contribuírem na qualidade de segurados facultativos — Ver o subitem 2.4 do Capítulo XI, Parte III.

Obs. III: Para melhor elucidação do tema, confiram-se os conceitos trazidos pela IN INSS n. 20/07, art. 5º, inciso V:

• **Instituição de confissão religiosa:** aquela caracterizada por uma comunidade de pessoas unidas no corpo de doutrina, obrigadas a cumprir um conjunto de normas expressas de conduta, para consigo mesmas e para com os outros, exercidas na forma de cultos, traduzidas em ritos, práticas e deveres para com o Ser Superior.

• **Instituto de vida consagrada:** sociedade aprovada por legítima autoridade religiosa, na qual seus membros emitem votos públicos ou assumem vínculos estáveis para servir à confissão religiosa adotada, além do compromisso comunitário, independentemente de convivência sob o mesmo teto.

• **Ordem religiosa:** sociedade aprovada por legítima autoridade religiosa, na qual os membros emitem votos públicos determinados, perpétuos ou temporários, passíveis de renovação e assumem o compromisso comunitário regulamentar de convivência sob o mesmo teto.

• **Ministros de confissão religiosa:** aqueles que consagram sua vida a serviço de Deus e do próximo, com ou sem ordenação, dedicando-se ao anúncio de suas respectivas doutrinas e crenças, à celebração dos cultos próprios, à organização das comunidades e à promoção de observância das normas estabelecidas, desde que devidamente aprovados para o exercício de suas funções pela autoridade religiosa competente.

• **Membros do instituto de vida religiosa:** aqueles que emitem voto determinado ou seu equivalente, devidamente aprovado pela autoridade religiosa competente.

• **Membros de ordem ou congregação religiosa:** aqueles que emitem ou nelas professam os votos adotados.

• **Ex-membros:** todos quantos se desligaram das entidades, por ter expirado o tempo da emissão de seus votos temporários ou por dispensa de seus votos, quando concedida pela autoridade religiosa competente ou, ainda, por quaisquer outros motivos.

Obs. IV: O ingresso dos religiosos na Previdência Social não implica existência ou reconhecimento da existência da relação de emprego, vínculos de trabalho assalariado ou prestação de serviços remunerados, considerando-se a natureza das suas respectivas entidades ou instituições, que não têm fins lucrativos nem assumem os riscos da atividade econômica, ainda quando sejam tais pessoas por elas mantidas, observado apenas o caráter da atividade religiosa e excluídas quaisquer obrigações financeiras de tais entidades ou instituições para com a Previdência Social.

Obs. V: Consideram-se como início da atividade dos religiosos o ato de emissão de votos temporários ou perpétuos ou compromissos equivalentes, que os habilitem ao exercício estável da atividade religiosa a que se consagraram.

d) o brasileiro civil que trabalha no exterior para organismo oficial internacional do qual o Brasil é membro efetivo, ainda que lá domiciliado e contratado, salvo quando coberto por regime próprio de previdência social;

Obs. I: Entende-se por regime próprio de previdência social, para fins do disposto na letra "d", *supra*, aquele garantido pelo organismo oficial internacional ou estrangeiro, independente de quais sejam os benefícios assegurados pelo organismo.

Obs. II: Considera-se igualmente "contribuinte individual" o brasileiro civil que trabalha em organismo oficial internacional ou estrangeiro em funcionamento no Brasil, a partir de 1º.3.2000, em decorrência da Lei n. 9.876/99, desde que não existentes os pressupostos que o caracterizem como segurado empregado.

e) o titular de firma individual urbana ou rural, considerado empresário individual pelo art. 931 da Lei n. 10.406, de 2002 (Código Civil);

f) o membro de conselho de administração na sociedade anônima ou o diretor não empregado que, participando ou não do risco econômico do empreendimento, seja eleito por assembléia geral dos acionistas, para cargo de direção de sociedade anônima, desde que não mantidas as características inerentes à relação de emprego;

g) todos os sócios, nas sociedades em nome coletivo e de capital e indústria;

h) o sócio administrador, o sócio cotista e o administrador não-sócio e não-empregado na sociedade limitada, urbana ou rural, conforme definido na Lei n. 10.406, de 2002 (Código Civil);

Obs.: A Previdência Social mantém entendimento no sentido de que os sócios-cotistas, nas sociedades por cotas de responsabilidade limitada, urbanas ou rurais, que participassem da gestão ou que recebessem remuneração (pró-labore) decorrente do próprio trabalho, devem ser considerados "empresários" até 28.11.1999 (véspera de publicação da Lei n. 9.876) e, nesta qualidade, contribuintes obrigatórios do RGPS — IN INSS n. 20/07, art. 5º.

i) o associado eleito para cargo de direção em cooperativa, associação ou entidade de qualquer natureza ou finalidade, bem como o síndico ou administrador eleito para exercer atividade de direção condominial, desde que recebam remuneração (ainda que de forma indireta como, por exemplo, isenção da taxa de condomínio), a partir de 6.3.1997, data da publicação do Decreto n. 2.172;

Obs.: O síndico de condomínio ou o administrador eleito para exercer atividade de administração condominial, mesmo quando remunerado, até fevereiro de 1997, não eram segurados obrigatórios do RGPS. Poderiam, no entanto, e se assim desejassem, se filiar facultativamente ao sistema.

j) quem presta serviço de natureza urbana ou rural, em caráter eventual, a uma ou mais empresas, sem relação de emprego;

Obs.: Mesma disposição se aplica a quem presta serviços em fazendas, sítios, chácaras ou contribuinte individual, seja em único período ou períodos diferentes.

l) a pessoa física que exerce, por conta própria, atividade econômica de natureza urbana, com fins lucrativos ou não;

m) o aposentado de qualquer regime previdenciário nomeado magistrado classista temporário da Justiça do Trabalho, na forma dos incisos II do § 1º do art. 111 ou III do art. 115 ou do parágrafo único do art. 116 da Constituição Federal, ou nomeado magistrado da Justiça Eleitoral, na forma dos incisos II do art. 119 ou III do § 1º do art. 120 da Constituição Federal;

Obs.: A Emenda Constitucional n. 24, de 9.12.1999, extinguiu a categoria de magistrado classista temporário da Justiça do Trabalho, assegurando, entretanto, o cumprimento dos mandatos dos então atuais magistrados.

n) o cooperado de cooperativa de produção que, nesta condição, presta serviço à sociedade cooperativa mediante remuneração ajustada ao trabalho executado;

o) o cooperado de cooperativa de trabalho que, nesta condição, preste serviço a empresas ou a pessoas físicas mediante remuneração ajustada ao trabalho executado;

p) o cidadão recolhido à prisão sob regime fechado ou semi-aberto, que, nesta condição, preste serviço remunerado, dentro ou fora da unidade penal, a uma ou mais empresas, com ou sem intermediação da organização carcerária ou entidade afim, ou que exerce atividade artesanal por conta própria;

q) a pessoa física contratada para prestação de serviço em campanhas eleitorais por partido político ou por candidato a cargo eletivo, em face do art. 100 da Lei n. 9.504/97 determinar entre as partes inexistência de vínculo empregatício;

Obs. I: Também se classificam como "contribuintes individuais" as pessoas físicas contratadas por comitê financeiro de partido político ou por candidato a cargo eletivo, para prestação de serviço nas campanhas eleitorais, igualmente em face do que dispõe o art. 100 da Lei n. 9.504, de 30.9.1997, *in verbis: "Art. 100 — A contratação de pessoal para prestação de serviços nas campanhas eleitorais não gera vínculo empregatício com o candidato ou partido contratantes."* A Instrução Normativa SRP n. 16/2006 disciplina o recolhimento devido para a Previdência Social por estes contribuintes.

Obs. II: Para efeito de recolhimento de contribuições previdenciárias e informação dos fatos geradores em GFIP/GRF, os candidatos a cargos eletivos e os comitês financeiros de partidos políticos equiparam-se a empresa, nos termos do parágrafo único do art. 15 da Lei n. 8.212, de 24 de julho de 1991.

r) o brasileiro civil que trabalha para órgão ou entidade da Administração Pública sob intermediação de organismo oficial internacional ou estrangeiro em funcionamento no Brasil, desde que não existentes os pressupostos que o caracterizem como segurado empregado.

s) o administrador, exceto o servidor público vinculado a regime próprio de previdência social, nomeado pelo poder público para o exercício do cargo de administração em fundação pública de direito privado;

t) o síndico da massa falida, o administrador judicial, definido pela Lei n. 11.101 de 2005, e o comissário de concordata, quando remunerados;

u) o notário, o tabelião, o oficial de registro ou registrador, nomeados até 20.11.1994, que detêm a delegação do exercício da atividade notarial e de registro, não remunerados pelos cofres públicos, e também aqueles nomeados a partir de 21.11.1994, em decorrência da Lei n. 8.935/94.

Obs.: É também contribuinte individual o notário, o tabelião, o oficial de registro ou registrador, nomeados até 20 de novembro de 1994, que detêm a delegação do exercício da atividade notarial e de registro, mesmo que amparados por RPPS, conforme o disposto no art. 51 da Lei n. 8.935, de 1994, a partir de 16 de dezembro de 1998, por força da Emenda Constitucional n. 20, de 1998.

Enquadram-se nas situações previstas nas letras "j" e "l", acima, os seguintes trabalhadores, entre outros:

1 — o condutor autônomo de veículo rodoviário, assim considerado aquele que exerce atividade profissional sem vínculo empregatício, quando proprietário, co-proprietário ou promitente comprador de um só veículo;

2 — aquele que exerce atividade de auxiliar de condutor autônomo de veículo rodoviário, em automóvel cedido em regime de colaboração, nos termos da Lei n. 6.094, de 30.8.1974;

3 — aquele que, pessoalmente, por conta própria e a seu risco, exerce pequena atividade comercial em via pública ou de porta em porta, como comerciante ambulante, nos termos da Lei n. 6.586, de 6.11.1978;

4 — o membro de conselho fiscal de sociedade por ações;

5 — o diarista, assim considerado aquele que presta serviço de natureza não contínua, por conta própria, a pessoa ou família, no âmbito residencial desta, sem fins lucrativos;

6 — aquele que, na condição de pequeno feirante, compra para revenda produtos hortifrutigranjeiros ou assemelhados;

7 — a pessoa física que habitualmente edifica obra de construção civil com fins lucrativos;

8 — o médico-residente ou o residente em área profissional da saúde, contratados, respectivamente, na forma da Lei n. 6.932, de 1981, na redação dada pela Lei n. 10.405, de 2002, e da Lei n. 11.129, de 2005;

9 — o pescador que trabalha em regime de parceria, meação ou arrendamento, em embarcação com mais de seis toneladas de arqueação bruta, na exclusiva condição de parceiro outorgante;

Obs.: Considera-se pescador artesanal, e nesta condição segurado especial do RGPS, aquele que, individualmente ou em regime de economia familiar, faz da pesca sua profissão habitual ou meio principal de vida, desde que utilize embarcação de até seis toneladas de arqueação bruta, ainda que com auxílio de parceiro.

10 — o incorporador de que trata o art. 29 da Lei n. 4.591, de 16.12.1964;

11 — o bolsista da Fundação Habitacional do Exército contratado em conformidade com a Lei n. 6.855, de 18.11.1980; e

Obs.: Confira-se a redação do art. 22 da Lei n. 6.855/80: "Art. 22 — A Fundação Habitacional do Exército — FHE, mediante concessão de Bolsa de Complementação Educacional ou Bolsa de Iniciação Profissional, conforme o caso, poderá utilizar-se, sem vínculo empregatício, pelo tempo necessário ao término do respectivo curso, ou pelo prazo máximo de 2 (dois) anos, contados da data de sua conclusão, de serviços de estudante-estagiário, de nível universitário, ou de recém-diplomados, de mesmo nível. Parágrafo único. Os bolsistas de que trata este artigo são contribuintes obrigatórios da Previdência Social."

12 — o árbitro de jogos desportivos e seus auxiliares, que atuam em conformidade com a Lei n. 9.615, de 24.3.1998.

Obs.: A Lei n. 9.615/98, apelidada como "Lei Pelé", institui normas gerais sobre o desporto, dentre outras providências.

13 — o atleta não profissional em formação, maior de dezesseis e menor de vinte e um anos de idade, que receber auxílio financeiro da entidade de prática desportiva formadora, sob a forma de bolsa de aprendizagem nos termos da Lei n. 9.615, de 24.3.1998 (Lei Pelé).

14 — o membro de conselho tutelar de que trata o art. 132 da Lei n. 8.069, de 13.7.1990, quando remunerado; e

15 — o interventor, o liquidante, o administrador especial e o diretor fiscal de instituição financeira de que trata o § 6º do art. 201 do Decreto n. 3.048/99;

Obs.: As instituições financeiras a que se refere o Decreto n. 3.048/99 em seu art. 201, § 6º, são: banco comercial, banco de investimento, banco de desenvolvimento, caixa econômica, sociedade de crédito, financiamento e investimento, sociedade de crédito imobiliário, inclusive associação de poupança e empréstimo, sociedade corretora, distribuidora de títulos e valores mobiliários, inclusive bolsa de mercadorias e de valores, empresa de arrendamento mercantil, cooperativa de crédito, empresa de seguros privados e de capitalização, agente autônomo de seguros privados e de crédito e entidade de previdência privada, aberta e fechada.

Importa ainda observar que, nos termos do art. 9º da Instrução Normativa SRP n. 3/05 (§ 4º), o integrante de conselho ou órgão de deliberação deverá ser enquadrado, em relação à essa função, na qualidade de contribuinte individual, exceto se se tratar de servidor público vinculado a Regime Próprio de Previdência Social indicado para integrar conselho ou órgão deliberativo, na condição de representante do governo, órgão ou entidade da administração pública do qual é servidor.

Note-se que o fato gerador da contribuição obrigatória é a percepção de alguma remuneração pelo trabalho prestado. Assim, no mês que o contribuinte individual não auferir valores não será obrigado a contribuir para os cofres previdenciários. Poderá, contudo, e se assim desejar, efetuar o pagamento na condição de contribuinte facultativo.

Fundamentação: Lei n. 8.212/91, art. 12, inciso V; Lei n. 8.213/91, art. 11, inciso V; Decreto n. 3.048/99, art. 9º, inciso V; Instrução Normativa INSS n. 20/07, art. 5º; Instrução Normativa SRP n. 3/05, art. 9º.

1.1.4. Trabalhadores avulsos

Considera-se trabalhador avulso todo aquele que, sindicalizado ou não, presta serviço de natureza urbana ou rural, a diversas empresas, sem vínculo empregatício, com a intermediação obrigatória do órgão gestor de mão-de-obra, nos termos da Lei n. 8.630, de 25.2.1993, ou do sindicato da categoria, assim considerados:

a) o trabalhador que exerce atividade portuária de capatazia, estiva, conferência e conserto de carga, vigilância de embarcação e serviços de bloco, na área dos portos organizados e de instalações portuárias de uso privativo;

b) o trabalhador de estiva de mercadorias de qualquer natureza, inclusive carvão e minério;

c) o trabalhador em alvarenga (embarcação para carga e descarga de navios);

d) o amarrador de embarcação;

e) o ensacador de café, cacau, sal e similares;

f) o trabalhador na indústria de extração de sal;

g) o carregador de bagagem em porto;

h) o prático de barra em porto;

i) o guindasteiro; e

j) o classificador, o movimentador e o empacotador de mercadorias em portos.

Para melhor compreensão do disposto na letra "a", acima, confiram-se os conceitos trazidos pelo § 7º do art. 9º do Decreto n. 3.048/99:

• capatazia: a atividade de movimentação de mercadorias nas instalações de uso público, compreendendo o recebimento, conferência, transporte interno, abertura de volumes para conferência aduaneira, manipulação, arrumação e entrega, bem como o carregamento e descarga de embarcação, quando efetuados por aparelhamento portuário;

• estiva: a atividade de movimentação de mercadorias nos conveses ou nos porões das embarcações principais ou auxiliares, incluindo transbordo, arrumação, peação e despeação, bem como o carregamento e a descarga das mesmas, quando realizados com equipamentos de bordo;

• conferência de carga: a contagem de volumes, anotações de suas características, procedência ou destino, verificação do estado das mercadorias, assistência à pesagem, conferência do manifesto e demais serviços correlatos, nas operações de carregamento e descarga de embarcações;

• conserto de carga: o reparo e a restauração das embalagens de mercadoria, nas operações de carregamento e descarga de embarcações, reembalagem, marcação, remarcação, carimbagem, etiquetagem, abertura de volumes para vistoria e posterior recomposição;

• **vigilância de embarcações:** a atividade de fiscalização da entrada e saída de pessoas a bordo das embarcações atracadas ou fundeadas ao largo, bem como da movimentação de mercadorias nos portalós, rampas, porões, conveses, plataformas e em outros locais de embarcação; e

• **bloco:** a atividade de limpeza e conservação de embarcações mercantes e de seus tanques, incluindo batimento de ferrugem, pintura, reparo de pequena monta e serviços correlatos.

Note-se, portanto, existir o trabalhador avulso não-portuário, assim considerado aquele que presta serviços de carga e descarga de mercadorias de qualquer natureza (inclusive carvão e minério), o trabalhador em alvarenga (embarcação para carga e descarga de navios), o amarrador de embarcação, o ensacador de café, cacau, sal e similares, aquele que trabalha na indústria de extração de sal, o carregador de bagagem em porto, o prático de barra em porto, o guindasteiro, o classificador, o movimentador e o empacotador de mercadorias em portos.

Já o trabalhador avulso portuário pode ser considerado como aquele que presta serviços de capatazia, estiva, conferência de carga, conserto de carga, bloco e vigilância de embarcações na área dos portos organizados e de instalações portuárias de uso privativo, com intermediação obrigatória do Órgão Gestor de Mão-de-Obra (OGMO), podendo ser:

a) segurado trabalhador avulso quando, sem vínculo empregatício, devidamente registrado ou cadastrado no OGMO, em conformidade com a Lei n. 8.630, de 1993, presta serviços a diversos operadores portuários;

b) segurado empregado quando, registrado no OGMO, contratado com vínculo empregatício e a prazo indeterminado, na forma do parágrafo único do art. 26 da Lei n. 8.630, de 1993, é cedido a operador portuário.

Órgão Gestor de Mão-de-Obra — OGMO — é a entidade civil de utilidade pública, sem fins lucrativos, constituída pelos operadores portuários em conformidade com a Lei n. 8.630/93, e cuja finalidade é administrar o fornecimento de mão-de-obra do trabalhador avulso portuário.

Operador portuário é a pessoa jurídica, pré-qualificada junto à administração do porto, de acordo com as normas expedidas pelo Conselho de Autoridade Portuária, para a execução da movimentação e armazenagem de mercadorias na área do porto organizado.

Para melhor assimilação da matéria, confiram-se ainda os seguintes conceitos, trazidos pela Instrução Normativa SRP n. 3/05, art. 350:

• **porto organizado**: aquele construído e aparelhado para atender às necessidades da navegação ou da movimentação e armazenagem de mercadorias, concedido ou explorado pela União, cujo tráfego e cujas operações portuárias estejam sob a jurisdição de uma autoridade portuária;

• **área de porto organizado:** aquela compreendida pelas instalações portuárias, bem como pela infra-estrutura de proteção e de acesso aquaviário ao porto, tais como guia-correntes, quebra-mares, eclusas, canais, bacias de evolução e áreas de fundeio, que devam ser mantidas pela administração do porto;

• **instalações portuárias**: os ancoradouros, as docas, o cais, as pontes e os píeres de atracação, os terrenos, os armazéns, as edificações e as vias de circulação interna, podendo ser: a) de uso público, quando restrita à área do porto organizado, sob a responsabilidade da administração do porto; b) de uso privativo, quando explorada por pessoa jurídica de direito público ou privado, podendo ser de uso exclusivo para movimentação de carga própria ou misto para movimentação de carga própria e de terceiros;

• **administração do porto organizado**: aquela exercida diretamente pela União ou entidade concessionária, com o objetivo de coordenar, regular ou fiscalizar todas as atividades que envolvam tanto a navegação como as operações portuárias;

• **armador**: a pessoa física ou jurídica, proprietária de embarcação, que pode explorá-la comercialmente ou afretá-la a terceiros (afretador);

• **trabalho marítimo**: as atividades exercidas pelos trabalhadores em embarcação, devidamente registrados como empregados dos armadores ou dos afretadores das embarcações, os quais estão sujeitos às normas internacionais previstas na regulamentação da marinha mercante;

• **atividade de praticagem**: o conjunto de atividades profissionais de assessoria ao comandante da embarcação, realizadas com o propósito de garantir segurança da navegação ao longo de trechos da costa, das barras, dos portos, dos canais, dos lagos ou dos rios, onde ocorram peculiaridades locais ou regionais que dificultem a livre e segura movimentação das embarcações;

• **terminal ou armazém retroportuário**: o armazém ou o pátio localizado fora da área do porto organizado, utilizado para armazenagem das cargas a serem embarcadas ou que já foram liberadas dos navios e encontram-se à disposição de seus proprietários;

• **cooperativa de trabalhadores avulsos portuários**: aquela constituída por trabalhadores avulsos registrados no OGMO, estabelecida como operadora portuária para exploração de instalação portuária, dentro ou fora dos limites da área do porto organizado;

• **montante de mão-de-obra (MMO)**: a remuneração paga, devida ou creditada ao trabalhador avulso portuário em retribuição pelos serviços executados, compreendendo o valor da produção ou da diária e o valor correspondente ao repouso semanal remunerado, sobre o qual serão calculados os valores de férias e décimo-terceiro salário, nos percentuais de 11,12% e de 8,34%, respectivamente.

Enquadramento Previdenciário — Histórico

É interessante observarmos, no entanto, que estes segurados, até a data de 10.6.1973 (véspera do início da vigência da Lei n. 5.890), foram classificados em categoria própria, ou seja, na categoria de trabalhadores avulsos, como ocorre na legislação atual.

No período de 11.6.1973 (data de publicação da Lei n. 5.890) a 28.1.1979 (véspera da publicação dos Decretos ns. 83.080 e 83.081), no entanto, integraram o rol da categoria de autônomos, sendo mantidos os sistemas de contribuição e arrecadação vigentes naquela oportunidade, mas ressaltando-se que, excepcionalmente, as contribuições eram de responsabilidade dos tomadores de serviço.

A contar de 29.1.1979, esses segurados retornaram à categoria de trabalhadores avulsos, enquadramento vigente até os dias atuais.

Fundamentação: Lei n. 8.212/91, art. 12, inciso VI; Lei n. 8.213/91, art. 11, inciso VI; Decreto n. 3.048/99, art. 9º, inciso VI e § 7º; Instrução Normativa INSS n. 20/07, art. 6º; Instrução Normativa SRP n. 3/05, art. 350.

1.1.5. Segurados especiais

Também segurados obrigatórios do Regime Geral de Previdência Social e, assim, contribuintes do sistema de Seguridade Social são considerados por "segurados especiais":

a) o produtor, o parceiro, o meeiro e o arrendatário rural, o pescador artesanal e seus assemelhados, que exerçam suas atividades, individualmente ou em regime de economia familiar, com ou sem auxílio eventual de terceiros, em sistema de mútua colaboração e sem utilização de mão-de-obra assalariada, bem como seus respectivos cônjuges, companheiros e filhos maiores de dezesseis anos de idade ou a eles equiparados, desde que trabalhem comprovadamente com o grupo familiar respectivo;

b) a contar de 22.11.2000 o parceiro outorgante proprietário de imóvel rural com área total de no máximo quatro módulos fiscais, que ceder em parceria ou meação até 50% (cinqüenta por cento) da área de seu imóvel rural, desde que outorgante e outorgado continuem a exercer a atividade individualmente ou em regime de economia familiar (Decretos ns. 3.668/00 e 4.845/03).

Obs.: A perda da condição de segurado especial do outorgante por contratação de mão-de-obra não implica necessariamente descaracterização do outorgado como segurado especial.

c) a pessoa física, proprietária ou não, que explora atividade de extração mineral (garimpo) no período de 25.7.1991 a 31.3.1993, desde que explorasse o garimpo individualmente ou em regime de economia familiar.

Obs. I: Caso o segurado explorasse o garimpo com auxílio de empregados, no período de 25.7.1991 a 31.3.1993, seria considerado "equiparado à autônomo".

Obs. II: A contar de 1º.4.1993 o garimpeiro passou à categoria de equiparado a autônomo (atual contribuinte individual). Ver também sobre o tema a Lei n. 8.398, de 7.1.1992, que alterou a redação do inciso VII do art. 12 da Lei n. 8.212/91.

Entende-se como regime de economia familiar a atividade em que o trabalho dos membros da família é indispensável à própria subsistência e é exercido em condições de mútua dependência e colaboração, sem utilização de empregado. Não integram o grupo familiar os filhos(as), genros ou noras, sogros(as), tios(as), os sobrinhos(as), primos(as), netos(as) e os afins.

Obs. I: A situação de estar o cônjuge ou o companheiro em lugar incerto e não sabido, decorrente do abandono do lar, não prejudica a condição de segurado especial do cônjuge ou do companheiro que permaneceu exercendo a atividade rural, individualmente ou em regime de economia familiar — IN INSS n. 20/07, art. 7º, § 1º.

Obs. II: O falecimento de um ou ambos os cônjuges não retira a condição de segurado especial do filho maior de dezesseis anos, desde que permaneça exercendo atividade rural, individualmente ou em regime de economia familiar — IN INSS n. 20/07, art. 7º, § 2º.

Obs.: III: Assemelham-se ao pescador artesanal, entre outros, o mariscador, o caranguejeiro, o eviscerador (limpador de pescado), o observador de cardumes, o pescador de tartarugas e o catador de algas.

Para efeito da caracterização do segurado especial, confiram-se os seguintes conceitos, contidos no § 3º do art. 7º da IN INSS n. 20/07:

• **Produtor:** aquele que, proprietário ou não, desenvolve atividade agrícola, pastoril ou hortifrutigranjeira, por conta própria, individualmente ou em regime de economia familiar.

• **Parceiro:** aquele que, comprovadamente, tem contrato de parceria com o proprietário da terra ou detentor da posse e desenvolve atividade agrícola, pastoril ou hortifrutigranjeira, partilhando lucros ou prejuízos.

• **Meeiro:** aquele que, comprovadamente, tem contrato com o proprietário da terra ou detentor da posse e da mesma forma exerce atividade agrícola, pastoril ou hortifrutigranjeira, partilhando rendimentos ou custos.

• **Arrendatário:** aquele que, comprovadamente, utiliza a terra, mediante pagamento de aluguel, em espécie ou *in natura*, ao proprietário do imóvel rural, para desenvolver atividade agrícola, pastoril ou hortifrutigranjeira, individualmente ou em regime de economia familiar, sem utilização de mão-de-obra assalariada de qualquer espécie.

• **Comodatário:** aquele que, comprovadamente, explora a terra pertencente a outra pessoa, por empréstimo gratuito, por tempo determinado ou não, para desenvolver atividade agrícola, pastoril ou hortifrutigranjeira.

• **Condômino:** aquele que se qualifica individualmente como explorador de áreas de propriedades definidas em percentuais;

• **Auxílio eventual de terceiros:** aquele exercido ocasionalmente, em condições de mútua colaboração, não existindo subordinação nem remuneração.

• **Pescador artesanal:** aquele que, individualmente ou em regime de economia familiar, faz da pesca sua profissão habitual ou meio principal de vida, desde que:

I — não utilize embarcação;

II — utilize embarcação de até seis toneladas de arqueação bruta, ainda que com auxílio de parceiro;

III — na condição, exclusivamente, de parceiro outorgado, utilize embarcação de até dez toneladas de arqueação bruta.

Obs.: Entende-se por tonelagem de arqueação bruta a expressão da capacidade total da embarcação constante da respectiva certificação fornecida pela capitania dos portos ou pela delegacia ou agência fluvial ou marítima, sendo que, na impossibilidade de obtenção da informação por parte desses órgãos, será solicitado ao segurado a apresentação da documentação da embarcação fornecida pelo estaleiro naval ou construtor da respectiva embarcação.

• **Mariscador:** aquele que, sem utilizar embarcação pesqueira, exerce atividade de captura ou de extração de elementos animais ou vegetais que tenham na água seu meio normal ou mais freqüente de vida, na beira do mar, no rio ou na lagoa.

• **Índios em via de integração ou isolados:** aqueles que, não podendo exercer diretamente seus direitos, são tutelados pelo órgão regional da Fundação Nacional do Índio — FUNAI.

Obs.: Os índios integrados, assim denominados os incorporados à comunhão nacional e reconhecidos no pleno exercício de seus direitos civis, ainda que conservem usos, costumes ou tradições características de sua cultura, devem ser tratados como qualquer dos demais beneficiários da Previdência Social, devendo ser apresentada pela FUNAI, responsável pela tutela dos índios, uma declaração formal, reconhecendo sua condição de integrado.

• **Usufrutuário:** aquele que, não sendo proprietário de imóvel rural, tem direito à posse, ao uso, à administração ou à percepção dos frutos, podendo usufruir o bem em pessoa ou mediante contrato de arrendamento, comodato, parceria ou meação.

Não se considera segurado especial:

I — O membro do grupo familiar que possui outra fonte de rendimento, qualquer que seja a sua natureza, ressalvados os rendimentos provenientes de:

a) pensão por morte deixada pelo segurado especial e os benefícios de auxílio-acidente, auxílio-reclusão e pensão por morte, cujo valor seja inferior ou igual ao menor benefício de prestação continuada, considerado o valor de cada benefício quando receber mais de um;

b) os recebidos pelo dirigente sindical que mantém o mesmo enquadramento perante o RGPS anterior à investidura no cargo;

c) comercialização do artesanato rural, na forma prevista no § 5º do art. 200 do Decreto n. 3.048/99 — RPS (industrialização rudimentar), bem como os subprodutos e os resíduos obtidos por meio desses processos;

d) contratos de arrendamentos, firmados em cumprimento à orientação contida no item 1.10 da OS/INSS n. 590/97, com registro ou reconhecimento de firma efetuados até 28.11.99, data da publicação do Decreto n. 3.265/99, até o final do prazo estipulado em cláusula, exceto nos casos em que ficar comprovada a relação de emprego;

e) contratos de parceria e meação efetuados até 22.11.2000, data anterior à da publicação do Decreto n. 3.668/00.

II — A pessoa física, proprietária ou não, que explora atividade agropecuária ou pesqueira, por intermédio de prepostos, ainda que sem o auxílio de empregados;

III — Os filhos menores de 21 (vinte e um) anos, cujo pai e mãe perderam a condição de segurados especiais, por motivo do exercício de outra atividade remunerada, salvo se comprovarem o exercício da atividade rural individualmente;

IV — O arrendador de imóvel rural, ressalvado o disposto na letra "d" do item I, *supra*;

V — Aquele que, em determinado período, utilizar mão-de-obra assalariada, sendo considerado, nesse período, segurado contribuinte individual.

O condômino de propriedade rural que explora a terra com cooperação de empregados, e com delimitação formal da área definida, será considerado contribuinte individual, sendo que, não havendo delimitação de áreas, todos os condôminos assumirão a condição de contribuinte individual.

O segurado especial terá direito à obtenção das prestações de aposentadoria por idade, aposentadoria por invalidez, auxílio-doença, auxílio-acidente, pensão por morte, auxílio-reclusão e salário-maternidade.

Fundamentação: Lei n. 8.213/91, art. 11, inciso VII e § 1º; Lei n. 8.212/91, art. 12, inciso VII e § 1º; Decreto n. 3.048/99, art. 9º, inciso VII; Instrução Normativa INSS n. 20/07, art. 7º; Instrução Normativa SRP n. 3/05, art. 10.

1.1.6. Observações gerais

A legislação previdenciária vigente traz ainda alguns esclarecimentos importantes sobre os contribuintes obrigatórios, quais sejam:

1 — O aposentado pelo RGPS que estiver exercendo ou que voltar a exercer atividade abrangida por este regime é segurado obrigatório em relação a essa atividade, ficando sujeito normalmente às contribuições previdenciárias.

2 — Considera-se diretor empregado aquele que, participando ou não do risco econômico do empreendimento, seja contratado ou promovido para cargo de direção das sociedades anônimas, mantendo as características inerentes à relação de emprego.

3 — Considera-se diretor não empregado aquele que, participando ou não do risco econômico do empreendimento, seja eleito, por assembléia geral dos acionistas, para cargo de direção das sociedades anônimas, não mantendo as características inerentes à relação de emprego.

4 — Serviço prestado em caráter não eventual é todo aquele relacionado direta ou indiretamente com as atividades normais da empresa.

5 — O dirigente sindical mantém, durante o exercício do mandato eletivo, o mesmo enquadramento do RGPS de antes da investidura, a partir de 11.11.1997 (data de publicação da MP n. 1.596-14, convertida na Lei n. 9.528/97).

6 — No período de 24.3.1997 (data de publicação da Orientação Normativa MPAS/SPS n. 8) a 10.11.1997 (véspera de publicação da MP n. 1.596-14) o dirigente sindical manteve, durante o seu mandato, a seguinte vinculação ao RGPS — Instrução Normativa INSS n. 20/07, art. 8º:

- a mesma de antes da investidura, se não remunerado pelo sindicato; e
- a equiparada à do autônomo, atualmente denominado contribuinte individual, se remunerado somente pelo sindicato.

7 — O magistrado da Justiça Eleitoral (nomeado na forma do inciso II do art. 119 ou III do § 1º do art. 120 da CF/88) mantém o mesmo enquadramento no RGPS de antes da investidura no cargo.

8 — O estrangeiro não domiciliado no Brasil e contratado para prestar serviços eventuais, mediante remuneração, não é segurado obrigatório do RGPS, salvo se existir acordo internacional com o seu país de origem.

9 — O segurado eleito para cargo de direção de conselho, de ordem ou de autarquia de fiscalização do exercício de atividade profissional, mesmo que pertencente à categoria de segurado empregado, durante o período de seu mandato, no tocante à remuneração recebida em razão do cargo, será considerado contribuinte individual, incidindo as contribuições previdenciárias sobre a remuneração a ele paga ou creditada pelo órgão representativo de classe.

10 — O exercício de atividade prestado de forma gratuita ou voluntária não gera filiação obrigatória junto à Previdência Social.

11 — Aquele que exerce, concomitantemente, mais de uma atividade remunerada sujeita ao regime Geral de Previdência Social — RGPS é obrigatoriamente filiado em relação a cada uma dessas atividades. Também aquele vinculado a um Regime Próprio de Previdência Social que vir a exercer, concomitantemente, um atividade vinculada ao Regime Geral (RGPS) estará obrigado a contribuir para os dois sistemas, proporcionalmente à remuneração percebida em cada uma das atividades.

Fundamentação: Lei n. 8.212/91, art. 12, § 4º; Lei n. 8.213/91, art. 11; Decreto n. 3.048/99, art. 9º; Instrução Normativa INSS n. 20/07, arts. 8º e 9º; Instrução Normativa SRP n. 3/05, arts. 11 a 16.

1.2. Empresa e empregador doméstico

Considera-se empresa a firma individual ou sociedade que assume o risco de atividade econômica urbana ou rural, com fins lucrativos ou não, bem como os órgãos e entidades da administração pública direta, indireta e fundacional.

Obs.: Administração Pública é a administração direta ou indireta da União, dos estados, do Distrito Federal ou dos municípios, a abranger, inclusive, as entidades com personalidade jurídica de direito privado sob o controle do poder público e as fundações por ele mantidas.

Equipara-se a empresa, para efeito de contribuição previdenciária:

a) o contribuinte individual, em relação a segurado que lhe presta serviço;

b) a cooperativa, a associação ou a entidade de qualquer natureza ou finalidade, inclusive o condomínio;

c) a missão diplomática e a repartição consular de carreiras estrangeiras;

d) o operador portuário e o órgão gestor de mão-de-obra de que trata a Lei n. 8.630/93; e

e) o proprietário do imóvel, o incorporador ou o dono de obra de construção civil, quando pessoa física, em relação a segurado que lhe presta serviço.

Note-se, portanto, que para fins previdenciários o autônomo que possui um empregado se equipara a uma empresa e como ela deve contribuir aos cofres da Seguridade Social e cumprir com suas obrigações acessórias. Assim, um dentista que possui uma secretária ou mesmo uma confeiteira que possui uma única auxiliar se equipara a uma empresa multinacional, com milhares de trabalhadores, possuindo ambos a obrigação de contribuir na alíquota de 20% para o custeio da Seguridade, contribuir para o financiamento dos benefícios por incapacidade (RAT — Risco Ambiental do Trabalho) e até mesmo para Terceiros (Sesc, Senac, Salário-Educação, etc.), além de manterem folha de pagamento, arquivo das Guias de Pagamento (GPS) e outras obrigações acessórias constantes da Lei n. 8.212/91.

Já por empregador doméstico entende-se a pessoa, família ou entidade familiar que admite a seu serviço, sem finalidade lucrativa, um empregado doméstico.

Fundamentação: Lei n. 8.212/91, art. 15; Lei n. 8.213/91, art. 14; Decreto n. 3.048/99, art. 12.

2. CONTRIBUINTES FACULTATIVOS

As pessoas físicas que não exercem atividade remunerada poderão se filiar facultativamente ao Regime Geral de Previdência Social e, nesta condição, passarem a contribuintes do sistema da Seguridade Social.

A inscrição como facultativo permite ao segurado computar o tempo para fins de obtenção de benefício previdenciário de aposentadoria (por idade ou por tempo de contribuição), além de protegê-lo nas contingências de incapacidade e maternidade. Também os dependentes de um segurado facultativo encontram-se protegidos, sendo amparados no caso de óbito ou reclusão do segurado contribuinte.

No entanto, e conforme mencionado, somente aqueles que não se encontram obrigados a contribuir para o sistema é que podem se inscrever como facultativos, ou seja, somente aqueles que não estão recebendo remuneração de qualquer forma ou espécie. Podem ser citados como exemplo de segurado facultativo, dentre outros:

a) a dona de casa;

b) o síndico de condomínio, quando não remunerado;

c) o estudante;

d) o brasileiro que acompanha cônjuge que presta serviço no exterior;

e) aquele que deixou de ser segurado obrigatório da previdência social;

f) o membro de conselho tutelar de que trata o art. 132 da Lei n. 8.069, de 13.7.1990, quando não esteja vinculado a qualquer regime de previdência social;

g) o bolsista e o estagiário (inclusive de advocacia) que prestem serviços à empresa de acordo com a Lei n. 6.494, de 1977;

h) o bolsista que se dedique em tempo integral a pesquisa, curso de especialização, pós-graduação, mestrado ou doutorado, no Brasil ou no exterior, desde que não esteja vinculado a qualquer regime de previdência social;

i) o presidiário que não exerce atividade remunerada nem esteja vinculado a qualquer regime de previdência social;

j) o brasileiro residente ou domiciliado no exterior, salvo se filiado a regime previdenciário de país com o qual o Brasil mantenha acordo internacional;

l) o beneficiário de auxílio-acidente ou de auxílio suplementar, desde que simultaneamente não esteja exercendo atividade que o filie obrigatoriamente ao RGPS;

m) o ex-empregador rural não sujeito a outro regime de Previdência Social que continue a recolher, sem interrupção, suas contribuições anuais.

Não é permitida a filiação ao RGPS, na qualidade de segurado facultativo, de pessoa participante de regime próprio de previdência social, salvo na hipótese de afastamento sem vencimento e desde que não permitida, nesta condição, contribuição ao respectivo regime próprio.

Importa observar, ainda, que o Decreto n. 3.048/99 (art. 13) e as Instruções Normativas do INSS e da Secretaria da Receita Previdência fixam a idade para contribuição facultativa em 16 anos, a mesma utilizada pela Constituição Federal para o ingresso no mercado de trabalho (art. 7º, inciso XXXIII). Já a Lei n. 8.212/91 (art. 14) e a Lei n. 8.213/91 (art. 13) fixam a idade mínima de 14 anos, sendo esta a idade que deve prevalecer em razão de que o segurado facultativo assim o é justamente por não exercer atividade remunerada e, desta forma, não há razão para a aplicação da idade fixada na Carta Constitucional. O Decreto n. 3.048/99 e as Instruções Normativas, quanto ao tópico, acabam por extrapolar sua função regulamentar e, por tal razão, sendo suas disposições nulas de pleno direito.

De toda forma, dificilmente teremos a referida discussão posta em prática. Antes da entrada em vigor da Lei n. 9.876/99 era viável a inscrição como segurado facultativo aos 14 anos de idade, posto que aos 30 anos (mulheres) ou 35 anos de serviço (homens) era possível a obtenção do benefício de aposentadoria integral, com percepção de 100% da média dos últimos salários-de-contribuição. Se um homem iniciasse, portanto, suas contribuições aos 14 anos e não as interrompesse ao longo dos próximos 35 anos, poderia se aposentar integralmente na idade de 49 anos, sem qualquer prejuízo em sua renda mensal.

Atualmente, em razão das regras impostas pela Lei n. 9.876 (nov./99), a aposentadoria integral permanece válida aos 30 ou 35 anos de contribuição (mulheres e homens, respectivamente), mas a idade interferirá substancialmente no cálculo do benefício por meio do “fator previdenciário”. Uma pessoa que está se aposentando aos 49 anos de idade, por exemplo, possui por sobrevida o tempo de 29,4 anos (conforme Tábua de Mortalidade divulgada pelo IBGE) e, mesmo contando com 35 anos de contribuição, terá um “fator previdenciário” de 0,5898, o qual deverá obrigatoriamente ser multiplicado pela média dos salários-de-contribuição. Assim, apenas por contar com 49 anos de idade no momento da aposentadoria este segurado terá uma perda de 41% em seu benefício de aposentadoria. Por tal razão, quanto mais tarde uma pessoa iniciar suas contribuições para o sistema melhor será o valor de seu benefício futuro, não havendo mais qualquer razão ou incentivo para que alguém se inscreva, como facultativo, aos 14 ou 16 anos de idade.

Outro aspecto importante a ser observado refere-se ao início das contribuições. A filiação da qualidade de segurado facultativo, e conseqüente contribuição previdenciária, como observado, representa ato volitivo e, sendo assim, não é permitido o recolhimento de contribuições relativas a competências anteriores à data da inscrição. Por data de inscrição considera-se a do primeiro recolhimento da contribuição devida, sem atraso.

Após a inscrição (pagamento da primeira mensalidade, repita-se), o segurado facultativo poderá atrasar o pagamento de suas contribuições e regularizá-las posteriormente (com juros e multa), mas apenas enquanto não ocorrer a perda da qualidade de segurado.

Fundamentação: CF/88, art. 201, § 5º; Lei n. 8.212/91, art. 14; Lei n. 8.213/91, art. 13; Decreto n. 3.048/99, art. 11.

3. FILIAÇÃO E INSCRIÇÃO

3.1. Filiação

Filiação é o vínculo que se estabelece entre os contribuintes e a Previdência Social, do qual decorrem direitos e obrigações.

Como a legislação pátria determina que o exercício de atividade remunerada sujeita a filiação obrigatória ao RGPS, a filiação para os trabalhadores é, pois, automática, não existindo qualquer ato formal para sua efetivação. Em se tratando de segurados facultativos, no entanto, a filiação necessita de inscrição no Sistema e do pagamento da primeira contribuição sem atraso.

Podemos dizer, portanto, que o instituto da filiação é apenas conceitual, não existindo ato formal para que o cidadão se vincule ao sistema. O ato formal para os trabalhadores é justamente o exercício da atividade remunerada; e para os contribuintes facultativos, a respectiva inscrição ao regime previdenciário.

Apesar de ser apenas um conceito, é importante que o segurado conheça as regras de filiação porque, uma vez filiado ao sistema, é possível obter do mesmo algum tipo de proteção, ainda que se faça necessário o recolhimento de contribuições não efetuadas em época própria. São as regras principais as seguintes:

1) Caso o trabalhador exerça mais de uma atividade profissional, com enquadramento distinto perante a Previdência Social, será considerado filiado em cada uma delas, obrigatoriamente. A Previdência Social possui cinco classes de contribuintes: segurado empregado; empregado doméstico; contribuinte individual; trabalhador avulso e segurado especial. Caso um trabalhador exerça atividade com vínculo empregatício (segurado empregado) e, concomitantemente, alguma atividade autônoma (contribuinte individual), será considerado filiado em cada uma dessas atividades, devendo contribuir em relação a cada uma delas, até atingir o limite máximo de salário-de-contribuição (Lei n. 8.212/91, art. 12, § 2º).

2) O segurado especial se encontra obrigado a contribuir para os cofres previdenciários somente quando comercializar sua produção rural (se comercializar) e, nesta condição, terá direito a perceber benefícios no valor de um salário mínimo. No entanto, caso tenha interesse, pode se filiar ao sistema na condição de segurado facultativo, recolhendo mensalmente suas contribuições com base-de-cálculo superior ao valor do salário mínimo, justamente para obter benefícios com valores superiores ao salário mínimo (Lei n. 8.212/91, art. 25, § 1º).

3) Não há limite máximo de idade para a filiação no sistema, sendo possível o início das contribuições a qualquer tempo (Instrução Normativa INSS n. 20/07, art. 32, parágrafo único).

4) As empregadas domésticas passaram a ser obrigatoriamente filiadas à Previdência Social a contar de 9.4.1973, data da vigência do Decreto n. 71.885/73. Isto porque a Lei n. 5.859/72, ao dispor sobre o trabalho do empregado doméstico, determinou sua qualidade de segurado obrigatório da Previdência Social, mas ficando sua eficácia condicionada à edição de uma norma regulamentadora (artigo 7º da Lei n. 5.859/72). O Regulamento — Decreto n. 71.885 — somente foi publicado em 9.3.1973 e como a vigência da Lei seria somente após 30 dias da publicação do Decreto, a filiação obrigatória passou a valer somente a contar de 9.4.1973. Anteriormente a essa data, os domésticos deveriam se inscrever e contribuir como facultativos, se assim tivessem interesse, não havendo qualquer obrigação por parte dos empregadores quanto a essa contribuição. No entanto, caso a mesma não tenha sido efetuada naquela época, é possível o reconhecimento do tempo de serviço e a regularização das contribuições conforme permissão constante do art. 55, § 1º, da Lei n. 8.213/91.

Como a filiação é, em geral, determinada pelo exercício da atividade profissional, a mesma poderá ser comprovada mediante documentação contemporânea que demonstre exatamente a atividade remunerada que foi desenvolvida pelo trabalhador. A Carteira de Trabalho e Previdência Social é um importante documento para a comprovação da filiação, quando de trabalhadores empregados, pois determina expressamente o art. 19 do Decreto n. 3.048/99 que a anotação em CTPS vale "*para todos os efeitos como prova de filiação à Previdência Social, relação de emprego, tempo de serviço ou de contribuição*". Somente em casos de dúvida é que poderá ser exigida pelo Instituto Nacional do Seguro Social — INSS a apresentação dos documentos que serviram de base à anotação.

A Previdência Social possui ainda um cadastro denominado CNIS — Cadastro Nacional de Informações Sociais, onde consta a situação contributiva de todos os segurados. Estas informações igualmente valem para a comprovação da filiação ao sistema, assim como a CTPS. Não constando neste cadastro informações sobre contribuições ou remunerações de determinado emprego, o vínculo não será considerado para fins previdenciários, podendo, no entanto, o segurado, apresentar documentos comprobatórios do fato.

3.2. Inscrição

3.2.1. Inscrição de pessoas físicas

Por inscrição de segurado considera-se, para os efeitos da Previdência Social, o ato pelo qual o segurado é cadastrado no Regime Geral de Previdência Social — RGPS, para que possa ser identificado perante o INSS como um participante do sistema de proteção. O ato de cadastramento possui formas específicas e diferenciadas para cada tipo de contribuinte, conforme segue:

I — Empregado e trabalhador avulso: o cadastramento é feito pelo preenchimento dos documentos que os habilitem ao exercício da atividade, formalizado pelo contrato de trabalho, no caso de empregado, e pelo cadastramento e registro no sindicato ou órgão gestor de mão-de-obra, no caso de trabalhador avulso. A inscrição destes segurados deverá ser procedida diretamente na empresa, sindicato ou órgão gestor de mão-de-obra, não sendo necessário o comparecimento do trabalhador ao Posto de Atendimento do INSS. Iniciadas as atividades profissionais, o empregado e o trabalhador avulso estão automaticamente inscritos no Regime Geral de Previdência Social, cabendo somente aos tomadores de serviço a informação dos dados no formulário GFIP.

II — Empregado doméstico: pela apresentação de documento que comprove a existência de contrato de trabalho, sendo necessário obter, junto ao INSS, um número de cadastro antes do início das contribuições. Caso o doméstico já possua inscrição no PIS, esse número poderá ser utilizado também para fins previdenciários e, caso não possua, poderá obter um número de identificação junto ao INSS (NIT — Número de Identificação do Trabalhador), pessoalmente ou pela Internet. O trabalhador doméstico será considerado inscrito a partir da primeira contribuição efetuada sem atraso.

III — Contribuinte individual: pela apresentação de documento que caracterize a sua condição ou o exercício de atividade profissional, liberal ou não. Da mesma forma que ocorre com o trabalhador doméstico, é necessário obter o número de cadastro junto ao INSS, caso o trabalhador não possua o número de PIS.

IV — Segurado especial: pela apresentação de documento que comprove o exercício de atividade rural; e

V — Facultativo: pela apresentação de documento de identidade e declaração expressa de que não exerce atividade que o enquadre na categoria de segurado obrigatório. O contribuinte facultativo será considerado inscrito a partir da primeira contribuição efetuada sem atraso, sendo importante destacar, contudo, que nos termos do art. 47 da Instrução Normativa INSS n. 20/07, se a primeira contribuição do facultativo for recolhida extemporaneamente, será a mesma convalidada para a competência relativa ao mês da efetivação do pagamento.

A inscrição do empregado doméstico, contribuinte individual, facultativo e segurado especial será efetuada uma única vez, diretamente no INSS ou através do recolhimento da primeira contribuição efetuada em época própria através do número de identificação do trabalhador no PIS/PASEP. O empregado doméstico, o contribuinte individual e o segurado facultativo poderão igualmente se inscrever através da *internet* (*www.mpas.gov.br*) ou pelo PREVFone: 0800-780191.

Conforme observado, a inscrição objetiva a identificação dos contribuintes perante o sistema previdenciário, o que ocorre através de um número identificador. Para os segurados (pessoas físicas) este número será o NIT — Número de Identificação do Trabalhador, que deverá ser utilizado para o recolhimento das contribuições, ainda que os segurados exerçam, concomitantemente, mais de uma atividade remunerada.

Quando da contratação de contribuintes individuais, por empresas ou entidades a ela equiparadas (inclusive cooperativas), estas deverão exigir dos profissionais o número de inscrição junto ao INSS e, caso não o tenham, devem providenciar a inscrição dos mesmos no sistema, o que poderá ser efetuado por meio de Internet, na página da Previdência Social.

Os números de cadastro e as contribuições efetuadas ficarão armazenadas no CNIS — Cadastro Nacional de Informações Sociais, valendo as informações ali contidas para efeitos de filiação, relação de emprego, tempo de serviço e contribuição e até mesmo para comprovar o valor utilizado como base-de-cálculo das contribuições. Confira-se, nestes termos, a redação do art. 19, *caput,* do Decreto n. 3.048/99:

> "Art. 19 — A anotação na Carteira Profissional ou na Carteira de Trabalho e Previdência Social e, a partir de 1º de julho de 1994, os dados constantes do Cadastro Nacional de Informações Sociais — CNIS valem para todos os efeitos como prova de filiação à Previdência Social, relação de emprego, tempo de serviço ou de contribuição e salários-de-contribuição e, quando for o caso, relação de emprego, podendo, em caso de dúvida, ser exigida pelo Instituto Nacional do Seguro Social a apresentação dos documentos que serviram de base à anotação.
>
> ..."

Também a Lei n. 8.213/91, art. 29-A, determina a utilização dos dados constantes do CNIS para cálculo do benefício previdenciário, sendo possível ao trabalhador, a qualquer momento, solicitar as informações que constam no referido cadastro para verificação e, em caso de erro, solicitar a retificação das mesmas com a apresentação de documentos comprobatórios sobre o período ou os valores divergentes. Nos termos do próprio art. 29-A da Lei de Benefícios, o INSS possui prazo de até 180 (cento e oitenta dias) para a entrega do referido Cadastro.

Ressalte-se, ainda, que a inscrição poderá ser efetuada com base nas informações prestadas pelos segurados, para identificação e classificação de sua categoria, sem necessidade de comprovação documental neste ato, podendo o INSS solicitar esta comprovação somente quando do requerimento de algum benefício.

Na impossibilidade de a inscrição ser efetuada pelo próprio segurado, é possível sua efetivação por terceiros, não necessitando de instrumento de procuração.

Sendo a inscrição formalizada em categoria diferente daquela em que deveria ocorrer (trabalhador doméstico que se inscreve como contribuinte individual, por exemplo), o segurado deverá procurar qualquer Agência de Atendimento da Previdência Social e alterá-la para a categoria correta, convalidando-se as contribuições já pagas.

Por fim, cumpre registrar que a inscrição *post mortem* não é aceita pela Previdência Social, exceto para o segurado especial. Esta proibição está contida, de forma indireta, no Decreto n. 3.048/99 (art. 18, § 5º) e de forma expressa nas Instruções Normativas expedidas pela administração. A legislação ordinária, contudo, nada disciplina sobre o tema, razão pela qual é possível a discussão judicial do direito, com base no inciso II do art. 5º da Carta Constitucional, que positiva a regra de que as normas proibitivas de direito devem constar expressamente em lei.

Baixa da inscrição

Os contribuintes, com exceção apenas dos empregados e dos trabalhadores avulsos, devem formalizar a baixa de suas inscrições quando paralisarem as atividades profissionais desenvolvidas e, no caso do segurado facultativo, quando não mais houver interesse em permanecer com os recolhimentos. A formalização dessa baixa deve ser efetuada junto ao INSS mediante declaração e apresentação de documentos que comprovem o encerramento das atividades, sob pena de permanecer aberto o cadastro efetuado anteriormente e, nessa condição, em débito o contribuinte.

Caso a baixa da inscrição não seja formalizada, o INSS poderá solicitar, quando do requerimento de algum benefício pelo segurado, provas de que não houve o exercício da atividade remunerada nos períodos em que não foram efetuadas as respectivas contribuições ao sistema.

3.2.2. Inscrição de pessoas jurídicas e equiparados — Matrícula

Para os contribuintes pessoa jurídica (ou equiparados) a identificação se dará através do CNPJ — Cadastro Nacional de Pessoa Jurídica (situação das empresas) ou do CEI — Cadastro Específico do INSS (situação das equiparadas às empresas ou entidades desobrigadas de inscrição no CNPJ). A identificação pelo CNPJ ou CEI denomina-se "matrícula".

Conforme disposições constantes do § 4º do art. 49 da Lei n. 8.212/91, o Departamento Nacional de Registro do Comércio, por intermédio das juntas comerciais, bem como os cartórios de registro civil de pessoas jurídicas deverão prestar obrigatoriamente ao Instituto Nacional do Seguro Social todas as informações referentes aos atos constitutivos e alterações posteriores relativos a empresas neles registradas, sem ônus para o Instituto.

Em se tratando de pessoas jurídicas que possuem inscrição no CNPJ não há necessidade de qualquer procedimento perante o INSS, pois a inscrição é efetuada simultaneamente nos dois órgãos. Havendo dispensa de inscrição no CNPJ ou em se tratando de obra de construção civil, é necessário que o responsável proceda à matrícula no CEI — Cadastro Específico do INSS, no prazo de 30 dias contados do início das atividades. As pessoas jurídicas (ou equiparadas) com inscrição no CEI devem providenciar a baixa dessa matrícula quando do encerramento das atividades.

Independentemente do ato dos empregadores, o INSS procederá a matrícula nas seguintes situações:

a) de ofício, quando ocorrer a omissão; e

b) de obra de construção civil, mediante comunicação obrigatória do responsável por sua execução, no prazo de até 30 dias.

O profissional liberal responsável por mais de um estabelecimento deverá cadastrar uma matrícula CEI para cada estabelecimento em que tenha segurados empregados a seu serviço.

As regras referentes à matrícula das obras de construção civil estão dispostas no art. 25 e seguintes da Instrução Normativa SRP n. 3/05, cabendo salientar que estão dispensados de matrícula:

• os serviços de construção civil, os quais se encontram destacados no Anexo XIII da referida Instrução Normativa, independentemente da forma de contratação.

• a construção, sem mão-de-obra remunerada, de imóvel pertencente a pessoa física que não possua outro imóvel e que a mesma seja residencial e unifamiliar, com área total não superior a 70 m^2, destinada a uso próprio e do tipo econômico ou popular.

• a reforma de pequeno valor, assim considerada aquela onde não há alteração da área construída e onde o custo estimado total, incluindo material e mão-de-obra, não ultrapasse o valor de 20 vezes o limite máximo do salário-de-contribuição vigente na data de início da obra.

A ausência do cadastramento por empresas que não possuem CNPJ implicará o pagamento de multa, prevista no art. 92 da Lei n. 8.212/91 e no art. 283 do Decreto n. 3.048/99.

3.3. Limite de idade para ingresso no RGPS

O limite mínimo para ingresso na Previdência Social dos segurados que exercem atividade urbana ou rural segue o limite mínimo para o trabalho, constante da Constituição Federal.

Assim, podemos determinar que:

a) até 28.2.1967 = 14 anos;

b) de 1º.3.1967 a 14.10.1988 = 12 anos;

c) de 5.10.1988 a 15.12.1998 = 14 anos, sendo permitida a filiação de menor aprendiz a partir de 12 anos;

d) a partir de 16.12.1998 = 16 anos, permitida a filiação de menor aprendiz a partir de 14 anos.

Obs. I: A partir de 25.7.1991 (data de publicação da Lei n. 8.213/91), não existe limite máximo de idade para a filiação.

Obs. II: Aos menores de dezesseis anos filiados ao Regime Geral de Previdência Social até 16 de dezembro de 1998 são assegurados todos os direitos previdenciários.

Para o trabalhador rural segurado especial o limite mínimo de idade até 15.12.1998 era de 14 anos, aplicando-se o disposto na letra "d", *supra*, a partir desta data.

Cumpre ainda observar que o Decreto n. 3.048/99 e as Instruções Normativas do INSS e da Secretaria da Receita Previdência, fixam a idade para contribuição facultativa em 16 anos, a mesma utilizada pela Constituição Federal para o ingresso no mercado de trabalho. No entanto, a Lei n. 8.212/91 (art. 14) determina a idade mínima de 14 anos, lembrando-se que o segurado facultativo não pode exercer atividade remunerada e que, por tal razão, não se encontra vinculado à idade de 16 anos. O Decreto e as Instruções Normativas, portanto, quanto ao tópico, extrapolam seu limite regulamentador.

Fundamentação: Constituição Federal/88, art. 7º, inciso XXXIII; Lei n. 8.212/91, arts. 12, § 2º e 49; Lei n. 8.213/91, arts 11, § 2º e 17; Decreto n. 3.048/99, arts. 18 a 21, 192 e 256.

Capítulo VII

Beneficiários do RGPS — Segurados e Dependentes

1. SEGURADOS OBRIGATÓRIOS E FACULTATIVOS

São beneficiários do Regime Geral de Previdência Social os contribuintes obrigatórios e facultativos, pessoas físicas, os quais recebem a denominação "segurados", bem como seus dependentes.

Assim, todos os cidadãos, trabalhadores ou não, que contribuem para o Sistema de Seguridade Social, detalhados no Capítulo VI desta obra (Parte II), são segurados deste sistema e, conseqüentemente, beneficiários da Previdência Social.

Fundamentação: Lei n. 8.213/91, art. 10.

2. DEPENDENTES

Em determinadas circunstâncias (falecimento ou reclusão do titular), os dependentes do segurado obrigatório ou facultativo têm garantida a assistência da Previdência Social, devendo comprovar esta condição quando do requerimento do benefício. São considerados dependentes:

a) o cônjuge, o(a) companheiro (a), e o(a) filho(a) não emancipado(a) de qualquer condição, menor de 21 anos ou inválido;

b) os pais; ou

c) o irmão não emancipado, de qualquer condição, menor de 21 anos ou inválido.

Os dependentes de uma mesma classe concorrem em igualdade de condições, de forma que a existência de dependentes de qualquer das classes exclui do direito às prestações os das classes seguintes. Assim, os pais de determinado segurado, ainda que comprovem a dependência econômica perante o INSS, somente poderão perceber o benefício de Pensão por Morte caso este segurado tenha falecido sem deixar cônjuge, companheira ou filhos menores de 21 anos (ou inválidos). Já os irmãos do segurado somente serão considerados dependentes se inexistirem nesta condição quaisquer das pessoas listadas nas letras "a" e "b", *supra*.

Observe-se, ainda, que as pessoas descritas na letra "a" não necessitam comprovar dependência econômica (que é presumida), bastando comprovar a situação de parentesco. Já as pessoas descritas nas letras "b" e "c", quando do requerimento de qualquer benefício previdenciário, deverão comprovar documentalmente a existência de dependência econômica.

2.1. Cônjuges

A condição de cônjuge deve ser comprovada por certidão de casamento atualizada, lembrando-se que o cônjuge ou o companheiro do sexo masculino somente passou a ser dependente, em casos de requerimento de Pensão por Morte, para óbitos ocorridos a partir de 5.4.1991. Anteriormente a essa data, somente era devido o benefício caso fosse comprovada invalidez, conforme art. 12 do Decreto n. 83.080/79. Devem, no entanto, ser mantidos os benefícios concedidos com base na legislação anterior, que fixava o termo inicial de concessão em 6.10.1988, em obediência ao inciso XIII, art. 2º, da Lei n. 9.784/99.

O cancelamento da inscrição do cônjuge ocorre quando da separação judicial ou divórcio (ou separação de fato, devidamente comprovada) sem direito a alimentos, certidão de anulação de casamento, certidão de óbito ou sentença judicial, transitada em julgado. Note-se, portanto, que o cônjuge divorciado ou separado (judicialmente ou de fato) que recebia Pensão de Alimentos concorrerá em iguais condições com os demais dependentes do segurado.

2.2. Companheiros em união estável

Considera-se companheira ou companheiro a pessoa que mantenha união estável com o segurado ou segurada, sendo união estável aquela verificada entre o homem e a mulher como entidade familiar, quando forem solteiros, separados judicialmente, divorciados ou viúvos, ou tenham prole em comum, enquanto não se separarem — Lei n. 8.213/91, art. 16 c/c CF/88, art. 226, § 3º.

Diversos questionamentos existem sobre a possibilidade de um(a) segurado(a), casado(a), manter paralelamente ao casamento uma união estável com terceira pessoa e, nessa condição, após seu óbito, tanto o(a) cônjuge quanto o(a) companheiro(a) virem a receber o benefício de Pensão por Morte. Quanto ao tópico, esclarece de forma definitiva o art. 1.723 do Código Civil, ao determinar expressamente que a união estável não se constituirá caso existam os impedimentos constantes do art. 1.521, entre os quais se encontra a existência de casamento. Assim, e a não ser que exista a separação de fato ou judicial, um segurado casado não pode manter, concomitantemente, uma relação de união estável com outra pessoa, determinando o art. 1.727 do Código Civil que as relações não eventuais, nesse caso, são denominadas de "concubinato".

Não sendo possível a caracterização da "união estável", nos termos do Código Civil Brasileiro, não poderá o(a) companheiro(a) ser assim considerado para fins de caracterização como dependente na legislação previdenciária, sendo a relação existente a de concubinato adulterino, sem qualquer proteção em termos de benefício. Para garantir proteção a essas pessoas seria necessário alterar a legislação vigente, tarefa cabível ao Congresso Nacional e não ao Poder Judiciário. Contudo, a matéria tem sido discutida nos Tribunais Federais, com decisões favoráveis à existência simultânea do casamento e da união estável. O entendimento predominante, entretanto, é pela impossibilidade, conforme ilustram os seguintes julgados:

"PREVIDENCIÁRIO. PENSÃO. RELAÇÃO DE CONCUBINATO. NÃO COMPROVAÇÃO DA VIDA EM COMUM E DEPENDÊNCIA ECONÔMICA. IMPROCEDÊNCIA. DECRETO N. 83.080/

79. 1. Para que possa concorrer com a esposa legítima, a concubina deve demostrar, cabalmente, a manutenção de vida em comum e a relação de dependência econômica para com o de *cujus*, nos termos dos arts. 12, I e 13, § 1º, do Decreto n. 83.080/79, vigente à época do ajuizamento da ação. **2. Não pode ser tida como companheira pessoa que, a par de já perceber pensão deixada pelo próprio esposo falecido, pretende ver reconhecida relação de concubinato com segurado casado, cuja esposa comprovou manter vida em comum regular e que, ela sim, era mantida às expensas do extinto.** 3. Apelação improvida." (TRF — 1ª Região — AC 9401243905 — 1ª Turma — Decisão em 28.11.1995 — Relator: Juiz Aldir Passarinho Junior — DJ de 12.2.1996 p. 6307)

"PREVIDENCIÁRIO. PENSÃO POR MORTE. COMPANHEIRA. REQUISITOS. PROVA EXCLUSIVAMENTE TESTEMUNHAL. UNIÃO ESTÁVEL NÃO RECONHECIDA. CONCUBINATO ADULTERINO. **1. Aplicável a legislação vigente à época do óbito, segundo o princípio tempus regit actum.** 2. A valoração da prova exclusivamente testemunhal da dependência econômica e do concubinato de ex-segurado é válida se apoiada em indício razoável de prova material. 3. A autora não logrou produzir o início de prova documental exigido. **4. Ademais, sendo o falecido casado, pode-se classificar a relação entre o segurado e a autora como sendo concubinato adulterino e não, união estável.** 5. Apelação improvida." (TRF 3ª Região — AC 811435 — Processo n. 200061040061190/SP — 9ª Turma — Decisão em 18.8.2003 — Relatora: Juíza Marisa Santos — DJU de 4.9.2003 p. 330)

"PREVIDENCIÁRIO. CONCESSÃO. PENSÃO POR MORTE. SEGURADO CASADO. RELACIONAMENTO EXTRACONJUGAL. COMPANHEIRA. INCABIMENTO. ART. 226, § 3º, DA CF/88. ART. 16, § 3º, DA LEI N. 8.213/91. 1. Consoante o disposto no § 3º do art. 226 da CF/88, "para efeito da proteção do Estado, é reconhecida a união estável entre o homem e a mulher como entidade familiar, devendo a lei facilitar sua conversão em casamento". **2. Se o segurado falecido era casado e vivia com sua esposa, improcede o pedido de pensão por morte formulado por mulher com a qual o mesmo mantinha relacionamento extraconjugal, ante a impossibilidade de reconhecer a esta última a condição de companheira, nos termos do art. 16, § 3º, da Lei n. 8.213/91.** 3. Apelação improvida." (TRF — 4ª Região — AC 323889 — Processo n. 200004010114476/SC — 6ª Turma — Decisão em 8.8.2000 — Relator: Juiz Nylson Paim de Abreu — DJU de 6.9.2000 p. 478)

"União estável. Companheiro casado. Pensão militar. Precedente da Corte. **1. É possível o reconhecimento da união estável e o deferimento do pedido de pagamento de parte da pensão militar sendo casado o companheiro, mas separado de fato há muitos anos.** 2. Recurso especial não conhecido." (STJ — RESP 280464 — 3ª Turma — Decisão em 17.4.2001 — Relator: Carlos Alberto Menezes Direito — DJ de 13.8.2001 p. 152)

"PREVIDENCIÁRIO. RATEIO DE PENSÃO POR MORTE. CONCUBINATO DESFEITO ANTES DO ÓBITO (E DO CASAMENTO CIVIL SUBSEQÜENTE) — DEPENDÊNCIA ECONÔMICA NÃO PROVADA — APELAÇÃO NÃO PROVIDA. 1. O direito da companheira ao rateio da pensão por morte deriva do atendimento cumulativo dos seguintes requisitos: união estável, que supõe convivência, ao tempo do óbito (relação de contemporaneidade) e prova de dependência econômica da requerente, pressupostos que, ausentes (provados inexistente ou não provados existentes), inviabilizam a percepção do benefício. **2. A união estável anterior ao casamento civil do segurado, que na condição de casado faleceu, em nada repercute no direito de sua viúva auferir, sem concorrência (rateio) da companheira, a percepção da pensão por morte.** 3. Apelação improvida." (TRF — 1ª Região — AC 200001000692556 — 2ª Turma Suplementar — Decisão em 1º.9.2004 — Relatora: Juíza Gilda Sigmaringa Seixas — DJ de 7.10.2004 p. 51)

Confira-se, ainda, o entendimento do Superior Tribunal de Justiça e Supremo Tribunal Federal:

"**Legalidade da decisão do Tribunal de Contas da União, que excluiu, do benefício de pensão, a companheira do servidor público falecido no estado de casado, de acordo com o disposto no § 3º do art. 5º da Lei n. 4.069-62.** A essa orientação, não se opõe a norma do PAR.3.DO ART.226 da **Constituição de 1988, que, além de haver entrado em vigor após o óbito do instituidor, coloca, em plano inferior ao do casamento, a chamada união estável, tanto que deve a lei facilitar a conversão desta naquele.** Prescrição ou preclusão do direito da viúva não configuradas. Preterição, também não caracterizada, da garantia constitucional da ampla defesa da impetrante. Mandado de segurança indeferido." (STF — MS 21449/SP — Relator: Ministro Octavio Gallotti — DJ de 17.11.1995 p. 39206)

"RECURSO ESPECIAL. ADMINISTRATIVO. PENSÃO. UNIÃO ESTÁVEL. COMPANHEIRA CASADA, MAS SEPARADA DE FATO. POSSIBILIDADE. 1. A Constituição Federal e a lei ordinária que regulamentou a união livre não fazem qualquer distinção entre o estado civil dos companheiros, apenas exigindo, para a sua caracterização, a união duradoura e estável entre homem e mulher, com objetivo de constituir um família. 2. **Inexiste óbice ao reconhecimento da união estável quando um dos conviventes, embora casado, *encontra-se separado de fato*.** 3. Recurso provido." (STJ — RESP 406886 — 6ª Turma — Decisão em 17.2.2004 — Relator: Ministro Vicente Leal — DJ de 29.3.2004 p. 284)

"RECURSO ESPECIAL. CIVIL. ART. 1.179, III, CCB. TESTAMENTO. TESTADOR CASADO. CONCUBINA E COMPANHEIRA. DISTINÇÃO. A concubina se distingue da companheira, pois esta última tem com o homem união estável, em caráter duradouro, convivendo com o mesmo como se casados fossem. **A proibição inserta no art. 1.719, III do Código Civil não se estende à companheira de homem casado, mas separado de fato. Recurso especial conhecido e provido." (STJ — RESP 192976 — 4ª Turma — Decisão em 26/09/2000 — Relator: Ministro César Asfor Rocha — DJ de 20.11.2000 p. 299)**

Por fim, cumpre-nos destacar a notícia veiculada pelo STF, Informativo n. 404, referente ao Recurso Extraordinário n. 397.762/BA, de relatoria do Ministro Marco Aurélio, com julgamento em 4.10.2005:

A Turma iniciou julgamento de recurso extraordinário interposto pelo Estado da Bahia contra acórdão do seu respectivo Tribunal de Justiça que, dando interpretação ao § 3º do art. 226 da CF, acolhera pedido formulado em apelação, reconhecendo o direito à recorrida do rateio, com a esposa legítima, da pensão por morte de seu ex-companheiro, considerada a estabilidade, publicidade e continuidade da união entre aquela e o falecido, da qual nasceram nove filhos. Sustenta o recorrente ofensa ao art. 226, § 3º, da CF, e à Lei n. 9.278/96, aludindo aos impedimentos dos arts. 183 a 188, do CC. Alega que não se pode reconhecer a união estável, diante da circunstância de o falecido ter permanecido casado, vivendo com a esposa, até a morte; e que a união estável apenas ampara aqueles conviventes que se encontram livres de qualquer impedimento que torne inviável possível casamento. **O Min. Marco Aurélio, relator, deu provimento ao recurso por entender que, embora não haja imposição da monogamia para ter-se configurada a união estável, no caso, esta não tem a proteção da ordem jurídica constitucional, haja vista que o art. 226 da CF tem como objetivo maior a proteção do casamento. Ressaltou que, apesar de o Código Civil versar a união estável como núcleo familiar, excepciona a proteção do Estado quando existente impedimento para o casamento relativamente aos integrantes da união, sendo que, se um deles é casado, esse estado civil apenas deixa de ser óbice quando verificada a separação de fato. Concluiu, dessa forma, estar-se diante de concubinato (CC, art. 1.727) e não de união estável.** Após, o julgamento foi suspenso com o pedido de vista do Min. Carlos Britto.

2.2.1. Homossexuais

Conforme observado, tanto a legislação previdenciária quanto a legislação civil (CC, art. 1.723) considera por união estável somente aquela verificada entre o homem e a mulher, estando, portanto, excluídos deste conceito os homossexuais. No entanto, o Ministério Público Federal ingressou com a Ação Civil Pública n. 2000.71.00.009347-0, cuja decisão, da Terceira Vara Federal Previdenciária de Porto Alegre, da Seção Judiciária do Rio Grande do Sul, obrigou à autarquia federal — INSS — a rever a condição de dependente dos indivíduos homossexuais, o que foi efetuado através da publicação da Instrução Normativa n. 25, de 7.6.2000. Atualmente dispõe sobre a questão a Instrução Normativa INSS n. 20/07, art. 30, a qual reconhece o direito desses companheiros desde 5.4.1991.

Note-se que a “união estável” entre pessoas do mesmo sexo não existe juridicamente, já que tanto a Lei n. 8.213/91 quanto o Código Civil impõem, para tal caracterização, a dualidade de sexos, mas pode restar caracterizada uma sociedade de fato entre os conviventes, a qual merece tratamento isonômico àquele dispensado às sociedades heterossexuais, obedecendo-se, assim, aos princípios constitucionais que vedam distinções ou discriminações em razão da opção sexual. Há, de forma inegável, um caráter de entidade familiar, existindo, nos termos do art. 1.724 do Código Civil, os deveres de lealdade, assistência e respeito mútuo, além da convivência pública e duradoura.

Todos os companheiros ou companheiras homossexuais, portanto, que tiveram seus benefícios de Auxílio-Reclusão ou Pensão por Morte indeferidos ou que não chegaram a solicitar os benefícios em razão do entendimento do INSS de que não seriam considerados como dependentes, poderão vir a dar entrada em seus requerimentos, a qualquer tempo, munidos de documentação que comprove a referida união.

2.2.2. Documentação comprobatória

O(a) companheiro(a) deverá comprovar a existência da união estável junto ao INSS quando do requerimento do benefício, servindo como prova os seguintes documentos:

a) certidão de nascimento de filho havido em comum;

b) certidão de casamento religioso;

c) declaração do imposto de renda do segurado, em que conste o interessado como seu dependente;

d) disposições testamentárias;

e) anotação constante na Carteira Profissional e/ou na Carteira de Trabalho e Previdência Social, feita pelo órgão competente;

f) declaração especial feita perante tabelião;

g) prova de mesmo domicílio;

h) prova de encargos domésticos evidentes e existência de sociedade ou comunhão nos atos da vida civil;

i) procuração ou fiança reciprocamente outorgada;

j) conta bancária conjunta;

k) registro em associação de qualquer natureza, onde conste o interessado como dependente do segurado;

l) anotação constante de ficha ou livro de registro de empregados;

m) apólice de seguro da qual conste o segurado como instituidor do seguro e a pessoa interessada como sua beneficiária;

n) ficha de tratamento em instituição de assistência médica, da qual conste o segurado como responsável;

o) escritura de compra e venda de imóvel pelo segurado em nome de dependente;

p) declaração de não emancipação do dependente menor de vinte e um anos; ou

q) quaisquer outros que possam levar à convicção do fato a comprovar.

É possível complementar a prova documental com a oitiva de testemunhas, as quais devem ser ouvidas no processo de Justificação Administrativa, o qual deve ser solicitado pelo dependente interessado junto ao INSS.

2.3. Filhos

São considerados dependentes os filhos menores de 21 anos de idade (ou inválidos), desde que não emancipados. Refere-se aqui o legislador aos filhos de qualquer condição, assim considerados aqueles havidos ou não da relação de casamento ou mesmo os filhos adotados, que possuem os mesmos direitos dos demais, proibidas quaisquer designações discriminatórias relativas à filiação, nos termos do § 6º do art. 227 da Constituição Federal.

Cumpre ainda observar que o novo Código Civil (Lei n. 10.406/02), em vigor desde 11.1.2003, em seu art. 5º, antecipou a maioridade para 18 anos, razão pela qual somente se encontram atualmente sujeitos ao instituto da "emancipação" os menores de 18 anos de idade. Como o legislador previdenciário utiliza a expressão "filho não emancipado", entendemos tratar-se, automaticamente, de filhos menores de idade e, por conseguinte, nos termos do novo Código Civil, menores de 18 anos de idade. No entanto, esse não foi o entendimento da Previdência Social que, para satisfação dos beneficiários de todo o país, permanece considerando como dependente o menor de 21 anos de idade, até que legislação posterior modifique expressamente as determinações do art. 16 da Lei n. 8.213/91.

2.3.1. Emancipação

O filho emancipado perderá a qualidade de dependente e, por conseqüência, também os direitos à percepção de qualquer benefício. Detalhe de grande importância encontra-se no inciso V do art. 5º do Código Civil Brasileiro (Lei n. 10.406/02), que prevê emancipação automática para menores entre 16 e 18 anos de idade que se encontrarem trabalhando com vínculo empregatício. Se o menor mantiver, portanto, relação de emprego, automaticamente estará emancipado, razão pela qual deixará de ser considerado como "dependente" para fins previdenciários.

A única forma de emancipação que não acarreta a qualificação como dependente é a colação de grau em ensino superior, conforme previsão constante do art. 17 do Decreto n. 3.048/99.

2.3.2. Filhos equiparados e menores sob guarda

Equiparam-se aos filhos, mediante declaração escrita do segurado e desde que comprovada a dependência econômica, o enteado e o menor que esteja sob sua tutela. O menor sob tutela, no entanto, somente poderá ser equiparado aos filhos do segurado mediante apresentação de termo de tutela e desde que não possua bens suficientes para o próprio sustento e educação.

Obs.: Considera-se como enteado o filho de um dos cônjuges ou companheiro(a), sendo indispensável, no entanto, a apresentação perante o INSS da Certidão de Casamento ou comprovação da união estável entre eles.

Já o menor sob guarda deixou de integrar a relação de dependentes para fins previdenciários, a contar de 14.10.1996 (data de publicação da Medida Provisória n. 1.523), inclusive aqueles que já se encontravam inscritos, salvo se o óbito do segurado ocorreu em data anterior, de forma que assegure o direito adquirido. Assim, inclusive, já se posicionou o Superior Tribunal de Justiça, conforme podemos observar dos seguintes julgados:

"PREVIDENCIÁRIO. PENSÃO POR MORTE. MENOR SOB GUARDA JUDICIAL. BENEFICIÁRIO. ÓBITO POSTERIOR AO ADVENTO DA MP 1.523/96. ART. 16, § 2º, DA LEI N. 8.213/91, COM REDAÇÃO DA LEI N. 9.528/97. ESTATUTO DA CRIANÇA E DO ADOLESCENTE. INAPLICABILIDADE. I — Em regra, os benefícios previdenciários são regidos pelo princípio tempus regit actum II — O menor sob guarda judicial, nos moldes do art. 16, § 2º da Lei n. 8.213/91, não tem direito a perceber pensão por morte se a condição fática necessária à concessão do benefício, qual seja, o óbito do segurado, sobreveio à vigência da Medida Provisória n. 1.523/96, posteriormente convertida na Lei n. 9.528/97, que alterando o disposto no art. 16, § 2º da Lei n. 8.213/91, acabou por afastar do rol dos dependentes da Previdência Social a figura do menor sob guarda judicial. III — O Estatuto da Criança e do Adolescente (ECA) não garante a qualidade de dependente do menor sob guarda judicial por ser norma de cunho genérico, inaplicável aos benefícios mantidos pelo RGPS, os quais, por sua vez, são regidos por lei específica. Agravo regimental provido." (STJ — AARESP 627474 — Processo n. 200302161811/RN — 5ª Turma — Decisão em 02.08.2005 — Relator: Félix Fischer — DJ de 29.8.2005 p. 404).

"PREVIDENCIÁRIO. MENOR SOB GUARDA. EXCLUSÃO DO REGIME GERAL DA PREVIDÊNCIA SOCIAL. ERRO MATERIAL. AUSÊNCIA. I — A Lei n. 9.528/97 alterou o § 2º do art. 16 da Lei n. 8.213/91, para excluir o menor sob guarda do rol dos dependentes do segurado, como beneficiários do Regime Geral de Previdência Social (RGPS). II — Todavia, a derrogação não alcançou o Estatuto da Criança e do Adolescente, que confere ao menor sob guarda, a condição de dependente para "fins previdenciários". O termo "fins previdenciários" abrange o Regime Geral de Previdência Social, o Regime de Previdência Social do Servidor Público, bem como a Previdência Complementar ou Privada. III — Se a Lei n. 9.528/97 excluiu o menor sob guarda do rol dos dependentes do segurado sob o Regime Geral de Previdência Social, essa modificação não pode alcançar qualquer outro regime de previdência, já que esse é disciplinado por leis específicas. IV — Ausente qualquer erro material no julgado, o que se verifica é mero inconformismo do embargante com o resultado do julgado, contrário às suas pretensões. V — Embargos rejeitados." (STJ — EERESP 398213 — Processo n. 200101947005/RS — 5ª Turma — Decisão em 21.8.2003 — Relator: Gilson Dipp — DJ de 29.9.2003 p. 307)

A questão, contudo, não é pacífica, havendo entendimento no sentido de prevalecerem as disposições do Estatuto da Criança e do Adolescente — ECA — que confere ao menor sob guarda a condição de dependente. Nestes termos confira-se julgado do STJ, da lavra da Ministra Laurita Vaz:

"PROCESSUAL CIVIL E PREVIDENCIÁRIO. RECURSO ESPECIAL. AÇÃO RESCISÓRIA. ART. 485, V, DO CPC. VIOLAÇÃO A LITERAL DISPOSIÇÃO DE LEI. NÃO-OCORRÊNCIA. PENSÃO POR MORTE. MENOR SOB GUARDA. DEPENDENTE DO SEGURADO. EQUIPARAÇÃO A FILHO. LEGISLAÇÃO DE PROTEÇÃO AO MENOR E ADOLESCENTE. OBSERVÂNCIA. 1. Incabível ação rescisória quando inexistente ofensa a literal disposição de lei (art. 485, inciso V, do CPC). 2. A Lei n. 9.528/97, dando nova redação ao art. 16 da Lei de Benefícios da Previdência Social, suprimiu o menor sob guarda do rol de dependentes do segurado. 3. Ocorre que, a questão referente ao menor sob guarda deve ser analisada segundo as regras da legislação de proteção ao menor: a Constituição Federal — dever do poder público e da sociedade na proteção da criança e do adolescente (art. 227, *caput*, e § 3º, inciso II) e o Estatuto da Criança e do Adolescente — é conferido ao menor sob guarda a condição de dependente para todos os efeitos, inclusive previdenciários (art. 33, § 3º, Lei n. 8.069/90). Precedentes da Quinta Turma. 4. Recurso especial desprovido." (STJ — RESP 817978 — Processo n. 200600249868/RN — 5ª Turma — Decisão em 12.6.2006 — Relatora: Ministra Laurita Vaz — DJ de 1º.8.2006 p. 537).

Diversas Ações Civis Públicas foram ajuizadas quanto ao tópico e, considerando-se as decisões judiciais obtidas (ações civis públicas ns. 1999.38.00.004900-0, da 29ª Vara Federal da Seção Judiciária de Minas Gerais; 97.0057902-6, da 1ª Vara Federal da Seção Judiciária de São Paulo; 98.0000595-1, da 1ª Vara Federal da Seção Judiciária de Sergipe e 1999.43.00.000326-2, da 1ª Vara Federal da Seção Judiciária de Tocantins, todas propostas pelo Ministério Público Federal), o Diretor-Presidente do INSS fez publicar no DOU de 15.4.2004 a Instrução Normativa n. 106, determinando que o INSS se abstivesse de indeferir os pedidos de inscrição, na condição de dependente, de crianças e adolescentes que, por determinação judicial, estejam sob a guarda de segurado do Regime Geral de Previdência Social, para os fins previstos na Lei n. 8.213/91 e no Regulamento da Previdência Social, aprovado pelo Decreto n. 3.048/99. Note-se, no entanto, que a permissão para inscrição como dependentes de menores sob guarda (conforme IN n. 106/04) se restringiam aos Estados de Minas Gerais, São Paulo, Sergipe e Tocantins, onde ficaram suspensas a aplicação dos arts. 15, 233, 271 e 290 da Instrução Normativa INSS/DC n. 95/03.

Com a decisão proferida na Ação Civil Pública n. 97.0057902-6, em trâmite na 7ª Vara Federal de São Paulo/SP, o INSS acabou por publicar a Instrução Normativa INSS n. 9, de 8.8.2006 (DOU de 10.8.2006) determinando, em âmbito na nacional, que o INSS se abstenha de indeferir os pedidos de inscrição referidos. Referida Instrução Normativa determinou, ainda, que as decisões judiciais, proferidas nas Ações Civis Públicas ns. 1999.38.00.004900-0/29ª Vara Federal da Seção Judiciária de Minas Gerais e 1999.43.00.000326-2/1ª Vara Federal da Seção Judiciária de Tocantins, continuam em vigor, de forma que as Agências da Previdência Social — APS, nesses Estados da Federação, deverão continuar a cumprir as determinações judiciais delas decorrentes.

Os efeitos da decisão judicial obtida na ACP n. 97.0057902-6 são extensivos a todo o território nacional e retroagem a 8.6.2006, data do recebimento do ofício que ordenou o cumprimento da referida decisão, na Diretoria de Benefícios. Os novos procedimentos devem ser aplicados em todos os processos de benefícios requeridos a partir dessa data, tanto para os pendentes de decisão final, quer em primeira instância administrativa, quer em instância recursal, bem como para os pedidos de revisão de benefícios.

2.3.3. Filhos inválidos

O filho maior de 21 anos, inválido, somente será considerado como dependente se a invalidez (concluída mediante exame médico pericial do INSS) for anterior à data do óbito ou da reclusão do segurado.

Já o dependente que recebe benefício de Pensão por Morte na condição de menor e que, no período anterior à sua emancipação ou maioridade, torna-se inválido, terá direito à manutenção do benefício independentemente de a invalidez ter ocorrido antes ou após o óbito do segurado. Tal critério será igualmente aplicado àquele que possuía direito à Pensão por Morte na condição de menor e não a havia requerido antes de tornar-se inválido. Confira-se, nestes termos, a redação do art. 27 da Instrução Normativa INSS n. 20/07:

"Art. 27 — O dependente que recebe benefício de pensão por morte na condição de menor e que, no período anterior a sua emancipação ou maioridade, tornar-se inválido, terá direito à manutenção do benefício, independentemente da invalidez ter ocorrido antes ou após o óbito do segurado."

2.4. Pais

Os pais somente poderão ser considerados como dependentes de um segurado caso este não possua cônjuge, companheiro(a) em união estável ou filhos menores de 21 anos ou inválidos e desde que consigam comprovar a existência de dependência econômica, sendo os documentos comprobatórios os mesmos relacionados para a comprovação da união estável, já detalhados no subitem 2.2.2 deste Capítulo.

É possível complementar a prova documental com o depoimento de testemunhas, as quais devem ser ouvidas em processo de Justificação Administrativa, a ser requerido junto ao INSS pelo dependente interessado.

2.5. Irmãos

O irmão não emancipado, de qualquer condição, menor de 21 anos ou inválido podem vir a ser considerados como dependentes de um segurado, caso este não possua cônjuge, companheiro(a) em união estável, filhos menores de 21 anos (ou inválidos) e nem tampouco pais que comprovem a dependência econômica. São os irmãos, portanto, os últimos da relação de dependência, lembrando-se que devem comprovar, assim como os pais, a existência de dependência econômica para com o segurado do sistema.

2.6. Dependente civilmente incapaz

Em se tratando de dependente civilmente incapaz, o benefício devido deverá ser pago ao cônjuge, pai, mãe, tutor ou curador, admitindo-se, na falta desses e por período não superior a seis meses, o pagamento a administrador provisório, mediante termo de compromisso firmado no ato do recebimento, na forma estabelecida no art. 415 da Instrução Normativa INSS n. 20/07.

Vencido o prazo de seis meses, e não sendo apresentado o documento definitivo, expedido pela autoridade competente, deverá o recebedor do benefício providenciar declaração da referida autoridade constando o andamento do processo, para que permaneça recebendo o benefício do incapaz.

2.7. Inscrição de dependentes

Anteriormente à publicação da Lei n. 10.403, 8.1.2002 — DOU de 9.1.2002, a inscrição do dependente deveria ser efetuada pelo próprio segurado, que o qualificava perante a Previdência Social mediante a apresentação de documentos comprobatórios.

Desde a data de 9.1.2002, com a publicação da Lei n. 10.403, a inscrição do dependente do segurado passou a ser promovida pelo próprio dependente, quando do requerimento do benefício a que tiver direito, mediante a apresentação dos seguintes documentos (art. 22 do Decreto n. 3.048/99):

a) para os dependentes preferenciais:

• cônjuge e filhos: certidões de casamento e de nascimento;

• companheira ou companheiro: documento de identidade e certidão de casamento com averbação da separação judicial ou divórcio, quando um dos companheiros ou ambos já tiverem sido casados, ou de óbito, se for o caso; e

• equiparado a filho: certidão judicial de tutela e, em se tratando de enteado, certidão de casamento do segurado e de nascimento do dependente.

b) pais: certidão de nascimento do segurado e documentos de identidade dos mesmos.

c) irmãos: certidão de nascimento.

Para comprovação do vínculo (companheiro) e da dependência econômica (letras "b" e "c", *supra*), conforme o caso, devem ser apresentados no mínimo três dos seguintes documentos (§ 3º do art. 22 do Decreto n. 3.048/99):

a) certidão de nascimento de filho havido em comum;

b) certidão de casamento religioso;

c) declaração do imposto de renda do segurado, em que conste o interessado como seu dependente;

d) disposições testamentárias;

e) anotação constante na Carteira Profissional e/ou na Carteira de Trabalho e Previdência Social, feita pelo órgão competente;

f) declaração especial feita perante tabelião;

g) prova de mesmo domicílio;

h) prova de encargos domésticos evidentes e existência de sociedade ou comunhão nos atos da vida civil;

i) procuração ou fiança reciprocamente outorgada;

j) conta bancária conjunta;

k) registro em associação de qualquer natureza, onde conste o interessado como dependente do segurado;

l) anotação constante de ficha ou livro de registro de empregados;

m) apólice de seguro da qual conste o segurado como instituidor do seguro e a pessoa interessada como sua beneficiária;

n) ficha de tratamento em instituição de assistência médica, da qual conste o segurado como responsável;

o) escritura de compra e venda de imóvel pelo segurado em nome de dependente;

p) declaração de não emancipação do dependente menor de vinte e um anos; ou

q) quaisquer outros que possam levar à convicção do fato a comprovar.

Observações:

• O fato superveniente que importe em exclusão ou inclusão de dependente deve ser comunicado ao INSS, com as provas cabíveis.

• Somente será exigida a certidão judicial de adoção quando esta for anterior a 14.10.1990, data da vigência da Lei n. 8.069/90 (Estatuto da Criança e do Adolescente). Isto porque o art. 47 deste instituto legal determina que o vínculo da adoção constitui-se por sentença judicial, que será inscrita no registro civil mediante mandado do qual não se fornecerá certidão, cancelando-se o registro original do adotado. Assim, a contar de 14.10.1990, não mais existe a certidão judicial de adoção.

• No caso de dependente inválido, para fins de inscrição e concessão de benefício, a invalidez será comprovada mediante exame médico-pericial a cargo do INSS.

• Os dependentes excluídos de tal condição em razão de Lei têm suas inscrições tornadas nulas de pleno direito.

• Os pais ou irmãos deverão, para fins de concessão de benefícios, comprovar a inexistência de dependentes preferenciais, mediante declaração firmada perante o Instituto Nacional do Seguro Social.

2.8. Perda da qualidade de dependente

A perda da qualidade de dependente ocorre:

I — para o cônjuge: pela separação judicial ou divórcio, desde que não recebam a prestação de alimentos (pensão alimentícia), pela anulação do casamento, pelo óbito ou por sentença judicial transitada em julgado;

Obs.: O cônjuge separado de fato, que comprove a percepção de alimentos, terá direito à pensão por morte, mesmo que este benefício já tenha sido requerido e concedido à companheira ou ao companheiro.

II — para a companheira ou companheiro: pela cessação da união estável com o segurado ou segurada, enquanto não lhe for garantida a prestação de alimentos (pensão alimentícia);

III — para o filho e o irmão, de qualquer condição: ao completarem vinte e um anos de idade, salvo se inválidos, ou pela emancipação, ainda que inválido, exceto, neste caso, se a emancipação for decorrente de colação de grau científico em curso de ensino superior;

IV — para os dependentes em geral: pela cessação da invalidez ou pelo falecimento.

Fundamentação: Lei n. 8.213/91, arts. 16, 17 e 76, § 2º; Lei n. 10.403, de 8.1.2002 — DOU de 9.1.2002; Decreto n. 3.048/99, arts. 8º, 16, 17, 22 a 24 e 115.

Capítulo VIII

Manutenção e Perda da Qualidade de Segurado

1. PERÍODOS DE GRAÇA

Enquanto contribuintes, o trabalhador e o facultativo permanecem na condição de segurados do INSS, o que lhes garante o direito ao recebimento de todos os benefícios que lhes sejam cabíveis. Entretanto, existem determinadas situações em que, independente de contribuição previdenciária, permanecerá o trabalhador e o facultativo na condição de segurados.

Esses períodos sem contribuição, mas com a manutenção da qualidade de segurado, são comumente denominados "períodos de graça", conservando o segurado todos os seus direitos perante a previdência social.

São eles:

a) sem limite de prazo, quem está em gozo de benefício (inclusive auxílio-acidente);

b) até 12 meses após a cessação das contribuições para o segurado que deixar de exercer atividade remunerada abrangida pela Previdência Social ou estiver suspenso ou licenciado sem remuneração. Também se aplica este prazo ao segurado que se desvincular de regime próprio de previdência social (servidores públicos ou militares);

Obs.: O prazo desta letra "b" será de até 24 meses se o segurado já tiver pago mais de 120 contribuições mensais sem interrupção que acarrete a perda da qualidade de segurado. Este acréscimo poderá ser ainda estendido em mais 12 meses para o segurado desempregado, desde que comprovada essa situação por registro no órgão próprio do Ministério do Trabalho e Emprego. As anotações referentes ao seguro desemprego ou ao registro no Sistema Nacional de Emprego — SINE, servem para a comprovação da condição de desempregado, exceto para o segurado que se desvincular de Regime Próprio de Previdência Social.

c) até 12 meses após cessar a segregação, o segurado acometido de doença de segregação compulsória;

d) até 12 meses após o livramento, o segurado detido ou recluso;

e) até 3 meses após o licenciamento, o segurado incorporado às Forças Armadas para prestar serviço militar; e

f) até 6 meses após a cessação das contribuições, o segurado facultativo.

O empregado que tiver seu contrato de trabalho suspenso conforme previsto no art. 476-A da CLT (suspensão contratual — participação do trabalhador em curso ou programa de qualificação profissional) permanecerá como segurado da Previdência Social pelo período de até 12 meses, conforme a letra "b", acima.

Algumas situações, contudo, requerem atenção especial, em face da omissão constante da Lei n. 8.213/91, quais sejam:

I — A percepção de benefício previdenciário (auxílio-doença, por exemplo) durante o período de graça interromperá o período de 12 meses constante da letra "b", supra (ou 24/36 meses, conforme o caso), de forma a serem computados os períodos anteriores e posteriores à duração do benefício. Assim, se o período de graça for de apenas 12 meses, e o segurado já tiver usufruído 4 meses antes da concessão do auxílio-doença, após seu encerramento terá o mesmo proteção apenas por mais 8 meses, não havendo qualquer razão para que se reinicie o período completo após o benefício e nem tampouco para que o segurado perca automaticamente a proteção após o referido encerramento. Contudo, há previsão mais benéfica ao segurado no art. 14 da Instrução Normativa INSS n. 20/07, o qual dispõe que o período de graça de 12 meses terá início após a cessação do benefício por incapacidade. Para o segurado facultativo, nos termos do art. 13 da mesma Instrução Normativa, o prazo será de 6 meses.

II — A Instrução Normativa INSS n. 20/07, no art. 12, esclarece que no caso de fuga do segurado recolhido à prisão, será descontado do prazo para perda da qualidade de segurado, a partir da data da fuga, o período de graça já usufruído anteriormente à prisão. O prazo integral de 12 meses somente permanecerá no caso de livramento, contado a partir da soltura.

II — O segurado obrigatório que, durante o prazo de manutenção da sua qualidade de segurado (12, 24 ou 36 meses, conforme o caso), se filie ao RGPS como facultativo, ao deixar de contribuir nesta última, terá o direito de usufruir o período de graça de sua condição anterior.

III — Conforme disposições constantes da Instrução Normativa n. 20/07 (art. 11), o segurado manterá ainda sua qualidade, independente de contribuições, durante o período compreendido entre 16.3.1990 e 30.9.1992 (lapso em que a Lei n. 8.878/94 concedeu anistia aos servidores públicos civis e empregados da Administração Pública Federal direta, autárquica ou fundacional), bem como aos empregados de empresas públicas e sociedades de economia mista sob controle da União, que foram:

- exonerados ou demitidos com violação de dispositivo constitucional ou legal;
- despedidos ou dispensados dos seus empregos com violação de dispositivo constitucional, legal, regulamentar ou de cláusula constante de acordo, convenção ou sentença normativa; e
- exonerados, demitidos ou dispensados por motivação política, devidamente caracterizada, ou por interrupção de atividade profissional em decorrência de movimento grevista.

IV — Conforme disposições constantes da Instrução Normativa INSS n. 20/07 (art. 11), mantém-se a qualidade de segurado no período de 4.3.1997 a 23.3.1998 aos trabalhadores da Empresa Brasileira de Correios e Telégrafos — ECT, que sofreram punições, dispensas e alterações unilaterais contratuais em razão da participação em movimento reivindicatório, em face das disposições da Lei n. 11.282/06, que concedeu anistia a tais trabalhadores.

V — Salvo para os trabalhadores das empresas dos correios (item IV, *supra*) os períodos de graça não são computados como tempo de contribuição e nem tampouco como carência, servindo, apenas, para garantir a proteção social ao trabalhador, oferecida pela Previdência Social.

VI — Nos termos do art. 11, § 4º, da Instrução Normativa INSS n. 20/07, a existência de vínculo empregatício no Cadastro Nacional de Informações Sociais — CNIS, mesmo quando não haja informação a respeito de remuneração no período, pode provar o exercício de atividade remunerada de filiação obrigatória à Previdência Social e acarretar a manutenção da qualidade de segurado, observando o contido no art. 19 do RPS, aprovado pelo Decreto n. 3.048/99.

Durante o "período de graça", o segurado conserva todos os seus direitos perante a previdência social, de forma que, se o fato gerador de um benefício ocorrer durante os prazos fixados para a manutenção da qualidade de segurado (direito a um auxílio-doença, por exemplo), este deverá ser concedido pelo INSS, ainda que o requerimento se dê em data posterior. O segurado, no entanto, somente receberá o benefício a contar do requerimento, não fazendo jus às prestações vencidas, com exceção apenas para o direito dos menores, dos incapazes e dos ausentes.

2. PERDA DA QUALIDADE DE SEGURADO

A perda da qualidade de segurado ocorrerá no dia seguinte ao do vencimento da contribuição do contribuinte individual relativa ao mês imediatamente posterior ao término dos prazos fixados no item 1, *supra*.

Como o vencimento das contribuições do contribuinte individual ocorre no dia 15 (ou dia posterior se o dia 15 não for dia útil), a perda da qualidade de segurado ocorrerá no dia 16 (ou dia posterior, se o dia 15 não for dia útil) do segundo mês seguinte ao término dos prazos acima (letras "a" a "f") e importa em caducidade dos direitos inerentes a essa qualidade, não prejudicando, entretanto, o direito à aposentadoria para cuja concessão tenham sido preenchidos todos os requisitos, segundo a legislação em vigor à época em que esses requisitos foram atendidos (direito adquirido).

Obs. I: No período de setembro/94 a 5.3.1997 a perda da qualidade de segurado ocorria no segundo dia útil posterior ao dia 2 (dois).

Obs. II: No período de 6.3.1997 a 28.11.1999 (véspera da publicação da Lei n. 9.876), recaindo o dia 15 no sábado, domingo ou feriado, inclusive o municipal, o pagamento das contribuições deveria ser efetuado no dia útil anterior. A partir de 29.11.1999 (data da publicação da Lei n. 9.876), recaindo o dia 15 no sábado, domingo ou feriado federal, estadual e o municipal, o pagamento das contribuições deverá ser efetuado no dia útil imediatamente posterior.

Obs. III: Se, por força de lei, ocorrer alteração nas datas de vencimento de recolhimentos, deverão ser obedecidos, para manutenção ou perda da qualidade de segurado, os prazos vigentes no dia do desligamento da atividade.

2.1. Benefícios previdenciários em que a perda da qualidade de segurado não será considerada

Com a publicação da Medida Provisória n. 83, de 12.12.2002 — DOU de 13.12.2002 (posteriormente convalidada na Lei n. 10.666/03), a perda da qualidade de segurado não será considerada para a concessão das aposentadorias por tempo de contribuição (inclusive de professores) e especial, independente de possuir ou não o segurado direito adquirido ao benefício à época da perda desta qualidade.

Assim, exemplificativamente, um segurado empregado que tenha perdido o emprego após 29 anos de filiação e que permaneceu por quatro anos sem qualquer contribuição ao sistema (perda da qualidade de segurado) poderá regressar ao RGPS, contribuir por mais um ano (além do tempo extra do pedágio) e ingressar com o pedido de aposentadoria proporcional por tempo de contribuição. Anteriormente à MP n. 83/02, isto não seria possível. Ocorreria a perda da qualidade de segurado, o novo ingresso seria considerado como nova filiação ao sistema e os segurados inscritos a contar de 16.12.1998 não possuem mais direito à aposentadoria proporcional, de forma que não seria possível a obtenção do benefício.

Na hipótese de aposentadoria por idade, também em face da Medida Provisória n. 83/02, a perda da qualidade de segurado não será considerada para a concessão desse benefício, desde que o segurado conte com, no mínimo, o tempo de contribuição correspondente ao exigido para efeito de carência na data do requerimento do benefício. Como terá havido a perda da qualidade de segurado, discute-se atualmente qual seria esse número de contribuições: 180 ou um número reduzido, aplicando-se a tabela do art. 142 da Lei n. 8.213/91. O entendimento mais razoável, em face da omissão legal sobre o tema, é pela aplicação da tabela do art. 142 da Lei de Benefícios, já que a Lei n. 10.666/03 determinou expressamente que a "perda da qualidade de segurado" não será considerada para fins de concessão do referido benefício, podendo-se interpretar que essa "não consideração" vale, inclusive, para fins de aplicação do referido artigo. Este é, inclusive, o entendimento consubstanciado na Instrução Normativa INSS n. 20/07, art. 18, § 1º inciso I. Confira-se:

> "Art. 18 — A partir da MP n. 83/02 e da Lei n. 10.666/03, a perda da qualidade de segurado não será considerada para a concessão das aposentadorias por tempo de contribuição, inclusive de Professor, Especial e por Idade, observando:
>
> § 1º Para os benefícios de que trata o *caput*, cujas condições mínimas exigidas para sua concessão foram implementadas anteriormente à vigência da MP n. 83/02 e da Lei n. 10.666/03, prevalecerão os critérios vigentes na data da implementação das condições ou da data da entrada do requerimento do benefício ou o que for mais vantajoso, atentando-se que:
>
> I — para os segurados inscritos no RGPS até 24 de julho de 1991, ainda que haja reingresso posterior a essa data, o tempo de contribuição a ser considerado, para fins de carência, será o constante na tabela do art. 142 da Lei n. 8.213/91, com redação dada pela Lei n. 9.032/95, observando-se a data da implementação de todas as condições, no caso de aposentadoria por idade;
>
> II — para ingresso no RGPS posterior a 24 de julho de 1991, inclusive para o oriundo de outro RPPS, a carência a ser exigida será de 180 (cento e oitenta) contribuições, conforme o inciso II do art. 25 da Lei n. 8.213/91;
>
> ..."

O cálculo das aposentadorias concedidas seguirá o critério previsto na legislação vigente à época do requerimento administrativo do benefício e, quando inexistirem salários-de-contribuição a contar de julho/94, as mesmas serão concedidas no valor mínimo do salário-de-benefício (salário mínimo).

Não será concedida pensão por morte aos dependentes do segurado que falecer após a perda desta qualidade, salvo se preenchidos os requisitos para obtenção de aposentadoria, conforme observado acima.

Fundamentação: Lei n. 8.213/91, art. 15 e 102; Lei n. 10.666/03, art. 3º; Decreto n. 3.048/99, arts. 13 a 15, 180 e 188-E; Medida Provisória n. 2.164-41, de 24.8.2001, art. 11.

Parte III

Custeio da Seguridade Social

Capítulo IX

Sistema de Financiamento

Organizada pelo Poder Público, a Seguridade Social é financiada por toda a sociedade, de forma direta ou indireta, mediante recursos provenientes dos orçamentos da União, dos Estados, do Distrito Federal e dos Municípios, e de contribuições sociais obrigatórias às empresas e aos trabalhadores, conforme previsto no art. 195 da Constituição Federal.

Trata-se de um sistema contributivo, onde todos os cidadãos, por conviverem em sociedade, contribuem para o bem-estar social de todos, em regime de repartição simples. As contribuições são destinadas a um cofre único (e não a contas individualizadas por contribuinte, denominado capitalização), saindo desse caixa o pagamento dos benefícios concedidos e acarretando, automaticamente, duas conseqüências lógicas: a) uma solidariedade compulsória; b) um pacto intergeracional. O orçamento da Seguridade é, pois, autônomo, não constituindo parte integrante do Tesouro Nacional.

A geração ativa sustenta, com suas contribuições, a geração beneficiária (em geral, doentes e idosos) e espera ser sustentada, no futuro, pelos trabalhadores ativos da época. Eis o pacto entre as gerações e a solidariedade imposta pelo sistema, já o valor contribuído não pertence ao trabalhador contribuinte, mas sim ao próprio sistema de previdência, que o distribui em forma de benefício àqueles que dele necessitam.

Esse modelo de previdência requer, ainda, a priorização das arrecadações, ou seja, que jamais seja criado ou majorado um determinado benefício sem que antes seja constituída sua total fonte de custeio. Trata-se da precedência da fonte de custeio, positivada no § 5º do art. 195 da Carta Constitucional de 1988 que, em verdade, deveria ser preceito básico de qualquer orçamento, inclusive o familiar. A lógica é fácil: se a arrecadação atual está comprometida com os benefícios atuais (gasto atual), por óbvio que se a pretensão é aumentar a despesa, com o aumento dos benefícios ou criação de novas proteções, deve-se, primeiro, arrumar dinheiro para esse gasto extra, com a criação de uma nova fonte de receita ou o aumento de determinada contribuição já existente.

No entanto, se por um lado não é possível criar ou aumentar benefícios sem a correspondente fonte de custeio, o inverso não é verdadeiro. A Constituição Federal, no próprio art. 195 (*caput* e § 4º), permite a criação de novas receitas, sem que estas sejam vinculadas a novos benefícios ou majoração daqueles já existentes, apenas para a sustentabilidade do sistema. No entanto, a instituição dessas novas fontes, destinadas a garantir a manutenção ou expansão da Seguridade Social, devem observar as exigências do inciso I do art. 154 da Carta Magna, quais sejam:

a) instituição mediante lei complementar;

b) não cumulatividade;

c) existência de fato gerador e base-de-cálculo próprios.

Fundamentação: Constituição Federal, art. 195; Lei n. 8.212/91, arts. 10 e 11; Decreto n. 3.048/99, art. 194.

Capítulo X

Participação da União e Demais Entes da Federação

A União participa com grande percentual no custeio da Seguridade Social através do repasse de recursos de seu orçamento e dos orçamentos dos demais entes da Federação. Assim, a lei orçamentária anual deve compreender o orçamento da Seguridade Social, abrangendo todas as entidades e órgãos a ela vinculados, da administração direta ou indireta, bem como os fundos e fundações instituídos e mantidos pelo Poder Público (CF/88, art. 165, § 5º, III). Não se trata de uma contribuição social, mas sim de dotações orçamentárias que devem, obrigatoriamente, constar da Lei Orçamentária Anual.

À União compete também suprir eventuais insuficiências financeiras da Seguridade Social, quando decorrentes do pagamento de benefícios de prestação continuada da Previdência Social (Lei n. 8.212/91, art. 16).

O orçamento da Seguridade Social, em que pese a existência de recursos provenientes da União e demais entes de Federação, é totalmente independente do orçamento do Tesouro Nacional, de forma que as contribuições dispostas no art. 195 da Constituição Federal ingressam diretamente no orçamento da Seguridade Social, que as distribui entre os serviços e benefícios correspondentes.

A proposta de orçamento da Seguridade Social deve ser elaborada de forma integrada pelos órgãos responsáveis pela saúde, previdência social e assistência social, tendo em vista as metas e prioridades estabelecidas na lei de diretrizes orçamentárias, assegurada a cada área a gestão de seus recursos.

As receitas dos Estados, do Distrito Federal e dos Municípios deverão constar dos respectivos orçamentos, não integrando o orçamento da União.

Fundamentação: Lei n. 8.212/91, arts. 16 e 19; Decreto n. 3.048/99, arts. 195 a 197.

Capítulo XI

Contribuições Sociais

Instituídas com fundamento no art. 149 da Constituição Federal e, portanto, constantes do capítulo reservado ao Sistema Tributário Nacional, as contribuições sociais destinadas ao financiamento da Seguridade Social se encontram descritas nos incisos I a III do art. 195 deste mesmo estatuto legal. Trata-se de contribuições obrigatórias, impostas pela União a empregadores e trabalhadores, destinadas ao pagamento de benefícios e serviços voltados à proteção social. Por serem instituídas por lei, serem devidas compulsoriamente e por estarem inseridas no capítulo destinado ao Sistema Tributário em nossa Constituição Federal, possuem as contribuições sociais natureza jurídica de tributo, conforme entendimento dominante, inclusive, dos Tribunais Superiores. Confira-se, ilustrativamente, o seguinte julgado:

> "PROCESSUAL CIVIL E TRIBUTÁRIO — AGRAVO REGIMENTAL — PRECLUSÃO CONSUMATIVA — CONTRIBUIÇÃO PREVIDENCIÁRIA — NATUREZA JURÍDICA — REPETIÇÃO DE INDÉBITO — JUROS DE MORA — ART. 1º-F DA LEI N. 9.494/97 — INAPLICABILIDADE. 1. Não se conhece de agravo regimental interposto em duplicidade, por ocorrência da preclusão consumativa. 2. As contribuições sociais possuem natureza tributária. Precedentes do STF e do STJ. 3. O STF, no julgamento do RE 453.740/RJ, corroborou o entendimento pacificado nesta Corte de que, em repetição de indébito tributário, não se aplica o disposto no art. 1º-F da Lei n. 9.494/97, acrescentado pela Medida Provisória n. 2.180-35/01. 4. Agravo regimental improvido." (STJ — AGA 854822 — Processo n. 200700039444/MG — 2ª Turma — Decisão em 18.10.2007 — Relatora: Ministra Eliana Calmon — DJ de 31.10.2007 p. 309).

As normas gerais a serem observadas constam, portanto, do artigo 149 da Constituição Federal cabendo ressalva apenas quanto ao prazo de exigibilidade de 90 dias, constante do § 6º do art. 195 da Carta Constitucional. Às contribuições destinadas ao custeio da Seguridade Social não se aplica a regra de anterioridade do exercício financeiro, disposta no art. 150, III, "b", da Constituição.

As contribuições de obrigação das empresas e trabalhadores da iniciativa privada são de competência exclusiva da União. Os Estados, o Distrito Federal e os Municípios somente podem instituir contribuições sociais se destinadas ao financiamento de sistemas de previdência e assistência social próprios de seus servidores.

As contribuições sociais de responsabilidade das empresas, em face de sua maior capacidade contributiva, somam vultoso percentual no custeio da Seguridade Social. Os empresários, regra geral, repassam tais encargos ao preço final do serviço ou produto oferecido ao consumidor, que, em grande verdade, é quem acaba contribuindo para o sistema.

Compõem, pois, o financiamento da Seguridade Social as seguintes contribuições sociais:

I — do empregador, da empresa e da entidade a ela equiparada na forma da lei, incidentes sobre:

a) a folha de salários e demais rendimentos do trabalho pagos ou creditados, a qualquer título, à pessoa física que lhe preste serviço, mesmo sem vínculo empregatício;

b) a receita ou o faturamento (Cofins);

c) o lucro (CSLL).

II — do trabalhador e dos demais segurados da previdência social, não incidindo contribuição sobre aposentadoria e pensão concedidas pelo regime geral de previdência social;

III — sobre a receita de concursos de prognósticos (montante de renda líquida proveniente de concursos de sorteios de números, loterias, apostas — inclusive reuniões hípicas, nos âmbitos federal, estadual, do Distrito Federal e municipal). A contribuição de que trata este item constitui-se de:

a) renda líquida dos concursos de prognósticos realizados pelos órgãos do Poder Público destinada à Seguridade Social de sua esfera de governo;

b) 5% sobre o movimento global de apostas no prado de corridas; e

c) 5% sobre o movimento global de sorteio de números ou de quaisquer modalidades de símbolos.

Obs. I: Para melhor compreensão desta contribuição social entende-se como: a) renda líquida = o total da arrecadação, deduzidos os valores destinados ao pagamento de prêmios, de impostos e de despesas com administração; b) movimento global de apostas = total das importâncias relativas às várias modalidades de jogos, inclusive o de acumulada, apregoadas para o público no prado de corrida, subsede ou outra dependência da entidade; e c) movimento global de sorteio de números = o total da receita bruta, apurada com a venda de cartelas, cartões ou quaisquer outras modalidades, para sorteio realizado em qualquer condição — Art. 212 do Decreto n. 3.408/99.

Obs. II: A Lei n. 11.345, de 14.9.2006 (DOU de 15.9.2006), autorizou o Poder Executivo Federal a instituir um concurso de prognóstico destinado ao desenvolvimento da prática desportiva, com a participação de entidades desportivas da modalidade de futebol, sendo 1% do total arrecadado destinado à Seguridade Social.

IV — das associações desportivas que mantêm equipe de futebol profissional, incidentes sobre a receita bruta decorrente dos espetáculos desportivos de que participem em todo território nacional em qualquer modalidade desportiva, inclusive jogos internacionais, e de qualquer forma de patrocínio, licenciamento de uso de marcas e símbolos, publicidade, propaganda e transmissão de espetáculos desportivos.

V — do importador de bens ou serviços do exterior, ou de quem a lei a ele equiparar.

Anteriormente à Emenda Constitucional n. 20/98, as contribuições sociais devidas pelas empresas (item I) podiam ser utilizadas para pagamento dos encargos previdenciários devidos pela União. Para o pagamento de despesas com pessoal e administração do INSS podiam contribuir os recursos provenientes das contribuições sociais devidas pelas empresas, empregadores domésticos e trabalhadores. No entanto, referida Emenda Constitucional alterou a redação do inciso XI do art. 167 da Constituição Federal, vedando a utilização dos recursos provenientes das contribuições sociais devidas pelos empregadores e pelos trabalhadores para a realização de despesas distintas do pagamento de benefícios do Regime Geral de Previdência Social.

Para o pagamento dos encargos previdenciários da União, portanto, podem ser utilizadas apenas as contribuições devidas pelas empresas incidentes sobre o faturamento e o lucro, nos termos do art. 17 da Lei n. 8.212/91, cuja redação atual foi dada pela Lei n. 9.711/98.

Fundamentação: Constituição Federal, arts. 149 e 195; Lei n. 8.212/91, arts. 10; 11, 17; 18; 23 e 26; Decreto n. 3.048/99, arts. 194 a 197.

1. CONTRIBUIÇÃO DOS SEGURADOS EMPREGADOS, EMPREGADOS DOMÉSTICOS E TRABALHADORES AVULSOS

1.1. Tabela de salário-de-contribuição e procedimentos

A contribuição do empregado (inclusive doméstico) e do trabalhador avulso é calculada mediante a aplicação da correspondente alíquota (8%, 9% ou 11%), sobre o seu salário-de-contribuição mensal, de forma não cumulativa, observando-se a tabela vigente e respeitando-se o teto de contribuição.

Até dezembro de 2007 as alíquotas encontravam-se reduzidas para remunerações até três salários mínimos, em razão da CPMF (inciso II do art. 17 da Lei n. 9.311/96). A contar de janeiro de 2008, contudo, tendo em vista a extinção da referida contribuição, voltaram as alíquotas previdenciárias aos percentuais normais, sendo a tabela vigente a seguinte:

Tabela vigente para fatos geradores a contar de 1º.1.2008 (Portaria n. 77, de 11.3.2008 – DOU de 12.3.2008)	
Salário-de-Contribuição (R$)	**Alíquota (%)**
até 911,70	8,00
de 911,70 até 1.519,50	9,00
de 1.519,50 até 3.038,99	11,00

O empregador deve efetuar o desconto correspondente no salário do empregado, ainda que doméstico, devendo providenciar o recolhimento da contribuição em GPS, campo 06, aplicando-se tal critério também às microempresas. A tabela é periodicamente atualizada pelo Ministério da Previdência Social, determinando o § 1º do art. 20 da Lei n. 8.212/91 ser este reajuste devido na mesma época e com os mesmos índices daquele utilizado para o reajustamento dos benefícios previdenciários.

Observe-se que a contribuição é do trabalhador, mas a responsabilidade pelo efetivo recolhimento é de seu empregador, que assume o encargo de descontar o respectivo valor da folha de salários e repassá-lo mensalmente aos cofres da Seguridade Social.

O desconto desta contribuição sempre se presumirá feito, oportuna e legalmente, pela empresa e pelo empregador doméstico, não lhes sendo lícito alegar qualquer omissão para se eximir do recolhimento. A empresa e o empregador doméstico, insista-se, se encontram diretamente responsáveis pela importância que deixarem de descontar ou que tiverem descontado em desacordo com a legislação previdenciária — Lei n. 8.212/91, art. 33, § 5º e Decreto n. 3.048/99, art. 28, § 5º.

1.2. Fato gerador e base de cálculo

O fato gerador da contribuição é o pagamento ou o crédito da remuneração do trabalhador (o que ocorrer primeiro), sendo este o mês de competência a ser aposto na Guia de Previdência Social — GPS, campo 04. Esta a regra constante da alínea "a" do inciso I do art. 195 da Constituição Federal, conforme se observa, *in verbis*:

> "**Art. 195** — A seguridade social será financiada por toda a sociedade, de forma direta e indireta, nos termos da lei, mediante recursos provenientes dos orçamentos da União, dos Estados, do Distrito Federal e dos Municípios, e das seguintes contribuições sociais:
>
> I — do empregador, da empresa e da entidade a ela equiparada na forma da lei, incidentes sobre:
>
> a) a folha de salários e demais rendimentos do trabalho **pagos ou creditados**, a qualquer título, à pessoa física que lhe preste serviço, mesmo sem vínculo empregatício;..." (*Destaque nosso)*

No entanto, a Lei n. 8.212/91, em visível inconstitucionalidade, fez inserir em seu art. 22, inciso I, bem como também no art. 28, inciso I, um novo fato gerador para as contribuições previdenciárias, ao determinar a expressão "*rendimentos pagos, devidos ou creditados a qualquer título*". Pela legislação ordinária, portanto, caso determinada empresa pague o salário do mês de janeiro/07 somente em março/07 a competência a ser considerada para a contribuição previdenciária será janeiro/07, mês em que foi devido o pagamento, e não o mês em que efetivamente o trabalhador recebeu a importância correspondente.

Tal discussão é de extrema importância em reclamatórias trabalhistas, em razão da cobrança de juros moratórios (pela taxa SELIC) pela Previdência Social, conforme abordado no subitem 1.2.2, Capítulo XII, Parte III, desta obra.

Também nos moldes da legislação ordinária, a incidência da contribuição sobre a remuneração das férias ocorrerá no mês a que elas se referirem, mesmo quando pagas antecipadamente na forma da legislação trabalhista (pagamento dois dias antes do gozo das férias — CLT, art. 145).

A base de cálculo, valor sobre o qual incidirá a alíquota devida, será o salário-de-contribuição, observados os limites mínimo e máximo fixados pelo Ministério da Previdência Social.

1.2.1. Salário-de-contribuição

Entende-se por salário-de-contribuição, para os segurados empregado e trabalhador avulso, a remuneração auferida em uma ou mais empresas, assim entendida a totalidade dos rendimentos que lhe são pagos ou creditados a qualquer título, durante o mês, destinados a retribuir o trabalho, qualquer que seja a sua forma. Assim, as gorjetas, as horas extraordinárias, os adicionais, as comissões e quaisquer outros ganhos habituais, ainda que sob a forma de utilidades (moradia, alimentação, etc.), bem como os adiantamentos decorrentes de reajuste salarial deverão integrar a base de cálculo da contribuição previdenciária.

Obs. I: Para a identificação dos ganhos habituais recebidos sob a forma de utilidades, deverão ser observados: a) os valores reais das utilidades recebidas; ou b) os valores resultantes da aplicação dos percentuais estabelecidos em lei em função do salário mínimo, aplicados sobre a remuneração paga caso não haja determinação dos valores reais.

Obs. II: Considera-se salário-de-contribuição mensal do trabalhador avulso a remuneração resultante da soma do MMO (montante de mão-de-obra; ver conceito na Parte II, Capítulo VI, subitem 1.1.4) e da parcela referente a férias, observados os limites mínimo e máximo divulgados pelo Ministério da Previdência Social. Para efeito de enquadramento na faixa salarial e da observância do limite máximo do salário-de-contribuição mensal, o sindicato da categoria ou o OGMO deverá fazer controle contínuo da remuneração do trabalhador avulso, de acordo com a prestação de serviços deste, por contratante. O OGMO deverá consolidar, por trabalhador, as folhas de pagamento de todos os operadores portuários relativas às operações concluídas no mês.

Integram ainda o salário-de-contribuição do segurado empregado e trabalhador avulso o salário-maternidade, o terço constitucional de férias e o 13º salário, dentre outras parcelas de natureza salarial.

Para o trabalhador doméstico o salário-de-contribuição será a remuneração registrada em sua Carteira de Trabalho e Previdência Social — CTPS, a qual deve corresponder ao valor efetivamente pago ao obreiro.

Em se tratando de dirigente sindical empregado, o salário-de-contribuição corresponderá à remuneração paga ou creditada pela respectiva entidade sindical, pela empresa ou até mesmo por ambas (se for este o caso). Sendo o dirigente sindical um trabalhador avulso, o salário-de-contribuição será a remuneração paga ou creditada pela entidade sindical.

Note-se, portanto, que o salário-de-contribuição corresponderá à remuneração do trabalhador, devendo ser observados os limites mínimo e máximo, fixados pelo Ministério da Previdência Social.

O limite mínimo corresponde ao piso salarial legal ou normativo da categoria; ou até mesmo ao piso estadual nos casos dos Estados que possuírem salário mínimo superior ao mínimo nacional (Lei Complementar n. 103/00). Se inexistentes estes valores, então o limite mínimo será o valor dosalário mínimo nacional, atualmente fixado em R$ 415,00. No entanto, como o salário-de-contribuição corresponde à remuneração do trabalhador, é possível que o limite mínimo seja inferior ao piso normativo ou ao salário mínimo legal, caso o segurado trabalhe período inferior a 220 horas mensais. Isso porque o salário mínimo e o piso legal ou normativo, em seu valor total, são fixados para uma jornada integral de 220 horas mensais. Quando o trabalhador cumpre jornada inferior (seja por contratação específica ou em razão de faltas injustificadas), é possível o ajuste salarial proporcional às horas trabalhadas e, assim, o salário-de-contribuição será inferior ao limite mínimo mensal. Trata-se do “critério da proporcionalidade”, aplicado tão somente aos segurados empregados, trabalhadores avulsos e empregados domésticos.

Exemplo:

— empregado contratado para trabalhar somente 110 horas mensais, com remuneração proporcional no valor de R$ 190,00

— base de cálculo da contribuição previdenciária = R$ 190,00

— alíquota = 8% (conforme tabela)

— valor da contribuição = R$ 15,20

Quando a admissão, a dispensa, o afastamento ou a falta do empregado (inclusive o doméstico) ocorrer no curso do mês, o salário-de-contribuição deverá ser proporcional ao número de dias efetivamente trabalhados, como por exemplo:

— empregado que recebe R$ 8,00 a hora trabalhada para jornada de 220 horas mensais e que possui 24 horas de falta injustificada

— cálculo das faltas injustificadas = R$ 8,00 x 24 horas = R$ 192,00

— remuneração mensal = R$ 8,00 x 220 horas = R$ 1.760,00

— salário-de-contribuição (base-de-cálculo da contribuição previdenciária) = R$ 1.760,00 - R$ 192,00 = R$ 1.568,00

— alíquota = 11% (conforme tabela)

— valor da contribuição = R$ 172,48

O valor máximo do salário-de-contribuição foi definido pelo Ministério da Previdência Social na Portaria MPS n. 41/2003 (valor de R$ 2.400,00) e é periodicamente reajustado, determinando o § 5º do art. 28 da Lei n. 8.212/91 que este reajuste deve ocorrer na mesma data e com os mesmos índices usados para o reajustamento dos benefícios de prestação continuada da Previdência Social, como as aposentadorias e as pensões. Atualmente o limite máximo se encontra fixado em R$ 3.038,99, conforme Portaria MPS n. 501/07.

Exemplo:

— empregado contratado para trabalhar 220 horas mensais, com remuneração no valor de R$ 5.000,00

— base-de-cálculo da contribuição previdenciária = R$ 3.038,99 (teto máximo)

— alíquota = 11% (conforme tabela)

— valor da contribuição = R$ 334,28

Sendo o salário-de-contribuição o total da remuneração, conforme CF/88, art. 195 e Lei n. 8.212/91, somente devem integrar sua composição as parcelas de natureza remuneratória, ou seja, aquelas devidas a retribuir o trabalho prestado pelo empregado ou pelo trabalhador avulso, excluindo-se da base-de-cálculo das contribuições previdenciárias, portanto, as parcelas de natureza indenizatória, os benefícios previdenciários e as multas de qualquer espécie.

De toda forma, o § 9º do art. 28 da Lei n. 8.212/91 e também o § 9º do art. 214 do Decreto n. 3.048/99 trazem uma listagem enumerando que não integram o salário-de-contribuição as seguintes parcelas:

I — os benefícios da previdência social, nos termos e limites legais, ressalvado o salário-maternidade;

II — a ajuda de custo e o adicional mensal recebidos pelo aeronauta, nos termos da Lei n. 5.929/73;

III — a parcela *in natura* recebida de acordo com programa de alimentação aprovado pelo Ministério do Trabalho e Emprego, nos termos da Lei n. 6.321/76 (Programa de Alimentação ao Trabalhador — PAT);

IV — as importâncias recebidas a título de férias indenizadas e respectivo adicional constitucional, inclusive o valor correspondente à dobra da remuneração de férias de que trata o art. 137 da CLT;

V — as importâncias recebidas a título de:

a) indenização compensatória de quarenta por cento do montante depositado no Fundo de Garantia do Tempo de Serviço, como proteção à relação de emprego contra despedida arbitrária ou sem justa causa, conforme disposto no inciso I do art. 10 do Ato das Disposições Constitucionais Transitórias;

b) indenização por tempo de serviço, anterior a 5 de outubro de 1988, do empregado não optante pelo FGTS;

c) indenização por despedida sem justa causa do empregado nos contratos por prazo determinado, conforme estabelecido no art. 479 da CLT;

d) indenização do tempo de serviço do safrista, quando da expiração normal do contrato, conforme disposto no art. 14 da Lei n. 5.889/73;

e) incentivo à demissão;

f) aviso prévio indenizado;

g) indenização por dispensa sem justa causa no período de trinta dias que antecede a correção salarial a que se refere o art. 9º da Lei n. 7.238/84;

h) indenizações previstas nos arts. 496 e 497 da CLT;

i) abono de férias na forma dos arts. 143 e 144 da CLT;

j) ganhos eventuais e abonos expressamente desvinculados do salário por força de lei;

l) licença-prêmio indenizada; e

m) outras indenizações, desde que expressamente previstas em lei;

VI — a parcela recebida a título de vale-transporte, na forma da legislação própria;

VII — a ajuda de custo, em parcela única, recebida exclusivamente em decorrência de mudança de local de trabalho do empregado, na forma do art. 470 da CLT;

VIII — as diárias para viagens, desde que não excedam a cinqüenta por cento da remuneração mensal do empregado;

IX — a importância recebida a título de bolsa de complementação educacional de estagiário, quando paga nos termos da Lei n. 6.494/77;

X — a participação do empregado nos lucros ou resultados da empresa, quando paga ou creditada de acordo com a Lei n. 10.101/02;

XI — o abono do Programa de Integração Social / Programa de Assistência ao Servidor Público;

XII — os valores correspondentes a transporte, alimentação e habitação fornecidos pela empresa ao empregado contratado para trabalhar em localidade distante da de sua residência, em canteiro de obras ou local que, por força da atividade, exija deslocamento e estada, observadas as normas de proteção estabelecidas pelo Ministério do Trabalho e Emprego;

XIII — a importância paga ao empregado a título de complementação ao valor do auxílio-doença desde que este direito seja extensivo à totalidade dos empregados da empresa;

XIV — as parcelas destinadas à assistência ao trabalhador da agroindústria canavieira de que trata o art. 36 da Lei n. 4.870/65;

XV — o valor das contribuições efetivamente pago pela pessoa jurídica relativo a programa de previdência complementar privada, aberta ou fechada, desde que disponível à totalidade de seus empregados e dirigentes, observados, no que couber, os arts. 9º e 468 da CLT;

XVI — o valor relativo à assistência prestada por serviço médico ou odontológico, próprio da empresa ou com ela conveniado, inclusive o reembolso de despesas com medicamentos, óculos, aparelhos ortopédicos, despesas médico-hospitalares e outras similares, desde que a cobertura abranja a totalidade dos empregados e dirigentes da empresa;

XVII — o valor correspondente a vestuários, equipamentos e outros acessórios fornecidos ao empregado e utilizados no local do trabalho para prestação dos respectivos serviços;

XVIII — o ressarcimento de despesas pelo uso de veículo do empregado, quando devidamente comprovadas;

XIX — o valor relativo a plano educacional que vise à educação básica, nos termos do art. 21 da Lei n. 9.394/96, e a cursos de capacitação e qualificação profissionais vinculados às atividades desenvolvidas pela empresa, desde que não seja utilizado em substituição de parcela salarial e que todos os empregados e dirigentes tenham acesso ao mesmo;

XX — os valores recebidos em decorrência da cessão de direitos autorais;

XXI — o valor da multa paga ao empregado em decorrência da mora no pagamento das parcelas constantes do instrumento de rescisão do contrato de trabalho, conforme previsto no § 8º do art. 477 da CLT;

XXII — o reembolso-creche pago em conformidade com a legislação trabalhista, observado o limite máximo de seis anos de idade da criança, quando devidamente comprovadas as despesas;

XXIII — o reembolso-babá, limitado ao menor salário-de-contribuição mensal e condicionado à comprovação do registro na Carteira de Trabalho e Previdência Social da empregada, do pagamento da remuneração e do recolhimento da contribuição previdenciária, pago em conformidade com a legislação trabalhista, observado o limite máximo de seis anos de idade da criança; e

XXIV — o valor das contribuições efetivamente pago pela pessoa jurídica, relativo a prêmio de seguro de vida em grupo, desde que prevista em acordo ou convenção coletiva de trabalho e disponível à totalidade de seus empregados e dirigentes, observados, no que couber, os arts. 9º e 468 da CLT.

1.2.1.1. Salário-maternidade

A Lei n. 8.212/91, no § 2º do art. 28, traz determinação expressa no sentido de que o salário-maternidade é considerado salário-de-contribuição e ferindo, dessa forma, a alínea *"a"* do inciso I do art. 195 da Constituição Federal.

Pela regra constitucional, e também pela regra constante do inciso I do art. 28 da própria Lei n. 8.212/91, a contribuição previdenciária deve incidir exclusivamente sobre a remuneração devida ao trabalhador, seja aquela devida pelo empregador quanto pelo próprio obreiro. A base-de-cálculo é, portanto, a remuneração, conceito que não abrange o valor percebido a título de salário-maternidade, já que não há prestação de serviços nos respectivo período.

O salário-maternidade é, pois, benefício previdenciário, assim como o é também o salário-família, parcelas que não possuem natureza salarial, não integram a remuneração do trabalhador e, conseqüentemente, não devem servir de base para a incidência das contribuições previdenciárias, sendo inconstitucional a regra disposta no § 2º do art. 28 da Lei de Custeio. Para que fosse possível a pretendida incidência, seria necessária a previsão em lei complementar, obedecendo-se às disposições do art. 195 da Carta Magna, *status* não conferido à Lei n. 8.212/91.

1.2.1.2. Décimo terceiro salário

Determina a Lei n. 8.212/91, art. 28, § 7º integrar o salário de contribuição do segurado a gratificação natalina (13º salário), exceto para o cálculo de benefício, na forma a ser estabelecida em regulamento.

É a redação do dispositivo legal:

"Art. 28. ...

...

§ 7º O décimo-terceiro salário (gratificação natalina) integra o salário-de-contribuição, exceto para o cálculo de benefício, na forma estabelecida em regulamento.

..."

Deixando o legislador ordinário a critério do Poder Executivo a forma de integração do 13º no salário-de-contribuição, o regulamento — Decreto n. 3.048/99 — disciplina sobre a questão em seu art. 216, §§ 1º a 3º, determinando que:

a) a contribuição deverá incidir sobre o valor bruto do 13º salário, sendo devida quando do pagamento ou crédito da última parcela;

b) deverá ser calculada em separado e recolhida até o dia 20 do mês de dezembro, antecipando-se o vencimento para o dia útil imediatamente anterior se não houver expediente bancário no dia 20;

c) na hipótese de rescisão contratual, as contribuições devidas deverão ser recolhidas até o dia dois do mês subseqüente à rescisão, computando-se em separado a parcela referente à gratificação natalina;

d) relativamente aos trabalhadores que percebam salário variável, o recolhimento da contribuição decorrente de eventual diferença da gratificação natalina (13º salário) deverá ser efetuado juntamente com a competência dezembro do mesmo ano — art. 216, § 25.

Assim, no mês de dezembro de cada ano, ou por ocasião da segunda parcela do 13º salário, e conforme determinações constantes do Decreto n. 3.048/99, deverá o empregador utilizar a tabela de salário-de-contribuição em separado para o cálculo da contribuição incidente sobre estes valores. Deverá, ainda, aplicar novamente a tabela para os vencimentos auferidos no mês de competência, podendo acontecer de um só trabalhador contribuir com duas vezes o teto máximo de contribuição.

Exemplo:

— remuneração mensal do trabalhador em dezembro/07 = R$ 3.700,00

— valor bruto do 13º salário, pago em dezembro/07 = R$ 3.700,00

— contribuição a ser descontada do trabalhador, incidente sobre seus rendimentos mensais = 11% de R$ 3.038,99 (teto máximo) = R$ 334,28

— contribuição a ser descontada do trabalhador, incidente sobre o 13º salário = 11% de R$ 3.038,99 (teto máximo) = R$ 334,28.

Cumpre ainda observar que as contribuições incidem sobre o valor bruto da gratificação, sem a compensação dos adiantamentos pagos. Não incidem contribuições sobre a parcela do 13º salário correspondente ao período do aviso prévio indenizado, pago ou creditado na rescisão contratual.

Deverão ser informados no documento de arrecadação (GPS) a competência treze (13) e o ano a que se referir o recolhimento, exceto no caso de 13º salário pago em rescisão contratual, cuja competência será a do mês em que ocorreu a resilição do contrato de trabalho.

Obs.: A Lei n. 11.324, de 19.7.2006 (DOU de 20.7.2006), acrescentou o § 6º ao art. 30 da Lei n. 8.212/91, autorizando o empregador doméstico a recolher a contribuição do segurado do segurado empregado a seu serviço e a parcela a seu cargo relativas à competência novembro até o dia 20 de dezembro, juntamente com a contribuição referente ao 13º salário, utilizando-se de um único documento de arrecadação.

Conforme disposições da Lei n. 8.212/91 e Decreto n. 3.048/99, o montante de 13º salário pago pelo empregador à empregada afastada por licença-maternidade deverá sofrer a incidência da contribuição previdenciária adotando-se, para tanto, os procedimentos normais de arrecadação aplicados ao salário mensal. A contribuição previdenciária será então descontada pela empresa ou pelo empregador doméstico quando do pagamento da segunda parcela do 13º salário, ou na rescisão contratual, incidindo sobre o valor total do 13º salário recebido. Cabe, contudo, ressaltar a observação constante do subitem anterior sobre a inconstitucionalidade do procedimento (1.2.1.1, *supra*).

Discussão sobre a aplicação, em separado, da tabela previdenciária

A discussão doutrinária e judicial sobre a legalidade de aplicação, em separado, da tabela previdenciária sobre o 13º salário pauta-se no seguinte histórico legislativo:

I — A Lei n. 8.212/91, art. 28, § 7º, em sua redação original, determinava que o 13º salário integrava o salário-de-contribuição, atribuindo a forma ao regulamento (Decreto).

II — Publicado o Decreto (n. 612/91), este determinava que para o 13º salário a aplicação da tabela de salário-de-contribuição deveria se dar em separado, ou seja, não se poderia somar o 13º salário com a remuneração mensal.

III — Em 1993 foi publicada a Lei n. 8.620, a qual determinou o mesmo contido no Decreto n. 612/91, ou seja, aplicação da tabela em separado quando do cálculo do 13º salário.

IV — Em 1994 foi publicada a Lei n. 8.870, alterando a redação do § 7º do art. 28 da Lei n. 8.212/91, mas silenciando sobre a aplicação da tabela em separado.

Posto o histórico legislativo, esclarecemos: quando da publicação do Decreto n. 612/91, várias ações foram ajuizadas no sentido de o Decreto não possuir competência para determinar aplicação em separado da tabela de contribuição previdenciária, entendimento este, inclusive, adotado pelo STJ (REsp 637089, DJ de 3.6.2004, Relator José Delgado; REsp 357345, DJ de 12.5.2003, Relator Franciulli Netto). Ocorre que as decisões do STJ sobre o tema somente ganharam volume após 2000 (em face da demora do judiciário), o que levou alguns profissionais a interpretar que a ilegalidade estaria ainda em vigor.

Ajuizadas novas ações sobre o tema, o STJ decidiu que tal ilegalidade somente ocorreu antes da publicação da Lei n. 8.620/93, a qual teria posto fim à referida discussão já que determinou, expressamente, a incidência das contribuições de forma separada. No entanto, algumas Turmas Recursais (e juristas) entendem que como a Lei n. 8.870/94 tratou do assunto "13º salário" sem mencionar a aplicação da tabela em separado, a Lei n. 8.620/93 estaria derrogada. A discussão ainda persiste nos tribunais de todo o país, mas nosso posicionamento é no sentido de que a ilegalidade, considerando esta argumentação específica, somente persistiu até a publicação da Lei n. 8.620/93 e que a mesma se encontra ainda em vigor por tratar de matéria diversa, não abordada na Lei n. 8.870/94.

Cumpre observar, no entanto, a existência de outra argumentação quanto ao procedimento adotado pelo Ministério da Previdência Social, a qual, em nosso entender, fundamenta a ilegalidade da tributação de forma separada: *o conceito de salário-de-contribuição.*

O § 7º do art. 28 da Lei n. 8.212/91 determina que o 13º integra o salário-de-contribuição, na forma estabelecida pelo regulamento. O mesmo instituto legal, no entanto, ao conceituar o *salário-de-contribuição* no próprio art. 28, inciso I (com redação dada pela Lei n. 9.528/97 e, portanto, posterior à Lei n. 8.620/93), assim o define como a totalidade dos rendimentos apurados no mês de competência. Vejamos:

"Art. 28. Entende-se por salário-de-contribuição:

I — para o empregado e trabalhador avulso: a remuneração auferida em uma ou mais empresas, assim entendida a *totalidade dos rendimentos pagos, devidos ou creditados a qualquer título, durante o mês*, destinados a retribuir o trabalho, qualquer que seja a sua forma, inclusive as gorjetas, os ganhos habituais sob a forma de utilidades e os adiantamentos decorrentes de reajuste salarial, quer pelos serviços efetivamente prestados, quer pelo tempo à disposição do empregador ou tomador de serviços nos termos da lei ou do contrato ou, ainda, de convenção ou acordo coletivo de trabalho ou sentença normativa;

..." (Destaque nosso)

Assim, e tomando-se o conceito de salário-de-contribuição constante na Lei n. 8.212/91, não pode o Decreto (ato normativo hierarquicamente inferior à lei ordinária) contrariá-la, excedendo de sua competência regulamentar. Em conseqüência, o valor do 13º salário deve, pois, ser adicionado à remuneração devida na competência dezembro para então aplicar o empregador o percentual a título de contribuição previdenciária.

1.2.1.3. Empregada gestante — Indenização do período de estabilidade

À empregada gestante garante a Carta Constitucional, no Ato das Disposições Constitucionais Transitórias, art. 10, II, "b", estabilidade no empregado no período compreendido entre a ciência da gravidez e cinco meses após o parto.

Não há qualquer previsão legal possibilitando ao empregador converter a proteção ao emprego, garantida constitucionalmente, por indenização em dinheiro. Assim, prevê expressamente o Decreto n. 3.048/99, em seu art. 214, § 12, que caso a empresa opte por indenizar o período estável, o valor correspondente deverá integrar o salário-de-contribuição da trabalhadora e, assim, servir como base de cálculo das contribuições previdenciárias.

A indenização da estabilidade somente não integrará o salário-de-contribuição quando determinada pela Justiça do Trabalho (casos em que a reintegração não for aconselhável) ou quando da extinção da empresa empregadora, sem força maior.

1.3. Existência de Múltiplos Vínculos Empregatícios

O segurado empregado (inclusive doméstico) que mantiver dois ou mais vínculos empregatícios deverá informar a cada um de seus empregadores a existência dos demais, sendo essa comunicação indispensável para o controle da alíquota de contribuição e do limite máximo do salário-de-contribuição a ser observado.

Para efeito de aplicação da alíquota de contribuição (tabela constante do subitem 1.1 deste Capítulo XI), as remunerações percebidas em determinado mês, em todos os vínculos empregatícios, deverão ser somadas, respeitando-se sempre o teto máximo do salário-de-contribuição.

Exemplo:

- empresa A = remuneração de R$ 800,00
- empresa B = remuneração de R$ 1.700,00
- salário-de-contribuição = R$ 2.500,00
- alíquota de contribuição = 11%
- contribuição retida pela empresa A = R$ 800,00 x 11% = R$ 88,00
- contribuição retida pela empresa B = R$ 1.700,00 x 11% = 187,00
- total de contribuição paga pelo empregado = R$ 275,00

Quando a remuneração global for superior ao limite máximo do salário-de-contribuição, o segurado poderá escolher qual das empresas terá preferência no desconto da contribuição previdenciária, devendo comunicar os demais empregadores sobre o desconto já sofrido para controle do limite máximo do salário-de-contribuição e cabendo ao empregador que se suceder proceder ao desconto sobre a parcela complementar, até o limite máximo mencionado. Os comprovantes dessa comunicação deverão ser mantidos e arquivados nas respectivas empresas pelo prazo de 10 anos.

Poderá, igualmente, ser a contribuição previdenciária calculada por todos os empregadores, proporcionalmente à remuneração paga. Assim:

— *na hipótese de a soma dos salários não ultrapassar o teto máximo do salário-de-contribuição*: aplicar o percentual devido para o total, em cada uma das empresas, sobre o valor que nela o empregado receber.

— *na hipótese de a soma dos salários ultrapassar o teto máximo do salário-de-contribuição*: proceder o cálculo proporcional, conforme o exemplo:

- empresa A = remuneração de R$ 1.800,00
- empresa B = remuneração de R$ 2.200,00
- Total: R$ 4.000,00

Cálculo empresa A

- Base de cálculo = R$ 1.800,00 x R$ 3.038,99 (teto) : 4.000,00 (soma) = R$ 1.367,54
- Contribuição previdenciária a ser descontada = R$ 1.367,54 x 11% (alíquota) = R$ 150,43

Cálculo empresa B

- Base de cálculo = R$ 2.200,00 x R$ 3.038,99 (teto) : R$ 4.000,00 (soma) = R$ 1.671,44
- Contribuição previdenciária a ser descontada = R$ 1.671,44 x 11% (alíquota) = R$ 183,85

Obs.: Note-se que se somarmos as duas contribuições que foram descontadas (R$ 150,43 + R$ 183,85) o resultado corresponderá exatamente a 11% do teto máximo do salário-de-contribuição, ou seja, 11% de R$ 3.038,99 = R$ 334,28.

Cada um dos empregadores deverá informar na GFIP a existência de múltiplos vínculos, adotando os procedimentos previstos no Manual da GFIP.

Fundamentação: Lei n. 8.212/91, arts. 20 e 28; Decreto n. 3.048/99, art. 198 e 214.

2. CONTRIBUIÇÃO DOS CONTRIBUINTES INDIVIDUAIS (AUTÔNOMO E EMPRESÁRIO)

Atualmente a contribuição previdenciária dos contribuintes individuais (anteriormente à Lei n. 9.876/99 subdivididos em autônomos e empresários) se encontra diferenciada em face de a prestação de serviços se dar para contratante pessoa jurídica ou pessoa física. Tal diferenciação reside basicamente em dois pontos: alíquota e responsabilidade pelo pagamento da contribuição.

2.1. Alíquota/Percentual de contribuição e fato gerador

Os contribuintes individuais devem recolher suas contribuições em GPS — Guia da Previdência Social — na alíquota de 20% (vinte por cento), aplicada sobre o respectivo salário-de-contribuição, respeitados os limites mínimo e máximo estipulados pela Previdência Social.

Por salário-de-contribuição deve-se compreender a remuneração auferida em uma ou mais empresas ou pelo exercício de sua atividade por conta própria, durante o mês. Trata-se, pois, do somatório de toda a remuneração mensal do trabalhador, mas sempre com observância dos tetos estipulados pelo Ministério da Previdência Social (atualmente teto mínimo de R$ 415,00 e teto máximo de R$ 3.038,99).

O fato gerador da contribuição é, pois, o pagamento ou o crédito da remuneração e a base-de-cálculo o valor total recebido no mês/competência. A Lei n. 8.212/91 determina que o fato gerador é a prestação dos serviços, já que menciona como base de incidência o valor devido ao trabalhador, ainda que não efetivamente pago. No entanto, o procedimento fere as disposições constitucionais sobre o tema, conforme abordado no subitem 1.2 deste Capítulo XI.

Para o segurado cooperado filiado a cooperativa de trabalho considera-se salário-de-contribuição o valor recebido ou creditado resultante da prestação de serviços a terceiro (pessoas físicas ou jurídicas), por intermédio da cooperativa. Em se tratando de cooperativa de produção, a remuneração do segurado corresponderá ao valor a ele pago ou creditado pela cooperativa, pelo resultado obtido na produção. Não havendo discriminação entre a remuneração decorrente do trabalho e a proveniente da distribuição das sobras líquidas apuradas no exercício, ou tratar-se de adiantamento de sobras que ainda não tenham sido apuradas por meio de demonstrativo de sobras líquidas do exercício e tenham sido distribuídas sem a sua prévia destinação por Assembléia Geral ou Ordinária (art. 44 da Lei n. 5.764/71), a base de cálculo da contribuição previdenciária dos segurados cooperados corresponderá ao valor total pago ou creditado, ainda que a título de antecipação de sobras. Também será considerado o valor total recebido quando a contabilidade for apresentada de forma deficiente (Instrução Normativa SRP n. 3/05, arts. 285 a 287).

O salário-de-contribuição do síndico ou do administrador eleito para exercer atividade de administração condominial, isento de pagamento da taxa de condomínio, será o valor da referida taxa (remuneração indireta), observados os limites mínimo e máximo fixados pelo Ministério da Previdência Social.

O salário-de-contribuição do produtor rural pessoa física, enquadrado como contribuinte individual, corresponde ao valor por ele declarado em razão do exercício da atividade rural por conta própria, observados os limites mínimo e máximo do salário-de-contribuição.

2.2. Dedução permitida — Contribuição reduzida para prestadores de serviços a pessoas jurídicas

Ainda que a legislação previdenciária vigente determine alíquota única de 20% para os contribuintes individuais em geral, quando a prestação dos serviços se der para pessoas jurídicas, estes poderão se valer de uma dedução/desconto, sem qualquer prejuízo quando da obtenção de benefícios previdenciários.

Esta dedução foi instituída pela Lei n. 9.876/99, mas com vigência somente a contar de 1º.3.2000, com as seguintes regras: o contribuinte individual que prestar serviços a uma ou mais empresas poderá deduzir, da sua contribuição mensal, 45% da contribuição da empresa (que é de 20% sobre a remuneração paga ao contribuinte individual) efetivamente recolhida ou declarada em GFIP, limitada a 9% do respectivo salário-de-contribuição.

Exemplo 1:

• contribuinte individual que presta serviços em três empresas durante o mês de janeiro/2008, recebendo R$ 240,00 da primeira (A), R$ 500,00 da segunda (B) e R$ 350,00 da terceira (C), auferindo, portanto, um total de R$ 1.090,00.

• o limite máximo do salário-de-contribuição é de R$ 3.038,99.

• contribuição previdenciária devida pelas empresas sobre a remuneração paga ao contribuinte individual: 20%.

A = R$ 48,00

B = R$ 100,00

C = R$ 70,00

• valor da contribuição inicialmente devida pelo contribuinte individual = 20% de R$ 1.090,00 => R$ 218,00

• valor permitido para dedução pelo contribuinte individual referente ao percebido pelas empresas em que trabalhou (45% da contribuição das empresas):

A = R$ 21,60 (45% de R$ 48,00)

B = R$ 45,00 (45% de R$ 100,00)

C = R$ 31,50 (45% de R$ 70,00)

TOTAL = R$ 98,10

• como o limite permitido para dedução é de 9% do salário-de-contribuição (9% de R$ 1.090,00 = R$ 98,10) e a soma do valor deduzido de cada empresa totaliza R$ 98,10, o contribuinte individual poderá diminuir de sua contribuição particular o menor dos valores obtidos (que, no caso, são iguais), devendo recolher apenas R$ 119,90 (R$ 218,00 - R$ 98,10).

Exemplo 2:

• contribuinte individual que presta serviços em duas empresas durante o mês de janeiro/2008, recebendo R$ 1.800,00 da primeira (A) e R$ 2.200,00 da segunda (B), auferindo, portanto, um total de R$ 4.000,00

• o limite máximo do salário-de-contribuição é de R$ 3.038,99.

• contribuição previdenciária das empresas sobre a remuneração paga ao contribuinte individual: 20%

A = R$ 360,00

B = R$ 440,00

• valor da contribuição inicialmente devida pelo contribuinte individual = 20% de R$ 3.038,99 => R$ 607,80.

• valor para dedução pelo contribuinte individual referente ao percebido pelas empresas em que trabalhou (45% da contribuição das empresas):

A = R$ 162,00 (45% de R$ 360,00)

B = R$ 198,00 (45% de R$ 440,00)

TOTAL = R$ 360,00

Observe-se que 45% da contribuição das empresas resulta em R$ 360,00, mas este valor não poderá ser deduzido em sua totalidade por ultrapassar o limite permitido para dedução (9% do salário-de-contribuição = R$3.038,99) que é de R$ 273,51. O valor a ser recolhido, portanto, pelo contribuinte individual será de R$ 334,29 (R$ 607,80 - 273,51).

No período compreendido entre 1º.3.2000 e 31.3.2003, como a responsabilidade pelo recolhimento das contribuições era do próprio contribuinte individual, a dedução a que se refere este subitem somente poderia ser efetuada mediante cópia da GFIP ou declaração fornecida pela empresa ao segurado, onde constasse, além de sua identificação completa (inclusive CNPJ), o nome e o número de inscrição do contribuinte individual, o valor da remuneração paga e o compromisso de que este valor seria incluído na GFIP com conseqüente recolhimento.

O contribuinte individual que não comprovar a regularidade da dedução mediante a documentação acima informada deverá se sujeitar à eventual glosa do valor indevidamente deduzido, devendo complementar as contribuições com os devidos acréscimos legais. Enquanto as contribuições não forem complementadas, o salário-de-contribuição será computado, para efeito de concessão de benefício previdenciário, proporcionalmente à contribuição efetivamente recolhida. Caso se apure salário-de-contribuição inferior ao salário mínimo em determinada competência, esta não será considerada como tempo de contribuição, até que se comprove a regularidade da redução de 45% ou até que seja recolhida a contribuição complementar (Decreto n. 3.048/99, art. 32, §§ 16 e 17).

A dedução que não tiver sido efetuada em época própria poderá ser feita por ocasião do recolhimento em atraso, incidindo acréscimos legais sobre o saldo a recolher após a dedução.

Com a dedução permitida somente para aqueles que prestam serviços à pessoa jurídica (inclusive empresários), os autônomos que trabalharem para pessoas físicas devem permanecer contribuindo com a alíquota de 20%, sem qualquer desconto. A explicação para o tratamento diferenciado reside na contribuição devida pelas empresas, também na alíquota básica de 20% (regra geral), quando remuneram os contribuintes individuais. Assim, anteriormente à Lei n. 9.876/99 a Previdência Social arrecadava 20% da empresa contratante e 20% do trabalhador que prestou os serviços. A sonegação era grande (tanto pelas empresas quanto pelos trabalhadores) e o desconto foi introduzido para tentar minimizá-la, não acarretando grandes prejuízos ao sistema, que continuava a garantir 31% de arrecadação (20% das empresas e 11% dos trabalhadores).

A justificativa, no entanto, não afasta a inconstitucionalidade do procedimento, posto que fere, frontalmente, as disposições constantes do inciso V do art. 194 da Constituição Federal, o qual determina haver eqüidade na forma de participação no custeio. Se um eletricista cobra R$ 500,00 para um determinado serviço a ser realizado em uma empresa, paga atualmente contribuição de 11% sobre esse valor (R$ 55,00); já o eletricista que cobra os mesmos R$ 500,00 de uma pessoa física deve contribuir com 20% (R$ 100,00), sendo conferido tratamento diferenciado — e injusto — entre os iguais, o que não se pode admitir.

2.2.1. Responsabilidade pelo recolhimento — Retenção pelo tomador dos serviços

A contar de 1º de abril de 2003, por força da Medida Provisória n. 83, arts. 4º e 5º, de 12.12.2002 (DOU de 13.12.2002), convertida na Lei n. 10.666, de 8.5.2003 (DOU de 9. 5.2003), e atualmente regulamentada pela Instrução Normativa SRP n. 3, de 14.7.2005 — DOU de 15.7.2005, arts. 90 e 92, encontra-se a empresa obrigada a arrecadar a contribuição do segurado contribuinte individual (autônomos e empresários) a seu serviço, descontando-a da respectiva remuneração, e a recolher o valor arrecadado juntamente com a contribuição a seu cargo até o dia 10 (dez) do mês seguinte ao da competência.

Note-se que o contribuinte individual que prestar serviços a pessoas físicas, a outro contribuinte individual equiparado a empresa, a missão diplomática ou a repartição consular de carreira estrangeira, deverá permanecer como responsável por sua contribuição individual. O prestador de serviços à pessoa jurídica (empresas e equiparadas), no entanto, terá o valor correspondente descontado/retido de sua remuneração mensal, encarregando-se o contratante do repasse deste montante à instituição bancária.

Em face da dedução prevista no § 4º do art. 30 da Lei n. 8.212/91 (subitem 2.2 deste Capítulo XI), a retenção a ser efetuada pela empresa contratante deverá se dar no percentual de 11%, incidente sobre o total da remuneração paga ou creditada, a qualquer título, no decorrer do mês, ao segurado contribuinte individual, observado o limite máximo do salário-de-contribuição.

Exemplo:

- remuneração do trabalhador autônomo = R$ 1.000,00
- retenção previdenciária = R$ 110,00 (11% de R$ 1.000,00)
- valor a ser efetivamente pago pela empresa ao trabalhador = R$ 890,00 (R$ 1.000,00 - R$ 110,00)

Quando o total da remuneração mensal, recebida pelo contribuinte individual por serviços prestados a uma ou mais empresas, for inferior ao limite mínimo do salário-de-contribuição (inferior ao salário mínimo vigente), o segurado deverá recolher diretamente a complementação da contribuição incidente sobre a diferença entre o limite mínimo do salário-de-contribuição e a remuneração total recebida, aplicando sobre a parcela complementar a alíquota de 20%. O vencimento da contribuição incidente sobre esta parcela complementar se dará no dia 15 do mês subseqüente à respectiva competência, prorrogando-se o vencimento para o dia útil subseqüente quando não houver expediente bancário no dia 15.

Exemplo:

- remuneração do trabalhador autônomo = R$ 80,00
- retenção pela empresa contratante = R$ 8,80 (11%)
- valor efetivamente pago pela empresa ao trabalhador = R$ 71,20
- base de cálculo mínima para a contribuição previdenciária = R$ 415,00 (salário mínimo)
- valor a ser arrecadado pelo próprio trabalhador, em GPS, de forma que complemente o valor já descontado e recolhido pela empresa contratante = 20% de (R$ 415,00 - R$ 80,00) = R$ 67,00

Algumas observações, no entanto, se fazem necessárias, a saber:

1) A contribuição a ser descontada do contribuinte individual contratado por entidade beneficente de assistência social isenta das contribuições sociais patronais corresponde a 20% da remuneração a ele paga ou creditada, observado o limite máximo do salário-de-contribuição. Note-se que nesta hipótese a alíquota de retenção é 20% justamente por não ser cabível a dedução de 11% sobre o salário-de-contribuição.

2) O contribuinte individual equiparado à empresa, o produtor rural pessoa física, a missão diplomática e a repartição consular de carreira estrangeira não se encontram obrigados a proceder a retenção previdenciária dos contribuintes individuais que lhes prestarem serviços. Não obstante, estes contribuintes individuais permanecem autorizados a proceder a dedução, em sua contribuição mensal, dos 45% da contribuição patronal do contratante efetivamente declarada, limitada a 9% do respectivo salário-de-contribuição. Para efeito dessa dedução, considera-se contribuição declarada a informação prestada na GFIP, ou declaração fornecida pela empresa ao segurado, onde conste, além de sua identificação completa, inclusive com o número no CNPJ, o nome e o número de inscrição do contribuinte individual, o valor da remuneração paga e o compromisso de que este valor será incluído na GFIP e efetuado o recolhimento da correspondente contribuição.

3) O contribuinte individual que presta serviço à empresa optante pelo Simples possui direito a usufruir do desconto, devendo a contratante reter apenas 11% de sua remuneração a título de contribuição previdenciária, ainda que a empresa, por ser participante do Simples, não tenha que contribuir com a parte patronal de 20%.

4) A retenção previdenciária não se aplica à contratação de brasileiro civil que trabalha no exterior para organismo oficial internacional do qual o Brasil é mem-

bro efetivo, cabendo ao contribuinte individual prestador de serviços recolher, *per si*, a contribuição de 20% incidente sobre a remuneração que lhe foi paga ou creditada.

2.2.1.1. Cooperativas de trabalho

Aplica-se esta obrigatoriedade de retenção à cooperativa de trabalho em relação à contribuição previdenciária devida pelo seu cooperado contribuinte individual, devendo os 11% incidirem sobre a quota a ele distribuída relativa à prestação de serviço.

Assim, a cooperativa de trabalho se encontra obrigada a arrecadar a contribuição previdenciária devida por seus cooperados contribuintes individuais, mediante desconto na remuneração a eles repassada ou creditada relativa aos serviços prestados por seu intermédio, observado o seguinte:

a) 11% do valor da remuneração creditada ou repassada ao cooperado, quando se referir a serviços prestados a empresas ou à cooperativas de produção;

b) 20% do valor da remuneração creditada ou repassada ao cooperado, quando se referir a serviços prestados a pessoas físicas ou a entidades beneficentes de assistência social que forem isentas das contribuições patronais.

O vencimento das contribuições se dará no dia 15 do mês subseqüente à respectiva competência, prorrogando-se o vencimento para o dia útil subseqüente quando não houver expediente bancário no dia 15. O código de pagamento a ser utilizado em GPS será o 2127.

Observe-se que somente as cooperativas possuem prazo até o dia 15 para repassar à instituição bancária as contribuições previdenciárias de seus cooperados. As pessoas jurídicas em geral, que procederem a retenção, deverão repassar tais valores para a Previdência Social até o dia 10 (dez) do mês subseqüente ao efetivo pagamento.

2.2.1.2. Observância do limite máximo de contribuição

Três situações distintas podem ocorrer que implicam a observância do teto máximo de contribuição pelas empresas contratantes, quais sejam:

a) Contribuinte individual que presta serviços a mais de uma empresa

O contribuinte individual que prestar serviços a mais de uma empresa, quando o total das remunerações recebidas no mês atingir o limite máximo do salário-de-contribuição, deverá informar o fato à empresa na qual sua remuneração atingir o limite e às que se sucederem, mediante a apresentação: I — dos comprovantes de pagamento, ou II — de declaração por ele emitida, sob as penas da lei, consignando o valor sobre o qual já sofreu desconto naquele mês ou identificando a empresa que efetuará, naquela competência, desconto sobre o valor máximo do salário-de-contribuição.

Optando pela declaração pessoal (sem apresentar comprovantes de pagamento), o contribuinte individual é responsável pela complementação da contribuição até o limite máximo, na hipótese de, por qualquer razão, deixar de receber remuneração ou receber remuneração inferior à indicada na declaração. A contribuição complementar será de 11% sobre a diferença entre o salário-de-contribuição efetivamente declarado em GFIP, somadas todas as fontes pagadoras no mês, e o salário-de-contribuição sobre o qual o segurado sofreu desconto e de vinte por cento sobre a diferença entre o valor por ele declarado e não informado em GFIP, se houver, observado, em qualquer caso, o limite máximo do salário-de-contribuição.

Cópia da declaração emitida deverá ser mantida sob sua guarda, pelo período de dez anos, juntamente com os comprovantes de pagamento, para fins de apresentação à Previdência Social quando solicitado, devendo também a empresa contratante, e por igual prazo, manter arquivada tal declaração.

b) Contribuinte individual que presta serviço à empresa e, concomitantemente, exerce atividade como empregado, doméstico ou avulso

O salário-de-contribuição referente a atividade de empregado, inclusive o doméstico ou trabalhador avulso, será a remuneração efetivamente recebida nesta atividade, observado o limite máximo do salário-de-contribuição e a contribuição do segurado deverá ser calculada mediante aplicação da alíquota prevista para a correspondente faixa salarial.

O salário-de-contribuição referente a atividade de contribuinte individual, caso a soma da remuneração recebida nas duas atividades não ultrapasse o limite máximo do salário-de-contribuição, será a remuneração recebida nesta atividade, ou, caso ultrapasse o referido limite, a diferença entre a remuneração como segurado empregado, inclusive o doméstico ou trabalhador avulso e a remuneração como segurado contribuinte individual, respeitado o limite máximo do salário-de-contribuição.

Assim, para fins de apuração do salário-de-contribuição na atividade de contribuinte individual, o segurado deverá apresentar às empresas contratantes o recibo de pagamento de salário relativo à competência anterior à da prestação de serviços. Pode também o trabalhador optar por prestar declaração, sob as penas da lei, de que é segurado empregado ou trabalhador avulso, consignando o valor sobre o qual é descontada a contribuição naquela atividade ou declarando que a remuneração recebida naquela atividade atingiu o limite máximo do salário-de-contribuição e identificando a empresa ou o empregador doméstico que efetuou ou efetuará o desconto sobre o valor por ele declarado.

Na hipótese de ter ocorrido antes o desconto da contribuição como segurado contribuinte individual, o fato deverá ser comprovado, por declaração ou apresentação dos recibos de pagamento, junto à empresa em que estiver prestando serviços como segurado empregado ou trabalhador avulso, ou ao empregador doméstico, se for o caso.

c) Contribuinte individual que concomitantemente presta serviços a pessoas jurídicas e pessoas físicas

O contribuinte individual que, no mesmo mês, prestar serviços a empresas e, concomitantemente, a pessoas físicas ou exercer atividade por conta própria deverá, para fins de observância do limite máximo de salário-de-contribuição, recolher a contribuição incidente sobre a remuneração recebida de pessoas físicas ou pelo exercício de atividade por conta própria somente se a remuneração recebida ou creditada das empresas não atingir o referido limite.

2.2.1.3. Obrigações

A empresa que remunerar contribuinte individual deverá fornecer a este um comprovante de pagamento pelo serviço prestado consignando, além dos valores da remuneração e do desconto feito a título de contribuição previdenciária, a sua identificação completa, inclusive com o número no Cadastro Nacional de Pessoa Jurídica (CNPJ) e o número de inscrição do contribuinte individual no Instituto Nacional do Seguro Social — INSS. Este comprovante deverá ser mantido à disposição da fiscalização durante 10 anos, em conformidade com o § 5º do art. 225 do RPS.

Não sendo os cooperados e/ou os contribuintes individuais inscritos no INSS, a cooperativa ou a empresa deverá efetuar a respectiva inscrição, sendo a mesma possível inclusive pela internet (www.mps.gov.br ou www.previdenciasocial.gov.br).

2.2.1.4. Observações gerais

1) Não poderão ser objeto de parcelamento as contribuições descontadas dos contribuintes individuais aqui referidas, assim como aquelas descritas no § 1º do art. 244 do RPS (Decreto n. 3.048/99).

2) O contribuinte individual que não comprovar a regularidade da dedução terá glosado o valor indevidamente deduzido, devendo complementar as contribuições com os devidos acréscimos legais, se houver.

3) A retenção previdenciária do contribuinte individual deverá ser observada também pelas empresas optantes pelo Simples.

4) A retenção se aplica ao aposentado por qualquer regime previdenciário que retornar à atividade como segurado contribuinte individual, ao síndico de condomínio isento do pagamento da taxa condominial e ao ministro de confissão religiosa ou membro de instituto de vida consagrada, de congregação ou de ordem religiosa, desde que a remuneração paga ou creditada pela entidade religiosa ou pela instituição de ensino vocacional dependa da natureza e da quantidade do trabalho executado.

O desconto da contribuição previdenciária incidirá sobre o valor correspondente à taxa do condomínio, quando se tratar de síndico isento, cujo valor é considerado como remuneração (indireta), cabendo ao próprio síndico reembolsar ao condomínio o valor correspondente ao desconto.

Caso o valor recebido pelo ministro de confissão religiosa ou membro de instituto de vida consagrada, de congregação ou de ordem religiosa em face do seu mister religioso ou para sua subsistência independa da natureza e da quantidade do trabalho executado, caberá ao próprio contribuinte individual o recolhimento da sua contribuição que corresponderá a 20% sobre o valor por ele declarado, observados os limites mínimo e máximo de salário-de-contribuição (contribuinte facultativo) — Lei n. 8.212/91, art. 22, § 13.

5) Na hipótese de o contribuinte individual solicitar restituição em razão de contribuição descontada sobre remuneração superior ao limite máximo do salário-de-contribuição, deverá apresentar à Previdência Social:

• requerimento relacionando, mês a mês, as empresas para as quais prestou serviço, as remunerações recebidas, os respectivos valores descontados e, quando for o caso, os valores recolhidos na sua inscrição de contribuinte individual; e

• originais e cópias dos comprovantes de pagamentos.

Quando o segurado contribuinte individual exercer, concomitantemente, atividade como segurado empregado, além dos documentos acima relacionados, deverá apresentar:

• original e cópia do recibo de pagamento de salário referente a cada vínculo empregatício, relativo a cada competência em que é pleiteada a restituição;

• original e cópia das folhas da Carteira de Trabalho e Previdência Social (CTPS) ou outro documento que comprove o vínculo empregatício, onde conste a identificação do empregado e do empregador;

• declaração firmada pelo empregador, com firma reconhecida em cartório, de que descontou, recolheu e não devolveu a contribuição objeto da restituição, não compensou a importância nem pleiteou a sua restituição junto à Previdência Social.

2.3. Contribuição previdenciária do transportador autônomo

Para o condutor autônomo de veículo rodoviário (inclusive o taxista) e para o auxiliar de condutor, em automóvel cedido em regime de colaboração, o salário-de-contribuição a ser considerado para apuração da contribuição previdenciária corresponde, desde 9.7.2001 (Portaria n. 1.135, de 5.4.2001), a 20% do rendimento bruto auferido pelo frete, carreto ou transporte de passageiros, não se admitindo a dedução de valores relativos a gastos com combustível e manutenção do veículo, ainda que figure discriminada no documento parcela a este título.

Obs.: Anteriormente a 9.7.2001 aplicava-se alíquota de 11,71%, conforme disposições constantes do art. 267 do Decreto n. 3.048/99.

Este tratamento diferenciado se estende igualmente ao operador de máquinas e ao cooperado filiado a cooperativa de transportadores autônomos.

Exemplo:

• Serviço de frete prestado em 2.1.2008

• Valor bruto cobrado: R$ 1.000,00

• Salário-de-contribuição: R$ 1.000,00 x 20% = R$ 200,00

• Contribuição previdenciária: R$ 200,00 x 20% = R$ 40,00

Entendemos ter entrado em vigor a nova base de cálculo para verificação da remuneração dos transportadores autônomos trazida pela Portaria n. 1.135 (publicada em 9.4.2001) somente em 9.7.2001, em respeito às determinações do art. 195,

§ 6º da Constituição Federal de 1988. No caso em tela, a Portaria n. 1.135 não instituiu propriamente uma nova contribuição social, mas alterou significativamente a base de cálculo da contribuição previdenciária dos contribuintes individuais inscritos no sistema a partir de 29.11.1999 (anteriormente 11,71%). Em razão desta modificação, o novo percentual de base de cálculo somente pode ser exigido, conforme nosso posicionamento, depois de decorridos 90 dias de sua publicação.

Há ainda que se atentar para a natureza tributária das contribuições previdenciárias e para a redação constante do *caput*e do § 4º do art. 195 da Carta Constitucional, que determinam caber à lei (lei complementar, em verdade) a instituição ou a alteração de contribuições já existentes. A Portaria n. 1.135/01, portanto, violou o princípio da legalidade ao alterar a alíquota de 11,71% para 20%, implicando aumento indireto da contribuição previdenciária.

2.3.1. Contribuição para o Sest e o Senat

Além da contribuição individual para a Previdência Social, o condutor autônomo de veículo rodoviário (inclusive o taxista), o auxiliar de condutor autônomo, bem como o cooperado filiado a cooperativa de transportadores autônomos, estão sujeitos ao pagamento da contribuição para o Serviço Social do Transporte (Sest) e para o Serviço Nacional de Aprendizagem do Transporte (Senat), prevista no art. 7º da Lei n. 8.706/93.

Os percentuais devidos são 1,5% para o Sest e 1,0% para o Senat, incidentes sobre o salário-de-contribuição do transportador, correspondente a 20% sobre o rendimento bruto auferido pelo frete ou carreto — Portaria MPAS n. 1.135/2001.

Sendo o serviço prestado a pessoas físicas, a outro contribuinte individual equiparado a empresa, a missão diplomática ou a repartição consular de carreira estrangeira, caberá ao próprio contribuinte individual recolher as contribuições para o Sest e o Senat, juntamente com sua contribuição previdenciária.

Sendo o serviço prestado a pessoa jurídica ou cooperativa de trabalho, a contribuição para o Sest e o Senat será descontada do trabalhador e recolhida à Previdência Social pelo tomador dos serviços, em GPS (§ 3º do art. 2º do Decreto n. 1.007/93).

2.4. Ministros de confissão religiosa e assemelhados

Não se considera remuneração direta ou indireta os valores despendidos pelas entidades religiosas e instituições de ensino vocacional com ministro de confissão religiosa, membros do instituto de vida consagrada, de congregação ou de ordem religiosa em face do seu mister religioso ou para sua subsistência, desde que fornecidos em condições que independam da natureza e da quantidade do trabalho executado — Decreto n. 3.048/99, art. 214, § 16.

Nesta hipótese, portanto, deverão estes segurados se filiar ao sistema na qualidade de facultativos, sendo o salário-de-contribuição (base de cálculo da contribuição previdenciária) o valor por eles declarado, observados os limites mínimo e máximo fixados pelo Ministério da Previdência Social.

2.5. Procedimento de contribuição adotado entre 29.11.1999 e 31.3.2003

Anteriormente à publicação da Medida Provisória n. 83, de 12.12.2002 (DOU de 13.12.2002), convertida na Lei n. 10.666, de 8.5.2003 (DOU de 9.5.2003), as normas a serem observadas para a contribuição previdenciária dos contribuintes individuais deveria observar a data de inscrição dos mesmos no sistema previdenciário (RGPS), da seguinte forma:

2.5.1. Inscrição a partir de 29.11.1999

Os segurados contribuintes individuais e facultativos, se inscritos no regime previdenciário a partir de 29.11.1999 (data da publicação da Lei n. 9.876), deveriam recolher suas contribuições em GPS — Guia da Previdência Social, na alíquota de vinte por cento, aplicada sobre o respectivo salário-de-contribuição, respeitados os limites mínimo e máximo estipulados pela Previdência Social. Sendo o serviço prestado a pessoa jurídica, o trabalhador poderia usufruir o desconto trazido pela Lei n. 9.876/99.

O salário-de-contribuição do contribuinte individual correspondia ao total de remuneração mensal auferida, sempre se observando os tetos mínimo e máximo estipulados. Para o contribuinte facultativo, o salário-de-contribuição correspondia ao valor por ele declarado, sendo livre a progressão ou regressão no decorrer dos meses, desde que igualmente observados os limites mínimo e máximo vigentes.

2.5.2. Inscrição até 28.11.1999 — Tabela de salário-base

Os contribuintes individuais que tivessem se filiado ao RGPS até 28.11.1999 (dia anterior à data de publicação da Lei n. 9.876) deveriam recolher suas contribuições obedecendo à tabela de salário-base divulgada pelo órgão previdenciário.

Observe-se, entretanto, que o número mínimo de meses de permanência em cada classe da escala estava sendo reduzido, gradativamente (a partir de 12/1999), em doze meses a cada ano, até a extinção da referida escala (o que ocorreu, de forma antecipada, em 1º de abril de 2003 em face do art. 9º da Medida Provisória n. 83, de 12.12.2002 — DOU de 13.12.2002, convertida na Lei n. 10.666, de 8.5.2003 — DOU de 9.5.2003). E quando ocorria a extinção de uma determinada classe, a classe subseqüente era considerada inicial, cujo salário-base de contribuição variava entre o valor mínimo e o da nova classe inicial.

Algumas observações quanto à tabela de salário-base merecem ser destacadas. Confira-se:

1 — O enquadramento, regra geral, se dava sempre na classe 1, inicial. No entanto, os segurados empregados, os empregados domésticos e os trabalhadores avulsos, então contribuintes através da aplicação da tabela de salário-de-contribuição em seus ordenados mensais, que passassem a exercer exclusivamente atividade sujeita à tabela de salário-base (contribuinte individual), poderiam efetuar uma média aritmética simples dos seus últimos seis salários-de-contribuição, atualizados monetariamente, para que fossem enquadrados

inicialmente na escala de salário-base em qualquer classe, até a equivalente ao resultado obtido na média efetuada.

2 — A ascensão para uma classe superior requeria, obrigatoriamente, o cumprimento do número mínimo de meses de permanência indicados na tabela. Assim, por exemplo, um contribuinte que estivesse na classe 8 somente poderia progredir na tabela (aumentar o valor de sua contribuição previdenciária) para a classe 9 (sempre para a classe imediatamente superior) se tivesse permanecido durante 12 meses contribuindo naquele valor. Esta permanência mínima possuía o nome de "interstício". Era necessário, também, que se encontrasse o segurado em dia com suas contribuições previdenciárias.

3 — O segurado não estava obrigado à progressão na escala de salário-base. Cumprido o interstício, poderia, se assim desejasse, permanecer na classe em que se encontrava, mas em nenhuma hipótese isso ensejaria acesso a outra classe que não a imediatamente superior, quando desejasse progredir na escala, desde que a opção fosse feita até o vencimento da respectiva contribuição mensal.

4 — Dentro do período de débito era vedada a progressão ou a regressão de classe na escala transitória de salários-base.

5 — Não era admitido o pagamento antecipado de contribuições para suprir interstício entre as classes, como, da mesma forma, o pagamento de contribuições com atraso igual ou superior ao número de meses do interstício da classe em que se encontrava o segurado não gerava acesso a outra classe, senão àquela em que se encontrava antes da inadimplência.

6 — A regressão para classe inferior era livremente permitida, desde que o contribuinte não se encontrasse em situação de débito com a Previdência Social. Um contribuinte, por exemplo, que estivesse contribuindo na classe 10 e que, por qualquer motivo, desejasse regredir para a classe inicial poderia fazê-lo a qualquer tempo. Entretanto, somente poderia voltar a contribuir novamente sobre a classe 10 se, antes da regressão, tivesse percorrido todos os interstícios anteriores, sob pena de estar obrigado a cumpri-los para que fosse possível a progressão pretendida.

7 — O segurado que exercesse simultaneamente duas ou mais atividades sujeitas ao salário-base (ex.: empresário e, ao mesmo tempo, autônomo), deveria contribuir para o sistema de Seguridade Social em relação a apenas uma das atividades. Assim, não havia que se falar em dois enquadramentos distintos na escala de salário-base, devendo o segurado contribuir somente em relação à atividade mais antiga.

8 — A escala de salários-base, utilizada para a definição do salário-de-contribuição do segurado filiado até 28.11.1999, na condição de empresário, autônomo ou a ele equiparado ou facultativo, teve seus interstícios reduzidos, gradativamente, a partir da competência 12/1999 até a sua extinção em 1º.4.2003.

Fundamentação: Decreto n. 3.048/99, art. 278-A e Instrução Normativa SRP n. 3/05, arts. 73 a 76.

2.6. Empregados, empregados domésticos e trabalhadores avulsos que passaram a exercer, simultaneamente, atividade de contribuinte individual

Anteriormente à vigência da Lei n. 9.876/99, os segurados empregados, os empregados domésticos e os trabalhadores avulsos, então contribuintes através da aplicação da tabela de salário-de-contribuição em seus ordenados mensais, que passassem a exercer, simultaneamente, atividade sujeita à tabela de salário-base (contribuinte individual), deveriam enquadrar-se na classe inicial, sendo permitido o fracionamento do salário-base (base de cálculo da contribuição previdenciária) para que não fosse ultrapassado o teto máximo de contribuição estipulado pela Previdência Social (Decreto n. 3.048/99, art. 215, § 4º, revogado pelo Decreto n. 3.265, de 29.11.1999).

O segurado se obrigava, portanto, a duas contribuições, sendo uma na condição de empregado ou trabalhador avulso e outra na condição de autônomo ou empresário. Como o somatório das contribuições poderia ultrapassar o teto máximo estipulado, permitia-se o fracionamento do salário-base para a contribuição efetuada com base na tabela escalonada (tabela de classes; salário-base).

Neste mesmo raciocínio, o segurado empregado (inclusive doméstico) ou trabalhador avulso que possuía remuneração em valor que atingia o limite máximo do salário-de-contribuição estipulado na tabela previdenciária estava dispensado da contribuição na condição de autônomo ou empresário (Decreto n. 3.048/99, art. 215, § 5º, revogado pelo Decreto n. 3.265, de 29.11.1999).

Atualmente, os segurados também devem contribuir em relação às duas ou mais atividades exercidas. Como empregados ou trabalhadores avulsos, portanto, sofrerão normalmente o desconto previdenciário conforme a tabela de salário-de-contribuição. Como contribuintes individuais, será utilizada a alíquota de 20% (ou 11% caso seja o serviço prestado à pessoa jurídica) a ser aplicada sobre o valor do total percebido mensalmente, podendo o valor da base de cálculo ser reduzido para que não seja ultrapassado o teto máximo do salário-de-contribuição.

2.7. Contribuinte individual que opta pela exclusão do direito à aposentadoria por tempo de contribuição

Com a publicação da Lei Complementar n. 123, de 14.12.2006 (DOU 15.12.2006) nova modalidade contributiva foi instituída para aqueles que optarem pela exclusão do direito ao benefício de aposentadoria por tempo de contribuição. Como esta modalidade de benefício traz prejuízos aos cofres previdenciários (o trabalhador se aposenta cedo e permanece recebendo o benefício por muitos anos), o legislador criou uma contribuição com alíquota mais baixa para os que optarem em não ter essa aposentadoria, procedimento disponível a contar de 4/07.

Esta opção pode ser efetuada pelos contribuintes individuais que trabalhem por conta própria, sem relação de emprego com empresa ou equiparado e também pelos segurados facultativos.

Utilizando código próprio para sua identificação (1163 para recolhimento mensal ou 1180 para recolhimento trimestral), o contribuinte aplicará alíquota de 11% sobre o valor correspondente ao limite mínimo mensal do salário-de-contribuição (salário mínimo, atualmente fixado em R$ 415,00), recolhendo a importância aos cofres previdenciários até o dia 15 do mês subseqüente. Tais contribuições propiciarão todos os benefícios oferecidos aos demais contribuintes individuais e segurados facultativos, com exceção, tão-somente, da aposentadoria por tempo de contribuição.

No entanto, se posteriormente o contribuinte se arrepender da opção feita e desejar obter o benefício de aposentadoria por tempo de contribuição, poderá recolher, com juros e multa, a diferença percentual de 9% aos cofres previdenciários. Este recolhimento complementar também será necessário caso o segurado opte pela contagem recíproca do tempo de contribuição, para fins de se aposentar em Regime Próprio de Previdência Social, na condição de servidor público ou militar.

Fundamentação: Lei Complementar n. 123, de 14.12.2006 (DOU 15.12.2006), art. 80 e Decreto n. 6.042, de 12.2.2007 (DOU de 13.2.2007), art. 1º, que acrescentou ao Decreto n. 3.048/99 o art. 199-A.

2.8. Prestação de serviços eventuais a órgãos da administração pública e fundações — Comprovação do recolhimento como contribuinte individual

Conforme disposições constantes do art. 216-A do Decreto n. 3.048/99, os órgãos da administração pública direta, indireta e fundações públicas da União, bem como as demais entidades integrantes do Sistema Integrado de Administração Financeira do Governo Federal, ao contratarem pessoa física para prestação de serviços eventuais, sem vínculo empregatício, inclusive como integrante de grupo-tarefa, deverão obter dela a respectiva inscrição no Instituto Nacional do Seguro Social, como contribuinte individual, ou providenciá-la em nome dela, caso não seja inscrita, e proceder ao desconto e recolhimento da respectiva contribuição, na forma do subitem 2.2.1, *retro*.

Tal exigência será necessária mesmo que o contratado exerça concomitantemente uma ou mais atividades abrangidas pelo Regime Geral de Previdência Social ou por qualquer outro regime de previdência social, ou ainda se for aposentado por qualquer regime previdenciário.

O contratado que já estiver contribuindo para o Regime Geral de Previdência Social na condição de empregado ou trabalhador avulso sobre o limite máximo do salário-de-contribuição deverá comprovar esse fato e, se a sua contribuição nessa condição for inferior ao limite máximo, a contribuição como contribuinte individual deverá ser complementar, respeitando, no conjunto, aquele limite.

Fundamentação: Lei n. 8.212/91, arts. 21 e 28 (inclusive redação original); Decreto n. 3.048/99, arts. 32, 199, 214, 215, 216-A e 225.

3. CONTRIBUIÇÃO DOS SEGURADOS FACULTATIVOS

Os contribuintes facultativos devem recolher aos cofres previdenciários o correspondente a 20% de qualquer valor por eles escolhido, desde que observados os limites mínimo (R$ 415,00) e máximo (R$ 3.038,99) estipulados pelo Ministério da Previdência Social.

São livres, portanto, a progressão e a regressão mensal nos valores utilizados como base-de-cálculo da contribuição previdenciária, sendo o próprio segurado o responsável pelo recolhimento de sua contribuição.

O segurado especial (Parte II, Capítulo VI, subitem 1.1.5), além da contribuição incidente sobre a comercialização de sua produção rural, poderá usar da faculdade de contribuir como "segurado facultativo", sobre o valor por ele escolhido e declarado, sem perder a qualidade de segurado especial perante o Regime Geral de Previdência Social — RGPS.

Nos termos da Lei Complementar n. 123, de 14.12.2006 (DOU de 15.12.2006), que acrescentou ao art. 21 da Lei n. 8.212/91 os §§ 2º e 3º, a alíquota devida pelo contribuinte facultativo que optar pela exclusão do direito ao benefício de Aposentadoria por Tempo de Contribuição será de 11%, incidente sobre o valor correspondente ao limite mínimo mensal do salário-de-contribuição (salário mínimo).

Utilizando código próprio para sua identificação (1473 para recolhimento mensal ou 1490 para recolhimento trimestral), o contribuinte aplicará alíquota de 11% sobre o valor correspondente ao limite mínimo mensal do salário-de-contribuição (salário mínimo, atualmente fixado em R$ 415,00), recolhendo a importância aos cofres previdenciários até o dia 15 do mês subseqüente. Tais contribuições propiciarão todos os benefícios oferecidos aos demais segurados facultativos, com exceção, tão-somente, da aposentadoria por tempo de contribuição.

No entanto, se posteriormente o contribuinte se arrepender da opção feita e desejar obter o benefício de aposentadoria por tempo de contribuição, poderá recolher, com juros e multa, a diferença percentual de 9% aos cofres previdenciários. Este recolhimento complementar também será necessário caso o segurado opte pela contagem recíproca do tempo de contribuição, para fins de se aposentar em Regime Próprio de Previdência Social, na condição de servidor público ou militar.

Fundamentação: Lei n. 8.212/91, arts. 21 e 28; Decreto n. 3.048/99, arts. 199 e 214.

4. CONTRIBUIÇÃO DE EMPREGADORES OU EMPREGADOS APOSENTADOS

No período de 16.4.1994 a 27.7.1995, por força do disposto no art. 24 da Lei n. 8.870, de 15.4.1994, encontrou-se o aposentado por idade ou por tempo de serviço (que voltou ou permaneceu em atividade) isento de contribuições previdenciárias, verificando-se, tão-somente, a incidência devida pela empresa.

Entretanto, a partir da competência agosto/95, em razão da Lei n. 9.032, de 28.4.1995, o aposentado que viesse a exercer atividade remunerada passou a estar novamente obrigado a efetuar contribuições previdenciárias para fins de custeio da Seguridade Social (o que ainda se encontra em vigor), aplicando-se normalmente as tabela de salário-de-contribuição e salário-base.

Assim, a contribuição previdenciária do aposentado que exercer atividade remunerada com vínculo empregatício ou como trabalhador avulso deverá ser calculada normalmente, observando-se a tabela de salário-de-contribuição divulgada pelo Ministério da Previdência e Assistência Social, já abordada neste mesmo Capítulo, item 1, p. 130.

O aposentado que exercer atividade remunerada na condição de contribuinte individual obedecerá às regras de contribuição conforme a data de filiação ao Regime Geral de Previdência Social, constantes deste Capítulo, item 2.

Obs.: Não obstante a extinção do pecúlio, os valores recolhidos pelo aposentado até a data de início de vigência da Lei n. 8.870, de 15.4.1994 (DOU de 16.04.1994), serão "restituídos" ao segurado, em pagamento único, quando do afastamento da atividade que atualmente exercer, conforme assim determina o parágrafo único do art. 24 deste mesmo instituto legal.

5. CONTRIBUIÇÃO DOS EMPREGADORES DOMÉSTICOS

A contribuição do empregador doméstico corresponde ao percentual de 12% (doze por cento), incidente sobre o salário-de-contribuição do empregado a seu serviço. Como o legislador foi expresso em determinar a aplicação da alíquota devida sobre o *salário-de-contribuição*, deverá o empregador contribuinte observar o teto máximo existente na tabela, atualmente estipulado em R$ 3.038,99.

Recebendo o empregado doméstico quantia superior ao teto de incidência, a contribuição se limitará à aplicação do percentual de 12% sobre este limite.

Exemplos:

A) Empregado doméstico com remuneração mensal de R$ 3.600,00

Contribuição devida pelo empregador: R$ 364,67 (12% sobre R$ 3.038,99)

B) Empregado doméstico com remuneração mensal de R$ 450,00

Contribuição devida pelo empregador: R$ 54,00 (12% sobre R$ 450,00)

Durante o período de afastamento da empregada doméstica por licença-maternidade, caberá ao empregador recolher apenas a contribuição previdenciária a seu cargo (12% do salário de contribuição).

Fundamentação: Lei n. 8.212/91, art. 24, Decreto n. 3.048/99, art. 211 e art. 216, inciso XIII.

6. CONTRIBUIÇÃO DAS EMPRESAS

As empresas contribuem aos cofres da Seguridade Social através de diversas contribuições sociais instituídas para essa finalidade, incidentes sobre o lucro, faturamento, folha de pagamento e demais rendimentos pagos a profissionais que lhe tenham prestado serviços, ainda que sem vínculo empregatício. As contribuições incidentes sobre o lucro e o faturamento, já mencionadas no Capítulo XI desta Parte III, são arrecadadas e fiscalizadas pela Receita Federal do Brasil, constituindo matéria afeta ao Direito Tributário.

Assim, compete-nos, neste estudo sobre Direito Previdenciário, abordar de forma detalhada somente as contribuições incidentes sobre toda e qualquer forma de prestação de serviço, também arrecadadas e fiscalizadas pela Receita Federal do Brasil, lembrando-se que as microempresas e as empresas de pequeno porte, optantes pelo Simples, possuem contribuição diferenciada e não observam as normas aqui demonstradas.

6.1. Contribuições incidentes sobre a folha de pagamento

6.1.1. Contribuição destinada à Seguridade Social

A contribuição a cargo da empresa destinada ao financiamento da Seguridade Social é de 20% sobre o total das remunerações pagas ou creditadas a qualquer título, durante o mês, aos segurados empregados e trabalhadores avulsos que lhe prestem serviços. Assim, sobre o somatório das remunerações devidas (e não salários básicos contratuais) deverá a empresa aplicar o percentual de 20%, a título de contribuição aos cofres da Seguridade Social, sem a observância de qualquer limite máximo ou mínimo.

Considera-se por remuneração as importâncias destinadas a retribuir o trabalho, qualquer que seja a sua forma, inclusive as gorjetas, os ganhos habituais sob a forma de utilidades e os adiantamentos decorrentes de reajuste salarial, quer pelos serviços efetivamente prestados, quer pelo tempo à disposição do empregador ou tomador de serviços, nos termos da lei ou do contrato ou, ainda, de convenção ou acordo coletivo de trabalho ou sentença normativa. Sobre as parcelas integrantes e não integrantes do salário-de-contribuição, ver a Parte III, Capítulo XI, subitem 1.2.1.

Em se tratando de banco comercial, banco de investimento, banco de desenvolvimento, caixa econômica, sociedade de crédito, financiamento e investimento, sociedade de crédito imobiliário, inclusive associação de poupança e empréstimo, sociedade corretora, distribuidora de títulos e valores mobiliários, inclusive bolsa de mercadorias e de valores, empresa de arrendamento mercantil, cooperativa de crédito, empresa de seguros privados e de capitalização, agente autônomo de seguros privados e de créditos e entidade de previdência privada, aberta e fechada, a contribuição terá um acréscimo de 2,5%, perfazendo um total, portanto, de 22,5%.

Fundamentação: Lei n. 8.212, de 24.7.1991, art. 22; Decreto n. 3.048, de 06.05.1999, art. 201, I e § 1º.

6.1.2. Contribuição destinada ao financiamento da aposentadoria especial e de benefícios por incapacidade

6.1.2.1. Percentuais básicos

A contribuição obrigatória a todas as empresas destinada ao financiamento da aposentadoria especial e dos benefícios concedidos em razão do grau de incidência de incapacidade laborativa decorrente dos riscos ambientais do trabalho corresponde à aplicação dos seguintes percentuais, incidentes sobre o total da remuneração paga, devida ou creditada a qualquer título, no decorrer do mês, ao segurado empregado e trabalhador avulso:

a) 1% (um por cento) para a empresa em cuja atividade preponderante o risco de acidente do trabalho seja considerado leve;

b) 2% (dois por cento) para a empresa em cuja atividade preponderante o risco de acidente do trabalho seja considerado médio; ou

c) 3% (três por cento) para a empresa em cuja atividade preponderante o risco de acidente do trabalho seja considerado grave.

O contribuinte individual pessoa física, proprietária ou não, que explora atividade agropecuária ou pesqueira, diretamente ou por intermédio de prepostos e com auxílio de empregados, ainda que de forma não contínua, não se encontra obrigado ao pagamento destas alíquotas (Decreto n. 3.048/99, art. 202, § 7º).

O produtor rural pessoa jurídica que se dedicar à produção rural e que contribua aos cofres da previdência na alíquota de 2,5% sobre o total da receita bruta proveniente da comercialização da produção rural deverá contribuir para o financiamento dos benefícios por incapacidade no percentual de 0,1% (incidentes sobre a receita bruta proveniente da comercialização da produção) — Decreto n. 3.048/99, art. 202, § 8º.

O enquadramento é de responsabilidade da própria empresa (ou entidade equiparada), devendo ser revisto mensalmente. Uma vez conhecida a atividade preponderante, deverá o empregador utilizar da "Relação de Atividades Preponderantes e Correspondentes Graus de Risco" (conforme a Classificação Nacional de Atividades Econômicas — CNAE), anexa ao Decreto n. 3.048/99.

Obs.: Com a revogação do § 9º do art. 202 do Regulamento da Previdência Social (aprovado pelo Decreto n. 3.048/99) pelo art. 4º do Decreto n. 3.265/99, a microempresa e a empresa de pequeno porte não optantes pelo Simples não mais se beneficiam da contribuição correspondente ao percentual mínimo (1%) para o financiamento das aposentadorias especiais (antigo SAT), ficando sujeitas, portanto, às alíquotas normais de 1%, 2% ou 3%, conforme o enquadramento. Havendo agente nocivo que propicie ao empregado o benefício de aposentadoria especial, deverá ser observada a majoração de alíquota (Lei n. 9.732/98 — ver subitem 6.1.2.3 deste Capítulo). Observe-se que, tendo havido aumento de contribuição em razão deste reenquadramento, o mês de vigência a ser considerado deverá ser março/2000 (Decreto n. 3.265/99, art. 3º).

É necessário, portanto, que o empregador verifique corretamente qual, entre as atividades exercidas, pode ser classificada por preponderante.

Até a competência junho/1997, considerava-se preponderante a atividade econômica que ocupava, em cada estabelecimento da empresa, o maior número de segurados empregados, trabalhadores avulsos e médicos-residentes, considerando-se estabelecimento da empresa a dependência, matriz ou filial, que possuía número de CGC próprio, bem como a obra de construção civil executada sob sua responsabilidade.

A partir da competência julho/1997, a atividade econômica preponderante da empresa, para fins de enquadramento na alíquota de grau de risco destinada a arrecadar recursos para custear o financiamento dos benefícios concedidos em razão de maior incidência de incapacidade laborativa decorrente de riscos ambientais do trabalho, é aquela que ocupa, na empresa, o maior número de segurados empregados e trabalhadores avulsos, observando-se que (Instrução Normativa SRF n. 3/05, art. 86):

a) apurado no estabelecimento, na empresa ou no órgão do poder público, o mesmo número de segurados empregados e trabalhadores avulsos em atividades econômicas distintas, considerar-se á como preponderante aquela que corresponder ao maior grau de risco;

b) não serão considerados os segurados empregados que prestam serviços em atividades-meio, para a apuração do grau de risco, assim entendidas aquelas que auxiliam ou complementam indistintamente as diversas atividades econômicas da empresa, tais como serviços de administração geral, recepção, faturamento, cobrança, contabilidade, vigilância, entre outros.

Deverá o empregador, portanto, obedecer às seguintes disposições (IN SRF n. 3/05, art. 86, § 1º):

I — Empresa com estabelecimento e atividade únicos: a empresa com estabelecimento único e uma única atividade deverá se enquadrar na respectiva atividade.

II — Empresa com estabelecimento único e mais de uma atividade econômica: a empresa com estabelecimento único e mais de uma atividade econômica deverá simular o enquadramento em cada uma delas, prevalecendo como preponderante aquela que tiver o maior número de segurados empregados e trabalhadores avulsos.

Obs.: Para fins de enquadramento não deverão ser considerados os empregados que prestam serviços em atividades-meio, assim entendidas aquelas atividades que auxiliam ou complementam indistintamente as diversas atividades econômicas da empresa, como, por exemplo: administração geral, recepção, faturamento, cobrança etc.

Exemplo:

— Empresa com estabelecimento único (CNPJ único)

— Atividades: A, B, C

- Atividade A = 50 empregados
- Atividade B = 30 empregados
- Atividade C = 60 empregados

— Atividade Preponderante: atividade “C” porque possui 60 empregados.

III — Empresa com mais de um estabelecimento e diversas atividades econômicas: a empresa com mais de um estabelecimento e diversas atividades econômicas deverá somar o número de segurados alocados na mesma atividade em todos os estabelecimentos, prevalecendo como preponderante a atividade que ocupe o maior número de segurados empregados e trabalhadores avulsos, considerados todos os estabelecimentos.

Exemplo:

— Empresa com mais de um estabelecimento: matriz e filiais (mesmo CNPJ raiz)

— Estabelecimentos: 01, 02, 03

— Estabelecimento 01:

- Atividade A = 10 empregados
- Atividade B = 15 empregados
- Atividade C = 20 empregados

— Estabelecimento 02:

- Atividade A = 25 empregados
- Atividade B = 05 empregados
- Atividade C = 15 empregados

— Estabelecimento 03:

- Atividade A = 10 empregados
- Atividade B = 20 empregados
- Atividade C = 15 empregados

— Atividade preponderante na empresa: atividade "c", com 50 empregados

IV — Órgãos da administração pública direta: os órgãos da administração pública direta, tais como Prefeituras, Câmaras, Assembléias Legislativas, Secretarias e Tribunais, identificados com inscrição no CNPJ, enquadrar-se-ão na respectiva atividade. Na hipótese de um órgão da administração pública direta com inscrição própria no CNPJ ter a ele vinculados órgãos sem inscrição no CNPJ, deverá ser aplicado o procedimento constante no item III, *supra*.

V — Empresa de Trabalho Temporário: a empresa de trabalho temporário deverá se enquadrar na atividade com a descrição "74.50-0 = Seleção, Agenciamento e Locação de Mão-de-Obra para Serviços Temporários".

Uma vez identificada a atividade preponderante da empresa e, conseqüentemente, localizado o CNAE (Classificação Nacional de Atividade Econômica) dessa atividade, deverá o empregador utilizar da tabela constante do Anexo V do Decreto n. 3.048/99 — "Relação de Atividades Preponderantes e Correspondentes Graus de Risco", a qual se encontra disposta no item 1 da Parte VII desta obra.

Fundamentação: Lei n. 8.212, de 24.7.1991, art. 22; Decreto n. 3.048/99, arts. 201 e 202; Lei n. 9.732, de 11.12.1998; Instrução Normativa SRP n. 3/05, com alterações da Instrução Normativa SRP n. 20/07.

6.1.2.2. Flexibilização em razão dos acidentes de trabalho

A Lei n. 8.212/91, em seu art. 22, § 3º, confere poderes ao Ministério da Previdência Social para alterar, com base nas estatísticas de acidentes do trabalho, apuradas em inspeção, o enquadramento de empresas para efeito desta contribuição de 1% a 3%, a fim de estimular investimentos em prevenção de acidentes.

A Medida Provisória n. 83/02 (atualmente Lei n. 10.666/03), em seu art. 10, reiterou o disposto no § 3º supracitado, determinando que poderá o regulamento reduzir em até 50% ou aumentar em até 100% esta contribuição patronal (atualmente variável entre 1% e 3%) em razão do desempenho da empresa em relação à respectiva atividade econômica, apurado em conformidade com os resultados obtidos a partir dos índices de freqüência, gravidade e custo, calculados segundo metodologia aprovada pelo Conselho Nacional de Previdência Social. A regulamentação ocorreu pelo Decreto n. 6.042, de 12.2.2007 (DOU de 13.2.2007), e, a contar da competência janeiro/2009, as alíquotas básicas de 1%, 2% ou 3% poderão ser reduzidas em até 50% ou poderão ser aumentadas em até 100%, em razão do desempenho da empresa em relação à sua respectiva atividade. Trata-se de medida instituída pela Medida Provisória n. 83/02, posteriormente convertida na Lei n. 10.666/03 (art. 10), regulamentada pelo Decreto n. 6.042, de 12.2.2007 (DOU de 13.2.2007).

O desempenho da empresa, para fins de redução ou aumento da alíquota contributiva, será aferido pelo Fator Acidentário de Prevenção (FAP). Nos termos do § 1º do art. 202-A do Decreto n. 3.048/99 (inserido pelo Decreto n. 6.042/07), o FAP *"consiste num multiplicador variável num intervalo contínuo de cinqüenta centésimos (0,50) a dois inteiros (2,00) desprezando-se as demais casas decimais, a ser aplicado à respectiva alíquota".* A redação, no entanto, é bastante confusa, limitando-se a disciplinar a questão da seguinte forma:

> "Art. 202-A — As alíquotas constantes nos incisos I a III do art. 202, serão reduzidas em até cinqüenta por cento ou aumentadas em até cem por cento, em razão do desemprenho da empresa em relação à sua respectiva atividade, aferido pelo Fator Acidentário de Prevenção — FAP.
>
> § 1º O FAP consiste num multiplicador variável num intervalo contínuo de cinqüenta centésimos (0,50) a dois inteiros (2,00) desprezando-se as demais casas decimais, a ser aplicado à respectiva alíquota.
>
> § 2º Para fins da redução ou majoração a que se refere o § 1º, proceder-se-á à discriminação do desempenho da empresa, dentro da respectiva atividade, por distanciamento de coordenadas tridimensionais padronizadas (índices de freqüência, gravidade e custo), atribuindo-se o fator máximo dois inteiros (2,00) àquelas empresas cuja soma das coordenadas for igual ou superior a seis inteiros positivos (+6) e o fator mínimo cinquenta centésimos (0,50) àquelas cuja soma resultar inferior ou igual a seis inteiros negativos (-6).
>
> § 3º O FAP variará em escala contínua por intermédio de procedimento de interpolação linear simples e será aplicado às empresas cuja soma das coordenadas tridimensionais padronizadas esteja compreendida no intervalo disposto no § 2º, considerando-se como referência o ponto de coordenadas nulas (0; 0; 0), que corresponde ao FAP igual a um inteiro (1,00).
>
> § 4º Os índices de freqüência, gravidade e custo serão calculados segundo metodologia aprovada pelo Conselho Nacional de Previdência Social, levando-se em conta:
>
> I — para o índice de freqüência, a quantidade de benefícios incapacitantes cujos agravos causadores da incapacidade tenham gerado benefício acidentário com significância estatística capaz de estabelecer nexo epidemiológico entre a atividade da empresa e a entidade mórbida, acrescentada da quantidade de benefícios de pensão por morte acidentária;
>
> II — para o índice de gravidade, a somatória, expressa em dias, da duração do benefício incapacitante considerado nos termos do inciso I, tomada a expectativa de vida como parâmetro para a definição da data de cessação de auxílio-acidente e pensão por morte acidentária; e
>
> III — para o índice de custo, a somatória do valor correspondente ao salário-de-benefício diário de cada um dos benefícios no inciso I, multiplicado pela respectiva gravidade.
>
> ..."

É certo, no entanto, que o Ministério da Previdência Social publicará todos os anos, no Diário Oficial da União, os índices de freqüência, gravidade e custo, por atividade econômica, disponibilizando, na *Internet*, o FAP por empresa. Certo também que estes índices levarão em consideração o número de afastamentos por incapacidade e o número de dias de afastamento, quando enquadrados como acidente do trabalho (assim entendida também a doença ocupacional). No entanto, a averiguação de ser ou não afastamento decorrente de acidente de trabalho não se fará por meio do formulário CAT — Comunicação de Acidente do Trabalho, mas sim por uma tabela onde se pode visualizar uma lista de doenças (pelo código CID — Código Internacional de Doenças) e a atividade econômica desenvolvida pelas empresas. Trata-se, pois, do nexo epidemiológico que, uma vez visualizado pela perícia médica do INSS, acarretará a natureza acidentária da incapacidade, de forma automática e presumida (Lei n. 11.430, de 26.12.2006, art. 1º, que acrescentou à Lei n. 8.213/91 o art. 21-A). Sobre o tema ver subitem 2.2, Capítulo XXX, Parte IV.

Para o cálculo anual do Fator Acidentário de Prevenção (FAP) serão utilizados os dados de janeiro a dezembro de cada ano, a contar de 2004, até completar o período de cinco anos, a partir do qual os dados do ano inicial serão substituídos pelos novos dados anuais incorporados. Para o ano de 2004, excepcionalmente, serão considerados os dados existentes somente a contar de maio. Caso a empresa tenha sido (ou venha a ser) constituída após maio/2004, o FAP será calculado a partir de 1º de janeiro do ano seguinte ao que completar dois anos de constituição, com base nos dados anuais existentes a contar do primeiro ano de sua constituição.

Para o primeiro FAP o Ministério da Previdência Social utilizará dados do período de 5/04 a 12/06 e, portanto, anterior ao novo procedimento de enquadramento de acidentes por nexo epidemiológico. As ocorrências (número de benefícios gerados por acidente do trabalho) foram disponibilizadas para consulta, pelas empresas, na página eletrônica da Previdência nos meses de maio/07, julho/07 e dezembro/07, sempre com prazo de 30 dias para impugnação, caso discordassem das informações ali disponibilizadas.

Calculado o FAP (resultado variável de 0,5 a 2,0) este será divulgado às empresas em setembro de 2008, o qual será multiplicado pela alíquota originária do RAT (1%, 2% ou 3%).

A previsão para a primeira divulgação do FAP era setembro de 2007, mas em razão da greve ocorrida na Dataprev em julho do mesmo ano as empresas não conseguiram visualizar suas ocorrências e nem tampouco apresentar suas impugnações, razão pela qual a Portaria n. 457/07 disponibilizou novamente os dados para consulta (dezembro/07), com abertura de novo prazo para impugnação. A referida Portaria menciona que o cálculo do FAP será divulgado em setembro/2008 e que a vigência da flexibilização (redução ou acréscimo) ocorrerá somente em janeiro/2009.

Inúmeras irregularidades constam das ocorrências relacionadas pela Previdência Social e as empresas devem estar atentas à impugnação administrativa e/ou judicial. Constam nas informações, por exemplo, doenças não acidentárias, acidentes de percurso (não relacionados, portanto, com o ambiente de trabalho), benefícios concedidos a pessoas já aposentadas (fato impossível, pela legislação vigente) e outros absurdos como ocorrências lançadas para empregados que já haviam sido desligados da empresa há alguns anos.

Fundamentação: Lei n. 8.212/91, art. 22, regulamentada pelo Decreto n. 3.048/99, art. 201; Lei n. 10.666/03, art. 10; Lei n. 11.430/06 e Decreto n. 6.042/07.

6.1.2.3. Acréscimo para empresas cuja atividade permita a concessão de aposentadoria especial

É importante ao empregador observar que para o financiamento dos benefícios de aposentadoria especial as alíquotas (1%, 2% ou 3% — ver subitem anterior) serão acrescidas de doze, nove ou seis pontos percentuais, conforme a atividade (exercida pelo segurado, a serviço da empresa) permita a concessão desse benefício após quinze, vinte ou vinte e cinco anos de contribuição, respectivamente.

Esta alteração, acrescendo as alíquotas, teve origem através da Lei n. 9.732, de 11.12.98 (DOU de 14.12.98), com vigência a partir da competência abril/99. Determinou-se por este instituto legal que o acréscimo seria então exigido de forma progressiva, a partir das seguintes datas:

a) 1º de abril de 1999 = 4%, 3% ou 2%;

b) 1º de setembro de 1999 = 8%, 6% ou 4%;

c) 1º de março de 2000 = 12%, 9% ou 6%.

Assim, os acréscimos passaram a ser exigidos da seguinte forma:

Período / Ap. Especial permitida pela atividade nociva	1º.4.1999 a 31.8.1999	1º.9.1999 a 29.2.2000	1º.3.2000 em diante
	% de Acréscimo		
15 anos	4%	8%	12%
20 anos	3%	6%	9%
25 anos	2%	4%	6%

Portanto, a contar de 1º.3.2000 as alíquotas básicas, já com o acréscimo instituído, totalizam os seguintes percentuais:

O acréscimo deverá incidir exclusivamente sobre o total das remunerações pagas ou creditadas, no decorrer do mês, aos segurados empregados e trabalhadores avulsos sujeitos a condições especiais.

Grau de Risco Leve (1%)	
7%	Para atividade com aposentadoria especial em 25 anos - (1% + 6%).
10%	Para atividade com aposentadoria especial em 20 anos - (1% + 9%).
13%	Para atividade com aposentadoria especial em 15 anos - (1% + 12%).
Grau de Risco Médio (2%)	
8%	Para atividade com aposentadoria especial em 25 anos - (2% + 6%).
11%	Para atividade com aposentadoria especial em 20 anos - (2% + 9%).
14%	Para atividade com aposentadoria especial em 15 anos - (2% + 12%).
Grau de Risco Grave (3%)	
9%	Para atividade com aposentadoria especial em 25 anos - (3% + 6%).
12%	Para atividade com aposentadoria especial em 20 anos - (3% + 9%).
15%	Para atividade com aposentadoria especial em 15 anos - (3% + 12%).

Com relação aos demais empregados da empresa, que não estiverem expostos a agente nocivo e, conseqüentemente, não fizerem jus à aposentadoria especial, não haverá qualquer acréscimo na alíquota destinada ao financiamento dos benefícios por incapacidade (RAT), devendo o empregador aplicar sobre o total das remunerações a alíquota normal (1%, 2% ou 3%, conforme enquadramento).

Fundamentação: Lei n. 9.732, de 11.12.1998; Decreto n. 3.048, de 6.5.1999, art. 202.

6.1.2.4. Cooperativas de produção e empresas contratantes de serviços de cooperativas de trabalho

Conforme assim determinou a Medida Provisória n. 83, de 12.12.2002 (DOU de 13.12.2002), convertida na Lei n. 10.666, de 8.5.2003 (DOU de 9.5.2003), as disposições legais sobre aposentadoria especial do segurado filiado ao Regime Geral de Previdência Social — RGPS também devem ser aplicadas ao cooperado filiado à cooperativa de trabalho e de produção que trabalha sujeito a condições especiais que prejudiquem a sua saúde ou a sua integridade física.

Obs.: A Medida Provisória n. 83/02 foi regulamentada pela Instrução Normativa n. 87, de 27.3.2003 — DOU de 28.3.2003, revogada pela Instrução Normativa n. 89, de 11.6.2003 — DOU de 13.6.2003, também revogada pela Instrução Normativa n. 100, de 18.12.2003 — DOU de 24.12.2003. Esta última Instrução foi também revogada, atualmente disciplinando sobre o tema a Instrução Normativa SRP n. 3/05.

Cooperativas de produção

Será devida pela cooperativa de produção a contribuição adicional de 12 (doze), 9 (nove) ou 6 (seis) pontos percentuais, incidente sobre a remuneração paga, devida ou creditada ao cooperado filiado, quando o exercício de atividade na cooperativa o sujeite a condições especiais que prejudiquem a sua saúde ou a sua integridade física e permita a concessão de aposentadoria especial após 15 (quinze), 20 (vinte) ou 25 (vinte e cinco) anos de contribuição.

Como o segurado cooperado, em relação à cooperativa para a qual presta serviços e para fins previdenciários, não é considerado "empregado" e sim "contribuinte individual", a cooperativa de produção, ao repassar a remuneração devida a este cooperado já se encontrava obrigada a contribuir com 20% aos cofres previdenciários, alíquota esta incidente exatamente sobre o valor total da remuneração distribuída. Isenção deste encargo existe somente para a cooperativa de trabalho, posto que é a empresa contratante dos serviços que assume tal obrigação tributária.

Assim, com o acréscimo instituído pela Medida Provisória n. 83, de 12.12.2002 (DOU de 13.12.2002), convertida na Lei n. 10.666, de 8.5.2003 (DOU de 9.5.2003), a cooperativa de produção deverá contribuir nos seguintes percentuais, caso o cooperado exerça atividade sujeito a riscos que propiciem aposentadoria especial:

I — atividade exercida pelo cooperado que permita a concessão de aposentadoria especial após 15 anos de contribuição = 32% (20% originais + 12% de acréscimo);

II — atividade exercida pelo cooperado que permita a concessão de aposentadoria especial após 20 anos de contribuição = 29% (20% originais + 9% de acréscimo);

III — atividade exercida pelo cooperado que permita a concessão de aposentadoria especial após 25 anos de contribuição = 26% (20% originais + 6% de acréscimo).

Obs.: A contribuição adicional deverá incidir somente sobre o valor da remuneração dos cooperados cuja exposição a agentes nocivos permita a concessão de aposentadoria especial.

A cooperativa de produção, cuja atividade exponha os trabalhadores a agentes nocivos de forma que possibilite a concessão de aposentadoria especial, deverá elaborar o formulário PPP — Perfil Profissiográfico Previdenciário — dos seus segurados empregados e dos seus cooperados, conforme previsto nos §§ 2º e 6º do art. 68 do Regulamento da Previdência Social (RPS), aprovado pelo Decreto n. 3.048, de 6 de maio de 1999. Deverá, igualmente, informar na GFIP a ocorrência da exposição a agentes nocivos dos cooperados a elas filiados.

Empresa tomadora de serviços de cooperativa de trabalho

Será devida pela empresa tomadora de serviço a contribuição adicional de 9 (nove), 7 (sete) ou 5 (cinco) pontos percentuais, incidente sobre o valor bruto da nota fiscal, fatura ou recibo de prestação de serviço de cooperados intermediados por cooperativa de trabalho, quando o exercício de atividade na empresa tomadora os sujeite a condições especiais que prejudiquem a sua saúde ou a sua integridade física e permita a concessão de aposentadoria especial após 15 (quinze), 20 (vinte) ou 25 (vinte e cinco) anos de contribuição, respectivamente.

A tomadora dos serviços, pessoa jurídica, já se encontrava obrigada a contribuir com 15%, incidente sobre a nota fiscal, recibo ou fatura apresentada pela cooperativa, sendo admitido deduzir da base de cálculo os valores referentes a equipamentos e materiais utilizados nesta prestação de serviços — Lei n. 9.876/99, art. 1º. Com esta majoração trazida pela MP n. 83/02, convertida na Lei n. 10.666, de 8.5.2003 (DOU de 9.5.2003), e com vigência a contar de 4/03, passa a empresa contratante a efetuar a seguinte contribuição previdenciária, caso existam agentes nocivos que propiciem aposentadoria especial:

I — atividade exercida pelo cooperado que permita a concessão de aposentadoria especial após 15 anos de contribuição = 24% (15% originais + 9% de acréscimo).

II — atividade exercida pelo cooperado que permita a concessão de aposentadoria especial após 20 anos de contribuição = 22% (15% originais + 7% de acréscimo).

III — atividade exercida pelo cooperado que permita a concessão de aposentadoria especial após 25 anos de contribuição = 20% (15% originais + 5% de acréscimo).

Observe-se, no entanto, que a contribuição adicional deverá incidir somente sobre o valor dos serviços prestados pelos cooperados cuja exposição a agentes nocivos permita a concessão de aposentadoria especial.

Cabe à empresa contratante informar mensalmente à cooperativa de trabalho a relação dos cooperados a seu serviço que exercem atividades em condições especiais prejudiciais à saúde ou à integridade física, identificando o tipo de aposentadoria especial que a atividade permita. Com base nesta relação, a cooperativa de trabalho, por sua vez, deverá emitir nota fiscal ou fatura de prestação de serviços específica para os serviços prestados pelos cooperados cuja exposição a agentes nocivos permita a concessão de aposentadoria especial ou mesmo discriminar o valor dos serviços referentes a estes cooperados, na hipótese de emitir nota fiscal ou fatura única.

Na ausência da relação a que se refere o parágrafo anterior (de obrigação da empresa contratante), para a apuração da base de cálculo sob a qual incidirá a alíquota adicional, o valor total do serviço prestado por cooperados deverá ser rateado proporcionalmente ao número de trabalhadores envolvidos e ao de trabalhadores não envolvidos com as atividades exercidas em condições especiais prejudiciais à saúde ou à integridade física, caso esses números tenham sido informados em contrato.

Constando em contrato a previsão para utilização de cooperados na execução de atividades em condições especiais prejudiciais à saúde ou à integridade física, sem a discriminação do número de trabalhadores utilizados nestas atividades, deverá ser aplicada a alíquota adicional de 5% (totalizando a contribuição em 20%, portanto) sobre o total da nota fiscal ou da fatura de prestação de serviços, cabendo à contratante o ônus da prova em contrário. Mesmo procedimento deverá ser também adotado caso a contratante desenvolva atividades em condições especiais sem a previsão, no contrato, da utilização dos cooperados no exercício dessas atividades.

As cooperativas de trabalho deverão prestar a informação, em GFIP, da ocorrência de exposição a agentes nocivos dos cooperados a elas filiados.

Fundamentação: Instrução Normativa SRP n. 3/05, arts. 294 a 296.

6.1.3. Contribuição para terceiros

6.1.3.1. Enquadramento e contribuição

Além da contribuição destinada ao custeio da Seguridade Social e ao financiamento dos benefícios por incapacidade e das aposentadorias especiais, as empresas se encontram ainda obrigadas a contribuir para entidades terceiras, conforme a atividade econômica por elas desenvolvidas (comércio, indústria, etc.).

Estas contribuições não se encontram previstas na legislação previdenciária (Lei n. 8.212/91), mas sim na legislação referente a cada uma das entidades terceiras, que atribui competência à Previdência Social para arrecadar, juntamente com as contribuições previdenciárias devidas pelo empregador, as contribuições a elas pertencentes.

A Previdência Social, portanto, tem como atribuição fiscalizar e arrecadar as contribuições destinadas a "Terceiros", repassando-as mensalmente às entidades competentes, recebendo, por esse trabalho, 3,5% do montante bruto arrecadado, que são repassados à Seguridade Social (Decreto n. 3.048/99, art. 213, II c/c art. 274).

Atualmente, as atribuições de arrecadação e fiscalização competem à Secretaria da Receita Federal do Brasil.

As contribuições destinadas a estas entidades e fundos incidem sobre a mesma base de cálculo utilizada para o cálculo das contribuições devidas à Previdência Social, sendo devidas (Instrução Normativa SRP n. 3/05, art. 137):

a) pela empresa ou equiparada em relação a segurados empregados e trabalhadores avulsos que lhe prestam serviços;

b) pelo transportador autônomo de veículo rodoviário, em relação à parcela do frete que corresponde à sua remuneração, observando que:

• O cálculo desta contribuição não observará o limite máximo do salário-de-contribuição;

• A contribuição será recolhida pelo próprio contribuinte individual diretamente ao Sest/Senat, quando se tratar de serviços prestados a pessoas físicas, ainda que equiparadas à empresa;

• A contribuição deverá ser descontada e recolhida pelo contratante de serviços, quando se tratar de empresa ou equiparado à empresa pessoa jurídica.

• A contribuição deverá ser descontada e recolhida pela cooperativa, quando se tratar de cooperado filiado a cooperativa de transportadores autônomos.

c) pelo segurado especial, pelo produtor rural, pessoa física e jurídica, em relação à comercialização da sua produção rural e pela agroindústria em relação à comercialização da sua produção.

Obs.: As contribuições destinadas ao Salário-Educação — SE, Serviço Social da Indústria — Sesi, Serviço Nacional de Aprendizagem Industrial — Senai, Serviço Social do Comércio — Sesc, Serviço Nacional de Aprendizagem Comercial — Senac, Serviço Brasileiro de Apoio às Micro e Pequenas Empresas — SEBRAE e INCRA, não incidem sobre a remuneração paga, devida ou creditada ao brasileiro contratado no Brasil ou transferido por empresa prestadora de serviços de engenharia, para prestar serviços no exterior, inclusive nas atividades de consultoria, projetos e obras, montagem, gerenciamento e congêneres, conforme disposto no art. 11 da Lei n. 7.064, de 1982 — Instrução Normativa SRP n. 3/05, art. 138.

As contribuições devidas a outras entidades e fundos podem ser recolhidas diretamente à respectiva entidade e fundo, mediante celebração de convênio, desde que exista previsão legal nesse sentido.

As entidades e fundos para os quais o sujeito passivo deverá contribuir são definidas em função de sua atividade econômica. Assim, para conhecimento do percentual devido e para quais entidades deve contribuir, é necessário prévio enquadramento na tabela FPAS, para que o estabelecimento tenha conhecimento de seu código. Este enquadramento é de responsabilidade do próprio empregador, não existindo qualquer responsabilidade da Previdência Social por eventual equívoco.

De posse do código FPAS (ver tabela constante do item 2 da Parte VII desta obra) deverá o empregador consultar a tabela de Terceiros (tabela 3 da Parte VII desta obra), atentando-se para a existência de convênio firmado diretamente com a entidade.

São consideradas "Terceiras" as seguintes entidades:

• SE — Salário-Educação

- Incra — Instituto Nacional de Colonização e Reforma Agrária
- Senai — Serviço Nacional de Aprendizagem Industrial
- Sesi — Serviço Social da Indústria
- Senac — Serviço Nacional de Aprendizagem Comercial
- Sesc — Serviço Social do Comércio
- Sebrae — Serviço Brasileiro de Apoio às Micro e Pequenas Empresas
- DPC — Diretoria de Portos e Costas do Ministério da Marinha
- FAer — Fundo Aeroviário
- Senar — Serviço Nacional de Aprendizagem Rural
- Sest — Serviço Social do Transporte
- Senat — Serviço Nacional de Aprendizagem do Transporte
- Sescoop — Serviço Nacional de Aprendizagem do Cooperativismo

Fundamentação: Decreto n. 3.048/99, art. 213, II, e art. 274; Instrução Normativa SRP n. 3/05, arts. 137 a 139.

6.1.3.2. Contribuição adicional ao Senai

As empresas sujeitas ao recolhimento da Contribuição Geral, cujo total de empregados, lotados em diferentes estabelecimentos ou dependências (filiais, escritórios, depósitos, etc.), qualquer que seja sua localização, seja superior a 500 (número global), deverão efetuar o recolhimento da Contribuição Adicional ao Senai.

A base de cálculo da referida contribuição será o montante da remuneração paga aos empregados de todos os estabelecimentos aos quais se refere o recolhimento, sobre a qual incidirá 0,2%, obtendo-se assim o valor correspondente a 20% de 1% da contribuição devida ao Senai.

O recolhimento é efetuado mensalmente, até o último dia útil do mês subseqüente ao do fato gerador, através de guia própria — "Guia de Recolhimento da Contribuição Adicional", no Banco do Brasil, preferencialmente, ou Departamentos Regionais do Senai ou Departamento Nacional.

Fundamentação: Decreto-Lei n. 4.048/42; Decreto-Lei n. 6.246/44 e Decreto n. 60.466/67.

6.2. Contribuição sobre os pagamentos efetuados a contribuintes individuais (autônomos e empresários)

6.2.1. Histórico

A original contribuição previdenciária, instituída em 1991, pela Lei n. 8.212, no percentual de 20% sobre a folha de salários, na parte que incide sobre a remuneração paga a administradores e autônomos, foi julgada inconstitucional pelo Supremo Tribunal Federal, posto que a Constituição Federal/88, em sua redação original, art. 195, determinava incidir a contribuição social devida pelos empregadores somente sobre a folha de salários, faturamento e lucro. Como a remuneração devida a prestadores sem vínculo empregatício não se enquadra no conceito técnicode "salários", não poderiam ser exigidos (ADIn n. 1.102-2 — DJU — Diário da Justiça da União de 16.10.95).

Com a Resolução n. 14/95 do Senado Federal ficou suspensa a referida cobrança em todo o país, colocando fim à referida exação. Todos os contribuintes foram, portanto, beneficiados, não sendo mais devida a contribuição referida, em face do disposto no art. 52, X, da CF/88.

Entretanto, o art. 195, § 4º, da Constituição Federal de 1988, permite (e permitia em sua redação original) a criação de novas fontes de custeio da Seguridade Social, desde que criada por lei complementar e que as exações instituídas não sejam cumulativas, nem tenham fato gerador ou base de cálculo idêntica à de outras cobradas. Confira-se:

"Art. 195. A seguridade social será financiada por toda a sociedade, de forma direta e indireta, nos termos da lei, mediante recursos provenientes dos orçamentos da União, dos Estados, do Distrito Federal e dos Municípios, e das seguintes contribuições sociais:

...

§ 4º A lei poderá instituir outras fontes destinadas a garantir a manutenção ou expansão da seguridade social, obedecido o disposto no art. 154, I.

..."

É a redação do inciso I do citado art. 154:

"Art. 154. A União poderá instituir:

I — mediante lei complementar, impostos não previstos no art. anterior, desde que sejam não-cumulativos e não tenham fato gerador ou base de cálculo próprios dos discriminados nesta Constituição;

..."

Com base nesses dispositivos constitucionais, foi criada a Lei Complementar n. 84, de 18.1.1996, que estabeleceu ser devida a Contribuição Social, a cargo das empresas e pessoas jurídicas, inclusive cooperativas, no valor de 15% (quinze por cento) do total das remunerações ou retribuições por elas pagas ou creditadas, a qualquer título, no decorrer do mês, inclusive sobre os ganhos habituais sob a forma de utilidades, pelos serviços que lhe são prestados sem vínculo empregatício, por:

a) segurado empresário;

b) segurado autônomo e equiparado;

c) segurado trabalhador avulso;

d) demais pessoas físicas que não se enquadrem na categoria de segurado obrigatório, como, entre outros, o síndico de condomínio, o síndico de falência, o comissário de concordata e membros de conselhos tutelares.

A Lei Complementar n. 84 entrou em vigor na data de sua publicação, mas produziu efeitos somente a partir de 1º de maio de 1996, respeitando-se o período de 90 dias preconizado no § 6º do art. 195 da própria Constituição Federal. Esta Lei Complementar vigorou somente até 29.2.2000 (ano bissexto), em razão da Lei n. 9.876, publicada no Diário Oficial da União de 29.11.1999.

A Lei n. 9.876 alterou dispositivos das Leis ns. 8.212/91 e 8.213/91 e revogou expressamente a Lei Complementar n. 84/96, que trazia a contribuição das empresas (15%, regra geral) sobre pagamentos efetuados a autônomos e empresários. Questiona-se, contudo, se uma lei ordinária (Lei n. 9.876) pode, de fato, revogar uma lei complementar (LC 84).

Ao modificar a redação do art. 22 da Lei n. 8.212/91, a Lei n. 9.876 acabou instituindo a contribuição pelas empresas, no percentual de 20%, o qual deve incidir sobre o total das remunerações pagas ou creditadas a qualquer título, no decorrer do mês, aos segurados contribuintes individuais que lhes prestem serviços. Em se tratando de bancos comerciais, bancos de investimentos, bancos de desenvolvimento, caixas econômicas, sociedades de crédito, financiamento e investimento, sociedades de crédito imobiliário, sociedades corretoras, distribuidoras de títulos e valores mobiliários, empresas de arrendamento mercantil, cooperativas de crédito, empresas de seguros privados e de capitalização, agentes autônomos de seguros privados e de crédito e entidades de previdência privada abertas e fechadas, além da contribuição de 20%, é devido ainda o adicional de 2,5%, perfazendo, um total de 22,5%.

Obs.: Estas novas contribuições trazidas pela Lei n. 9.876/99, obedecendo à CF/88, art. 195, § 6º, foram devidas apenas a partir da competência março/2000, ou seja, a partir do primeiro dia do mês seguinte ao nonagésimo dia da publicação desta lei. Por expressa determinação no art. 8º da Lei n. 9.876/99 foram mantidos até essa data (1º.3.2000) os procedimentos e percentuais de recolhimento praticados na forma da legislação anterior, ou seja, da Lei Complementar n. 84/96.

6.2.2. Alíquota e base de cálculo

A contribuição a cargo da empresa, e entidades equiparadas, destinada à Seguridade Social e incidente sobre o total das remunerações ou retribuições pagas ou creditadas no decorrer do mês ao segurado contribuinte individual (autônomos e empresários) é de 20% (vinte por cento), sem a observância de qualquer limite mínimo ou máximo.

Obs.: No caso de banco comercial, banco de investimento, banco de desenvolvimento, caixa econômica, sociedade de crédito, financiamento e investimento, sociedade de crédito imobiliário, inclusive associação de poupança e empréstimo, sociedade corretora, distribuidora de títulos e valores mobiliários, inclusive bolsa de mercadorias e de valores, empresa de arrendamento mercantil, cooperativa de crédito, empresa de seguros privados e de capitalização, agente autônomo de seguros privados e de crédito e entidade de previdência privada, aberta e fechada, a contribuição devida será no percentual de 22,5% (vinte e dois e meio por cento).

São consideradas como "remuneração" as importâncias auferidas em uma ou mais empresas, assim entendida a totalidade dos rendimentos pagos ou creditados a qualquer título, durante o mês, destinados a retribuir o trabalho, qualquer que seja a sua forma, inclusive os ganhos habituais sob a forma de utilidades, excetuado o lucro distribuído ao segurado empresário e as parcelas constantes do § 9º do art. 214 do Decreto n. 3.048/99 (ver subitem 1.2.1 deste Capítulo).

Integra igualmente a remuneração, para fins desta contribuição previdenciária, a bolsa de estudos paga ou creditada ao médico residente, este filiado ao RGPS na condição de contribuinte individual (Lei n. 6.932/81, art. 4º).

Não havendo comprovação dos valores pagos ou creditados aos contribuintes individuais empresários, diretores não empregados de sociedades anônimas e associado eleito para direção de cooperativa ou associação (alíneas "e" a "i" do inciso V do art. 9º do Decreto n. 3.048/99), em face de recusa ou sonegação de qualquer documento ou informação, ou sua apresentação deficiente, a contribuição da empresa referente a esses segurados será de vinte por cento sobre:

a) o salário-de-contribuição do segurado nessa condição;

b) a maior remuneração paga a empregados da empresa; ou

c) o salário mínimo, caso não ocorra nenhuma das hipóteses anteriores.

No caso de Sociedade Simples de prestação de serviços relativos ao exercício de profissões legalmente regulamentadas, a contribuição da empresa em relação aos sócios contribuintes individuais terá como base de cálculo Instrução Normativa SRP n. 3/05, art. 71, §§ 5º e 6):

I — a remuneração paga ou creditada aos sócios em decorrência de seu trabalho, de acordo com a escrituração contábil da empresa;

II — os valores totais pagos ou creditados aos sócios, ainda que a título de antecipação de lucro da pessoa jurídica, quando não houver discriminação entre a remuneração decorrente do trabalho e a proveniente do capital social, ou tratar-se de adiantamento de resultado ainda não apurado por meio de demonstração de resultado do exercício ou quando a contabilidade for apresentada de forma deficiente. Nessa hipótese, o valor a ser distribuído a título de antecipação de lucro poderá ser previamente apurado mediante a elaboração de balancetes contábeis mensais, devendo, nesta hipótese, ser observado que, se a demonstração de resultado final do exercício evidenciar uma apuração de lucro inferior ao montante distribuído, a diferença será considerada remuneração aos sócios.

Fundamentação: Lei n. 8.212/91, art. 22, III e Decreto n. 3.048/99, art. 201; Instrução Normativa SRP n. 3/05, art. 71, §§ 5º e 6º.

6.2.3. Contratação de serviços de transporte — Peculiaridade

O Decreto n. 3.048/99 — Regulamento da Previdência Social —, na redação original de seu art. 201, § 4º, determinava que a remuneração paga ou creditada a transportador autônomo pelo frete, carreto ou transporte de passageiros realizado por conta própria, para fins de aplicação do percentual de contribuição previdenciária devido pela empresa contratante deveria corresponder ao valor resultante da aplicação de um dos percentuais estabelecidos pelo Ministério da Previdência e Assistência Social sobre o valor bruto do frete, carreto ou transporte de passageiros, para determinação do valor mínimo da remuneração.

Os transportadores autônomos a que se refere a regra do § 4º do art. 201 são aqueles mencionados no mesmo instituto legal, art. 9º, § 15, I e II, a saber:

a) o condutor autônomo de veículo rodoviário, assim considerado aquele que exerce atividade profissional sem vínculo empregatício, quando proprietário, co-proprietário ou promitente comprador de um só veículo;

b) aquele que exerce atividade de auxiliar de condutor autônomo de veículo rodoviário, em automóvel cedido em regime de colaboração, nos termos da Lei n. 6.094, de 30 de agosto de 1974.

A determinação legal de que a remuneração do transportador autônomo não corresponde ao valor integral bruto, e sim a um percentual a ser estipulado pelo Ministério da Previdência e Assistência Social encontra fundamento no art. 195 da Constituição Federal/88 que determina ser fonte de recursos para a seguridade social (e aí compreendida a Previdência Social) a contribuição social do empregador incidente sobre rendimentos do trabalho pagos ou creditados, a qualquer título, à pessoa física que lhe preste serviço, na condição de autônomo. Ora, é de se conhecer que no valor bruto cobrado pelo transportador se encontra embutida despesa diversa, não relacionada propriamente com o serviço prestado, mas sim com despesas de combustível, manutenção e desgaste do veículo, etc.

Enquanto não se manifestou o Ministério da Previdência e Assistência Social sobre este percentual a ser aplicado sobre o valor bruto do frete, carreto ou transporte de passageiros, aplicou-se o percentual de 11,71%, constante do art. 267 do Decreto n. 3.048/99.

Até a data de 8.7.2001, portanto, a remuneração paga ou creditada a transportador autônomo pelo frete, carreto ou transporte de passageiros realizado por conta própria não era o valor bruto efetivamente pago pela empresa contratante, mas sim o valor correspondente ao resultado da aplicação de 11,71% (onze inteiros e setenta e um centésimos por cento) sobre o valor bruto do frete, carreto ou transporte de passageiros. Esta base de cálculo também teve aplicação em relação às quantias distribuídas, pagas ou creditadas pelas cooperativas de trabalho aos seus cooperados que exerçam tais atividades.

Exemplo:

• valor cobrado pelo frete = R$ 1.000,00

• base de cálculo para a contribuição da empresa contratante = R$ 1.000,00 x 11,71% = R$ 117,10

• contribuição devida pela contratante = R$ 117,10 x 20% = R$ 23,42

No caso de serviço prestado por trabalhador autônomo, com a utilização de colheitadeira, a base de cálculo para aplicação da alíquota de contribuição previdenciária correspondia a 12% (doze por cento) da totalidade do valor contratado — Circular 01-600.0 n. 55, de 23.8.96, da Diretoria de Arrecadação e Fiscalização do INSS.

Em 9.4.2001, no entanto, foi publicada no Diário Oficial da União a Portaria n. 1.135, do Ministro de Estado da Previdência e Assistência Social determinando que o percentual a ser aplicado sobre o rendimento bruto dos transportadores autônomos (e auxiliares) para verificação de sua remuneração passaria a ser de 20% (vinte por cento). Entendemos que este novo percentual somente entrou em vigor a partir de 9.7.2001, em respeito ao que determina o art. 195, § 6º da Constituição Federal de 1988, *in verbis*:

"Art. 195. A seguridade social será financiada por toda a sociedade, de forma direta e indireta, nos termos da lei, mediante recursos provenientes dos orçamentos da União, dos Estados, do Distrito Federal e dos Municípios, e das seguintes contribuições sociais:

...

§ 6º As contribuições sociais de que trata este artigo só poderão ser exigidas após decorridos noventa dias da data da publicação da lei que as houver instituído ou modificado, não se lhes aplicando o disposto no art. 150, III, "b".

..."

No caso em tela, a Portaria n. 1.135 não institui nova contribuição social, mas altera significativamente a base de cálculo da contribuição previdenciária das empresas contratantes de serviço autônomo de transporte (anteriormente 11,71%). Em razão desta modificação, o novo percentual de base de cálculo somente poderá ser exigido quando decorridos 90 dias de sua publicação.

Assim, a empresa contratante de serviços de frete, carreto ou transporte de passageiros através de profissional autônomo tem por contribuição previdenciária obrigatória percentual de 20% (percentual aplicado sobre valores pagos a profissionais autônomos), incidente sobre a remuneração paga pela prestação dos serviços. Esta é, inclusive, a atual redação do § 4º do Decreto n. 3.048/99.

Desta forma, para que seja obtido o valor da remuneração (base de cálculo da contribuição previdenciária), a contratante deverá aplicar o percentual de 20% (antes 11,71%) sobre o rendimento bruto apresentado em nota fiscal.

Exemplo:

Prestação dos serviços: 01/2008

Valor bruto do frete: R$ 5.000,00

Mês do pagamento: 01/2008

Contribuição previdenciária da contratante:

R$ 5.000,00 x 20% = R$ 1.000,00 (valor da remuneração — base de cálculo)

R$ 1.000,00 x 20% (percentual de contribuição) = R$ 200,00

Há ainda que se atentar, contudo, para a natureza tributária das contribuições previdenciárias e para a redação constante do *caput* e do § 4º do art. 195 da Carta Constitucional, que determinam caber à lei (lei complementar, em verdade) a instituição ou a alteração de contribuições já existentes. A Portaria n. 1.135/01, portanto, violou o princípio da legalidade ao alterar a alíquota de 11,71% para 20%, implicando aumento indireto da contribuição previdenciária.

6.2.4. Observações importantes

Com a expressa revogação da Lei Complementar n. 84/96 pela Lei n. 9.876/99 algumas modificações importantes se verificam na legislação previdenciária com relação à contribuição das empresas e entidades equiparadas quando da remuneração a contribuintes individuais a seu serviço. São elas:

I — Produtores rurais pessoa física

O produtor rural pessoa física, que se encontrava obrigado à contribuição de 15% sobre os serviços que lhe fossem prestados por trabalhador autônomo ou equiparado, trabalhador avulso e demais pessoas físicas sem vínculo empregatício (Lei Complementar n. 84/96), não deverá contribuir com os 20% trazidos por esta nova legislação (Lei n. 9.876/99).

Com a revogação da LC n. 84/96, a fundamentação que legitima a contribuição previdenciária em 20% é simplesmente a Lei n. 8.212/91, em seu art. 22 (alterado pela Lei n. 9.876/99), o qual determina como contribuinte as empresas e equiparadas, não mencionando a figura do produtor rural pessoa física. Em decorrência, o Decreto n. 3.452/00 revogou o inciso V do art. 216 do Decreto n. 3.048/99, que mencionava a obrigatoriedade do recolhimento dos 15% previstos na LC n. 84/96 para os produtores rurais pessoa física.

Este, contudo, não tem sido o entendimento da Previdência Social. Dispõe a Instrução Normativa SRP n. 11/06, que aprova a versão 8.2 do Manual do Sefip, ser obrigatória a contribuição de 20% quando da contratação de contribuintes individuais e também a contribuição de 15% sobre o valor da nota fiscal, quando da contratação de cooperativas. Note-se, inclusive, que o sistema (Sefip) calcula as contribuições e emite a guia já com os valores apurados, também procedendo à retenção de 11% do contribuinte individual que prestou os serviços, em total afronta às disposições do art. 4º da Lei n. 10.666/03.

O posicionamento da Previdência Social aponta como fundamento a nova redação do art. 25 da Lei n. 8.212/91, determinada pela Lei n. 10.256/01. Pela nova redação do dispositivo, as contribuições do produtor rural incidentes sobre a comercialização dos produtos substitui, tão-somente, a contribuição de 20% incidente sobre a folha (inciso I do art. 22) e a contribuição destinada ao Risco Ambiental do Trabalho (inciso II do art. 22). Desta forma, e em face de o produtor rural se equiparar à empresa quando contrata algum prestador de serviços (art. 15), estaria obrigado a contribuir com os 20% incidentes sobre a remuneração dos contribuintes individuais que contratar (inciso III do art. 22) e também com os 15% quando da contratação de cooperativas de trabalho (inciso IV do art. 22).

A interpretação dada pela Previdência Social é, de fato, coerente, se tomarmos a legislação previdenciária como documento único e interpretando todos os artigos de forma conjunta (art. 15, art. 22 e art. 25). No entanto, é conveniente lembrar que a contribuição devida pelas empresas se encontra disposta no Capítulo IV da Lei n. 8.212/91 e a contribuição do produtor rural pessoa física no Capítulo VI do mesmo diploma legal, o que pode ser interpretado como um tratamento excepcional conferido aos produtores rurais. Note-se, ainda, que o artigo 25 não faz qualquer menção aos incisos III e IV do art. 22 da Lei n. 8.212/91.

De toda forma, como os produtores rurais são obrigados a informar as contratações no sistema SEFIP e como o sistema calcula a contribuição de 20% (inciso III da Lei n. 8.212/91) a questão somente poderá ser resolvida na via judicial, em ação proposta contra a Previdência Social. Em que pese vasta pesquisa jurisprudencial, não foram localizadas ementas sobre o tópico.

II — Cooperativas de trabalho

As cooperativas de trabalho não se encontram sujeitas à contribuição de 20% sobre as importâncias por elas pagas, distribuídas ou creditadas aos respectivos cooperados, a título de remuneração ou retribuição que, por seu intermédio, tenham prestado a empresas — Decreto n. 3.048/99, art. 201, § 19.

III — Entidades religiosas e instituições de ensino vocacional

Não se consideram como remuneração direta ou indireta, para fins previdenciários, os valores despendidos pelas entidades religiosas e instituições de ensino vocacional como ministros de confissão religiosa, membros de instituto de vida consagrada, de congregação ou de ordem religiosa em face do seu mister religioso ou para sua subsistência, desde que fornecidos em condições que independam da natureza e da quantidade do trabalho executado. Lei n. 8.212/91, art. 22, § 13, acrescentado pela Lei n. 10.170, de 29.12.2000 — DOU de 30.12.2000.

6.2.5. Responsabilidade quanto ao recolhimento devido pelos contribuintes individuais prestadores de serviço

A contar de 1º de abril de 2003, por força da Medida Provisória n. 83, arts. 4º e 5º, de 12.12.2002 (DOU de 13.12.2002), convertida na Lei n. 10.666, de 8.5.2003 (DOU de 9.5.2003), e regulamentada pela Instrução Normativa n. 89, de 11.6.2003 — DOU de 13.6.2003, se encontra a empresa obrigada a arrecadar a contribuição do segurado contribuinte individual (autônomos e empresários) a seu serviço, descontando-a da respectiva remuneração, e a recolher o valor arrecadado juntamente com a contribuição a seu cargo até o dia 10 (dez) do mês seguinte ao da competência.

Sobre o tema, confira-se neste Capítulo o subitem 2.2.1.

6.3. Contribuição sobre serviços prestados por cooperativas

A Lei n. 9.876 (art. 1º), publicada no Diário Oficial da União de 29.11.1999, ao alterar a Lei n. 8.212/91, acrescentou ao art. 22 o inciso IV trazendo uma nova contribuição previdenciária, de cunho obrigatório, às empresas contratantes de serviços através de Cooperativas de Trabalho.

Pela nova legislação, desde a competência março/2000 as empresas se encontram obrigadas à contribuição previdenciária quando da contratação de serviços por intermédio de cooperativas de trabalho, prestados por cooperados, na alíquota de 15% (quinze por cento) sobre o valor bruto da nota fiscal ou fatura de prestação de serviços, sendo admitido deduzir da base de cálculo os valores referentes a equipamentos e materiais utilizados nesta prestação de serviços (Decreto n. 3.048/99, art. 219, §§ 7º e 8º).

Assim, na prestação de serviços de cooperados por intermédio de cooperativa de trabalho, havendo o fornecimento de material ou a utilização de equipamentos, próprios ou de terceiros (exceto equipamentos manuais), fica facultado à cooperativa de trabalho discriminar na nota fiscal ou na fatura emitida para a empresa contratante o valor correspondente a material ou a equipamentos, que será excluído da base de cálculo da contribuição, desde que contratualmente previsto e devidamente comprovado o custo de aquisição dos materiais e de locação de equipamentos de terceiros, se for o caso — Instrução Normativa SRP n. 3/05, art. 289.

Obs.: A eventual aceitação, por parte da cooperativa de trabalho, de sociedade de pessoas (sociedade civil) como "cooperado" não acarreta redução da base de cálculo da contribuição a cargo da empresa contratante.

Fundamentação: Lei n. 8.212/91, art. 22, IV; Decreto n. 3.048/99, art. 201, III; Instrução Normativa SRP n. 3/05, art. 289.

6.3.1. Cooperativa de serviços médicos

Considerando que as faturas emitidas pelas cooperativas médicas, relativas a contratos de prestação de assistência à saúde, englobam além dos valores referentes a serviços médicos prestados por cooperados, valores que não configuram fato gerador da contribuição previdenciária, tais como serviços hospitalares, exames complementares e transportes especiais, foi publicada no Diário Oficial da União de 23.03.2000 a Orientação Normativa n. 20, do Secretário de Previdência Social, trazendo procedimento específico quando da contratação, pelas empresas, desta espécie de cooperativa.

Atualmente tais disposições especiais se encontram relacionadas na Instrução Normativa SRP n. 3/05, arts. 291 a 293, de forma que são as peculiaridades da cobertura do contrato que definem a base de cálculo da contribuição devida. Confira-se:

I — nos contratos coletivos para pagamento por valor predeterminado, quando os serviços prestados pelos cooperados ou por demais pessoas físicas ou jurídicas ou quando os materiais fornecidos não estiverem discriminados na nota fiscal ou fatura, a base de cálculo não poderá ser:

a) inferior a trinta por cento do valor bruto da nota fiscal ou da fatura, quando se referir a contrato de grande risco ou de risco global, sendo este o que assegura atendimento completo, em consultório ou em hospital, inclusive exames complementares ou transporte especial;

b) inferior a sessenta por cento do valor bruto da nota fiscal ou da fatura, quando se referir a contrato de pequeno risco, sendo este o que assegura apenas atendimento em consultório, consultas ou pequenas intervenções, cujos exames complementares possam ser realizados sem hospitalização.

II — nos contratos coletivos por custo operacional, celebrados com empresa, onde a cooperativa médica e a contratante estipulam, de comum acordo, uma tabela de serviços e honorários, cujo pagamento é feito após o atendimento, a base de cálculo da contribuição social previdenciária será o valor dos serviços efetivamente realizados pelos cooperados. Se houver parcela adicional ao custo dos serviços contratados por conta do custeio administrativo da cooperativa, esse valor também integrará a base de cálculo da contribuição social previdenciária.

III — Na celebração de contrato coletivo de plano de saúde da cooperativa médica com empresa, em que o pagamento do valor predeterminado seja rateado entre a contratante e seus beneficiários, deverá ser observado que:

a) se a fatura for única e se a empresa for a responsável perante a cooperativa pelo pagamento, a base de cálculo da contribuição será o valor bruto da fatura ou a parte correspondente aos serviços prestados pelos cooperados, quando efetuadas as deduções permitidas;

b) se houver uma fatura específica para a empresa e faturas individuais para os beneficiários do plano de saúde, cada qual se responsabilizando pelo pagamento da respectiva fatura, somente a fatura emitida contra a empresa constituirá base de cálculo da contribuição.

6.3.2. Cooperativa de serviços odontológicos

Esta modalidade de cooperativa foi também contemplada na Orientação Normativa n. 20, sendo o procedimento a ser observado pelas empresas contratantes atualmente constante da Instrução Normativa SRP n. 3/05, art. 292.

Na atividade odontológica, a base de cálculo da contribuição social previdenciária de quinze por cento devida pela empresa contratante de serviços de cooperados intermediados por cooperativa de trabalho não será inferior a sessenta por cento do valor bruto da nota fiscal, fatura ou recibo de prestação de serviços, caso os serviços prestados pelos cooperados, os prestados por demais pessoas físicas ou jurídicas e os materiais fornecidos não estejam discriminados na respectiva nota fiscal, fatura ou recibo de prestação de serviços.

Na celebração de contrato coletivo de plano de saúde da cooperativa odontológica com empresa, em que o pagamento do valor predeterminado seja rateado entre a contratante e seus beneficiários, deverá ser observado o procedimento constante do tópico III, subitem 6.3.1, *supra*.

6.3.3. Cooperativa de serviços na atividade de transporte

A Portaria n. 1.135, de 5.4.2001, do Ministro de Estado da Previdência e Assistência Social, publicada no Diário Oficial da União de 9.4.2001, determina que a contribuição previdenciária a cargo da empresa, quando da contratação de serviços de transporte rodoviário por intermédio de cooperativa de trabalho é de 15% (quinze por cento), incidentes sobre a parcela correspondente ao valor dos serviços que serão prestados pelos cooperados, valor este que não poderá ser inferior a 20% do valor bruto da nota fiscal ou fatura.

Na hipótese, portanto, de conter a nota fiscal apresentada discriminação referente ao valor cobrado pelo serviço de transporte (frete, carreto ou transporte de passageiros), a empresa contratante deverá fazer incidir os 15% (percentual de contribuição previdenciária para contratos com cooperativa de trabalho) somente sobre o valor do serviço prestado pelo cooperado. Essa base de cálculo, no entanto (que é o valor considerado como remuneração do condutor), não poderá ser inferior a 20% do valor bruto da Nota Fiscal ou Fatura apresentada pela cooperativa.

Exemplo I:

— valor bruto da nota fiscal = R$ 1.000,00

— valor discriminado como de prestação de serviço = R$ 400,00

— valor da contribuição previdenciária a ser recolhida pela empresa = 15% de R$ 400,00 = R$ 60,00

Exemplo II:

— valor bruto da nota fiscal = R$ 1.000,00

— valor discriminado como de prestação de serviço = R$ 100,00

— valor da contribuição previdenciária a ser recolhida pela empresa = 15% sobre 20% do valor bruto da nota fiscal = 15% de R$ 200,00 = R$ 30,00

Obs.: Entendemos que o percentual trazido pela Portaria n. 1.135, do Ministro de Estado da Previdência e Assistência Social, passou a vigorar somente a partir de 09.07.2001 (noventa dias a contar de sua publicação — art. 195, § 6º da CF/88) e que o mesmo é inconstitucional por não ter sido instituído por lei, contrariando, dessa forma, as disposições do art. 195 da CF/88, *caput* e § 4º.

Fundamentação: Decreto n. 3.048/99, art. 201, § 20.

6.3.4. Sujeição a agentes nocivos no desenvolver do trabalho contratado — Acréscimo na contribuição previdenciária — Vigência desde 1º.4.2003

Com a publicação da Medida Provisória n. 83, de 12.12.2002 (DOU de 13.12.2002), atualmente Lei n. 10.666/03, as empresas contratantes de serviços através de cooperativas de trabalho deverão atentar à existência ou não de agentes nocivos no local da prestação dos respectivos serviços. Isto porque desde 1º de abril de 2003, se existentes agentes nocivos químicos, físicos ou biológicos que propiciem o direito à aposentadoria especial ao segurado, se encontra a empresa contratante obrigada a recolher, além dos 15%, uma contribuição adicional aos cofres previdenciários equivalente a 9%, 7% ou 5%, incidente sobre o valor bruto da nota fiscal ou fatura emitida pela cooperativa, conforme a atividade exercida pelo cooperado permita a concessão de aposentadoria especial após quinze, vinte ou vinte e cinco anos de contribuição, respectivamente.

Assim, temos os seguintes acréscimos:

I — atividade exercida pelo cooperado que permita a concessão de aposentadoria especial após 15 anos de contribuição = acréscimo de 9%, totalizando uma contribuição de 24% sobre o valor bruto da nota fiscal/fatura.

II — atividade exercida pelo cooperado que permita a concessão de aposentadoria especial após 20 anos de contribuição = acréscimo de 7%, totalizando uma contribuição de 22% sobre o valor bruto da nota fiscal/fatura.

III — atividade exercida pelo cooperado que permita a concessão de aposentadoria especial após 25 anos de contribuição = acréscimo de 5%, totalizando uma contribuição de 20% sobre o valor bruto da nota fiscal/fatura.

Lembramos que os agentes nocivos que propiciam o direito à aposentadoria especial, bem como o tempo de contribuição / serviço necessário à obtenção da mesma se encontram relacionados no Anexo IV do Decreto n. 3.048/99 (ver tabela 7.4, Parte VII, desta obra).

6.4. Contratação de trabalhadores avulsos — Contribuição previdenciária

6.4.1. Trabalho avulso portuário

6.4.1.1. Obrigações do Órgão Gestor de Mão-de-Obra — OGMO

Em cada porto deverá ser implementado o Órgão Gestor de Mão-de-Obra (OGMO), ao qual caberá, quando da requisição de mão-de-obra de trabalhador avulso efetuada conforme as Leis ns. 8.630/93 (regime jurídico da exploração dos portos organizados e das instalações portuárias) e 9.719/98 (normas e condições gerais de proteção ao trabalho portuário), as seguintes providências (Instrução Normativa SRP n. 3/05, art. 351):

Obs.: O conceito de trabalhador avulso e outros indispensáveis à compreensão da matéria se encontram na Parte II desta obra, Capítulo VI, subitem 1.1.4.

I — selecionar, registrar e cadastrar o trabalhador avulso portuário, mantendo com exclusividade o controle dos mesmos, ficando, desta maneira, formalizada a inscrição do segurado perante a Previdência Social;

II — elaborar as listas de escalação diária dos trabalhadores avulsos portuários, por operador portuário e por navio, devendo exibi-las à fiscalização quando solicitadas;

III — efetuar o pagamento da remuneração pelos serviços executados e das parcelas referentes ao décimo terceiro salário e às férias ao trabalhador avulso portuário;

IV — elaborar folha de pagamento, separadamente por navio;

V — encaminhar cópia da folha de pagamento dos trabalhadores avulsos portuários aos respectivos operadores portuários;

VI — pagar, mediante convênio com o INSS, o salário-família devido ao trabalhador avulso portuário;

VII — arrecadar as contribuições previdenciárias devidas pelos operadores portuários e pelos trabalhadores avulsos portuários, esta última mediante desconto em sua remuneração, repassando-as à Previdência Social, no prazo estabelecido na Lei n. 8.212, de 1991;

Obs.: O OGMO se responsabiliza, igualmente, pela contribuição devida a terceiros.

VIII — prestar as informações para a Previdência Social em GFIP, relativas aos trabalhadores avulsos portuários, por operador portuário;

IX — enviar ao operador portuário cópia da GFIP, bem como das folhas de pagamento dos trabalhadores avulsos portuários;

X — comunicar ao INSS os acidentes de trabalho ocorridos com trabalhadores avulsos portuários;

XI — registrar mensalmente em títulos próprios de sua contabilidade, de forma discriminada em contas individualizadas, as rubricas integrantes e as não-integrantes da base de cálculo para a Previdência Social, bem como as contribuições descontadas dos segurados trabalhadores avulsos portuários e os totais recolhidos, por operador portuário;

Obs.: O OGMO deverá manter registrada também a informação dos valores correspondentes às compensações de contribuições sociais previdenciárias realizadas, de forma discriminada, mensalmente e por operador portuário.

XII — exibir os livros Diário e Razão, quando exigidos pela fiscalização, com os registros devidamente escriturados após noventa dias contados da ocorrência dos fatos geradores das contribuições devidas, na forma prevista no § 13 do art. 225 do Decreto n. 3.048/99.

Observe-se, portanto, que o Órgão Gestor de Mão-de-Obra se equipara à empresa, ficando sujeito às obrigações aplicáveis às empresas em geral, inclusive em relação à remuneração paga ou creditada, no decorrer do mês, a segurados empregados e a contribuintes individuais por ele contratados.

Assim, relativamente ao pagamento da contribuição destinada ao financiamento dos benefícios por incapacidade decorrente dos riscos ambientais do trabalho (antigo SAT) o OGMO será enquadrado no CNAE 91.12-0 — atividades de organizações profissionais.

Fundamentação: Decreto n. 3.048/99, art. 217; Instrução Normativa SRP n. 3/05, arts. 351 a 354.

6.4.1.2. Obrigações do operador portuário

Para fins da legislação previdenciária, o operador portuário responde perante (Instrução Normativa SRP n. 3/05, art. 355):

a) o trabalhador avulso portuário: pela remuneração dos serviços prestados e pelos respectivos encargos;

b) os órgãos competentes: pelo recolhimento dos tributos incidentes sobre o trabalho avulso portuário.

Compete, pois, ao operador portuário o repasse ao OGMO do valor correspondente à remuneração devida ao trabalhador avulso portuário, bem como dos encargos sociais e previdenciários incidentes sobre essa remuneração, no prazo de 24 horas. Para isso, o operador portuário deverá exigir do OGMO a folha de pagamento das remunerações pagas ou creditadas a todos os segurados que estejam a seu serviço.

Obs. I: O prazo de 24 horas pode ser alterado mediante convenção coletiva firmada entre entidades sindicais representativas dos trabalhadores e operadores portuários, observado o prazo legal para recolhimento dos encargos previdenciários.

Obs. II: É vedada ao operador portuário a opção pelo Simples, nos termos da Lei n. 9.317, de 1996.

A cooperativa de trabalhadores avulsos portuários deve ser pré-qualificada junto à administração do porto e sua atuação equipara-se à do operador portuário. O trabalhador, enquanto permanecer associado à cooperativa, deixará de concorrer à escala como avulso.

Por fim, e assim como acontece com o OGMO, o operador portuário deverá manter registrada a informação dos valores correspondentes às compensações de contribuições sociais previdenciárias realizadas, de forma discriminada mensalmente, e por Órgão Gestor de Mão-de-Obra, quando for o caso.

Fundamentação: Decreto n. 3.048/99, art. 217; Instrução Normativa SRP n. 3/05, arts. 355 a 359.

6.4.1.3. Contribuições previdenciárias

As contribuições previdenciárias patronais, bem como a destinada a terceiros, incidentes sobre a remuneração paga, devida ou creditada ao trabalhador avulso portuário, são devidas pelo operador portuário. No entanto, a responsabilidade pelo seu recolhimento cabe ao Órgão Gestor de Mão-de-Obra — OGMO.

As contribuições previdenciárias dos trabalhadores seguem as normas existentes para os trabalhadores empregados, podendo ser observadas neste Capítulo, item 1.

O recolhimento das contribuições deverá seguir o seguinte procedimento:

I — No prazo de 24 horas após a realização do serviço, o operador portuário repassará ao OGMO:

a) os valores devidos pelos serviços executados;

b) as contribuições destinadas à Previdência Social e as destinadas a outras entidades e fundos, incidentes sobre a remuneração do trabalhador avulso portuário;

c) o valor relativo à remuneração de férias;

d) o valor do décimo terceiro salário.

II — No prazo de 48 horas após o término do serviço, o OGMO deve efetuar o pagamento da remuneração ao trabalhador avulso portuário, descontando desta a contribuição social previdenciária devida pelo segurado.

Obs.: Esses prazos (24 e 48 horas) podem ser alterados mediante convenção coletiva firmada entre entidades sindicais representativas dos trabalhadores e operadores portuários, observado o prazo legal para recolhimento dos encargos fiscais, trabalhistas e previdenciários.

O recolhimento das contribuições previdenciárias (e terceiros) devidas pelo operador portuário e também a contribuição do trabalhador avulso deverá ser efetuado em documento de arrecadação (GPS) identificado pelo CNPJ do OGMO.

O operador portuário é obrigado a arrecadar, mediante desconto, a contribuição devida por seus empregados, inclusive pelo trabalhador portuário com vínculo empregatício a prazo indeterminado, recolhendo-a juntamente com as contribuições a seu cargo, incidentes sobre a remuneração desses segurados.

Obs.: As normas aqui esclarecidas se aplicam também aos requisitantes de mão-de-obra de trabalhador avulso portuário junto ao OGMO que não sejam operadores portuários.

Fundamentação: Decreto n. 3.048/99, art. 217; Instrução Normativa SRP n. 3/05, arts. 360 a 365.

6.4.2. Contratação de trabalhador avulso não portuário

A empresa contratante ou requisitante dos serviços de trabalhador avulso, cuja contratação de pessoal não for abrangida pelas Leis ns. 8.630/93 e 9.719/98, é responsável pelo cumprimento de todas as obrigações previdenciárias (inclusive terceiros), inclusive pelo preenchimento e entrega da GFIP em relação aos segurados que lhe prestem serviços, observadas as normas fixadas pelo Instituto Nacional do Seguro Social.

Para possibilitar o recolhimento das contribuições, o sindicato que efetuar a intermediação da mão-de-obra de trabalhador avulso deverá elaborar as folhas de pagamento por contratante de serviços, registrando o Montante de Mão-de-Obra (MMO), bem como as parcelas correspondentes a férias e décimo terceiro salário.

O salário-família devido ao trabalhador avulso será pago pelo sindicato de classe respectivo, mediante convênio, que se incumbirá também, como observado, de elaborar as folhas de pagamento correspondentes.

O sindicato de trabalhadores avulsos se equipara à empresa, ficando sujeito às normas de tributação e arrecadação aplicáveis às empresas em geral, em relação à remuneração paga, devida ou creditada, no decorrer do mês, a segurados empregados e contribuintes individuais por ele contratados, conforme o caso.

Fundamentação: Decreto n. 3.048/99, art. 218; Instrução Normativa SRP n. 3/05, arts. 366 a 370.

6.5. Sucessão de empresas

A empresa que resultar de fusão, transformação, incorporação ou cisão é responsável pelo pagamento das contribuições sociais previdenciárias e das contribuições destinadas às outras entidades ou fundos, devidas pelas empresas fusionadas, transformadas, incorporadas ou cindidas, até a data do ato da fusão, da transformação, da incorporação ou da cisão.

Cumpre ainda observar que a aquisição de estabelecimento comercial, industrial ou profissional e a continuação da exploração do negócio, mesmo que sob denominação social, firma ou nome individual diverso, acarretam a responsabilidade integral do sucessor pelas contribuições sociais devidas pelo sucedido. A responsabilidade será subsidiária, caso o sucedido inicie, dentro de seis meses, a contar da data da alienação, nova atividade, no mesmo ou em outro ramo de comércio, indústria ou profissão, ou, nesse período, a ela dê prosseguimento.

Fundamentação: Instrução Normativa SRP n. 3/05, arts. 750 e 751.

7. CONTRIBUIÇÃO DAS SOCIEDADES COOPERATIVAS

As sociedades cooperativas, conforme disposição constante do art. 15 da Lei n. 8.212/91, se equiparam às empresas para toda e qualquer finalidade previdenciária.

Assim, mantendo a cooperativa empregados ou tomando serviço de profissionais autônomos, a contribuição previdenciária que lhe é devida iguala-se àquela devida pelas empresas em geral, a qual pode ser conferida no item 6 deste Capítulo.

Em relação à prestação de serviços pelos cooperados, estes considerados "contribuintes individuais" para fins previdenciários, será devida pela cooperativa a contribuição de 20%, incidentes sobre o valor bruto distribuído a cada associado. Pode-se dizer, portanto, que em relação aos seus sócios cooperados e aos trabalhadores contratados para lhe prestarem serviços, a cooperativa iguala-se às empresas em geral quanto às obrigações previdenciárias.

Exceção se aplica apenas às cooperativas de trabalho que não se encontram sujeitas à contribuição previdenciária de 20% incidentes sobre as importâncias por ela pagas, distribuídas ou creditadas aos respectivos cooperados, a título de remuneração ou retribuição pelos serviços que, por seu intermédio, tenham prestado a empresas. É que com a revogação da Lei Complementar n. 84/96 e a alteração introduzida no art. 22 da Lei n. 8.212/91, as cooperativas deixaram de ter a obrigação de recolher contribuição sobre os valores distribuídos aos cooperados em razão dos serviços por eles prestados por seu intermédio, já que o legislador transferiu essa obrigação às empresas, que têm de pagar 15% *"sobre o valor bruto da nota fiscal ou fatura de prestação de serviços, relativamente a serviços que lhe são prestados por cooperados por intermédio de cooperativas de trabalho"* (art. 22, IV, da Lei n. 8.212/91).

Lembramos, no entanto, que, na hipótese de determinada cooperativa contratar os serviços de uma cooperativa de trabalho, se encontrará obrigada à contribuição de 15% sobre o valor bruto da nota fiscal/fatura emitida, nos termos do inciso IV do art. 22 da Lei n. 8.212/91. Maiores detalhes sobre esta contribuição poderão ser conferidos no subitem 6.3 deste Capítulo.

7.1. Cooperativa de trabalho — Responsabilidade no pagamento da contribuição devida por seus cooperados — Retenção

Utilizando-nos do conceito trazido pelo art. 281 da Instrução Normativa SRP n. 3/05, *"cooperativa de trabalho, espécie de cooperativa também denominada cooperativa de mão-de-obra, é a sociedade formada por operários, artífices, ou pessoas da mesma profissão ou ofício ou de vários ofícios de uma mesma classe, que, na qualidade de associados, prestam serviços a terceiros por seu intermédio"*. Esta modalidade cooperativa, portanto, serve apenas como intermediadora na prestação de serviços de seus cooperados, não produzindo bens ou serviços próprios.

A contar de 1º de abril de 2003, por força da Medida Provisória n. 83, arts. 4º e 5º, de 12.12.2002 (DOU de 13.12.2002), convertida na Lei n. 10.666, de 8.5.2003 (DOU de 9.5.2003), se encontra a cooperativa de trabalho obrigada a arrecadar a contribuição do segurado contribuinte individual (cooperado) a seu serviço, descontando-a da quota a ele distribuída pela prestação dos serviços.

Assim, a cooperativa de trabalho se encontra obrigada a arrecadar a contribuição previdenciária devida por seus cooperados contribuintes individuais, mediante desconto na remuneração a eles repassada ou creditada relativa aos serviços prestados por seu intermédio, observado o seguinte:

a) 11% do valor da remuneração creditada ou repassada ao cooperado, quando se referir a serviços prestados a empresas;

b) 20% do valor da remuneração creditada ou repassada ao cooperado, quando se referir a serviços prestados a pessoas físicas ou a entidades beneficentes de assistência social que estejam isentas das contribuições patronais.

O vencimento das contribuições se dará no dia 15 do mês subseqüente à respectiva competência, prorrogando-se o vencimento para o dia útil subseqüente quando não houver expediente bancário no dia 15. O código de pagamento a ser utilizado em GPS será o 2127.

Observe-se que somente as cooperativas possuem prazo até o dia 15 para repassar à instituição bancária as contribuições previdenciárias de seus cooperados. As pessoas jurídicas em geral, que procederem a retenção, deverão repassar tais valores para a Previdência Social até o dia 10 (dez) do mês subseqüente ao efetivo pagamento.

O detalhamento desta responsabilidade de retenção pode ser observado neste Capítulo, subitem 6.2.5.

7.2. Exercício de atividade que autoriza a concessão de aposentadoria especial — Acréscimo nas contribuições previdenciárias

Com a publicação da Medida Provisória n. 83, de 12.12.2002 (DOU de 13.12.2002), atualmente Lei n. 10.666/03, as disposições legais sobre aposentadoria especial do segurado filiado ao Regime Geral de Previdência Social aplicam-se, também, ao cooperado filiado à cooperativa de trabalho e de produção que trabalha sujeito a condições especiais que prejudiquem a sua saúde ou a sua integridade física.

E assim como acontece com as empresas em geral, que se encontram obrigadas a uma contribuição adicional quando seus empregados se encontram sujeitos a agentes nocivos, também as cooperativas de produção deverão pagar uma contribuição adicional de 12%, 9% ou 6%, incidentes sobre a remuneração paga, devida ou creditada ao cooperado filiado, na hipótese de exercício de atividade que autorize a concessão de aposentadoria especial após quinze, vinte ou vinte e cinco anos de contribuição, respectivamente, com vigência a contar de 1º de abril de 2003.

Assim, temos os seguintes acréscimos:

I — atividade exercida pelo cooperado que permita a concessão de aposentadoria especial após 15 anos de contribuição = acréscimo de 12%.

II — atividade exercida pelo cooperado que permita a concessão de aposentadoria especial após 20 anos de contribuição = acréscimo de 9%.

III — atividade exercida pelo cooperado que permita a concessão de aposentadoria especial após 25 anos de contribuição = acréscimo de 6%.

Lembramos que os agentes nocivos que propiciam o direito à aposentadoria especial, bem como o tempo de contribuição/serviço necessário à obtenção da mesma se encontram relacionados no Anexo IV do Decreto n. 3.048/99 (ver tabela constante do item 7.4, Parte VII, desta obra).

8. ASSOCIAÇÃO DESPORTIVA — EQUIPE DE FUTEBOL PROFISSIONAL — CONTRIBUIÇÃO PREVIDENCIÁRIA

A contribuição empresarial destinada à Seguridade Social da associação desportiva que mantém equipe de futebol profissional corresponde a 5% (cinco por cento) da receita bruta decorrente:

a) dos espetáculos desportivos de que participe no território nacional, em qualquer modalidade desportiva, inclusive jogos internacionais, hipótese em que a responsabilidade pelo recolhimento caberá à entidade promotora do espetáculo, devendo o mesmo ser efetuado até dois dias úteis após a realização do evento;

b) de qualquer forma de patrocínio, licenciamento de uso de marcas e símbolos de publicidade ou propaganda e de transmissão dos espetáculos desportivos (contribuição devida a partir de 12.1.97), hipótese em que a responsabilidade pelo recolhimento caberá à empresa ou entidade que enviar recursos para a associação desportiva, com prazo até o dia 10 (dez) do mês seguinte ao da ocorrência do fato gerador, prorrogando-se o prazo para o dia útil subseqüente, quando neste dia não houver expediente bancário.

A entidade promotora do espetáculo (federação, confederação ou liga) é responsável pelo recolhimento das contribuições previdenciárias decorrentes da contratação de contribuintes individuais, prestadores de serviços na realização do evento desportivo, como por exemplo os árbitros e seus auxiliares, os delegados, os fiscais e inclusive a mão-de-obra utilizada para a realização de exame antidoping.

Obs.: Esta forma de recolhimento aplica-se à associação desportiva que mantenha equipe de futebol profissional e atividade econômica organizada para a produção e circulação de bens e serviços e que se organize regularmente, segundo um dos tipos regulados nos arts. 1.039 a 1.092 da Lei n. 10.406/02 (Código Civil).

TABELA PARA PREENCHIMENTO DA GPS

Campos	Federação/ Confederação	Empresa ou Entidade Patrocinadora
Campo 1	Dados da entidade promotora do espetáculo	Dados da patrocinadora
Campo 3	Código de pagamento 2500	Código de pagamento 2500
Campo 4	Registrar o mês/ano da realização do evento	Mês e ano da ocorrência do fato gerador
Campo 5	CGC entidade promotora do espetáculo	CGC da patrocinadora
Campo 6	Lançar o valor da contribuição de 5% (cinco por cento) sobre a receita bruta	Lançar o valor da contribuição de 5% (cinco por cento) sobre valores pagos ou creditados durante o mês

Com relação à contribuição previdenciária incidente sobre a folha de pagamento, a associação desportiva que mantém equipe de futebol profissional é obrigada a:

a) descontar e recolher a contribuição dos empregados, atletas ou não, bem como de trabalhadores avulsos que lhe prestarem serviços;

b) recolher a contribuição para terceiros (4,5%);

c) recolher a contribuição de 20%, incidente sobre o valor pago ou devido a contribuintes individuais que lhe prestarem serviços.

A entidade ainda se encontra obrigada a:

• Recolher a contribuição de 15% incidente sobre o valor bruto da nota fiscal, fatura ou recibo de prestação de serviços, relativamente aos serviços que lhe são prestados por cooperados por intermédio de cooperativa de trabalho.

• Arrecadar, mediante desconto, a contribuição incidente sobre a comercialização de produto rural, adquirido diretamente do produtor rural pessoa física ou do segurado especial, quando da comercialização da produção rural, e a recolher esta contribuição, conforme estabelecido nos procedimentos de arrecadação das contribuições sociais relativas às atividades rural e agroindustrial.

• Efetuar a retenção decorrente da contratação de serviços executados mediante cessão de mão-de-obra ou empreitada.

• Arrecadar, mediante desconto, a contribuição incidente sobre o valor do salário-de-contribuição do contribuinte individual transportador rodoviário autônomo, devida por ele ao Sest e ao Senat.

Obs. I: Nos períodos em que estiver desfiliada da Federação, a associação desportiva que mantém equipe de futebol profissional estará obrigada à contribuição empresarial na forma estabelecida para as empresas em geral.

Obs. II: As demais associações desportivas que não mantêm equipe de futebol profissional contribuirão na forma das empresas em geral.

O Conselho Deliberativo do Instituto Nacional de Desenvolvimento do Desporto informará à Secretaria da Receita Federal do Brasil, com a antecedência necessária, a realização de todo espetáculo esportivo de que a associação desportiva participe no território nacional.

Para melhor compreensão da matéria, confiram-se os conceitos trazidos pela Instrução Normativa SRP n. 3/05, art. 320:

Clube de futebol profissional: associação desportiva que mantém equipe de futebol profissional, que seja filiada à federação de futebol do respectivo Estado, ainda que mantenha outras modalidades desportivas, e que seja organizada na forma da Lei n. 9.615/98.

Entidade promotora: a federação, a confederação ou a liga responsável pela organização do evento, assim entendido o jogo ou a partida, isoladamente considerado (Parecer CJ/MPS n. 3.425/2005).

Empresa ou entidade patrocinadora: aquela que destinar recursos a associação desportiva que mantém equipe de futebol profissional a título de patrocínio, licenciamento de uso de marcas e símbolos, publicidade, propaganda e transmissão de espetáculos desportivos.

Fundamentação: Lei n. 8.212/91, art. 22, §§ 6º a 11; Lei n. 8.641/93, revogada pela Lei n. 9.528/97; Decreto n. 3.048/99, art. 205 e Instrução Normativa SRP n. 3/05, arts. 320 a 330.

9. CONTRIBUIÇÃO DOS PRODUTORES RURAIS

9.1. Definições e conceitos

Para melhor compreensão da matéria confiram-se os conceitos trazidos pela Instrução Normativa SRP n. 3/05, art. 240:

Produtor rural

Produtor rural é a pessoa física ou jurídica, proprietária ou não, que, em área urbana ou rural, explora a atividade agropecuária, silvicultural, a indústria rural, bem como a extração de produtos primários, vegetais ou animais, inclusive a atividade pesqueira, em caráter permanente ou temporário, diretamente ou através de preposto.

O produtor rural filia-se à Seguridade Social como Segurado Especial, Segurado Equiparado a Trabalhador Autônomo e Produtor Rural Pessoa Jurídica.

I — SEGURADO ESPECIAL: o produtor, o parceiro, o meeiro, o comodatário, o arrendatário rural, o pescador artesanal e seus assemelhados, bem como seus respectivos cônjuges ou companheiros e filhos maiores de dezesseis anos ou a eles equiparados, desde que trabalhem comprovadamente com o grupo familiar respectivo e que exerçam essas atividades nas seguintes condições:

• individualmente ou em regime de economia familiar, assim entendida a atividade em que o trabalho dos membros da família é indispensável à própria subsistência e é exercido em condições de mútua dependência e colaboração, sem utilização de empregados;

• com ou sem auxílio eventual de terceiros, assim entendido o que é prestado ocasionalmente em condições de mútua colaboração, não existindo subordinação nem remuneração.

II — PRODUTOR RURAL PESSOA FÍSICA EQUIPARADA A TRABALHADOR AUTÔNOMO (CONTRIBUINTE INDIVIDUAL): a pessoa física, proprietária ou não, que explora atividade agropecuária ou pesqueira, ou ainda atividade de extração mineral (garimpo), em caráter permanente ou temporário, diretamente ou por intermédio de prepostos e com auxílio de empregados, utilizados a qualquer título, ainda que de forma não contínua.

III — PRODUTOR RURAL PESSOA JURÍDICA: é o empregador rural que, constituído sob a forma de firma individual ou de empresário individual, assim considerado pelo art. 931 da Lei n. 10.406/02 (Código Civil), ou sociedade mercantil, tem como fim apenas a atividade de produção rural. Também considera-se "produtor rural pessoa jurídica" a agroindústria que desenvolve as atividades de produção rural e de industrialização da produção rural própria ou da produção rural própria e da adquirida de terceiros.

Parceiro

Parceiro é aquele que, comprovadamente, tem contrato de parceria com o proprietário do imóvel ou embarcação e nele desenvolve atividade agropecuária ou pesqueira, partilhando os lucros conforme o ajustado em contrato.

Meeiro

Meeiro é aquele que, comprovadamente, tem contrato com o proprietário do imóvel ou de embarcação e nele desenvolve atividade agropecuária ou pesqueira, dividindo os rendimentos auferidos em partes iguais.

Arrendatário

Arrendatário é aquele que, comprovadamente, utiliza o imóvel ou embarcação, mediante retribuição acertada ou pagamento de aluguel ao arrendante, com o objetivo de nele desenvolver atividade agropecuária ou pesqueira.

Comodatário

Comodatário é aquele que, comprovadamente, explora o imóvel rural ou embarcação pertencente a outra pessoa, por empréstimo gratuito, por tempo indeterminado ou não, com o objetivo de nele desenvolver atividade agropecuária ou pesqueira.

Pescador artesanal

Pescador Artesanal, por sua vez, é aquele que, utilizando ou não embarcação própria, de até duas toneladas brutas, sem equipamentos sofisticados, faz da pesca sua profissão habitual ou meio principal de vida, e esteja matriculado na Capitania dos Portos ou no Instituto Brasileiro do Meio Ambiente — Ibama. Por assemelhado a pescador artesanal, entende-se, entre outros: o mariscador, o caranguejeiro, o eviscerador (limpador de pescado), o observador de cardumes, o pescador de tartarugas e o catador de algas.

Produção rural

Todo o produto de origem animal ou vegetal em estado natural, ou submetido a processo de beneficiamento ou industrialização rudimentar, bem como os subprodutos e os resíduos obtidos através desses processos.

I — Beneficiamento: a primeira modificação e preparo dos produtos de origem animal ou vegetal, quer por processos simples ou sofisticados, para posterior venda ou industrialização, não tirando do produto sua característica original, assim compreendidos, entre outros, os processos de lavagem, limpeza, descaroçamento, pilagem, descascamento, debulhação, secagem, socagem e lenhamento.

II — Industrialização Rudimentar: o processo de transformação do produto rural, realizado pelo produtor rural pessoa física ou pessoa jurídica, alterando-lhe as características originais, tais como a pasteurização, o resfriamento, a fermentação, a embalagem, o carvoejamento, o cozimento, a destilação, a moagem, a torrefação, a cristalização, a fundição, entre outros similares.

Obs.: Para fins de contribuição incidente sobre a produção rural, os produtores rurais pessoas jurídicas, que mantenham abatedouros de animais da própria produção, são considerados agroindustriais.

Subprodutos e resíduos

Subprodutos e resíduos são aqueles que, mediante processo de beneficiamento ou de industrialização rudimentar de produto rural original, surgem sob nova forma, tais como a casca, o farelo, a palha, o pêlo e o caroço, entre outros.

Parceria rural

Contrato agrário pelo qual uma pessoa se obriga a ceder a outra, por tempo determinado ou não, o uso de imóvel rural, de parte ou de partes de imóvel rural, incluindo ou não benfeitorias e outros bens, ou de embarcação, com o objetivo de nele exercer atividade agropecuária ou pesqueira ou de lhe entregar animais para cria, recria, invernagem, engorda ou para extração de matéria-prima de origem animal ou vegetal, mediante partilha de risco, proveniente de caso fortuito ou de força maior, do empreendimento rural e dos frutos, dos produtos ou dos lucros havidos, nas proporções que estipularem.

Arrendamento rural

Contrato pelo qual uma pessoa se obriga a ceder a outra, por tempo determinado ou não, o uso e o gozo de imóvel rural, de parte ou de partes de imóvel rural, incluindo ou não outros bens e outras benfeitorias, ou embarcação, com o objetivo de nele exercer atividade de exploração agropecuária ou pesqueira mediante certa retribuição ou aluguel.

Parceria de produção agrária integrada

É o contrato entre produtores rurais, pessoa física com pessoa jurídica ou pessoa jurídica com pessoa jurídica, objetivando a produção rural para fins de industrialização ou de comercialização, sendo o resultado partilhado nos termos contratuais.

Adquirente

Pessoa física ou jurídica que adquire a produção rural para uso comercial, industrial ou para qualquer outra finalidade econômica.

Consumidor

Pessoa física ou jurídica que adquire a produção rural no varejo ou diretamente do produtor rural, para uso ou consumo próprio.

Consignatário

Comerciante a quem a produção rural é entregue para que seja comercializada, de acordo com as instruções do fornecedor.

Arrematante

É a pessoa física ou jurídica que arremata, ou adquire produto rural em leilões ou praças.

Cooperativa de produção rural

Sociedade de produtores rurais pessoas físicas, ou de produtores rurais pessoas físicas e pessoas jurídicas que, organizada na forma da lei, constitui-se em pessoa jurídica com o objetivo de produzir e industrializar, ou de produzir e comercializar, ou de produzir, industrializar e comercializar a sua produção rural.

Cooperativa de produtores rurais

Sociedade organizada por produtores rurais pessoas físicas ou por produtores rurais pessoas físicas e pessoas jurídicas, com o objetivo de comercializar, ou de industrializar, ou de industrializar e comercializar a produção rural dos cooperados.

Sub-rogado

Condição de que se reveste a empresa adquirente, consumidora ou consignatária, ou a cooperativa que, por expressa disposição de lei, torna-se diretamente responsável pelo recolhimento das contribuições devidas pelo produtor rural pessoa física e pelo segurado especial.

Comodato rural

Empréstimo gratuito de imóvel rural, de parte ou partes de imóvel rural, incluindo ou não outros bens e outras benfeitorias, ou embarcação, com o objetivo de nele ser exercida atividade agropecuária ou pesqueira.

Consórcio simplificado de produtores rurais

União de produtores rurais pessoas físicas que, mediante documento registrado em cartório de títulos e documentos, outorga a um deles poderes para contratar, gerir e demitir trabalhador para a exclusiva prestação de serviços aos integrantes desse consórcio, observado que:

a) a formalização do consórcio ocorre por meio de documento registrado em cartório de títulos e documentos, que deverá conter a identificação de cada produtor rural pessoa física, seu endereço pessoal e o de sua propriedade rural, bem como o respectivo registro no Instituto Nacional de Colonização e Reforma Agrária (INCRA) ou informações relativas à parceria, à meação, ao comodato ou ao arrendamento e a matrícula de cada um dos produtores rurais no Cadastro Específico do INSS (CEI);

b) o consórcio simplificado de produtores rurais equipara-se ao empregador rural pessoa física.

Agroindústria

Produtor rural pessoa jurídica que industrializa a sua própria produção, explorando duas atividades num mesmo empreendimento econômico com departamentos, divisões ou setores rural e industrial distintos.

Considera-se também agroindústria o produtor rural pessoa jurídica que industrializa a produção de forma mista, ou seja, industrialização de produção própria e de produção adquirida de terceiros — Lei n. 10.256, de 9.7.2001.

Obs.: Não se considera atividade de industrialização a atividade de beneficiamento.

Trabalhadores na agroindústria

Setor de produção rural (agrícola): somente aqueles dedicados exclusivamente à produção da matéria-prima destinada ao setor industrial.

Setor industrial/comercial: aqueles que executam a industrialização e/ou a comercialização da produção rural.

Obs.: O trabalhador que preste serviço, indistintamente, no setor da produção rural e no industrial e/ou comercial, terá enquadramento no setor industrial e/ou comercial da agroindústria.

Atividade econômica autônoma

Atividade econômica autônoma, quer seja comercial, industrial ou de serviços, é aquela exercida mediante estrutura operacional definida, em estabelecimento específico ou não, com a utilização de mão-de-obra distinta daquela utilizada na atividade de produção rural ou agroindustrial, independentemente da atividade preponderante do produtor rural ou da agroindústria.

Receita bruta

O valor recebido ou creditado pela comercialização da produção rural, assim entendida a operação e venda ou consignação, podendo ainda ser resultante de permuta, compensação, dação em pagamento, ressarcimento ou indenização, que represente preço ou complemento de preço.

Preço de mercado

Cotação do produto rural do dia e localidade em que ocorre o fato gerador.

Fundamentação: Instrução Normativa SRP n. 3/05, art. 240.

9.2. Contribuição sobre a folha de pagamento

A contribuição destinada à Seguridade Social e a contribuição para o financiamento dos benefícios por incapacidade deverão ser calculadas sobre o valor da comercialização dos produtos e não sobre a folha de salários. Assim, os produtores rurais estão obrigados à contribuição incidente sobre a folha de pagamento somente para financiamento de terceiros.

Os percentuais relativos às contribuições para terceiros variam conforme o FPAS em que estiver enquadrado o produtor rural (subitem 6.1.3 deste Capítulo). São considerados "Terceiros", para os quais contribuem os produtores rurais, os seguintes órgãos:

a) Salário-educação — SE;

b) Incra — Instituto Nacional de Colonização e Reforma Agrária;

c) Senar — Serviço Nacional de Aprendizagem Rural;

d) Sest — Serviço Social do Transporte;

e) Senat — Serviço Nacional de Aprendizagem do Transporte.

É importante lembrarmos que o produtor rural "segurado especial" não contribui sobre a folha de pagamento, justamente por não possuir trabalhadores empregados a seu serviço. Assim, a contribuição incidente sobre a folha de salários será devida apenas para produtores rurais pessoa jurídica e pessoa física, nas seguintes alíquotas:

I — produtor rural pessoa jurídica: 2,7% (2,5% para o SE e 0,2% para o Incra);

II — produtor rural pessoa física: 2,7% (2,5% para o SE e 0,2% para o Incra).

Obs. I: A contribuição destinada ao SENAR será recolhida juntamente com a contribuição devida sobre a receita bruta proveniente da comercialização de produtos.

Observe-se, ainda, que o empregador rural deverá repassar aos cofres da Seguridade Social as contribuições descontadas dos segurados empregados e dos trabalhadores avulsos incidentes sobre o total das remunerações pagas, devidas ou creditadas, a qualquer título, no decorrer do mês.

Obs. II: Na hipótese de o agenciador de trabalhador volante (bóia-fria) não estar constituído como pessoa jurídica, ambos serão considerados empregados do tomador dos serviços.

Obs. III: O garimpeiro que remunerar segurados não será considerado produtor rural, devendo contribuir sobre a folha de salários desses segurados.

É o preenchimento da Guia de Previdência Social — GPS:

• Campo 06 = valor descontado dos empregados

• Campo 09 = 2,7% (2,5% para o Salário-Educação e 0,2% para o Incra)

O preenchimento dos demais campos da GPS segue as regras gerais adotadas. Havendo remuneração para empresário, trabalhador autônomo, avulso e demais pessoas físicas, lançar no campo 6 da GPS a contribuição instituída pela Lei n. 9.876/99 (20%).

Observe-se, por fim, que a empresa que apenas adquire produção rural de terceiros para industrialização ou para comercialização é empresa industrial ou comercial (e não produtor rural), respectivamente, devendo contribuir com base na remuneração paga, devida ou creditada a segurados empregados, respondendo, também, pelas obrigações decorrentes da sub-rogação.

9.3. Contribuição sobre os pagamentos efetuados a contribuintes individuais

Conforme disposições constantes do art. 15 da Lei n. 8.212/91, o produtor rural pessoa jurídica e a agroindústria são considerados "empresa" para fins previdenciários. Assim, deverão contribuir, no percentual de 20%, incidente sobre o total das remunerações pagas ou creditadas, a qualquer título, no decorrer do mês, aos segurados contribuintes individuais que lhe prestem serviços. Informações detalhadas desta contribuição poderão ser verificadas no subitem 6.2 deste Capítulo.

As empresas rurais devem contribuir também, quando da contratação de serviços por intermédio de cooperativas de trabalho, prestados por cooperados, na alíquota de 15% (quinze por cento) sobre o valor bruto da nota fiscal ou fatura de prestação de serviços, sendo admitido deduzir da base de cálculo os valores referentes a equipamentos e materiais utilizados (Decreto n. 3.048/99, art. 219, §§ 7º e 8º).

Produtor rural pessoa física

O produtor rural pessoa física, que até então se encontrava obrigado à contribuição de 15% sobre os serviços que lhe fossem prestados por trabalhador autônomo ou equiparado, trabalhador avulso e demais pessoas físicas sem vínculo empregatício (LC n. 84/96), não se encontra obrigado ao pagamento destes 20% trazidos pela Lei n. 9.876/99.

Com a revogação da LC 84/96, a fundamentação que legitima a contribuição previdenciária em 20% é simplesmente a Lei n. 8.212/91, em seu art. 22 (alterado pela Lei n. 9.876/99), o qual determina como contribuinte as empresas e equiparadas, não mencionando a figura do produtor rural pessoa física. Em decorrência, o Decreto n. 3.452/00 revogou o inciso V do art. 216 do Decreto n. 3.048/99 que mencionava a obrigatoriedade do recolhimento dos 15% previstos na LC n. 84/96 para os produtores rurais pessoa física.

Este, contudo, não tem sido o entendimento da Previdência Social. Dispõe a Instrução Normativa SRP n. 11/06, que aprova a versão 8.2 do Manual do Sefip, ser obrigatória a contribuição de 20% quando da contratação de contribuintes individuais e também a contribuição de 15% sobre o valor da nota fiscal, quando da contratação de cooperativas. Note-se, inclusive, que o sistema (Sefip) calcula as contribuições e emite a guia já com os valores apurados, também procedendo à retenção de 11% do contribuinte individual que prestou os serviços, em total afronta às disposições do art. 4º da Lei n. 10.666/03.

O posicionamento da Previdência Social aponta como fundamento a nova redação do art. 25 da Lei n. 8.212/91, determinada pela Lei n. 10.256/01. Pela nova redação do dispositivo, as contribuições do produtor rural incidentes sobre a comercialização dos produtos substitui, tão somente, a contribuição de 20% incidente sobre a folha (inciso I do art. 22) e a contribuição destinada ao Risco Ambiental do Trabalho (inciso II do art. 22). Desta forma, e em face do produtor rural se equiparar à empresa quando contrata algum prestador de serviços (art. 15), estaria obrigado a contribuir com os 20% incidentes sobre a remuneração dos contribuintes individuais que contratar (inciso III do art. 22) e também com os 15% quando da contratação de cooperativas de trabalho (inciso IV do art. 22).

A interpretação dada pela Previdência Social é, de fato, coerente, se tomarmos a legislação previdenciária como documento único e interpretando todos os artigos de forma conjunta (art. 15, art. 22 e art. 25). No entanto, é conveniente lembrar que a contribuição devida pelas empresas se encontra disposta no Capítulo IV da Lei n. 8.212/91 e a contribuição do produtor rural pessoa física no Capítulo VI do mesmo diploma legal, o que pode ser interpretado como um tratamento excepcional conferido aos produtores rurais. Note-se, ainda, que o art. 25 não faz qualquer menção aos incisos III e IV do art. 22 da Lei n. 8.212/91.

De toda forma, como os produtores rurais são obrigados a informar as contratações no sistema SEFIP e como o sistema calcula a contribuição de 20% (inciso III da Lei n. 8.212/91) a questão somente poderá ser resolvida na via judicial, em ação proposta contra a Previdência Social. Em que pese vasta pesquisa jurisprudencial, não foram localizadas ementas sobre o tópico.

9.4. Contribuição sobre a comercialização da produção rural

As contribuições incidentes sobre a receita bruta proveniente da comercialização da produção rural, industrializada ou não, substituem as contribuições a cargo das empresas em geral, previstas no art. 22 da Lei n. 8.212/91, sendo devidas por:

a) produtores rurais pessoa física e jurídica;

b) agroindústrias, exceto a de piscicultura, carcinicultura e a de avicultura;

c) produtor rural pessoa física participante do consórcio simplificado de produtores rurais.

A substituição das contribuições previstas no art. 22 da Lei de Custeio pela contribuição sobre a comercialização da produção rural ocorrerá também quando o produtor rural mantiver escritório administrativo exclusivamente para o exercício de atividade rural.

Não se aplica a substituição referida às operações relativas à prestação de serviços a terceiros realizadas por agroindústria ou por produtor rural pessoa jurídica.

Obs. I: Escolas, hospitais, creches ou quaisquer outros estabelecimentos que, por sua natureza, realizem, eventual ou subsidiariamente, atividade rural, não serão considerados produtores rurais, para os efeitos da substituição das contribuições incidentes sobre a folha de salários, sendo que a eventual comercialização dessa produção não constitui fato gerador de contribuições previdenciárias.

Obs. II: O excremento de aves e de animais será, para efeito de incidência da contribuição previdenciária, considerado produto rural, em razão de característica e origem próprias.

Cumpre esclarecer, ainda, que o Funrural foi unificado ao INSS com as Leis ns. 8.212/91 e 8.213/91, regulamentadas posteriormente pelos Decretos ns. 2.172/97 e 2.173/97, revogados pelo Decreto n. 3.048/99, atual regulamento da Previdência Social.

Assim, a partir daquela data, o produtor não mais contribui para o Funrural, e sim para a Previdência Social, uma vez que ocorreu a unificação. O recolhimento previdenciário é efetuado em GPS, nas seguintes proporções e com o seguinte preenchimento:

9.4.1. Produtor rural pessoa jurídica

O produtor rural pessoa jurídica, além da contribuição previdenciária existente sobre a folha de pagamento (subitem 9.2, acima), deverá contribuir, no percentual de 2,5%, sobre o total da receita bruta proveniente da comercialização da produção rural, tendo esta contribuição por destino os cofres da Seguridade Social.

Também contribuirá o produtor rural pessoa jurídica com 0,1% da receita bruta proveniente da comercialização de sua produção para o financiamento da complementação das prestações por acidente do trabalho, e com 0,25%, incidentes sobre a mesma base de cálculo, para o Serviço Nacional de Aprendizagem Rural — Senar.

Estas contribuições, incidentes sobre a comercialização da produção, substituem a contribuição previdenciária devida pelas empresas em geral, constantes dos incisos I e II do art. 22 da Lei n. 8.212./91.

Obs.: Os produtores rurais que prestarem serviços a terceiros não contribuirão com os percentuais acima, devendo recolher conforme o disposto no art. 22 da Lei n. 8.212/91 (20% + RAT variável entre 1% e 3%).

É o preenchimento da Guia de Previdência Social — GPS:

• *Campo 3*

Código 2607 — comercialização da produção rural — CNPJ

Código 2615 — comercialização da produção rural — CNPJ — pagamento exclusivo de outras entidades

• *Campo 4*

Mês e ano de emissão da nota fiscal/fatura/recibo

• *Campo 6*

Lançar o resultado da aplicação do percentual de 2,6% sobre a base de cálculo (2,5% para a Seguridade Social; 0,1% para RAT)

• *Campo 9*

Aplicar a alíquota de 0,25% sobre a base de cálculo, destinada ao Senar, também incidente sobre a receita bruta proveniente da venda de mercadorias de produção própria.

Obs.: Os demais campos da GPS deverão ser preenchidos conforme as regras gerais.

Responsabilidade pelo recolhimento

Até a data de 13.10.1996 ficavam sub-rogados na responsabilidade pelo recolhimento da contribuição previdenciária o adquirente, o consignatário e a cooperativa. O produtor rural somente recolhia a contribuição caso vendesse o produto a varejo ou para o exterior. O adquirente, portanto, efetuava o recolhimento em nome do produtor rural e, quando do pagamento a este, deduzia o valor correspondente.

Com a publicação da Medida Provisória n. 1.523, em 14.10.1996 (hoje, Lei n. 9.528/97), em conseqüência da revogação do § 4º do art. 25 da Lei n. 8.870/94, o produtor rural pessoa jurídica passou a ser responsável pelo recolhimento de sua contribuição previdenciária, qualquer que seja seu adquirente, deixando de existir a sub-rogação na responsabilidade do recolhimento previdenciário, ficando o mesmo encarregado do referido recolhimento qualquer que seja o adquirente de seus produtos.

Fundamentação: Lei n. 8.870/94, art. 25, com as alterações da Lei n. 10.256/01; Decreto n. 3.048/99, art. 201, IV e §§ 17 e 21.

9.4.2. Produtor rural pessoa física e segurado especial

A contribuição do empregador rural pessoa física, em substituição à contribuição devida pelas empresas em geral constante do art. 22 da Lei n. 8.212/91, destinada à Seguridade Social, é de 2,0% da receita bruta proveniente da comercialização da sua produção e de 0,1%, incidente sobre a mesma base de cálculo, para financiamento das prestações por acidente do trabalho.

Deverá ainda o produtor rural pessoa física contribuir para a manutenção do SENAR — Serviço Nacional de Aprendizagem Rural, na alíquota de 0,2%, também incidente sobre a receita bruta proveniente da comercialização de mercadorias de produção própria.

É o preenchimento da Guia de Previdência Social — GPS:

• *Campo 3*

Código 2704 — comercialização da produção rural — CEI

Código 2712 — comercialização da produção rural — CEI — pagamento exclusivo de outras entidades

• *Campo 4*

Mês e ano de emissão da nota fiscal ou recibo

• *Campo 6*

Lançar o resultado da ampliação da alíquota de 2,1% sobre a base de cálculo (2,0% para a Seguridade Social; 0,1% para RAT)

• *Campo 9*

Aplicar a alíquota de 0,2% (SENAR) sobre a base de cálculo, também incidente sobre a receita bruta proveniente da venda de mercadorias de produção própria.

Obs.: Os demais campos deverão ser preenchidos de acordo com as regras gerais adotadas.

Responsabilidade pelo recolhimento

A contribuição incidente sobre a produção rural é sempre devida pelo produtor, mas a responsabilidade pelo recolhimento poderá ser dele ou do sub-rogado. Podemos dizer, portanto, que o dinheiro para a contribuição sairá sempre do bolso do produtor rural, mas que a responsabilidade de ir à instituição bancária e efetivar o respectivo pagamento poderá ser dele ou de quem está adquirindo sua produção rural.

A responsabilidade pelo pagamento será do produtor rural pessoa física quando este comercializar sua produção com adquirente domiciliado no exterior ou diretamente com consumidor final, no varejo, ou ainda quando do recebimento de prêmio do seguro da produção sinistrada.

O produtor pessoa física e o segurado especial também são responsáveis pelo recolhimento da contribuição quando venderem a destinatário incerto ou quando não comprovarem formalmente o destino da produção, ou o adquirente, ou o consignatário ou a cooperativa, onde foi entregue o produto, qualquer que seja a sua quantidade e independentemente de a venda ter sido feita pelo próprio produtor ou através de intermediário não estabelecido.

Nas demais hipóteses a responsabilidade será do adquirente, consignatário ou cooperativa, que ficam sub-rogados nas obrigações do produtor rural. Quando do pagamento da mercadoria, o adquirente (ou consignatário ou cooperativa) descontará do produtor rural o equivalente à contribuição previdenciária e repassará os respectivos valores aos cofres da Seguridade Social.

Obs.: A contar de 27.6.1997 a pessoa física adquirente ou consignatária somente será responsabilizada diretamente pelo recolhimento da contribuição incidente sobre a produção rural que adquirir para revenda, no varejo, a outro consumidor pessoa física.

O desconto desta contribuição sempre se presumirá feito, oportuna e legalmente, pelo adquirente, consignatário e cooperativa a isso obrigados em razão da sub-rogação que lhes é imposta pelo legislador, não lhes sendo lícito alegar qualquer omissão para se eximir do recolhimento. Os sub-rogados, insista-se, se encontram diretamente responsáveis pela importância que deixarem de descontar ou que tiverem descontado em desacordo com a legislação previdenciária — Decreto n. 3.048/99, art. 28, § 5º.

Importa observarmos, ainda, a troca de produtos rurais realizada entre produtores rurais ou entre produtor rural e empresa adquirente. Esta transação é considerada um ato comercial e, como tal, há incidência de contribuição, como segue:

a) entre produtores, ambos serão responsáveis pelo recolhimento sobre o valor dos produtos, como sub-rogados na obrigação do produtor. Na hipótese de a Nota Fiscal não estipular o valor da mercadoria trocada, esse valor será tomado com base no preço corrente de mercado no dia da transação;

b) entre adquirente e produtor, apenas a empresa adquirente deve recolher, com base no valor da mercadoria recebida e, na falta de sua indicação, no valor do preço corrente de mercado, no dia da transação.

Observações:

1 — A entidade filantrópica, ainda que isenta das contribuições patronais, na condição de adquirente, consumidora ou consignatária, sub-roga-se nas obrigações do produtor rural pessoa física e do segurado especial.

2 — O adquirente ou consignatário pessoa física somente será responsável pelo recolhimento (na condição de sub-rogado) se tiver adquirido os produtos para revender a consumidor pessoa física, no varejo.

3 — A responsabilidade da empresa adquirente, consumidora ou consignatária ou da cooperativa, prevalece quando ela adquirir produção rural de pessoa física ou de segurado especial, qualquer que seja a quantidade, independentemente de a operação de venda ou de a consig-

nação ter sido realizada diretamente com o produtor ou com o intermediário pessoa física, exceto quando estes (produtor pessoa física ou segurado especial) venderem diretamente para consumidor no exterior ou à pessoa física, no varejo.

4 — O desconto das contribuições devidas e o desconto da consignação legalmente determinada sempre se presumirão feitos, oportuna e regularmente, pela empresa adquirente, consumidora ou consignatária ou da cooperativa a isso obrigada, não lhe sendo lícito alegar qualquer omissão para se eximir do recolhimento, ficando ela diretamente responsável pela importância que eventualmente deixar de descontar ou que eventualmente tiver descontado em desacordo com as normas vigentes.

5 — A empresa adquirente, consumidora, consignatária ou a cooperativa é obrigada a recolher as contribuições sobre as quais dispõe este artigo até o dia dois do mês subseqüente (ou no dia útil imediatamente posterior, caso não haja expediente bancário) ao da operação de venda ou de consignação da produção rural, industrializada ou não, independentemente de as operações terem sido realizadas diretamente com o produtor ou com o intermediário pessoa física.

6 — O disposto no item 5 aplica-se ao produtor rural pessoa física e ao segurado especial, quando responsáveis pelo recolhimento, ao produtor rural pessoa jurídica, à agroindústria, excetuando-se a de piscicultura, de carcinicultura, de suinocultura e a de avicultura, e, na condição de sub-rogadas, as demais agroindústrias e a pessoa física não-produtora rural.

Fundamentação: Lei n. 8.212/91, art. 25; Decreto n. 3.048/99, art. 200.

9.4.3. Base de cálculo das contribuições

A base de cálculo da contribuição devida, incidente sobre a produção rural, será:

a) o valor da receita bruta, no caso da comercialização da produção e/ou dos respectivos subprodutos e resíduos, se houver;

b) o valor do arremate da produção rural dada em garantia ou penhora;

c) o preço de mercado da produção rural dada em pagamento, em permuta, em ressarcimento, em indenização e/ou compensação;

d) o valor recebido como prêmio do seguro da produção sinistrada;

e) o valor da receita bruta proveniente da comercialização da produção, industrializada ou não, a partir de 1º de novembro de 2001, para as agroindústrias, exceto a de psicultura, carcinicultura, suinocultura e a de avicultura.

Obs. I: Na hipótese de a documentação não indicar a quantidade da produção dada em pagamento, ressarcimento, indenização e/ou compensação, tomar-se-á como base de cálculo da contribuição o valor da obrigação quitada.

Obs. II: Deverá ser excluída da base de cálculo a receita bruta correspondente aos serviços prestados a terceiro por agroindústria.

Obs. III: O recebimento de produção agropecuária oriunda de outro país, ainda que o remetente seja o próprio destinatário do produto, não configura fato gerador de contribuições sociais.

Não integra a base de cálculo das contribuições do produtor rural pessoa física e do segurado especial, a partir de agosto/94:

a) vegetal, destinado ao plantio ou ao reflorestamento e o produto animal destinado à reprodução ou à criação pecuária ou granjeira, por ele vendido a:

• quem os utilize com essas finalidades, ainda que seja produtor rural pessoa jurídica ou agroindústria;

• pessoa ou entidade que, registrada no Ministério da Agricultura e do Abastecimento, se dedique ao comércio de sementes e de mudas no País.

b) o produto animal utilizado como cobaia para fins de pesquisas científicas no País.

Obs.: Estas situações de isenção se aplicavam, até a data de 15.6.1997, a produtores rurais pessoa física, jurídica e segurados especiais. A contar de 26.9.1997, no entanto, com a alteração introduzida na redação do § 3º do art. 25 da Lei n. 8.870/94, pela Medida Provisória n. 1.523-9 (hoje Lei n. 9.528/97), passou a integrar a base de cálculo da contribuição do produtor rural pessoa jurídica o valor total da receita bruta proveniente da comercialização da produção rural e/ou dos respectivos subprodutos e resíduos, qualquer que seja a sua destinação, não mais se aplicando as isenções acima mencionadas. Permaneceram, portanto, as isenções somente para produtores rurais pessoas físicas e segurados especiais.

Não incidem as contribuições sobre as receitas decorrentes de exportação de produtos rurais, cuja comercialização ocorra a partir de 12.12.2001, em razão das normas constantes no inciso I do § 2º do art. 149 da Constituição Federal, alterado pela Emenda Constitucional n. 33/01. Entende-se por exportação de produtos, no entanto, a comercialização efetuada diretamente com um adquirente domiciliado no exterior.

9.4.4. Outros fatos geradores da contribuição previdenciária

Como já observado, o principal fato gerador da contribuição previdenciária devida pelos produtores rurais (pessoa jurídica, física ou segurado especial) é a comercialização de sua produção rural.

Outras situações existem, no entanto, que não correspondem efetivamente à comercialização de produção rural, mas que implicam contribuição previdenciária, nos mesmos percentuais e condições já mencionados neste subitem 9.4. São elas:

a) a rejeição e/ou o descarte de produto vegetal ou animal que originariamente foi isento da incidência da contribuição, exceto aquele que, por exaustão ou imprestabilidade, não tenha valor comercial;

b) o pagamento, a permuta, a dação em pagamento, o ressarcimento, a indenização e/ou a compensação feita em produtos rurais pelo produtor rural ao adquirente, ao consignatário, à cooperativa e ao consumidor;

c) qualquer crédito ou pagamento efetuado pela cooperativa aos cooperados, representando complementação de preço do produto rural, incluindo-se, entre outros, as sobras, os retornos, as bonificações e os incentivos próprios ou governamentais;

d) a comercialização de produção rural (vegetal ou animal) originariamente isenta, realizada pelo adquirente, a compradores que não tenham em seus objetivos econômicos atividades condicionantes da isenção;

e) o arremate de produção rural em leilões e/ou praças, quando oriundos de garantias e/ou penhoras dadas por produtores rurais, exceto se incluídos naqueles que não integram a base de cálculo;

f) as aquisições pela agroindústria de produção rural, ainda que em formação;

g) a comercialização de produto rural vegetal ou animal que, originariamente, foi adquirido com isenção da contribuição e posteriormente descartado ou rejeitado.

Obs. I: A comercialização da mata viva não constitui fato gerador da contribuição, já que esta, nessa condição, é considerada prolongamento da atividade de reflorestamento.

Obs. II: O recebimento de produção agrária oriunda de outro país, ainda que o remetente seja o próprio destinatário do produto, não configura fato gerador de contribuições previdenciárias.

9.4.5. Recolhimento como contribuinte individual

É importante salientarmos que a contribuição devida pelos produtores rurais, pessoa física ou jurídica, incidentes sobre a comercialização rural, não substitui a contribuição obrigatória destes produtores como contribuintes individuais.

Como já observado anteriormente (Parte II, Capítulo VI), os produtores rurais, tanto pessoa jurídica quanto física, por exercerem atividade remunerada, se encontram obrigatoriamente filiados ao Regime Geral de Previdência Social — RGPS, devendo contribuir mensalmente aos cofres da Seguridade Social.

O produtor rural "segurado especial", no entanto, não se encontra obrigado à contribuição individual, como pessoa física que exerce atividade remunerada. Desta forma, se assim o desejar, poderá contribuir também na condição de segurado facultativo, visando garantir benefícios previdenciários com valor superior a um salário mínimo.

9.5. Consórcio de produtores rurais

A Portaria n. 1.964, do Ministro de Estado do Trabalho e Emprego, publicada no DOU de 2.12.99, e posteriormente a Lei n. 1.0256, de 9.7.2001, publicada no DOU de 10.7.2001, reconhecem a legalidade da contratação de trabalhadores (prestação de trabalho subordinado) por um "condomínio de empregadores rurais". Tal condomínio pode ser também denominado "pluralidade de empregadores", "registro de empregadores em nome coletivo de empregadores" e ainda "consórcio de empregadores rurais".

Considera-se, portanto, "consórcio de empregadores rurais" a união de produtores rurais, pessoas físicas, com a finalidade única de contratar empregadores rurais.

Trata-se, portanto, da união de dois ou mais produtores rurais, pessoas físicas, constituída assim em uma associação de pessoas denominada "consórcio", que poderá contratar trabalhadores rurais para prestarem serviços subordinados a todos os associados, sem que tais empregados mantenham vínculo empregatício diretamente com seus empregadores.

9.5.1. Constituição — Documentação necessária

Para a constituição do "Consórcio de Empregadores Rurais", deverão ser providenciados os seguintes documentos:

I — Matrícula coletiva — CEI (Cadastro Específico do INSS) — deferida pelo Instituto Nacional do Seguro Social — INSS.

II — Pacto de solidariedade, devidamente registrado em cartório de títulos e documentos, conforme previsto no art. 896 do Código Civil, onde deverão constar os seguintes elementos:

a) a identificação de todos os consorciados (produtores rurais) — nome completo, CPF, documento de identidade e matrícula CEI individual;

b) o endereço pessoal e completo de todos os produtores consorciados bem como também o endereço das propriedades rurais onde os trabalhadores exercerão atividades; e

c) o respectivo registro no Instituto Nacional de Colonização e Reforma Agrária — INCRA ou informações relativas a parceria, arrendamento ou equivalente.

III — Documentos relativos à administração do Consórcio, inclusive de outorga de poderes pelos produtores a um deles ou a um gerente/administrador para contratar e gerir a mão-de-obra a ser utilizada nas propriedades integrantes do grupo.

IV — Livro, ficha ou sistema eletrônico de registro de empregados.

V — Demais documentos necessários à atuação fiscal.

9.5.2. Registro dos empregados — Procedimentos — Responsabilidade solidária

Os consorciados deverão escolher um produtor rural (participante do consórcio) ou um gerente/administrador para contratar e gerir a mão-de-obra a ser utilizada nas propriedades do grupo. Não obstante, devido ao pacto de solidariedade mencionado no subitem anterior, todos os produtores rurais consorciados se encontram solidariamente responsáveis pelas obrigações trabalhistas e previdenciárias decorrentes da contratação dos trabalhadores comuns.

O nome especificado na matrícula CEI é que deverá constar como empregador no registro do empregado, bem como em todos os documentos decorrentes do contrato único de prestação de trabalho entre cada trabalhador e os produtores rurais consorciados.

9.5.3. Contribuição previdenciária

O consórcio simplificado de produtores rurais se equipara, para fins previdenciários, ao produtor rural pessoa física. Percentuais, preenchimento da GPS e demais orientações podem ser verificadas no subitem 9.4.2 deste Capítulo.

Os consorciados, como já mencionado, deverão outorgar a um produtor rural (também consorciado) poderes para contratar, gerir e demitir trabalhadores para prestação de serviços, desde que estes sejam prestados exclusivamente a seus integrantes.

O consórcio deverá ser matriculado no INSS (matrícula CEI) em nome do empregador a quem hajam sido outorgados os poderes, na forma do regulamento. Não obstante, os produtores rurais integrantes do consórcio serão responsáveis solidários em relação às obrigações previdenciárias.

Sobre a remuneração paga ou devida a estes trabalhadores rurais pelo consórcio de empregadores não será devida qualquer contribuição previdenciária. A Lei n. 10.256, de 9.7.2001, ao acrescentar à Lei n. 8.212/91 o art. 22 B, determinou que a contribuição previdenciária originariamente devida nos moldes dos incisos I e II do art. 22 se encontra substituída pela contribuição obrigatória sobre a comercialização da produção rural, devida pelos produtores consorciados.

Impende ao empregador observar, entretanto, que a contribuição previdenciária devida pelo trabalhador rural, a ser descontada e recolhida pelo consórcio, na qualidade de empregador, deverá permanecer em caráter obrigatório, sem a existência de qualquer isenção.

A ausência de contribuições de que trata a Lei n. 10.256/01, portanto, diz respeito tão-somente àquelas patronais, devidas pelos empregadores em geral, nos moldes do que determinam os incisos I e II do art. 22 da Lei n. 8.212/91 (20% destinados à Seguridade Social e RAT variável entre 1% e 3%).

Note-se, no entanto, que a substituição trazida pela Lei n. 10.256 ocorre apenas quanto à remuneração de segurados empregado e trabalhador avulso contratados, exclusivamente, para a prestação de serviços a seus integrantes. A contratação pelo consórcio de outras categorias de segurados acarretará o recolhimento das contribuições incidentes sobre a folha de pagamento.

Fundamentação: Além daqueles citados no texto, Lei n. 8.212/91, art. 25-A e Decreto n. 3.048/99, arts. 200-A e 200-B.

9.6. Cooperativa de produção rural — Contratação de pessoal para colheita

Considera-se cooperativa de produção rural a sociedade de produtores rurais que, organizada na forma da lei, constitui-se em pessoa jurídica com o objetivo de industrializar ou de comercializar e industrializar a produção rural dos cooperados ou de terceiros.

A Lei n. 10.256, de 9.7.2001, publicada no Diário Oficial da União de 10.7.2001, ao acrescentar à Lei n. 8.870/94 o art. 25-A, estabeleceu nova modalidade de isenção de contribuição previdenciária para as cooperativas de produção rural, quando da contratação de pessoal exclusivamente para a colheita de produção de seus cooperados.

A contribuição previdenciária patronal, quando da contratação de trabalhadores para colheita, não será devida pela cooperativa, mas sim pelo produtor rural associado, beneficiado pelo serviço.

Surgem, portanto, duas situações específicas:

I — Cooperado produtor rural pessoa jurídica: a contribuição deverá ser recolhida conforme disposições contidas no art. 25 da Lei n. 8.870/94, ou seja, incidentes sobre a receita bruta proveniente da comercialização de sua produção rural, nos seguintes percentuais:

a) financiamento da seguridade social: 2,5%;

b) financiamento das prestações por acidente do trabalho: 0,1%;

c) contribuição destinada ao SENAR (anteriormente contribuição de 0,1%. Com a publicação da Lei n. 10.256/01 a contribuição será devida na alíquota de 0,25%, incidente sobre a receita bruta proveniente da venda de mercadorias de produção própria).

II — Cooperado produtor rural pessoa física: a contribuição deverá ser recolhida conforme disposições contidas no art. 25 da Lei n. 8.212/91, ou seja, incidentes sobre a receita bruta proveniente da comercialização de sua produção rural, nos seguintes percentuais:

a) financiamento da seguridade social: 2,0%;

b) financiamento das prestações por acidente do trabalho: 0,1%;

c) contribuição destinada ao Senar (anteriormente contribuição de 0,1%. Com a publicação da Lei n. 10.256/2001 a contribuição será devida na alíquota de 0,2%, incidente sobre a receita bruta proveniente da venda de mercadorias de produção própria).

Observe-se que como a contribuição previdenciária incidente sobre a comercialização da produção rural é de cunho obrigatório, independentemente da modalidade de mão-de-obra utilizada na colheita (empregados próprios ou terceirizados por cooperativa), o que acabou por determinar o novo instituto legal — Lei n. 10.256, de 9.7.2001 — foi a isenção absoluta de encargos previdenciários patronais, seja pela cooperativa empregadora ou pelos associados beneficiados pela prestação dos serviços, sobre a remuneração paga pelo trabalho de colheita desenvolvido.

Como a cooperativa de produção rural figura, nesta situação, como empregadora, os encargos decorrentes da contratação destes trabalhadores para colheita deverão ser apurados separadamente daqueles relativos aos seus empregados regulares (empregados administrativos da cooperativa). A discriminação deverá ser efetuada por cooperado beneficiado, hipótese em que deverão ser feitas folhas de pagamento distintas, observadas as normas específicas de elaboração de Guia de Recolhimento do Fundo de Garantia do Tempo de Serviço e Informações à Previdência Social — GFIP.

É importante observar, ainda, que a isenção instituída diz respeito somente às contribuições previdenciárias patronais, permanecendo a cooperativa diretamente responsável pelo recolhimento da contribuição previdenciária devida pelos empregados, a ser descontada em folha de pagamento (art. 20 da Lei n. 8.212/91). Também permanecem obrigatórias as contribuições destinadas a outras entidades e fundos, incidentes sobre o total das remunerações pagas, devidas ou creditadas, a qualquer título, no decorrer do mês, aos segurados empregados e trabalhadores avulsos.

A cooperativa de produtores rurais deverá elaborar folha de pagamento distinta para os segurados contratados nesta modalidade e apurar os encargos decorrentes desta contratação separadamente, por produtor rural a ela filiado, lançando os respectivos valores em títulos próprios de sua contabilidade.

Fundamentação: Além dos institutos citados no texto, Decreto n. 3.048/99, art. 201-C.

9.7. Prazos para recolhimento

O recolhimento da contribuição incidente sobre a produção rural deverá ser efetuado até o dia 10 (dez) do mês subseqüente ao da emissão da nota fiscal ou recibo, prorrogando-se para o primeiro dia subseqüente quando o dia 10 cair em dia em que não haja expediente bancário.

O prazo de recolhimento das contribuições previdenciárias sobre a folha de pagamento é também o dia 10 (dez) do mês subseqüente ao da competência, igualmente prorrogando-se para o primeiro dia útil seguinte se o vencimento cair em dia em que não haja expediente bancário na localidade onde o produtor rural efetua seus recolhimentos.

O recolhimento como contribuinte individual, na qualidade de segurado autônomo/empresário ou facultativo deverá ser efetuado até o dia 15 (quinze) do mês seguinte à competência, prorrogando-se para o dia útil imediatamente posterior se o vencimento cair em dia que não haja expediente bancário na localidade onde o contribuinte normalmente efetua seus recolhimentos — Lei n. 9.876/99.

Fundamentação: Lei n. 8.212/91, arts. 22-B, 25, 25-A e 30.

10. CONTRIBUIÇÃO DAS AGROINDÚSTRIAS

Para fins previdenciários considera-se agroindústria o produtor rural pessoa jurídica cuja atividade econômica seja a industrialização de produção própria e/ou adquirida de terceiros.

A contribuição previdenciária por ela devida sofre constantes alterações, ora devendo ser calculada de forma similar ao que aplicado às demais empresas (art. 22 da Lei n. 8.212/91), ora incidente sobre a comercialização da produção, como ocorre com os demais produtores rurais.

10.1. Procedimentos adotados no período de 08/94 a 10/2001

Com a publicação da Lei n. 8.870, de 15.4.1994, as pessoas jurídicas que se dedicavam à produção agroindustrial deveriam contribuir sobre o valor da produção agrícola própria, estimada, considerando seu preço de mercado, ou seja, o valor pelo qual o produto rural estava sendo comercializado.

Desta forma, deveriam as folhas de pagamento, bem como as guias para recolhimento previdenciário, ser efetuadas separadamente (área industrial e área rural).

Entretanto, o § 2º do art. 25 da Lei n. 8.870/94, que criou a obrigatoriedade para as agroindústrias de contribuírem sobre a produção agrícola, foi julgado inconstitucional através da ADIN n. 1.103-1/600, de 18.12.96.

O referido § 2º determinava que as agroindústrias deveriam recolher 2,7% calculados sobre o valor estimado da produção agrícola própria, considerando seu preço de mercado, a título de contribuição previdenciária (como mencionado). Em contrapartida, na contribuição sobre a folha de pagamento referente ao setor agrícola, não estava obrigada a agroindústria ao recolhimento da contribuição patronal (20% — Empresa e 1%, 2% ou 3% referente ao SAT — Seguro de Acidente do Trabalho).

Assim, em decorrência da decisão proferida pelo STF na Ação Direta de Inconstitucionalidade n. 1.103-1/600, interposta pela Confederação Nacional da Indústria — CNI, a pessoa jurídica que se dedica à produção agroindustrial, relativamente aos empregados do setor agrícola, teve sua contribuição patronal destinada à previdência social restabelecida com base na folha de pagamento, em conformidade com o art. 22 da Lei n. 8.212/91, com efeitos retroativos à competência agosto/94, voltando, pois, a contribuir normalmente com os 20% devidos pelas empresas em geral, bem como também a taxa referente ao SAT, não estando mais obrigada à contribuição sobre a produção rural.

Podemos, portanto, relacionar como conseqüências desta decisão do STF:

a) a empresa, independentemente da quantidade de estabelecimentos e atividades desenvolvidas, constituía uma única entidade contribuinte e como tal deveria ser considerada;

b) a empresa que desenvolvia atividade de produção rural e industrializava a própria produção, ainda que apenas parte dela, era empresa agroindustrial, mesmo que também adquirisse produção de terceiros para a industrialização, devendo contribuir com base na folha de pagamento;

c) a empresa que apenas adquiria produção rural de terceiros para industrialização era considerada empresa industrial, devendo contribuir sobre a folha de pagamento, de acordo com o art. 22 da Lei n. 8.212/91;

d) a empresa que explorava, além da atividade de produção rural, outra atividade, quer seja comercial, industrial ou de serviços, independentemente de qual fosse a sua atividade preponderante, estava sujeita à contribuição patronal incidente sobre a folha de pagamento (art. 22 da Lei n. 8.212/91) e não da contribuição incidente sobre a produção rural;

e) a pessoa jurídica produtora rural que abatia a própria produção animal para comercialização era considerada empresa agroindustrial e como tal estava sujeita à contribuição incidente sobre a folha de pagamento, de conformidade com o art. 22 da Lei n. 8.212/91;

f) o produtor rural pessoa jurídica que produzia ração exclusivamente para alimentação dos animais de sua própria produção era considerado produtor rural e nessa condição deveria contribuir com base na receita bruta decorrente da comercialização. Na hipótese de produzir ração também para fins comerciais, se caracterizava como empresa agroindustrial e como tal se sujeitava à contribuição patronal incidente sobre a folha de pagamento;

g) o produtor rural pessoa física, ainda que transformasse o produto rural, alterando-lhe as características originais, deveria contribuir com base no valor de comercialização de sua produção rural, considerando-se as alterações produzidas como industrialização rudimentar;

h) com a decisão do STF na ADIn n. 1.103-1/600, de 18.12.96, passou a não mais existir a possibilidade de que uma mesma empresa tenha parte de sua contribuição patronal incidindo sobre folha de pagamento e parte sobre o valor da receita bruta decorrente da comercialização da respectiva produção rural.

Procedimentos de ajuste

A empresa agroindustrial que, espontaneamente ou por força da decisão judicial, tenha recolhido a sua contribuição patronal com base no valor de mercado da produção própria industrializada a partir de 16.04.1994 (publicação da Lei n. 8.880/94), teve sua contribuição restabelecida sobre a folha de pagamento do setor agrícola desde a respectiva competência.

A contribuição patronal devida pela agroindústria com base na folha de pagamento do setor agrícola deveria, portanto, ser cotejada com a efetivamente recolhida, espontaneamente ou em decorrência de procedimentos administrativos da Previdência Social, de forma que se apure eventual diferença de contribuição a recolher ou a restituir no respectivo período.

10.2. Procedimentos devidos a contar da Competência n. 11/02 — Lei n. 10.256/01

Com a publicação da Lei n. 10.256, de 9.7.2001 — DOU de 10.7.2001 —, a Lei n. 8.212/91 passou a contar com a existência de um novo artigo — 22-A — que determina incidir a contribuição previdenciária das agroindústrias sobre o valor da receita bruta proveniente da comercialização da produção rural.

Este novo instituto legal, portanto, restabelece a situação anteriormente pretendida pela Lei n. 8.870/94, não sendo as agroindústrias obrigadas ao recolhimento de contribuições na forma dos incisos I e II do art. 22 da Lei n. 8.212/91 (20% destinados à Seguridade Social e RAT variável entre 1% e 3%).

Em obediência ao que determina a Constituição Federal em seu art. 195, § 6º, e ao próprio art. 5º da Lei n. 10.256/01, esta nova modalidade contributiva para as agroindústrias somente entrou em vigor em 1º.11.2001 (primeiro dia do mês subseqüente ao nonagésimo dia de sua publicação). Assim, a contar da competência novembro/2001, encontram-se as agroindústrias obrigadas à contribuição previdenciária incidente sobre o valor da receita bruta proveniente da comercialização da produção rural, nos seguinte percentuais:

a) financiamento da seguridade social: 2,5%;

b) financiamento do benefício de aposentadoria especial e daqueles concedidos em razão do grau de incidência de incapacidade laborativa: 0,1%.

A contribuição devida ao Senar (recolhida pela Secretaria da Receita Federal do Brasil juntamente com as contribuições previdenciárias) corresponde ao percentual de 0,25%, também incidente sobre a receita bruta proveniente da comercialização da produção. Não será aplicado, portanto, o disposto no inciso I do art. 3º da Lei n. 8.315/91, que determina alíquota de 2,5% — § 5º do art. 22-A da Lei n. 8.212/91.

Aplica-se esta modalidade de contribuição incidente sobre a comercialização ainda que a agroindústria explore, também, outra atividade econômica autônoma, no mesmo ou em estabelecimento distinto, hipótese em que a contribuição incidirá sobre o valor da receita bruta dela decorrente.

10.3. Responsabilidade pelo recolhimento

A agroindústria (exceto piscicultura, carcinicultura, suinocultura e avicultura) será responsável pelo recolhimento de suas contribuições sempre que comercializar a produção, industrializada ou não, a partir de 1º.11.2001.

10.4. Agroindústrias não abrangidas pela Lei n. 10.256/01

Às sociedades cooperativas e agroindústrias de piscicultura (criação de peixes), carcinicultura (criação de crustáceos), suinocultura (criação de porcos) e avicultura (criação de aves) não será aplicada a modalidade contributiva instituída pela Lei n. 10.256/01. Estas entidades deverão permanecer recolhendo suas contribuições conforme as disposições contidas no art. 22 da Lei n. 8.212/91.

Esta modalidade contributiva igualmente não se aplica à pessoa jurídica que, relativamente à atividade rural, se dedique apenas ao florestamento e reflorestamento como fonte de matéria-prima para industrialização própria mediante a utilização de processo industrial que modifique a natureza química da madeira ou a transforme em pasta celulósica. Estas entidades também deverão permanecer recolhendo suas contribuições conforme as disposições contidas no art. 22 da Lei n. 8.212/91, ainda que a pessoa jurídica comercialize resíduos vegetais ou sobras ou partes da produção, desde que a receita bruta decorrente dessa comercialização represente menos de 1% de sua receita bruta proveniente da comercialização da produção.

10.5. Prestação de serviços a terceiros

Também às operações relativas à prestação de serviços a terceiros não será aplicada a modalidade contributiva instituída pela Lei n. 10.256/01. A receita bruta correspondente aos serviços prestados a terceiros, portanto, deverá ser excluída da base de cálculo da contribuição previdenciária — § 3º do art. 22-A da Lei n. 8.212/91.

Fundamentação: ADIN n. 1.103-1/600, de 18.12.1996; Lei n. 8.212/91, art. 22-A, acrescentado pela Lei n. 10.256, de 9.7.2001 — DOU de 10.7.2001; Decreto n. 3.048/99, arts. 201-A e 201-B.

Capítulo XII

Contribuições Decorrentes de Reclamatória Trabalhista e Acordos Extrajudiciais

1. ACORDOS E SENTENÇAS TRABALHISTAS

1.1. Considerações iniciais sobre o processo do trabalho

Cumpre esclarecermos, primeiramente, que processo do trabalho é o método segundo o qual são conciliados e julgados dissídios individuais e coletivos entre empregados e empregadores, bem como as demais controvérsias oriundas das relações trabalhistas regidas pelo Direito do Trabalho.

Nos termos da legislação previdenciária "*a reclamatória trabalhista é a ação judicial que visa a resgatar direitos decorrentes de contrato de trabalho, expressa ou tacitamente celebrado entre duas ou mais partes, e se inicia com a formalização do processo na Justiça do Trabalho, movido pelo trabalhador contra a empresa ou equiparada a empresa ou empregador doméstico a quem haja prestado serviços.*" (Instrução Normativa SRP n. 3/05, art. 126).

O processo trabalhista se encerra, entre outras hipóteses, por:

a) Conciliação entre as partes: nesta hipótese, o valor a ser pago é ajustado entre as partes mediante acordo que, depois de homologado pelo Juiz, constitui-se em decisão irrecorrível;

b) Sentença judicial transitada em julgado: é a decisão que põe fim à etapa litigiosa da fase de conhecimento, da qual não cabe mais recurso.

1.2. Contribuição previdenciária

1.2.1. Procedimento

Com o advento da Emenda Constitucional n. 20/98, conferiu-se competência à Justiça do Trabalho para promover a execução de valores correspondentes às contribuições sociais previstas no art. 195, inciso I, alínea "a", e inciso II da Constituição Federal, decorrentes das sentenças que proferisse (art. 114, § 3º). Nova alteração ocorreu com a Emenda Constitucional n. 45/04, passando o art. 114 da Carta Constitucional a ter a seguinte redação:

"Art. 114 — Compete à Justiça do Trabalho processar e julgar:

I — as ações oriundas da relação de trabalho, abrangidos os entes de direito público externo e da administração pública direta e indireta da União, dos Estados, do Distrito Federal e dos Municípios;

II — as ações que envolvam exercício do direito de greve;

III — as ações sobre representação sindical, entre sindicatos, entre sindicatos e trabalhadores, e entre sindicatos e empregadores;

IV — os mandados de segurança, *habeas corpus* e *habeas data*, quando o ato questionado envolver matéria sujeita à sua jurisdição;

V — os conflitos de competência entre órgãos com jurisdição trabalhista, ressalvado o disposto no art. 102, I, "o";

VI — as ações de indenização por dano moral ou patrimonial, decorrentes da relação de trabalho;

VII — as ações relativas às penalidades administrativas impostas aos empregadores pelos órgãos de fiscalização das relações de trabalho;

VIII — a execução, de ofício, das contribuições sociais previstas no art. 195, I, "a", e II, e seus acréscimos legais, decorrentes das sentenças que proferir;

IX — outras controvérsias decorrentes da relação de trabalho, na forma da lei.

§ 1º Frustrada a negociação coletiva, as partes poderão eleger árbitros.

§ 2º Recusando-se qualquer das partes à negociação coletiva ou à arbitragem, é facultado às mesmas, de comum acordo, ajuizar dissídio coletivo de natureza econômica, podendo a Justiça do Trabalho decidir o conflito, respeitadas as disposições mínimas legais de proteção ao trabalho, bem como as convencionadas anteriormente.

§ 3º Em caso de greve em atividade essencial, com possibilidade de lesão do interesse público, o Ministério Público do Trabalho poderá ajuizar dissídio coletivo, competindo à Justiça do Trabalho decidir o conflito."

No âmbito infraconstitucional, a Lei n. 10.035, de 25.10.2000 (DOU de 26.10.2000), alterando a redação do Estatuto Laboral, estabeleceu os procedimentos, no âmbito da Justiça do Trabalho, a serem observados quanto à execução das contribuições previdenciárias devidas. Acrescentando o § 3º ao art. 832 da CLT, as decisões trabalhistas passaram a conter, obrigatoriamente, a natureza jurídica das parcelas constantes da condenação ou do acordo homologado, bem como o limite de responsabilidade de cada parte pelo recolhimento da respectiva contribuição devida à Seguridade Social.

E tal procedimento encontra amparo, inclusive, na própria Lei n. 8.212, de 21.7.1991, que já disciplinava em seu art. 43:

"Art. 43. Nas ações trabalhistas de que resultar o pagamento de direitos sujeitos à incidência de contribuição previdenciária, o juiz, sob pena de responsabilidade, determinará o imediato recolhimento das importâncias devidas à Seguridade Social. *(Artigo com redação dada pela Lei n. 8.620, de 5.1.1993)*

Parágrafo único. Nas sentenças judiciais ou nos acordos homologados em que não figurarem, discriminadamente, as parcelas legais relativas à contribuição previdenciária, esta incidirá sobre o valor total apurado em liquidação de sentença ou sobre o valor do acordo homologado."

Assim, as sentenças condenatórias ou homologatórias devem discriminar as parcelas sujeitas à incidência de recolhimentos previdenciários, com determinação da Parte responsável pelo pagamento (CLT, art. 832, § 3º). A inexistência desta discriminação implica omissão, dando margem à apresentação de embargos de declaração por qualquer das partes (CLT, art. 897-A, *caput*, e CPC, art. 535). Em se tratando de homologação de acordo, deve igualmente a União ser intimada, oportunidade em que poderá impugnar a decisão mediante recurso ordinário, questionando os créditos previdenciários que lhe apontaram devidos (CLT, art. 832, § 4º).

Uma vez definidos os créditos devidos à Previdência Social, a parte a quem foi atribuída a responsabilidade pelo recolhimento deverá providenciar o respectivo pagamento. Não sendo os valores recolhidos aos cofres da Seguridade Social, a execução poderá ser promovida de ofício pelo juízo competente (CLT, parágrafo único do art. 876), inclusive sobre os salários pagos durante o período contratual reconhecido. Ressalte-se que poderão ser pagos os valores incontroversos, prosseguindo-se discussão apenas pela diferença (CLT, art. 878-A).

No entanto, cumpre observarmos que, nos termos da CF/88 (art. 114, VIII) a Justiça do Trabalho possui competência para executar as contribuições previdenciárias referidas no art. 195, inciso I, "a" e inciso II, decorrentes das sentenças por ela proferidas, ou seja, as contribuições previdenciárias incidentes sobre os valores pagos ou creditados ao trabalhador. Em uma sentença declaratória (reconhecimento de vínculo, por exemplo), onde não seja a empresa condenada ao pagamento ou ao crédito de qualquer valor, não haverá qualquer execução de contribuição previdenciária no âmbito da Justiça do Trabalho, sendo inconstitucional a disposição constante do art. 876 da CLT quanto ao tópico. A Secretaria da Receita Federal do Brasil poderá cobrar, sim, as contribuições previdenciárias que entende serem devidas em face do reconhecimento judicial do vínculo empregatício, mas deverá fazê-lo não na Justiça do Trabalho, e sim na forma padrão, administrativa, de constituição dos créditos previdenciários.

No processo de execução das parcelas previdenciárias controvertidas, decorrentes de demandas trabalhistas e sendo ilíquida a sentença exeqüenda, a oportunidade para manifestação das partes é facultativa (art. 879, § 2º), mas a União deverá ser obrigatoriamente intimada (§ 3º). A ausência de manifestação pela União implicará preclusão, prevalecendo os cálculos elaborados.

Como ocorre com o exeqüente e o executado que podem, no prazo de 5 dias contados da garantia do juízo ou da penhora de bens pelo reclamado, respectivamente, impugnar ou embargar a execução ante a discordância com os valores homologados, também a União poderá impugnar a matéria, conforme preceitua o art. 884, § 4º da CLT. Da decisão tomada caberá agravo de petição (CLT, art. 897, alínea "a"), sendo que versando apenas sobre os valores de contribuição previdenciária processar-se-á em apartado. Exegese, § 8º do art. 884 da CLT.

Vale salientar que no momento da homologação do *quantum* devido, com expedição de mandado de citação ao executado, este obrigatoriamente deverá conter os valores devidos à Previdência Social (CLT, art. 880, *caput*), sendo que o pagamento do valor devido à autarquia federal deverá ser feito mediante guia própria, com indicação do número do processo, comprovando-se nos autos a quitação (CLT, art. 889-A, *caput*). Deferido pela Secretaria da Receita Federal do Brasil o parcelamento do débito previdenciário, a execução das contribuições devidas ficará suspensa, devendo ser a ocorrência informada nos autos, mediante juntada da cópia do termo de ajuste (art. 889-A, § 1º).

Note-se que o entendimento adotado pelo legislador para o recolhimento previdenciário da empresa em face de valores pagos em acordos ou sentenças judiciais, sendo estas importâncias base de cálculo para contribuição à Seguridade Social, não poderia ser diferente. Aplicar critério de recolhimento previdenciário distinto ao já estipulado aos empregadores durante a contratualidade seria permitir, ainda que de forma indireta, a sonegação previdenciária, pois evidente que, tendo o empresário privilégio no recolhimento na esfera judicial, somente o faria neste momento.

1.2.2. Incidência/Fato gerador

O fato gerador da contribuição previdenciária é o pagamento de valores correspondentes a parcelas integrantes do salário-de-contribuição, à vista ou parcelado, resultante de sentença condenatória ou de conciliação homologada. Para fins previdenciários é indiferente se este pagamento é efetivado diretamente ao credor, se mediante depósito da condenação para extinção do processo ou se através de liberação de depósito judicial ao credor ou seu representante legal.

O fato gerador deverá ser verificado no processo findo (esgotadas todas as possibilidades recursais), observando inclusive as alterações posteriores à sentença de primeira instância (decisões e acórdãos), atendo-se, principalmente, ao memorial de cálculos homologados.

A Instrução Normativa SRP n. 3/05, em seu art. 131, determina que serão adotados como base de cálculo os valores das parcelas remuneratórias, consignados nos cálculos homologados de liquidação de sentença, ainda que as partes celebrem posterior acordo. No entanto, nos termos do art. 195, inciso I, da Constituição Federal, a contribuição devida pela empresa incide sobre o valor efetivamente pago ou creditado ao trabalhador, e não sobre o valor que lhe seria devido, ainda que decorra tal direito de uma sentença trabalhista. O fato gerador da contribuição é o pagamento de alguma remuneração a um trabalhador e a base de cálculo o exato valor pago, não sendo possível, nos termos da Constituição Federal, existir a contribuição sobre um valor apenas “reconhecido” pela Justiça do Trabalho e que não foi efetivamente pago ao obreiro em face de um acordo posterior. A Lei n. 8.212/91, nos arts. 22, I e 28, I até menciona o “valor devido” como fato gerador e base-de-cálculo, mas é inconstitucional quanto ao tópico em face da redação constante do § 4º do art. 195 que é, inclusive, taxativa. Sem dúvida alguma a legislação vigente é injusta para os cofres previdenciários, mas uma eventual alteração deveria constar de lei complementar ou emenda constitucional e não de lei ordinária.

Também nos termos da Instrução Normativa SRP n. 3/05, se da decisão resultar reconhecimento de vínculo empregatício, serão exigidas as contribuições, tanto do empregador como do reclamante, para todo o período reconhecido, ainda que o pagamento das remunerações a ele correspondentes não tenha sido reclamado na ação. Nesta hipótese tomar-se-á por base de incidência, na ordem: a) o valor da remuneração mensal paga, quando conhecida; b) o valor mensal da remuneração paga a outro empregado de categoria ou função equivalente ou semelhante; c) o valor do salário normativo da categoria ou do salário mínimo mensal, permitida a compensação das contribuições patronais eventualmente recolhidas; d) se inexistente qualquer outro critério, o valor do salário mínimo à época vigente. Havendo reconhecimento de vínculo empregatício para empregado doméstico, tanto as contribuições do segurado empregado como as do empregador deverão ser recolhidas na inscrição do trabalhador. Tais disposições normativas, contudo, conflitam com as normas constitucionais sobre o tema, já que a decisão de reconhecimento de vínculo que não implicar pagamento de remuneração não acarretará o fato gerador da contribuição previdenciária. Repita-se, pois, que a União poderá constituir e cobrar o crédito em entende devido em razão da sentença declaratória, mas não poderá fazê-lo no curso da ação trabalhista.

1.2.3. Determinação do salário-de-contribuição

Integram o salário-de-contribuição:

a) as parcelas legais de incidência da contribuição previdenciária, discriminadas nos acordos homologados ou nas sentenças, atualizadas monetariamente até a data do efetivo pagamento;

b) o valor total do acordo homologado ou da sentença, quando não figurarem discriminadamente, a que título está sendo efetuado o pagamento, impossibilitando a identificação das parcelas legais de incidência de contribuição previdenciária. Não se considera como discriminação de parcelas legais de incidência de contribuição previdenciária a fixação de percentual a título de verbas remuneratórias e indenizatórias constantes dos acordos homologados;

c) os levantamentos judiciais de importâncias depositadas, ou pagamentos efetuados pela empresa, a título de adiantamento de ações trabalhistas em curso, na competência em que forem realizados.

Excluem-se do salário-de-contribuição os juros referentes a mora no pagamento dos direitos trabalhistas e as multas incluídas em acordo ou sentença.

Os honorários pagos aos peritos judiciais não caracterizam fato gerador de contribuições previdenciárias, pois decorrem de serviços prestados à justiça, constituindo ônus processual, para as partes que os suportam. Os honorários advocatícios, decorrentes de sucumbência ou de penalidade, também não constituem fato gerador de contribuição por serem, igualmente, ônus processual.

No caso de ação proposta contra empregador rural, será observado que:

a) até a competência 10/91: não há incidência de qualquer contribuição relativa à remuneração paga ou creditada ao trabalhador vinculado à Previdência Social Rural;

b) de 11/91 a 3/93: é devida a contribuição do empregado, da empresa, inclusive as relativas a terceiros;

c) a partir de 4/93: se o reclamado for pessoa física que explore atividade agropecuária ou pesqueira, são devidas as contribuições do empregado e as relativas a terceiros; se o reclamado for empregador rural pessoa jurídica, são devidas as contribuições do empregado, do empregador, inclusive as relativas a terceiros;

d) a partir de 8/94 — sendo o reclamado empregador rural pessoa jurídica, exceto agroindústria, serão devidas somente as contribuições do segurado empregado e as de terceiros.

1.2.4. Contribuição a cargo do reclamante

As contribuições sociais a cargo do empregado deverão ser apuradas da seguinte forma (Instrução Normativa SRP n. 3/05, art. 131):

a) as remunerações objeto da reclamatória trabalhista deverão ser somadas ao salário-de-contribuição recebido à época, em cada competência;

b) com base no total obtido, fixar-se-á a alíquota e calcular-se-á a contribuição incidente, respeitado o limite máximo do salário-de-contribuição vigente em cada competência abrangida;

c) a contribuição a cargo do segurado já retida anteriormente será deduzida do valor apurado na forma do disposto na letra "b", *supra*, desde que comprovado o seu recolhimento pelo empregador em cada competência abrangida.

Obs.: Na competência em que ficar comprovado o desconto da contribuição a cargo do segurado empregado, sobre o limite máximo do salário-de-contribuição, deste não deverá ser descontada qualquer contribuição adicional incidente sobre a parcela mensal da sentença ou acordo.

1.2.5. Ausência de vínculo empregatício

Quando a reclamatória trabalhista resultar em acordo ou sentença em que não se reconheça qualquer vínculo empregatício entre as partes, e em se tratando de contratante pessoa jurídica, o valor total pago ao reclamante deverá ser considerado base de cálculo para a incidência das contribuições sociais:

a) devidas pela empresa (ou entidade equiparada) sobre as remunerações pagas ou creditadas ao contribuinte individual que tenha lhe prestado serviços;

b) devidas pelo próprio prestador de serviços (contribuinte individual).

Observe-se, no entanto, que conforme o disposto no art. 4º da Lei n. 10.666/03, a empresa contratante deverá reter a contribuição devida pelo segurado contribuinte individual prestador do serviço e recolhê-la juntamente com a contribuição a seu cargo. Não se procedendo a retenção, o reclamado contratante dos serviços será o responsável pelo pagamento da referida contribuição aos cofres previdenciários.

1.2.6. Recolhimento — Preenchimento da GPS

Nas ações trabalhistas em que resultar pagamento de remuneração ao empregado, o recolhimento de contribuição deve ser efetuado no dia dois do mês subseqüente ao efetivo pagamento ou crédito dos valores, prorrogando-se para o dia útil seguinte se o vencimento cair em dia em que não haja expediente bancário. Se o pagamento da sentença ou acordo for efetuado parceladamente, o prazo para o recolhimento será o dia dois do mês subseqüente a cada parcela, também sendo prorrogado para o dia útil seguinte se o vencimento cair em dia sem expediente bancário. O recolhimento das contribuições, se efetuado no prazo, não deverá conter juros ou multa.

Este, contudo, não é o procedimento constante da Instrução Normativa n. 3/05 que, em seus arts. 132 e 133, determina que serão adotadas as competências em que foram prestados os serviços e, apurados os valores devidos a título da contribuição previdenciária, sobre eles deverá incidir os juros de mora e a multa. Em se tratando de acordo, a Instrução menciona um rateio do valor pago pelo número de competências abrangidas no termo de acordo ou na exordial, também incidindo multa e juros moratórios. Tais disposições, no entanto, conflitam com aquelas constantes do art. 195 da Constituição Federal, sendo o fato gerador das contribuições o efetivo pagamento ou crédito dos valores ao trabalhador e, por tal razão, não havendo que se falar em juros moratórios ou multa quando do recolhimento pela empresa. Se entendermos como quer a Instrução Normativa, no sentido de que o fato gerador ocorreu quando da prestação dos serviços (quando era "devido" o valor ao trabalhador, nos termos da Lei n. 8.212/91, arts. 22 e 28) e que, por tal razão seriam devidos os juros e a multa, então podemos ter o crédito prescrito, já que o entendimento dominante nos Tribunais Superiores (STJ e STF) é de que, considerando a natureza tributária das contribuições sociais previdenciárias, o prazo decadencial para constituição dos mesmos é de apenas 5 anos, sendo também de 5 anos o prazo de prescrição para cobrança dos créditos constituídos.

A Justiça do Trabalho não tem, ainda, uma posição uniforme sobre o tema, existindo decisões e fundamentos diversos, conforme o Tribunal ou a Turma julgadora. Em alguns casos observamos o entendimento de que o fato gerador é a sentença transitada em julgado e, em outros, o efetivo pagamento dos valores aos trabalhadores. Ilustrativamente, confiram-se as seguintes decisões (excertos):

> "RECURSO DE REVISTA DESCONTOS FISCAIS E PREVIDENCIÁRIOS RESPONSABILIDADE PELO RECOLHIMENTO. A responsabilidade pelo recolhimento das contribuições fiscais e previdenciárias é do empregador, mas o empregado suporta o ônus respectivo, em relação à parte que lhe compete, ainda que o pagamento decorra de condenação judicial. (...)
>
> (...)
>
> II — Segundo o artigo 46 da Lei n. 8.541/92, o imposto sobre a renda incidente sobre os rendimentos pagos em cumprimento de decisão judicial será retido na fonte pela pessoa física ou jurídica obrigada ao pagamento, no momento em que, por qualquer forma, o rendimento se torne disponível para o beneficiário. Verifica-se, pois, que o referido desconto tem por fato gerador a existência de sentença condenatória e a disponibilidade dos valores dela decorrentes ao empregado.
>
> A lei, ao determinar que o tributo seja retido na fonte, deixa incontroverso que a sua incidência se dará sobre a totalidade dos valores recebidos. (...) O mesmo raciocínio se aplica aos descontos previdenciários, tendo em vista o comando inserto no art. 43 da Lei n. 8.212/91, quando dispõe que, uma vez discriminadas as parcelas na sentença, afastam-se aquelas que não compõem a base de cálculo da contribuição previdenciária, sendo que, sobre as demais, o desconto incide considerando-se o valor total da condenação apurado em liquidação. Por outro lado, o art. 11, parágrafo único, alíneas a e c , do mencionado diploma legal define como sujeitos da obrigação tributária, em relação às contribuições sociais, os empregadores e os empregados. Logo, considera-se que a referida lei expressamente prevê a forma de dedução dos descontos previdenciários pelo seu valor total, que serão suportados pelo reclamante e pelo reclamado, responsáveis, cada qual com sua quota-parte, pelo custeio da Seguridade Social, na forma do art. 195 da CF/88." (TST — RR 1109/2004-003-15-00 — 8ª Turma — Relatora: Ministra Maria Cristina I. G. Peduzzi — DJ de 14.12.2007).
>
> "CONTRIBUIÇÃO PREVIDENCIÁRIA DECORRENTE DE SENTENÇA TRABALHISTA — ART. 879, § 4º DA CLT — Atualização de valores segundo critérios da legislação previdenciária mas somente após a ocorrência do fato gerador a ensejar a exigibilidade da exação, que se dá quando do efetivo pagamento do crédito trabalhista apurado em liquidação de sentença. Interpretação sistemática dos artigos 276 do Decreto n. 3.048/99, 43 da Lei n. 8.212/91 e 195, I, "a" da Constituição Federal." (TRT 9ª Região — RR 00017-2006-025-09-00-8 — 4ª Turma — Relator Sérgio Murilo Rodrigues Lemos — DJPR de 18.1.2008)

"CONTRIBUIÇÃO PREVIDENCIÁRIA — ACORDO REALIZADO APÓS A SENTENÇA DE MÉRITO — BASE DE CÁLCULO. O fato gerador das contribuições previdenciárias é a sentença condenatória. Não cabe às partes transacionar sobre direitos indisponíveis de terceiro (INSS). Inteligência dos arts. 831, 832 e 879 da CLT. Recurso a que se nega provimento." (TRT 9ª Região — RR 00069-2002-026-09-00-7 — Seção Especializada — Relator: Benedito Xavier da Silva — DJPR 15.1.2008).

"CONTRIBUIÇÕES PREVIDENCIÁRIAS. CORREÇÃO. De forma específica, prescreve o art. 276 do Decreto n. 3.048/99 como devidas as contribuições a partir do "dia dois do mês seguinte ao da liquidação da sentença". Essa expressão em destaque, contudo, não comporta uma interpretação restritiva, limitada à idéia de que a sentença (a sua data) constituiria o marco para se verificar a condição de inadimplente ou não do devedor (a partir do dia 2 do mês subseqüente). Incide, na hipótese, o princípio da razoabilidade, que autoriza afirmar que antes de a Reclamada ser citada para pagamento e antes de deixar de cumprir sua obrigação no termo fixado, fatos quase nunca coincidentes com a liquidação, não haverá qualquer possibilidade de se cogitar de mora. Aplicação direta do art. 5º, II, da Constituição Federal. Apenas a citação para pagamento configura o vencimento autorizador dos encargos ora discutidos (segundo dia útil do mês subseqüente — art. 276 do Decreto n. 3.048/99 e art. 30 da Lei n. 8.212/91).Essa, inclusive, também deve ser a interpretação mais coerente da OJ-EX-SE n. 118 deste E. Tribunal. Não observado este prazo legal para pagamento das contribuições previdenciárias (dia dois do mês subsequente à citação para pagamento) passam, "na forma da Lei n. 10.035, que acrescentou o § 4º ao art. 879 da CLT, a contar com atualização conforme os ditames aplicáveis às parcelas devidas à previdência social" (AVELINO, Antoniel Ferreira e TARGA, Maria Inês Corrêa de Cerqueira César. O fato gerador da contribuição previdenciária no processo do trabalho. In: Revista do Tribunal Regional do Trabalho da 15ª Região. n. 19. São Paulo. LTr, 2002. p. 40). Não se concebe a incidência de juros e multas em percentuais históricos, simplesmente porque a exigibilidade de não se configurar à época da prestação de serviço, mas apenas após o trânsito em julgado, a liquidação e a citação. Incabível, portanto, a aplicação dos juros e multas previstos na legislação previdenciária antes da data de exigibilidade da parcela, qual seja, a partir de quando for devido o pagamento da contribuição." (TRT 9ª Região — 00653-2005-025-09-9 — ACO 35418/07 — 1ª Turma — Relator: Ubirajara Carlos Mendes — DJPR de 30.11.2007)

Na sentença ou acordo homologado, cujo valor da contribuição previdenciária devida for inferior ao limite mínimo permitido para recolhimento na Guia da Previdência Social (atualmente R$ 29,00), é autorizado o recolhimento dos valores devidos cumulativamente com as contribuições normais de mesma competência, sem prejuízo da conclusão do processo.

O recolhimento das contribuições do empregado reclamante deverá ser feito na mesma inscrição em que são recolhidas as contribuições devidas pela empresa.

Obs.: Em se tratando de reclamatória trabalhista contra empregador doméstico, o prazo para recolhimento das contribuições previdenciárias será até o dia 15 do mês subseqüente ao da competência do pagamento do acordo, sentença ou parcela, se for o caso. Não sendo conhecido o Número de Inscrição do Trabalhador (NIT) do reclamante (empregado doméstico), o empregador doméstico, após ser cientificado pela Junta de Conciliação e Julgamento do TRT deverá comparecer à Agência da Previdência da circunscrição do seu domicílio, que efetuará a inscrição do empregado doméstico.

Informação em GFIP e Preenchimento da GPS

Os fatos geradores de contribuições sociais decorrentes de reclamatória trabalhista deverão ser informados em GFIP, conforme orientações do Manual da GFIP (Instrução Normativa SRP n. 11/06), e as correspondentes contribuições sociais deverão ser recolhidas em documento de arrecadação (GPS) identificado com um dos seguintes códigos:

1708 = Ação trabalhista — NIT/PIS/Pasep (para reclamatória de empregado doméstico)

2801 = Ação trabalhista — CEI (para reclamatória contra empregadores que possuem matrícula CEI em vez de CNPJ)

2810 = Ação trabalhista — CEI — Pagamento exclusivo para outras entidades (Sesi, Sesc, Senai, etc.).

2909 — Ação trabalhista — CNPJ/MF (para reclamatória contra empregadores que possuem matrícula CNPJ)

2917 — Ação trabalhista — CNPJ/MF — Pagamento exclusivo para outras entidades (Sesi, Sesc, Senai, etc.).

Obs.: O art. 889-A da CLT, acrescido pela Lei n. 10.035/00, determina que os recolhimentos das importâncias devidas, referentes às contribuições sociais, serão efetuados nas agências locais da Caixa Econômica Federal ou do Banco do Brasil S.A., por intermédio de documento de arrecadação da Previdência Social (que é a GPS), dele se fazendo constar o número do processo. A Previdência Social ainda não se manifestou sobre o assunto, se haverá ou não modificação no preenchimento da GPS em cumprimento às novas disposições legais. Até que seja tomada tal providência, aconselhamos seja colocado o número do processo no espaço em branco localizado ao final da guia, lado esquerdo.

1.2.7. Procedimentos adotados pela fiscalização previdenciária

Conforme determinações constantes da Instrução Normativa SRP n. 3/05, art.128, serão adotados os seguintes procedimentos de fiscalização quanto às contribuições sociais incidentes sobre os fatos geradores reconhecidos por sentença proferida em reclamatória trabalhista:

I — nas decisões cognitivas ou homologatórias cumpridas ou cuja execução se tenha iniciado até 15 de dezembro de 1998, data anterior ao início da vigência da Emenda Constitucional n. 20, o AFPS, durante a Auditoria-Fiscal, ao constatar o não recolhimento das contribuições sociais devidas ou o recolhimento inferior ao devido, deverá apurar e lançar os créditos correspondentes;

II — nas decisões cognitivas ou homologatórias cumpridas ou cuja execução se tenha iniciado a partir de 16 de dezembro de 1998, é de competência da Justiça do Trabalho promover de ofício a execução da cobrança das contribuições sociais, devendo a fiscalização apurar e lançar exclusivamente o débito que porventura verificar em ação fiscal, relativo às:

a) contribuições destinadas a outras entidades ou fundos, conforme disposto no art. 94 da Lei n. 8.212, de 1991, exceto aquelas executadas pelo Juiz do Trabalho; b) contribuições incidentes sobre remunerações pagas durante o período trabalhado, com ou sem vínculo empregatício, quando, por qualquer motivo, não houver sido executada a cobrança pela Justiça do Trabalho.

A fiscalização poderá, contudo, efetuar o lançamento quando o Juiz do Trabalho se considerar incompetente para a execução das contribuições destinadas a outras entidades e fundos nos termos do art. 94 da Lei n. 8.212/91.

Fundamentação: Lei n. 8.212/91, arts. 43; Decreto n. 3.048/99, arts. 276 e 277; Ordem de Serviço Conjunta DAF/DSS/INSS n. 66/97 (atualmente revogada); Lei n. 10.035, de 25.10.2000 — DOU de 26.10.2000; Instrução Normativa SRP n. 3/05, arts. 126 a 135.

2. CONTRIBUIÇÃO INCIDENTE SOBRE O ACORDO FIRMADO NAS COMISSÕES DE CONCILIAÇÃO PRÉVIA

2.1. Comissão de conciliação prévia — Conceito e finalidade

Instituída pela Lei n. 9.958, de 12.1.2000 (DOU de 13.1.2000), é a comissão de conciliação prévia um grupo de pessoas, formado por representantes dos empregadores e representantes dos empregados (em igual número), com a atribuição de tentar conciliar conflitos individuais de trabalho, evitando assim o ingresso de reclamatória trabalhista na Justiça do Trabalho.

Aceita a conciliação, deverá ser lavrado um termo assinado pelo empregado, pelo empregador ou seu preposto e pelos membros da Comissão (devendo ser fornecidas cópias às partes), o qual terá força de título executivo extrajudicial, possuindo inclusive eficácia liberatória geral, exceto quanto às parcelas expressamente ressalvadas.

Observe-se, portanto, que as parcelas reclamadas pelo empregado e que forem objeto de acordo através da Comissão de Conciliação, o que constará do termo assinado entre as partes, não poderão ser postuladas futuramente em reclamatória trabalhista na Justiça do Trabalho, uma vez que tal termo se constitui, por si, título executivo.

2.2. Constituição — Empresa ou sindicato

A comissão de conciliação prévia poderá ser constituída por grupos de empresas ou ter caráter intersindical. Assim, as empresas e os sindicatos podem instituir as referidas comissões, de composição paritária, com representantes dos empregados e dos empregadores, com a atribuição, como já observado, de tentar conciliar os conflitos individuais do trabalho.

A Comissão instituída no âmbito da empresa ou grupo de empresas destina-se a conciliar conflitos envolvendo os respectivos empregados e empregadores. A comissão instituída no âmbito do sindicato deverá ter sua constituição e normas de funcionamento definidas em convenção ou acordo coletivo. A Comissão conciliará exclusivamente conflitos que envolvam trabalhadores pertencentes à categoria profissional e à base territorial das entidades sindicais que as tiverem instituído.

2.3. Funcionamento das comissões

Qualquer demanda de natureza trabalhista será submetida obrigatoriamente à Comissão se, na localidade da prestação de serviços, esta houver sido instituída no âmbito da empresa ou do sindicato da categoria. As Comissões de Conciliação Prévia têm prazo de dez dias para a realização da sessão de tentativa de conciliação a partir da provocação do interessado.

A demanda deverá ser formulada por escrito ou reduzida a termo por qualquer dos membros da Comissão, sendo entregue cópia datada e assinada pelo membro aos interessados.

Caso exista, na mesma localidade e para a mesma categoria, Comissão da empresa e Comissão sindical, o interessado (empregado reclamante) poderá optar por qualquer delas para submeter sua demanda, sendo competente aquela que primeiro conhecer do pedido.

Como já mencionado no subitem 2.1, *supra*, uma vez aceita a conciliação, deverá ser lavrado termo assinado pelo empregado, pelo empregador ou seu preposto e pelos membros da Comissão, fornecendo-se cópia às partes. O termo de conciliação é título executivo extrajudicial e terá eficácia liberatória geral, exceto quanto às parcelas expressamente ressalvadas. É competente para a execução de título executivo extrajudicial o juiz que teria competência para o processo de conhecimento relativo à matéria.

A conciliação deverá cingir-se a conciliar direitos ou parcelas controversas, não podendo ser objeto de transação o percentual devido a título de FGTS, inclusive a multa de 40% sobre todos os depósitos devidos durante a vigência do contrato de trabalho, nos termos da Lei n. 8.036/90.

Esgotado o prazo sem a realização da sessão, deverá ser fornecida, no último dia do prazo, a declaração da tentativa conciliatória frustrada com a descrição de seu objeto, firmada pelos membros da Comissão, que deverá ser juntada à eventual reclamação trabalhista. O prazo prescricional será suspenso a partir da provocação da Comissão de Conciliação Prévia, recomeçando a fluir, pelo que lhe resta, a partir da tentativa frustrada de conciliação ou do esgotamento do prazo de dez dias, mencionado neste subitem.

2.4. Contribuições previdenciárias

Reportando-nos ao Plano de Custeio da Seguridade Social — Lei n. 8.212/91, arts. 22 e 30, I, constitui obrigação legal da empresa arrecadar as contribuições dos segurados empregados a seu serviço, bem como contribuir sobre o total das remunerações pagas, *devidas* ou creditadas a qualquer título aos empregados. Verifica-se, pois, que a incidência da contribuição previdenciária abrange de igual forma e percentagem também as remunerações *devidas*, ou seja, mesmo que não efetivamente pagas, razão pela qual deverá existir a obrigatoriedade contributiva sobre valores constantes de acordos (judiciais ou extrajudiciais) e sentenças.

Expressa a pretensão do demandante, é certo e indene de dúvidas, pelos fundamentos e razões já mencionados, e por aplicação analógica da determinação constitucional e infraconstitucional, que sobre as parcelas de natureza remuneratória, bem como sobre as indenizações não previstas em lei, haverá a obrigatoriedade da contribuição previdenciária pelas partes.

Na existência de acordo, portanto, deverá a ata conter discriminadamente as parcelas homologadas, especificando sua natureza e a responsabilidade da parte pelo recolhimento previdenciário. Igualmente deverá ser procedido o recolhimento das contribuições decorrentes do reconhecimento de vínculo empregatício.

As contribuições deverão ser apuradas pelos mesmos critérios previstos para os acordos celebrados entre as partes em reclamatórias trabalhistas, utilizando-se, também, o mesmo código de pagamento.

Em virtude da ausência de previsão legal a respeito, no entanto, e diferentemente do que ocorre nos acordos judiciais, a Comissão de Conciliação Prévia não se encontra obrigada a notificar a Secretaria da Receita Federal do Brasil das homologações efetuadas. Tampouco a União poderá discutir judicialmente, de imediato, o crédito que lhe foi conferido pela discriminação das partes.

A Secretaria da Receita Federal do Brasil, quando de visita fiscal ao estabelecimento empregador, poderá verificar as homologações passadas na Comissão de Conciliação Prévia e a respectiva contribuição previdenciária (Lei n. 8.212/91, art. 33, § 2º). A ausência de pagamento ou a discriminação constante do acordo em discordância com a pretensão inicial do demandante ensejará constituição do crédito nas formas e documentos previstos na legislação previdenciária, quais sejam (Instrução Normativa SRP n. 3/05, art. 136 c/c 632 e 633):

a) Lançamento de débito confessado em GFIP — LDCG — documento constitutivo do crédito relativo às contribuições devidas à Previdência Social e de outras importâncias arrecadadas pela Secretaria da Receita Previdenciária, em virtude de nova confissão de débito, a partir da declaração anterior apresentada em GFIP. Quando o sujeito passivo manifestar interesse em efetuar uma nova confissão de dívida tributária, contemplando períodos ou valores já confessados em GFIP, caso a SRP ainda não tenha emitido o Débito Confessado em GFIP (DCG), poderá ser emitido o Lançamento do Débito Confessado em GFIP (LDCG), facultada a lavratura de LDC ou de NFLD, a critério da Administração da Receita Previdenciária. Caso a obrigação tributária não seja quitada nem parcelada no prazo de trinta dias da assinatura do LDCG, bem como no caso de rescisão de parcelamento, os autos do lançamento do crédito tributário serão encaminhados à Procuradoria Federal Especializada, para fins de inscrição do crédito tributário em dívida ativa e cobrança.

b) Lançamento de Débito Confessado — LDC — documento constitutivo do crédito em virtude de confissão de dívida, de reconhecimento de valores levantados em auditoria fiscal ou declarados pelo sujeito passivo em GFIP. Este documento será emitido pelo Auditor Fiscal quando o sujeito passivo (empregador) confessar os valores devidos ou reconhecer os valores levantados pela fiscalização. A empresa deverá quitar ou parcelar o débito em trinta dias, sob pena de inscrição do débito em Dívida Ativa.

c) Notificação Fiscal de Lançamento de Débito — NFLD — documento constitutivo de crédito relativo a contribuições devidas à Previdência Social e demais importâncias arrecadadas pela Secretaria da Receita Previdenciária, apuradas mediante procedimento fiscal. A empresa terá prazo de quinze dias para apresentar defesa ou efetuar o pagamento. Decorrido o prazo sem apresentação de defesa ou pagamento, será o sujeito passivo considerado revel, obrigando-se ao pagamento do crédito constituído em trinta dias, sob pena de inscrição do mesmo em Dívida Ativa. Se apresentada defesa, o processo será submetido à autoridade competente para decidir sobre a procedência ou não do lançamento, desta decisão cabendo recurso para o Conselho de Recursos da Previdência Social — CRPS.

d) Auto-de-Infração — AI — documento que se destina a registrar a ocorrência de infração à legislação previdenciária por descumprimento de obrigações acessórias (Lei n. 8.212/91, art. 32); a constituir o respectivo crédito da Previdência Social relativo à penalidade pecuniária aplicada; e a instaurar o processo administrativo de débito.

e) GFIP — documento declaratório da obrigação, caracterizado como instrumento de confissão de dívida tributária.

Conclui-se, portanto, ser comum aos acordos judiciais e extrajudiciais a obrigatoriedade de contribuição previdenciária deles decorrentes, quando da existência de parcelas remuneratórias discriminadas pelas partes. Não obstante, a constituição do crédito previdenciário e sua cobrança seguem caminhos distintos. Na esfera judicial, âmbito trabalhista, a União se encontra legitimada, como terceiro interessado (defendendo os interesses da Previdência Social), a agir no processo, executando de imediato as parcelas previdenciárias competentes. Para tanto cabe-lhe vista da homologação propugnada e prazo para manifestação e recursos, tanto em acordos quanto de sentenças condenatórias. Já no âmbito das Comissões de Conciliação Prévia o crédito previdenciário somente poderá ser constituído administrativamente, através de procedimento fiscal e autônomo, independente do ente paritário conciliador, procedimento este que poderá ser contestado pelo sujeito passivo até a inscrição do débito em Dívida Ativa.

Fundamentação: Além dos fundamentos citados nos textos, Portaria MTE/GM n. 329, de 14.8.2002 — DOU de 15.8.2002 — e Instrução Normativa SRP n. 3/05, art. 136.

Capítulo XIII

Outras Receitas da Seguridade Social

Nos termos do art. 27 da Lei n. 8.212/91 e art. 213 do Decreto n. 3.048/99, constituem outras receitas da Seguridade Social:

a) as multas, a atualização monetária e os juros moratórios;

b) a remuneração recebida por serviços de arrecadação, fiscalização e cobrança prestados a terceiros. Ex.: o INSS fiscaliza, arrecada e cobra contribuições destinadas ao Sesi, Senai, Sesc, Senac, salário-educação, etc., e por este serviço recebe 3,5% da arrecadação;

c) receitas provenientes de prestação de outros serviços e de fornecimento ou arrendamento de bens. Ex.: locação de imóveis;

d) as demais receitas patrimoniais, industriais e financeiras;

e) as doações, legados, subvenções e outras receitas eventuais;

f) 50% dos valores obtidos e aplicados na forma do parágrafo único do art. 243 da CF/88, repassados pelo INSS aos órgãos responsáveis pelas ações de proteção à saúde e a ser aplicada no tratamento e recuperação de viciados em entorpecentes e drogas afins;

Constituição Federal/88

"**Art. 243.** As glebas de qualquer região do País onde forem localizadas culturas ilegais de plantas psicotrópicas serão imediatamente expropriadas e especificamente destinadas ao assentamento de colonos, para o cultivo de produtos alimentícios e medicamentosos, sem qualquer indenização ao proprietário e sem prejuízo de outras sanções previstas em lei.

Parágrafo único. Todo e qualquer bem de valor econômico apreendido em decorrência do tráfico ilícito de entorpecentes e drogas afins será confiscado e reverterá em benefício de instituições e pessoal especializados no tratamento e recuperação de viciados e no aparelhamento e custeio de atividades de fiscalização, controle, prevenção e repressão do crime de tráfico dessas substâncias."

g) 40% do resultado dos leilões e dos bens apreendidos pela Secretaria da Receita Federal;

h) 50% do valor total do prêmio repassado pelas companhias seguradoras que mantêm o seguro obrigatório de danos pessoais causados por veículos automotores será destinado ao SUS para o custeio da assistência médico-hospitalar dos segurados vitimados em acidentes de trânsito.

Obs.: O parágrafo único do art. 78 da Lei n. 9.503, de 23.09.1997, altera a destinação da receita proveniente do DPVAT, regulamentado pelo Decreto n. 2.867, de 28.12.1998, como segue:

"Art. 78. ...

Parágrafo único. O percentual de dez por cento do total dos valores arrecadados, destinados à Previdência Social, do Prêmio do Seguro Obrigatório de Danos Pessoais causados por Veículos Automotores de Via Terrestre — DPVAT, de que trata a Lei n. 6.194, de 19 de dezembro de 1974, serão repassados mensalmente ao Coordenador do Sistema Nacional de Trânsito para aplicação exclusiva em programas de que trata este artigo."

Fundamentação: Lei n. 8.212/91, art. 27 e Decreto n. 3.048/99, art. 213.

Capítulo XIV

Isenção de Contribuições Previdenciárias

1. DIREITO — REQUISITOS

Fica isenta das contribuições previdenciárias patronais (a cargo da empresa — arts. 22 e 23 da Lei n. 8.212/91) a pessoa jurídica de direito privado beneficente de assistência social que atenda, cumulativamente, aos seguintes requisitos:

a) seja reconhecida como de utilidade pública federal e estadual (ou do Distrito Federal) ou municipal;

b) seja portadora do Registro e do Certificado de Entidade Beneficente de Assistência Social, fornecidos pelo Conselho Nacional de Assistência Social, renovado a cada três anos;

c) promova, gratuitamente e em caráter exclusivo, a assistência social beneficente a pessoas carentes, em especial a crianças, adolescentes, idosos e portadores de deficiência;

Obs.: A Confederação Nacional da Saúde, Hospitais , Estabelecimentos e Ensino e Serviços ajuizou a Ação Direta de Inconstitucionalidade n. 2.028, em 7.99, contra a Lei n. 9.732/98, que restringiu o conceito de entidade beneficente de assistência social na nova redação dada ao artigo 55 (§§ 3º a 5º). Sustenta a entidade que para ser entidade beneficente basta não ter finalidade lucrativa, nos termos do § 7º do art. 195 da CF/88. Foi concedida liminar em 14.7.1999, pelo Ministro Marco Aurélio de Mello, posteriormente confirmada, por unanimidade, pelo plenário do STF. A liminar suspende, até a decisão final da referida ação, a eficácia do artigo 1º da Lei n. 9.732/98, na parte em que alterou a redação do art. 55, inciso III, da Lei n. 8.212/91 e acrescentou-lhes os §§ 3º a 5º. Suspensa, também, a redação dos arts. 4º, 5º e 7º do mesmo diploma legal, que tratam da isenção proporcional conforme número de vagas cedidas gratuitamente.

d) aplique integralmente o eventual resultado operacional na manutenção e desenvolvimento de seus objetivos institucionais, apresentando, anualmente, relatório circunstanciado de suas atividades ao Instituto Nacional do Seguro Social;

e) não percebam seus diretores, conselheiros, sócios, instituidores, benfeitores, ou equivalentes, remuneração, vantagens ou benefícios, por qualquer forma ou título, em razão das competências, funções ou atividades que lhes são atribuídas pelo respectivo estatuto social; e

f) esteja em situação regular em relação às contribuições sociais.

Obs.: A inexistência de débitos em relação às contribuições sociais é condição necessária ao deferimento e à manutenção da isenção das contribuições previdenciárias.

Para melhor compreensão dos requisitos acima, importa-nos conhecer alguns conceitos trazidos pelo Decreto n. 3.048/99, art. 206:

• Assistência social beneficente = prestação gratuita de benefícios e serviços a quem destes necessitar.

• Pessoa carente = aquela que comprove não possuir meios de prover a própria manutenção, nem tê-la provida por sua família, bem como ser destinatária da Política Nacional de Assistência Social, aprovada pelo Conselho Nacional de Assistência Social. Considera-se não possuir meios de prover a própria manutenção, nem tê-la provida por sua família, a pessoa cuja renda familiar mensal corresponda a, no máximo, R$ 676,27 (seiscentos e setenta e seis reais e vinte e sete centavos), reajustados nas mesmas épocas e com os mesmos índices utilizados para o reajustamento do benefício de prestação continuada da assistência social.

Obs.: O valor a que se refere o parágrafo *supra* foi determinado pela Portaria MPS n. 142, de 11.4.2007, com vigência a contar de 1º.4.2007.

• Considera-se também de assistência social beneficente a pessoa jurídica de direito privado que, anualmente, ofereça e preste efetivamente, pelo menos, sessenta por cento dos seus serviços ao Sistema Único de Saúde, não se lhe aplicando a exigência de atender pessoa carente (parágrafo anterior).

Obs.: A Confederação Nacional da Saúde, Hospitais, Estabelecimentos e Ensino e Serviços ajuizou a Ação Direta de Inconstitucionalidade n. 2.028, em 7.99, contra a Lei n. 9.732/98, que restringiu o conceito de entidade beneficente de assistência social na nova redação dada ao art. 55 (§§ 3º a 5º). Sustenta a entidade que para ser entidade beneficente basta não ter finalidade lucrativa, nos termos do § 7º do art. 195 da CF/88. Foi concedida liminar em 14.7.1999, pelo Ministro Marco Aurélio de Mello, posteriormente confirmada, por unanimidade, pelo plenário do STF. A liminar suspende, até a decisão final da referida ação, a eficácia do art. 1º da Lei n. 9.732/98, na parte em que alterou a redação do art. 55, inciso III, da Lei n. 8.212/91 e acrescentou-lhes os §§ 3º a 5º. Suspensa, também, a redação dos arts. 4º, 5º e 7º do mesmo diploma legal, que tratam da isenção proporcional conforme número de vagas cedidas gratuitamente.

Impende ao empregador observar, no entanto, que a pessoa jurídica de direito privado beneficiada pela isenção de contribuições patronais se encontra obrigada a arrecadar a contribuição do segurado empregado e do trabalhador avulso a seu serviço, descontando-a da respectiva remuneração, bem como recolhê-la até o dia dois do mês subseqüente, prorrogando para o dia útil imediatamente posterior se no dia dois não houver expediente bancário — Decreto n. 3.048/99, art. 216, § 4º.

Fundamentação: Lei n. 8.212/91, art. 55, com as alterações procedidas pela Medida Provisória n. 2187-13, de 24.08.2001; Decreto n. 3.048/99, art. 206.

2. CERTIFICADO DE ENTIDADE DE FINS FILANTRÓPICOS — CONCESSÃO/RENOVAÇÃO

2.1. Entidade beneficente de assistência social — Conceito

Para a concessão ou renovação do Certificado de Entidades de Fins Filantrópicos, considera-se entidade beneficente de assistência social a pessoa jurídica de direito privado, sem fins lucrativos, que atue no sentido de:

a) proteger a família, a maternidade, a infância, a adolescência e a velhice;

b) amparar crianças e adolescentes carentes;

c) promover ações de prevenção, habilitação e reabilitação e pessoas portadoras de deficiências;

d) promover, gratuitamente, assistência educacional ou de saúde;

e) promover a integração ao mercado de trabalho;

Fundamentação: Decreto n. 2.536, de 6.4.1998 — DOU de 7.4.1998, art. 2º.

2.2. Requisitos

O Certificado de Entidade de Fins Filantrópicos somente poderá ser concedido ou renovado para entidade beneficente de assistência social que demonstre, cumulativamente:

I — estar legalmente constituída no País e em efetivo funcionamento nos três anos anteriores à solicitação do Certificado;

II — estar previamente inscrita no Conselho Municipal de Assistência Social do município de sua sede se houver, ou no Conselho Estadual de Assistência Social, ou Conselho de Assistência Social do Distrito Federal;

III — estar previamente registrada no CNAS;

IV — aplicar suas rendas, seus recursos e eventual resultado operacional integralmente no território nacional e manutenção e no desenvolvimento de seus objetivos institucionais;

V — aplicar as subvenções e doações recebidas nas finalidades a que estejam vinculadas;

VI — aplicar anualmente, em gratuidade, pelo menos vinte por cento da receita bruta proveniente da venda de serviços, acrescida da receita decorrente de aplicações financeiras, de locação de bens, de venda de bens não integrantes do ativo imobilizado e de doações particulares, cujo montante nunca será inferior à isenção de contribuições sociais usufruída;

Obs.: Não serão considerados os valores relativos a bolsas custeadas pelo Fundo de Financiamento ao Estudante do Ensino Superior — FIES ou resultantes de acordo ou convenção coletiva de trabalho, para os fins de cálculo desta gratuidade.

VII — não distribuir resultados, dividendos, bonificações, participações ou parcelas do seu patrimônio, sob nenhuma forma ou pretexto;

VIII — não perceberem seus diretores, conselheiros, sócios, instituidores, benfeitores ou equivalente remuneração, vantagens ou benefícios, direta ou indiretamente, por qualquer forma ou título, em razão das competências, funções ou atividades que lhes sejam atribuídas pelos respectivos atos constitutivos;

IX — destinar, em seus atos constitutivos, em caso de dissolução ou extinção, o eventual patrimônio remanescente a entidades congêneres registradas no CNAS ou a entidade pública;

X — não constituir patrimônio de indivíduo ou de sociedade sem caráter beneficente de assistência social;

XI — seja declarada de utilidade pública federal.

O Certificado de Entidade de Fins Filantrópicos somente será fornecido a entidade cuja prestação de serviços gratuitos seja permanente e sem qualquer discriminação de clientela, de acordo com o plano de trabalho de assistência social apresentado e aprovado pelo CNAS.

O Certificado de Entidade de Fins Filantrópicos terá validade de três anos, a contar da data da publicação no Diário Oficial da União da resolução de deferimento de sua concessão, permitida sua renovação, sempre por igual período, exceto quando cancelado em virtude de transgressão de norma que regulamenta a sua concessão.

Desde que tempestivamente requerida a renovação, a validade do Certificado contará da data do termo final do Certificado anterior.

Instituições de saúde

A instituição de saúde deverá, em substituição ao requisito do item VI, acima, ofertar a prestação de todos os seus serviços ao SUS no percentual mínimo de sessenta por cento, e comprovar, anualmente, o mesmo percentual em internações realizadas, medida por paciente-dia. Este atendimento no percentual mínimo pode ser individualizado por estabelecimento ou pelo conjunto de estabelecimentos de saúde da instituição.

Obs.: A Confederação Nacional da Saúde, Hospitais, Estabelecimentos e Ensino e Serviços ajuizou a Ação Direta de Inconstitucionalidade n. 2.028, em 7.99, contra a Lei n. 9.732/98, que restringiu o conceito de entidade beneficente de assistência social na nova redação dada ao art. 55 (§§ 3º a 5º). Sustenta a entidade que para ser entidade beneficente basta não ter finalidade lucrativa, nos termos do § 7º do art. 195 da CF/88. Foi concedida liminar em 14.7.1999, pelo Ministro Marco Aurélio de Mello, posteriormente confirmada, por unanimidade, pelo plenário do STF. A liminar suspende, até a decisão final da referida ação, a eficácia do art. 1º da Lei n. 9.732/98, na parte em que alterou a redação do art. 55, inciso III, da Lei n. 8.212/91 e acrescentou-lhes os §§ 3º a 5º. Suspensa, também, a redação dos arts. 4º, 5º e 7º do mesmo diploma legal, que tratam da isenção proporcional conforme número de vagas cedidas gratuitamente.

A instituição de saúde deverá informar, obrigatoriamente, ao Ministério da Saúde, por meio de Comunicação de Internação Hospitalar — CIH, a totalidade das internações realizadas para os pacientes não usuários do SUS.

A instituição de saúde que presta serviços exclusivamente na área ambulatorial, deverá, em substituição ao requisito do inciso VI, comprovar anualmente a prestação desses serviços ao SUS no percentual mínimo de sessenta por cento.

Quando a disponibilidade de cobertura assistencial da população pela rede pública de uma determinada área for insuficiente, os gestores do SUS deverão observar, para a contratação de serviços privados, a preferência de participação das entidades beneficentes de assistência social e as sem fins lucrativos.

Havendo impossibilidade, declarada pelo gestor local do SUS, na contratação dos serviços de saúde da instituição no percentual mínimo estabelecido, deverá ela comprovar atendimento ao requisito de que trata o item VI, da seguinte forma:

I — integralmente, se o percentual de atendimento ao SUS for inferior a trinta por cento;

II — com 50% de redução no percentual de aplicação em gratuidade, se o percentual de atendimento ao SUS for igual ou superior a trinta por cento; ou

III — com 75% de redução no percentual de aplicação em gratuidade, se o percentual de atendimento ao SUS for igual ou superior a cinqüenta por cento ou se completar o quantitativo das internações hospitalares, medido por paciente-dia, com atendimentos gratuitos devidamente informados por meio de CIH, não financiados pelo SUS ou por qualquer outra fonte.

Alternativamente ao item VI, *supra*, a instituição de saúde poderá realizar projetos de apoio ao desenvolvimento institucional do SUS, estabelecendo convênio com a União, por intermédio do Ministério da Saúde, nas seguintes áreas de atuação:

a) estudos de avaliação e incorporação de tecnologias;

b) capacitação de recursos humanos;

c) pesquisas de interesse público em saúde;

d) desenvolvimento de técnicas e operação de gestão em serviços de saúde.

Note-se, contudo, que o recurso despendido pela entidade de saúde no projeto de apoio não poderá ser inferior ao valor da isenção das contribuições sociais usufruída e que as instituições de saúde que venham a se beneficiar desta condição poderão complementar as atividades de apoio com a prestação de serviços ambulatoriais e hospitalares, não remunerados, ao SUS, mediante pacto com o gestor local do SUS, observadas as seguintes condições:

• o valor previsto no *caput* não poderá ultrapassar trinta por cento do valor usufruído com a isenção das contribuições sociais;

• a instituição de saúde deverá apresentar, ao gestor local do SUS, plano de trabalho com previsão de atendimento e detalhamento de custos, os quais não poderão exceder o valor efetivamente despendido pela instituição;

• a demonstração dos custos a que se refere o inciso II poderá ser exigida mediante apresentação dos comprovantes necessários;

• as instituições conveniadas deverão informar a produção nos Sistemas de Informação Hospitalar e Ambulatorial — SIA e SIH/SUS, com observação de não geração de créditos.

O conteúdo e o valor das atividades desenvolvidas em cada projeto de apoio ao desenvolvimento institucional e de prestação de serviços ao SUS deverão ser objeto de relatórios semestrais, os quais serão encaminhados à área do Ministério da Saúde vinculada ao projeto de apoio e de prestação de serviços e ao CNAS, para fiscalização, sem prejuízo das atribuições dos órgãos de fiscalização tributária e previdenciária.

O Conselho Nacional de Assistência Social (CNAS), com o apoio dos Ministérios da Saúde e da Previdência Social, avaliará a correspondência entre o valor da isenção e o valor dos recursos despendidos pela instituição de saúde, com base na análise do custo contábil de cada projeto, considerando os valores de investimento e os componentes diretos e indiretos do referido custo.

Instituições de saúde e assistência social ou educacional — Atuação simultânea

Tratando-se de instituição que atue, simultaneamente, nas áreas de saúde e de assistência social ou educacional, deverá ela atender ao disposto no inciso VI, ou ao percentual mínimo de serviços prestados ao SUS pela área de saúde e ao percentual daquele em relação às demais. Nesta hipótese, não serão consideradas, para efeito de apuração do percentual da receita bruta aplicada em gratuidade, as receitas provenientes dos serviços de saúde.

O valor aplicado em gratuidade na área de saúde, quando não comprovado por meio de registro contábil específico, será obtido mediante a valoração dos procedimentos realizados com base nas tabelas de pagamentos do SUS. Em hipótese alguma, no entanto, será admitida como aplicação em gratuidade a eventual diferença entre os valores pagos pelo SUS e os preços praticados pela entidade ou pelo mercado.

Obs.: A Confederação Nacional da Saúde, Hospitais, Estabelecimentos e Ensino e Serviços ajuizou a Ação Direta de Inconstitucionalidade n. 2.028, em 7.99, contra a Lei n. 9.732/98, que restringiu o conceito de entidade beneficente de assistência social na nova redação dada ao art. 55 (§§ 3º a 5º). Sustenta a entidade que para ser entidade beneficente basta não ter finalidade lucrativa, nos termos do § 7º do art. 195 da CF/88. Foi concedida liminar em 14.7.1999, pelo Ministro Marco Aurélio de Mello, posteriormente confirmada, por unanimidade, pelo plenário do STF. A liminar suspende, até a decisão final da referida ação, a eficácia do art. 1º da Lei n. 9.732/98, na parte em que alterou a redação do art. 55, inciso III, da Lei n. 8.212/91 e acrescentou-lhes os §§ 3º a 5º. Suspensa, também, a redação dos arts. 4º, 5º e 7º do mesmo diploma legal, que tratam da isenção proporcional conforme número de vagas cedidas gratuitamente.

Fundamentação: Decreto n. 2.536, de 6.4.1998 — DOU de 7.4.1998, art. 3º, com as alterações promovidas pelo Decreto n. 5.895, de 18.9.2006 — DOU de 19.9.2006.

2.3. Documentos necessários

Para o correto encaminhamento do pedido de concessão ou renovação de Certificado de Entidade de Fins Filantrópicos a pessoa jurídica deverá apresentar ao CNAS, além do relatório de execução de plano de trabalho aprovado, pelo menos, as seguintes demonstrações contábeis e financeiras, relativas aos três últimos exercícios:

a) balanço patrimonial;

b) demonstração do resultado do exercício;

c) demonstração de mutação do patrimônio;

d) demonstração das origem e aplicações de recursos;

e) notas explicativas.

Nas notas explicativas, deverão estar evidenciados o resumo das principais práticas contábeis e os critérios de apuração do total das receitas, das despesas, das gratuidades, das doações, das subvenções e das aplicações de recursos, bem como da mensuração dos gastos e despesas relacionados com a atividade assistencial e demonstradas as contribuições previdenciárias devidas, como se a entidade não gozasse da isenção.

Fundamentação: Decreto n. 2.536, de 6.4.1998 — DOU de 7.4.1998, arts. 4º a 6º.

3. EXTENSÃO DA ISENÇÃO OBTIDA

A isenção das contribuições será extensiva a todas as entidades mantidas, suas dependências, estabelecimentos e obras de construção civil da pessoa jurídica de direito privado beneficente, quando por ela executadas e destinadas a uso próprio.

A isenção concedida a uma pessoa jurídica não é extensiva nem abrange outra pessoa jurídica, ainda que esta seja mantida por aquela, ou por ela controlada.

As pessoas jurídicas de direito privado beneficentes, resultantes de cisão ou desmembramento das que se encontram em gozo de isenção poderão requerê-la, sem qualquer prejuízo, até quarenta dias após a cisão ou o desmembramento, podendo, para tanto, valer-se da mesma documentação que possibilitou o reconhecimento da isenção da pessoa jurídica que lhe deu origem.

Fundamentação: Lei n. 8.212/91, art. 55; Decreto n. 3.048/99, art. 206.

4. CANCELAMENTO DA ISENÇÃO

O Instituto Nacional do Seguro Social verificará, periodicamente, se a pessoa jurídica de direito privado beneficente continua atendendo aos requisitos necessários para se beneficiar da isenção por ele concedida.

O cancelamento se dará somente quando a pessoa jurídica de direito privado beneficente não atender aos requisitos exigidos, a partir da data em que deixar de atendê-los, observado o seguinte procedimento:

a) se a fiscalização do INSS verificar que a pessoa jurídica a que se refere este artigo deixou de cumprir os requisitos nele previstos, emitirá Informação Fiscal na qual relatará os fatos que determinaram a perda da isenção;

b) a pessoa jurídica de direito privado beneficente será cientificada do inteiro teor da Informação Fiscal, sugestões e conclusões emitidas pelo INSS e terá o prazo de quinze dias para apresentação de defesa e produção de provas;

c) apresentada a defesa ou decorrido o prazo sem manifestação da parte interessada, o INSS decidirá acerca do cancelamento da isenção, emitindo Ato Cancelatório, se for o caso; e

d) cancelada a isenção, a pessoa jurídica de direito privado beneficente terá o prazo de trinta dias, contados da ciência da decisão, para interpor recurso com efeito suspensivo ao Conselho de Recursos da Previdência Social.

Não cabe recurso ao Conselho de Recursos da Previdência Social da decisão que cancelar a isenção com os seguintes fundamentos:

- Não ser a entidade reconhecida como de utilidade pública federal;
- Não ser a entidade reconhecida como de utilidade pública pelo respectivo Estado, Distrito Federal ou Município onde se encontre a sua sede;
- Não ser a entidade portadora do Registro e do Certificado de Entidade de Fins Filantrópicos, fornecido pelo Conselho Nacional de Assistência Social.

O Instituto Nacional do Seguro Social deverá comunicar à Secretaria de Estado de Assistência Social, à Secretaria Nacional de Justiça, à Secretaria da Receita Federal e ao Conselho Nacional de Assistência Social o cancelamento efetuado.

Observe-se, entretanto, que:

1 — O Certificado e o Registro de Entidade de Fins Filantrópicos não são emitidos pelo INSS, ou seja, não é ele quem avalia se a entidade tem condições ou não de obter esses documentos. Tal tarefa cabe ao Conselho Nacional de Assistência Social — CNAS, conforme previsto na Lei n. 8.742/93, art. 18. Entretanto, quem concede ou não a isenção das contribuições previdenciárias é o próprio INSS, conforme já mencionado.

2 — O CNAS e o INSS são órgãos distintos e autônomos, com competências específicas.

Em conclusão, verificando o INSS alguma irregularidade no Certificado, entendemos que este não poderá, sob nenhum pretexto, desconsiderá-lo e cassar a isenção da entidade fiscalizada, pois que, como visto, somente ao CNAS compete analisar, de forma conclusiva, se os requisitos para obtenção de certificado do Decreto n. 2.536/98 continuam sendo cumpridos pela entidade beneficente de assistência social. O INSS poderá, entretanto, representar ao CNAS, solicitando o cancelamento do Certificado (Decreto n. 2.536/98, art. 7º).

Na hipótese de o CNAS não acolher a representação do INSS, e conseqüentemente não cancelar o Certificado, o INSS poderá se valer do recurso ao Ministro da Previdência e Assistência Social, no prazo de 10 dias, para reverter o julgamento do Conselho (Lei n. 9.784/99, art. 59).

Se cancelado o certificado, e somente a partir daí, o INSS poderá proceder ao cancelamento da isenção (Decreto n. 3.048/99, art. 206, § 8º).

Contribuições sociais — Entidades em débito

Como já observado, a inexistência de débitos em relação às contribuições sociais é condição necessária ao deferimento e à manutenção da isenção das contribuições previdenciárias. Assim, a existência de débito em nome da entidade requerente constitui motivo para o cancelamento da isenção, com efeitos a contar do primeiro dia do segundo mês subseqüente àquele em que a entidade se tornou devedora de contribuição social.

Considera-se entidade em débito, para os efeitos de cancelamento da isenção ou do impedimento de seu deferimento, quando contra ela constar crédito da seguridade social exigível, decorrente de obrigação assumida como contribuinte ou responsável, constituído por meio de notificação fiscal de lançamento, auto-de-infração, confissão ou declaração, assim entendido, também, o que tenha sido objeto de informação na Guia de Recolhimento do Fundo de Garantia do Tempo de Serviço e Informações à Previdência Social — GFIP.

Fundamentação: Além dos citados no texto, Parecer n. 2.272, da Consultoria Jurídica do Ministério da Previdência e Assistência Social, aprovado em 28.8.2000 (DOU de 30.8.2000)

5. ATIVIDADE EDUCACIONAL OU DE ATENDIMENTO AO SUS — ATENDIMENTO PARCIAL A PESSOAS CARENTES

Prevê a legislação previdenciária em vigor que a pessoa jurídica de direito privado sem fins lucrativos, que exerce atividade educacional nos termos da Lei n. 9.394, de 20.12.1996 (estabelece as diretrizes e bases da educação nacional), ou que atenda ao Sistema Único de Saúde, mas não pratique de forma exclusiva e gratuita atendimento a pessoas carentes, gozará da isenção das contribuições previdenciárias a cargo da empresa (contribuições patronais), na proporção do valor das vagas cedidas, integral e gratuitamente, a pessoas carentes ou do valor do atendimento à saúde de caráter assistencial, desde que satisfaçam os seguintes requisitos (incisos I, II, III, V e VI do art. 206 do Decreto n. 3.048/99):

a) seja reconhecida como de utilidade pública federal;

b) seja reconhecida como de utilidade pública pelo respectivo Estado, Distrito Federal ou Município onde se encontre a sua sede;

c) seja portadora do Registro e do Certificado de Entidade Beneficente de Assistência Social, fornecidos pelo Conselho Nacional de Assistência Social, renovado a cada três anos;

d) aplique integralmente o eventual resultado operacional na manutenção e desenvolvimento de seus objetivos institucionais, apresentando, anualmente, relatório circunstanciado de suas atividades ao Instituto Nacional do Seguro Social; e

e) não percebam seus diretores, conselheiros, sócios, instituidores, benfeitores, ou equivalentes, remuneração, vantagens ou benefícios, por qualquer forma ou título, em razão das competências, funções ou atividades que lhes são atribuídas pelo respectivo estatuto social.

No entanto, a Confederação Nacional da Saúde, Hospitais, Estabelecimentos e Ensino e Serviços ajuizou a Ação Direta de Inconstitucionalidade n. 2.028, em 7.99, contra a Lei n. 9.732/98, que restringiu o conceito de entidade beneficente de assistência social na nova redação dada ao art. 55 (§§ 3º a 5º). Sustenta a entidade que para ser entidade beneficente basta não ter finalidade lucrativa, nos termos do § 7º do art. 195 da CF/88. Foi concedida liminar em 14.7.1999, pelo Ministro Marco Aurélio de Mello, posteriormente confirmada, por unanimidade, pelo plenário do STF. A liminar suspende, até a decisão final da referida ação, a eficácia do art. 1º da Lei n. 9.732/98, na parte em que alterou a redação do art. 55, inciso III, da Lei n. 8.212/91 e acrescentou-lhes os §§ 3º a 5º. Suspensa, também, a redação dos arts. 4º, 5º e 7º do mesmo diploma legal, que tratam da isenção proporcional conforme número de vagas cedidas gratuitamente.

Fundamentação: Lei n. 8.212/91, art. 55, alterado pela Lei n. 9.732/98, arts. 4º e 5º; Decreto n. 3.048/99, art. 207.

6. REQUERIMENTO DA ISENÇÃO — PROCEDIMENTOS

Obtido o Certificado de Entidade de Fins Filantrópicos através do CNAS — Conselho Nacional de Assistência Social, a isenção das contribuições previdenciárias não se dá automaticamente, devendo a pessoa jurídica de direito privado requerer o reconhecimento da isenção ao Instituto Nacional do Seguro Social, em formulário próprio, juntando os seguintes documentos:

a) decretos declaratórios de utilidade pública federal e estadual ou do Distrito Federal ou municipal;

b) Atestado de Registro e Certificado de Entidade Beneficente de Assistência Social, expedidos pelo Conselho Nacional de Assistência Social — CNAS, dentro do período de validade;

c) estatuto da entidade com a respectiva certidão de registro em cartório de registro civil de pessoas jurídicas;

d) ata de eleição ou de nomeação da diretoria em exercício, registrada em cartório de registro civil de pessoas jurídicas;

e) comprovante de entrega da declaração de imunidade do imposto de renda de pessoa jurídica, fornecido pelo setor competente do Ministério da Fazenda, relativo ao último exercício findo;

f) informações cadastrais, em formulário próprio (Anexo XVI da Instrução Normativa SRP n. 3/05);

g) resumo de informações de assistência social, em formulário próprio (Anexo XVII da Instrução Normativa SRP n. 3/05).

A Secretaria da Receita Federal do Brasil decidirá sobre o pedido no prazo de trinta dias contados da data do protocolo.

Deferido o pedido, a Secretaria expedirá Ato Declaratório e comunicará à pessoa jurídica requerente a decisão sobre o pedido de reconhecimento do direito à isenção, que gerará efeito a partir da data do seu protocolo.

A eventual existência de débito em nome da requerente constituirá impedimento ao deferimento do pedido até que seja regularizada a situação da entidade requerente, hipótese em que a decisão concessória da isenção produzirá efeitos a partir do 1º dia do mês em que for comprovada a regularização da situação.

No caso de não ser proferida a decisão no prazo de 30 dias, o interessado poderá reclamar à autoridade superior, que apreciará o pedido da concessão da isenção requerida e promoverá a apuração de eventual responsabilidade do servidor omisso, se for o caso.

Indeferido o pedido de isenção, cabe recurso ao Conselho de Recursos da Previdência Social, que decidirá por uma de suas Câmaras de Julgamento.

Os documentos referidos nas letras "a" a "e" poderão ser apresentados por cópia, conferida e autenticada pelo servidor encarregado da instrução, à vista dos respectivos originais.

Fundamentação: Decreto n. 3.048/99, art. 208; Instrução Normativa SRP n. 3/05, arts. 301 a 304.

7. OBRIGAÇÕES DAS PESSOAS JURÍDICAS BENEFICIADAS

A pessoa jurídica de direito privado beneficiada com a isenção das contribuições previdenciárias a cargo da empresa (patronais) é obrigada a apresentar, anualmente, até 30 de abril, ao órgão da Secretaria da Receita Federal do Brasil jurisdicionante de sua sede, relatório circunstanciado de suas atividades no exercício anterior, na forma por ele definida, contendo as seguintes informações e documentos:

a) localização de sua sede;

b) nome e qualificação completa de seus dirigentes;

c) relação dos seus estabelecimentos e obras de construção civil identificados pelos respectivos números do Cadastro Nacional da Pessoa Jurídica ou no Cadastro Específico do Instituto Nacional do Seguro Social;

d) descrição pormenorizada dos serviços assistenciais, de educação ou de saúde prestados a pessoas carentes, em especial a crianças, adolescentes, idosos e portadores de deficiência, mencionando a quantidade de atendimentos e os respectivos custos, para o caso da pessoa jurídica de direito privado a que se refere o art. 206 do Decreto n. 3.048/99;

e) demonstrativo mensal por atividade, no qual conste a quantidade de atendimentos gratuitos oferecidos a pessoas carentes, o valor efetivo total das vagas cedidas, a receita proveniente dos atendimentos prestados ao Sistema Único de Saúde, o valor da receita bruta, da contribuição social devida, o percentual e o valor da isenção usufruída, para o caso da pessoa jurídica de direito privado a que se refere o art. 207 do Decreto n. 3.048/99; e

f) resumo de informações de assistência social.

A pessoa jurídica de direito privado beneficiada será, ainda, obrigada a manter à disposição da Secretaria da Receita Federal do Brasil, durante dez anos, os seguintes documentos:

I — balanço patrimonial e da demonstração de resultado do exercício, com discriminação das receitas e despesas, relativos ao exercício anterior, para o caso da pessoa jurídica de direito privado de que trata o art. 206 do Decreto n. 3.048/99;

II — demonstrações contábeis e financeiras relativas ao exercício anterior, para o caso da pessoa jurídica de direito privado de que trata o art. 207 do Decreto n. 3.048/99, abrangendo:

a) balanço patrimonial;

b) demonstração de resultado do exercício, com discriminação das receitas e despesas;

c) demonstração de mutação de patrimônio; e

d) notas explicativas.

A pessoa jurídica deverá também apresentar, até 31 de janeiro de cada ano, plano de ação das atividades a serem desenvolvidas durante o ano em curso.

Outra obrigação será manter as folhas de pagamento relativas ao período, bem como os respectivos documentos de arrecadação que comprovem o recolhimento das contribuições à Previdência Social, além de outros documentos que possam vir a ser solicitados pela fiscalização do Instituto, devendo, também, registrar na sua contabilidade, de forma discriminada, os valores aplicados em gratuidade, bem como o valor correspondente à isenção das contribuições previdenciárias a que fizer jus.

O Ministério da Previdência Social poderá determinar à pessoa jurídica de direito privado isenta das contribuições sociais nos termos dos arts. 206 ou 207 do Decreto n. 3.048/99 que obedeça a plano de contas padronizado segundo critérios por ele definidos, aos princípios fundamentais de contabilidade e às normas emanadas do Conselho Federal de Contabilidade.

Obs.: A pessoa jurídica de direito privado que se beneficiar da isenção deverá manter, em seu estabelecimento, em local visível ao público, placa indicativa da respectiva disponibilidade de serviços gratuitos de assistência social, educacionais ou de saúde a pessoas carentes, em especial a crianças, adolescentes, idosos e portadores de deficiência, indicando tratar-se de pessoa jurídica de direito privado abrangida pela isenção de contribuições sociais, segundo modelo estabelecido pelo Ministério da Previdência e Assistência Social.

Fundamentação: Decreto n. 3.048/99, art. 209.

8. INSS — INSTITUTO NACIONAL DO SEGURO SOCIAL — SECRETARIA DE ESTADO DE ASSISTÊNCIA SOCIAL E CNAS — CONSELHO NACIONAL DE ASSISTÊNCIA SOCIAL — INTERCÂMBIO

O Instituto Nacional do Seguro Social, a Secretaria de Estado de Assistência Social e o Conselho Nacional de Assistência Social manterão intercâmbio de informações, observados os seguintes procedimentos:

a) o Conselho Nacional de Assistência Social comunicará mensalmente ao Instituto Nacional do Seguro Social e à Secretaria de Estado de Assistência Social as decisões sobre deferimento ou indeferimento dos pedidos de concessão ou renovação do Registro e do Certificado de Entidade de Fins Filantrópicos;

b) os Conselhos de Assistência Social dos Estados, do Distrito Federal e dos Municípios e os órgãos gestores desses entes estatais comunicarão, a qualquer época, ao Instituto Nacional do Seguro Social, à Secretaria de Estado de Assistência Social e ao Conselho Nacional de Assistência Social as irregularidades verificadas na oferta dos serviços assistenciais prestados pela pessoa jurídica de direito privado abrangida pela isenção de contribuições sociais; e

c) o Instituto Nacional do Seguro Social repassará à Secretaria de Estado de Assistência Social e ao Conselho Nacional de Assistência Social as informações de assistência social relativas às pessoas jurídicas de direito privado abrangidas pela isenção de contribuições sociais.

Obs. I: O Instituto Nacional do Seguro Social publicará anualmente, até 30 de junho, para fins de controle de fiscalização, informando à Secretaria de Estado de Assistência Social, ao Conselho Nacional de Assistência Social, à Secretaria da Receita Federal e à Secretaria Nacional de Justiça, a lista das entidades beneficentes ou as isentas a que se refere os arts. 206 e 207 do Decreto n. 3.048/99, especialmente as de educação e de saúde.

Obs. II: Com a criação da Secretaria da Receita Previdenciária, autorizada pela Medida Provisória n. 222/04 (ver Parte I, item V), é possível que esta assuma as obrigações até então cabíveis ao INSS.

Fundamentação: Decreto n. 3.048/99, art. 210.

Capítulo XV

Retenção de 11% Sobre o Valor da Prestação dos Serviços — Cessão de Mão-de-obra e/ou Empreitada

1. OBRIGATORIEDADE

Em decorrência do disposto na Lei n. 9.711/98, a empresa contratante de serviços executados mediante cessão ou empreitada de mão-de-obra deve reter, desde fevereiro/99, 11% (onze por cento) do valor bruto da nota fiscal, fatura ou recibo de prestação de serviços e recolher a importância retida aos cofres da Seguridade Social, através da GPS, em nome da empresa contratada.

Obs.: Também os valores pagos a título de adiantamento devem integrar a base de cálculo da retenção por ocasião do faturamento dos serviços prestados.

Esta retenção de valores em nota fiscal, a ser efetuada pela tomadora dos serviços (empresa contratante), sempre se presumirá feita, oportuna e regularmente, não lhe sendo lícito alegar qualquer omissão para se eximir do recolhimento, ficando, inclusive, diretamente responsável pelas importâncias que deixar de descontar ou tiver descontado em desacordo com a legislação previdenciária.

O procedimento para retenção, bem como esclarecimentos adicionais sobre a matéria, foi consignado pelo Ministério da Previdência e Assistência Social na Ordem de Serviço n. 203, da Diretoria de Arrecadação e Fiscalização do INSS (DOU de 2.2.1999).

Com a publicação do Decreto n. 3.048 em 7.5.99 e da Ordem de Serviço n. 209, da Diretoria de Arrecadação e Fiscalização do INSS, em 28.5.1999, sofreu a retenção previdenciária, trazida pela Lei n. 9.711/98, diversas modificações quanto aos procedimentos para enquadramento, arrecadação e compensação pelos contribuintes. A Ordem de Serviço n. 209 foi então revogada pela Instrução Normativa n. 71/02, sendo esta revogada pela Instrução Normativa INSS/DC n. 100/03. Esta última Instrução foi revogada pela a Instrução Normativa SRP n. 3/05, hoje em vigor.

Atualmente, portanto, disciplinam sobre o tema o art. 31 da Lei n. 8.212/91, o art. 219 do Decreto n. 3.048/99 e os arts. 140 a 177 da Instrução Normativa SRP n. 3/05.

2. ATIVIDADES SUJEITAS À RETENÇÃO

2.1. Atividades que envolvem cessão de mão-de-obra sujeitas à retenção previdenciária

Em vigor a partir de 7.5.1999, o Decreto n. 3.048 alterou o posicionamento inicial previdenciário (Ordem de Serviço n. 203/99), trazendo uma relação exaustiva de atividades que envolvem cessão de mão-de-obra, as quais se sujeitam à obrigatoriedade da retenção instituída. Assim, o Ministério da Previdência e Assistência Social se viu obrigado a rever seu entendimento, o que fez através da Ordem de Serviço n. 209 (DOU de 28.5.1999), onde manteve a relação contida no referido Decreto. Tal relação, hoje, consta dos arts. 145 e 146 da Instrução Normativa SRP n. 3/05.

Para fins previdenciários, entende-se como cessão de mão-de-obra a colocação à disposição do contratante, em suas dependências ou nas de terceiros, de trabalhadores que realizem serviços contínuos, relacionados ou não com sua atividade-fim, independente da natureza e da forma de contratação, inclusive por meio de trabalho temporário na forma da Lei n. 6.019/74.

Para melhor compreensão da expressão "cessão de mão-de-obra", cumpre observar os seguintes conceitos, contidos no art. 143 da Instrução Normativa SRP n. 3/05:

• *Dependências de terceiros:* aquelas indicadas pela empresa contratante, que não sejam as suas próprias e que não pertençam à empresa prestadora dos serviços.

• *Serviços contínuos:* aqueles que constituem necessidade permanente da contratante, que se repetem periódica ou sistematicamente, ligados ou não a sua atividade-fim, ainda que sua execução seja realizada de forma intermitente ou por diferentes trabalhadores.

• *Colocação à disposição da empresa contratante:* cessão do trabalhador, em caráter não-eventual, respeitados os limites do contrato.

A contar de 7.5.1999, portanto, a retenção de 11% (onze por cento) do valor dos serviços contidos na nota fiscal, fatura ou recibo se faz obrigatória, quando de cessão de mão-de-obra, somente para as seguintes atividades:

a) *Limpeza, conservação e zeladoria* — Entende-se por serviços de limpeza, conservação e zeladoria aqueles prestados com o intuito de manter o asseio, higiene e preservação por intermédio de varrição, lavagem, enceramento, desinfecção, entre outros, de praias, jardins, rodovias, monumentos, edificações, instalações, dependências, logradouros, vias públicas, pátios, áreas de uso comum, etc. garantindo, assim, as condições necessárias de seu uso.

b) *Vigilância e segurança* — Trata aqui o legislador de serviços que tenham por finalidade a garantia da integridade física de pessoas ou a preservação de bens patrimoniais, ou seja, a proteção de pessoas e bens.

Obs.: Os serviços de vigilância ou segurança prestados por meio de monitoramento eletrônico não estão sujeitos à retenção.

c) *Construção civil* — Entende-se por serviços de construção civil aqueles prestados na própria atividade de construção civil, assim entendidos como construção, demolição, reforma ou acréscimo de edificações, bem como a execução de qualquer benfeitoria agregada ao solo ou ao subsolo e, ainda, as obras complementares. Consideram-se obras complementares aquelas que se integram ao conjunto, tais como jardins, passeios, muros, colocação de grades, drenagem, pavimentação, terraplanagem, recreação, urbanização, sinalização de rodovias e vias públicas.

d) *Serviços rurais* — Consideram-se serviços rurais todos aqueles destinados à produção rural, animal ou vegetal, como por exemplo serviços de lavagem, limpeza, descascamento, lenhamento, capina, desmatamento, colheita, pasteurização, resfriamento, secagem, fermentação, embalagem, carvoejamento, cozimento, destilação, moagem, torrefação, aração e gradeamento, plantação, movimentação de animais, retirada de leite, tosquia, colocação e reparação de cercas, irrigação, adubação, pulverização, serviços de controle de pragas e ervas daninhas, plantio, criação de animais, inseminação, castração, marcação de rebanhos, debulhação, industrialização rudimentar, limpeza de áreas cultiváveis, extração de resinas, látex, mel, etc.

e) *Digitação e preparação de dados para processamento* — A "digitação" compreende os serviços de inserção de dados em meio informatizado através de operação de teclados ou similares. Já a "preparação de dados para processamento" são todos os serviços previamente executados com vistas a viabilizar ou facilitar o processamento de informações, tais como escaneamento manual e leitura óptica.

f) *Acabamento, embalagem e acondicionamento de produtos* — Os serviços de acabamento têm por objetivo a conclusão, o preparo final, a incorporação das últimas partes ou dos últimos componentes de determinado produto com vistas a colocá-lo em condições de uso, a exemplo da pintura, do polimento, do remate, da eliminação de rebarbas, entre outros. Serviços de embalagem são aqueles relacionados com o preparo de produtos ou de mercadorias para transporte ou guarda, ou ainda para a conservação ou preservação de suas características. Por acondicionamento entendam-se os serviços envolvidos no processo de colocação ordenada dos produtos quando do seu armazenamento ou transporte, a exemplo da colocação em "pallets", empilhamento, amarração, etc.

g) *Cobrança* — Por cobrança considera-se o conjunto de serviços, ainda que executados periodicamente, que têm como objetivo recebimento de quaisquer valores devidos a determinada empresa contratante como, por exemplo, a cobrança de títulos de crédito, de contribuições para clubes, associações, entidades de classes e outros.

h) *Coleta e reciclagem de lixo e resíduos* — Compreendem os serviços de busca, transporte, separação, tratamento e transformação de materiais inservíveis ou resultantes de processos produtivos com vistas ao seu descarte definitivo ou reaproveitamento, exceto quanto realizados com a utilização de equipamentos tipo *containers* ou caçambas estacionárias. Como exemplo citamos coleta de resíduos domiciliares, de feiras livres, de hospitais, de farmácias, de indústrias, de comércio, de escritórios, operação de usinas de compostagem e de incineradores, remoção de galhos de árvores, entulhos, móveis, rejeitos, etc.

i) *Copa e hotelaria* — Por copa entende-se a preparação, manuseio e distribuição de todo e qualquer produto alimentício, tais como refeições, água, chá, café, refrigerante, lanche. Nestes serviços incluem-se garçons, cozinheiros, copeiros, etc. A hotelaria compreende os serviços que concorrem para a realização de atendimento ao hóspede em hotel, pousada, paciente em hospital, clínica ou em outros estabelecimentos do gênero, incluindo os de portaria, recepção, cozinha, arrumação e limpeza de quartos, lavanderia, acomodação, serviços de mensageiros, massagistas, cabeleireiros, recreação, guias turísticos, intérpretes e todos os demais próprios da atividade.

j) *Corte e ligação de serviços públicos* — Corte de serviços públicos é o conjunto de serviços que têm como objetivo a interrupção do fornecimento de água, energia elétrica, gás, de serviços de telecomunicações, etc. Já a ligação de serviços públicos é a conexão da rede pública à particular, como, por exemplo, ligação de água, esgoto, energia elétrica, de serviços de telecomunicações.

k) *Distribuição* — A distribuição consiste nos serviços de entrega, em locais predeterminados, ainda que em via pública, de bebidas, alimentos, discos, panfletos, periódicos, revistas, jornais, amostras, entre outros, mesmo que prestados simultaneamente a vários contratantes.

l) *Treinamento e ensino* — É o conjunto de serviços envolvidos na transmissão de conhecimentos para a instrução ou capacitação de pessoas, a exemplo do ensino pré-escolar, básico, superior, dos cursos de idiomas, de informática, de legislação, de relações humanas, de técnicas operacionais, ginástica. Não se caracteriza cessão de mão-de-obra a realização de cursos em empresas que não tenham por objeto social a prestação de serviços na área de ensino e treinamento, exceto se a contratante mantiver em departamento permanente para treinamento ou ensino.

m) *Entrega de contas e documentos* — Consideram-se como tais os serviços prestados por empresas que tenham por escopo fazer chegar ao destinatário documentos diversos, tais como entrega de contas de água, energia elétrica, telefone, boletos de cobrança, cartões de créditos, malas diretas ou similares.

n) *Ligação e leitura de medidores* — A ligação de medidores consiste nos serviços envolvidos na instalação e equipamentos destinados a aferir, por consumidor, a utilização de determinado produto ou serviço, tais como água, gás e energia elétrica. Os serviços de leitura de medidores são aqueles executados, periodicamente, para a coleta das informações, aferidas por esses equipamentos, tais como água, gás, energia elétrica, medidores de velocidades (radares).

o) *Manutenção de instalação de máquina e equipamentos* — Compreendem os serviços técnicos indispensáveis ao funcionamento regular e permanente de máquinas, veículos, equipamentos e instalações, assim entendido o conjunto de componentes de determinada unidade, por exemplo: reparação de veículos, elevadores, caldeiras, geladeiras, computadores, instalações elétricas, hidráulicas, dentre outras. Na manutenção periódica, corretiva ou preventiva e, ainda, nos contratos de risco com pagamento de valor mensal preestabelecido, não caberá retenção, salvo se a contratada se obrigar, contratualmente, a manter equipe à disposição nas dependências da contratante ou nas de terceiros.

p) *Montagem* — É a reunião sistemática, conforme disposição predeterminada em processo industrial, das peças de um dispositivo, de um mecanismo, ou de qualquer objeto, tais como aparelhos, móveis, máquinas, veículos e equipamentos, inclusive seus componentes, de modo que possa funcionar ou atingir o fim a que se destina. Enquadram-se, ainda, como exemplo, os serviços de montagens de roupa, calçados, bolsas, jóias, bijuterias, brinquedos, andaimes.

q) *Operação de máquinas, equipamentos e veículos* — São todos os serviços relacionados com a movimentação ou funcionamento de máquinas, equipamentos e veículos, como, por exemplo, os de garagistas, manobristas, operadores de guindaste, painel eletro-eletrônico, trator, empilhadeiras, colheitadeiras, moendas e caminhões fora de estrada.

r) *Operação de pedágio e de terminais de transporte* — Operação de pedágio é o conjunto de serviços prestados pelas empresas que exploram atividades de pedágio, com vistas à manutenção, conservação, limpeza e aparelhamento de rodovias, tais como os serviços relativos a informações, cobrança de pedágio, reboque, auxílio mecânico e paramédico. A operação de terminais de transportes, seja terrestre, aéreo ou aquático, é o conjunto de serviços prestados, nestas instalações, com vistas à sua manutenção, conservação, limpeza, aparelhamento e operação e, ainda, conservação executados para a segurança, comodidade e conforto dos seus usuários. São exemplos os serviços relacionados com sinalizações, controle de tráfego, venda de passagens e atendimento médico ou paramédico emergencial.

s) *Operação de transporte de passageiros, inclusive nos casos de concessão ou subconcessão* — Compreendem todos os serviços envolvidos no processo de deslocamento de pessoas por meio aquático, terrestre ou aéreo, com vistas à sua condução de um local de origem a outro de destino, por exemplo, os serviços de condução do veículo, movimentação e controle de acesso de passageiros e fretamentos de veículos para o transporte habitual de ida e volta de funcionários, alunos, dentre outros, em horários e locais preestabelecidos.

Obs.: Até 9.6.2003 constava da listagem trazida pelo § 2º do Decreto n. 3.048/99 também a atividade de transporte de cargas, suprimida quando da alteração do inciso XIX pelo Decreto n. 4.729, publicado no DOU de 10.6.2003.

t) *Portaria, recepção e ascensorista* — Serviços de portaria e recepção são aqueles realizados nos locais de acesso de público com vistas ao ordenamento e controle de trânsito de pessoas e bens, ao seu adequado encaminhamento, à prestação de informações e, ainda, ao recebimento e à distribuição de correspondências e encomendas dirigidas àquele local. Serviços prestados por ascensoristas são aqueles relacionados à operação de elevadores.

u) *Recepção, triagem e movimentação de materiais* — Serviços de recepção são aqueles relacionados ao recebimento e demais procedimentos de checagem. Serviços de triagem são os envolvidos na seleção e separação ordenada de materiais segundo parâmetros e regras predeterminadas. Os serviços de movimentação de material consistem no seu remanejamento objetivando a armazenagem, distribuição, consumo, etc.; e que não se caracterizam como operação de transporte.

v) *Promoção de vendas e eventos* — Considera-se como serviço de promoção de vendas todo aquele prestado com a finalidade de colocar em evidência as qualidades de produtos, com o intuito de aumentar as vendas. Por exemplo, promotoras de vendas em supermercado para oferecer aos consumidores provas e informações dos produtos alimentícios que promovem. Por promoção de eventos entende-se o conjunto de serviços executados para a realização de um determinado acontecimento, tais como shows artísticos, feiras agropecuárias, convenções, rodeios, formaturas, bailes, jogos, etc.

w) *Secretaria e expediente* — São os serviços de apoio relacionados com o desempenho de rotinas administrativas, tais como os serviços de datilografia, organização de agenda, preparação e remessa de correspondências, comunicações internas, atendimento telefônico, etc.

x) *Saúde* — Compreende todos os serviços envolvidos no atendimento a pacientes para a avaliação, recuperação, manutenção ou melhoramento do seu estado físico, mental ou emocional, prestados por hospitais, clínicas, casas de saúde, laboratórios, etc. envolvendo os serviços médicos, de administração hospitalar, de enfermagem, de fisioterapia, de radiologia, de diagnóstico por ultra-imagem, de hematologia, de fonoaudiologia, de odontologia, de psicologia, e aqueles prestados por atendentes e auxiliares.

y) *Telefonia, inclusive "telemarketing"* — Consideram-se aqui todos os serviços de operação de centrais ou aparelhos telefônicos, como, por exemplo, os serviços prestados por telefonistas em empresas e aqueles de teleatendimento.

z) Todos os serviços contratados com empresa de trabalho temporário na forma da Lei n. 6.019/74.

2.2. Atividades de empreitada — Obrigatoriedade da retenção previdenciária

Também contrariando o entendimento inicial previdenciário que estendia a obrigatoriedade de proceder a contratante a retenção sobre quaisquer serviços de empreitada, excetuando-se serviços de capacidade especial da contratada, o Decreto n. 3.048 restringiu consideravelmente tal obrigação, com o que se viu obrigado a concordar o legislador previdenciário quando da publicação da Ordem de Serviço n. 209/99. Atualmente tal relação consta do art. 145 da Instrução Normativa SRP n. 3/05.

E por atividade de "empreitada" podemos compreender a execução, contratualmente estabelecida, de tarefa, de obra ou de serviço, por preço ajustado, com ou sem fornecimento de material ou uso de equipamentos, que podem ou não ser utilizados, realizada nas dependências da empresa contratante, nas de terceiros ou nas da empresa contratada, tendo como objeto um resultado pretendido (IN SRP n. 3/05, art. 144).

Desta forma, a partir de 7.5.1999 (Decreto n. 3.048), aplica-se a retenção aos seguintes serviços executados mediante empreitada:

a) limpeza, conservação e zeladoria;

b) vigilância e segurança;

c) construção civil;

d) serviços rurais;

e) digitação e preparação de dados para processamento.

3. RETENÇÃO E RECOLHIMENTO PELA CONTRATANTE DOS SERVIÇOS

3.1. Retenção

A empresa contratante deverá reter 11% (onze por cento) do valor bruto dos serviços contidos na nota fiscal, fatura ou recibo de prestação de serviços (ainda que a título de adiantamento) e recolher a importância retida em nome da empresa contratada até o dia dois do mês subseqüente ao da emissão da nota fiscal, fatura ou recibo.

3.2. Destaque e compensação da retenção pela empresa contratada

O valor retido deverá ser destacado na nota fiscal, fatura ou recibo de prestação de serviços, sendo compensado pelo respectivo estabelecimento da empresa contratada quando do recolhimento das contribuições destinadas à seguridade social devidas sobre a folha de pagamento dos segurados.

Assim, quando da emissão da nota fiscal, fatura ou recibo, a contratada deverá destacar o valor da retenção, com o título de "Retenção para a Previdência Social".

O destaque do valor retido deverá ser demonstrado logo após a descrição dos serviços prestados, como parcela dedutível apenas para produzir efeito no ato da quitação da nota fiscal, fatura ou recibo. A circular INSS/DAF 01-600 n. 46/99 esclarece também a questão em seu item 16, dispondo *que "o valor do destaque da retenção efetuado na nota fiscal, fatura ou recibo não deverá ser deduzido do valor bruto do respectivo documento, devendo constar tal retenção apenas como simples destaque, a fim de que não se altere a base de cálculo de qualquer tributo que incida sobre o seu valor"*.

A falta do destaque do valor da retenção constitui infração ao § 1º do art. 31 da Lei n. 8.212/91.

3.3. Recolhimento do valor retido

A importância retida deverá ser recolhida pela empresa contratante até o dia 10 (dez) do mês seguinte ao da emissão da nota fiscal, da fatura ou do recibo de prestação de serviços, prorrogando-se esse prazo para o primeiro dia útil subseqüente quando não houver expediente bancário neste dia, informando, no campo identificador do documento de arrecadação, o CNPJ do estabelecimento da empresa contratada e, no campo nome ou denominação social, a denominação social desta seguida da denominação social da empresa contratante.

O órgão ou a entidade integrante do Sistema Integrado de Administração Financeira (SIAFI) deverá recolher os valores retidos até o terceiro dia útil após a quitação da nota fiscal, da fatura ou do recibo de prestação de serviços, respeitado como data limite de pagamento o dia 10 (dez) do mês subseqüente ao da emissão da nota fiscal, da fatura ou do recibo de prestação de serviços.

Quando para um mesmo estabelecimento da contratada forem emitidas mais de uma nota fiscal, fatura ou recibo de prestação de serviços, na mesma competência, a contratante deverá efetuar o recolhimento dos valores retidos num único documento de arrecadação.

A falta de recolhimento, no prazo legal, das importâncias retidas configura, em tese, crime contra a Previdência Social previsto no art. 168-A do Código Penal, introduzido pela Lei n. 9.983, de 14 de julho de 2000, ensejando a emissão de Representação Fiscal para Fins Penais (RFFP), na forma do art. 616 da Instrução Normativa SRP n. 3/05

3.3.1. Contribuição previdenciária dos trabalhadores — Consolidação pela contratada

A empresa contratada poderá consolidar, num único documento de arrecadação, por competência e por estabelecimento, as contribuições incidentes sobre a remuneração de todos os segurados envolvidos na prestação de serviços e dos segurados alocados no setor administrativo, compensando os valores retidos com as contribuições devidas à Previdência Social pelo estabelecimento.

4. DISPENSA DA RETENÇÃO

Nos termos do art. 148 da Instrução Normativa SRP n. 3/05, a contratante estará dispensada de efetuar a retenção quando:

I — o valor a ser retido por nota fiscal, fatura ou recibo for inferior ao limite mínimo permitido para recolhimento em guia de recolhimento das contribuições previdenciárias, atualmente estipulado em R$ 29,00.

II — a contratada não possuir empregados, o serviço for prestado pessoalmente pelo titular ou sócio e o seu faturamento do mês anterior for igual ou inferior a duas vezes o limite máximo do salário-de-contribuição, cumulativamente. Para a comprovação desses requisitos a contratada deverá apresentar à tomadora uma declaração assinada por seu representante legal, sob as penas da lei, de que não possui empregados e seu faturamento no mês anterior foi igual ou inferior a duas vezes o limite máximo do salário-de-contribuição.

III — a contratação envolver somente serviços profissionais relativos ao exercício de profissão regulamentada por legislação federal, ou serviços de treinamento e ensino, desde que prestados pessoalmente pelos sócios, sem o concurso de empregados ou outros contribuintes individuais. Para comprovação desses requisitos a contratada deverá apresentar à tomadora uma declaração assinada por seu representante legal, sob as penas da lei, de que o serviço foi prestado por sócio da empresa, profissional de profissão regulamentada, ou, se for o caso, profissional da área de treinamento e ensino, e sem o concurso de empregados ou outros contribuintes individuais ou consignando o fato na nota fiscal, na fatura ou no recibo de prestação de serviços.

São serviços profissionais regulamentados pela legislação federal, entre outros, os prestados por administradores, advogados, aeronautas, aeroviários, agenciadores de propaganda, agrônomos, arquitetos, arquivistas, assistentes sociais, atuários, auxiliares de laboratório, bibliotecários, biólogos, biomédicos, cirurgiões dentistas, contabilistas, economistas domésticos, economistas, enfermeiros, engenheiros, estatísticos, farmacêuticos, fisioterapeutas, terapeutas ocupacionais, fonoaudiólogos, geógrafos, geólogos, guias de turismo, jornalistas profissionais, leiloeiros rurais, leiloeiros, massagistas, médicos, meteorologistas, nutricionistas, psicólogos, publicitários, químicos, radialistas, secretárias, taquígrafos, técnicos de arquivos, técnicos em biblioteconomia, técnicos em radiologia e tecnólogos.

5. EMPRESA OPTANTE PELO SIMPLES

A pessoa jurídica enquadrada na condição de microempresa e de empresa de pequeno porte que optar por se inscrever no Sistema Integrado de Pagamento de Impostos e Contribuições das Microempresas e das Empresas de Pequeno Porte — Simples (aprovado pela Lei n. 9.317/96 e atualmente regulamentado pela Lei Complementar n. 123/06) terá unificados, em único recolhimento, os seguintes impostos e contribuições (art. 13):

I — Imposto sobre a Renda da Pessoa Jurídica — IRPJ;

II — Imposto sobre Produtos Industrializados — IPI (exceto na importação de bens e serviços);

III — Contribuição Social sobre o Lucro Líquido — CSLL;

IV — Contribuição para o Financiamento da Seguridade Social — Cofins (exceto na importação de bens e serviços);

V — Contribuição para o PIS/PASEP (exceto na importação de bens e serviços);

VI — Contribuição para a Seguridade Social, a cargo da pessoa jurídica, de que trata o art. 22 da Lei n. 8.212/91, exceto no caso das pessoas jurídicas que se dediquem às atividades de prestação de serviços previstas nos incisos XIII a XXVIII do § 1º e no § 2º do art. 17 da Lei Complementar n. 123/06;

VII — Imposto sobre Operações Relativas à Circulação de Mercadorias e Sobre Prestações de Serviços de Transporte Interestadual e Intermunicipal e de Comunicação — ICMS;

VIII — Imposto sobre Serviços de Qualquer Natureza — ISS.

Enquadram-se nas contribuições de que trata o item VI aquelas devidas pela empresa ao FPAS — Fundo de Previdência e Assistência Social (normalmente 20% sobre a folha de salários), aquelas destinadas à complementação das prestações por acidente do trabalho e financiamento das aposentadorias especiais (variável entre 1% e 15%), a contribuição destinada a terceiros (Sesi, Senai, Sesc, Senac, etc.) e a contribuição sindical.

Na vigência da Lei n. 9.317/96, seu art. 9º, XII, "f", a Lei n. 9.317 vedava a opção por esse sistema de pagamento de tributos (Simples) às pessoas jurídicas que realizem operações relativas a prestação de serviço de vigilância, limpeza, conservação e locação de mão-de-obra. No inciso XIII do mesmo artigo (9º), estendia a vedação às pessoas jurídicas que prestem serviços profissionais de corretor, representante comercial, despachante, ator, empresário, diretor ou produtor de espetáculos, cantor, músico, dançarino, médico, dentista, enfermeiro, veterinário, engenheiro, arquiteto, físico, químico, economista, contador, auditor, consultor, estatístico, administrador, programador, analista de sistema, advogado, psicólogo, professor, jornalista, publicitário, fisicultor, ou assemelhados, e de qualquer outra profissão cujo exercício dependa de habilitação profissional legalmente exigida.

Confira-se a redação do dispositivo:

> "Art. 9º Não poderá optar pelo Simples, a pessoa jurídica:
>
> ...
>
> XII — que realize operações relativas a:
>
> ...
>
> f) prestação de serviço vigilância, limpeza, conservação e locação de mão-de-obra;
>
> ...
>
> XIII — que preste serviços profissionais de corretor, representante comercial, despachante, ator, empresário, diretor ou produtor de espetáculos, cantor, músico, dançarino, médico, dentista, enfermeiro, veterinário, engenheiro, arquiteto, físico, químico, economista, contador, auditor, consultor, estatístico, administrador, programador, analista de sistema, advogado, psicólogo, professor, jornalista, publicitário, fisicultor, ou assemelhados, e de qualquer outra profissão cujo exercício dependa de habilitação profissional legalmente exigida;
>
> ..."
>
> **Obs.:** A Lei n. 10.034, de 24.10.2000 — DOU de 25.10.2000 — excetuou da restrição contida neste inciso XIII as pessoas jurídicas que se dediquem às atividades de creche e pré-escola e também os estabelecimentos de ensino fundamental.

Partindo desses dispositivos, a Secretaria da Receita Federal (a quem competiam as atividades de arrecadação, cobrança, fiscalização e tributação dos impostos e contribuições pagos em conformidade com o Simples) adotou um critério próprio, nos limites dessa normatização, para a aceitação do enquadramento de empresas prestadoras de serviço em respectiva sistematização. Assim, ao receber as solicitações de enquadramento, aceitou-o daquelas empresas, ainda que prestadoras de serviço, que não estivessem enquadradas nos casos acima.

Ocorre que o INSS, nesse aspecto, não teve a mesma "boa vontade". Resolveu, de forma indiscriminada, não aceitar o recolhimento simplificado de qualquer empresa prestadora de serviço, não se limitando às vedações legais contidas nos incisos XII e XIII da Lei n. 9.317/96. Era o texto do item 50 da Ordem de Serviço n. 203, *in verbis*:

> "50. A pessoa jurídica que se dedica à prestação de serviços mediante cessão de mão-de-obra ou mediante empreitada de mão-de-obra não pode optar pelo Sistema Integrado de Pagamento de Imposto e Contribuições das Micro Empresas e das Empresas de Pequeno Porte — Simples, conforme vedação prevista na Lei n. 9.317/96."

Contudo, como já restou consignado, à SRF cabia a decisão pelo enquadramento ou não da microempresa ou empresa de pequeno porte em referido sistema simplificado. Ao INSS só restava aceitar a decisão tomada por aquele órgão. Tendo sido enquadrada pela Receita, era lícito à pessoa jurídica se utilizar desse sistema para o recolhimento de seus tributos ao Estado.

Conforme se verificou acima, a obrigação previdenciária da empresa enquadrada no Simples limita-se ao repasse das contribuições descontadas dos trabalhadores empregados que lhe prestem serviços. Inexiste qualquer outra contribuição direta à

Previdência Social a ser realizada em guia própria desse órgão, nos prazos estabelecidos pela lei previdenciária.

Diante desses fatos, é forçoso concluir que a empresa optante pelo Simples, que teve deferido o respectivo enquadramento pela Secretaria da Receita Federal, independente da aceitação ou não do órgão previdenciário, restou dispensada de sofrer a retenção, uma vez tratar-se de exclusão de crédito tributário na forma do art. 175, I, do Código Tributário Nacional. A isenção prevista na Lei n. 9.317/96 exclui o crédito tributário e, não havendo crédito tributário, não há que se falar em antecipação das contribuições a ele relativas.

"Art. 175. Excluem o crédito tributário:

I — a isenção;

II — a anistia.

Parágrafo único. A exclusão do crédito tributário não dispensa o cumprimento das obrigações acessórias dependentes da obrigação principal cujo crédito seja excluído, ou dela conseqüente."

Entretanto, não era esse o entendimento adotado pelo órgão previdenciário. O INSS (órgão arrecadados das contribuições, na época) exigia a respectiva retenção e, depois de comprovada a regularidade do enquadramento no Simples, à empresa nessa situação restaria a possibilidade de pedir a restituição dos valores antecipados.

Tal procedimento (adotado pelo INSS) caracteriza-se "exação", com evidente natureza, em nosso entender, de empréstimo compulsório, o qual só poderia ser instituído mediante a edição de lei complementar, para o atendimento de despesas extraordinárias, decorrentes de calamidade pública, de guerra externa ou sua iminência e no caso de investimento público de caráter urgente e de relevante interesse nacional, observado, neste último caso, o princípio da anterioridade.

Com a edição do Decreto n. 3.048/99, um novo e muito importante dispositivo regulamentar foi trazido à baila, qual seja, o art. 216, *caput*.

"Art. 216. A arrecadação e o recolhimento das contribuições e de outras importâncias devidas à seguridade social, observado o que a respeito dispuserem o Instituto Nacional do Seguro Social e a Secretaria da Receita Federal, obedecem às seguintes normas gerais:

..."

O ato emanado do Poder Executivo colocou em pé de igualdade os atos emanados pelo INSS e os advindos da Receita Federal, afastando qualquer dúvida que pudesse pairar. Ao passo que até 06.05.1999, véspera da primeira publicação do Decreto n. 3.048/99, pouco restava ao INSS no que tange aos casos de enquadramento das empresas no Simples, a partir da respectiva vigência, nada lhe sobrou senão praticar seus atos em harmonia com os da Receita Federal, a quem competia efetivamente resolver sobre essa questão. Não obstante, a Ordem de Serviço n. 209/99, em seu item 56, continuou por enquadrar indiscriminadamente empresas optantes pelo Simples às disposições da Lei n. 9.711/98:

"56 — A empresa optante pelo Sistema Integrado de Pagamento de Impostos e Contribuições das Microempresas e das Empresas de Pequeno Porte — Simples está sujeita às disposições deste ato."

Ou seja, não obstante a Receita Federal aceitar o enquadramento destas empresas no Simples, o INSS continuava a insistir no tratamento igualitário às demais empresas não optantes, exigindo uma retenção previdenciária indevida e de valor muito superior ao que efetivamente recolhido no imposto Simples.

Tal sistema vigorou até a vigência da Instrução Normativa n. 8, de 21.1.2000 (DOU de 24.1.2000), que trouxe expressamente a dispensa desta retenção às empresas optantes pelo Simples, conforme observamos do art. 1º daquele normativo:

"Art. 1º A retenção de 11% (onze por cento) sobre o valor bruto da nota fiscal ou fatura de prestação de serviços, executados mediante cessão de mão-de-obra ou empreitada de mão-de-obra na forma do disposto no art. 31 da Lei n. 8.212/91, com a nova redação dada pela Lei n. 9.711/98 e o Decreto n. 3.048/99, não será efetuada quando os serviços forem executados por empresas optantes pelo Simples nos termos da Lei n. 9.317, de 5 de dezembro de 1996."

Então, a Ordem de Serviço n. 209, de 20.5.1999, foi revogada pela Instrução Normativa n. 71, de 10.5.2002 (DOU de 15.5.2002) que manteve, em seu art. 119, a dispensa das empresas optantes pelo Simples à retenção previdenciária. Confira-se:

"Art. 119. As disposições desta SEÇÃO não se aplicam:

...

VII — à contratação de empresa, quando optante pelo Sistema Integrado de Pagamento de Impostos e Contribuições das Microempresas e Empresas de Pequeno Porte (Simples);

..."

Contudo, este inciso VII da Instrução Normativa n. 71 foi revogado expressamente pelo art. 8º da Instrução Normativa n. 80, de 27.8.2002 (DOU de 28.8.2002), e a Instrução Normativa n. 8/00 revogada pelo art. 331 da Instrução Normativa n. 70, de 10.5.2002 (DOU de 15.5.2002), voltando a retenção a ser procedida quando da prestação de serviços por empresas optantes pelo Simples, em que pese considerarmos inconstitucional tal procedimento, como anteriormente demonstrado.

Posteriormente vigorou a Instrução Normativa INSS/DC n. 100/03, cujo art. 151 insistia na retenção de empresas optantes pelo Simples, apesar de ser este procedimento inconstitucional, repita-se.

Em dezembro de 2006 foi publicada a Lei Complementar n. 123, revogando a Lei n. 9.317/96 e disciplinando, em seu art. 17, que as empresas que realizem cessão ou locação de mão-de-obra não podem optar pelo Simples, mas o § 1º desse mesmo dispositivo traz uma lista de exceções, permitindo a inscrição, por exemplo, de empresas que prestam serviços de vigilância, limpeza ou conservação. O instrumento normativo atualmente em vigor (Instrução Normativa SRP n. 3/05) é anterior à publicação da LC n. 123/06, mas foi alterado pela Instrução Normativa SRP n. 20/07 e permanece com a redação original do art. 142, onde expressa a obrigatoriedade da retenção. Confira-se:

"Art. 142 — A empresa optante pelo Simples, que prestar serviços mediante cessão de mão-de-obra ou empreitada, está sujeita à retenção sobre o valor bruto da nota fiscal, da fatura ou do recibo de prestação de serviços emitido.

Parágrafo único. O disposto no *caput* não se aplica no período de 1º de janeiro de 2000 a 31 de agosto de 2002."

Administrativamente, portanto, temos o seguinte histórico:

— 21.1.1998 a 23.1.2000 — o INSS exigiu que se procedesse a retenção de 11% das empresas prestadoras de serviço optantes pelo Simples.

— 24.1.2000 a 27.8.2002 — as empresas prestadoras de serviço optantes pelo Simples se encontravam dispensadas da retenção de 11% trazida pela Lei n. 9.711/98.

— a contar de 28.8.2002 — com a revogação do inciso VII do art. 119 da IN n. 71/2002, não mais existe a dispensa de retenção para as empresas optantes pelo Simples. Atualmente dispõe sobre o tema o art. 172 da Instrução Normativa SRP n. 3/05.

6. APURAÇÃO DA BASE DE CÁLCULO DA RETENÇÃO — DEDUÇÕES PERMITIDAS

6.1. Materiais e equipamentos utilizados

A contratada que estiver obrigada contratualmente a fornecer material ou dispor de equipamentos próprios ou de terceiros indispensáveis à execução do serviço (exceto equipamentos manuais), cujos valores estejam estabelecidos também em contrato, poderá deduzi-los da base de cálculo da retenção previdenciária, desde que discriminados na nota fiscal, fatura ou recibo de prestação de serviços.

Obs.: Nos termos do art. 149 da Instrução Normativa SRP n. 3/05, considera-se discriminação no contrato os valores nele consignados, relativos ao material ou equipamentos, ou os previstos em planilha à parte, desde que esta seja parte integrante do contrato mediante cláusula nele expressa.

O valor do material fornecido ao contratante ou o de locação de equipamento de terceiros, utilizado na execução do serviço, não poderá ser superior ao valor de aquisição ou de locação para fins de apuração da base de cálculo da retenção. Compete à contratada a comprovação destes valores, mediante apresentação de documentos fiscais de aquisição do material ou contrato de locação de equipamento.

Quando o fornecimento de material ou a utilização de equipamento próprio ou de terceiros, exceto o manual, estiver previsto em contrato, mas sem discriminação de valores, a base de cálculo da retenção corresponderá, no mínimo, a:

a) cinqüenta por cento do valor bruto da nota fiscal, da fatura ou do recibo de prestação de serviços;

b) trinta por cento do valor bruto da nota fiscal, da fatura ou do recibo de prestação de serviços para os serviços de transporte passageiros, cujas despesas de combustível e de manutenção dos veículos corram por conta da contratada;

c) sessenta e cinco por cento quando se referir à limpeza hospitalar e oitenta por cento, quando se referir às demais limpezas, aplicados sobre o valor bruto da nota fiscal, fatura ou recibo de prestação de serviços.

Obs.: Nos termos do art. 150 da Instrução Normativa SRP n. 3/05, é necessário que os valores estejam discriminados na nota fiscal, na fatura ou no recibo de prestação de serviços.

Se a utilização de equipamento for inerente à execução dos serviços contratados, mas não estiver prevista em contrato, independentemente da previsão contratual do fornecimento de equipamento, a base de cálculo da retenção corresponderá, no mínimo, para a prestação de serviços em geral, a cinqüenta por cento do valor bruto da nota fiscal, da fatura ou do recibo de prestação de serviços e, no caso da prestação de serviços na área da construção civil, aos percentuais abaixo relacionados:

a) dez por cento para pavimentação asfáltica;

b) quinze por cento para terraplenagem, aterro sanitário e dragagem;

c) quarenta e cinco por cento para obras de arte (pontes ou viadutos);

d) cinqüenta por cento para drenagem; e

e) trinta e cinco por cento para os demais serviços realizados com a utilização de equipamentos, exceto os manuais.

Obs.: Nos termos do art. 150 da Instrução Normativa SRP n. 3/05, é necessário que os valores estejam discriminados na nota fiscal, na fatura ou no recibo de prestação de serviços.

Quando na mesma nota fiscal, fatura ou recibo de prestação de serviços constar a execução de mais de um dos serviços acima referidos, cujos valores não constem individualmente discriminados na nota fiscal, na fatura, ou no recibo, deverá ser aplicado o percentual correspondente a cada tipo de serviço conforme disposto em contrato, ou o percentual maior, se o contrato não permitir identificar o valor de cada serviço.

Não existindo previsão contratual de fornecimento de material ou utilização de equipamento, e o uso deste equipamento não for inerente ao serviço, mesmo havendo discriminação de valores na nota fiscal, na fatura ou no recibo de prestação de serviços, a base de cálculo da retenção será o valor bruto da nota fiscal, da fatura ou do recibo de prestação de serviços, exceto no caso do serviço de transporte de passageiros (base de cálculo de 30%).

Por fim, na falta de discriminação de valores na nota fiscal, na fatura ou no recibo de prestação de serviços, a base de cálculo da retenção será o seu valor bruto, ainda que exista previsão contratual para o fornecimento de material ou utilização de equipamento, com ou sem discriminação de valores em contrato.

6.2. Atividades de transporte de cargas e passageiros

Na prestação de serviços mediante cessão de mão-de-obra relativa à operação de transportes de cargas e passageiros cujos veículos e respectivas despesas de combustível e manutenção corram por conta da contratada e não havendo discriminação no contrato do valor das respectivas parcelas, a base de cálculo da retenção não será inferior a 30% (trinta por cento) do valor bruto da nota fiscal, fatura ou recibo.

Observe-se que este percentual representa o valor relativo aos serviços contidos no valor total da nota fiscal, fatura ou recibo, devendo ser, por conseguinte, aplicados sobre o valor bruto, sem a exclusão das importâncias referentes a material e à utilização de equipamentos.

6.3. Valores de vale-transporte e vale-refeição

Poderão ser deduzidos da base de cálculo da retenção os valores correspondentes ao custo de fornecimento, pela contratada, do vale-transporte e vale-refeição, em conformidade com a legislação própria, devendo tais parcelas ser discriminadas na nota fiscal, fatura ou recibo.

Observe-se ainda que, conforme entendimento previdenciário (Circular INSS/DAF 01-600.1 n. 46/99), o valor relativo ao custo do fornecimento de cesta básica também poderá ser excluído da base de cálculo da retenção nas mesmas condições, e obedecidos os mesmos requisitos para o vale-transporte e o vale-refeição.

6.4. Subcontratação — Dedução da retenção efetuada pela contratada em relação às subcontratações realizadas

Havendo subcontratação, nos termos do artigo 155 da Instrução Normativa SRP n. 3/05, poderão ser deduzidos do valor da retenção (e não da base de cálculo) devida pelo contratante os valores comprovadamente recolhidos pela contratada relativos às retenções dos serviços para execução daquele contrato, que tenha se obrigado em razão das subcontratações efetuadas.

Para tanto, a contratada deverá destacar na nota fiscal, na fatura ou no recibo de prestação de serviços as retenções da seguinte forma:

I — retenção para a Previdência Social: informar o valor correspondente a onze por cento do valor bruto dos serviços;

II — dedução de valores retidos de subcontratadas: informar o valor total correspondente aos valores retidos e recolhidos relativos aos serviços subcontratados;

III — valor retido para a Previdência Social: informar o valor correspondente à diferença entre a retenção, apurada na forma do item I, e a dedução efetuada conforme previsto no item II, que indicará o valor a ser efetivamente retido pela contratante.

A contratada, juntamente com a sua nota fiscal, fatura ou recibo de prestação de serviços, deverá encaminhar à contratante cópia:

a) das notas fiscais, das faturas ou dos recibos de prestação de serviços das subcontratadas com o destaque da retenção;

b) dos comprovantes de arrecadação dos valores retidos das subcontratadas;

c) da GFIP, elaboradas pelas subcontratadas, onde conste no campo "Inscrição Tomador CNPJ/CEI", o CNPJ da contratada ou a matrícula CEI da obra e, no campo "denominação social Tomador de Serviço/obra construção civil", a denominação social da empresa contratada.

6.5. Taxa de administração ou agenciamento

Conforme regramento constante da Instrução Normativa SRP n. 3/05, art. 153, o valor relativo à taxa de administração ou de agenciamento, ainda que figure discriminado na nota fiscal, na fatura ou no recibo de prestação de serviços, não poderá ser objeto de dedução da base de cálculo da retenção, inclusive no caso de serviços prestados por trabalhadores temporários.

Assim, na hipótese de a empresa contratada emitir duas notas fiscais, faturas ou recibos, relativos ao mesmo serviço, uma contendo o valor correspondente à taxa de administração ou de agenciamento e a outra o valor da remuneração dos trabalhadores utilizados na prestação do serviço, a retenção incidirá sobre o valor de cada uma dessas notas, faturas ou recibos.

7. CONSTRUÇÃO CIVIL

7.1. Retenção

Sujeitam-se também à retenção de que trata este Capítulo (Instrução Normativa SRP n. 3/05, art. 169):

a) a prestação de serviços mediante contrato de empreitada parcial, assim considerada aquela proveniente de contrato celebrado com empresa construtora ou prestadora de serviços na área de construção civil, para execução de parte da obra, com ou sem fornecimento de material;

b) a prestação de serviços mediante contrato de subempreitada, assim considerada aquela proveniente de contrato celebrado entre a empreiteira ou qualquer empresa subcontratada e outra empresa, para executar obra ou serviço de construção civil, no todo ou em parte, com ou sem fornecimento de material;

c) a prestação de serviços como os discriminados no Anexo XIII da Instrução Normativa SRP n. 3/05; e

d) a reforma de pequeno valor, assim considerada aquela de responsabilidade de pessoa jurídica, que possui escrituração contábil regular, em que não há alteração de área construída, cujo custo estimado total, incluindo material e mão-de-obra, não ultrapasse o valor de vinte vezes o limite máximo do salário de contribuição vigente na data de início da obra.

7.2. Serviços isentos da retenção previdenciária

Não se aplica a retenção previdenciária, ficando dispensadas também da responsabilidade solidária prevista na Lei n. 8.212/91, art. 30, inciso VI, as contratações na construção civil relativas aos serviços exclusivos de (IN SRP n. 3/05, art. 170):

a) administração, fiscalização, supervisão ou gerenciamento de obras;

b) assessoria ou consultoria técnicas;

c) controle de qualidade de materiais;

d) fornecimento de concreto usinado, de massa asfáltica ou de argamassa usinada ou preparada;

e) jateamento ou hidrojateamento;

f) perfuração de poço artesiano;

g) elaboração de projeto da construção civil;

h) ensaios geotécnicos de campo ou de laboratório (sondagens de solo, provas de carga, ensaios de resistência, amostragens, testes em laboratório de solos ou outros serviços afins);

i) serviços de topografia;

j) instalação de antena coletiva;

l) instalação de aparelhos de ar condicionado, de refrigeração, de ventilação, de aquecimento, de calefação ou de exaustão;

m) instalação de sistemas de ar condicionado, de refrigeração, de ventilação, de aquecimento, de calefação ou de exaustão, quando a venda for realizada com emissão apenas da nota fiscal de venda mercantil;

n) instalação de estruturas e esquadrias metálicas, de equipamento ou de material, quando for emitida apenas a nota fiscal de venda mercantil;

o) locação de caçamba;

p) locação de máquinas, de ferramentas, de equipamentos ou de outros utensílios sem fornecimento de mão-de-obra;

q) fundações especiais.

Obs.: Quando na prestação dos serviços relacionados nas letras "m" e "n", *supra*, houver emissão de nota fiscal, fatura ou recibo de prestação de serviços relativa à mão-de-obra utilizada na instalação do material ou do equipamento vendido, os valores desses serviços integrarão a base de cálculo da retenção.

Havendo, para a mesma obra, contratação de serviço isento da retenção (letras "a" a "q", *supra*) e, simultaneamente, o fornecimento de mão-de-obra para execução de outro serviço sujeito à retenção previdenciária, a retenção somente deverá ser aplicada a este serviço, desde que o valor de cada serviço esteja discriminado em contrato. Não havendo a discriminação, a retenção deverá ser aplicada a todos os serviços contratados.

8. COOPERATIVAS DE TRABALHO

A partir de 30.11.1999, data da publicação no DOU do Decreto n. 3.265, não mais se aplica a retenção previdenciária quando da contratação de serviços por intermédio de cooperativa de trabalho. Entretanto, até esta data, as cooperativas se obrigavam normalmente ao sofrimento desta retenção por parte dos tomadores de seus serviços.

Assim, até 29.11.1999, inclusive, sendo a contratada uma cooperativa de trabalho, a base de cálculo da retenção não poderia ser inferior a 75% (setenta e cinco por cento) do valor bruto da nota fiscal, fatura ou recibo, sendo admitido até 25% (vinte e cinco por cento) como parcela não sujeita à retenção em face das peculiaridades deste tipo de sociedade.

Obs.: As cooperativas de trabalho também podiam deduzir da base de cálculo da retenção (75% do valor contido em nota fiscal) o valor correspondente a materiais e equipamentos utilizados e as despesas com os veículos.

9. OBRIGAÇÕES DA EMPRESA CONTRATADA

A empresa contratada deverá elaborar (art. 161 da Instrução Normativa SRP n. 3/05):

I — folhas de pagamento distintas e o respectivo resumo geral, para cada estabelecimento ou obra de construção civil da empresa contratante, relacionando todos os segurados alocados na prestação de serviços;

II — GFIP com as informações relativas aos tomadores de serviços, para cada estabelecimento da empresa contratante ou cada obra de construção civil, utilizando os códigos de recolhimento próprios da atividade, conforme normas previstas no Manual da GFIP;

III — demonstrativo mensal por contratante e por contrato, assinado pelo seu representante legal, contendo:

a) a denominação social e o CNPJ da contratante ou a matrícula CEI da obra de construção civil;

b) o número e a data de emissão da nota fiscal, fatura ou recibo de prestação de serviços;

c) o valor bruto, o valor retido e o valor líquido recebido relativo à nota fiscal, fatura ou recibo de prestação de serviços;

d) a totalização dos valores e sua consolidação por obra de construção civil ou por estabelecimento da contratante, conforme o caso.

A empresa contratada ficará dispensada de elaborar folha de pagamento e GFIP distintas por estabelecimento ou obra de construção civil em que realizar tarefa ou prestar serviços, quando, comprovadamente, utilizar os mesmos segurados para atender a várias empresas contratantes, alternadamente, no mesmo período, inviabilizando a individualização da remuneração desses segurados por tarefa ou por serviço contratado.

Obs.: Consideram-se serviços prestados alternadamente aqueles em que a tarefa ou o serviço contratado seja executado por trabalhador ou equipe de trabalho em vários estabelecimentos ou várias obras de uma mesma contratante ou de vários contratantes, por etapas, numa mesma competência, e que não envolvam os serviços que compõem o CUB, relacionados no Anexo XIV da Instrução Normativa SRP n. 3/05.

A contratada legalmente obrigada a manter escrituração contábil formalizada, está obrigada a registrar, mensalmente, em contas individualizadas, todos os fatos geradores de contribuições sociais, inclusive a retenção sobre o valor da prestação de serviços.

O lançamento da retenção na escrituração contábil de que trata o parágrafo anterior deverá discriminar o valor bruto dos serviços, o valor da retenção e o valor líquido a receber. Na contabilidade em que houver lançamento pela soma total das notas fiscais, faturas ou recibos de prestação de serviços e pela soma total da retenção, por mês, por contratante, a empresa contratada deverá manter em registros auxiliares a discriminação desses valores, por contratante.

10. OBRIGAÇÕES DA EMPRESA CONTRATANTE

Cabe à contratante o cumprimento das seguintes obrigações (Instrução Normativa SRP n. 3/05, arts. 165 a 168):

I — Manter em arquivo, por empresa contratada, em ordem cronológica, durante o prazo de dez anos, as notas fiscais, faturas ou recibos de prestação de serviços, as correspondentes GFIP e, se for o caso, as cópias dos seguintes documentos:

a) notas fiscais, faturas ou recibos de prestação de serviços das subcontratadas com o destaque da retenção;

b) comprovantes de arrecadação dos valores retidos das subcontratadas;

c) GFIP, elaboradas pelas subcontratadas, onde conste no campo "Inscrição Tomador CNPJ/CEI" o CNPJ da contratada ou a matrícula CEI da obra e, no campo "denominação social Tomador de Serviço/obra construção civil", a denominação social da empresa contratada.

II — Se obrigada a manter escrituração contábil formalizada, estará também obrigada a registrar, mensalmente, em contas individualizadas, todos os fatos geradores de contribuições sociais, inclusive a retenção sobre o valor dos serviços contratados. Este lançamento na escrituração contábil deverá discriminar o valor bruto dos serviços, o valor da retenção e o valor líquido a pagar.

Na contabilidade em que houver lançamento pela soma total das notas fiscais, faturas ou recibos de prestação de serviços e pela soma total da retenção, por mês, por contratada, a empresa contratante deverá manter em registros auxiliares a discriminação desses valores, individualizados por contratada.

III — Se legalmente dispensada da apresentação da escrituração contábil, a empresa contratante deverá elaborar demonstrativo mensal, assinado pelo seu representante legal, relativo a cada contrato, contendo as seguintes informações:

a) a denominação social e o CNPJ da contratada;

b) o número e a data da emissão da nota fiscal, fatura ou recibo de prestação de serviços;

c) o valor bruto, a retenção e o valor líquido pago relativo à nota fiscal, fatura ou recibo de prestação de serviços;

d) a totalização dos valores e sua consolidação por obra de construção civil e por estabelecimento da contratada, conforme o caso.

11. ACRÉSCIMO NO PERCENTUAL DE RETENÇÃO QUANDO DA EXPOSIÇÃO DOS TRABALHADORES A AGENTES NOCIVOS

Conforme disposições constantes da Medida Provisória n. 83, art. 6º, de 12.12.2002 — DOU de 13.12.2002 (convertida na Lei n. 10.666/03), a contar de 1º de abril de 2003 o percentual de retenção do valor bruto da nota fiscal ou fatura de prestação de serviços relativa a serviços prestados mediante cessão de mão-de-obra, inclusive em regime de trabalho temporário, a cargo da empresa contratante, será acrescido de quatro, três ou dois pontos percentuais, relativamente aos serviços prestados pelo segurado empregado, cuja atividade permita a concessão de aposentadoria especial após quinze, vinte ou vinte e cinco anos de contribuição, respectivamente.

Assim, temos os seguintes acréscimos:

I — Exposição do prestador de serviços a agentes nocivos químicos, físicos ou biológicos que permitam a concessão de aposentadoria especial com 15 anos de contribuição = acréscimo de 4%, totalizando, portanto, 15% sobre o valor bruto da nota fiscal ou fatura apresentada.

II — Exposição do prestador de serviços a agentes nocivos químicos, físicos ou biológicos que permitam a concessão de aposentadoria especial com 20 anos de contribuição = acréscimo de 3%, totalizando, portanto, 14% sobre o valor bruto da nota fiscal ou fatura apresentada.

III — Exposição do prestador de serviços a agentes nocivos químicos, físicos ou biológicos que permitam a concessão de aposentadoria especial com 25 anos de contribuição = acréscimo de 2%, totalizando, portanto, 13% sobre o valor bruto da nota fiscal ou fatura apresentada.

Na hipótese desses acréscimos, a empresa contratada deverá emitir nota fiscal, fatura ou recibo de prestação de serviços específica para os serviços prestados em condições especiais pelos segurados empregados ou discriminar no documento (NF, fatura ou recibo) a remuneração desses segurados.

Havendo previsão contratual de utilização de trabalhadores na execução de atividades em condições especiais, e não havendo emissão de nota fiscal, fatura ou recibo de prestação de serviços específica ou discriminação do valor desses serviços na forma prevista no parágrafo anterior, a base de cálculo para incidência da alíquota adicional deverá ser proporcional ao número de trabalhadores envolvidos nas atividades exercidas em condições especiais, se houver a possibilidade de identificação dos trabalhadores envolvidos e dos não-envolvidos com as atividades exercidas em condições especiais. Na impossibilidade de identificação do número de trabalhadores utilizados nas atividades exercidas em condições especiais, o acréscimo da retenção será de dois por cento sobre o valor total dos serviços contido na nota fiscal, fatura ou recibo de prestação de serviços, cabendo à contratante o ônus da prova em contrário.

O acréscimo na alíquota de retenção será também exigido na hipótese de a contratante desenvolver atividades em condições especiais, sem a previsão no contrato da utilização ou não de trabalhadores no exercício dessas atividades.

As empresas contratada e contratante, no que se refere às obrigações relacionadas aos agentes nocivos a que os trabalhadores estiverem expostos na empresa contratante, devem observar as disposições contidas no Capítulo X do Título IV da Instrução Normativa SRP n. 3/05, que trata dos riscos ocupacionais no ambiente de trabalho. A contratada deve elaborar o Perfil Profissiográfico Previdenciário (PPP) dos trabalhadores expostos a agentes nocivos com base, entre outras informações, nas demonstrações ambientais da contratante ou do local da efetiva prestação de serviços.

12. COMPENSAÇÃO OU RESTITUIÇÃO DA RETENÇÃO SOFRIDA

12.1. Compensação

O valor destacado como retenção na nota fiscal, fatura ou recibo deverá ser compensado pelo estabelecimento da contratada, quando do recolhimento das contribuições incidentes sobre a folha de pagamento dos segurados empregados, empresários e trabalhadores autônomos.

Tal compensação, inicialmente, deveria ser efetuada na guia de recolhimento de contribuições previdenciárias relativa à folha de pagamento da mesma competência da emissão da nota fiscal, fatura ou recibo. A contar de 30.11.1999, data da publicação do Decreto n. 3.265, a compensação do valor retido pode ocorrer nas competências subseqüentes, caso ocorra a impossibilidade de haver a compensação integral na própria competência.

Caberá a compensação dos valores retidos em recolhimento efetuado em atraso, desde que o valor retido seja da mesma competência do pagamento das contribuições.

O valor retido somente será compensado com contribuições destinadas à Seguridade Social arrecadadas pelo Instituto Nacional do Seguro Social — INSS, não podendo absorver contribuições destinadas a terceiros (entidades e fundos), as quais deverão ser recolhidas integralmente.

Obs.: A contratada poderá deduzir as importâncias relativas à quota de salário-família ou salário-maternidade dos valores das contribuições destinadas a terceiros (entidades e fundos) se, após a compensação de que trata este item, não restar saldo ou se este for insuficiente.

A compensação do valor retido deverá ser efetuada no documento de arrecadação do estabelecimento da empresa que sofreu a retenção, sendo vedada a compensação em documento de arrecadação referente a outro estabelecimento.

Na impossibilidade de ter havido compensação total pelo estabelecimento da empresa na competência correspondente, o saldo, até a data de 29.11.99, deveria necessariamente ser objeto de pedido de restituição. A contar de 30.11.1999, com a publicação do Decreto n. 3.265, o saldo remanescente poderá ser compensado nas competências subseqüentes ou ser objeto de restituição, ficando a critério do contribuinte. Caso a opção seja pela compensação em competências subseqüentes, o crédito em favor da empresa prestadora de serviços, acrescido de juros, não está sujeito ao limite de trinta por cento estabelecido no art. 194 da Instrução Normativa SRP n. 3/05.

A falta de destaque do valor da retenção na nota fiscal, fatura ou recibo impossibilitará a contratada de efetuar a compensação ou requerer a restituição, salvo se comprovar o efetivo recolhimento da contribuição retida por parte da contratante.

Obs.: Para fins de recolhimento e compensação da importância retida, será considerada como competência aquela a que corresponder à data da emissão da nota fiscal, fatura ou recibo.

Os valores retidos no mês de dezembro poderão ser compensados com as contribuições devidas em decorrência do pagamento do décimo terceiro salário.

12.1.1. Obra de construção civil

A empresa contratada para execução de obra de construção civil mediante empreitada total compensará o valor eventualmente retido em documento de arrecadação identificado com a matrícula CEI da obra para a qual foi efetuado o faturamento, vedada a compensação em documento de arrecadação referente a outra obra.

No caso de obra de construção civil, é admitida a compensação de saldo de retenção com as contribuições referentes ao estabelecimento responsável pelo faturamento da obra.

12.2. Restituição

12.2.1. Pedido

O sujeito passivo, não optando pela compensação dos valores retidos, ou se, após a compensação, restar saldo em seu favor, poderá requerer a restituição do valor não compensado.

O pedido de restituição de valores retidos será formalizado com a protocolização de requerimento em qualquer Unidade de Atendimento da Receita Previdenciária (UARP) da DRP circunscricionante do estabelecimento centralizador da empresa ou, quando estiver disponível, via *Internet*.

12.2.2. Instrução do processo

Os documentos necessários à instrução do processo de restituição da retenção são os seguintes (Instrução Normativa SRP n. 3/05, art. 207):

I — Requerimento de Restituição da Retenção — RRR, conforme formulário constante do Anexo VIII da Instrução Normativa SRP n. 3/05, disponível na Internet no endereço www.previdencia.gov.br;

II — original e cópia do contrato social e última alteração contratual que identifique os responsáveis pela administração ou pela gerência da sociedade, ou estatuto social e ata em que conste a atual diretoria da sociedade ou associação, ou o registro de firma individual ou de empresário individual, assim considerado pelo art. 931 da Lei n. 10.406/02 (Código Civil), conforme o caso;

III — original e cópia das notas fiscais, das faturas ou dos recibos de prestação de serviços emitidos pela empresa prestadora de serviços na competência objeto do pedido de restituição, que serão conferidos com os dados registrados no demonstrativo citado no item VII;

IV — original e cópia das notas fiscais, das faturas ou dos recibos de prestação de serviços emitidos por subcontratada;

V — original e cópia dos resumos das folhas de pagamento específicas, referentes a cada contratante dos serviços e ao setor administrativo da requerente;

VI — original e cópia do resumo geral consolidado de todas as folhas de pagamento, com o respectivo demonstrativo de cálculo das contribuições sociais e da base de cálculo utilizada;

VII — demonstrativo das notas fiscais, faturas ou recibos de prestação de serviços, elaborado pela empresa requerente, totalizado por contratante e assinado pelo representante legal da empresa, conforme formulário constante do Anexo IX da Instrução Normativa SRP n. 3/05;

VIII — original e cópia da GFIP relativa às duas últimas competências anteriores à data do protocolo da restituição, caso as mesmas estejam incluídas no requerimento;

IX — contrato de prestação de serviço.

Obs.: A não apresentação do contrato de prestação de serviço não impedirá a análise do processo de restituição, porém não serão consideradas quaisquer discriminações referentes a materiais ou equipamentos constantes nas notas fiscais ou nas faturas de prestação de serviço apresentadas, conforme disposto no art. 151 da Instrução Normativa SRP n. 3/05.

Deverá ser apresentada procuração do sujeito passivo outorgada por instrumento particular, com firma reconhecida em cartório, ou por instrumento público, com poderes específicos para representar o requerente, se for o caso.

12.2.3. Disposições específicas (IN SRP n. 3/05, arts. 208 a 211)

Na falta de destaque do valor da retenção na nota fiscal, fatura ou recibo de prestação de serviços, a empresa contratada somente poderá receber a restituição pleiteada se comprovar o recolhimento do valor retido pela empresa contratante.

Constatada divergência nas informações fornecidas pela requerente, ou a não confirmação do recolhimento do valor retido, a APS da circunscrição da empresa contratada deverá oficiar diretamente a empresa contratante para, no prazo de dez dias, contados da data da ciência, confirmar os dados e valores constantes nas notas fiscais, faturas ou recibos referentes às competências relacionadas no requerimento ou o recolhimento das importâncias retidas, conforme o caso.

Confirmadas as divergências e não sendo sanadas as irregularidades pela requerente, no prazo de dez dias, o processo de restituição deverá ser encaminhado ao Serviço ou à Seção de Fiscalização para a instauração do procedimento fiscal adequado junto à empresa contratada e análise conclusiva quanto ao pedido.

Não sendo o recolhimento confirmado dentro do prazo de dez dias, deverá o fato ser comunicado por escrito ao Serviço ou à Seção de Fiscalização da circunscrição da empresa contratante para que, sendo o caso, sejam adotadas as providências para a constituição do crédito previdenciário e emissão da Representação Fiscal para Fins Penais, sem prejuízo do andamento do processo de restituição.

Na hipótese de a empresa contratante efetuar recolhimento de valor retido em duplicidade ou a maior, o pedido de restituição será apresentado pela empresa contratada, ou pela empresa contratante. Quando se tratar de pedido feito pela empresa contratante, esta deverá apresentar também os seguintes documentos:

a) autorização expressa de responsável legal pela empresa contratada, com firma reconhecida em cartório, com poderes específicos para requerer e receber a restituição, em que conste a(s) competência(s) em que houve recolhimento em duplicidade ou de valor a maior;

b) declaração firmada pelo outorgante, sob as penas da lei, com firma reconhecida em cartório, de que não compensou nem foi restituído dos valores requeridos pela outorgada.

O requerimento de restituição de retenção de empresa optante pelo Simples obedecerá aos seguintes critérios:

I — para pedidos referentes a notas fiscais, faturas ou recibos emitidos até 31 de dezembro de 1999 e após 1º de setembro de 2002, aplicar-se-á o tratamento de restituição da retenção;

II — para pedidos de restituição de retenção sofrida no período de 1º de janeiro de 2000 e 31 de agosto de 2002, em que não havia a obrigação da retenção, aplicar-se-á a regra geral da compensação e da restituição de valores recolhidos indevidamente;

III — para os pedidos de restituição de retenção que se refiram aos dois períodos previstos nos incisos I e II, no mesmo requerimento, serão aplicados os dois critérios previstos naqueles incisos, observado cada período.

13. SERVIÇOS EM QUE NÃO SE APLICA O INSTITUTO DA RETENÇÃO

O instituto da retenção previdenciária não se aplica (Instrução Normativa SRP n. 3/05, art. 176):

I — à contratação de serviços prestados por trabalhadores avulsos por intermédio de sindicato da categoria ou de órgão gestor de mão-de-obra (OGMO);

II — à empreitada total, quando a empresa construtora assume a responsabilidade direta e total por obra de construção civil ou repasse o contrato integralmente a outra construtora, aplicando-se, neste caso, o instituto da solidariedade;

III — à contratação de entidade beneficente de assistência social isenta de contribuições sociais;

IV — ao contribuinte individual equiparado à empresa, à pessoa física, à missão diplomática e à repartição consular de carreira estrangeira;

V — à contratação de serviços de transporte de cargas, a partir de 10 de junho de 2003, data da publicação no Diário Oficial da União do Decreto n. 4.729/03;

VI — à empreitada realizada nas dependências da contratada.

13.1. Isenção decorrente de decisão judicial

Havendo decisão judicial que vede a aplicação da retenção previdenciária, deverá ser observado que (Instrução Normativa SRP n. 3/05, art. 177):

a) na hipótese de a decisão judicial se referir a empresa contratada mediante cessão de mão-de-obra ou empreitada, não sujeita à aplicação do instituto da responsabilidade solidária, as contribuições previdenciárias incidentes sobre a remuneração da mão-de-obra utilizada na prestação de serviços serão exigidas da contratada;

b) se a decisão judicial se referir a empresa contratada mediante empreitada total na construção civil, sendo a ação impetrada contra o uso, pela contratante, da faculdade prevista no art. 191 da Instrução Normativa SRP n. 3/05, hipótese em que é configurada a previsão legal do instituto da responsabilidade solidária prevista no inciso VI do art. 30 da Lei n. 8.212, de 1991, a contratante deverá observar o disposto nos arts. 188 e 190 da IN n. 3/05, no que couber, para fins de elisão da sua responsabilidade.

Na situação descrita na letra "a", *supra*, quando a contratada pertencer à circunscrição de outra DRP, deverá ser emitido subsídio fiscal para a DRP circunscricionante do estabelecimento centralizador da empresa contratada, ainda que a decisão judicial não determine que se aplique o instituto da responsabilidade solidária.

14. DISPOSIÇÕES GERAIS

Dispõe o art. 175 da Instrução Normativa SRP n. 3/05 que a entidade beneficente de assistência social em gozo de isenção, a empresa optante pelo Simples, o sindicato da categoria de trabalhadores avulsos, o órgão gestor de mão-de-obra (OGMO), o operador portuário e a cooperativa de trabalho, quando forem contratantes de serviços mediante cessão de mão-de-obra ou empreitada, estão obrigados a efetuar a retenção sobre o valor da nota fiscal, fatura ou recibo de prestação de serviços e ao recolhimento da importância retida em nome da empresa contratada, observadas as demais disposições pertinentes à matéria, constantes deste Capítulo.

15. IRREGULARIDADES E INCONSTITUCIONALIDADES EXISTENTES

Em estudo detalhado desta nova exação instituída pela Lei n. 9.711/98, observamos algumas irregularidades que foram cometidas pelos legisladores, principalmente pelo previdenciário, quais sejam:

a) cometeu a Previdência Social desmarcado erro quando da publicação da OS n. 203/99 (com vigência de 2.2.1999 a 6.5.1999) ao enquadrar como empreitada atividades características de cessão de mão-de-obra, trazendo, conseqüentemente, tratamento diferenciado para atividades similares, gerando dúvidas e grande dificuldade de enquadramento por parte dos contribuintes;

b) outra irregularidade cometida pelo legislador previdenciário, esta mantida pela redação da OS n. 209/99, é a de exigir figurar como contratada susceptível da retenção instituída a cooperativa de serviços, comumente denominada cooperativa de trabalho. Esta exigência vigorou até a data de 29.11.1999. Em 30.11.1999, quando então publicado o Decreto n. 3.265, foi corrigida a situação ao se determinar que a retenção previdenciária não mais se aplicaria quando fosse o serviço prestado por cooperativas de trabalho. As cooperativas, dada sua natureza civil, não podem atuar como empresas prestadoras de serviços, agenciando e intermediando mão-de-obra. Sua prestação de serviços se faz sem finalidade lucrativa, através dos próprios associados cooperados e não dos empregados administrativos que possa vir a ter. Se a finalidade da retenção previdenciária é justamente eliminar a responsabilidade solidária da empresa contratante em relação aos segurados empregados colocados a seu serviço, e sendo o serviço prestado pelas cooperativas através de seus cooperados (autônomos perante a Previdência Social), a qual responsabilidade solidária pretendeu o legislador eliminar?

No que se refere à inconstitucionalidade presente nesta obrigação, tem-se que a Lei n. 9.711/98, ao alterar a redação do art. 31 da Lei n. 8.212/91 trazendo a obrigatoriedade da retenção previdenciária, determina ter a contribuição por fato gerador a folha de pagamento dos segurados a serviço da empresa prestadora dos serviços, o que contrariava a redação do art. 195 da CF/88 à época vigente, onde a contribuição previdenciária deveria ter por fato gerador a folha de salários (que envolve apenas a remuneração dos segurados empregados), e não a folha de pagamento, como o fez a lei ordinária.

Fundamentação: Lei n. 8.212/91, art. 31; Decreto n. 3.048/99, art. 219; Ordem de Serviço DAF/INSS n. 209/99 (atualmente revogada); Instrução Normativa SRP n. 3/05, arts. 140 a 177 e 203 a 211.

Capítulo XVI

Responsabilidade Solidária

1. DISPOSIÇÕES GERAIS

A responsabilidade solidária existe quando, na mesma obrigação, concorre mais de um credor ou mais de um devedor.

São solidariamente obrigadas as pessoas que tenham interesse comum na situação que constitua o fato gerador da obrigação previdenciária principal e as expressamente designadas por lei como tal. E conforme disposições constantes do Código Civil (art. 265), a solidariedade não se presume, devendo resultar sempre de lei ou da vontade das partes.

A solidariedade referida não comporta benefício de ordem, pois que cada um possui o direito ou a obrigação à dívida toda (Código Civil, art. 264).

2. CONTRIBUIÇÕES EXCLUÍDAS

Excluem-se da responsabilidade solidária (Instrução Normativa SRP n. 3/05, art. 178, § 2º):

I — as contribuições sociais destinadas a outras entidades ou fundos;

II — as contribuições sociais previdenciárias decorrentes de serviços prestados mediante cessão de mão-de-obra ou empreitada sujeitos à retenção de que trata o art. 140 da referida Instrução Normativa;

III — no período 21.11.1986 a 28.4.1995, as contribuições sociais previdenciárias decorrentes de serviços prestados mediante cessão de mão-de-obra ou empreitada, a órgão público da administração direta, a autarquia, a fundação de direito público; e

IV — a partir de 21.11.1986, as contribuições sociais previdenciárias decorrentes da contratação, qualquer que seja a forma, de execução de obra de construção civil, reforma ou acréscimo, efetuadas por órgão público da administração direta, por autarquia e por fundação de direito público.

Não há responsabilidade solidária da Administração Pública em relação à multa moratória, à exceção das empresas públicas e das sociedades de economia mista que, em consonância com o disposto no § 2º do art. 173 da Constituição Federal, respondem inclusive pela multa moratória, ressalvado o disposto no item III, *supra*.

3. RESPONSÁVEIS SOLIDÁRIOS

São responsáveis solidários pelo cumprimento da obrigação previdenciária principal (IN SRP n. 3/05, art. 179):

I — as empresas que integram grupo econômico de qualquer natureza, entre si, conforme previsto no inciso IX do art. 30 da Lei n. 8.212/91;

II — o operador portuário e o órgão gestor de mão-de-obra, entre si, relativamente à requisição de mão-de-obra de trabalhador avulso, ressalvada a cessão de portuários avulsos em caráter permanente, conforme disposto no art. 2º da Lei n. 9.719/98;

III — os produtores rurais, entre si, integrantes de consórcio simplificado de produtores rurais, conforme previsto no art. 25-A da Lei n. 8.212/91;

IV — a empresa tomadora de serviços com a empresa prestadora de serviços mediante cessão de mão-de-obra, inclusive em regime de trabalho temporário, conforme previsto no art. 31 da Lei n. 8.212/91 até a competência janeiro de 1999, observado, quanto a órgão público da administração direta, a autarquia e a fundação de direito público, o disposto na alínea "b" do inciso VII;

V — o titular de firma individual urbana ou rural, considerado empresário individual pelo art. 931 da Lei n. 10.406, de 2002 (Código Civil), e os sócios das empresas por cotas de responsabilidade limitada, com a firma individual e a sociedade, respectivamente, conforme previsto no art. 13 da Lei n. 8.620/93;

VI — as pessoas que tenham interesse comum na situação que constitua o fato gerador da obrigação previdenciária principal, conforme dispõe o art. 124 do CTN;

VII — o órgão público da administração direta, a autarquia e a fundação de direito público:

a) no período anterior ao Decreto-lei n. 2.300, de 21.11.1986, quando contratar obra de construção civil, reforma ou acréscimo, bem como quando contratar serviços mediante cessão de mão-de-obra, inclusive em regime de trabalho temporário; e

b) no período de 29.4.1995 a 31.1.1999, quando contratar serviços mediante cessão de mão-de-obra, inclusive em regime de trabalho temporário;

VIII — os titulares e os sócios, em qualquer tempo, e os administradores do período de ocorrência dos respectivos fatos geradores ou em períodos posteriores, de microempresas ou empresas de pequeno porte, baixadas sem o pagamento das respectivas contribuições previdenciárias, conforme previsto nos §§ 3º e 4º do art. 78 da Lei Complementar n. 123/06.

Os acionistas controladores, os administradores, os gerentes e os diretores respondem solidária e subsidiariamente, com seus bens pessoais, quanto ao inadimplemento das obrigações para com a Previdência Social, por dolo ou culpa, conforme Lei n. 8.620, de 1993.

Os titulares e os sócios, em qualquer tempo, e os administradores do período de ocorrência dos respectivos fatos geradores ou em períodos posteriores, reputam-se solidariamente responsáveis pelas penalidades, decorrentes da simples falta de recolhimento ou da prática, comprovada e apurada em processo administrativo ou judicial, de outras irregularidades cometidas pelos empresários, pelas microempresas, pelas empresas de pequeno porte ou por seus sócios ou administradores, nos termos do § 3º da Lei Complementar n. 123/06.

Os administradores de autarquias e fundações criadas e mantidas pelo Poder Público, de empresas públicas e de sociedades de economia mista sujeitas ao controle da União, dos estados, do Distrito Federal ou dos municípios, que se encontrem em mora por mais de trinta dias, quanto ao recolhimento das contribuições sociais previdenciárias, tornam-se solidariamente responsáveis pelo respectivo pagamento, ficando ainda sujeitos às proibições do art. 1º e às sanções dos arts. 4º e 7º, todos do Decreto-lei n. 368, de 19 de dezembro de 1968.

3.1. Construção civil

Determina o inciso VI do art. 30 da Lei n. 8.212/91 que o proprietário, o incorporador, o dono da obra ou condômino da unidade imobiliária, qualquer que seja a forma de contratação da construção, reforma ou acréscimo, são solidários com o construtor, e este com a subempreiteira, pelo cumprimento das obrigações para com a Seguridade Social, não se aplicando, em qualquer hipótese, o benefício de ordem.

Assim, qualquer obrigação previdenciária que envolva os trabalhadores da construção civil poderá ser exigida tanto do proprietário, do incorporador, do dono da obra ou condômino da unidade imobiliária quanto do próprio construtor. O construtor, por sua vez, responderá solidariamente (portanto, sem benefício de ordem) com a subempreiteira.

Ressalva-se, no entanto, o direito regressivo contra o executor ou contratante da obra, bem como se admite a retenção de importância devida ao construtor para garantia do cumprimento das obrigações previdenciárias (retenção de 11% sobre o valor bruto da nota fiscal).

Obs.: Considera-se construtor a pessoa física ou jurídica que executa obra sob sua responsabilidade, no todo ou em parte.

Em face desta responsabilidade solidária, o executor da obra deverá elaborar, distintamente para cada estabelecimento ou obra de construção civil da empresa contratante, folha de pagamento, GFIP e GPS, cujas cópias deverão ser exigidas pela empresa contratante quando da quitação da nota fiscal ou fatura, juntamente com o comprovante de entrega daquela Guia. O contratante deverá exercer verdadeiro controle e fiscalização das obrigações previdenciárias, pois que qualquer irregularidade encontrada poderá ser dele exigida posteriormente.

Não será aplicado o instituto da responsabilidade solidária em apenas duas situações, quais sejam:

1) quando a empresa construtora assumir a responsabilidade direta e total pela obra ou quando repassar o contrato integralmente; e

2) em relação ao adquirente de prédio ou unidade imobiliária que realizar a operação com empresa de comercialização ou incorporador de imóveis, ficando estes solidariamente responsáveis com o construtor.

Obs.: Nenhuma contribuição à Seguridade Social será devida, e por conseguinte será inexistente a responsabilidade solidária, se a construção residencial unifamiliar, destinada ao uso próprio, de tipo econômico, for executada sem mão-de-obra assalariada — Lei n. 8.212/91, art. 30, inciso VIII.

A responsabilidade solidária será elidida:

I — pela comprovação do recolhimento das contribuições incidentes sobre a remuneração dos segurados, incluída em nota fiscal ou fatura correspondente aos serviços executados, quando corroborada por escrituração contábil; e

II — pela comprovação do recolhimento das contribuições incidentes sobre a remuneração dos segurados, aferidas indiretamente nos termos, forma e percentuais previstos pelo INSS;

III — pela comprovação do recolhimento da retenção de 11% sobre o valor bruto da nota fiscal, fatura ou recibo.

Fundamentação: Lei n. 8.212/91, art. 30, incisos VI e VII e art. 42; Decreto n. 3.048/99, arts. 220 e 221.

3.2. Cessão de mão-de-obra

É solidariamente responsável com as obrigações previdenciárias do prestador dos serviços o contratante de quaisquer serviços executados mediante cessão de mão-de-obra, inclusive em regime de trabalho temporário, nas seguintes atividades:

a) limpeza, conservação e zeladoria;

b) vigilância e segurança;

c) construção civil;

d) serviços rurais;

e) digitação e preparação de dados para processamento;

f) acabamento, embalagem e acondicionamento de produtos;

g) cobrança;

h) coleta e reciclagem de lixo e resíduos;

i) copa e hotelaria;

j) corte e ligação de serviços públicos;

k) distribuição;

l) treinamento e ensino;

m) entrega de contas e documentos;

n) ligação e leitura de medidores;

o) manutenção de instalações, de máquinas e de equipamentos;

p) montagem;

q) operação de máquinas, equipamentos e veículos;

r) operação de pedágio e de terminais de transporte;

s) operação de transporte de cargas e passageiros;

t) portaria, recepção e ascensorista;

u) recepção, triagem e movimentação de materiais;

v) promoção de vendas e eventos;

w) secretaria e expediente;

x) saúde; e

y) telefonia, inclusive "telemarketing".

Para elidir a solidariedade existente, deverá o contratante reter obrigatoriamente 11% (onze por cento) do valor bruto da nota fiscal, fatura ou recibo, encontrando-se a matéria abordada no Capítulo XV desta obra.

Fundamentação: Lei n. 8.212/91, art. 31; Decreto n. 3.048/99, art. 219.

3.3. Grupo econômico

As empresas que integram grupo econômico de qualquer natureza respondem entre si, solidariamente, pelas obrigações previdenciárias — Lei n. 8.212/91, art. 30, IX, e Decreto n. 3.048/99, art. 222.

3.4. Operador portuário e órgão gestor de mão-de-obra

O operador portuário e o OGMO — Órgão Gestor de Mão-de-Obra são solidariamente responsáveis pelo pagamento das contribuições previdenciárias e demais obrigações, inclusive acessórias, devidas à seguridade social, arrecadadas pelo INSS, relativamente à requisição de mão-de-obra de trabalhador avulso, vedada a invocação do benefício de ordem — Decreto n. 3.048/99, art. 223.

3.5. Administradores de autarquias e fundações públicas, empresas públicas e sociedades de economia mista

Os administradores de autarquias e fundações públicas, criadas ou mantidas pelo Poder Público, de empresas públicas e de sociedades de economia mista sujeitas ao controle da União, dos Estados, do Distrito Federal ou dos Municípios, que se encontrarem em mora por mais de trinta dias, no recolhimento das contribuições previdenciárias, tornam-se solidariamente responsáveis pelo respectivo pagamento — Decreto n. 3.048/99, art. 224.

3.6. Titulares de firma individual, sócios de empresa Ltda. e acionistas

O titular da firma individual e os sócios das empresas por cotas de responsabilidade limitada respondem solidariamente, com seus bens pessoais, pelos débitos junto à Seguridade Social.

Os acionistas controladores, os administradores, os gerentes e os diretores respondem solidária e subsidiariamente, com seus bens pessoais, quanto ao inadimplemento das obrigações para com a Seguridade Social, por dolo ou culpa.

Fundamentação: Lei n. 8.620/93, art. 13; Decreto n. 3.048/99, art. 268.

3.7. Contratante ou oficial que lavra o instrumento sem CND

O contratante ou oficial que lavrar ou registrar o instrumento sem exigir a Certidão Negativa de Débito será solidariamente responsável em relação às obrigações previdenciárias, sendo nulo o ato praticado para todos os efeitos — Lei n. 8.212/91, art. 48, e Decreto n. 3.048/99, art. 263.

Capítulo XVII

Arrecadação e Recolhimento das Contribuições

1. EMPRESAS

A empresa é obrigada a arrecadar a contribuição do segurado empregado e do trabalhador avulso a seu serviço, descontando-a da respectiva remuneração e recolhendo-a, juntamente com as contribuições a seu cargo, até o dia 10 (dez) do mês subseqüente. Não havendo expediente bancário no dia 10 (dez) o vencimento das contribuições será prorrogado para o primeiro dia útil posterior.

A contar de 1º de abril de 2003, por força da Medida Provisória n. 83, arts. 4º e 5º, de 12.12.2002 — DOU de 13.12.2002 (convertida na Lei n. 10.666/03), encontra-se a empresa obrigada a arrecadar a contribuição do segurado contribuinte individual (autônomos e empresários) a seu serviço, descontando-a da respectiva remuneração, e a recolher o valor arrecadado juntamente com a contribuição a seu cargo também até o dia 10 (dez) do mês seguinte ao da competência (sobre o tema ver Parte III, Capítulo XI, subitem 2.2.1). Esta obrigatoriedade de retenção se aplicará, inclusive à cooperativa de trabalho em relação à contribuição social devida pelo seu cooperado.

Obs.: Não sendo os cooperados e/ou os contribuintes individuais inscritos no INSS, a cooperativa ou a empresa deverão efetuar a respectiva inscrição.

A empresa se obriga, ainda, a recolher as contribuições provenientes do faturamento e do lucro, na forma e prazos definidos pela legislação tributária federal vigente.

Cumpre, por fim, observar que, conforme disposições constantes do § 5º do art. 33 da Lei n. 8.212/91, o desconto de contribuições e de consignações legalmente autorizadas (contribuição do segurado empregado, retenção do contribuinte individual, etc.) sempre se presume feito oportuna e regularmente pela empresa a isso obrigada, não lhe sendo lícito alegar omissão para se eximir do recolhimento, ficando diretamente responsável pela importância que deixou de receber ou que arrecadou em desacordo com a legislação previdenciária.

Fundamentação: Lei n. 8.212/91, art. 30, I, e art. 33, § 5º; Decreto n. 3.048/99, art. 216.

2. CONTRIBUINTES INDIVIDUAIS E SEGURADOS FACULTATIVOS

Os segurados contribuinte individual e facultativo se encontram obrigados a recolher sua contribuição, por iniciativa própria, até o dia quinze do mês seguinte àquele a que as contribuições se referirem, prorrogando-se o vencimento para o dia útil subseqüente quando não houver expediente bancário no dia quinze, facultada a opção pelo recolhimento trimestral.

Como observado, a contar de abril/2003, em face da Medida Provisória n. 83, a empresa tomadora dos serviços é que deverá recolher a contribuição previdenciária do contribuinte individual a seu serviço. Assim, do valor bruto a ser entregue ao prestador dos serviços (empresário, autônomo ou equiparado), a empresa deverá descontar o valor da contribuição previdenciária, responsabilizando-se por este recolhimento junto à instituição bancária.

O contribuinte individual, inclusive cooperado de cooperativa de trabalho, que sofrer a retenção por ter prestado serviços à empresa ou cooperativa, respectivamente, se encontram obrigados, também a contar de 1º de abril de 2003, a complementar, diretamente, a contribuição até o valor mínimo mensal do salário-de-contribuição, quando as remunerações recebidas no mês, por serviços prestados a pessoas jurídicas, for inferior a este.

Recolhimento trimestral

Os contribuintes individuais (empresários, autônomos e equiparados) e o segurado facultativo cujos salários-de-contribuição sejam iguais ao valor de um salário mínimo poderão optar pelo recolhimento trimestral das contribuições previdenciárias, independente de autorização do INSS.

Para o recolhimento trimestral, o contribuinte deverá respeitar o trimestre civil, registrando no campo "4 — Competência" da Guia da Previdência Social — GPS — o último mês do respectivo período, ou seja:

a) 1º trimestre = janeiro, fevereiro e março = indicar na GPS a competência 03 (março) e o ano a que se referir;

b) 2º trimestre = abril, maio e junho = indicar na GPS a competência 06 (junho) e o ano a que se referir;

c) 3º trimestre = julho, agosto e setembro = indicar na GPS a competência 9 (setembro) e ano a que se referir; e

d) 4º trimestre = outubro, novembro e dezembro = indicar na GPS a competência 12 (dezembro) e o ano a que se referir.

Obs. I: O segurado que optar pelo recolhimento trimestral deverá registrar no campo "4 — competência" da GPS o último mês do trimestre a que se referir, independentemente de se tratar de 1 (uma), 2 (duas) ou 3 (três) competências.

O recolhimento das contribuições deverá ocorrer até o dia 15 do mês seguinte ao do término do respectivo trimestre civil. Não havendo expediente bancário no dia 15, o recolhimento deverá ser prorrogado para o primeiro dia útil imediatamente posterior.

Observe-se que a filiação dos segurados empresário, trabalhador autônomo ou a este equiparado, facultativo e empregado doméstico, no segundo ou terceiro mês do trimestre civil, não altera a data de vencimento da contribuição. Nesse caso, o recolhimento será efetuado respeitando-se a proporcionalidade dos valores devidos no trimestre.

Obs. II: A opção pelo recolhimento trimestral iniciou-se a partir do 3º trimestre de 1998.

O segurado facultativo optante pelo recolhimento trimestral, em razão de sua filiação ao Regime Geral de Previdência Social — RGPS — somente ocorrer com o primeiro recolhimento em dia, poderá realizar o pagamento da primeira contribuição no mês seguinte à sua inscrição, considerando-se o mês de inscrição como competência mensal a ser registrado no campo próprio da GPS, complementando, posteriormente, se for o caso, o valor devido referente ao restante do trimestre, na data de vencimento estabelecida, registrando no "campo 04 — Competência" da GPS o último mês do trimestre.

Para regularização de contribuições em atraso, o contribuinte poderá optar pela realização dos recolhimentos por competência mensal ou trimestral, incidindo os juros a partir do dia 16 do vencimento do mês ou do trimestre. Para regularização de complementação de valor pago a menor, o contribuinte deverá fazer o recolhimento por competência mensal ou trimestral, conforme o caso.

Fundamentação: Lei n. 8.212/91, art. 30, II; Decreto n. 3.048/99, art. 216, §§ 15 a 18.

3. EMPREGADOR DOMÉSTICO

O empregador doméstico é obrigado a arrecadar a contribuição do segurado empregado doméstico a seu serviço e recolhê-la, assim como a parcela a seu cargo, até o dia 15 do mês seguinte àquele a que as contribuições se referirem, prorrogando-se o vencimento para o dia útil imediatamente posterior se não houver expediente bancário neste dia.

A contribuição incidente sobre o valor bruto da gratificação natalina — décimo-terceiro — deverá ser calculada em separado e recolhida até o dia 20 do mês de dezembro, antecipando-se o vencimento para o dia útil imediatamente anterior se não houver expediente bancário nesta data, sendo devida quando do pagamento ou crédito da última parcela.

No caso de rescisão do contrato de trabalho, as contribuições devidas deverão ser recolhidas até o dia dois do mês subseqüente à rescisão, computando-se em separado a parcela referente à gratificação natalina.

Obs.: Durante o período da licença-maternidade da empregada doméstica caberá ao empregador apenas o recolhimento da contribuição a seu cargo.

Recolhimento trimestral

Esta faculdade, já observada no item 2 deste mesmo Capítulo, cabe também ao empregador doméstico, cujo empregado a seu serviço receba salário igual ou inferior ao valor do salário mínimo. Observe-se que a referida opção é de livre iniciativa do segurado e/ou empregador doméstico, independendo, assim, de autorização do INSS.

No entanto, este procedimento de recolhimento trimestral não se aplica à contribuição relativa à gratificação natalina (13º salário), do empregado doméstico, que deverá ser recolhida até o dia 20 de dezembro do ano a que se referir, registrando no "campo 04 — Competência" da GPS o mês 13 e o ano a que se referir.

Fundamentação: Lei n. 8.212/91, art. 30, V; Decreto n. 3.048/99, art. 216.

4. PRODUTORES RURAIS — CONTRIBUIÇÃO DECORRENTE DA COMERCIALIZAÇÃO DA PRODUÇÃO RURAL

Os produtores rurais pessoa física e os segurados especiais se encontram obrigados a recolher a contribuição decorrente da comercialização da produção rural (art. 200 do Decreto n. 3.048/99) no dia 10 (dez) do mês seguinte ao da operação de venda, caso comercializem a sua produção com adquirente domiciliado no exterior, diretamente a consumidor pessoa física (no varejo), a outro produtor rural pessoa física ou a outro segurado especial.

O prazo para pagamento será prorrogado para o dia útil subseqüente quando não houver expediente bancário no dia 10 (dez).

A pessoa física não produtor rural que adquire produção para venda, no varejo, a consumidor pessoa física é obrigada a recolher a contribuição previdenciária decorrente desta comercialização, também no dia 10 (dez) do mês subseqüente ao da operação de venda.

O produtor rural pessoa jurídica, independente de quem adquire sua produção rural, será sempre o responsável pelo recolhimento de suas contribuições previdenciárias, seguindo o mesmo prazo anteriormente mencionado, ou seja, até o dia 10 (dez) do mês subseqüente ao da operação de venda.

Fundamentação: Lei n. 8.212/91, art. 30, X e XI; Decreto n. 3.048/99, art. 216.

5. DIRIGENTE SINDICAL — CONTRIBUIÇÃO PREVIDENCIÁRIA — RESPONSABILIDADE PELO RECOLHIMENTO

A empresa que remunera empregado licenciado para exercer mandato de dirigente sindical é obrigada a recolher a contribuição deste, bem como as parcelas a seu cargo, na forma do disposto no item 1 deste Capítulo.

Cabendo a remuneração do dirigente sindical à entidade sindical esta será obrigada a recolher a contribuição deste, juntamente com as parcelas a seu cargo. A responsabilidade pelo recolhimento das contribuições também caberá à entidade sindical quando o dirigente sindical manter a qualidade de segurado contribuinte individual.

Fundamentação: Decreto n. 3.048/99, art. 216, incisos IX a XI.

6. GRATIFICAÇÃO NATALINA — 13º SALÁRIO

O vencimento do prazo de pagamento das contribuições sociais incidentes sobre o décimo terceiro salário, exceto no caso de rescisão, dar-se-á no dia vinte de dezembro, antecipando-se o prazo para o dia útil imediatamente anterior se não houver expediente bancário neste dia.

Havendo pagamento de remuneração variável em dezembro, o pagamento das contribuições referentes ao ajuste do valor do décimo terceiro salário deve ocorrer no documento de arrecadação da competência dezembro, considerando-se para apuração da alíquota da contribuição do segurado o valor total do décimo terceiro salário.

Na rescisão de contrato de trabalho, inclusive naquela ocorrida no mês de dezembro, em que haja pagamento de parcela de décimo terceiro salário, as contribuições devidas devem ser recolhidas até o dia 10 (dez) do mês seguinte ao da rescisão, prorrogando-se o vencimento para o dia útil subseqüente quando não houver expediente bancário no dia dez.

Fundamentação: Decreto n. 3.408/99, art. 216.

7. CORREÇÃO SALARIAL RESULTANTE DE DOCUMENTO COLETIVO

Na hipótese de a convenção ou dissídio coletivo resultar correção salarial com pagamento retroativo, a contribuição previdenciária será recolhida aplicando-se o sistema de caixa.

Assim, considera-se como mês de competência aquele em que foi definido o reajuste, ou seja, o mês em que o empregador tomou conhecimento do valor da correção salarial.

Em se tratando de dissídio coletivo, a competência será o mês da sentença.

8. DOCUMENTO DE ARRECADAÇÃO — GPS

As contribuições arrecadadas pela Secretaria da Receita Federal do Brasil, destinadas à Previdência Social e a outras entidades ou fundos, com os quais não haja convênio para pagamento direto, deverão ser recolhidas por meio de documento de arrecadação da Previdência Social, em meio papel ou em meio eletrônico.

No documento de arrecadação deverão ser prestadas as seguintes informações:

I — identificação do sujeito passivo, pelo preenchimento do campo "identificador", no qual deverá ser informado o CNPJ ou o CEI para empresa ou equiparadas e o NIT, para segurados empregado doméstico, contribuinte individual, segurado especial ou facultativo;

II — código de pagamento, que identifica a natureza do pagamento que está sendo efetuado, cuja relação e respectivas descrições encontram-se na tabela 4, Parte VII, desta obra;

III — competência, com dois dígitos para o mês e quatro dígitos para o ano;

IV — valor do INSS, que corresponde ao valor total das contribuições devidas à Previdência Social a ser recolhido na competência, efetuando-se as compensações e as deduções admitidas pela legislação em vigor;

V — valor de outras entidades, que corresponde ao valor total das contribuições a serem recolhidas para outras entidades e fundos (terceiros), com os quais a empresa não mantenha convênio, calculado mediante aplicação de alíquota definida em razão da atividade da empresa;

VI — atualização monetária, juros e multa, que correspondem ao somatório de atualização monetária, se houver, multa e juros de mora devidos em decorrência de recolhimento após o prazo de vencimento, calculados sobre o somatório dos valores mencionados nos itens IV e V, *supra*;

VII — total, que corresponde ao somatório das importâncias a serem recolhidas.

Deverá, obrigatoriamente, ser utilizado documento de arrecadação distinto, por:

a) estabelecimento da empresa identificado por CNPJ ou por matrícula CEI específica;

b) obra de construção civil identificada por matrícula CEI;

c) código que identifica a natureza do pagamento da empresa, conforme relação constante do subitem 9.1;

d) competência de recolhimento, ressalvado o recolhimento trimestral.

8.1. Valor mínimo para recolhimento

É vedado o recolhimento, em documento de arrecadação, de valor inferior a R$ 29,00 (vinte e nove reais). Se o valor a recolher na competência for inferior a esta quantia, este deverá ser adicionado ao devido na competência seguinte, e assim sucessivamente, até atingir o valor mínimo permitido para recolhimento, observado o seguinte:

a) ficam sujeitos a acréscimos legais os valores não recolhidos a partir da competência em que for alcançado o valor mínimo;

b) o valor acumulado deverá ser recolhido em documento de arrecadação com código de recolhimento da mesma natureza;

c) não havendo na competência em que foi atingido o valor mínimo outro recolhimento sob o mesmo código de pagamento, o valor acumulado poderá ser adicionado a recolhimento a ser efetuado em documento de arrecadação com código de pagamento diverso.

Não se aplica o disposto neste subitem aos órgãos e às entidades da Administração Pública quando o recolhimento for efetuado pelo Sistema Integrado de Administração Financeira do Governo Federal (Siafi).

O valor devido decorrente de recolhimento efetuado a menor, cujo principal acrescido de juros e de multa de mora não atingir ao mínimo estabelecido, será adicionado ao valor devido na próxima competência.

Fundamentação: Instrução Normativa SRP n. 3/05, art. 490 e Resolução INSS/DC n. 39/00.

9. RECOLHIMENTO EM ATRASO

As contribuições sociais e outras importâncias arrecadadas pelo INSS (contribuição a terceiros, por exemplo) e não recolhidas até a data de seu vencimento ficam sujeitas a juros e multa de mora determinados conforme a legislação de regência, incidentes sobre o valor atualizado, se for o caso.

Assim, para o recolhimento de contribuições previdenciárias em atraso, há que ser observado o seguinte:

a) o código do pagamento será o mesmo habitualmente utilizado pela empresa em seus recolhimentos mensais;

b) os índices a serem utilizados dependerão das parcelas que se encontram em atraso. Se houve, por exemplo, recolhimento parcial da Guia (GPS), há que se recolher em atraso apenas os índices correspondentes à parte em débito. Se não houve recolhimento parcial, os índices (percentuais) a serem utilizados serão os mesmos usados habitualmente pela empresa, de conformidade com o FPAS por esta utilizado;

c) para o recolhimento de contribuições previdenciárias em atraso, referentes a competências anteriores a dezembro/94, inclusive, há que se acrescentar ao valor originário correção monetária, multa e juros;

d) para o recolhimento de contribuições previdenciárias em atraso, referentes a competências posteriores a janeiro/95, inclusive, para pagamento a contar de 1º.4.1995, não mais há que se calcular a correção monetária, cabendo somente multa e juros de mora.

O INSS divulga mensalmente a Tabela Prática Aplicada em Contribuições Previdenciárias, para o cálculo dos acréscimos legais, elaborada de acordo com a legislação de regência e os coeficientes de atualização. O sujeito passivo poderá, assim, utilizar a Tabela Prática Aplicada em Contribuições Previdenciárias e o Sistema de Acréscimos Legais (SAL), disponíveis na Internet no endereço www.previdenciasocial.gov.br, para efetuar o cálculo dos acréscimos legais e do montante consolidado a ser recolhido ao INSS.

9.1. Atualização Monetária

Conforme conceito trazido pela Instrução Normativa SRP n. 3/05 (art. 493), atualização monetária *"é a diferença entre o valor atualizado e o valor originário das contribuições sociais, refletindo no tempo a desvalorização da moeda nacional*".

O valor atualizado, portanto, será aquele obtido mediante a aplicação de um coeficiente, disponível na Tabela Prática Aplicada em Contribuições Previdenciárias, sobre o valor originário da contribuição ou outras importâncias não recolhidas até a data do vencimento, sendo os indexadores da atualização monetária:

I — até 1/1991: ORTN/OTN/BTNF;

II — de 2/1991 a 12/1991: sem atualização (extinção do BTN fiscal pelo art. 3º da Lei n. 8.177, de 1º de março de 1991);

III — de 1/1992 a 12/1994: UFIR (art. 54 da Lei n. 8.383, de 30 de dezembro 1991);

IV — de 1/1995 em diante: a) para fatos geradores até 12/1994: UFIR, conversão para real com base no valor desta, fixado para o trimestre do pagamento (art. 5º da Lei n. 8.981/95); b) para fatos geradores a partir de 1/1995: não há atualização monetária (art. 6º da Lei n. 8.981, de 1995).

9.2. Juros de mora

Juros de Mora são acréscimos devidos no valor original, decorrente do não pagamento em dia das contribuições sociais e outras importâncias arrecadadas pelo INSS.

Os percentuais aplicados, ao mês ou fração, variam conforme a competência em atraso devida pelo contribuinte, sendo que:

I — para fatos geradores ocorridos até dezembro de 1994:

a) até janeiro de 1991: um por cento, conforme o disposto no art. 161 da Lei n. 5.172, de 1966 (CTN) e art. 82 da Lei n. 3.807/60;

b) de fevereiro de 1991 até dezembro de 1991: Taxa Referencial (TR), conforme o disposto no art. 9º da Lei n. 8.177/91;

c) de janeiro de 1992 até dezembro de 1994: um por cento conforme o disposto no art. 54 da Lei n. 8.383/91;

d) de janeiro de 1995 até dezembro de 1996: um por cento conforme o disposto no § 5º do art. 84 da Lei n. 8.981/95;

e) a partir de janeiro de 1997: Taxa Referencial de Sistema Especial de Liquidação e de Custódia (Selic) conforme o disposto no art. 30 da Lei n. 10.522/02, resultado da conversão da MP n. 1.542/96, e reedições até a MP n. 2.176-79/02, combinado com o art. 51 da Lei n. 8.212/91.

II — para fatos geradores ocorridos a partir de janeiro de 1995 será aplicado um por cento no mês de vencimento, um por cento no mês de pagamento, e nos meses intermediários:

a) de janeiro de 1995 a março 1995: variação da Taxa Média de Captação do Tesouro Nacional (TCTN) conforme o disposto no inciso I e § 4º do art. 84 da Lei n. 8.981/95 e art. 34 da Lei n. 8.212/91;

b) a partir de abril de 1995: variação da Taxa Referencial do Sistema Especial de Liquidação e de Custódia (SELIC), conforme o disposto no art. 13 da Lei n. 9.065/95 e art. 34 da Lei n. 8.212/91.

Nos termos do § 1º do art. 494 da Instrução Normativa SRP n. 3/05, a taxa de juros aplicada às contribuições sociais não recolhidas em época própria não poderá ser inferior a um por cento ao mês ou fração, aplicando-se a taxa de um por cento na competência em que o valor estipulado para a Selic for inferior. Mesma redação constava do § 1º do art. 239 do Decreto n. 3.048/99. No entanto, tais disposições colidem com aquelas constantes do art. 34 da Lei n. 8.212/91 e são, portanto, ilegais, não tendo os instrumentos de regulamentação autonomia suficiente para determinar juros superiores àqueles fixados pela lei ordinária. Com a publicação do Decreto n. 6.224/07 o § 1º do art. 239 foi revogado, mas a irregularidade permaneceu no período anterior a essa alteração.

Ressalte-se, ainda, que às contribuições sociais previdenciárias devidas pelo contribuinte individual, até março de 1995, que comprove a atividade com vistas à concessão de benefícios, aplicam-se juros de mora de zero vírgula cinco por cento ao mês, capitalizados anualmente.

9.3. Multa

Multa é a penalidade imposta ao contribuinte decorrente do não pagamento das contribuições sociais e outras importâncias arrecadadas pelo INSS até o vencimento.

A multa tem seu percentual variável em razão da competência e de ter sido ou não o recolhimento espontâneo. Assim:

a) Sendo o recolhimento espontâneo, ou seja, não havendo notificação de débito, tem-se:

• competências até agosto/89 = 50%

• competências de setembro/89 até julho/91 = 10%

• competências de agosto/91 a novembro/91 = 40% = acima de 90 dias

• competências de dezembro/91 a março/97 = 10%

• competências de abril/97 a outubro/99:

— 4% dentro do mês de vencimento da obrigação

— 7% no mês seguinte

— 10% a partir do segundo mês seguinte ao do vencimento da obrigação

• competências a partir de novembro/99:

— 8% dentro do mês de vencimento da obrigação

— 14% no mês seguinte

— 20% a partir do segundo mês seguinte ao do vencimento da obrigação

b) Pagamento de créditos incluídos em notificação fiscal de lançamento, para competências a partir de novembro/99:

— 24% se o débito for pago em até 15 dias do recebimento da notificação;

— 30% se o débito for pago após o 15º dia do recebimento da notificação;

— 40% se o débito for pago após a apresentação de recurso, desde que antecedido de defesa, sendo ambos tempestivos, até 15 dias da ciência da decisão do CRPS (Conselho de Recursos da Previdência Social);

— 50% — se o débito for pago após o 15º dia da ciência da decisão do CRPS, enquanto não inscrito em Dívida Ativa.

c) Pagamento de créditos inscritos em Dívida Ativa:

— 60% — quando não tenha sido objeto de parcelamento;

— 70% — se houve parcelamento;

— 80% — após o ajuizamento da execução fiscal, mesmo que o devedor ainda não tenha sido citado, se o crédito não foi objeto de parcelamento;

— 100% — após o ajuizamento da execução fiscal, mesmo que o devedor ainda não tenha sido citado, se o crédito foi objeto de parcelamento.

É importante observar, no entanto, que para as competências a partir de novembro/99, tendo as contribuições sido declaradas na GFIP, ou quando se tratar de empregador doméstico ou de empresa ou segurado dispensados de apresentar o citado documento, a multa de mora será reduzida em cinqüenta por cento.

Obs. I: Caso seja devida a correção monetária, os juros e a multa serão aplicáveis sobre o débito já corrigido.

Obs. II: As multas não se aplicam: a) às pessoas jurídicas de direito público (União, Estado, Distrito Federal, Municípios, etc.); b) às massas falidas; c) às missões diplomáticas estrangeiras no Brasil e aos membros dessas missões.

Obs. III: Nas hipóteses de parcelamento ou reparcelamento, incidirá um acréscimo de 20% (vinte por cento) sobre a multa de mora. Se houver pagamento antecipado à vista, no todo ou em parte, do saldo devedor, este acréscimo de 20% não incidirá sobre a multa correspondente à parte do pagamento que se efetuar. O valor do pagamento parcial antecipado, do saldo devedor de parcelamento ou do reparcelamento somente poderá ser utilizado para quitação de parcelas na ordem inversa do vencimento, sem prejuízo da que for devida no mês de competência em curso e sobre a qual incidirá sempre o acréscimo de 20%.

Obs. IV: Existe discussão judicial sobre a constitucionalidade (ou não) das multas em percentual superior a 24%.

Fundamentação: Lei n. 8.212/91, arts. 34 e 35; Decreto n. 3.048/99, arts. 238 e 239.

10. CONTRIBUINTE INDIVIDUAL — COMPROVAÇÃO DO EXERCÍCIO DE ATIVIDADE REMUNERADA COM VISTAS À CONCESSÃO DE BENEFÍCIOS

Para comprovar o exercício de atividade remunerada, com vistas à concessão de benefícios, será exigido do contribuinte individual, a qualquer tempo, o recolhimento das correspondentes contribuições, ainda que em atraso.

Para apuração e constituição desses créditos o critério a ser utilizado dependerá das competências que se encontram em atraso, se anteriores ou não à competência abril de 1995. Temos, portanto:

I — Recolhimento de competências até março/1995, inclusive:

A Seguridade Social utilizará como base de incidência para servir como base de cálculo das contribuições o valor da média aritmética simples maiores salários-de-contribuição do segurado, correspondentes a 80% de todo o período contributivo desde a competência n. 7/94, ainda que não recolhidas as contribuições correspondentes.

Contando o segurado com menos de 36 salários-de-contribuição, a base de incidência corresponderá à soma dos salários-de-contribuição dividida pelo número de meses apurado.

Os valores serão corrigidos mês a mês pelos mesmos índices utilizados para a obtenção do salário-de-benefício, observado o limite máximo do salário-de-contribuição (atualmente na ordem de R$ 3.038,99). Sobre os salários-de-contribuição será então aplicada a alíquota de 20%, sendo o resultado multiplicado pelo número de meses do período a ser indenizado. Sobre as contribuições devidas e apuradas incidirão juros moratórios de 0,5% ao mês, capitalizados anualmente (limitados a 50%), e multa de 10%.

É possível ao segurado contribuinte individual recolher contribuições, com base nestes cálculos, relativas inclusive a período anterior à sua inscrição. Também é possível ao segurado indenizar contribuições (recolher em atraso) relativas a período em que o exercício de atividade remunerada não exigia filiação obrigatória à Previdência Social, desde que a atividade tenha se tornado posteriormente de filiação obrigatória.

O reconhecimento de filiação, no entanto, somente será feito após o efetivo recolhimento das contribuições relativas ao período em que for comprovado o exercício da atividade remunerada.

Obs.: No caso de indenização relativa ao exercício de atividade remunerada para fins de contagem recíproca correspondente a período de filiação obrigatória ou não, a base de incidência será a remuneração da data do requerimento sobre a qual incidem as contribuições para o regime próprio de previdência social a que estiver filiado o interessado, observados os limites mínimo e máximo do salário-de-contribuição.

II — Recolhimento de competências a contar de abril/1995:

O recolhimento das competências em atraso a contar de abril/95, inclusive, obedecerá às disposições existentes para as empresas em geral, constantes deste Capítulo, item 10.

Sendo as contribuições relativas a período em que o exercício de atividade remunerada não exigia filiação obrigatória, tomar-se-á como base de incidência da indenização o valor do salário-de-contribuição correspondente ao mês anterior ao do requerimento.

Fundamentação: Decreto n. 3.048/99, art. 216, §§ 7º a 14 e § 24 e art. 239, §§ 8º e 10.

Capítulo XVIII

Parcelamento de Contribuições Previdenciárias

As contribuições devidas à Seguridade Social (inclusive destinadas a terceiros) e não recolhidas até seu vencimento, incluídas ou não em notificação de débito, poderão, a qualquer tempo, ser objeto de parcelamento.

1. ADMISSÃO E RESTRIÇÕES AO PARCELAMENTO

A legislação previdenciária permite o parcelamento dos seguintes créditos (Instrução Normativa SRP n. 3/05, art. 665):

I — contribuições devidas pela empresa ou entidade equiparada a empresa;

II — contribuições aferidas indiretamente, inclusive as apuradas mediante Aviso de Regularização de Obra (ARO), relativos à obra de construção civil sob responsabilidade de pessoa física ou jurídica;

III — contribuições apuradas com base em decisões judiciais proferidas em processos de reclamatórias trabalhistas;

IV — contribuições não descontadas dos segurados empregados, após informação fiscal juntada ao processo;

V — contribuições descontadas dos segurados empregados, inclusive domésticos e trabalhadores avulsos, até a competência junho de 1991, inclusive;

VI — contribuições não descontadas dos segurados contribuintes individuais a serviço da empresa, na forma da Lei n. 10.666/03, a partir de abril de 2003, após informação fiscal juntada ao processo;

VII — contribuições devidas por contribuinte individual, responsável pelo seu recolhimento;

VIII — contribuições incidentes sobre a comercialização de produtos rurais, descontadas do sujeito passivo, em razão da sub-rogação de que trata o inciso IV do art. 30 da Lei n. 8.212/91, até a competência junho de 1991, inclusive;

IX — contribuições incidentes sobre a comercialização de produtos rurais, apuradas com base na sub-rogação de que trata o inciso IV do art. 30 da Lei n. 8.212/91, a partir da competência julho de 1991, inclusive, bem como aquelas previstas no art. 25 da Lei n. 8.870/94, no período de agosto de 1994 a outubro de 1996, decorrentes de sub-rogação (comercialização de produtos rurais) nas obrigações de pessoas jurídicas, desde que comprovadamente não tenha havido o desconto e após informação fiscal juntada ao processo;

X — contribuições declaradas em GFIP;

XI — contribuições lançadas em Notificação Fiscal de Lançamento de Débito (NFLD), Notificação Para Pagamento (NPP), Lançamento de Débito Confessado (LDC), Lançamento de Débito Confessado em GFIP (LDCG) e valor de multas lançadas em Auto-de-Infração (AI);

XII — valores não-retidos por empresas contratantes de serviços mediante cessão de mão-de-obra ou empreitada, de que trata o art. 31 da Lei n. 8.212/91;

XIII — créditos inscritos em Dívida Ativa não-tributária, ajuizada ou não, não decorrente de fraude objeto de sentença transitada em julgado;

XIV — honorários advocatícios decorrentes de sucumbência.

Cumpre observar, no entanto, não serem admitidos no parcelamento alguns créditos previdenciários, mais especificamente aqueles que envolvem algum tipo de retenção pelo contratante ou tomador dos serviços. Assim, não podem ser objeto de parcelamento os créditos oriundos de IN SRP n. 3/05, art. 666):

a) contribuições descontadas dos segurados empregados, inclusive domésticos e trabalhadores avulsos, a partir da competência julho de 1991, inclusive;

b) contribuições descontadas do segurado contribuinte individual, na forma da Lei n. 10.666/03, a partir de abril de 2003;

c) contribuições decorrentes da sub-rogação na comercialização de produtos rurais com produtores rurais pessoas jurídicas de que trata o inciso IV do art. 30 da Lei n. 8.212/91, a partir da competência julho de 1991, bem como aquelas previstas no art. 25 da Lei n. 8.870/94, no período de agosto de 1994 a outubro de 1996;

d) valores retidos por empresas contratantes de serviços mediante cessão de mão-de-obra ou empreitada, de que trata o art. 31 da Lei n. 8.212/91.

Obs. I: A existência de créditos que não podem ser parcelados (letras "a" a "d", *supra*) não impede o parcelamento daqueles permitidos ao parcelamento.

Obs. II: Não é permitido o parcelamento de dívidas de empresa com falência decretada.

2. ÓRGÃOS PÚBLICOS

As dívidas dos estados, do Distrito Federal e dos municípios podem ser parceladas, sendo que o pagamento das prestações dos parcelamentos deverá ser através da retenção nas quotas do Fundo de Participação dos Estados (FPE) ou do Fundo de Participação dos Municípios (FPM), sendo que o repasse à Previdência Social do valor correspondente a cada prestação mensal será efetuado por ocasião do vencimento desta. Quando o valor da quota do FPE/FPM não for suficiente para quitação da parcela, a diferença deverá ser descontada das quotas seguintes.

As dívidas das Câmaras Municipais, das Assembléias Legislativas e da Câmara Legislativa serão parceladas em nome do município, estado ou Distrito Federal a que estão vinculadas, respectivamente, utilizando-se o CNPJ do município ou do estado, conforme o caso, ficando a cargo do Prefeito Municipal ou do Governador a assinatura dos documentos pertinentes.

O Distrito Federal e os municípios poderão assumir, facultando-se a sub-rogação do respectivo débito, exclusivamente para fins de parcelamento ou reparcelamento, as dívidas para com a Previdência Social de suas empresas públicas e sociedades de economia mista, independentemente de se tratarem de saldo de reparcelamento, mantendo-se os critérios de atualização e incidência de acréscimos legais aplicáveis a estas entidades.

3. CONTRIBUINTE INDIVIDUAL

Nos termos da Instrução Normativa SRP n. 3/05 (arts. 669 a 671), poderão ser parcelados os créditos da Previdência Social devidos por segurado contribuinte individual até a competência março de 1995, inclusive, decorrentes da comprovação do exercício de atividade remunerada, para fins de obtenção de benefício e de indenização para o período de filiação não-obrigatória e contagem recíproca. No entanto, e ainda nos termos da referida Instrução, as contribuições parceladas, referentes ao período básico de cálculo e ao período de carência, somente serão computadas para a obtenção do benefício após a quitação total do parcelamento, procedimento este, contudo, que não julgamos correto.

A partir de abril de 1995, para o parcelamento de contribuições sociais previdenciárias devidas por contribuinte individual, aplicam-se os mesmos critérios estabelecidos para parcelamento de débitos de empresas em geral.

4. FORMULAÇÃO DO PEDIDO, INSTRUÇÃO DO PROCESSO E INDEFERIMENTO

O pedido de parcelamento deverá ser formulado pelo contribuinte, em formulário próprio, e deverá ser instruído com os documentos previstos nos arts. 673 a 676 da Instrução Normativa SRP n. 3/05.

O indeferimento caberá somente nas seguintes hipóteses:

I — Quando não houver comprovação do pagamento antecipado da primeira prestação no prazo máximo de cinco dias contados do recebimento do respectivo documento de arrecadação, com exceção dos pedidos de parcelamento formulados por órgãos públicos;

II — Quando o TPDF (Termo de Parcelamento de Dívida Fiscal) ou o TPDA (Termo de Parcelamento de Dívida Ativa) não estiverem devidamente assinados.

O indeferimento do Pedido de Parcelamento será proferido em despacho fundamentado pela chefia da Unidade de Arrecadação e integrará o processo constituído pelo referido pedido.

5. CONSOLIDAÇÃO DO PARCELAMENTO

5.1. Empresa e contribuinte individual a partir de abril/95

Os créditos da Previdência Social relativos a competências até dezembro de 1994 devem ser convertidos para o padrão monetário Real com base no valor da

Unidade Fiscal de Referência (UFIR) em 1º de janeiro de 1997, fixado em 0,9108 (zero vírgula nove mil cento e oito), conforme disposto no art. 29 da Lei n. 10.522/02.

A consolidação do parcelamento é efetuada conforme o disposto no Termo de Parcelamento de Dívida Fiscal (TPDF) e no Termo de Parcelamento de Dívida Ativa (TPDA), previstos nos anexos integrantes da Instrução Normativa SRP n. 3/05. Na consolidação do parcelamento serão considerados, se houver, os valores de multas decorrentes da lavratura de Auto-de-Infração (AI) e valores lançados em Notificação Para Pagamento (NPP), observando-se o seguinte (Instrução Normativa SRP n. 3/05, art. 680):

I — o valor da multa aplicada ou o valor da NPP será transformado em quantidade de UFIR, tomando-se por base o valor desta na data específica para o AI (Auto-de-Infração) com data de lavratura até dezembro de 1994, e convertido para o padrão monetário Real com base no valor da UFIR em 1º de janeiro de 1997, fixado em 0,9108 (zero vírgula nove mil cento e oito);

II — o valor da multa aplicada em AI ou o valor da NPP lavrada a partir de janeiro de 1995, fixado no padrão monetário Real, não sofrerá atualização monetária;

III — as datas específicas para o AI, referidas no item I, *supra*, são as seguintes:

a) para AI julgado até 7 de julho de 1992, a data específica é o trigésimo primeiro dia da ciência da Decisão-Notificação de Procedência da Autuação;

b) para AI julgado de 8 de julho de 1992 até 16 de setembro de 1993, a data específica é a data de emissão da Decisão-Notificação de Procedência da Autuação;

c) para AI julgado a partir de 17 de setembro de 1993, a data específica é a do documento de origem.

5.2. Acréscimos legais

Nos termos do art. 681 da Instrução Normativa SRP n. 3/05, sobre os salários-de-contribuição do segurado contribuinte individual, até março de 1995, incidirão multa no percentual de dez por cento e juros moratórios de zero vírgula cinco por cento ao mês, contados da data do vencimento da competência até a data da consolidação do parcelamento.

O parcelamento será consolidado sem a cobrança de juros com base na TR ou na SELIC.

Sobre os valores parcelados ou reparcelados relativos a empresas, a equiparada, a empregador doméstico e a contribuinte individual a partir de abril de 1995, incidirão acréscimos legais conforme os critérios para recolhimento em atraso, constantes da Parte III, Capítulo XVII desta obra, item 10.

O atraso no pagamento das prestações do parcelamento ocasionará:

I — cobrança de juros de mora de um por cento ao mês ou fração sobre o valor total da prestação, para parcelamento requerido até 1º de abril de 1997;

II — cobrança de juros com base na Taxa Referencial do Sistema Especial de Liquidação e de Custódia (SELIC) sobre a parcela básica, acumulados desde o mês do requerimento até o mês anterior ao do pagamento, para parcelamentos requeridos a partir de 2 de abril de 1997.

5.3. Prestações

O parcelamento será concedido em até quatro prestações mensais, iguais e sucessivas, por competência em atraso, desde que o total não exceda o limite máximo de sessenta prestações.

Exemplos:

— 10 competências em atraso = parcelamento em até 40 prestações mensais.

— 15 competências em atraso = parcelamento em até 60 prestações mensais.

— 20 competências em atraso = parcelamento em até 60 prestações mensais.

Para o crédito oriundo de Aviso de Regularização de Obra (ARO), pessoa física ou jurídica, o critério de "quatro por um" deverá observar as competências relativas ao período compreendido entre a data do início e a data do término da obra de construção civil, constantes da DRO (Declaração de Regularização de Obra) ou da DISO (Declaração e Informação sobre Obra) — Instrução Normativa SRP n. 3/05, art. 685.

Para o crédito oriundo de acordo homologado em reclamatória trabalhista, desde que identificado o período objeto do acordo (período contestado e homologado), o critério de "quatro por um" observará o número de competências relativas ao período respectivo. Não havendo especificação do período a que se refere o acordo, será considerada uma competência, podendo, neste caso, o crédito ser parcelado em até quatro vezes, observado o limite mínimo do valor de cada prestação mensal — Instrução Normativa SRP n. 3/05, art. 686.

O valor das prestações será obtido dividindo-se o montante consolidado, por rubrica, pela quantidade de prestações concedidas, observado o seguinte (IN SRP n. 3/05, art. 687):

I — o valor de cada prestação não poderá ser inferior a R$ 200,00 (duzentos reais), caso o resultado da divisão seja inferior a esse mínimo, reduzir-se-á uma a uma a quantidade de prestações até que o valor mínimo estabelecido seja alcançado;

II — tratando-se de parcelamento contendo somente créditos oriundos de NPP ou AI lavrado contra pessoa jurídica, observar-se-á, quanto às prestações, o valor mínimo de R$ 200,00 (duzentos reais) e o número máximo de sessenta parcelas, não se aplicando o critério de "quatro por um";

III — tratando-se de parcelamento contendo somente crédito oriundo de AI lavrado contra pessoa física, observar-se-á, quanto às prestações, o valor mínimo de R$ 50,00 (cinqüenta reais) e o número máximo de sessenta parcelas, não se aplicando o critério de "quatro por um";

IV — para parcelamento referido no art. 707 da referida IN (microempresas, empresas de pequeno porte e titular ou sócios), o valor mínimo da prestação mensal será de R$ 50,00 (cinqüenta reais), limitado a setenta e duas parcelas, não se aplicando o critério de "quatro por um";

V — para parcelamento de crédito relativo a contribuições devidas por contribuinte individual e empregador doméstico, o valor mínimo da prestação será de R$ 50,00 (cinqüenta reais), obedecendo-se, para o número de prestações, ao critério de "quatro por um";

VI — no caso de parcelamento de crédito oriundo de ARO, relativo a regularização de obra de construção civil sob responsabilidade de pessoa física, o valor mínimo da prestação mensal será de R$ 50,00 (cinqüenta reais), obedecendo-se ao critério de "quatro por um".

Para parcelamento ou reparcelamento de créditos inscritos em Dívida Ativa, aplica-se o critério de "quatro por um" e valor mínimo de R$ 200,00 (duzentos reais), para pagamento em, no máximo, sessenta parcelas. Não se aplica o critério de "quatro por um", e sim o de valor mínimo de R$ 200,00, para pagamento em, no máximo, sessenta parcelas, nos casos de créditos oriundos de (IN SRP n. 3/05, art. 688):

a) Auto-de-Infração (AI);

b) Notificação Para Pagamento (NPP);

c) contribuições aferidas indiretamente mediante ARO, no caso de execução de obra de construção civil sob responsabilidade de pessoa física ou jurídica.

Nos termos da Instrução Normativa SRP n. 3/05, art. 689, sobre o valor total de cada prestação, por ocasião do pagamento, incidirão juros calculados da seguinte forma:

I — a partir do primeiro dia do mês do requerimento do parcelamento até o mês anterior ao do pagamento, equivalentes à Taxa Referencial do Sistema Especial de Liquidação e de Custódia –SELIC a que se refere o art. 13 da Lei n. 9.065, de 1995, para títulos federais, acumulada mensalmente;

II — um por cento relativamente ao mês de pagamento.

Para os parcelamentos requeridos até 1º de abril de 1997, no cálculo das parcelas, prevalecem os critérios anteriores, ou seja, juros de um por cento ao mês sobre o principal da parcela, contados da data da consolidação até o vencimento.

6. VENCIMENTO E FORMA DE PAGAMENTO DAS PRESTAÇÕES

Nos termos da Instrução Normativa SRP n. 3/05, as prestações de parcelamentos firmados vencerão no dia vinte de cada mês, sendo prorrogado o vencimento para o primeiro dia útil subseqüente quando no dia vinte não houver expediente bancário.

Obs.: Não se aplica esta data de vencimento aos órgãos públicos, tendo em vista a forma de pagamento das prestações mediante retenção do respectivo valor no repasse do Fundo de Participação dos Estados (FPE) e do Fundo de Participação dos Municípios (FPM), conforme o caso.

Não optando o contribuinte pelo pagamento das prestações através do sistema de débito em conta corrente bancária, serão as mesmas quitadas por documento de arrecadação, sendo, no caso, o valor da prestação acrescido do custo operacional de R$ 4,00 (quatro reais), para parcelamento concedido após 26 de março de 1999.

7. REPARCELAMENTO

Poderá ser feito reparcelamento, por uma única vez, para cada processo, porém sem inclusão de novos créditos ou de saldos de outros parcelamentos, exceto quando o reparcelamento envolver créditos inscritos em Dívida Ativa. O reparcelamento poderá ocorrer para parcelamentos em atraso ou não — Instrução Normativa SRP n. 3/05, art. 698.

Os novos créditos poderão ser objeto de outro parcelamento, podendo ser concedidos tantos parcelamentos quantos forem necessários, sem a necessidade de reparcelamento ou rescisão do(s) parcelamento(s) então existente(s).

Para determinação do número de parcelas no reparcelamento serão aplicados os mesmos critérios e limites utilizados para a concessão do parcelamento, observadas as características específicas de cada modalidade de parcelamento previstas pelo legislador, as quais se encontram abordadas neste Capítulo. No entanto, o número de parcelas calculado para o parcelamento não será utilizado como parâmetro para determinação do número de parcelas do reparcelamento — Instrução Normativa SRP n. 3/05, art. 699.

8. RESCISÃO DO PARCELAMENTO OU DO REPARCELAMENTO

Constitui motivo para rescisão do parcelamento ou do reparcelamento a falta de pagamento de qualquer prestação nos termos acordados, a insolvência ou falência do devedor e o descumprimento de qualquer outra cláusula do acordo de parcelamento ou de reparcelamento.

Fundamentação: Lei n. 8.212/91, art. 38; Decreto n. 3.048/99, arts. 240 a 244; Instrução Normativa SRP n. 3/05, arts. 664 a 739.

Capítulo XIX

Empresas Optantes Pelo Simples

1. SISTEMA INTEGRADO DE PAGAMENTO DE IMPOSTOS E CONTRIBUIÇÕES DAS MICROEMPRESAS E DAS EMPRESAS DE PEQUENO PORTE — SIMPLES

O Sistema Integrado de Pagamento de Impostos e Contribuições das Microempresas e das Empresas de Pequeno Porte — Simples — está em vigor desde 1º de janeiro de 1997 e consiste no pagamento unificado dos seguintes impostos e contribuições: IRPJ, PIS, Cofins, CSLL, INSS Patronal e IPI (se for contribuinte do IPI). Atualmente disciplina sobre a matéria a Lei Complementar n. 123/06, publicada no Diário Oficial da União em 15.12.06.

A inscrição no Simples dispensa a pessoa jurídica do pagamento das contribuições instituídas pela União, como as destinadas ao Sesc, ao Sesi, ao Senai, ao Senac, ao Sebrae, e seus congêneres, bem como as relativas ao salário-educação e à Contribuição Sindical Patronal. O recolhimento da contribuição devida a Seguridade Social, por sua vez, não obedece às regras constantes da Lei n. 8.212/91 (e destacadas nesta obra), seguindo critério próprio, constante da Lei Complementar n. 123.

As contribuições devidas pelos trabalhadores empregados, contudo, seguem as regras normais, dispostas na Lei n. 8.212/91.

Capítulo XX

Empresas em Débito — Proibições

A empresa que estiver em débito para com a Seguridade Social não poderá:

a) distribuir bonificação ou dividendo a acionista; e

b) dar ou atribuir cota ou participação nos lucros a sócio-cotista, diretor ou outro membro de órgão dirigente, fiscal ou consultivo, ainda que a título de adiantamento.

A infração a esse dispositivo legal sujeita o responsável à multa de 50% (cinqüenta por cento) das quantias que tiverem sido pagas ou creditadas, a partir da data do evento.

Observe-se, ainda, que a empresa que transgredir as normas constantes do Decreto n. 3.048/99 (Regulamento da Previdência Social), seja quanto à obrigação principal de contribuição quanto às obrigações acessórias, sujeitar-se-á às seguintes restrições:

• suspensão de empréstimos e financiamentos, por instituições financeiras oficiais;

• revisão de incentivo fiscal de tratamento tributário especial;

• inabilitação para licitar e contratar com qualquer órgão ou entidade da administração pública direta ou indireta federal, estadual, do Distrito Federal ou municipal;

• interdição para o exercício do comércio, se for sociedade mercantil ou comerciante individual;

• desqualificação para impetrar concordata; e

• cassação de autorização para funcionar no País, quando for o caso.

Fundamentação: Lei n. 8.212/91, art. 52; Decreto n. 3.048/99, arts. 279, 280 e 285.

Capítulo XXI

Compensação, Restituição e Reembolso

1. COMPENSAÇÃO E RESTITUIÇÃO DE VALORES PAGOS INDEVIDAMENTE

1.1. Compensação

Recolhendo o contribuinte aos cofres previdenciários algum valor indevido (pagamento a maior, por exemplo), este poderá ser ressarcido ao sujeito passivo (contribuinte) através de dedução das contribuições devidas à Previdência Social, procedimento facultativo a que denominamos "compensação".

Assim, o contribuinte poderá escolher entre deduzir o valor recolhido indevidamente (inclusive atualização monetária, juros e multa) de suas contribuições mensais para a Previdência Social ou proceder a um pedido de restituição deste montante junto à Secretaria da Receita Federal do Brasil.

Quanto à compensação, são as condições a serem observadas pelo contribuinte (IN INSS/DC n. 3/05, art. 193):

I — a compensação deverá ser realizada com contribuições sociais arrecadadas pela Secretaria da Receita Federal do Brasil para a Previdência Social, excluídas as destinadas para outras entidades e fundos (terceiros);

II — o sujeito passivo (contribuinte) deverá estar em situação regular, considerando todos os seus estabelecimentos e obras de construção civil, em relação às contribuições objeto de Notificação Fiscal de Lançamento de Débito (NFLD) e débito decorrente de Auto-de-Infração (AI), cuja exigibilidade não esteja suspensa, de Lançamento de Débito Confessado (LDC), de Lançamento de Débito Confessado em GFIP (LDCG), de Débito Confessado em GFIP (DCG);

III — o sujeito passivo deverá estar em dia com as parcelas relativas a acordo de parcelamento de contribuições objeto dos lançamentos de que trata o item II, *supra*, considerados todos os seus estabelecimentos e obras de construção civil;

IV — somente é permitida a compensação de valores que não tenham sido alcançados pela prescrição;

V — a compensação somente poderá ser realizada em recolhimento de importância correspondente a períodos subseqüentes aqueles a que se referem os valores pagos indevidamente.

1.1.1. Compensação em estabelecimento diverso

Nos termos da Instrução Normativa SRP n. 3/05 (art. 193), sendo a compensação declarada em GFIP, é possível que seja realizada por estabelecimento diverso, ou seja, ser o recolhimento indevido realizado por um estabelecimento da empresa e a compensação efetuada por outro estabelecimento, com exceção apenas das obras de construção civil.

Havendo recolhimento indevido em documento de arrecadação identificado com a matrícula CEI de obra de construção civil já encerrada, de responsabilidade de pessoa jurídica, a compensação poderá ser realizada em documento de arrecadação identificado com o CNPJ do estabelecimento responsável pela obra.

É vedada a compensação em documento de arrecadação previdenciária de valor recolhido indevidamente para outro órgão da Administração Pública, ainda que se refira a contribuições devidas à Previdência Social, mesmo aquelas decorrentes da opção pelo Simples.

1.1.2. Valor descontado indevidamente de trabalhador ou prestador de serviços

Na hipótese de a empresa (ou entidade equiparada) ou empregador doméstico descontarem indevidamente algum valor de seus prestadores de serviços (empregados, avulsos ou contribuintes individuais), tal montante poderá ser compensado nas contribuições mensais a que se encontra obrigada desde que seja precedida do ressarcimento ao trabalhador.

Assim, primeiro o tomador dos serviços deverá ressarcir o trabalhador do montante descontado indevidamente para, posteriormente, compensá-lo em suas contribuições mensais.

1.1.3. Limite mensal de dedução

A compensação não poderá ser superior a trinta por cento do valor das contribuições devidas à Previdência Social, em cada competência, independentemente da data do recolhimento, e de acordo com as seguintes disposições (IN SRP n. 3/05, art. 194):

I — o valor originário integral a ser compensado pelo sujeito passivo será atualizado apenas com juros;

II — consideram-se contribuições devidas à Previdência Social as dos segurados, as arrecadadas mediante a sub-rogação e as da empresa, excluídas as contribuições destinadas a outras entidades e fundos (terceiros);

III — o percentual de trinta por cento deverá ser calculado antes da dedução do valor relativo ao salário-família, ao salário-maternidade e antes da compensação dos valores retidos, na competência, pelos contratantes de serviços com cessão de mão-de-obra ou por empreitada;

IV — o valor a ser efetivamente recolhido após a compensação deverá ser lançado no campo "valor do INSS" do documento de arrecadação.

Havendo saldo remanescente poderá o contribuinte (sujeito passivo) compensá-lo nas competências subseqüentes, observando-se, no entanto, as regras e limites acima expostos (itens I a IV).

O valor total a ser compensado deverá ser informado na Guia de Recolhimento do Fundo de Garantia por Tempo de Serviço e Informações a Previdência Social (GFIP), na competência de sua efetivação, conforme previsto no Manual da GFIP.

1.1.4. Compensação nas contribuições decorrentes do 13º salário

No documento de arrecadação relativo ao pagamento das contribuições incidentes sobre o décimo terceiro salário poderão ser compensadas importâncias que a empresa tenha recolhido indevidamente, observado o limite de trinta por cento do total do valor devido à Previdência Social nesta competência (IN SRP n. 3/05, art. 195).

1.1.5. Compensação indevida

Compensando indevidamente o contribuinte algum valor, este deverá ser recolhido de forma complementar à Previdência Social, observando-se que (IN SRP n. 3/05, art. 196):

a) o valor incorretamente compensado deverá ser recolhido na rubrica específica em que foi descontado pelo sujeito passivo, utilizando o campo "valor do INSS" ou o campo "contribuição destinada a outras entidades" do documento de arrecadação, e com o código de pagamento correspondente;

b) sobre o valor complementar incidirá atualização monetária, se for o caso, e acréscimo de multa e de juros de mora, na forma da legislação, sendo considerada como competência de recolhimento aquela na qual foi efetuada a compensação indevida.

Fundamentação: Lei n. 8.212/91, art. 89; Decreto n. 3.048/99, arts. 247 a 251; Instrução Normativa SRP n. 3/05, arts. 192 a 196.

1.2. Restituição

Entende-se por "restituição" o procedimento administrativo pelo qual o contribuinte (sujeito passivo) é ressarcido pela Secretaria da Receita da Fazenda do Brasil de valores recolhidos indevidamente à Previdência Social ou a outras entidades e fundos.

Para que seja possível o pedido de restituição, algumas condições devem ser observadas pelo contribuinte, quais sejam (IN SRP n. 3/05, art. 198):

I — requerer a restituição dos valores recolhidos indevidamente para a Previdência Social ou para outras entidades e fundos, se for o caso;

II — estar em dia com as contribuições sociais declaradas em GFIP;

III — estar em situação regular em relação às contribuições sociais objeto de Lançamento de Débito Confessado (LDC), de Lançamento de Débito Confessado em GFIP (LDCG), de Débito Confessado em GFIP (DCG), de Notificação Fiscal de Lançamento de Débito (NFLD) e em relação a débito decorrente de Auto-de-Infração (AI), cuja exigibilidade não esteja suspensa;

IV — estar em dia com as parcelas relativas a acordo de parcelamento de contribuições sociais objeto dos lançamentos de que trata o item III, *supra*, considerados todos os seus estabelecimentos e obras de construção civil.

Obs. 1: Somente serão restituídos valores que não tenham sido alcançados pela prescrição.

Obs. 2: A Portaria Conjunta SRFB/INSS n. 10.381/07 disciplina sobre a forma de pagamento das restituições e dos reembolsos das contribuições destinadas à Seguridade Social.

1.2.1. Valores que podem ser objeto de restituição

A restituição poderá ser requerida quando o recolhimento indevido se referir a (IN SRP n. 3/05, art. 198):

a) contribuições sociais previdenciárias, inclusive as descontadas dos segurados ou de terceiros, e, quando for o caso, atualização monetária, multa e juros de mora correspondentes ao pagamento indevido;

b) salário-família não deduzido em época própria;

c) salário-maternidade pago a segurada empregada, cujo início do afastamento do trabalho tenha ocorrido até 28.11.1999, não deduzido em época própria;

d) salário-maternidade a segurada empregada, cujo início do afastamento do trabalho tenha ocorrido a partir de 1º.9.2003 ou referente ao período de 29.11.1999 a 31.08. 2003, que tenha sido requerido a partir de 1º.9.2003, não deduzido em época própria;

e) contribuições sociais destinadas a outras entidades e fundos.

1.2.2. Valor descontado indevidamente do contribuinte

O empregado (inclusive doméstico), o trabalhador avulso, o contribuinte individual, o produtor rural pessoa física (inclusive segurado especial) e a associação desportiva que mantém equipe de futebol profissional, contribuintes estes que sofrem o desconto da contribuição previdenciária pelo contratante ou tomador dos serviços, podem requerer a restituição de valores que lhes tenham sido descontados indevidamente, mesmo não sendo os responsáveis pelo recolhimento indevido.

Para a restituição, no entanto, é indispensável que o valor descontado indevidamente tenha sido recolhido aos cofres previdenciários.

Também a empresa (ou equiparada) e o empregador doméstico podem requerer a restituição do valor descontado indevidamente de contribuinte (sujeito passivo), caso comprove o ressarcimento às pessoas físicas ou possua uma procuração por instrumento particular, com firma reconhecida em cartório, ou por instrumento público, outorgada pelo sujeito passivo, com poderes para requerer e receber a restituição do valor que lhe tenha sido descontado e não ressarcido.

1.2.3. Instrução do processo

Os documentos necessários à instrução do processo de restituição encontram-se destacados no art. 201 da Instrução Normativa SRP n. 3/05.

1.2.4. Restituição de valores recolhidos para outras entidades e fundos

No caso de restituição de valores recolhidos para outras entidades e fundos, vinculados à restituição de valores recolhidos para a Previdência Social, deverá ser o pedido recebido e decidido pela Secretaria da Receita Federal do Brasil, que providenciará a restituição.

Obs.: Entendem-se como valores vinculados a ocorrência de recolhimento indevido à Previdência Social e a outras entidades e fundos, no mesmo documento de arrecadação.

O pedido de restituição de valores que envolver somente importâncias relativas a outras entidades e fundos (terceiros) deverá ser formulado diretamente à entidade respectiva e por ela decidido, cabendo à SRFB prestar as informações e realizar as diligências necessárias.

Fundamentação: Lei n. 8.212/91, art. 89; Decreto n. 3.048/99, arts. 247 a 250 e 252; Instrução Normativa SRP n. 3/05, arts. 197 a 202.

2. REEMBOLSO

Conforme conceito constante do art. 212 da Instrução Normativa SRP n. 3/05, reembolso é o procedimento pelo qual a Secretaria da Receita Federal do Brasil ressarce a empresa ou a equiparada de valores de quotas de salário-família e salário-maternidade pagos a segurados a seu serviço, observado quanto ao salário-maternidade o período anterior a 29 de novembro de 1999 e os benefícios requeridos a partir de 1º de setembro de 2003.

O reembolso poderá ser efetuado mediante dedução no ato do recolhimento das contribuições devidas à Previdência Social, correspondentes ao mês de pagamento do benefício ao segurado.

Quando o valor a deduzir for superior às contribuições sociais previdenciárias devidas para o mês do pagamento do benefício ao segurado, o contribuinte poderá deduzir o saldo a seu favor no recolhimento das contribuições dos meses subseqüentes, sem o limite de trinta por cento exigido na compensação, ou poderá requerer o seu reembolso ao órgão arrecadador.

Caso o sujeito passivo não efetue a dedução na época própria, essas importâncias poderão ser compensadas, igualmente sem a observância do limite de trinta por cento, ou ser objeto de requerimento de restituição.

Impende ao contribuinte observar, no entanto, que o valor das quotas de salário-família ou de salário-maternidade só poderá ser deduzido das contribuições devidas à Previdência Social, sendo vedada a dedução das contribuições arrecadadas para outras entidades e fundos (terceiros).

2.1. Instrução do processo

Os documentos necessários à instrução do processo, bem como as demais formalidades necessárias ao feito, constam da Instrução Normativa SRP n. 3/05, art. 214.

Fundamentação: Decreto n. 3.048/99, art. 255; Instrução Normativa SRP n. 3/05, arts. 212 a 214.

3. OPERAÇÃO CONCOMITANTE

Operação concomitante é o procedimento pelo qual o contribuinte, mediante manifesto interesse, liquida valores devidos à Previdência Social, total ou parcialmente, utilizando-se de crédito da mesma natureza, oriundo de processo de restituição ou de reembolso.

É necessário, portanto, que o contribuinte esteja em débito com a Previdência Social e que, ao mesmo tempo, tenha valores a serem restituídos por recolhimento realizado indevidamente.

O interesse de realizar a operação concomitante, no entanto, deverá ser manifestado por escrito pelo sujeito passivo (contribuinte) e este documento deverá integrar o processo de restituição ou de reembolso.

Havendo a opção pela operação concomitante, serão observados os critérios administrativos previstos na Instrução Normativa SRP n. 3/05, art. 215.

Fundamentação: Instrução Normativa SRP n. 3/05, art. 215.

4. DISPOSIÇÕES GERAIS

4.1. Prazos e direitos

O direito de pleitear restituição ou reembolso ou de realizar compensação de contribuições ou de outras importâncias extingue-se em cinco anos contados da data (Instrução Normativa SRP n. 3/05, art. 218):

I — do recolhimento ou do pagamento indevido;

II — em que se tornar definitiva a decisão administrativa ou passar em julgado a decisão judicial que tenha reformado, anulado ou revogado a decisão condenatória;

III — do vencimento da competência em que deixou de ser efetuado o reembolso, mediante dedução;

IV — do vencimento para recolhimento da retenção efetuada com base na nota fiscal, fatura ou recibo de prestação de serviços.

Quando a empresa estiver com atividade encerrada, terão legitimidade para pleitear a restituição os sócios que detêm o direito ao crédito ou a empresa sucessora, conforme determinado no ato de dissolução ou de sucessão, respectivamente.

4.2. Recolhimento e acréscimos legais

O valor a ser compensado, reembolsado ou restituído deverá ser corrigido monetariamente e, a partir de 1º.1.1996, acrescido de juros, calculados da seguinte forma:

I — em relação aos valores a serem compensados ou restituídos, um por cento relativamente ao mês em que houve o pagamento indevido, a taxa Selic relativamente aos meses intermediários entre o pagamento indevido e a efetiva compensação ou restituição e de um por cento no mês em que estiver sendo efetuada a mencionada compensação ou restituição;

II — em relação aos valores a serem reembolsados, um por cento relativamente ao mês subseqüente aquele que se referir o reembolso, a taxa Selic relativamente aos meses intermediários entre aquele que se referir o reembolso e o do seu efetivo pagamento e de um por cento no mês em que estiver sendo efetuado o mencionado reembolso.

Obs.: O cálculo do valor a ser compensado, reembolsado ou restituído, poderá ser efetuado pela Internet, no endereço www.previdenciasocial.gov.br.

Os valores deduzidos ou compensados deverão ser declarados na GFIP relativa a competência em que foi realizada a dedução ou a compensação.

Fundamentação: Lei n. 8.212/91, art. 89; Decreto n. 3.048/99, arts. 247 a 250 e 253; Instrução Normativa SRP n. 3/05, arts. 221 a 223.

Capítulo XXII

Obrigações Acessórias

1. OBRIGAÇÕES ACESSÓRIAS DEVIDAS PELAS EMPRESAS E ENTIDADES A ELA EQUIPARADAS

A obrigação principal das empresas, bem como dos demais contribuintes da Seguridade Social, é recolher e arrecadar, no prazo legal, as contribuições sociais que lhe são devidas, matéria já analisada nos capítulos anteriores desta Parte III.

No entanto, a legislação previdenciária confere às empresas (e entidades equiparadas) e aos demais contribuintes (no que couber) algumas obrigações acessórias, quais sejam:

I — preparar folha de pagamento da remuneração paga, devida ou creditada a todos os segurados a seu serviço, devendo manter, em cada estabelecimento, uma via da respectiva folha e recibos de pagamentos. A folha deverá ser elaborada mensalmente, de forma coletiva por estabelecimento da empresa, por obra de construção civil e por tomador de serviços, com a correspondente totalização e resumo geral, nela constando:

a) de forma discriminada, o nome dos segurados, indicando cargo, função ou serviço prestado;

b) agrupados, por categoria, os segurados empregados, avulsos e contribuintes individuais;

c) de forma destacada o nome das seguradas em gozo de salário-maternidade;

d) destacadas, as parcelas integrantes e não integrantes da remuneração e os descontos legais; e

e) a indicação do número de quotas de salário-família atribuídas a cada segurado empregado ou trabalhador avulso.

Obs.: A empresa deve manter, em cada estabelecimento e obra de construção civil executada sob sua responsabilidade, uma cópia da respectiva folha de pagamento.

II — lançar mensalmente em títulos próprios de sua contabilidade, de forma discriminada, os fatos geradores de todas as contribuições, o montante das quantias descontadas, as contribuições da empresa e os totais recolhidos. Estes lançamentos, devidamente escriturados nos livros Diário e Razão, serão exigidos pela fiscalização após 90 dias contados da ocorrência dos fatos geradores das contribuições, devendo, obrigatoriamente:

a) atender ao princípio contábil do regime de competência; e

b) registrar, em contas individualizadas, todos os fatos geradores de contribuições previdenciárias de forma que identifique, clara e precisamente, as rubricas integrantes e não integrantes do salário-de-contribuição, bem como as contribuições descontadas do segurado, as da empresa e os totais recolhidos, por estabelecimento da empresa, por obra de construção civil e por tomador de serviços.

Obs.: São desobrigadas de apresentação de escrituração contábil: a) o pequeno comerciante (Decreto-lei n. 486/69); b) a pessoa jurídica tributada com base no lucro presumido, desde que mantenha a escrituração do Livro Caixa e Livro de Registro de Inventário; e c) a pessoa jurídica que optar pela inscrição no Simples, desde que mantenha escrituração do Livro Caixa e Livro de Registro de Inventário.

III — prestar ao Instituto Nacional do Seguro Social e à Secretaria da Receita Federal todas as informações cadastrais, financeiras e contábeis de interesse dos mesmos, na forma por eles estabelecida, bem como os esclarecimentos necessários à fiscalização;

IV — informar mensalmente ao Instituto Nacional do Seguro Social, por intermédio da Guia de Recolhimento do Fundo de Garantia do Tempo de Serviço e Informações à Previdência Social — GFIP, dados cadastrais, todos os fatos geradores de contribuição previdenciária e outras informações de interesse daquele Instituto;

Obs.: As informações prestadas na GFIP (que deverá ser entregue na rede bancária até o dia 07 do mês seguinte àquele a que se referirem as informações) servirão como base de cálculo das contribuições arrecadadas pelo Instituto Nacional do Seguro Social, comporão a base de dados para fins de cálculo e concessão dos benefícios previdenciários, bem como constituir-se-ão em termo de confissão de dívida, na hipótese do não-recolhimento.

V — encaminhar ao sindicato representativo da categoria profissional mais numerosa entre seus empregados, até o dia dez de cada mês, cópia da Guia da Previdência Social — GPS — relativamente à competência anterior. Observar, no entanto, as seguintes situações:

a) caso a empresa possua mais de um estabelecimento localizado em base geográfica diversa, a cópia da GPS será encaminhada ao sindicato representativo da categoria profissional mais numerosa entre os empregados de cada estabelecimento;

b) a empresa que recolher suas contribuições em mais de uma GPS encaminhará cópia de todas as guias;

c) a remessa poderá ser efetuada por qualquer meio que garanta a reprodução integral do documento, cabendo à empresa manter, em seus arquivos, prova do recebimento pelo sindicato; e

d) cabe à empresa a comprovação, perante a fiscalização do INSS, do cumprimento de sua obrigação frente ao sindicato.

Obs.: Fica dispensado do cumprimento desta obrigação o contribuinte individual, em relação a segurado que lhe presta serviço.

VI — afixar cópia da Guia da Previdência Social — GPS, relativamente à competência anterior, durante o período de um mês, no quadro de horário de que trata o art. 74 da Consolidação das Leis do Trabalho.

Obs.: Fica dispensado do cumprimento desta obrigação o contribuinte individual, em relação a segurado que lhe presta serviço.

VII — manter à disposição da fiscalização, durante 10 anos, os documentos comprobatórios do cumprimento de suas obrigações, observadas as normas estabelecidas pelos órgãos competentes. A comprovação dos pagamentos de benefícios reembolsados à empresa (salário-família, por exemplo) também deve ser mantida à disposição da fiscalização durante dez anos.

Obs.: Conforme disposições constantes da Medida Provisória n. 83, art. 8º, de 12.12.2002 — DOU de 13.12.2002 (convertida na Lei n. 10.666/03), a empresa que utiliza sistema de processamento eletrônico de dados para o registro de negócios e atividades econômicas, escrituração de livros ou produção de documentos de natureza contábil, fiscal, trabalhista e previdenciária é obrigada a arquivar e conservar, devidamente certificados, os respectivos sistemas e arquivos, em meio digital ou assemelhado, durante dez anos, à disposição da fiscalização.

VIII — elaborar o OGMO, em relação ao trabalhador portuário avulso, folha de pagamento por navio, mantendo-a disponível para uso da fiscalização do INSS, indicando o operador portuário e os trabalhadores que participaram da operação, detalhando, com relação aos últimos:

a) os correspondentes números de registro ou cadastro no Órgão Gestor de Mão-de-Obra;

b) o cargo, função ou serviço prestado;

c) os turnos em que trabalharam;

d) as remunerações pagas, devidas ou creditadas a cada um dos trabalhadores e a correspondente totalização; e

e) os valores das contribuições sociais previdenciárias retidas.

Obs. I: O OGMO consolidará as folhas de pagamento relativas às operações concluídas no mês anterior por operador portuário e por trabalhador portuário avulso, indicando, com relação a estes, os respectivos números de registro ou cadastro, as datas dos turnos trabalhados, as importâncias pagas e os valores das contribuições previdenciárias retidas. Para efeito de observância do limite máximo da contribuição do segurado trabalhador avulso o Órgão Gestor de Mão-de-Obra deverá manter um resumo mensal e acumulado, por trabalhador portuário avulso, dos valores totais das férias, do décimo terceiro salário e das contribuições previdenciárias retidas.

Obs. II: A preparação das folhas de pagamento dos trabalhadores avulsos não-portuários é de responsabilidade do respectivo Sindicato dos Trabalhadores Avulsos, devendo ser elaboradas por tomador de serviço.

IX — comunicar através da CAT os acidentes de trabalho à Previdência Social até o 1º dia útil seguinte ao da ocorrência e de imediato, à autoridade competente, no caso de morte;

X — descontar da remuneração de seus segurados, quando solicitado pelo INSS, importância proveniente de dívida referente a pagamento indevido de benefício;

XI — elaborar e manter atualizado Laudo Técnico de Condições Ambientais do Trabalho (LTCAT) com referência aos agentes nocivos existentes no ambiente de trabalho de seus trabalhadores;

XII — elaborar e manter atualizado Perfil Profissiográfico Previdenciário (PPP) abrangendo as atividades desenvolvidas por trabalhador exposto a agente nocivo existente no ambiente de trabalho e fornecer ao trabalhador, quando da rescisão do contrato de trabalho, cópia autêntica deste documento;

XIII — inscrever no INSS os cooperados (em se tratando de cooperativas) e contratados (em se tratando de empresas em geral) como "contribuintes individuais", se ainda não inscritos;

XIV — fornecer ao contribuinte individual que lhe presta serviços um comprovante do pagamento do serviço, consignando a identificação completa da empresa, inclusive com o número no CNPJ, o valor da remuneração paga, o desconto da contribuição efetuado e o número de inscrição do segurado no RGPS;

XV — matricular-se no INSS, dentro do prazo de trinta dias contados da data do início de suas atividades, quando não inscrita no Cadastro Nacional de Pessoa Jurídica (CNPJ);

XVI — matricular no INSS obra de construção civil executada sob sua responsabilidade, dentro do prazo de trinta dias contados do início da execução.

Com referência aos trabalhadores avulsos, cumpre ainda observar que a emissão e a entrega das GFIP referentes a trabalhadores avulsos são de inteira responsabilidade do OGMO, no caso dos avulsos portuários, e dos tomadores de serviço, nos demais casos, devendo ser emitidas por operador portuário ou por tomador de serviços, respectivamente.

Fundamentação: Lei n. 8.212/91, art. 32; Decreto n. 3.048/99, art. 225.

2. OBRIGAÇÕES ESPECÍFICAS

2.1. Órgão gestor de mão-de-obra

O OGMO está obrigado a elaborar listas de escalação diária dos trabalhadores avulsos portuários, por operador portuário e por navio, e mantê-las sob sua guarda para exibição à fiscalização do INSS, quando solicitadas, cabendo a ele, exclusivamente, a responsabilidade pela exatidão dos dados lançados nessas listas — Decreto n. 3.048/99, art. 225, §§ 19 e 20.

2.2. Municípios

Os Municípios, por intermédio do órgão competente, deverá fornecer ao Instituto Nacional do Seguro Social, para fins de fiscalização, mensalmente, relação de todos os alvarás para construção civil e documentos de habite-se concedidos, de acordo com critérios estabelecidos pelo referido Instituto. Esta relação deverá ser encaminhada ao INSS até o dia 10 do mês seguinte àquele a que se referirem os documentos — Decreto n. 3.048/99, art. 226.

2.3. Instituições financeiras

As instituições financeiras, assim entendidas as pessoas jurídicas públicas ou privadas que tenham como atividade principal ou acessória a intermediação ou aplicação de recursos financeiros próprios ou de terceiros, em moeda nacional ou estrangeira, autorizadas pelo Banco Central do Brasil ou por decreto do Poder Executivo a funcionar no Território Nacional, se encontram obrigadas a verificar pela Internet a autenticidade da Certidão Negativa de Débito — CND apresentada pelas empresas com as quais tenham efetuado operações de crédito com recursos ali referidos, conforme especificação técnica a ser definida pelo INSS — Decreto n. 3.048/99, art. 227.

2.4. Cartórios de registro civil e pessoas naturais

Os titulares de cartório de registro civil e pessoas naturais se encontram obrigados a comunicar, até o dia dez de cada mês, na forma estabelecida pelo Instituto Nacional do Seguro Social, o registro dos óbitos ocorridos no mês imediatamente anterior, devendo da comunicação constar o nome, a filiação, a data e local de nascimento da pessoa falecida.

No caso de não haver sido registrado nenhum óbito, deverá o titular do cartório comunicar esse fato ao Instituto Nacional do Seguro Social, no prazo mencionado.

Fundamentação: Decreto n. 3.048/99, art. 228.

2.5. Apresentação de dados em meio digital ou assemelhado

Conforme disposições constantes da Lei n. 10.666/03, a empresa que utiliza sistema de processamento eletrônico de dados para o registro de negócios e atividades econômicas ou financeiras, escrituração de livros ou produção de documentos de natureza contábil, fiscal, trabalhista e previdenciária está obrigada a arquivar e armazenar, devidamente certificados, os respectivos arquivos e sistemas, em meio digital ou assemelhado, durante dez anos, mantendo-os à disposição da fiscalização.

A escolha da forma ou processo de armazenamento dos arquivos e sistemas fica a critério da empresa. No entanto, quando intimadas pela fiscalização, deverá esta apresentar, no prazo estipulado no Termo de Intimação para Apresentação de Documentos (TIAD), a documentação técnica completa e atualizada dos sistemas e arquivos solicitados.

A empresa optante pelo Sistema Integrado de Pagamento de Impostos e Contribuições das Microempresas e Empresas de Pequeno Porte (Simples) fica dispensada do cumprimento desta obrigação, desde que mantenha a documentação em meio papel.

A Portaria n. 58/05, do Secretário da Receita Previdenciária (DOU de 31.1.2005), estabelece a forma de apresentação, a documentação de acompanhamento e as especificações técnicas dos arquivos digitais.

2.6. Cooperativas de trabalho e de produção

As cooperativas de trabalho e de produção se encontram sujeitas às mesmas obrigações previdenciárias das empresas em geral (item 1 deste Capítulo) em relação:

a) à remuneração paga, devida ou creditada, conforme o caso, no decorrer do mês, a segurados empregado, trabalhador avulso e contribuinte individual por ela contratados;

b) à remuneração paga ou creditada a cooperado pelos serviços prestados à própria cooperativa, inclusive aos cooperados eleitos para cargo de direção;

Obs.: O disposto neste item aplica-se à cooperativa de produção em relação à remuneração paga ou creditada aos cooperados envolvidos na produção dos bens ou serviços.

c) à arrecadação da contribuição individual de seus cooperados pelos serviços por ela intermediados e prestados a pessoas físicas, a pessoas jurídicas ou à própria cooperativa, no caso de cooperativa de trabalho;

d) à arrecadação da contribuição individual de seus cooperados pelos serviços a ela prestados, no caso de cooperativa de produção;

e) à retenção decorrente da contratação de serviços mediante cessão de mão-de-obra ou empreitada, inclusive em regime de trabalho temporário, incidente sobre o valor bruto da nota fiscal, da fatura ou do recibo de prestação de serviços;

f) à contribuição incidente sobre o valor bruto da nota fiscal, fatura ou recibo de prestação de serviços, quando contratar serviços mediante intermediação de outra cooperativa de trabalho;

g) à contribuição devida pela associação desportiva que mantém equipe de futebol profissional, incidente sobre a receita bruta repassada a ela a título de patrocínio, de licenciamento e uso de marcas e símbolos, de publicidade, de propaganda e transmissão de espetáculos desportivos;

h) à contribuição devida pelo produtor rural pessoa física ou pelo segurado especial, incidente sobre a comercialização do produto rural, na condição de sub-rogada;

i) à contribuição adicional para o custeio da aposentadoria especial, no caso de cooperativa de produção.

A cooperativa de trabalho, na atividade de transporte, em relação à remuneração paga ou creditada a segurado contribuinte individual que lhe presta serviços e a cooperado pelos serviços prestados com sua intermediação, deve reter e recolher a contribuição do segurado transportador autônomo destinada ao Serviço Social do Transporte (Sest) e ao Serviço Nacional de Aprendizagem do Transporte (Senat).

Impende ainda observar que as cooperativas de trabalho e de produção são obrigadas a efetuar a inscrição no Instituto Nacional do Seguro Social (INSS) dos cooperados a elas filiados e dos contribuintes individuais contratados, se não inscritos.

Capítulo XXIII

Arrecadação, Fiscalização e Cobrança das Contribuições

1. COMPETÊNCIA PARA ARRECADAR, FISCALIZAR E COBRAR AS CONTRIBUIÇÕES — SECRETARIA DA RECEITA FEDERAL DO BRASIL

Com a publicação da Lei n. 11.457, de 16.3.2007 (DOU de 19.3.2007), a Secretaria da Receita Federal passou a denominar-se Secretaria da Receita Federal do Brasil, sendo órgão da administração direta subordinado ao Ministro de Estado da Fazenda e a ela passaram as atribuições que, anteriormente, eram da Secretaria da Receita Previdenciária. Assim, além das competências atribuídas pela legislação vigente à Secretaria da Receita Federal, coube à Secretaria da Receita Federal do Brasil (RFB) planejar, executar, acompanhar e avaliar as atividades relativas à tributação, fiscalização, arrecadação, cobrança e recolhimento das contribuições sociais previdenciárias, previstas nas alíneas "a", "b" e "c" do parágrafo único do art. 11 da Lei n. 8.212/91, bem como das contribuições instituídas a título de substituição.

Os valores arrecadados pela RFB a título das contribuições sociais previdenciárias, no entanto, serão destinados, exclusivamente, ao pagamento dos benefícios do Regime Geral de Previdência Social e creditados diretamente ao Fundo do Regime Geral de Previdência Social, de que trata o art. 68 da Lei Complementar n. 101/00.

Todas as obrigações, portanto, previstas na Lei n. 8.212/91 (Lei de Custeio da Seguridade Social), relativas às contribuições sociais mencionadas, passaram a ser cumpridas perante a Secretaria da Receita Federal do Brasil, ficando expressamente extinta a Secretaria da Receita Previdenciária.

Ao Instituto Nacional do Seguro Social (INSS) cabe apenas:

a) emitir certidão relativa a tempo de contribuição;

b) gerir o Fundo do Regime Geral de Previdência Social;

c) calcular o montante das contribuições e emitir o correspondente documento de arrecadação, com vistas no atendimento conclusivo para concessão ou revisão de benefício requerido.

Os Auditores Fiscais da Receita Federal do Brasil terão livre acesso a todas as dependências ou estabelecimentos da empresa, com vistas à verificação física dos segurados em serviço, para confronto com os registros e documentos da empresa, podendo requisitar e apreender livros, notas técnicas e demais documentos necessários ao perfeito desempenho de suas funções, caracterizando-se como embaraço à fiscalização qualquer dificuldade oposta à consecução do objetivo.

Note-se, assim, que a empresa, o servidor de órgãos públicos da administração direta e indireta, o segurado da Previdência Social, o serventuário da Justiça, o síndico ou seu representante, o comissário e o liqüidante de empresa em liquidação judicial ou extrajudicial são obrigados a exibir todos os documentos e livros relacionados com as contribuições previdenciárias ou para terceiros.

Obs.: Na falta de prova regular e formalizada, o montante dos salários pagos pela execução de obra de construção civil pode ser obtido mediante cálculo da mão-de-obra empregada, proporcional à área construída e ao padrão de execução da obra, cabendo ao proprietário, dono da obra, condômino da unidade imobiliária ou empresa co-responsável o ônus da prova em contrário.

A Portaria MF/RFB n. 10.875 (DOU de 24.8.2007) disciplina, atualmente, o processo administrativo fiscal decorrente de Notificação Fiscal de Lançamento de Débito (NFLD), Auto de Infração (AI) e, no que couber, de cancelamento de isenção, de pedido de isenção da cota patronal e reembolso ou restituição de pagamentos relativos às contribuições previdenciárias.

Fundamentação: Lei n. 11.457, de 16.3.2007 (DOU de 19.3.2007).

2. EXAME DA CONTABILIDADE

É prerrogativa do Ministério da Fazenda, através da Secretaria da Receita Federal do Brasil (RFB), o exame da contabilidade das empresas, obrigando-se seus titulares e/ou prepostos a prestarem todos os esclarecimentos e informações solicitados.

Assim, a empresa, o servidor de órgão público da administração direta e indireta, o segurado da previdência social, o serventuário da Justiça, o síndico ou seu representante legal, o comissário e o liquidante de empresa em liquidação judicial ou extrajudicial são obrigados a exibir todos os documentos e livros relacionados com as contribuições arrecadadas, ainda que destinadas a outras entidades e fundos (terceiros).

Ocorrendo recusa ou sonegação de qualquer documento ou informação, ou sua apresentação deficiente, a Secretaria da Receita Federal do Brasil pode, sem prejuízo da penalidade cabível nas esferas de sua competência, lançar de ofício importância que reputarem devida, cabendo à empresa, ao empregador doméstico ou ao segurado o ônus da prova em contrário. A autoridade policial, se necessário e mediante solicitação, deverá prestar à fiscalização o auxílio necessário ao regular desempenho da atividade.

Obs.: Considera-se deficiente o documento ou informação apresentada que não preencha as formalidades legais, bem como aquele que contenha informação diversa da realidade, ou, ainda, que omita informação verdadeira.

Constatando a fiscalização, no exame da escrituração contábil e de qualquer outro documento da empresa, que a contabilidade não registra o movimento real da remuneração dos segurados a seu serviço, da receita ou do faturamento e do lucro, esta será desconsiderada, sendo apuradas e lançadas de ofício as contribuições devidas, cabendo à empresa o ônus da prova em contrário.

Fundamentação: Lei n. 11.457, de 16.3.2007 (DOU de 19.3.2007); Lei n. 8.212/19, art. 33, §§ 3º e 6º; Decreto n. 3.048/99, arts. 231 a 237.

3. CONSTITUIÇÃO DOS CRÉDITOS

3.1. Formas de constituição do crédito

Nos termos da Lei n. 11.457/07 (art. 25) o processo administrativo fiscal passou a ser regido pelo Decreto n. 70.235/72 e, nos termos da Lei n. 8.212/91 (art. 33, § 7º), o crédito tributário, no âmbito previdenciário, será constituído nas seguintes formas:

I — por meio de lançamento por homologação expressa ou tácita, quando o sujeito passivo antecipar o recolhimento da importância devida, nos termos da legislação aplicável;

II — por meio de confissão de dívida tributária, quando o sujeito passivo:

a) apresentar a Guia de Recolhimento do Fundo de Garantia do Tempo de Serviço e Informações à Previdência Social (GFIP) e não efetuar o pagamento integral do valor confessado;

b) reconhecer espontaneamente a obrigação tributária, inclusive valores levantados durante a ação fiscal;

III — de ofício, quando for constatada a falta de recolhimento de qualquer contribuição ou outra importância devida nos termos da legislação aplicável, bem como quando houver o descumprimento de obrigação acessória.

Fundamentação: Lei n. 8.212/91, art. 33, § 7º; Decreto n. 3.048/99, art. 245; Instrução Normativa SRP n. 3/05, art. 632.

3.2. Documentos de constituição do crédito

3.2.1. Guia de Recolhimento do Fundo de Garantia do Tempo de Serviço e Informações à Previdência Social — GFIP — Emissão de DCG

Documento declaratório da obrigação, caracteriza-se a GFIP como instrumento de confissão de dívida tributária.

Assim, havendo divergência entre os valores declarados em GFIP e aqueles recolhidos em documentos de arrecadação previdenciária, o sistema informatizado registrará esta divergência em documento próprio denominado Débito Confessado em GFIP (DCG).

Antes da emissão deste documento (DCG), no entanto, a Administração da Receita Tributária pode, se assim desejar, intimar o sujeito passivo (contribuinte) para regularizar a situação. A intimação, neste caso, deve ser encaminhada ao sujeito passivo por via postal, com ou sem Aviso de Recebimento, ou por meio eletrônico, com o fim de comunicá-lo sobre a existência de divergência entre os valores declarados em GFIP e os recolhidos, o prazo para sua regularização e o local para comparecimento no órgão requisitante.

Note-se, no entanto, que se considera devidamente constituído o crédito tributário a partir do momento da declaração da obrigação tributária, mediante a entrega da GFIP, independentemente da emissão do Débito Confessado em GFIP (DCG).

Fundamentação: Instrução Normativa SRP n. 3/05, art. 634.

3.2.2. Lançamento do Débito Confessado em GFIP — LDCG

O Lançamento do Débito Confessado em GFIP (LDCG) é o documento constitutivo do crédito relativo às contribuições devidas à Previdência Social e de outras importâncias arrecadadas pela Secretaria da Receita Federal do Brasil, em virtude de nova confissão de débito, a partir da declaração anterior apresentada em GFIP.

Assim, quando o sujeito passivo, ou seu mandatário, espontânea e expressamente, ratificar os valores confessados na GFIP e não recolhidos, o crédito previdenciário poderá, desde que não tenha sido emitido o DCG, ser cobrado por meio do documento eletrônico denominado "Lançamento de Débito Confessado em GFIP (LDCG)", facultada a lavratura de LDC, a critério da Secretaria da Receita Federal do Brasil.

Caso a obrigação tributária incluída no LDCG não seja quitada nem parcelada no prazo de 30 (trinta) dias, bem como no caso de rescisão de parcelamento, o processo administrativo de lançamento, instruído com seus relatórios anexos e comprovante de entrega da correspondência que comunica ao sujeito passivo a sujeição de inclusão no Cadastro Informativo de Créditos Não-Quitados do Setor Público Federal — Cadin, será encaminhado à PGF, para fins de inscrição do crédito tributário em dívida ativa e cobrança.

Fundamentação: Instrução Normativa SRP n. 3/05, art. 635.

3.2.3. Lançamento do Débito Confessado — LDC

O Lançamento do Débito Confessado (LDC) é o documento constitutivo de crédito relativo às contribuições devidas à Previdência Social e outras importâncias arrecadadas pela Secretaria da Receita Federal do Brasil, decorrente de confissão de débito pelo sujeito passivo (contribuinte), apurado por este ou por Auditor Fiscal, podendo abranger valores declarados ou não em GFIP.

O Lançamento de Débito Confessado (LDC) será emitido, portanto, nas seguintes situações:

a) quando o sujeito passivo comparecer na Unidade de Arrecadação de sua circunscrição para, espontaneamente, reconhecer contribuições devidas à Previdência Social e outras importâncias arrecadadas pela Receita Federal do Brasil;

b) quando o sujeito passivo, espontaneamente, reconhecer contribuições devidas à Previdência Social e outras importâncias arrecadadas pela Secretaria da Receita Federal do Brasil levantadas pelo Auditor durante a Auditoria-Fiscal.

O Lançamento do Débito Confessado (LDC) será assinado pelo representante legal ou mandatário do sujeito passivo e, na hipótese da letra "b", *supra*, também pelo Auditor Fiscal.

Caso a obrigação tributária não seja quitada nem parcelada no prazo de trinta dias da assinatura do LDC, bem como no caso de rescisão de parcelamento, o processo administrativo de débito, devidamente instruído com seus relatórios anexos e comprovante de entrega da correspondência que comunica ao sujeito passivo a sujeição de inclusão no Cadin, será encaminhado à Procuradoria Federal Especializada junto ao INSS, para fins de inscrição do crédito tributário em dívida ativa e cobrança.

Deverá ser interposto recurso de ofício à autoridade hierarquicamente superior, nas situações de lançamentos procedidos por meio de LDC cujos valores exonerados sejam superiores a R$ 20.000,00 (vinte mil reais), nos termos do parágrafo único do art. 2º da Portaria MPS n. 158, de 2004

Obs.: Nos casos de confissão de dívida, não se aplica o contencioso administrativo.

Fundamentação: Instrução Normativa SRP n. 3/05, arts. 636 e 637.

3.2.4. Notificação Fiscal de Lançamento de Débito — NFLD

A Notificação Fiscal de Lançamento de Débito (NFLD) é o documento constitutivo de crédito relativo a contribuições devidas à Previdência Social e a outras importâncias arrecadadas pela Secretaria da Receita Federal do Brasil, apuradas mediante procedimento fiscal.

Assim, a notificação fiscal de lançamento de débito se destina a notificar o contribuinte do lançamento de débito relativo às contribuições previdenciárias (com discriminação clara e precisa de todos os fatos geradores) e instaurar o processo de débito. A atividade administrativa de lançamento é, portanto, obrigatória, sob pena de responsabilidade funcional.

Constatada a falta de recolhimento de qualquer contribuição previdenciária, a fiscalização deverá lavrar, de imediato, notificação fiscal de lançamento com discriminação clara e precisa dos fatos geradores, das contribuições devidas e dos períodos a que se referem, de acordo com as normas estabelecidas pelos órgãos competentes.

Haverá igualmente notificação fiscal de lançamento de débito em caso de falta de pagamento de benefício reembolsado ou em caso de pagamento desse benefício sem observância das normas pertinentes estabelecidas pela legislação previdenciária.

Recebida a notificação, a empresa, o empregador doméstico ou o segurado terão o prazo de 15 dias para efetuar o pagamento ou apresentar defesa. Decorrido esse prazo, será automaticamente declarada a revelia, considerado, de plano, procedente o lançamento, permanecendo o processo no órgão jurisdicionante, pelo prazo de 30 dias, para cobrança amigável. Após este prazo de 30 dias o crédito será inscrito em Dívida Ativa.

No entanto, se apresentada a defesa, o processo formado a partir da notificação fiscal de lançamento será submetido à autoridade competente, que decidirá sobre a procedência ou não do lançamento, cabendo recurso desta decisão.

Nos processos de NFLD em que não tenha sido instaurado o contencioso administrativo fiscal, deverá ser dirigido recurso de ofício à autoridade hierarquicamente superior, desde que o valor total exonerado seja superior a vinte mil reais, nos termos do parágrafo único do art. 2º da Portaria MPS n. 158/04.

Fundamentação: Lei n. 8.212/91, art. 37; Decreto n. 3.048/99, arts. 243 e 245; Instrução Normativa SRP n. 3/05, arts. 638 a 639-A.

3.2.5. Auto-de-Infração (AI)

O Auto-de-Infração (AI) é o documento emitido privativamente pelo Auditor Fiscal, no exercício de suas funções, durante o procedimento fiscal, e se destina a registrar a ocorrência de infração à legislação previdenciária por descumprimento de obrigação acessória e a constituir o respectivo crédito da Previdência Social relativo à penalidade pecuniária aplicada.

Em resumo podemos afirmar, portanto, que o Auto-de-Infração é o documento relativo à multa aplicada pelo Auditor Fiscal em face do descumprimento de obrigações acessórias a que estava compelido o contribuinte.

3.2.5.1. Denúncia espontânea

Havendo denúncia espontânea da infração, não cabe a lavratura de Auto-de-Infração. Considera-se denúncia espontânea o procedimento adotado pelo infrator que regularize a situação que tenha configurado a infração, antes do início de qualquer ação fiscal relacionada com a infração, dispensada a comunicação da correção da falta à Secretaria da Receita Federal do Brasil — Instrução Normativa SRP n. 3/05, art. 645.

3.2.5.2. Lavratura do documento

Constatada a ocorrência de infração, a fiscalização lavrará, de imediato, Auto-de-Infração com discriminação clara e precisa da infração e das circunstâncias em que foi praticada, dispositivo legal infringido e a penalidade aplicada e os critérios de sua gradação, indicando local, dia, hora de sua lavratura, observadas as normas fixadas pelos órgãos competentes.

O documento será lavrado preferencialmente em meio eletrônico, com a identificação do CNPJ do estabelecimento centralizador ou da matrícula CEI do sujeito passivo, em duas vias, destinando uma via à instrução do processo administrativo-fiscal e uma via ao autuado. No caso de AI lavrado em nome de pessoa física, não matriculada no INSS, o Auditor Fiscal promoverá a matrícula CEI, de ofício, para efeito de cadastramento.

Recebido o AI, o autuado terá o prazo de 30 dias, a contar da ciência, para efetuar o pagamento da multa com redução de 50% ou impugnar a autuação (apresentação de defesa). Impugnando a autuação, o autuado poderá efetuar o recolhimento com redução de 25% até a data limite para interposição de recurso.

Obs. I: Na contagem do prazo, exclui-se o dia da ciência ou recebimento da notificação ou auto-de-infração e inclui-se o dia do vencimento. O prazo será prorrogado se o dia do vencimento cair em dia que não houver expediente na Receita Federal do Brasil.

Obs. II: O recolhimento do valor da multa, com redução, implica renúncia ao direito de impugnar ou de recorrer.

O Auto-de-Infração, impugnado ou não, será submetido à autoridade competente para julgar ou homologar. Assim, os processos com ou sem defesa serão analisados e julgados pela autoridade competente, que, concluindo pela procedência do débito, emitirá a Decisão-Notificação, sendo esta o ato pelo qual a autoridade administrativa de 1ª instância profere sua decisão. Desta decisão caberá recurso.

No mesmo procedimento fiscal deverá ser lavrado apenas um Auto-de-Infração por tipo de infração. E as infrações que configuram permanência dos efeitos prejudiciais à Previdência Social poderão ser objeto de nova autuação em outro procedimento fiscal se, sendo esta passível de correção, não tenha o infrator corrigido a falta até o início do novo procedimento.

Somente nas seguintes situações poderá ser lavrado mais de um Auto-de-Infração no mesmo procedimento, por diferentes ocorrências:

I — Situações em que cada situação descrita configura uma ocorrência distinta (IN SRP n. 3/05, art. 646):

a) cada segurado empregado não inscrito, com exercício de atividade após 6.3.1997, independentemente da data de admissão no trabalho;

b) cada perfil profissiográfico previdenciário — PPP não emitido para trabalhador exposto aos agentes nocivos, ou não atualizado, ou a não-entrega deste documento ao trabalhador, quando da rescisão do contrato de trabalho e da desfiliação da cooperativa, sindicato ou OGMO, conforme o caso;

c) cada acidente de trabalho não comunicado ao INSS na forma e prazo estabelecidos;

d) cada Certidão Negativa de Débito — CND não exigida, nos casos previstos em lei;

e) cada obra de construção civil não matriculada no cadastro do INSS no prazo estabelecido em lei.

Obs.: O termo ocorrência citado no *caput* significa infrações isoladas que, por economia processual, integrarão um único Auto de Infração, porém individualizadas no relatório fiscal.

II — Situações em que cada competência em que tenha ocorrido o descumprimento da obrigação é considerada como uma ocorrência, independente do número de documentos não entregues (IN SRP n. 3/05, art. 647):

a) GRPS ou GPS não encaminhada ao sindicato correspondente, até a competência dezembro/2001;

b) GFIP ou GRFP não entregue na rede bancária, a partir da competência janeiro/99;

c) GFIP ou GRFP entregue com dados não correspondentes aos fatos geradores de todas as contribuições sociais.

A GFIP tratada nas letras *b* e *c*, *supra*, deve ser considerada como um documento único, independentemente da quantidade de documentos entregues nos termos do Manual da GFIP, e ainda que se refiram a estabelecimentos distintos, sendo que:

• caso haja informação a ser prestada, a entrega de qualquer GFIP, inclusive a sem movimento, descaracteriza, exclusivamente para a competência a que se refere, a infração prevista na letra "b", devendo, nos casos em que haja omissão de fatos geradores, ser caracterizada a infração prevista na letra "c";

• caso não haja informação a ser prestada, a entrega da GFIP sem movimento tem validade para a competência a que se refere e para as seguintes, até a competência imediatamente anterior àquela na qual tenha ocorrido fato gerador de contribuições previdenciárias.

III — Situação em que cada campo da GFIP é considerado como uma ocorrência:

Constitui infração à legislação previdenciária a entrega de GFIP ou GRFP, observado quanto a esta o período de vigência, contendo informações inexatas, incompletas ou omissas, em campos relativos a dados não relacionados a fatos geradores de contribuições sociais. E, nesta hipótese, cada campo, por competência, considera-se uma ocorrência, independentemente do número de GFIP ou GRFP entregues nessa competência (IN SRP n. 3/05, art. 648).

O descumprimento das demais obrigações em relação à GFIP previstas no Manual da GFIP não será considerado por competência, configurando o ato ou omissão contrários ao referido manual como uma única infração.

3.3. Multas

Por infração a qualquer dispositivo da Lei n. 8.212/91 (Lei de Custeio), exceto no que se refere a prazo de recolhimento de contribuições, da Lei n. 8.213/91 e da Lei n. 10.666/03, fica o responsável sujeito a multa variável, conforme a gravidade da infração, limitada a um valor mínimo (R$ 1.254,89) e um valor máximo (R$ 125.487,95) previstos no Regulamento da Previdência Social — Decreto n. 3.048/99 — e atualizados mediante Portaria Ministerial, aplicada da seguinte forma:

Obs.: Valores atualizados, a partir de 1º.3.2008, pela Portaria MPS n. 77/08.

I — a partir de R$ 1.254,89 nas seguintes infrações:

a) deixar a empresa de preparar folha de pagamento das remunerações pagas, devidas ou creditadas a todos os segurados a seu serviço, de acordo com este Regulamento e com os demais padrões e normas estabelecidos pelo INSS;

b) deixar a empresa de se matricular no INSS, dentro de 30 dias contados da data do início de suas atividades, quando não sujeita a inscrição no CNPJ;

c) deixar a empresa de descontar da remuneração paga aos segurados a seu serviço importância proveniente de dívida ou responsabilidade por eles contraída junto à seguridade social, relativa a benefícios pagos indevidamente;

d) deixar a empresa de matricular no INSS obra de construção civil de sua propriedade ou executada sob sua responsabilidade no prazo de 30 dias do início das respectivas atividades;

e) deixar o Titular de Cartório de Registro Civil de Pessoas Naturais de comunicar ao INSS, até o dia 10 de cada mês, a ocorrência ou a não-ocorrência de óbitos, no mês imediatamente anterior, bem como enviar informações inexatas;

f) deixar o dirigente dos órgãos municipais competentes de prestar ao INSS as informações concernentes aos alvarás, habite-se ou documento equivalente, relativos a construção civil; e

g) deixar a empresa de efetuar os descontos das contribuições devidas pelos segurados a seu serviço; e

h) deixar a empresa de elaborar e manter atualizado perfil profissiográfico abrangendo as atividades desenvolvidas pelo trabalhador e de fornecer a este, quando da rescisão do contrato de trabalho, cópia autêntica deste documento.

II — a partir de R$ 12.548,77 nas seguintes infrações:

a) deixar a empresa de lançar mensalmente, em títulos próprios de sua contabilidade, de forma discriminada, os fatos geradores de todas as contribuições, o montante das quantias descontadas, as contribuições da empresa e os totais recolhidos;

b) deixar a empresa de apresentar ao INSS e à SRF os documentos que contenham as informações cadastrais, financeiras e contábeis de interesse dos mesmos, na forma por eles estabelecida, ou os esclarecimentos necessários à fiscalização;

c) deixar o servidor, o serventuário da Justiça ou o titular de serventia extrajudicial de exigir documento comprobatório de inexistência de débito, quando da contratação com o poder público ou no recebimento de benefício ou de incentivo fiscal ou creditício;

d) deixar o servidor, o serventuário da Justiça ou o titular de serventia extrajudicial de exigir o documento comprobatório de inexistência de débito, quando da alienação ou oneração, a qualquer título, de bem imóvel ou direito a ele relativo;

e) deixar o servidor, o serventuário da Justiça ou o titular de serventia extrajudicial de exigir a apresentação do documento comprobatório de inexistência de débito na alienação ou oneração, a qualquer título, de bem móvel incorporado ao ativo permanente da empresa, de valor superior a R$ 31.371,68;

Obs.: Valor determinado pela Portaria MPS n. 77/08.

f) deixar o servidor, o serventuário da Justiça ou o titular de serventia extrajudicial de exigir documento comprobatório de inexistência de débito no registro ou arquivamento, no órgão próprio, de ato relativo a baixa ou redução de capital de firma individual, redução de capital social, cisão total ou parcial, transformação ou extinção de entidade ou sociedade comercial ou civil e transferência de controle de cotas de sociedades de responsabilidade limitada;

g) deixar o servidor, o serventuário da Justiça ou o titular de serventia extrajudicial de exigir documento comprobatório de inexistência de débito do proprietário, pessoa física ou jurídica, de obra de construção civil, quando da averbação de obra no Registro de Imóveis;

h) deixar o servidor, o serventuário da Justiça ou o titular de serventia extrajudicial de exigir documento comprobatório de inexistência de débito do incorporador, quando da averbação de obra no Registro de Imóveis, independentemente do documento apresentado por ocasião da inscrição do memorial de incorporação;

i) deixar o dirigente da entidade da administração pública direta ou indireta de consignar as dotações necessárias ao pagamento das contribuições devidas à seguridade social, de modo que assegure a sua regular liquidação dentro do exercício;

j) deixar a empresa, o servidor de órgão público da administração direta e indireta, o segurado da previdência social, o serventuário da Justiça ou o titular de serventia extrajudicial, o síndico ou seu representante, o comissário ou o liquidante de empresa em liquidação judicial ou extrajudicial, de exibir os documentos e livros relacionados com as contribuições previstas neste Regulamento ou apresentá-los sem atender às formalidades legais exigidas ou contendo informação diversa da realidade ou, ainda, com omissão de informação verdadeira;

l) deixar a entidade promotora do espetáculo desportivo de efetuar o desconto da contribuição social incidente sobre a receita bruta dos espetáculos desportivos;

m) deixar a empresa ou entidade de reter e recolher a contribuição prevista no § 3º do art. 205 do Decreto n. 3.048/99 (5% sobre recursos repassados à entidade desportiva a título de patrocínio, licenciamento de uso de marcas e símbolos, publicidade, propaganda e transmissão de espetáculos);

n) deixar a empresa de manter laudo técnico atualizado com referência aos agentes nocivos existentes no ambiente de trabalho de seus trabalhadores ou de emitir documento de comprovação de efetiva exposição em desacordo com o respectivo laudo.

Falta de inscrição de segurado empregado (Registro em CTPS)

A falta de inscrição do segurado empregado sujeita o responsável à multa de R$ 1.254,89, por segurado não inscrito.

Demais infrações:

As demais infrações a dispositivos da legislação, para as quais não haja penalidade expressamente cominada, sujeitam o infrator à multa de R$1.254,89.

Não apresentação de GFIP

A não apresentação da GFIP, independente do recolhimento da contribuição, sujeitará o infrator a pena administrativa correspondente à multa variável equivalente a um multiplicador sobre o valor mínimo (atualmente R$ 1.195,13), em função do número de segurados, conforme abaixo:

0 a 5 segurados	1/2 valor mínimo
6 a 15 segurados	1 x o valor mínimo
16 a 50 segurados	2 x o valor mínimo
51 a 100 segurados	5 x o valor mínimo

101 a 500 segurados ______ 10 x o valor mínimo

501 a 1000 segurados ______ 20 x o valor mínimo

1001 a 5000 segurados ______ 35 x o valor mínimo

acima de 5000 segurados ______ 50 x o valor mínimo

A apresentação do documento com dados não correspondentes aos fatos geradores sujeitará o infrator a pena administrativa correspondente à multa de 100% do valor devido relativo à contribuição não declarada, limitada aos valores acima referidos.

A apresentação da GFIP com erro de preenchimento nos dados sujeitará o infrator à pena administrativa de 5% de R$ 1.254,89, por campo com informações inexatas, incompletas ou omissas. A multa sofrerá acréscimo de 5% por mês calendário ou fração, a partir do mês seguinte àquele em que o documento deveria ter sido entregue.

Ausência de emissão e entrega de CAT — Limite mínimo e máximo do salário-de-contribuição

Quando a empresa deixar de comunicar acidente do trabalho ao INSS no prazo legal estará sujeita à multa variável entre os limites mínimo (R$ 415,00) e máximo (R$ 3.038,99) do salário-de-contribuição, por acidente que tenha deixado de comunicar nesse prazo. Os sindicatos e entidades representativas de classe poderão acompanhar a cobrança das multas previstas para o descumprimento desta obrigatoriedade.

O valor será atribuído a cada acidente não comunicado, sendo que será elevado em duas vezes a cada reincidência.

A multa será aplicada no seu grau mínimo na ocorrência da primeira comunicação feita fora do prazo ou não comunicada.

Observe-se, no entanto, que a CAT entregue fora do prazo e anteriormente ao início de qualquer procedimento administrativo ou de medida de fiscalização caracteriza-se como denúncia espontânea, não cabendo a lavratura de Auto-de-Infração.

Não-encaminhamento de cópia da GPS ao sindicato e não-afixação da mesma em quadro de avisos

Deixando a empresa de enviar mensalmente cópia da GPS quitada ao sindicato da categoria e/ou deixando de afixá-la em quadro de avisos, será aplicada multa de R$ 165,10 a R$ 16.510,36para cada competência em que tenha havido a irregularidade.

Obs.: Valores determinados pela Portaria MPS n. 77/08.

3.3.1. Circunstâncias agravantes da infração

Constituem circunstâncias agravantes da infração, das quais dependerá a gradação da multa, ter o infrator:

a) tentado subornar servidor dos órgãos competentes;

b) agido com dolo, fraude ou má-fé;

c) desacatado, no ato da ação fiscal, o agente da fiscalização;

d) obstado a ação da fiscalização; ou

e) incorrido em reincidência.

Caracteriza reincidência a prática de nova infração a dispositivo da legislação por uma mesma pessoa ou por seu sucessor, dentro de cinco anos da data em que se tornar irrecorrível administrativamente a decisão condenatória, da data do pagamento ou da data em que se configurou a revelia, referentes à autuação anterior.

3.3.2. Circunstâncias atenuantes da infração

Constitui circunstância atenuante da penalidade aplicada ter o infrator corrigido a falta até o termo final do prazo para impugnação.

A multa será relevada se o infrator formular pedido e corrigir a falta, dentro do prazo de impugnação, ainda que não contestada a infração, desde que seja o infrator primário e não tenha ocorrido nenhuma circunstância agravante. No entanto, essa possibilidade não se aplica à multa prevista no art. 286 do Decreto n. 3.048/99 (entrega da CAT) nem tampouco nos casos em que a multa decorrer da falta ou da insuficiência de recolhimento tempestivo de contribuições ou outras importâncias devidas à Previdência Social.

Da decisão que atenuar ou relevar multa cabe recurso de ofício, de acordo com o disposto no art. 366 do Decreto n. 3.048/99.

3.3.3. Gradação das multas

As multas serão aplicadas obedecendo aos seguintes critérios:

I — a ausência de agravantes e de atenuante implica utilização dos valores mínimos estabelecidos, conforme o caso;

II — as agravantes previstas nos incisos I e II do art. 290 do Decreto n. 3.048/99 (suborno, dolo, fraude ou má-fé) elevam a multa em três vezes;

III — as agravantes previstas nos incisos III e IV do art. 290 do Decreto n. 3.048/99 (desacato ou impedimento à fiscalização) elevam a multa em duas vezes;

IV — a agravante prevista no inciso V do art. 290 do Decreto n. 3.048/99 (reincidência) eleva a multa em três vezes a cada reincidência no mesmo tipo de infração, e em duas vezes em caso de reincidência em infrações diferentes, observados os valores máximos estabelecidos, conforme o caso; e

V — na ocorrência da circunstância atenuante no art. 291 do Decreto n. 3.048/99 (correção da falta), a multa será atenuada em cinqüenta por cento.

Na aplicação da multa a que se refere o art. 288 do Decreto n. 3.048/99 (não encaminhar a GPS ao Sindicato ou não fixá-la no quadro de avisos), aplicar-se-ão apenas as agravantes referidas nos incisos III a V do art. 290 (desacato, impedimento à fiscalização e reincidência), as quais elevam a multa em duas vezes.

Fundamentação: Lei n. 8.212/91, art. 32, §§ 4º a 9º; Decreto n. 3.048/99, arts. 283 a 292.

4. DECADÊNCIA E PRESCRIÇÃO

4.1. Decadência

Entende-se por "decadência" a perda da possibilidade de exercer um direito. Em se tratando de matéria previdenciária, e nos termos da Lei n. 8.212/91, a decadência corresponde à inércia da Previdência Social em apurar e constituir seus créditos no prazo de dez anos, contados:

a) do primeiro dia do exercício seguinte àquele em que o crédito poderia ter sido constituído;

b) da data em que se tornar definitiva a decisão que anulou, por vício formal, a constituição de crédito anteriormente efetuado.

Exceção se aplica, tão-somente, quando da comprovação do exercício de atividade remunerada com vistas à concessão de benefícios, hipótese em que será exigido do contribuinte individual, a qualquer tempo, o recolhimento das correspondentes contribuições. Para apuração e constituição desses créditos será utilizada como base de incidência o valor da média aritmética simples dos maiores salários-de-contribuição, reajustados, correspondentes a 80% (oitenta por cento) de todo o período contributivo decorrido desde a competência julho de 1994. Sobre os valores apurados incidirão juros moratórios de 0,5% (zero vírgula cinco por cento) ao mês, capitalizados anualmente, limitados ao percentual máximo de 50% (cinqüenta por cento), e multa de 10% (dez por cento).

O prazo decadencial das contribuições devidas a outras entidades e fundos é igualmente de dez anos, exceto para fatos geradores ocorridos até 18.6.1995, cujo prazo decadencial é de cinco anos.

Obs.: O prazo decadencial a ser aplicado é aquele vigente à época do lançamento.

Note-se, no entanto, que na hipótese de ocorrência de dolo, fraude ou simulação, o prazo decadencial não será aplicado, podendo o INSS, a qualquer tempo, apurar e constituir os créditos da Previdência Social.

Já o direito de pleitear judicialmente a desconstituição de exigência fiscal fixada pelo INSS no julgamento de litígio em processo administrativo fiscal extingue-se com o decurso do prazo de cento e oitenta dias, contado da intimação da referida decisão. Este prazo, no entanto, não se aplica aos casos de contribuições em atraso a partir da competência 04/95, obedecendo-se, a partir de então, às disposições aplicadas às empresas em geral.

Fundamentação: Lei n. 8.212/91, art. 45; Decreto n. 3.048/99, art. 348.

4.2. Prescrição

A prescrição corresponde à perda do direito de ação por este não ter sido exercido dentro do prazo legal. Em matéria previdenciária corresponde a ausência de cobrança, pela Secretaria da Receita Federal do Brasil, no prazo de dez anos, do crédito tributário já definitivamente constituído.

Na decadência o prazo não se suspende nem se interrompe, sendo permanentemente contínuo. A prescrição, no entanto, se interrompe: a) pela citação pessoal feita ao devedor; b) pelo protesto judicial; c) por qualquer ato judicial que constitua em mora o devedor; d) por qualquer ato inequívoco, ainda que extrajudicial, que importe em reconhecimento do débito pelo devedor.

A inscrição do débito como dívida ativa, pelo órgão competente, suspenderá a fluência do prazo prescricional, para todos os efeitos de direito, por cento e oitenta dias ou até a distribuição da execução fiscal, se esta ocorrer antes de findo aquele prazo.

Por fim, igualmente interrompe a fluência do prazo prescricional o despacho judicial que ordenar a citação do executado.

Fundamentação: Lei n. 8.212/91, art. 46; Decreto n. 3.048/99, art. 349.

4.2.1. Prescrição aplicável à restituição ou à compensação

O direito de pleitear restituição ou realizar compensação de contribuições ou de outras importâncias extingue-se em cinco anos contados da data:

a) do pagamento ou recolhimento indevido; ou

b) em que se tornar definitiva a decisão administrativa ou transitar em julgado a sentença judicial que tenha reformado, anulado ou revogado a decisão condenatória.

Fundamentação: Decreto n. 3.048/99, art. 253.

4.3. Discussão judicial — Inconstitucionalidade dos prazos constantes da legislação ordinária

Determina o art. 146 da Constituição Federal de 1988 que somente Lei Complementar pode definir critérios de prescrição e decadência em matéria tributária. Confira-se:

"Art. 146. Cabe à lei complementar:

...

III — estabelecer normas gerais em matéria de legislação tributária, especialmente sobre:

...

b) obrigação, lançamento, crédito, prescrição e decadência tributários;

..."

Considerando-se, pois, a natureza tributária das contribuições sociais previdenciárias e por ser a Lei n. 8.212/91 norma ordinária, não lei complementar, suas disposições sobre decadência e prescrição ferem o dispositivo constitucional sobre o tema, devendo ser adotado o Código Tributário Nacional.

O CTN, em que pese originariamente ser norma ordinária (Lei n. 5.172/66), como é anterior a norma constitucional atual, foi recepcionado por esta última, devendo ser considerado, quanto aos seus efeitos, como se fosse Lei Complementar.

Não obstante, alguns especialistas em matéria previdenciária compreendem que o lapso temporal decadencial e prescricional não configuram "norma geral" e, portanto, não seria necessária a existência de Lei Complementar. Vale ressaltar, no entanto, que esta posição é minoritária, da qual, inclusive, discordamos.

Compreendemos que a contribuição previdenciária possui natureza tributária e que, por esta razão, encontra-se vinculada às disposições constitucionais sobre decadência e prescrição, constantes do art. 146. E, sendo então necessária a existência de Lei Complementar, devem ser aplicados os prazos constantes do Código Tributário Nacional, arts. 173 e 174, sendo, pois, inconstitucionais aqueles constantes da Lei n. 8.212/91.

> "**Art.** 173 — O direito de a Fazenda Pública constituir o crédito tributário extingue-se após 5 (cinco) anos, contados:
>
> I — do primeiro dia do exercício seguinte àquele em que o lançamento poderia ter sido efetuado;
>
> II — da data em que se tornar definitiva a decisão que houver anulado, por vício formal, o lançamento anteriormente efetuado.
>
> **Parágrafo único.** O direito a que se refere este artigo extingue-se definitivamente com o decurso do prazo nele previsto, contado da data em que tenha sido iniciada a constituição do crédito tributário pela notificação, ao sujeito passivo, de qualquer medida preparatória indispensável ao lançamento."
>
> "**Art.** 174 — A ação para a cobrança do crédito tributário prescreve em cinco anos, contados da data da sua constituição definitiva.
>
> **Parágrafo único.** A prescrição se interrompe:
>
> I — pela citação pessoal feita ao devedor;
>
> II — pelo protesto judicial;
>
> III — por qualquer ato judicial que constitua em mora o devedor;
>
> IV — por qualquer ato inequívoco ainda que extrajudicial, que importe em reconhecimento do débito pelo devedor."

Fundamentação: Institutos legais citados no texto.

Confira-se, sobre o tema, recente decisão do STJ (AIRESP 616348 — Processo n. 200302290040/MG — Relator Teori Albino Zavascki — DJ de 15.10.2007, p. 210):

> "**Decisão:** Vistos e relatados estes autos em que são partes as acima indicadas, decide a Egrégia Primeira Corte Especial do Superior Tribunal de Justiça, preliminarmente, conhecer, por maioria, da argüição de inconstitucionalidade, vencido o Sr. Ministro José Delgado, e, no mérito, após o voto-vista do Sr. Ministro José Delgado e os votos dos Srs. Ministros Fernando Gonçalves, Felix Fischer, Aldir Passarinho Junior, Gilson Dipp, Eliana Calmon, Paulo Gallotti, Francisco Falcão e Luiz Fux acompanhando o voto do Sr. Ministro Relator, por unanimidade, **declarar a inconstitucionalidade do art. 45 da Lei n. 8.212, de 1991**, nos termos do voto do Sr. Ministro Relator. Na preliminar os Srs. Ministros Antônio de Pádua Ribeiro, Francisco Peçanha Martins, Humberto Gomes de Barros, Fernando Gonçalves, Felix Fischer, Aldir Passarinho Junior, Gilson Dipp, Eliana Calmon, Paulo Gallotti, Francisco Falcão e Luiz Fux votaram com o Sr. Ministro Relator. No mérito os Srs. Ministros Antônio de Pádua Ribeiro, Francisco Peçanha Martins, Humberto Gomes de Barros, Cesar Asfor Rocha, José Delgado, Fernando Gonçalves, Felix Fischer, Aldir Passarinho Junior, Gilson Dipp, Eliana Calmon, Paulo Gallotti, Francisco Falcão e Luiz Fux votaram com o Sr. Ministro Relator. Não participaram do julgamento os Srs. Ministros Nilson Naves, Barros Monteiro, Hamilton Carvalhido, João Otávio de Noronha e Arnaldo Esteves Lima. Ausentes, justificadamente, a Sra. Ministra Laurita Vaz e, ocasionalmente, os Srs. Ministros Cesar Asfor Rocha e Carlos Alberto Menezes Direito.
>
> Ementa: CONSTITUCIONAL, PROCESSUAL CIVIL E TRIBUTÁRIO. INCIDENTE DE INCONSTITUCIONALIDADE. DO ARTIGO 45 DA LEI 8.212, DE 1991. OFENSA AO ART. 146, III, B, DA

CONSTITUIÇÃO. 1. As contribuições sociais, inclusive as destinadas a financiar a seguridade social (CF, art. 195), têm, no regime da Constituição de 1988, natureza tributária. Por isso mesmo, aplica-se também a elas o disposto no art. 146, III, b, da Constituição, segundo o qual cabe à lei complementar dispor sobre normas gerais em matéria de prescrição e decadência tributárias, compreendida nessa cláusula inclusive a fixação dos respectivos prazos. Conseqüentemente, padece de inconstitucionalidade formal o artigo 45 da Lei 8.212, de 1991, que fixou em dez anos o prazo de decadência para o lançamento das contribuições sociais devidas à Previdência Social. 2. Argüição de inconstitucionalidade julgada procedente." *(Destaques nossos)*

5. PROVA DE INEXISTÊNCIA DE DÉBITO

5.1. Certidão Negativa de Débito — CND

O documento comprobatório da inexistência de débitos previdenciários denomina-se CND — Certidão Negativa de Débitos, deve ser obtido junto à Secretaria da Receita Federal do Brasil e terá prazo de 180 (cento e oitenta) dias, contados de sua emissão, sendo exigido, obrigatoriamente, nas seguintes situações:

I — da empresa:

a) na licitação, na contratação com o poder público e no recebimento de benefícios ou incentivo fiscal ou creditício concedidos por ele;

b) na alienação ou oneração, a qualquer título, de bem imóvel ou direito a ele relativo;

c) na alienação ou oneração, a qualquer título, de bem móvel de valor superior a R$ 31.371,68, incorporado ao ativo permanente da empresa; e

Obs.: Valor atualizado, a partir de 1º.3.2008, pela Portaria MPS n. 77/08.

d) no registro ou arquivamento, no órgão próprio, de ato relativo à baixa ou redução de capital de firma individual ou de empresário individual, assim considerado pelo art. 931 da Lei n. 10.406, de 2002 (Código Civil), redução de capital social, cisão total ou parcial, transformação ou extinção de entidade ou sociedade empresária ou simples e transferência de controle de cotas de sociedade limitada;

Obs. I: O documento comprobatório de inexistência de débito deve ser exigido da empresa em relação a todas as suas dependências, estabelecimentos e obras de construção civil executadas sob sua responsabilidade, independentemente do local onde se encontrem, ressalvado aos órgãos competentes o direito de cobrança de qualquer débito apurado posteriormente.

Obs. II: De acordo com o artigo 9º da Lei Complementar n. 123/06, as microempresas e as empresas de pequeno porte estão dispensadas da exigência estabelecida na alínea "d". O § 14 do artigo 257 do Decreto n. 3.048/99 dispõe também que "*não é exigível da microempresa e empresa de pequeno porte o documento comprobatório de inexistência de débito, quando do arquivamento de seus atos constitutivos nas juntas comerciais, inclusive de suas alterações, salvo no caso de extinção de firma individual ou sociedade.*"

II — do proprietário, pessoa física ou jurídica, de obra de construção civil: quando de sua averbação no Registro de Imóveis, salvo quando se tratar de construção residencial, unifamiliar, com área não superior a 70m², destinada ao uso próprio, do tipo econômico e tiver sido executada sem utilização de mão-de-obra assalariada;

III — do incorporador: na ocasião da inscrição de memorial de incorporação no Registro de Imóveis;

Obs.: O documento comprobatório de inexistência de débito, quando exigível do incorporador, independe daquele apresentado no Registro de Imóveis por ocasião da inscrição do memorial de incorporação.

IV — do produtor rural pessoa física e do segurado especial: quando da constituição de garantia para concessão de crédito rural e qualquer de suas modalidades, por instituição de créditos pública ou privada, desde que comercializem a sua produção com o adquirente domiciliado no exterior ou diretamente no varejo a consumidor pessoa física, a outro produtor rural pessoa física ou a outro segurado especial;

V — na contratação de operações de crédito com instituições financeiras, assim entendidas as pessoas jurídicas públicas ou privadas que tenham como atividade principal ou acessória a intermediação ou aplicação de recursos financeiros próprios ou de terceiros, em moeda nacional ou estrangeira, autorizadas pelo Banco Central do Brasil ou por decreto do Poder Executivo a funcionar no Território Nacional, que envolvam:

a) recursos públicos;

b) recursos do FGTS, do FAT e do FNDE; ou

c) recursos captados através de Caderneta de Poupança.

VI — na liberação de eventuais parcelas previstas nos contratos a que se refere o item V, supra.

A prova de inexistência de débito deve ser exigida da empresa em relação a todas as suas dependências, estabelecimentos e obras de construção civil, independentemente do local onde se encontrem, ressalvado aos órgãos competentes o direito de cobrança de qualquer débito apurado posteriormente. Conforme art. 536 da Instrução Normativa SRP n. 3/05, a certidão emitida para empresa, cujo identificador seja o CNPJ, será válida para todos os seus estabelecimentos, matriz e filiais, exceto para as obras de construção civil, e será expedida exclusivamente com a identificação do CNPJ da matriz.

O documento comprobatório de inexistência de débito poderá ser apresentado por cópia autenticada, dispensada a indicação de sua finalidade, exceto no caso de averbação de construção civil no Registro de Imóveis.

O condômino adquirente de unidades imobiliárias de obra de construção civil não incorporada na forma da Lei n. 4.591/64 poderá obter documento comprobatório de inexistência de débito, desde que comprove o pagamento das contribuições relativas à sua unidade, observadas as instruções dos órgãos competentes.

Cumpre ainda observar, nos termos do artigo 523 da Instrução Normativa SRP n. 3/05, as seguintes peculiaridades:

• O produtor rural pessoa física ou o segurado especial, que declarar, sob as penas da lei, que não tem trabalhadores a seu serviço e que não comercializa a própria produção rural, está dispensado da apresentação das certidões previstas nos itens I e IV a VI, *supra*.

• Nos processos licitatórios, a comprovação de regularidade fiscal das microempresas e empresas de pequeno porte somente será exigida para efeito de assinatura do contrato, nos termos do art. 42 da Lei Complementar n. 123/06.

• Por ocasião de sua participação em certames licitatórios, as microempresas e empresas de pequeno porte deverão apresentar a certidão exigida para efeito de comprovação de regularidade em relação às contribuições arrecadadas pela SRP, mesmo que esta apresente alguma restrição, conforme disposto no *caput* do art. 43 da Lei Complementar n. 123/06.

Fundamentação: Lei n. 8.212/91, art. 47; Decreto n. 3.048/99, art. 257; Instrução Normativa SRP n. 3/05, arts. 523, 525 e 536; Instrução Normativa SRP n. 20/07; Decreto n. 6.106/07.

5.1.1. Atos que independem de apresentação de CND

Independe da apresentação de documento comprobatório de inexistência de débito:

I — a lavratura ou assinatura de instrumento, ato ou contrato que constitua retificação, ratificação ou efetivação de outro anterior para o qual já foi feita a prova;

II — a constituição de garantia para concessão de crédito rural, em qualquer de suas modalidades, por instituição de crédito pública ou privada ao produtor rural pessoa física e ao segurado especial, desde que estes não comercializem a sua produção com o adquirente domiciliado no exterior nem diretamente no varejo a consumidor pessoa física, a outro produtor rural pessoa física ou a outro segurado especial;

III — a averbação de imóvel, construído antes de 22.11.1966; e

IV — a transação imobiliária que envolva empresa que explore exclusivamente atividade de compra e venda de imóveis, locação, desmembramento ou loteamento de terrenos, incorporação imobiliária ou construção de imóveis destinados à venda, desde que o imóvel objeto da transação esteja contabilmente lançado no ativo circulante e não conste, nem tenha constado, do ativo permanente da empresa.

Fundamentação: Lei n. 8.212/91, art. 47, § 6º; Decreto n. 3.048/99, art. 257, § 8º.

5.1.2. Expedição do certificado

A prova de inexistência de débito perante a Previdência Social será fornecida por certidão emitida por sistema eletrônico da Secretaria da Receita Federal do Brasil, cuja validade independerá de assinatura manual ou de aposição de carimbos, ficando o responsável pela sua aceitação condicionado à verificação da autenticidade do documento na rede de comunicação da Internet, em endereço específico (www.previdencia.gov.br), mediante solicitação do interessado.

Não obstante, a certidão somente será emitida se:

a) o contribuinte esteja em dia com suas contribuições;

b) o débito esteja pendente de decisão em contencioso administrativo;

c) o débito seja pago;

d) o débito esteja garantido por depósito integral e atualizado em moeda corrente;

e) o pagamento do débito fique assegurado mediante oferecimento de garantia suficiente (hipoteca, fiança bancária, alienação fiduciária, penhora), em caso de parcelamento com confissão de dívida fiscal;

f) tenha sido efetivada penhora suficiente garantidora do débito em curso de cobrança judicial.

Obs.: Na licitação, na contratação com o poder público e no recebimento de benefícios ou incentivo fiscal ou creditício por ele concedido, em que não haja oneração de bem do patrimônio da empresa, não será exigida a garantia de débito parcelado.

Importa observar, ainda, que a ausência de emissão e entrega da GFIP — Guia de Recolhimento do Fundo de Garantia do Tempo de Serviço e Informações à Previdência Social — constitui condição impeditiva para a expedição da CND.

Fundamentação: Decreto n. 3.048/99, art. 258; Decreto n. 6.106/07.

5.2. Certidão Positiva de Débito com Efeitos de Negativa — CPD-EN

Na hipótese de existência de créditos não vencidos, ou créditos em curso de cobrança executiva para os quais tenha sido efetivada a penhora regular e suficiente à sua cobertura, ou créditos cuja exigibilidade esteja suspensa, será expedida a Certidão Positiva de Débito com Efeitos de Negativa — CPD-EN, com os mesmos efeitos da Certidão Negativa de Débito — CND.

As regras pertinentes à emissão desse documento constam da Instrução Normativa SRP n. 3/05, art. 534, sendo as seguintes:

I — no âmbito do processo administrativo-fiscal:

a) e for solicitada dentro do prazo regulamentar de defesa, ou, findo este prazo, se o débito estiver pendente de decisão administrativa em face de apresentação de defesa tempestiva;

b) e for solicitada dentro do prazo regulamentar para apresentação de recurso ou se o débito estiver pendente de julgamento por interposição de recurso tempestivo contra decisão proferida em decorrência de defesa. Tratando-se de recurso administrativo interposto por pessoa jurídica de direito privado, ou por sócio desta, considera-se regularmente interposto o recurso quando instruído com a prova do depósito administrativo no valor de trinta por cento da exigência fiscal definida na decisão administrativa recorrida, dentro do prazo recursal.

II — garantido por depósito integral no valor do débito atualizado, em moeda corrente;

III — em relação ao qual tenha sido efetivada a penhora suficiente garantidora do débito em curso de execução fiscal;

IV — regularmente parcelado, desde que o sujeito passivo esteja adimplente com o pagamento das parcelas;

V — com exigibilidade suspensa por determinação judicial;

VI — ajuizado e com embargos opostos, quando o sujeito passivo for órgão da administração direta da União, dos estados, do Distrito Federal, dos municípios ou for autarquia ou fundação de direito público dessas entidades estatais.

No caso de defesa ou de recurso parcial, a parte do débito não contestada deverá estar quitada, parcelada ou garantida por depósito para que seja emitida a CPD-EN.

Fundamentação: Instrução Normativa SRP n. 3/05, art. 534.

5.3. Certidão Positiva de Débito — CPD

Será expedida Certidão Positiva de Débito — CPD, mediante solicitação do sujeito passivo (contribuinte), se constatadas as situações impeditivas à emissão de CND ou de CPD-EN e não regularizadas em trinta dias.

A CPD será emitida em uma única via e será identificada com o número do pedido a que corresponder, sendo ela entregue ao representante legal da empresa ou à pessoa por ele autorizada.

Fundamentação: Instrução Normativa SRP n. 3/05, arts. 538 e 539.

5.4. Declaração de Regularidade de Situação do Contribuinte Individual — DRS-CI

O Instituto Nacional do Seguro Social — INSS instituiu em 23.2.2001, através da Instrução Normativa n. 45 (DOU de 26.2.2001), e com vigência a partir de 1º de março de 2001, a Declaração de Regularidade de Situação do Contribuinte Individual — DRS-CI. Atualmente, dispõe sobre o assunto a Instrução Normativa SRP n. 3/05, art. 557 e seguintes.

Este documento, a ser fornecido pela Secretaria da Receita Federal do Brasil, tem por finalidade servir de comprovante de regularidade de inscrição e de recolhimento perante a Previdência Social para fins de celebração de contrato ou realização de ato ou operação que a exija ou venha a exigir.

É importante observar que este documento será expedido unicamente para contribuintes individuais, não substituindo em qualquer hipótese a certidão Negativa de Débito — CND exigida da empresa na forma do art. 47 da Lei n. 8.212/91. Ressalte-se também que a Declaração não constitui prova de quitação de contribuição previdenciária, podendo a Receita Federal, a qualquer tempo, exigir do contribuinte o pagamento de importância que venha a ser considerada devida.

5.4.1. Fornecimento e validade

A declaração será emitida por meio eletrônico, sendo numerada automática e seqüencialmente pelo próprio sistema. O contribuinte deverá obtê-la na página eletrônica específica (www.previdencia.gov.br) ou em alguma unidade de atendimento da Receita.

O sistema pesquisará automaticamente a situação do contribuinte perante os cofres da Previdência Social através de sua conta corrente (cadastro e arquivo mantido pela Previdência). Apresentando falhas de recolhimento ou de identificação cadastral, o sistema informará a impossibilidade de emissão do documento e a necessidade de o interessado comparecer à Secretaria da Receita Federal do Brasil para a solução do problema. Regularizada a pendência, a DRS-CI será fornecida na própria agência ou obtida pelo contribuinte ou instituição interessada através dos serviços de auto-atendimento.

O prazo de validade da Declaração de Regularidade de Situação do Contribuinte Individual será de cento e oitenta dias, contados da data de sua emissão.

5.4.2. Contribuinte individual — Regularidade

Será considerado regular perante a Previdência Social, para fins de emissão da DRS-CI, o segurado contribuinte individual inscrito na Previdência Social, que esteja com seus dados cadastrais atualizados e conste no sistema informatizado da Secretaria da Receita Federal do Brasil:

a) registro de recolhimento ou remuneração de, no mínimo, oito competências nos últimos doze meses, se inscrito há doze meses ou mais;

b) registro de recolhimento ou remuneração de, no mínimo, dois terços das competências do período, arredondando-se, para maior, a fração igual ou superior a cinco décimos, desprezando-se a inferior, se inscrito há menos de doze meses;

c) informação de inexistência de recolhimento, se inscrito recentemente, mas desde que não vencido o prazo para recolhimento de sua primeira contribuição;

d) informação de exercício concomitante de atividade como segurado empregado e que, nesta condição, receba remuneração igual ou superior ao limite máximo do salário-de-contribuição há pelo menos oito competências nos últimos doze meses.

Obs.: Para os fins previstos nas letras "a" e "b", *supra*, consideram-se regulares as contribuições incluídas em parcelamento cujas parcelas vencidas estejam quitadas.

Fundamentação: Instrução Normativa SRP n. 3/05, arts. 557 a 560.

5.5. Certificado de Regularidade Previdenciária — CRP — Administração pública

Instituído pelo Decreto n. 3.788, de 11.4.2001, e com exigência obrigatória a contar de 31.3.2002, o Certificado de Regularidade Previdenciária — CRP será fornecido pelo Ministério da Previdência e Assistência Social aos órgãos ou entidades da Administração Pública direta e indireta da União.

A finalidade do referido documento será atestar o cumprimento dos critérios e exigências estabelecidos na Lei n. 9.717, de 27.11.1998, pelos regimes próprios de previdência social dos Estados, do Distrito Federal e dos Municípios, nos seguintes casos:

I — realização de transferências voluntárias de recursos pela União, com exceção apenas daquelas relativas às ações de educação, saúde e assistência social;

II — celebração de acordos, contratos, convênios ou ajustes, bem como de empréstimos, financiamentos, avais e subvenções em geral de órgãos ou entidades da Administração direta e indireta da União;

III — liberação de recursos de empréstimos e financiamentos por instituições financeiras federais;

IV — pagamento dos valores devidos pelo Regime Geral de Previdência Social em razão da Lei n. 9.796, de 5 de maio de 1999.

O servidor responsável (do órgão ou entidade da Administração Pública) pela realização de cada ato ou contrato acima relacionado (itens I a IV) deverá obrigatoriamente juntar ao processo pertinente o Certificado (CRP) do regime próprio de previdência social vinculado ao ente da federação beneficiário ou contratante, sob pena de responder civil, penal e administrativamente, nos termos da lei.

Normas sobre a emissão desse Certificado constam da Portaria MPS n. 172, de 11.2.2005, publicada no Diário Oficial da União em 14.2.2005.

Fundamentação: Decreto n. 3.788, de 11.4.2001; Portaria MPS n. 172, de 11.2.2005 (DOU de 14.2.2005).

Capítulo XXIV

Recursos Cabíveis das Decisões Administrativas

1. CONSELHO DE RECURSOS DA PREVIDÊNCIA SOCIAL — CRPS

O Conselho de Recursos da Previdência Social — CRPS, órgão colegiado integrante da estrutura do Ministério da Previdência Social, é órgão de controle jurisdicional das decisões do INSS, nos processos de interesse dos beneficiários e dos contribuintes da seguridade social.

O CRPS possui a seguinte estrutura funcional:

I — 29 Juntas de Recursos, com a competência de julgar, em *primeira instância*, os recursos ordinários interpostos contra as decisões do INSS em matéria de benefícios previstos na legislação previdenciária, dos benefícios assistenciais de prestação continuada previstos no art. 20 da Lei n. 8.742/93 e também da aplicação das regras do nexo técnico epidemiológico de que trata o § 13 do art. 337 do Decreto n. 3.048/99;

Constitui alçada exclusiva das Juntas de Recursos, não comportando recurso à instância superior, as seguintes decisões colegiadas:

a) fundamentada exclusivamente em matéria médica, quando os laudos ou pareceres emitidos pela Assessoria Médica da Junta de Recursos e pelos Médicos Peritos do INSS apresentarem resultados convergentes; e

b) proferida sobre reajustamento de benefício em manutenção, em consonância com os índices estabelecidos em lei, exceto quando a diferença na Renda Mensal Atual — RMA decorrer de alteração da Renda Mensal Inicial — RMI.

Obs.: O acréscimo de uma Junta de Recursos se deu com a publicação do Decreto n. 5.254, de 27.10.2004 — DOU de 28.10.2004, o qual altera a redação do inciso I do § 1º do art. 303 do Regulamento da Previdência Social (Decreto n. 3.048/99). Até então o CRPS era composto apenas por 28 Juntas de Recursos.

II — 4 Câmaras de Julgamento, com sede em Brasília, com a competência para julgar, em *segunda instância*, os recursos especiais interpostos contra as decisões das Juntas de Recursos.

III — Conselho Pleno, com a competência para uniformizar a jurisprudência administrativa previdenciária através de enunciados; dirimir as divergências de entendimento jurisprudencial entre as Câmaras de Julgamento, por provocação de qualquer Conselheiro integrante das Câmaras ou da parte, por meio de uniformização de jurisprudência; deliberar acerca da perda de mandato de Conselheiros, nos casos em que o Presidente do CRPS entender necessário submeter à decisão do colegiado.

Obs.: Sobre a Composição do Conselho de Recursos da Previdência Social, ver Parte I, Capítulo V, desta obra.

A partir de 2.5.07, a competência do CRPS para julgamento de recursos referentes às contribuições para o RGPS foram transferidas para o 2º Conselho de Contribuintes do Ministério da Fazenda, onde serão instaladas Câmaras especializadas para essa finalidade (Lei n. 11.457/07, art. 29).

2. RECURSOS

Das decisões do INSS nos processos de interesse dos beneficiários e da Secretaria da Receita Federal do Brasil nos processos de interesse dos contribuintes da seguridade social caberá recurso para o CRPS ou para o 2º Conselho de Contribuintes do Ministério da Fazenda, com prazo para interposição de 30 dias, contados da ciência da decisão.

O INSS e a Receita Federal possuem igual prazo (30 dias), contado da interposição do recurso pelo interessado, para oferecimento de contra-razões.

Obs.: Na contagem do prazo, exclui-se o dia da ciência ou recebimento da decisão e inclui-se o dia do vencimento. O prazo será prorrogado se o dia do vencimento cair em dia que não houver expediente no referido órgão.

O INSS e a Secretaria da Receita Federal do Brasil podem reformar suas decisões, deixando, no caso de reforma favorável ao interessado, de encaminhar o recurso à instância competente.

Fundamentação: Lei n. 8.213/91, art. 126; Decreto n. 3.048/99, art. 305.

2.1. Discussão sobre crédito previdenciário — Depósito recursal

Nos termos do artigo 306 do Regulamento da Previdência Social (Decreto n. 3.048/99), em se tratando de processo que tenha por objeto a discussão de crédito previdenciário, o recurso somente terá seguimento se o recorrente (pessoa jurídica ou sócio) instruí-lo com prova de depósito, em favor da Secretaria da Receita Federal do Brasil, de valor correspondente a 30% da exigência fiscal definida na decisão. O referido depósito prévio consta também do § 1º do art. 126 da Lei n. 8.213/91.

A interposição de recursos nos processos de interesse de beneficiários ou que tenham por objeto a discussão de crédito previdenciário, sendo o recorrente pessoa física, independe de garantia de instância, facultada a realização de depósito do valor do crédito corrigido monetariamente, quando for o caso, acrescido de juros e multa de mora cabíveis, não se sujeitando a novos acréscimos a contar da data do depósito.

Existente o depósito recursal, a Secretaria da Receita deverá contabilizá-lo em conta própria até a decisão final do recurso administrativo, quando o valor depositado para fins de seguimento do recurso voluntário será:

a) devolvido ao depositante, se aquela lhe for favorável; ou

b) convertido em pagamento, devidamente deduzido do valor da exigência, se a decisão for contrária ao sujeito passivo.

Pressuposto de admissibilidade recursal no âmbito do contencioso administrativo, foi o depósito prévio de 30%, de que trata o § 1º do art. 126 da Lei n. 8.213/91, declarado constitucional pelo Supremo Tribunal Federal, decisão igualmente adotada pelos Tribunais Regionais Federais nos anos de 2000 e 2001, conforme ilustram as seguintes ementas:

"ADMINISTRATIVO E TRIBUTÁRIO. AGRAVO DE INSTRUMENTO. CONTENCIOSO FISCAL. DEPÓSITO RECURSAL PRÉVIO. NATUREZA JURÍDICA. EXIGÊNCIA. CONSTITUCIONALIDADE. — O depósito prévio previsto pejo art. 306 do decreto federal n. 3.048/99, constitui-se em pressuposto de admissibilidade recursal no âmbito do contencioso administrativo-fiscal, sendo constitucional a sua exigência (precedentes do col. STF)" (TRF — 5ª Região — AG 24942 — Processo n. 9905490043 — 3ª Turma — Decisão em 16.03.2000 — Relator: Desembargador Federal Ridalvo Costa — DJ de 12.5.2000 p. 625).

"CONSTITUCIONAL E ADMINISTRATIVO. RECURSO ADMINISTRATIVO. EXIGÊNCIA DE DEPÓSITO PRÉVIO. DECRETO N. 70.235/72, ART. 33, § 2º, NA REDAÇÃO DA MP 1.621, DE 12.12.97. CONSTITUCIONALIDADE. PRECEDENTES DO STF. E DESTE REGIONAL. 1 — Na dicção do SUPREMO TRIBUNAL FEDERAL e deste Regional, não ofende a Constituição Federal a exigência de depósito prévio para recorrer administrativamente (Precedentes do STF: ADIn n. 1.049/DF e RE's n. 169.077/MG, 210.235/MG e 216.351/SC; precedente deste Regional: AMS n. 1998.01.00.053088-6, Rel. Juíza Eliana Calmon, 4ª Turma, DJU, II, de 22.02.99, p. 233). 2 — Não diferem, substancialmente, os casos julgados nos precedentes indicados, atinentes ao depósito de multa para recorrer, daquele tratado no § 1º do art. 126 da Lei n. 8.213/91, na redação do art. 10 da Lei n. 9.639/98 (depósito de 30% do débito), eis que, em ambos os casos, trata-se de pressuposto de admissibilidade de recurso administrativo, sendo irrelevante o valor do débito a depositar. 3 — Não há incompatibilidade entre o art. 151, III do CTN e a exigência de depósito para que o recurso administrativo tenha trânsito. 4 — Apelação da impetrante improvida." (TRF — 1ª Região — AMS 01000488647 — Processo n. 200001000488647/MG — 3ª Turma — Decisão em 22.08.2000 — Relator: Juiz Antônio Ezequiel — DJ de 22.6.2001)

"RECURSO ADMINISTRATIVO. DEPÓSITO PRÉVIO DO VALOR DISCUTIDO. PRESSUPOSTO DE ADMISSIBILIDADE. CONSTITUCIONALIDADE. 1. O depósito prévio do valor discutido pelo contribuinte, ou de parte dele, como pressuposto de admissbilidade de recurso administrativo, não se contrapõe ao princípio constitucional da ampla defesa. Precedentes do Supremo Tribunal Federal. 2. Agravo de instrumento a que se dá provimento." (TRF — 1ª Região — AG 010007677750 — Processo n. 19990100007677750 — 3ª Turma — Decisão em 25.10.2000 — Relator: Juiz Olindo Menezes — DJ de 16.3.2001 p. 87)

Não obstante a declaração de sua constitucionalidade pelo STF naquela oportunidade, sempre entendemos pela ilegalidade do dispositivo legal, que fere frontalmente as disposições constantes do inciso III do art. 151 do Código Tributário Federal, onde há determinação expressa de que o recurso interposto suspende a exigibilidade do crédito tributário, *in verbis*:

"Art. 151. Suspendem a exigibilidade do crédito tributário:

...

III — as reclamações e os recursos, nos termos das leis reguladoras do processo tributário administrativo;

..."

Este era, igualmente, o entendimento dominante na mais prestigiosa jurisprudência pátria, senão vejamos:

"TRIBUTÁRIO. RECURSO ADMINISTRATIVO. SUSPENSÃO DO CRÉDITO TRIBUTÁRIO (ART. 151, III, DO CTN). DEPÓSITO PRÉVIO DE 30% PARA DAR SEGUIMENTO AO RECURSO (ART. 126, § 1º DA LEI N. 8.213/91, INTRODUZIDA PELA LEI N. 9.528/97 E ALTERADO PELO ART. 10 DA LEI N. 9.639/98. ILEGALIDADE. A exigência de prova de depósito prévio de 30%, imposta à pessoa jurídica, para dar seguimento a recurso interposto em processo tributário administrativo, nos termos do art. 10 da Lei n. 9.639/98, é incompatível com o disposto no art. 151, inciso III do CTN. Recurso improvido." (STJ — RESP 422814 — Processo n. 200200357253/RJ — 1ª Turma — Decisão em 03.09.2002 p. 242 — Relator: Garcia Vieira — DJ de 28.10.2002)

"TRIBUTÁRIO — RECURSO ADMINISTRATIVO — DEPÓSITO DE 30% — INCOMPATIBILIDADE COM O CTN, ART. 151, INC. III — A exigência de 30% não é compatível com o CTN, art. 151, que por ser uma condição específica para o exercício do direito ao recurso, deveria estar expressamente prevista. — Havendo o recurso administrativo, por força do CTN, suspendido a exigibilidade do crédito tributário, a exigência irá retirar a eficácia, ao menos do período de análise do recurso, de parte do dispositivo, pois o recorrente terá que despender 30% da exigência fiscal. A suspensão da exigibilidade seria somente de 70% do crédito. — Se o recurso suspende a exigibilidade do crédito tributário, porque exigi-lo, mesmo que parcialmente e sob a designação de depósito. — Apelo e remessa necessária improvidos." (TRF — 2ª Região — AMS 31422 — Processo n. 200002010086841/RJ — 5ª Turma — Decisão em 31.10.2000 — Relator: Juiz Raldênio Costa — DJU de 15.3.2001)

De toda forma, com o passar dos anos, o entendimento dos Tribunais Superiores acabou sendo alterado e o Pleno do Supremo Tribunal Federal, ao julgar o Recurso Extraordinário n. 390.513/SP declarou a inconstitucionalidade dos §§ 1º e 2º do art. 126 da Lei n. 8.213. Na seqüência, também o Superior Tribunal de Justiça reformou seu entendimento sobre o tema, conforme podemos observar no recente julgado:

"PROCESSO CIVIL — TRIBUTÁRIO — DEPÓSITO PRÉVIO OU ARROLAMENTO DE BENS COMO REQUISITO DE ADMISSIBILIDADE DO RECURSO ADMINISTRATIVO — NOVO ENTENDIMENTO — O PLENO DO STF CONSIDEROU INCONSTITUCIONAIS OS §§ 1º E 2º DO ART. 126 DA LEI N. 8.213/1991, COM REDAÇÃO DADA PELA MEDIDA PROVISÓRIA N. 1.608-14/98. 1. O Pleno do Supremo Tribunal Federal, ao julgar o RE 390.513/SP, de Relatoria do Min. Marco Aurélio, modificou o entendimento até então pacificado do STJ, e declarou, por maioria de votos, a inconstitucionalidade dos §§ 1º e 2º da Lei n. 8.213/91, com redação dada pela Medida Provisória n. 1.608-14/98, convertida na Lei n. 9.639, de 25 de maio de 1998. 2. O acesso à via administrativa para discussão de tributo não pode ser condicionado ao depósito da parte ou da integralidade do montante questionado, porquanto possua referida imposição o condão de ferir o princípio da ampla defesa, ao criar óbice ao seu exercício. 3. In casu, desnecessária a argüição de inconstitucionalidade, porquanto o Pleno do STF já se pronunciou sobre a questão (art. 481, § 1º, do CPC).Precedente: Estão os órgãos fracionários dos tribunais dispensados de submeter ao plenário, ou ao órgão especial, a argüição de inconstitucionalidade, quando já houver pronunciamento destes ou do plenário do Supremo Tribunal Federal sobre a questão (art. 481, § 1º, do CPC). (...). (EDcl no REsp 887.963/SP, Rel. Min. João Otávio de Noronha, Segunda Turma, julgado em 7.8.2007, DJ 20.8.2007.) Agravo regimental improvido." (STJ — AARESP 760305 — Processo n. 200501006220/SC — 2ª Turma — Decisão em 13.11.2007 — Relator: Ministro Humberto Martins — DJ de 26.11.2007 p. 154).

Fundamentação: Lei n. 8.213/91, art. 126; Decreto n. 3.048/99, art. 306.

3. EFEITOS DO RECURSO

Regra geral o recurso terá efeito apenas devolutivo, ou seja, o INSS e a Secretaria da receita Federal do Brasil apreciarão novamente as razões do recorrente. Somente nas hipóteses legais é que o recurso poderá ter efeito suspensivo e, ainda assim, mediante solicitação das partes e sujeita ao deferimento do presidente da instância julgadora.

Fundamentação: Lei n. 8.213/91, art. 126; Decreto n. 3.048/99, art. 308; Portaria MPS n. 323/07.

4. PROPOSITURA DE AÇÃO JUDICIAL COM IDÊNTICO PEDIDO DO RECURSO

A propositura, pelo beneficiário ou contribuinte, de ação que tenha por objeto idêntico pedido sobre o qual versa o processo administrativo importa renúncia ao direito de recorrer na esfera administrativa e desistência do recurso interposto.

Fundamentação: Lei n. 8.213/91, art. 126; Decreto n. 3.048/99, art. 307.

Capítulo XXV

Dívida Ativa — Inscrição e Execução Judicial

1. INSCRIÇÃO

Conforme redação constante do art. 201 do Código Tributário Nacional, "constitui dívida ativa tributária a proveniente de crédito dessa natureza, regularmente inscrita na repartição administrativa competente, depois de esgotado o prazo fixado para o pagamento, pela lei ou por decisão final proferida em processo regular."

E assim determina o art. 202 do mesmo diploma legal:

"Art. 202. O termo de inscrição da dívida ativa, autenticado pela autoridade competente, indicará obrigatoriamente:

I — o nome do devedor, sendo o caso, dos co-responsáveis, bem como, sempre que possível, o domicílio ou a residência de um e de outros;

II — a quantia devida e a maneira de calcular os juros de mora acrescidos;

III — a origem e a natureza do crédito, mencionada especificamente a disposição da lei em que seja fundado;

IV — a data em que foi inscrita;

V — sendo caso, o número do processo administrativo de que se originar o crédito."

Considera-se por dívida ativa, portanto, o crédito previdenciário (contribuições, atualização monetária, juros, multa e multas administrativas decorrentes da inobservância da legislação), proveniente de fato jurídico gerador das obrigações legais, inscrito em livro próprio.

Assim, uma vez verificado e constituído o crédito previdenciário pelo Auditor Fiscal, o contribuinte tem por obrigação quitá-lo sob pena da inscrição do mesmo em livro próprio destinado à Dívida Ativa da União, procedendo-se, a partir de então, a execução judicial.

Fundamentação: Além dos institutos citados no texto, Decreto n. 3.048/99, arts. 242 e 245.

2. EXECUÇÃO JUDICIAL

Na execução judicial da Dívida Ativa da União, suas autarquias e fundações públicas, será facultado ao exeqüente (credor) indicar bens à penhora, a qual será efetivada concomitantemente com a citação inicial do devedor. Os bens penhorados ficam desde logo indisponíveis.

Efetuado o pagamento integral da dívida executada, com seus acréscimos legais, no prazo de dois dias úteis contados da citação, independentemente da juntada aos autos do respectivo mandado, poderá ser liberada a penhora, desde que não haja outra execução pendente. Não sendo opostos embargos, no prazo legal, ou sendo eles julgados improcedentes, os autos serão conclusos ao juiz do feito, para determinar o prosseguimento da execução.

A Secretaria da Receita Federal do Brasil poderá contratar leiloeiros oficiais para promover a venda administrativa dos bens, adjudicados judicialmente ou que receber em dação de pagamento e, no prazo de 60 dias, providenciará alienação do bem por intermédio do leiloeiro oficial.

Nas execuções fiscais da Dívida Ativa da União, o leilão judicial dos bens penhorados realizar-se-á por leiloeiro oficial, indicado pelo credor, que procederá à hasta pública:

a) no primeiro leilão, pelo valor do maior lance, que não poderá ser inferior ao da avaliação; ou

b) no segundo leilão, por qualquer valor, excetuado o vil.

Poderá o juiz, a requerimento do credor, autorizar seja parcelado o pagamento do valor da arrematação, na forma prevista para os parcelamentos administrativos de débitos previdenciários. Todas as condições do parcelamento deverão constar do edital de leilão.

O débito do executado será quitado na proporção do valor de arrematação.

O arrematante deverá depositar, no ato, o valor da primeira parcela. Realizado o depósito, será expedida carta de arrematação, contendo as seguintes disposições:

a) valor da arrematação, valor e número de parcelas mensais em que será pago;

b) constituição de hipoteca do bem adquirido, ou de penhor, em favor do credor, servindo a carta de título hábil para registro da garantia;

c) indicação do arrematante como fiel depositário do bem móvel, quando constituído penhor; e

d) especificação dos critérios de reajustamento do saldo e das parcelas, que será sempre o mesmo vigente para os parcelamentos de créditos previdenciários.

Se o arrematante não pagar no vencimento qualquer das parcelas mensais, o saldo devedor remanescente vencerá antecipadamente e será acrescido em cinqüenta por cento de seu valor a título de multa, devendo, de imediato, ser inscrito em Dívida Ativa e executado.

Se no primeiro ou no segundo leilões não houver licitante, a Secretaria da Receita poderá adjudicar o bem por 50% do valor da avaliação. Se o bem adjudicado não puder ser utilizado pelo e for de difícil venda, poderá ser negociado ou doado a outro órgão ou entidade pública que demonstre interesse na sua utilização.

Não havendo interesse na adjudicação, poderá o juiz do feito, de ofício ou a requerimento do credor, determinar sucessivas repetições da hasta pública.

O leiloeiro oficial, a pedido do credor, poderá ficar como fiel depositário dos bens penhorados e realizar a respectiva remoção.

Fundamentação: Lei n. 8.212/91, arts. 39, 53, 98 e 99; Decreto n. 3.048/99, arts. 358 a 361.

Capítulo XXVI

Crimes Previdenciários

1. LEI N. 9.983/2000 — ALTERAÇÃO DO CÓDIGO PENAL BRASILEIRO

A Lei n. 9.983, de 14.7.2000 (DOU de 17.7.2000 e vigência a contar de 15.10.2000), alterou o Código Penal Brasileiro, tipificando como crimes determinadas condutas freqüentemente praticadas pelos contribuintes da Previdência Social, mais especificamente pelos empregadores. No jargão popular tais condutas ilícitas foram denominadas "crimes previdenciários" e são eles:

1.1. Apropriação indébita previdenciária

Acrescentado ao Código Penal Brasileiro pela Lei n. 9.983/00, o art. 168-A trata da apropriação indébita previdenciária, tipificando como crime procedimentos como deixar de recolher ao INSS as contribuições descontadas dos empregados e de prestadores de serviços autônomos.

Destaque se dá ao inciso II do § 1º, que determina tratar-se de apropriação indébita também a ausência de recolhimento das contribuições patronais caso tais valores tenham sido repassados ao custo do produto ou serviço oferecido pela empresa.

Confira-se a redação do citado artigo:

"Art. 168-A. Deixar de repassar à previdência social as contribuições recolhidas dos contribuintes, no prazo e forma legal ou convencional:

Pena — reclusão, de 2 (dois) a 5 (cinco) anos, e multa.

§ 1º Nas mesmas penas incorre quem deixar de:

I — recolher, no prazo legal, contribuição ou outra importância destinada à previdência social que tenha sido descontada de pagamento efetuado a segurados, a terceiros ou arrecadada do público;

II — recolher contribuições devidas à previdência social que tenham integrado despesas contábeis ou custos relativos à venda de produtos ou à prestação de serviços;

III — pagar benefício devido a segurado, quando as respectivas cotas ou valores já tiverem sido reembolsados à empresa pela previdência social.

..."

1.2. Sonegação de contribuição previdenciária

O art. 337-A, igualmente acrescentado ao Código Penal Brasileiro pela Lei n. 9.983/00, trata da sonegação de contribuição previdenciária, tipificando como crime procedimentos como não apresentar mensalmente as informações da GFIP ou omitir receitas que sejam base de cálculo da contribuição previdenciária.

Confira-se:

"Art. 337-A. Suprimir ou reduzir contribuição social previdenciária e qualquer acessório, mediante as seguintes condutas:

I — omitir de folha de pagamento da empresa ou de documento de informações previsto pela legislação previdenciária segurados empregado, empresário, trabalhador avulso ou trabalhador autônomo ou a este equiparado que lhe prestem serviços;

II — deixar de lançar mensalmente nos títulos próprios da contabilidade da empresa as quantias descontadas dos segurados ou as devidas pelo empregador ou pelo tomador de serviços;

III — omitir, total ou parcialmente, receitas ou lucros auferidos, remunerações pagas ou creditadas e demais fatos geradores de contribuições sociais previdenciárias:

Pena — reclusão, de 2 (dois) a 5 (cinco) anos, e multa.

1.3. Falsificação de documento público

Ao art. 297 do Código Penal Brasileiro foi acrescentado o § 3º, determinando tratar-se de crime de falsificação de documento público, entre outros, procedimentos como inserir em folha de pagamento ou GFIP pessoa que não seja segurado obrigatório ou ainda anotar em CTPS salário que não corresponde ao montante ajustado entre as partes (pagamento "por fora", por exemplo).

É a redação do parágrafo em comento:

"Art. 297. ...

...

§ 3º Nas mesmas penas incorre quem insere ou faz inserir:

I — na folha de pagamento ou em documento de informações que seja destinado a fazer prova perante a previdência social, pessoa que não possua a qualidade de segurado obrigatório;

II — na Carteira de Trabalho e Previdência Social do empregado ou em documento que deva produzir efeito perante a previdência social, declaração falsa ou diversa da que deveria ter sido escrita;

III — em documento contábil ou em qualquer outro documento relacionado com as obrigações da empresa perante a previdência social, declaração falsa ou diversa da que deveria ter constado.

§ 4º Nas mesmas penas incorre quem omite, nos documentos mencionados no § 3º, nome do segurado e seus dados pessoais, a remuneração, a vigência do contrato de trabalho ou de prestação de serviços."

2. RESPONSABILIDADE

No Direito Penal Brasileiro o crime é cometido apenas por pessoa física. Assim, consideram-se pessoalmente responsáveis pelos crimes:

a) o titular de firma individual;

b) os sócios solidários;

c) os sócios-gerentes;

d) os diretores ou administradores;

e) o segurado que tenha obtido vantagem.

3. EXTINÇÃO DA PUNIBILIDADE

É extinta a punibilidade se o agente, espontaneamente, declara, confessa e efetua o pagamento das contribuições, importâncias ou valores e presta as informações devidas à previdência social, na forma definida em lei ou regulamento, antes do início da ação fiscal.

4. FACULDADE DO JUIZ EM NÃO APLICAR A PENA

É facultado ao juiz deixar de aplicar a pena ou aplicar somente a de multa se o agente for primário e de bons antecedentes, desde que:

I — tenha promovido, após o início da ação fiscal e antes de oferecida a denúncia, o pagamento da contribuição social previdenciária, inclusive acessórios; ou

II — o valor das contribuições devidas, inclusive acessórios, seja igual ou inferior àquele estabelecido pela previdência social, administrativamente, como sendo o mínimo para o ajuizamento de suas execuções fiscais.

Fundamentação: Lei n. 9.983, de 14.7.2000 — DOU de 17.7.2000.

Parte IV

Riscos Ocupacionais e Acidente do Trabalho

Capítulo XXVII

Riscos Ocupacionais no Ambiente de Trabalho

1. CONCEITO

Risco ocupacional é a probabilidade de ocorrência de um dano à saúde ou à integridade física do trabalhador, em função da sua exposição a fatores de risco no ambiente de trabalho, fatores estes que, conforme Classificação do Ministério da Saúde, se subdividem em:

a) riscos ambientais: aqueles decorrentes da exposição a agentes químicos, físicos ou biológicos, ou à associação desses agentes, nos termos da Norma Regulamentadora n. 9 (NR-9), constante da Portaria MTb n. 3.214/78;

b) ergonômicos e psicossociais: aqueles definidos nos termos da Norma Regulamentadora n. 17 (NR-17), constante da Portaria MTb n. 3.214/78;

c) mecânicos e de acidentes: em especial, aqueles tratados nas Normas Regulamentadoras ns. 16, 18 e 29 (NR-16; NR-18 e NR-29), todas constantes da Portaria MTb n. 3.214/78;

Fundamentação: Instrução Normativa SRP n. 3/05, art. 377.

2. COBRANÇA DA ALÍQUOTA DE ACRÉSCIMO NA CONTRIBUIÇÃO DESTINADA AO FINANCIAMENTO DA APOSENTADORIA ESPECIAL E BENEFÍCIOS POR INCAPACIDADE

Conforme já observado na Parte III, Capítulo XI, subitem 6.1.2.3 desta obra, as empresas que possuírem trabalhadores expostos a agentes nocivos devem recolher aos cofres previdenciários um acréscimo na alíquota destinada à cobertura dos benefícios por incapacidade (antigo SAT).

Para efeito da cobrança destas alíquotas adicionais (previstas no § 6º do art. 57 da Lei n. 8.213/91) devem ser considerados apenas os fatores de risco ambientais, já conceituados na letra "a" do subitem anterior, sendo verificado pela Fiscalização da Secretaria da Receita Federal do Brasil os seguintes tópicos:

- a regularidade e a conformidade das demonstrações ambientais;
- os controles internos da empresa relativos ao gerenciamento dos riscos ocupacionais;
- a veracidade das informações declaradas em GFIP;
- o cumprimento das obrigações relativas ao acidente de trabalho;
- o cumprimento das demais disposições previstas nos arts. 19, 57, 58, 120 e 121 da Lei n. 8.213, de 1991.

O objetivo desta fiscalização, e correspondente cobrança das alíquotas adicionais, é justamente validar as informações do banco de dados do CNIS (Cadastro Nacional de Informações Sociais), que é alimentado pelas declarações da GFIP, evitar a concessão de benefícios indevidos e, principalmente, garantir o custeio de benefícios devidos.

Fundamentação: Instrução Normativa SRP n. 3/05, art. 376.

3. DEMONSTRAÇÃO DO GERENCIAMENTO DO AMBIENTE DE TRABALHO

A empresa deverá demonstrar, quando de eventual fiscalização pela Secretaria da Receita Federal do Brasil, que gerencia adequadamente o ambiente de trabalho, eliminando e controlando os agentes nocivos à saúde e à integridade física dos trabalhadores. Assim, a existência ou não de riscos ambientais que prejudiquem a saúde ou integridade física dos trabalhadores deverá ser comprovada mediante a apresentação das seguintes demonstrações ambientais, entre outras (Instrução Normativa SRP n. 3/05, art. 381):

I — Programa de Prevenção de Riscos Ambientais (PPRA), que visa à preservação da saúde e da integridade dos trabalhadores, por meio da antecipação, do reconhecimento, da avaliação e do conseqüente controle da ocorrência de riscos ambientais, sendo sua abrangência e profundidade dependentes das características dos riscos e das necessidades de controle, devendo ser elaborado e implementado pela empresa, por estabelecimento, nos termos da NR-9 (Portaria MTb n. 3.214/78);

II — Programa de Gerenciamento de Riscos (PGR), que é obrigatório para as atividades relacionadas à mineração e substitui o PPRA para essas atividades, devendo ser elaborado e implementado pela empresa ou pelo permissionário de lavra garimpeira, nos termos da NR-22 (Portaria MTb n. 3.214/78);

III — Programa de Condições e Meio Ambiente de Trabalho na Indústria da Construção (PCMAT), que é obrigatório para estabelecimentos que desenvolvam atividades relacionadas à indústria da construção, identificados no grupo 45 da tabela de Códigos Nacionais de Atividades Econômicas (CNAE), com vinte trabalhadores ou mais por estabelecimento ou obra, e visa a implementar medidas de controle e sistemas preventivos de segurança nos processos, nas condições e no meio ambiente de trabalho, nos termos da NR-18, substituindo o PPRA quando contemplar todas as exigências contidas na NR-9, ambas constantes da Portaria MTb n. 3.214/78;

IV — Programa de Controle Médico de Saúde Ocupacional (PCMSO), que deverá ser elaborado e implementado pela empresa ou pelo estabelecimento, a partir do PPRA, PGR e PCMAT, com o caráter de promover a prevenção, o rastreamento e o diagnóstico precoce dos agravos à saúde relacionados ao trabalho, inclusive aqueles de natureza subclínica, além da constatação da existência de casos de doenças profissionais ou de danos irreversíveis à saúde dos trabalhadores, nos termos da NR-07 (Portaria MTb n. 3.214/78);

V — Laudo Técnico de Condições Ambientais do Trabalho (LTCAT), que é a declaração pericial emitida para evidenciação técnica das condições ambientais do trabalho;

VI — Perfil Profissiográfico Previdenciário (PPP), que é o documento histórico-laboral individual do trabalhador, segundo modelo instituído pelo INSS, que estabelece critérios a serem adotados pelas áreas da Receita Previdenciária e de Benefícios;

VII — Comunicação de Acidente do Trabalho (CAT), que é o documento que registra o acidente do trabalho, a ocorrência ou o agravamento de doença ocupacional, mesmo que não tenha sido determinado o afastamento do trabalho, conforme previsto nos arts. 19 a 23 da Lei n. 8.213, de 1991, e nas NR-7 e NR-15, ambas do MTE, sendo seu registro fundamental para a geração de análises estatísticas que determinam a morbidade e mortalidade nas empresas e para a adoção das medidas preventivas e repressivas cabíveis, sendo considerados, também, os casos de reconhecimento de nexo técnico epidemiológico na forma do art. 21-A da citada Lei, acrescentado pela Lei n. 11.430, de 26 de dezembro de 2006.

Cumpre observar que os documentos constantes dos tópicos II e III (PGR e PCMAT) deverão ter Anotação de Responsabilidade Técnica (ART), devidamente registrada no Conselho Regional de Engenharia, Arquitetura e Agronomia (CREA).

As entidades e órgãos da Administração Pública direta, as autarquias e as fundações de direito público, inclusive os órgãos dos Poderes Legislativo e Judiciário, que não possuam trabalhadores regidos pela Consolidação das Leis do Trabalho — CLT, aprovada pelo Decreto-Lei n. 5.452/43, estão desobrigados da apresentação dos documentos previstos nos incisos I a IV, *supra*, nos termos do subitem 1.1 da NR-1, do MTE.

Fundamentação: Instrução Normativa SRP n. 3/05, art. 381.

4. TERCEIRIZAÇÃO DE SERVIÇOS

A empresa contratante de serviços de terceiros intramuros deverá informar à contratada os riscos ambientais relacionados à atividade que desempenha e auxiliá-la na elaboração e na implementação dos documentos a que estiver obrigada, dentre os previstos nos tópicos I a V do subitem anterior, os quais deverão guardar consistência com os seus respectivos documentos, ficando a contratante responsável, em última instância, pelo fiel cumprimento desses programas, recebendo e validando os relatórios anuais do PCMSO da contratada (NR-07), bem como implementando medidas de controle ambiental, indicadas para os trabalhadores contratados, nos termos do subitem 7.1.3 da NR-7, do subitem 9.6.1 da NR-9, do subitem 18.3.1.1 da NR-18, dos subitens 22.3.4, alínea "c" e 22.3.5 da NR-22, todas constantes da Portaria MTb n. 3.214/78.

Obs.: Entendem-se por serviços de terceiros intramuros todas as atividades desenvolvidas em estabelecimento da contratante ou de terceiros por ela indicado, inclusive em obra de construção civil, por trabalhadores contratados mediante cessão de mão-de-obra, empreitada, trabalho temporário e por intermédio de cooperativa de trabalho.

A empresa contratada para prestação de serviços intramuros deverá acrescentar aos documentos informações relativas aos riscos intrínsecos às atividades que desenvolve, se existentes.

A empresa contratante de serviços de terceiros intramuros deverá apresentar os documentos a que estiver obrigada, dentre os previstos nos tópicos I a V, *supra*, relativos à empresa contratada, para elisão da solidariedade ou comprovação da não obrigatoriedade do acréscimo da retenção, relativas à contribuição adicional prevista no § 6º do art. 57 da Lei n. 8.213, de 1991, nos termos do inciso VI do art. 30 da Lei n. 8.212, de 1991, e art. 6º da Lei n. 10.666, de 2003.

Fundamentação: Instrução Normativa SRP n. 3/05, art. 381.

5. REPRESENTAÇÕES E AÇÃO REGRESSIVA

Na existência de irregularidades ou não observação da legislação pelo empregador ou contratante dos serviços, poderão ser emitidas pela Fiscalização as seguintes representações:

a) Representação Administrativa (RA) ao Ministério Público do Trabalho (MPT) competente, e ao Serviço de Segurança e Saúde do Trabalho — SSST da Delegacia Regional do Trabalho — DRT do MTE, sempre que, em tese, ocorrer desrespeito às normas de segurança e saúde do trabalho que reduzem os riscos inerentes ao trabalho ou às normas previdenciárias relativas aos documentos LTCAT, CAT, PPP e GFIP, quando relacionadas ao gerenciamento dos riscos ocupacionais;

b) Representação Administrativa (RA) aos Conselhos Regionais das categorias profissionais, com cópia para o MPT competente, sempre que a confrontação da documentação apresentada com os ambientes de trabalho revelar indícios de irregularidades, fraudes ou imperícia dos profissionais legalmente habilitados responsáveis pelas demonstrações ambientais e demais documentos;

c) Representação Fiscal para Fins Penais (RFFP) ao Ministério Público Federal ou Estadual competente, sempre que as irregularidades ensejarem a ocorrência, em tese, de crime ou contravenção penal.

Obs.: As representações deverão ser comunicadas ao sindicato representativo da categoria do trabalhador.

Nos casos de negligência quanto às normas de segurança e saúde do trabalho, A União ajuizará ação regressiva contra os responsáveis, conforme previsto nos arts. 120 e 121 da Lei n. 8.213/91, cujo objeto é o ressarcimento à Previdência Social do pagamento de benefícios por morte ou por incapacidade, permanente ou temporária, independentemente do pagamento das prestações por acidente do trabalho pela Previdência Social.

Fundamentação: Instrução Normativa SRP n. 3/05, arts. 378 e 379.

Capítulo XXVIII

Perfil Profissiográfico Previdenciário — PPP

1. INSTITUIÇÃO

O benefício previdenciário de Aposentadoria Especial, uma vez cumprida a carência exigida, será devido ao segurado da Previdência Social que tenha trabalhado durante quinze, vinte, ou vinte e cinco anos, conforme o caso, sujeito a condições especiais que prejudiquem a saúde ou a integridade física.

Até a publicação da Lei n. 9.032, em 29.4.1995, era suficiente a apresentação ao INSS pelo segurado empregado de um documento preenchido pelo empregador (SB-40, atualmente DIRBEN-8030), onde deveria constar informações resumidas do local de trabalho, agentes nocivos existentes, intermitência e eventual fornecimento de EPI. O laudo técnico pericial era exigido somente quando se tratasse do agente "ruído", em face da medição técnica que se faz necessária à identificação da nocividade.

A simples apresentação de documento fornecido pelos empregadores, no entanto, sem qualquer documento técnico que atestasse realmente a exposição a agentes nocivos, possibilitava inúmeras fraudes na aquisição da Aposentadoria Especial, razão pela qual em 29.4.1995 passou a vigorar a Lei n. 9.032 (alterando o art. 57 da Lei n. 8.213/91), determinando que "*a caracterização de atividade como especial depende de comprovação do tempo de trabalho permanente, não ocasional nem intermitente, durante quinze, vinte ou vinte e cinco anos em atividade com efetiva exposição a agentes nocivos químicos, físicos, biológicos ou associação de agentes prejudiciais à saúde ou à integridade física, observada a carência exigida*".

Posteriormente editou-se a Medida Provisória n. 1.523, de 11.10.1996, criando efetivamente o PPP — Perfil Profissiográfico Previdenciário —, sendo então a mesma, após algumas reedições, convertida na Lei n. 9.528/97.

Atualmente disciplina sobre a matéria a Lei n. 9.732, de 11.12.1998, determinando que a "comprovação de exposição a agentes nocivos", de forma não ocasional nem intermitente, deverá ser efetuada mediante formulário, na forma estabelecida pelo Instituto Nacional do Seguro Social — INSS, emitido pela empresa ou seu preposto, com base em laudo técnico de condições ambientais do trabalho expedido por médico do trabalho ou engenheiro de segurança do trabalho nos termos da legislação trabalhista.

O formulário a que se refere o parágrafo anterior é justamente o Perfil Profissiográfico Previdenciário — PPP. No entanto, o Ministério da Previdência Social, através do INSS, somente determinou as especificações definitivas (modelo) desse formulário quando da publicação da Instrução Normativa n. 84, de 17.12.2002 (DOU de 23.12.2002). Tal instrumento normativo especificou que a exigência desse documento somente se daria a contar de 1º.6.2003 (art. 148), sendo posteriormente prorrogado o prazo para 1º.11.2003 através da IN n. 90, de 16.6.2003.

A Instrução Normativa INSS/DC n. 84 foi então revogada pela Instrução Normativa INSS/DC n. 95 e, atualmente, disciplina sobre o tema a Instrução Normativa INSS n. 20/07, artigo 176 e seguintes e cujo art. 178 determina sua exigência somente a contar de janeiro/2004.

Até a data de 31.12.2003, portanto, a comprovação do exercício de atividade especial deverá se dar pelos formulários antigos: SB — 40; DISES BE 5235; DSS-8030; ou, finalmente, DIRBEN 8030.

Vale lembrar, por fim, que ainda que não possua o trabalhador direito ao benefício de Aposentadoria Especial, o tempo de serviço com exposição a agentes nocivos será contado com acréscimo para fins de Aposentadoria por Tempo de Contribuição, de forma que sempre se faça exigível a comprovação dessa exposição.

2. CONCEITO E FINALIDADE

O Perfil Profissiográfico Previdenciário — PPP é o documento histórico-laboral, individual do trabalhador que presta serviço à empresa, destinado a prestar informações ao INSS relativas a efetiva exposição a agentes nocivos que, entre outras informações, registra dados administrativos, atividades desenvolvidas, registros ambientais com base no LTCAT e resultados de monitorização biológica com base no PCMSO (NR-7) e PPRA (NR-9).

Este documento possui por finalidade comprovar, perante o INSS, o exercício de atividade especial, com exposição a agentes nocivos, de forma que permita ao segurado a obtenção do benefício de Aposentadoria Especial ou a contagem do tempo de serviço com o devido acréscimo, na hipótese do benefício de Aposentadoria por Tempo de Contribuição.

É interessante observarmos, ainda, que as informações constantes do PPP poderão servir como embasamento à eventual reclamatória trabalhista onde se pleiteie indenização por doença profissional ou doença do trabalho.

Conforme redação constante do art. 177 da Instrução Normativa INSS n. 20/07, o PPP tem como finalidade:

a) comprovar as condições para habilitação de benefícios e serviços previdenciários, em especial, o benefício de Aposentadoria Especial;

b) prover o trabalhador de meios de prova produzidos pelo empregador perante a Previdência Social, a outros órgãos públicos e aos sindicatos, de forma que garanta todo direito decorrente da relação de trabalho, seja ele individual, ou difuso e coletivo;

c) prover a empresa de meios de prova produzidos em tempo real, de modo que organize e individualize as informações contidas em seus diversos setores ao longo dos anos, possibilitando que a empresa evite ações judiciais indevidas relativas a seus trabalhadores;

d) possibilitar aos administradores públicos e privados acesso a bases de informações fidedignas, como fonte primária de informação estatística, para desenvolvimento de vigilância sanitária e epidemiológica, bem como definição de políticas em saúde coletiva.

3. EMPRESAS OBRIGADAS AO PREENCHIMENTO — RESPONSÁVEL PELA EMISSÃO

A princípio, e a contar de janeiro/2004, somente as empresas (ou entidades equiparadas) que possuírem em seu quadro funcional trabalhadores expostos a agentes nocivos químicos, físicos, biológicos ou associação de agentes prejudiciais à saúde ou à integridade física, deverão elaborar e manter atualizado o Perfil Profissiográfico Previdenciário — PPP, conforme o Anexo XV da Instrução Normativa n. 20/07.

O PPP deverá ser elaborado de forma individualizada para cada um dos trabalhadores que se encontrarem expostos aos agentes nocivos (empregados, trabalhadores avulsos e cooperados) para fins de concessão de Aposentadoria Especial, ainda que não se encontrem presentes os requisitos para a concessão desse benefício, seja pela eficácia dos Equipamentos de Proteção Individual (EPI) ou por não restar caracterizada a permanência da exposição, requisito constante na Lei n. 8.213/91.

Obs.: A exigência do PPP, em relação aos agentes químicos e ao agente físico ruído, fica condicionada ao alcance dos níveis de ação de que trata o subitem 9.3.6, da Norma Regulamentadora — NR-9, do Ministério do Trabalho e Emprego — MTE, e aos demais agentes, à simples presença no ambiente de trabalho.

Somente após a implantação do PPP em meio magnético pela Previdência Social é que este documento será exigido para todos os segurados, independente do ramo de atividade da empresa e da exposição a agentes nocivos, quando então deverá abranger, também, informações relativas aos fatores de riscos ergonômicos e mecânicos.

Como o formulário respalda ocorrências e movimentações em GFIP, deverá ser elaborado pela empresa empregadora (quando se tratar de empregado), pelo Órgão Gestor de Mão-de-Obra (OGMO) no caso do Trabalhador Portuário Avulso e pelo respectivo sindicato da categoria quando se tratar de trabalhador avulso não portuário. Note-se, portanto, que o sindicato de categoria ou Órgão Gestor de Mão-de-Obra estão autorizados a preencher o formulário somente para trabalhadores avulsos a eles vinculados.

Elaborado, portanto, com base no LTCAT e nos programas de prevenção (PPRA, PGR e PCMAT), devem assinar o PPP o representante legal da empresa ou seu preposto (este com poderes específicos outorgados por procuração), sempre indicando os responsáveis técnicos legalmente habilitados, por período, pelos registros ambientais e resultados de monitoração biológica.

Fundamentação: Instrução Normativa INSS n. 20/07, art. 178.

4. ATUALIZAÇÃO E MANUTENÇÃO DO PPP

O PPP deve ser mantido atualizado magneticamente ou por meio físico com a seguinte periodicidade:

a) anualmente, na mesma época em que se apresentar os resultados da análise global do desenvolvimento do PPRA, do PGR, do PCMAT e do PCMSO;

b) nos casos de alteração de *layout* da empresa com alterações de exposições de agentes nocivos mesmo que o código da GFIP/SEFIP não se altere.

Não obstante à possibilidade de sua manutenção por meio magnético, o PPP deverá ser emitido obrigatoriamente por meio físico (impresso) nas seguintes situações (Instrução Normativa INSS n. 20/07, art. 178):

I — por ocasião da rescisão do contrato de trabalho ou da desfiliação da cooperativa, sindicato ou OGMO, em duas vias, com fornecimento de uma das vias para o trabalhador, mediante recibo;

II — para fins de requerimento de reconhecimento de períodos laborados em condições especiais;

III — para fins de análise de benefícios por incapacidade, a partir de 1º de janeiro de 2004, quando solicitado pelo INSS;

IV — para simples conferência por parte do trabalhador, pelo menos uma vez ao ano, quando da avaliação global anual do Programa de Prevenção de Riscos Ambientais — PPRA, até que seja implantado o PPP em meio magnético pela Previdência Social;

V — quando solicitado pelas autoridades competentes.

5. FORNECIMENTO AO TRABALHADOR E PRAZO DE GUARDA DA DOCUMENTAÇÃO

A empresa (ou entidade equiparada) deverá fornecer ao trabalhador cópia autêntica de seu Perfil Profissiográfico Previdenciário — PPP quando da rescisão do contrato de trabalho ou da desfiliação da cooperativa, sindicato ou Órgão Gestor de Mão-de-Obra — OGMO, conforme o caso.

A comprovação da entrega do PPP poderá ser feita no próprio instrumento de rescisão ou de desfiliação, bem como em recibo à parte. Tanto o próprio Perfil (PPP) quanto a comprovação de entrega ao trabalhador deverão ser mantidos na empresa, à disposição da fiscalização, pelo período de vinte anos.

Fundamentação: Instrução Normativa INSS n. 20/07, art. 178.

6. DESCUMPRIMENTO DA LEGISLAÇÃO — PENALIDADE

A não-manutenção de Perfil Profissiográfico Previdenciário atualizado ou o não-fornecimento do mesmo ao empregado, por ocasião do encerramento do contrato de trabalho, enseja ao empregador aplicação de multa prevista na alínea "h", inciso I, art. 283 do Decreto n. 3.048/99, atualmente no valor de R$ 1.254,89.

A prestação de informações falsas no PPP constitui crime de falsidade ideológica, nos termos do art. 297 do Código Penal.

Por fim, as informações constantes no PPP são de caráter privativo do trabalhador, constituindo crime nos termos da Lei n. 9.029, de 13 de abril de 1995, práticas discriminatórias decorrentes de sua exigibilidade por outrem, bem como de sua divulgação para terceiros, ressalvado quando exigida pelos órgãos públicos competentes.

Fundamentação: Instrução Normativa INSS n. 20/07, art. 178

Capítulo XXIX

Evidências Técnicas das Condições Ambientais do Trabalho — LTCAT e Programas de Prevenção

As empresas obrigadas ao cumprimento das Normas Regulamentadoras do Ministério do Trabalho e Emprego, quais sejam, todas aquelas que possuírem empregados regidos pela CLT, deverão manter, em substituição ao LTCAT — Laudo Técnico de Condições Ambientais do Trabalho, os programas de prevenção PPRA, PGR e PCMAT. Para as demais empresas tal substituição é facultativa.

O PPRA — Programa de Prevenção de Riscos Ambientais consta da Norma Regulamentadora n. 09 e deve ser observado por todos os empregadores e instituições que admitam trabalhadores como empregados. O PGR — Programa de Gerenciamento de Riscos consta da Norma Regulamentadora n. 22 e é obrigatório para as atividades relacionadas à mineração, em substituição ao PPRA. E o PCMAT — Programa de Condições e Meio Ambiente de Trabalho na Indústria da Construção é obrigação para os estabelecimentos que desenvolvam atividades de construção (grupo 45 do CNAE), substituindo o PPRA se cumpridas as disposições constantes da Norma Regulamentadora n. 18.

Estes documentos de evidenciação técnica das condições ambientais do trabalho (LTCAT, PPRA, PGR e PCMAT) devem ser atualizados pelo menos uma vez ao ano, quando da avaliação global, ou sempre que ocorrer qualquer alteração no ambiente de trabalho ou em sua organização.

Obs.: São consideradas alterações no ambiente de trabalho ou em sua organização, entre outras, aquelas decorrentes de mudança de *layout*; substituição de máquinas ou de equipamentos; adoção ou alteração de tecnologia de proteção coletiva; alcance dos níveis de ação estabelecidos no subitem 9.3.6 da NR-09, aprovadas pela Portaria n. 3.214, de 1978, do MTE, se aplicável; extinção do pagamento do adicional de insalubridade.

Fundamentação: Instrução Normativa INSS n. 20/07, arts. 186 e 189.

1. LAUDO TÉCNICO DE CONDIÇÕES AMBIENTAIS DO TRABALHO — LTCAT

As empresas que não possuírem trabalhadores sob o regime celetista e que não optarem pelos programas de prevenção (PPRA, PGR e PCMAT, conforme o caso) deverão elaborar o LTCAT, respeitada a seguinte estrutura:

I — reconhecimento dos fatores de riscos ambientais;

II — estabelecimento de prioridades e metas de avaliação e controle;

III — avaliação dos riscos e da exposição dos trabalhadores;

IV — especificação e implantação de medidas de controle e avaliação de sua eficácia;

V — monitoramento da exposição aos riscos;

VI — registro e divulgação dos dados;

VII — avaliação global do seu desenvolvimento, pelo menos uma vez ao ano ou sempre que ocorrer qualquer alteração no ambiente de trabalho ou em sua organização, contemplando a realização dos ajustes necessários e estabelecimento de novas metas e prioridades.

Para o reconhecimento dos fatores de riscos ambientais (tópico I, *supra*), deverá o documento contemplar:

a) a identificação do fator de risco;

b) a determinação e localização das possíveis fontes geradoras;

c) a identificação das possíveis trajetórias e dos meios de propagação dos agentes no ambiente de trabalho;

d) a identificação das funções e determinação do número de trabalhadores expostos;

e) a caracterização das atividades e do tipo da exposição;

f) a obtenção de dados existentes na empresa, indicativos de possível comprometimento da saúde decorrente do trabalho;

g) os possíveis danos à saúde, relacionados aos riscos identificados, disponíveis na literatura técnica;

h) a descrição das medidas de controle já existentes.

Quando não forem identificados fatores de riscos do tópico I, o LTCAT poderá resumir-se aos tópicos I, VI e VII, declarando a ausência desses.

Cumpre observar que o Laudo deverá ser assinado por engenheiro de segurança do trabalho, com o respectivo número da Anotação de Responsabilidade Técnica (ART) junto ao Conselho Regional de Engenharia e Arquitetura (CREA) ou por médico do trabalho, indicando os registros profissionais para ambos.

Fundamentação: Instrução Normativa INSS n. 20/07, art. 187.

1.1. Comprovação de atividade especial — Apresentação do LTCAT até 31.12.2003

Como se pode observar da Parte V desta obra, a contar da vigência da Lei n. 9.032 (29.4.1995), os segurados devem apresentar ao INSS, para comprovação de efetiva exposição a agentes nocivos e conseqüente consideração do tempo de serviço como "especial", um laudo técnico de condições ambientais do trabalho, elaborado por médico do trabalho ou engenheiro de segurança do trabalho. Para o agente nocivo "ruído" a apresentação do laudo se faz necessária inclusive para períodos anteriores a abril de 1995.

Note-se, portanto, que a substituição do referido laudo pelos programas ambientais (PPRA, PGR e outros) somente se deu a contar de 1º.1.2004, de forma que para períodos anteriores (até 31.12.2003) o segurado poderá permanecer a comprovar a exposição nociva pelo laudo técnico.

Poderão ser aceitos, em substituição ao LTCAT, ou ainda de forma complementar a este, os seguintes documentos (IN INSS n. 20/07, art. 161, § 2º):

I — laudos técnico-periciais emitidos por determinação da Justiça do Trabalho, em ações trabalhistas, acordos ou dissídios coletivos;

II — laudos emitidos pela Fundação Jorge Duprat Figueiredo de Segurança e Medicina do Trabalho (Fundacentro);

III — laudos emitidos pelo MTE ou, ainda, pelas DRT;

IV — laudos individuais acompanhados de:

a) autorização escrita da empresa para efetuar o levantamento, quando o responsável técnico não for seu empregado;

b) cópia do documento de habilitação profissional do engenheiro de segurança do trabalho ou médico do trabalho, indicando sua especialidade;

c) nome e identificação do acompanhante da empresa, quando o responsável técnico não for seu empregado;

d) data e local da realização da perícia;

V — os programas PPRA, PGR, PCMAT e PCMSO.

Não obstante, não serão aceitos pelo INSS os seguintes laudos (IN INSS n. 20/07, art. 161, § 3º):

a) laudo elaborado por solicitação do próprio segurado;

b) laudo relativo à atividade diversa, salvo quando efetuada no mesmo setor;

c) laudo relativo a equipamento ou setor similar;

d) laudo realizado em localidade diversa daquela em que houve o exercício da atividade;

e) laudo de empresa diversa.

2. DOCUMENTOS NÃO CONTEMPORÂNEOS AO EXERCÍCIO DA ATIVIDADE PELO TRABALHADOR

Os documentos de evidenciação técnica das condições ambientais do trabalho (LTCAT, PPRA, PGR e PCMAT) emitidos em data anterior ou posterior ao exercício da atividade do segurado poderão ser aceitos para garantir direito relativo ao enquadramento de tempo especial, mas somente depois de avaliação por parte do INSS.

Fundamentação: Instrução Normativa INSS, art. 190.

Capítulo XXX

Acidente do Trabalho

1. CONCEITO

Nos termos do art. 19 da Lei n. 8.213/91, acidente do trabalho é aquele que ocorre pelo exercício do trabalho a serviço da empresa ou pelo exercício do trabalho dos segurados especiais, provocando lesão corporal ou perturbação funcional que cause a morte ou a perda ou redução, permanente ou temporária, da capacidade para o trabalho. Observe-se, portanto, que para a caracterização do acidente, em termos previdenciários, é necessário o afastamento do trabalhador, ou seja, a interrupção das atividades profissionais, ainda que de forma temporária. As ocorrências que não gerarem afastamentos não serão tipificadas como acidentes.

O art. 20 da Lei de Benefícios considera como acidente do trabalho também as seguintes entidades mórbidas:

I — doença profissional, assim entendida a produzida ou desencadeada pelo exercício do trabalho peculiar a determinada atividade e constante da relação elaborada pelo Ministério do Trabalho e da Previdência Social e constante no Anexo II do Decreto n. 3.048/99;

II — doença do trabalho, assim entendida a adquirida ou desencadeada em função de condições especiais em que o trabalho é realizado e com ele se relacione diretamente, constante da relação mencionada no item I, acima.

Obs.: Em caso excepcional, constatando-se que a doença não incluída na relação prevista nos itens I e II, acima, resultou das condições especiais em que o trabalho é executado e com ele se relaciona diretamente, a Previdência Social deve considerá-la acidente do trabalho.

Considera-se como o dia do acidente, no caso de doença profissional ou de doença do trabalho, a data de início da incapacidade (DII) de laboração para o exercício da atividade habitual ou o dia da segregação compulsória ou o dia em que for realizado o diagnóstico, valendo para esse efeito o que ocorrer primeiro — Lei n. 8.213/91, art. 23.

Não são consideradas como doença do trabalho a doença degenerativa, a inerente a grupo etário, a que não produza incapacidade laborativa e a doença endêmica adquirida por segurado habitante de região em que ela se desenvolva, salvo comprovação de que é resultante de exposição ou contato direto determinado pela natureza do trabalho.

Como observado, os acidentes do trabalho se classificam em dois tipos, quais sejam: a) acidentes típicos, que ocorrem pelo exercício do trabalho a serviço da empresa; e b) doenças ocupacionais, subdivididas estas em profissionais e do trabalho.

Por equiparação, e nos termos do art. 21 da Lei n. 8.213/91, consideram-se também como acidente do trabalho:

I — o acidente ligado ao trabalho que, embora não tenha sido a causa única, haja contribuído diretamente para a morte do segurado, para redução ou perda da sua capacidade para o trabalho, ou produzido lesão que exija atenção médica para a sua recuperação;

II — o acidente sofrido pelo segurado no local e no horário do trabalho, em conseqüência de:

a) ato de agressão, sabotagem ou terrorismo praticado por terceiro ou companheiro de trabalho;

b) ofensa física intencional, inclusive de terceiro, por motivo de disputa relacionada ao trabalho;

c) ato de imprudência, de negligência ou de imperícia de terceiro ou de companheiro de trabalho;

d) ato de pessoa privada do uso da razão;

e) desabamento, inundação, incêndio e outros casos fortuitos ou decorrentes de força maior;

III — a doença proveniente de contaminação acidental do empregado no exercício de sua atividade;

IV — o acidente sofrido pelo segurado ainda que fora do local e horário de trabalho:

a) na execução de ordem ou na realização de serviço sob a autoridade da empresa;

b) na prestação espontânea de qualquer serviço à empresa para lhe evitar prejuízo ou proporcionar proveito;

c) em viagem a serviço da empresa, inclusive para estudo quando financiada por esta dentro de seus planos para melhor capacitação da mão-de-obra, independentemente do meio de locomoção utilizado, inclusive veículo de propriedade do segurado;

d) no percurso da residência para o local de trabalho ou deste para aquela, qualquer que seja o meio de locomoção, inclusive veículo de propriedade do segurado.

Algumas observações merecem destaque:

1) Nos períodos destinados a refeição ou descanso, ou por ocasião da satisfação de outras necessidades fisiológicas, no local do trabalho ou durante este, o empregado é considerado no exercício do trabalho.

2) Não se caracteriza como acidente de trabalho o acidente de trajeto sofrido pelo segurado que, por interesse pessoal, tiver interrompido ou alterado o percurso habitual.

3) Se o acidente do trabalhador avulso ocorrer no trajeto do órgão gestor de mão-de-obra ou sindicato para a residência, é indispensável para caracterização do acidente o registro de comparecimento ao órgão gestor de mão-de-obra ou ao sindicato.

4) Não é considerado agravamento ou complicação de acidente do trabalho a lesão que, resultante de acidente de outra origem, se associe ou se superponha às conseqüências do anterior.

2. CARACTERIZAÇÃO

Até a data de 31.3.2007, os acidentes do trabalho eram caracterizados tecnicamente pela perícia médica do INSS, à qual cabia o reconhecimento técnico do nexo causal entre:

a) o acidente e a lesão;

b) a doença e o trabalho; e

c) a *causa mortis* e o acidente.

Para esta caracterização técnica (nexo técnico) e conforme previsão constante do artigo 337 do Decreto n. 3.048/99, o INSS poderia, se necessário, ouvir testemunhas, efetuar pesquisa ou realizar vistoria do local de trabalho, bem como solicitar o Perfil Profissiográfico Previdenciário (PPP) diretamente ao empregador, visando ao esclarecimento dos fatos e ao estabelecimento do nexo causal.

No entanto, diversas alterações ocorreram na legislação, quanto ao tópico, a contar de dezembro/2002 (Medida Provisória n. 83/02, posteriormente convertida na Lei n. 10.666/03). No intuito de melhorar a arrecadação do sistema, a Previdência Social alterou consideravelmente os procedimentos para caracterização do acidente de trabalho, especialmente quanto às doenças ocupacionais. O início das alterações data de dezembro de 2002, mas os efeitos práticos dependiam de leis e regulamentos, de forma que passaram a vigorar somente em 1º.4.2007.

Por força da Lei n. 11.430/06, regulamentada pelo Decreto n. 6.042/07, a contar de 1º.4.2007 o acidente do trabalho será caracterizado tecnicamente pela perícia médica do INSS, mediante a identificação do nexo entre o trabalho e o agravo, conforme detalhamento constante nos tópicos seguintes.

Contudo, para uma melhor compreensão do tema e das alterações ocorridas em 2007, é necessário conhecer o procedimento anterior e analisar a evolução da legislação que trouxe as modificações, o que passamos a fazer.

2.1. Procedimento adotado até 31.3.2007 — Doença ocupacional — Caracterização — Necessidade da existência de nexo causal e do reconhecimento do nexo técnico pelo INSS

Nos termos dos arts. 19 e 20 da Lei n. 8.213/91, e como já observado, consideram-se acidente do trabalho a doença profissional e a doença do trabalho, desde que tenham produzido incapacidade laborativa. Como no caso das doenças ocupacionais não existe uma data precisa a ser definida como aquela em que a doença se iniciou, definiu o legislador, no art. 23 da Lei de Benefícios, considerar-se como dia do acidente a data do início da incapacidade laborativa para o exercício da atividade habitual, o dia da segregação compulsória ou o dia em que for realizado o diagnóstico, valendo para esse efeito o que ocorrer primeiro. Confira-se:

> "**Art. 23.** Considera-se como dia do acidente, no caso de doença profissional ou do trabalho, a data do início da incapacidade laborativa para o exercício da atividade habitual, ou o dia da segregação compulsória, ou o dia em que for realizado o diagnóstico, valendo para este efeito o que ocorrer primeiro."

Era, portanto, de suma importância o cuidado dos peritos da Previdência Social, bem como dos médicos de todo o país, em firmar diagnóstico correto quando se tratar de doença ocupacional. Portanto, indispensável se fazia o reconhecimento técnico do nexo causal entre a enfermidade que acometia o segurado e o trabalho por ele desenvolvido, nos termos do que determinava, inclusive, o art. 337 do Decreto n. 3.048/99:

> "**Art. 337.** O acidente de que trata o artigo anterior será caracterizado tecnicamente pela perícia médica do Instituto Nacional do Seguro Social, que fará o reconhecimento técnico do nexo causal entre:
>
> I — o acidente e a lesão;
>
> II — *a doença e o trabalho*; e
>
> III — a *causa mortis* e o acidente.
>
> § 1º O setor de benefícios do Instituto Nacional do Seguro Social reconhecerá o direito do segurado à habilitação do benefício acidentário.
>
> § 2º Será considerado agravamento do acidente aquele sofrido pelo acidentado quando estiver sob a responsabilidade da reabilitação profissional." (Grifo nosso)

Note-se, portanto, que era necessária primeiramente a existência de um nexo causal, ou seja, algum vínculo entre os sintomas clínicos e o diagnóstico decorrente. Tratava-se, pois, da identificação da enfermidade existente, ou seja, do correto enquadramento da sintomatologia no diagnóstico firmado. Desta forma, o nexo causal poderia ser reconhecido por qualquer profissional da área médica, inclusive médicos assistentes e médicos do trabalho.

Impende observarmos, portanto, que a LER ou DORT não são necessariamente enfermidades, mas sim o reconhecimento de que a moléstia que acomete o trabalhador tem coligação ou origem na atividade profissional por ele desenvolvida. Não havia, pois, como reconhecer tal vinculação exceto pela confissão do empregador por meio da emissão da CAT (ou de resposta positiva aos quesitos constantes da Carta de Infortunística) ou pela visita física pericial no ambiente de trabalho do segurado.

O diagnóstico de LER/DORT requer relatos bilaterais (empregador/empregado), posto basear-se no vínculo empregatício existente, relação que não admite, *per si*, qualquer procedimento praticado unilateralmente, sem a participação ou concordância da parte contrária. No entanto, é fato que muitas empresas consideravam apenas suas próprias necessidades, ignorando os limites dos trabalhadores que se encontravam a seu serviço e, principalmente, recusando-se terminantemente ao reconhecimento de qualquer acidente do trabalho, inclusive doenças ocupacionais. Assim coloca, inclusive, a Instrução Normativa INSS/DC n. 98/03, em seu item 3, ao considerar os aspectos epidemiológicos e legais das doenças ocupacionais. Por outro lado, também existem trabalhadores imbuídos de má-fé, com interesse em afastamento remunerado por meio da percepção de benefício previdenciário, bem como nas benesses indiretas de um diagnóstico de LER/DORT como estabilidade provisória e indenizações por dano.

Há que se mencionar, ainda, o desconhecimento da legislação previdenciária por profissionais da área médica e pelo judiciário trabalhista, sendo comum (e relativamente fácil) a emissão de atestados médicos com diagnóstico LER sem qualquer verificação adequada de nexo causal e também a concessão de estabilidade provisória pela Justiça do Trabalho (1ª instância, principalmente) sem o cumprimento dos requisitos constantes do art. 118 da Lei n. 8.213/91.

Por tais razões, a Instrução Normativa INSS n. 98/03, que determinava às empresas a emissão da CAT — Comunicação de Acidente do Trabalho simplesmente quando ocorresse a "suspeita" de IER/DORT, apenas com base em relatos e documentos unilaterais (história da moléstia, exame físico, questionamento sobre enfermidades diversas ou familiares, hábitos relevantes e até mesmo histórico ocupacional), feria frontalmente o princípio do contraditório e a ampla defesa, direitos também estendidos aos empregadores.

Os relatos e documentos unilaterais, portanto, considerados na IN n. 98/03 para o diagnóstico de LER/DORT (extraídos de parte do fascículo 105, série A, *Normas e Manuais Técnicos do Ministério da Saúde*, 2001) deveriam servir como fundamento apenas para a verificação da enfermidade existente (nexo causal), ou seja, algum vínculo entre os sintomas clínicos e o diagnóstico decorrente. Trata-se, pois, da identificação da enfermidade existente, ou seja, do correto enquadramento da sintomatologia no diagnóstico firmado.

Existente o nexo causal (correto diagnóstico, repita-se), deveria ser verificada a existência ou não de nexo técnico, o que somente poderia ser efetuado por médico perito do INSS. Tratava-se, aqui, de relacionar a enfermidade diagnosticada (nexo causal) com a atividade profissional desenvolvida ou com o ambiente e agentes exteriores onde a mesma é exercida. Um diagnóstico de tendinite, por exemplo, em face dos sintomas apresentados pelo paciente, seria o nexo causal. Afirmar que essa tendinite era proveniente da atividade de digitação desenvolvida na empresa seria então o reconhecimento técnico desse nexo causal, identificando-o como doença profissional.

O diagnóstico da enfermidade (nexo causal) poderia, assim, ser emitido por qualquer profissional da área médica, mas o diagnóstico LER/DORT (nexo técnico) requeria o envolvimento de um médico perito do INSS, como assim dispõe o Decreto n. 3.048/99 em seu art. 337, retrotranscrito.

Competência exclusiva do perito previdenciário era o reconhecimento da doença ocupacional, o qual poderia ser efetuado mediante:

a) confissão do empregador por meio da emissão da CAT (ou resposta positiva aos quesitos constantes da Carta de Infortunística);

b) visita física pericial no ambiente de trabalho do segurado confirmando os relatos do trabalhador; e

c) análise do histórico médico ocupacional do segurado — PCMSO — com constatação de reais indícios de vinculação entre a moléstia e o labor desenvolvido.

O nexo técnico deveria levar em consideração a atividade efetivamente desenvolvida, o lapso temporal e a doença (enfermidade) constatada por profissional da área médica. Mas em seu reconhecimento o perito da Autarquia Federal deveria agir de forma imparcial, tomando informações apresentadas pelo segurado e por seu empregador, sendo muitas vezes necessária a inspeção física no local de trabalho, procedimento ignorado na redação da IN n. 98/03, mas constante de outros institutos legais normativos. Vejamos:

Ordem de Serviço INSS/DSS n. 251, de 18.5.1993, subitem 1.1:

"1.1. Nos casos das doenças profissionais e as do trabalho, obrigatoriamente será realizada inspeção do local de trabalho para o estabelecimento do nexo."

Resolução n. 1.488, de 11.02.1998 (DOU de 6.3.1998 p. 150), do Conselho Federal de Medicina, art. 2º:

"Art. 2º Para o estabelecimento do nexo causal entre os transtornos de saúde e as atividades do trabalhador, além do exame clínico (físico e mental) e os exames complementares, quando necessários, deve o médico considerar:

I — a história clínica e ocupacional, decisiva em qualquer diagnóstico e/ou investigação de nexo causal;

II — o estudo do local de trabalho;

III — o estudo da organização do trabalho;

IV — os dados epidemiológicos;

V — a literatura atualizada;

VI — a ocorrência de quadro clínico ou subclínico em trabalhador exposto a condições agressivas;

VII — a identificação de riscos físicos, químicos, biológicos, mecânicos, estressantes e outros;

VIII — o depoimento e a experiência dos trabalhadores;

IX — os conhecimentos e as práticas de outras disciplinas e de seus profissionais, sejam ou não da área da saúde." (Grifo nosso)

Assim, não tendo o profissional médico realizado profícua pesquisa no ambiente de trabalho do paciente ou em seu histórico médico existente no PCMSO, não poderia apor em atestado médico por diagnóstico a lesão ou doença ocupacional, mas tão-somente a enfermidade existente (tendinite, por exemplo).

O correto, portanto, seria o médico assistente do trabalhador (médico que acompanha e trata de seu problema de saúde) informar no atestado médico apenas o diagnóstico (código CID) da enfermidade, fazendo menção à sua origem ocupacional apenas se tivesse vistoriado e periciado o ambiente de trabalho. Este atestado seria então entregue ao perito do INSS, juntamente com a Comunicação de Acidente do Trabalho emitida pela empresa e, em sua recusa, pelo próprio trabalhador, sindicato, médico que prestou o atendimento na ocasião do acidente ou até mesmo por qualquer autoridade pública.

Nas situações em que a CAT não houvesse sido emitida pela empresa empregadora, o perito médico do INSS deveria investigar a existência de nexo causal e nexo técnico, sendo indispensável, nesses casos, sua visita ao ambiente de trabalho para verificação das reais condições de trabalho, sem acreditar, num primeiro momento, nas alegações do trabalhador ou mesmo nos argumentos de defesa apresentados pela empresa na Carta de Infortunística. Se existente o nexo técnico, deveria o perito reconhecer a doença ocupacional, sendo então concedido o benefício de auxílio-doença acidentário, espécie 91.

Infelizmente, esse não era o procedimento adotado pela perícia médica do INSS na maior parte das ocorrências. O perito médico da autarquia raramente efetuava visitas ao ambiente de trabalho para investigação de nexo e sua conclusão se limitava às rápidas conversas com o trabalhador (no momento da perícia) e das informações prestadas pela empresa na resposta à Carta de Infortunística.

A concessão irregular de um benefício acidentário trazia (e ainda traz) irreversíveis e graves implicações, quais sejam:

a) Fraude à Previdência Social

• Sendo o benefício por incapacidade decorrente de acidente do trabalho — Auxílio-Doença Acidentário —, não será exigido do segurado o cumprimento de carência (Lei n. 8.213/91, art. 26, II). Em se tratando de Auxílio-Doença, exige-se carência de 12 contribuições mensais (Lei n. 8.213/91, art. 25, I).

• A percepção do benefício de Auxílio-Doença Acidentário permite ao segurado, após sua cessação, o recebimento do benefício de Auxílio-Acidente, nos termos do art. 86 da Lei n. 8.213/91.

b) Falsidade nos índices estatísticos e epidemiológicos

• O elevado número de benefício por incapacidade atualmente concedido, com fundamento em CAT emitida pelo próprio segurado ou sindicato profissional sem o devido reconhecimento pericial do nexo técnico, implica um alto e inverídico índice de acidente do trabalho em nosso país, prejudicando a imagem do Brasil perante os mais diversos órgãos internacionais.

c) Conseqüências aos empregadores

• Depósito de FGTS durante todo o período de afastamento, conforme disposições da Lei n. 8.036/90, art. 15, § 5º.

• Direito à estabilidade provisória pelo período de 12 meses a contar da cessação do benefício. Exegese da Lei n. 8.213/91, art. 118.

• Pagamento de complemento salarial (salário-enfermidade) conforme cláusula constante na maioria dos acordos, convenções e dissídios coletivos.

• Possível ingresso de ação reparatória por dano em caso de seqüela ou prejuízo decorrente da enfermidade.

d) Indução a erro da Justiça do Trabalho, com conseqüências aos empregadores.

De posse do documento de concessão de benefício acidentário, emitido pelo INSS, ingressa o segurado, quando já operada sua rescisão contratual, com reclamatória trabalhista pleiteando em liminar ou antecipação de tutela a nulidade da dispensa e conseqüente reintegração em face da estabilidade provisória prevista no art. 118 da Lei de Benefícios. A Justiça do Trabalho confere ao documento emitido pela Autarquia Federal veracidade absoluta e fé pública, sem conhecimento da parcialidade em que fora concedido o benefício e da ausência de reconhecimento de nexo técnico por perícia do INSS. A liminar ou antecipação de tutela é, portanto, na maioria das vezes, concedida, obrigando o empregador a reintegrar o trabalhador sem a devida caracterização do acidente, fato que geralmente é comprovado no decorrer do processo trabalhista mas sem eficácia prática em razão do decurso temporal dos processos.

2.2. Procedimento a contar de 1º.4.2007 — Caracterização de acidente do trabalho — Nexo epidemiológico — Lei n. 11.430/06 e Decreto n. 6.042/07

O novo procedimento adotado pelo Ministério da Previdência Social, em abril de 2007, para caracterização das doenças como acidente do trabalho tem origem mais remota, precisamente na Medida Provisória n. 83/02, assinada pelo então Presidente da época, Fernando Henrique Cardoso. Esta Medida acabou sendo convertida na Lei n. 10.666, em abril de 2003, cujo art. 10 traz a hipótese de flexibilização das alíquotas destinadas ao custeio dos benefícios por incapacidade (RAT), originariamente fixadas em 1%, 2% ou 3%, conforme atividade econômica desenvolvida pela empresa. Tais alíquotas poderiam vir a ser reduzidas em até 50% ou aumentadas em até 100%, nos termos do regulamento, sendo relevantes para esta flexibilização o desempenho da empresa com relação aos acidentes decorrentes dos riscos ambientais do trabalho, apurado em conformidade com os resultados obtidos a partir dos índices de freqüência, gravidade e custo, calculados segundo metodologia aprovada pelo Conselho Nacional de Previdência Social.

Em outros termos, os acidentes ocorridos na empresa passariam a ser considerados para fins de reduzir ou aumentar o tributo pago para custear os afastamentos previdenciários, levando-se em consideração não somente o número de ocorrências (freqüência), mas também sua gravidade e custo.

Ocorre que a Previdência Social entendeu que a CAT — Comunicação de Acidente do Trabalho não era um documento confiável para apuração do número de acidentes ocorridos nas empresas, já que estas, para não sofrerem as conseqüências de sua emissão, sonegavam a entrega do referido documento. Nos termos da Previdência, portanto, havia uma "subnotificação da CAT". Dessa forma, em 10.5.2004 o Conselho Nacional de Previdência Social publicou, no Diário Oficial da União, a Resolução n. 1.236, aprovando a proposta metodológica a que se referia à Lei n. 10.666, sugerindo o Código Internacional de Doenças (CID) como novo parâmetro para as contribuições, associado ao CNAE da empresa e aos benefícios concedidos em razão da incapacidade laborativa. Assim, e considerando-se dados do CNIS (Cadastro Nacional de Informações Sociais) e do SUB (Sistema Único de Benefícios), poderia o INSS calcular a gravidade, a freqüência e o custo dos afastamentos acidentários. A Resolução CNPS n. 1.236/04 sugeriu também a revisão do enquadramento da empresa, por código CNAE, para fins da contribuição originária de 1%, 2% ou 3%, previsto no Anexo V do Decreto n. 3.048/99. Por fim, denominou de Fator Acidentário Previdenciário (FAP) o resultado coordenado dos coeficientes de gravidade, freqüência e custo, com variável de 0,5 a 2,0, o qual deverá ser multiplicado pela alíquota contributiva originária (1%, 2% ou 3%), cumprindo-se as determinações da Lei n. 10.666/03 quanto ao tópico.

Efetuados os estudos (relação CID/CNAE) sugeridos pela Resolução n. 1.236/2004, o Conselho Nacional de Previdência Social publicou, em 21.2.2006, nova Resolução administrativa (Resolução n. 1.269), reiterando a necessidade de vinculação entre o código CID e o CNAE das empresas, em face da "sonegação" da Comunicação de Acidente do Trabalho (CAT) e informando que, para o cálculo do FAP devem ser utilizadas as seguintes estruturas (item 7, *verbis*):

• **Período-Base (PB):** quantidade de ano-calendário que define o universo populacional de benefício e vínculo perante o SUB e CNIS.

• **Freqüência:** dimensão probabilística do acidente, equivalente ao número de eventos previdenciários, em determinado tempo.

• **Gravidade:** dimensão social do acidente, equivalente à idade do benefício.

• **Custo:** dimensão moratória do acidente, equivalente ao desembolso previdenciário, expresso em unidade monetária (R$) pago ao trabalhador ou dependente pelo INSS.

• **Massa Salarial — MS (média anual):** soma, em reais, dos valores salariais informados pela empresa no CNIS, via SEFIP/GFIP.

• **Vínculos Empregatícios (média anual):** soma do número de empregados com registro no CNIS informados pela empresa, via SEFIP/GFIP. É possível que um empregado tenha mais de um vínculo.

• **Data de Início do Benefício — DIB:** dd/mm/aaaa, a partir da qual se inicia o direito ao recebimento do benefício, em regra a partir de 15 dias da data do infortúnio ou diagnóstico médico.

• **Data Cessação do Benefício — DCB:** dd/mm/aaaa, a partir da qual se encerra o direito ao recebimento do benefício, em regra a data da alta médica, ou da perícia médica do INSS tendente a confirmar a recuperação da capacidade laboral.

• **Idade:** subtração da DCB pela DIB, expressa em dias, para os benefícios B31, 32, 91, 92. Nesses casos quando não houver DCB, considerar-se-á como benefício ativo, cuja DCB será a data da extração. Para as espécies B93 e B94, equivale ao número de dias que se espera de sobrevida para o trabalhador instituidor na DIB, cujo tempo de sobrevida é determinado a partir de tabelas atualizadas do IBGE, para ambos os sexos.

• **Massa de Salário-de-Benefício — SB (média anual):** valor expresso em unidade monetária (R$), que serve de base aos percentuais que calcularão a Renda Mensal de Benefício — RMB.

Como a Lei n. 10.666/03 nada mencionava em termos de reconhecimento de acidente e como as normas constantes das Resoluções não possuem eficácia, era necessária a publicação de uma lei sobre o tema, trazendo as alterações necessárias. Em 27.12.2006 foi então publicada a Lei n. 11.430, implementando o novo critério de reconhecimento de acidente de trabalho nos casos de doenças, acrescentando à Lei n. 8.213/91 o art. 21-A, com a seguinte redação:

"Art. 21-A. A perícia médica do INSS considerará caracterizada a natureza acidentária da incapacidade quando constatar ocorrência de nexo técnico epidemiológico entre o trabalho e o agravo, decorrente da relação entre a atividade da empresa e a entidade mórbida motivadora da incapacidade elencada na Classificação Internacional de Doenças — CID, em conformidade com o que dispuser o regulamento.

§ 1º A perícia médica do INSS deixará de aplicar o disposto neste artigo quando demonstrada a inexistência do nexo de que trata o *caput* deste artigo.

§ 2º A empresa poderá requerer a não aplicação do nexo técnico epidemiológico, de cuja decisão caberá recurso com efeito suspensivo, da empresa ou do segurado, ao Conselho de Recursos da Previdência Social."

Como toda essa operacionalização para aumento (ou redução) da alíquota contributiva patronal, bem como também para o novo critério de enquadramento dos acidentes de trabalho, dependia de regulamentação (cf. art. 10 da Lei n. 10.666/03 e art. 21-A da Lei n. 8.213/91) os textos permaneceram inertes até a data de 13.2.2007, data de publicação do Decreto presidencial n. 6.042, que, acrescentando o art. 202-A ao Regulamento da Previdência Social (Decreto n. 3.048/99), instituiu efetivamente o Fator Acidentário de Prevenção (FAP). Em alteração ao art. 337 do citado regulamento o novo Decreto alterou a caracterização administrativo-pericial do acidente do trabalho (nexo epidemiológico, por código CID/CNAE, presumido) e em alteração aos Anexos II e V, procedeu a revisão do enquadramento original das empresas nas alíquotas de 1%, 2% ou 3%.

Dessa forma, desde 1º.4.2007 a perícia médica do INSS caracteriza o acidente de trabalho sempre que reconhece o nexo entre o trabalho e o agravo, por meio de aplicação do Anexo II do Decreto n. 3.028/99, que traz uma lista de atividades econômicas (códigos CNAE) relacionada com uma lista de enfermidades e doenças (código CID). Os peritos médicos não são obrigados a utilizar a caracterização presumida mas, se não o fizerem, deverão justificar as razões que os levaram à não aplicação das disposições contidas no Decreto. Confira-se a listagem de enfermidades ou agravos (relacionadas pelo CID) e as atividades profissionais a elas relacionadas para fins de nexo epidemiológico (Lista B do Anexo II ao Decreto n. 3.048/99, em vigor a contar de 4/7) no item VII desta obra.

A empresa poderá questionar administrativamente a aplicação do nexo epidemiológico, por meio requerimento demonstrando a inexistência de nexo causal entre o trabalho e o agravo. Este requerimento poderá ser apresentado no prazo de 15 dias, contados da data para entrega do formulário GFIP que registre a movimentação do trabalhador, sob pena de não conhecimento da alegação em instância administrativa. Juntamente com o requerimento, a empresa formulará as alegações que entender necessárias e apresentará as provas que possuir (em duas vias) demonstrando a inexistência de nexo causal entre o trabalho e o agravo.

Obs.: Caso a empresa não tenha conhecimento do diagnóstico do agravo, em tempo hábil para o requerimento de desconsideração, o prazo de 15 dias terá início na data em que a perícia médica do INSS científicá-la da decisão que considerou o nexo epidemiológico. Esta científicação será disponibilizada para consulta pela empresa, por meio do endereço eletrônico www.previdencia.gov.br ou, subsidiariamente, pela Comunicação de Resultado do Requerimento (CRER), entregue ao trabalhador.

A documentação probatória poderá trazer, entre outros meios de prova, evidências técnicas circunstanciadas e tempestivas à exposição do segurado, podendo ser produzidas no âmbito de programas de gestão de risco, a cargo da empresa, que possuam responsável técnico legalmente habilitado. O INSS informará o segurado sobre a contestação da empresa para, querendo, retirar uma das vias e impugná-la (contra-razões) no prazo de 15 dias, contados da ciência do requerimento. Com as contra-razões, o segurado deverá formular as alegações que entender necessárias e deverá apresentar a documentação probatória, com objetivo de demonstrar a existência do nexo causal entre o trabalho e o agravo.

A análise do requerimento por parte da empresa, das contra-razões oferecidas pelo segurado e do conjunto probatório será realizada pela perícia médica do INSS, cabendo ao setor administrativo da Agência da Previdência Social comunicar o resultado às partes envolvidas. Dessa decisão administrativa caberá recurso (pela empresa ou pelo segurado), com efeito suspensivo, ao Conselho de Recursos da Previdência Social, no prazo de 30 dias.

Obs.1 : O INSS procederá à marcação do benefício que estará sob efeito suspensivo, deixando para alterar a espécie após o julgamento do recurso pelo CRPS, quando for o caso. Não haverá prejuízo com relação ao pagamento mensal para o segurado, se este tiver preenchido os requisitos necessários à obtenção do benefício de auxílio-doença.

Obs. 2: Será considerada apenas a documentação probante que contiver a indicação, assinatura e número de registro, anotação técnica, ou equivalente, do responsável legalmente habilitado, para os respectivos períodos e escopos, perante o conselho de profissão.

Podemos observar que, *curiosamente*, o número de acidentes de trabalho ocorridos na empresa será determinante para reduzir (em até 50%) ou elevar (em até 100%) as contribuições destinadas ao RAT — Risco Ambiental do Trabalho — e que a caracterização dos acidentes por presunção faz crescer, enormemente, o número de acidentes ocorridos em uma empresa. É claro que estas podem apresentar defesa, para comprovar que a presunção não se aplica em seus estabelecimentos, mas o prazo exíguo de 15 dias e a dificuldade de obter ciência do enquadramento presumido efetuado pelo INSS dificultam a descaracterização.

Também merece registro o artigo 7º da Instrução Normativa INSS n. 16/07 que, fazendo cumprir as disposições dos arts. 120 e 121 da Lei n. 8.213/91, determina à perícia médica do INSS que oficie a Procuradoria Federal Especializada os indícios de culpa ou dolo por parte do empregador em relação aos benefícios por incapacidade concedidos, subsidiando-a com evidências e demais meios de prova colhidos, notadamente quanto ao não cumprimento das Normas Regulamentadoras sobre Segurança, Medicina e Higiene do Trabalho, para eventual ajuizamento de ação regressiva. Confira-se:

"Art. 7º A perícia médica do INSS, quando constatar indícios de culpa ou dolo por parte do empregador, em relação aos benefícios por incapacidade concedidos, deverá oficiar à Procuradoria Federal Especializada–INSS, subsidiando-a com evidências e demais meios de prova colhidos, notadamente quanto aos programas de gerenciamento de riscos ocupacionais, para as providências cabíveis, inclusive para ajuizamento de ação regressiva contra os responsáveis, conforme previsto nos arts. 120 e 121 da Lei n. 8.213, de 1991, de modo a possibilitar o ressarcimento à Previdência Social do pagamento de benefícios por morte ou por incapacidade, permanente ou temporária.

Parágrafo único. Quando a perícia médica do INSS, no exercício das atribuições que lhe confere a Lei n. 10.876, de 2 de junho de 2004, constatar desrespeito às normas de segurança e saúde do trabalhador, fraude ou simulação na emissão de documentos de interesse da Previdência Social por parte do empregador ou de seus prepostos, deverá produzir relatório circunstanciado da ocorrência e encaminhá-lo, junto com as evidências e demais meios de prova colhidos, à Procuradoria Federal Especializada — INSS para conhecimento e providências pertinentes, inclusive, quando cabíveis, representações ao Ministério Público e/ou a outros órgãos da Administração Pública encarregados da fiscalização ou controle da atividade."

3. COMUNICAÇÃO DE ACIDENTE DO TRABALHO — CAT

Nos termos do art. 22 da Lei n. 8.213/91, a empresa deverá comunicar o acidente do trabalho à Previdência Social até o primeiro dia útil seguinte ao da ocorrência e, em caso de morte, de imediato, à autoridade competente, sob pena de multa variável entre o limite mínimo e o limite máximo do salário-de-contribuição, sucessivamente aumentada nas reincidências, aplicada e cobrada pela Previdência Social. A multa, contudo, não será aplicada quando houver o enquadramento presumido do acidente de trabalho, nos termos do art. 21-A da Lei n. 8.213/91.

Deverão ser comunicados os acidentes ocorridos com o segurado empregado (exceto o doméstico), o trabalhador avulso, o segurado especial e o médico-residente.

Serão ainda responsáveis pelo preenchimento e encaminhamento da CAT:

a) no caso do trabalhador avulso, a empresa tomadora de serviço e, na falta dela, o sindicato da categoria ou o Órgão Gestor de Mão-de-Obra;

b) no caso de segurado desempregado, nas situações em que a doença profissional ou do trabalho manifestou-se ou foi diagnosticada após a demissão, a empresa ex-empregadora e, na falta dela, as seguintes autoridades públicas: magistrados em geral, membros do Ministério Público e dos Serviços Jurídicos da União e dos estados, comandantes de unidades militares do Exército, da Marinha, da Aeronáutica e das Forças Auxiliares (Corpo de Bombeiros e Polícia Militar), prefeitos, delegados de polícia, diretores de hospitais e de asilos oficiais e servidores da administração direta e indireta federal, estadual, do Distrito Federal ou municipal, quando investidos de função.

Na falta de comunicação por parte da empresa, podem formalizá-la o próprio acidentado, seus dependentes, a entidade sindical competente, o médico que o assistiu ou qualquer autoridade pública, não prevalecendo nestes casos o prazo de apenas um dia útil. Nesta hipótese, a empresa permanecerá responsável pela falta de cumprimento da legislação. Caberá ao setor de benefícios do INSS comunicar a ocorrência ao setor de fiscalização, para a aplicação e cobrança da multa devida.

Através da Portaria do Ministro de Estado da Previdência e Assistência Social n. 5.051, de 26.2.99 (DOU de 2.3.99), foi aprovado o formulário "Comunicação de Acidente do Trabalho — CAT" atualmente em vigor. O formulário poderá ser substituído por impresso da própria empresa, desde que ela possua sistema de informação de pessoal, mediante processamento eletrônico, cabendo observar que o formulário substituído deverá ser emitido por computador e conter todas as informações exigidas pelo INSS.

A CAT deverá ser emitida em quatro vias, com a seguinte destinação (Instrução Normativa INSS n. 20/07, art. 228):

- 1ª via: INSS
- 2ª via: segurado ou dependente
- 3ª via: sindicato dos trabalhadores
- 4ª via: empresa

Compete ao emitente da CAT a responsabilidade pelo envio de vias dessa Comunicação às pessoas e às entidades acima indicadas.

O campo "Atestado Médico" do formulário CAT deverá ser preenchido pelo médico que assistiu o segurado, quer de serviço médico público ou privado, devendo desse campo constar assinatura, carimbo e CRM. Não atendidas estas disposições, este campo deverá ser preenchido, preferencialmente, pelo médico do trabalho da empresa, médico assistente ou médico responsável pelo PCMSO — Programa de Controle Médico e Saúde Ocupacional, com a devida descrição do atendimento realizado ao acidentado do trabalho, inclusive o diagnóstico com o Código Internacional de Doença (CID) e o período provável de tratamento, contendo assinatura, CRM, data e carimbo do profissional médico, seja particular, de convênio ou do SUS.

Na hipótese de o médico de atendimento se recusar a preencher o campo "Atestado Médico" do formulário CAT, caberá ao INSS acionar o SUS conforme o art. 6º do inciso I da alínea "c" da Lei n. 8.080, de 19.9.1990, e a Portaria n. 119, de 9.9.1993, de modo que evite prejuízo ao segurado.

O óbito decorrente de acidente ou de doença profissional ou do trabalho, ocorrido após a emissão da CAT inicial ou CAT de reabertura, será comunicado ao INSS, por CAT de comunicação de óbito, constando a data do óbito e os dados relativos ao acidente inicial.

A CAT poderá ser registrada na APS ou na UAAPS mais conveniente ao segurado ou pela internet.

3.1. CAT de reabertura de acidente do trabalho

Na CAT destinada à reabertura de acidente do trabalho deverão constar as mesmas informações da época do acidente, exceto quanto ao afastamento, último dia trabalhado, atestado médico e data da emissão, que serão relativos à data da reabertura.

Será considerado agravamento do acidente aquele sofrido pelo acidentado quando estiver sob a responsabilidade da reabilitação profissional.

Obs.: Não serão consideradas CAT de reabertura para as situações de simples assistência médica ou de afastamento com menos de quinze dias consecutivos.

3.2. Trabalhadores aposentados

Em face de perceber o segurado algum benefício de Aposentadoria pelo Regime Geral de Previdência Social, e considerando a não-cumulação de benefícios pelo sistema, o trabalhador não poderá receber, conjuntamente à aposentadoria, o benefício de auxílio-doença.

Assim, as Comunicações de Acidentes de Trabalho relativas ao acidente do trabalho ou à doença do trabalho ou à doença profissional ocorridos com o aposentado que permaneceu na atividade como empregado ou a ela retornou, deverão ser registradas e encerradas. O segurado aposentado será então cientificado do encerramento da CAT e orientado quando ao direito à Reabilitação Profissional.

4. ESTABILIDADE PROVISÓRIA DO ACIDENTADO

O segurado que sofreu acidente de trabalho tem garantida, pelo prazo mínimo de 12 meses, a manutenção do seu contrato de trabalho na empresa, após a cessação do auxílio-doença acidentário, independentemente da percepção de auxílio-acidente — Lei n. 8.213/91, art. 118.

5. LITÍGIOS E AÇÕES RELATIVOS AOS ACIDENTES DE TRABALHO

Os litígios e medidas cautelares relativos aos acidentes de trabalho (em face do INSS) serão apreciados:

a) na esfera administrativa, pelos órgãos da previdência social, segundo as regras e prazos aplicáveis às demais prestações, com prioridade para conclusão; e

b) na via judicial, pela Justiça dos Estados e do Distrito Federal, segundo o rito sumaríssimo, inclusive durante as férias forenses, mediante petição instruída pela prova de efetiva notificação do evento à previdência social, através da Comunicação de Acidente do Trabalho.

O procedimento judicial de que trata a letra "b" é isento do pagamento de quaisquer custas e de verbas relativas à sucumbência.

As ações referentes às prestações decorrentes do acidente de trabalho prescrevem em cinco anos, observado o disposto no art. 347 do Decreto n. 3.048/99, contados da data:

a) do acidente, quando dele resultar a morte ou a incapacidade temporária, verificada esta em perícia médica a cargo da previdência social; ou

b) em que for reconhecida pela previdência social a incapacidade permanente ou o agravamento das seqüelas do acidente.

6. RESPONSABILIDADE CIVIL DO EMPREGADOR

O pagamento do seguro contra acidentes do trabalho pelo empregador não substitui ou exclui a indenização a que o empregador está obrigado, quando incorrer em dolo ou culpa.

Esta indenização figura no campo da responsabilidade civil, vez que o empregador assumirá o prejuízo decorrente de ação ou omissão voluntária (dolo), negligência ou imprudência (culpa), prevista no art. 186 do Código Civil.

Por outro lado, cabe à empresa cumprir e fazer cumprir as normas de segurança e medicina do trabalho, instruindo seus empregados no sentido de evitar acidentes e adotando as medidas determinadas pelo órgão competente.

Assim, nos casos de acidente do trabalho decorrentes de negligência quanto às normas padrão de segurança e higiene do trabalho indicadas para a proteção individual e coletiva, a Previdência Social proporá ação regressiva contra os responsáveis, visando ao ressarcimento dos benefícios pagos aos segurados acidentados. O julgamento da respectiva ação caberá à Justiça do Trabalho, conforme competência fixada pela Constituição Federal, art. 114.

Fundamentação: Lei n. 8.213/91, arts. 19 a 23, 104, 118, 119 a 121 e 129; Decreto n. 3.048/99, arts. 336 a 346; CLT, art. 157.

Parte V

Benefícios Previdenciários

Capítulo XXXI

Espécies de Prestações

O Regime Geral de Previdência Social — RGPS, mediante contribuições daqueles que obrigatoriamente ou facultativamente a ele se filiam (denominados "segurados"), observados critérios que preservem o equilíbrio financeiro e atuarial, garante a seus beneficiários os seguintes benefícios e serviço:

a) para o segurado:

— aposentadoria por invalidez;

— aposentadoria por idade;

— aposentadoria por tempo de contribuição;

— aposentadoria especial;

— auxílio-doença;

— salário-família;

— salário-maternidade;

— auxílio-acidente.

b) para o dependente do segurado:

— pensão por morte;

— auxílio-reclusão.

c) para o segurado e seu dependente:

— serviço de reabilitação profissional

Obs.: O aposentado pelo Regime Geral de Previdência Social que permanecer em atividade sujeita a este Regime, ou a ele retornar, terá direito somente ao benefício de salário-família e à reabilitação profissional, quando empregado. Não obstante a ausência de direito aos benefícios previdenciários, sua contribuição ao sistema permanece de cunho obrigatório.

Note-se, contudo, que cada um dos benefícios, e também o serviço de reabilitação profissional, possui requisitos para sua percepção, não sendo suficiente, para obtê-los, apenas a filiação e o pagamento das contribuições. O segurado ou o dependente, portanto, que pretender obter alguma prestação deverá não somente comprovar sua condição ao sistema (condição de segurado ou de dependente) mas também que cumpre todas as demais exigências impostas pela legislação previdenciária, sendo a principal delas a *carência*, correspondente ao número mínimo de contribuições mensais necessárias para aquisição de aposentadorias ou benefícios por incapacidade.

Fundamentação: Lei n. 8213/91, art. 18; Decreto n. 3.048/99, art. 25.

Capítulo XXXII

Carência

1. CONCEITO

Considera-se "carência", para fins previdenciários, o número mínimo de contribuições mensais efetuadas ao Regime Geral de Previdência Social — RGPS necessárias à aquisição do direito a benefício. Assim, se para a aquisição do benefício de auxílio-doença, por exemplo, é necessário um período de carência de 12 meses, significa que o segurado deverá comprovar junto ao INSS a arrecadação de contribuições pelo período de 12 meses.

Para o segurado especial, no entanto, considera-se "carência" o tempo mínimo de efetivo exercício de atividade rural, ainda que de forma descontínua. Nesta hipótese, e novamente nos reportando ao exemplo do benefício de auxílio-doença, o segurado especial deverá comprovar 12 meses de efetivo trabalho rural, sem necessidade de comprovar qualquer recolhimento ao sistema.

Note-se que a carência deve corresponder a um número de "contribuições mensais" expressão que possui significado diferente de "meses de contribuição". Um segurado empregado, por exemplo, que foi admitido em 28/01 de determinado ano deverá receber a título de salários, referentes ao mês de janeiro, o correspondente a quatro dias de prestação de serviços (28 a 31) e sobre tal montante haverá a contribuição ao Regime Geral de Previdência Social. Haverá, portanto, uma contribuição mensal em janeiro, ainda não seja o valor correspondente ao mês integral. Tal fato é de extrema importância na hora de verificarmos se um determinado possui ou não direito à percepção do benefício por ele pretendido. Tome-se por exemplo a seguinte situação:

Exemplo:

- Data de admissão como empregado: 28.1.2008
- Rescisão contratual: 10.5.2008
- Tempo de serviço: 3 meses e 13 dias
- Contribuições mensais: 05
- Data de admissão em novo emprego: 20.7.2008
- Rescisão contratual: 22.1.2009
- Tempo de serviço: 5 meses e 3 dias
- Contribuições mensais: 7
- Total de tempo de serviço: 8 meses e 16 dias
- Total de contribuições mensais: 12

Na hipótese demonstrada acima, o segurado teria apenas 8 meses e 16 dias de tempo de serviço, mas já contaria com 12 contribuições mensais para o sistema, suficientes, portanto, à obtenção de auxílio-doença ou aposentadoria por invalidez.

É importante esclarecer, ainda, que a carência exigida para a concessão dos benefícios previdenciários deverá ser sempre aquela prevista na legislação vigente à época da implementação das condições ou dos requisitos necessários para a concessão do benefício, mesmo que após essa data tenha havido alteração na legislação ou que o cidadão venha a perder a qualidade de segurado.

Fundamentação: Lei n. 8.213/91, art. 24; Decreto n. 3.048/99, art. 26.

2. INÍCIO E PERÍODOS COMPUTÁVEIS

Nos termos da Lei n. 8.213/91, o período de carência será computado conforme a filiação, a inscrição ou o recolhimento da contribuição pelo segurado da Previdência Social, sendo contado:

a) para o segurado empregado e o trabalhador avulso, a partir da data de filiação ao Regime Geral de Previdência Social;

b) para o segurado empregado doméstico, contribuinte individual e contribuinte facultativo, a partir da data do efetivo recolhimento da primeira contribuição sem atraso.

c) para o segurado especial, a partir do efetivo exercício da atividade rural, mediante comprovação.

Como os valores retidos pelas empresas são considerados presumidamente recolhidos (Lei n. 8.212/91, art. 33), não cabe ao trabalhador empregado ou ao contribuinte individual que lhe presta serviços comprovar ao INSS o efetivo recolhimento de suas contribuições mensais. Por tal razão, os empregados se encontram protegidos pelo sistema a contar da data de registro em CTPS, sendo também a contar dessa data o início do período de carência. Os contribuintes individuais (autônomos e empresários) se encontram protegidos, a contar de 1º.4.2003, desde a competência da efetiva prestação dos serviços (mediante comprovação documental), posto que a empresa se encontra obrigada a reter de sua remuneração mensal o valor da contribuição previdenciária (alíquota de 11%) e a repassar tais valores aos cofres previdenciários até o dia 10 (dez) do mês subseqüente.

Já os contribuintes individuais que prestam serviços à pessoa física e aqueles facultativos precisam efetuar o primeiro pagamento de suas contribuições, em dia, para que sejam considerados como "segurados" do sistema e para que tenha início a contagem do prazo de carência.

O trabalhador doméstico, contudo, se encontra em posição desprivilegiada no sistema, sem qualquer razão que possa justificar o tratamento diferenciado conferido pela Lei n. 8.213/91. Da mesma forma que ocorre com o segurado empregado e com o trabalhador avulso, não é o doméstico o responsável pela arrecadação de sua contribuição mensal. Seu empregador efetua o desconto no pagamento mensal e se responsabiliza pelo repasse aos cofres previdenciários até o dia 15 do mês subseqüente, nos termos da Lei n. 8.212/91. Assim, não é justo o procedimento contido no inciso II do art. 27 da Lei n. 8.213/91, ao determinar que o início da proteção do trabalhador doméstico, bem como o início da contagem do prazo de carência, corresponde à data de pagamento da primeira prestação em dia, sem atraso. Tais disposições contrariam a igualdade de tratamento positivada no *caput* do art. 5º da Carta Constitucional, não havendo razão para conferir a esta classe de trabalhadores um critério prejudicial e diferenciado daquele conferido aos demais trabalhadores empregados.

São considerados recolhimentos sem atraso aqueles efetuados após a inscrição, observadas as seguintes peculiaridades:

— de *25.7.1991* a *20.7.1992* = até o 5º dia útil do mês imediatamente posterior ao da competência a que se referir;

— de *21.7.1992* a *31.3.1993* = até o 15º dia útil do mês imediatamente posterior ao da competência a que se referir;

— a partir *de 1º.4.1993* = até o dia 15 do mês imediatamente posterior ao da competência a que se referir;

— a partir de *29.11.1999* = até o dia 15 do mês seguinte àquele a que as contribuições se referirem, prorrogando-se o vencimento para o dia útil subseqüente quando não houver expediente bancário no dia 15.

A Instrução Normativa INSS n. 20/07 determina, ainda, em seu art. 54, que os vínculos e as contribuições existentes no formulário CNIS — Cadastro Nacional de informações Sociais são consideradas para fins de carência. No entanto, não é raro encontrarmos situações práticas em que o trabalhador perdeu sua CTPS ou algum dos carnês de contribuição mas que o vínculo ou o período contribuído estejam informados no respectivo Cadastro e, contudo, o INSS não os reconhece, impedindo o acesso do segurado ao benefício pretendido e sendo necessário o ingresso de ação judicial para a obtenção do referido direito.

Fundamentação: Lei n. 8.213/91, art. 27; Decreto n. 3.048/99, art. 28; Instrução Normativa INSS n. 20/07, art. 54.

2.1. Tempo de serviço público

Desde 6.5.1999, data da publicação da Lei n. 9.796, de 5.5.1999, regulamentada pelo Decreto n. 3.112/99, as contribuições vertidas a regime próprio de previdência social (regime de origem/servidores públicos ou militares) são consideradas para fins de carência para a concessão de quaisquer dos benefícios do RGPS, desde que o segurado não continue filiado ao regime de origem.

Até a vigência da Lei n. 10.666/03, a condição para o cômputo do período de contribuição ao Regime Próprio como carência do Regime Geral de Previdência Social era apenas que o cidadão estivesse no período de "graça" constante do art. 15 da Lei n. 8.213/91, tema já abordado nesta obra, Parte II, Capítulo VIII. Podemos dizer, portanto, que poderia ser computado para efeito de carência o período de exercício de atividade em que o segurado esteve vinculado a outro regime de previdência social, constante de Certidão de tempo de Contribuição emitida para fins de contagem recíproca, desde que o intervalo entre a data do afastamento do regime de origem e a data de ingresso ao RGPS não fosse superior a:

- 24 meses, quando o tempo de contribuição no regime próprio de previdência social for superior a 120 meses, ou
- 12 meses, quando o tempo de contribuição no regime próprio de previdência social for igual ou inferior a 120 meses;

Obs.: Estes prazos serão acrescidos de 12 meses para o servidor desempregado, desde que comprove essa situação por registro no órgão próprio do Ministério do Trabalho e Emprego.

A Lei n. 10.666/03 (validação da MP n. 83/02), contudo, extinguiu essa exigência para os benefícios de aposentadoria (idade, tempo de contribuição e especial), ao dispor, em seu art. 3º, que a perda da qualidade de segurado não mais poderia interferir na concessão desses benefícios. Assim, a regra constante no parágrafo anterior permanece válida para os demais benefícios concedidos pelo Regime Geral de Previdência Social, mas não para os benefícios de aposentadoria por idade, aposentadoria por tempo de contribuição e aposentadoria especial.

O aproveitamento das contribuições vertidas a Regime Próprio como carência do Regime Geral de Previdência Social se justifica em face da compensação financeira que existe entre os regimes previdenciários. Ainda neste raciocínio, o cidadão que se desvincular de um Regime Próprio de Previdência Social (servidores públicos ou militares) mantém a qualidade de segurado do Regime Geral de Previdência Social por um período de até doze meses, ainda que nunca tenha efetuado contribuições para este sistema. E este prazo pode ser prorrogado para até vinte e quatro meses caso o servidor (ou militar) tenha pago para o regime próprio mais de cento e vinte contribuições mensais.

Decorrido este prazo e não tendo havido contribuições para o Regime Geral de Previdência Social perderá o cidadão a qualidade de segurado e o período de contribuições ao Regime Próprio não será computado para fins de carência, exceto na hipótese prevista no item 3 deste Capítulo.

No entanto, se no período "de graça" iniciar o cidadão suas contribuições ao RGPS, mantendo assim sua qualidade de segurado, o tempo de contribuições ao regime próprio será admitido pelo INSS tanto para fins de tempo de serviço quanto para carência.

Igualmente será admitido para fins de carência o tempo de serviço anterior à Lei n. 8.647, de 13.4.1993, quando se tratar de servidor público ocupante de cargo em comissão (sem vínculo efetivo com a União, autarquias e fundações públicas federais). As contribuições referentes a esse período, vertidas desde o início do vínculo do servidor com a administração pública ao Plano de Seguridade Social do Servidor Público (Lei n. 8.162/91, arts. 8º e 9º), serão então atualizadas monetariamente e repassadas de imediato ao INSS.

Confira-se, sobre o tema, a redação do art. 61 da Instrução Normativa INSS n. 20/07, incisos IV a VII e § 1º:

"**Art. 61** — Considera-se para efeito de carência:

...

IV — as contribuições vertidas para o RPPS, certificadas na forma da contagem recíproca, desde que o segurado não tenha utilizado o período naquele regime e que esteja inscrito no RGPS, ainda que continue filiado ao regime de origem, observadas as situações a seguir:

a) permanece o entendimento de que, no período de 15 de julho de 1975 a 24 de julho de 1991, nos termos do art. 2º da Lei n. 6.226, publicada em 15 de julho de 1975, era exigida a carência de sessenta contribuições mensais após a filiação ao RGPS, para ser computado o tempo prestado pelo segurado à administração pública federal, sendo considerado somente para as aposentadorias por invalidez, tempo de serviço integral (35 anos para homem, 30 anos para mulher e 25 para ex-combatente) e compulsória;

b) permanece o entendimento de que, no período de 1º de março de 1981, data em que entrou em vigor a Lei n. 6.864, de 1980 a 24 de julho de 1991, aplica-se o disposto na alínea anterior para o tempo prestado pelo segurado à administração pública estadual e municipal;

c) permanece o entendimento de que, no período de 25 de julho de 1991 a 24 de setembro de 1999, véspera da publicação da MP n. 1.891-8 e reedições posteriores, nos termos da redação dada ao art. 95 da Lei n. 8.213, de 1991, era exigida a carência de 36 (trinta e seis) contribuições mensais, após a filiação ao RGPS, para que fosse computado o tempo de serviço prestado pelo segurado à administração pública federal, estadual, distrital e municipal, para fins de obtenção de quaisquer dos benefícios do RGPS;

d) a partir de 25 de setembro de 1999, data da publicação da MP n. 1.891-8 e reedições posteriores, com a revogação do art. 95 da Lei n. 8.213, de 1991, não será exigida a carência mencionada na alínea anterior, mas deverá o segurado estar inscrito no RGPS para que se possa considerar, para todos os fins, o tempo prestado na administração pública;

e) para fins de cumprimento do contido no *caput* deste inciso, deverá ser apresentada declaração do ente federativo atestando a não utilização do período naquele regime de previdência. Deverá ser emitido ofício ao órgão após a concessão do benefício, na forma disposta no inciso I do art. 131 do Regulamento da Previdência Social;

VI — o período na condição de anistiado político que, em virtude de motivação exclusivamente política, foi atingido por atos de exceção, institucional ou complementar ou abrangido pelo Decreto Legislativo n. 18, de 15 de dezembro de 1961, pelo Decreto-Lei n. 864, de 12 de setembro de 1969, ou que, em virtude de pressões ostensivas ou de expedientes oficiais sigilosos, tenha sido demitido ou compelido pelo afastamento de atividade remunerada, no período compreendido de 18 de setembro de 1946 a 5 de outubro de 1988, desde que detentor de ato declaratório que lhe reconhece essa condição.

VII — o período de 4 de março de 1997 a 23 de março de 1998, que foi concedida anistia aos trabalhadores da Empresa Brasileira de Correios e Telégrafos-ECT que sofreram punições, dispensas e alterações unilaterais contratuais em razão da participação em movimento reivindicatório nos termos da Lei n. 11.282, de 23 de fevereiro de 2006.

§ 1º Somente será exigido o cumprimento de 1/3 da carência após o ingresso no RGPS, se houver transcorrido, entre a data de afastamento do regime próprio e o ingresso no RGPS, intervalo superior a doze meses quando o tempo de contribuição no RPPS for de até 120 (cento e vinte) meses ou intervalo superior a 24 (vinte e quatro) meses quando o tempo de contribuição no RPPS for superior a 120(cento e vinte) meses de contribuição, não se aplicando às aposentadorias, considerando a Lei n. 10.666/03.

..."

Fundamentação: Lei n. 10.666/03; Decreto n. 3.048/99, arts. 26, §§ 2º e 5º, e 271; Instrução Normativa INSS n. 20/07, art. 61.

2.2. Atividade desenvolvida como trabalhador rural

O tempo de atividade do trabalhador rural, anterior à competência novembro/91 (data em que passou a ser contribuinte obrigatório do RGPS), não será computado para fins de carência.

Fundamentação: Decreto n. 3.048/99, art. 26, § 3º.

2.3. Período de licença-maternidade

O período em que a segurada se encontrar afastada de suas atividades profissionais com percepção do benefício previdenciário de salário-maternidade será considerado como carência em face de as contribuições previdenciárias permanecerem obrigatórias durante tal interregno.

Para a segurada especial que não contribuir facultativamente ao RGPS o período de salário-maternidade não será computado como carência em face da inexistência de contribuições durante o período.

Fundamentação: Instrução Normativa INSS n. 20/07, art. 61.

2.4. Auxiliares locais brasileiros — Atividade no exterior

O período de atividade dos auxiliares locais de nacionalidade brasileira no exterior, amparados pela Lei n. 8.745, de 1993, anteriormente a 1º de janeiro de 1994, e desde que sua situação previdenciária esteja regularizada junto ao Instituto Nacional do Seguro Social — INSS, será computado para fins de carência, conforme assim determina expressamente o § 2º do art. 28 do Regulamento da Previdência Social, Decreto n. 3.048/99.

2.5. Serviço militar e períodos de incapacidade

O tempo de serviço militar não poderá ser considerado como carência justamente por não haver contribuição mensal para o sistema durante o referido interregno.

Durante os períodos em que o segurado estiver percebendo, do Regime Geral de Previdência Social, benefícios de auxílio-doença ou aposentadoria por invalidez (acidentários ou não) também não há contribuição para o sistema, em regra, e não deveria o referido período ser computado para fins de carência, exceto se o beneficiário, por vontade própria, tiver recolhido suas contribuições na modalidade de segurado facultativo. Isto porque a carência deve ser cumprida em contribuições mensais e, com exceção apenas dos trabalhadores rurais (que possuem tratamento diferenciado, principalmente se for segurado especial), somente deveria poder ser considerada a competência em que, efetivamente, houve alguma contribuição para o Regime. No entanto, contrariando o conceito legal mas de forma a proteger o trabalhador enfermo, nossos Tribunais Federais tem considerado o período de afastamento também como carência, nesse sentido existindo, inclusive, a Súmula n. 7 da Turma Regional de Uniformização de Jurisprudência da 4ª Região. Confira-se:

> Súmula n. 7 — Computa-se para efeito de carência o período em que o segurado usufrui benefício previdenciário por incapacidade.

Administrativamente, o INSS não considera o período de agastamento por incapacidade como período de carência, mas admite duas exceções, em respeito à legislação vigente naquela época, sendo considerado como períodos de carência os seguintes (Instrução Normativa INSS n. 20/07, arts. 61 e 64):

a) o tempo em que o segurado estava em gozo de auxílio-doença ou aposentadoria por invalidez, de natureza não acidentária, no período de 1º.6.1973 a 30.6.1975;

b) o tempo em que o segurado estava em gozo de auxílio-doença acidentário (espécie 91) ou de aposentadoria por invalidez acidentária (espécie 92), com data de início até 10.10.2001, véspera da publicação da Instrução Normativa INSS/DC n. 57.

O período de quinze dias que antecede a concessão dos benefícios de incapacidade, no caso de segurados empregados, cujo pagamento compete à empresa empregadora, é considerado como carência, nos termos do art. 61 da Instrução Normativa INSS n. 20/07.

Fundamentação: Instrução Normativa INSS n. 20/07, arts. 61 e 64.

2.6. Comprovação das contribuições junto ao INSS

O segurado empregado e o trabalhador avulso, por não serem responsáveis pela arrecadação das contribuições a que se encontram obrigados, não necessitarão comprovar o efetivo recolhimento desses valores quando do requerimento de algum benefício, considerando-se presumida tal arrecadação.

A presunção do recolhimento também será aplicada ao contribuinte individual a contar da competência abril/03, data em que as empresas contratantes passaram a proceder a retenção da contribuição previdenciária devida por esses segurados.

2.6.1. Empregados domésticos

Dispõem os arts. 55 e 56 da Instrução Normativa INSS n. 20/07 que os empregados domésticos filiados ao RGPS até 24.7.1991, inclusive, para que percebam benefícios previdenciários que exijam cumprimento de carência, deverão comprovar o recolhimento das contribuições efetuadas até 30.6.1994. A contar de 1º.7.1994, conforme disposições do mesmo instituto legal, não há necessidade de comprovação de recolhimento, valendo as informações existentes no CNIS — Cadastro Nacional de Informações Sociais.

Esta disposição normativa, no entanto, fere frontalmente o direito do segurado, contrariando dispositivo legal sobre a matéria (§ 5º do art. 33 da Lei n. 8.212/91) e sendo, desta forma, destituída de legalidade e eficácia. Isso porque, em que pese a contribuição previdenciária seja efetuada pelo empregado doméstico, a responsabilidade pelo efetivo recolhimento (ir à instituição bancária e pagar o montante devido) cabe ao seu empregador que, inclusive, já procede o desconto da contribuição no recibo de pagamento. Desta forma, não pode o INSS exigir do trabalhador a comprovação de ato de terceiro, como assim pretende a redação da referida Instrução Normativa. Como já mencionado anteriormente, tal procedimento fere também a isonomia de tratamento, constante do art. 5º da Constituição Federal.

Ainda que não constem nos arquivos de informações do INSS recolhimentos previdenciários em nome do trabalhador doméstico, seja o período anterior ou não à publicação da Lei n. 8.212/91 (24.7.1991), o período do vínculo deverá obrigatoriamente ser considerado para fins de carência, sendo suficiente a apresentação, pelo trabalhador, do registro em CTPS ou outros documentos contemporâneos que possam comprovar a efetiva prestação dos serviços.

O que é lícito fazer o INSS, nestes casos, é considerar (nesses períodos onde não consta informação de recolhimento) como salário-de-contribuição o valor do salário-mínimo, cabendo ao trabalhador prova contrária e pedido posterior de revisão.

Fundamentação: Decreto n. 3.048/99, art. 26, § 4º; Instrução Normativa INSS n. 20/07, arts. 55 e 56.

3. PERDA DA QUALIDADE DE SEGURADO — REQUISITOS PARA A CONTAGEM COMO CARÊNCIA DO TEMPO ANTERIORMENTE RECOLHIDO

Para os benefícios requeridos a partir de 25.7.1991, quando ocorrer perda da qualidade de segurado, as contribuições anteriores a esta data somente poderão ser computadas para efeito de carência depois que o segurado contar, a partir da nova filiação à Previdência Social, com no mínimo 1/3 (um terço) do número de contribuições exigidas para a concessão do respectivo benefício.

Exemplo: um trabalhador que tenha contribuído ao RGPS por exatos 13 anos e, após tal período, permanecido afastado do sistema de forma que perca a qualidade de segurado, somente poderá requerer o benefício de auxílio-doença, cuja carência é de 12 contribuições mensais, depois de novamente se filiar ao RGPS e contribuir por 4 meses (1/3 da carência necessária para o benefício desejado).

Cumpre observar, no entanto, que com a publicação da Medida Provisória n. 83, de 12.12.2002 — DOU de 13.12.2002 (atualmente Lei n. 10.666/03), a perda da qualidade de segurado não será considerada para a concessão das aposentadorias por tempo de contribuição (inclusive de professores) e especial, independente de possuir ou não o segurado direito adquirido ao benefício à época da perda desta qualidade.

Assim, exemplificativamente, um segurado empregado que tenha perdido o emprego após 29 anos de filiação e que permaneceu por quatro anos sem qualquer contribuição ao sistema (perda da qualidade de segurado) poderá regressar ao RGPS, contribuir por mais um ano, além do tempo adicional do pedágio, e ingressar com o pedido de aposentadoria proporcional por tempo de contribuição. Anteriormente à MP n. 83/02, isto não seria possível. Ocorreria a perda da qualidade de segurado, o novo ingresso seria considerado como nova filiação ao sistema e como os segurados inscritos a contar de 16.12.1998 não possuem mais direito à aposentadoria proporcional, não seria possível a obtenção do benefício.

Na hipótese de aposentadoria por idade, também em face da Medida Provisória n. 83/02, a perda da qualidade de segurado não será considerada para a concessão desse benefício, desde que o segurado conte com, no mínimo, o tempo de contribuição correspondente ao exigido para efeito de carência na data do requerimento do benefício.

Fundamentação: Lei n. 8.213/91, art. 24; Decreto n. 3.048/99, art. 27-A.

4. PRESTAÇÕES/BENEFÍCIOS QUE INDEPENDEM DE CARÊNCIA

Independe de carência a concessão das seguintes prestações:

a) pensão por morte, auxílio-reclusão, salário-família e auxílio-acidente de qualquer natureza;

b) salário-maternidade, para as seguradas empregada, empregada doméstica e trabalhadora avulsa;

c) auxílio-doença e aposentadoria por invalidez nos casos de acidente de qualquer natureza ou causa, bem como nos casos de segurado que, após filiar-se ao RGPS, foi acometido de alguma das doenças ou afecções especificadas em lista elaborada pelos Ministérios da Saúde e da Previdência e Assistência Social a cada três anos, de acordo com os critérios de estigma, deformação, mutilação, deficiência ou outro fator que lhe confia especificidade e gravidade que mereçam tratamento particularizado;

d) aposentadoria por idade ou por invalidez, auxílio-doença, auxílio-reclusão ou pensão por morte aos segurados especiais, desde que comprovem o exercício de atividade rural no período imediatamente anterior ao requerimento do benefício, ainda que de forma descontínua, igual ao número de meses correspondente à carência do benefício requerido; e

e) reabilitação profissional.

Entende-se como acidente de qualquer natureza ou causa aquele de origem traumática e por exposição a agentes exógenos (físicos, químicos e biológicos), que acarrete lesão corporal ou perturbação funcional que cause a morte, a perda, ou a redução permanente ou temporária da capacidade laborativa.

Com referência à lista mencionada na letra "c", *supra*, o Ministro de Estado da Previdência e Assistência Social em conjunto com o Ministro de Estado da Saúde publicaram no Diário Oficial da União de 24.8.2001 a *Portaria Interministerial n. 2.998*, determinando que são isentos de carência para a concessão de auxílio-doença ou de aposentadoria por invalidez os segurados acometidos das seguintes doenças ou afecções (acometimento após filiação ao RGPS):

I — tuberculose ativa;

II — hanseníase;

III — alienação mental;

IV — neoplasia maligna;

V — cegueira

VI — paralisia irreversível e incapacitante;

VII — cardiopatia grave;

VIII — doença de Parkinson;

IX — espondiloartrose anquilosante;

X — nefropatia grave;

XI — estado avançado da doença de Paget (osteíte deformante);

XII — síndrome da deficiência imunológica adquirida — Aids;

XIII — contaminação por radiação, com base em conclusão da medicina especializada; e

XIV — hepatopatia grave.

Obs.: A relação destas enfermidades já constava do *art. 186* do Decreto n. 3.048/99 (disposições transitórias), e também do art. 151 da Lei n. 8.213/91, com exceção da hepatopatia grave, doença que foi incluída por ocasião desta Portaria Interministerial. O art. 186 do Decreto regulamentador, entretanto, se encontra revogado pelo *Decreto n. 4.079*, de 9.1.2002 — DOU de 10.1.2002.

O Ministério da Previdência Social entende que a listagem acima é exaustiva, ou seja, que somente para essas enfermidades não será exigido o cumprimento da carência. Assim, exclui da referida benesse os portadores de Mal de Alzheimer, Mal de Huntington e inúmeras outras enfermidades, tão graves quanto aquelas descritas acima (ou até mais graves!!). No entanto, o art. 26 da Lei n. 8.213/91 determina expressamente que a referida listagem deveria ser revista a cada três anos (o que não foi) e também que dela poderiam participar outras doenças que, em razão dos critérios de estigma, deformação, mutilação, deficiência ou outro fator, lhe confira especificidade e gravidade que mereçam tratamento particularizado. Por tais razões, mais justo e adequado entendimento é conferir caráter exemplificatório à referida listagem, sendo a benesse da isenção de carência estendida também a outras doenças graves, analisadas individualmente na esfera Judicial.

Fundamentação: Lei n. 8.213/91, arts. 26 e 151; Decreto n. 3.048/99, art. 30.

5. PRESTAÇÕES/BENEFÍCIOS QUE DEPENDEM DE CARÊNCIA

A concessão dos benefícios previdenciários que não se encontram relacionados no item 4, *supra*, depende dos seguintes períodos de carência:

a) 12 contribuições mensais, nos casos de auxílio-doença e aposentadoria por invalidez;

b) 180 contribuições mensais, nos casos de aposentadoria por idade, tempo de contribuição e especial;

c) 10 contribuições mensais, no caso de salário-maternidade para as seguradas contribuinte individual, especial e facultativa. Em caso de parto antecipado, o período de carência será reduzido em número de contribuições equivalente ao número de meses em que o parto foi antecipado.

A carência do salário-maternidade para as seguradas contribuinte individual e facultativa é de dez contribuições mensais, ainda que os recolhimentos a serem considerados tenham sido vertidos em categorias diferenciadas (primeiro como empregada e posteriormente como autônoma, por exemplo) e desde que não tenha havido perda da qualidade de segurado. Havendo perda da qualidade de segurado, as contribuições anteriores a essa perda somente serão computadas para efeito de carência depois que a segurada contar, a partir da nova filiação ao RGPS, com, no mínimo, um terço do número de contribuições exigidas para o cumprimento da carência. Aplica-se também este critério à segurada de regime próprio de previdência social que se filiar ao RGPS após os prazos a que se referem o inciso II do *caput* e o parágrafo primeiro do art. 13 do Decreto n. 3.048/99.

Cumpre observar, ainda, que, para os segurados inscritos no Regime Geral de Previdência Social até 24.7.1991, a carência para a concessão dos benefícios de Aposentadoria por Idade, Aposentadoria por Tempo de Contribuição e Aposentadoria Especial deverá observar a seguinte tabela, levando-se em conta o ano em que o segurado implementar todas as condições necessárias à obtenção do benefício (art. 142 da Lei n. 8.213/91):

Ano da implementação das condições	Número de meses Exigidos
1991	60
1992	60
1993	66
1994	72
1995	78
1996	90
1997	96
1998	102
1999	108
2000	114
2001	120
2002	126
2003	132
2004	138
2005	144
2006	150
2007	156
2008	162
2009	168
2010	174
2011	180

Se uma pessoa do sexo feminino está completando 60 anos no ano de 2008, por exemplo, o número de contribuições mensais exigido como carência para obtenção da Aposentadoria por Idade será de 162. Caso chegue 12.8 e essa pessoa não tenha conseguido alcançar as 162 contribuições necessárias, deverá observar o número de meses referentes ao ano seguinte (2009) e assim por diante, até conseguir chegar a um determinado ano em que conte, além da idade mínima, como o número de contribuições exigidas pela referida tabela. Esse é o entendimento adotado pelo INSS e também o posicionamento predominante nos Tribunais Federais.

Fundamentação: Lei n. 8.213/91, arts. 25 e 142; Decreto n. 3.048/99, arts. 29 e 182.

Capítulo XXXIII

Salário-de-Benefício

1. CONCEITO

Salário-de-benefício é o resultado de um cálculo efetuado pelo Instituto Nacional do Seguro Social — INSS, o qual servirá como base de cálculo para a renda mensal dos seguintes benefícios de prestação continuada:

a) aposentadoria por idade;

b) aposentadoria por tempo de contribuição;

c) aposentadoria especial;

d) auxílio-doença, inclusive de acidente do trabalho;

e) auxílio-acidente de qualquer natureza;

f) aposentadoria por invalidez, inclusive de acidente do trabalho;

g) aposentadoria de ex-combatente;

h) aposentadoria por tempo de serviço de professor.

Obs.: As prestações previstas nas letras "g" e "h" são regidas por legislação especial.

Assim, somente não serão calculados com base no salário-de-benefício os benefícios de pensão por morte, auxílio-reclusão, salário-família, salário-maternidade e os seguintes benefícios regidos por legislação especial:

• pensão mensal vitalícia de seringueiros e respectivos dependentes;

• pensão especial devida às vítimas da Síndrome da Talidomida;

• benefício de prestação continuada de que trata a Lei n. 8.742/93 (Lei Orgânica da Assistência Social — LOAS); e

• pensão especial mensal aos dependentes das vítimas fatais de hemodiálise (acidentes ocorridos em Caruaru — PE), na forma da Lei n. 9.422/96.

Note-se que o salário-de-benefício não corresponde necessariamente ao valor do benefício que será recebido pelo segurado, mas sim à base de cálculo do mesmo, variando sua forma de cálculo conforme a data de inscrição do segurado ao Regime Geral de Previdência Social.

Fundamentação: Lei n. 8.213/91, art. 28; Decreto n. 3.048/99, art. 31.

2. CÁLCULO

2.1. Segurados inscritos a contar de 29.11.1999

Para os segurados inscritos na Previdência Social, a contar de 29.11.1999 (data de publicação da Lei n. 9.876), inclusive, o salário-de-benefício consiste no seguinte cálculo:

- *Aposentadorias por idade e por tempo de contribuição:* média aritmética simples dos maiores salários-de-contribuição, corrigidos monetariamente, correspondentes a 80% de todo o período contributivo (todos os meses de contribuição ao sistema), multiplicando-se o resultado obtido pelo fator previdenciário.
- *Aposentadorias por invalidez, especial, auxílio-doença e auxílio-acidente:* média aritmética simples dos maiores salários-de-contribuição, corrigidos monetariamente, correspondentes a 80% de todo o período contributivo (todos os meses de contribuição ao sistema).

Cumpre observar, no entanto, que a multiplicação da média aritmética pelo fator previdenciário, quando se tratar do benefício de Aposentadoria por Idade, não é obrigatória e somente será utilizada se este critério de cálculo for mais vantajoso ao segurado.

Observe-se também que a média compreende apenas 80% do período contributivo, de forma que os 20% restantes poderão ser excluídos do cálculo. Por óbvio, serão excluídas justamente as menores contribuições efetuadas pelo segurado, de forma que beneficie positivamente o resultado do salário-de-benefício. As exclusões deverão ocorrer somente depois de atualizados os valores utilizados como salário-de-contribuição.

Nos termos do Decreto n. 3.048/99, art. 32, § 20 (acrescentado pelo Decreto n. 5.545/05), em se tratando dos benefícios de auxílio-doença ou de aposentadoria por invalidez, e contando o segurado com menos de 144 contribuições mensais (equivalente a 12 anos) no período contributivo, o salário-de-benefício corresponderá à soma dos salários-de-contribuição existentes, dividindo-se o resultado pelo exato número de contribuições apuradas (sem exclusões). Tal procedimento, contudo, fere as disposições constantes da Lei n. 9.876/99 e 8.213/91, extrapolando o Decreto, quanto ao tópico, sua função regulamentar.

Caso a média aritmética encontrada seja superior ao teto máximo vigente do salário-de-contribuição, ver Parte V, Capítulo XXXVII, item 2.

2.1.1. Falhas contributivas no período básico de cálculo

Como observado, o INSS tomará como período básico de cálculo todos os meses de contribuição do segurado, podendo-se excluir, do montante total (100%), apenas os 20% piores valores.

Como a Lei n. 8.213/91 não menciona um divisor mínimo, a média aritmética deverá ser efetuada de forma simples, utilizando-se como divisor o exato número de meses de contribuição existentes e adotados na referida média aritmética.

Fundamentação: Lei n. 8.213/91, art. 29; Decreto n. 3.048/99, art. 32.

2.2. Segurados inscritos até 28.11.1999

Para o segurado filiado à Previdência Social até 28.11.1999 (véspera da publicação da Lei n. 9.876), inclusive o oriundo de Regime Próprio de Previdência Social, que vier a cumprir os requisitos necessários à concessão de benefício a partir de 29.11.1999, deverão ser adotados os seguintes procedimentos de cálculo para apuração do salário-de-benefício:

- *Aposentadorias por idade e por tempo de contribuição:* média aritmética simples dos maiores salários-de-contribuição, corrigidos monetariamente, correspondentes a 80% de todo o período contributivo existente desde a competência julho/94, multiplicando-se o resultado obtido pelo fator previdenciário.
- *Aposentadorias por invalidez, especial, auxílio-doença e auxílio-acidente:* média aritmética simples dos maiores salários-de-contribuição, corrigidos monetariamente, correspondentes a 80% de todo o período contributivo existente desde a competência julho/94.

Para os segurados contribuintes individuais e facultativos o correto é a autarquia federal considerar na base de cálculo do salário-de-benefício o valor da classe em que se encontrava o segurado desde 07.1994. No entanto, considerando o alto número de erros de recolhimento por parte dos contribuintes, em face da não observância do correto valor na escala de salário-base e do atraso que o correto enquadramento causava no cálculo administrativo dos benefícios, o Ministério da Previdência Social, através da Secretaria da Receita Previdenciária, publicou em 24.12.2004 a Orientação Normativa n. 5, dispensando a realização de análise contributiva para a concessão de benefícios aos segurados contribuinte e facultativo, tomando como válidos os valores dos salários-de-contribuição sobre os quais foram efetuadas as contribuições, observados os limites mínimo e máximo mensais. Atualmente, tais disposições constam do § 2º do artigo 50 da Instrução Normativa INSS n. 20/07.

2.2.1. Falhas contributivas no período de julho/94 até o mês anterior ao requerimento do benefício — Procedimento de cálculo

Em se tratando de aposentadoria por idade, aposentadoria por tempo de contribuição e aposentadoria especial, e havendo falhas contributivas no período básico de cálculo (PBC), o INSS entende que deverá ser observado o seguinte critério, conforme interpretação que confere ao art. 3º da Lei n. 9.876/99:

a) contando o segurado com menos de 60% de contribuições no período decorrido de julho/94 até a DIB — Data de Início do Benefício, o divisor a ser considerado no cálculo da média aritmética não poderá ser inferior a 60% desse mesmo período;

Exemplo:

- N. de competências existentes entre 7.94 e a DIB = 100
- N. de contribuições efetuadas pelo segurado = 50
- Divisor a ser considerado na média aritmética = 60

b) contando o segurado com 60% a 80% de contribuições no período decorrido de julho de 1994 até a DIB, aplicar-se-á a média aritmética simples.

Exemplo:

- N. de competências existentes entre 7.94 e a DIB = 100
- N. de contribuições efetuadas pelo segurado = 75
- Divisor a ser considerado na média aritmética = 75

Este divisor mínimo de 60% se encontra previsto no § 2º do art. 3º da Lei n. 9.876/99, mas refere-se, tão-somente, aos segurados inscritos no RGPS até o dia anterior à data de sua publicação, ou seja, 28.11.1999. Mesma disposição se encontra disposta no art. 188-A do Decreto n. 3.048/99, igualmente se referindo, tão-somente, aos segurados inscritos no sistema até a data de 28.11.1999.

É a redação constante do § 2º do art. 3º da Lei n. 9.876/99:

"**Art. 3º** Para o segurado filiado à Previdência Social até o dia anterior à data de publicação desta Lei, que vier a cumprir as condições exigidas para a concessão dos benefícios do Regime Geral de Previdência Social, no cálculo do salário-de-benefício será considerada a média aritmética simples dos maiores salários-de-contribuição, correspondentes a, no mínimo, oitenta por cento de todo o período contributivo decorrido desde a competência julho de 1994, observado o disposto nos inciso7s I e II do *caput* do art. 29 da Lei n. 8.213, de 1991, com a redação dada por esta Lei.

...

§ 2º No caso das aposentadorias de que tratam as alíneas "b", "c" e "d" do inciso I do art. 18, *o divisor considerado no cálculo da média* a que se refere o *caput* e o § 1º *não poderá ser inferior a sessenta por cento* do período decorrido da competência julho de 1994 até a data de início do benefício, *limitado a cem por cento de todo o período contributivo*." (Grifos nossos)

Note-se, no entanto, que a parte final do § 2º (supratranscrito) limita o divisor a ser considerado a 100% de todo o período contributivo. Ou seja, se o período contributivo, em sua totalidade, for igual ou superior a 60% do período básico de cálculo (julho/94 ao mês anterior ao requerimento do benefício), será possível a exclusão dos 20% menores valores, conforme art. 3º da Lei n. 8.213/91.

Por outro lado, se todo o período contributivo, a contar de julho/94, for inferior a 60% do período básico de cálculo (PBC), a média deverá ser efetuada tomando-se todos os valores encontrados, sem a exclusão dos 20% menores, sendo utilizado como divisor o exato número de salários-de-contribuição constantes da média, como assim dispõe a parte final do § 2º em comento.

Assim, encontra-se incorreto o procedimento administrativo adotado pelo INSS, posto que utiliza o divisor mínimo de 60% (como demonstrado nos exemplos acima) no cálculo do salário-de-benefício, indistintamente, sem considerar a correta interpretação do § 2º do art. 3º da Lei n. 9.876/99.

Se permanecermos com o exemplo de 100 competências no período básico de cálculo (julho de 1994 até o mês anterior ao requerimento do benefício) temos por correta a seguinte interpretação:

Exemplo:

- N. de competências existentes entre 07/94 e a DIB = 100
- N. de contribuições efetuadas pelo segurado = 50

• Divisor a ser considerado na média aritmética = 50

• Número de meses que podem ser excluídos da média = 00

Note-se que nenhuma competência pode ser excluída da média aritmética, porque o segurado não contava com contribuições suficientes para a referida exclusão. Se contasse com 65 contribuições, poderia excluir 5 delas (5% do total), fazer a média das 60 restantes e utilizando o INSS como divisor os exatos 60 meses, correspondentes a 60% do período decorrido. Ou seja, o divisor mínimo somente deve ser utilizado para fins de exclusão de competências da base de cálculo (1% a 20% podem ser excluídos) e não em todas as situações. Caso o segurado não tenha contribuições suficientes para se valer da exclusão, a média deve ser efetuada dos meses existentes, sendo o divisor o exato número de meses utilizados na média.

Nos casos de auxílio-doença e de aposentadoria por invalidez não haverá a polêmica aqui comentada, posto que a regra do divisor mínimo, constante do § 2º do art. 3º da Lei n. 9.876/99, refere-se apenas aos benefícios de aposentadoria por idade, tempo de contribuição e especial.

Caso a média aritmética encontrada seja superior ao teto máximo vigente do salário-de-contribuição, ver Parte V, Capítulo XXXVII, item 2.

Fundamentação: Lei n. 8.213/91, art. 29; Decreto n. 3.048/99, arts. 32 e 188-A.

2.3. Recebimento de benefícios por incapacidade durante o período básico de cálculo

Determina o § 5º do art. 29 da Lei n. 8.213/91 que, caso tenha o segurado recebido benefícios por incapacidade no período básico de cálculo do salário-de-benefício, sua duração deverá ser considerada como tempo de serviço, considerando-se como salário-de-contribuição, no respectivo período, justamente o valor do salário-de-benefício (não o valor do benefício, note-se) que serviu de base de cálculo da renda mensal, reajustado nas mesmas épocas e bases dos benefícios em geral, respeitado o limite mínimo de um salário mínimo.

Podemos citar como exemplo a concessão em janeiro/2008 de Aposentadoria por Idade de um segurado, que no período de janeiro/98 a dezembro/2000 permaneceu afastado de suas atividades profissionais percebendo Auxílio-Doença. Neste caso, e conforme disposições do citado § 5º, o INSS realizará o cálculo da média aritmética desde a competência julho/94 e até a competência dezembro/07 (podendo-se excluir 20% das competências) e, no período de janeiro/98 a dezembro/2000, utilizará como salário-de-contribuição não o valor do benefício de Auxílio-Doença percebido pelo segurado, mas o valor do Salário-de-Benefício que lhe deu origem, devidamente atualizado.

Dúvidas existem, no entanto, sobre a aplicação desse critério quando da “conversão” do benefício de Auxílio-Doença em Aposentadoria por Invalidez, sendo ambos benefícios por incapacidade. Note-se que quando da concessão do Auxílio-Doença (renda mensal equivalente a 91% do SB), a Autarquia Federal (INSS) realizou o cálculo do Salário-de-Benefício (SB), tomando por base os salários-de-contribuição (remunerações do segurado, limitadas ao teto máximo) existentes. Caso o segurado permaneça recebendo este benefício durante três anos, por exemplo, quando de sua "conversão" para Aposentadoria por Invalidez tem o INSS simplesmente aumentado a renda mensal do benefício então concedido para 100%, procedimento que não julgamos correto.

Se fosse possível a transformação de um benefício em outro, como faz crer o Decreto n. 3.048/99 e o que nos levou a uma interpretação equivocada na primeira edição desta obra, seria certo aplicar critério diferenciado de cálculo e ignorar-se a regra constante do § 5º do art. 29 da Lei n. 8.213/91, posto que o referido dispositivo trata apenas da concessão de benefícios, e não da conversão entre um e outro. No entanto, a Lei n. 8.213/91 em momento algum dispõe sobre a referida "transformação", sendo esta uma criação do Decreto n. 3.048/99 (art. 36, §7º) que, inclusive, extrapola sua função regulamentar sobre o tópico. O art. 62 da Lei de Benefícios, ao contrário, menciona de forma clara que o benefício de auxílio-doença será cessado quando for concedida ao segurado a aposentadoria por invalidez, o que deixa claro não existir a pretendida transformação entre um e outro benefício.

Desta forma, correta é a realização de um novo cálculo para a aposentadoria por invalidez, cujo período básico de cálculo deve conter o salário-de-benefício do auxílio-doença percebido pelo segurado, reajustado nas mesmas épocas e bases dos benefícios em geral.

2.4. Direito adquirido

2.4.1. Direito adquirido ao benefício anteriormente a 28.11.1999

O segurado que, até 28.11.1999, tiver cumprido os requisitos necessários para a concessão do benefício poderá optar pelo cálculo do salário-de-benefício conforme as regras até então vigentes, considerando-se como Período Básico de Cálculo (PBC) os últimos 36 salários-de-contribuição, apurados em período não superior a 48 meses imediatamente anteriores àquela data.

Assim, sendo o direito adquirido ao benefício em março/98, por exemplo, poderá o segurado optar entre as regras atualmente vigentes (subitem 2.2, *supra*) ou pelo cálculo existente àquela época, qual seja: média dos 36 salários-de-contribuição anteriores a março/98, sem a aplicação do fator previdenciário para os benefícios de Aposentadoria por Tempo de Contribuição e Aposentadoria por Idade.

2.4.2. Direito adquirido ao benefício até 16.12.1998

Assegura-se, ainda, ao segurado do RGPS, que até 16.12.1998 tenha cumprido os requisitos para sua obtenção, a concessão de aposentadoria, a qualquer tempo, nas condições previstas na legislação anterior à Emenda Constituição n. 20/98.

Nesta hipótese, o tempo de serviço será considerado somente até 16.12.1998, e o salário-de-benefício corresponderá à média aritmética simples dos 36 últimos salários-de-contribuição anteriores também a 16.12.1998. O valor obtido a título da renda mensal será então corrigido pelos mesmos índices aplicados aos benefícios em manutenção pelo RGPS, até a data de entrada do requerimento administrativo, não sendo devido qualquer pagamento relativamente ao período anterior a esta data.

Obs.: Note-se que anteriormente à EC n. 20/98 não eram exigidos para a obtenção da Aposentadoria Proporcional por Tempo de Serviço os requisitos idade e contribuição adicional (pedágio).

Fundamentação: Decreto n. 3.048/99, arts. 187 e 188-B.

2.5. Benefícios de aposentadoria (exceto invalidez) — Perda da qualidade de segurado — Inexistência de contribuições a contar de julho/94

Os benefícios de aposentadoria (com exceção de invalidez), quando se tratar de segurados que tiverem perdido esta qualidade e que não possuírem contribuições a contar de julho/94, serão concedidos pelo INSS no valor correspondente ao salário mínimo.

A possibilidade desses cidadãos receberem o benefício de aposentadoria, independente da manutenção da qualidade de segurado, decorre da Medida Provisória n. 83/02, posteriormente convalidada na Lei n. 10.666/03.

Note-se, no entanto, que o benefício somente será concedido no valor do salário mínimo se inexistentes contribuições a contar da competência julho/94 e até o mês anterior ao requerimento administrativo. Caso o segurado tenha efetuado contribuições ao Regime Geral de Previdência Social em competência posterior a julho/94, o critério de cálculo do salário-de-benefício deverá seguir os critérios dispostos no subitem 2.2, *supra*, sem a existência de qualquer divisor mínimo, em face da redação do § 2º do art. 3º da Lei n. 9.876/99, conforme nossa interpretação.

Trata-se, pois, de falha do legislador ordinário, que pode vir a beneficiar aqueles que perderam a qualidade de segurado e que somente possuem contribuições ao sistema anteriores a julho/94. Estes, ao completarem a idade exigida para o benefício de Aposentadoria por Idade, por exemplo, podem vir a contribuir no teto máximo permitido (atualmente R$ 607,80 — 20% de R$ 3.038,99) uma única vez (contribuição esta posterior a 11/99, por óbvio), o que implicará, conforme a legislação atual, em salário-de-benefício exatamente equivalente ao teto máximo, ou seja, R$ 3.038,99.

2.6. Segurados que recebem o benefício de auxílio-acidente — Integração do valor no cálculo do salário-de-benefício

Para a aposentadoria requerida ou com direito adquirido a partir de 11.11.1997 (data da publicação da MP n. 1.596-14, convertida na Lei n. 9.528/97), o valor mensal do auxílio-acidente deverá integrar o salário-de-contribuição, para fins de cálculo de salário-de-benefício, limitado ao teto máximo de contribuição.

Para o segurado especial que não contribuir facultativamente para a Previdência Social, a renda mensal do auxílio-acidente, vigente na data de início da Aposentadoria, deverá ser somada ao valor da referida Aposentadoria, não se observando a limitação de um salário mínimo. Assim, o segurado receberá o valor do salário mínimo (que é o valor de sua aposentadoria, já que não contribui facultativamente ao sistema) adicionado do valor do auxílio-acidente.

Se dentro do Período Básico de Cálculo (PBC) o segurado tiver recebido auxílio-doença ou auxílio-doença acidentário concomitantemente com auxílio-acidente de outra origem, a renda mensal desse auxílio-acidente deverá ser somada, mês a mês, ao salário-de-benefício do auxílio-doença, observado o teto máximo, para que seja então apurado o salário-de-benefício a aposentadoria.

Sendo o auxílio-doença cancelado e concedida ao segurado a aposentadoria por invalidez e estando o segurado percebendo auxílio-acidente de outra origem, o valor do auxílio-acidente deverá ser somado à Renda Mensal Inicial da aposentadoria por invalidez, observado o limite máximo do salário-de-contribuição.

É importante observar, entretanto, que, em todas as hipóteses acima relacionadas, o valor do auxílio-acidente integrará o cálculo do salário-de-benefício, mas somente sendo adicionado ao salário-de-contribuição ou à renda de algum outro benefício por incapacidade (auxílio-doença ou invalidez). Assim, caso inexista período de atividade laboral ou gozo de benefício por incapacidade o valor do auxílio-acidente não suprirá ou substituirá a falta do salário-de-contribuição, não sendo, desta forma, considerado para o cálculo do salário-de-benefício.

2.6.1. Falecimento de segurado que percebe auxílio-acidente — Incorporação do valor ao benefício de pensão por morte

A incorporação do valor referente ao auxílio-acidente ao benefício de Pensão por Morte dependerá da data do óbito e da legislação à época vigente. Vejamos:

I — Óbitos ocorridos até 28.4.1995

Para óbitos ocorridos até 28.4.1995, véspera da publicação da Lei n. 9.032, temos as seguintes regras:

a) se o segurado faleceu em decorrência do mesmo acidente que lhe proporcionou o benefício de auxílio-acidente, o valor deste não era somado ao valor da renda da pensão por morte;

b) se a causa morte do óbito do segurado for diversa da causa do acidente, a metade do valor da renda do auxílio-acidente era incorporada ao valor da renda da pensão por morte;

c) se a causa morte do óbito do segurado resultar de outro acidente, o valor da renda do auxílio-acidente era somado em seu valor integral ao valor da renda da pensão, não podendo a soma ultrapassar o limite máximo do salário-de-contribuição.

II — Óbitos ocorridos no período de 29.4.1995 a 10.11.1997

Para óbitos ocorridos entre 29.4.1995 e 10.11.1997, período de vigência da Lei n. 9.032/95, quanto aos §§ 4º e 5º do art. 86 da Lei n. 8.213/91, em qualquer que fosse a causa do óbito o valor do auxílio-acidente, não era incorporado ao valor da renda mensal do benefício de Pensão por Morte.

III — Óbitos ocorridos a contar de 11.11.1997

Para óbitos ocorridos a contar de 11.11.1997 (data de publicação da MP n. 1.596-14, convertida na Lei n. 9.528/97), adotar-se-ão as regras constantes do subitem 2.5, *supra*.

Fundamentação: Lei n. 8.213/91, art. 31; Decreto n. 3.048/99, art. 32, § 8º.

2.7. Utilização das informações constantes do CNIS

Com a publicação da Lei n. 10.403 em 9.1.2002, e sua entrada em vigor nesta mesma data, acrescentou-se à Lei n. 8.213/91 o art. 29-A, determinando que o INSS, para fins de cálculo do salário-de-benefício, deverá utilizar as informações constantes no Cadastro Nacional de Informações Sociais — CNIS sobre as remunerações dos segurados. Anteriormente, o segurado deveria apresentar a relação de todos os seus salários-de-contribuição a contar de julho/94 no momento do requerimento do benefício.

Observe-se que a obrigatoriedade de as empresas fornecerem a seus empregados a relação dos salários-de-contribuição permanece sem qualquer alteração. O segurado, se interessar (e recomendamos que o faça), poderá solicitar ao INSS as informações constantes do CNIS para conferência, possuindo a autarquia o prazo de 180 dias para o fornecimento das mesmas.

Não constando informações sobre contribuições ou remunerações no referido cadastro, mas existindo o vínculo empregatício, o INSS considerará nestes períodos o valor do salário mínimo para cálculo do salário-de-benefício, quando se tratar de aposentadoria. Para os demais benefícios previdenciários serão considerados somente os meses em que houver registro de remuneração ou contribuição ao sistema.

Na existência de incorreções, o segurado poderá, a qualquer momento, solicitar a retificação das informações e conseqüente revisão no cálculo do benefício, com a apresentação de documentos comprobatórios sobre o período divergente.

Fundamentação: Lei n. 8.213/91, art. 29-A; Decreto n. 3.048/99, art. 31, parágrafo único.

2.8. Limite de valores

Os salários-de-contribuição utilizados no cálculo do valor dos benefícios previdenciários serão considerados sempre com observância dos limites mínimo (salário mínimo) e máximo vigentes nos meses a que se referirem. Justamente em face do cumprimento desses limites, também o valor do salário-de-benefício encontrado não poderá ser inferior ao de um salário mínimo, nem superior ao limite máximo do salário-de-contribuição na data de início do benefício (atualmente R$ 3.038,99).

Na hipótese de a média aritmética resultar valor superior ao limite máximo do salário-de-contribuição vigente no mês de início do benefício, a diferença percentual entre esta média e o referido limite deverá ser incorporada ao valor do benefício juntamente com o primeiro reajuste do mesmo após a concessão. Deve ser observado, no entanto, que nenhum benefício assim reajustado poderá superar o limite máximo do salário-de-contribuição vigente na competência em que ocorrer o reajuste.

Fundamentação : Lei n. 8.213/91, arts. 29, § 2º e 135; Decreto n. 3.048/99, arts. 32, § 3º e 35, § 3º.

2.9. Acordos internacionais

Em se tratando de segurado que tenha contribuído para a Previdência Social brasileira e também para um regime previdenciário de país estrangeiro, mas com o qual o Brasil mantenha acordo internacional, o cálculo do salário-de-benefício obedecerá aos seguintes critérios:

a) quando o segurado houver contribuído para a Previdência Social brasileira em número igual ou superior a 60% do número de meses decorridos desde a competência 7/94, aplicar-se-ão os critérios constantes do subitem 2.2. deste Capítulo;

b) quando o segurado não contar com o percentual mínimo de que trata a letra "a", *supra*, o salário-de-benefício deverá ser calculado com base no valor da média aritmética simples de todos os salários-de-contribuição correspondentes a todo o período contributivo desde 07/94, multiplicando-se o resultado obtido pelo fator previdenciário, com observação do disposto no § 2º do art. 188-A do Decreto n. 3.048/99; e

c) quando o segurado não possuir contribuições para a Previdência brasileira desde 07.1994, o salário-de-benefício deverá ser calculado com base na média aritmética simples de todo o período contributivo, multiplicado pelo fator previdenciário, e observando-se o disposto no § 2º do art. 188-A do Decreto n. 3.048/99.

Obs.: O tempo de contribuição a ser considerado na aplicação da fórmula do fator previdenciário será o somatório do tempo de contribuição para a previdência social brasileira e o tempo de contribuição para a previdência social do país acordante.

Fundamentação: Decreto n. 3.048/99, art. 32, §§ 18 e 19.

2.10. Segurado especial

Conforme disposições constantes do § 6º do art. 29 da Lei n. 8.213/91, o salário-de-benefício do segurado especial possui regramento de cálculo diferenciado, qual seja:

I — para os benefícios de aposentadoria por idade e aposentadoria por tempo de contribuição, o salário-de-benefício consistirá em um treze avos da média aritmética simples dos maiores valores sobre os quais incidiu a sua contribuição anual, correspondentes a oitenta por cento de todo o período contributivo, multiplicada pelo fator previdenciário;

II — para os benefícios aposentadoria por invalidez, aposentadoria especial e auxílio-acidente, em um treze avos da média aritmética simples dos maiores valores sobre os quais incidiu a sua contribuição anual, correspondentes a oitenta por cento de todo o período contributivo, sem o fator previdenciário.

No entanto, em razão da não aprovação, até o presente momento, do projeto de lei que prevê a contribuição anual para o segurado especial, continuam sendo devidos os benefícios de aposentadoria por idade, aposentadoria por invalidez e auxílio-doença no valor equivalente ao salário mínimo.

2.11. Benefícios concedidos a contar de março de 1994 — IRSM

Para todos os benefícios previdenciários cujo cálculo do salário-de-benefício utilizou a competência fevereiro/1994 é devida uma revisão em face da não aplicação, pelo INSS, do IRSM de 39,67%. Lembre-se que àquela época o cálculo do salário-de-benefício era efetuado através da média aritmética simples dos últimos 36 (trinta e seis) salários-de-contribuição (conforme subitem 2.4, deste Capítulo). Para a verificação desses 36 últimos salários-de-contribuição, caso não fossem ininterruptos, poderia o INSS retroagir a 48 meses da data do requerimento administrativo.

Assim, para os benefícios concedidos com data de início a contar de março de 1994 e podendo abranger aqueles concedidos até fevereiro de 1998, conforme o caso (em face dos 48 meses de apuração dos 36 salários-de-contribuição), o INSS deveria ter corrigido o valor correspondente à competência fevereiro/94 com base no IRSM (39,67%), o que não fez.

O incorreto procedimento da Autarquia Federal levou milhares de beneficiários aos Tribunais e, em face do êxito das ações, foi publicada a Medida Provisória n. 201, de 23.7.2004 (DOU de 26.07.2004), reconhecendo o direito dos segurados à revisão e propondo Acordo Administrativo para o feito. Aqueles que possuem ação ajuizada igualmente podem optar pela desistência da mesma e formalização do referido acordo, se mais vantajoso.

Obs.: A Instrução Normativa INSS n. 120, de 6.6.2005 (DOU de 9.6.2005) disciplina sobre a revisão administrativa dos benefícios em razão do IRSM, bem como o pagamento dos atrasados.

Observe-se, no entanto, que não possuem direito à citada revisão os benefícios que tenham sido precedidos por outros cujas datas de início sejam anteriores a fevereiro de 1994, inclusive. Tal fato pode ocorrer com a Pensão por Morte e Aposentadoria por Invalidez, por exemplo.

3. FATOR PREVIDENCIÁRIO

Trata-se de uma fórmula matemática que leva em consideração a idade do segurado no momento da aposentadoria, sua expectativa de vida (divulgada pelo IBGE) e o tempo de contribuição existente para a Previdência Social, e cujo resultado deverá utilizado no cálculo do salário-de-benefício, como observado no subitem 2.2 deste Capítulo.

É a fórmula a ser utilizada, constante do Anexo da Lei n. 8.213/91:

$$f = \frac{Tc \times a}{Es} \times \left[1 + \frac{(Id + Tc \times a)}{100} \right]$$

onde:

f = fator previdenciário;

Es = expectativa de sobrevida no momento da aposentadoria;

Tc = tempo de contribuição até o momento da aposentadoria;

Id = idade no momento da aposentadoria;

a = alíquota de contribuição correspondente a 0,31.

A expectativa de sobrevida do segurado na idade da aposentadoria será obtida a partir da tábua completa de mortalidade, construída pela Fundação Instituto Brasileiro de Geografia e Estatística — IBGE, para toda a população brasileira, considerando-se a média nacional única para ambos os sexos. Publicada a tábua de mortalidade (por meio de Resolução, geralmente em dezembro de cada ano), os benefícios previdenciários requeridos a partir dessa data considerarão a nova expectativa de sobrevida. As tábuas utilizadas podem ser conferidas na Parte VII desta obra.

A alíquota (a) de 0,31 trata de simples convenção matemática. A justificativa do legislador, para atingir o resultado desejado, é que seria tal expressão numérica a soma da contribuição patronal incidente sobre a folha de pagamento (11%) e a alíquota máxima de contribuição dos segurados empregados (11%).

Por fim, importa esclarecer que os cálculos deverão ser efetuados, preferencialmente, com a utilização de quatro casas decimais.

Obs.: Quando do benefício de aposentadoria por idade é garantida ao segurado a opção pela não aplicação do fator previdenciário. O INSS fará os dois cálculos, adotando-se, logicamente, o mais vantajoso para o segurado.

3.1. Idade

A idade do segurado, quando do requerimento do benefício de Aposentadoria, deverá ser transformada em dias, considerando-se o ano como de 365 dias. Obtido o número de dias correspondentes, o montante deverá ser novamente convertido em idade, com simples divisão por 365.

Tal critério permite maior justiça quando da elaboração do cálculo do fator previdenciário, cabendo-nos citar, por exemplo, a seguinte hipótese:

- segurado com 54 anos, 7 meses e 10 dias = [(54 x 365 dias) + (7 x 30 dias) + 10 dias] = 19.930 dias : 365 = **54,6027**

3.2. Tempo de contribuição

Igualmente como ocorre com a idade, também o tempo de contribuição do segurado deverá ser convertido em dias e, posteriormente, reconvertido em tempo de contribuição. O ano deverá ser considerado como de 365 dias para este cálculo.

Assim, por exemplo, para um segurado com 35 anos, 6 meses e 25 dias de contribuição deverá ser efetuada a seguinte conversão:

- [(35 x 365 dias) + (6 x 30 dias) + 25 dias] = 12.980 dias : 365 = **35,5616**.

É importante observar, ainda, que, para efeito da aplicação do fator previdenciário, ao tempo de contribuição do segurado serão adicionados:

a) cinco anos, quando se tratar de mulher; ou

b) cinco ou dez anos, quando se tratar, respectivamente, de professor ou professora, que comprovem exclusivamente tempo de efetivo exercício das funções de magistério na educação infantil e no ensino fundamental e médio.

3.3. Implantação gradual até dezembro/2004

O resultado da fórmula do fator previdenciário somente teve eficácia total sessenta meses após a publicação da Lei n. 9.876/99, o que ocorreu somente em dezembro/2004. É a redação do art. 5º da Lei n. 9.876/99, *in verbis*:

> "Art. 5º Para a obtenção do salário-de-benefício, o fator previdenciário de que trata o art. 29 da Lei n. 8.213, de 1991, com a redação desta Lei, será aplicado de forma progressiva, incidindo sobre um sessenta avos da média aritmética de que trata o art. 3º desta Lei, por mês que se seguir a sua publicação, cumulativa e sucessivamente, até completar sessenta avos da referida média."

Assim, por decisão do Congresso Nacional, que entendeu conveniente uma implantação gradativa do fator previdenciário, subsistiu até 12/2004 uma implantação gradual e sucessiva de 1/60 (um sessenta avos) por mês do resultado obtido.

Para facilitar o cálculo o INSS desenvolveu, então, a seguinte fórmula matemática:

SB = x	1ª Parcela	2ª Parcela
	$\frac{f \cdot X \cdot M}{60}$	$M \cdot \frac{(60 - M)}{60}$

onde:

f = fator previdenciário;

X = número equivalente às competências transcorridas a partir do mês de novembro de 1999;

M = média aritmética simples dos salários-de-contribuição corrigidos mês a mês.

Assim, por exemplo, na hipótese de um fator previdenciário ser equivalente a 0,7000 e a média do salário-de-contribuição ser de R$ 1.000,00, com solicitação do benefício em dezembro/03, o valor do benefício de Aposentadoria por Tempo de Contribuição será:

SB =	1ª Parcela	2ª Parcela
	$0{,}7000 \cdot 49 \cdot 1000{,}00$	$1000{,}00 \cdot \frac{(60 - 49)}{60}$

SB = 571,69 + 183,33

SB = 755,02

Somente para fins comparativos, se não houvesse implantação gradual do fator previdenciário, e se tomarmos os mesmos dados exemplificativos, teríamos como valor do benefício de Aposentadoria por Tempo de Contribuição:

SB = 1.000,00 x 0,7000

SB = R$ 700,00

Obs.: Para os benefícios com início nos meses de novembro e dezembro de 1999, a fração referida na primeira parcela será considerada igual a um sessenta avos (1/60).

Fundamentação: Lei n. 8.213/91, art. 29, §§ 7º a 9º; Decreto n. 3.048/99, art. 32, §§ 11 a 14.

3.4. Inconstitucionalidade

Da fórmula de cálculo do fator previdenciário podemos observar que o legislador ordinário utilizou dois critérios distintos em único cálculo, quais sejam: idade (e conseqüente sobrevida) e tempo de contribuição.

Não se trata de afirmar que o legislador impôs idade mínima para a aposentadoria por tempo de contribuição, mas de exigir uma idade mínima, sim, para que esta aposentadoria corresponda ao valor integral. Isto porque, para que o benefício corresponda ao exato valor da média aritmética, era necessário, em 12/99, que o segurado tivesse 35 anos de contribuição e, simultaneamente, 59 anos de idade. Caso estivesse com idade inferior, o resultado do fator seria inferior ao algarismo "1", prejudicando, assim, o valor mensal do benefício previdenciário.

Ao considerar conjuntamente, em único cálculo, a idade, a sobrevida e o tempo de contribuição do segurado, o legislador adotou comando estranho ao disposto no § 7º do artigo 201 da Carta Constitucional, com redação dada pela Emenda Constitucional n. 20/98. Tal dispositivo constitucional prevê APENAS DUAS modalidades de aposentação, que não se efetivam cumulativamente: aposentadoria por idade e aposentadoria por tempo de contribuição. Confira-se:

> "Art. 201 — A previdência social será organizada sob a forma de regime geral, de caráter contributivo e de filiação obrigatória, observados critérios que preservem o equilíbrio financeiro e atuarial, e atenderá, nos termos da lei, a:
>
> ...
>
> § 7º — É assegurada aposentadoria no regime geral de previdência social, nos termos da lei, obedecidas as seguintes condições:
>
> I — trinta e cinco anos de contribuição, se homem, e trinta anos de contribuição, se mulher;
>
> II — sessenta e cinco anos de idade, se homem, e sessenta anos de idade, se mulher, reduzido em cinco anos o limite para os trabalhadores rurais de ambos os sexos e para os que exerçam suas atividades em regime de economia familiar, nestes incluídos o produtor rural, o garimpeiro e o pescador artesanal.
>
> ..."

Em face das disposições constitucionais, o legislador ordinário, ao fixar o critério de cálculo dos benefícios, não poderia considerar idade e tempo de contribuição em único cálculo, mas utilizar tais critérios de forma distinta, sem exigência cumulativa destas realidades.

Ao prever aposentadoria por idade, a Constituição Federal impôs o requisito idade aos segurados do sistema para a concessão do referido benefício e na aposentadoria integral por tempo de contribuição impôs tão somente o tempo de contribuição de 35 anos para homens e 30 anos para mulheres (sem o requisito idade).

Exigir tais requisitos cumulativamente, ainda que no cálculo do benefício, é impor ao segurado que possui o tempo de contribuição já completo também o implemento da idade mínima, sob pena de, se não o fizer, ter seu benefício reduzido na renda mensal. Quanto mais novo o segurado no momento do requerimento do benefício, maior o prejuízo em sua renda mensal.

Cidadãos em situação idêntica quanto ao tempo de contribuição (35 anos para os homens e 30 para as mulheres) terão, assim, fatores previdenciários diferenciados, o que levará a rendas mensais também diferentes, posto que os requisitos idade e sobrevida são utilizados no cálculo da Aposentadoria por Tempo de Contribuição.

Note-se, ainda, que tal inconstitucionalidade não pode ser abonada com a suposta alegação de que os critérios adotados no § 7º do art. 29 da Lei n. 8.213/91 e a fórmula do fator previdenciário se justificam para preservar o "equilíbrio financeiro e atuarial" do sistema previdenciário, posto que a Constituição Federal, em seu artigo 201, § 7º, não consigna, em momento algum, a utilização conjunta dos requisitos idade, sobrevida e tempo de contribuição. Ao contrário, fixa tais critérios para aposentadorias distintas, utilizados igualmente de forma distinta, sem concomitância. E dita, ainda, no § 1º, ser vedada a adoção de requisitos e critérios diferenciados quando da concessão dos benefícios de aposentadoria, *in verbis*:

> "Art. 201 — ...
>
> ...
>
> § 1º É vedada a adoção de requisitos e critérios diferenciados para a concessão de aposentadoria aos beneficiários do regime geral de previdência social, ressalvados os casos de atividades exercidas sob condições especiais que prejudiquem a saúde ou a integridade física e quando se tratar de segurados portadores de deficiência, nos termos definidos em lei complementar.
>
> ..."

O que faz o § 6º do art. 29 da Lei n. 8.213/91 (em face da redação conferida pela Lei n. 9.876/99) é, no entanto, o contrário das disposições constitucionais sobre o tema, submetendo a concessão integral da aposentadoria por tempo de contribuição à satisfação de requisitos e critérios distintos, resultantes da combinação do elemento idade, da taxa de sobrevida e do tempo de contribuição.

Para melhor compreensão da situação posta, tomemos como exemplo um segurado que sempre contribuiu pelo teto máximo permitido no período básico de cálculo (julho/1994 a agosto/2006). A média aritmética deste segurado, já com a exclusão dos 20% menores valores (conforme art. 3º da Lei n. 9.876/99) resultou, portanto, na quantia de R$ 2.469,14 (dois mil, quatrocentos e sessenta e nove reais e quatorze centavos). Consideremos, na seqüência, que este segurado, do sexo masculino, tenha completado os 35 anos de contribuição e possua idade de 55 anos (começou a trabalhar e contribuir para o sistema desde os 20 anos de idade). O cálculo do fator, portanto, foi o seguinte:

$$f = \frac{35 \,.\, 0{,}31}{24{,}4} \,.\, \left\{1 + \left[\frac{55 + (35 \,.\, 0{,}31)}{100}\right]\right\}$$

$$f = 0{,}4446 \,.\, \{1 + 0{,}6585\}$$

$$f = 0{,}4446 \,.\, 1{,}6585$$

$$f = 0{,}7373$$

Assim, o benefício "integral" deste segurado correspondeu à quantia de *R$ 1.820,49* (um mil, oitocentos e vinte reais e quarenta e nove centavos), resultado da multiplicação da média encontrada pelo fator previdenciário.

No entanto, um segundo exemplo demonstra a inconstitucionalidade da referida fórmula, inclusive no sentido da isonomia de tratamento entre os segurados que implementaram os mesmos requisitos à aposentadoria. Tomemos, agora, a mesma média aritmética pelo teto máximo (valor de R$ 2.469,14, conforme cálculos anexos) e também *o mesmo tempo de 35 anos*, mas um segurado com idade de 65 anos, posto que começou a trabalhar e a contribuir para os cofres previdenciários somente aos 30 anos de idade. Para este segurado, o fator foi de:

$$f = \frac{35 . 0,31}{17,3} . \{1 + [\frac{65 + (35 . 0,31)}{100}]\}$$

$$f = 0,6271 . \{1 + 0,7585\}$$

$$f = 0,6271 . 1,7585$$

$$f = 1,1027$$

Neste segundo exemplo, portanto, a aposentadoria integral do segurado correspondeu a *R$ 2.722,85*, resultado da multiplicação da média pelo correspondente fator previdenciário.

Note-se, no entanto, que ambos os segurados (exemplo 1 e exemplo 2) trabalharam o mesmo período — 35 anos — e contribuíram pelo mesmo período e pelos mesmos valores para os cofres previdenciários. Ambos teriam direito, conforme § 7º do art. 201 da Carta Constitucional, à obtenção da aposentadoria *integral*. Como dizer, portanto, que a aposentadoria integral foi concedida ao primeiro segurado, posto que o cálculo criado pela Lei n. 9.876/99 utiliza a idade como requisito a esta integralidade?

O segurado que começou a trabalhar mais cedo (porque, naquela época, tal fato não era prejudicial à sua aposentadoria) ficou prejudicado em R$ 902,36 e contribuiu pelos mesmos valores e pelo mesmo período de tempo que o segurado que iniciou suas contribuições mais tarde, com idade mais avançada.

Não pode, pois, estar correto o argumento de que o fator não interfere no requisito da aposentadoria, determinando simplesmente a fórmula de cálculo atuarial, tendo sido esse, infelizmente, o argumento do Supremo Tribunal Federal ao decidir liminarmente na Ação Direta de Inconstitucionalidade n. 2.111. Ele interfere sim, colocando a idade como requisito "essencial" para obtenção do valor integral, o que fere as disposições constitucionais sobre o tema (a aposentadoria proporcional foi extinta pela EC n. 20/98, permanecendo somente o benefício integral).

Um cálculo realmente "atuarial" deveria levar em consideração o histórico contributivo de cada segurado, ou seja, o *quantum* conseguiu acumular com suas contribuições mensais para o sistema e sua real (ou mais bem aproximada) expectativa de sobrevida, assim informando o tempo em que utilizará o benefício pago pelo Regime Previdenciário. Um cálculo verdadeiramente "atuarial" não utilizaria referencial constante em 0,31 e nem tampouco teria que minimizar perdas, o que fez a Lei n. 9.876/99 ao adotar progressivamente o fator (razão de 1/60 ao mês) e também ao fazer acrescentar tempo de contribuição para mulheres e professores.

Por tais razões, entendo pela inconstitucionalidade do fator previdenciário, devendo ser o salário-de-benefício, para fins de Aposentadoria por Tempo de Contribuição, tão-somente o resultado encontrado da média dos salários-de-contribuição. O fator previdenciário, instituído pela Lei n. 9.876/99, fere as disposições constantes do § 7º do art. 201 da Constituição Federal de 1988, bem como também as disposições do § 1º, posto que institui critérios diferenciados para segurados em iguais condições. Fere, na seqüência, também o princípio da isonomia, constante do artigo 5º, *caput*, da Carta Constitucional.

4. VALORES CONSIDERADOS PARA APURAÇÃO DO SALÁRIO-DE-BENEFÍCIO

Serão utilizados no cálculo do salário-de-benefício (para cálculo da média aritmética) os valores considerados como salário-de-contribuição dos segurados, com exceção do décimo terceiro salário.

Prática não admitida em nosso ordenamento jurídico, no entanto, é a majoração do salário-de-contribuição de segurados empregados com finalidade única de aumentar o valor do benefício previdenciário a ser requerido, de forma que o INSS somente admitirá os seguintes aumentos:

a) aquele homologado pela Justiça do Trabalho;

b) aquele resultante de promoção regulada por normas gerais da empresa, admitida pela legislação do trabalho;

c) aquele resultante de sentença normativa ou de reajustamento salarial obtido pela categoria profissional respectiva.

Todos os salários-de-contribuição utilizados no cálculo do salário-de-benefício serão reajustados, mês a mês, de acordo com a variação integral do índice definido em lei para essa finalidade, referente ao período decorrido a partir da primeira competência do salário-de-contribuição que compõe o período básico de cálculo até o mês anterior ao do início do benefício, de modo que preserve os seus valores reais. O Ministério da Previdência Social publica mensalmente uma Portaria com a divulgação dos coeficientes de atualização monetária a serem utilizados para esta finalidade, estando os índices também disponíveis na página eletrônica do referido Ministério, dentro do ícone "Legislação".

Conforme disposições constantes da Lei n. 10.887/04 (art. 12), que acrescenta à Lei n. 8.213/91 o art. 29-B, os salários-de-contribuição considerados no cálculo do valor do benefício deverão ser corrigidos, mês a mês, de acordo com a variação integral do Índice Nacional de Preços ao Consumidor — INPC, calculado pela Fundação Instituto Brasileiro de Geografia e Estatística — IBGE.

Cumpre ainda observar as seguintes regras:

• Se, no período básico de cálculo, o segurado tiver recebido benefício por incapacidade, considerar-se-á como salário-de-contribuição, no período, o salário-de-benefício que serviu de base para o cálculo da renda mensal, reajustado nas mesmas épocas e nas mesmas bases dos benefícios em geral, não podendo ser inferior ao salário mínimo nem superior ao limite máximo do salário-de-contribuição.

• Não havendo carência para o benefício (pensão por morte, auxílio-reclusão, etc.) e não havendo salário-de-contribuição no período básico de cálculo, o segurado receberá o valor mínimo de benefício (exceto para salário-família e auxílio-acidente).

• Para os segurados contribuinte individual e facultativo optantes pelo recolhimento trimestral, que tenha solicitado qualquer benefício previdenciário, o salário-de-benefício consistirá na média aritmética simples de todos os salários-de-contribuição integrantes da contribuição trimestral, desde que efetivamente recolhidos.

• No cálculo do salário-de-benefício serão considerados os salários-de-contribuição vertidos para regime próprio de previdência social de segurado oriundo desse regime, após a sua filiação ao Regime Geral de Previdência Social.

Fundamentação: Lei n. 10.887/04, art. 12; Lei n. 8.213/91, art. 29, §§ 3º a 5º; Decreto n. 3.048/99, art. 32, §§ 4º a 7º, 10 e 15 e art. 33.

5. SEGURADOS COM ATIVIDADES CONCOMITANTES

O salário-de-benefício do segurado que contribui em razão de atividades concomitantes será calculado com base na soma dos salário-de-contribuição das atividades exercidas até a data do requerimento ou do óbito ou no período básico de cálculo, observando-se o seguinte:

I) Quando o segurado satisfizer, em relação a cada atividade, as condições para obtenção do benefício requerido, o INSS deverá somar os respectivos salários-de-contribuição (de todos os empregos ou atividades), observando-se o limite máximo em vigor.

II) Quando o segurado não satisfizer as condições exigidas em todas as atividades (múltipla atividade), o salário-de-benefício corresponderá à soma das seguintes parcelas:

a) o salário-de-benefício calculado com base nos salários-de-contribuição das atividades em que completou os requisitos para o benefício; e

b) um percentual da média do salário-de-contribuição de cada uma das demais atividades, equivalente à relação entre o número de meses completo de contribuição e os do período de carência do benefício requerido. O percentual encontrado não pode ser superior a 100% do limite máximo do salário-de-contribuição. Exemplo:

— aposentadoria por idade com carência de 144 contribuições (implementação em 2005)

— empregado com apenas 60 contribuições na atividade “A”

— 60/144 = 0,41 (este é o fator percentual)

Em se tratando de benefício por tempo de contribuição, o percentual será resultante da relação entre os anos completos de atividade e o número de anos de contribuição considerado para a concessão do benefício. Exemplo:

— aposentadoria por tempo de contribuição (homem = 35 anos)

— empregado com 5 anos na atividade "A"

— 5/35 = 0,14 (este é o fator percentual)

Não se trata de cálculo simples mas, ao contrário, extremamente complexo. A regra se encontra prevista no art. 32 da Lei n. 8.213/91 e mantém sua redação original, ignorando as alterações promovidas no cálculo dos benefícios pela Lei n. 9.876/99, fato que dificulta ainda mais sua aplicação.

Para a atividade em que o segurado completou todos os requisitos (atividade como empregado, por exemplo) deve-se fazer o cálculo do salário-de-benefício, ou seja, o cálculo da média dos 80% maiores salários-de-contribuição multiplicado pelo fator previdenciário, nos termos da Lei n. 9.876/99. Para a atividade em que o segurado não completou todos os requisitos (atividade autônoma, por exemplo) deve-se fazer a média simples dos salários-de-contribuição existentes no período básico de cálculo (julho/94 ao mês anterior ao requerimento), sobre a qual deverá ser aplicado o percentual demonstrado nos exemplos acima. A soma do primeiro cálculo (salário-de-benefício) com o segundo (média dos salários-de-contribuição x percentual) será o valor do salário-de-benefício a ser considerado para o benefício pretendido.

No entanto, surge uma situação não prevista no art. 32, em face de ter sido o cálculo dos benefícios alterado em 1999 pela Lei n. 9.876: e se o segurado não completou os requisitos necessários em nenhuma de suas atividades? Pela aplicação literal do dispositivo, teríamos que fazer apenas duas médias dos salários-de-contribuição e multiplicá-las pelos respectivos percentuais, somando os dois resultados encontrados, tão-somente. Não haveríamos que excluir os 20% menores valores e nem mesmo utilizarmos o fator previdenciário, regras que constam do salário-de-benefício previsto pela Lei n. 9.876/99 e que, nessa hipótese, não seriam adotadas.

Cumpre, por fim, observar algumas normas constantes do art. 32 da Lei n. 8.213/91 e também do art. 34 do Decreto n. 3.048/99, quais sejam:

- Estes critérios de cálculo não serão aplicados ao segurado que, em obediência ao limite máximo do salário-de-contribuição, contribuiu apenas por uma das atividades concomitantes, bem como também não serão aplicados ao segurado que tenha sofrido redução dos salários-de-contribuição das atividades concomitantes em respeito ao limite desse salário.
- Quando o exercício de uma das atividades concomitantes se desdobrar por atividades sucessivas, o tempo a ser considerado para os efeitos deste artigo será a soma dos períodos de contribuição correspondentes.
- Na hipótese de o segurado se afastar de uma das atividades antes da data do requerimento ou do óbito, porém em data abrangida pelo período básico de cálculo do salário-de-benefício, o respectivo salário-de-contribuição será computado conforme as normas aqui dispostas.

Fundamentação: Lei n. 8.213/91, art. 32; Decreto n. 3.048/99, art. 34.

Capítulo XXXIV

Renda Mensal do Benefício

1. CONCEITO E PERCENTUAIS

Entende-se por renda mensal do benefício o exato valor da prestação previdenciária a que tem direito o segurado, ou seja, é o valor do benefício a ser percebido, o qual varia conforme a espécie de prestação e o tempo de contribuição efetivamente comprovado.

Assim, a renda mensal dos benefícios de prestação continuada deverá ser calculada aplicando-se sobre o salário-de-benefício os seguintes percentuais:

a) auxílio-doença ou auxílio-doença acidentário: 91% do salário-de-benefício;

b) aposentadoria por invalidez = 100% do salário-de-benefício;

c) aposentadoria por idade = 70% do salário-de-benefício, mais 1% deste por grupo de 12 contribuições mensais, até o máximo de 30%;

d) aposentadoria por tempo de contribuição:

- para a mulher = 100% do salário-de-benefício aos 30 anos de contribuição;
- para o homem = 100% do salário-de-benefício aos 35 anos de contribuição; e
- 100% do salário-de-benefício para o professor aos 30 anos e para a professora aos 25 anos de contribuição e de efetivo exercício em função de magistério na educação infantil, no ensino fundamental ou no ensino médio;

e) aposentadoria especial = 100% do salário-de-benefício;

f) auxílio-acidente = 50% do salário-de-benefício.

Obs.: Para efeito do percentual de acréscimo de que trata a letra "c", acima, assim considerado o relativo a cada grupo de 12 contribuições mensais, presumir-se-á efetivado o recolhimento correspondente, quando se tratar de segurado empregado ou trabalhador avulso.

O valor mensal da pensão por morte ou do auxílio-reclusão será de 100% do valor da aposentadoria que o segurado recebia ou daquela a que teria direito se estivesse aposentado por invalidez na data de seu falecimento. Se na data do óbito o segurado estiver recebendo aposentadoria e auxílio-acidente, o valor mensal da pensão por morte será calculado sem a incorporação do valor do auxílio-acidente.

Após a cessação do auxílio-doença decorrente de acidente de qualquer natureza ou causa, tendo o segurado retornado ou não ao trabalho, se houver agravamento ou seqüela que resulte na reabertura do benefício, a renda mensal será igual a 91% do salário-de-benefício do auxílio-doença cessado, corrigido até o mês anterior ao da reabertura do benefício, pelos mesmos índices de correção dos benefícios em geral.

Nos termos do art. 38 do Decreto n. 3.048/99, para o cálculo do percentual devido a título de Aposentadoria por Idade, considera-se como contribuição mensal não somente os meses em que efetivamente houve o recolhimento aos cofres previdenciários, mas também os períodos considerados como tempo de serviço ou tempo de contribuição para fins de aposentadoria por tempo de contribuição, constantes do art. 55 da Lei n. 8.213/91 ou do art. 60 do Decreto n. 3.048/99.

Fundamentação: Lei n., 8.213/91, art. 33; Decreto n. 3.048/99, arts. 38 e 39.

1.1. Pensão por morte decorrente de acidente do trabalho

Para o benefício de Pensão por Morte decorrente de acidente do trabalho (acidentária), a renda mensal corresponderá ao seguinte percentual:

a) no período de 5.10.1998 a 28.4.1995 = 100% do salário-de-benefício ou do salário-de-contribuição vigente no dia do acidente (o que for mais vantajoso aos dependentes), que serviu de base para o cálculo do auxílio-doença acidentário, reajustado até a Data de Início de Benefício — DIB — da Pensão por Morte;

b) no período de 29.4.1995 a 28.6.1997 (Lei n. 9.032/95) = 100% do salário-de-benefício que serviu de base para o cálculo do auxílio-doença acidentário, reajustado até a Data de Início de Benefício — DIB — da Pensão por Morte;

c) a contar de 29.06.1997 (MP n. 1.523/97, convertida na Lei n. 9.528/97) = 100% do valor da renda mensal da aposentadoria por invalidez que o segurado recebia ou teria direito na data do óbito.

Obs.: Nos casos de concessão de pensão de benefícios precedidos que possuam complementação da renda mensal — Rede Ferroviária Federal S.A. — RFFSA, e Empresa Brasileira de Correios e Telégrafos — ECT, deverá ser verificado e informado somente o valor da parte previdenciária.

Fundamentação: Instrução Normativa INSS n. 20/07, art. 94.

1.2. Salário-maternidade

A renda mensal do benefício de Salário-Maternidade varia conforme a espécie de filiação da segurada ao Regime Geral de Previdência Social, de forma que:

I — Seguradas empregadas: renda mensal equivalente à remuneração devida no mês de seu afastamento (não sujeito ao limite máximo), tomando-se por base as informações constantes do Cadastro Nacional de Informações Sociais — CNIS, a partir de 1º.7.1994. Em se tratando de salário total ou parcialmente variável (comissões, por exemplo), a renda mensal será a resultante da média aritmética simples dos seus 6 últimos salários, apurada de acordo com a lei salarial ou dissídio coletivo da categoria profissional, excetuando-se o 13º salário, o adiantamento de férias e as rubricas isentas de contribuição previdenciária (§ 9º do art. 214 do Decreto n. 3.048/99).

II — Segurada trabalhadora avulsa: renda mensal correspondente ao valor de sua última remuneração integral, equivalente a um mês de trabalho, não sujeito ao limite máximo do salário-de-contribuição.

III — Segurada empregada doméstica: renda mensal correspondente ao valor do seu último salário-de-contribuição, sujeito ao limite máximo do salário-de-contribuição.

IV — Segurada contribuinte individual e facultativa: renda mensal equivalente à média aritmética dos doze últimos salários-de-contribuição, apurados em período não superior a quinze meses, sujeito ao limite máximo do salário-de-contribuição.

V — Segurada especial: renda mensal correspondente ao valor de um salário mínimo.

Obs.: A contar de 29.5.2002, a renda mensal do benefício de salário-maternidade se encontra limitada ao valor do subsídio mensal, em espécie, dos Ministros do STF — Supremo Tribunal Federal (CF/88, art. 248 c/c art. 37, XI).

1.2.1. Empregos concomitantes ou exercício de atividades simultâneas

Na existência de empregos concomitantes ou de atividade simultânea na condição de segurada empregada e contribuinte individual, ela fará jus ao salário-maternidade relativo a cada emprego ou atividade. Não obstante, caso inexistam contribuições na condição de contribuinte individual ou empregada doméstica, em respeito ao limite máximo do salário-de-contribuição como segurada empregada, o benefício será devido apenas nessa condição, no valor correspondente à remuneração integral dela.

Estando a segurada vinculada à Previdência Social na condição de empregada ou trabalhadora avulsa, com remuneração inferior ao limite máximo do salário-de-contribuição e, concomitantemente, exercer atividade que a vincule como contribuinte individual, terá direito ao salário-maternidade na condição de segurada empregada ou trabalhadora avulsa com base na remuneração integral e, quanto ao benefício como segurada contribuinte individual, deverá ser observado:

a) se contribuiu há mais de 10 meses na condição de contribuinte individual, terá direito ao benefício, cujo valor corresponderá a um doze avos da soma dos últimos salários-de-contribuição, apurados em um período não superior a quinze meses, conforme o disposto no inciso III do art. 73 da Lei n. 8.213, de 1991, podendo, inclusive, ser inferior ao salário mínimo;

b) se verteu em contribuições em período inferior à carência exigida de 10 contribuições, não fará jus ao benefício na condição de segurada contribuinte individual.

1.2.2. Filiação como facultativa ou contribuinte individual após extinção de vínculo empregatício

Tendo a segurada se filiado ao RGPS como contribuinte individual ou segurada facultativa após a extinção do vínculo empregatício, e nesta nova filiação estiver contribuindo há menos de 10 meses (carência necessária), a renda mensal do benefício de salário-maternidade deverá, nos termos da Instrução Normativa INSS n. 20/07:

I — Considerar as contribuições como empregada, às quais se somarão às de contribuinte individual ou facultativo e, se completar a carência exigida, fará jus ao benefício, observado o disposto abaixo:

a) o salário-de-benefício consistirá em um doze avos da soma dos últimos salários-de-contribuição, apurados em um período não superior a quinze meses, conforme o disposto no inciso III do art. 73 da Lei n. 8.213, de 1991;

b) no cálculo, deverão ser incluídas as contribuições vertidas na condição de segurada empregada, limitado ao teto máximo de contribuição, no extinto vínculo;

c) na hipótese de a segurada contar com menos de dez contribuições, no período de quinze meses, a soma dos salários-de-contribuição apurada será dividida por doze;

d) se o valor apurado for inferior ao salário mínimo, o benefício será concedido com o valor mínimo.

II — Se, mesmo considerando a filiação do extinto vínculo, não satisfizer o período de carência exigido, não fará jus ao benefício.

1.2.3. Alteração salarial — Revisão do benefício

Ocorrendo alteração salarial enquanto estiver a segurada percebendo o benefício de salário-maternidade, deverá ser ingressado junto ao INSS um pedido de revisão, observando-se que:

a) se o aumento salarial ocorreu desde a Data de Início do Benefício, será efetuada pelo INSS a revisão do benefício;

b) se o aumento salarial ocorreu após a Data de Início do Benefício, deverá ser efetuada não a revisão, mas sim a alteração por meio de Atualização Especial — AE (se o benefício ainda estiver ativo) ou por Pagamento Alternativo de Benefício — PAB, de resíduo (se o benefício estiver encerrado).

1.2.4. Segurada em gozo de auxílio-doença

Estando a segurada em gozo de auxílio-doença quando do requerimento do salário-maternidade, e considerando-se a impossibilidade de acumulação desses benefícios previdenciários, a renda mensal do salário-maternidade corresponderá a:

I — para a segurada empregada com remuneração fixa, ao valor da remuneração que estaria recebendo, como se em atividade estivesse;

II — para a segurada empregada com remuneração variável, à média aritmética simples das seis últimas remunerações recebidas da empresa, anteriores ao auxílio-doença, devidamente corrigidas;

III — para a segurada contribuinte individual, à média dos 12 últimos salários-de-contribuição apurados em período não superior a quinze meses, incluídos, se for o caso, o valor do Salário-Base — SB, do auxílio-doença, reajustado nas mesmas épocas e bases dos benefícios pagos pela Previdência Social.

Obs.: Nas situações previstas nos itens I e II, *supra*, se houve reajuste salarial da categoria após o afastamento do trabalho que resultou no auxílio-doença, caberá à segurada comprovar o novo valor da parcela fixa da respectiva remuneração ou o índice de reajuste, que deverá ser aplicado unicamente sobre a parcela fixa.

Fundamentação: Instrução Normativa INSS n. 20/07, art. 96.

1.3. Segurados especiais

Os segurados especiais possuem direito a benefícios no valor de um salário mínimo ainda que não efetuem contribuições ao sistema previdenciário. Não obstante, caso seja de interesse a percepção de benefício em valor superior, deverá o segurado inscrever-se no Regime Geral de Previdência Social na qualidade de "facultativo", hipótese em que seu benefício deverá ser calculado como o dos demais contribuintes do sistema.

Assim, para os segurados especiais é garantida a concessão, alternativamente:

I — de aposentadoria por idade ou por invalidez, de auxílio-doença, de auxílio-reclusão ou de pensão por morte, no valor de um salário mínimo, desde que comprove o exercício de atividade rural, ainda que de forma descontínua, no período imediatamente anterior ao requerimento do benefício, igual ao número de meses correspondentes à carência do benefício requerido; ou

II — de todo e qualquer benefício previdenciário constante da Lei n. 8.213/91, observados os critérios e a forma de cálculo estabelecidos, desde que contribuam para o sistema previdenciário na qualidade de segurados facultativos.

Para a segurada especial se encontra garantida a concessão do benefício de salário-maternidade, no valor de um salário mínimo, desde que comprove o exercício de atividade rural, ainda que de forma descontínua, nos 10 meses imediatamente anteriores ao do início do benefício.

Fundamentação: Lei n. 8.213/91, art. 25, III, e art. 39; Decreto n. 3.048/99, art. 36, § 7º, e art. 39.

2. LIMITAÇÃO DE VALORES

A renda mensal do benefício de prestação continuada não poderá ter valor inferior ao do salário mínimo nacionalmente vigente (atualmente R$ 415,00) nem superior ao limite máximo do salário-de-contribuição (atualmente R$ 3.038,99), exceto quando de aposentadoria por invalidez que resulte em assistência permanente de outra pessoa (art. 45 da Lei n. 8.213/91).

Exceção se aplica apenas à renda mensal dos benefícios por totalização, concedidos com base em acordos internacionais de previdência social, à qual poderá ter valor inferior ao do salário mínimo.

Fundamentação: Lei n. 8.213/91, art. 33; Decreto n. 3.048/99, art. 35.

3. VALORES CONSIDERADOS NO CÁLCULO

No cálculo do valor da renda mensal do benefício serão computados:

a) para o segurado empregado e o trabalhador avulso, os salários-de-contribuição referentes aos meses de contribuições devidas, ainda que não recolhidas pela empresa, sem prejuízo da respectiva cobrança e da aplicação das penalidades cabíveis;

b) para o segurado empregado, o trabalhador avulso e o segurado especial, o valor mensal do auxílio-acidente, considerado como salário-de-contribuição para fins de concessão de qualquer aposentadoria;

c) para os demais segurados somente serão computados os salários-de-contribuição referentes aos meses de contribuição efetivamente recolhida.

No caso de segurado empregado ou de trabalhador avulso que tenham cumprido todas as condições para a concessão do benefício pleiteado, mas não possam comprovar o valor dos seus salários-de-contribuição no período básico de cálculo, considerar-se-á para o cálculo do benefício, no período sem comprovação do valor do salário-de-contribuição, o valor do salário mínimo, devendo essa renda ser recalculada quando da apresentação de prova dos salários-de-contribuição.

Para o segurado empregado doméstico que, mesmo tendo satisfeito as condições exigidas para a concessão do benefício requerido, não possa comprovar o efetivo recolhimento das contribuições devidas, será concedido o benefício de valor mínimo, devendo sua renda ser recalculada quando da apresentação da prova do recolhimento das contribuições.

Obs.: A renda mensal inicial, recalculada conforme os dois parágrafos acima, deve ser reajustada como a dos benefícios correspondentes com igual data de início e substituirá, a partir da data do requerimento de revisão do valor do benefício, a renda mensal que prevalecia até então. Para fins dessa substituição, o requerimento de revisão deve ser aceito pelo INSS a partir da concessão do benefício em valor provisório e processado quando da apresentação de prova dos salários-de-contribuição ou de recolhimento das contribuições.

Fundamentação: Lei n. 8.213/91, arts. 34 a 37; Decreto n. 3.048/99, arts. 36 e 37.

4. ARREDONDAMENTO DOS VALORES

O INSS obteve autorização pela Medida Provisória n. 2.187-13, de 24.8.2001, para arredondar, para a unidade de real imediatamente superior, os valores em centavos dos benefícios de prestação continuada pagos mensalmente a seus segurados.

Os valores recebidos a maior pelo segurado serão descontados no pagamento da gratificação natalina ou no último benefício, na hipótese de sua cessação.

Fundamentação: Além do instituto legal citado no texto, Decreto n. 3.048/99, art. 154-A.

Capítulo XXXV

Descontos Permitidos na Renda Mensal dos Benefícios

1. DESCONTOS — PERMISSÃO LEGAL OU AUTORIZAÇÃO JUDICIAL

Em face ao princípio da irredutibilidade, aplicado à Seguridade Social, o benefício previdenciário somente poderá sofrer descontos previstos em lei ou autorizados judicialmente.

O benefício, portanto, seja ele concedido ao segurado ou seu dependente, não pode ser objeto de penhora, arresto ou seqüestro, sendo nula de pleno direito sua venda ou cessão, total ou parcial, bem como também a constituição de qualquer ônus sobre ele ou a outorga de poderes irrevogáveis para seu recebimento.

Assim, ao INSS é lícito proceder somente aos seguintes descontos na renda mensal do benefício:

a) contribuições devidas pelo segurado à previdência social;

b) pagamentos de benefícios além do devido;

c) Imposto de Renda Retido na Fonte (IRRF);

d) alimentos decorrentes de sentença judicial;

e) mensalidades de associações e demais entidades de aposentados legalmente reconhecidas, desde que autorizadas por seus filiados. Este desconto ficará, entretanto, na dependência da conveniência administrativa do setor de benefícios do INSS; e

f) pagamento de empréstimos, financiamentos e operações de arrendamento mercantil, públicas e privadas, quando expressamente autorizado pelo beneficiário, até o limite de 30% do valor do benefício.

Com referência ao desconto do Imposto de Renda Retido na Fonte — IRRF, cumpre observar as seguintes disposições:

- Para cálculo do desconto deverão ser aplicadas a tabela e as disposições vigentes estabelecidas pela Receita Federal.
- Não haverá desconto de IRRF quando de pagamentos acumulados ou atrasados, de responsabilidade da Previdência Social, decorrentes de concessão, reativação ou revisão de benefícios previdenciários e assistenciais, seja na esfera administrativa ou judicial, cujas rendas mensais originárias sejam inferiores ao limite de isenção do tributo, sendo reconhecido por rubrica própria. A não incidência do IRRF obedece à decisão da Tutela Antecipada decorrente da Ação Civil Pública n. 1999.61.00.003710-0, movida pelo Ministério Público Federal.
- Encontram-se isentos do desconto de IRRF, em cumprimento à Lei n. 9.250/95, os benefícios de auxílio-doença (acidentário ou não), auxílio-acidente,

aposentadoria por invalidez proveniente de acidente do trabalho e, finalmente, benefícios concedidos a portadores de moléstia profissional, tuberculose ativa, alienação mental, esclerose múltipla, neoplasia maligna, cegueira, hanseníase, paralisia irreversível e incapacitante, cardiopatia grave, doença de Parkinson, espondiloartrose anquilosante, nefropatia grave, estados avançados da doença de Paget (osteíte deformante), contaminação por radiação, Síndrome da Imunodeficiência Adquirida, fibrose cística (mucoviscidose) e hepatopatia grave.

É importante observar que, exceto quanto ao IRRF, o beneficiário deverá ser cientificado, por escrito, dos descontos que serão efetuados pelo INSS, devendo constar da comunicação a origem e o valor do débito.

A restituição de importância recebida indevidamente por beneficiário da previdência social, nos casos comprovados de dolo, fraude ou má-fé, deverá ser feita de uma só vez, atualizada nos moldes do art. 175 do Decreto n. 3.048/99, independentemente de outras penalidades legais. Caso o débito seja originário de erro da previdência social, o segurado, usufruindo benefício regularmente concedido, poderá devolver o valor de forma parcelada, atualizado nos moldes do art. 175 do Decreto n. 3.048/99, devendo cada parcela corresponder, no máximo, a 30% do valor do benefício em manutenção, e ser descontado em número de meses necessários à liquidação do débito.

Se o débito for originário de erro da previdência social e o segurado não usufruir benefício, o valor deverá ser devolvido, com a correção de que trata o art. 175 do Decreto n. 3.048/99, da seguinte forma:

I — no caso de empregado, com a observância do disposto no art. 365 do Decreto n. 3.048/99; e

II — no caso dos demais beneficiários, será observado:

a) se superior a cinco vezes o valor do benefício suspenso ou cessado, no prazo de 60 dias, contados da notificação para fazê-lo, sob pena de inscrição em Dívida Ativa; e

b) se inferior a cinco vezes o valor do benefício suspenso ou cessado, no prazo de 30 dias, contados da notificação para fazê-lo, sob pena de inscrição em Dívida Ativa.

No caso de revisão de benefícios em que resultar valor superior ao que vinha sendo pago, em razão de erro da previdência social, o valor resultante da diferença verificada entre o pago e o devido será objeto de atualização nos mesmos moldes do art. 175 do Decreto n. 3.048/99.

O beneficiário receberá, portanto, e mensalmente, um demonstrativo minucioso das importâncias pagas, onde restará discriminado o valor da mensalidade, as diferenças eventualmente pagas, o período a que se referem e os descontos efetuados.

Fundamentação: Lei n. 8.213/91, arts. 114 a 116; Lei n. 10.820/03; Decreto n. 3.048/99, arts. 154 e 155; Instrução Normativa INSS n. 20/07, art. 390.

2. PAGAMENTO DE EMPRÉSTIMOS, FINANCIAMENTOS E OPERAÇÕES DE ARRENDAMENTO MERCANTIL

Nos termos do art. 6º da Lei n. 10.820/03 (com alterações pela Lei n. 10.953/04), os titulares de benefícios de aposentadoria e pensão do Regime Geral de Previdência Social poderão autorizar o Instituto Nacional do Seguro Social — INSS a proceder aos descontos provenientes de empréstimos, financiamentos e operações de arrendamento mercantil (letra "f" *supra*), bem como autorizar, de forma irrevogável e irretratável, que a instituição financeira na qual recebam seus benefícios retenha, para fins de amortização, valores referentes ao pagamento mensal de empréstimos, financiamentos e operações de arrendamento mercantil por ela concedidos, quando previstos em contrato, nas condições estabelecidas em regulamento, observadas as normas editadas pelo INSS.

Tais descontos, no entanto, se encontram vinculados às seguintes condições:

a) autorização expressa do desconto (valor e número de parcelas) pelo titular do benefício previdenciário;

b) o empréstimo poderá ser concedido por qualquer instituição consignatária, independentemente de ser ou não responsável pelo pagamento de benefício. Caso não seja, o segurado deverá solicitar a alteração da instituição financeira pagadora antes da realização da operação financeira;

Obs.: É vedado ao titular do benefício que realizar operação financeira, por intermédio da instituição financeira responsável pelo pagamento do respectivo benefício, solicitar alteração dessa instituição financeira enquanto houver saldo devedor em amortização. Observe-se, ainda, que a operação financeira deve ser realizada pela própria instituição financeira ou pela sociedade de arrendamento mercantil a ela vinculada, permitida a cessão de créditos autorizada pela Resolução BACEN n. 2.836/2001.

c) a instituição financeira deve manter convênio com o INSS para finalidade específica dessas operações financeiras;

d) os beneficiários somente poderão realizar as operações financeiras se receberem o benefício previdenciário no Brasil;

e) o valor do desconto não deve exceder, no momento da contratação, a trinta por cento do valor disponível do benefício, excluindo Complemento Positivo — CP, Pagamento Alternativo de Benefício — PAB, e décimo terceiro salário, correspondente à última competência emitida, constante no Histórico de Créditos — Hiscre/Sistema de Benefícios — Sisben/Internet.

Para efeito do disposto na letra "e", acima, entende-se por valor disponível do benefício aquele apurado após as deduções das seguintes consignações:

- pagamento de benefícios além do devido;
- imposto de renda;
- pensão alimentícia judicial;
- mensalidades de associações e demais entidades de aposentados legalmente reconhecidas;
- decisão judicial.

A instituição financeira concedente do empréstimo deverá conservar em seu poder, pelo prazo de cinco anos, a contar da data do término do empréstimo, a autorização firmada, por escrito ou por meio eletrônico, pelo titular do benefício, para o empréstimo, financiamento ou operação de arrendamento mercantil.

O titular de benefício poderá autorizar mais de um desconto em favor da mesma instituição consignatária, respeitados o limite consignável e a prevalência de retenção em favor dos contratos mais antigos.

2.1. Benefícios que não podem sofrer o desconto

As consignações provenientes destas operações financeiras não se aplicam aos seguintes benefícios:

I — concedidos nas regras de acordos internacionais para segurados residentes no exterior;

II — pagos por intermédio da Empresa Brasileira de Correios e Telégrafos — ECT;

III — pagos a título de pensão alimentícia;

IV — assistenciais, inclusive os decorrentes de leis especiais;

V — recebidos por meio de representante legal do segurado: dependente, tutelado ou curatelado;

VI — pagos por intermédio da empresa convenente;

VII — pagos por intermédio de cooperativas de créditos que não possuam contratos para pagamento e arrecadação de benefícios.

2.2. Alteração de instituição financeira — Proibição

O segurado que autorizar os descontos em seu benefício previdenciário deverá mantê-lo na instituição financeira em que contratou a operação financeira e para a qual, inclusive, o INSS estará repassando os valores. A manutenção do benefício nesta instituição deverá permanecer enquanto houver parcelas em amortização, exceto por decisão do INSS, nas seguintes situações:

a) quando houver fusão/incorporação bancária, situação em que o benefício será transferido para a instituição financeira incorporadora;

b) mudança de domicílio, sem que no município de destino exista uma agência da matriz bancária;

c) encerramento de agência.

Em se tratando da hipótese consignada na letra "b", *supra*, às instituições financeiras, pagadoras de benefício, que optarem pela modalidade de retenção, será permitida a transferência do benefício para outro município, mantendo a mesma modalidade, desde que neste exista agência bancária da instituição financeira que realizou ou empréstimo, financiamento e operação de arrendamento mercantil. Caso não haja agência bancária da instituição financeira que realizou o empréstimo, financiamento e operação de arrendamento mercantil, será permitida a transferência do benefício para outro município, alterando a modalidade de retenção para consignação.

2.3. Responsabilidade do INSS

A responsabilidade do Instituto Nacional do Seguro Social (INSS) quanto a estes empréstimos e descontos se restringe a:

a) retenção dos valores autorizados pelo beneficiário e repasse à instituição consignatária nas operações de desconto, não cabendo à autarquia responsabilidade solidária pelos débitos contratados pelo segurado; e

b) manutenção dos pagamentos do titular do benefício na mesma instituição financeira enquanto houver saldo devedor nas operações em que for autorizada a retenção, não cabendo à autarquia responsabilidade solidária pelos débitos contratados pelo segurado.

Fundamentação: Lei n. 10.820/03; Lei n. 10.953/04; Lei n. 8.213/91, art. 115; Decreto n. 3.048/99, arts. 153 e 154; Decreto n. 5.180/04; Instrução Normativa INSS n. 20/07, art. 390.

3. DESCONTO EM FOLHA DE PAGAMENTO — SEGURADOS EMPREGADOS

Em se tratando de segurado empregado, que tenha recebido do INSS algum benefício indevido, deverá a empresa empregadora, mediante requisição do INSS, descontar da remuneração paga a seu serviço a importância proveniente de dívida ou de responsabilidade por ele contraída junto à Seguridade Social, relativa a benefícios pagos indevidamente.

Assim, uma vez detectado o pagamento indevido de algum benefício, por erro do INSS ou má-fé do segurado, e não mais encontrando-se esse último em gozo de benefício, o Serviço de Benefício da Agência de Previdência Social — APS deverá, conforme regras do art. 461 da Instrução Normativa INSS n. 20/07:

a) levantar os dados do segurado e de toda a documentação necessária para comprovação do recebimento indevido, formalizando o devido processo administrativo;

b) calcular o montante do débito, corrigindo-o mês a mês, de acordo com art. 175 do RPS (Decreto n. 3.048/99), e cadastrar as informações básicas;

c) verificar se o devedor mantém vínculo com alguma empresa, mediante consulta ao CNIS, à CP, à CTPS ou a outro meio disponível, observando que:

- não havendo vínculo e esgotadas todas as medidas administrativas internas para a cobrança do débito, deverá remeter o processo para a Dívida Ativa da respectiva Procuradoria, que procederá à inscrição e à cobrança judicial;
- havendo vínculo, deverá complementar o processo com informações necessárias ao controle e à cobrança do valor pago indevidamente, encaminhá-lo à Secretaria da Receita Federal do Brasil circunscricionante do endereço da empresa.

O valor a ser descontado mensalmente não poderá ser superior a trinta por cento da remuneração do empregado, salvo nos casos de má-fé.

O descumprimento empresarial dos procedimentos definidos nos artigos anteriores acarretará a aplicação da multa prevista no art. 92 da Lei n. 8.212, de 24 de julho de 1991, combinado com a alínea "c" do inciso I do art. 283 do Regulamento da Previdência Social (Decreto n. 3.048/99).

Fundamentação: Lei n. 8.212/91, art. 91; Decreto n. 3.048/99, art. 365; Instrução Normativa INSS n. 20/07, arts. 461 e 462.

Capítulo XXXVI

Requerimento e Pagamento do Benefício — Formalidades e Critérios

1. REQUERIMENTO

O requerimento de benefício previdenciário deverá, regra geral, ser firmado pelo próprio beneficiário (segurado ou dependente) e, em se tratando do benefício de auxílio-doença, poderá haver o requerimento pela empresa ou sindicato de classe, em nome do segurado, pelo tutor ou curador ou até mesmo por procuração legalmente constituída.

É conveniente informar que, conforme disposição expressa constante do art. 105 da Lei n. 8.213/91, "a apresentação de documentação incompleta não constitui motivo para recusa do requerimento de benefício". Assim, caso o segurado compareça à Agência da Previdência Social — APS e, quando atendido, seja verificado pelo servidor que falta alguma documentação (qualquer que seja esse documento), o protocolo de requerimento deve ser aberto, como forma de garantir, inclusive, a data da solicitação administrativa do benefício. Para a documentação faltante, o servidor deverá emitir uma Carta de Exigência, solicitando o que entender necessário, sempre garantindo ao segurado um prazo mínimo de 30 dias para o cumprimento das solicitações (Instrução Normativa INSS n. 20/07, art. 460).

Nos termos do § 8º do art. 460 da IN n. 20/07, observada a necessidade de retenção de documentos para subsidiar a análise e a conclusão do ato de deferimento ou de indeferimento do benefício, por um prazo não superior a cinco dias, deverá ser expedido, obrigatoriamente, o termo de retenção e de restituição, em duas vias, conforme dispuser orientação interna, sendo a primeira via do segurado e a segunda do INSS e, em caso da identificação de existência de irregularidades na CP ou na CTPS, proceder-se-á de acordo com o disposto no art. 282 do RPS, aprovado pelo Decreto n. 3.048/99, o qual possui a seguinte redação:

> "Art. 282 — A seguridade social, por meio de seus órgãos competentes, promoverá a apreensão de comprovantes de arrecadação e de pagamento de benefícios, bem como de quaisquer documentos pertinentes, inclusive contábeis, mediante lavratura do competente termo, com a finalidade de apurar administrativamente a ocorrência dos crimes previstos em lei.
>
> Parágrafo único. O Instituto Nacional do Seguro Social e a Secretaria da Receita Federal estabelecerão normas específicas para:
>
> I — apreensão de comprovantes e demais documentos;
>
> II — apuração administrativa da ocorrência de crimes;
>
> III — devolução de comprovantes e demais documentos;
>
> IV — instrução do processo administrativo de apuração;
>
> V — encaminhamento do resultado da apuração referida no inciso IV à autoridade competente; e
>
> VI — acompanhamento de processo judicial. "

A assistência de um profissional advogado ou qualquer outro profissional é facultativa e, se existente, será necessário um instrumento de mandato (procuração) contemporâneo, devendo o procurador apresentar junto ao INSS:

a) se profissional liberal (advogado): instrumento de procuração original; Carteira da OAB e CPF;

b) se outro procurador legalmente constituído, não enquadrado como profissional liberal: instrumento de procuração original; documento de identificação e CPF.

Saliente-se, por fim, que a existência de débito relativo a contribuições devidas pelo segurado à Previdência Social não constitui óbice, por si só, para a concessão de benefícios, quando preenchidos todos os requisitos legais para sua concessão, inclusive nas situações em que o período de débito compuser o Período Básico de Cálculo (PBC) do benefício. Não obstante, o débito será comunicado à Secretaria da Receita Federal do Brasil, para as providências necessárias — Instrução Normativa INSS n. 20/07, art. 463.

2. DEFERIMENTO — AVISO DE CONCESSÃO E MEMÓRIA DE CÁLCULO

Sendo deferido o benefício previdenciário, o INSS se encontra obrigado a emitir e enviar ao beneficiário o Aviso de Concessão de Benefício, além da memória de cálculo do valor dos benefícios concedidos (Decreto n. 3.048/99, art. 172).

Atualmente estes documentos podem ser obtidos no site da Previdência Social (*www.mps.gov.br* ou *www.previdenciasocial.gov.br*), o que, no entanto, não desobriga o INSS de encaminhá-los aos beneficiários.

3. PRAZO PARA PAGAMENTO

O primeiro pagamento de renda mensal do benefício deve ser efetuado pelo INSS até 45 dias após a data da apresentação, pelo segurado, da documentação necessária a sua concessão. Este prazo ficará prejudicado somente nos casos de justificação administrativa ou outras providências a cargo do segurado, que demandem a sua dilatação, iniciando-se essa contagem a partir da data da conclusão das mesmas.

Para a determinação da Data da Regularização dos Documentos, o servidor deverá registrar a data em que o segurado ou o representante legal recebeu a carta de exigência e a data de respectivos cumprimento, conclusão de diligência ou homologação da Justificação Administrativa (JA), em cujo cálculo deverão ser acrescidos, à Data de Entrada de Requerimento (DER), os períodos de tempo decorrido entre os seguintes intervalos:

a) do recebimento da carta de exigência até o seu cumprimento;

b) da emissão de Solicitação de Pesquisa Externa ou da Requisição de Diligência até a sua conclusão;

c) da autorização ou do encaminhamento do processo para JA até a sua homologação;

d) da emissão de ofícios ou de comunicações a terceiros até a data de suas respostas.

Caso ocorra atraso no primeiro pagamento, os valores devem ser atualizados monetariamente pela Previdência Social. O índice a ser utilizado é o mesmo adotado para o reajustamento dos benefícios previdenciários, apurado no período compreendido entre o mês em que deveria ter sido pago e o mês do efetivo pagamento.

Até a competência março/2004 o INSS devia efetuar o pagamento mensal dos benefícios até o 10º dia útil do mês seguinte à competência. A partir de abril de 2004, os benefícios passaram a ser pagos do primeiro ao quinto dia útil do mês seguinte ao de sua competência, observada a distribuição proporcional do número de beneficiários por dia de pagamento.

Nos termos da Medida Provisória n. 404/07 (DOU de 12.12.07), os benefícios com renda mensal superior a um salário mínimo devem ser pagos do 1º ao 5º dia útil do mês subseqüente ao de sua competência, observada a distribuição proporcional do número de beneficiários por dia de pagamento. Já os benefícios com renda até um salário mínimo devem ser pagos no período compreendido entre o 5º dia útil que anteceder o final do mês de sua competência e o 5 º dia útil do mês subseqüente, também observando-se distribuição proporcional por dia de pagamento. Nos termos da referida MP, considera-se dia útil aquele de expediente bancário com horário normal de atendimento.

O atraso na data do pagamento (atualmente até o 5º dia útil, como observado) somente será admitido em caso de comprovada inviabilidade operacional e financeira do INSS, retornando-se à regra geral tão logo superadas essas dificuldades.

Fundamentação: Lei n. 8.212/91, art. 41-A, § 5º; Decreto n. 3.048/99, arts. 174 e 175; Instrução Normativa INSS n. 20/07, art. 424.

4. PAGAMENTO MEDIANTE DEPÓSITO EM CONTA CORRENTE

Os benefícios previdenciários podem ser pagos pelo INSS mediante depósito em conta corrente bancária em nome do beneficiário. Sendo os valores depositados e havendo ausência de movimentação dos mesmos pelo beneficiário por prazo superior a 60 (sessenta) dias, os valores dos benefícios remanescentes deverão ser estornados e creditados à Conta Única do Tesouro Nacional, com a identificação de sua origem.

Os benefícios poderão ser pagos, ainda, mediante qualquer outra autorização de pagamento definida pelo INSS.

A Instrução Normativa INSS n. 20/07 garante ao segurado a opção de solicitar a substituição da instituição financeira pagadora do benefício por qualquer outra, para pagamento do benefício mediante crédito em conta corrente, com exceção apenas se o segurado tiver realizado operação de empréstimo com a instituição pagadora e enquanto houver saldo devedor.

Fundamentação: Lei n. 8.212/91, art. 113; Decreto n. 3.048/99, art. 166; Instrução Normativa INSS n. 20/07, art. 414.

5. PAGAMENTO A TERCEIROS — POSSIBILIDADE

Regra geral o benefício será pago diretamente ao beneficiário, sem qualquer intermediação, sendo importante frisar que o segurado e o dependente, com dezesseis anos completos, podem firmar recibo de benefício, independente da presença dos pais ou tutor.

O benefício previdenciário somente poderá ser pago a terceiros em casos de ausência, moléstia contagiosa ou impossibilidade de locomoção do segurado titular, hipóteses em que deverá ser apresentada procuração com poderes específicos, cujo mandato não terá prazo superior a 12 meses, podendo ser renovado ou revalidado pelos setores de benefícios do INSS.

Obs.: A impressão digital do beneficiário incapaz de assinar, aposta na presença de servidor da Previdência Social, vale como assinatura para quitação de pagamento de benefício.

O procurador do beneficiário deverá firmar, ainda, e perante o INSS, um termo de responsabilidade mediante o qual se comprometa a comunicar ao Instituto qualquer evento que possa anular a procuração, principalmente o óbito do outorgante, sob pena de incorrer nas sanções criminais cabíveis.

O INSS apenas poderá se negar a aceitar procuração quando se manifestar indício de inidoneidade do documento ou do mandatário, sem prejuízo, no entanto, das providências que se fizerem necessárias.

O INSS poderá aceitar a constituição de procurador com mais de uma procuração, ou procurações coletivas, como por exemplo nas situações onde os representados pertençam a leprosários, sanatórios, asilos e outros estabelecimentos congêneres, bem como também quando de parentes de primeiro grau.

5.1. Impedimentos

Não poderão ser procuradores os servidores públicos civis ativos e os militares ativos (salvo se parentes até o segundo grau) e os incapazes para os atos da vida civil, ressalvado o disposto no art. 666 do Código Civil. Podem, entretanto, outorgar procuração as pessoas maiores ou emancipadas, no gozo dos direitos civis. É a redação do dispositivo citado:

"Art. 666. O maior de dezesseis e menor de dezoito anos não emancipado pode ser mandatário, mas o mandante não tem ação contra ele senão de conformidade com as regras gerais, aplicáveis às obrigações contraídas por menores."

5.2. Segurados ou dependentes civilmente incapazes

O benefício devido ao segurado ou dependente civilmente incapaz será pago ao cônjuge, pai, mãe, tutor ou curador, admitindo-se, na sua falta e por período não superior a seis meses, o pagamento a herdeiro necessário, mediante termo de compromisso firmado no ato do recebimento. Esse prazo, contudo, pode ser prorrogado por iguais períodos, desde que comprovado o andamento regular do processo legal de tutela ou curatela.

A falta da apresentação do Termo de Tutela ou do Termo de Curatela, no entanto, não impede a concessão ou o pagamento de qualquer benefício do RGPS devido ao segurado ou ao dependente civilmente incapaz, desde que o administrador provisório comprove, por meio de protocolo, o pedido perante a Justiça. Nesta hipótese, deverá ser firmado pelo administrador provisório o Termo de Compromisso, impresso por sistema próprio, que será válido por seis meses, sujeito à prorrogação, desde que comprovado o andamento do respectivo processo judicial.

Obs.: Para efeito de curatela, no caso de interdição do beneficiário, a autoridade judiciária pode louvar-se no laudo médico-pericial da Previdência Social.

O curador ou o tutor igualmente podem outorgar procuração a terceiros para o recebimento do benefício previdenciário, mas somente mediante instrumento público.

5.3. Valores não recebidos em vida pelo segurado

O valor não recebido em vida pelo segurado somente será pago aos seus dependentes habilitados à pensão por morte ou, na falta deles, aos seus sucessores na forma da lei civil, independente de inventário ou arrolamento. Havendo mais de um herdeiro, o pagamento poderá ser efetuado a apenas um deles, mediante declaração de anuência dos demais.

5.4. Procuração

Procuração é o instrumento do mandato, ou seja, é o documento que autoriza alguém a praticar atos em nome de outra pessoa. A pessoa que emite a procuração é denominada outorgante e quem a recebe, outorgado. O documento pode ser particular ou público, sendo exigida a via original pelo INSS.

Obs.: No caso de outorgante ou outorgado não-alfabetizados, o mandato deverá ser por instrumento público, atendendo ao interesse público e ao do beneficiário.

Todas as pessoas maiores de dezoito anos, e as emancipadas, no gozo dos direitos civis, são aptas para outorgar ou receber poderes, exceto os incapazes para os atos da vida civil.

Os servidores públicos e militares, em atividade, somente poderão representar parentes até segundo grau, conforme o disposto nos arts. 1.591 a 1.594 do Código Civil, aprovado pela Lei n. 10.406/02, observando-se que os pais e os filhos são parentes em 1º grau e que os netos, os avós e os irmãos, em 2º grau.

Conforme disposições constantes da Instrução Normativa INSS n. 20/07, o reconhecimento de firma somente será exigido quando houver dúvida de autenticidade. Não obstante, é recomendável este procedimento para que seja evitado qualquer questionamento sobre a regularidade da representação.

Por fim, a procuração deverá ser elaborada com os mesmos requisitos constantes do formulário modelo fornecido pelo INSS (DIRBEN 8067 — Anexo IV da Instrução Normativa INSS n. 20/07), onde deverão constar os seguintes dados, tanto do outorgante quanto do outorgado:

a) nome completo;

b) nacionalidade;

c) estado civil;

d) número da identidade e nome do órgão emissor;

e) CPF;

f) profissão;

g) endereço completo, com nome da rua, da avenida ou da praça, com o número do apartamento ou da casa, com o nome da cidade e do estado e com o número do CEP;

h) indicação do objetivo específico da outorga, assim como a natureza, a designação e a extensão dos poderes conferidos;

i) indicação do período de ausência, com mês e ano, se for o caso de ausência, e indicação do nome do país de destino, se tratar de viagem ao exterior;

j) comprometimento do outorgado, mediante termo de responsabilidade devidamente firmado, em comunicar, no prazo de até trinta dias, sob pena de incursão nas sanções criminais cabíveis, ao INSS o óbito do outorgante ou qualquer outro evento que possa anular a procuração;

l) indicação de data, da Unidade da Federação e da cidade em que for passado.

5.4.1. Procuração firmada no exterior ou em idioma estrangeiro

As procurações firmadas no exterior somente terão efeito no INSS depois de autenticadas pelo Ministério de Relações Exteriores ou consulados. Única exceção se aplica aos instrumentos de mandato oriundos da França, em face da previsão constante no Acordo de Cooperação Judiciária em Matéria Civil, celebrado entre o Governo da República Federativa do Brasil e o Governo da República Francesa, em Paris, em 28.5.1996, promulgado por meio do Decreto n. 3.598/00.

Já as procurações firmadas em idioma estrangeiro deverão ser acompanhadas da respectiva tradução, efetuada por tradutor público juramentado, após a legalização do documento original pela Autoridade Consular Brasileira. Exceção novamente apenas para as procurações oriundas da França, em face do Acordo de Cooperação acima mencionado.

Fundamentação: Lei n. 8.212/91, arts. 109 a 111; Decreto n. 3.048/99, arts. 156 a 165; Instrução Normativa INSS n. 20/07, arts. 424 e 398 a 400.

6. TRANSFERÊNCIA DO PAGAMENTO PARA OUTRO ÓRGÃO MANTENEDOR

O titular do benefício previdenciário pode, se assim desejar, solicitar a transferência de seu pagamento para outro órgão mantenedor, bastando formalizar um pedido junto à Agência da Previdência Social — APS da nova localidade em que reside. Em casos de recebimento por terceiros, deverá ser apresentado novo instrumento de procuração, o qual deverá permanecer arquivado na nova unidade da Previdência Social.

Assim, é recomendável que o beneficiário, ao se mudar, procure imediatamente a Agência da Previdência Social mais próxima de sua nova residência para solicitar a transferência do benefício percebido. Ao procurar a agência o segurado deve ter em mãos o cartão para recebimento do benefício, documentos pessoais e comprovante de residência.

Sendo a mudança para outro logradouro da mesma cidade, o beneficiário deve atualizar apenas o endereço, procedimento este que poderá ser efetuado na própria agência da Previdência, pela Internet ou pelo PREVfone 0800780191.

7. IRREGULARIDADES

O Ministério da Previdência Social — MPS, através de sua autarquia federal, INSS, mantém permanentemente um programa de revisão da concessão e da manutenção dos benefícios previdenciários, a fim de apurar irregularidades e falhas existentes. Para fins de cumprimento deste controle permanente, a Lei n. 10.887/04 acrescentou ao art. 69 da Lei n. 8.212 o § 4º, determinando que o INSS procederá, no mínimo a cada 5 anos, ao recenseamento previdenciário, abrangendo todos os aposentados e pensionistas do regime geral de previdência social.

Sendo verificado algum indício de irregularidade, seja na concessão ou na manutenção do benefício, a Previdência Social encaminhará ao segurado uma notificação do fato, para que este apresente defesa, provas ou documentos de que dispuser, no prazo de 10 dias. Este prazo era, originariamente, de 30 dias, mas foi alterado quando da publicação do Decreto n. 4.729, em 10.6.2003.

A notificação é efetuada via postal, com aviso de recebimento (AR) e, não comparecendo o beneficiário e tampouco apresentando argumentos de defesa, seu benefício será suspenso, também deste ato recebendo notificação.

Decorrido o prazo concedido por esta nova notificação para a apresentação de defesa, sem que tenha havido resposta, ou ainda caso seja considerada pela Previdência Social como insuficiente ou improcedente a defesa apresentada, o benefício será então cancelado definitivamente, dando-se conhecimento desta decisão ao beneficiário.

Fundamentação: Lei n. 8.212/91, art. 69; Lei n. 10.887/04; Decreto n. 3.048/99, art. 179.

Capítulo XXXVII

Reajuste

1. REAJUSTAMENTO — CRITÉRIOS

O reajuste dos benefícios mantidos pela Previdência Social tem por objetivo manter, em caráter permanente, o valor real da data de concessão, em face das perdas inflacionárias existentes.

A Constituição Federal disciplina sobre o reajustamento dos benefícios tanto no art. 194, inciso IV (princípio da irredutibilidade do valor dos benefícios), como também no art. 201, § 4º. No entanto, a Carta Constitucional remete os critérios de reajuste à lei ordinária, conforme podemos observar da redação do referido dispositivo:

> "Art. 201. A previdência social será organizada sob a forma de regime geral, de caráter contributivo e de filiação obrigatória, observados critérios que preservem o equilíbrio financeiro e atuarial, e atenderá, nos termos da lei, a:
>
> ...
>
> § 4º É assegurado o reajustamento dos benefícios para preservar-lhes, em caráter permanente, o valor real, conforme critérios definidos em lei.
>
> ..."

É a Lei n. 8.213/91 que, por sua vez, garante o reajuste anual, de forma que preserve o valor real do benefício previdenciário através da aplicação de um percentual de correção com base na variação de preços de produtos necessários e relevantes, podendo ser utilizados índices divulgados pelo IBGE ou de instituição congênere de reconhecida notoriedade, como, por exemplo, a FGV — Fundação Getúlio Vargas.

É interessante verificarmos, ainda, que a Lei n. 8.213/91 delegava a escolha do índice de reajustamento ao Regulamento da Previdência Social, aprovado pelo Decreto n. 3.048/99. Confira-se:

> "Art. 41. Os valores dos benefícios em manutenção serão reajustados a partir de 2004, na mesma data de reajuste do salário mínimo, *pro rata*, de acordo com suas respectivas datas de início ou do seu último reajustamento, com base em percentual definido em regulamento, observados os seguintes critérios:
>
> I — preservação do valor real do benefício;
>
> II — (Inciso revogado pela Lei n. 8.542, de 23.12.1992).
>
> III — atualização anual;
>
> IV — variação de preços de produtos necessários e relevantes para a aferição da manutenção do valor de compra dos benefícios.
>
> ..."

Note-se que o legislador não fixava o índice inflacionário a ser utilizado para o reajuste, podendo ser adotado qualquer dos percentuais calculados por entidades idôneas, como, por exemplo, o IBGE ou a FGV. O Regulamento da Previdência Social transferia a responsabilidade pela fixação do indexador ao Poder Executivo, conforme podemos observar da redação constante do § 1º do art. 40.

> "**Art. 40.** É assegurado o reajustamento dos benefícios para preservar-lhes, em caráter permanente, o valor real da data de sua concessão.
>
> § 1º Os valores dos benefícios em manutenção serão reajustados, de acordo com suas respectivas datas de início, com base em *percentual definido em decreto do Poder Executivo* para essa finalidade, desde a data de concessão do benefício ou do seu último reajustamento.
>
> ..." (Grifo nosso)

Com a publicação da Medida Provisória n. 316/06, convertida posteriormente na Lei n. 11.430/06, restou revogado o art. 41 da Lei n. 8.213/91 e criado o art. 41-A, o qual determina que o valor dos benefícios deve ser reajustado, anualmente, na mesma data do reajuste do salário mínimo, *pro rata*, conforme suas respectivas datas de início ou do último reajustamento, com base no INPC — Índice Nacional de Preços ao Consumidor, apurado e divulgado pelo IBGE. Alterações ocorreram também no Decreto n. 3.048/99 por meio do Decreto n. 6.042/07.

No entanto, o fato de os benefícios serem reajustados na mesma data em que o salário mínimo, os índices não precisam ser equivalentes. Em verdade, já há algum tempo o percentual aplicado para a correção do salário mínimo vem sendo bem superior ao percentual aplicado para a correção dos benefícios previdenciários, gerando perda do poder de compra e, como a Constituição Federal proíbe expressamente a vinculação ao salário mínimo, não há judicialmente o que ser feito para reparar essa desigualdade.

O que acaba ocorrendo, de fato, é que como o valor mínimo dos benefícios previdenciários deve sempre corresponder ao valor do salário mínimo (atualmente R$ 415,00) e como o percentual de reajuste do salário mínimo tem sido superior àquele aplicado aos benefícios previdenciários que possuem valor superior, os segurados que sempre contribuíram com valores mínimos acabam recebendo reajuste superior àqueles que sempre contribuíram com valores superiores, de forma que desvaloriza, constante e sucessivamente, o valor real dos benefícios.

Aplicado o reajuste, nenhum benefício poderá ser superior ao limite máximo do salário-de-contribuição (atualmente R$ 3.038,99), nem inferior ao valor de um salário mínimo (R$ 415,00). Exceção se aplica, tão-somente, ao auxílio-acidente, ao abono de permanência em serviço, ao auxílio suplementar, ao salário família e à parcela a cargo do RGPS dos benefícios por totalização (concedidos com base em acordos internacionais de previdência social), hipóteses em que poderá o valor mensal ser inferior ao do salário mínimo vigente.

Obs.: Todo e qualquer benefício concedido pelo INSS, repita-se, ainda que à conta do Tesouro Nacional, submete-se ao limite máximo do salário-de-contribuição.

Fundamentação: Lei n. 8.213/91, art. 41-A; Decreto n. 3.048/99, arts. 40 a 42.

2. CÁLCULO DO SALÁRIO-DE-BENEFÍCIO — MÉDIA SUPERIOR AO LIMITE MÁXIMO DO SALÁRIO-DE-CONTRIBUIÇÃO

Para o cálculo do salário-de-benefício é efetuada média aritmética das contribuições existentes a contar da competência julho/94, e até o mês anterior ao requerimento do benefício previdenciário pelo segurado.

Caso a média apurada supere o valor do limite máximo do salário-de-contribuição vigente no mês de início do benefício (atualmente R$3.038,99) a diferença percentual entre a média e o referido limite deverá ser incorporada ao valor do benefício, juntamente com o primeiro reajuste após a concessão. No entanto, e ainda com a aplicação deste reajuste adicional, o valor do benefício não poderá superar o teto máximo do salário-de-contribuição vigente à época de sua concessão.

Exemplo:

- Benefício de Aposentadoria por Invalidez
- Limite máximo do salário-de-contribuição vigente em 06/03 = R$ 1.869,34
- Média aritmética encontrada para o cálculo do SB = R$ 2.069,34
- Diferença percentual entre a média e o limite máximo = 10,69%
- Reajuste concedido aos benefícios em 05/2004 = 4,53%
- Reajuste adicional em face da superação da média = 10,69%
- Reajuste total a ser aplicado ao benefício = 15,22%
- Valor do benefício reajustado = R$ 2.384,29 (o teto máximo em 05/2004 é de R$ 2.508,72)

Fundamentação: Constituição Federal, arts. 194 e 201; Lei n. 8.213/91, art. 41; Decreto n. 3.048/99, arts. 40 a 42 e 181.

Capítulo XXXVIII

Prestações Previdenciárias

1. BENEFÍCIOS E SERVIÇOS

Como observado nesta Parte V, Capítulo XXXI, o Regime Geral de Previdência Social — RGPS compreende a concessão de oito benefícios para seus segurados e dois benefícios para os dependentes, além do serviço de reabilitação profissional.

Para o segurado do sistema são, portanto, oferecidos três benefícios por incapacidade (aposentadoria por invalidez, auxílio-doença e auxílio-acidente), três aposentadorias (idade, tempo de contribuição e especial) e dois benefícios que protegem a entidade familiar (salário família e salário-maternidade). Para os dependentes existem os benefícios de pensão por morte e auxílio-reclusão.

Fundamentação: Lei n. 8.213/91, art. 18; Decreto n. 3.04/99, arts. 25 e 173.

2. APOSENTADORIA POR INVALIDEZ

2.1. Requisitos necessários à obtenção do benefício

O benefício de Aposentadoria por Invalidez será concedido ao segurado que, estando ou não em gozo de auxílio-doença, for considerado incapaz para o trabalho e insuscetível de reabilitação para o início de atividade que lhe garanta a subsistência, sendo-lhe pago enquanto permanecer nessa condição.

São beneficiários da Aposentadoria por Invalidez todos os segurados do RGPS, sendo que a concessão desse benefício dependerá, portanto, da verificação da condição de incapacidade, mediante exame-médico-pericial a cargo da previdência social, podendo o segurado, às suas expensas, fazer-se acompanhar de médico de sua confiança.

Em face do exposto podemos destacar como requisitos à concessão da Aposentadoria por Invalidez:

a) esteja o interessado na qualidade de "segurado" do Regime Geral de Previdência Social, ainda que dentro do "período de graça";

b) esteja o segurado incapaz para o exercício da atividade profissional (qualquer atividade), seja esta incapacidade decorrente de doença ou acidente de qualquer espécie;

c) seja a incapacidade insuscetível de reabilitação, ou seja, não seja visualizada a reabilitação para o trabalho anteriormente executado ou a inadaptação para atividade diversa.

Note-se que a percepção pregressa do benefício de auxílio-doença se faz dispensável. Na prática, o segurado comparece à APS — Agência da Previdência Social munido de documentos pessoais e do atestado médico com indicação do afastamento da atividade profissional. O servidor atendente abrirá então um protocolo de benefício e agendará data e hora para a perícia médica, quando então o segurado será examinado. O médico perito do INSS será então o responsável por indicar se a incapacidade para o trabalho se mostra temporária ou definitiva; sendo temporária, será concedido o benefício de auxílio-doença e sendo definitiva, sem visualização de reabilitação ou habilitação para atividade diversa, deve ser concedido o benefício de Aposentadoria por Invalidez, o que raramente ocorre e que suscita inúmeras ações judiciais.

É importante observar que a doença ou lesão de que o segurado já era portador ao filiar-se ao Regime Geral de Previdência Social não lhe conferirá direito à aposentadoria por invalidez, salvo quando a incapacidade sobrevier por motivo de progressão ou agravamento dessa doença ou lesão. Assim, o segurado pode até estar acometido da enfermidade na data de sua filiação (AIDS, por exemplo) mas não pode encontrar-se incapacitado para o exercício de atividade profissional. Para o direito à concessão da Aposentadoria por Invalidez, portanto, é necessário que o afastamento, ou seja, a incapacidade para o trabalho, seja posterior à data de filiação do segurado ao sistema previdenciário, ainda que o início da enfermidade seja anterior a essa data.

A concessão da Aposentadoria por Invalidez em decorrência de doença mental se encontra condicionada à apresentação do termo de curatela, ainda que provisório.

2.2. Carência

Sendo a concessão do benefício decorrente de acidente de qualquer natureza ou causa, ou ainda nos casos de segurado que, depois de filiar-se ao RGPS, foi acometido de alguma das doenças ou afecções especificadas em lista do Ministério da Previdência Social consideradas graves, não será necessário o cumprimento de carência. São as enfermidades relacionadas pelo referido Ministério, constantes da Portaria Interministerial MPAS/MS n. 2.998/01:

a) tuberculose ativa;

b) hanseníase;

c) alienação mental;

d) neoplasia maligna;

e) cegueira;

f) paralisia irreversível e incapacitante;

g) cardiopatia grave;

h) doença de Parkinson;

i) espondiloartrose anquilosante;

j) nefropatia grave;

l) estado avançado da doença de Paget (osteíte deformante);

m) síndrome da deficiência imunológica adquirida — Aids;

n) contaminação por radiação, com base em conclusão da medicina especializada; e

o) hepatopatia grave.

Sendo o benefício decorrente de qualquer outra enfermidade, a carência a ser comprovada pelo segurado será de 12 contribuições mensais. O segurado especial deverá comprovar 12 meses de efetivo exercício na atividade.

Maiores informações sobre carência, ver Parte V, Capítulo XXXII, desta obra.

2.3. Renda mensal do benefício — Início do pagamento

A aposentadoria por invalidez consiste numa renda mensal equivalente a 100% (cem por cento) do salário-de-benefício e será devida a contar do dia imediato ao da cessação do auxílio-doença, se existente.

Concluindo, entretanto, a perícia médica inicial pela existência de incapacidade total e definitiva para o trabalho, a aposentadoria por invalidez será devida:

a) ao segurado empregado a contar do décimo sexto dia do afastamento da atividade ou a partir da data da entrada do requerimento, se entre o afastamento e a entrada do requerimento decorrerem mais de 30 dias; e

b) ao segurado doméstico, contribuinte individual, trabalhador avulso, especial ou facultativo, a contar da data do início da incapacidade ou da data da entrada do requerimento, se entre essas datas decorrerem mais de 30 dias.

Durante os primeiros quinze dias de afastamento consecutivos da atividade por motivo de invalidez, caberá à empresa pagar ao segurado empregado o salário.

2.3.1. Acréscimo de 25%

Desde a data de 5.4.1991, necessitando o segurado da assistência permanente de outra pessoa, em decorrência da enfermidade de que seja portador, a renda mensal do benefício de Aposentadoria por Invalidez será acrescida de 25% (vinte e cinco por cento). O Decreto n. 3.048/99 traz uma relação exemplificativa das situações que ensejarão tal acréscimo em seu Anexo I, sendo elas:

a) cegueira total;

b) perda de nove dedos das mãos ou número superior a este;

c) paralisia dos dois membros superiores ou inferiores;

d) perda dos membros inferiores, acima dos pés, quando a prótese for impossível;

e) perda de uma das mãos e de dois pés, ainda que a prótese seja possível;

f) perda de um membro superior e outro inferior, quando a prótese for impossível;

g) alteração das faculdades mentais com grave perturbação da vida orgânica e social;

h) doença que exija permanência contínua no leito;

i) incapacidade permanente para as atividades da vida diária.

Note-se que o acréscimo de 25% será devido ainda que o valor da aposentadoria atinja o limite máximo legal, devendo ser recalculado quando o benefício que lhe deu origem for reajustado. A majoração independe, ainda, da data de início da aposentadoria.

Caso a necessidade de assistência ocorra juntamente com a invalidez, ou seja, que possa ser comprovada na mesma perícia médica realizada para a concessão da aposentadoria, não será necessário requerer o acréscimo de 25%, já que mesmo é parcela acessória do benefício de aposentadoria por invalidez. Assim dispõe, inclusive, a Instrução Normativa INSS n. 20/07, art. 99, § 1º. No entanto, se a necessidade de assistência de terceiros ocorreu após a concessão do benefício, em razão do agravamento da enfermidade, deverá o segurado requerer expressamente o acréscimo de 25% junto ao INSS (mesmo Posto de Atendimento onde foi concedida a aposentadoria), submetendo-se, se for o caso, a nova perícia médica.

O acréscimo cessará com a morte do aposentado, não sendo incorporado ao valor da pensão por morte.

2.4. Avaliações/exames médico-periciais

O segurado aposentado por invalidez se encontra obrigado, a qualquer tempo e independentemente da sua idade, sob pena de suspensão do benefício, a submeter-se a exame médico a cargo da previdência social, processo de reabilitação profissional por ela prescrito e custeado e tratamento dispensado gratuitamente, exceto o cirúrgico e a transfusão de sangue, que são facultativos.

O aposentado por invalidez fica obrigado, ainda, e sob pena de sustação do pagamento do benefício, a submeter-se a exames médico-periciais realizados pelo INSS a cada dois anos, cuja finalidade é avaliar a persistência, atenuação ou o agravamento da incapacidade para o trabalho, alegada como causa de concessão do benefício.

2.5. Recuperação da capacidade de trabalho — Percepção de mensalidade de recuperação e cessação do benefício

O aposentado por invalidez que retornar voluntariamente à atividade terá sua aposentadoria automaticamente cessada, a partir da data do retorno. Nesta hipótese (retorno voluntário) não caberá reavaliação médico-pericial do segurado após o cancelamento de sua aposentadoria. Caso o segurado tenha percebido o benefício indevidamente, por encontrar-se apto ao exercício de atividade profissional, deverão ser devolvidos ao INSS os referidos valores.

Melhor procedimento a ser adotado é a solicitação ao INSS, pelo segurado, de realização de nova avaliação médico pericial porque, caso conclua o médico perito pela recuperação da capacidade laborativa, a aposentadoria será cancelada gradativamente, e não de forma automática como no parágrafo anterior.

Assim, quando o retorno às atividades não se der de forma voluntária, ou seja, quando a alta médica for procedida pela perícia médica do INSS, o benefício de aposentadoria cessará gradativamente, percebendo o segurado uma "mensalidade de recuperação", com observância das seguintes regras:

I — quando a recuperação for total e ocorrer dentro de cinco anos contados da data do início da aposentadoria por invalidez ou do auxílio-doença que a antecedeu sem interrupção, o benefício cessará:

a) de imediato, para o segurado empregado que tiver direito a retornar à função que desempenhava na empresa ao se aposentar, na forma da legislação trabalhista, valendo como documento, para tal fim, o certificado de capacidade fornecido pela previdência social; ou

b) após tantos meses quantos forem os anos de duração do auxílio-doença e da aposentadoria por invalidez, para os demais segurados; e

II — quando a recuperação for parcial ou ocorrer após o período previsto no item I, ou ainda quando o segurado for declarado apto para o exercício de trabalho diverso do qual habitualmente exercia, a aposentadoria será mantida, sem prejuízo da volta à atividade:

a) pelo seu valor integral, durante seis meses contados da data em que for verificada a recuperação da capacidade;

b) com redução de 50%, no período seguinte de seis meses; e

c) com redução de 75%, também por igual período de seis meses, ao término do qual cessará definitivamente.

O segurado que retornar à atividade poderá requerer, a qualquer tempo, novo benefício, tendo este processamento normal. No entanto, cumpre observar o seguinte:

- durante o período de percepção da Mensalidade de Recuperação integral (item I, "b" e item II, "a"), não caberá concessão de novo benefício;

- durante o período de percepção da Mensalidade de Recuperação reduzida (item II, "b" e "c"), poderá ser concedido novo benefício, devendo-se observar que a aposentadoria será: a) restabelecida em seu valor integral se a Perícia Médica concluir pela existência de invalidez até o término da Mensalidade de Recuperação; b) cessada, se o segurado requerer e tiver sido concedido novo benefício durante o período de recebimento da Mensalidade de Recuperação reduzida, sendo facultado ao segurado optar, em caráter irrevogável, entre o benefício e a renda de recuperação.

Note-se, ainda, que os períodos constantes dos itens I, "b", e II — períodos de percepção da Mensalidade de Recuperação — serão considerados como tempo de contribuição, desde que intercalados com períodos de atividade, uma vez que durante este período o segurado mantém sua condição de aposentado por invalidez.

Também nestes períodos (percepção da Mensalidade de Recuperação) será permitido ao segurado o retorno ao trabalho, sem prejuízo do pagamento da referida mensalidade.

Fundamentação: Lei n. 8.213/91, arts. 42 a 47 e 101; Decreto n. 3.048/99, arts. 43 a 50; Instrução Normativa INSS n. 20/07, arts. 100 e 101.

3. APOSENTADORIA POR IDADE

3.1. Requisitos necessários à obtenção do benefício

O benefício de Aposentadoria por Idade será concedido ao segurado que, cumprida a carência exigida, completar sessenta e cinco anos de idade, se homem, e sessenta, se mulher, reduzidos esses limites para sessenta e cinqüenta e cinco anos de idade para os trabalhadores rurais, respectivamente homens e mulheres (empregado rural, autônomo rural, trabalhador avulso rural e segurado especial), bem como para os segurados garimpeiros que trabalhem, comprovadamente, em regime de economia familiar.

Note-se, portanto, serem apenas dois os requisitos necessários à obtenção desse benefício, quais sejam:

a) cumprimento da carência; e

b) implementação da idade mínima.

Trata-se de benefício, a princípio, irreversível e irrenunciável e, desta forma, é aconselhável ao segurado providenciar um estudo detalhado de sua situação previdenciária a fim de identificar o melhor benefício de aposentadoria a ser requerido.

O segurado somente poderá desistir do pedido de aposentadoria se manifestada essa intenção, com pedido expresso de arquivamento definitivo do pedido, anteriormente ao recebimento do primeiro pagamento do benefício e sem que tenha sacado os depósitos existentes na conta vinculada do RGPS com a Carta de Concessão do Benefício. Observe-se a redação do art. 181-B do Decreto n. 3.048/99:

"Art. 181-B — As aposentadorias por idade, tempo de contribuição e especial concedidas pela previdência social, na forma deste Regulamento, são irreversíveis e irrenunciáveis.

Parágrafo único. O segurado pode desistir do seu pedido de aposentadoria desde que manifeste esta intenção e requeira o arquivamento definitivo do pedido antes da ocorrência do primeiro de um dos seguintes atos:

I — recebimento do primeiro pagamento do benefício; ou

II — saque do respectivo Fundo de Garantia do Tempo de Serviço ou do Programa de Integração Social.

3.1.1. Comprovação da idade

A comprovação da implementação da idade pelo segurado deverá ser feita por um dos seguintes documentos:

a) Certidão de Registro Civil de Nascimento ou de Casamento, que mencione a data do nascimento;

b) pelo Título Declaratório de Nacionalidade Brasileira, se segurado naturalizado, Certificado de Reservista, Título de Eleitor e Carteira ou Cédula de Identidade Policial;

c) Carteira de Identidade, Título Eleitoral, Certificado de Reservista, ou qualquer outro documento emitido com base no Registro Civil de Nascimento ou Casamento, desde que constem os dados do registro de nascimento ou casamento e não deixe dúvida quanto à sua validade para essa prova.

Obs.: As certidões de nascimento, devidamente expedidas por órgão competente e dentro dos requisitos legais, não poderão ser questionadas, sendo documentos dotados de fé pública (Código Civil, arts. 217 e 1.064), cabendo ao INSS vindicar estado contrário ao que resulta do registro de nascimento, se comprovada a existência de erro ou falsidade do registro.

A prova de idade dos segurados estrangeiros será feita por certidão de nascimento, certidão de casamento, passaporte, certificado ou guia de inscrição consular ou certidão de desembarque, devidamente autenticados ou, ainda, pela carteira de identidade de estrangeiro tirada na época do desembarque. Na existência de documentos expedidos em idioma estrangeiro será necessária a apresentação da respectiva tradução, efetuada por tradutor público juramentado.

3.1.2. Aposentadoria compulsória

A aposentadoria por idade pode ser requerida pela empresa, desde que o segurado tenha cumprido a carência, quando este completar 70 anos de idade, se do sexo masculino, ou 65, se do sexo feminino, sendo compulsória.

Nesta hipótese procederá o empregador a rescisão contratual do segurado, cuja data de desligamento corresponderá àquela imediatamente anterior à do início do benefício de aposentadoria.

Note-se, no entanto, que a oportunidade de a empresa requerer o benefício (porque não é obrigada a fazê-lo) ocorre quando do implemento da idade pelo trabalhador, bem como de já ter sido cumprida, pelo mesmo, a carência fixada pela Lei n. 8.213/91. Não exercendo a empresa o direito que lhe cabe, não mais poderá fazê-lo em tempo posterior, sob pena de gerar total insegurança ao obreiro quanto à manutenção do vínculo e ferindo, assim, o princípio da continuidade da relação de emprego.

As verbas rescisórias devidas nesta modalidade de rescisão, todavia, suscitam verdadeira polêmica, existindo discussão doutrinária e jurisprudencial sobre ser ou não devida a multa de 40% do FGTS e o instituto do aviso prévio. Entendemos não haver razão para que a empresa requeira o benefício de seu empregado, de forma compulsória, se não houver incentivo financeiro na rescisão contratual operada, ou seja, se for para rescindir o contrato de trabalho sem justa causa, com pagamento de aviso prévio e multa fundiária, qual a razão de providenciar a empresa a Aposentadoria Compulsória de seu trabalhador? Assim, compreendemos não ser devida a multa de 40% e nem tampouco o aviso prévio ao trabalhador, operando-se a rescisão por terminação de contrato em razão da aposentadoria, sem ônus para qualquer das partes contratantes, apesar de constar expressamente no art. 51 da Lei n. 8.213/91 ser garantida ao empregado a indenização trabalhista. Confira-se:

"Art. 51 — A aposentadoria por idade pode ser requerida pela empresa, desde que o segurado empregado tenha cumprido o período de carência e completado 70 (setenta) anos de idade, se do sexo masculino, ou 65 (sessenta e cinco) anos, se do sexo feminino, sendo compulsória, caso em que será garantida ao empregado a indenização prevista na legislação trabalhista, considerada como data da rescisão do contrato de trabalho a imediatamente anterior à do início da aposentadoria."

A jurisprudência pátria também não aponta a questão como pacífica, mas aparentemente predomina o entendimento de ser a extinção contratual automática, não se equivalendo à dispensa sem justa causa. Neste sentido, confiram-se, ilustrativamente, o seguinte julgado:

"1. (...). 2. APOSENTADORIA POR IDADE. AVISO PRÉVIO E REFLEXOS. DESCABIMENTO. 2.1. A aposentadoria compulsória decorre, tão-somente, do fato de se completar a idade prevista em Lei, independendo de quaisquer outros fatores vinculados à vontade do empregado ou do empregador. Assim é que não se a pode equiparar à dispensa imotivada, de forma a ensejar o pagamento de aviso prévio. Tal parcela, como se extrai da dicção do art. 487 da CLT, tem seu merecimento vinculado ao "querer" de um dos partícipes da relação contratual trabalhista, já desinteressado pelo prosseguimento do liame. Na lição de Délio Maranhão, "o aviso prévio pressupõe o rompimento do contrato pela simples vontade de um dos contratantes, mediante declaração comunicada à outra parte". Inexistindo, na aposentadoria por idade, o exercício de vontade, mas o atendimento de imperativo legal (art. 51 da Lei n. 8.213/91), não haverá ensejo para o pagamento de aviso prévio. (...) Recurso de revista não conhecido". (TST — RR 640878/2000 — 3ª Turma — Decisão em 14.5.2003 — Relator: Juiz Convocado Alberto Luiz Bresciani Pereira — DJ de 6.6.2003).

Em sentido contrário:

"PARCELAS RESCISÓRIAS. DESLIGAMENTO POR APOSENTADORIA COMPULSÓRIA. De acordo com a legislação vigente, quando o empregador pretender a cessação do vínculo de emprego do obreiro por aposentadoria, seja ela espontânea ou compulsória (arts. 49 e 51 da Lei n. 8.213/91), deverá pagar ao trabalhador as verbas pertinentes à despedida sem justa causa. Recurso do reclamado a que se nega provimento". (TRT 4ª. Região — REO 96.009877-1 — 1ª Turma — Decisão em 27.08.1997 — Relator: Juiz Álvaro Davi Boessio — DJ de 29.9.1997).

3.2. Carência

A carência necessária à obtenção do benefício de Aposentadoria por Idade é de 180 contribuições mensais. No entanto, em se tratando de segurados inscritos no Regime Geral de Previdência Social — RGPS até a data de 24.7.1991, deverá ser observada a seguinte tabela:

Ano da implementação das condições	Número de meses Exigidos
1991	60
1992	60
1993	66
1994	72
1995	78
1996	90
1997	96
1998	102
1999	108
2000	114
2001	120
2002	126

Ano da implementação das condições	Número de meses Exigidos
2003	132
2004	138
2005	144
2006	150
2007	156
2008	162
2009	168
2010	174
2011	180

A comprovação do efetivo exercício de atividade rural será feita em relação aos meses imediatamente anteriores ao requerimento do benefício, mesmo que de forma descontínua, durante período igual ao da carência exigida para a concessão do benefício.

Mais informações sobre carência, ver Parte V, Capítulo XXXII, desta obra.

3.2.1. Perda da qualidade de segurado

Com a publicação da Medida Provisória n. 83/02 (atualmente Lei n. 10.666/03), a perda da qualidade de segurado não interferirá na concessão da Aposentadoria por Idade, desde que o segurado já tenha implementado a carência necessária.

Assim, desde que cumprida a carência exigida para este benefício, fica assegurado o direito a Aposentadoria por Idade ao segurado quando da implementação do quesito idade, independente da cessação das contribuições previdenciárias por longo período.

3.3. Renda mensal do benefício

A aposentadoria por idade consiste numa renda mensal equivalente a 70% (setenta por cento) do salário-de-contribuição, mais 1% (um por cento) deste por grupo de 12 (doze) contribuições mensais, até o máximo de 30% (trinta por cento). Assim, o valor total da aposentadoria por idade não poderá ultrapassar 100% (cem por cento) do salário-de-benefício.

Considerando-se, portanto, um segurado inscrito no RGPS a contar de 25.7.1991, de forma que seja o período de carência correspondente a 180 contribuições mensais (15 anos), a renda mensal do benefício de Aposentadoria por Idade será equivalente a 85% do salário-de-benefício (70% + 15%). Caso este segurado comprove tempo de contribuição correspondente a 25 anos, a renda mensal da Aposentadoria por Idade será equivalente a 95% do salário-de-benefício (70% + 25%). Somente corresponderá a renda mensal à totalidade do salário-de-benefício (100%) se o segurado comprovar ao INSS tempo de contribuição de 30 anos.

Obs.: Garante-se ao segurado com direito à aposentadoria por idade a opção pela não aplicação do fator previdenciário, devendo o Instituto Nacional do Seguro Social, quando da concessão do benefício, proceder ao cálculo da renda mensal inicial com e sem o fator previdenciário, aplicando o critério mais vantajoso (Decreto n. 3.048/99, art. 181-A).

3.4. Data de Início do Benefício — DIB

A aposentadoria por idade será devida, regra geral, a contar da data de seu requerimento pelo segurado.

No entanto, em se tratando de segurado empregado, inclusive doméstico, o INSS adotará as seguintes regras:

a) caso o segurado tenha se desligado do emprego e protocole o requerimento do benefício em até 90 dias, a Aposentadoria por Idade será devida a contar da data da rescisão contratual operada;

b) na ocorrência de desligamento do empregado mas com requerimento pelo segurado em prazo superior a 90 dias, o benefício será devido somente a contar da data do requerimento; e

c) caso não haja desligamento do emprego, permanecendo o segurado no exercício da atividade profissional após o requerimento do benefício, a Aposentadoria por Idade será devida também a contar da data de requerimento.

Em se tratando de segurado empregado, após a concessão da Aposentadoria por Idade, o INSS cientificará o respectivo empregador sobre a DIB — Data de Início do Benefício.

3.5. Transformação do benefício

A aposentadoria por idade poderá ser decorrente da transformação de aposentadoria por invalidez ou auxílio-doença, desde que requerida pelo segurado, observando o cumprimento da carência exigida na data de início do benefício a ser transformado.

Assim, um segurado que esteja percebendo do INSS benefício de aposentadoria por invalidez, por exemplo, poderá, se assim desejar, transformar este benefício para Aposentadoria por Idade quando completar a idade mínima exigida para sua concessão, bem como a implementação da carência. Note-se, no entanto, que somente é possível a transformação para Aposentadoria por Idade quando da percepção de Aposentadoria por Invalidez ou Auxílio-Doença, não existindo previsão legal para outros benefícios do sistema.

3.6. Trabalhadores rurais

3.6.1. Direitos existentes anteriormente à Lei n. 8.213/91

Publicada em 18.3.1963, a Lei n. 4.214 criou o Estatuto do Trabalhador Rural positivando conceitos, normas de proteção geral, direitos relacionados à segurança e higiene do trabalho, regramento contratual a ser observado, organização sindical e, dentre outras disposições, direitos de proteção social. O art. 158 daquele diploma legal criou o Fundo de Assistência e Previdência do Trabalhador Rural — Funrural, a ser mantido pelos empregadores rurais com contribuições de 1% do valor dos produtos agropecuários colocados. A contribuição deveria ser repassada ao Instituto de Aposentadoria e Pensões dos Industriários — IAPI, mediante guia própria, cabendo ao Instituto a prestação dos benefícios devidos aos trabalhadores rurais ou seus dependentes. Entre os benefícios assegurados aos segurados, encontrava-se a aposentadoria por velhice (alínea *c* do art. 164).

Era necessário, contudo, que o Poder Executivo, por meio do Ministério do Trabalho e Previdência Social, regulamentasse as relações entre o IAPI e os segurados rurais, tendo a Lei n. 4.214/63 fixado prazo de 90 dias para o ato (art. 173). A concessão dos benefícios passaria a vigorar somente após o primeiro ano de arrecadações. Contrariando as expectativas em termos de data, no entanto, os direitos previdenciários dos trabalhadores rurais somente foram implementados, de fato, com a publicação da Lei Complementar n. 11, de 25.5.1971, a qual instituiu o Programa de Assistência ao Trabalhador Rural — Prorural, a ser cumprido pelo Funrural, ao qual foi atribuída personalidade jurídica de natureza autárquica, com vinculação direta ao Ministério do Trabalho e Previdência Social.

Regulamentado pelo Decreto n. 69.919, de 11 de janeiro de 1972, somente a contar dessa data passou a ter vigência o referido Programa, que manteve o benefício de aposentadoria por velhice (inciso I do art. 2º da LC) e determinou como beneficiários os seguintes trabalhadores rurais: a) a pessoa física que presta serviços de natureza rural a empregador, mediante remuneração de qualquer espécie; b) o produtor, proprietário ou não, que sem empregado, trabalhe na atividade rural, individualmente ou em regime de economia familiar, assim entendido o trabalho dos membros da família indispensável à própria subsistência e exercido em condições de mútua dependência e colaboração.

A aposentadoria correspondia a uma prestação mensal equivalente a 50% do salário mínimo de maior valor no País, sendo devida ao trabalhador rural que tivesse completado 65 anos de idade e desde que fosse ele (ou ela) o chefe ou arrimo da sua unidade familiar, em razão de que o benefício não podia ser percebido por mais de um componente desta unidade.

Para a percepção do benefício, havia necessidade de caracterizar a qualidade de trabalhador rural, a qual dependia da comprovação do exercício da atividade por 12 meses, ainda que descontínuos, nos três últimos anos anteriores à data do requerimento administrativo. Cumpre registrar, aqui, que a concessão da aposentadoria cabia à Representação Local do Funrural, órgão de execução do Programa que podia abranger um único município ou mais, conforme a necessidade de atendimento.

O custeio do sistema era garantido apenas por contribuições patronais, devidas pelos produtores rurais sobre o valor comercial dos produtos, cuja alíquota foi alterada para 2% pela Lei Complementar n. 11/71, e também pelas empresas em geral, com alíquota de 2,4%. Não havia contribuição por parte dos trabalhadores rurais, nem tampouco contribuição devida, mensalmente, pelos próprios produtores. A arrecadação ocorria somente quando da comercialização da produção, de forma justa, visto que o trabalhador do campo recebe remuneração somente quando vende os produtos ali cultivados ou criados.

Posteriormente, a Lei Complementar n. 16, de 30.10.1973, alterou a regra anterior, sendo necessário que o trabalhador rural comprovasse a atividade não mais por 12 meses, mas por 3 anos, sendo estes anteriores ao requerimento do benefício, ainda que de forma descontínua (art. 5º). Em 1976 a previdência urbana passou a ser regulamentada pelo Decreto n. 77.077 (posteriormente revogado pelo Decreto n. 89.312/84), disciplinando sobre a previdência rural o Decreto n. 83.080/79.

Com a promulgação da Constituição Federal de 1988 e a instituição, no art. 194 (inciso II), do princípio constitucional de uniformidade e equivalência de benefícios e serviços da seguridade social às populações urbanas e rurais, os trabalhadores e empregadores rurícolas não poderiam mais obter tratamento diferenciado, sendo necessário instituir um sistema previdenciário único que abrangesse tanto os trabalhadores rurais quanto os urbanos. Em 24.7.1991, obedecendo-se ao comando constitucional, foram editadas as Leis ns. 8.212/91 e 8.213/91, abrangendo toda a categoria de trabalhadores rurais e extinguindo-se, por conseqüência, o regime instituído pela Lei Complementar n. 11/71.

3.6.2. Da publicação das Leis ns. 8.212 e 8.213, de 1991

Como mencionado, a Lei n. 8.213/91 abrangeu trabalhadores urbanos e rurais, extinguindo expressamente o sistema previdenciário anteriormente existente para a referida categoria. Contudo, por força das disposições constantes do art. 59 do ADCT (CF/88) a Lei n. 8.213/91, quanto ao cálculo dos benefícios, foi aplicada retroativamente a 5 de abril de 1991. Neste sentido, inclusive, dispôs expressamente o art. 145 da Lei de Benefícios.

Entre os segurados contemplados pelo novo regime se encontravam os trabalhadores rurais empregados, os autônomos, os avulsos e também aqueles que exercem a atividade rural individualmente ou em regime de economia familiar, denominados pela Lei n. 8.213/91 de segurados especiais.

O benefício de aposentadoria por velhice passou a ser denominado aposentadoria por idade e se encontra previsto no art. 48 da Lei de Benefícios, sendo devida aos trabalhadores rurais do sexo masculino aos 60 anos de idade e, às trabalhadoras, aos 55 anos de idade, sendo o tratamento diferenciado (em relação aos trabalhadores urbanos) em razão das próprias condições do trabalho campestre, que não somente requer maior vigor físico do trabalhador como, em contrapartida, lhe causa o envelhecimento precoce.

Além do implemento da idade, há a exigência do cumprimento da carência, assim entendida como o número mínimo de contribuições mensais exigidas para a concessão do benefício e que, no caso da aposentadoria por idade, conforme inciso II do art. 25 da Lei n. 8.213/91, era de 180 contribuições. Para aqueles que já se encontravam filiados à Previdência Social anteriormente à edição da Lei n. 8.213/91, foi criada tabela mais benéfica, disposta no art. 142, em consideração à expectativa de direito daqueles que já eram contribuintes do antigo regime, posto que, nos termos da Lei n. 3.807/60 (Lei Orgânica da Previdência Social), a carência era de apenas 60 contribuições mensais.

No entanto, como poderia o legislador, em julho de 1991, exigir do trabalhador rural que o mesmo tivesse um mínimo de contribuições mensais para obter o benefício de aposentadoria se, antes dessa data, se encontrava o mesmo vinculado ao Funrural, sem qualquer contribuição ao sistema? Por tal razão, o trabalhador rural obteve tratamento diferenciado daquele concedido aos trabalhadores urbanos, de modo que sua carência poderia ser comprovada não em contribuições mensais, mas sim em tempo de serviço rural, imediatamente anterior ao requerimento do benefício, mesmo que de forma descontínua, sendo possível comprová-lo por meio de qualquer documento contemporâneo aos fatos (bloco de notas ou certidão de casamento, por exemplo), nos termos do art. 106.

Com referência ao tempo de serviço rural a ser comprovado, o inciso II do art. 143 da Lei n. 8.213/91, em sua redação original, determinava apenas a quantia de 5 anos, mas desde que a implementação do direito se desse no prazo de 15 anos, contados de 25.7.199, sendo importante registrar que, nesta hipótese, o benefício concedido possui valor correspondente ao salário mínimo. Ou seja, até a data de 25 de julho de 2006 (prazo de 15 anos) os trabalhadores rurais poderiam requerer o benefício de aposentadoria por idade comprovando apenas o efetivo exercício da atividade rural pelo período de 5 anos, anteriores ao requerimento do benefício, percebendo do Regime Geral de Previdência Social um valor mensal equivalente ao salário mínimo.

O prazo de 15 anos fixado no art. 143 se justifica porque, paralelamente à Lei n. 8.213/91, foi também publicada, em 25 de julho de 1991, a Lei n. 8.212, instituindo o plano de custeio da Previdência Social que, obedecendo às disposições do art. 195 da Carta Constitucional, determinou que também os trabalhadores rurais deveriam contribuir obrigatoriamente para o custeio do sistema, sendo que os trabalhadores rurais que exercessem suas atividades em regime de economia familiar (denominados segurados especiais), sem empregados permanentes, deveriam contribuir mediante aplicação de uma alíquota sobre o resultado da comercialização da produção, e não sobre a remuneração auferida mensalmente (CF/88, art. 195, § 8º).

Desta forma, a contar de 25.7.1991, todos os trabalhadores rurais passaram a ser contribuintes obrigatórios do sistema previdenciário, com regras contributivas variáveis conforme o enquadramento de empregado, autônomo, empresário, trabalhador avulso ou segurado especial. E assim sendo, se regularmente contribuintes desde julho de 1991, em julho de 2006 já contariam com 180 contribuições mensais para o Regime Geral e poderiam requerer o benefício de aposentadoria nas mesmas condições do trabalhador urbano, comprovando-se a carência não mais em tempo de serviço, mas em efetivas contribuições para o sistema.

Os segurados especiais, por sua vez, obtiveram tratamento ainda mais benéfico que os demais trabalhadores rurais, positivando-se no artigo 39 da Lei n. 8.213/91 o direito de comprovarem a carência em tempo de serviço rural, sendo este equivalente ao número de meses correspondentes à carência do benefício requerido, independentemente do prazo de 15 anos fixado no art. 143 do mesmo diploma legal.

Em resumo, duas regras foram instituídas aos trabalhadores rurais, conforme seu enquadramento. Confira-se:

a) **Trabalhadores empregados, autônomos e avulsos:** era possível obter a aposentadoria por idade comprovando-se, além da idade mínima necessária (60 anos para homens e 55 para mulheres) apenas o tempo de 5 anos de atividade rural, desde que o requerimento do benefício ocorresse até a data de 25.7.2006 e cujo benefício corresponderia ao valor do salário mínimo. Após essa data, o trabalhador rural deveria comprovar a carência em número de contribuições mensais para o sistema, até mesmo porque já se encontrava obrigado a contribuir desde julho de 1991, e cujo número de meses deveria obedecer a tabela disposta no art. 142 da Lei n. 8.213. O valor do benefício passaria a ser calculado considerando-se as contribuições efetuadas, podendo superar o valor do salário mínimo.

b) **Segurados especiais:** era possível obter a aposentadoria por idade comprovando-se, além da idade mínima necessária (60 anos para homens e 55 para mulheres), apenas o tempo de 5 anos de atividade rural, desde que o requerimento do benefício ocorresse até a data de 25.7.2006. Após essa data, o segurado especial continuaria a comprovar a carência em tempo de serviço rural, mas obedecendo ao número de meses fixados na tabela constante do art. 142 da Lei n. 8.213/91. Em qualquer hipótese, o valor do benefício seria sempre no valor do salário mínimo. Caso o segurado especial desejasse obter benefício de valor superior, deveria então iniciar suas contribuições mensais para o sistema na condição de segurado facultativo, além das contribuições devidas quando da comercialização de sua produção rural.

3.6.3. Das alterações trazidas pela Medida Provisória n. 598/94, posteriormente convertida na Lei n. 9.063/95

Com a publicação da Medida Provisória n. 598 (1º.9.1994), restou alterada a redação do art. 143 da Lei n. 8.213/91, cancelando-se a possibilidade de o trabalhador rural obter o benefício de aposentadoria por idade apenas com a comprovação de 5 anos de atividade rural, além do implemento da idade mínima necessária. Quando finalmente a referida Medida foi convertida na Lei n. 9.063/95 (DOU de 20.6.1995), o art. 143 passou a ter a seguinte redação:

> "**Art. 143.** O trabalhador rural ora enquadrado como segurado obrigatório no Regime Geral de Previdência Social, na forma da, alínea "a" do inciso I ou do inciso IV ou VII do artigo 11 desta Lei, pode requerer aposentadoria por idade, no valor de 1 (um) salário mínimo, durante 15 (quinze) anos, contados a partir da data de vigência desta Lei, desde que comprove o exercício de atividade rural, ainda que descontínua, no período imediatamente anterior ao requerimento do benefício, em número de meses idêntico à carência do referido benefício."

Observe-se que não houve alteração sobre o cumprimento da carência em tempo de serviço rural (permitido até 25.7.2006), mas o tempo a ser comprovado não mais se limitava a 5 anos, mas sim ao número de meses exigido para a carência, estando este tempo fixado na tabela constante do art. 142 da referida Lei n. 8.213/91.

O art. 142, por sua vez, sofreu alteração pela Lei n. 9.032/95, sendo o número de meses exigidos para a carência fixados conforme o ano de implementação das condições (e não mais do requerimento administrativo, como previsto na redação original e vigente até 28.4.1995). Confira-se a tabela em comento:

Ano de implementação das condições	Meses de Contribuição exigidos
1991	60 meses
1992	60 meses
1993	66 meses
1994	72 meses
1995	78 meses
1996	90 meses
1997	96 meses
1998	102 meses
1999	108 meses
2000	114 meses
2001	120 meses
2002	126 meses
2003	132 meses
2004	138 meses
2005	144 meses
2006	150 meses
2007	156 meses
2008	162 meses
2009	168 meses
2010	174 meses
2011	180 meses

Note-se, portanto, que se determinado trabalhador rural completasse a idade mínima no ano de 1997 e nesse exercício solicitasse o benefício de aposentadoria por idade, deveria comprovar documentalmente ao RGPS o tempo mínimo de 96 meses de atividade rural (8 anos), anteriores ao requerimento, mesmo que descontínuos. Se, entretanto, completasse a idade somente no ano de 2001, o número de meses de atividade rural a ser comprovado ao RGPS seria de 120, equivalentes a 10 anos. Em 2011 o número de contribuições mensais será 180, tanto para segurados inscritos na data da Lei n. 8.213/91 quanto para aqueles que somente passaram a pertencer ao sistema em data posterior.

Os segurados especiais permaneceram com o tratamento diferenciado, sendo a eles possível comprovar a carência em tempo de atividade rural a qualquer tempo, conforme previsão constante do art. 39 da Lei n. 8.213/91, que permanecera inalterada.

Eram as regras, portanto, as seguintes:

a) **Trabalhadores empregados, autônomos e avulsos:** a aposentadoria por idade poderia ser obtida, até 25.7.2006, comprovando-se, além da idade mínima necessária (60 anos para homens e 55 para mulheres), um número de meses de atividade rural, ainda que descontínuos, correspondente ao número de meses de carência fixados na tabela do art. 142 da Lei n. 8.213/91. O valor do benefício corresponderia ao salário mínimo vigente na data do requerimento. Após 25.7.2006, o trabalhador rural deveria comprovar a carência em número de contribuições mensais para o sistema, até mesmo porque já se encontrava obrigado a contribuir desde julho de 1991, e cujo número de meses deveria obedecer a tabela disposta no art. 142 da Lei n. 8.213. O valor do benefício passaria a ser calculado considerando-se as contribuições efetuadas, podendo superar o valor do salário mínimo.

b) **Segurados especiais:** a aposentadoria por idade poderia ser obtida, até 25.7.2006, comprovando-se, além da idade mínima necessária (60 anos para homens e 55 para mulheres), um número de meses de atividade rural, ainda que descontínuos, correspondente ao número de meses de carência fixados na tabela do art. 142 da Lei n. 8.213/91. Após 25.7.2006, o segurado especial continuaria a comprovar a carência em tempo de serviço rural, sempre obedecendo o número de meses fixados na tabela do art. 142. Em qualquer hipótese, o valor do benefício seria no valor do salário mínimo. Caso o segurado especial desejasse obter benefício de valor superior, deveria então iniciar suas contribuições mensais para o sistema na condição de segurado facultativo, além das contribuições devidas quando da comercialização de sua produção rural.

3.6.4. Das alterações trazidas pela Medida Provisória n. 312/06, posteriormente convertida na Lei n. 11.368/06

Com a publicação da Medida Provisória n. 312, em 20.7.2006, o prazo do art. 143 da Lei n. 8.213/91 foi prorrogado por mais dois anos, para os trabalhadores rurais empregados, medida que acabou por ser convertida na Lei n. 11.368, publicada em 10.11.2006.

Os trabalhadores rurais, portanto, que mantêm vínculo empregatício e se encontram na condição de empregados, poderiam solicitar o benefício de aposentadoria por idade comprovando-se apenas a idade e o tempo de serviço rural até 25 de julho de 2008. Após essa data, somente poderão obter o benefício se comprovarem a carência em número de contribuições mensais, conforme tabela fixada no art. 142 da Lei n. 8.213/91.

Em tentativa de beneficiar com a prorrogação do prazo também os trabalhadores rurais contribuintes individuais (autônomos), foi publicada em 23.8.2007 a Medida Provisória n. 385, mas a mesma acabou sendo revogada pela Medida Provisória n. 397 (DOU de 9.10.07 cuja vigência foi prorrogada pelo período de 60 dias, a partir de 8 de dezembro de 2007, pelo Ato n. 71/07 do Congresso Nacional, tendo em vista que sua votação não foi encerrada nas duas Casas do Congresso Nacional. Assim, até que o Congresso Nacional decidisse sobre a MP n. 397 (que revogou a extensão do prazo para os rurais autônomos), apenas os trabalhadores rurais empregados é que poderiam comprovar a carência em número de meses de atividade rural para a obtenção do benefício de aposentadoria, sendo os demais obrigados a comprová-la em número de contribuições mensais, desde 26.7.2006.

Tal fato não traria qualquer prejuízo ou implicação maior se os trabalhadores rurais estivessem, de fato, e em cumprimento às normas constantes no art. 195 da Carta Constitucional de 1988 e na Lei n. 8.212/91, contribuindo regularmente para a Previdência Social desde julho de 1991, de forma que já contariam, em 2006, com o número de contribuições necessários à obtenção do benefício de aposentadoria por idade, conforme tabela do art. 142. No entanto, o trabalhador autônomo rural, sem vínculo empregatício, muitas vezes por absoluta falta de condição financeira, não costuma manter regulares e mensais contribuições para o sistema previdenciário, de forma que ainda não conta com contribuições suficientes para a obtenção da aposentadoria.

3.6.5. Das alterações trazidas pela Medida Provisória n. 410/07

Com a publicação da Medida Provisória n. 410 em 28.12.2007 (edição extra), o prazo do art. 143 da Lei n. 8.213/91 ficou prorrogado até o dia 31.12.2010, aplicando-se esta prorrogação também aos contribuintes individuais que prestam serviços de natureza rural.

Para o trabalhador empregado rural a referida Medida Provisória trouxe ainda critérios diferenciados para o período posterior a 12/10, dispondo da seguinte forma:

> "Art. 3º Na concessão de aposentadoria por idade do empregado rural, em valor equivalente ao salário mínimo, será contado para efeito de carência:
>
> I — até 31 de dezembro de 2010, o período comprovado de emprego, na forma do art. 143 da Lei n. 8.213, de 1991;
>
> II — de janeiro de 2011 a dezembro de 2015, cada mês comprovado de emprego será multiplicado por três dentro do respectivo ano civil; e
>
> III — de janeiro de 2016 a dezembro de 2020, cada mês comprovado de emprego será multiplicado por dois, limitado a doze meses dentro do respectivo ano civil.
>
> Parágrafo único. Aplica-se o disposto no *caput* e respectivo inciso I ao trabalhador rural enquadrado na categoria de segurado contribuinte individual, que comprovar a prestação de serviço de natureza rural, em caráter eventual, a uma ou mais empresas, sem relação de emprego."

Em resumo, são as regras atualmente vigentes as seguintes:

a) Trabalhadores rurais empregados: graças à Medida Provisória n. 410/07 (até o momento de fechamento desta edição ainda não apreciada pelo Congresso Nacional), podem obter o benefício de aposentadoria por idade comprovando, além do implemento da idade mínima (60 anos para homens e 55 para mulheres), um tempo de serviço rural equivalente ao número de meses de carência constante da tabela do art. 142 da Lei n. 8.213/91, imediatamente anteriores ao requerimento do benefício, mesmo que descontínuos, sendo este direito garantido até a data de 31.12.10. Nesta hipótese, o valor inicial do benefício será o salário mínimo vigente na data do requerimento administrativo. No período de 1º.1.2011 a 31.12.2015, cada mês comprovado de emprego será multiplicado por três, dentro do respectivo ano civil. No período de 1º. 1.2016 a 31.12.2020 cada mês comprovado de emprego será multiplicado por dois, limitado a 12 meses dentro do respectivo ano civil.

A contar de 2011, caso o número de meses de serviço seja insuficiente para comprovar a carência constante da tabela do art. 142 da Lei n. 8.213/91, o segurado deverá completá-la com contribuições mensais, sob pena de não ter direito à obtenção do benefício. A comprovação das contribuições, contudo, se limitará em comprovar o vínculo empregatício, posto que o § 5º do art. 33 da Lei n. 8.212/91 determina que por serem as contribuições retidas mensalmente pelos empregadores, estas são consideradas presumidamente recolhidas. O benefício será calculado utilizando-se as mesmas regras adotadas para os trabalhadores urbanos, podendo superar o valor do salário mínimo.

Caso o trabalhador tenha iniciado sua atividade rural posteriormente à publicação da Lei n. 8.213/91, o número de meses de atividade rural a ser comprovado ou o número de contribuições mensais (carência) será de 180 meses, já que a tabela do art. 142 deve ser aplicada tão-somente para aqueles que já exerciam atividade e já se encontravam protegidos pelos sistemas previdenciários da época, quando de sua publicação.

b) Trabalhadores rurais avulsos: considerando-se a perda da vigência do art. 143 e o fato de não terem sido abrangidos pela Medida Provisória n. 312/06, convertida na Lei n. 11.368/06, nem tampouco pela Medida Provisória n. 410/07, podem obter o benefício de aposentadoria por idade comprovando, além do implemento da idade mínima (60 anos para homens e 55 para mulheres), a carência em número de contribuições mensais, conforme tabela do art. 142:

Ano de implementação das condições	Meses de Contribuição exigidos
2006	150 meses
2007	156 meses
2008	162 meses
2009	168 meses
2010	174 meses
2011	180 meses

Como suas contribuições mensais são retidas pelo Sindicato e, assim, consideradas presumidamente recolhidas nos termos do § 5º do art. 33 da Lei n. 8.212/91, é suficiente ao trabalhador avulso comprovar o efetivo exercício da atividade no respectivo período. O benefício será calculado utilizando-se as mesmas regras adotadas para os trabalhadores urbanos, podendo superar o valor do salário mínimo.

Para aqueles que completaram a idade até 25 de julho de 2006 e conseguirem comprovar tempo de serviço rural correspondente ao número de meses da tabela do art. 142 (também até aquela data), garante-se o direito adquirido à aplicação das regras do art. 143 para obtenção do benefício de aposentadoria por idade, ainda que o requerimento ocorra em tempo posterior.

Caso o trabalhador tenha iniciado sua atividade rural posteriormente à publicação da Lei n. 8.213/91, o número de meses de atividade rural a ser comprovado ou o número de contribuições mensais (carência) será de 180 meses, já que a tabela do art. 142 deve ser aplicada tão-somente para aqueles que já exerciam atividade e já se encontravam protegidos pelos sistemas previdenciários da época, quando de sua publicação.

c) Trabalhadores rurais autônomos (contribuintes individuais): graças ao parágrafo único do art. 3º da Medida Provisória n. 410/07, podem obter o benefício de aposentadoria por idade comprovando, além do implemento da idade mínima (60 anos para homens e 55 para mulheres), um tempo de serviço rural equivalente ao número de meses de carência constante da tabela do art. 142 da Lei

n. 8.213/91, imediatamente anteriores ao requerimento do benefício, mesmo que descontínuos, sendo este direito garantido até a data de 31.12.2010, hipótese em que o valor inicial do benefício será o salário mínimo vigente na data do requerimento administrativo.

A contar de 1º.1.2011 perderão o tratamento diferenciado e somente poderão obter o benefício por idade comprovando, além do implemento da idade mínima, a carência de 180 contribuições mensais. Suas contribuições mensais somente são consideradas presumidas a contar de abril de 2003 e desde que a prestação de serviços tenha se dado à pessoa jurídica, em razão de estar a empresa, desde aquela data, obrigada a reter a contribuição mensal de seus prestadores de serviço e repassá-la aos cofres previdenciários. Para o período anterior a abril de 2003 (e para todo o período para aqueles que prestam serviços à pessoa física), as contribuições devem ser comprovadas pela apresentação das guias de contribuição, devidamente quitadas. O benefício será calculado utilizando-se as mesmas regras adotadas para os trabalhadores urbanos, podendo superar o valor do salário mínimo.

d) **Segurados especiais:** estes trabalhadores possuem proteção extraordinária, positivada no artigo 39 da Lei n. 8.213/91, de forma que não sofrem as conseqüências da perda da vigência do art. 143. Assim, não se encontram obrigados a recolher mensalmente suas contribuições previdenciárias (somente quando comercializam a produção rural) e podem obter o benefício de aposentadoria por idade comprovando, além do implemento da idade mínima necessária (60 anos para homens e 55 anos para mulheres), um número de meses de atividade rural equivalente ao número de meses exigidos como carência para os demais segurados.

Se o exercício da atividade iniciou-se antes da publicação da Lei n. 8.213/91, de forma que estejam protegidos pelo sistema de previdência vigente à época, podem aplicar o número de meses constante da tabela do art. 142. Caso tenham iniciado suas atividades posteriormente à publicação da Lei n. 8.213/91 (25.7.1991), devem comprovar 180 meses de atividade rural, anteriores ao requerimento do benefício (ou à implementação das condições), ainda que descontínuos.

Considerando-se a ausência de contribuição mensal regular para o sistema, o benefício corresponde ao valor do salário mínimo vigente na data do requerimento administrativo. Caso o segurado especial tenha interesse em receber valor superior a este limite mínimo, deve contribuir mensalmente na condição de segurado facultativo, hipótese em que o cálculo do benefício seguirá as mesmas regras adotadas aos demais trabalhadores rurais e urbanos.

3.6.6. Prova do tempo de serviço

O trabalhador rural poderá comprovar o tempo de serviço por meio de qualquer documento, contemporâneo ao efetivo trabalho, podendo ser apresentado ao INSS, por exemplo, documentos que comprovem a posse ou a propriedade da terra, pagamento de impostos rurais, documento de filiação ao sindicato rural, declaração emitida pelo sindicato rural, certidão de casamento informando a profissão de agricultor ou lavrador, certidão de nascimento dos filhos, entre outros.

É aconselhável apresentar um documento para cada ano que se deseja comprovar e, caso inexistentes, é possível a abertura de Justificação Administrativa para oitiva de testemunhas.

Como o trabalhador rural possui um tratamento diferenciado e mais benéfico do que aquele conferido aos trabalhadores urbanos, é necessário que o tempo de serviço rural comprovado seja imediatamente anterior ao requerimento do benefício, ou seja, somente terá o tratamento benéfico o efetivo trabalhador rural, e não aquele que abandonou o campo há anos e que se encontra residindo na cidade. O período comprovado, contudo, pode ser descontínuo, assim considerados os períodos intercalados de exercício de atividades rurais, ou urbana e rural, com ou sem a ocorrência da perda da qualidade de segurado. Não obstante, repita-se, deverá estar o segurado exercendo a atividade rural na data de entrada do requerimento ou na data em que implementou todas as condições exigidas para o benefício (idade e comprovação do tempo de serviço).

Cumpre ressaltar, ainda, a recente publicação da Súmula n. 14, da Turma de Uniformização dos Juizados Especiais Federais (TUJEF), com a seguinte redação: *"Para a concessão de aposentadoria rural por idade, não se exige que o início de prova material corresponda a todo o período equivalente 'a carência do benefício'"*.

Fundamentação: Constituição Federal, art. 201, § 7º, II; Lei n. 8.213/91, arts. 48 a 51, 138, 142 e 143; Decreto n. 3.048/99, arts. 51 a 55, 181-B e 183.

4. APOSENTADORIA POR TEMPO DE CONTRIBUIÇÃO

4.1. Considerações gerais

Consideradas as alterações trazidas pela Emenda Constitucional n. 20/98, o benefício previdenciário da Aposentadoria por Tempo de Contribuição terá suas regras definidas conforme a data de inscrição do segurado no sistema, respeitando-se, também, o princípio do direito adquirido.

Assim, se mais vantajoso ao segurado, fica a ele assegurado o direito à aposentadoria nas condições legalmente previstas na data do cumprimento de todos os requisitos necessários à sua obtenção, ainda que tenha esse segurado optado por permanecer em atividade (Lei n. 8.213/91, art. 122). Dispõe o Regulamento da Previdência Social (Decreto n. 3.048/99, art. 56, § 4º), inclusive, que o INSS calculará os dois benefícios (regra atual e regra aplicada quando da aquisição do direito) concedendo ao segurado o benefício mais vantajoso.

A aposentadoria por tempo de contribuição, uma vez concedida pela Previdência Social, é, a princípio, irreversível e irrenunciável e, desta forma, é aconselhável ao segurado providenciar um estudo detalhado de sua situação previdenciária a fim de identificar o melhor benefício de aposentadoria a ser requerido. Um trabalhador, por exemplo, que opta pela aposentadoria proporcional e que permanece trabalhando e contribuindo para o sistema não pode, posteriormente, computar esse período posterior em seu benefício e transformar sua aposentadoria proporcional em aposentadoria integral. Muito se tem discutido judicialmente sobre a possibilidade de desaposentação (desistência do benefício obtido) mas o entendimento que predomina em nossos Tribunais Federais tem sido no sentido de que, caso o trabalhador pretenda um novo benefício, deve devolver aos cofres previdenciários todos os valores recebidos do sistema relacionados ao benefício anterior, devidamente atualizados, com exceção apenas se o segurado for utilizar o tempo do Regime Geral (RGPS) em algum Regime Próprio de Previdência. Confira-se, ilustrativamente, o seguinte julgado:

"PREVIDENCIÁRIO. DESAPOSENTAÇÃO. NOVA APOSENTADORIA NO MESMO REGIME PREVIDENCIÁRIO. NECESSIDADE DE RESTITUIÇÃO DE PROVENTOS. 1. Não havendo vedação constitucional ou legal, o direito à inatividade é renunciável, podendo o segurado pleitear a sua desaposentação, especialmente por ser a aposentadoria direito disponível, de nítida natureza patrimonial. 2. É exigível a restituição de proventos no caso de desaposentação para a aquisição de nova aposentadoria no mesmo regime previdenciário, sob pena de burla ao disposto no § 2º do art. 18 da Lei n. 8.213/91. Admitir-se procedimento inverso seria restaurar indevidamente o extinto abono de permanência, de forma indireta e em condições muito melhores às outrora admitidas, em flagrante contrariedade ao sistema previdenciário vigente. 3. Os valores recebidos a título da aposentadoria renunciada deverão ser devidamente atualizados, com base nos mesmos índices de correção monetária utilizados no caso de pagamento de benefícios atrasados. Indevidos juros de mora, uma vez que inexistente atraso para que o capital seja remunerado com essa parcela. 4. Apelação da parte autora provida." (TRF 3ª Região — AC 822192 — Processo n. 199961000176202/SP — 10ª Turma — Decisão em 20.3.2007 — Relator: Juiz Jediael Galvão — DJ de 18.4.07 p. 567).

Na esfera administrativa, o segurado somente poderá desistir do pedido de aposentadoria se manifestada essa intenção, com pedido expresso de arquivamento definitivo do pedido, anteriormente ao recebimento do primeiro pagamento do benefício e sem que tenha sacado os depósitos existentes na conta vinculada do RGPS com a Carta de Concessão do Benefício, nos termos do art. 181-B do Decreto n. 3.048/99.

4.2. Aposentadoria integral

4.2.1. Requisitos necessários à obtenção do benefício — Tempo de serviço e carência

Para obtenção do benefício integral os homens precisam comprovar 35 anos de serviço, e as mulheres, 30 anos. Não é exigido limite mínimo de idade e tampouco o cumprimento do pedágio.

Note-se que a Emenda Constitucional n. 20/98 trouxe essas regras de transição (idade e pedágio) para a obtenção da Aposentadoria Integral, mas em seu art. 9º, *caput*, determinou ser possível a opção pela regra nova (sem regra de transição) de forma que a regra transitória passou a ser utilizada somente para alguns professores, como veremos adiante.

Além do tempo de serviço (atualmente equiparado ao tempo de contribuição), os segurados deverão comprovar o cumprimento da carência, ou seja, que contribuíram ao sistema pelo número de meses exigido pela legislação, qual seja:

a) caso o segurado tenha iniciado suas contribuições à Previdência Social (inscrição no sistema) após 24.7.1991, a carência corresponderá a 180 meses;

b) caso o segurado tenha iniciado suas contribuições (inscrição) até a data de 24.7.1991, o número de meses de carência dependerá do ano em que o mesmo complete o tempo de serviço necessário (35 anos para os homens e 30 para as mulheres), devendo ser observada a seguinte tabela:

Ano da implementação das condições	Número de meses Exigidos
1991	60
1992	60
1993	66
1994	72
1995	78
1996	90
1997	96
1998	102
1999	108
2000	114
2001	120
2002	126
2003	132
2004	138
2005	144
2006	150
2007	156
2008	162
2009	168
2010	174
2011	180

Professores

Cumpre-nos esclarecer, primeiramente, que professor, para fins previdenciários, é aquele que exerce atividade exclusivamente em sala de aula. Assim, as funções administrativas como supervisão, coordenação e outras não são consideradas como magistério, não sendo, pois, computadas para fins da aposentadoria especial do professor. Neste sentido confira-se a Súmula n. 726 do Supremo Tribunal Federal, inserida em 12.2003:

> "726. Para efeito de aposentadoria especial de professores, não se computa o tempo de serviço prestado fora da sala de aula."

Não obstante a interpretação pelo Tribunal da necessidade de ser a atividade desenvolvida em sala de aula, o próprio Supremo Tribunal Federal (STF) tem se manifestado no sentido de enquadrar-se como magistério a função de orientador educacional. Confira-se o seguinte julgado:

> "APOSENTADORIA — PROFESSORES — ORIENTADORA EDUCACIONAL — TEMPO DE SERVIÇO. O preceito constitucional regedor da aposentadoria dos professores contenta-se com o efetivo exercício em funções da magistério, não impondo como requisito atividade em sala de aula. Assim, descabe ter como infringido o preceito da alínea 'b' do inciso III do art. 40 da Constituição Federal no que, presente a qualificação de professora, reconheceu-se o direito à aposentadoria especial à prestadora de serviço há vinte e cinco anos nas funções de especialista em educação e orientadora educacional." (RE 196707/DF — Julgamento em 9.5.2000 — 2ª Turma — Relator: Ministro Marco Aurélio — DJ de 4.8.2000, p. 33)

A questão foi muito controvertida, pois diretores e orientadores educacionais também pertencem, ainda que de forma indireta (em alguns casos) ao magistério. Para dirimir qualquer dúvida sobre o tema, foi publicada a Lei n. 11.301/06 determinando que para os efeitos do disposto no § 5º do art. 40 e no § 8º do art. 201 da Constituição Federal, são consideradas funções de magistério aquelas exercidas, além da própria docência, também em cargos de direção de unidade escolar, coordenação e assessoramento pedagógico.

A importância de se verificar o efetivo tempo de magistério, bem como quais atividades se enquadram como magistério, reside no fato de ter o professor um tratamento especial perante a legislação previdenciária, especificamente quanto ao benefício de Aposentadoria por Tempo de Contribuição.

Até 15.12.1998 era assegurada aos professores de qualquer nível (educação infantil e ensinos fundamental, médio e universitário) a aposentadoria integral por tempo de serviço (100% do Salário-de-Benefício) após 30 anos (homens) e 25 anos (mulheres) de tempo de serviço. Tal garantia encontrava previsão no art. 202, III, da Constituição Federal.

Com a publicação da Emenda Constitucional n. 20 (DOU de 16.12.1998) a aposentadoria dos professores passou a ser disciplinada pelo art. 201, § 8º da Carta Constitucional, excluindo do direito especial aqueles que trabalhavam com o ensino universitário. Confira-se a redação do dispositivo:

> "**Art. 201.** A previdência social será organizada sob a forma de regime geral, de caráter contributivo e de filiação obrigatória, observados critérios que preservem o equilíbrio financeiro e atuarial, e atenderá, nos termos da lei, a:
>
> ...
>
> § 7º É assegurada aposentadoria no regime geral de previdência social, nos termos da lei, obedecidas as seguintes condições:
>
> I — trinta e cinco anos de contribuição, se homem, e trinta anos de contribuição, se mulher;
>
> II — sessenta e cinco anos de idade, se homem, e sessenta anos de idade, se mulher, reduzido em cinco anos o limite para os trabalhadores rurais de ambos os sexos e para os que exerçam suas atividades em regime de economia familiar, nestes incluídos o produtor rural, o garimpeiro e o pescador artesanal.
>
> § 8º Os requisitos a que se refere o inciso I do parágrafo anterior serão reduzidos em cinco anos, para o professor que comprove exclusivamente tempo de efetivo exercício das funções de magistério na educação infantil e no ensino fundamental e médio.
>
> ..."

Desta forma, os professores que comprovarem exclusivamente tempo de magistério na educação infantil, no ensino fundamental ou no ensino médio podem obter o benefício integral de Aposentadoria por Tempo de Contribuição aos 30 anos de serviço, se homens, ou aos 25 anos de serviço, se mulheres.

Para os demais professores, devem ser observadas nas normas gerais de aposentadoria, aplicadas aos demais trabalhadores pertencentes ao Regime Geral de Previdência Social, com a ressalva de que, caso optem pela regra de transição contida no art. 9º da Emenda Constitucional n. 20/98, podem computar o tempo de magistério exercido até 15.12.1998 com o acréscimo de 17%, se homens, ou 20%, se mulheres. Confira-se:

"Art. 9º — é assegurado o direito à aposentadoria ao segurado que se tenha filiado ao regime geral de previdência social, até a data de publicação desta Emenda, quando, cumulativamente, atender aos seguintes requisitos:

I — contar com cinqüenta e três anos de idade, se homem, e quarenta e oito anos de idade, se mulher; e

II — contar tempo de contribuição igual, no mínimo, à soma de:

a) trinta e cinco anos, se homem, e trinta anos, se mulher; e

b) um período adicional de contribuição equivalente a vinte por cento do tempo que, na data da publicação desta Emenda, faltaria para atingir o limite de tempo constante da alínea anterior.

§ 1º O segurado de que trata este artigo, desde que atendido o disposto no inciso I do "caput", e observado o disposto no art. 4º desta Emenda, pode aposentar-se com valores proporcionais ao tempo de contribuição, quando atendidas as seguintes condições:

I — contar tempo de contribuição igual, no mínimo, à soma de:

a) trinta anos, se homem, e vinte e cinco anos, se mulher; e

b) um período adicional de contribuição equivalente a quarenta por cento do tempo que, na data da publicação desta Emenda, faltaria para atingir o limite de tempo constante da alínea anterior;

II — o valor da aposentadoria proporcional será equivalente a setenta por cento do valor da aposentadoria a que se refere o "caput", acrescido de cinco por cento por ano de contribuição que supere a soma a que se refere o inciso anterior, até o limite de cem por cento.

§ 2º O professor que, até a data da publicação desta Emenda, tenha exercido atividade de magistério e que opte por aposentar-se na forma do disposto no "caput", terá o tempo de serviço exercido até a publicação desta Emenda contado com o acréscimo de dezessete por cento, se homem, e de vinte por cento, se mulher, desde que se aposente, exclusivamente, com tempo de efetivo exercício de atividade de magistério."

Note-se, portanto, que para o tempo de magistério exercido até 15.12.1998 ser computado com acréscimo (17% ou 20%) é necessário que o trabalhador opte por observar o limite mínimo de idade e também por contribuir com o tempo adicional (pedágio). Caso contrário, o tempo será computado sem qualquer acréscimo e o trabalhador deverá observar a regra normal de aposentadoria, qual seja: 30 anos de serviço/contribuição para as mulheres e 35 anos para os homens.

4.2.2. Renda mensal

A renda mensal da Aposentadoria Integral corresponde a 100% do salário-de-benefício, ou seja:

1º) o INSS fará a média matemática de todos os salários que serviram de base de cálculo para a contribuição previdenciária (atualizados monetariamente), no período de julho de 1994 até o mês anterior ao requerimento do benefício (podendo ser excluídos 20% desses meses);

2º) o resultado da média será multiplicado pelo fator previdenciário (fórmula matemática que leva em consideração a idade no momento da aposentadoria e a expectativa de vida do segurado). Este fator faz reduzir consideravelmente a média encontrada quando o segurado possui menos de 60 anos de idade.

3º) Deverão ser respeitados os tetos mínimo (R$ 415,00) e máximo (R$ 3.038,99) pagos pelo INSS.

4.3. Aposentadoria proporcional

4.3.1. Requisitos necessários à obtenção do benefício — Tempo de serviço e carência

Para os segurados que se inscreveram (ou vierem a se inscrever) junto à Previdência Social a contar de 16.12.1998, e, portanto, após a vigência da Emenda Constitucional n. 20/98, não existe mais a aposentadoria proporcional. Assim, podem optar pelo benefício proporcional somente os segurados inscritos no sistema até 15.12.1998 e desde que cumpridos os seguintes requisitos, cumulativamente:

- *Homens:* 30 anos de serviço; 53 anos de idade; comprovação da carência e cumprimento do "pedágio".
- *Mulheres:* 25 anos de serviço; 48 anos de idade; comprovação da carência e cumprimento do "pedágio".

Obs.: Ressalvado o direito adquirido, o segurado filiado ao RGPS até 15.12.1998 que perdeu essa qualidade e que venha a se filiar novamente ao regime a contar de 16.12.1998, terá direito à aposentadoria proporcional (IN INSS/DC n. 95/21003, art. 104).

O número de meses da carência segue as mesmas regras definidas para a Aposentadoria Integral e o "pedágio" corresponde a 40% do tempo que faltava, em 15.12.1998, para atingir o tempo de serviço previsto (30 anos, homens, e 25, mulheres).

Note-se, assim, que na verdade o segurado (sexo masculino, por exemplo) não se aposenta com 30 anos de serviço. Ele precisa ter como tempo de serviço também o período adicional, comumente denominado "pedágio". O cálculo é simples:

1º) o segurado deve verificar quanto tempo de serviço/contribuição possuía em 16.12.1998 (anos, meses e dias);

Exemplo:

- Segurado do sexo masculino com exatos 20 anos e 8 meses de tempo de serviço em 16.12.1998.

2º) obtido o resultado do item 1º, deverá verificar quanto tempo faltava àquela época (16.12.1998) para completar o tempo de serviço necessário à obtenção da aposentadoria proporcional (variável entre 25 e 34 anos, conforme se trate de segurado do sexo masculino ou feminino e também da percentagem pretendida como renda mensal);

Exemplo:

- Segurado do sexo masculino com exatos 20 anos e 8 meses de tempo de serviço em 16.12.1998.
- Verificação do pedágio para aposentadoria proporcional aos 30 anos de serviço = (30 anos) — (20 anos e 8 meses) = 9 anos e 4 meses (equivalente a 3.360 dias).
- Verificação do pedágio para aposentadoria proporcional aos 33 anos de serviço = (33 anos) — (20 anos e 8 meses) = 12 anos e 4 meses (equivalente a 4.440 dias).

3º) do resultado obtido do cálculo constante no item 2º aplicar 40%, sendo o montante obtido (anos, meses e dias) o equivalente ao "pedágio" que deve ser cumprido pelo segurado.

Exemplo:

• Segurado do sexo masculino com exatos 20 anos e 8 meses de tempo de serviço em 16.12.1998.

• Pedágio para aposentadoria proporcional aos 30 anos de serviço = 3.360 dias x 40% = 1.344 dias (equivalente a 3 anos, 8 meses e 24 dias).

• Pedágio para aposentadoria proporcional aos 33 anos de serviço = 4.440 dias x 40% = 1.776 dias (equivalente a 4 anos, 11 meses e 6 dias).

4.3.1.1. Direito adquirido ao benefício até 15.12.1998

É importante observarmos que as regras de transição (idade mínima e cumprimento do "pedágio") existem apenas a contar da Emenda Constitucional n. 20/98.

Desta forma, para os segurados que em 15.12.1998 (dia anterior à sua publicação) já possuíam o direito adquirido ao benefício proporcional não será necessário observar tais requisitos, sendo suficiente a comprovação, perante o INSS, do tempo de serviço e do cumprimento da carência.

4.3.2. Renda mensal

A renda mensal do benefício proporcional corresponde a 70% do salário-de-benefício mais 5% para cada ano de contribuição que ultrapassar os 30 anos de serviço (homens) ou 25 anos (mulheres). Assim:

	70%	75%	80%	85%	90%
MULHER (tempo de serviço)	25 anos	26 anos	27 anos	28 anos	29 anos
HOMEM (tempo de serviço)	30 anos	31 anos	32 anos	33 anos	34 anos

O INSS, portanto, e como ocorre na Aposentadoria Integral (subitem 4.2.2 *supra*), efetuará o cálculo da média dos salários-de-contribuição e multiplicará o resultado obtido pelo fator previdenciário, encontrando-se, assim, o salário-de-benefício. A renda mensal a ser recebida pelo segurado poderá variar entre 70% e 90% deste valor, conforme acima demonstrado.

4.3.2.1. Direito adquirido ao benefício

Para os segurados com direito adquirido ao benefício proporcional anteriormente à Emenda Constitucional n. 20/98 a renda mensal da aposentadoria corresponderá a 70% do salário-de-benefício mais 6% por ano trabalhado a partir dos 30 anos de serviço, caso se trate de segurado do sexo masculino, e 25 anos de serviço se se tratar de sexo feminino.

A contar da publicação da citada Emenda, o acréscimo passou a ser de apenas 5% para cada ano adicional de tempo de serviço/contribuição (EC n. 20/98, art. 9º, § 1º, II).

4.4. Início de pagamento do benefício

Para os segurados empregados, inclusive o doméstico, o benefício de Aposentadoria por Tempo de Contribuição (integral ou proporcional) será concedido:

a) a partir da data do desligamento do emprego, quando requerida até 90 dias depois dela; ou

b) a partir da data do requerimento, quando não houver desligamento do emprego ou quando for requerida após o prazo de 90 dias (letra "a").

Para os demais segurados o benefício será concedido a contar da data da entrada do requerimento administrativo junto ao INSS.

4.5. Contagem do tempo de serviço

O tempo de serviço deverá ser contado de data a data, desde o início até a data do requerimento ou do desligamento de atividade abrangida pela previdência social, descontados os períodos legalmente estabelecidos como de suspensão de contrato de trabalho, de interrupção de exercício e de desligamento da atividade.

Em se tratando de requerimento do benefício com base em direito adquirido anteriormente à Emenda Constitucional n. 20/98, o tempo de serviço deverá ser contado somente até a data de 15.12.1998 (dia anterior à sua vigência), ainda que o segurado tenha permanecido trabalhando, posteriormente, por algum tempo.

É importante esclarecer que todos os meses deverão ser considerados como de 30 dias, de forma que o período de um ano corresponderá, conseqüentemente, a 360 dias.

4.6. Tempo de serviço e tempo de contribuição — Períodos considerados

Atualmente o tempo de serviço é considerado como tempo de contribuição para fins previdenciários. Assim, e em que pese que a Emenda Constitucional n. 20/98 tenha modificado a denominação do benefício para Aposentadoria por Tempo de Contribuição (antes Aposentadoria por Tempo de Serviço), na prática a contagem do tempo necessário à obtenção do benefício permanece a mesma, sem modificações.

Confira-se, nesse sentido, as disposições constantes do art. 4º da Emenda Constitucional n. 20/98:

> "Art. 4º Observado o disposto no art. 40, § 10, da Constituição Federal, o tempo de serviço considerado pela legislação vigente para efeito de aposentadoria, cumprido até que a lei discipline a matéria, será contado como tempo de contribuição."

São considerados como tempo de contribuição (leia-se também tempo de serviço), entre outros (Instrução Normativa INSS n. 20/07, art. 112 e Decreto n. 3.048/99, art. 61):

a) o período de exercício de atividade remunerada abrangida pela previdência social urbana e rural, ainda que anterior à sua instituição, respeitado o disposto na letra "q";

b) o período de contribuição efetuada por segurado depois de ter deixado de exercer atividade remunerada que o enquadrava como segurado obrigatório da previdência social;

c) o período em que o segurado esteve recebendo auxílio-doença ou aposentadoria por invalidez, entre períodos de atividade;

d) o tempo de serviço militar obrigatório, o voluntário e o alternativo, que serão certificados na forma da lei, por autoridade competente, desde que não tenham sido computados para inatividade remunerada nas Forças Armadas ou para aposentadoria no serviço público, considerado:

- *obrigatório*, é aquele prestado pelos incorporados em organizações da ativa das Forças Armadas ou matriculados em órgãos de formação de reserva;
- *alternativo* (também obrigatório), é aquele considerado como o exercício de atividade de caráter administrativo, assistencial, filantrópico ou mesmo produtivo, em substituição às atividades de caráter essencialmente militar, prestado em organizações militares da ativa ou em órgãos de formação de reserva das Forças Armadas ou em órgãos subordinados aos ministérios civis, mediante convênios entre tais ministérios e o Ministério da Defesa;
- *voluntário*, é aquele prestado pelos incorporados voluntariamente e pelos militares, após o período inicial, em organizações da ativa das Forças Armadas ou matriculados em órgãos de formação de reserva ou, ainda, em academias ou escolas de formação militar.

e) o período em que a segurada esteve recebendo salário-maternidade;

f) o período de contribuição efetuada como segurado facultativo;

g) o período de afastamento da atividade do segurado anistiado que, em virtude de motivação exclusivamente política, foi atingido por atos de exceção, institucional ou complementar, ou abrangido pelo Decreto Legislativo n. 18, de 15 de dezembro de 1961, pelo Decreto-Lei n. 864, de 12 de setembro de 1969, ou que, em virtude de pressões ostensivas ou expedientes oficiais sigilosos, tenha sido demitido ou compelido ao afastamento de atividade remunerada no período de 18 de setembro de 1946 a 5 de outubro de 1988;

Obs.: Não será considerado como tempo de serviço quando de segurado demitido ou exonerado em razão de processos administrativos ou de aplicação política de pessoal do governo, da empresa ou da entidade a que estava vinculado, assim como ao segurado ex-dirigente ou ex-representante sindical que não comprove prévia existência do vínculo empregatício mantido com a empresa ou sindicato e o conseqüente afastamento da atividade remunerada em razão dos atos aqui mencionados.

h) o tempo de serviço público federal, estadual, do Distrito Federal ou municipal, inclusive o prestado a autarquia ou a sociedade de economia mista ou fundação instituída pelo Poder Público, regularmente certificado na forma da Lei n. 3.841/60, desde que a respectiva certidão tenha sido requerida na entidade para a qual o serviço foi prestado até 30 de setembro de 1975, véspera do início da vigência da Lei n. 6.226, de 14 de junho de 1975;

i) o período em que o segurado esteve recebendo benefício por incapacidade por acidente do trabalho, intercalado ou não;

j) o tempo de serviço do segurado trabalhador rural anterior à competência novembro de 1991;

k) o tempo de exercício de mandato classista da Justiça do Trabalho e o magistrado da Justiça Eleitoral junto a órgão de deliberação coletiva em que, nessa qualidade, tenha havido contribuição:

- para a Previdência Social, decorrente de vinculação ao RGPS antes da investidura no mandato;
- para o RPPS (Regime Próprio de Previdência Social), decorrente de vinculação a esse regime antes da investidura no mandato.

l) o tempo de serviço público prestado à administração federal direta e autarquias federais, bem como às estaduais, do Distrito Federal e municipais, quando aplicada a legislação que autorizou a contagem recíproca de tempo de contribuição;

m) o período de licença-remunerada, desde que tenha havido desconto de contribuições;

n) o período em que o segurado tenha sido colocado pela empresa em disponibilidade remunerada, desde que tenha havido desconto de contribuições;

o) o de tempo de serviço prestado à Justiça dos Estados, às serventias extrajudiciais e às escrivaninhas judiciais, desde que não tenha havido remuneração pelos cofres públicos e que a atividade não estivesse, à época, vinculada a Regime Próprio de Previdência, estando abrangidos:

- os servidores de Justiça dos Estados, não remunerados pelos cofres públicos, que não estavam filiados a RPPS;
- aquele contratado pelos titulares das Serventias de Justiça, sob o regime da CLT, para funções de natureza técnica ou especializada, ou, ainda, qualquer pessoa que preste serviço sob a dependência dos titulares, mediante salário e sem qualquer relação de emprego com o Estado;
- os servidores que, na data da vigência da Lei n. 3.807, de 1960 — Lei Orgânica da Previdência Social — LOPS, já estivessem filiados ao RGPS, por força da legislação anterior, tendo assegurado o direito de continuarem filiados à Previdência Social Urbana;

p) o tempo de atividade patronal ou autônoma, exercida anteriormente à vigência da Lei n. 3.807/60, desde que indenizado conforme o disposto no art. 122 do Decreto n. 3.048/99;

q) o período de atividade na condição de empregador rural, desde que comprovado o recolhimento de contribuições na forma da Lei n. 6.260/75, com indenização do período anterior, conforme o disposto no art. 122 do Decreto n. 3.048/99;

r) o período de atividade dos auxiliares locais de nacionalidade brasileira no exterior, amparados pela Lei n. 8.745/93, anteriormente a 1º de janeiro de 1994, desde que sua situação previdenciária esteja regularizada junto ao INSS;

s) o tempo de serviço de mandato eletivo federal, estadual, distrital ou municipal, desde que tenha havido contribuição em época própria e não tenha sido contado para efeito de aposentadoria por outro regime de previdência social;

t) o tempo de trabalho em que o segurado esteve exposto a agentes nocivos químicos, físicos, biológicos ou associação de agentes prejudiciais à saúde ou à integridade física, observado o disposto nos arts. 64 a 70 do Decreto n. 3.048/99;

u) o tempo de contribuição efetuado pelo servidor público de que tratam as alíneas "i", "j" e "l" do inciso I do *caput* do art. 9º e o § 2º do art. 26 do Decreto n. 3.048/99, com base nos arts. 8º e 9º da Lei n. 8.162/91, e no art. 2º da Lei n. 8.688/93;

v) o tempo de atividade como ministro de confissão religiosa, membro de instituto de vida consagrada, de congregação ou de ordem religiosa, nas seguintes situações:

- até 8.10.1979, se indenizado como segurado facultativo;
- a partir de 9.10.1979, como segurado equiparado a autônomo, exceto os que já estavam filiados à Previdência Social ou a outro regime previdenciário;
- a partir de 29.10.1999, como contribuinte individual.

Com referência ao segurado anistiado (letra "g") cumpre ainda observar que (Decreto n. 3.048/99, art. 60):

- Cabe ao interessado comprovar a condição de segurado obrigatório da previdência social, mediante a apresentação dos documentos contemporâneos dos fatos ensejadores da demissão ou afastamento da atividade remunerada, assim como apresentar o ato declaratório da anistia, expedido pela autoridade competente, e a conseqüente comprovação da sua publicação oficial.
- Para a contagem do período como tempo de serviço o INSS deverá observar se no ato declaratório da anistia consta o fundamento legal no qual se fundou e o nome do órgão, da empresa ou da entidade a que estava vinculado o segurado à época dos atos que ensejaram a demissão ou o afastamento da atividade remunerada.

Não será computado como tempo de contribuição o já considerado para concessão de qualquer aposentadoria prevista no RGPS ou por outro regime de previdência social.

Importa observar, ainda, que o tempo de contribuição será considerado para cálculo do valor da renda mensal de qualquer benefício.

4.6.1. Trabalhadores rurais

O segurado especial somente fará jus à aposentadoria por tempo de contribuição após o cumprimento da carência exigida para estes benefícios, não sendo considerado como período de carência o tempo de atividade rural não contributivo.

Assim, para que o segurado especial possa obter o benefício de Aposentadoria por Tempo de Contribuição, é necessário que seja filiado ao RGPS na qualidade de "segurado facultativo" e que tenha contribuído ao sistema pelo período estipulado em carência.

4.6.2. Professores

Para fins de aposentadoria por tempo de contribuição de professores, são contados como tempo de contribuição:

a) o de serviço público federal, estadual, do Distrito Federal ou municipal;

b) o de recebimento de benefício por incapacidade, entre períodos de atividade; e

c) o de benefício por incapacidade decorrente de acidente do trabalho, intercalado ou não.

Obs.: É vedada a conversão de tempo de serviço de magistério, exercido em qualquer época, em tempo de serviço comum.

4.6.3. Direito adquirido até 15.12.1998

Em se tratando de benefício em que tenha o segurado implementado todas as condições necessárias à sua obtenção até a data de 15.12.1998 (dia anterior à publicação da Emenda Constitucional n. 20/98), serão também computados como tempo de contribuição:

I — os períodos de freqüência às aulas dos aprendizes matriculados em escolas profissionais mantidas por empresas ferroviárias;

II — o tempo de aprendizado profissional realizado como aluno aprendiz, em escolas técnicas, com base no Decreto-Lei n. 4.073/42, Lei Orgânica do Ensino Industrial a saber:

a) período de freqüência em escolas técnicas ou industriais mantidas por empresas de iniciativa privada, desde que reconhecidas e dirigidas a seus empregados aprendizes, bem como o realizado com base no Decreto n. 31.546, de 6.2.1952, em curso do Serviço Nacional da Indústria — Senai, ou Serviço Nacional do Comércio — Senac, ou instituições por eles reconhecidas, para formação profissional metódica de ofício ou ocupação do trabalhador menor;

b) período de freqüência em cursos de aprendizagem ministrados pelos empregadores a seus empregados, em escolas próprias para essa finalidade ou em qualquer estabelecimento de ensino industrial;

c) períodos de freqüência em escolas industriais ou técnicas da rede federal de ensino, bem como em escolas equiparadas (colégio ou escola agrícola) ou reconhecidas com base na Lei n. 6.226/75, alterada pela Lei n. 6.864/80, e Decreto n. 85.850/81 (contagem recíproca), desde que tenha havido retribuição pecuniária à conta do Orçamento da União, ainda que fornecida de maneira indireta ao aluno.

III — o tempo de serviço marítimo convertido na razão de 255 (duzentos e cinqüenta e cinco) dias de embarque para 360 (trezentos e sessenta) dias de atividade comum, contados da data de embarque à de desembarque, em navios mercantes nacionais, independentemente de momento em que o segurado venha a implementar os demais requisitos para a concessão de aposentadoria no RGPS, observando-se que:

a) o tempo de serviço em terra será computado como tempo comum;

b) não se aplica a conversão para período de atividade exercida em navegação de travessia, assim entendida a realizada como ligação entre dois portos de margem de rios, lagos, baías, angras, lagoas e enseadas ou ligação entre ilhas e essas margens;

c) o termo navio aplica-se a toda construção náutica destinada à navegação de longo curso, de grande ou pequena cabotagem, apropriada ao transporte marítimo ou fluvial de carga ou passageiro.

Obs. I: Tendo o segurado implementado todos os requisitos necessários à concessão do benefício em data anterior ao Decreto n. 611/92 deverá ser aplicado o entendimento do Parecer MPAS/CJ n. 24/82, de forma a poder ser computado o período de freqüência escolar compreendido entre 30.1.1942 e 15.2.1959, vigência da Lei Orgânica do Ensino Industrial.

Obs. II: Tendo o segurado implementado todos os requisitos necessários à concessão do benefício durante a vigência dos Decretos ns. 611/92 e 2.172/97, poderá ser computado como tempo de serviço o período de aprendizado profissional realizado em escolas técnicas na condição de aluno aprendiz, compreendido entre 30.1.1942 e 15.2.1959, e desde que comprovada a remuneração e o vínculo empregatício, também o período de aprendizagem desempenhado em qualquer época, conforme o Parecer MPAS/CJ n. 2.893/02.

Considera-se como vínculo e remuneração, para cômputo de qualquer período de aprendizagem, a comprovação de freqüência e os valores recebidos a título de alimentação, fardamento, material escolar e parcela de renda auferida com a execução de encomendas para terceiros, entre outros.

Obs. III: Para os segurados que implementaram todos os requisitos necessários à concessão do benefício em período posterior ao advento do Decreto n. 3.048/99, não se admite a contagem como tempo de serviço do período de aluno aprendiz.

4.6.4. Averbação de tempo de serviço

O tempo de serviço durante o qual o exercício da atividade não determinava filiação obrigatória ao anterior Regime de Previdência Social Urbana somente poderá ser averbado para fins de Aposentadoria mediante o recolhimento das contribuições correspondentes, conforme assim determina expressamente o § 1º do art. 55 da Lei n. 8.213/91.

Exceção se aplica, tão-somente, ao tempo de serviço do segurado trabalhador rural, anterior à data de início de vigência da Lei n. 8.213/91, o qual deverá ser computado independentemente do recolhimento das contribuições a ele correspondentes. Não obstante, tal período somente será considerado como tempo de serviço; para que seja igualmente considerado como carência será necessário o recolhimento das contribuições correspondentes (Lei n. 8.213/91, art. 55, § 2º).

4.6.5. Tempo de serviço/contribuição decorrente de ação trabalhista

Disciplina o INSS, através do § 3º do art. 112 da Instrução Normativa INSS n. 20/07, que na concessão ou revisão de Aposentadoria por Tempo de Contribuição (ou qualquer outro benefício do RGPS), sempre que for utilizado tempo de serviço/contribuição ou salário-de-contribuição decorrente de Ação Trabalhista transitada em julgado, o processo deverá ser obrigatoriamente encaminhado para análise da Chefia de Benefícios da APS (Agência da Previdência Social), oportunidade em que serão exigidos os seguintes procedimentos:

I — a contagem de tempo de serviço/contribuição dependerá da existência de início de prova material, isto é, de documentos contemporâneos que possibilitem a comprovação dos fatos alegados, juntados ao processo judicial ou ao requerimento administrativo do benefício;

II — o cômputo de salário-de-contribuição considerará os valores constantes da ação trabalhista transitada em julgado, ainda que não tenha havido o recolhimento das contribuições devidas à Previdência Social, mas desde que o início de prova material contemple os valores referidos, observando o limite máximo e mínimo de contribuição;

III — em caso de concessão ou revisão do benefício, se não houve o recolhimento de contribuições correspondentes, o processo deverá ser encaminhado para Divisão/ Serviço da Secretaria da Receita Federal do Brasil para a respectiva cobrança.

4.7. Documentação comprobatória do tempo de contribuição

A prova de tempo de serviço, considerado também tempo de contribuição, observadas, no que couber, as peculiaridades do trabalhador autônomo e do segurado facultativo, deverá ser efetuada mediante a apresentação ao INSS de documentos que comprovem o exercício de atividade nos períodos a serem contados, devendo esses documentos ser contemporâneos dos fatos a comprovar e mencionar as datas de início e término e, quando se tratar de trabalhador avulso, a duração no trabalho e a condição em que foi prestado.

As anotações em Carteira Profissional e/ou Carteira de Trabalho e Previdência Social relativas a férias, alterações de salários e outras que demonstrem a seqüência do exercício da atividade podem suprir possível falha de registro de admissão ou dispensa.

São, portanto, documentos que podem comprovar o tempo de serviço, dentre outros:

a) o contrato individual de trabalho, a Carteira Profissional e/ou a Carteira de Trabalho e Previdência Social, a carteira de férias, a carteira sanitária, a caderneta de matrícula e a caderneta e contribuições dos extintos institutos de aposentadoria e pensões, a caderneta de inscrição pessoal visada pela Capitania dos Portos, pela Superintendência do Desenvolvimento da Pesca, pelo Departamento Nacional de Obras Contra as Secas e declarações da Receita Federal;

b) certidão de inscrição em órgão de fiscalização profissional, acompanhada do documento que prove o exercício da atividade;

c) contrato social e respectivo distrato, quando for o caso, ata de assembléia geral e registro de firma individual;

d) contrato de arrendamento, parceria ou comodato rural;

e) certificado de sindicato ou órgão gestor de mão-de-obra que agrupa trabalhadores avulsos;

f) comprovante de cadastro do Instituto Nacional de Colonização e Reforma Agrária, no caso de produtores em regime de economia familiar;

g) bloco de notas do produtor rural; ou

h) declaração de sindicato de trabalhadores rurais ou colônia de pescadores, desde que homologada pelo Instituto Nacional do Seguro Social.

Na falta de documento contemporâneo podem ser aceitos declaração do empregador ou seu preposto, atestado de empresa ainda existente, certificado ou certidão de entidade oficial, desde que extraídos de registros efetivamente existentes e acessíveis à fiscalização do Instituto Nacional do Seguro Social. Não atendendo as exigências o documento apresentado pelo segurado, a prova exigida pode ser complementada por outros documentos que levem à convicção do fato a comprovar, inclusive mediante justificação administrativa.

A comprovação realizada mediante justificação administrativa ou judicial só produz efeito perante a previdência social quando baseada em início de prova material. A prova material somente terá validade para a pessoa referida no documento, não sendo permitida sua utilização por outras pessoas.

Não será admitida, administrativamente, prova exclusivamente testemunhal para efeito de comprovação de tempo de serviço ou de contribuição, salvo na ocorrência de motivo de força maior ou caso fortuito.

Obs.: Caracteriza motivo de força maior ou caso fortuito a verificação de ocorrência notória, tais como incêndio, inundação ou desmoronamento, que tenha atingido a empresa na qual o segurado alegue ter trabalhado, devendo ser comprovada mediante registro da ocorrência policial feito em época própria ou apresentação de documentos contemporâneos dos fatos, e verificada a correlação entre a atividade da empresa e a profissão do segurado.

Fundamentação: Constituição Federal, art. 201, §§ 7º e 8º; Emenda Constitucional n. 20/98, art. 9º; Lei n. 8.213/91, arts. 52 a 56, 106 e 122; Decreto n. 3.048/98, arts. 56 a 63, 143, § 2º, 181-B e 188; Instrução Normativa INSS n. 20/07, art. 112 e seguintes.

5. APOSENTADORIA ESPECIAL

5.1. Requisitos necessários à obtenção do benefício

O benefício de Aposentadoria Especial será devido ao segurado da Previdência Social que tenha trabalhado com exposição a agentes nocivos durante quinze, vinte ou vinte e cinco anos, conforme o caso.

Assim, é necessário que o trabalhador tenha sido exposto, durante o exercício profissional, a condições especiais que prejudiquem sua saúde ou sua integridade física, sendo exatamente esse "prejuízo", ou "risco de prejuízo" o motivo justificador de uma aposentadoria antecipada.

Cumpre esclarecer, ainda, que não há limite de idade para seu requerimento, e uma vez concedida pela Previdência Social, a Aposentadoria Especial é irreversível e irrenunciável.

5.1.1. Segurado associado à cooperativa de produção ou cooperativa de trabalho (Cooperado)

Conforme determinações constantes da Medida Provisória n. 83/02 (DOU de 13.12.2002), atualmente convertida na Lei n. 10.666/03, também os segurados filiados à cooperativa de trabalho e de produção, que trabalhem com exposição a agentes nocivos que prejudiquem sua saúde ou sua integridade física, possuem direito à obtenção da Aposentadoria Especial.

5.1.2. Trabalho permanente em condições especiais

Até a data de 28.4.1995 era suficiente à obtenção do benefício de Aposentadoria Especial a apresentação, pelo segurado, de um formulário preenchido pelo empregador, com descrição da atividade exercida e relação dos agentes nocivos a que se encontrava exposto. Somente quando da exposição ao ruído é que se fazia necessária também a apresentação de um laudo técnico, elaborado por médico do trabalho ou engenheiro de segurança do trabalho.

Este formulário, preenchido pelo empregador, teve diversas denominações, a saber: SB-40; DISES BE 5235; DSS-8030 e DIRBEN-8030. Atualmente, a contar de 1º.1.2004, encontra-se o documento com o nome de "Perfil Profissiográfico Previdenciário".

No período compreendido entre 1964 e 1979 (vigência do Decreto n. 53.831), inclusive, a exposição ao agente nocivo era presumida para algumas funções, como, por exemplo, médicos e motoristas de caminhão ou ônibus. Assim, bastava a comprovação do exercício de determinada função (relacionada no Anexo do Decreto n. 53.831), a qual se fazia por simples declaração do empregador (em um dos formulários citados acima) para a obtenção do benefício em comento. Como esse procedimento possibilitava fraudes ao sistema previdenciário, já que a aposentadoria era concedida apenas com base em informações do empregador, em 29.4.1995 foi publicada a Lei n. 9.032, alterando a forma de obtenção da Aposentadoria Especial.

A nova regra, então vigente, exige não somente o formulário preenchido pelo empregador, mas que seu preenchimento tenha sido com base em laudo técnico elaborado por médico do trabalho ou engenheiro de segurança do trabalho, de forma que reste caracterizado um tempo de trabalho permanente, não ocasional nem intermitente, exercido em condições especiais que prejudiquem a saúde ou a integridade física, durante o período mínimo estipulado (15, 20 ou 25 anos, conforme o agente nocivo).

O laudo técnico, responsável pela verificação das condições de trabalho que possibilitam ou não o direito à Aposentadoria Especial, atualmente se encontra substituído pelas demonstrações ambientais constituídas nos seguintes documentos:

a) Programa de Prevenção de Riscos Ambientais — PPRA;

b) Programa de Gerenciamento de Riscos — PGR;

c) Programa de Condições e Meio Ambiente de Trabalho na Indústria da Construção — PCMAT;

d) Programa de Controle Médico de Saúde Ocupacional — PCMSO;

e) Laudo Técnico de Condições Ambientais do Trabalho — LTCAT;

f) Perfil Profissiográfico Previdenciário — PPP; e

g) Comunicação de Acidente do Trabalho — CAT.

Note-se, portanto, que desde 29.4.1995 é necessário comprovar, pelas demonstrações ambientais, a nocividade (situação combinada ou não de substâncias, energias e demais fatores de riscos reconhecidos, capazes de trazer ou ocasionar danos à saúde ou à integridade física do trabalhador) e a permanência (trabalho não ocasional nem intermitente, durante quinze, vinte ou vinte cinco anos, no qual a exposição ao agente nocivo seja indissociável da produção do bem ou da prestação do serviço, em decorrência da subordinação jurídica a qual se submete).

Obs.: Conforme o § 2º do art. 157 da Instrução Normativa INSS n. 20/07, não quebra a permanência o exercício de função de supervisão, controle ou comando em geral ou outra atividade equivalente, desde que seja exclusivamente em ambientes de trabalho cuja nocividade tenha sido constatada.

5.1.3. Condições especiais que possibilitam a aposentadoria especial — Agentes nocivos

Nos termos do art. 156 da Instrução Normativa INSS n. 20/07, são consideradas condições especiais que prejudicam a saúde ou a integridade física a exposição do trabalhador a agentes nocivos químicos, físicos ou biológicos (ou associação desses agentes), em concentração ou intensidade e tempo de exposição que ultrapasse os limites de tolerância ou que, dependendo do agente, torne a simples exposição em condição especial prejudicial à saúde.

Assim, todo agente que possa trazer ou ocasionar dano à saúde ou à integridade física do trabalhador no ambiente de trabalho, em função de sua natureza, concentração, intensidade e exposição, será considerado como "agente nocivo", capaz de possibilitar a concessão do benefício de Aposentadoria Especial. Como observado, poderá este agente ser físico (ruídos, vibrações, calor, pressões anormais, radiações ionizantes e não ionizantes, etc.), químico (névoas, neblinas, poeiras, fumos, gases, vapores de substâncias nocivas presentes no ambiente de trabalho, etc.) ou biológico (microrganismos como bactérias, fungos, parasitas, bacilos, vírus, etc.).

Observe-se, ainda, que os agentes nocivos permissivos da concessão de Aposentadoria Especial sempre estiveram expressamente relacionados nos decretos regulamentadores da Previdência Social e que se deve respeitar, a qualquer tempo, o direito adquirido. Assim, qualquer que seja a data da entrada do requerimento do benefício, as atividades exercidas em condições especiais deverão ser analisadas da seguinte forma (tabela constante do art. 168 da IN INSS n. 20/07):

Período Trabalhado	Enquadramento
Até 28.4.1995	Quadro Anexo ao Decreto n. 53.831, de 1964. Anexos I e II do RBPS, aprovado pelo Decreto n. 83.080, de 1979. Formulário; CP/CTPS; LTCAT, obrigatoriamente para o agente físico ruído.

Período Trabalhado	Enquadramento
De 29.4.1995 a 13.10.1996	Código 1.0.0 do Quadro Anexo ao Decreto n. 53.831, de 1964. Anexo I do RBPS, aprovado pelo Decreto n. 83.080, de 1979. Formulário; LTCAT ou demais Demonstrações Ambientais, obrigatoriamente para o agente físico ruído.
De 14.10.1996 a 5.3.1997	Código 1.0.0 do Quadro Anexo ao Decreto n. 53.831, de 1964. Anexo I do RBPS, aprovado pelo Decreto n. 83.080, de 1979. Formulário; LTCAT ou demais Demonstrações Ambientais, para todos os agentes nocivos.
De 6.3.1997 a 31.12.1998	Anexo IV do RBPS, aprovado pelo Decreto n. 2.172, de 1997. Formulário; LTCAT ou demais Demonstrações Ambientais, para todos os agentes nocivos.
De 1º.1.1999 a 6.5.1999	Anexo IV do RBPS, aprovado pelo Decreto n. 2.172, de 1997. Formulário; LTCAT ou demais Demonstrações Ambientais, para todos os agentes nocivos, que deverão ser confrontados com as informações relativas ao CNIS para homologação da contagem do tempo de serviço especial, nos termos do art. 19 e § 2º do art. 68 do RPS, com redação dada pelo Decreto n. 4.079, de 2002.
De 7.5.1999 a 31.12.03	Anexo IV do RPS, aprovado pelo Decreto n. 3.048, de 1999. Formulário; LTCAT ou demais Demonstrações Ambientais, para todos os agentes nocivos, que deverão ser confrontados com as informações relativas ao CNIS para homologação da contagem do tempo de serviço especial, nos termos do art. 19 e § 2º do art. 68 do RPS, com redação dada pelo Decreto n. 4.079, de 2002.
A partir de 1º.1.2004	Anexo IV do RPS, aprovado pelo Decreto n. 3.048, de 1999. Formulário, que deverá ser confrontado com as informações relativas ao CNIS para homologação da contagem do tempo de serviço especial, nos termos do art. 19 e § 2º do art. 68 do RPS, com redação dada pelo Decreto n. 4.079, de 2002.

Ficam ressalvadas, ainda, além dos Anexos acima mencionados, as atividades e os agentes arrolados em outros atos administrativos, decretos ou leis previdenciárias que determinem o enquadramento como atividade especial para fins de concessão de aposentadoria especial.

Os agentes nocivos constantes dos Decretos em referência podem ser visualizados na Parte VII desta obra, item 7.

5.1.4. Contribuintes individuais — Autônomos

A contar de 29.4.1995, considerando que o trabalhador autônomo presta serviço em caráter eventual e sem relação de emprego, ficou mais difícil o enquadramento de sua atividade como especial, uma vez que não existe forma de comprovar a exposição a agentes nocivos prejudiciais à saúde e à integridade física, de forma habitual e permanente, não ocasional nem intermitente, como assim exige a Lei n. 9.032.

Assim, o benefício de Aposentadoria Especial somente será concedido, na esfera administrativa, aos segurados empregados (exceto domésticos), aos trabalhadores avulsos e, a contar de 13.12.2002 (data de publicação da Medida Provisória n. 83, atualmente Lei n. 10.666/03), também aos cooperados filiados à cooperativa de trabalho ou de produção.

Os contribuintes individuais que conseguirem comprovar o exercício da atividade nociva de forma habitual e permanente, por qualquer meio idôneo, deverão apresentar essas provas quando do requerimento administrativo do benefício e, caso o tempo especial não seja considerado pelo INSS (o que certamente irá acontecer), será necessário o ingresso de ação judicial para solicitação e comprovação do direito.

5.1.5. Atividades profissionais específicas — Procedimentos para o enquadramento do tempo de serviço como especial

5.1.5.1. Telefonista

Com referência à atividade profissional de telefonista, em qualquer tipo de estabelecimento, admite o INSS, administrativamente, a observância dos seguintes critérios para o enquadramento do tempo de serviço como especial (IN INSS n. 20/07, art. 170, I):

a) o tempo de atividade de telefonista poderá ser enquadrado como especial no código 2.4.5 do quadro anexo ao Decreto n. 53.831/64, até 28.4.1995;

b) se completados os vinte e cinco anos, exclusivamente na atividade de telefonista, até 13.10.1996, poderá ser concedida a aposentadoria especial;

c) a partir de 14.10.1996 (data da publicação da MP n. 1.523, de 11.10.1996) não será permitido o enquadramento especial em função da denominação profissional de telefonista.

5.1.5.2. Guarda, vigia ou vigilante

Com referência à atividade profissional de guarda, vigia ou vigilante, e até 28.4.1995, admite o INSS, administrativamente, a observância dos seguintes critérios para o enquadramento do tempo de serviço como especial (IN INSS n. 20/07, art. 170, II):

a) entende-se por guarda, vigia ou vigilante o empregado que tenha sido contratado para garantir a segurança patrimonial, impedindo ou inibindo a ação criminosa em patrimônio das instituições financeiras e de outros estabelecimentos públicos ou privados, comerciais, industriais ou entidades sem fins lucrativos, bem como pessoa contratada por empresa especializada em prestação de serviços de segurança, vigilância e transporte de valores, para prestar serviço relativo a atividade de segurança privada a pessoa e a residências;

b) a atividade do guarda, vigia ou vigilante na condição de contribuinte individual (autônomo) não será considerada como especial;

c) em relação ao empregado em empresa prestadora de serviços de vigilância, além das outras informações necessárias à caracterização da atividade, deverá constar no formulário para requerimento da aposentadoria especial os locais e empresas onde o segurado esteve desempenhando a atividade.

5.1.5.3. Professores

Entende o INSS, administrativamente (IN INSS n. 20/07, art. 170, III), que a contar da Emenda Constitucional n. 18, de 30.6.1981, não é permitida a conversão do tempo de exercício de magistério para qualquer espécie de benefício, exceto se o segurado implementou todas as condições até 29.6.1981 em respeito ao direito adquirido.

Este posicionamento reside no fato de que Emenda Constitucional retirou esta categoria profissional do quadro anexo ao Decreto n. 53.831, de 1964, para incluí-la em legislação especial e específica, que passou a ser regida por legislação própria.

5.1.5.4. Serventes, auxiliares ou ajudantes de profissionais expostos a agentes nocivos

Compreende a autarquia federal (IN INSS n. 20/07, art. 170, § 1º, inciso II) que em se tratando de serventes, auxiliares ou ajudantes, de qualquer das atividades constantes dos quadros anexos ao Decreto n. 53.831/64 ou Decreto n. 83.080/79, e somente até 28.4.1995, ser possível o enquadramento da atividade como especial desde que o trabalho, nessas funções, tenha sido exercido nas mesmas condições e no mesmo ambiente em que trabalhou o profissional a quem estes prestavam serviços.

5.1.5.5. Atividades com exposição a frio, eletricidade, radiações não ionizantes e umidade

Compreende o INSS (IN INSS n. 20/07, art. 170, IV) que somente será possível o enquadramento da atividade como especial, em se tratando de exposição permanente ao frio, à eletricidade, radiações não ionizantes ou umidade, até a data de 5.3.1997, em face do Decreto n. 2.172.

5.1.5.6. Atividades com exposição a agentes biológicos

Com referência à atividade profissional com exposição permanente a agentes biológicos, admite o INSS, administrativamente, a observância dos seguintes critérios para o enquadramento do tempo de serviço como especial (IN INSS n. 20/07, art. 170, V):

a) até 5.3.1997, o enquadramento poderá ser caracterizado, para trabalhadores expostos ao contato com doentes ou materiais infecto-contagiantes, de assistência médica, odontológica, hospitalar ou outras atividades afins, independentemente de a atividade ter sido exercida em estabelecimentos de saúde;

b) a partir de 6.3.1997, tratando-se de estabelecimentos de saúde, somente serão enquadradas as atividades exercidas em contato com pacientes portadores de doenças infecto-contagiosas ou com manuseio de materiais contaminados, no código 3.0.1 do Anexo IV do RBPS, aprovado pelo Decreto n. 2.172, de 5.3.1997 ou do Anexo IV do RPS, aprovado pelo Decreto n. 3.048/99;

c) as atividades de coleta, industrialização do lixo e trabalhos em galerias, fossas e tanques de esgoto, de modo permanente, poderão ser enquadradas no código 3.0.1 do Anexo IV do RPS, aprovado pelo Decreto n. 3.048/99, mesmo que exercidas em períodos anteriores, desde que exista exposição a microrganismos e parasitas infecto-contagiosos vivos e suas toxinas.

5.1.6. Posicionamento inicial do INSS quando da publicação da Lei n. 9.032/95

Como observado nos subitens anteriores, a contar de 29.4.1995 deverá o segurado apresentar ao INSS um laudo técnico, elaborado por médico do trabalho ou engenheiro de segurança do trabalho, cuja finalidade é comprovar a presença de exposição a agentes nocivos que propiciem o direito à consideração do tempo de serviço como especial. Tal documento (hoje substituído pelos programas ambientais) possui ainda a finalidade de embasar o formulário preenchido pelo empregador, inicialmente denominado SB-40 e atualmente Perfil Profissiográfico Previdenciário. Somente para o agente nocivo ruído é que se exigia o laudo em qualquer época, ainda que tenha sido a prestação de serviços anterior à publicação da Lei n. 9.032/95.

No entanto, posicionou-se a autarquia federal (INSS) no sentido de que somente para os segurados que até a data de 28.4.1995 implementaram todas as condições para a obtenção do benefício da aposentadoria especial não seria necessária a apresentação de laudo técnico, exceto em se tratando de atividade exposta ao ruído, onde o mesmo se faria necessário. Para aqueles que adquirissem o direito ao referido benefício a contar de 29.4.1995 (data de publicação da Lei n. 9.032, que altera o art. 57 da Lei n. 8.213/91) seria necessária a apresentação do laudo técnico para todo o período, inclusive anterior a esta mesma data, ou seja, anterior a 29.4.1995.

Sendo tal entendimento totalmente inconstitucional, ferindo o direito adquirido, ingressou o Ministério Público Federal com a Ação Civil Pública n. 2000.71.00.030435-2, cuja decisão proferida pela Juíza Substituta da 4ª Vara Previdenciária de Porto Alegre-RS determinou ao INSS, em âmbito nacional, que:

"a) faça o processamento regular dos pedidos de aposentadoria ou outro benefício, bem como de conversão de tempo de serviço, dispensando os segurados da comprovação da efetiva exposição ao agente nocivo à saúde ou à integridade física, se ficar inequivocamente demonstrado o exercício até 28.4.98 de atividade descrita em regulamento ou lei como presumidamente nociva à saúde, independentemente da época em que foram preenchidos os requisitos para o benefício requerido; e

b) faça o processamento regular dos pedidos de aposentadoria ou outro benefício, bem como de conversão de tempo de serviço, dispensando os segurados de apresentação de laudo técnico em conjunto com o formulário preenchido pela empresa (SB 40 ou DSS 8030), devendo apresentar tão-somente o SB 40 ou

DSS 8030 para comprovação da efetiva exposição ao agente nocivo à saúde ou à integridade física descrito em regulamento, salvo no caso de exposição a ruído, para as atividades prestadas até 28 de abril de 1995, independentemente da época em que foram preenchidos os requisitos para o benefício requerido...."

Assim, independentemente da época em que se implementaram todas as condições para a obtenção do benefício, os segurados que exerceram atividade até 28.4.1995 descrita em regulamento ou lei como nociva à saúde ou à integridade física não necessitarão comprovar esta exposição com laudo técnico ou formulário, sendo esta considerada presumidamente prejudicial.

Também para as atividades prestadas até 28.4.1995 não é necessária a apresentação de laudo técnico, bastando para a concessão do benefício o formulário DIRBEN-8030 (anteriormente SB-40 e DSS-8030) para a comprovação da efetiva exposição ao agente nocivo.

Quanto à Ação Civil Pública, cumpre-nos informar que o Superior Tribunal de Justiça decidiu não possuir o Ministério Público Federal legitimidade para ingressar com a referida Ação Civil Pública (RE no RESP 531419, DJ de 3.2.2004 — Ministro Edson Vidigal). Não obstante, a Previdência Social manteve o novo procedimento, exigindo o laudo técnico somente para o ruído caso a prestação de serviços tenha ocorrido anteriormente à Lei n. 9.032/95.

5.1.7. Insuficiência da documentação — Justificação administrativa

Não sendo possível ao segurado apresentar ao INSS todos os documentos obrigatórios para o enquadramento da atividade especial (formulários preenchidos pelos empregadores e laudos técnicos ou programas ambientais), poderá ser protocolizado junto à própria autarquia federal, ainda em fase administrativa, um processo de Justificação Administrativa — JA, observando-se que (IN INSS n. 20/07, art. 161, § 4º):

a) a JA somente será permitida, no caso de empresa ou estabelecimento legalmente extintos, podendo ser dispensada a apresentação do formulário para requerimento da aposentadoria especial;

b) para períodos anteriores a 28.4.1995, a JA deverá ser instruída com base nas informações constantes da CTPS em que conste a função exercida, verificada a correlação entre a atividade da empresa e a profissão do segurado, salvo nos casos de exposição a agentes nocivos passíveis de avaliação quantitativa;

c) a partir de 28.4.1995 e, em qualquer época, nos casos de exposição a agentes nocivos passíveis de avaliação quantitativa, a JA deverá ser instruída, obrigatoriamente, com laudo de

5.2. Carência

Devidamente comprovada a exposição ao agente nocivo o INSS exigirá somente o cumprimento da carência, ou seja, do número mínimo de contribuições previdenciárias para a obtenção do benefício de aposentadoria, qual seja:

a) caso o segurado tenha iniciado suas contribuições à Previdência Social (inscrição no sistema) após 24.7.1991, a carência corresponderá a 180 meses;

b) caso o segurado tenha iniciado suas contribuições (inscrição) até a data de 24.7.1991, o número de meses de carência dependerá do ano em que o mesmo estará completando o tempo de serviço necessário (15, 20 ou 25 anos, conforme o agente nocivo), devendo ser observada a seguinte tabela:

Ano em que o segurado completou o tempo de serviço (35 ou 30 anos)	Meses de contribuição exigidos (carência)
1991	60 meses
1992	60 meses
1993	66 meses
1994	72 meses
1995	78 meses
1996	90 meses
1997	96 meses
1998	102 meses
1999	108 meses
2000	114 meses
2001	120 meses
2002	126 meses
2003	132 meses
2004	138 meses
2005	144 meses
2006	150 meses
2007	156 meses
2008	162 meses
2009	168 meses
2010	174 meses
2011	180 meses

Note-se que não há limite de idade nem o cumprimento do pedágio, requisitos existentes para a concessão da Aposentadoria Proporcional por Tempo de Contribuição, já abordada anteriormente.

5.3. Renda mensal e data de início do benefício

A renda mensal da Aposentadoria Especial corresponde a 100% do salário-de-benefício, ou seja:

1º) o INSS fará a média matemática de todos os salários (com atualização monetária) que serviram de base de cálculo para a contribuição previdenciária, no período de julho de 1994 até o mês anterior ao requerimento do benefício (podendo ser excluídos 20% desses meses);

2º) Deverão ser respeitados os tetos mínimo (R$ 415,00) e máximo (R$ 3.038,99) pagos pelo INSS.

Obs.: Não há multiplicação do resultado obtido da média pelo fator previdenciário.

Com relação à data inicial do benefício, a aposentadoria especial será devida:

a) para o segurado empregado: a partir da data do desligamento do emprego, quando requerida até noventa dias depois dela ou a partir da data do requerimento, quando não houver desligamento do emprego ou quando for requerida após o prazo de noventa dias;

b) para os demais segurados, a partir da data da entrada do requerimento.

5.4. Conversão do tempo de serviço

5.4.1. Atividades especiais diferentes

Quando do exercício sucessivo de duas ou mais atividades que dão direito à aposentadoria especial, sem completar o segurado em qualquer delas o tempo mínimo exigido para a obtenção do benefício, os respectivos períodos serão somados, após a conversão do tempo relativo às atividades não preponderantes, devendo ser utilizada a seguinte tabela de conversão:

Tempo de Atividade a ser Convertido	Para 15 anos	Para 20 anos	Para 25 anos
De 15 anos	1,00	1,33	1,67
De 20 anos	0,75	1,00	1,25
De 25 anos	0,60	0,80	1,00

Exemplo:

• Trabalho em mineração subterrânea (aposentadoria aos 15 anos de serviço) = 7 anos

• Trabalho com exposição a ruído superior a 90 dB (aposentadoria aos 25 anos de serviço) = 10 anos

• Tempo de serviço = 7 anos x 1,67 (coeficiente de conversão) + 10 anos = 21,69 anos

Note-se que a atividade cujo tempo de serviço será convertido será aquela "não preponderante", ou seja, a que apresenta um menor número de anos de serviço. Na hipótese de atividades concomitantes sob condições especiais, seja no mesmo ou em vínculo empregatício diverso, será considerada aquela que exigir o menor tempo para a aposentadoria especial.

5.4.2. Conversão de tempo especial em tempo comum

É comum acontecer de o trabalhador deixar a atividade nociva para trabalhar em atividade comum, sem exposição a qualquer agente prejudicial à saúde ou integridade física. Nesta hipótese o tempo especial, com efetiva exposição a agente nocivo, se não for suficiente à obtenção de Aposentadoria Especial (15, 20 ou 25 anos de serviço, conforme o agente nocivo), será computado com um acréscimo e deverá ser somado ao tempo comum para fins de obtenção de aposentadoria. Neste caso, no entanto, o benefício a ser concedido será o de Aposentadoria por Tempo de Contribuição e não Aposentadoria Especial.

Para a conversão deverá ser utilizada a seguinte tabela:

Tempo de Atividade a ser Convertido	Mulheres (30 anos de serviço)	Homens (35 anos de serviço)
De 15 anos	2,00	2,33
De 20 anos	1,50	1,75
De 25 anos	1,20	1,40

Exemplo:

• Trabalho com exposição a ruído superior a 90 dB (aposentadoria aos 25 anos de serviço) = 10 anos

• Trabalho em atividade comum, sem agente nocivo = 8 anos

• Tempo de serviço (homens) = 10 anos x 1,40 (coeficiente de conversão) + 8 anos = 22 anos

• Tempo de serviço (mulheres) = 10 anos x 1,20 (coeficiente de conversão) + 8 anos = 20 anos

Repita-se, no entanto, que o benefício a ser requerido pelo segurado será o de Aposentadoria por Tempo de Contribuição, seguindo-se as regras contidas no item 4 deste Capítulo.

5.4.2.1. Posicionamento inicial do INSS quando da publicação da Lei n. 9.032/95 e posicionamento atual do Poder Judiciário

Para compreendermos o posicionamento inicial do INSS sobre o tema é necessário abordarmos pequeno histórico da legislação, sendo importante ressaltar que até a data de 28.5.1998 era inexistente qualquer disposição legal que proibisse a conversão de tempo especial (com a devida majoração) em tempo comum.

Em 28.5.1998, no entanto, foi publicada no Diário Oficial da União a Medida Provisória n. 1.663-10, revogando o § 5º do art. 57 da Lei n. 8.213/91, que permitia a referida conversão. E desta forma, com a revogação expressa deste parágrafo, ficou então proibida qualquer conversão de tempo especial em tempo comum, inexistindo excepcionalidades.

Na reedição desta mesma Medida Provisória em 27.8.1998 (Medida Provisória n. 1.663-13) foi acrescentado ao seu texto o art. 28 (regulamentado pelo Decreto n. 2.782/98, art. 1º), onde se admitia a possibilidade da conversão de tempo especial em tempo comum até a data de 28.5.1998 caso o segurado tivesse completado, até aquela data, pelo menos 20% do tempo necessário para a obtenção da respectiva aposentadoria especial.

Deveria, portanto, ser observada a seguinte tabela de conversão e conseqüente quadro histórico:

TEMPO A CONVERTER	MULTIPLICADORES		
	MULHER (PARA 30)	HOMEM (PARA 35)	TEMPO MÍNIMO EXIGIDO (20%)
DE 15 ANOS	1,00	1,33	1,33
DE 20 ANOS	0,75	1,00	1,00
DE 25 ANOS	0,60	0,80	0,80

Quadro histórico

Situação	Conversão
Direito adquirido até 28.4.1995	Cabia a conversão tanto para cessão de aposentadoria comum quanto especial.
Direito adquirido de 29.4.1995 a 28.5.1998	Não cabia a conversão de atividade comum para especial. Somente de especial para comum.
A partir de 29.5.1998	Permitia-se a conversão de atividade especial para comum, desde que o segurado tenha completado até 5.3.97, o tempo de serviço mínimo de 3, 4 ou 5 anos (20%) em atividade especial.

É de extrema importância ressaltar que a Medida Provisória em questão acabou sendo convertida na Lei n. 9.711, de 28.11.1998, que não manteve a revogação do § 5º do art. 57 da Lei n. 8.213/91, mas que recepcionou o art. 28, com a seguinte redação:

"Art. 28. O Poder Executivo estabelecerá critérios para a conversão do tempo de trabalho exercido até 28 de maio de 1998, sob condições especiais que sejam prejudiciais à saúde ou à integridade física, nos termos dos arts. 57 e 58 da Lei n. 8.213, de 1991, na redação dada pelas Leis ns. 9.032, de 28 de abril de 1995, e 9.528, de 10 de dezembro de 1997, e de seu regulamento, em tempo de trabalho exercido em atividade comum, desde que o segurado tenha implementado percentual de tempo necessário para a obtenção da respectiva aposentadoria especial conforme estabelecido em regulamento."

Com a inexistência da revogação expressa do § 5º do art. 57, o INSS entendeu por sua revogação tácita, em face da redação do art. 28 da Lei n. 9.711/98, supratranscrito. Neste posicionamento, permaneceu com o critério administrativo de somente admitir a conversão para tempo comum o tempo de trabalho especial exercido até 28.5.1998 e desde que completado o período mínimo de 20%.

Este entendimento adotado pelo INSS, e constante do Decreto n. 2.782/98 (exigir um período mínimo de trabalho especial — 20%, para que se possa converter o tempo especial em tempo comum), fere frontalmente a Carta Constitucional. Note-se que a Constituição Federal de 1988, em seu art. 201, § 1º (redação dada pela Emenda Constitucional n. 20/98), determina a existência de critérios diferenciados para a concessão de aposentadoria quando do exercício de atividades exercidas sob condições especiais que prejudiquem a saúde ou a integridade física. E, antes da Emenda Constitucional n. 20/98, também previa a Constituição Federal aposentadoria com menor tempo de serviço para atividades exercidas em condições especiais (art. 202, inciso II — redação original do Texto Constitucional).

Esta inconstitucionalidade foi manifestada, inclusive, na decisão proferida pela substituta da 4ª Vara Previdenciária de Porto Alegre — RS, na Ação Civil Pública n. 2000.71.00.030435-2, movida pelo Ministério Público Federal, onde entende a douta Juíza, inclusive, que o § 5º do art. 57 da Lei n. 8.213/91 não se encontra revogado tacitamente. Confira-se trecho do acórdão:

> "Analisando-se pelo lado da legalidade, tem-se a vigência simultânea de duas normas contraditórias: uma que permite toda e qualquer conversão de tempo de serviço especial para comum (art. 57, § 5º, da Lei de Benefícios), em plena vigência, já que o legislador ordinário manifestamente manteve este dispositivo ao converter a Medida Provisória n. 1.663; e outra que regulamenta a revogação de um dispositivo que não foi retirado do mundo jurídico (art. 28 da Lei n. 9.711/98). Tendo em vista que a Medida Provisória, quando expressamente não convertida em lei, não tem validade, adoto o entendimento de que o art. 28 da Lei n. 9.711/98 não pode ser considerado, porquanto baseado em conversão de MP que não ocorreu. De fato, o artigo em tela pressupunha a revogação do § 5º do art. 57 da Lei n. 8.213/91, feita por aquela MP n. 1.663. Contudo, ele não foi revogado quando da conversão, tendo o art. 28 da Lei n. 9.711/98 perdido seu sentido."

Tal decisão obrigou ao INSS rever seu posicionamento, o que foi efetivado através da Instrução Normativa n. 49, de 3.5.2001. A conversão de tempo em atividade especial em tempo comum passou então a ser novamente possível a qualquer tempo, inclusive posterior a 28.5.1998, e independente de tempo mínimo de exercício da atividade especial, anteriormente estipulado em 20%. Atualmente disciplina sobre a matéria a Instrução Normativa INSS n. 20/07, art. 173, *in verbis*:

> Art. 173 — O tempo de trabalho exercido sob condições especiais prejudiciais à saúde ou à integridade física do trabalhador, conforme a legislação vigente à época da prestação do serviço, será somado, após a respectiva conversão, ao tempo de trabalho exercido em atividade comum, qualquer que seja o período trabalhado, com base no Decreto n. 4.827, de 3 de setembro de 2003, aplicando-se a seguinte tabela de conversão, para efeito de concessão de qualquer benefício:

Tempo de Atividade a ser Convertido	Para 15	Para 20	Para 25	Para 30	Para 35
De 15 anos	1,00	1,33	1,67	2,00	2,33
De 20 anos	0,75	1,00	1,25	1,50	1,75
De 25 anos	0,60	0,80	1,00	1,20	1,40

A Ação Civil Pública n. 2000.71.00.030435-2, como já informado, foi submetida ao STJ, tendo este Tribunal Superior entendido que o Ministério Público Federal não possuía legitimidade para ingressar com a referida ação judicial (RE no RESP 531419 — DJ de 3.2.2004 — Ministro Edson Vidigal). Não obstante, a Previdência Social, em sua Instrução Normativa INSS n. 20/07 (art. 172, supratranscrito), permite a conversão da atividade especial a qualquer tempo, não havendo qualquer limitação.

No entanto, e absurdamente, foi publicada no DJ de 24.5.2004 a Súmula TRF/TUJEF n. 16 da Turma de Uniformização dos Juizados Especiais Federais com o seguinte teor:

> "Súmula 16. A conversão em tempo de serviço comum, do período trabalhado em condições especiais, somente é possível relativamente à atividade exercida até 28 de maio de 1998 (art. 28 da Lei n. 9.711/98)."

Este tem sido o entendimento das Turmas do Superior Tribunal de Justiça, que limitam a conversão do tempo especial em tempo comum à data de 28.5.1998, com fundamento na Medida Provisória n. 1.663-10 (que revogou o § 5º do art. 57 da Lei n. 8.213/91), posteriormente convertida na Lei n. 9.711/98 (que não manteve a revogação do citado dispositivo). Em razão da incoerência visível, diversos Tribunais Regionais e Turmas Recursais se posicionam de forma contrária ao entendimento do STJ, deixando de aplicar a Súmula n. 16 e permitindo a conversão do tempo especial em tempo comum mesmo após a data de 28.5.1998. Ilustrativamente, confiram-se os seguintes julgados:

"PREVIDENCIÁRIO. APOSENTADORIA POR TEMPO DE SERVIÇO. CONVERSÃO DE TEMPO ESPECIAL PARA COMUM. I — Até o advento da Lei n. 9.032/95 era desnecessária a apresentação de laudo pericial para fins de aposentadoria especial ou respectiva averbação, sendo suficiente que o trabalhador pertencesse à categoria profissional relacionada pelos Decretos ns. 53.831/64 e 83.080/79. Para o tempo de serviço posterior à edição daquela Lei (28.4.95), tornou-se imprescindível a prova de exposição permanente a agentes nocivos. Após o Decreto n. 2.172, de 5.3.97, passou a ser exigida a comprovação da efetiva exposição aos agentes nocivos, por meio de formulário emitido pelo empregador, com base em laudo técnico elaborado por médico do trabalho ou engenheiro de segurança do trabalho; II — No presente caso, a documentação apresentada pelo Autor, relativamente ao período compreendido entre 16.10.1975 e 15.7.1997, em que trabalhou como servente, auxiliar de artífice e mecânico de refrigeração para a TELERJ S/A, encontra-se em conformidade com os requisitos acima expostos. O segurado apresentou formulários emitidos pela empresa com base no laudo técnico de condições ambientais, elaborado por engenheiro de segurança do trabalho, na forma exigida pela atual legislação previdenciária. E a documentação referida comprova que, naquele período, o segurado efetivamente trabalhou em condições que, em princípio, são prejudiciais à saúde, como bem elucidou a r. sentença (fls. 245-246); III — Ressalte-se que, exercendo o segurado atividades que o expunham a agentes prejudiciais à sua saúde e integridade física, o uso de equipamentos de proteção não desnatura a natureza especial do labor. Precedentes desta Corte; IV — **Com a edição do Decreto n. 4.827, de 3.9.03, que deu nova redação ao art. 70, do Regulamento da Previdência Social, aprovado pelo Decreto n. 3.048, de 6.5.1999, o Governo Federal tornou regulamentar a conversão de atividade exercida sob condições especiais, inclusive após 28.5.1998, atendendo ao disposto no art. 28 da Lei n. 9.711/98.** Assim, mostra-se cabível a conversão para tempo comum de todo o período trabalhado pelo Autor em condições especiais, ou seja, entre 16.10.1975 e 7.4.1998, data da entrada do requerimento (DER) de aposentadoria; V — No caso em tela, em 7.4.1998, data do requerimento de aposentadoria por tempo de serviço, o Autor contava com 35 anos, 4 meses e 4 dias de tempo de serviço, somados o tempo de serviço especial trabalhado na TELERJ S/A, após sua devida conversão para tempo comum, e os períodos em que trabalhou em outras empresas conforme o Resumo de Documentos para Cálculo de Tempo de Serviço expedido pelo INSS e juntado aos autos às fls. 58-60; VI — Diante do reconhecimento deste tempo de serviço, o Autor, ora Apelado, faz jus à concessão de aposentadoria por tempo de serviço, a ser calculada com base no percentual de 100% do salário-de-benefício, segundo a legislação então vigente (art. 53, inciso II, da Lei n. 8.213/91); VII — Deve ser retificado erro material na sentença, já que a data do requerimento administrativo para a concessão de aposentadoria por tempo de serviço é 7.4.1998, conforme a carta de indeferimento do INSS à fl. 67, e não 7.5.1998 como consta na sentença; VIII– Não-provimento da apelação do INSS e da remessa necessária." (TRF 2ª Região — AC 383852 — Processo n. 200251015146644/RJ — 1ª Turma — Decisão em 8.8.07 — Relatora: Juíza Márcia Helena Nunes — DJ de 20.9.07 p. 147).

"PREVIDENCIÁRIO. APOSENTADORIA POR TEMPO DE CONTRIBUIÇÃO. ATIVIDADE SUJEITA A CONDIÇÕES ESPECIAIS. CONVERSÃO DE TEMPO ESPECIAL EM TEMPO COMUM APÓS 28.5.1998. POSSIBILIDADE. 1. É possível a concessão de aposentadoria por tempo de contribuição, se o segurado, que laborou em condições especiais, computar, 35 anos de tempo de contribuição, se homem, e 30, se mulher, após a aplicação do fator de conversão. 2. A comprovação de tempo de serviço especial será exigida de acordo com a legislação vigente à época da prestação do serviço. Antes do advento da Lei n. 9.032/95, a legislação previdenciária estabelecia que a comprovação do exercício de atividades em condições insalubres dar-se-ia mediante formulários SB-40, e, bastava que a atividade exercida pelo trabalhador ou a substância prejudicial à sua saúde estivesse contida no rol do Decreto n. 53.831/64 ou n. 83.080/79, dispensando-se, inclusive, a apresentação de laudo técnico. Após 5.3.1997, a legislação, em especial o Decreto n 2172/97, passou a exigir o laudo técnico de condições ambientais de trabalho — LTCAT. 3. Apelado que logrou comprovar o tempo de serviço laborado em condições especiais, de acordo com a legislação vigente à época da prestação da atividade, fazendo jus à concessão do benefício. Apelação do INSS e Remessa Oficial improvidas." (TRF 5ª Região — AC 423876 — Processo n. 200681000025535/CE — 3ª Turma — Decisão em 13.9.07 — Relator: Desembargador Federal Frederico Pinto de Azevedo — DJ de 19.11.07 p. 470).

"PREVIDENCIÁRIO. APOSENTADORIA PROPORCIONAL. CONVERSÃO DE TEMPO ESPECIAL PARA TEMPO COMUM. — O trabalhador que realizava atividades sob condições insalubres apenas durante certo período, sem ter completado o prazo mínimo para aposentadoria especial, tinha direito à conversão do tempo de serviço prestado sob condições especiais em comum até a publicação da EC n. 20/98, em 16.12.1998, quando foi extinta esta modalidade de aposentadoria, ressalvado o direito adquirido (v. Portaria MPAS n. 4.883/98). — Até o advento da Lei n. 9.032/95 era desnecessária a apresentação de laudo pericial para fins de aposentadoria especial ou respectiva averbação, sendo suficiente que o trabalhador pertencesse à categoria profissional relacionada pelos Decretos ns. 53.831/64 e 83.080/79. Para o tempo de serviço posterior à edição daquela Lei (28.4.95), tornou-se imprescindível a prova de exposição permanente a agentes nocivos. Após o Decreto n. 2.172, de 5.3.97, passou a ser exigida a comprovação da efetiva exposição aos agentes nocivos, através de formulário emitido pelo empregador, com base em laudo técnico elaborado por médico do trabalho ou engenheiro de segurança do trabalho. — **Com a edição do Decreto n. 4.827, de 3.9.03, que deu nova redação ao art. 70, do Regulamento da Previdência Social, aprovado pelo Decreto n. 3.048, de 6.5.1999, o governo federal tornou regulamentar a conversão de atividade exercida sob condições especiais, inclusive após 28.5.1998, atendendo o disposto no art. 28 da Lei n. 9.711/98.** — No caso, a exposição habitual e permanente a agentes nocivos e, por conseguinte, o direito à conversão de tempo de serviço comum em tempo de serviço especial, foram comprovados por formulário DSS-8030 emitido pela TELERJ S/A com base em laudo técnico elaborado por engenheiro do trabalho. — **Assim, cabível a conversão para tempo comum de todo o período trabalhado pelo Autor em condições especiais, inclusive aquele prestado após 28/05/1998.** — Recurso e remessa conhecidos e improvidos." (TRF 2ª Região — AC 274798 — Processo n. 200102010421439/RJ — 1ª Turma Especial — Decisão em 1º.2.2006 — Relator: Juiz Aluísio Gonçalves de Castro Mendes — DJU de 9.3.2006 p. 147)

"PREVIDENCIÁRIO. APOSENTADORIA. TEMPO DE SERVIÇO. TRABALHO EM CONDIÇÕES ESPECIAIS. CONVERSÃO. I — **A possibilidade de se converter o tempo trabalhado em condições especiais em comum para concessão de aposentadoria proporcional por tempo de serviço é prevista expressamente no § 5º do art. 57 da Lei n. 8.213/91, o qual encontra-se em pleno vigor, haja vista que sua retirada do mundo jurídico havia ocorrido mediante Medida Provisória não convertida em lei.** II — É certo que a lei não pode legislar para o passado, portanto, a exigência de laudo pericial somente poderia ocorrer a partir de 10.12.97, data da publicação da Lei n. 9.528/97. III — As alterações introduzidas nos arts. 57 e 58 da Lei n. 8.213/91, explicitam que a empresa deve manter laudo técnico atualizado, mas, ao segurado, cumpre apenas apresentar os formulários próprios, preenchidos com base em referidos laudos. IV — As atividades exercidas pelo autor sujeito ao agente agressivo, exposto a níveis de ruído acima de 90 decibéis, conforme exigido pelo Decreto n. 2.172/97 — inclui o ruído excessivo como atividade nociva de natureza especial. V — A Emenda Constitucional n. 20 ressalvou expressamente o direito adquirido daqueles que implementaram os requisitos para a aposentadoria antes de sua edição. VI — Pela prova documental apresentada, conclui-se estarem presentes os agentes agressivos à saúde no local onde a atividade do impetrante era exercida e que o mesmo permanecia exposto a esses agentes de modo habitual e permanente. VII — Art. 70 do Decreto n. 3.048/99, na redação do art. 1º do Decreto n. 4.827/03, que respalda a conclusão da decisão recorrida. VIII — Apelação do INSS e Remessa Oficial não providas." (TRF — 1ª Região — AC — 200138030048657-MG — 2ª Turma — Data da Decisão em 17.12.2003 Relator: Jirair Aram Meguerian — DJ em 11.3.2004 p. 37)

"PREVIDENCIÁRIO. MANDADO DE SEGURANÇA. ADEQUAÇÃO DA VIA ELEITA. CONVERSÃO DE ATIVIDADE ESPECIAL EM COMUM. INAPLICABILIDADE DAS ORDENS DE SERVIÇO 600/98 E SEGUINTES. I — Adequação da via eleita em face de ter-se constatado que a prestação jurisdicional exsurge como necessária e adequada para o fim de proteger direito líquido e certo sob ameaça de lesão (CF, art. 5º, XXXV). II — Direito assegurado apenas ao exame do pedido de concessão do benefício, sem as restrições das indigitadas Ordens de Serviço. III — **A disposição constante na Medida Provisória n. 1.663-10, que revogava expressamente o § 5º do art. 57 da Lei n. 8.213/91 não foi mantida quando da conversão em lei, continuando em vigor. IV — Inaplicáveis o art. 28 da Lei n. 9.711/98 e as Ordens de Serviço ns. 600/98 e 612/98, que foram editadas com o intuito de disciplinar o seu comando normativo.** V — O próprio INSS na Instrução Normativa n. 42, de 22 de janeiro de 2001, revogou as Ordens de Serviços combatidas nos autos (art. 42) e readmitiu a pretendida conversão do tempo de serviço especial em tempo de serviço comum, conforme a legislação vigente à época, para efeito de concessão de benefícios previdenciários (art. 28). VI — Matéria preliminar rejeitada. No mérito, apelação e remessa oficial improvidas." (TRF 3ª Região — MAS Processo: 199961830005970/SP — data da Decisão em 14.10.2002 — Relator: Juiz Manoel Álvares — Data da Decisão em 14.10.2002 — Relator: Juiz Manoel Álvares — DJU em 17.1.03)

"PREVIDENCIÁRIO — TEMPO DE SERVIÇO — AUSÊNCIA DE REQUERIMENTO ADMINISTRATIVO DA AVERBAÇÃO — LEGALIDADE DA CONVERSÃO DO TEMPO DE SERVIÇO REALIZADO EM CONDIÇÕES INSALUBRES — ATIVIDADE INSALUBRE — COMPROVAÇÃO — EXPOSIÇÃO A RUÍDO SUPERIOR A 80 DB(A) PORÉM INFERIOR A 90 DB(A) — EXPOSIÇÃO A AGENTES BIOLÓGICOS PATOGÊNICOS — DIREITO À CERTIDÃO — GARANTIA CONSTITUCIONAL. 1.É assegurado aos beneficiários a postulação em Juízo para defesa de seus interesses, a teor do art. 5º, inciso XXXV, da Constituição Federal. 2.Permanece em vigor, o § 5º do art. 57, da Lei n. 8.213/91, com a redação dada pela Lei n. 9.032/95, conforme EC n. 20/98, que em respeito à hierarquia das Leis, não pode ser revogada por simples Decreto. **O art. 28 da MP n. 1663-10, de 28.5.98, não foi convalidado pela Lei n. 9.711/98 quando de sua conversão em 20.11.98, portanto, não é vedada a conversão de tempo de serviço especial em tempo de serviço comum.** 3.Para a comprovação da insalubridade dos trabalhos exercidos até a data de 28.4.1995 (Lei n. 9.032/95), basta a apresentação do formulário SB-40 (atualmente DSS-8030), especificando de forma minuciosa as funções exercidas pelo trabalhador ou quais os agentes nocivos elencados nos anexos dos Decretos ns. 53.831/64 e 83.080/79, o segurado encontrava-se exposto de modo habitual e permanente. 4.Para a comprovação da insalubridade do exercício laboral realizado após 29.4.1995, ressalvado os benefícios requeridos anteriormente a edição da Medida Provisória n. 1.523/96 de 11.10.96, mister se faz a apresentação de laudo técnico-pericial, comprovando a exposição do segurado aos agentes nocivos elencados nos anexos dos Decretos ns. 53.831/64 e n. 83.080/79, e posteriormente 5.3.1997, a exposição habitual e permanente aos agentes nocivos do anexo do Decreto n. 2.172/97. 5.A exposição do segurado de modo habitual e permanente a agentes patogênicos é considerada insalubre. 6.A exposição a ruído superior a 80 decibéis, porém, inferior a 90 decibéis é considerada insalubre na atividade laboral exercida até o advento do Decreto n. 2.172 de 5 de março de 1997, pelo fato do anexos dos Decretos ns. 53.831/64 e 83.080/79, não terem sido revogados por aquele. 7. O direito a certidão é uma garantia constitucional e, como tal deve ser preservada (CF art. 5º, inciso XXXIV, alínea "b"). 8. Preliminares rejeitadas. 9. Apelação do Instituto Nacional do Seguro Social — INSS e remessa oficial improvidas." (TRF 3ª Região - AC 618764 — Processo: 200003990488984/SP — 1ª Turma — Decisão em 12.11.2002 — Relator: JuizRoberto Haddad DJU em 17.12.2002 p.459)

"PREVIDENCIÁRIO — TEMPO DE SERVIÇO — SÚMULA N. 149 DO C. STJ — COMPROVAÇÃO PARCIAL DA ATIVIDADE RURAL — CONTRIBUIÇÕES PREVIDENCIÁRIAS — POSSIBILIDADE DE SUA AVERBAÇÃO OU UTILIZAÇÃO PARA FINS DE CONTAGEM RECÍPROCA DE TEMPO DE SERVIÇO RURAL E URBANO — § 2º DO ART. 55 DA LEI DE BENEFÍCIOS — MP N. 1.523/96 — DISPOSIÇÃO QUE VETA O RECONHECIMENTO DO LABOR RURAL SEM CONTRIBUIÇÃO PREVIDENCIÁRIA NÃO CONVALIDADA PELA LEI N. 9.528/97 — INSALUBRIDADE — CONCESSÃO DO BENEFÍCIO — NÃO OCORRÊNCIA DA PERDA DA QUALIDADE DE SEGURADO. O direito postulado foi por meio de competente ação, onde admite-se a ação declaratória para a obtenção da certeza jurídica sobre a existência, inexistência ou modo de existir de uma relação jurídica. A prova exclusivamente testemunhal, é insuficiente para a comprovação do tempo de serviço de trabalhador rural, conforme entendimento consolidado na Súmula n. 149 C. STJ. Têm-se os registros de atos civis e militares em assento público, nos quais o requerente está qualificado como trabalhador rural, como início razoável de prova para a comprovação de tempo de serviço. Com a promulgação da Constituição Federal de 1988, o trabalhador rural foi equiparado ao trabalhador urbano na esfera previdenciária, podendo gozar dos mesmo benefícios anteriormente concedidos aos segurados que exerciam atividades laborais de natureza urbana, à luz do art. 194, incisos I e II. Anteriormente a promulgação da Lei de Benefícios, o trabalhador rural, tendo ele trabalhado em regime de economia familiar ou como empregado ou como avulso, não existia a obrigatoriedade de realizar os recolhimentos da contribuição social, sobre seus rendimentos, destinada ao Instituto Nacional do Seguro Social — INSS. Por uma benesse do legislador, a Lei n. 8.213/91 isentou o trabalhador rural de indenizar a seguridade social, para ter reconhecido o tempo de serviço realizado anteriormente a Lei de benefícios, conforme disposição expressa no § 2º do art. 55, não podendo entretanto gerar efeitos para o cumprimento do período de carência. **O Poder Executivo por meio das Medidas Provisórias n. 1.523 de 13.11.1996 e n. 1.596-14 de 10.11.1997, alterou o disposto no § 2º do art. 55 da Lei n. 8.213/91, criando óbice ao reconhecimento da atividade laborativa rural sem as devidas contribuições previdenciárias, vetando expressamente a averbação do tempo de serviço rural e a contagem recíproca de tempo de serviço rural e urbana, porém tal disposição não foi convalidada pela Lei n. 9.528/97, retornando a vigência sua redação original.** Permanece vigente a redação original do § 2º do art. 55 da Lei n. 8.213/91, autorizando a contagem de tempo do trabalhador rural exercido anteriormente a Lei n. 8.213/91 sem as contribuições respectivas. Permanece em vigor, o § 5º do art. 57, da Lei n. 8.213/91, com a redação dada pela Lei n. 9.032/95, conforme EC n. 20/98, que em respeito à hierarquia das Leis, não pode ser revogada por simples Decreto. O art. 28 da MP n. 1.663-10, de 28.5.98, não foi convalidado pela Lei n. 9.711/98 quando de sua conversão em 20.11.98, portanto, não é vedada a conversão de tempo de serviço especial em tempo de serviço comum. Para a comprovação da insalubridade dos trabalhos exercidos até a data de 28.4.1995 (Lei n. 9.032/95), basta a apresentação do formulário SB-40 (atualmente DSS-8030), especificando de forma minuciosa as funções exercidas pelo trabalhador (atividade profissional) ou quais os agentes nocivos elencados nos anexos dos Decretos ns. 53.831/64 e 83.080/79, o segurado encontrava-se exposto de modo habitual e permanente. Considera-se insalubre/penosa a atividade de motorista de caminhão somente quando o exercício laboral desta profissão foi realizado anteriormente a Lei n. 9.032/95. Computando-se o tempo de serviço rural reconhecido neste juízo somando-se ao tempo de serviço anotado em sua CTPS, e realizadas as devidas conversões em razão da atividade especial autorizadas por este juízo, o autor comprovou possuir em dezembro de 1993, todos os requisitos para a percepção do benefício previdenciário da aposentadoria integral por tempo de serviço. Não perde a qualidade de segurado, aquele que preencheu os requisitos para percepção do benefício da aposentadoria por tempo de serviço. Preliminar rejeitada. Remessa oficial improvida." (TRF 3ª Região — Processo: 200103990269658/SP — Relator: Juiz Roberto Haddad — DJU em 10.12.2002 p. 392)

5.4.3. Conversão de tempo comum em tempo especial — Possibilidade até 28.4.1995

Como já mencionado anteriormente, a Lei n. 9.032/95, ao alterar o art. 57 da Lei n. 8.213/91, determinou a concessão da aposentadoria especial, entre outros requisitos, somente quando o exercício da atividade sujeita a condições especiais se desse de forma permanente, não ocasional nem intermitente.

O INSS interpretou, então, inicialmente, que somente seria possível a conversão de um tempo comum (sem exposição a agente nocivo) em tempo especial se os segurados tivessem implementado todas as condições para a obtenção da aposentadoria até o dia anterior à vigência do referido ato legal (Lei n. 9.032/95) e, convicta de seu posicionamento, passou a autarquia a não mais admitir, a contar de 29.4.1995, a conversão de tempo especial em tempo comum, com a devida majoração, exceto se se tratasse de direito adquirido. Para o INSS, portanto, a obtenção do benefício de aposentadoria especial requeria necessariamente que todo o período trabalhado estivesse sujeito aos agentes nocivos.

Tal interpretação, no entanto, não encontrava qualquer respaldo legal. A Lei n. 9.032/95, em momento algum, proibiu expressa ou implicitamente a conversão de atividade comum exercida até 28.4.1995 em atividade especial. O que exigiu o legislador, norma ainda operante, é que para trabalhos executados a contar de 29.4.1995 o segurado deverá comprovar a efetiva exposição aos agentes nocivos, não bastando pertencer à categoria ou ter exercido atividade constante em relação previdenciária e que, supostamente, estaria sujeita a agentes nocivos.

A decisão proferida pela Juíza Substituta da 4ª Vara Previdenciária de Porto Alegre-RS, na Ação Civil Pública n. 2000.71.00.030435-2, obrigou o INSS a rever seu entendimento inicial, o que foi efetivado através da Instrução Normativa n. 49, de 3.5.2001. Contudo, com a decisão do STJ no sentido de que o Ministério Público não possuía legitimidade para a referida ação judicial, o INSS alterou novamente seu posicionamento e, atualmente, consta do art. 172 da Instrução Normativa INSS n. 20/07 a seguinte redação:

> "Art. 172 — Somente será permitida a conversão de tempo especial em comum, sendo vedada a conversão de tempo comum em especial."

Como a regra de cálculo do salário-de-benefício foi alterada quando da publicação da Lei n. 9.876/99 (29.11.1999), permitir a conversão de um tempo comum em tempo especial, de forma que proporcione ao segurado a obtenção do benefício de Aposentadoria Especial, é conceder a ele uma regra de cálculo mais benéfica, sem a utilização do fator previdenciário. Assim, o que a Previdência Social permite é justamente o inverso, ou seja, a conversão do tempo especial em tempo comum, com o devido acréscimo, mas de forma que obtenha o segurado o benefício de Aposentadoria por Tempo de Contribuição, cujo cálculo utiliza, obrigatoriamente, o fator previdenciário.

A matéria, contudo, deverá ser decidida na esfera judicial, não havendo, até a presente data, entendimento pacífico por parte dos Tribunais Federais ou Tribunais Superiores.

5.5. Obtenção do benefício — Proibição de permanência na atividade nociva

Uma vez obtida a Aposentadoria Especial (a partir de 29.4.1995), o segurado não mais poderá trabalhar com exposição a agentes nocivos, sob pena de cancelamento do benefício pelo INSS. Conforme redação constante do art. 196 da Instrução Normativa INSS n. 20/07, a cessação do benefício ocorrerá da seguinte forma:

a) em 14.12.1998, data publicação da Lei n. 9.732, para as aposentadorias concedidas no período compreendido entre 29.4.1995 e 13.12.1998;

b) a partir da data do efetivo retorno ou da permanência, para as aposentadorias concedidas a partir de 14.12.1998.

Sendo o benefício cancelado, os valores indevidamente recebidos pelo segurado deverão ser devolvidos ao INSS, seja na forma de desconto de algum benefício de prestação continuada (art. 154 do Decreto n. 3.048/99) ou de remuneração percebida em face do vínculo empregatício mantido (art. 365 do Decreto n. 3.048/99).

É permitido, no entanto, o exercício de atividade em área comum, sem qualquer agente que prejudique a saúde ou a integridade física do trabalhador.

5.6. Revisão do benefício

Mediante solicitação do segurado prejudicado, o INSS se encontra obrigado à revisão do pedido de benefício que tenha sido indeferido por não ter sido acolhida a contagem de tempo de serviço sujeito a agente nocivo, isolada ou cumulativamente com período de tempo de serviço comum.

Fundamentação: Lei n. 8.213/91, arts. 57 e 58; Decreto n. 3.048/99, arts. 64 a 70 e 181-B; Instrução Normativa INSS n. 20/07, art. 155 e seguintes.

6. AUXÍLIO-DOENÇA

6.1. Requisitos necessários à obtenção do benefício

O benefício de Auxílio-Doença será devido ao segurado que ficar incapacitado para o seu trabalho ou para a sua atividade habitual por mais de quinze dias consecutivos, podendo ser decorrente de enfermidades, acidentes em geral ou de acidentes do trabalho, nesta última hipótese recebendo a denominação auxílio-doença acidentário. A carência necessária, em regra, é de 12 contribuições mensais.

Note-se que, ao contrário do exigido para o benefício de Aposentadoria por Invalidez, o Auxílio-Doença não requer a incapacidade para toda e qualquer atividade, mas tão-somente para aquela habitualmente exercida pelo segurado. Não se exige, também, o requisito da insuscetibilidade de recuperação.

Assim, um segurado que exerça, concomitantemente, duas ocupações profissionais (professor e redator, por exemplo) e que venha a necessitar de uma cirurgia nas cordas vocais, ficará incapacitado para o exercício da atividade de magistério, percebendo o benefício de auxílio-doença; mas não o estará para a atividade de redator, na qual permanecerá trabalhando normalmente.

Em resumo, temos por requisitos:

a) ser o cidadão segurado do sistema, seja porque se encontra contribuindo regularmente ou no período "de graça";

b) contar com 12 contribuições mensais, exceto nas situações de isenção de carência;

c) ser portador de enfermidade ou ter sofrido acidente que gere incapacidade laborativa (ou para atividades diárias, no caso do facultativo) por um determinado período, sendo possível a cura ou a reabilitação para função diversa.

6.1.1. Incapacidade preexistente

Determina a Lei de Benefícios (Lei n. 8.213/91, art. 59) não ser devido o Auxílio-Doença ao segurado que se filiar ao Regime Geral de Previdência Social já portador de doença ou lesão invocada como causa para a concessão do benefício, salvo quando a incapacidade sobrevier por motivo de progressão ou agravamento dessa doença ou lesão.

Note-se, portanto, que o que importa ao legislador não é propriamente ser a doença preexistente à filiação ao RGPS, mas sim a incapacidade para o exercício da atividade habitual, o que será analisado na perícia médica realizada pelo INSS.

Assim, uma pessoa que possua o vírus HIV pode, perfeitamente, se filiar, trabalhar e contribuir mensalmente ao RGPS. E quando do agravamento da enfermidade, ou seja, quando da incapacidade temporária para o trabalho, terá direito ao recebimento do benefício de Auxílio-Doença. No entanto, uma pessoa igualmente portadora do vírus HIV, mas que já se encontre incapacitada, e que venha a iniciar suas contribuições ao sistema previdenciário, não terá direito à percepção desse benefício, justamente por ser a incapacidade preexistente à filiação como segurado.

Havendo a perda da qualidade de segurado e fixada a Data de Início da Incapacidade (DII) após ter cumprido 1/3 (um terço) da carência exigida, caberá a concessão do benefício se, somadas às anteriores, totalizarem, no mínimo, a carência definida para o benefício.

6.1.2. Carência

Além da incapacidade para o exercício da atividade habitualmente desenvolvida, o benefício de Auxílio-Doença requer o cumprimento de um período de carência correspondente a 12 (doze) contribuições mensais.

A carência somente não será exigida em se tratando de incapacidade decorrente de acidente (seja este do trabalho ou não) ou das seguintes enfermidades, constantes da Portaria Interministerial MPAS/MS n. 2.998/01:

a) tuberculose ativa;

b) hanseníase;

c) alienação mental;

d) neoplasia maligna;

e) cegueira;

f) paralisia irreversível e incapacitante;

g) cardiopatia grave;

h) doença de Parkinson;

i) espondiloartrose anquilosante;

j) nefropatia grave;

l) estado avançado da doença de Paget (osteíte deformante);

m) síndrome da deficiência imunológica adquirida — Aids;

n) contaminação por radiação, com base em conclusão da medicina especializada; e

o) hepatopatia grave.

O segurado especial deverá comprovar 12 meses de efetivo exercício na atividade rural.

Maiores informações sobre carência, ver Parte V, Capítulo XXXII, desta obra.

6.1.3. Auxílio-doença acidentário

Como mencionado, caso seja o benefício decorrente de acidente do trabalho, receberá o mesmo a denominação administrativa de "Auxílio-Doença Acidentário".

Note-se, no entanto, que se trata de único benefício, Auxílio-Doença, com idênticos critérios de concessão e cálculo, sendo o vocábulo "acidentário" utilizado apenas para fins de verificação do direito à estabilidade provisória no emprego, garantida pelo art. 118 da Lei n. 8.213/91, bem como para a percepção do benefício de auxílio-acidente.

Será devido o benefício de auxílio-doença decorrente de acidente do trabalho ao segurado empregado (exceto o doméstico), trabalhador avulso e segurado especial. O presidiário somente fará jus ao benefício de auxílio-doença decorrente de acidente do trabalho, bem como a auxílio-acidente, quando exercer atividade remunerada na condição de empregado, trabalhador avulso ou segurado especial.

Sobre acidente do trabalho, inclusive estabilidade provisória, ver Parte IV desta obra.

6.2. Início do benefício — Pagamento dos primeiros quinze dias de afastamento pelo empregador

Conforme art. 60 da Lei n. 8.213/91, o benefício de Auxílio-Doença será devido:

a) a contar do décimo sexto dia do afastamento da atividade para o segurado empregado, exceto o doméstico;

b) a contar da data do início da incapacidade, para os demais segurados; ou

c) a contar da data de entrada do requerimento, quando requerido após o trigésimo dia do afastamento da atividade, para todos os segurados.

Importa observar, portanto, que ao empregador celetista caberá o pagamento dos primeiros quinze dias de afastamento do trabalho. Para os demais segurados (doméstico, avulso ou contribuinte individual), o benefício será devido a contar do primeiro dia do afastamento (primeiro dia de atestado médico) ou a contar da data do requerimento, caso seu requerimento seja protocolado após trinta dias do sinistro. De qualquer forma, a Previdência Social somente pagará o benefício de auxílio-doença para afastamentos superiores a 15 dias.

Obs.: Conforme art. 202 da Instrução Normativa INSS n. 20/07, quando o segurado empregado entrar em gozo de férias, licença-prêmio ou qualquer outro tipo de licença remunerada, o prazo de espera para o requerimento do benefício será contado a partir do dia seguinte ao término das férias ou licença.

Cabe à empresa que dispuser de serviço médico próprio ou em convênio o exame médico e o abono das faltas correspondentes aos primeiros quinze dias de afastamento. Somente quando a incapacidade ultrapassar quinze dias consecutivos é que o segurado deverá ser encaminhado à perícia médica do Instituto Nacional do Seguro Social.

Em se tratando de acidente, quando o acidentado não se afastar do trabalho no dia do sinistro, os quinze dias de responsabilidade da empresa pela sua remuneração integral deverão ser contados a partir da data do afastamento das atividades profissionais.

Note-se, ainda, que (Decreto n. 3.048/99, art. 75):

• Se concedido novo benefício decorrente da mesma doença dentro de sessenta dias, contados da cessação do benefício anterior, a empresa fica desobrigada do pagamento relativo aos quinze primeiros dias de afastamento, prorrogando-se o benefício anterior e descontando-se os dias trabalhados, se for o caso;

• Se o segurado empregado, por motivo de doença, afastar-se do trabalho durante quinze dias, retornando à atividade no décimo sexto dia, e se dela voltar a se afastar dentro de sessenta dias desse retorno, fará jus ao auxílio-doença a partir da data do novo afastamento; e

• A contar de 10.6.2003, data de publicação do Decreto n. 4.729, sendo afastamento inferior a quinze dias e retornando o segurado às atividades profissionais, caso volte a se afastar em decorrência da mesma enfermidade o benefício de Auxílio-Doença será devido a partir do dia seguinte ao que completar os quinze dias.

O requerimento do benefício pode ser efetuado pela *Internet* quando se tratar de segurados empregados e desempregados, observando que a análise do direito (requisito carência, especificamente) será efetuada com base nas informações constantes do CNIS — Cadastro Nacional de Informações Sociais, mantido pelo INSS, a contar de 1º.7.1994. Caso os dados do CNIS estejam incorretos, o segurado poderá requerer a revisão de seu benefício, levando documentos que possam comprovar as incorreções verificadas.

Determina, por fim, o legislador ordinário (art. 63 da Lei n. 8.213/91) que o segurado empregado em gozo de auxílio-doença deverá ser considerado pela empresa como licenciado, caracterizando-se, assim, a suspensão contratual e, sendo a ele garantida contratualmente (ou por força de documento coletivo, acordo, convenção ou dissídio coletivos) licença remunerada, ficará a empresa obrigada a pagar ao segurado, durante o período de Auxílio-Doença, a eventual diferença entre o valor deste benefício e a importância garantida pela licença.

6.3. Análise médico-pericial

Nos termos do art. 200 da Instrução Normativa INSS n. 20/07, "a análise médico-pericial, a ser efetuada por profissionais do INSS, deverá ser fundamentada a partir de dados clínicos objetivos, exames complementares, comprovantes de internação hospitalar, atestados de tratamento ambulatorial ou quaisquer outros elementos probatórios apresentados pelo segurado". Os critérios utilizados para a fixação da Data de Início da Doença (DID) e da Data de Início da Incapacidade (DII) deverão restar consignados no relatório de conclusão do exame, justamente para que se comprove o direito ou não à percepção do benefício.

Sendo necessário para o esclarecimento da enfermidade, a Perícia Médica do INSS poderá solicitar da empresa a apresentação do Perfil Profissiográfico Previdenciário — PPP, com o objetivo precípuo de fundamentar o reconhecimento técnico do nexo causal e para a avaliação de potencial laborativo, com vistas a um possível processo de Reabilitação Profissional.

6.4. Renda mensal inicial

A renda mensal do benefício de auxílio-doença corresponde a 91% (noventa e um por cento) do salário-de-benefício.

Assim, o INSS calculará a média aritmética simples dos maiores salários-de-contribuição, corrigidos monetariamente, correspondentes a 80% de todo o período contributivo (todos os meses de contribuição ao sistema), a contar de julho/94. Desse resultado, 91% corresponderão à renda mensal do benefício de Auxílio-Doença.

Obs.: Nos termos do Decreto n. 3.048/99, caso o segurado conte com menos de 144 contribuições mensais (equivalentes a 12 anos) durante todo o seu período contributivo a contar de julho/94, a média aritmética deverá ser efetuada dos 100% das contribuições, não sendo permitido excluir os 20% menores valores. Tal procedimento, contudo, é ilegal, conforme já comentado anteriormente.

Após a cessação do auxílio-doença decorrente de acidente de qualquer natureza ou causa, tendo o segurado retornado ou não ao trabalho, se houver agravamento ou seqüela que resulte na reabertura do benefício, a renda mensal será igual a noventa e um por cento do salário-de-benefício do auxílio-doença cessado, corrigido até o mês anterior ao da reabertura do benefício, pelos mesmos índices de correção dos benefícios em geral.

6.5. Exercício de atividades concomitantes

Como mencionado no subitem 6.1, *supra*, o Auxílio-Doença do segurado que exercer mais de uma atividade abrangida pela Previdência Social será devido mesmo no caso de incapacidade apenas para o exercício de uma delas. A perícia médica do INSS, no entanto, deverá ter conhecimento de todas as atividades do segurado.

Nesta hipótese, o auxílio-doença será concedido em relação à atividade para a qual o segurado estiver incapacitado, considerando-se para efeito de carência somente as contribuições relativas a essa atividade, situação em que o valor da renda mensal, inclusive, poderá resultar valor inferior ao do salário mínimo vigente se, somado às demais remunerações recebidas, resultar valor superior a este.

Se, no entanto, nas várias atividades o segurado exercer a mesma profissão, será exigido de imediato o afastamento de todas elas.

Caso venha a ser constatada, durante o recebimento do auxílio-doença, a incapacidade do segurado para cada uma das demais atividades, o valor do benefício deverá ser revisto com base nos respectivos salários-de-contribuição, observadas das datas de início do benefício mencionadas no subitem 6.2, *supra*.

Quando o segurado que exercer mais de uma atividade se incapacitar definitivamente apenas para uma delas, deverá o auxílio-doença ser mantido indefinidamente, não cabendo a concessão da aposentadoria por invalidez, enquanto essa incapacidade não se estender às demais atividades. Nessa situação, o segurado somente poderá se transferir das demais atividades que exerce após o conhecimento da reavaliação médico-pericial.

6.6. Exames médicos obrigatórios e processo de reabilitação profissional

O segurado em gozo de auxílio-doença se encontra obrigado, independente de sua idade e sob pena de suspensão do benefício, a submeter-se a exame médico a cargo da Previdência Social, processo de reabilitação profissional por ela prescrito e custeado e tratamento dispensado gratuitamente, exceto o cirúrgico e a transfusão de sangue, que são facultativos. Uma vez suspenso, o benefício somente será restabelecido depois do momento em que deixar de existir o motivo que ocasionou sua suspensão e desde que persista a incapacidade.

Sendo o segurado insuscetível de recuperação para sua atividade habitual, deverá o mesmo submeter-se a processo de reabilitação profissional para exercício de outra atividade, não cessando o benefício até que seja dado como habilitado para o desempenho de nova atividade que lhe garanta a subsistência ou, quando considerado não recuperável, venha a ser aposentado por invalidez.

Nos termos do art. 207 da Instrução Normativa INSS n. 20/07, para fins de suspensão do benefício, o Técnico da Reabilitação Profissional deverá comunicar ao Setor de Benefícios as datas da ocorrência da recusa ou do abandono do tratamento pelo segurado, bem como a data do retorno ao referido Programa de Reabilitação, conforme o caso. O benefício poderá ser reativado a qualquer data, desde que o segurado comprove, em perícia média, a incapacidade desde a data da suspensão, observando-se a prescrição qüinqüenal.

6.7. Cessação do benefício

Conforme previsão expressa na Lei n. 8.213/91, somente haverá a cessação do benefício de Auxílio-Doença nas seguintes situações:

a) caso o segurado recupere a capacidade para o trabalho; ou

b) caso seja concedido o benefício de Aposentadoria por Invalidez.

Ocorre que, na prática diária, a Previdência Social adotou um critério de "alta programada", tendo sido incluído no Decreto n. 3.048/99, art. 78, as seguintes disposições:

"Art. 78 — O auxílio-doença cessa pela recuperação da capacidade para o trabalho, pela transformação em aposentadoria por invalidez ou auxílio-acidente de qualquer natureza, neste caso se resultar seqüela que implique redução da capacidade para o trabalho que habitualmente exercia.

§ 1º O INSS poderá estabelecer, mediante avaliação médico-pericial, o prazo que entender suficiente para a recuperação da capacidade para o trabalho do segurado, dispensada nessa hipótese a realização de nova perícia. *(Parágrafo acrescentado pelo Decreto n. 5.844, de 13.7.2006 — DOU de 14.7.2006)*

§ 2º Caso o prazo concedido para a recuperação se revele insuficiente, o segurado poderá solicitar a realização de nova perícia médica, na forma estabelecida pelo Ministério da Previdência Social. *(Parágrafo acrescentado pelo Decreto n. 5.844, de 13.7.2006 — DOU de 14.7.2006)*

§ 3º O documento de concessão do auxílio-doença conterá as informações necessárias para o requerimento da nova avaliação médico-pericial. *(Parágrafo acrescentado pelo Decreto n. 5.844, de 13.7.2006 — DOU de 14.7.2006)"*

Desta forma, o segurado, após passar pela perícia médica administrativa, recebe posteriormente um comunicado informando sobre a concessão (ou não) de seu benefício de auxílio-doença, cujo documento já trará a informação expressa da data de término. Caso o segurado não se sinta apto para retornar às atividades, e possua documentação médica comprobatória da permanência da incapacidade, deverá solicitar um Pedido de Prorrogação ao INSS, no período de 15 dias que antecederem à data de término constante do documento recebido. Será, então, agendada nova perícia médica para avaliação da incapacidade que, se comprovada, possibilitará a manutenção do benefício por novo período, novamente sendo prefixada uma nova data de término.

Caso essa nova perícia entenda pela recuperação da capacidade laborativa o benefício será cessado pela Previdência Social, mas o segurado, se assim desejar, poderá ingressar com um único Pedido de Reconsideração, a ser interposto no prazo de até 30 dias. Nova perícia médica será marcada (com médico diferente daquele que realizou a perícia de Prorrogação) e, caso persista a alta médica, é possível o ingresso de recurso pelo segurado, destinado à Junta de Recursos do Conselho de Recursos da Previdência Social, observando-se igual prazo de 30 dias.

Tal procedimento administrativo não traria qualquer ilicitude se o segurado permanecesse com a percepção do benefício enquanto aguarda as perícias de prorrogação ou revisão. No entanto, o INSS cessa o pagamento e o cidadão precisa aguardar vaga na agenda das perícias (bem demorada nas capitais, por exemplo) sem qualquer recebimento, em verdadeira condição de miséria e desespero. Da forma posta, o critério adotado pelo INSS acaba ferindo expressamente as disposições do art. 62 da Lei n. 8.213/91 (que não permite a cessação do benefício para alguém que ainda esteja incapaz), além dos princípios de proteção social e dignidade humana.

Fundamentação: Lei n. 8.213/91, arts. 59 a 63 e 101; Decreto n. 3.048/99, arts. 71 a 80; Instrução Normativa INSS n. 20/07, arts. 199 a 208; Portaria MPS n. 359/06.

7. AUXÍLIO-ACIDENTE

7.1. Requisitos necessários à obtenção do benefício

O benefício de Auxílio-Acidente constitui, em verdade, uma indenização paga ao segurado empregado (exceto o doméstico), ao trabalhador avulso e ao segurado especial, quando, após a consolidação das lesões decorrentes de acidente de qualquer natureza, resultar seqüela definitiva que implique:

a) redução da capacidade para o trabalho que habitualmente exerciam e se enquadre nas situações discriminadas no Anexo III do Decreto n. 3.048/99 (ver a tabela 8 da Parte VII desta obra);

b) redução da capacidade para o trabalho que habitualmente exerciam e exija maior esforço para o desempenho da mesma atividade que exerciam à época do acidente; ou

c) impossibilidade de desempenho da atividade que exerciam à época do acidente, porém permita o desempenho de outra, após processo de reabilitação profissional, nos casos indicados pela perícia médica do INSS.

O auxílio-acidente também será devido ao segurado que, indevidamente, tenha sido demitido pela empresa no período em que estava recebendo auxílio-doença decorrente de acidente de qualquer natureza, e que as seqüelas definitivas resultantes obedeçam as disposições acima.

Note-se, portanto, serem requisitos à obtenção desse benefício a condição de segurado; a percepção anterior de um benefício de auxílio-doença; a ocorrência de um acidente de qualquer natureza; e a alta médica (retorno ao trabalho) com a existência de seqüelas que reduzam a capacidade de trabalho, conforme letras "a" a "c", *supra*.

A seqüela estar diretamente ligada à atividade profissional desenvolvida é condição essencial à percepção do benefício, de forma que não dará ensejo ao seu recebimento o caso que apresente danos funcionais ou redução da capacidade funcional sem repercussão na capacidade laborativa ou ainda quando se tratar de mudança de função, mediante readaptação profissional promovida pela empresa, como medida preventiva, em decorrência de inadequação do local de trabalho.

Obs.: A perda da audição, em qualquer grau, somente proporcionará a concessão do auxílio-acidente, quando, além do reconhecimento do nexo de causa entre o trabalho e a doença, resultar, comprovadamente, na redução ou perda da capacidade para o trabalho que o segurado habitualmente exercia.

É importante destacar que a Lei n. 8.213/91, em seu art. 86, determina expressamente que este benefício é devido aos segurados mencionados nos incisos I, VI e VII do art. 11 (empregados, avulso e especial), não trazendo situações de exceção. O Decreto n. 3.048/99, contudo, exclui do direito ao auxílio-acidente os segurados desempregados, mesmo que se encontrem em período de graça (art. 104, § 7º), extrapolando, quanto ao tópico, sua função regulamentar. Confira-se o dispositivo:

"Art. 104 — O auxílio-acidente será concedido, como indenização, ao segurado empregado, exceto o doméstico, ao trabalhador avulso e ao segurado especial quando, após a consolidação das lesões decorrentes de acidente de qualquer natureza, resultar seqüela definitiva, conforme as situações discriminadas no anexo III, que implique:

...

§ 7º Não cabe a concessão de auxílio-acidente quando o segurado estiver desempregado, podendo ser concedido o auxílio-doença previdenciário, desde que atendidas as condições inerentes à espécie.

..."

7.2. Início do benefício

O Auxílio-Acidente será devido a contar do dia seguinte ao da cessação do auxílio-doença, independentemente de qualquer remuneração ou rendimento auferido pelo acidentado, vedada sua acumulação, no entanto, e a partir de 11.11.1997, com qualquer aposentadoria, em razão das disposições constantes na Medida Provisória n. 1.596-14, posteriormente convertida na Lei n. 9.528/97.

O recebimento de salário ou concessão de outro benefício, exceto de aposentadoria, não prejudicará, portanto, a continuidade do recebimento do auxílio-acidente.

7.3. Renda mensal

A renda mensal do benefício de Auxílio-Acidente corresponderá a cinqüenta por cento do salário-de-benefício, de forma que o INSS deverá adotar o seguinte procedimento de cálculo:

1º) Efetuar a média aritmética de 80% dos maiores salários-de-contribuição existentes no período básico de cálculo (julho/94 ao mês anterior ao requerimento), lembrando-se que, no período de auxílio-doença, deverá lançar como salário-de-contribuição o respectivo salário-de-benefício daquela prestação previdenciária.

2º) Do total obtido no cálculo anterior, pagar 50% a título de auxílio-acidente.

No entanto, o INSS obedece, para o cálculo, às disposições constantes do art. 104 do Decreto n. 3.048/99, o qual determina que o auxílio-acidente corresponde a 50% do salário-de-benefício que deu origem ao auxílio-doença do segurado, corrigido até o mês anterior ao do início do auxílio-acidente. É, pois, o cálculo adotado pela referida autarquia:

1º — verifica o resultado da média aritmética utilizada para o cálculo da renda mensal do auxílio-doença;

2º — atualiza monetariamente o valor encontrado no tópico anterior até o mês anterior ao do início do Auxílio-Acidente; e

3º — paga, como renda mensal, o equivalente a 50% do resultado obtido no tópico 2º.

O Decreto, no entanto, extrapola sua função regulamentar ao dispor sobre novo critério de cálculo, estando incorreto o procedimento adotado pela Autarquia Federal.

Considerando a impossibilidade de recebimento de dois benefícios de Auxílio-Acidente, quando o segurado em gozo de auxílio-acidente fizer jus a um novo auxílio-acidente, em decorrência de outro acidente ou de doença, serão comparadas as rendas mensais dos dois benefícios e mantido o benefício mais vantajoso.

7.4. Suspensão do benefício

No caso de reabertura de auxílio-doença por acidente de qualquer natureza que tenha dado origem a auxílio-acidente, este será suspenso até a cessação do auxílio-doença reaberto, quando então será reativado.

Fundamentação: Lei n. 8.213/91, arts. 18, § 1º e 86 e Decreto n. 3.048/99, art. 104 e Anexo III.

8. SALÁRIO-FAMÍLIA

8.1. Beneficiários e requisitos necessários à obtenção do benefício

Possuem direito à percepção do benefício de salário-família somente os segurados inscritos no RGPS na condição de empregado urbano ou rural (exceto o doméstico) e de trabalhador avulso, sendo ainda condições à sua percepção:

a) baixa renda;

b) possuírem filhos (legítimos, legitimados, ilegítimos e adotivos) ou equiparados com idade até 14 anos, ou inválidos de qualquer idade.

Equiparam-se aos filhos do segurado o enteado e o menor que esteja sob sua tutela, desde que não possua bens suficientes para o próprio sustento e educação.

O salário-família é devido também aos segurados aposentados que possuírem filhos com idade de até 14 anos, ou filhos inválidos, observando-se que nas hipóteses de aposentadoria por invalidez, aposentadoria por idade ou para os aposentados que já contarem com idade de 65 anos (homens) ou 60 anos (mulheres) o benefício será pago pelo INSS, juntamente com o benefício de aposentadoria por eles percebido.

Obs.: O empregado rural somente passou a ter direto ao recebimento do salário-família após a vigência da Lei n. 8.213, de 24.07.91 — (Enunciado TST n. 344).

A invalidez do filho ou equiparado maior de quatorze anos de idade deverá ser verificada em exame médico-pericial a cargo da previdência social.

8.1.1. Documentação necessária

Para a percepção do benefício, deverá o trabalhador empregado apresentar à empresa, e o trabalhador avulso ao Órgão Gestor de Mão-de-Obra ou sindicato, conforme o caso, a seguinte documentação:

a) Carteira Profissional (CP) ou Carteira de Trabalho e Previdência Social (CTPS);

b) certidão de nascimento do filho (original e cópia);

c) caderneta de vacinação ou equivalente, quando dependente menor de sete anos, sendo obrigatória nos meses de novembro, contados a partir de 2000;

d) comprovação de invalidez, a cargo da Perícia Médica do INSS, quando dependente maior de quatorze anos;

e) comprovante de freqüência à escola, quando dependente a partir de sete anos, nos meses de maio e novembro, contados a partir de 2000.

Não sendo apresentados o atestado de vacinação obrigatória e os comprovantes de freqüência escolar nas competências informadas, o empregador, o Órgão Gestor de Mão-de-Obra e o sindicato suspenderão o pagamento do Salário-Família, sendo observado que (IN INSS n. 20/07, art. 233, § 3º):

• não será devido o pagamento do benefício no período entre a suspensão da quota motivada pela falta de comprovação da freqüência escolar e sua reativação, salvo se comprovada a freqüência escolar no período;

• se após a suspensão do benefício, o segurado comprovar a vacinação do filho, ainda que fora do prazo, caberá o pagamento das quotas relativas ao período suspenso.

Quando o salário-família for pago pela Previdência Social, caso o segurado não apresente os documentos referenciados nos prazos determinados, o INSS o cientificará da suspensão do pagamento até que a documentação seja apresentada.

Ficha de salário-família e termo de responsabilidade

Provada a filiação e, se for o caso, a invalidez, o empregador (ou OGMO ou sindicato, se trabalhador avulso) procederá ao lançamento dos dados extraídos dos respectivos documentos na Ficha de Salário-Família, devolvendo-os em seguida ao empregado. Observe-se que as cópias ou originais dos documentos apresentados deverão ser devolvidos ao empregado, sendo providenciadas pelo contratante cópias das certidões correspondentes, as quais devem ser conservadas por dez anos, juntamente com os comprovantes dos pagamentos, para exame pela fiscalização do INSS.

O segurado deverá assinar, ainda, um termo de responsabilidade, no qual se comprometa a comunicar à empresa ou ao órgão previdenciário qualquer circunstância que determine a perda do direito à percepção do benefício, ficando sujeito, em caso do não cumprimento, às sanções penais e trabalhistas. Assim, omitindo o empregado tal fato, estará sujeito às sanções cabíveis e à rescisão de seu contrato de trabalho pelo empregador, por justa causa, estando caracterizado o ato de improbidade — CLT, art. 482, "a".

A falta de comunicação oportuna de fato que implique cessação do salário-família, bem como a prática, pelo empregado, de fraude de qualquer natureza para o seu recebimento, autoriza ainda a empresa, o Instituto Nacional do Seguro Social, o sindicato ou Órgão Gestor de Mão-de-Obra, conforme o caso, a descontar dos pagamentos de quotas devidas com relação a outros filhos ou, na falta delas, do próprio salário do empregado ou da renda mensal do seu benefício, o valor das quotas indevidamente recebidas, sem prejuízo das sanções penais cabíveis.

Obs.: O Termo de Responsabilidade, estando assinado pelo empregador, isenta a empresa de qualquer responsabilidade quanto às informações ali contidas.

8.1.2. Menor sob guarda

Nos termos do art. 235 da Instrução Normativa INSS n. 20/07, a quota de salário-família referente ao menor sob guarda somente será devida ao segurado com contrato de trabalho em vigor desde 13.10.1996, data da vigência da Medida Provisória n. 1.523, convertida na Lei n. 9.528/97, bem como ao trabalhador avulso que, na mesma data, detinha essa condição.

8.2. Valor da quota e forma de pagamento

A renda máxima mensal do trabalhador, para que lhe seja possível a percepção do benefício, é atualizada, em regra, uma vez ao ano, sendo atualmente no valor de R$ 710,08 (seiscentos e setenta e seis reais e vinte e sete centavos).

Por renda mensal devemos considerar o somatório de todas as parcelas de natureza remuneratória, tais como salário, comissões, horas extraordinárias, adicionais, gratificações e outros. Assim, deverá ser verificado o salário-de-contribuição do segurado (remuneração, limitada ao teto máximo de contribuição) e, se de valor mensal até R$ 710,08, fará jus o trabalhador ao recebimento do salário-família. Repita-se que todas as importâncias que integram o salário-de-contribuição devem ser consideradas como partes integrantes da remuneração do mês, com exceção apenas do 13º salário e do adicional de férias previsto no inciso XVII do art. 7º da CF/88 (1/3 constitucional).

Outro aspecto importante a ser considerado é que o direito à quota do salário-família é definido em razão da remuneração que seria devida ao empregado *no mês*, independente do número de dias efetivamente trabalhados. Assim, por exemplo, ainda que tenha um segurado empregado (que perceba somente salário fixo no valor de R$ 415,00 mensais) faltado ao serviço durante todos os dias do mês, injustificadamente, terá o mesmo direito à percepção dos valores a título de salário-família. Exceção a essa regra se aplica somente quando da admissão ou demissão no curso do mês, hipóteses em que o salário-família deverá ser pago de forma fracionada.

Note-se, ainda, que caso perceba o trabalhador parcelas variáveis como horas extras e/ou comissões, sua remuneração mensal não será a mesma em todos os meses, mas, ao contrário, variável. Neste caso, tal valor deverá ser observado mês a mês, sendo possível que em alguns deles o obreiro faça jus à percepção do salário-família e, em outros não.

Verificada então a remuneração do trabalhador (empregado ou avulso), e sendo de direito o pagamento do Salário-Família, a ele caberá uma quota para cada filho de até 14 anos, ou de qualquer idade se se tratar de filho inválido. É a tabela vigente a contar de 1º.3.2008 (Portaria MPS n. 77/08):

Valor da Remuneração (R$)	Valor da Quota (R$)
até 472,43	24,23
de 472,43 até 710,08	17,07
acima de 710,08	não faz jus ao benefício

Exemplos:

• 3 filhos menores de 14 anos e trabalhador com renda mensal de R$ 400,00 = Salário-Família no valor total de R$ 72,69

• 3 filhos menores de 14 anos e trabalhador com renda mensal de R$ 480,00 = Salário-Família no valor total de R$ 51,21

Obs.: Os valores são atualizados anualmente, pelos mesmos índices aplicados aos benefícios do Regime Geral de Previdência Social, sendo a tabela divulgada em Portaria Ministerial.

O pagamento a que fizer jus o empregado deverá ser efetuado pela própria empresa, mensalmente, junto com o respectivo salário mensal. O pagamento a que fizer jus o trabalhador avulso deverá ser efetuado pelo sindicato ou órgão gestor de mão-de-obra, mediante convênio. Os empregados afastados por doença (auxílio-doença, por exemplo) recebem o benefício do próprio INSS, mas as empregadas afastadas por maternidade devem recebê-lo diretamente da empresa. Pode-se resumir, portanto, que o salário-família será pago mensalmente da seguinte forma:

a) ao empregado, pela empresa, com o respectivo salário, e ao trabalhador avulso, pelo sindicato ou órgão gestor de mão-de-obra, mediante convênio;

b) aos empregados e trabalhadores avulsos aposentados por invalidez ou que estiverem recebendo benefício de auxílio-doença, pelo próprio INSS, juntamente com o benefício;

c) aos aposentados por idade, pelo próprio INSS, juntamente com o benefício;

d) às empregadas que estiverem em gozo de licença-maternidade, pela empresa, juntamente com o valor do benefício.

No caso da letra "a", acima, quando o salário do empregado não for mensal (pagamento quinzenal, por exemplo), o salário-família deverá ser pago juntamente com o último pagamento relativo ao mês.

O empregado deve dar quitação à empresa, sindicato ou órgão gestor de mão-de-obra de cada recebimento mensal do salário-família, na própria folha de pagamento ou por outra forma admitida, de modo que a quitação fique plena e claramente caracterizada.

Para evitar fracionamento dos valores, o salário-família correspondente ao mês de afastamento do trabalho será pago integralmente pela empresa, pelo sindicato ou órgão gestor de mão-de-obra, conforme o caso, e do mês da cessação de benefício pelo INSS, independentemente do número de dias trabalhados ou em benefício (Decreto n. 3.048/99, art. 86).

Obs.: As cotas do salário-família não serão incorporadas, para qualquer efeito, ao salário ou ao benefício.

Nas admissões e demissões, como já mencionado anteriormente, o pagamento deverá ser proporcional aos dias trabalhados no mês, a partir da data de admissão ou até a data do desligamento. Não é devido o pagamento do salário-família em relação ao prazo do aviso prévio indenizado.

8.2.1. Pai e mãe segurados empregados ou avulsos

Quando pai e mãe são segurados empregados e/ou trabalhadores avulsos, ambos possuem direito ao recebimento do salário-família, ainda que trabalhem na mesma empresa (Lei n. 8.213/91, art. 68, e Decreto n. 3.048/99, art. 82, § 3º).

Curiosamente, em face da omissão legal sobre o tema, deverá ser observada a remuneração individual de cada um dos pais, para fins de verificação do direito ao benefício, ou seja, ainda que o somatório dos vencimentos ultrapasse o atual limite de R$ 676,27, se individualmente receberem os cônjuges montante inferior, ambos deverão receber o benefício.

Exemplo:

• Mãe com remuneração mensal de R$ 400,00 (3 filhos menores) = Salário-Família no valor total de R$ 72,69

• Pai com remuneração mensal de R$ 400,00 (3 filhos menores) = Salário-Família também no valor total de R$ 72.69

Note-se que entender de forma diversa, no sentido de serem os salários-de-contribuição dos pais somados para fins de verificação do direito, é fixar regra restritiva de direito não prevista em lei, ferindo as disposições constitucionais constantes do art. 5º, inciso II.

8.2.2. Vínculos simultâneos

O empregado que trabalhar em duas ou mais empresas, simultaneamente, deverá receber as quotas do salário-família a que fizer jus em cada uma destas empresas, uma vez que todas as empresas vinculadas ao Regime Geral da Previdência Social são obrigadas a pagar, mensalmente, o benefício aos seus empregados.

Questão de extrema importância é, contudo, a apuração da renda mensal desse trabalhador. Em razão da omissão legal, nada havendo também sobre o tópico no Decreto regulamentador ou mesmo na Instrução Normativa INSS n. 20/07, a prática comum acaba por observar a remuneração paga em cada um dos vínculos, individualmente, ainda que o somatório ultrapasse o limite fixado para obtenção do benefício. O trabalhador, portanto, acaba recebendo o benefício em duplicidade, não tendo uma empresa que conhecer ou saber do pagamento que foi efetuado pela outra.

Mais justo e correto seria, sem dúvida, que as remunerações de ambas as empresas fossem somadas para fins de verificação do direito ao benefício, mas isso importaria na troca de documentação, para arquivo dos empregadores, no intuito de justificarem e comprovarem documentalmente em caso de eventual fiscalização o porquê do não pagamento do benefício previdenciário ao trabalhador. Como não há previsão normativa ou legal dessa documentação, ou mesmo de que forma deveria ser efetuada a comprovação da remuneração mensal, as empresas acabam por averiguar apenas a remuneração paga por elas próprias e o trabalhador, muitas vezes, se beneficiando em duplicidade do benefício previdenciário.

8.2.3. Segurada em gozo de salário-maternidade

Como já mencionado anteriormente, pagamento do salário-família, ainda que a empregada esteja em gozo de salário-maternidade, é de responsabilidade da empresa, condicionado à apresentação pela segurada empregada da documentação relacionada no subitem 8.1.1, *supra*.

O salário-família correspondente ao mês de afastamento do trabalho será pago integralmente pela empresa, pelo sindicato ou órgão gestor de mão-de-obra, conforme o caso, e do mês da cessação de benefício pelo INSS, independentemente do número de dias trabalhados ou em benefício.

8.2.4. Segurados em gozo de auxílio-doença

Em se tratando de segurados em gozo de auxílio-doença ou auxílio-doença acidentário, as quotas serão pagas pela Previdência Social. Para tanto, a empresa deverá solicitar ao Instituto o pagamento direto das quotas de Salário-Família, no próprio requerimento do auxílio-doença, em campo próprio, no verso do formulário.

Para evitar cálculo de valores fracionados, o salário-família correspondente ao mês de afastamento será pago integralmente pela empresa, pelo sindicato ou órgão gestor de mão-de-obra, conforme o caso, e o do mês da cessação de benefício pelo Instituto Nacional do Seguro Social (Decreto n. 3.048/99, art. 86).

8.2.5. Divórcio, separação judicial ou de fato e abandono

Quando da ocorrência de divórcio, separação judicial ou de fato dos pais, ou em caso de abandono legalmente caracterizado ou perda de pátrio poder, o salário-família poderá passar a ser pago diretamente àquele a cujo cargo ficar o sustento do menor ou a outra pessoa, se houver determinação judicial neste sentido — Decreto n. 3.048/99, art. 87.

8.3. Custeio e reembolso pelo contratante

Uma parte da importância mensalmente recolhida pela empresa a título de contribuição previdenciária (20% sobre a folha de pagamento) é destinada ao custeio do salário-família. O percentual relativo a esse custeio deixou de ser específico a partir da competência setembro/89, uma vez que a taxa a que se sujeitam as empresas em geral (20%) engloba o custeio de vários benefícios — Decreto n. 53.153/63, arts. 19 e 20 e Lei n. 7.787/89.

Desta forma, tendo o empregador efetuado o pagamento das quotas de salário-família aos segurados de direito, poderá ter reembolsado mensalmente este valor, devendo descontá-lo do montante devido a título de contribuição previdenciária (exceto se o pagamento for apenas da parte de segurados), através do próprio campo 6 da GPS — Decreto n. 3.048/99, art. 82, § 4º. Os documentos comprobatórios do pagamento e do respectivo reembolso devem permanecer guardados pelas empresas (ou OGMO) pelo prazo de 10 anos.

Poderá ser objeto de compensação ou restituição a contribuição recolhida a maior em decorrência da não dedução em época oportuna, de quotas de salário-família, comprovadamente pagas aos empregados.

Na hipótese da soma das importâncias relativas à deduções de salário-família, salário-maternidade etc., ser superior ao valor das contribuições a recolher, resultando saldo favorável ao empregador, esta receberá, no ato da quitação, a importância correspondente.

8.4. Cessação do benefício

O direito ao salário-família cessa automaticamente:

a) por morte do filho ou equiparado, a contar do mês seguinte ao do óbito;

b) quando o filho ou equiparado completar quatorze anos de idade, salvo se inválido, a contar do mês seguinte ao da data do aniversário;

c) pela recuperação da capacidade do filho ou equiparado inválido, a contar do mês seguinte ao da cessação da incapacidade;

d) pelo desemprego do segurado.

Fundamentação: Lei n. 8.213/91, arts. 65 a 70; Decreto n. 3.048/99, arts. 81 a 92.

9. SALÁRIO-MATERNIDADE

9.1. Conceito e requisitos para obtenção do direito

Salário-maternidade é o benefício a cargo da Previdência Social pago às seguradas que se encontrem afastadas de sua atividade cotidiana por motivo de parto. Atualmente, além do parto, também a adoção ou a guarda judicial para fins de adoção constituem fato gerador deste benefício.

O Ministério da Previdência Social considera como "parto" o evento ocorrido a partir da 23ª semana (6º mês) de gestação, inclusive em caso de natimorto (IN n. 20/07, art. 236, § 4º). No entanto, e em verdade, somente o profissional médico possui competência e conhecimento para determinar a natureza do evento (parto ou aborto), haja vista a evolução da medicina e a ocorrência comum, inclusive, de crianças nascidas com vida provenientes de gestação inferior a seis meses.

A segurada empregada, a empregada doméstica e a trabalhadora avulsa têm direito à percepção deste benefício — salário-maternidade —, independentemente do cumprimento de carência, ou seja, do número de contribuições pagas. Assim, ainda que tenham contribuído com um único mês, será assegurado a elas o direito à percepção do benefício previdenciário.

Com a publicação da Lei n. 9.876, em 29.11.99, o direito ao benefício do salário-maternidade foi estendido também às seguradas inscritas nas categorias de contribuinte individual e facultativa. Entretanto, estas seguradas deverão possuir uma carência de, no mínimo, dez contribuições mensais. Desta forma, temos que:

a) as seguradas empregada, empregada doméstica e trabalhadora avulsa têm direito ao benefício do salário-maternidade independentemente de qualquer carência;

b) as seguradas contribuinte individual e facultativa passaram a ter o direito ao benefício do salário-maternidade com a publicação da Lei n. 9.876, em 29.11.1999, sendo exigida, no entanto, uma carência de dez contribuições mensais, ainda que os recolhimentos a serem considerados tenham sido vertidos em categorias diferenciadas e desde que não tenha havido perda da qualidade de segurada. Em se tratando de parto antecipado, este período de carência será reduzido em número de contribuições equivalentes ao número de meses em que o parto foi antecipado.

Exemplo: parto antecipado em 2 meses = carência de 8 contribuições.

Obs. I: Havendo perda da qualidade de segurado, as contribuições anteriores a essa perda somente serão computadas, para efeito de carência, depois que a segurada contar, a partir da nova filiação ao RGPS, com, no mínimo, um terço do número de contribuições exigidas como carência para a espécie, ou seja, três contribuições que, somadas às anteriores, totalizem dez contribuições (IN 20/07, art. 242).

Obs. II: As seguradas contribuinte individual e facultativa que possuíam a carência exigida, e cujos partos tenham ocorrido até o dia 30.11.1999, fizeram jus ao salário-maternidade proporcionalmente aos dias que faltaram para completar cento e vinte dias de afastamento.

A Lei n. 8.861/94, art. 3º, estendeu à segurada especial a partir de 28.3.1994 o direito à percepção de salário-maternidade (previsto no art. 71 da Lei n. 8.213/91), no valor de um salário-mínimo, desde que esta comprovasse o exercício da atividade rural nos últimos doze meses imediatamente anteriores à data do início do benefício, mesmo que de forma descontínua. A contar de 29.11.1999, com a publicação da Lei n. 9.876, o período de atividade rural a ser comprovado foi reduzido para dez meses, poderá a segurada especial requerer o benefício até noventa dias após o parto.

9.2. Duração — Início determinado por atestado médico

O benefício tem duração de cento e vinte dias, sendo seu início determinado por atestado médico. O médico pode determinar como início da licença qualquer data, desde que esta seja até 28 dias anteriores à data provável do parto.

Anteriormente, e se o parto ocorresse sem acompanhamento médico, a legislação exigia ser o atestado médico fornecido pelos órgãos pertencentes ao Sistema Único de Saúde ou pela perícia médica do INSS. Quando a empresa dispusesse de serviço médico próprio ou credenciado, o atestado deveria ser fornecido por aquele serviço médico. Com a publicação do Decreto n. 3.668, de 23.11.2000, foi alterada a redação do art. 95 do Decreto n. 3.048/99, onde ficou determinado que:

I — compete à segurada-mãe juntar ao requerimento do salário-maternidade o(s) atestado(s) médico(s) necessário(s). Não fez o legislador qualquer referência com relação ao profissional competente para emitir estes documentos, razão pela qual se depreende que os mesmos poderão ser fornecidos inclusive por médicos particulares;

II — sendo o benefício requerido após o parto, o documento comprobatório para sua concessão deverá ser a Certidão de Nascimento. Havendo dúvidas por parte da Previdência Social, a segurada deverá se submeter à avaliação pericial — perícia médica — junto ao Instituto Nacional do Seguro Social — INSS.

Obs.: Havendo requerimento do benefício após o parto, e na existência de atestado médico que indique data de afastamento das atividades anteriormente à data de nascimento da criança (máximo 28 dias antes, como já observado), esta será a data considerada pelo INSS como de início do benefício.

No período compreendido por licença-maternidade é proibido o trabalho da mulher, quando segurada empregada, doméstica ou avulsa, permanecendo a mesma afastada de suas atividades laborais, mesmo que a mesma apresente à empresa um documento médico solicitando seu retorno (fato comum nos casos de aborto espontâneo). A empresa somente poderá permitir o retorno às atividades caso a segurada apresente, para tanto, uma autorização judicial.

9.2.1. Aborto não criminoso

Em caso de aborto não criminoso a segurada terá direito ao benefício do salário-maternidade — e respectiva licença-maternidade — correspondente a duas semanas — Decreto n. 3.048/99, art. 93, § 5º.

O aborto não criminoso deveria ser comprovado, anteriormente, mediante atestado médico fornecido pelo SUS ou por serviço médico da empresa ou por ela credenciado. Com a publicação do Decreto n. 3.668, de 23.11.2000, retirou-se do citado § 5º do art. 93 esta exigência, podendo o sinistro ser comprovado por atestado médico, qualquer que seja sua origem emitente. Não obstante, o atestado deve obrigatoriamente conter o CID específico (IN n. 20/07, art. 240).

9.2.2. Parto antecipado — Natimorto

A habilitação ao exercício do direito à licença-maternidade é a ocorrência do parto, seja este antecipado ou não. Desta forma, havendo parto, ainda que sem vida (natimorto), devidamente atestado por médico, faz jus a gestante ao descanso de cento e vinte dias e respectivos salários.

9.2.3. Prorrogação

Em casos excepcionais, o período de repouso poderá ser aumentado por mais duas semanas, mediante atestado médico específico — Decreto n. 3.048/99, art. 93, § 3º, com redação dada pelo Decreto n. 3.668/00.

O Atestado Médico original deve ser específico para o fim de prorrogação dos períodos de repouso anteriores ou posteriores ao parto, extensão esta que consiste em excepcionalidade, compreendendo as situações em que exista algum risco para a vida do feto ou criança ou da mãe, devendo o atestado médico ser apreciado pela Perícia Médica do INSS, exceto para as seguradas empregadas, posto que seu benefício é pago diretamente pela empresa (IN n. 20/07, art. 239).

9.3. Adoção ou guarda provisória

O direito à licença-maternidade foi instituído às mães adotivas pela Lei n. 10.421, de 15.4.2002 (DOU de 16.4.2002), que acrescentou ao Estatuto Laboral o art. 392-A.

Até a publicação da Lei n. 10.421, de 15.4.2002 — DOU de 16.4.2002, que acrescentou o art. 392-A na CLT, existia divergência entre os doutrinadores acerca desse direito, não sendo, portanto, pacífica a questão. Defendia parte da doutrina que a habilitação ao exercício do direito à licença-maternidade era em virtude da efetiva ocorrência de parto, e, em não havendo parto, não seria devido o direito.

Todavia prevaleceu a tese de que o benefício deve proteger também a criança, tendo em vista os cuidados de que as mesmas necessitam, equiparando as mães adotivas às mães biológicas. A jurisprudência dominante já entendia no mesmo sentido.

Assim, ampliou o legislador também às mães adotivas, ou às que obtiverem a guarda judicial para fins de adoção de criança, o direito ao benefício da licença-maternidade, observando as seguintes proporcionalidades:

- no caso de adoção ou guarda judicial de criança de até 1 (um) ano de idade, o período de licença será de 120 (cento e vinte) dias;
- no caso de adoção ou guarda judicial de criança a partir de 1 (um) ano até 4 (quatro) anos de idade, o período de licença será de 60 (sessenta) dias; e
- no caso de adoção ou guarda judicial de criança a partir de 4 (quatro) anos até 8 (oito) anos de idade, o período de licença será de 30 (trinta) dias.

Devem ainda ser observados os seguintes critérios (Decreto n. 3.048/99, art. 93-A):

a) o salário-maternidade é devido à segurada independentemente de a mãe biológica ter recebido o mesmo benefício quando do nascimento da criança;

b) o salário-maternidade não é devido quando o termo de guarda não contiver a observação de que é para fins de adoção ou só contiver o nome do cônjuge ou companheiro;

c) para a concessão do salário-maternidade é indispensável que conste da nova certidão de nascimento da criança ou do termo de guarda o nome da segurada adotante ou guardiã, bem como deste último, tratar-se de guarda para fins de adoção; e

d) quando houver adoção ou guarda judicial para adoção de mais de uma criança, é devido um único salário-maternidade relativo à criança de menor idade, observando que, no caso de empregos concomitantes, a segurada fará jus ao salário-maternidade relativo a cada emprego.

9.4. Responsabilidade e procedimento para pagamento

Para afastamentos compreendidos entre 29.11.1999 e 31.8.2003, o pagamento do salário-maternidade coube diretamente ao INSS, exceto se a empresa, sindicato ou entidade de aposentados mantivesse convênio com a Autarquia para tal finalidade.

No entanto, para requerimentos efetivados a partir de 1º de setembro de 2003, o salário-maternidade devido à segurada empregada, independentemente da data do afastamento ou do parto, deverá ser pago diretamente pela empresa, exceto no caso de adoção. Tal alteração quanto à responsabilidade desse pagamento se deu com a publicação da Lei n. 10.710, de 5.8.2003 (DOU de 6.8.2003), com efeitos a contar de 1º de setembro de 2003, sendo, portanto, as novas regras a serem observadas:

a) o salário-maternidade devido às mães adotivas será pago diretamente pela Previdência Social;

b) cabe à empresa pagar o salário-maternidade devido à respectiva empregada gestante, efetivando-se a compensação quando do recolhimento das contribuições incidentes sobre a folha de salários e demais rendimentos pagos ou creditados, a qualquer título, à pessoa física que lhe preste serviço. Os comprovantes de pagamento e atestados correspondentes deverão ser mantidos e arquivados por 10 anos;

c) o salário-maternidade devido à trabalhadora avulsa, empregada doméstica, segurada especial e contribuintes individuais será pago diretamente pela Previdência Social, podendo o requerimento ser formalizado pela Internet (*www.previdenciasocial.gov.br*).

9.4.1. Permanência das contribuições previdenciárias

Conforme determinações constantes da legislação previdenciária vigente, durante o período de percepção do benefício de salário-maternidade, a segurada deverá permanecer recolhendo normalmente suas contribuições previdenciárias. Também os empregadores permanecem nesta obrigação, devendo, assim, continuar com o recolhimento da contribuição patronal. Contudo, tal procedimento é inconstitucional, já que o benefício não tem caráter remuneratório e que não há prestação de serviços no respectivo período.

Caso não exista determinação judicial contrária, a empresa deverá descontar da segurada empregada sua contribuição previdenciária (procedimento normalmente adotado), a qual será recolhida ao INSS juntamente com as contribuições a seu cargo, quais sejam: a) a contribuição de vinte por cento sobre o valor do salário-maternidade; b) a contribuição destinada ao financiamento dos benefícios de incapacidade e aposentadoria especial (antigo SAT); c) as contribuições devidas a terceiros.

Quando o recebimento do salário-maternidade corresponder à fração de mês, o desconto referente à contribuição da empregada, tanto no início quanto no término do benefício, será feito da seguinte forma (IN n. 20/07, art. 250, § 1º):

I — pela empresa, sobre a remuneração relativa aos dias trabalhados, aplicando-se a alíquota que corresponde à remuneração mensal integral, respeitado o limite máximo do salário-de-contribuição;

II — pelo INSS, sobre o salário-maternidade relativo aos dias correspondentes, aplicando-se a alíquota devida sobre a remuneração mensal integral, observado o limite máximo do salário-de-contribuição.

Obs.: Quando o desconto na empresa ou no INSS atingir o limite máximo do salário-de-contribuição, não caberá mais nenhum desconto pela outra parte.

No período de salário-maternidade da segurada empregada doméstica, caberá ao empregador recolher apenas a parcela da contribuição a seu cargo, sendo que a parcela devida pela empregada doméstica será descontada pelo INSS no benefício.

Da segurada contribuinte individual e da facultativa será descontada, durante a percepção do salário-maternidade, a alíquota de contribuição equivalente a vinte por cento (contribuição normal), aplicada sobre o respectivo salário-de-contribuição, observado o limite máximo desse salário. A contribuição devida pela contribuinte individual e pela facultativa, relativa à fração de mês, por motivo de início ou de término do salário-maternidade, deverá ser efetuada pela segurada em valor mensal integral e a contribuição devida no curso do benefício será descontada pelo INSS do valor do benefício, de forma que se evitem, assim, recolhimentos fracionados pelas partes (IN n. 20/07, art. 252).

A contribuição da segurada empregada doméstica referente aos meses do início e do término da licença-maternidade, proporcional aos dias efetivamente trabalhados, deverá ser descontada pelo empregador doméstico e a contribuição proporcional aos dias de licença será arrecadada pelo INSS mediante desconto no pagamento do benefício, observado o limite máximo do salário-de-contribuição.

9.4.2. Dedução do valor pago pela empresa ou entidade equiparada

Como já observado, o salário-maternidade da segurada empregada, em função da licença por parto ou aborto não-criminoso, deve ser pago pela empresa ou equiparada. Tais valores (inclusive a parcela do 13º salário correspondente ao período da licença) poderão ser deduzidos quando do pagamento das contribuições previdenciárias devidas pela empresa, exceto daquelas destinadas a outras entidades e fundos (terceiros).

Para fins da dedução do 13º salário, é o procedimento administrativo a ser adotado (IN SRF n. 3/05, art. 115, § 2º):

a) a remuneração correspondente ao décimo terceiro salário deverá ser dividida por trinta dias;

b) o resultado da operação descrita na alínea "a" deverá ser dividido pelo número de meses considerados no cálculo da remuneração do décimo terceiro;

c) a parcela referente ao décimo terceiro salário proporcional ao período de licença-maternidade corresponde ao produto da multiplicação do resultado da operação descrita na alínea "b" pelo número de dias de gozo de licença-maternidade no ano.

9.5. Renda mensal

No que se refere ao valor do benefício, observe-se que:

a) para a segurada empregada, o salário-maternidade consiste numa renda mensal igual a sua remuneração devida no mês do seu afastamento (remuneração integral), tomando-se por base as informações constantes no CNIS, a partir de 1º.7.1994, ou se for o caso de salário total ou parcialmente variável, na igualdade da média aritmética simples dos seus seis últimos salários, apurada de acordo com a lei salarial ou o dissídio coletivo da categoria, excetuando-se o décimo terceiro salário, adiantamento de férias e as rubricas constantes do § 9º do art. 214 do Decreto n. 3.048/99 (Regulamento da Previdência Social);

b) para a segurada trabalhadora avulsa, o salário-maternidade corresponde ao valor de sua última remuneração integral equivalente a um mês de trabalho não sujeito ao limite máximo do salário-de-contribuição;

c) para a segurada empregada doméstica, corresponde ao valor do seu último salário-de-contribuição sujeito ao limite máximo do salário-de-contribuição;

d) para a segurada contribuinte individual e facultativa, corresponde à média aritmética dos doze últimos salários-de-contribuição, apurados em período não superior a quinze meses, sujeito ao limite máximo do salário-de-contribuição; e

e) para a segurada especial, o salário-maternidade corresponde ao valor de um salário mínimo.

Ressalte-se que o Instituto Nacional do Seguro Social, através da *Instrução Normativa n. 73*, de 29.5.2002 (DOU de 31.5.2002), determinou o limite para o pagamento do salário-maternidade, com fundamentação no art. 248 c/c art. 37, XI, da Constituição Federal/88, ao subsídio mensal, em espécie, dos Ministros do Supremo Tribunal Federal. Contudo, tal disposição afronta o art. 7º, inciso XVIII, da própria Carta Constitucional, que expressamente assegura à gestante, sem prejuízo do emprego e do salário, a licença-maternidade. Atualmente disciplina sobre a referida limitação a Instrução Normativa SRF n. 3/05.

No caso de empregos concomitantes ou de atividade simultânea na condição de segurada empregada e contribuinte individual, ela fará jus ao salário-maternidade relativo a cada emprego ou atividade. Inexistindo contribuição na condição de segurada contribuinte individual ou empregada doméstica, em respeito ao limite máximo do salário-de-contribuição como segurada empregada, o benefício será devido apenas nessa condição, no valor correspondente à remuneração integral dela.

Se a segurada estiver vinculada à Previdência Social na condição de empregada ou trabalhadora avulsa, com remuneração inferior ao limite máximo do salário-de-contribuição (atualmente R$ 3.038,99) e, concomitantemente, exercer atividade que a vincule como contribuinte individual, terá direito ao salário-maternidade na condição de segurada empregada ou trabalhadora avulsa com base na remuneração integral e, quanto ao benefício como segurada contribuinte individual, deverá ser observado:

• se contribuiu há mais de dez meses na condição de contribuinte individual, terá direito ao benefício, cujo valor corresponderá a um doze avos da soma dos últimos salários-de-contribuição, apurados em um período não superior a quinze meses, conforme o disposto no inciso III do art. 73 da Lei n. 8.213, de 1991, podendo, inclusive, ser inferior ao salário-mínimo;

• se verteu em contribuições em período inferior à carência exigida de dez contribuições, não fará jus ao benefício na condição de segurada contribuinte individual.

Sobre renda mensal do benefício, ver ainda o Capítulo XXXIV, Parte V, desta obra.

9.5.1. Extinção do vínculo empregatício

Outra situação a ser considerada é a da segurada empregada que vem a sofrer rescisão contratual antes do requerimento do benefício. Informava o INSS, através da IN n. 95/03, art. 89, § 5º, que o benefício somente seria concedido se a segurada estivesse filiada como contribuinte individual ou facultativa.

Note-se, no entanto, que tais disposições constavam apenas de normas infralegais, nenhuma limitação do direito existindo expressamente na Lei n. 8.213/91. Muito pelo contrário, o art. 15 da Lei de Benefícios determinava (e ainda determina) que mantém a qualidade de segurado, pelo prazo de até 12 meses, aquele que perde o vínculo empregatício, independentemente de contribuições ao sistema (período de graça), neste interregno conservando todos os seus direitos perante a Previdência Social (§ 3º).

Agia, pois, ilegalmente a autarquia previdenciária ao negar o benefício às seguradas desempregadas que se encontrassem no período de graça, sendo necessário o ingresso de ação judicial para a solução do equívoco. Com a publicação do Decreto n. 6.122/07 (DOU de 14.6.2007) foi acrescentado ao art. 97 do Decreto n. 3.048/99 um parágrafo único, com a seguinte redação:

> "Art. 97 — O salário-maternidade da segurada empregada será devido pela previdência social enquanto existir relação de emprego, observadas as regras quanto ao pagamento desse benefício pela empresa.
>
> Parágrafo único. Durante o período de graça a que se refere o art. 13, a segurada desempregada fará jus ao recebimento do salário-maternidade nos casos de demissão antes da gravidez, ou, durante a gestação, nas hipóteses de dispensa por justa causa ou a pedido, situações em que o benefício será pago diretamente pela previdência social."

Note-se, no entanto, que a situação ficou parcialmente legalizada, posto que permaneceram as limitações às situações de rescisão por término de contrato, justa causa ou outras que não se encontram expressamente mencionadas no referido parágrafo. O art. 241, § 3º, da Instrução Normativa INSS n. 20/07 determina, ainda, e absurdamente, ser o pagamento do benefício uma responsabilidade da empresa, mesmo após a ocorrência de rescisão contratual. Confira-se:

> "Art. 241 — O pagamento do salário-maternidade não pode ser cancelado, salvo se após a concessão forem detectados fraude ou erro administrativo.
>
> ...
>
> § 3º Considerando que a Constituição Federal no art. 10, inciso II, alínea "b" do ato das Disposições Constitucionais Transitórias, veda a dispensa arbitrária ou sem justa causa da empre-

gada gestante, desde a confirmação da gravidez até cinco meses após o parto, observar-se-á as normas seguintes:

I — a responsabilidade pelo pagamento do salário-maternidade será da empresa, que deverá responder pelos salários do período;

II — ocorrido o fato gerador dentro do período de manutenção da qualidade de segurada, para a requerente cujo último vínculo seja de empregada deverá ser observado:

a) tratando-se de dispensa por justa causa ou a pedido, o benefício será concedido pela Previdência Social, tendo em vista o parágrafo único, art. 97 do RPS;

b) tratando-se de dispensa arbitrária ou sem justa causa ocorrida no período entre a confirmação da gravidez até cinco meses após o parto, o benefício não poderá ser concedido, considerando tratar-se de obrigação da empresa/empregador;

III — a requerente deverá assinar declaração específica com a finalidade de identificar a causa da extinção do contrato de trabalho;

IV — havendo dúvida fundada, o servidor poderá encaminhar consulta à Vara do Trabalho local ou ao Tribunal Regional do Trabalho, solicitando informação sobre a existência de reclamatória trabalhista ajuizada pela requerente contra o empregador.

..."

Registre-se que o absurdo da normativa não está na estabilidade provisória garantida à trabalhadora gestante pela Constituição Federal, mas sim em determinar que, caso a empresa descumpra tal norma legal, o benefício não será pago pela Previdência Social. Como a empresa terá despedido sem justa causa a trabalhadora, por óbvio que não pagará o benefício de salário-maternidade (para parto ocorrido após a rescisão) de livre e espontânea vontade, até porque operacionalmente não haverá como fazê-lo, já que a mesma não mais constará da folha de pagamento ou do formulário GFIP. A segurada, portanto, considerando a recusa injustificada do INSS em pagar-lhe o benefício, deveria ingressar com reclamatória trabalhista para obter o referido benefício? Ora, muito mais correto e prático seria o INSS efetuar o pagamento do benefício, posto que a empresa, quando o faz, se reembolsa dos valores quando de sua contribuição patronal. Ou seja, de toda forma quem acaba pagando é a própria Previdência Social.

Compreendo, pois, que a segurada, ao obter a negativa do INSS, pode ingressar com ação judicial contra a referida Autarquia, informando encontrar-se no período de graça e, portanto, detentora da condição de segurada do sistema, fazendo jus à percepção do benefício de salário-maternidade, mesmo tendo ocorrido rescisão contratual imotivada pela empresa.

9.5.2. Abono anual — 13º Salário

A segurada em gozo de salário-maternidade possui direito à percepção do 13º salário (abono anual) referente ao período de afastamento, devendo ser pago diretamente pelo INSS ou pela empresa, caso se trate de segurada empregada.

O valor do recolhimento previdenciário relativo ao décimo terceiro salário (abono anual) do salário-maternidade da empregada deverá ser efetuado pelo empregador, por meio de GPS, a ser quitada até o dia 20 de dezembro do ano a que se referir o respectivo recolhimento, ainda que parte dele tenha sido paga pelo INSS, da seguinte forma:

a) no campo 3, apor o código de recolhimento normal da empresa;

b) no campo 4, fazer constar o mês de competência do décimo terceiro salário a que se refere o respectivo recolhimento.

9.6. Acumulação de benefícios previdenciários — Proibição

Como o salário-maternidade não pode ser acumulado com benefício por incapacidade, caso a segurada esteja em gozo de auxílio-doença (inclusive decorrente de acidente do trabalho), este será suspenso se vier a fazer jus ao benefício de salário-maternidade e, se após a cessação do salário-maternidade for constatado que a segurada permanece incapacitada para o trabalho pela mesma doença que originou o auxílio-doença suspenso, o auxílio-doença será então restabelecido, fixando-se novo limite. Esta verificação de permanência de incapacidade, no entanto, deverá ser efetuada pela Perícia Médica do INSS.

Sendo verificada enfermidade diversa daquela que motivou o auxílio-doença suspenso, será concedido novo benefício de auxílio-doença, sem restabelecimento do anterior.

9.7. Prescrição e decadência

O benefício de salário-maternidade pode ser requerido a qualquer tempo pelas seguradas da Previdência Social, desde que observado o prazo prescricional de 5 anos. O ato de concessão poderá ser revisto no prazo de até 10 anos, contados do recebimento da primeira prestação — Instrução Normativa INSS n. 20/07, art. 248.

Fundamentação: Lei n. 8.213/91, arts. 71 a 73; Decreto n. 3.048/99, arts. 93 a 103; Instrução Normativa INSS n. 20/07, arts. 236 a 254.

10. PENSÃO POR MORTE

10.1. Beneficiários e requisitos necessários à obtenção do benefício

Trata-se a Pensão por Morte de benefício previdenciário pago aos dependentes do segurado, por ocasião de seu falecimento. Assim, é suficiente à obtenção do benefício a comprovação das seguintes condições:

a) óbito de um cidadão que seja segurado do Regime Geral de Previdência Social — RGPS ou que estava protegido pelo período de graça; e

b) a existência de dependentes.

10.1.1. Condição de segurado da pessoa falecida — Comprovação

Como observado, a Pensão por Morte é paga aos dependentes do segurado, ou seja, é necessária esta condição de “segurado” do sistema previdenciário no momento do óbito, ainda que tal condição se refira ao "período de graça", previsto no art. 15 da Lei n. 8.213/91 e já abordada nesta obra, Parte II, Capítulo VIII.

Na existência de vínculo empregatício é suficiente a comprovação do registro em CTPS para a caracterização da condição de "segurado", ainda que o empregador não esteja regular com suas contribuições previdenciárias.

Em se tratando de contribuintes individuais que estejam em débito para com a Previdência Social no momento do óbito, a concessão do benefício somente será devida se os dependentes conseguirem comprovar junto ao INSS a manutenção da qualidade de segurado da pessoa falecida. Esta manutenção da qualidade de segurado, conforme previsão constante na Instrução Normativa INSS n. 20/07, art. 282, far-se-á pela existência de pelo menos uma contribuição regular efetivada em data anterior ao óbito, desde que, entre a última contribuição paga e o óbito, não tenha transcorrido lapso temporal suficiente para a perda da qualidade de segurado (inciso II e § 2º do art. 15 da Lei n. 8.213/91).

Na hipótese de o segurado não ter providenciado, em vida, inscrição da atividade de contribuinte individual que vinha exercendo, a verificação da manutenção da qualidade obedecerá, simultaneamente, aos seguintes critérios:

a) se já exista filiação e inscrição anteriores junto à Previdência Social, seja como empregado (inclusive doméstico), trabalhador avulso, contribuinte individual ou facultativo;

b) haja regularização espontânea da inscrição e das contribuições decorrentes da comprovação documental da atividade de contribuinte individual, pelos dependentes;

c) não tenha decorrido o prazo de manutenção da qualidade de segurado entre as eventuais atividades mencionadas na letra "a" e a atividade de contribuinte individual comprovada pelos dependentes, mencionada na letra "b".

Obs.: Nos termos do § 2º do art. 282 da Instrução Normativa INSS n. 20/07, "Não será considerada a inscrição realizada após a morte do segurado pelos dependentes, bem como não serão consideradas as contribuições vertidas após a extemporânea inscrição para efeito de manutenção da qualidade de segurado".

Por fim, admitir-se-á ainda a regularização espontânea do débito por parte dos dependentes, nas seguintes hipóteses:

a) exista inscrição e contribuições regulares, efetivadas pelo segurado, com paralisação dos recolhimentos por período superior aos prazos estabelecidos para manutenção da qualidade de segurado;

b) exista apenas inscrição formalizada pelo segurado, sem o recolhimento da primeira contribuição.

10.1.1.1. Óbito posterior à perda da qualidade de segurado

Nos termos do art. 281 da Instrução Normativa INSS n. 20/07, caberá a concessão de pensão aos dependentes, mesmo que o óbito tenha ocorrido após a perda da qualidade de segurado, desde que:

a) o instituidor do benefício tenha implementado todos os requisitos para obtenção de uma aposentadoria até a data do óbito;

b) fique reconhecida a existência de incapacidade permanente ou temporária, dentro do período de graça (art. 15 da Lei n. 8.213/91), por meio de parecer médico-pericial do INSS, com base em atestados ou relatórios médicos, exames complementares, prontuários ou outros documentos equivalentes, referentes ao ex-segurado.

Confira-se, ainda, a redação do parágrafo único do dispositivo legal em referência:

"Art. 270. ...

Parágrafo único. Em caso de óbito do segurado a partir de 13 de dezembro de 2002, data da publicação da MP n. 083, tendo ou não havido requerimento/concessão de benefício de aposentadoria, nos termos da referida MP ou Lei n. 10.666/03, fica assegurado aos dependentes o direito à pensão por morte, nos termos do § 2º do art. 102 da Lei n. 8.213/91, desde que o instituidor, se falecido entre 13 de dezembro de 2002 e 8 de maio de 2003, contasse com o mínimo de 240 (duzentos e quarenta) contribuições ou, se falecido após esta data, com o número de contribuições correspondentes ao exigido para o tempo de carência, conforme disciplinado no art. 18 desta Instrução Normativa"

10.1.2. Dependentes

São beneficiários do benefício de pensão por morte, na condição de dependentes do segurado:

a) o cônjuge, o(a) companheiro (a), e o(a) filho(a) não emancipado(a) de qualquer condição, menor de 21 anos ou inválido;

Obs. I: O cônjuge ou o companheiro do sexo masculino passou a ser dependente em casos de requerimento de pensão por morte, para óbitos ocorridos a partir de 5.4.1991, desde que atendidos os requisitos legais. Anteriormente a esta data somente será devido o benefício se comprovada a invalidez, conforme o art. 12 do Decreto n. 83.080/79. Devem, no entanto, ser mantidos os benefícios concedidos com base na legislação anterior, que fixava o termo inicial de concessão em 6.10.1988, em obediência ao inciso XIII, art. 2º da Lei n. 9.784/99.

Obs. II: Filhos de qualquer condição são aqueles havidos ou não da relação de casamento, ou adotados, que possuem os mesmos direitos e qualificações dos demais, proibidas quaisquer designações discriminatórias relativas à filiação, nos termos do § 6º do art. 227 da Constituição Federal.

b) os pais; ou

c) o irmão não emancipado, de qualquer condição, menor de 21 anos ou inválido.

Os dependentes de uma mesma classe concorrem em igualdade de condições, de forma que a existência de dependentes de qualquer das classes exclui do direito às prestações os das classes seguintes. Assim, os pais de determinado segurado, ainda que comprovem a dependência econômica perante o INSS, somente poderão perceber o benefício de pensão por morte caso este segurado tenha falecido sem deixar cônjuge, companheira ou filhos menores de 21 anos (ou inválidos). Já os irmãos do segurado somente serão considerados dependentes se inexistirem nesta condição quaisquer das pessoas listadas nas letras "a" e "b", *supra*.

Observe-se, ainda, que as pessoas descritas na letra "a" não necessitam comprovar dependência econômica (que é presumida), bastando comprovar a situação de parentesco. Já as pessoas descritas nas letras "b" e "c", quando do requerimento de qualquer benefício previdenciário, deverão comprovar documentalmente a existência de dependência econômica.

Por força de decisão judicial (Ação Civil Pública n. 2000.71.00.009347-0), fica garantido o direito à pensão por morte ao companheiro ou companheira homossexual, para óbitos ocorridos a partir de 5.4.1991, desde que atendidas todas as condições exigidas para o reconhecimento do direito a esse benefício.

Com referência ao menor sob guarda, este deixou de integrar a relação de dependentes para fins previdenciários (inclusive o já inscrito) desde 14.10.1996, data de publicação da Medida Provisória n. 1.523. Assim, caso o óbito do segurado tenha ocorrido até 13.10.1996, será devido o direito à pensão por morte do menor sob guarda, desde que atendidos os requisitos da legislação em vigor àquela época.

A pensão por morte, havendo mais de um pensionista, será rateada entre todos, em partes iguais. Reverterá em favor dos demais dependentes a parte daquele cujo direito à pensão cessar.

Observe-se, ainda, que a concessão da pensão por morte não será protelada pela falta de habilitação de outro possível dependente, e qualquer habilitação posterior que importe em exclusão ou inclusão de dependente somente produzirá efeito a contar da data da habilitação.

O cônjuge divorciado ou separado judicialmente ou de fato, que recebia pensão de alimentos, receberá a pensão em igualdade de condições com os demais dependentes. Já o cônjuge ausente somente fará jus ao benefício a contar da data de sua habilitação e mediante prova de dependência econômica, hipótese em que não se excluirá o direito à pensão para a companheira ou companheiro.

Em se tratando de pensionista inválido, este se encontrará obrigado, independente de sua idade e sob pena de suspensão do benefício, a submeter-se a exame médico a cargo da Previdência Social, bem como também aos processos de reabilitação profissional por ela prescritos e custeados, com exceção apenas de procedimentos cirúrgicos e transfusão de sangue, que são opcionais.

Sobre a comprovação de dependência e demais orientações sobre o tópico, ver o item 2, Capítulo VII, Parte II, desta obra.

10.2. Pagamento a cônjuge e companheiro(a), simultaneamente

Administrativamente, a Previdência Social aceitou até a data de 1º.5.2008, efetuar o pagamento da Pensão por Morte simultaneamente ao cônjuge supérstite (não separado de fato e nem de direito) e a um companheiro ou companheira, conforme podemos observar da redação original do § 4º do art. 269 da Instrução Normativa INSS n. 20/07. No entanto, alteração substancial ocorreu com a Instrução Normativa INSS n. 27/08, reconhecento o INSS a ilegalidade do procesimento por ele anteriormente praticado e passando a conceder o benefício apenas se a(o) companheira(o) comprovar que o(a) segurado(a) casado(a) se encontrava separado(a) judicialmente ou de fato.

O procedimento anteriormente praticado se mostra ilegal porque, nos termos do Código Civil Brasileiro, art. 1.723, § 1º, a união estável não pode ser caracterizada se ocorrerem os impedimentos do art. 1.521 do mesmo diploma legal. Confira-se:

> "Art. 1.723 — É reconhecida como entidade familiar a união estável entre o homem e a mulher, configurada na convivência pública, contínua e duradoura e estabelecida com o objetivo de constituição de família.
>
> § 1º A união estável não se constituirá se ocorrerem os impedimentos do art. 1.521; não se aplicando a incidência do inciso VI no caso de a pessoa casada se achar separada de fato ou judicialmente.
>
> § 2º As causas suspensivas do art. 1.523 não impedirão a caracterização da união estável."

São os impedimentos, constantes do art. 1.521:

> "Art. 1.521 — Não podem casar:
>
> I — os ascendentes com os descendentes, seja o parentesco natural ou civil;
>
> II — os afins em linha reta;
>
> III — o adotante com quem foi cônjuge do adotado e o adotado com quem o foi do adotante;
>
> IV — os irmãos, unilaterais ou bilaterais, e demais colaterais, até o terceiro grau inclusive;
>
> V — o adotado com o filho do adotante;
>
> VI — as pessoas casadas;
>
> VII — o cônjuge sobrevivente com o condenado por homicídio ou tentativa de homicídio contra o seu consorte."

Note-se, portanto, que as pessoas que já são casadas (sem separação de fato ou judicial) não podem constituir união estável com outra pessoa, sendo tal disposição prevista expressamente em lei. Também a legislação previdenciária expressa a mesma proibição, cabendo-nos transcrever o art. 16 da Lei n. 8.213/91:

> "Art. 16 — São beneficiários do Regime Geral de Previdência Social, na condição de dependentes do segurado:
>
> I — o cônjuge, a companheira, o companheiro e o filho não emancipado, de qualquer condição, menor de 21 (vinte e um) anos ou inválido;
>
> ...
>
> § 3º Considera-se companheira ou companheiro a pessoa que, *sem ser casada*, mantém união estável com segurado ou com a segurada, de acordo com o § 3º do art. 226 da Constituição Federal.
>
> ..."

O § 3º do dispositivo, conforme grifo nosso, inclusive, menciona expressamente que a união deve ser livre e desimpedida, não sendo possível que uma das partes seja casada com outrem. Isto porque a Constituição Federal traduz especial preocupação com a família, sendo o Estado Maior protetor de relação monogâmica. Não pode, pois, o Legislador ou o Judiciário proteger e amparar com direitos previdenciários o concubinato adulterino, porque, se assim for, estar-se-á permitindo a bigamia de direito, o que fere frontalmente a Carta Constitucional.

A união estável requer, assim, a convivência constante das partes como se casadas fossem, sendo as mesmas livres de vontade e direito para regularizar civilmente a relação. É necessário que seja duradoura, pública, com objetivo de constituir família, mas não com segurado já casado com outrem, sob pena desta relação não passar de concubinato adulterino, sem qualquer direito à percepção do benefício de Pensão por Morte.

10.3. Morte presumida

A pensão por morte poderá ser concedida, em caráter provisório, por morte presumida:

a) mediante sentença declaratória de ausência, expedida por autoridade judiciária, a contar da data de sua emissão; ou

b) em caso de desaparecimento do segurado por motivo de catástrofe, acidente ou desastre, a contar da data da ocorrência, mediante prova hábil.

Importa esclarecer que, administrativamente (IN INSS/DC n. 20/07, art. 284), o INSS exigirá que a cada seis meses o recebedor do benefício apresente documento da autoridade competente, contendo informações sobre o andamento do processo (declaração de morte presumida), até que seja apresentada a Certidão de Óbito.

Verificado o reaparecimento do segurado, o pagamento da pensão cessa imediatamente, ficando os dependentes desobrigados da reposição dos valores recebidos, salvo má-fé.

10.4. Início do benefício

O benefício será devido ao conjunto dos dependentes do segurado que falecer, aposentado ou não, a contar da data:

I — do óbito, quando requerida:

a) pelo dependente maior de dezesseis anos de idade, até trinta dias depois; e

b) pelo dependente menor até dezesseis anos de idade, até trinta dias após completar essa idade;

II — do requerimento, quando requerida após o prazo previsto na letra "a"; ou

III — da decisão judicial, no caso de morte presumida.

Na hipótese do item II, a data de início do benefício será a data do óbito, aplicados os devidos reajustamentos até a data de início do pagamento, não sendo devida qualquer importância relativa a período anterior à data de entrada do requerimento, salvo na hipótese de haver dependente menor.

10.5. Renda mensal

O valor mensal da pensão por morte será de 100% (cem por cento) do valor da aposentadoria que o segurado recebia ou daquela a que teria direito se estivesse aposentado por invalidez na data de seu falecimento.

Na hipótese de, na data do óbito, estar o segurado recebendo aposentadoria e auxílio-acidente, este último não incorporará o valor mensal da pensão por morte.

Em se tratando do falecimento de segurado recluso (preso) que exercia atividade remunerada, o valor da pensão por morte será obtido mediante a realização de cálculo com base no novo tempo de contribuição e salários-de-contribuição correspondentes, neles incluídas as contribuições recolhidas enquanto recluso, facultada a opção, pelos dependentes, pela pensão com valor correspondente ao do benefício de Auxílio-Reclusão (Decreto n. 3.048/99, art. 106, parágrafo único).

Outra situação de interesse, que pode ocorrer, refere-se a um segurado que, tendo requerido o benefício de aposentadoria (qualquer que seja ela), tenha falecido antes da efetiva concessão do benefício por parte do INSS. Nessa hipótese, compreendo não se encontrar o segurado ainda aposentado, de forma que o valor do benefício de Pensão por Morte deve ser correspondente à aposentadoria por invalidez a que teria direito. O INSS, administrativamente, opta algumas vezes por conceder a aposentadoria proporcional após o óbito (deixando de reconhecer períodos nocivos comprovados por formulários SB-40 ou PPP), pagando ao dependente a Pensão por Morte no mesmo valor.

Em ação judicial em que fui procuradora de uma segurada, obtivemos o indeferimento do pedido de revisão em 1ª instância (processo n. 2003.70.00.056279-0/PR; juíza Karla Nanci Grando), tendo a justiça monocrática compreendido que o simples requerimento é ato suficiente para a aposentadoria. Confira-se, quanto ao tópico, trecho da sentença, *in verbis*:

> "Veja-se que o ato administrativo que culminou com a concessão do benefício foi praticado de forma legítima, não havendo qualquer vício que justificasse o seu cancelamento. Com feito, preenchendo os requisitos legais e havendo a manifestação volitiva do segurado, perfectibilizou-se a concessão da aposentadoria, não podendo ser desfeita por vontade da pensionista (que é dependente do segurado, possuindo direito derivado ao benefício), para o fim de obter benefício mais vantajoso.
>
> Mesmo ocorrendo o evento morte do segurado em 19.8.97, é de se observar que a DIB do benefício por ele requerido foi fixada em 1º.5.97 (com todas as conseqüências daí advindas, como, por exemplo, o recebimento de valores retroativos pelo espólio), o que enseja a aplicação da primeira parte do art. 75 da Lei n. 8.213/91 para fins de cálculo do valor da pensão por morte, e não da segunda, como pretende a requerente."

No recurso protocolado para o TRF da 4ª Região, repetindo os termos da inicial, defendemos a tese de que é, de fato, necessário o requerimento administrativo do benefício pelo segurado, o que não significa que este segurado irá concordar com qualquer aposentadoria que lhe for concedida ou com qualquer cálculo que for efetuado pelo INSS. A autarquia analisa os documentos apresentados e precisa notificar o segurado da concessão e dos cálculos do benefício por ela autorizado, sendo-lhe permitido desistir do mesmo caso entenda por melhor direito ou caso julgue inferior às suas necessidades o valor apresentado. Afirmar que o segurado concordava com um benefício proporcional, após o seu óbito, é impor benefício de valor inferior ao devido aos seus dependentes, contrariando toda e qualquer legislação vigente sobre o tema. O benefício concretiza-se, portanto, somente após a expedição do documento de concessão, oportunidade em que o segurado confere ser esta a proteção pretendida e solicitada à Autarquia Previdenciária e, ainda, efetua o primeiro saque dos valores ou utiliza a Carta de Concessão para fins de saque de FGTS ou quotas de PIS.

O processo de reconhecimento e concessão de benefícios inicia-se, pois, com o requerimento administrativo da parte interessada, mas não é este o ao único para seu processamento. Sua condição final, ou melhor dizendo, seu termo final ou concretização, repita-se, somente ocorre com a notificação (e concordância) do segurado, momento em que confere se o direito pleiteado foi, realmente, aquele concedido pela Administração pública.

No referido Tribunal Regional, a apelação foi julgada procedente, conforme demonstra trecho do Voto da lavra do Desembargador Federal Ricardo Teixeira do Valle Pereira, relator:

> "O segurado instituidor da pensão requereu em 1º.5.1997 (fl. 29) a concessão da aposentadoria por tempo de serviço, vindo a falecer em 19.8.1997 (fl. 31). Em face disso, a demandante requereu em 12.9.1997 (fl. 26), a pensão a que fazia jus, o qual, entretanto, restou deferido apenas em 30.1.1998, após a concessão da aposentadoria proporcional ao extinto segurado, em 29.12.1997. Dessa forma, o INSS calculou a pensão com base no valor da aposentadoria proporcional extemporaneamente deferida, fato contra o qual insurgiu-se a demandante na presente ação.
>
> Alega a parte autora que não tendo sido deferida a aposentadoria por tempo de serviço antes da morte do segurado, a pensão deveria ser calculada com base no valor de eventual aposentadoria por invalidez à qual este tivesse direito. O recurso da autora no particular deve ser acolhido.
>
> ...
>
> Ademais, conquanto em vida o segurado tenha postulado a concessão da aposentadoria por tempo de serviço, quando de seu passamento o referido benefício ainda não havia sido deferido. Não estava ele, pois, aposentado.
>
> Cumpre registrar ainda que compete ao INSS, por intermédio de seu serviço social, "*esclarecer junto aos beneficiários seus direitos sociais e os meios de exercê-los, e estabelecer conjuntamente com eles o processo de solução dos problemas que emergirem da sua relação com a Previdência Social, tanto no âmbito interno da instituição como na dinâmica da sociedade*" (art. 88 da Lei n. 8.213/91), evidentemente tinha a autarquia o dever de alertar os dependentes acerca da desvantagem em manter o pedido de aposentadoria, para depois calcular a RMI da pensão.
>
> Registro, por fim, que atualmente existe inclusive previsão expressa no sentido de que ao segurado é facultado desistir do seu pedido de aposentadoria desde que manifeste esta intenção e requeira o arquivamento definitivo do pedido antes do recebimento do primeiro pagamento do benefício (art. 181-B, do Dec. n. 3.048/99).
>
> Diante de tal quadro, não vejo como não reconhecer o direito à revisão postulada, devendo o INSS pagar as diferenças devidas, observada a prescrição qüinqüenal."

O benefício será rateado, em quotas iguais, a todos os dependentes, revertendo-se em favor dos demais a quota-parte daquele cujo direito cessar.

10.5.1. Pensão por morte concedida anteriormente à Lei n. 9.032/95 — Elevação do coeficiente de cálculo — Direito

O benefício de pensão por morte nem sempre teve como valor de renda mensal o equivalente a 100% do salário-de-benefício, como mencionado no subitem 10.5, *supra.*

Quando da vigência do Decreto n. 89.312/84 (que regulamentava a LOPS — Lei Orgânica da Previdência Social, Lei n. 3.807/60), disciplinava o art. 48 sobre o cálculo da renda mensal inicial da pensão por morte o seguinte:

> "**Art. 48.** O valor da pensão devida ao conjunto dos dependentes é constituído de uma parcela familiar de 50% (cinqüenta por cento) do valor da aposentadoria que ele recebia ou a que teria direito se na data do seu falecimento estivesse aposentado, mais tantas parcelas de 10% (dez por cento) do valor da mesma aposentadoria quantos forem os seus dependentes, até o máximo de 5 (cinco)."

Não obstante, quando da publicação da Lei n. 8.213/91, nova forma de cálculo se impôs ao benefício de pensão por morte, conforme podemos observar da redação original do art. 75 desse instituto. Vejamos:

> "**Art. 75.** O valor mensal da pensão por morte será:
>
> a) constituído de uma parcela, relativa à família, de 80% (oitenta por cento) do valor da aposentadoria que o segurado recebia ou à que teria direito, se estivesse aposentado na data do seu falecimento, mais tantas parcelas de 10% (dez por cento) do valor da mesma aposentadoria quantos forem os seus dependentes, até o máximo de 2 (duas);
>
> b) 100% (cem por cento) do salário-de-benefício ou do salário-de-contribuição vigente no dia do acidente, o que for mais vantajoso, caso o falecimento seja conseqüência de acidente de trabalho."

Note-se, portanto, que já a contar da publicação da Lei n. 8.213/91 deveria o INSS promover a alteração de todos os benefícios de pensão por morte então concedidos, elevando-se o coeficiente conforme o número de dependentes existentes, o que não ocorreu administrativamente.

Nova alteração na legislação previdenciária, especificamente quanto ao coeficiente de cálculo da renda mensal do benefício de pensão por morte, ocorreu com a publicação da Lei n. 9.032/95, que conferiu ao art. 75 da Lei n. 8.213/91 a seguinte redação:

> "**Art. 75.** O valor mensal da pensão por morte, inclusive a decorrente de acidente do trabalho, consistirá numa renda mensal correspondente a 100% (cem por cento) do salário-de-benefício, observado o disposto na Seção III, especialmente no art. 33 desta Lei."

Em conseqüência, nova modificação nos coeficientes, agora para 100%, deveria ter o INSS procedido, de forma administrativa, considerando-se a entrada em vigor da nova redação do art. 75 da Lei n. 8.213/91. A não-revisão de forma administrativa pela Autarquia Federal acarretou milhares de ações judiciais neste sentido, sendo, por fim, publicada a Súmula n. 15, da Turma de Uniformização dos Juizados Especiais federais, com a seguinte redação;

> "**Súmula n. 15.** O valor mensal da pensão por morte concedida antes da Lei n. 9.032, de 28 e abril de 1995, deve ser revisado de acordo com a nova redação dada ao art. 75 da Lei n. 8.213, de 24 de julho de 1991."

Tribunais Regionais Federais de todo o país passaram a conceder o direito de revisão, estando a matéria praticamente pacificada quando, no julgamento dos Recursos Extraordinários ns. 416.827 e 415.454 o Supremo Tribunal Federal firmou entendimento de que a concessão do benefício deve seguir a legislação vigente à época do óbito e que aplicar legislação posterior, mais benéfica, constitui violação frontal ao princípio constitucional do ato jurídico perfeito. A decisão do Supremo Tribunal passou, então, a ser adotada por todos os demais Tribunais, criando situação inusitada em nosso direito previdenciário: caso o segurado tenha falecido em 28.4.1995 (dia anterior à publicação da Lei n. 9.032), a viúva receberá 90% do valor da aposentadoria, a título de Pensão por Morte; caso o segurado tenha falecido no dia posterior, em 29.4.1995, a viúva receberá 100% do valor da aposentadoria, também a título de Pensão por Morte.

Não é possível concordarmos com o entendimento da Suprema Corte no caso em comento, posto tratar-se o sistema previdenciário o de repartição simples, onde todas as contribuições são direcionadas a um cofre único, para pagamento dos benefícios atualmente em manutenção. Não se trata de ferir a coisa julgada, mas sim de aplicar, a contar da publicação da lei nova (e não retroativamente) seus efeitos benéficos, cumprindo-se os princípios constitucionais de isonomia de tratamento (art. 5º) e ausência de tratamento diferenciado entre os beneficiários (art. 201). Entender de forma diversa, como fez o STF, é privilegiar os dependentes dos segurados falecidos na vigência da lei nova, em detrimento daqueles falecidos anteriormente, sendo ambos os benefícios custeados pelo mesmo cofre e pelas mesmas contribuições sociais.

10.6. Cessação do benefício

O pagamento da cota individual da pensão por morte cessa:

a) pela morte do pensionista;

b) para o pensionista menor de idade, ao completar vinte e um anos, salvo se for inválido, ou pela emancipação, ainda que inválido, exceto, neste caso, se a emancipação for decorrente de colação de grau científico em curso de ensino superior; ou

c) para o pensionista inválido, pela cessação da invalidez, verificada em exame médico-pericial a cargo da Previdência Social;

d) pela adoção, para o filho adotado que receba pensão por morte dos pais biológicos, exceto quando o cônjuge ou companheiro adota o filho do outro.

Com a extinção da cota do último pensionista, a pensão por morte será encerrada.

O dependente menor de idade que se invalidar antes de completar vinte e um anos deverá ser submetido a exame médico pericial pelo INSS, não se extinguindo sua cota-parte com a maioridade se confirmada a invalidez.

Fundamentação: Lei n. 8.213/91, arts. 74 a 79 e 101; Decreto n. 3.048/99, arts. 105 a 115; Instrução Normativa INSS n. 20/07, arts. 264 a 285.

11. AUXÍLIO-RECLUSÃO

11.1. Beneficiários e requisitos necessários à obtenção do benefício

O benefício de Auxílio-Reclusão é devido aos dependentes do segurado recolhido à prisão (ainda que não prolatada a sentença condenatória), desde que este não receba remuneração de empresa e não esteja em gozo de auxílio-doença ou aposentadoria. A condição principal, portanto, é a qualidade de presidiário, sendo expressamente vedada a concessão deste benefício após a soltura do segurado.

Obs. I: A comprovação de que o segurado privado de liberdade não recebe remuneração deverá ser feita por declaração da empresa a qual o segurado estiver vinculado.

Obs. II: Equipara-se à condição de recolhido à prisão, a situação do maior de dezesseis e menor de dezoito anos de idade que se encontre internado em estabelecimento educacional ou congênere, sob custódia do Juizado da Infância e da Juventude — Instrução Normativa INSS n. 20/07, art. 287.

A contar da publicação da Emenda Constitucional n. 20/98, acrescentou-se o requisito da "baixa renda", ou seja, os dependentes somente terão direito ao benefício de auxílio-reclusão se o último salário-de-contribuição do segurado tiver sido igual ou inferior a, atualmente, R$ 710,08 (valor definido pela Portaria MPS/MF n. 77/2008).

Quando não houver salário-de-contribuição na data do efetivo recolhimento do segurado à prisão, o benefício de auxílio-reclusão somente será devido aos dependentes se comprovada, por estes, a manutenção da qualidade de segurado do presidiário.

Alteração importante ocorreu também pela Lei n. 10.666/03 (originariamente Medida Provisória n. 83/02), a qual determina, em seu art. 2º, que o fato de o segurado recluso exercer atividade remunerada (em cumprimento de pena em regime fechado ou semi-aberto) não implica na perda do direito ao recebimento do auxílio-reclusão para seus dependentes, desde que contribua na condição de contribuinte individual ou facultativo para o sistema previdenciário.

Não obstante as suas contribuições mensais para o RGPS, no entanto, o segurado recluso não terá direito aos benefícios de auxílio-doença ou aposentadoria, durante a percepção, pelos dependentes, do benefício de auxílio-reclusão. Permite-se a opção, entretanto, ao benefício mais vantajoso, desde que esta escolha tenha sido manifestada também pelos dependentes.

11.2. Requerimento — Formalização

O requerimento do benefício deverá ser formalizado pelos dependentes, sendo instruído, obrigatoriamente, com a certidão do efetivo recolhimento do segurado à prisão (firmada pela autoridade competente) e sendo obrigatória, para a manutenção do pagamento, a apresentação de declaração de permanência na condição de presidiário.

Assim, a privação da liberdade deverá ser comprovada por certidão da prisão preventiva ou da sentença condenatória ou atestado do recolhimento do segurado à prisão. Para o maior de dezesseis e menor de dezoito anos, serão exigidos certidão do despacho de internação e o atestado de seu efetivo recolhimento a órgão subordinado ao Juiz da Infância e da Juventude.

11.3. Aplicação subsidiária das normas aplicáveis à pensão por morte

Conforme expressamente disposto no § 3º do art. 116 do Decreto n. 3.048/99, aplicam-se ao benefício de auxílio-reclusão as normas referentes à pensão por morte, benefício este já abordado neste Capítulo, item 10.

11.4. Data de início do benefício

A data de início do benefício será aquela fixada como a do efetivo recolhimento do segurado à prisão, desde que requerida pelos dependentes no prazo de trinta dias. Se o requerimento se der após trinta dias da data da prisão, o benefício será concedido a contar da data do próprio requerimento.

Os dependentes menores de dezesseis anos poderão requerer o benefício até trinta dias após completar essa idade, hipótese em que o mesmo será concedido com data retroativa ao efetivo recolhimento à prisão do segurado.

11.5. Duração e manutenção dos pagamentos

O auxílio-reclusão será devido apenas durante o período em que o segurado se encontrar recolhido à prisão, seja sob regime fechado ou semi-aberto.

Como mencionado anteriormente, o dependente (beneficiário) deverá apresentar ao INSS, trimestralmente, um atestado de que o segurado continua na condição de detido ou recluso, sendo tal documento firmado pela autoridade competente.

11.5.1. Suspensão do benefício

O pagamento do auxílio-reclusão será suspenso nas seguintes hipóteses (IN INSS/DC n. 95/03, art. 294):

a) no caso de fuga;

b) se o segurado, ainda que privado de liberdade, passar a receber auxílio-doença;

c) se o dependente deixar de apresentar atestado trimestral, firmado pela autoridade competente, para prova de que o segurado permanece recolhido à prisão;

d) quando o segurado deixar a prisão por livramento condicional, por cumprimento da pena em regime aberto ou por prisão albergue.

No caso de fuga, o benefício será suspenso e, se houver recaptura do segurado, será restabelecido a contar da data em que esta ocorrer, desde que esteja ainda mantida a qualidade de segurado. Tendo havido exercício de atividade remunerada dentro do período de fuga, este será considerado para a verificação da perda ou não da qualidade de segurado do presidiário recapturado.

11.6. Renda mensal

O valor mensal do auxílio-reclusão será de 100% (cem por cento) do valor da aposentadoria que o segurado recebia ou daquela a que teria direito se estivesse aposentado por invalidez na data de seu recolhimento à prisão.

11.7. Encerramento do benefício

O auxílio-reclusão encerra-se nas seguintes hipóteses (IN INSS n. 20/07, art. 299):

a) com a extinção da última cota individual;

b) se o segurado, ainda que privado de sua liberdade ou recluso, passar a receber aposentadoria;

c) pelo óbito do segurado ou beneficiário;

d) na data da soltura.

e) pela emancipação ou quando completar 21 anos de idade, salvo se inválido, no caso de filho ou equiparado ou irmão, de ambos os sexos;

f) em se tratando de dependente inválido, pela cessação da invalidez, verificada em exame médico pericial a cargo do INSS;

g) pela adoção, para o filho adotado que receba Pensão por Morte dos pais biológicos, exceto quando o cônjuge ou o companheiro(a) adota o filho do outro.

Fundamentação: Lei n. 8.213/91, art. 80; Decreto n. 3.048/99, arts. 116 a 119; Instrução Normativa INSS n. 20/07, arts. 286 a 300.

12. ABONO ANUAL

12.1. Direito e valor mensal

Abono anual é a gratificação natalina devida ao beneficiário (segurado ou dependente, conforme o caso) que, durante o ano, tenha recebido ou receba mensalmente benefício de prestação continuada, como auxílio-doença, auxílio-acidente, salário-maternidade, qualquer modalidade de aposentadoria, pensão por morte e auxílio-reclusão.

Não há carência para o recebimento da parcela, cujo valor deverá ser calculado nos mesmos moldes que o 13º salário dos trabalhadores, no Direito do Trabalho. Assim, o valor base será a renda mensal do benefício percebido e o beneficiário fará jus a 1/12 (um doze avos) de abono anual para cada mês ou fração igual ou superior a 15 (quinze) dias de percepção de benefício.

12.2. Data de pagamento

O pagamento do abono anual será devido em dezembro de cada ano ou juntamente à última parcela do benefício previdenciário (mês da alta ou da cessação do benefício), caso este tenha sido encerrado antes da competência dezembro.

Fundamentação: Lei n. 8.213/91, art. 40; Decreto n. 3.048/99, art. 120.

13. HABILITAÇÃO E REABILITAÇÃO PROFISSIONAL

13.1. Objetivo

A assistência para (re)educação e (re)adaptação profissional, instituída sob a denominação genérica de habilitação e reabilitação profissional, visa proporcionar aos beneficiários do Regime Geral de Previdência Social que se encontrem incapacitados parcial ou totalmente para o trabalho, os meios indicados para proporcionar o reingresso no mercado de trabalho e no contexto em que vivem.

Trata-se, pois, do único serviço oferecido pelo INSS, preferencialmente mediante a contratação de serviços especializados, o qual independe de carência e abrange como beneficiários tanto os segurados (inclusive aposentados) quanto seus dependentes, estes últimos, no entanto, conforme as possibilidades administrativas, técnicas e financeiras.

13.2. Encaminhamento — Prioridade

Conforme art. 365 da Instrução Normativa INSS n. 20/07, serão encaminhados para o Programa de Reabilitação Profissional, por ordem de prioridade:

I — o beneficiário em gozo de auxílio-doença (acidentário ou previdenciário);

II — o segurado em gozo de aposentadoria especial, por tempo de contribuição ou idade, que, em atividade de laboração, sofra acidente de qualquer natureza a implicar redução da capacidade funcional;

III — o aposentado por invalidez;

IV — o segurado sem carência para o auxílio-doença previdenciário, portador de incapacidade;

V — o dependente pensionista inválido;

VI — o dependente maior de dezesseis anos, portador de deficiência;

VII — os portadores de deficiência, mesmo que não possuam vínculo com a Previdência Social.

Note-se que o atendimento aos beneficiários descritos nos item I a III é obrigatório, sendo que para os demais, conforme já mencionado, o atendimento ficará sempre condicionado às possibilidades administrativas, técnicas, financeiras, bem como às características locais onde os serviços serão executados.

13.3. Desenvolvimento do processo — Funções básicas

Nos termos do art. 137 do Decreto n. 3.048/99, o processo de habilitação e de reabilitação profissional do beneficiário será desenvolvido por meio das funções básicas de:

a) avaliação do potencial laborativo, ou seja, da capacidade para o exercício de alguma atividade profissional;

b) orientação e acompanhamento da programação profissional;

c) articulação com a comunidade, com vistas ao reingresso no mercado de trabalho; e

d) obrigatório acompanhamento e pesquisa da fixação no mercado de trabalho, cuja finalidade é comprovar a efetividade do processo de reabilitação profissional.

A articulação com a comunidade cabe exatamente à Previdência Social, sempre com vistas ao levantamento da oferta do mercado de trabalho, ao direcionamento da programação profissional e à possibilidade de reingresso do reabilitando no mercado formal. E esta articulação poderá se dar de diversas formas, inclusive mediante a celebração de convênio para reabilitação física restrita a segurados que cumpriram os pressupostos de elegibilidade ao programa de reabilitação profissional.

Note-se, ainda, que a execução das funções básicas (letras "a" a "d", *supra*) se dará, preferencialmente, mediante o trabalho de equipe multiprofissional especializada em medicina, serviço social, psicologia, sociologia, fisioterapia, terapia ocupacional e outras afins ao processo. O atendimento aos beneficiários deverá ser, portanto, descentralizado, funcionando, preferencialmente, nas Agências da Previdência Social (APS), conduzidos por equipes técnicas constituídas por médicos-peritos e por orientadores profissionais de nível superior.

13.3.1. Exames e tratamento em localidade diversa do domicílio — Pagamento de diária pelo INSS

Regra geral, e sempre que possível, os serviços deverão ser desenvolvidos na localidade do domicílio do beneficiário, sendo que somente quando de situações excepcionais é que este terá direito à reabilitação profissional em localidade diversa. Os encaminhamentos que motivem deslocamento de beneficiários à Reabilitação Profissional devem ser norteados pela verificação da menor distância da localidade de domicílio e reduzidos ao estritamente necessário, estando garantido o auxílio para Programa de Reabilitação Profissional fora do domicílio.

Este auxílio, em verdade, é o pagamento de uma diária ao segurado ou dependente, pelo INSS, pelo deslocamento, seja para exame médico-pericial ou mesmo para o processo de reabilitação, atualmente no valor de R$ 50,79 (cinqüenta reais e setenta e nove centavos), conforme Portaria MPS n. 77/08, art. 8º.

Obs.: Não terão direito ao auxílio (diária) os encaminhamentos decorrentes de celebração de convênios ou de acordos de homologação de readaptação e de cooperação técnico-financeira. Igualmente não será devido o pagamento da diária quando o INSS promover a hospedagem do beneficiário mediante contratação de serviços de hotéis, pensões ou similares.

Caso o INSS entenda que o beneficiário necessita de acompanhante, a viagem deste poderá igualmente ser autorizada e custeada.

13.3.2. Fornecimento de próteses e órteses e pagamento de demais despesas

Conforme disposições expressas no art. 89 da Lei n. 8.213/91, a reabilitação profissional compreende, além do tratamento por profissionais especializados:

a) o fornecimento de aparelho de prótese, órtese e instrumentos de auxílio para locomoção quando a perda ou redução da capacidade funcional puder ser atenuada por seu uso e dos equipamentos necessários à habilitação e reabilitação social e profissional;

b) a reparação ou a substituição dos aparelhos mencionados na letra "a", desgastados pelo uso normal ou por ocorrência estranha à vontade do beneficiário; e

c) o transporte do acidentado do trabalho, quando necessário.

Na medida das possibilidades e recursos do INSS, tais serviços e custos serão oferecidos também aos dependentes dos segurados.

No caso das pessoas portadoras de deficiência, a concessão dos recursos materiais acima mencionados ficará condicionada à celebração de convênio de cooperação técnico-financeira.

Cumpre ressaltar, no entanto, que o INSS não reembolsará as despesas realizadas com a aquisição de órtese ou prótese e outros recursos materiais não prescritos ou não autorizados por suas unidades de reabilitação profissional.

13.4. Programação profissional

Como observado na letra "b" do subitem 13.3, *supra*, a programação profissional constitui uma das funções básicas do processo de habilitação e de reabilitação profissional dos beneficiários.

Tal programação é desenvolvida mediante cursos e/ou treinamentos na comunidade, seja por meio de contratos, acordos ou convênios com instituições e empresas públicas e privadas.

Isto porque o art. 317 do Decreto n. 3.048/99 determina que nos casos de impossibilidade de instalação de órgão ou setor próprio competente do Instituto Nacional do Seguro Social, assim como de efetiva incapacidade física ou técnica de implementação das atividades e atendimento adequado à clientela da Previdência Social, as unidades executivas de reabilitação profissional poderão solicitar a celebração de convênios, contratos ou acordos com entidades públicas ou privadas de comprovada idoneidade financeira e técnica, ou seu credenciamento, para prestação de serviço, por delegação ou simples cooperação técnica, sob coordenação e supervisão dos órgãos competentes do INSS.

É importante esclarecer que o treinamento do reabilitando, quando realizado em empresa, não estabelece qualquer vínculo empregatício ou funcional entre os mesmos, e tampouco entre os reabilitandos e o INSS, em que pese competir àqueles o acatamento e o cumprimento das normas estabelecidas nos contratos, acordos ou convênios, bem como se comportarem conforme o regulamento daquelas organizações (Decreto n. 3.048/99, art. 139).

13.4.1. Beneficiários empregados em empresas — Possibilidade de convênio

O empregado cuja enfermidade que o incapacita para o trabalho seja decorrente de acidente do trabalho, de doença ocupacional ou de doença do trabalho, bem como aquele que esteja recebendo auxílio-doença, poderá ser encaminhado à Reabilitação Profissional, por convênio próprio e para readaptação de função, firmado entre a área competente do INSS e a empresa de origem do segurado, com vistas à Reabilitação Profissional.

Caso o empregado não esteja ainda em percepção de auxílio-doença, poderá vir a ser firmado convênio somente para a homologação da readaptação profissional desenvolvida ou promovida pela empresa.

Tais convênios e acordos possuem como objetivo a avaliação do processo de readaptação realizado pela empresa, em especial a compatibilidade entre a função proposta pelo empregador e o potencial de trabalho do empregado beneficiário do programa.

Concluída a avaliação de forma positiva, o INSS emitirá em favor do beneficiário o Certificado de Homologação de Readaptação ou de Habilitação Profissional.

13.4.2. Acidente sofrido pelo beneficiário

O acidente do trabalho sofrido pelo acidentado enquanto estiver sob a responsabilidade da reabilitação profissional será considerado como agravamento, cabendo à unidade de reabilitação profissional comunicar à perícia médica sua ocorrência.

13.5. Conclusão do processo

Concluído o processo de reabilitação profissional de forma positiva, o INSS emitirá um certificado individual para o beneficiário, indicando a função para a qual foi capacitado profissionalmente, sem prejuízo do exercício de qualquer outra para a qual se julgue capacitado ou venha posteriormente a se capacitar.

Cumpre salientar que se a pessoa portadora de deficiência encaminhada à Reabilitação Profissional tiver se submetido a um programa de qualificação na comunidade, deverá ser avaliada por equipe técnica de Reabilitação Profissional do INSS, para emissão de certificado.

Encerra-se, pois, o processo de Reabilitação ou Habilitação pela emissão do correspondente Certificado, não sendo obrigação da Previdência Social a manutenção do segurado no mesmo emprego ou a sua colocação em outro para o qual foi reabilitado.

13.6. Responsabilidade das empresas — Contratação obrigatória de beneficiários reabilitados ou pessoas portadoras de deficiência

As empresas que possuírem cem ou mais empregados estão obrigadas a preencher de 2% a 5% de seus cargos com beneficiários reabilitados ou pessoas portadoras de deficiência, habilitadas, na seguinte proporção:

a) empresas de 100 a 200 empregados — 2% dos cargos;

b) empresas de 201 a 500 empregados — 3% dos cargos;

c) empresas de 501 a 1.000 empregados — 4% dos cargos;

d) empresas com mais de 1.000 empregados — 5% dos cargos.

Obs. I: A proporção de vagas exclui o segurado acidentado do trabalho, tendo em vista o estabelecido no art. 118 da Lei n. 8.213/91 (estabilidade provisória) — Ordem de Serviço Conjunta n. 90/98, do Diretor de Arrecadação e Fiscalização e do Diretor do Seguro Social do INSS.

Obs. II: As frações de unidade deverão dar lugar a um trabalhador — Instrução Normativa MTE/SIT n. 36/03.

Esta obrigatoriedade consta do art. 93 da Lei n. 8.213/91, e aqui não se incluem os deficientes habilitados ou reabilitados que não o sejam através de processos desenvolvidos ou homologados pelo Instituto Nacional do Seguro Social — INSS, com exceção das pessoas portadoras de deficiência que, apesar de não terem se submetido a processo de habilitação ou reabilitação, se encontrem capacitadas para o exercício da função.

Para melhor esclarecer quais são os deficientes que podem ser computados nesta obrigatoriedade, temos os seguintes conceitos:

I — Beneficiários Reabilitados — todos os segurados e dependentes vinculados ao Regime Geral de Previdência Social — RGPS, submetidos a processo de reabilitação profissional desenvolvido ou homologado pelo Instituto Nacional do Seguro Social — INSS.

II — Pessoa portadora de deficiência habilitada — aquela que concluir curso de educação profissional de nível básico, técnico ou tecnológico, ou curso superior, com certificação ou diplomação expedida por instituição pública ou privada, legalmente credenciada pelo Ministério da Educação ou órgão equivalente, ou aquela com certificação de conclusão de processo de habilitação ou reabilitação profissional fornecido pelo INSS.

Considera-se, também, pessoa portadora de deficiência habilitada aquela que, não tendo se submetido a processo de habilitação ou reabilitação, esteja capacitada para o exercício da função.

13.6.1. Órgãos públicos — Inaplicabilidade

Não se aplica a proporcionalidade de contratação obrigatória de deficientes físicos aos órgãos públicos da União, Estados, Distrito Federal e Municípios, uma vez que o percentual de pessoas portadoras de deficiência que poderão participar de concurso público, observada a Constituição Federal, é matéria tratada em legislação própria.

13.6.2. Rescisão contratual

A dispensa de empregado na condição aqui estabelecida, quando se tratar de contrato por tempo superior a noventa dias e a imotivada, no contrato por prazo indeterminado, somente poderá ocorrer após a contratação de substituto em condições semelhantes.

Assim, antes mesmo de dispensar um beneficiário reabilitado ou um portador de deficiência, a empresa deverá ter contratado um substituto em condições similares, sob pena de considerar-se nula de pleno direito a rescisão promovida, e conseqüente reintegração ao quadro funcional do empregado dispensado.

13.6.3. Fiscalização pelo Ministério da Previdência Social

Cabe ao Ministério da Previdência Social a sistemática de fiscalização, avaliação e controle das empresas, para o fiel cumprimento desta contratação de reabilitados ou deficientes habilitados, gerando estatísticas sobre o total de empregados e vagas preenchidas para acompanhamento por parte das unidades de reabilitação profissional e dos sindicatos e entidades representativas de categorias, quando solicitado.

Fundamentação: Lei n. 8.213/91, arts. 89 a 93; Decreto n. 3.048/99, arts. 136 a 141, 171, 316 e 317; Instrução Normativa INSS n. 20/07, arts. 365 a 371.

14. SERVIÇO SOCIAL

14.1. Conceito e objetivos

Nos termos do art. 88 da Lei n. 8.213/91, o serviço social constitui atividade auxiliar do seguro social e visa prestar ao beneficiário orientação e apoio no que concerne à solução dos problemas pessoais e familiares e à melhoria da sua inter-relação com a Previdência Social, para a solução de questões referentes a benefícios, bem como, quando necessário, à obtenção de outros recursos sociais da comunidade.

Compete, pois, ao serviço social esclarecer junto aos beneficiários seus direitos sociais e os meios de exercê-los, estabelecendo conjuntamente com eles o processo de solução dos problemas que emergirem da sua relação com a Previdência Social, tanto no âmbito interno da instituição como na dinâmica da sociedade. O cumprimento desse serviço, pelo INSS, se dará pelos ocupantes do cargo efetivo de Assistente Social.

Assim, a diretriz principal do Serviço Social será justamente a participação dos beneficiários na implementação e no fortalecimento da política previdenciária, em articulação com as associações e entidades de classe, prestando assessoramento técnico aos Estados e Municípios na elaboração e implantação de suas propostas de trabalho.

14.2. Desenvolvimento dos trabalhos

Para assegurar o efetivo atendimento dos usuários serão utilizadas intervenções técnicas, assistência de natureza jurídica, ajuda material, recursos sociais, intercâmbio com empresas e pesquisa social, inclusive mediante celebração de convênios, acordos ou contratos, priorizando-se, sempre, os segurados que estejam percebendo benefício por incapacidade temporária. Atenção especial será conferida, igualmente, aos aposentados e pensionistas.

Os recursos técnicos utilizados pelo Assistente Social são, entre outros, o parecer social e a pesquisa social.

Conforme determinações constantes da IN/INSS n. 20/07, art. 413, o parecer social consiste no pronunciamento profissional do Assistente Social, com base no estudo de determinada situação, podendo ser emitido na fase de concessão, manutenção, recurso de benefícios ou para embasar decisão médico-pericial, por solicitação do setor respectivo ou por iniciativa do próprio Assistente Social, observado que:

a) a elaboração do parecer social pautar-se-á em estudo social, de caráter sigiloso, constante de prontuário do Serviço Social;

b) a escolha do instrumento a ser utilizado para elaboração do parecer (visitas, entrevistas colaterais ou outros) é de responsabilidade do Assistente Social;

c) o parecer social não se constituirá em instrumento de constatação de veracidade de provas ou das informações prestadas pelo usuário;

d) nas intercorrências sociais que interfiram na origem, na evolução e no agravamento de patologias, o parecer social objetivará subsidiar decisão médico-pericial;

e) deverá ser apresentado aos setores solicitantes por formulário específico denominado Parecer Social — DIRBEN-8221.

Já a pesquisa social, igualmente nos termos da IN/INSS n. 20/07, constitui-se em recurso técnico fundamental para a realimentação do saber e do fazer profissional, voltado para a busca do conhecimento crítico e interpretativo da realidade, favorecendo a identificação e a melhor caracterização das demandas dirigidas ao INSS e do perfil socioeconômico cultural dos beneficiários, como recursos para a qualificação dos serviços prestados, a fim de possibilitar:

a) conhecimento do contexto político, social e econômico da região ou do município onde se insere a APS;

b) conhecimento da realidade das unidades de prestação dos serviços e benefícios previdenciários e da população usuária, considerando suas condições objetivas de vida e suas demandas;

c) elaboração de planos, programas e projetos baseados na Matriz Teórico-Metodológica do Serviço Social, na Previdência Social, que deverão embasar a ação profissional;

d) produção e divulgação de novos conhecimentos resultantes de experiências profissionais.

Fundamentação: Lei n. 8.213/91, art. 88; Decreto n. 3.048/99, art. 161; Instrução Normativa INSS n. 20/07, arts. 411 a 413.

Capítulo XXXIX

Prestações Extintas

1. PECÚLIO

1.1. Conceito

O benefício do pecúlio, extinto da legislação previdenciária pela Lei n. 8.870, de 15.4.1994 (DOU de 16.04.1994), consiste na devolução ao segurado das contribuições previdenciárias efetuadas após a aposentadoria, quando este permanecia (ou permaneceu) trabalhando no período de 1º.1.1967 a 15.4.1994.

Disciplinado, à época de sua vigência, pelos arts. 81 a 85 da Lei n. 8.213/91 (atualmente revogados), o direito somente permanece para aqueles que o têm adquirido, de forma que o segurado que hoje percebe aposentadoria por idade, tempo de contribuição ou aposentadoria especial, que permaneceu ou retornou à atividade profissional e que vinha contribuindo para os cofres previdenciários até a data de 15.04.1994 (dia anterior à publicação da Lei n. 8.870) receberá o pecúlio, em pagamento único, quando do desligamento da atividade que vinha exercendo.

São requisitos à percepção do benefício, portanto:

a) que o segurado tenha se aposentado (qualquer modalidade, exceto por invalidez) até a data de 15.4.1994;

b) que após a percepção do benefício de aposentadoria, tenha retornado ou permanecido no exercício de atividade remunerada e, portanto, permanecido com suas contribuições ao sistema, igualmente em período anterior à publicação da Lei n. 8.870/94;

c) que tenha se desligado da atividade profissional que exercia àquela época, de forma definitiva, sendo tal fato comprovado pela baixa em CTPS, baixa da inscrição no INSS, alteração no contrato social (ou distrato) ou qualquer outro documento comprobatório.

Em se tratando de trabalhador avulso, a comprovação do desligamento da atividade deverá ser efetuada por declaração firmada pelo respectivo sindicato de classe ou Órgão Gestor de Mão-de-Obra.

Na hipótese do exercício de mais de uma atividade ou de um emprego, o requerimento do pecúlio somente será possível após o afastamento de todas as atividades ou empregos, excluindo somente aqueles que tiveram início a contar de 16.4.1994.

1.2. Valor

O pecúlio consistirá em pagamento único de valor correspondente à soma das importâncias relativas às contribuições do segurado, remuneradas de acordo com o índice de remuneração básica dos depósitos de poupança com data de aniversário no dia primeiro. Este critério aplica-se a contar de 25.7.1991, data da vigência da Lei n. 8.213/91, observada, com relação às contribuições anteriores, a legislação vigente à época do seu recolhimento.

Importa observar, no entanto, que haverá a devolução dos valores contribuídos somente até 15.4.1994, véspera da vigência da Lei n. 8.870, devendo-se observar, como salário-de-contribuição, os valores históricos da moeda, conforme a seguinte tabela:

As contribuições são, então, corrigidas individualmente, conforme a competência de recolhimento, sendo os índices de correção publicados mensalmente em Portarias Ministeriais (Ministério da Previdência Social).

Esclareça-se, por fim, que sobre o montante devido a título de pecúlio não haverá a incidência do IRRF — Imposto de Renda Retido na Fonte (art. 476 da IN/INSS n. 20/07).

1.3. Falecimento do segurado

Na hipótese de o segurado requerer pecúlio e falecer sem o receber, o pecúlio será devido aos dependentes habilitados à pensão ou, na falta deles, aos sucessores desses últimos, na forma da lei civil, independentemente de inventário ou de arrolamento, sendo a devolução limitada até 15.4.1994.

Caso o segurado tenha falecido antes de requerer o pecúlio, será o pecúlio devido a seus dependentes, devendo ser observado o prazo decadencial contado a partir da data do óbito, se este faleceu em atividade que vinha exercendo em 15.4.1994, ou contar da data do afastamento da atividade que vinha exercendo em 15.4.1994.

1.4. Prescrição para requerimento

Em se tratando de segurado ainda vivo, o direito ao pecúlio prescreverá no prazo de 5 (cinco) anos, contados da data do afastamento definitivo da atividade que exercia em 15.4.1994.

Em se tratando de segurado já falecido, os dependentes poderão requerer o benefício igualmente no prazo de 5 (cinco) anos, contados do:

a) afastamento da atividade que o segurado vinha exercendo em 15.4.1994;

b) óbito, se o segurado faleceu em atividade que vinha exercendo em 15.4.1994.

Obs.: Não prescreve o direito ao recebimento do pecúlio para menores, incapazes e ausentes, na forma do Código Civil.

1.5. Invalidez ou morte decorrente de acidente do trabalho

Igualmente será devido o recebimento do benefício pecúlio, ao segurado ou a seus dependentes, quando se tratar de invalidez ou morte decorrente de acidente do trabalho, observando-se que:

I — o segurado aposentado por invalidez somente fará jus ao pecúlio se o início da aposentadoria tiver ocorrido até 20.11.1995 (véspera da publicação da Lei n. 9.129) e cujo valor corresponderá a 75% (setenta e cinco por cento) do limite máximo do salário-de-contribuição vigente na data do pagamento;

II — os dependentes do segurado falecido somente terão direito ao recebimento do pecúlio se o óbito tiver ocorrido igualmente até 20.11.1995 (véspera da publicação da Lei n. 9.129), cujo valor corresponderá a 150% (cento e cinqüenta por cento) do limite máximo do salário-de-contribuição vigente na data do pagamento.

Fundamentação: Decreto n. 3.048/99, art. 184; Instrução Normativa INSS n. 20/07, arts. 466 a 481.

2. ABONO DE PERMANÊNCIA EM SERVIÇO

Benefício extinto da legislação previdenciária pela Lei n. 8.870, de 15.4.1994 (DOU de 16.4.1994), o Abono de Permanência em Serviço encontrava-se disciplinado no art. 87 da Lei n. 8.213/91, atualmente revogado.

Fazia jus ao mesmo o segurado que, tendo direito à aposentadoria por tempo de serviço, optava pelo prosseguimento na atividade profissional, postergando o requerimento de sua aposentação. O Abono de Permanência correspondia a 25% (vinte e cinco por cento) do valor da aposentadoria que seria devida ao segurado, para aqueles que a possuíam de forma integral (35 anos de serviço para homens e 30 para mulheres).

O Abono de Permanência em Serviço era devido a contar da data de entrada do requerimento, não havendo variação em seu valor mensal, exceto pelo reajuste concedido aos demais benefícios de prestação continuada, ainda que o segurado, no exercício da atividade profissional, aumentasse o valor de seu salário-de-contribuição.

Quando do requerimento da aposentadoria, cessava o recebimento do Abono de Permanência em Serviço, o qual, inclusive, não era incorporado em qualquer hipótese, aos benefícios de aposentadoria ou pensão por morte.

Fundamentação: Lei n. 8.213/91, art. 87, revogado pela Lei n. 8.870/94.

3. RENDA MENSAL VITALÍCIA

O benefício de Renda Mensal Vitalícia, no valor de um salário mínimo, era devido ao maior de 70 (setenta) anos de idade ou inválidos que não pudessem exercer atividade remunerada e desde que não auferissem qualquer rendimento superior ao valor da sua renda mensal, que não fossem mantidos por pessoa de quem dependessem obrigatoriamente e que não tivessem outro meio de prover o próprio sustento.

Eram ainda requisitos à obtenção desse benefício as seguintes condições:

a) tenha sido a pessoa filiada à Previdência Social, em qualquer época, no mínimo por 12 (doze) meses, consecutivos ou não;

b) tenha exercido atividade remunerada abrangida pelo Regime Geral de Previdência Social, embora sem filiação a este ou à antiga Previdência Social Urbana ou Rural, no mínimo por 5 (cinco) anos, consecutivos ou não; ou

c) se tenha filiado à antiga Previdência Social Urbana após completar 60 (sessenta) anos de idade, sem direito aos benefícios regulamentares.

O benefício era devido ao cidadão a contar da data da apresentação do requerimento e não poderia ser acumulado com qualquer espécie de benefício do Regime Geral de Previdência Social, ou da antiga Previdência Social Urbana ou Rural, ou ainda de qualquer outro regime.

Quando da publicação da Lei n. 8.742/93 (que organizou a assistência social), no entanto, e por disposição expressa constante do art. 40, foi este benefício extinto, passando a ser pago pela Assistência Social sem qualquer solução de continuidade. Atualmente, portanto, trata-se do benefício assistencial, o qual pode ser verificado nesta Parte, Capítulo XL, item 9.

O requerimento do benefício junto ao INSS pôde ser efetuado somente até 31.12.1995, por disposição constante da Medida Provisória n. 754/94, posteriormente convalidada na Lei n. 9.711/98. Na Lei n. 8.213/91 disciplinava sobre a matéria o art. 139, atualmente revogado pela Lei n. 9.528, de 10.12.1997.

4. AUXÍLIO-NATALIDADE

Devido à segurada gestante ou ao segurado pelo parto de sua esposa ou companheira não segurada, o benefício de Auxílio-Natalidade exigia como requisitos o cumprimento de carência de doze contribuições mensais (exceto segurados especiais) e a percepção, pelo(a) segurado(a), de baixa renda, cujo montante era definido pelo Ministério da Previdência e Assistência Social.

De valor mensal definido igualmente pelo MPAS, o auxílio-natalidade, independentemente de convênio, era pago pela empresa com mais de dez empregados, até 48 horas após a apresentação da certidão de nascimento da criança, sendo que o ressarcimento era efetuado por ocasião do recolhimento das contribuições previdenciárias, mediante compensação. O empregador deveria anotar na CTPS de seu empregado a concessão do benefício.

Os demais segurados, inclusive os empregados de empresa com menos de dez empregados, recebiam o benefício diretamente do INSS, mediante formulário próprio e cópia da certidão de nascimento, igualmente até 48 horas após a entrega dessa documentação.

Como a responsabilidade pelo pagamento deste benefício coube à Previdência Social somente até a entrada em vigor da lei que dispôs sobre os benefícios e serviços da Assistência Social, sua extinção se deu expressamente pelo art. 40 da Lei n. 8.742/93.

Na Lei n. 8.213/91, disciplinava sobre a matéria o art. 140, atualmente revogado pela Lei n. 9.528, de 10.12.1997.

5. AUXÍLIO-FUNERAL

O benefício de Auxílio-Funeral era pago pela própria Previdência Social ao dependente executor do funeral do segurado falecido, exigindo como requisito apenas a percepção de baixa renda, cujo montante era definido pelo Ministério da Previdência e Assistência Social.

De valor único definido igualmente pelo MPAS, manteve a Previdência este benefício somente até a implantação da Lei n. 8.742/93, que organizou os serviços e benefícios assistenciais.

Na Lei n. 8.213/91, disciplinava sobre a matéria o art. 141, atualmente revogado pela Lei n. 9.528, de 10.12.1997.

Capítulo XL

Benefícios de Legislação Especial

1. JORNALISTA PROFISSIONAL

1.1. Fundamentação legal e extinção

Extinta a contar de 14.10.1996, data de publicação da Medida Provisória n. 1.523, convertida posteriormente na Lei n. 9.528/97, a aposentadoria do jornalista profissional encontrava-se prevista na Lei n. 3.529, de 13.01.1959, restando o benefício garantido apenas àqueles que detêm direito adquirido.

Atualmente, disciplinam a matéria somente o art. 190 do Decreto n. 3.048/99 e a Instrução Normativa INSS n. 20/07, arts. 569 a 573.

1.2. Direito

A aposentadoria por tempo de serviço do jornalista profissional será devida, conforme mencionado, somente nos casos de direito adquirido até 14.10.1996, tendo o profissional completado:

I — o mínimo de trinta anos de serviço em empresas jornalísticas, inclusive na condição de contribuinte individual (ex-autônomo);

II — o mínimo de 24 (vinte e quatro) contribuições mensais, sem interrupção que determine a perda da qualidade de segurado.

Não serão computados como tempo de serviço, no entanto, os seguintes períodos (IN INSS n. 20/07, art. 573):

a) de atividades que não se enquadrem nas condições previstas no art. 579 da Instrução Normativa INSS n. 20/07, o qual relaciona as funções consideradas como as de jornalista profissional;

b) em que o segurado tenha contribuído em dobro ou facultativamente, por não se tratar de prestação de efetivo trabalho nas condições específicas exigidas;

c) de serviço militar, uma vez que, para a aposentadoria de jornalista profissional, só devem ser considerados os períodos em que foi exercida a atividade profissional específica;

d) os períodos em que o segurado não exerceu a atividade devido ao trancamento de seu registro profissional no órgão regional do Ministério do Trabalho e Emprego — MTE.

2. ATLETA PROFISSIONAL DE FUTEBOL

2.1. Fundamentação legal e extinção

Extinta a contar de 14.10.1996, data de publicação da Medida Provisória n. 1.523, convertida posteriormente na Lei n. 9.528/97, a aposentadoria do jornalista profissional encontrava-se prevista na Lei n. 5.939, de 19.11.1973, restando o benefício garantido apenas àqueles que detêm direito adquirido.

Atualmente, disciplinam a matéria somente o art. 190 do Decreto n. 3.048/99 e a Instrução Normativa INSS n. 20/07, arts. 568 e 574 a 576.

2.2. Direito

A aposentadoria por tempo de serviço do atleta profissional de futebol será devida, conforme mencionado, somente nos casos de direito adquirido até 14.10.1996, ao profissional que tenha praticado, em qualquer época, essa modalidade de esporte, com vínculo empregatício e remuneração, em associação desportiva integrada ao sistema desportivo nacional.

A comprovação da condição de atleta profissional de futebol deverá ser efetuada ao INSS por meio da carteira de atleta ou CTPS do atleta profissional de futebol, contendo os seguintes dados IN INSS n. 20/07, art. 575):

a) identificação e qualificação do atleta;

b) denominação da associação empregadora e respectiva federação;

c) datas de início e término do contrato de trabalho;

d) número de registro no Conselho Superior de Desportos ou na Confederação ou no Conselho Regional de Desportos ou Federação;

e) remuneração e respectivas alterações.

Comprovada a condição de atleta de futebol, o profissional terá os benefícios previdenciários concedidos conforme as normas em vigor adotadas para os demais segurados do RGPS, ressalvado quanto ao cálculo da renda mensal, o qual observa as seguintes regras (IN INSS n. 20/07, art. 576):

I — o cálculo dos benefícios de prestação continuada, requeridos a contar de 23.2.1976, obedecerá às normas estabelecidas para os segurados em geral, salvo nos casos que, em virtude do desempenho posterior de outra atividade de menor remuneração, resultar salário-de-benefício desvantajoso em relação ao período de atividade de jogador profissional de futebol;

II — na hipótese de ocorrer o disposto no item I, o salário-de-benefício, para cálculo da renda mensal, será obtido mediante as seguintes operações:

a) média aritmética dos salários-de-contribuição relativos ao período em que tenha exercido atividade de jogador profissional de futebol, após sua competente correção, com base nos fatores de correção dos salários-de-contribuição do segurado empregado que exerceu essa atividade e nos do segurado beneficiado pelos acordos internacionais, observando-se a DIB;

b) média aritmética dos salários-de-contribuição no período básico de cálculo do benefício pleiteado, segundo regra geral aplicada aos demais benefícios do RGPS;

c) média ponderada entre os montantes apurados nas alíneas anteriores, utilizando-se, como pesos, respectivamente, o número de meses de exercício da atividade de atleta profissional de futebol e o número de meses que constituir o período básico do benefício pleiteado;

d) ao salário-de-benefício obtido na forma da alínea anterior, será aplicado o percentual de cálculo, percentagem básica somada à percentagem de acréscimo, para apuração da renda mensal, conforme o disposto no RGPS.

3. AERONAUTA

3.1. Fundamentação legal e extinção

Extinta a contar de 16.12.1998, data de publicação da Emenda Constitucional n. 20, a aposentadoria especial do aeronauta encontrava-se prevista na Lei n. 3.501, de 21.12.1958, restando o benefício garantido apenas àqueles que detêm direito adquirido.

Atualmente, disciplinam a matéria somente o art. 190 do Decreto n. 3.048/99 e a Instrução Normativa INSS n. 20/07, arts. 577 a 587.

3.2. Direito

Importa observar, primeiramente, que para fins previdenciários considera-se aeronauta somente o comandante, o mecânico de vôo, o rádio-operador e o comissário, assim como também aquele que, habilitado pelo Ministério da Aeronáutica, exerça função remunerada a bordo de aeronave civil nacional.

As condições da concessão da aposentadoria especial serão comprovadas na forma das normas em vigor para os demais segurados, respeitada a idade mínima de 45 (quarenta e cinco) anos e o tempo de serviço de 25 (vinte e cinco) anos. A data do início da aposentadoria será fixada da mesma forma prevista para a aposentadoria por tempo de contribuição.

Serão computados como tempo de serviço os períodos de (IN INSS n. 20/07, art. 580):

a) efetivo exercício em atividade de vôo prestados contínua ou descontinuamente;

b) percepção de auxílio-doença ou aposentadoria por invalidez, desde que concedidos como conseqüência da atividade de aeronauta intercalados entre períodos de atividade, sem que tenha havido perda da qualidade de segurado; e

c) percepção de auxílio-doença por acidente de trabalho ou moléstia profissional, decorrentes da atividade de aeronauta.

O número de horas de vôo deverá ser comprovado ao INSS por Certidão da Diretoria de Aviação Civil que discrimine, ano a ano, as horas de vôo, até 12.2.1967 — IN INSS n. 20/07, art. 582.

3.3. Períodos não computáveis como tempo de serviço

Não serão computados na contagem do tempo de serviço, para efeito da aposentadoria especial do aeronauta, os períodos de (IN INSS n. 20/07, art. 581):

a) atividades estranhas ao serviço de vôo, mesmo aquelas consideradas prejudiciais à saúde e à integridade física;

b) contribuição em dobro ou facultativa, por não se tratar de prestação de efetivo trabalho em atividade a bordo de aeronave;

c) atividade militar, uma vez que, para a aposentadoria especial de aeronauta, só deverá ser considerado o período de atividade profissional específica, conforme o disposto no art. 165 do Decreto n. 83.080, de 24 de janeiro de 1979.

3.4. Renda mensal do benefício

A renda mensal da aposentadoria corresponderá a tantos um trinta avos do salário-de-benefício quantos forem os anos de serviço, não podendo exceder a 95% (noventa e cinco por cento) desse salário, conforme o disposto no art. 168 do Decreto n. 83.080, de 24.1.1979.

A aposentadoria do aeronauta, concedida antes da vigência do Decreto-Lei n. 158/67, deverá ser reajustada sempre que houver alteração do salário mínimo, mantida a proporcionalidade em número de salários mínimos apurados na DIB do benefício, observado o limite de 17 (dezessete) salários mínimos.

O reajustamento dos benefícios com DIB, a contar de 13.2.1967, obedecerá aos índices da política salarial dos demais benefícios do RGPS.

3.5. Perda do direito

Perderá o direito à aposentadoria especial o aeronauta que, voluntariamente, tiver se afastado do vôo por período superior a dois anos consecutivos.

4. ANISTIADO

Extinta a contar de 7.5.1999, data de publicação do Decreto n. 3.048/99 e nos termos da Lei n. 10.559/02, não mais será concedida a aposentadoria excepcional de anistiado.

Não obstante, e a contar de 7.5.1999, o anistiado, com base na Lei n. 6.683/79, na Emenda Constitucional n. 26/85, e no art. 8º do ADCT da CF, que, em virtude de motivação exclusivamente política, foi atingido por atos de exceção, institucional ou complementar ou abrangido pelo Decreto Legislativo n. 18/61, pelo Decreto-Lei n. 864/69 ou que, em virtude de pressões ostensivas ou de expedientes oficiais sigilosos, tenha sido demitido ou compelido ao afastamento de atividade remunerada, no período de 18.9.1946 a 4.10.1988, terá direito aos benefícios do RGPS, sendo contado como tempo de contribuição o período de afastamento de atividade, vedada a adoção de requisitos diferenciados para a concessão de benefícios.

Igualmente será contado como tempo de contribuição o período em que o segurado anistiado que, por motivação exclusivamente política, tenha sido atingido por ato de exceção, institucional ou complementar ou que, em virtude de pressões ostensivas ou de expedientes oficiais sigilosos, tenha sido demitido ou compelido ao afastamento de atividade remunerada ou impedido de exercer atividades vinculadas ao RGPS.

Note-se que, conforme mencionado, será considerado o tempo como de contribuição/serviço para fins dos benefícios mantidos e pagos pelo Regime Geral de Previdência Social, não mais sendo devida, a contar de 7.5.1999 (data da publicação do Decreto n. 3.048/99) e na forma da Lei n. 10.559/02, a aposentadoria excepcional de anistiado.

Obs.: Será devida a pensão por morte aos dependentes do segurado detentor de aposentadoria excepcional de anistiado, concedida até 06.05.1999.

Atualmente, disciplina sobre a matéria a Instrução Normativa INSS n. 20/07, arts. 588 a 594.

5. FERROVIÁRIOS SERVIDORES PÚBLICOS E AUTÁRQUICOS CEDIDOS PELA UNIÃO À REDE FERROVIÁRIA FEDERAL S/A — SITUAÇÃO ESPECIAL

5.1. Ferroviários optantes

São considerados ferroviários optantes os servidores em atividade que, mediante opção, foram integrados nos quadros de pessoal da RFFSA sob submissão da CLT (celetistas), mantida a filiação à Previdência Social Urbana.

Para estes profissionais, e para efeito de concessão dos benefícios requeridos a contar de 11.12.1974, deverão ser observadas as normas estabelecidas para os segurados em geral.

No entanto, é devida uma complementação, na forma da Lei n. 8.186/91, às aposentadorias dos ferroviários (e respectivos dependentes), admitidos até 31.10.1969 na RFFSA ou nas respectivas estradas de ferro pertencentes a ela, nas unidades operacionais e nas subsidiárias a ela pertencentes, que detinham a condição de ferroviário na data imediatamente anterior à data do início da aposentadoria.

Obs.: Por força da Lei n. 10.478/02, foi estendido, a partir de 1º de abril de 2002, aos ferroviários admitidos até 21.5.1991 pela RFFSA, o direito à complementação de aposentadoria na forma da Lei n. 8.186/91.

5.2. Ferroviários não optantes

Por ferroviários não optantes entendam-se aqueles já aposentados, que não puderam se valer do direito de opção; os servidores em atividade que não optaram pelo regime celetista e os servidores que se encontram em disponibilidade.

Para estes profissionais (ferroviários servidores públicos ou autárquicos, que se aposentaram antes de 11.12.1974 ou até 14.7.1975, sem se valerem do direito de opção) será conservada a situação anterior a essa última data perante a Previdência Social, observadas, quanto aos benefícios devidos aos dependentes, as seguintes situações (IN INSS n. 20/07, art. 597):

I — aposentado pela Previdência Social urbana que recebe complementação por conta do Tesouro Nacional:

a) ao valor mensal da complementação paga ao aposentado, excluído o salário-família, será aplicado o mesmo coeficiente de cálculo utilizado na apuração da renda mensal da pensão;

b) a parcela obtida de acordo com a alínea "a" será paga aos dependentes como complementação à conta da União.

II — aposentado pela Previdência Social urbana e pelo Tesouro Nacional:

a) será calculada a pensão previdenciária pelas normas estabelecidas para os segurados em geral, tendo por base a aposentadoria previdenciária;

b) em seguida ao disposto na letra "a", *supra*, será calculada a pensão estatutária, que corresponderá a cinqüenta por cento do valor da aposentadoria estatutária, excluído o salário-família, qualquer que seja o número de dependentes, sendo que o valor da aposentadoria estatutária será obtido por meio de informação contida no último contracheque do segurado ou de outro documento que comprove o valor dos proventos na data do óbito;

c) obtido o valor mensal da pensão estatutária, se ele for maior que o da previdenciária, a diferença será paga como complementação à conta da União;

d) se o valor da pensão estatutária for igual ou inferior ao da previdenciária, prevalecerá esse último.

III — aposentado apenas pelo Tesouro Nacional (antigo regime especial):

a) será considerado como salário-de-contribuição para cálculo da AP Base o valor mensal da aposentadoria estatutária paga pelo Tesouro Nacional nos 36 (trinta e seis) últimos meses imediatamente anteriores ao óbito do segurado, observados os tetos em vigor;

b) obtido o valor da AP Base, o cálculo da pensão previdenciária obedecerá ao disposto nas normas para os demais benefícios.

IV — aposentado apenas pela Previdência Social urbana: o cálculo da pensão obedecerá ao disposto nas normas em vigor à época do evento.

5.3. Dupla aposentadoria

Aos ferroviários servidores públicos ou autárquicos será permitida a percepção cumulativa de aposentadoria devida pela Previdência Social com os proventos de aposentadoria da União, na forma da Lei n. 2.752/56, e do Parecer L-211, de 19.10.1978, da Consultoria-Geral da República (dupla aposentadoria).

Assim, terão direito à percepção de dupla aposentadoria os servidores que pertenceram às seguintes Estradas de Ferro da União (IN INSS n. 20/07, art. 599, §1º):

a) Estrada de Ferro Bahia-Minas;

b) Estrada de Ferro Bragança;

c) Estrada de Ferro Central do Piauí;

d) Estrada de Ferro Sampaio Corrêa;

e) Estrada de Ferro D. Teresa Cristina;

f) Estrada de Ferro Goiás;

g) Estrada de Ferro S. Luiz-Teresina;

h) Estrada de Ferro Rede de Viação Cearense;

i) Viação Férrea Federal Leste Brasileiro;

j) Estrada de Ferro Madeira-Mamoré;

l) Estrada de Ferro Tocantins;

m) Estrada de Ferro Mossoró-Souza;

n) Estrada de Ferro Central do Brasil, para aqueles que foram admitidos até 24.5.1941, data do Decreto-Lei n. 3.306, que transformou essa Ferrovia em Autarquia;

o) Estrada de Ferro Noroeste do Brasil, até o Decreto n. 4.176/42.

5.4. Ferroviários que deixaram de exercer o direito de opção pela CLT

Nos termos do art. 601 da Instrução Normativa INSS n. 20/07, os ferroviários servidores públicos e autárquicos, em atividade ou em disponibilidade, que deixaram de exercer o direito de opção pelo regime da CLT, na forma permitida pela Lei n. 6.184/74, farão jus aos benefícios previdenciários, até que sejam redistribuídos para outros órgãos da administração pública ou que retornem à repartição de origem, desde que atendidos os demais requisitos regulamentares.

Para fins de instrução dos pedidos de benefícios, além dos documentos habitualmente exigidos, deverá o segurado apresentar declaração da RFFSA atestando não ter sido redistribuído para outro órgão da administração pública e que não retornou à repartição de origem, sem o que não será processado o pedido.

Fundamentação: Decreto n. 3.048/99, art. 185; Instrução Normativa INSS n. 20/07, arts. 595 a 601.

6. EX-COMBATENTE

6.1. Conceito

Para fins previdenciários, e nos termos da Instrução Normativa INSS n. 20/07 (art. 602), são considerados ex-combatentes os segurados enquadrados nas seguintes situações:

I — no Exército:

a) os que tenham integrado a Força Expedicionária Brasileira — FEB, servindo no teatro de operações de guerra da Itália, entre 1944 e 1945;

b) os que tenham participado efetivamente de missões de vigilância e segurança do litoral, como integrantes da guarnição de ilhas oceânicas ou de unidades que se deslocaram de suas sedes para o cumprimento daquelas missões.

II — na Aeronáutica:

a) os que tenham integrado a Força Aérea Brasileira — FAB, em serviço de comboios e patrulhamento durante a guerra no período de 1942 a 1945;

b) os que tenham sido tripulantes de aeronaves engajadas em missões de patrulha;

c) os pilotos civis que, no período compreendido entre 22.3.1941 e 8.5.1945, tenham comprovadamente participado, por solicitação de autoridade militar, de patrulhamento, busca, vigilância, localização de navios torpedeados e assistência aos náufragos.

III — na Marinha:

a) os que tenham participado de comboio de transporte de tropas ou de abastecimento ou de missões de patrulhamento;

b) os que tenham participado efetivamente de missões de vigilância e segurança do litoral, como integrantes de guarnições de ilhas oceânicas;

c) os que tenham sido tripulantes de navios de guerra ou de mercantes atacados por inimigos ou destruídos por acidente;

d) os que, como integrantes da Marinha Mercante Nacional, tenham participado pelo menos de duas viagens em zona de ataques submarinos, no período compreendido entre 22.3.1941 e 8.5.1945.

IV — em qualquer Ministério Militar: os que integraram tropas transportadas em navios escoltados por navios de guerra.

Obs.: Não é considerado ex-combatente, para efeito do amparo da Lei Especial, o brasileiro que tenha prestado serviço militar nas Forças Armadas Britânicas, durante a II Guerra Mundial.

6.2. Aposentadoria especial

A aposentadoria por tempo de contribuição é devida ao segurado ex-combatente que contar com 25 (vinte e cinco) anos de serviço efetivo, sendo a renda mensal inicial equivalente a 100% (cem por cento) do salário-de-benefício.

Obs.: Os benefícios de ex-combatentes não podem ser acumulados com a pensão especial instituída pela Lei n. 8.059/90, na forma disposta no Parecer/CJ/MEx n. 2.098/94 e na Nota CJ/MPAS n. 764, de 28.11.2001, ressalvando-se ao beneficiário o direito de opção.

Não será computado em dobro o período de serviço militar que tenha garantido ao segurado a condição de ex-combatente, exceto o período de embarque em zona de risco agravado, conforme o Decreto-Lei n. 4.350/42, desde que certificado pelo Ministério da Marinha.

6.3. Benefícios concedidos com base na legislação anterior — Reajuste

Com o advento do Decreto n. 2.172/97, os benefícios de ex-combatentes, aposentadoria e pensão por morte, concedidos com base nas Leis revogadas números 1.756, de 1952, e 4.297, de 1963, passam a ser reajustados pelos mesmos índices de reajustes aplicáveis aos Benefícios de Prestação Continuada da Previdência Social — IN INSS n. 20/07, art. 609.

Com o advento da Lei n. 5.698, de 1º.9.1971, e de acordo com o Parecer CJ/MPS n. 3.052, de 30.4.2003, os reajustes posteriores a setembro de 1971 não incidirão sobre a parcela excedente ao teto previdenciário.

Cumpre, por fim, observar que conforme disposições da Emenda Constitucional n. 20/98, a partir de 16.12.1998, o pagamento mensal não poderá ser superior à remuneração do cargo de Ministro do Supremo Tribunal Federal.

Fundamentação: Decreto n. 3.048/99, art. 189; Instrução Normativa INSS n. 20/07, arts. 602 a 609.

7. PENSÃO ESPECIAL AOS DEFICIENTES FÍSICOS PORTADORES DA SÍNDROME DA TALIDOMIDA

7.1. Direito

Tem direito à pensão especial o deficiente físico portador da Síndrome da Talidomida, nascido a partir de 1º.1.1957, data do início da comercialização da droga denominada Talidomida.

A data do início da pensão especial será fixada na Data de Entrada do Requerimento administrativo junto ao INSS e a renda mensal inicial será calculada mediante a multiplicação do número total de pontos indicadores da natureza e do grau de dependência resultante da deformidade física, constante do processo de concessão, pelo valor fixado em portaria ministerial que trata dos reajustamentos dos benefícios pagos pela Previdência Social.

Atualmente, e conforme Portaria Interministerial n. 77, de 11.3.2008 (DOU de 12.3.2008), este valor a ser multiplicado é de R$ 234,35 (duzentos e trinta e quatro reais e trinta e cinco centavos).

O benefício é vitalício e intransferível, não gerando pensão a qualquer eventual dependente ou resíduo de pagamento a seus familiares.

7.1.1. Adicional de 25%

O beneficiário da Pensão Especial Vitalícia da Síndrome da Talidomida, maior de 35 (trinta e cinco) anos, que necessite de assistência permanente de outra pessoa e que tenha recebido a pontuação superior ou igual a seis pontos, fará jus a um adicional de 25% (vinte e cinco por cento) sobre o valor desse benefício, conforme disposto no art. 13 da Medida Provisória n. 2.129-10, de 22.6.2001.

O beneficiário desta pensão especial fará jus a mais um adicional de 35% (trinta e cinco por cento) sobre o valor do benefício, desde que comprove pelo menos:

I — vinte e cinco anos, se homem, e vinte anos, se mulher, de contribuição para a Previdência Social; ou

II — cinqüenta e cinco anos de idade, se homem, ou cinqüenta anos de idade, se mulher, e contar pelo menos quinze anos de contribuição para a Previdência Social.

7.1.2. Acumulação com outro rendimento ou indenização — Impossibilidade

A pensão especial não poderá ser acumulada com qualquer rendimento ou indenização por danos físicos, inclusive os dos benefícios assistenciais previstos na LOAS — Lei Orgânica de Assistência Social e na Renda Mensal Vitalícia que, a qualquer título, venha a ser pago pela União, dada a sua finalidade.

A pensão especial, no entanto, poderá ser acumulada com outro benefício do Regime Geral de Previdência Social — RGPS ou de qualquer outro regime previdenciário.

Fundamentação: Instrução Normativa INSS n. 20/07, arts. 610 a 616.

8. PENSÃO MENSAL VITALÍCIA DO SERINGUEIRO E SEUS DEPENDENTES

8.1. Requisitos necessários à obtenção da pensão mensal vitalícia

Para fazer jus à pensão mensal vitalícia, o requerente deverá comprovar os seguintes requisitos (Instrução Normativa INSS n. 20/07, art. 617):

a) que não aufere rendimento, sob qualquer forma, igual ou superior a dois salários mínimos;

b) que não recebe qualquer espécie de benefício pago pela Previdência Social urbana ou rural;

c) que se encontra numa das seguintes situações:

- trabalhou como seringueiro recrutado nos termos do Decreto-Lei n. 5.813, de 14.9.1943, durante a Segunda Guerra Mundial, nos seringais da região amazônica, e foi amparado pelo Decreto-Lei n. 9.882, de 16.9.1946;
- trabalhou como seringueiro na Região Amazônica atendendo ao apelo do governo brasileiro, contribuindo para o esforço de guerra na produção da borracha, durante a Segunda Guerra Mundial.

O fato de residir o requerente em casa de outrem, parente ou não, ou de vivenciar a condição de internado ou recolhido em alguma instituição de caridade, não prejudica o direito à pensão mensal vitalícia.

8.2. Data de início e valor mensal

O início da pensão mensal vitalícia do seringueiro corresponderá à data do requerimento administrativo junto ao INSS e o valor mensal corresponderá a dois salários mínimos vigentes no País. O benefício não poderá ser acumulado com qualquer outro benefício de prestação continuada mantido pela Previdência Social, mas o segurado pode optar por aquele que lhe for mais vantajoso.

8.3. Falecimento do beneficiário

A pensão mensal vitalícia continuará sendo paga ao dependente do beneficiário, em caso de seu falecimento, no valor integral do benefício recebido, desde que comprove o estado de carência e não seja mantido por pessoa de quem dependa obrigatoriamente.

Fundamentação: Instrução Normativa INSS n. 20/07, arts. 617 a 622.

9. BENEFÍCIO ASSISTENCIAL DE QUE TRATA A LEI N. 8.742, DE 7.12.1993 (LEI ORGÂNICA DA ASSISTÊNCIA SOCIAL — LOAS)

9.1. Requisitos necessários à obtenção do benefício

O benefício assistencial corresponde à garantia de um salário mínimo, na forma de benefício de prestação continuada mensal, sendo devido à pessoa portadora de deficiência e ao idoso, que comprovem não possuir meios de prover a própria manutenção e que esta também não possa ser provida por sua família.

Com referência à idade exigida para a percepção do benefício, temos que:

a) no período de 1º.1.1996 a 31.12.1997 (vigência da redação original do art. 38 da Lei n. 8.742/93), a idade mínima para o idoso era a de 70 (setenta) anos;

b) a partir de 1º.1.1998, a idade mínima para o idoso passou a ser de 67 (sessenta e sete) anos, conforme nova redação ao art. 38 (Lei n. 8.742/93), dada pela Medida Provisória n. 1.599-39/97, e reedições, convertida na Lei n. 9.720/98;

c) a partir de 1º.1.2004, a idade mínima para o idoso passa a ser de 65 (sessenta e cinco) anos, conforme o art. 34 da Lei n. 10.741, de 1º.10.2003 (Estatuto do Idoso).

Será devido o benefício assistencial (espécie 87) às crianças (zero a doze anos de idade) e adolescentes (entre doze e dezoito anos de idade) portadores de deficiência incapacitante para a vida independente, bem como aos abrigados em Instituições Públicas e Privadas no âmbito nacional, que comprovem carência econômica para prover a própria subsistência — Instrução Normativa INSS n. 20/07, art. 623.

São também beneficiários os idosos e os portadores de deficiências, estrangeiros naturalizados e domiciliados no Brasil, desde que não estejam amparados pelo sistema previdenciário do país de origem, além dos indígenas.

9.2. Conceitos aplicáveis

Para efeito da análise do direito ao benefício serão aplicados os seguintes conceitos (Instrução Normativa INSS n. 20/07, art. 624):

I — família: o conjunto de pessoas que vivam sob o mesmo teto, assim entendido o cônjuge, o companheiro ou a companheira, os pais, os filhos (inclusive o enteado e o menor tutelado) e irmãos não emancipados de qualquer condição, menores de 21 (vinte e um) anos ou inválidos;

II — pessoa portadora de deficiência: aquela incapacitada para a vida independente e para o trabalho, em razão de anomalias ou lesões irreversíveis de natureza hereditária, congênita ou adquirida;

III — família incapacitada de prover a manutenção da pessoa portadora de deficiência ou idosa: aquela cujo cálculo da renda *per capita* (que corresponde à soma da renda mensal de todos os seus integrantes dividida pelo número total de membros que compõem o grupo familiar), seja inferior a um quarto do salário mínimo.

Obs.: Por determinação do Ministério Público Federal, na avaliação médico-pericial do menor de dezesseis anos de idade, cuja família não possua meios de prover a sua manutenção, deverá apenas ser verificado se a deficiência se encontra amparada nas definições já existentes, em razão da presunção de incapacidade para a vida independente e para o trabalho, considerando a tenra idade.

9.3. Pagamento do benefício a mais de um membro da família — Possibilidade

O benefício poderá ser pago a mais de um membro da família, desde que comprovadas todas as condições exigidas (idade ou incapacidade e miserabilidade).

Note-se, no entanto, que até 31.12.2003 o valor do benefício concedido a outros membros do mesmo grupo familiar integrava a renda para efeito de cálculo *per capita* do novo benefício requerido. No entanto, a contar de 1º.1.2004, o benefício assistencial ao idoso (espécie 88), já concedido a qualquer membro da família, não mais será computado para fins de cálculo da renda *per capita* do novo benefício requerido da mesma espécie, em face do art. 34 da Lei n. 10.741/03 (Estatuto do Idoso).

9.4. Cessação do benefício

A cessação do pagamento do benefício ocorrerá nas seguintes situações (IN INSS n. 20/07, art. 627):

a) superação das condições que lhe deram origem;

b) morte do beneficiário;

c) morte presumida do beneficiário, declarada em juízo;

d) ausência declarada do beneficiário, na forma do art. 22 do Código Civil, Lei n. 10.406/02;

e) falta de comparecimento do beneficiário portador de deficiência ao exame médico-pericial, por ocasião de revisão de benefício;

f) falta de apresentação pelo idoso ou pela pessoa portadora de deficiência da declaração de composição do grupo e renda familiar, por ocasião de revisão de benefício;

g) concessão de outro benefício.

9.5. Falecimento do beneficiário — Encerramento do benefício

Conforme observado no subitem anterior, o benefício de prestação continuada é intransferível, não gerando direito à pensão aos dependentes.

Não obstante, é devido o pagamento de resíduo a herdeiros ou a sucessores na forma da lei civil, para óbitos ocorridos a partir de 6.9.2002, data da publicação do Decreto n. 4.360/02, ressalvado o cumprimento de decisão judicial referente a falecimentos ocorridos em data anterior.

9.6. Acumulação com benefício previdenciário — Impossibilidade

Nos termos da Instrução Normativa INSS n. 20/07, o benefício assistencial não poderá ser acumulado com qualquer benefício da Previdência Social ou de qualquer outro Regime Previdenciário, exceto a pensão especial devida aos dependentes das vítimas da hemodiálise de Caruaru/PE, prevista na Lei n. 9.422, de 24.12.1996.

O deficiente e o idoso, que recebam benefício de LOAS, se vierem a ter direito à pensão por morte, poderão optar pelo benefício mais vantajoso.

Também o segurado que receba outro benefício, se se enquadrar no direito ao benefício assistencial, poderá renunciar a um deles, optando pelo mais vantajoso.

Fundamentação: Instrução Normativa INSS n. 20/07, arts. 623 a 629.

10. Pensão Especial às Vítimas de Hanseníase

Nos termos da Lei n. 11.520/07 (DOU de 19.9.2007), as pessoas atingidas pela hanseníase e que foram submetidas a isolamento e internação compulsórios em hospitais-colônia, até 31.12.1986, possuem direito a uma indenização especial correspondente a R$ 750,00 (setecentos e cinqüenta reais) mensais, sendo a referida pensão personalíssima, não sendo transmissível a dependentes ou herdeiros.

O valor mensal deverá ser reajustado anualmente, conforme os índices concedidos aos benefícios de valor superior ao piso do Regime Geral de Previdência Social.

O requerimento do benefício deverá ser efetuado junto ao INSS, que processará e manterá o pagamento regular da pensão, sendo relevante mencionar que o recebimento dessa indenização especial não impede a obtenção e a fruição de qualquer outro benefício previdenciário.

No requerimento junto ao INSS, o interessado deverá apresentar um pedido de concessão da referida pensão, endereçado diretamente ao Secretário Especial dos Direitos Humanos da Presidência da República, a quem caberá decidir sobre o pedido. É o modelo do requerimento, constante do Decreto n. 6.168/07:

PRESIDÊNCIA DA REPÚBLICA
SECRETARIA ESPECIAL DOS DIREITOS HUMANOS
Esplanada dos Ministérios - Bloco T - Sala 420 - Edifício Sede do Ministério da Justiça 70064-900 - Brasília - DF
Fone: (61) 3429.3142 / 3454 - Fax (61) 3223.2260
REQUERIMENTO DE PENSÃO ESPECIAL
Medida Provisória n. 373, de 24 de maio de 2007(*)

NOME DO REQUERENTE:			
ENDEREÇO:			
CEP:	CIDADE:	UF:	TELEFONE:
NOME COMPLETO DA MÃE:			
NOME COMPLETO DO PAI:			
DOCUMENTO DE IDENTIFICAÇÃO:		ÓRGÃO EXPEDIDOR:	CPF (**):
LOCAL DE NASCIMENTO:			DATA DE NASCIMENTO:
PERÍODO DE ISOLAMENTO/INTERNAÇÃO COMPULSÓRIA:			
ENTIDADE (HOSPITAL-COLÔNIA) DE INTERNAÇÃO:		N.DO/PRONTUÁRIO/REGISTRO DE INTERNAÇÃO:	

Declaro não ser, até a presente data, beneficiário de indenização a cargo da União em decorrência do isolamento/internação compulsório em hospital-colônia por ser portador de hanseníase. Declaro, ainda, serem verdadeiras as informações acima expostas, que motivam a solicitação de concessão da pensão indenizatória prevista na Medida Provisória n. 373, de 2007.

______ ____ de ______________ de 2008 Local e data do requerimento	______________________________ Assinatura do Requerente ou Representante Legal

Preencher quando o requerente for o representante legal

MOTIVO DA REPRESENTAÇÃO LEGAL:			
NOME:			
ENDEREÇO:			
CEP:	CIDADE:	UF:	TELEFONE:
DOCUMENTO DE IDENTIFICAÇÃO:	ÓRGÃO EXPEDIDOR:		CPF:
CONDIÇÃO DO REPRESENTANTE LEGAL:			
( ) PAI ( ) MÃE ( ) CURADOR ( ) TUTOR ( ) PROCURADOR			
O requerente apresentou cópia de documento comprobatório de internação? ( ) sim ( ) não		O requerente indicou testemunha(s)? (***) ( ) sim ( ) não	
O requerente apresentou declaração de testemunha(s) informando sobre a internação? ( ) sim ( ) não			

(*) No momento de protocolização, o requerente deverá apresentar um dos seguintes documentos de identificação: carteira de identidade; certidão de nascimento, certidão de casamento, certificado de reservista ou carteira de trabalho e previdência social.

(**) Caso o requerente não possua CPF no momento da apresentação do requerimento, deverá providenciá-lo junto a Receita Federal para que possa ser cadastrado junto ao órgão pagador da pensão especial.

(***) Caso o requerente indique testemunha(s) a ser(em) ouvida(s) pela Comissão Interministerial de Avaliação, relacionar no verso deste formulário o nome de cada testemunha, endereço completo para correspondência e telefone para contato (com DDD), se houver.

Conjuntamente com o requerimento, conforme modelo acima, deverão ser apresentados todos os documentos e informações que comprovem os requisitos para a concessão da pensão especial que estiverem em posse do requerente. A documentação será encaminhada à Comissão Interministerial de Avaliação que decidirá sobre a procedência do pedido.

Fundamentação: Lei n. 11.520/07; Decreto n. 6.168/07.

Capítulo XLI

Contagem Recíproca de Tempo de Contribuição — Compensação entre o Regime Próprio e o Regime Geral de Previdência Social

1. CONTAGEM RECÍPROCA DE TEMPO DE CONTRIBUIÇÃO

A Previdência Social permite aos cidadãos a contagem de um tempo de serviço exercido como servidor público, com contribuições a um regime próprio de previdência, como tempo de contribuição a ser considerado no Regime Geral de Previdência Social — RGPS, e vice-versa.

Assim, caso um servidor público venha a ingressar no Regime Geral de Previdência Social, o tempo trabalhado naquele órgão poderá vir a ser considerado neste novo regime, como tempo de serviço e contribuição, para fins de obtenção de benefícios, em especial Aposentadoria por Tempo de Contribuição. E a recíproca é verdadeira, ou seja, também um segurado do RGPS que venha a ingressar no serviço público poderá ter seu tempo de trabalho na iniciativa privada considerado como tempo para o Regime Próprio de Previdência Social.

Nestes termos, é a redação do art. 126 do Decreto n. 3.048/99:

"Art. 126. O segurado terá direito de computar, para fins de concessão dos benefícios do Regime Geral de Previdência Social, o tempo de contribuição na administração pública federal direta, autárquica e fundacional.

Parágrafo único. Poderá ser contado o tempo de contribuição na administração pública direta, autárquica e fundacional dos Estados, do Distrito Federal e dos Municípios, desde que estes assegurem aos seus servidores, mediante legislação própria, a contagem de tempo de contribuição em atividade vinculada ao Regime Geral de Previdência Social."

A essa possibilidade de consideração dos tempos de trabalho ou serviço com vinculação em distintos regimes previdenciários (próprio e geral) denominamos "contagem recíproca de tempo de contribuição", permitida justamente porque a Constituição Federal, no § 9º do art. 201, assim o permite expressamente, conforme podemos observar, *in verbis*:

"Art. 201. A previdência social será organizada sob a forma de regime geral, de caráter contributivo e de filiação obrigatória, observados critérios que preservem o equilíbrio financeiro e atuarial, e atenderá, nos termos da lei, a:

...

§ 9º Para efeito de aposentadoria, é assegurada a contagem recíproca do tempo de contribuição na administração pública e na atividade privada, rural e urbana, hipótese em que os diversos regimes de previdência social se compensarão financeiramente, segundo critérios estabelecidos em lei.

..."

Assim, e como mencionado, para efeito de contagem recíproca, assegura-se aos cidadãos o seguinte critério:

a) para fins dos benefícios previstos no Regime Geral de Previdência Social, o cômputo do tempo de contribuição na administração pública; e

b) para fins de emissão de certidão de tempo de contribuição, pelo INSS, para utilização no serviço público, o cômputo do tempo de contribuição na atividade privada, rural e urbana.

Note-se, ainda, que o tempo de contribuição certificado produz, no Instituto Nacional do Seguro Social e nos órgãos ou autarquias federais, estaduais, do Distrito Federal, ou municipais, todos os efeitos previstos na respectiva legislação pertinente.

1.1. Da contagem do tempo de contribuição

O tempo de contribuição ou de serviço deverá ser contado conforme a legislação pertinente a cada um dos regimes previdenciários, observando-se, no entanto, algumas exigências e proibições constantes do art. 96 da Lei n. 8.213/91, quais sejam:

a) não será admitida a contagem em dobro ou em outras condições especiais;

b) é vedada a contagem de tempo de serviço público com o de atividade privada, quando concomitantes;

c) não será contado por um sistema o tempo de serviço já utilizado para concessão de aposentadoria pelo outro;

d) o tempo de serviço anterior ou posterior à obrigatoriedade de filiação à Previdência Social só será contado mediante indenização da contribuição correspondente ao período respectivo, com acréscimo de juros moratórios de zero vírgula cinco por cento ao mês, capitalizados anualmente, e multa de dez por cento.

1.2. Consideração do tempo de atividade rural anterior a novembro/91 para contagem no regime próprio de previdência social — Indenização

O Decreto n. 3.048/99, em seu art. 127, inciso V, permite ainda a consideração como tempo de contribuição do tempo de serviço do segurado trabalhador rural anterior à competência novembro/91, desde que devidamente indenizado.

A base de incidência para tal indenização será a remuneração do servidor público na data do requerimento, sobre a qual incidem as contribuições para o Regime Próprio de Previdência Social a que o mesmo se encontre filiado, observando-se, no entanto, os limites mínimo e máximo atualmente vigentes no Regime Geral de Previdência Social, quais sejam: R$ 415,00 (salário mínimo) e R$ 3.038,99 (teto máximo), respectivamente.

Assim, o Regime Próprio de Previdência Social somente considerará o tempo rural anterior a novembro/91 como tempo de serviço/contribuição se todas as competências pleiteadas pelo servidor forem devidamente indenizadas, sendo o cálculo mensal para indenização efetuado, como exposto, da seguinte forma:

a) aplicação da alíquota de 20% sobre a remuneração atual do servidor público, observados os limites mínimo e máximo do salário-de-contribuição do RGPS (R$ 415,00 e R$ 3.038,99, respectivamente);

b) aplicação de juros moratórios de 0,5% ao mês, capitalizados anualmente, e multa de 10% (§ 8º do art. 239 do Decreto n. 3.048/99). Os juros se encontram limitados a 50% do principal, conforme alterações promovidas pela Lei Complementar n. 123/2006.

Note-se que a Lei n. 8.213/91, em seu art. 96, determinava no inciso V a consideração do tempo de serviço rural anterior a novembro/91 sem qualquer pagamento de contribuições, vinculando tal contagem de tempo apenas ao cumprimento do período de carência. No entanto, tal dispositivo se encontra atualmente revogado pela Lei n. 9.528, de 10.12.1997.

As disposições sobre o tema se encontram, portanto, somente no decreto regulamentador, conforme exposto.

1.3. Tempo superior àquele necessário para aposentadoria em decorrência da contagem recíproca — Desconsideração

Como já observado, somente não serão computados os períodos de atividade concomitante e aqueles já considerados para fins de obtenção de aposentadoria no respectivo regime previdenciário.

Assim, é possível que, quando efetuada e considerada a contagem recíproca do tempo de serviço, ultrapasse sua soma o total de 30 anos para as seguradas do sexo feminino e o total de 35 anos para aqueles do sexo masculino, tempo suficiente à obtenção do benefício de Aposentadoria Integral pelo Regime Geral de Previdência Social.

Na ocorrência do fato, tal excesso não será considerado para qualquer efeito, não sendo devida, inclusive, qualquer devolução ao segurado de contribuições efetuadas ao sistema.

1.4. Serviço exercido no exterior — Consideração

Conforme disposições constantes do § 2º do art. 125 do Decreto n. 3.048/99, é admitida a aplicação da contagem recíproca de tempo de contribuição no âmbito dos tratados, convenções ou acordos internacionais de previdência social.

1.5. Atividades sujeitas a condições especiais e tempos fictícios

Sendo exercida atividade sujeita a condição especial (atividade nociva, com insalubridade, por exemplo), discussão existe jurídica e doutrinariamente sobre a consideração ou não da conversão desta atividade com o devido acréscimo para posterior contagem recíproca em regime previdenciário diverso.

A Lei n. 8.213/91 trata do assunto em seu art. 96, quando determina que "não será admitida a contagem em dobro ou em outras condições especiais" para fins de contagem recíproca. O Decreto n. 3.048, seguindo mesma linha de raciocínio, detalha tal proibição no § 1º do art. 125, determinando expressamente ser vedada a conversão do tempo de serviço exercido em atividade sujeita a condições especiais (agentes nocivos) em tempo de contribuição comum, bem como a contagem de qualquer outro tempo de serviço fictício.

Obs.: Entende-se como tempo de contribuição fictício todo aquele considerado em lei anterior como tempo de serviço, público ou privado, computado para fins de concessão de aposentadoria sem que haja, por parte do servidor ou segurado, cumulativamente, a prestação de serviço e a correspondente contribuição social.

É fato, portanto, que o INSS adota posicionamento contrário à contagem do tempo especial e/ou fictício, o que podemos inferir do Parecer n. 2.549/01 da Consultoria Jurídica daquele instituto:

"... as regras que autorizam a conversão do tempo de atividade especial em comum, no âmbito do Regime Geral de Previdência Social, aplicam-se tão-somente aos segurados que tiveram suas atividades reconhecidas como sujeitas a condições especiais, nos termos da legislação respectiva, e requeiram — junto a este sistema previdenciário — os benefícios de prestação continuada nele previstos.

..."

Para o Regime Geral de Previdência Social, portanto, o tempo de serviço exercido na esfera pública deverá ser contado de forma simples para obtenção do benefício de aposentadoria, ainda que existente exposição a agentes nocivos (insalubridade).

Este entendimento encontra fundamentação ainda na Lei n. 6.226/75, que dispõe sobre a contagem recíproca de tempo de serviço público federal e de atividade privada, para efeito de aposentadoria, no art. 4º, inciso I. Confira-se:

"Art. 4º Para efeitos desta Lei, o tempo de serviço ou de atividades, conforme o caso, será computado de acordo com a legislação pertinente, observadas as seguintes normas:

I — Não será admitida a contagem de tempo de serviço em dobro ou em outras condições especiais;

..."

Há doutrinadores, no entanto, que defendem o entendimento de que estas "condições especiais" não se referem ao exercício de atividade com exposição a agentes nocivos. Tal entendimento até seria possível caso existisse por fundamentação somente a Lei n. 6.226/75, posto que conversão da atividade nociva, com acréscimo, para a atividade comum somente foi instituída quando da publicação da Lei n. 6.887, de 1980.

Nos termos do entendimento jurisprudencial dominante e da Orientação Normativa n. 3/07, do Ministério do Planejamento, Orçamento e Gestão (Secretaria de Recursos Humanos), o servidor público que exerceu, como celetista, atividade insalubre, no período anterior à vigência da Lei n. 8.112/90 (11.12.1990), tem direito à contagem especial de tempo de serviço para efeito de aposentadoria. No entanto, para o período posterior ao advento da Lei n. 8.112/90, é necessária a regulamentação do art. 40, § 4º, da CF/88, que definirá os critérios e requisitos para a respectiva aposentadoria.

"Art. 40 — Aos servidores titulares de cargos efetivos da União, dos Estados, do Distrito Federal e dos Municípios, incluídas suas autarquias e fundações, é assegurado regime de previdência de caráter contributivo e solidário, mediante contribuição do respectivo ente público, dos servidores ativos e inativos e dos pensionistas, observados critérios que preservem o equilíbrio financeiro e atuarial e o disposto neste artigo.

...

§ 4º É vedada a adoção de requisitos e critérios diferenciados para a concessão de aposentadoria aos abrangidos pelo regime de que trata este artigo, ressalvados, nos termos definidos em leis complementares, os casos de servidores: *(Redação do parágrafo dada pela Emenda Constitucional n. 47, de 05.07.2005 — DOU de 6.7.2005)*

I — portadores de deficiência;

II — que exerçam atividades de risco;

III — cujas atividades sejam exercidas sob condições especiais que prejudiquem a saúde ou a integridade física.

..."

Confira-se, ilustrativamente, a seguinte ementa:

"PREVIDENCIÁRIO — TEMPO DE SERVIÇO ESPECIAL — SERVIDOR PÚBLICO EX-CELETISTA — DIREITO ADQUIRIDO À FORMA DE CONTAGEM — ATIVIDADE PROFISSIONAL: ENGENHEIRO CIVIL — EXPOSIÇÃO A AGENTE NOCIVO RUÍDO COM MÉDIA SUPERIOR AO LIMITE REGULAMENTAR — DECRETOS NS. 53.831/64 e 2.172/97 — LEI N. 9.032/95 — FATOR DE CONVERSÃO — APELAÇÃO E REMESSA OFICIAL IMPROVIDAS.

1. "O segurado que presta serviço em condições especiais, nos termos da legislação então vigente, e que teria direito por isso à aposentadoria especial, faz jus ao cômputo do tempo nos moldes previstos à época em que realizada a atividade. Isso se verifica à medida em que se trabalha. Assim, eventual alteração no regime ocorrida posteriormente, mesmo que não mais reconheça aquela atividade como especial, não retira do trabalhador o direito à contagem do tempo de serviço na forma anterior, porque já inserida em seu patrimônio jurídico" (STJ; RESP 425660/SC; DJ 5.8.2002 P:407; Relator Min. FELIX FISCHER).

2. O reconhecimento do tempo de serviço especial pelo exercício de atividade profissional elencada nos decretos previdenciários regulamentares é possível até o advento da Lei n. 9.032/95 (28.04.95), independentemente da comprovação de efetiva exposição aos agentes insalubres. Precedentes do STJ.

3. Para os períodos de atividade até 5.3.97 (quando entrou em vigor o Decreto n. 2.172/97), deve-se considerar como agente agressivo a exposição a locais com ruídos acima de 80 db, constante do Anexo ao Decreto n. 53.831/64 (item 1.1.6). Precedentes do TRF/1ª Região (AC 1998.38.00.033993-9 /MG; Relator JUIZ ANTONIO SAVIO DE OLIVEIRA CHAVES; PRIMEIRA TURMA; DJ 16.7./2001 P.35); (AC 96.01.21046-6 /MG; Relator JUIZ JIRAIR ARAM MEGUERIAN; SEGUNDA TURMA; DJ 6.10.1997 P.81985).

4. Constatado que as atividades descritas têm enquadramento nos Decretos ns. 53.831/64 (itens 2.1.1 engenheiro civil e 1.1.6 ruído) e 2.172/97 (item 2.0.1), hão de ser reconhecidos os períodos 1º.1.76 a 1º.9.77 e 1º.4.78 a 11.12.90 como tempo de serviço especial, com possibilidade de conversão para tempo comum.

5. "A jurisprudência desta Corte Superior de Justiça firmou já entendimento no sentido de que o servidor público ex-celetista faz jus à contagem do tempo de serviço celetista prestado em condições perigosas, penosas e insalubres na forma da legislação vigente à época da prestação de serviço, ou seja, com o acréscimo previsto na legislação previdenciária de regência". (STJ RESP 640083/SC; DJ 25.10.2004 p. 416, Ministro HAMILTON CARVALHIDO, 6ª turma). Precedente deste Tribunal: AMS N. 2002.33.00.015833-7/BA; Rel. Des. Federal ANTÔNIO SÁVIO DE OLIVEIRA CHAVES; 1ª Turma, unânime, DJ 26.2.2004 p. 35.

6. Devida a expedição da certidão de tempo de serviço pelo INSS em favor do servidor público, com a conversão para comum do tempo especial prestado como celetista.

7. Correta a adoção do fator 1.4, como previsto no art. 70 do Decreto n. 3.048/99.

8. Não há que se falar em prescrição, tendo em vista que a sentença "a quo" concedeu a segurança para determinar à autoridade coatora que expeça a certidão de contagem de tempo de serviço exercido sob condições especiais. Pelo mesmo fundamento, improcede a impugnação quanto aos juros de mora e à correção monetária.

9. Apelação e Remessa Oficial improvidas. Sentença confirmada." (TRF 1ª Região — AMS 200338000348678 — 1ª Turma — Relator: Desembargador Federal Luiz Gonzaga Barbosa Moreira — DJ de 21.11.2005 p. 42)

1.6. Tempo de contribuição ao RGPS após a concessão de aposentadoria

Como pode ser observado na Parte III, Capítulo XI, item 4, desta obra, os segurados aposentados pelo RGPS que permanecem ou retornam à atividade remunerada devem permanecer contribuindo para o sistema previdenciário.

Tal período de contribuição, como não foi considerado para a concessão do benefício de aposentadoria (posto que posterior a ela), poderá ser considerado para fins de contagem recíproca de tempo de serviço, caso o interessado esteja filiado a um Regime Próprio de Previdência Social. Tal permissão encontra-se, inclusive, expressamente prevista no § 3º do art. 125 do Decreto n. 3.048/99, Regulamento da Previdência Social.

1.7. Contagem de tempo anterior ou posterior à filiação obrigatória à Previdência Social

O tempo anterior ou posterior à filiação obrigatória à Previdência Social poderá ser considerado para fins de contagem recíproca somente se indenizado.

Para cálculo desta indenização, a base de incidência das contribuições sociais previdenciárias será a remuneração do segurado na data da protocolização do requerimento, sobre a qual incidirão as contribuições para o regime próprio de previdência social a que estiver filiado, observados os limites mínimo e máximo do salário-de-contribuição (R$ 415,00 e R$ 3.038,99, respectivamente). A base-de-incidência, portanto, será a remuneração sobre a qual incidem as contribuições para o Regime Próprio de Previdência Social a que esteja filiado o interessado, mas com observância do teto máximo de salário-de-contribuição, fixado pelo Regime Geral.

Obs.: Na hipótese de o requerente ser filiado também ao RGPS, seu salário-de-contribuição nesse regime não será considerado para fins de indenização, conforme instruções constantes do art. 325, §2º, da Instrução Normativa INSS n. 20/07.

Será apurada a contribuição devida para fins de contagem recíproca aplicando-se a alíquota de 20% sobre o salário-de-contribuição, sobre a qual incidirão juros de mora de 0,5% por cento ao mês, capitalizados anualmente, e multa de mora de 10%. Tal procedimento de cálculo aplica-se, inclusive, para competências posteriores a abril de 1995. Os juros encontram-se limitados a 50% do principal devido, conforme alterações introduzidas pela Lei Complementar n. 123/06.

Trata-se do "reconhecimento do tempo de filiação", tema que poderá ser observado na Parte V, Capítulo XLIII desta obra.

1.8. Contagem do tempo de serviço exercido com vinculação ao regime próprio para fins da aposentadoria por idade

O tempo de contribuição na administração pública federal, estadual, do Distrito Federal ou municipal será considerado para efeito do percentual de acréscimo previsto para a composição da renda mensal da aposentadoria por idade (inciso III do art. 39 do Decreto n. 3.048/99).

1.9. Tempo de contribuição ao RGPS não utilizado

O tempo de contribuição ao Regime Geral de Previdência Social, certificado pelo INSS em Certidão de Tempo de Contribuição, que não tiver sido aproveitado em Regime Próprio de Previdência Social poderá ser utilizado para fins de benefício junto ao INSS, mesmo que de forma concomitante com o de contribuição para regime próprio, independentemente de existir ou não aposentadoria.

Obs.: Entende-se por tempo a ser aproveitado o período de contribuição indicado pelo interessado para utilização junto ao órgão ao qual estiver vinculado, se possuir RPPS.

2. CONCESSÃO DOS BENEFÍCIOS — REGIME COMPETENTE

O benefício resultante de contagem recíproca de tempo de serviço deverá ser concedido e pago pelo sistema previdenciário a que o interessado estiver vinculado no momento do requerimento, sendo o mesmo calculado na forma da respectiva legislação.

Assim, se o interessado estiver vinculado ao Regime Geral de Previdência Social no momento do requerimento do benefício, este será o regime competente para calcular e conceder-lhe o benefício solicitado. Sendo o mesmo vinculado a um Regime Próprio de Previdência Social (como servidor público ou militar), a este regime caberá a concessão do benefício, conforme regras a ele aplicadas.

3. DOCUMENTO NECESSÁRIO — CERTIDÃO DE TEMPO DE CONTRIBUIÇÃO

3.1. Expedição pelo INSS — Tempo de serviço vinculado ao RGPS

O documento necessário à contagem recíproca do tempo de serviço para o Regime Próprio de Previdência Social é a Certidão de Tempo de Contribuição, a ser obtida junto ao INSS quando se tratar de tempo de serviço vinculado ao Regime Geral de Previdência Social.

O setor competente do Instituto Nacional do Seguro Social — INSS deverá, assim, promover o levantamento do tempo de filiação ao RGPS, considerando-se os assentamentos internos (Cadastro Nacional de Informações Sociais — CNIS) ou as anotações na Carteira de Trabalho ou na Carteira de Trabalho e Previdência Social do interessado, ou ainda de outros meios de prova admitidos em direito.

A Certidão somente será expedida, por óbvio, se comprovada a quitação de todos os valores devidos, inclusive eventuais parcelamentos de débitos para com o INSS.

3.2. Expedição pelo setor competente da administração federal estadual, do Distrito Federal ou municipal — Tempo de serviço vinculado a regime próprio

Também para o Regime Geral de Previdência Social, o documento necessário à contagem recíproca do tempo de serviço é a Certidão de Tempo de Contribuição, a ser expedida pelo setor competente da administração federal, estadual, do Distrito Federal e municipal, suas autarquias e fundações, relativamente ao tempo de contribuição para o respectivo regime próprio de previdência social.

Assim, o setor competente do órgão federal, estadual, do Distrito Federal ou municipal deverá promover o levantamento do tempo de contribuição para o respectivo regime próprio de previdência social considerando-se, para tal, os assentamentos funcionais existentes.

3.3. Conteúdo

A Certidão de Tempo de Contribuição, expedida tanto pelo INSS quanto pelo setor competente da administração pública, não poderá conter qualquer rasura, devendo constar, obrigatoriamente, as seguintes informações (§ 3º do art. 130 do Decreto n. 3.048/99):

a) órgão expedidor;

b) nome do servidor e seu número de matrícula;

c) período de contribuição, de data a data, compreendido na certidão;

d) fonte de informação;

e) discriminação da freqüência durante o período abrangido pela certidão, indicadas as várias alterações, tais como faltas, licenças, suspensões e outras ocorrências;

f) soma do tempo líquido;

g) declaração expressa do servidor responsável pela certidão, indicando o tempo líquido de efetiva contribuição em dias, ou anos, meses e dias;

h) assinatura do responsável pela certidão, visada pelo dirigente do órgão expedidor; e

i) indicação da lei que assegure, aos servidores do Estado, do Distrito Federal ou do Município, aposentadorias por invalidez, idade, tempo de contribuição e compulsória, e pensão por morte, com aproveitamento de tempo de contribuição prestado em atividade vinculada ao RGPS.

Obs.: Importante atentar-se ao fato de que a certidão só poderá ser fornecida para os períodos de efetiva contribuição para o Regime Geral de Previdência Social (exceto para segurado empregado e trabalhador avulso, cuja responsabilidade pelo recolhimento é do empregador ou tomador dos serviços), devendo ser excluídos aqueles para os quais não tenha havido contribuição, salvo se recolhida na forma dos §§ 7º a 14 do art. 216 do Decreto n. 3.048/99.

A certidão de tempo de contribuição deverá ser expedida em duas vias, das quais a primeira será fornecida ao interessado, mediante recibo passado na segunda via, implicando sua concordância quanto ao tempo certificado. Sendo expedida pelo INSS, este deverá efetuar na CTPS do interessado (se este a possuir) anotação assinada pelo servidor responsável, com o visto do dirigente, com o seguinte teor (Decreto n. 3.048/99, art. 130, § 5º):

> *"Certifico que nesta data foi fornecida ao portador desta, para os efeitos da Lei n. 8.213, de 24 de julho de 1991, certidão de tempo de contribuição, consignando o tempo líquido de efetiva contribuição de......... dias, correspondendo a........ anos,........meses e......dias, abrangendo o período de.......... a..........."*

Quando solicitado pelo segurado que exerce cargos constitucionalmente acumuláveis (art. 37 da CF/88), é permitida a emissão de certidão única com destinação do tempo de contribuição para, no máximo, dois órgãos distintos. Nesta situação, a certidão de tempo de contribuição deverá ser expedida em três vias, das quais a primeira e a segunda serão fornecidas ao interessado, mediante recibo passado na terceira via, implicando sua concordância quanto ao tempo certificado.

Poderá ser emitida, por solicitação do segurado, certidão de tempo de contribuição para período fracionado. Trata-se de períodos de exercício de atividade com interrupções, hipótese em que a certidão conterá informação de todo o tempo de contribuição ao Regime Geral de Previdência Social e a indicação dos períodos a serem aproveitados no regime próprio de previdência social.

Repita-se, por fim, pela importância do fato, que em hipótese alguma será expedida certidão de tempo de contribuição para período que já tiver sido utilizado para a concessão de aposentadoria, em qualquer regime de previdência social.

3.4. Segurado em gozo do benefício de auxílio-acidente

O segurado do RGPS em gozo do benefício de auxílio-acidente terá o benefício encerrado na data da emissão da Certidão de Tempo de Contribuição — art. 129 do Decreto n. 3.048/99.

O encerramento igualmente se aplicará aos benefícios de auxílio-suplementar ou abono de permanência em serviço, para os segurados que os percebem em decorrência de direito adquirido, já que se tratam de benefícios extintos.

4. PROCEDIMENTOS OPERACIONAIS APÓS A CONCESSÃO DO BENEFÍCIO

Concedido o benefício, caberá ao INSS comunicar o fato ao órgão público emitente da certidão, para as anotações nos registros funcionais e/ou na segunda via da certidão de tempo de contribuição.

Ao órgão público caberá comunicar o fato ao INSS, para efetuar os registros cabíveis.

5. COMPENSAÇÃO FINANCEIRA ENTRE OS REGIMES PREVIDENCIÁRIOS

Conforme disposições constantes do § 9º do art. 201 da Constituição Federal, supratranscrito, é necessário que os diversos regimes de previdência social se compensem financeiramente para que seja possível a contagem recíproca do tempo de contribuição para fins de aposentadoria.

Esta compensação financeira, atualmente disciplinada pela Lei n. 9.796/99 (regulamentada pelo Decreto n. 3.112/99), será efetuada pelos demais sistemas ao sistema previdenciário a que o interessado estiver vinculado ao requerer o benefício, e somente em relação aos respectivos tempos de contribuição ou de serviço por eles certificados.

Administrativamente, a partir da Portaria MPAS n. 6.209, de 17.12.1999, o que for referente à compensação financeira passou a ser tratado como "Compensação Previdenciária", ou seja, o Ministério da Previdência Social denomina como "compensação previdenciária" o acerto de contas entre o RGPS e os Regimes Próprios de Previdência Social referente ao tempo de contribuição utilizado na concessão de benefício, mediante contagem recíproca na forma da Lei n. 6.226/75, e legislação subseqüente.

Fundamentação: Lei n. 8.212/91, art. 45; Lei n. 8.213/91, arts. 94 a 99; Decreto n. 3.048/99, arts. 125 a 135.

Capítulo XLII

Acumulação de Benefícios

1. PROIBIÇÕES

Salvo no caso de direito adquirido, não é permitido o recebimento conjunto dos seguintes benefícios da previdência social, inclusive quando decorrentes de acidente do trabalho:

a) aposentadoria com auxílio-doença;

b) mais de uma aposentadoria;

c) aposentadoria com abono de permanência em serviço;

d) salário-maternidade com auxílio-doença;

e) mais de um auxílio-acidente;

f) mais de uma pensão deixada por cônjuge;

g) mais de uma pensão deixada por companheiro ou companheira;

h) mais de uma pensão deixada por cônjuge e companheiro ou companheira; e

i) auxílio-acidente com qualquer aposentadoria.

Nos casos das letras "f", "g" e "h" é facultado ao dependente optar pela pensão mais vantajosa. Observe-se, ainda, que a acumulação de pensão deixada por cônjuge e/ou companheiro era permitida até 28.4.1995, data anterior à publicação da Lei n. 9.032.

1.1. Benefício previdenciário e seguro-desemprego

É vedado, ainda, o recebimento conjunto do seguro-desemprego com qualquer benefício de prestação continuada da previdência social, exceto pensão por morte, auxílio-reclusão, auxílio-acidente, auxílio-suplementar ou abono de permanência em serviço.

1.2. Benefício previdenciário e pensão especial aos deficientes físicos portadores da síndrome da talidomida

É permitida a acumulação dos benefícios previdenciários com o benefício de que trata a Lei n. 7.070, de 20.12.1982 (pensão especial aos deficientes físicos portadores da síndrome da talidomida), que não poderá ser reduzido em razão de eventual aquisição de capacidade laborativa ou de redução de incapacidade para o trabalho ocorrida após a sua concessão.

Considerando sua natureza indenizatória, no entanto, a Pensão Especial aos Deficientes Físicos da Síndrome da Talidomida é inacumulável com qualquer rendimento, indenização por danos físicos, benefícios assistenciais da LOAS — Lei Orgânica da Assistência Social ou com renda mensal vitalícia que, a qualquer título, venha a ser paga pela União.

1.3. Auxílio-reclusão — Acumulação com auxílio-doença ou aposentadoria

A contar de 13.12.2002, data da publicação da Medida Provisória n. 83 (convalidada pela Lei n. 10.666/03), o segurado recluso, ainda que permaneça contribuindo para a Previdência Social em razão do exercício de atividade remunerada, não faz jus aos benefícios de auxílio-doença e de aposentadoria durante a percepção, pelos dependentes, do auxílio-reclusão, permitida a opção, desde que manifestada, também, pelos dependentes, pelo benefício mais vantajoso.

2. Segurados aposentados — Acumulação de benefícios

Salvo nos casos de aposentadoria por invalidez, o retorno do aposentado à atividade não prejudica o recebimento de sua aposentadoria, que será mantida no seu valor integral. Lembre-se, no entanto, que o segurado que detém Aposentadoria Especial terá seu benefício cessado automaticamente caso permaneça no exercício de atividade ou operação que o sujeite a agentes nocivos, qualquer que seja a forma de prestação dos serviços ou categoria de segurado.

O segurado em gozo de aposentadoria por tempo de contribuição, especial ou por idade, que voltar a exercer atividade abrangida pelo Regime Geral de Previdência Social, somente terá direito ao salário-família e à reabilitação profissional, quando empregado ou trabalhador avulso.

Fundamentação: Lei n. 8.213/91, art. 124; Decreto n. 3.048/99, arts. 167, 168 e 173.

Capítulo XLIII

Reconhecimento do Tempo de Filiação

1. CONCEITO

Nos termos do art. 121 do Decreto n. 3.048/99, reconhecimento de filiação é o direito que assiste ao segurado em ter reconhecido, em qualquer época, o tempo de exercício de atividade anteriormente abrangida pela previdência social. O pedido de reconhecimento do exercício de atividade para retroação da Data de Início de Contribuição (DIC) dar-se-á mediante a formalização de processo administrativo devidamente protocolizado e encaminhado ao Serviço/Seção/Setor de Benefício da APS.

Assim, poderá ser objeto de contagem do tempo de contribuição para o RGPS (Instrução Normativa INSS n. 20/07, art. 303):

I — o período em que o exercício da atividade não exigia filiação obrigatória à Previdência Social, desde que efetivado pelo segurado o recolhimento das contribuições correspondentes;

II — o período em que o exercício de atividade exigia filiação obrigatória à Previdência Social como segurado contribuinte individual, desde que efetivado o recolhimento das contribuições devidas, no caso de retroação da data de início das contribuições.

Note-se, assim, ser vedado o reconhecimento de tempo de filiação para o segurado facultativo, cuja filiação ao RGPS representa ato volitivo. A este segurado, portanto, não é permitido retroagir e tampouco indenizar contribuições relativas a competências anteriores à data de sua inscrição.

Obs.: Para fins de contagem recíproca, poderá ser certificado para a administração pública o tempo de contribuição do RGPS correspondente ao período em que o exercício de atividade exigia ou não a filiação obrigatória à Previdência Social, desde que efetivada pelo segurado a indenização das contribuições correspondentes. Sobre o tema, ver Parte V, Capítulo XLI, desta obra.

2. INDENIZAÇÃO

Reconhecido o exercício de atividade pelo Serviço/Seção/Setor de Benefício da Agência de Previdência Social, o processo será encaminhado ao Serviço/Seção/Setor de Arrecadação da APS, para que sejam efetuados o cálculo e a cobrança das contribuições sociais previdenciárias devidas (indenização do período).

Obs.: A Lei n. 11.457/07, que criou a Secretaria da Receita Federal do Brasil, determina em seu artigo 5º permanecer como competência do INSS o cálculo de contribuições em atraso para fins de inclusão do tempo no benefício de aposentadoria.

Indenização é, portanto, o pagamento efetuado pelo interessado ao INSS, referente às contribuições relativas ao exercício de atividade remunerada, cuja filiação à Previdência Social não era obrigatória. Assim, o reconhecimento de filiação no período em que o exercício de atividade remunerada não exigia filiação obrigatória à previdência social somente será permitido mediante o pagamento das contribuições relativas ao respectivo período.

2.1. Período de filiação obrigatória

2.1.1. Base de cálculo — Períodos anteriores a abril/95

Comprovado o exercício de atividade remunerada, em períodos anteriores ou posteriores à inscrição, para fins de concessão de benefícios, referentes a competências até março de 1995, inclusive, será exigido do contribuinte individual, a qualquer tempo, o recolhimento das correspondentes contribuições, assim calculadas:

I — a base de cálculo será apurada pela média aritmética simples dos maiores salários-de-contribuição correspondentes a 80% de todo o período contributivo decorrido desde 07/94, ainda que não recolhidas as contribuições correspondentes, corrigidos mês a mês pelos mesmos índices utilizados para a obtenção do salário-de-benefício, observados os limites mínimo e máximo do salário-de-contribuição (R$ 415,00 e R$ 3.038,99, respectivamente);

II — a contribuição devida será apurada aplicando-se a alíquota de vinte por cento sobre a base de cálculo encontrada na forma do inciso anterior;

III — sobre as contribuições devidas e apuradas na forma do item II incidirão juros de mora de 0,5% ao mês, capitalizados anualmente e limitados ao percentual máximo de 50%, além de multa de 10%.

Contando o segurado com menos de trinta e seis salários-de-contribuição, a base de cálculo corresponderá à soma dos salários-de-contribuição, dividida pelo número de contribuições apuradas.

Obs.: Não existindo salário-de-contribuição no período básico de cálculo, a base de incidência será o equivalente ao valor do salário mínimo vigente na data do requerimento. Caso o segurado possua menos de 36 meses de salário-de-contribuição no período básico de cálculo (07/94 em diante), a base de incidência corresponderá à soma dos salários-de-contribuição existentes, dividida pelo número de meses apurado.

2.1.2. Base de cálculo — Períodos a contar de abril/95

Comprovado o exercício de atividade remunerada, a partir de abril de 1995, em períodos anteriores ou posteriores à inscrição, para fins de concessão de benefícios será exigido do contribuinte individual, a qualquer tempo, o recolhimento das correspondentes contribuições, calculadas nos termos do recolhimento em atraso normalmente adotado (juros pelo SELIC e multa), critério que poderá ser observado nesta obra, Parte III, Capítulo XVII, item 10.

Deverá ser observado, no entanto, que (IN SRP n. 3/05, art. 101):

I — quando se tratar de segurado filiado ao RGPS anteriormente ao período em débito e durante a vigência da escala de salários-base, o salário-de-contribuição será o correspondente ao da classe na qual estava enquadrado naquela escala;

II — quando se tratar de segurado filiado ao RGPS até 28.11.1999, que ainda não tenha contribuído na escala de salários-base, ou que tenha iniciado o exercício desta atividade concomitantemente com a atividade de empregado, inclusive empregado doméstico e trabalhador avulso, o salário-de-contribuição será o da classe inicial da escala de salários-base vigente na data do vencimento da competência a ser recolhida, ou qualquer valor entre o correspondente ao da classe inicial e o da classe mais próxima da média aritmética simples dos seis últimos salários-de-contribuição na condição de segurado empregado, inclusive empregado doméstico e trabalhador avulso (enquadramento), caso não tenha ocorrido perda da qualidade de segurado entre a cessação do vínculo empregatício e a data de início da atividade sujeita a salário-base, que também determina o enquadramento na classe inicial;

III — quando se tratar de segurado filiado até 28.11.1999, que tenha perdido a qualidade de segurado após esta data, para os fatos geradores ocorridos a partir da nova filiação, o salário-de-contribuição será a remuneração auferida em uma ou mais empresas ou pelo exercício de atividade por conta própria, durante o mês, observados os limites mínimo e máximo do salário-de-contribuição;

IV — quando se tratar de segurado filiado a partir de 29.11.1999, para fatos geradores ocorridos até 31.3.2003, o salário-de-contribuição será a remuneração auferida em uma ou mais empresas ou pelo exercício de atividade por conta própria, durante o mês, observado os limites mínimo e máximo do salário-de-contribuição;

V — independentemente da data de filiação, para fatos geradores ocorridos a partir de 1º.4.2003, o salário-de-contribuição será a remuneração auferida em uma ou mais empresas ou pelo exercício de sua atividade por conta própria, durante o mês, observados os limites mínimo e máximo do salário-de-contribuição.

Para os segurados filiados até 28.11.1999, durante a vigência da escala transitória de salários-base, as contribuições devem ser calculadas com base no salário-de-contribuição correspondente à classe em que estava enquadrado o segurado na competência imediatamente anterior à competência em débito, sendo que, para a classe inicial, o contribuinte poderá optar por qualquer valor dentro do intervalo desta classe.

A contribuição devida é apurada aplicando-se a alíquota de 20% sobre o salário-de-contribuição.

2.2. Indenização de atividade remunerada que não exigia filiação obrigatória ao RGPS

No caso de o segurado manifestar interesse em indenizar contribuições relativas a período em que o exercício de atividade remunerada não exigia filiação obrigatória à previdência social, será aplicado o critério de indenização disposto neste item 2, desde que a atividade tenha se tornado de filiação obrigatória.

2.3. Pagamento das indenizações/contribuições

As contribuições/indenizações para fins de reconhecimento de tempo de filiação deverão ser recolhidas aos cofres previdenciários até o último dia útil do mês do processamento do cálculo.

Comprovado o exercício de atividade remunerada em período de filiação obrigatória e não tendo sido efetuado o recolhimento das contribuições apuradas, o segurado será considerado inadimplente perante a Previdência Social. E as contribuições não alcançadas pelo instituto da decadência (5 anos, conforme entendimentos do STJ) serão então objeto de constituição de crédito previdenciário, o qual será lançado pelo Serviço de Fiscalização da Gerência Executiva, com base na planilha de cálculo das contribuições e informações cadastrais do segurado.

Já as contribuições alcançadas pela decadência somente devem ser pagas caso o segurado pretenda computar o tempo de contribuição para fins de obtenção de benefício previdenciário.

2.3.1. Parcelamento do débito

O valor a ser indenizado poderá ser objeto de parcelamento mediante solicitação do segurado, observadas as normas existentes. Entretanto, a certidão de tempo de contribuição, para fins de averbação do tempo em outros regimes de previdência, somente será expedida pelo INSS após a comprovação da quitação de todos os valores devidos, inclusive de eventuais parcelamentos de débito.

Dispõe ainda o Decreto n. 3.048/99, no § 2º do art. 122, que para fins de concessão dos benefícios de aposentadoria por invalidez, aposentadoria por idade, aposentadoria por tempo de contribuição, aposentadoria especial, auxílio-doença e auxílio-acidente não será admitido o parcelamento de débito.

2.4. Tempo de serviço prestado pelo trabalhador rural anteriormente a novembro/91

Para fins de concessão dos benefícios mantidos pelo Regime Geral de Previdência Social, o tempo de serviço prestado pelo trabalhador rural anteriormente à competência novembro/91 sempre será reconhecido, desde que devidamente comprovado, e independentemente de indenização.

Não obstante, para fins de contagem recíproca, o tempo de serviço somente será reconhecido mediante indenização, o que pode ser observado na Parte V, Capítulo XLI, subitem 1.2.

3. RETROAÇÃO DA DATA DO INÍCIO DAS CONTRIBUIÇÕES — CONTRIBUINTE INDIVIDUAL

Para comprovar o exercício de atividade remunerada, com vistas à concessão de benefícios, será exigido do contribuinte individual, a qualquer tempo (e sem a aplicação de prazo decadencial ou prescricional), o recolhimento das correspondentes contribuições previdenciárias.

Assim, caso o segurado contribuinte individual manifeste interesse em recolher contribuições relativas a período anterior a sua inscrição, a retroação da data do início das contribuições será autorizada pelo INSS somente se comprovado o exercício de atividade remunerada no respectivo período, observados os critérios para indenização mencionados no item 2, *supra*.

O valor do débito poderá ser objeto de parcelamento mediante solicitação do segurado junto ao setor de arrecadação e fiscalização do INSS, exceto para fins de concessão dos benefícios de aposentadoria por invalidez, aposentadoria por idade, aposentadoria por tempo de contribuição, aposentadoria especial, auxílio-doença e auxílio-acidente, conforme § 2º do art. 122 do Decreto n. 3.048/99.

3.1. Comprovação do exercício da atividade profissional

A comprovação de atividade profissional do contribuinte individual, anteriormente à data de sua inscrição, deverá ser efetuada junto ao INSS através dos seguintes documentos (IN INSS n. 20/07, art. 304):

I — para o motorista: mediante carteira de habilitação, certificado de propriedade ou co-propriedade de veículo, certificado de promitente comprador, contrato de arrendamento ou cessão de automóvel para, no máximo, dois profissionais sem vínculo empregatício, certidão do Departamento de Trânsito (Detran) ou quaisquer documentos contemporâneos que comprovem o exercício da atividade;

II — para os profissionais liberais com formação universitária: mediante inscrição no respectivo conselho de classe e documentos que comprovem o efetivo exercício da atividade;

III — para os autônomos em geral: comprovante do exercício da atividade ou inscrição na prefeitura e respectivos recibos de pagamentos do Imposto Sobre Serviço (ISS), em época própria ou declaração de imposto de renda, entre outros.

Se o documento apresentado pelo segurado não atender à comprovação pretendida, a prova exigida pode ser complementada por outros documentos que levem à convicção do fato a comprovar, inclusive mediante Justificação Administrativa, tema abordado nesta obra, Parte V, Capítulo XLIV.

4. DESISTÊNCIA DO RECONHECIMENTO DE FILIAÇÃO AO RGPS

O requerente, seja ele segurado do RGPS ou servidor público, poderá, a qualquer tempo, desistir do reconhecimento de filiação obrigatória ou não à Previdência Social, no todo ou em parte, relativo ao período alcançado pela decadência, desde que as contribuições não tenham sido quitadas, vedada a restituição.

Fundamentação: Lei n. 8.212/91, art. 45; Decreto n. 3.048/99, arts. 121 a 124 e 356; Instrução Normativa SRP n. 3/05, art. 101; Instrução Normativa INSS n. 20/07, arts. 302 a 325.

Capítulo XLIV

Justificação Administrativa

1. CONCEITO

A Justificação Administrativa (JA) constitui recurso utilizado para suprir a falta ou insuficiência de documento ou produzir prova de fato ou circunstância de interesse dos beneficiários ou empresas, perante a previdência social, com exceção tão-somente do que se referir a registros públicos de casamento, idade ou óbito, ou de qualquer ato jurídico para o qual a legislação prescreva forma especial.

Note-se, portanto, que o processo de Justificação Administrativa é parte de um processo antecedente (processo de benefício, certidão de tempo de contribuição ou atualização de dados do CNIS), onde se tenha constatado a insuficiência de prova documental, não sendo permitida, em nenhuma hipótese, sua tramitação na condição de processo autônomo.

2. NECESSIDADE DE INDÍCIO DE PROVA DOCUMENTAL

A justificação administrativa ou judicial, no caso da comprovação de tempo de serviço exigida para fins de obtenção de aposentadoria por tempo de contribuição (art. 62 do Decreto n. 3.048/99), dependência econômica, identidade e de relação de parentesco, somente produzirá efeito perante a Previdência Social quando baseada em início de prova material, não sendo admitida prova exclusivamente testemunhal.

Assim, somente será admitido pelo INSS o processamento de justificação administrativa na hipótese de ficar evidenciada a inexistência de outro meio capaz de configurar a verdade do fato alegado, e o início de prova material apresentado levar à convicção do que se pretende comprovar. Tal exigência, no entanto, consta apenas do art. 143 do Decreto n. 3.048/99, sendo omissa a Lei n. 8.213/91 quanto ao tópico.

Nos termos do Decreto regulamentador, portanto, e em se tratando de comprovação de tempo de serviço para fins de Aposentadoria por Tempo de Contribuição, será dispensado o início de prova material somente quando houver ocorrência de motivo de força maior ou caso fortuito.

Caracteriza motivo de força maior ou caso fortuito a verificação de ocorrência notória, tais como incêndio, inundação ou desmoronamento, que tenha atingido a empresa na qual o segurado alegue ter trabalhado, devendo ser comprovada mediante registro da ocorrência policial feito em época própria ou apresentação de documentos contemporâneos dos fatos, e verificada a correlação entre a atividade da empresa e a profissão do segurado. Do registro da ocorrência policial ou da certidão do Corpo de Bombeiros ou da Defesa Civil, deverão constar, além da identificação da empresa atingida pelo sinistro, o endereço, os setores atingidos, a documentação destruída, os danos causados, assim como outras informações julgadas úteis.

Se a empresa não estiver mais em atividade, deverá o interessado juntar prova oficial de sua existência no período que pretende comprovar. Servem como provas de existência da empresa as certidões expedidas por Prefeitura, por Secretaria de Fazenda, por Junta Comercial, por Cartório de Registro Especial ou por Cartório de Registro Civil, nas quais constem nome, endereço e razão social do empregador e data de encerramento, de transferência ou de falência da empresa.

2.1. Requisitos necessários com relação à documentação apresentada

A prova de exercício de atividade deverá ser feita por documento contemporâneo que configure a verdade do fato alegado ou que possa levar à convicção do que se pretende comprovar, observando-se que (Instrução Normativa INSS n. 20/07, art. 374):

a) se o segurado pretender comprovar o exercício de atividade na condição de empregado, a documentação apresentada deverá propiciar a convicção quanto ao alegado, constando a designação da atividade, bem como a da empresa em que deseja demonstrar ter trabalhado;

b) a Justificação Administrativa deve ser processada mediante a apresentação de início de prova material, devendo ser demonstrado um ou mais indícios como marco inicial e outro como marco final, bem como, se for o caso, outro para o período intermediário, a fim de comprovar a continuidade do exercício da atividade;

c) a aceitação de um único documento restringirá a prova apenas para o ano a que ele se referir.

2.2. Empregado doméstico e contribuinte individual — Cobrança do crédito

No caso dos segurados empregado doméstico e contribuinte individual, após a homologação do processo, este deverá ser encaminhado ao setor competente de arrecadação para levantamento e cobrança do crédito (§ 4º do art. 143 do Decreto n. 3.048/99).

Em face da omissão legal sobre o tópico, conforme informado, e sua previsão tão-somente no Decreto regulamentador, o procedimento de cobrança dos créditos aos trabalhadores domésticos não encontra qualquer respaldo legal. Isto porque compete ao empregador doméstico a responsabilidade pela arrecadação e recolhimento das contribuições previdenciárias do trabalhador a seu serviço, não podendo o INSS atribuir ao empregado as penalidades por seu descumprimento.

2.3. Homologação judicial com base em prova exclusivamente testemunhal

Nos termos do art. 144 do Decreto n. 3.048/99, a homologação da justificação judicial processada com base em prova exclusivamente testemunhal dispensa a justificação administrativa, se complementada com início razoável de prova material.

3. PROCESSAMENTO — TESTEMUNHAS

Conforme regras constantes no art. 145 do Decreto n. 3.048/99, para o processamento de justificação administrativa o interessado deverá apresentar um requerimento ao INSS expondo, de forma clara e detalhada, os pontos que pretende justificar, indicando testemunhas idôneas (em número não inferior a três nem superior a seis), cujos depoimentos possam levar à convicção da veracidade do que se pretende comprovar.

As testemunhas, no dia e hora marcados, serão inquiridas (separadamente) a respeito dos pontos que forem objeto da justificação, indo o processo concluso, a seguir, à autoridade que houver designado o processante, a quem competirá homologar ou não a justificação realizada.

Se o justificante estiver presente no ato da indagação da testemunha, poderá formular perguntas, as quais serão dirigidas ao processante, que as formulará à testemunha, podendo indeferir as que entender impertinentes, fazendo constar do termo a ocorrência — IN INSS n. 20/07, art. 382, § 5º.

Terminada a oitiva de cada depoente, o termo será lido em voz alta pelo processante ou pelo próprio depoente, sendo colhida a assinatura do depoente, a do justificante ou seu procurador, se presentes, e a do processante, que deverão, também, obrigatoriamente, rubricar todas as folhas de depoimento das testemunhas — IN INSS n. 20/07, art. 382, § 6º.

Obs.: Quando o depoente não for alfabetizado, deverá, em lugar da assinatura, apor a impressão digital, na presença de duas testemunhas.

Processada sem ônus para o interessado, a justificação administrativa será avaliada globalmente quanto à forma e ao mérito, valendo perante o INSS para os fins especificamente visados, caso considerada eficaz — Decreto n. 3.048/99. art. 148.

Aos autores de declarações falsas, prestadas em justificações processadas perante a previdência social, serão aplicadas as penas previstas no art. 299 do Código Penal.

3.1. Testemunhas não admitidas

Não podem ser testemunhas (IN INSS n. 20/07, art. 380):

a) os loucos de todo o gênero;

b) os que, acometidos por enfermidade ou por debilidade mental à época de ocorrência dos fatos, não podiam discerni-los; ou, ao tempo sobre o qual devem depor, não estiverem habilitados a transmitir as percepções;

c) os menores de dezesseis anos;

d) o cônjuge, bem como o ascendente e o descendente em qualquer grau;

e) o cego e o surdo, quando a ciência do fato depender dos sentidos que lhes faltam;

f) o colateral, até terceiro grau, assim como os irmãos e as irmãs, os tios e tias, os sobrinhos e sobrinhas, os cunhados e as cunhadas, as noras e os genros ou qualquer outro por consangüinidade ou por afinidade;

g) o que é parte interessada; e

h) o que intervém em nome de uma parte, como tutor na causa do menor.

3.2. Testemunhas com residência em local diverso

Na hipótese de a testemunha residir em localidade distante ou em localidade pertencente à Zona de Influência de outra Agência de Previdência Social, a essa APS será encaminhado o processo, a fim de ser convocada a testemunha e feita a oitiva, devendo ser observada a competência para se efetuar o relatório, a conclusão e o julgamento — IN INSS n. 20/07, art. 383.

3.3. Termo aditivo

Se após a conclusão da JA, o segurado apresentar outros documentos contemporâneos aos fatos alegados que, somados aos já apresentados e ao exposto nos depoimentos, levem à convicção de que os fatos ocorreram em período mais extenso do que o já homologado, poderá ser efetuado termo aditivo, desde que autorizado por quem de competência (IN INSS n. 20/07, art. 384).

3.4. Recurso — Não cabimento

Nos termos do art. 147 do Decreto n. 3.048/99, não caberá recurso da decisão da autoridade competente do INSS que considerar eficaz ou ineficaz a justificação administrativa. Novo pedido de JA para prova de fato já alegado e não provado e a reinquirição das testemunhas igualmente não serão admitidos.

Fundamentação: Lei n. 8.213/91, art. 108; Decreto n. 3.048/99, arts. 142 a 151, alterado pelo Decreto n. 3.265/99; Instrução Normativa INSS n. 20/07, arts. 372 a 389.

Capítulo XLV

Convênios

1. POSSIBILIDADE — PROPONENTES

A Previdência Social se encontra autorizada a firmar convênios para prestação de serviços referentes ao processamento e ao pagamento de benefícios previdenciários e acidentários, para emissão de Certidão de Tempo de Contribuição, para pagamento de salário-família a trabalhador avulso ativo, para a inscrição de beneficiários, para a realização de Perícia Médica e para Reabilitação Profissional com as seguintes entidades/instituições (proponentes):

a) empresas;

b) sindicatos;

c) entidades de aposentados;

d) órgãos da administração pública direta, indireta, autárquica e fundacional do Distrito Federal, estados e municípios.

Obs.: Com os Órgãos Gestores de Mão-de-Obra (OGMO) poderá ser firmado convênio para pagamento do salário-família.

Observe-se, no entanto, que somente poderão celebrar convênio os interessados que tenham organização administrativa, com disponibilidade de pessoal para a execução dos serviços que forem convencionados, em todas as localidades abrangidas, independentemente do número de empregados ou de associados, e que comprovem regularidade fiscal perante o INSS, a Fazenda Federal, a estadual e a municipal, e com o FGTS, conforme o art. 29 da Lei n. 8.666/93 — IN INSS n. 20/07, art. 521, § 3º.

As entidades acima relacionadas, denominadas proponentes, deverão celebrar convênio em cada Gerência-Executiva do INSS onde ele será executado, sendo que uma Gerência-Executiva poderá atender à demanda de outras localidades, desde que tais procedimentos sejam previamente acordados entre as gerências envolvidas.

Aprovado e firmado o convênio, a entidade proponente passa a denominar-se "convenente", cumprindo-nos esclarecer que esta não receberá qualquer remuneração do INSS, tampouco dos beneficiários, pela execução dos serviços objeto do convênio. Trata-se, pois, de serviço prestado gratuitamente, com único objeto de colaborar com o INSS para a melhoria do atendimento.

1.1. Empresas com 4.000 ou mais empregados

Nos termos do § 4º do art. 521 da Instrução Normativa INSS n. 20/07, "a empresa ou o grupo de empresas que possuir um quadro de pessoal de quatro mil empregados ou mais poderá celebrar convênio com o INSS para a criação de unidade

Prisma-Empresa via web, de processamento de requerimento de aposentadoria e pensão previdenciária e acidentária, desde que todas as condições para a celebração sejam atendidas, que a empresa ou o grupo disponha de equipamentos e de recursos humanos para a implantação do empreendimento, além de que haja disponibilidade de pontos de acesso".

2. ABRANGÊNCIA E ENCARGOS

A prestação de serviços aos beneficiários em regime de convênio poderá abranger a totalidade ou parte dos seguintes encargos (Instrução Normativa INSS n. 20/07, art. 523):

a) processamento de requerimento de benefícios previdenciários e acidentários devidos a empregados e associados, processamento de requerimento de pensão por morte e de auxílio-reclusão devidos aos dependentes dos empregados e dos associados da convenente;

b) pagamento de benefícios devidos aos empregados e a associados da convenente;

c) pagamento de pensão por morte e de auxílio-reclusão devidos aos dependentes dos empregados e dos associados da convenente;

d) Reabilitação Profissional dos empregados e dos associados da convenente;

e) pedido de revisão dos benefícios requeridos pelos empregados e pelos associados da convenente;

f) interposição de recursos a serem requeridos pelos empregados e pelos associados da convenente;

g) inscrição de segurados no RGPS;

h) pagamento de cotas de salário-família a trabalhador avulso ativo, sindicalizado ou não;

i) formalização de processo de pedido de CTC, para fins de contagem recíproca em favor dos servidores da convenente.

Obs.: A concessão, a conferência e a formatação dos pedidos de benefícios e a emissão das CTC são de competência exclusiva do INSS.

Os encargos relativos a serviços e benefícios previdenciários/acidentários, observadas as normas do INSS, se encontram relacionados no art. 525 da Instrução Normativa INSS n. 20/07, compreendendo as seguintes atividades:

I — preparação e instrução dos pedidos, processamento dos benefícios em sistema próprio e acompanhamento processual até o encerramento ou o retorno do encargo ao INSS;

II — pagamento dos benefícios, inclusive durante a execução do Programa de Reabilitação Profissional;

III — pagamento de cotas de salário-família ao trabalhador avulso ativo, sindicalizado ou não, desde que ele não se encontre em gozo de benefício pelo INSS;

IV — formalização de processo de pedido de CTC — Certidão de Tempo de Contribuição, para fins de contagem recíproca, e transmissão e recepção de dados por meios adotados pelo INSS;

V — reabilitação profissional dos beneficiários, relacionada às atividades no trabalho, como medida educativa ou reeducativa, de adaptação ou de readaptação, que será homologada pelo INSS ou como medida de requalificação profissionalizante, quando, já em auxílio-doença previdenciário ou acidentário, o empregado ou o associado necessitar ser requalificado;

VI — apresentação mensal da relação de cotas de salário-família dos trabalhadores avulsos ativos, sindicalizados ou não, anexando, nas relações dos meses de novembro, o atestado de vacinação obrigatória para os dependentes com até seis anos e, nas relações dos meses de maio e novembro, o atestado de comprovação semestral de freqüência à escola do filho que tenha de sete a quatorze anos ou do equiparado, para fins de pagamento;

VII — informação ao INSS dos dados relativos às cotas de salário-família dos empregados e dos associados, quando do requerimento de benefícios;

VIII — instrução de pedidos de recursos e de revisão de benefícios requeridos por convênio, fazendo o acompanhamento processual até o encerramento ou retorno do encargo ao INSS;

IX— prestação de todas as informações pertinentes ao empregado ou ao associado, por médico da empresa responsável pela saúde ocupacional, quando solicitadas pelo INSS;

X — formalização de pedido de inscrição de segurados no RGPS;

XI — responsabilização pela retenção do Imposto de Renda sobre o valor mensal a ser pago ao beneficiário, fazendo o devido repasse à Receita Federal, fornecendo ao beneficiário a sua declaração anual de rendimentos, quando no convênio ficar ajustado que tal encargo é de responsabilidade da convenente;

XII — prestação das informações solicitadas pelo INSS, referentes aos pagamentos efetuados aos segurados e dependentes cujos valores foram objeto de provisionamento.

XIII — prestação de contas dos valores repassados aos segurados à Gerência executora do convênio, mensalmente, e de forma definitiva quando da rescisão ou resilição, sempre que no convênio houver a previsão do encargo de pagamento.

As cotas de salário-família correspondentes ao mês do afastamento do trabalho serão pagas, integralmente, pela convenente; as do mês de cessação do benefício serão pagas, integralmente, pelo INSS, não importando o dia em que recaiam as referidas ocorrências.

3. PAGAMENTO DOS BENEFÍCIOS

O prazo máximo para pagamento de benefícios aos segurados, realizado pelas entidades convenentes, é de dois dias úteis, contados da data do recebimento dos valores provisionados — IN INSS n. 20/07, art. 525, § 2º.

4. VALIDADE

Os convênios terão validade máxima de cinco anos, a contar da data de sua publicação no DOU, podendo ser prorrogados por igual período, de acordo com interesse das partes envolvidas — IN INSS n. 20/07, art. 529.

Não obstante, a qualquer tempo poderá ser proposta a rescisão do referido convênio, seja pelo INSS ou pela convenente, devendo o pedido ser formalizado com antecedência mínima de 60 dias — IN INSS n. 20/07, art. 532.

5. RESPONSABILIDADE CIVIL DAS CONVENENTES

Nos termos do art. 534 da Instrução Normativa INSS n. 20/07, as entidades/ instituições convenentes respondem civilmente pela veracidade dos documentos e das informações que oferecerem ao INSS, bem como também pelo procedimento adotado na execução dos serviços conveniados, responsabilizando-se por falhas ou erros de quaisquer natureza que acarretem prejuízo ao INSS, ao segurado ou a ambas as partes.

Fundamentação: Lei n. 8.213/91, art. 117; Decreto n. 3.048/99, arts. 311 a 315; Instrução Normativa INSS n. 20/07, arts. 521 a 536.

Capítulo XLVI

Decadência e Prescrição

1. DECADÊNCIA

A contar de 20.11.2003, data de publicação da Medida Provisória n. 138, convalidada na Lei n. 10.839/04, é de dez anos o prazo de decadência de todo e qualquer direito ou ação do segurado ou beneficiário para a revisão do ato de concessão de benefício, a contar do dia primeiro do mês seguinte ao do recebimento da primeira prestação ou, quando for o caso, do dia em que tomar conhecimento da decisão indeferitória definitiva no âmbito administrativo — Lei n. 8.213/91, art. 103.

Observe-se, no entanto, a seguinte série histórica:

a) até 27.6.1997 não havia prazo decadencial para pedido de revisão de ato concessório de benefício;

b) de 28.6.1997 a 22.10.1998, período de vigência da Medida Provisória n. 1.523-97, e reedições posteriores (convertida na Lei n. 9.528/97), o segurado teve o prazo de dez anos para requerer revisão do ato concessório ou indeferitório definitivo, no âmbito administrativo;

c) a contar de 23.10.1998, data da publicação da Medida Provisória n. 1.663-15 (convertida na Lei n. 9.711/98), o prazo decadencial passou a ser de cinco anos; e

d) a contar de 20.11.2003, o prazo voltou a ser de dez anos, nos termos da Medida Provisória n. 138/03, conforme inicialmente informado.

É importante salientar, contudo, que não corre prazo decadencial para os menores, os incapazes ou os ausentes, os termos da legislação civil.

1.1. Revisão administrativa — Impossibilidade

Conforme disposições constantes do art. 103-A da Lei n. 8.213/91 (acrescido pela Medida Provisória n. 138/03, convertida na Lei n. 10.839/03), o INSS não poderá cessar ou suspender o benefício previdenciário, e tampouco reduzir o seu valor, se este tiver sido concedido ou revisto há mais de dez anos, salvo apenas se comprovada má-fé pelo beneficiário.

Obs.: Para os benefícios concedidos ou revistos até 19.11.1998 não se aplica o novo prazo decadencial previsto no art. 103-A, da Lei n. 8.213/91, mas sim o disposto nos arts. 53 e 54 da Lei n. 9.784/99, tendo decaído o direito do INSS de revê-los, salvo comprovada má-fé.

Se comprovada má-fé, o benefício poderá ser cancelado a qualquer tempo, subsistindo a obrigação do segurado de devolver as quantias pagas pelo INSS de uma só vez, devidamente corrigidas.

Em se tratando de efeitos patrimoniais contínuos, o prazo decadencial deverá ser contado da percepção do primeiro pagamento.

Obs.: A Medida Provisória n. 242, de 24.3.2005 (DOU de 28.3.2005), tentou alterar a redação do art. 103-A, mas foi inicialmente suspensa por decisão liminar do STF em 1º.7.2005, sendo posteriormente rejeitada pelo Ato Declaratório do Presidente do Senado Federal n. 1, de 20.7.2005 (DOU de 21.7.2005).

2. PRESCRIÇÃO

Prescreve em cinco anos, a contar da data em que deveriam ter sido pagas, toda e qualquer ação para haver prestações vencidas ou quaisquer restituições ou diferenças devidas pela Previdência Social, salvo o direito dos menores, incapazes e ausentes, na forma do Código Civil.

Para os relativamente incapazes ocorre prescrição de acordo com o disposto no art. 3º e inciso I do art. 198 do Código Civil, a contar da data em que tenham completado dezesseis anos de idade e, para efeito de recebimento de parcelas de pensão por morte desde o óbito do instituidor, o requerimento do benefício deve ser protocolado até trinta dias após ser atingida a idade mencionada, independentemente da data em que tenha ocorrido o óbito.

Fundamentação: Lei n. 8.213/91, arts. 79, 103 e 103-A; Decreto n. 3.048/99, arts. 347 e 347-A; Instrução Normativa INSS n. 20/07, arts. 517 a 520.

Capítulo XLVII

Recursos Administrativos

1. CONSELHO DE RECURSOS DA PREVIDÊNCIA SOCIAL — CRPS

Conforme já mencionado no Capítulo XXIV, Parte III, desta obra, o Conselho de Recursos da Previdência Social — CRPS, órgão colegiado integrante da estrutura do Ministério da Previdência Social, é órgão de controle jurisdicional das decisões do INSS, nos processos de interesse dos beneficiários e dos contribuintes da seguridade social, compreendendo os seguintes órgãos:

I — 29 Juntas de Recursos, com a competência de julgar, em *primeira instância*, os recursos ordinários interpostos contra as decisões do INSS em matéria de benefícios previstos na legislação previdenciária, dos benefícios assistenciais de prestação continuada previstos no art. 20 da Lei n. 8.742/93 e também da aplicação das regras do nexo técnico epidemiológico de que trata o § 13 do art. 337 do Decreto n. 3.048/99;

Constitui alçada exclusiva das Juntas de Recursos, não comportando recurso à instância superior, as seguintes decisões colegiadas:

a) fundamentada exclusivamente em matéria médica, quando os laudos ou pareceres emitidos pela Assessoria Médica da Junta de Recursos e pelos Médicos Peritos do INSS apresentarem resultados convergentes; e

b) proferida sobre reajustamento de benefício em manutenção, em consonância com os índices estabelecidos em lei, exceto quando a diferença na Renda Mensal Atual — RMA decorrer de alteração da Renda Mensal Inicial — RMI.

Obs.: O acréscimo de uma Junta de Recursos se deu com a publicação do Decreto n. 5.254, de 27.10.2004 — DOU de 28.10.2004, o qual altera a redação do inciso I do § 1º do art. 303 do Regulamento da Previdência Social (Decreto n. 3.048/99). Até então o CRPS era composto apenas por 28 Juntas de Recursos.

II — 4 Câmaras de Julgamento, com sede em Brasília, com a competência para julgar, em *segunda instância*, os recursos especiais interpostos contra as decisões das Juntas de Recursos.

III — Conselho Pleno, com a competência para uniformizar a jurisprudência administrativa previdenciária através de enunciados; dirimir as divergências de entendimento jurisprudencial entre as Câmaras de Julgamento, por provocação de qualquer Conselheiro integrante das Câmaras ou da parte, por meio de uniformização de jurisprudência; deliberar acerca da perda de mandato de Conselheiros, nos casos em que o Presidente do CRPS entender necessário submeter à decisão do colegiado.

Obs.: Sobre a Composição do Conselho de Recursos da Previdência Social, ver Parte I, Capítulo V, desta obra.

A partir de 2.5.07, a competência do CRPS para julgamento de recursos referentes às contribuições para o RGPS foram transferidas para o 2º Conselho de Contribuintes do Ministério da Fazenda, onde serão instaladas Câmaras especializadas para essa finalidade (Lei n. 11.457/07, art. 29).

2. PROCEDIMENTO CONFORME A MATÉRIA

2.1. Concessão, atualização, revisão de benefícios ou emissão de certidão de tempo de contribuição

As decisões do INSS, em processos de interesse do beneficiário, serão comunicadas por escrito, de forma clara e objetiva, nas quais constarão o embasamento legal do indeferimento e o prazo para interposição de recurso — Instrução Normativa INSS n. 20/07, art. 391.

Das decisões proferidas pelas Agências da Previdência Social (APS) referentes ao reconhecimento de direitos na concessão, atualização ou revisão de benefícios, bem como quanto à emissão de Certidão de Tempo de Contribuição, poderão os interessados, quando não conformados, recorrer às Juntas de Recursos ou às Câmaras de Julgamento do CRPS — Conselho de Recursos da Previdência Social. Observe-se, no entanto, que somente os titulares de direitos e interesses que forem parte no processo têm legitimidade para interpor recurso administrativo.

Havendo interposição de recurso do interessado contra decisão do INSS, o processo deverá ser reanalisado e, se reformada totalmente a decisão, será concedido o benefício, efetuada a revisão ou expedida a CTC, conforme o caso, sendo que, em caso contrário, o processo deverá ser encaminhado para a Junta de Recursos, com o objetivo de ser julgado. No caso de reforma parcial de decisão do INSS, o processo terá curso relativamente à parte objeto da controvérsia — IN INSS n. 20/07, art. 485.

2.2. Conclusão médica desfavorável ao beneficiário

Nos termos do art. 486 da Instrução Normativa INSS n. 20/07, quando se tratar de interposição de recurso, nos casos de conclusão médica contrária à concessão, ou restabelecimento de benefício por incapacidade, o processo, devidamente formalizado e instruído, deverá ser encaminhado para pronunciamento da Perícia Médica da Agência da Previdência Social (APS), para que seja realizado exame por uma junta médica composta de, no mínimo, dois médicos peritos, pertencentes ao quadro de pessoal do INSS, competência a essa junta médica a emissão de parecer conclusivo.

Após a realização dos procedimentos pertinentes a Perícia Médica, o processo deverá retornar ao setor administrativo que:

a) se verificado, técnica e administrativamente, situação favorável à pretensão do recorrente, reformará a decisão impugnada, considerando-se prejudicado o recurso, por perda do objeto;

b) se mantida a decisão inicial, instruirá e encaminhará o recurso à instância julgadora.

Mesmo procedimento ocorrerá nos casos de interposição de recurso contra o indeferimento de benefício por falta de carência, perda da qualidade de segurado ou doença anterior ao ingresso/reingresso no Regime Geral da Previdência Social — RGPS.

3. RECURSOS — PRAZOS

O segurado ou o beneficiário possuem prazo de trinta dias para interposição de recurso à Junta de Recursos, sendo que na contagem deste prazo será excluído o dia do conhecimento da decisão, iniciando-se o curso do prazo no primeiro dia útil seguinte ao dia do conhecimento — IN INSS n. 20/07, art. 487.

O início ou o vencimento será prorrogado para o primeiro dia útil seguinte, quando essa data recair em dia em que não haja expediente integral no setor responsável pelo recebimento do recurso.

O prazo para interposição de recurso ou das contra-razões do segurado ou do dependente será contado a partir da data (IN INSS n. 20/07, art. 488):

a) da ciência pessoal, registrada no processo;

b) do recebimento pessoal constante de AR ou de Registro de Entrega — RE, quando se tratar de notificação postal;

c) da ciência, pessoal ou por via postal, do representante legal do interessado.

A intempestividade do recurso somente poderá ser declarada se a ciência da decisão for feita pessoalmente ao segurado, a seu representante legal ou se ocorrer procedida de edital. Não havendo prova da ciência, por parte do interessado, da decisão do INSS, o recurso será considerado tempestivo, devendo essa ocorrência ser registrada no processo — IN INSS n. 20/07, art. 488.

Será efetuada notificação por edital quando o interessado estiver em local incerto e não sabido ou quando ficar evidenciado o seu propósito em não receber a comunicação do que foi decidido pelo INSS. Nesta hipótese, o prazo de 30 dias para interposição de recursos à Junta de Recursos será contado a partir do primeiro dia útil seguinte ao dia da última publicação do edital que notificou a decisão — IN INSS n. 20/07, art. 489.

Obs.: Se o recurso tiver sido encaminhado pela Empresa de Correios e Telégrafos — ECT, será considerada como data de apresentação, para efeito de verificação do prazo de trinta dias, a data constante no carimbo da Agência dos Correios da localidade da expedição aposto no envelope de encaminhamento.

3.1. Recursos e contra-razões do INSS às câmaras de julgamento do conselho de recursos da Previdência Social

Nos termos do art. 491 da Instrução Normativa INSS n. 20/07, quando, por ocasião da análise das decisões das Juntas de Recursos em que a matéria não for de sua alçada, ficar constatado que seu cumprimento infringirá dispositivo legal, Enunciado do CRPS ou qualquer Parecer Ministerial na forma da Lei Complementar n. 73/93, o Serviço de Revisão de Direito deverá interpor recurso às Câmaras de Julgamento, sendo o prazo de 30 dias, contados do recebimento do processo pelo Serviço de Revisão. O prazo também será de 30 dias para interposição de contra-razões por parte do INSS.

3.2. Contra-razões dos segurados ou interessados aos recursos do INSS às câmaras de julgamento do conselho de recursos da Previdência Social

O prazo para o segurado ou interessado apresentar contra-razões aos recursos do INSS às Câmaras de Julgamento do CRPS é igualmente de trinta dias, excluindo-se o dia do conhecimento da decisão e iniciando-se o curso do prazo no primeiro dia útil seguinte ao dia do conhecimento.

O início ou o vencimento será prorrogado para o primeiro dia útil seguinte, quando essa data recair em dia em que não haja expediente integral no setor responsável pelo recebimento do recurso.

Após o prazo de trinta dias, apresentadas ou não as contra-razões, o Serviço de Revisão de Direitos encaminhará o processo para as Câmaras de Julgamento do CRPS.

3.3. Diligências dos órgãos julgadores

Diligências são as providências solicitadas pelos órgãos julgadores que visam a regularizar, a informar ou a completar a instrução dos processos, observando-se que (IN INSS n. 20/07, art. 496):

a) não será discutido o cabimento das diligências;

b) se a execução da diligência for impossível, o processo será devolvido ao órgão julgador requisitante, com a justificativa cabível;

c) no caso de diligência de matéria médica, o processo deverá ser encaminhado ao Serviço/Seção de Gerenciamento de Benefícios por Incapacidade — GBENIN, para providenciar o seu cumprimento e o retorno do processo à instância solicitante;

d) cumprida a diligência administrativa pelo setor processante, o processo deverá ser encaminhado aos órgãos julgadores requisitantes por meio do Serviço de Revisão de Direitos (SRD), que verificará se ficou atendida a diligência na totalidade.

Obs.: Se, ao cumprir a diligência solicitada, o INSS reconhecer o direito do segurado, deverá reformar a decisão recorrida e oficiar o Presidente da instância prolatora da decisão, sem a remessa do processo.

3.4. Cumprimento dos acórdãos dos órgãos julgadores

É vedado ao INSS escusar-se a cumprir as decisões definitivas oriundas das Juntas de Recursos ou das Câmaras de Julgamento do CRPS, a reduzir ou a ampliar alcance dessas decisões ou a executá-las de maneira que contrarie ou prejudique o evidente sentido nelas contidos — IN INSS n. 20/07, art. 497. Muito pelo contrário, o prazo para cumprimento das decisões é de 30 dias, contados da data de recebimento do processo pelo Serviço de Revisão de Direitos.

Não obstante, o art. 498 da referida Instrução Normativa traz situação de exceção, conforme transcrevemos:

"**Art. 498** — Excepcionalmente, a decisão recursal definitiva pode deixar de ser cumprida no prazo estipulado no Parágrafo único do art. 497 desta Instrução Normativa, se violar literal disposição de lei ou decreto, ou divergir de pareceres da Consultoria Jurídica do MPS aprovados pelo Ministro de Estado, bem como do Advogado-Geral da União, na forma da Lei Complementar n. 73/1993, devendo, nesse caso, ser apresentado pedido de revisão de acórdão.

§ 1º O SRD deverá elaborar pedido de efeito suspensivo da decisão, no qual constarão os argumentos e a fundamentação legal que demonstre o direito da Autarquia, comunicando ao recorrente e facultando-lhe prazo de trinta dias para oferecimento de contra-razões.

§ 2º Referido pedido deve ser encaminhado ao Presidente da instância prolatora da decisão por meio de fax ou por e-mail, dentro do prazo máximo de trinta dias, contados do recebimento do processo pelo SRD.

§ 3º Se, quando da remessa do processo à instância julgadora, as contra-razões ao recurso não tiverem sido apresentadas, o processo será enviado independentemente destas, sendo encaminhadas posteriormente ao CRPS caso sejam apresentadas.

§ 4º Caso o Colegiado não se manifeste dentro do prazo mencionado no Parágrafo único do art. 497, deverá ser dado cumprimento imediato à decisão e, posteriormente, encaminhado o processo com a solicitação de revisão para análise do órgão Colegiado competente."

3.5. Desistência do benefício pelo segurado

Se após o julgamento em última e definitiva instância, o segurado desistir do benefício reconhecido pela Junta de Recursos ou pela Câmara de Julgamento do CRPS, antes da concretização da concessão do benefício, deverá apresentar, por escrito, pedido de desistência, o qual será juntado aos autos e encaminhado para a respectiva instância julgadora, para a referida homologação — IN INSS n. 20/07, art. 505.

3.6. Óbito do interessado

Ocorrendo óbito do interessado, a tramitação do recurso não será interrompida e, se a decisão de última e definitiva instância lhe for favorável, os efeitos financeiros vigorarão normalmente, nos termos da decisão final, e os valores apurados serão pagos aos dependentes habilitados à pensão por morte ou, na falta deles, aos seus sucessores, na forma da lei civil, independentemente de inventário ou de arrolamento, nos termos do art. 112 da Lei n. 8.213, de 1991, inclusive quando se tratar de Benefício Assistencial da LOAS, conforme o Decreto n. 4.360/2002 — IN INSS n. 20/07, art. 506.

4. COMPETÊNCIA DAS CÂMARAS DE JULGAMENTO

O INSS e o segurado não poderão interpor recursos para as Câmaras de Julgamento do CRPS, nas seguintes matérias de alçada, se a decisão a ser recorrida:

a) se fundamentar em matéria médica;

b) for relativa ao reconhecimento de direitos a benefícios de prestação continuada, previstos na LOAS (Lei Orgânica de Assistência Social);

c) for relativa ao reconhecimento inicial de direitos a benefícios de segurados especiais;

d) for relativa às aposentadorias por idade ou às aposentadorias por tempo de contribuição, sendo o tempo comprovado exclusivamente por contrato de trabalho, por guia de recolhimento ou por carnê, ou relativa ao não preenchimento do requisito idade, excetuados os casos que envolvam conversão de tempo de serviço em atividade especial;

e) for relativa a pedido de revisão de reajustamento de prestação de benefício.

A partir de 25.1.2008, e conforme disposições constantes do Provimento CRPS n. 97/08 (DOU de 25.1.2008) para fins de distribuição dos processos de interesse dos segurados e beneficiários para as Câmaras de Julgamento, deverá ser observado o final do número do benefício atribuído pelo INSS, ou número do protocolo do recurso apresentado pela parte requerente.

a) No período de 2 de janeiro a 30 de junho de cada ano será observada a seguinte ordem:

— Finais 0 e 1, para 1ª Câmara,

— Finais 2, 3, e 4, para 2ª Câmara,

— Finais 5, 6 e 7, para 3ª Câmara,

— Finais 8 e 9, para a 4ª Câmara.

b) No período de 1º de julho a 31 de dezembro será observada a seguinte ordem:

— Finais 0, 1 e 2, para a 1ª Câmara,

— Finais 3 e 4, para a 2ª Câmara,

— Finais 5 e 6, para 3ª Câmara,

— Finais 7, 8 e 9, para a 4ª Câmara.

Obs. I: Considera-se final o penúltimo algarismo do número de benefício e/ou protocolo, sendo o último apenas o dígito verificador.

Obs. II: Os processos de benefícios recebidos no Conselho de Recursos em retorno de diligência ou com pedido de revisão de acórdão serão examinados pela Câmara que proferiu a decisão.

5. PROPOSITURA, PELO BENEFICIÁRIO, DE AÇÃO JUDICIAL OU DESISTÊNCIA ADMINISTRATIVA

A propositura, de iniciativa do beneficiário, de ação judicial que tenha por objeto idêntico pedido sobre o qual versa o processo administrativo importa renúncia ao direito de recorrer, na esfera administrativa, e desistência do recurso interposto.

Não obstante, não caberá ao INSS deixar de receber o recurso ou sustar a tramitação dele, devendo o servidor registrar nos autos a existência da ação judicial, informando o número do respectivo processo e da vara perante a qual tramita, e dar prosseguimento normal ao processo, pois compete exclusivamente aos órgãos do CRPS admitir ou não o feito administrativo.

Na hipótese de o processo estar tramitando nos órgãos do CRPS, a Agência de Previdência Social e o Serviço/Seção de Revisão de Direitos, tomando conhecimento de ação judicial, comunicarão sua existência ao órgão julgador, onde se encontra o processo de recurso.

Se, durante a tramitação do processo, o interessado desistir integralmente do recurso, ainda em esfera administrativa, deverá o pedido ser encaminhado à JR ou à Câmara de Julgamento do CRPS, para conhecimento e homologação da desistência, a qual, uma vez homologada, torna-se definitiva.

Fundamentação: Lei n. 8.213/91, art. 126; Decreto n. 3.048/99, arts. 305 a 308; Instrução Normativa INSS n. 20/07, arts. 482 a 516; Provimento CRPS n. 61, de 2.8.2004 — DOU de 4.8.2004; Provimento CRPS n. 97, de 24.1.2008 — DOU de 25.1.2008.

Parte VI

DISPOSIÇÕES GERAIS

Capítulo XLVIII

Disposições Gerais sobre os Benefícios Previdenciários

1. CRIAÇÃO OU MAJORAÇÃO DE BENEFÍCIO PREVIDENCIÁRIO — FONTE DE CUSTEIO

Conforme disposições constantes do art. 125 da Lei n. 8.213/91, nenhum benefício ou serviço da previdência social poderá ser criado, majorado ou estendido, sem a correspondente fonte de custeio total.

Assim, o valor atualmente arrecado pelo INSS destina-se tão-somente ao custeio dos benefícios e serviços atualmente mantidos pela Previdência Social, de forma que qualquer alteração que implique aumento de receita (aumento de percentual, novo benefício, extensão a algum segurado e outros) somente será permitida se precedida de legislação que institua sua fonte de custeio, ou seja, aumento da contribuição previdenciária.

Fundamentação: Lei n. 8.213/91, art. 125; Decreto n. 3.048/99, art. 152.

2. EXAMES MÉDICOS PARA CONCESSÃO E MANUTENÇÃO DE BENEFÍCIOS — MEDICINA ESPECIALIZADA

Todos os exames médicos necessários à concessão ou manutenção dos benefícios previdenciários devem ser, preferencialmente, atribuídos a médicos especializados em perícia para verificação de incapacidade.

Quando realizados os exames por médicos credenciados ao INSS (que não pertençam efetivamente ao quadro de pessoal da autarquia), será garantida ao segurado a revisão dos mesmos por médico do Instituto Nacional do Seguro Social — INSS, cuja decisão prevalecerá sobre a anteriormente emitida.

Fundamentação: Decreto n. 3.048/99, art. 170.

3. CONTROLE DE ÓBITOS

Os Cartórios de Registro Civil de Pessoas Naturais se encontram obrigados a comunicar ao INSS, até o dia dez de cada competência (mês civil), todos os óbitos registrados no mês imediatamente anterior ou ainda a inexistência deles no mesmo período, devendo esta comunicação ser efetuada por meio de formulário próprio, denominado "Sistema Informatizado de Controle de Óbitos — Sisobi".

Devem constar da relação a ser enviada, além dos dados referentes à identificação do Cartório de Registro Civil, dados da pessoa falecida como filiação data e local de nascimento, e pelo menos uma das seguintes informações:

a) número de inscrição do PIS/Pasep;

b) número de inscrição no Instituto Nacional do Seguro Social — INSS, se contribuinte individual, ou número de benefício previdenciário — NB, se a pessoa falecida for titular de qualquer benefício pago pelo INSS;

c) número do CPF;

d) número de registro da Carteira de Identidade e respectivo órgão emissor;

e) número do título de eleitor;

f) número do registro de nascimento ou casamento, com informação do livro, da folha e do termo;

g) número e série da Carteira de Trabalho.

A responsabilidade pelas informações prestadas ao INSS são do titular do Cartório de Registro Civil de Pessoas Naturais e sua falta ou inexatidão sujeitará o responsável à multa prevista no art. 92 da Lei n. 8.212/91, atualmente no montante de R$ 1.195,13, conforme disposições da alínea "e" do inciso I do art. 283 do Decreto n. 3.048/99.

Fundamentação: Lei n. 8.212/91, arts. 68 e 92; Decreto n. 3.048/99, art. 283; Portaria MPS/GM n. 142/07.

4. REALIZAÇÃO DE PESQUISAS EXTERNAS PELO INSS

O INSS se encontra autorizado a designar servidores para a realização de pesquisas externas necessárias à concessão, manutenção e revisão de benefícios, bem como ao desempenho das atividades de serviço social, perícias médicas, habilitação e reabilitação profissional e arrecadação, junto a beneficiários, empresas, órgãos públicos, entidades representativas de classe, cartórios e demais entidades e profissionais credenciados.

Os servidores designados a essas pesquisas receberão, a título de indenização, o valor correspondente a 1/11 (um onze avos) do valor mínimo do salário-de-contribuição do contribuinte individual (atualmente no importe de R$ 415,00 — salário mínimo), por deslocamento com pesquisa concluída.

Fundamentação: Decreto n. 3.048/99, art. 357.

5. CONCESSÃO ANTECIPADA DE BENEFÍCIO — IMPOSSIBILIDADE

Não é permitido ao segurado o pagamento antecipado de contribuições previdenciárias para efeito de recebimento de benefícios. Assim, se a carência para determinado benefício for de doze contribuições mensais (auxílio-doença, por exemplo), será necessário que o segurado contribua ao sistema previdenciário no decorrer de doze competências para, ao final, requerer a concessão do citado benefício, sem a possibilidade de pagamento, de imediato, do montante totalizado.

Fundamentação: Lei n. 8.212/91, art. 89, § 7º.

6. CERTIDÕES DE NASCIMENTO — DOCUMENTOS COM FÉ PÚBLICA

As certidões de nascimento, devidamente expedidas por órgão competente em atendimento aos requisitos legais, não poderão ser questionadas pelos segurados, beneficiários ou até mesmo pelo INSS, sendo documentos dotados de fé pública.

Não obstante, cabe ao INSS, de acordo com o art. 348 do Código Civil, vindicar estado contrário ao que resulta do registro de nascimento, se comprovada a existência de erro ou falsidade do registro.

Fundamentação: Instrução Normativa INSS n. 20/07, art. 392.

7. VISTAS E CÓPIAS DE PROCESSOS ADMINISTRATIVOS

Assegura-se ao beneficiário ou seu representante legal, mediante requerimento, o direito de vistas ao processo administrativo, no INSS, sendo estas realizadas na presença de um servidor da autarquia.

Sendo solicitada cópia do processo, o custo da mesma deverá ser pago pelo requerente, através de depósito direito em conta única vinculada à Unidade Gestora da Gerência-Executiva, sob código identificador a ser criado pela Unidade. No entanto, e em que pese esteja tal procedimento expresso na IN INSS n. 20/07 (art. 406), na prática cotidiana o interessado comparece à Agência de Previdência Social e solicita formalmente (através de protocolo) fotocópia do processo administrativo. O servidor designa, então, data e hora para retorno do interessado à Agência, oportunidade em que, na companhia de um servidor, se encaminham à papelaria mais próxima da unidade, sendo ali mesmo retiradas as fotocópias, cabendo o custo, por óbvio, ao interessado solicitante.

7.1. Retirada do processo administrativo do INSS

Nos termos do art. 407 da Instrução Normativa INSS n. 20/07, a retirada do processo administrativo do INSS deverá ser evitada. Porém, se necessário, poderá o Advogado efetuá-la mediante requerimento e termo de responsabilidade, devidamente protocolizados. O INSS terá, então, um prazo de quarenta e oito horas úteis para atendimento da solicitação (entrega do processo), contadas a partir da data do protocolo.

No requerimento deverá constar o compromisso do Advogado em devolver o processo em um prazo não superior a cinco dias, contados a partir da data de entrega do processo, estando o Advogado ciente de que o não cumprimento do prazo estipulado implicará punições disciplinares cabíveis.

Caso não seja devolvido o processo no prazo preestabelecido, a Agência da Previdência Social deverá comunicar à Procuradoria da Gerência-Executiva, para fins de busca e apreensão e também a OAB, por ofício, para fins de adoção das medidas a cargo daquela instituição.

7.1.1. Não permissão para retirada dos autos administrativos

Conforme o art. 7º da Lei n. 8.906, de 4 de julho de 1994 (Estatuto da Advocacia), não será permitida a retirada dos autos, nos seguintes casos:

I — quando existirem nos autos documentos originais de difícil restauração (Certidões, Carteiras Profissionais, Carteiras de Trabalho e Previdência Social, cadernetas de contribuição do ex-Instituto de Aposentadorias e Pensões, entre outros), documentos antigos de difícil restauração, processo com suspeita de irregularidades, processo em fase de recurso e contra razões do INSS, tendo em vista o prazo estipulado ou ocorrer circunstância relevante que justifique a permanência dos autos na repartição, reconhecida a permanência pela autoridade em despacho motivado, proferido de ofício, mediante representação ou a requerimento da parte interessada; e

II — quando o Advogado, ao descumprir prazo de entrega de autos, devolveu-lhes somente depois de intimado.

Fundamentação: Instrução Normativa INSS n. 20/07, arts. 407 e 408.

8. DO ATENDIMENTO DEVIDO AOS PROCURADORES

8.1. Servidores inativos

A contar de 5.7.1994, data da publicação da Lei n. 8.906, não existem mais restrições para que servidores inativos, que atualmente estejam exercendo a advocacia, possam representar beneficiários perante o INSS, tendo sido na oportunidade revogada a Lei n. 4.215/63, que estabelecia o prazo de dois anos, contados a partir do afastamento de funções públicas, para poder representá-los.

Fundamentação: Instrução Normativa INSS n. 20/07, art. 409.

8.2. Representação de mais de um beneficiário

O procurador que representar mais de um beneficiário, quando do comparecimento para tratar de assuntos a eles pertinentes, deverá respeitar as regras estabelecidas pelas Agências de Previdência Social.

Fundamentação: Instrução Normativa INSS n. 20/07, art. 410.

9. AÇÕES JUDICIAIS — REAJUSTE OU CONCESSÃO DE BENEFÍCIOS

9.1. Execução

9.1.1. Valores de execução não superiores a R$ 24.900,00 — Pagamento em 60 dias

Conforme disposições constantes do *caput* do art. 128 da Lei n. 8.212/91, as demandas judiciais que tiverem por objeto o reajuste ou a concessão de benefícios previdenciários e cujos valores de execução, por autor, se limitarem a sessenta salários mínimos (atualmente R$ 24.900,00), poderão, por opção de cada um dos exeqüentes, ser quitadas no prazo de até sessenta dias após a intimação do trânsito em julgado da decisão, sem necessidade da expedição de precatório.

Para que fosse evitada a utilização inadequada do dispositivo legal, o § 1º determinou expressamente ser vedado o fracionamento, repartição ou quebra do valor da execução, de modo que o pagamento se fizesse, em parte, em até sessenta dias e, em parte, mediante expedição de precatório.

Igualmente veda o legislador (§ 2º) a expedição de precatório complementar ou suplementar a sessenta salários mínimos (atualmente R$ 24.900,00, como mencionado).

Tais vedações legais constam, inclusive, do § 4º do art. 100 da Constituição Federal, parágrafo este acrescentado pela Emenda Constitucional n. 37/02. Confira-se o dispositivo:

> "Art. 100. ...
>
> ...
>
> § 4º São vedados a expedição de precatório complementar ou suplementar de valor pago, bem como fracionamento, repartição ou quebra do valor da execução, a fim de que seu pagamento não se faça, em parte, na forma estabelecida no § 3º deste artigo e, em parte, mediante expedição de precatório.
>
> ..."

O pagamento dos créditos, sem o precatório, implica quitação total do pedido constante da petição inicial e determina a extinção do processo judicial. Não obstante, é possível a interposição de embargos à execução por parte do INSS.

9.1.2. Valores de execução superiores a R$ 24.900,00 — Pagamento por precatório

Caso o valor da execução, por autor, ultrapasse o limite de sessenta salários mínimos (R$ 24.900,00, em valores atuais), o pagamento deverá ser efetuado sempre por meio de precatório (§ 3º do art. 128 da Lei n. 8.213/91).

9.1.3. Renúncia pela parte do montante excedente a R$ 24.900,00

O § 4º do art. 128 da Lei de Benefícios (8.213/91) faculta ao autor (parte exeqüente) a renúncia ao crédito no que exceder aos sessenta salários mínimos (R$ 24.900,00 em valores atuais), para que possa o mesmo optar pelo pagamento do saldo em até sessenta dias, sem a expedição de precatório.

Importa esclarecer, pela importância do fato, que a opção exercida pela parte exeqüente para receber seus créditos sem a expedição de precatório implica automaticamente na renúncia do restante dos créditos porventura existentes e que sejam oriundos o mesmo processo.

9.1.4. Prazo para oposição de embargos pelo INSS — 30 dias

Na execução contra o INSS, o prazo para oposição de embargos (art. 730 do CPC) é de trinta dias, conforme redação dada ao art. 130 da Lei n. 8.213/91 pela Medida Provisória n. 1.523/96, posteriormente convalidada na Lei n. 9.528/97.

Caso o INSS não interponha os citados embargos, observam-se, então, as seguintes regras:

a) o juiz requisitará o pagamento por intermédio do presidente do tribunal competente (TRF, no caso); e

b) far-se-á o pagamento na ordem de apresentação do precatório e à conta do respectivo crédito.

Note-se, no entanto, que os créditos previdenciários, por sua natureza alimentar, gozam de preferência, desvinculados os precatórios da ordem cronológica dos créditos de natureza diversa, neste sentido dispondo expressamente, inclusive, a Súmula n. 144 do STJ. Confira-se, ainda, a redação do art. 1º-A do art. 100 da Carta Constitucional de 1988, acrescentado pela Emenda Constitucional n. 30/00. *In verbis*:

"Art. 100. ...

...

§ 1º-A. Os débitos de natureza alimentícia compreendem aqueles decorrentes de salários, vencimentos, proventos, pensões e suas complementações, benefícios previdenciários e indenizações por morte ou invalidez, fundadas na responsabilidade civil, em virtude de sentença transitada em julgado.

..."

9.1.5. Precatórios — Inclusão obrigatória no orçamento das entidades de direito público

Conforme disposições constantes do art. 100 da Constituição Federal, é obrigatória a inclusão, no orçamento das entidades de direito público, de verba necessária ao pagamento de seus débitos oriundos de sentenças transitadas em julgado, constantes de precatórios judiciários, apresentados até 1º de julho, fazendo-se o pagamento até o final do exercício seguinte, quando terão seus valores atualizados monetariamente.

Assim, caso seja o precatório apresentado até 1º.7.2008, por exemplo, o pagamento do mesmo deverá obrigatoriamente ser efetuado até 31.12.2009, sendo o valor, conforme mencionado, devidamente atualizado.

Observe-se, por fim, que conforme § 6º do mesmo dispositivo constitucional, incorre em crime de responsabilidade o Presidente do Tribunal competente que, por ato comissivo ou omissivo, retardar ou tentar frustrar a liquidação regular de precatório.

9.2. Desistência de ações e/ou recursos pelo INSS — Possibilidade

Versando a ação sobre matéria já objeto de declaração de inconstitucionalidade proferida pelo Supremo Tribunal Federal (STF), súmula ou jurisprudência consolidada do STF ou de outros tribunais superiores, poderá o Ministro da Previdência Social autorizar o INSS a formalizar a desistência ou abster-se de propor ações e recursos em processos judiciais.

É a redação do parágrafo único do art. 131 da Lei n. 8.213/91:

"Art. 131. ...

Parágrafo único. O Ministro da Previdência e Assistência Social disciplinará as hipóteses em que a administração previdenciária federal, relativamente aos créditos previdenciários baseados em dispositivo declarado inconstitucional por decisão definitiva do Supremo Tribunal Federal, possa:

a) abster-se de constituí-los;

b) retificar o seu valor ou declará-los extintos, de ofício, quando houverem sido constituídos anteriormente, ainda que inscritos em dívida ativa;

c) formular desistência de ações de execução fiscal já ajuizadas, bem como deixar de interpor recursos de decisões judiciais."

Autorizadas pelo MPS, portanto, a formalização de desistência ou transigência judiciais, por parte do Procurador da Previdência Social, serão sempre precedidas de anuência, por escrito, do Procurador-Geral do INSS ou do Presidente do INSS, quando os valores em litígio ultrapassarem os limites definidos, periodicamente, por resolução do Conselho Nacional de Previdência Social — CNPS.

São as normas atualmente em vigor (Resolução CNPS n. 1.245, de 25.8.2004):

a) Compete ao chefe da unidade local da Procuradoria Federal Especializada junto ao Instituto Nacional do Seguro Social — PFE/INSS decidir sobre a oportunidade de formalização de desistência ou transigência judiciais em ações cujos valores em litígio referentes a cada autor ou réu, considerado separadamente, não superarem o limite de 60 (sessenta) salários mínimos.

Obs.: Os procedimentos para conciliação, transação e desistências judiciais nos Juizados Especiais Federais continuam a ser regidos pelas disposições que lhes são próprias, previstas na Lei n. 10.259/01, Decreto n. 4.250/02 e Portaria AGU n. 505/02.

b) Nos valores compreendidos entre o 60 (sessenta) salários mínimos e 300 (trezentos) salários mínimos, a desistência ou transigência será sempre precedida de anuência, por escrito, do Procurador-Chefe Nacional da PFE/INSS; quando os valores objeto de transigência ou desistência ultrapassarem o limite de 300 (trezentos) salários mínimos, a anuência prévia será do Presidente do INSS.

Nas transigências, as partes credoras poderão oferecer um deságio de até 30% (trinta por cento) na redução do valor em litígio, por segurado considerado separadamente. Caso as partes credoras formalizem proposta de acordo neste sentido, a parte devedora deverá se manifestar no prazo de até 30 (trinta) dias pela aceitação ou com apresentação de contra proposta.

9.3. INSS — Prerrogativas e privilégios

O Instituto Nacional do Seguro Social, nas causas em que seja interessado na condição de autor, réu, assistente ou oponente, gozará das mesmas prerrogativas e privilégios assegurados à Fazenda Pública, inclusive quanto à inalienabilidade e impenhorabilidade de seus bens.

Assim, e dentre outros privilégios, o INSS é isento do pagamento de custas, traslados, preparos, certidões, registros, averbações e quaisquer outros emolumentos, nas causas em que seja interessado na condição de autor, réu, assistente ou oponente, inclusive nas ações de natureza trabalhista, acidentária e de benefício.

Obs.: Nas ações de acidentes do trabalho o INSS antecipará os honorários periciais.

Fundamentação: Constituição Federal/88, art. 100; Lei n. 8.213/91, arts. 128 e 130 a 132; Decreto n. 3.048/99, art. 354; Resolução CNPS n. 1.245, de 25.8.2004 — DOU de 03.09.2004.

10. INFRAÇÃO À LEI N. 8.213/91 — MULTA

A infração a qualquer dispositivo da Lei n. 8.213/91, para a qual não haja penalidade expressamente cominada, sujeita o responsável, conforme a gravidade da infração, a uma multa variável entre R$ 1.254,89 (um mil, duzentos e cinqüenta e quatro reais e oitenta e nove centavos) e R$ 125.487,95 (cento e vinte e cinco mil, quatrocentos e oitenta e sete reais e noventa e cinco centavos).

Fundamentação: Lei n. 8.213/91, art. 133 e Portaria Interministerial MPS/MF n. 77/2008.

Capítulo XLIX

Disposições Gerais sobre Custeio

1. DEPÓSITOS JUDICIAIS E EXTRAJUDICIAIS ARRECADADOS PELO INSS

Os depósitos judiciais e extrajudiciais referentes a contribuições sociais e outras importâncias arrecadadas pelo Instituto Nacional do Seguro Social (INSS) deverão ser efetuados na Caixa Econômica Federal (CEF) mediante guia de recolhimento específica para essa finalidade, modelo este confeccionado e distribuído pela própria Caixa Econômica Federal.

Havendo mais de um interessado na ação, o depósito deverá ser efetuado, à ordem e disposição do Juízo, em nome de cada contribuinte, individualizadamente.

A guia de recolhimento deverá conter, além de outros elementos fixados em ato normativo da autoridade competente, os dados necessários à identificação do órgão judicial em que tramita a ação, para que este receba, da CEF, uma via da guia de recolhimento.

1.1. Procedimentos devidos pela Caixa Econômica Federal (CEF)

A Caixa Econômica Federal (CEF) deverá tornar disponível para o INSS, por meio magnético, todos os dados referentes aos depósitos ali efetuados.

O valor dos depósitos recebidos será então creditado pela Caixa Econômica Federal à Subconta da Previdência Social da Conta Única do Tesouro Nacional junto ao Banco Central do Brasil, no mesmo prazo fixado para recolhimento das contribuições arrecadadas pelo INSS.

Somente mediante ordem da autoridade judicial ou, no caso de depósito extrajudicial, da autoridade administrativa competente, o valor do depósito, após o encerramento da lide ou do processo litigioso, será:

a) devolvido ao depositante pela Caixa Econômica Federal, no prazo máximo de vinte e quatro horas, quando a sentença ou decisão lhe for favorável ou na proporção em que o for, acrescido de juros equivalentes à taxa referencial do Sistema Especial de Liquidação e de Custódia (SELIC), para títulos federais, acumulada mensalmente, calculados a partir do mês subseqüente ao da efetivação do depósito até o mês anterior ao de seu levantamento, e de juros de um por cento relativamente ao mês em que estiver sendo efetivada a devolução; ou

b) transformado em pagamento definitivo, proporcionalmente à exigência do correspondente crédito, quando se tratar de sentença ou decisão favorável ao INSS.

Na situação exposta na letra “a”, *supra*, o valor dos depósitos devolvidos pela CEF será debitado à subconta da Previdência Social da Conta Única do Tesouro

Nacional junto ao Banco Central do Brasil, a título de restituição, no mesmo dia em que ocorrer a devolução. E o Banco Central do Brasil creditará, na conta de reserva bancária da Caixa Econômica Federal, no mesmo dia, os valores devolvidos.

Obs.: Os valores das devoluções, inclusive dos juros acrescidos, serão contabilizados como estorno da respectiva espécie de receita em que tiver sido contabilizado o depósito.

Na hipótese da letra "b", *supra* (transformação do depósito em pagamento definitivo), a Caixa Econômica Federal efetuará a baixa em seus controles e comunicará a ocorrência ao Instituto Nacional do Seguro Social.

1.2. Manutenção de Controle Permanente

A Caixa Econômica Federal deverá manter um controle dos valores depositados, devolvidos e transformados em pagamento definitivo, por contribuinte e por processo, devendo, relativamente aos valores depositados e respectivos acréscimos de juros, tornar disponível o acesso aos registros, emitir extratos mensais e remetê-los ao Instituto Nacional do Seguro Social (INSS).

Os extratos deverão conter, obrigatoriamente, dados que permitam identificar o depositante, o processo administrativo ou judicial, a movimentação dos depósitos durante o mês, além de outros elementos considerados indispensáveis.

Fundamentação: Decreto n. 3.048/99, arts. 369 a 371.

2. CONTRIBUIÇÕES DEVIDAS POR SEGURADO FALECIDO — PAGAMENTO

Não sendo tomada pelo inventariante a iniciativa do pagamento das contribuições previdenciárias devidas pelo segurado falecido, o INSS deverá requerer, no inventário ou arrolamento de bens por ele deixado, o pagamento da respectiva dívida.

Tendo sido já efetuada a partilha da herança sem a liquidação das contribuições devidas, responderão então os herdeiros, cada qual em proporção da parte que na herança lhe coube. Em relação aos herdeiros dependentes para fins previdenciários, o INSS poderá, inclusive, descontar a parcela respectiva do benefício mensal de pensão por morte a eles devido (parcelas de, no máximo, 30% do valor mensal do benefício, até a liquidação do débito).

Fundamentação: Decreto n. 3.048/99, art. 181-C.

3. ATUALIZAÇÃO DOS VALORES CONSTANTES DA LEI N. 8.212/91

Os valores expressos em moeda corrente constantes da Lei n. 8.212/91 serão reajustados nas mesmas épocas e com os mesmos índices utilizados para o reajustamento dos benefícios previdenciários de prestação continuada.

Fundamentação: Lei n. 8.212/91, art. 102; Decreto n. 3.048/99, art. 373.

Capítulo L

Obrigações do INSS

O Instituto Nacional do Seguro Social — INSS se encontra obrigado às seguintes providências:

a) enviar às empresas e aos contribuintes individuais, quando solicitado, extratos de recolhimento das suas contribuições;

b) emitir automaticamente e enviar às empresas avisos de cobrança de débitos;

c) emitir e enviar aos beneficiários o Aviso de Concessão de Benefício, além da memória de cálculo do valor dos benefícios concedidos;

d) reeditar versão atualizada, nos termos do Plano de Benefícios, da Carta dos Direitos dos Segurados;

e) divulgar, com a devida antecedência, através dos meios de comunicação, alterações porventura realizadas na forma de contribuição das empresas e segurados em geral;

f) descentralizar, progressivamente, o processamento eletrônico das informações, mediante extensão dos programas de informatização de postos de atendimento e de Regiões Fiscais;

g) garantir a integração dos sistemas de processamento eletrônico de informações e sua compatibilidade com o Cadastro Nacional de Informações Sociais; e

h) disponibilizar ao público, inclusive por meio de rede pública de transmissão de dados, informações atualizadas sobre as receitas e despesas do Regime Geral de Previdência Social, bem como os critérios e parâmetros adotados para garantir o equilíbrio financeiro e atuarial do regime.

Fundamentação: Lei n. 10.887/04, art. 11; Lei n. 8.212/91, art. 80; Decreto n. 3.048/99, art. 368.

Parte VII

Tabelas Auxiliares

1 — RELAÇÃO DE ATIVIDADES PREPONDERANTES E CORRESPONDENTES GRAUS DE RISCO PARA FINS DE ACIDENTE DO TRABALHO (ANEXO V DO DECRETO N. 3.048/99)

Parte superior do formulário

ANEXO V

Obs.: Redação do Anexo V dada, a contar de 1º.6.2007, pelo Decreto n. 6.042/2007.

RELAÇÃO DE ATIVIDADES PREPONDERANTES E CORRESPONDENTES GRAUS DE RISCO (CONFORME A CLASSIFICAÇÃO NACIONAL DE ATIVIDADES ECONÔMICAS)

CNAE 7	Descrição	(%)
0111-3/01	Cultivo de arroz	2%
0111-3/02	Cultivo de milho	2%
0111-3/03	Cultivo de trigo	2%
0111-3/99	Cultivo de outros cereais não especificados anteriormente	2%
0112-1/01	Cultivo de algodão herbáceo	2%
0112-1/02	Cultivo de juta	2%
0112-1/99	Cultivo de outras fibras de lavoura temporária não especificadas anteriormente	2%
0113-0/00	Cultivo de cana-de-açúcar	2%
0114-8/00	Cultivo de fumo	2%
0115-6/00	Cultivo de soja	2%
0116-4/01	Cultivo de amendoim	2%
0116-4/02	Cultivo de girassol	2%
0116-4/03	Cultivo de mamona	2%
0116-4/99	Cultivo de outras oleaginosas de lavoura temporária não especificadas anteriormente	2%
0119-9/01	Cultivo de abacaxi	2%
0119-9/02	Cultivo de alho	2%
0119-9/03	Cultivo de batata-inglesa	2%
0119-9/04	Cultivo de cebola	2%
0119-9/05	Cultivo de feijão	2%
0119-9/06	Cultivo de mandioca	2%
0119-9/07	Cultivo de melão	2%
0119-9/08	Cultivo de melancia	2%
0119-9/09	Cultivo de tomate rasteiro	2%
0119-9/99	Cultivo de outras plantas de lavoura temporária não especificadas anteriormente	2%
0121-1/01	Horticultura, exceto morango	1%
0121-1/02	Cultivo de morango	1%
0122-9/00	Cultivo de flores e plantas ornamentais	1%
0131-8/00	Cultivo de laranja	2%
0132-6/00	Cultivo de uva	1%
0133-4/01	Cultivo de açaí	1%
0133-4/02	Cultivo de banana	1%

CNAE 7	Descrição	(%)
0133-4/03	Cultivo de caju	1%
0133-4/04	Cultivo de cítricos, exceto laranja	1%
0133-4/05	Cultivo de coco-da-baía	1%
0133-4/06	Cultivo de guaraná	1%
0133-4/07	Cultivo de maçã	1%
0133-4/08	Cultivo de mamão	1%
0133-4/09	Cultivo de maracujá	1%
0133-4/10	Cultivo de manga	1%
0133-4/11	Cultivo de pêssego	1%
0133-4/99	Cultivo de frutas de lavoura permanente não especificadas anteriormente	1%
0134-2/00	Cultivo de café	1%
0135-1/00	Cultivo de cacau	1%
0139-3/01	Cultivo de chá-da-índia	1%
0139-3/02	Cultivo de erva-mate	1%
0139-3/03	Cultivo de pimenta-do-reino	1%
0139-3/04	Cultivo de plantas para condimento, exceto pimenta-do-reino	1%
0139-3/05	Cultivo de dendê	1%
0139-3/06	Cultivo de seringueira	1%
0139-3/99	Cultivo de outras plantas de lavoura permanente não especificadas anteriormente	1%
0141-5/01	Produção de sementes certificadas, exceto de forrageiras para pasto	2%
0141-5/02	Produção de sementes certificadas de forrageiras para formação de pasto	2%
0142-3/00	Produção de mudas e outras formas de propagação vegetal, certificadas	2%
0151-2/01	Criação de bovinos para corte	1%
0151-2/02	Criação de bovinos para leite	1%
0151-2/03	Criação de bovinos, exceto para corte e leite	1%
0152-1/01	Criação de bufalinos	1%
0152-1/02	Criação de eqüinos	1%
0152-1/03	Criação de asininos e muares	1%
0153-9/01	Criação de caprinos	1%
0153-9/02	Criação de ovinos, inclusive para produção de lã	1%
0154-7/00	Criação de suínos	1%
0155-5/01	Criação de frangos para corte	1%
0155-5/02	Produção de pintos de um dia	1%
0155-5/03	Criação de outros galináceos, exceto para corte	1%
0155-5/04	Criação de aves, exceto galináceos	1%
0155-5/05	Produção de ovos	1%
0159-8/01	Apicultura	1%
0159-8/02	Criação de animais de estimação	1%
0159-8/03	Criação de escargô	1%
0159-8/04	Criação de bicho-da-seda	1%
0159-8/99	Criação de outros animais não especificados anteriormente	1%
0161-0/01	Serviço de pulverização e controle de pragas agrícolas	1%
0161-0/02	Serviço de poda de árvores para lavouras	1%
0161-0/03	Serviço de preparação de terreno, cultivo e colheita	1%
0161-0/99	Atividades de apoio à agricultura não especificadas anteriormente	1%
0162-8/01	Serviço de inseminação artificial em animais	1%
0162-8/02	Serviço de tosquiamento de ovinos	1%
0162-8/03	Serviço de manejo de animais	1%
0162-8/99	Atividades de apoio à pecuária não especificadas anteriormente	1%
0163-6/00	Atividades de pós-colheita	1%

CNAE 7	Descrição	(%)
0170-9/00	Caça e serviços relacionados	1%
0210-1/01	Cultivo de eucalipto	2%
0210-1/02	Cultivo de acácia-negra	2%
0210-1/03	Cultivo de pinus	2%
0210-1/04	Cultivo de teca	2%
0210-1/05	Cultivo de espécies madeireiras, exceto eucalipto, acácia-negra, pinus e teca	2%
0210-1/06	Cultivo de mudas em viveiros florestais	2%
0210-1/07	Extração de madeira em florestas plantadas	2%
0210-1/08	Produção de carvão vegetal - florestas plantadas	2%
0210-1/09	Produção de casca de acácia-negra - florestas plantadas	2%
0210-1/99	Produção de produtos não-madeireiros não especificados anteriormente em florestas plantadas	2%
0220-9/01	Extração de madeira em florestas nativas	3%
0220-9/02	Produção de carvão vegetal - florestas nativas	3%
0220-9/03	Coleta de castanha-do-pará em florestas nativas	3%
0220-9/04	Coleta de látex em florestas nativas	3%
0220-9/05	Coleta de palmito em florestas nativas	3%
0220-9/06	Conservação de florestas nativas	3%
0220-9/99	Coleta de produtos não-madeireiros não especificados anteriormente em florestas nativas	3%
0230-6/00	Atividades de apoio à produção florestal	2%
0311-6/01	Pesca de peixes em água salgada	2%
0311-6/02	Pesca de crustáceos e moluscos em água salgada	2%
0311-6/03	Coleta de outros produtos marinhos	2%
0311-6/04	Atividades de apoio à pesca em água salgada	2%
0312-4/01	Pesca de peixes em água doce	2%
0312-4/02	Pesca de crustáceos e moluscos em água doce	2%
0312-4/03	Coleta de outros produtos aquáticos de água doce	2%
0312-4/04	Atividades de apoio à pesca em água doce	2%
0321-3/01	Criação de peixes em água salgada e salobra	2%
0321-3/02	Criação de camarões em água salgada e salobra	2%
0321-3/03	Criação de ostras e mexilhões em água salgada e salobra	2%
0321-3/04	Criação de peixes ornamentais em água salgada e salobra	2%
0321-3/05	Atividades de apoio à aqüicultura em água salgada e salobra	2%
0321-3/99	Cultivos e semicultivos da aqüicultura em água salgada e salobra não especificados anteriormente	2%
0322-1/01	Criação de peixes em água doce	2%
0322-1/02	Criação de camarões em água doce	2%
0322-1/03	Criação de ostras e mexilhões em água doce	2%
0322-1/04	Criação de peixes ornamentais em água doce	2%
0322-1/05	Ranicultura	2%
0322-1/06	Criação de jacaré	2%
0322-1/07	Atividades de apoio à aqüicultura em água doce	2%
0322-1/99	Cultivos e semicultivos da aqüicultura em água doce não especificados anteriormente	2%
0500-3/01	Extração de carvão mineral	2%
0500-3/02	Beneficiamento de carvão mineral	2%
0600-0/01	Extração de petróleo e gás natural	2%
0600-0/02	Extração e beneficiamento de xisto	2%
0600-0/03	Extração e beneficiamento de areias betuminosas	2%
0710-3/01	Extração de minério de ferro	2%

CNAE 7	Descrição	(%)
0710-3/02	Pelotização, sinterização e outros beneficiamentos de minério de ferro	2%
0721-9/01	Extração de minério de alumínio	2%
0721-9/02	Beneficiamento de minério de alumínio	2%
0722-7/01	Extração de minério de estanho	2%
0722-7/02	Beneficiamento de minério de estanho	2%
0723-5/01	Extração de minério de manganês	2%
0723-5/02	Beneficiamento de minério de manganês	2%
0724-3/01	Extração de minério de metais preciosos	2%
0724-3/02	Beneficiamento de minério de metais preciosos	2%
0725-1/00	Extração de minerais radioativos	2%
0729-4/01	Extração de minérios de nióbio e titânio	2%
0729-4/02	Extração de minério de tungstênio	2%
0729-4/03	Extração de minério de níquel	2%
0729-4/04	Extração de minérios de cobre, chumbo, zinco e outros minerais metálicos não-ferrosos não especificados anteriormente	2%
0729-4/05	Beneficiamento de minérios de cobre, chumbo, zinco e outros minerais metálicos não-ferrosos não especificados anteriormente	2%
0810-0/01	Extração de ardósia e beneficiamento associado	2%
0810-0/02	Extração de granito e beneficiamento associado	2%
0810-0/03	Extração de mármore e beneficiamento associado	2%
0810-0/04	Extração de calcário e dolomita e beneficiamento associado	2%
0810-0/05	Extração de gesso e caulim	2%
0810-0/06	Extração de areia, cascalho ou pedregulho e beneficiamento associado	2%
0810-0/07	Extração de argila e beneficiamento associado	2%
0810-0/08	Extração de saibro e beneficiamento associado	2%
0810-0/09	Extração de basalto e beneficiamento associado	2%
0810-0/10	Beneficiamento de gesso e caulim associado à extração	2%
0810-0/99	Extração e britamento de pedras e outros materiais para construção e beneficiamento associado	2%
0891-6/00	Extração de minerais para fabricação de adubos, fertilizantes e outros produtos químicos	2%
0892-4/01	Extração de sal marinho	2%
0892-4/02	Extração de sal-gema	2%
0892-4/03	Refino e outros tratamentos do sal	2%
0893-2/00	Extração de gemas (pedras preciosas e semipreciosas)	2%
0899-1/01	Extração de grafita	2%
0899-1/02	Extração de quartzo	2%
0899-1/03	Extração de amianto	2%
0899-1/99	Extração de outros minerais não-metálicos não especificados anteriormente	2%
0910-6/00	Atividades de apoio à extração de petróleo e gás natural	2%
0990-4/01	Atividades de apoio à extração de minério de ferro	2%
0990-4/02	Atividades de apoio à extração de minerais metálicos não-ferrosos	2%
0990-4/03	Atividades de apoio à extração de minerais não-metálicos	2%
1011-2/01	Frigorífico - abate de bovinos	3%
1011-2/02	Frigorífico - abate de eqüinos	3%
1011-2/03	Frigorífico - abate de ovinos e caprinos	3%
1011-2/04	Frigorífico - abate de bufalinos	3%
1011-2/05	Matadouro - abate de reses sob contrato - exceto abate de suínos	3%
1012-1/01	Abate de aves	3%
1012-1/02	Abate de pequenos animais	3%
1012-1/03	Frigorífico - abate de suínos	3%

CNAE 7	Descrição	(%)
1012-1/04	Matadouro - abate de suínos sob contrato	3%
1013-9/01	Fabricação de produtos de carne	3%
1013-9/02	Preparação de subprodutos do abate	3%
1020-1/01	Preservação de peixes, crustáceos e moluscos	2%
1020-1/02	Fabricação de conservas de peixes, crustáceos e moluscos	2%
1031-7/00	Fabricação de conservas de frutas	2%
1032-5/01	Fabricação de conservas de palmito	2%
1032-5/99	Fabricação de conservas de legumes e outros vegetais, exceto palmito	2%
1033-3/01	Fabricação de sucos concentrados de frutas, hortaliças e legumes	2%
1033-3/02	Fabricação de sucos de frutas, hortaliças e legumes, exceto concentrados	2%
1041-4/00	Fabricação de óleos vegetais em bruto, exceto óleo de milho	2%
1042-2/00	Fabricação de óleos vegetais refinados, exceto óleo de milho	2%
1043-1/00	Fabricação de margarina e outras gorduras vegetais e de óleos não-comestíveis de animais	2%
1051-1/00	Preparação do leite	2%
1052-0/00	Fabricação de laticínios	2%
1053-8/00	Fabricação de sorvetes e outros gelados comestíveis	2%
1061-9/01	Beneficiamento de arroz	2%
1061-9/02	Fabricação de produtos do arroz	2%
1062-7/00	Moagem de trigo e fabricação de derivados	2%
1063-5/00	Fabricação de farinha de mandioca e derivados	2%
1064-3/00	Fabricação de farinha de milho e derivados, exceto óleos de milho	2%
1065-1/01	Fabricação de amidos e féculas de vegetais	2%
1065-1/02	Fabricação de óleo de milho em bruto	2%
1065-1/03	Fabricação de óleo de milho refinado	2%
1066-0/00	Fabricação de alimentos para animais	2%
1069-4/00	Moagem e fabricação de produtos de origem vegetal não especificados anteriormente	2%
1071-6/00	Fabricação de açúcar em bruto	3%
1072-4/01	Fabricação de açúcar de cana refinado	3%
1072-4/02	Fabricação de açúcar de cereais (dextrose) e de beterraba	3%
1081-3/01	Beneficiamento de café	2%
1081-3/02	Torrefação e moagem de café	2%
1082-1/00	Fabricação de produtos à base de café	2%
1091-1/00	Fabricação de produtos de panificação	2%
1092-9/00	Fabricação de biscoitos e bolachas	2%
1093-7/01	Fabricação de produtos derivados do cacau e de chocolates	2%
1093-7/02	Fabricação de frutas cristalizadas, balas e semelhantes	2%
1094-5/00	Fabricação de massas alimentícias	2%
1095-3/00	Fabricação de especiarias, molhos, temperos e condimentos	2%
1096-1/00	Fabricação de alimentos e pratos prontos	2%
1099-6/01	Fabricação de vinagres	2%
1099-6/02	Fabricação de pós alimentícios	2%
1099-6/03	Fabricação de fermentos e leveduras	2%
1099-6/04	Fabricação de gelo comum	2%
1099-6/05	Fabricação de produtos para infusão (chá, mate, etc.)	2%
1099-6/06	Fabricação de adoçantes naturais e artificiais	2%
1099-6/99	Fabricação de outros produtos alimentícios não especificados anteriormente	2%
1111-9/01	Fabricação de aguardente de cana-de-açúcar	2%
1111-9/02	Fabricação de outras aguardentes e bebidas destiladas	2%

CNAE 7	Descrição	(%)
1112-7/00	Fabricação de vinho	2%
1113-5/01	Fabricação de malte, inclusive malte uísque	2%
1113-5/02	Fabricação de cervejas e chopes	2%
1121-6/00	Fabricação de águas envasadas	2%
1122-4/01	Fabricação de refrigerantes	2%
1122-4/02	Fabricação de chá mate e outros chás prontos para consumo	2%
1122-4/03	Fabricação de refrescos, xaropes e pós para refrescos, exceto refrescos de frutas	2%
1122-4/99	Fabricação de outras bebidas não-alcoólicas não especificadas anteriormente	2%
1210-7/00	Processamento industrial do fumo	3%
1220-4/01	Fabricação de cigarros	3%
1220-4/02	Fabricação de cigarrilhas e charutos	3%
1220-4/03	Fabricação de filtros para cigarros	3%
1220-4/99	Fabricação de outros produtos do fumo, exceto cigarros, cigarrilhas e charutos	3%
1311-1/00	Preparação e fiação de fibras de algodão	2%
1312-0/00	Preparação e fiação de fibras têxteis naturais, exceto algodão	2%
1313-8/00	Fiação de fibras artificiais e sintéticas	2%
1314-6/00	Fabricação de linhas para costurar e bordar	2%
1321-9/00	Tecelagem de fios de algodão	2%
1322-7/00	Tecelagem de fios de fibras têxteis naturais, exceto algodão	2%
1323-5/00	Tecelagem de fios de fibras artificiais e sintéticas	2%
1330-8/00	Fabricação de tecidos de malha	2%
1340-5/01	Estamparia e texturização em fios, tecidos, artefatos têxteis e peças do vestuário	2%
1340-5/02	Alvejamento, tingimento e torção em fios, tecidos, artefatos têxteis e peças do vestuário	2%
1340-5/99	Outros serviços de acabamento em fios, tecidos, artefatos têxteis e peças do vestuário	2%
1351-1/00	Fabricação de artefatos têxteis para uso doméstico	2%
1352-9/00	Fabricação de artefatos de tapeçaria	2%
1353-7/00	Fabricação de artefatos de cordoaria	2%
1354-5/00	Fabricação de tecidos especiais, inclusive artefatos	2%
1359-6/00	Fabricação de outros produtos têxteis não especificados anteriormente	2%
1411-8/01	Confecção de roupas íntimas	2%
1411-8/02	Facção de roupas íntimas	2%
1412-6/01	Confecção de peças de vestuário, exceto roupas íntimas e as confeccionadas sob medida	2%
1412-6/02	Confecção, sob medida, de peças do vestuário, exceto roupas íntimas	2%
1412-6/03	Facção de peças do vestuário, exceto roupas íntimas	2%
1413-4/01	Confecção de roupas profissionais, exceto sob medida	2%
1413-4/02	Confecção, sob medida, de roupas profissionais	2%
1413-4/03	Facção de roupas profissionais	2%
1414-2/00	Fabricação de acessórios do vestuário, exceto para segurança e proteção	2%
1421-5/00	Fabricação de meias	2%
1422-3/00	Fabricação de artigos do vestuário, produzidos em malharias e tricotagens, exceto meias	2%
1510-6/00	Curtimento e outras preparações de couro	3%
1521-1/00	Fabricação de artigos para viagem, bolsas e semelhantes de qualquer material	2%
1529-7/00	Fabricação de artefatos de couro não especificados anteriormente	2%
1531-9/01	Fabricação de calçados de couro	2%
1531-9/02	Acabamento de calçados de couro sob contrato	2%
1532-7/00	Fabricação de tênis de qualquer material	2%

CNAE 7	Descrição	(%)
1533-5/00	Fabricação de calçados de material sintético	2%
1539-4/00	Fabricação de calçados de materiais não especificados anteriormente	2%
1540-8/00	Fabricação de partes para calçados, de qualquer material	2%
1610-2/01	Serrarias com desdobramento de madeira	2%
1610-2/02	Serrarias sem desdobramento de madeira	2%
1621-8/00	Fabricação de madeira laminada e de chapas de madeira compensada, prensada e aglomerada	2%
1622-6/01	Fabricação de casas de madeira pré-fabricadas	2%
1622-6/02	Fabricação de esquadrias de madeira e de peças de madeira para instalações industriais e comerciais	2%
1622-6/99	Fabricação de outros artigos de carpintaria para construção	2%
1623-4/00	Fabricação de artefatos de tanoaria e de embalagens de madeira	2%
1629-3/01	Fabricação de artefatos diversos de madeira, exceto móveis	2%
1629-3/02	Fabricação de artefatos diversos de cortiça, bambu, palha, vime e outros materiais trançados, exceto móveis	2%
1710-9/00	Fabricação de celulose e outras pastas para a fabricação de papel	2%
1721-4/00	Fabricação de papel	2%
1722-2/00	Fabricação de cartolina e papel-cartão	2%
1731-1/00	Fabricação de embalagens de papel	3%
1732-0/00	Fabricação de embalagens de cartolina e papel-cartão	3%
1733-8/00	Fabricação de chapas e de embalagens de papelão ondulado	3%
1741-9/01	Fabricação de formulários contínuos	2%
1741-9/02	Fabricação de produtos de papel, cartolina, papel cartão e papelão ondulado para uso comercial e de escritório	2%
1742-7/01	Fabricação de fraldas descartáveis	2%
1742-7/02	Fabricação de absorventes higiênicos	2%
1742-7/99	Fabricação de produtos de papel para uso doméstico e higiênico- sanitário não especificados anteriormente	2%
1749-4/00	Fabricação de produtos de pastas celulósicas, papel, cartolina, papel-cartão e papelão ondulado não especificados anteriormente	2%
1811-3/01	Impressão de jornais	2%
1811-3/02	Impressão de livros, revistas e outras publicações periódicas	2%
1812-1/00	Impressão de material de segurança	2%
1813-0/01	Impressão de material para uso publicitário	2%
1813-0/99	Impressão de material para outros usos	2%
1821-1/00	Serviços de pré-impressão	1%
1822-9/00	Serviços de acabamentos gráficos	1%
1830-0/01	Reprodução de som em qualquer suporte	1%
1830-0/02	Reprodução de vídeo em qualquer suporte	1%
1830-0/03	Reprodução de*software* em qualquer suporte	1%
1910-1/00	Coquerias	2%
1921-7/00	Fabricação de produtos do refino de petróleo	2%
1922-5/01	Formulação de combustíveis	2%
1922-5/02	Rerrefino de óleos lubrificantes	2%
1922-5/99	Fabricação de outros produtos derivados do petróleo, exceto produtos do refino	2%
1931-4/00	Fabricação de álcool	2%
1932-2/00	Fabricação de biocombustíveis, exceto álcool	2%
2011-8/00	Fabricação de cloro e álcalis	2%
2012-6/00	Fabricação de intermediários para fertilizantes	2%
2013-4/00	Fabricação de adubos e fertilizantes	2%
2014-2/00	Fabricação de gases industriais	2%

CNAE 7	Descrição	(%)
2019-3/01	Elaboração de combustíveis nucleares	2%
2019-3/99	Fabricação de outros produtos químicos inorgânicos não especificados anteriormente	2%
2021-5/00	Fabricação de produtos petroquímicos básicos	2%
2022-3/00	Fabricação de intermediários para plastificantes, resinas e fibras	2%
2029-1/00	Fabricação de produtos químicos orgânicos não especificados anteriormente	2%
2031-2/00	Fabricação de resinas termoplásticas	2%
2032-1/00	Fabricação de resinas termofixas	2%
2033-9/00	Fabricação de elastômeros	2%
2040-1/00	Fabricação de fibras artificiais e sintéticas	2%
2051-7/00	Fabricação de defensivos agrícolas	2%
2052-5/00	Fabricação de desinfestantes domissanitários	2%
2061-4/00	Fabricação de sabões e detergentes sintéticos	2%
2062-2/00	Fabricação de produtos de limpeza e polimento	2%
2063-1/00	Fabricação de cosméticos, produtos de perfumaria e de higiene pessoal	2%
2071-1/00	Fabricação de tintas, vernizes, esmaltes e lacas	2%
2072-0/00	Fabricação de tintas de impressão	2%
2073-8/00	Fabricação de impermeabilizantes, solventes e produtos afins	2%
2091-6/00	Fabricação de adesivos e selantes	2%
2092-4/01	Fabricação de pólvoras, explosivos e detonantes	2%
2092-4/02	Fabricação de artigos pirotécnicos	2%
2092-4/03	Fabricação de fósforos de segurança	2%
2093-2/00	Fabricação de aditivos de uso industrial	2%
2094-1/00	Fabricação de catalisadores	2%
2099-1/01	Fabricação de chapas, filmes, papéis e outros materiais e produtos químicos para fotografia	2%
2099-1/99	Fabricação de outros produtos químicos não especificados anteriormente	2%
2110-6/00	Fabricação de produtos farmoquímicos	2%
2121-1/01	Fabricação de medicamentos alopáticos para uso humano	2%
2121-1/02	Fabricação de medicamentos homeopáticos para uso humano	2%
2121-1/03	Fabricação de medicamentos fitoterápicos para uso humano	2%
2122-0/00	Fabricação de medicamentos para uso veterinário	2%
2123-8/00	Fabricação de preparações farmacêuticas	2%
2211-1/00	Fabricação de pneumáticos e de câmaras-de-ar	2%
2212-9/00	Reforma de pneumáticos usados	2%
2219-6/00	Fabricação de artefatos de borracha não especificados anteriormente	2%
2221-8/00	Fabricação de laminados planos e tubulares de material plástico	2%
2222-6/00	Fabricação de embalagens de material plástico	2%
2223-4/00	Fabricação de tubos e acessórios de material plástico para uso na construção	2%
2229-3/01	Fabricação de artefatos de material plástico para uso pessoal e doméstico	2%
2229-3/02	Fabricação de artefatos de material plástico para usos industriais	2%
2229-3/03	Fabricação de artefatos de material plástico para uso na construção, exceto tubos e acessórios	2%
2229-3/99	Fabricação de artefatos de material plástico para outros usos não especificados anteriormente	2%
2311-7/00	Fabricação de vidro plano e de segurança	1%
2312-5/00	Fabricação de embalagens de vidro	1%
2319-2/00	Fabricação de artigos de vidro	1%
2320-6/00	Fabricação de cimento	3%
2330-3/01	Fabricação de estruturas pré-moldadas de concreto armado, em série e sob encomenda	3%

CNAE 7	Descrição	(%)
2330-3/02	Fabricação de artefatos de cimento para uso na construção	3%
2330-3/03	Fabricação de artefatos de fibrocimento para uso na construção	3%
2330-3/04	Fabricação de casas pré-moldadas de concreto	3%
2330-3/05	Preparação de massa de concreto e argamassa para construção	3%
2330-3/99	Fabricação de outros artefatos e produtos de concreto, cimento, fibrocimento, gesso e materiais semelhantes	3%
2341-9/00	Fabricação de produtos cerâmicos refratários	3%
2342-7/01	Fabricação de azulejos e pisos	3%
2342-7/02	Fabricação de artefatos de cerâmica e barro cozido para uso na construção, exceto azulejos e pisos	3%
2349-4/01	Fabricação de material sanitário de cerâmica	3%
2349-4/99	Fabricação de produtos cerâmicos não-refratários não especificados anteriormente	3%
2391-5/01	Britamento de pedras, exceto associado à extração	2%
2391-5/02	Aparelhamento de pedras para construção, exceto associado à extração	2%
2391-5/03	Aparelhamento de placas e execução de trabalhos em mármore, granito, ardósia e outras pedras	2%
2392-3/00	Fabricação de cal e gesso	2%
2399-1/01	Decoração, lapidação, gravação, vitrificação e outros trabalhos em cerâmica, louça, vidro e cristal	2%
2399-1/99	Fabricação de outros produtos de minerais não-metálicos não especificados anteriormente	2%
2411-3/00	Produção de ferro-gusa	1%
2412-1/00	Produção de ferroligas	1%
2421-1/00	Produção de semi-acabados de aço	3%
2422-9/01	Produção de laminados planos de aço ao carbono, revestidos ou não	3%
2422-9/02	Produção de laminados planos de aços especiais	3%
2423-7/01	Produção de tubos de aço sem costura	3%
2423-7/02	Produção de laminados longos de aço, exceto tubos	3%
2424-5/01	Produção de arames de aço	3%
2424-5/02	Produção de relaminados, trefilados e perfilados de aço, exceto arames	3%
2431-8/00	Produção de tubos de aço com costura	2%
2439-3/00	Produção de outros tubos de ferro e aço	2%
2441-5/01	Produção de alumínio e suas ligas em formas primárias	2%
2441-5/02	Produção de laminados de alumínio	2%
2442-3/00	Metalurgia dos metais preciosos	2%
2443-1/00	Metalurgia do cobre	2%
2449-1/01	Produção de zinco em formas primárias	2%
2449-1/02	Produção de laminados de zinco	2%
2449-1/03	Produção de soldas e ânodos para galvanoplastia	2%
2449-1/99	Metalurgia de outros metais não-ferrosos e suas ligas não especificados anteriormente	2%
2451-2/00	Fundição de ferro e aço	2%
2452-1/00	Fundição de metais não-ferrosos e suas ligas	2%
2511-0/00	Fabricação de estruturas metálicas	2%
2512-8/00	Fabricação de esquadrias de metal	2%
2513-6/00	Fabricação de obras de caldeiraria pesada	2%
2521-7/00	Fabricação de tanques, reservatórios metálicos e caldeiras para aquecimento central	2%
2522-5/00	Fabricação de caldeiras geradoras de vapor, exceto para aquecimento central e para veículos	2%
2531-4/01	Produção de forjados de aço	2%
2531-4/02	Produção de forjados de metais não-ferrosos e suas ligas	2%

CNAE 7	Descrição	(%)
2532-2/01	Produção de artefatos estampados de metal	2%
2532-2/02	Metalurgia do pó	2%
2539-0/00	Serviços de usinagem, solda, tratamento e revestimento em metais	2%
2541-1/00	Fabricação de artigos de cutelaria	2%
2542-0/00	Fabricação de artigos de serralheria, exceto esquadrias	2%
2543-8/00	Fabricação de ferramentas	2%
2550-1/01	Fabricação de equipamento bélico pesado, exceto veículos militares de combate	2%
2550-1/02	Fabricação de armas de fogo e munições	2%
2591-8/00	Fabricação de embalagens metálicas	2%
2592-6/01	Fabricação de produtos de trefilados de metal padronizados	2%
2592-6/02	Fabricação de produtos de trefilados de metal, exceto padronizados	2%
2593-4/00	Fabricação de artigos de metal para uso doméstico e pessoal	2%
2599-3/01	Serviços de confecção de armações metálicas para a construção	2%
2599-3/99	Fabricação de outros produtos de metal não especificados anteriormente	2%
2610-8/00	Fabricação de componentes eletrônicos	1%
2621-3/00	Fabricação de equipamentos de informática	1%
2622-1/00	Fabricação de periféricos para equipamentos de informática	1%
2631-1/00	Fabricação de equipamentos transmissores de comunicação, peças e acessórios	2%
2632-9/00	Fabricação de aparelhos telefônicos e de outros equipamentos de comunicação, peças e acessórios	2%
2640-0/00	Fabricação de aparelhos de recepção, reprodução, gravação e amplificação de áudio e vídeo	2%
2651-5/00	Fabricação de aparelhos e equipamentos de medida, teste e controle	1%
2652-3/00	Fabricação de cronômetros e relógios	1%
2660-4/00	Fabricação de aparelhos eletromédicos e eletroterapêuticos e equipamentos de irradiação	1%
2670-1/01	Fabricação de equipamentos e instrumentos ópticos, peças e acessórios	1%
2670-1/02	Fabricação de aparelhos fotográficos e cinematográficos, peças e acessórios	1%
2680-9/00	Fabricação de mídias virgens, magnéticas e ópticas	1%
2710-4/01	Fabricação de geradores de corrente contínua e alternada, peças e acessórios	2%
2710-4/02	Fabricação de transformadores, indutores, conversores, sincronizadores e semelhantes, peças e acessórios	2%
2710-4/03	Fabricação de motores elétricos, peças e acessórios	2%
2721-0/00	Fabricação de pilhas, baterias e acumuladores elétricos, exceto para veículos automotores	2%
2722-8/01	Fabricação de baterias e acumuladores para veículos automotores	2%
2722-8/02	Recondicionamento de baterias e acumuladores para veículos automotores	2%
2731-7/00	Fabricação de aparelhos e equipamentos para distribuição e controle de energia elétrica	2%
2732-5/00	Fabricação de material elétrico para instalações em circuito de consumo	2%
2733-3/00	Fabricação de fios, cabos e condutores elétricos isolados	2%
2740-6/01	Fabricação de lâmpadas	2%
2740-6/02	Fabricação de luminárias e outros equipamentos de iluminação	2%
2751-1/00	Fabricação de fogões, refrigeradores e máquinas de lavar e secar para uso doméstico, peças e acessórios	3%
2759-7/01	Fabricação de aparelhos elétricos de uso pessoal, peças e acessórios	3%
2759-7/99	Fabricação de outros aparelhos eletrodomésticos não especificados anteriormente, peças e acessórios	3%
2790-2/01	Fabricação de eletrodos, contatos e outros artigos de carvão e grafita para uso elétrico, eletroímãs e isoladores	2%
2790-2/02	Fabricação de equipamentos para sinalização e alarme	2%

CNAE 7	Descrição	(%)
2790-2/99	Fabricação de outros equipamentos e aparelhos elétricos não especificados anteriormente	2%
2811-9/00	Fabricação de motores e turbinas, peças e acessórios, exceto para aviões e veículos rodoviários	2%
2812-7/00	Fabricação de equipamentos hidráulicos e pneumáticos, peças e acessórios, exceto válvulas	2%
2813-5/00	Fabricação de válvulas, registros e dispositivos semelhantes, peças e acessórios	2%
2814-3/01	Fabricação de compressores para uso industrial, peças e acessórios	2%
2814-3/02	Fabricação de compressores para uso não-industrial, peças e acessórios	2%
2815-1/01	Fabricação de rolamentos para fins industriais	2%
2815-1/02	Fabricação de equipamentos de transmissão para fins industriais, exceto rolamentos	2%
2821-6/01	Fabricação de fornos industriais, aparelhos e equipamentos não-elétricos para instalações térmicas, peças e acessórios	2%
2821-6/02	Fabricação de estufas e fornos elétricos para fins industriais, peças e acessórios	2%
2822-4/01	Fabricação de máquinas, equipamentos e aparelhos para transporte e elevação de pessoas, peças e acessórios	2%
2822-4/02	Fabricação de máquinas, equipamentos e aparelhos para transporte e elevação de cargas, peças e acessórios	2%
2823-2/00	Fabricação de máquinas e aparelhos de refrigeração e ventilação para uso industrial e comercial, peças e acessórios	2%
2824-1/01	Fabricação de aparelhos e equipamentos de ar condicionado para uso industrial	2%
2824-1/02	Fabricação de aparelhos e equipamentos de ar condicionado para uso não-industrial	2%
2825-9/00	Fabricação de máquinas e equipamentos para saneamento básico e ambiental, peças e acessórios	2%
2829-1/01	Fabricação de máquinas de escrever, calcular e outros equipamentos não-eletrônicos para escritório, peças e acessórios	2%
2829-1/99	Fabricação de outras máquinas e equipamentos de uso geral não especificados anteriormente, peças e acessórios	2%
2831-3/00	Fabricação de tratores agrícolas, peças e acessórios	2%
2832-1/00	Fabricação de equipamentos para irrigação agrícola, peças e acessórios	2%
2833-0/00	Fabricação de máquinas e equipamentos para a agricultura e pecuária, peças e acessórios, exceto para irrigação	2%
2840-2/00	Fabricação de máquinas-ferramenta, peças e acessórios	2%
2851-8/00	Fabricação de máquinas e equipamentos para a prospecção e extração de petróleo, peças e acessórios	2%
2852-6/00	Fabricação de outras máquinas e equipamentos para uso na extração mineral, peças e acessórios, exceto na extração de petróleo	2%
2853-4/00	Fabricação de tratores, peças e acessórios, exceto agrícolas	2%
2854-2/00	Fabricação de máquinas e equipamentos para terraplenagem, pavimentação e construção, peças e acessórios, exceto tratores	2%
2861-5/00	Fabricação de máquinas para a indústria metalúrgica, peças e acessórios, exceto máquinas-ferramenta	2%
2862-3/00	Fabricação de máquinas e equipamentos para as indústrias de alimentos, bebidas e fumo, peças e acessórios	2%
2863-1/00	Fabricação de máquinas e equipamentos para a indústria têxtil, peças e acessórios	2%
2864-0/00	Fabricação de máquinas e equipamentos para as indústrias do vestuário, do couro e de calçados, peças e acessórios	2%
2865-8/00	Fabricação de máquinas e equipamentos para as indústrias de celulose, papel e papelão e artefatos, peças e acessórios	2%
2866-6/00	Fabricação de máquinas e equipamentos para a indústria do plástico, peças e acessórios	2%

CNAE 7	Descrição	(%)
2869-1/00	Fabricação de máquinas e equipamentos para uso industrial específico não especificados anteriormente, peças e acessórios	2%
2910-7/01	Fabricação de automóveis, camionetas e utilitários	2%
2910-7/02	Fabricação de chassis com motor para automóveis, camionetas e utilitários	2%
2910-7/03	Fabricação de motores para automóveis, camionetas e utilitários	2%
2920-4/01	Fabricação de caminhões e ônibus	1%
2920-4/02	Fabricação de motores para caminhões e ônibus	1%
2930-1/01	Fabricação de cabines, carrocerias e reboques para caminhões	2%
2930-1/02	Fabricação de carrocerias para ônibus	2%
2930-1/03	Fabricação de cabines, carrocerias e reboques para outros veículos automotores, exceto caminhões e ônibus	2%
2941-7/00	Fabricação de peças e acessórios para o sistema motor de veículos automotores	2%
2942-5/00	Fabricação de peças e acessórios para os sistemas de marcha e transmissão de veículos automotores	2%
2943-3/00	Fabricação de peças e acessórios para o sistema de freios de veículos automotores	2%
2944-1/00	Fabricação de peças e acessórios para o sistema de direção e suspensão de veículos automotores	2%
2945-0/00	Fabricação de material elétrico e eletrônico para veículos automotores, exceto baterias	2%
2949-2/01	Fabricação de bancos e estofados para veículos automotores	2%
2949-2/99	Fabricação de outras peças e acessórios para veículos automotores não especificadas anteriormente	2%
2950-6/00	Recondicionamento e recuperação de motores para veículos automotores	2%
3011-3/01	Construção de embarcações de grande porte	2%
3011-3/02	Construção de embarcações para uso comercial e para usos especiais, exceto de grande porte	2%
3012-1/00	Construção de embarcações para esporte e lazer	2%
3031-8/00	Fabricação de locomotivas, vagões e outros materiais rodantes	1%
3032-6/00	Fabricação de peças e acessórios para veículos ferroviários	1%
3041-5/00	Fabricação de aeronaves	1%
3042-3/00	Fabricação de turbinas, motores e outros componentes e peças para aeronaves	1%
3050-4/00	Fabricação de veículos militares de combate	2%
3091-1/00	Fabricação de motocicletas, peças e acessórios	1%
3092-0/00	Fabricação de bicicletas e triciclos não-motorizados, peças e acessórios	1%
3099-7/00	Fabricação de equipamentos de transporte não especificados anteriormente	1%
3101-2/00	Fabricação de móveis com predominância de madeira	2%
3102-1/00	Fabricação de móveis com predominância de metal	2%
3103-9/00	Fabricação de móveis de outros materiais, exceto madeira e metal	2%
3104-7/00	Fabricação de colchões	2%
3211-6/01	Lapidação de gemas	1%
3211-6/02	Fabricação de artefatos de joalheria e ourivesaria	1%
3211-6/03	Cunhagem de moedas e medalhas	1%
3212-4/00	Fabricação de bijuterias e artefatos semelhantes	1%
3220-5/00	Fabricação de instrumentos musicais, peças e acessórios	1%
3230-2/00	Fabricação de artefatos para pesca e esporte	2%
3240-0/01	Fabricação de jogos eletrônicos	1%
3240-0/02	Fabricação de mesas de bilhar, de sinuca e acessórios não associada à locação	1%
3240-0/03	Fabricação de mesas de bilhar, de sinuca e acessórios associada à locação	1%
3240-0/99	Fabricação de outros brinquedos e jogos recreativos não especificados anteriormente	1%

CNAE 7	Descrição	(%)
3250-7/01	Fabricação de instrumentos não-eletrônicos e utensílios para uso médico, cirúrgico, odontológico e de laboratório	2%
3250-7/02	Fabricação de mobiliário para uso médico, cirúrgico, odontológico e de laboratório	2%
3250-7/03	Fabricação de aparelhos e utensílios para correção de defeitos físicos e aparelhos ortopédicos em geral sob encomenda	2%
3250-7/04	Fabricação de aparelhos e utensílios para correção de defeitos físicos e aparelhos ortopédicos em geral, exceto sob encomenda	2%
3250-7/05	Fabricação de materiais para medicina e odontologia	2%
3250-7/06	Serviços de prótese dentária	2%
3250-7/07	Fabricação de artigos ópticos	2%
3250-7/08	Fabricação de artefatos de tecido não tecido para uso odonto-médico-hospitalar	2%
3291-4/00	Fabricação de escovas, pincéis e vassouras	1%
3292-2/01	Fabricação de roupas de proteção e segurança e resistentes a fogo	1%
3292-2/02	Fabricação de equipamentos e acessórios para segurança pessoal e profissional	1%
3299-0/01	Fabricação de guarda-chuvas e similares	1%
3299-0/02	Fabricação de canetas, lápis e outros artigos para escritório	1%
3299-0/03	Fabricação de letras, letreiros e placas de qualquer material, exceto luminosos	1%
3299-0/04	Fabricação de painéis e letreiros luminosos	1%
3299-0/05	Fabricação de aviamentos para costura	1%
3299-0/99	Fabricação de produtos diversos não especificados anteriormente	1%
3311-2/00	Manutenção e reparação de tanques, reservatórios metálicos e caldeiras, exceto para veículos	1%
3312-1/01	Manutenção e reparação de equipamentos transmissores de comunicação	1%
3312-1/02	Manutenção e reparação de aparelhos e instrumentos de medida, teste e controle	1%
3312-1/03	Manutenção e reparação de aparelhos eletromédicos e eletroterapêuticos e equipamentos de irradiação	1%
3312-1/04	Manutenção e reparação de equipamentos e instrumentos ópticos	1%
3313-9/01	Manutenção e reparação de geradores, transformadores e motores elétricos	1%
3313-9/02	Manutenção e reparação de baterias e acumuladores elétricos, exceto para veículos	1%
3313-9/99	Manutenção e reparação de máquinas, aparelhos e materiais elétricos não especificados anteriormente	1%
3314-7/01	Manutenção e reparação de máquinas motrizes não-elétricas	1%
3314-7/02	Manutenção e reparação de equipamentos hidráulicos e pneumáticos, exceto válvulas	1%
3314-7/03	Manutenção e reparação de válvulas industriais	1%
3314-7/04	Manutenção e reparação de compressores	1%
3314-7/05	Manutenção e reparação de equipamentos de transmissão para fins industriais	1%
3314-7/06	Manutenção e reparação de máquinas, aparelhos e equipamentos para instalações térmicas	1%
3314-7/07	Manutenção e reparação de máquinas e aparelhos de refrigeração e ventilação para uso industrial e comercial	1%
3314-7/08	Manutenção e reparação de máquinas, equipamentos e aparelhos para transporte e elevação de cargas	1%
3314-7/09	Manutenção e reparação de máquinas de escrever, calcular e de outros equipamentos não-eletrônicos para escritório	1%
3314-7/10	Manutenção e reparação de máquinas e equipamentos para uso geral não especificados anteriormente	1%
3314-7/11	Manutenção e reparação de máquinas e equipamentos para agricultura e pecuária	1%
3314-7/12	Manutenção e reparação de tratores agrícolas	1%
3314-7/13	Manutenção e reparação de máquinas-ferramenta	1%

CNAE 7	Descrição	(%)
3314-7/14	Manutenção e reparação de máquinas e equipamentos para a prospecção e extração de petróleo	1%
3314-7/15	Manutenção e reparação de máquinas e equipamentos para uso na extração mineral, exceto na extração de petróleo	1%
3314-7/16	Manutenção e reparação de tratores, exceto agrícolas	1%
3314-7/17	Manutenção e reparação de máquinas e equipamentos de terraplenagem, pavimentação e construção, exceto tratores	1%
3314-7/18	Manutenção e reparação de máquinas para a indústria metalúrgica, exceto máquinas-ferramenta	1%
3314-7/19	Manutenção e reparação de máquinas e equipamentos para as indústrias de alimentos, bebidas e fumo	1%
3314-7/20	Manutenção e reparação de máquinas e equipamentos para a indústria têxtil, do vestuário, do couro e calçados	1%
3314-7/21	Manutenção e reparação de máquinas e aparelhos para a indústria de celulose, papel e papelão e artefatos	1%
3314-7/22	Manutenção e reparação de máquinas e aparelhos para a indústria do plástico	1%
3314-7/99	Manutenção e reparação de outras máquinas e equipamentos para usos industriais não especificados anteriormente	1%
3315-5/00	Manutenção e reparação de veículos ferroviários	1%
3316-3/01	Manutenção e reparação de aeronaves, exceto a manutenção na pista	1%
3316-3/02	Manutenção de aeronaves na pista	1%
3317-1/01	Manutenção e reparação de embarcações e estruturas flutuantes	1%
3317-1/02	Manutenção e reparação de embarcações para esporte e lazer	1%
3319-8/00	Manutenção e reparação de equipamentos e produtos não especificados anteriormente	1%
3321-0/00	Instalação de máquinas e equipamentos industriais	2%
3329-5/01	Serviços de montagem de móveis de qualquer material	2%
3329-5/99	Instalação de outros equipamentos não especificados anteriormente	2%
3511-5/00	Geração de energia elétrica	2%
3512-3/00	Transmissão de energia elétrica	2%
3513-1/00	Comércio atacadista de energia elétrica	2%
3514-0/00	Distribuição de energia elétrica	2%
3520-4/01	Produção de gás; processamento de gás natural	1%
3520-4/02	Distribuição de combustíveis gasosos por redes urbanas	1%
3530-1/00	Produção e distribuição de vapor, água quente e ar condicionado	1%
3600-6/01	Captação, tratamento e distribuição de água	2%
3600-6/02	Distribuição de água por caminhões	2%
3701-1/00	Gestão de redes de esgoto	3%
3702-9/00	Atividades relacionadas a esgoto, exceto a gestão de redes	3%
3811-4/00	Coleta de resíduos não-perigosos	3%
3812-2/00	Coleta de resíduos perigosos	3%
3821-1/00	Tratamento e disposição de resíduos não-perigosos	3%
3822-0/00	Tratamento e disposição de resíduos perigosos	3%
3831-9/01	Recuperação de sucatas de alumínio	3%
3831-9/99	Recuperação de materiais metálicos, exceto alumínio	3%
3832-7/00	Recuperação de materiais plásticos	3%
3839-4/01	Usinas de compostagem	3%
3839-4/99	Recuperação de materiais não especificados anteriormente	3%
3900-5/00	Descontaminação e outros serviços de gestão de resíduos	3%
4110-7/00	Incorporação de empreendimentos imobiliários	2%
4120-4/00	Construção de edifícios	3%

CNAE 7	Descrição	(%)
4211-1/01	Construção de rodovias e ferrovias	2%
4211-1/02	Pintura para sinalização em pistas rodoviárias e aeroportos	2%
4212-0/00	Construção de obras de arte especiais	2%
4213-8/00	Obras de urbanização - ruas, praças e calçadas	2%
4221-9/01	Construção de barragens e represas para geração de energia elétrica	3%
4221-9/02	Construção de estações e redes de distribuição de energia elétrica	3%
4221-9/03	Manutenção de redes de distribuição de energia elétrica	3%
4221-9/04	Construção de estações e redes de telecomunicações	3%
4221-9/05	Manutenção de estações e redes de telecomunicações	3%
4222-7/01	Construção de redes de abastecimento de água, coleta de esgoto e construções correlatas, exceto obras de irrigação	3%
4222-7/02	Obras de irrigação	3%
4223-5/00	Construção de redes de transportes por dutos, exceto para água e esgoto	3%
4291-0/00	Obras portuárias, marítimas e fluviais	3%
4292-8/01	Montagem de estruturas metálicas	3%
4292-8/02	Obras de montagem industrial	3%
4299-5/01	Construção de instalações esportivas e recreativas	3%
4299-5/99	Outras obras de engenharia civil não especificadas anteriormente	3%
4311-8/01	Demolição de edifícios e outras estruturas	2%
4311-8/02	Preparação de canteiro e limpeza de terreno	2%
4312-6/00	Perfurações e sondagens	2%
4313-4/00	Obras de terraplenagem	2%
4319-3/00	Serviços de preparação do terreno não especificados anteriormente	2%
4321-5/00	Instalação e manutenção elétrica	2%
4322-3/01	Instalações hidráulicas, sanitárias e de gás	2%
4322-3/02	Instalação e manutenção de sistemas centrais de ar condicionado, de ventilação e refrigeração	2%
4322-3/03	Instalações de sistema de prevenção contra incêndio	2%
4329-1/01	Instalação de painéis publicitários	2%
4329-1/02	Instalação de equipamentos para orientação à navegação marítima fluvial e lacustre	2%
4329-1/03	Instalação, manutenção e reparação de elevadores, escadas e esteiras rolantes, exceto de fabricação própria	2%
4329-1/04	Montagem e instalação de sistemas e equipamentos de iluminação e sinalização em vias públicas, portos e aeroportos	2%
4329-1/05	Tratamentos térmicos, acústicos ou de vibração	2%
4329-1/99	Outras obras de instalações em construções não especificadas anteriormente	2%
4330-4/01	Impermeabilização em obras de engenharia civil	2%
4330-4/02	Instalação de portas, janelas, tetos, divisórias e armários embutidos de qualquer material	2%
4330-4/03	Obras de acabamento em gesso e estuque	2%
4330-4/04	Serviços de pintura de edifícios em geral	2%
4330-4/05	Aplicação de revestimentos e de resinas em interiores e exteriores	2%
4330-4/99	Outras obras de acabamento da construção	2%
4391-6/00	Obras de fundações	3%
4399-1/01	Administração de obras	3%
4399-1/02	Montagem e desmontagem de andaimes e outras estruturas temporárias	3%
4399-1/03	Obras de alvenaria	3%
4399-1/04	Serviços de operação e fornecimento de equipamentos para transporte e elevação de cargas e pessoas para uso em obras	3%
4399-1/05	Perfuração e construção de poços de água	3%
4399-1/99	Serviços especializados para construção não especificados anteriormente	3%

CNAE 7	Descrição	(%)
4511-1/01	Comércio a varejo de automóveis, camionetas e utilitários novos	2%
4511-1/02	Comércio a varejo de automóveis, camionetas e utilitários usados	2%
4511-1/03	Comércio por atacado de automóveis, camionetas e utilitários novos e usados	2%
4511-1/04	Comércio por atacado de caminhões novos e usados	2%
4511-1/05	Comércio por atacado de reboques e semi-reboques novos e usados	2%
4511-1/06	Comércio por atacado de ônibus e microônibus novos e usados	2%
4512-9/01	Representantes comerciais e agentes do comércio de veículos automotores	2%
4512-9/02	Comércio sob consignação de veículos automotores	2%
4520-0/01	Serviços de manutenção e reparação mecânica de veículos automotores	2%
4520-0/02	Serviços de lanternagem ou funilaria e pintura de veículos automotores	2%
4520-0/03	Serviços de manutenção e reparação elétrica de veículos automotores	2%
4520-0/04	Serviços de alinhamento e balanceamento de veículos automotores	2%
4520-0/05	Serviços de lavagem, lubrificação e polimento de veículos automotores	2%
4520-0/06	Serviços de borracharia para veículos automotores	2%
4520-0/07	Serviços de instalação, manutenção e reparação de acessórios para veículos automotores	2%
4530-7/01	Comércio por atacado de peças e acessórios novos para veículos automotores	2%
4530-7/02	Comércio por atacado de pneumáticos e câmaras-de-ar	2%
4530-7/03	Comércio a varejo de peças e acessórios novos para veículos automotores	2%
4530-7/04	Comércio a varejo de peças e acessórios usados para veículos automotores	2%
4530-7/05	Comércio a varejo de pneumáticos e câmaras-de-ar	2%
4530-7/06	Representantes comerciais e agentes do comércio de peças e acessórios novos e usados para veículos automotores	2%
4541-2/01	Comércio por atacado de motocicletas e motonetas	2%
4541-2/02	Comércio por atacado de peças e acessórios para motocicletas e motonetas	2%
4541-2/03	Comércio a varejo de motocicletas e motonetas novas	2%
4541-2/04	Comércio a varejo de motocicletas e motonetas usadas	2%
4541-2/05	Comércio a varejo de peças e acessórios para motocicletas e motonetas	2%
4542-1/01	Representantes comerciais e agentes do comércio de motocicletas e motonetas, peças e acessórios	2%
4542-1/02	Comércio sob consignação de motocicletas e motonetas	2%
4543-9/00	Manutenção e reparação de motocicletas e motonetas	2%
4611-7/00	Representantes comerciais e agentes do comércio de matérias-primas agrícolas e animais vivos	2%
4612-5/00	Representantes comerciais e agentes do comércio de combustíveis, minerais, produtos siderúrgicos e químicos	2%
4613-3/00	Representantes comerciais e agentes do comércio de madeira, material de construção e ferragens	2%
4614-1/00	Representantes comerciais e agentes do comércio de máquinas, equipamentos, embarcações e aeronaves	2%
4615-0/00	Representantes comerciais e agentes do comércio de eletrodomésticos, móveis e artigos de uso doméstico	2%
4616-8/00	Representantes comerciais e agentes do comércio de têxteis, vestuário, calçados e artigos de viagem	2%
4617-6/00	Representantes comerciais e agentes do comércio de produtos alimentícios, bebidas e fumo	2%
4618-4/01	Representantes comerciais e agentes do comércio de medicamentos, cosméticos e produtos de perfumaria	2%
4618-4/02	Representantes comerciais e agentes do comércio de instrumentos e materiais odonto-médico-hospitalares	2%

CNAE 7	Descrição	(%)
4618-4/03	Representantes comerciais e agentes do comércio de jornais, revistas e outras publicações	2%
4618-4/99	Outros representantes comerciais e agentes do comércio especializado em produtos não especificados anteriormente	2%
4619-2/00	Representantes comerciais e agentes do comércio de mercadorias em geral não especializado	2%
4621-4/00	Comércio atacadista de café em grão	2%
4622-2/00	Comércio atacadista de soja	2%
4623-1/01	Comércio atacadista de animais vivos	2%
4623-1/02	Comércio atacadista de couros, lãs, peles e outros subprodutos não-comestíveis de origem animal	2%
4623-1/03	Comércio atacadista de algodão	2%
4623-1/04	Comércio atacadista de fumo em folha não beneficiado	2%
4623-1/05	Comércio atacadista de cacau	2%
4623-1/06	Comércio atacadista de sementes, flores, plantas e gramas	2%
4623-1/07	Comércio atacadista de sisal	2%
4623-1/08	Comércio atacadista de matérias-primas agrícolas com atividade de fracionamento e acondicionamento associada	2%
4623-1/09	Comércio atacadista de alimentos para animais	2%
4623-1/99	Comércio atacadista de matérias-primas agrícolas não especificadas anteriormente	2%
4631-1/00	Comércio atacadista de leite e laticínios	2%
4632-0/01	Comércio atacadista de cereais e leguminosas beneficiados	2%
4632-0/02	Comércio atacadista de farinhas, amidos e féculas	2%
4632-0/03	Comércio atacadista de cereais e leguminosas beneficiados, farinhas, amidos e féculas, com atividade de fracionamento e acondicionamento associada	2%
4633-8/01	Comércio atacadista de frutas, verduras, raízes, tubérculos, hortaliças e legumes frescos	2%
4633-8/02	Comércio atacadista de aves vivas e ovos	2%
4633-8/03	Comércio atacadista de coelhos e outros pequenos animais vivos para alimentação	2%
4634-6/01	Comércio atacadista de carnes bovinas e suínas e derivados	1%
4634-6/02	Comércio atacadista de aves abatidas e derivados	1%
4634-6/03	Comércio atacadista de pescados e frutos do mar	1%
4634-6/99	Comércio atacadista de carnes e derivados de outros animais	1%
4635-4/01	Comércio atacadista de água mineral	1%
4635-4/02	Comércio atacadista de cerveja, chope e refrigerante	1%
4635-4/03	Comércio atacadista de bebidas com atividade de fracionamento e acondicionamento associada	1%
4635-4/99	Comércio atacadista de bebidas não especificadas anteriormente	1%
4636-2/01	Comércio atacadista de fumo beneficiado	1%
4636-2/02	Comércio atacadista de cigarros, cigarrilhas e charutos	1%
4637-1/01	Comércio atacadista de café torrado, moído e solúvel	1%
4637-1/02	Comércio atacadista de açúcar	1%
4637-1/03	Comércio atacadista de óleos e gorduras	1%
4637-1/04	Comércio atacadista de pães, bolos, biscoitos e similares	1%
4637-1/05	Comércio atacadista de massas alimentícias	1%
4637-1/06	Comércio atacadista de sorvetes	1%
4637-1/07	Comércio atacadista de chocolates, confeitos, balas, bombons e semelhantes	1%
4637-1/99	Comércio atacadista especializado em outros produtos alimentícios não especificados anteriormente	1%
4639-7/01	Comércio atacadista de produtos alimentícios em geral	1%

CNAE 7	Descrição	(%)
4639-7/02	Comércio atacadista de produtos alimentícios em geral, com atividade de fracionamento e acondicionamento associada	1%
4641-9/01	Comércio atacadista de tecidos	1%
4641-9/02	Comércio atacadista de artigos de cama, mesa e banho	1%
4641-9/03	Comércio atacadista de artigos de armarinho	1%
4642-7/01	Comércio atacadista de artigos do vestuário e acessórios, exceto profissionais e de segurança	1%
4642-7/02	Comércio atacadista de roupas e acessórios para uso profissional e de segurança do trabalho	1%
4643-5/01	Comércio atacadista de calçados	1%
4643-5/02	Comércio atacadista de bolsas, malas e artigos de viagem	1%
4644-3/01	Comércio atacadista de medicamentos e drogas de uso humano	1%
4644-3/02	Comércio atacadista de medicamentos e drogas de uso veterinário	1%
4645-1/01	Comércio atacadista de instrumentos e materiais para uso médico, cirúrgico, hospitalar e de laboratórios	1%
4645-1/02	Comércio atacadista de próteses e artigos de ortopedia	1%
4645-1/03	Comércio atacadista de produtos odontológicos	1%
4646-0/01	Comércio atacadista de cosméticos e produtos de perfumaria	1%
4646-0/02	Comércio atacadista de produtos de higiene pessoal	1%
4647-8/01	Comércio atacadista de artigos de escritório e de papelaria	1%
4647-8/02	Comércio atacadista de livros, jornais e outras publicações	1%
4649-4/01	Comércio atacadista de equipamentos elétricos de uso pessoal e doméstico	1%
4649-4/02	Comércio atacadista de aparelhos eletrônicos de uso pessoal e doméstico	1%
4649-4/03	Comércio atacadista de bicicletas, triciclos e outros veículos recreativos	1%
4649-4/04	Comércio atacadista de móveis e artigos de colchoaria	1%
4649-4/05	Comércio atacadista de artigos de tapeçaria; persianas e cortinas	1%
4649-4/06	Comércio atacadista de lustres, luminárias e abajures	1%
4649-4/07	Comércio atacadista de filmes, CDs, DVDs, fitas e discos	1%
4649-4/08	Comércio atacadista de produtos de higiene, limpeza e conservação domiciliar	1%
4649-4/09	Comércio atacadista de produtos de higiene, limpeza e conservação domiciliar, com atividade de fracionamento e acondicionamento associada	1%
4649-4/10	Comércio atacadista de jóias, relógios e bijuterias, inclusive pedras preciosas e semipreciosas lapidadas	1%
4649-4/99	Comércio atacadista de outros equipamentos e artigos de uso pessoal e doméstico não especificados anteriormente	1%
4651-6/01	Comércio atacadista de equipamentos de informática	1%
4651-6/02	Comércio atacadista de suprimentos para informática	1%
4652-4/00	Comércio atacadista de componentes eletrônicos e equipamentos de telefonia e comunicação	1%
4661-3/00	Comércio atacadista de máquinas, aparelhos e equipamentos para uso agropecuário; partes e peças	1%
4662-1/00	Comércio atacadista de máquinas, equipamentos para terraplenagem, mineração e construção; partes e peças	1%
4663-0/00	Comércio atacadista de máquinas e equipamentos para uso industrial; partes e peças	1%
4664-8/00	Comércio atacadista de máquinas, aparelhos e equipamentos para uso odonto-médico-hospitalar; partes e peças	1%
4665-6/00	Comércio atacadista de máquinas e equipamentos para uso comercial; partes e peças	1%
4669-9/01	Comércio atacadista de bombas e compressores; partes e peças	1%

CNAE 7	Descrição	(%)
4669-9/99	Comércio atacadista de outras máquinas e equipamentos não especificados anteriormente; partes e peças	1%
4671-1/00	Comércio atacadista de madeira e produtos derivados	1%
4672-9/00	Comércio atacadista de ferragens e ferramentas	1%
4673-7/00	Comércio atacadista de material elétrico	1%
4674-5/00	Comércio atacadista de cimento	1%
4679-6/01	Comércio atacadista de tintas, vernizes e similares	1%
4679-6/02	Comércio atacadista de mármores e granitos	1%
4679-6/03	Comércio atacadista de vidros, espelhos e vitrais	1%
4679-6/04	Comércio atacadista especializado de materiais de construção não especificados anteriormente	1%
4679-6/99	Comércio atacadista de materiais de construção em geral	1%
4681-8/01	Comércio atacadista de álcool carburante, biodiesel, gasolina e demais derivados de petróleo, exceto lubrificantes, não realizado por transportador retalhista (TRR)	1%
4681-8/02	Comércio atacadista de combustíveis realizado por transportador retalhista (TRR)	1%
4681-8/03	Comércio atacadista de combustíveis de origem vegetal, exceto álcool carburante	1%
4681-8/04	Comércio atacadista de combustíveis de origem mineral em bruto	1%
4681-8/05	Comércio atacadista de lubrificantes	1%
4682-6/00	Comércio atacadista de gás liqüefeito de petróleo (GLP)	1%
4683-4/00	Comércio atacadista de defensivos agrícolas, adubos, fertilizantes e corretivos do solo	1%
4684-2/01	Comércio atacadista de resinas e elastômeros	1%
4684-2/02	Comércio atacadista de solventes	1%
4684-2/99	Comércio atacadista de outros produtos químicos e petroquímicos não especificados anteriormente	1%
4685-1/00	Comércio atacadista de produtos siderúrgicos e metalúrgicos, exceto para construção	1%
4686-9/01	Comércio atacadista de papel e papelão em bruto	1%
4686-9/02	Comércio atacadista de embalagens	1%
4687-7/01	Comércio atacadista de resíduos de papel e papelão	1%
4687-7/02	Comércio atacadista de resíduos e sucatas não-metálicos, exceto de papel e papelão	1%
4687-7/03	Comércio atacadista de resíduos e sucatas metálicos	1%
4689-3/01	Comércio atacadista de produtos da extração mineral, exceto combustíveis	1%
4689-3/02	Comércio atacadista de fios e fibras beneficiados	1%
4689-3/99	Comércio atacadista especializado em outros produtos intermediários não especificados anteriormente	1%
4691-5/00	Comércio atacadista de mercadorias em geral, com predominância de produtos alimentícios	1%
4692-3/00	Comércio atacadista de mercadorias em geral, com predominância de insumos agropecuários	1%
4693-1/00	Comércio atacadista de mercadorias em geral, sem predominância de alimentos ou de insumos agropecuários	1%
4711-3/01	Comércio varejista de mercadorias em geral, com predominância de produtos alimentícios - hipermercados	2%
4711-3/02	Comércio varejista de mercadorias em geral, com predominância de produtos alimentícios - supermercados	2%
4712-1/00	Comércio varejista de mercadorias em geral, com predominância de produtos alimentícios - minimercados, mercearias e armazéns	1%
4713-0/01	Lojas de departamentos ou magazines	1%
4713-0/02	Lojas de variedades, exceto lojas de departamentos ou magazines	1%

CNAE 7	Descrição	(%)
4713-0/03	Lojas *duty free* de aeroportos internacionais	1%
4721-1/01	Padaria e confeitaria com predominância de produção própria	1%
4721-1/02	Padaria e confeitaria com predominância de revenda	1%
4721-1/03	Comércio varejista de laticínios e frios	1%
4721-1/04	Comércio varejista de doces, balas, bombons e semelhantes	1%
4722-9/01	Comércio varejista de carnes - açougues	1%
4722-9/02	Peixaria	1%
4723-7/00	Comércio varejista de bebidas	1%
4724-5/00	Comércio varejista de hortifrutigranjeiros	1%
4729-6/01	Tabacaria	1%
4729-6/99	Comércio varejista de produtos alimentícios em geral ou especializado em produtos alimentícios não especificados anteriormente	1%
4731-8/00	Comércio varejista de combustíveis para veículos automotores	1%
4732-6/00	Comércio varejista de lubrificantes	1%
4741-5/00	Comércio varejista de tintas e materiais para pintura	1%
4742-3/00	Comércio varejista de material elétrico	1%
4743-1/00	Comércio varejista de vidros	1%
4744-0/01	Comércio varejista de ferragens e ferramentas	1%
4744-0/02	Comércio varejista de madeira e artefatos	1%
4744-0/03	Comércio varejista de materiais hidráulicos	1%
4744-0/04	Comércio varejista de cal, areia, pedra britada, tijolos e telhas	1%
4744-0/05	Comércio varejista de materiais de construção não especificados anteriormente	1%
4744-0/99	Comércio varejista de materiais de construção em geral	1%
4751-2/00	Comércio varejista especializado de equipamentos e suprimentos de informática	1%
4752-1/00	Comércio varejista especializado de equipamentos de telefonia e comunicação	1%
4753-9/00	Comércio varejista especializado de eletrodomésticos e equipamentos de áudio e vídeo	1%
4754-7/01	Comércio varejista de móveis	1%
4754-7/02	Comércio varejista de artigos de colchoaria	1%
4754-7/03	Comércio varejista de artigos de iluminação	1%
4755-5/01	Comércio varejista de tecidos	1%
4755-5/02	Comercio varejista de artigos de armarinho	1%
4755-5/03	Comercio varejista de artigos de cama, mesa e banho	1%
4756-3/00	Comércio varejista especializado de instrumentos musicais e acessórios	1%
4757-1/00	Comércio varejista especializado de peças e acessórios para aparelhos eletroeletrônicos para uso doméstico, exceto informática e comunicação	1%
4759-8/01	Comércio varejista de artigos de tapeçaria, cortinas e persianas	1%
4759-8/99	Comércio varejista de outros artigos de uso pessoal e doméstico não especificados anteriormente	1%
4761-0/01	Comércio varejista de livros	1%
4761-0/02	Comércio varejista de jornais e revistas	1%
4761-0/03	Comércio varejista de artigos de papelaria	1%
4762-8/00	Comércio varejista de discos, CDs, DVDs e fitas	1%
4763-6/01	Comércio varejista de brinquedos e artigos recreativos	1%
4763-6/02	Comércio varejista de artigos esportivos	1%
4763-6/03	Comércio varejista de bicicletas e triciclos; peças e acessórios	1%
4763-6/04	Comércio varejista de artigos de caça, pesca e *camping*	1%
4763-6/05	Comércio varejista de embarcações e outros veículos recreativos; peças e acessórios	1%
4771-7/01	Comércio varejista de produtos farmacêuticos, sem manipulação de fórmulas	1%
4771-7/02	Comércio varejista de produtos farmacêuticos, com manipulação de fórmulas	1%

CNAE 7	Descrição	(%)
4771-7/03	Comércio varejista de produtos farmacêuticos homeopáticos	1%
4771-7/04	Comércio varejista de medicamentos veterinários	1%
4772-5/00	Comércio varejista de cosméticos, produtos de perfumaria e de higiene pessoal	1%
4773-3/00	Comércio varejista de artigos médicos e ortopédicos	1%
4774-1/00	Comércio varejista de artigos de óptica	1%
4781-4/00	Comércio varejista de artigos do vestuário e acessórios	1%
4782-2/01	Comércio varejista de calçados	1%
4782-2/02	Comércio varejista de artigos de viagem	1%
4783-1/01	Comércio varejista de artigos de joalheria	1%
4783-1/02	Comércio varejista de artigos de relojoaria	1%
4784-9/00	Comércio varejista de gás liqüefeito de petróleo (GLP)	1%
4785-7/01	Comércio varejista de antigüidades	1%
4785-7/99	Comércio varejista de outros artigos usados	1%
4789-0/01	Comércio varejista de suvenires, bijuterias e artesanatos	1%
4789-0/02	Comércio varejista de plantas e flores naturais	1%
4789-0/03	Comércio varejista de objetos de arte	1%
4789-0/04	Comércio varejista de animais vivos e de artigos e alimentos para animais de estimação	1%
4789-0/05	Comércio varejista de produtos saneantes domissanitários	1%
4789-0/06	Comércio varejista de fogos de artifício e artigos pirotécnicos	1%
4789-0/07	Comércio varejista de equipamentos para escritório	1%
4789-0/08	Comércio varejista de artigos fotográficos e para filmagem	1%
4789-0/09	Comércio varejista de armas e munições	1%
4789-0/99	Comércio varejista de outros produtos não especificados anteriormente	1%
4911-6/00	Transporte ferroviário de carga	1%
4912-4/01	Transporte ferroviário de passageiros intermunicipal e interestadual	1%
4912-4/02	Transporte ferroviário de passageiros municipal e em região metropolitana	1%
4912-4/03	Transporte metroviário	1%
4921-3/01	Transporte rodoviário coletivo de passageiros, com itinerário fixo, municipal	3%
4921-3/02	Transporte rodoviário coletivo de passageiros, com itinerário fixo, intermunicipal em região metropolitana	3%
4922-1/01	Transporte rodoviário coletivo de passageiros, com itinerário fixo, intermunicipal, exceto em região metropolitana	3%
4922-1/02	Transporte rodoviário coletivo de passageiros, com itinerário fixo, interestadual	3%
4922-1/03	Transporte rodoviário coletivo de passageiros, com itinerário fixo, internacional	3%
4923-0/01	Serviço de táxi	3%
4923-0/02	Serviço de transporte de passageiros - locação de automóveis com motorista	3%
4924-8/00	Transporte escolar	3%
4929-9/01	Transporte rodoviário coletivo de passageiros, sob regime de fretamento, municipal	3%
4929-9/02	Transporte rodoviário coletivo de passageiros, sob regime de fretamento, intermunicipal, interestadual e internacional	3%
4929-9/03	Organização de excursões em veículos rodoviários próprios, municipal	3%
4929-9/04	Organização de excursões em veículos rodoviários próprios, intermunicipal, interestadual e internacional	3%
4929-9/99	Outros transportes rodoviários de passageiros não especificados anteriormente	3%
4930-2/01	Transporte rodoviário de carga, exceto produtos perigosos e mudanças, municipal	3%
4930-2/02	Transporte rodoviário de carga, exceto produtos perigosos e mudanças, intermunicipal, interestadual e internacional	3%
4930-2/03	Transporte rodoviário de produtos perigosos	3%
4930-2/04	Transporte rodoviário de mudanças	3%
4940-0/00	Transporte dutoviário	1%

CNAE 7	Descrição	(%)
4950-7/00	Trens turísticos, teleféricos e similares	1%
5011-4/01	Transporte marítimo de cabotagem - Carga	1%
5011-4/02	Transporte marítimo de cabotagem - passageiros	1%
5012-2/01	Transporte marítimo de longo curso - Carga	1%
5012-2/02	Transporte marítimo de longo curso - Passageiros	1%
5021-1/01	Transporte por navegação interior de carga, municipal, exceto travessia	1%
5021-1/02	Transporte por navegação interior de carga, intermunicipal, interestadual e internacional, exceto travessia	1%
5022-0/01	Transporte por navegação interior de passageiros em linhas regulares, municipal, exceto travessia	1%
5022-0/02	Transporte por navegação interior de passageiros em linhas regulares, intermunicipal, interestadual e internacional, exceto travessia	1%
5030-1/01	Navegação de apoio marítimo	1%
5030-1/02	Navegação de apoio portuário	1%
5091-2/01	Transporte por navegação de travessia, municipal	2%
5091-2/02	Transporte por navegação de travessia, intermunicipal	2%
5099-8/01	Transporte aquaviário para passeios turísticos	2%
5099-8/99	Outros transportes aquaviários não especificados anteriormente	2%
5111-1/00	Transporte aéreo de passageiros regular	3%
5112-9/01	Serviço de táxi aéreo e locação de aeronaves com tripulação	3%
5112-9/99	Outros serviços de transporte aéreo de passageiros não-regular	3%
5120-0/00	Transporte aéreo de carga	2%
5130-7/00	Transporte espacial	1%
5211-7/01	Armazéns gerais - emissão de *warrant*	2%
5211-7/02	Guarda-móveis	2%
5211-7/99	Depósitos de mercadorias para terceiros, exceto armazéns gerais e guarda-móveis	2%
5212-5/00	Carga e descarga	2%
5221-4/00	Concessionárias de rodovias, pontes, túneis e serviços relacionados	1%
5222-2/00	Terminais rodoviários e ferroviários	1%
5223-1/00	Estacionamento de veículos	1%
5229-0/01	Serviços de apoio ao transporte por táxi, inclusive centrais de chamada	1%
5229-0/02	Serviços de reboque de veículos	1%
5229-0/99	Outras atividades auxiliares dos transportes terrestres não especificadas anteriormente	1%
5231-1/01	Administração da infra-estrutura portuária	1%
5231-1/02	Operações de terminais	1%
5232-0/00	Atividades de agenciamento marítimo	1%
5239-7/00	Atividades auxiliares dos transportes aquaviários não especificadas anteriormente	1%
5240-1/01	Operação dos aeroportos e campos de aterrissagem	1%
5240-1/99	Atividades auxiliares dos transportes aéreos, exceto operação dos aeroportos e campos de aterrissagem	1%
5250-8/01	Comissaria de despachos	1%
5250-8/02	Atividades de despachantes aduaneiros	1%
5250-8/03	Agenciamento de cargas, exceto para o transporte marítimo	1%
5250-8/04	Organização logística do transporte de carga	1%
5250-8/05	Operador de transporte multimodal - OTM	1%
5310-5/01	Atividades do Correio Nacional	3%
5310-5/02	Atividades de franqueadas e permissionárias do Correio Nacional	3%
5320-2/01	Serviços de malote não realizados pelo Correio Nacional	3%
5320-2/02	Serviços de entrega rápida	3%
5510-8/01	Hotéis	1%

CNAE 7	Descrição	(%)
5510-8/02	Apart-hotéis	1%
5510-8/03	Motéis	1%
5590-6/01	Albergues, exceto assistenciais	1%
5590-6/02	*Campings*	1%
5590-6/03	Pensões (alojamento)	1%
5590-6/99	Outros alojamentos não especificados anteriormente	1%
5611-2/01	Restaurantes e similares	1%
5611-2/02	Bares e outros estabelecimentos especializados em servir bebidas	1%
5611-2/03	Lanchonetes, casas de chá, de sucos e similares	1%
5612-1/00	Serviços ambulantes de alimentação	1%
5620-1/01	Fornecimento de alimentos preparados preponderantemente para empresas	1%
5620-1/02	Serviços de alimentação para eventos e recepções - bufê	1%
5620-1/03	Cantinas - serviços de alimentação privativos	1%
5620-1/04	Fornecimento de alimentos preparados preponderantemente para consumo domiciliar	1%
5811-5/00	Edição de livros	1%
5812-3/00	Edição de jornais	1%
5813-1/00	Edição de revistas	1%
5819-1/00	Edição de cadastros, listas e de outros produtos gráficos	1%
5821-2/00	Edição integrada à impressão de livros	1%
5822-1/00	Edição integrada à impressão de jornais	1%
5823-9/00	Edição integrada à impressão de revistas	1%
5829-8/00	Edição integrada à impressão de cadastros, listas e de outros produtos gráficos	1%
5911-1/01	Estúdios cinematográficos	1%
5911-1/02	Produção de filmes para publicidade	1%
5911-1/99	Atividades de produção cinematográfica, de vídeos e de programas de televisão não especificadas anteriormente	1%
5912-0/01	Serviços de dublagem	1%
5912-0/02	Serviços de mixagem sonora em produção audiovisual	1%
5912-0/99	Atividades de pós-produção cinematográfica, de vídeos e de programas de televisão não especificadas anteriormente	1%
5913-8/00	Distribuição cinematográfica, de vídeo e de programas de televisão	1%
5914-6/00	Atividades de exibição cinematográfica	1%
5920-1/00	Atividades de gravação de som e de edição de música	1%
6010-1/00	Atividades de rádio	1%
6021-7/00	Atividades de televisão aberta	3%
6022-5/01	Programadoras	3%
6022-5/02	Atividades relacionadas à televisão por assinatura, exceto programadoras	3%
6110-8/01	Serviços de telefonia fixa comutada - STFC	2%
6110-8/02	Serviços de redes de transportes de telecomunicações - SRTT	2%
6110-8/03	Serviços de comunicação multimídia - SCM	2%
6110-8/99	Serviços de telecomunicações por fio não especificados anteriormente	2%
6120-5/01	Telefonia móvel celular	2%
6120-5/02	Serviço móvel especializado - SME	2%
6120-5/99	Serviços de telecomunicações sem fio não especificados anteriormente	2%
6130-2/00	Telecomunicações por satélite	2%
6141-8/00	Operadoras de televisão por assinatura por cabo	2%
6142-6/00	Operadoras de televisão por assinatura por microondas	2%
6143-4/00	Operadoras de televisão por assinatura por satélite	2%
6190-6/01	Provedores de acesso às redes de comunicações	2%

CNAE 7	Descrição	(%)
6190-6/02	Provedores de voz sobre protocolo internet - Voip	2%
6190-6/99	Outras atividades de telecomunicações não especificadas anteriormente	2%
6201-5/00	Desenvolvimento de programas de computador sob encomenda	1%
6202-3/00	Desenvolvimento e licenciamento de programas de computador customizáveis	1%
6203-1/00	Desenvolvimento e licenciamento de programas de computador não-customizáveis	1%
6204-0/00	Consultoria em tecnologia da informação	1%
6209-1/00	Suporte técnico, manutenção e outros serviços em tecnologia da informação	1%
6311-9/00	Tratamento de dados, provedores de serviços de aplicação e serviços de hospedagem na internet	1%
6319-4/00	Portais, provedores de conteúdo e outros serviços de informação na internet	1%
6391-7/00	Agências de notícias	1%
6399-2/00	Outras atividades de prestação de serviços de informação não especificadas anteriormente	1%
6410-7/00	Banco Central	1%
6421-2/00	Bancos comerciais	3%
6422-1/00	Bancos múltiplos, com carteira comercial	3%
6423-9/00	Caixas econômicas	3%
6424-7/01	Bancos cooperativos	1%
6424-7/02	Cooperativas centrais de crédito	1%
6424-7/03	Cooperativas de crédito mútuo	1%
6424-7/04	Cooperativas de crédito rural	1%
6431-0/00	Bancos múltiplos, sem carteira comercial	3%
6432-8/00	Bancos de investimento	1%
6433-6/00	Bancos de desenvolvimento	1%
6434-4/00	Agências de fomento	1%
6435-2/01	Sociedades de crédito imobiliário	1%
6435-2/02	Associações de poupança e empréstimo	1%
6435-2/03	Companhias hipotecárias	1%
6436-1/00	Sociedades de crédito, financiamento e investimento - financeiras	1%
6437-9/00	Sociedades de crédito ao microempreendedor	1%
6440-9/00	Arrendamento mercantil	1%
6450-6/00	Sociedades de capitalização	1%
6461-1/00	*Holdings* de instituições financeiras	1%
6462-0/00	*Holdings* de instituições não-financeiras	1%
6463-8/00	Outras sociedades de participação, exceto *holdings*	1%
6470-1/01	Fundos de investimento, exceto previdenciários e imobiliários	1%
6470-1/02	Fundos de investimento previdenciários	1%
6470-1/03	Fundos de investimento imobiliários	1%
6491-3/00	Sociedades de fomento mercantil - *factoring*	1%
6492-1/00	Securitização de créditos	1%
6493-0/00	Administração de consórcios para aquisição de bens e direitos	1%
6499-9/01	Clubes de investimento	1%
6499-9/02	Sociedades de investimento	1%
6499-9/03	Fundo garantidor de crédito	1%
6499-9/04	Caixas de financiamento de corporações	1%
6499-9/05	Concessão de crédito pelas Oscip	1%
6499-9/99	Outras atividades de serviços financeiros não especificadas anteriormente	1%
6511-1/01	Seguros de vida	1%
6511-1/02	Planos de auxílio-funeral	1%
6512-0/00	Seguros não-vida	1%

CNAE 7	Descrição	(%)
6520-1/00	Seguros-saúde	2%
6530-8/00	Resseguros	1%
6541-3/00	Previdência complementar fechada	1%
6542-1/00	Previdência complementar aberta	1%
6550-2/00	Planos de saúde	2%
6611-8/01	Bolsa de valores	1%
6611-8/02	Bolsa de mercadorias	1%
6611-8/03	Bolsa de mercadorias e futuros	1%
6611-8/04	Administração de mercados de balcão organizados	1%
6612-6/01	Corretoras de títulos e valores mobiliários	1%
6612-6/02	Distribuidoras de títulos e valores mobiliários	1%
6612-6/03	Corretoras de câmbio	1%
6612-6/04	Corretoras de contratos de mercadorias	1%
6612-6/05	Agentes de investimentos em aplicações financeiras	1%
6613-4/00	Administração de cartões de crédito	1%
6619-3/01	Serviços de liquidação e custódia	1%
6619-3/02	Correspondentes de instituições financeiras	1%
6619-3/03	Representações de bancos estrangeiros	1%
6619-3/04	Caixas eletrônicos	1%
6619-3/05	Operadoras de cartões de débito	1%
6619-3/99	Outras atividades auxiliares dos serviços financeiros não especificadas anteriormente	1%
6621-5/01	Peritos e avaliadores de seguros	1%
6621-5/02	Auditoria e consultoria atuarial	1%
6622-3/00	Corretores e agentes de seguros, de planos de previdência complementar e de saúde	1%
6629-1/00	Atividades auxiliares dos seguros, da previdência complementar e dos planos de saúde não especificadas anteriormente	1%
6630-4/00	Atividades de administração de fundos por contrato ou comissão	2%
6810-2/01	Compra e venda de imóveis próprios	1%
6810-2/02	Aluguel de imóveis próprios	1%
6821-8/01	Corretagem na compra e venda e avaliação de imóveis	1%
6821-8/02	Corretagem no aluguel de imóveis	1%
6822-6/00	Gestão e administração da propriedade imobiliária	1%
6911-7/01	Serviços advocatícios	1%
6911-7/02	Atividades auxiliares da justiça	1%
6911-7/03	Agente de propriedade industrial	1%
6912-5/00	Cartórios	1%
6920-6/01	Atividades de contabilidade	1%
6920-6/02	Atividades de consultoria e auditoria contábil e tributária	1%
7020-4/00	Atividades de consultoria em gestão empresarial, exceto consultoria técnica específica	1%
7111-1/00	Serviços de arquitetura	1%
7112-0/00	Serviços de engenharia	1%
7119-7/01	Serviços de cartografia, topografia e geodésia	1%
7119-7/02	Atividades de estudos geológicos	1%
7119-7/03	Serviços de desenho técnico relacionados à arquitetura e engenharia	1%
7119-7/04	Serviços de perícia técnica relacionados à segurança do trabalho	1%
7119-7/99	Atividades técnicas relacionadas à engenharia e arquitetura não especificadas anteriormente	1%
7120-1/00	Testes e análises técnicas	3%

CNAE 7	Descrição	(%)
7210-0/00	Pesquisa e desenvolvimento experimental em ciências físicas e naturais	1%
7220-7/00	Pesquisa e desenvolvimento experimental em ciências sociais e humanas	1%
7311-4/00	Agências de publicidade	1%
7312-2/00	Agenciamento de espaços para publicidade, exceto em veículos de comunicação	1%
7319-0/01	Criação de estandes para feiras e exposições	1%
7319-0/02	Promoção de vendas	1%
7319-0/03	*Marketing* direto	1%
7319-0/04	Consultoria em publicidade	1%
7319-0/99	Outras atividades de publicidade não especificadas anteriormente	1%
7320-3/00	Pesquisas de mercado e de opinião pública	2%
7410-2/01	*Design*	1%
7410-2/02	Decoração de interiores	1%
7420-0/01	Atividades de produção de fotografias, exceto aérea e submarina	1%
7420-0/02	Atividades de produção de fotografias aéreas e submarinas	1%
7420-0/03	Laboratórios fotográficos	1%
7420-0/04	Filmagem de festas e eventos	1%
7420-0/05	Serviços de microfilmagem	1%
7490-1/01	Serviços de tradução, interpretação e similares	1%
7490-1/02	Escafandria e mergulho	1%
7490-1/03	Serviços de agronomia e de consultoria às atividades agrícolas e pecuárias	1%
7490-1/04	Atividades de intermediação e agenciamento de serviços e negócios em geral, exceto imobiliários	1%
7490-1/05	Agenciamento de profissionais para atividades esportivas, culturais e artísticas	1%
7490-1/99	Outras atividades profissionais, científicas e técnicas não especificadas anteriormente	1%
7500-1/00	Atividades veterinárias	1%
7711-0/00	Locação de automóveis sem condutor	1%
7719-5/01	Locação de embarcações sem tripulação, exceto para fins recreativos	1%
7719-5/02	Locação de aeronaves sem tripulação	1%
7719-5/99	Locação de outros meios de transporte não especificados anteriormente, sem condutor	1%
7721-7/00	Aluguel de equipamentos recreativos e esportivos	1%
7722-5/00	Aluguel de fitas de vídeo, DVDs e similares	1%
7723-3/00	Aluguel de objetos do vestuário, jóias e acessórios	1%
7729-2/01	Aluguel de aparelhos de jogos eletrônicos	1%
7729-2/02	Aluguel de móveis, utensílios e aparelhos de uso doméstico e pessoal; instrumentos musicais	1%
7729-2/03	Aluguel de material médico	1%
7729-2/99	Aluguel de outros objetos pessoais e domésticos não especificados anteriormente	1%
7731-4/00	Aluguel de máquinas e equipamentos agrícolas sem operador	1%
7732-2/01	Aluguel de máquinas e equipamentos para construção sem operador, exceto andaimes	1%
7732-2/02	Aluguel de andaimes	1%
7733-1/00	Aluguel de máquinas e equipamentos para escritórios	1%
7739-0/01	Aluguel de máquinas e equipamentos para extração de minérios e petróleo, sem operador	1%
7739-0/02	Aluguel de equipamentos científicos, médicos e hospitalares, sem operador	1%
7739-0/03	Aluguel de palcos, coberturas e outras estruturas de uso temporário, exceto andaimes	1%
7739-0/99	Aluguel de outras máquinas e equipamentos comerciais e industriais não especificados anteriormente, sem operador	1%

CNAE 7	Descrição	(%)
7740-3/00	Gestão de ativos intangíveis não-financeiros	1%
7810-8/00	Seleção e agenciamento de mão-de-obra	2%
7820-5/00	Locação de mão-de-obra temporária	2%
7830-2/00	Fornecimento e gestão de recursos humanos para terceiros	2%
7911-2/00	Agências de viagens	1%
7912-1/00	Operadores turísticos	1%
7990-2/00	Serviços de reservas e outros serviços de turismo não especificados anteriormente	1%
8011-1/01	Atividades de vigilância e segurança privada	3%
8011-1/02	Serviços de adestramento de cães de guarda	3%
8012-9/00	Atividades de transporte de valores	3%
8020-0/00	Atividades de monitoramento de sistemas de segurança	2%
8030-7/00	Atividades de investigação particular	3%
8111-7/00	Serviços combinados para apoio a edifícios, exceto condomínios prediais	3%
8112-5/00	Condomínios prediais	3%
8121-4/00	Limpeza em prédios e em domicílios	3%
8122-2/00	Imunização e controle de pragas urbanas	3%
8129-0/00	Atividades de limpeza não especificadas anteriormente	3%
8130-3/00	Atividades paisagísticas	1%
8211-3/00	Serviços combinados de escritório e apoio administrativo	1%
8219-9/01	Fotocópias	1%
8219-9/99	Preparação de documentos e serviços especializados de apoio administrativo não especificados anteriormente	1%
8220-2/00	Atividades de teleatendimento	3%
8230-0/01	Serviços de organização de feiras, congressos, exposições e festas	1%
8230-0/02	Casas de festas e eventos	1%
8291-1/00	Atividades de cobranças e informações cadastrais	1%
8292-0/00	Envasamento e empacotamento sob contrato	2%
8299-7/01	Medição de consumo de energia elétrica, gás e água	1%
8299-7/02	Emissão de vales-alimentação, vales-transporte e similares	1%
8299-7/03	Serviços de gravação de carimbos, exceto confecção	1%
8299-7/04	Leiloeiros independentes	1%
8299-7/05	Serviços de levantamento de fundos sob contrato	1%
8299-7/06	Casas lotéricas	1%
8299-7/07	Salas de acesso à internet	1%
8299-7/99	Outras atividades de serviços prestados principalmente às empresas não especificadas anteriormente	1%
8411-6/00	Administração pública em geral	2%
8412-4/00	Regulação das atividades de saúde, educação, serviços culturais e outros serviços sociais	2%
8413-2/00	Regulação das atividades econômicas	2%
8421-3/00	Relações exteriores	2%
8422-1/00	Defesa	2%
8423-0/00	Justiça	2%
8424-8/00	Segurança e ordem pública	2%
8425-6/00	Defesa Civil	2%
8430-2/00	Seguridade social obrigatória	2%
8511-2/00	Educação infantil - creche	1%
8512-1/00	Educação infantil - pré-escola	1%
8513-9/00	Ensino fundamental	1%
8520-1/00	Ensino médio	1%
8531-7/00	Educação superior - graduação	1%

CNAE 7	Descrição	(%)
8532-5/00	Educação superior - graduação e pós-graduação	1%
8533-3/00	Educação superior - pós-graduação e extensão	1%
8541-4/00	Educação profissional de nível técnico	1%
8542-2/00	Educação profissional de nível tecnológico	1%
8550-3/01	Administração de caixas escolares	1%
8550-3/02	Atividades de apoio à educação, exceto caixas escolares	1%
8591-1/00	Ensino de esportes	1%
8592-9/01	Ensino de dança	1%
8592-9/02	Ensino de artes cênicas, exceto dança	1%
8592-9/03	Ensino de música	1%
8592-9/99	Ensino de arte e cultura não especificado anteriormente	1%
8593-7/00	Ensino de idiomas	1%
8599-6/01	Formação de condutores	1%
8599-6/02	Cursos de pilotagem	1%
8599-6/03	Treinamento em informática	1%
8599-6/04	Treinamento em desenvolvimento profissional e gerencial	1%
8599-6/05	Cursos preparatórios para concursos	1%
8599-6/99	Outras atividades de ensino não especificadas anteriormente	1%
8610-1/01	Atividades de atendimento hospitalar, exceto pronto-socorro e unidades para atendimento a urgências	2%
8610-1/02	Atividades de atendimento em pronto-socorro e unidades hospitalares para atendimento a urgências	2%
8621-6/01	UTI móvel	2%
8621-6/02	Serviços móveis de atendimento a urgências, exceto por UTI móvel	2%
8622-4/00	Serviços de remoção de pacientes, exceto os serviços móveis de atendimento a urgências	2%
8630-5/01	Atividade médica ambulatorial com recursos para realização de procedimentos cirúrgicos	2%
8630-5/02	Atividade médica ambulatorial com recursos para realização de exames complementares	2%
8630-5/03	Atividade médica ambulatorial restrita a consultas	2%
8630-5/04	Atividade odontológica com recursos para realização de procedimentos cirúrgicos	2%
8630-5/05	Atividade odontológica sem recursos para realização de procedimentos cirúrgicos	2%
8630-5/06	Serviços de vacinação e imunização humana	2%
8630-5/07	Atividades de reprodução humana assistida	2%
8630-5/99	Atividades de atenção ambulatorial não especificadas anteriormente	2%
8640-2/01	Laboratórios de anatomia patológica e citológica	1%
8640-2/02	Laboratórios clínicos	1%
8640-2/03	Serviços de diálise e nefrologia	1%
8640-2/04	Serviços de tomografia	1%
8640-2/05	Serviços de diagnóstico por imagem com uso de radiação ionizante, exceto tomografia	1%
8640-2/06	Serviços de ressonância magnética	1%
8640-2/07	Serviços de diagnóstico por imagem sem uso de radiação ionizante, exceto ressonância magnética	1%
8640-2/08	Serviços de diagnóstico por registro gráfico - ECG, EEG e outros exames análogos	1%
8640-2/09	Serviços de diagnóstico por métodos ópticos - endoscopia e outros exames análogos	1%
8640-2/10	Serviços de quimioterapia	1%
8640-2/11	Serviços de radioterapia	1%
8640-2/12	Serviços de hemoterapia	1%
8640-2/13	Serviços de litotripsia	1%

CNAE 7	Descrição	(%)
8640-2/14	Serviços de bancos de células e tecidos humanos	1%
8640-2/99	Atividades de serviços de complementação diagnóstica e terapêutica não especificadas anteriormente	1%
8650-0/01	Atividades de enfermagem	1%
8650-0/02	Atividades de profissionais da nutrição	1%
8650-0/03	Atividades de psicologia e psicanálise	1%
8650-0/04	Atividades de fisioterapia	1%
8650-0/05	Atividades de terapia ocupacional	1%
8650-0/06	Atividades de fonoaudiologia	1%
8650-0/07	Atividades de terapia de nutrição enteral e parenteral	1%
8650-0/99	Atividades de profissionais da área de saúde não especificadas anteriormente	1%
8660-7/00	Atividades de apoio à gestão de saúde	1%
8690-9/01	Atividades de práticas integrativas e complementares em saúde humana	1%
8690-9/02	Atividades de banco de leite humano	1%
8690-9/99	Outras atividades de atenção à saúde humana não especificadas anteriormente	1%
8711-5/01	Clínicas e residências geriátricas	1%
8711-5/02	Instituições de longa permanência para idosos	1%
8711-5/03	Atividades de assistência a deficientes físicos, imunodeprimidos e convalescentes	1%
8711-5/04	Centros de apoio a pacientes com câncer e com Aids	1%
8711-5/05	Condomínios residenciais para idosos e deficientes físicos	1%
8712-3/00	Atividades de fornecimento de infra-estrutura de apoio e assistência a paciente no domicílio	1%
8720-4/01	Atividades de centros de assistência psicossocial	1%
8720-4/99	Atividades de assistência psicossocial e à saúde a portadores de distúrbios psíquicos, deficiência mental e dependência química não especificadas anteriormente	1%
8730-1/01	Orfanatos	1%
8730-1/02	Albergues assistenciais	1%
8730-1/99	Atividades de assistência social prestadas em residências coletivas e particulares não especificadas anteriormente	1%
8800-6/00	Serviços de assistência social sem alojamento	1%
9001-9/01	Produção teatral	3%
9001-9/02	Produção musical	3%
9001-9/03	Produção de espetáculos de dança	3%
9001-9/04	Produção de espetáculos circenses, de marionetes e similares	3%
9001-9/05	Produção de espetáculos de rodeios, vaquejadas e similares	3%
9001-9/06	Atividades de sonorização e de iluminação	3%
9001-9/99	Artes cênicas, espetáculos e atividades complementares não especificadas anteriormente	3%
9002-7/01	Atividades de artistas plásticos, jornalistas independentes e escritores	3%
9002-7/02	Restauração de obras-de-arte	3%
9003-5/00	Gestão de espaços para artes cênicas, espetáculos e outras atividades artísticas	3%
9101-5/00	Atividades de bibliotecas e arquivos	1%
9102-3/01	Atividades de museus e de exploração de lugares e prédios históricos e atrações similares	1%
9102-3/02	Restauração e conservação de lugares e prédios históricos	1%
9103-1/00	Atividades de jardins botânicos, zoológicos, parques nacionais, reservas ecológicas e áreas de proteção ambiental	1%
9200-3/01	Casas de bingo	1%
9200-3/02	Exploração de apostas em corridas de cavalos	1%
9200-3/99	Exploração de jogos de azar e apostas não especificados anteriormente	1%

CNAE 7	Descrição	(%)
9311-5/00	Gestão de instalações de esportes	1%
9312-3/00	Clubes sociais, esportivos e similares	1%
9313-1/00	Atividades de condicionamento físico	1%
9319-1/01	Produção e promoção de eventos esportivos	1%
9319-1/99	Outras atividades esportivas não especificadas anteriormente	1%
9321-2/00	Parques de diversão e parques temáticos	1%
9329-8/01	Discotecas, danceterias, salões de dança e similares	1%
9329-8/02	Exploração de boliches	1%
9329-8/03	Exploração de jogos de sinuca, bilhar e similares	1%
9329-8/04	Exploração de jogos eletrônicos recreativos	1%
9329-8/99	Outras atividades de recreação e lazer não especificadas anteriormente	1%
9411-1/00	Atividades de organizações associativas patronais e empresariais	1%
9412-0/00	Atividades de organizações associativas profissionais	1%
9420-1/00	Atividades de organizações sindicais	3%
9430-8/00	Atividades de associações de defesa de direitos sociais	1%
9491-0/00	Atividades de organizações religiosas	1%
9492-8/00	Atividades de organizações políticas	1%
9493-6/00	Atividades de organizações associativas ligadas à cultura e à arte	1%
9499-5/00	Atividades associativas não especificadas anteriormente	1%
9511-8/00	Reparação e manutenção de computadores e de equipamentos periféricos	1%
9512-6/00	Reparação e manutenção de equipamentos de comunicação	1%
9521-5/00	Reparação e manutenção de equipamentos eletroeletrônicos de uso pessoal e doméstico	1%
9529-1/01	Reparação de calçados, bolsas e artigos de viagem	1%
9529-1/02	Chaveiros	1%
9529-1/03	Reparação de relógios	1%
9529-1/04	Reparação de bicicletas, triciclos e outros veículos não-motorizados	1%
9529-1/05	Reparação de artigos do mobiliário	1%
9529-1/06	Reparação de jóias	1%
9529-1/99	Reparação e manutenção de outros objetos e equipamentos pessoais e domésticos não especificados anteriormente	1%
9601-7/01	Lavanderias	1%
9601-7/02	Tinturarias	1%
9601-7/03	Toalheiros	1%
9602-5/01	Cabeleireiros	1%
9602-5/02	Outras atividades de tratamento de beleza	1%
9603-3/01	Gestão e manutenção de cemitérios	1%
9603-3/02	Serviços de cremação	1%
9603-3/03	Serviços de sepultamento	1%
9603-3/04	Serviços de funerárias	1%
9603-3/05	Serviços de somatoconservação	1%
9603-3/99	Atividades funerárias e serviços relacionados não especificados anteriormente	1%
9609-2/01	Clínicas de estética e similares	1%
9609-2/02	Agências matrimoniais	1%
9609-2/03	Alojamento, higiene e embelezamento de animais	1%
9609-2/04	Exploração de máquinas de serviços pessoais acionadas por moeda	1%
9609-2/99	Outras atividades de serviços pessoais não especificadas anteriormente	1%
9700-5/00	Serviços domésticos	-
9900-8/00	Organismos internacionais e outras instituições extraterritoriais	1%

2 — TABELA DE ENQUADRAMENTO NO CÓDIGO FPAS (ANEXO II DA INSTRUÇÃO NORMATIVA SRP N. 3/05)

Obs.: Anexo II aprovado pela Instrução Normativa MF/RFB n. 785/2007, com vigência a partir de 02 de janeiro de 2008.

1. Notas

Nota 1: O recolhimento das contribuições a que se referem os arts. 2º e 3º da Lei n. 11.457, de 16 de março de 2007 (contribuições sociais destinadas à Seguridade Social e contribuições destinadas a Terceiros), será feito com base nas Tabelas 1 e 2, constantes deste Anexo, observadas as orientações contidas na nota 2.

Nota 2: O recolhimento das contribuições referidas na nota 1, decorrentes das atividades relacionadas nos itens I a XV do subtítulo 2.2, se dará com base nas orientações contidas nos respectivos itens (enquadramentos específicos), as quais se sobrepõem às indicações de enquadramento no FPAS atribuídas pelas Tabelas 1 e 2. Dessa forma, o contribuinte deverá, antes de buscar o enquadramento de sua atividade nas Tabelas 1 e 2, verificar se a mesma encontra-se relacionada entre os referidos itens I a XV e, em caso positivo, seguir a respectiva orientação.

Nota 3: Na versão on line deste Anexo, disponível no sítio da Secretaria da Receita Federal do Brasil (RFB), no endereço os itens I a XV, referidos na nota 2, poderão ser acessados de por meio de links, disponíveis no subitem 2.2, denominado "Relação de Atividades Sujeitas a Enquadramentos Específicos".

Nota 4: Os serviços de call center não têm enquadramento específico. As contribuições decorrentes dessa atividade são recolhidas juntamente com as do estabelecimento ao qual estejam vinculadas, exceto se constituírem pessoa jurídica distinta (CNPJ), hipótese em que se classificarão como empresa de prestação de serviços (FPAS 515).

Nota 5: As lojas de fábrica, desde que comercializem exclusivamente produtos compreendidos no objeto social da unidade fabril a que estejam vinculadas, mantêm a mesma classificação desta para fins de recolhimento de contribuições sociais, independentemente do local em que estejam instaladas.

Nota 6: A pessoa jurídica que se dedique à fabricação de alimentos e pratos prontos (cozinha industrial) deve recolher as contribuições decorrentes de tal atividade de acordo com o FPAS 507, independentemente do local onde se dê a fabricação e a entrega do produto.

Nota 7: Os serviços de engenharia consultiva compõem o segmento da Indústria da Construção e do Mobiliário (Grupo 3 da Confederação Nacional da Indústria). As contribuições sociais decorrentes de tais atividades devem ser recolhidas de acordo com o FPAS 507 e código de terceiros 0079.

Nota 8: Os estúdios e laboratórios cinematográficos compõem o segmento da Indústria Cinematográfica (Grupo 16 da Confederação Nacional da Indústria). As contribuições sociais decorrentes de tais atividades devem ser recolhidas de acordo com o FPAS 507 e código de terceiros 0079.

Nota 9: O recolhimento da contribuição substitutiva na forma estabelecida pelo art. 22-A da Lei 8.212, de 1991, incluído pela Lei n. 10.256, de 9 de julho de 2001, será feito exclusivamente pela pessoa jurídica classificada como agroindústria, assim considerada a que tenha produção própria, total ou parcial, da matéria-prima empregada na atividade industrial.

Nota 10: Todo e qualquer estabelecimento que mantenha trabalhadores a seu serviço está obrigado a descontar e a recolher as contribuições devidas por estes, na qualidade de segurados da Previdência Social, incidentes sobre sua remuneração, observados os limites mínimo e máximo do salário-decontribuição.

Nota 11: As sociedades cooperativas de crédito passam a contribuir para o Serviço Nacional de Aprendizagem do Cooperativismo — Sescoop, e deixam de contribuir com o adicional previsto no § 1º do art. 22 da Lei n. 8.212, de 24 de julho de 1991, conforme art. 10 da Lei n. 11.524, de 24 de setembro de 2007. Para isso, devem-se providenciar as alterações necessárias em sistemas e cadastros, alterando o código FPAS dessas cooperativas para o 787 (em substituição ao 736). O código de terceiros será o 4099 (Previdência Social: 20%; salário-educação: 2,5%; INCRA: 0,2% e Sescoop: 2,5%).

2. ATIVIDADES SUJEITAS A ENQUADRAMENTOS ESPECÍFICOS

2.1. Conceitos para enquadramento de atividades no código FPAS

Agroindústria. Para fins de recolhimento das contribuições sociais destinadas à seguridade social e a outras entidades e fundos, entende-se como agroindústria a pessoa jurídica cuja atividade econômica seja a industrialização de produção própria ou de produção própria e adquirida de terceiros. O que caracteriza a agroindústria é o fato de ela própria produzir, total ou parcialmente, a matéria-prima empregada no processo produtivo.

Indústria. Para fins de recolhimento das contribuições sociais destinadas à seguridade social e a outras entidades e fundos, entende-se como indústria (FPAS 507) o conjunto de atividades destinadas à transformação de matérias-primas em bens de produção ou de consumo, servindo-se de técnicas, instrumentos e maquinarias adequados a cada fim. Configura indústria a empresa cuja atividade econômica do setor secundário que engloba as atividades de produção e transformação por oposição ao primário (atividade agrícola) e ao terciário (prestação de serviços).

Indústria rudimentar. Para fins de recolhimento das contribuições sociais destinadas à seguridade social e a outras entidades e fundos, entende-se como indústria rudimentar (FPAS 531) o conjunto de atividades destinadas à produção de bens simples, para industrialização ou consumo, nos quais o processo produtivo é de baixa complexidade.

Incluem-se no conceito de indústria rudimentar atividades de extração de fibras e resinas, extração de madeira para serraria, lenha e carvão vegetal, bem assim o beneficiamento e preparação da matéria-prima, tais como limpeza, descaroçamento, descascamento e outros tratamentos destinados a otimizar a utilidade do produto para consumo ou industrialização.

Indústrias relacionadas no art. 2º do Decreto-lei n. 1.146, de 31 de dezembro de 1970. A relação é exaustiva e se refere a indústrias rudimentares, as quais, por força do dispositivo, contribuem para o Incra e não para o Sesi e Senai. Tratando-se de pessoa jurídica classificada como indústria e que empregue no processo produtivo matéria-prima ou produto oriundo da indústria rudimentar a que se refere o art. 2º do Decreto-lei n. 1.146, de 1970, serão devidas contribuições de acordo com o FPAS 507 e código de terceiros 0079. Tratando-se de agroindústria, haverá duas bases de incidência, as quais devem ser declaradas de forma discriminada na GFIP:

a) valor bruto da comercialização da produção total do empreendimento, a fim de recolher as contribuições devidas à seguridade social e ao Senar (FPAS 744 atribuído pelo sistema), em substituição às previstas nos incisos I e II do art. 22 da Lei n. 8.212, de 1991; e

b) remuneração total de segurados (folha do pessoal rural e da indústria), a fim de recolher as contribuições devidas ao salário-educação e ao INCRA (FPAS 825, código de terceiros 0003).

2.2. Relação de atividades sujeitas a enquadramentos específicos

2.2.1. Indústrias relacionadas no art. 2º do Decreto-lei n. 1.146, de 1970

O dispositivo relaciona indústrias rudimentares destinadas à produção de bens simples, para industrialização ou consumo, para os quais se emprega processo produtivo de baixa complexidade. São devidas contribuições para a seguridade social e terceiros, incidentes sobre a remuneração total de segurados. Código FPAS de enquadramento: 531. Alíquotas: 20% para a Previdência; 1, 2 ou 3% para RAT; 2,5% para o FNDE (salário-educação) e 2,7% para o INCRA, conforme disposto no § 1º do art. 2º do Decreto-lei n. 1.146, de 1970 (quadro 1).

Não se enquadram no FPAS 531 usinas, destilarias, indústrias de produtos especiais à base de leite, indústrias de chás sob qualquer modalidade, indústria de vinho e suco de uva, indústria de artefatos de madeira ou móveis, indústria de café e outras que empreguem técnicas com algum grau de sofisticação, ou mão-de-obra especializada ou que dependam de estrutura industrial complexa a configurar a etapa posterior à industrialização rudimentar, classificando-se, portanto, como indústria (FPAS 507).

QUADRO 1 — INDÚSTRIAS RUDIMENTARES — ART. 2º DL N. 1.146/70 — CONTRIBUIÇÃO SOBRE A FOLHA

FPAS 531 Alíquotas - contribuição sobre a remuneração de segurados: Previdência Social: ....20% RAT: .... variável Código terceiros:........ 0003 Salário-educação:....... 2,5% INCRA: .... 2,7% Total Terceiros: 5,2%	Indústria de cana-de-açúcar. Indústria de laticínio. Indústria de beneficiamento de chá e mate. Indústria da uva. Indústria de extração e beneficiamento de fibras vegetais e de descaroçamento de algodão. Indústria de beneficiamento de café e de cereais. Indústria de extração de madeira para serraria, lenha e carvão vegetal. Indústria de extração de resina. Matadouro ou abatedouro e o setor de abate de animal de qualquer espécie, inclusive das agroindústrias de piscicultura, carcinicultura, suinocultura e avicultura, e charqueada.

2.2.2. Agroindústrias relacionadas no art. 2º do Decreto-lei n. 1.146, de 1970

Entende-se por agroindústria o produtor rural pessoa jurídica cuja atividade econômica seja a industrialização de produção própria ou de produção própria e adquirida de terceiros. São devidas contribuições para a seguridade social e terceiros, sendo estas incidentes sobre a remuneração total de segurados e aquelas sobre a receita bruta proveniente da comercialização da produção. FPAS de enquadramento: 825. Alíquotas:

a) contribuições sobre a comercialização da produção (substitutiva): Previdência 2,5%, RAT 0,1%, SENAR 0,25%; e

b) contribuições sobre a remuneração de trabalhadores: salário-educação 2,5%, INCRA 2,7%.

As contribuições incidentes sobre a receita bruta da comercialização da produção, instituídas pela Lei n. 10.256, de 2001, não substituem as devidas a terceiros, que continuam a incidir sobre a folha de salários.

A agroindústria declarará em uma mesma GFIP (FPAS 825) os seguintes fatos geradores:

a) receita bruta oriunda da comercialização da produção, para recolhimento das contribuições devidas à seguridade social e ao Senar, cujas alíquotas são geradas automaticamente pelo sistema, de acordo com o FPAS 744; e

b) valor total da remuneração de empregados e demais segurados, para recolhimento das contribuições devidas ao FNDE e ao INCRA, bem como a contribuição dos trabalhadores, a qual a empresa está obrigada a descontar e a recolher (quadros 2 e 3).

Não se enquadram no FPAS 825 agroindústrias que, embora empreguem no processo produtivo matéria-prima produzida por indústria relacionada no art. 2º do Decreto-lei n. 1.146, de 1970 dependa de estrutura industrial mais complexa e de mão-de-obra especializada, enquadrando-se, portanto, no FPAS 833.

QUADRO 2 — AGROINDÚSTRIAS — ART. 2º DL N. 1.146/70 — CONTRIBUIÇÃO SOBRE A FOLHA

FPAS 825 Alíquotas - contribuição sobre a remuneração de segurados (terceiros): Previdência Social:....... 0% RAT: .... 0% Código terceiros: ......0003 Salário-educação:..... 2,5% INCRA: ....2,7% Total Terceiros: 5,2%	Agroindústria cuja atividade esteja relacionada no *caput* do art. 2º do Decreto-lei n. 1.146/70, a partir da competência novembro / 2001. Tomador de serviço de trabalhador avulso: contribuição sobre a remuneração de trabalhador avulso vinculado à agroindústria relacionada no *caput* do art. 2º do Decreto-lei n. 1.146/70. Exclui-se deste código a prestação de serviços a Terceiros. A prestação de serviços a terceiros pela agroindústria está sujeita às contribuições a que se refere o art. 22 da Lei 8.212/91 (sobre a remuneração de segurados).

QUADRO 3 — AGROINDÚSTRIAS — ART. 2º DL N. 1.146/70 — CONTRIBUIÇÃO SOBRE A RECEITA BRUTA PROVENIENTE DA COMERCIALIZAÇÃO DA PRODUÇÃO

FPAS 744 Alíquotas - contribuição sobre a comercialização da produção rural - Pessoa jurídica, inclusive agroindústria. Previdência Social:......2,5% RAT: .... 0,1% SENAR: .... 0,25% IN MPS/SRP N. 03/2005, art. 248 parágrafo único. Obs.: FPAS atribuído pelo sistema.	Produtor rural pessoa física e jurídica - contribuição sobre a receita bruta proveniente da comercialização da produção rural. Agroindústria - contribuição sobre a receita bruta proveniente da comercialização da produção própria e adquirida de terceiros, industrializada ou não, a partir de novembro / 2001. Observações: 1 . excluem-se agroindústrias de piscicultura, carcinicultura, suinocultura e avicultura, inclusive sob a forma de cooperativa; 2. excluem-se agroindústrias de florestamento e reflorestamento, quando não aplicável a substituição a que se refere o art. 22-A da Lei n. 8.212/91. 3. Exclui-se da receita bruta, para fins de cálculo da contribuição, a receita de prestação de serviços a terceiros, a qual está sujeita às contribuições a que se refere o art. 22 da Lei n. 8.212/91 (sobre a remuneração de segurados). 4. Além das contribuições sobre a comercialização da produção rural (FPAS 744), agroindústrias enquadradas no FPAS 825 recolhem, sobre a folha de salários, contribuições devidas a terceiros (FNDE e INCRA), conforme art. 252 inciso IV da IN MPS/SRP n. 3/05.

2.2.3. Cooperativa de produção rural que desenvolva atividade relacionada no art. 2º do Decreto-lei n. 1.146/70

A cooperativa é obrigada a prestar as seguintes informações:

a) GFIP 1: remuneração dos empregados regulares, para fins de recolhimento das contribuições devidas à seguridade social e a terceiros, de acordo com o FPAS 795 e código de terceiros 4099 (Previdência Social 20%; RAT variável; FNDE 2,5%; INCRA 2,7%; SESCOOP 2,5%);

b) GFIP 2: relativas aos trabalhadores contratados exclusivamente para a colheita da produção de seus cooperados, a fim de recolher as contribuições deles descontadas e as incidentes sobre sua remuneração, devidas a terceiros, de acordo com o FPAS 604, código de terceiros 0003 (FNDE 2,5% e INCRA 0,2%). As destinadas à Previdência e ao RAT, incidentes sobre a remuneração desses trabalhadores, são substituídas pela incidente sobre a receita bruta proveniente da comercialização da produção, a cargo dos cooperados (quadros 4 e 5).

QUADRO 4 — COOPERATIVAS DE PRODUÇÃO RURAL — CONTRIBUIÇÃO SOBRE A FOLHA

FPAS 795 Alíquotas - contribuição sobre a remuneração de segurados: Previdência Social:......... 20% RAT: .... variável Código terceiros:.......... 4099 Salário-educação:......... 2,5% INCRA: .... 2,7% SESCOOP: .... 2,5% Total Terceiros: .... 7,7% GFIP 1	Sociedade cooperativa que desenvolva atividade relacionada no art. 2º do Decreto-lei n. 1.146/70 - contribuições incidentes sobre a remuneração de segurados (empregados regulares da cooperativa) - setores rural e industrial.

QUADRO 5 — COOPERATIVAS DE PRODUÇÃO RURAL

FPAS 604 Alíquotas - contribuição sobre a remuneração de segurados (terceiros): Previdência Social: .... 0% RAT: ....0% Código terceiros: .... 0003 Salário-educação:...........2,5% INCRA: .... 0,2% Total terceiros: .... 2,7% GFIP 2	Contribuição sobre a remuneração de trabalhadores contratados exclusivamente para a colheita da produção de seus cooperados (refere-se às contribuições descontadas desses trabalhadores e às devidas a terceiros, FNDE e INCRA, as quais não são substituídas. Ver nota 2 abaixo). Sociedade cooperativa de produtores rurais (exclusivamente em relação a consórcio simplificado de produtores rurais, para os empregados contratados para a colheita da produção de seus cooperados), a partir da competência novembro / 2001; Tomador de serviço de trabalhador avulso - contribuição sobre a remuneração de trabalhador avulso vinculado à área rural. Nota 1: a cooperativa é obrigada a descontar e recolher as contribuições devidas pelos cooperados, incidentes sobre seu salário-de-contribuição. Nota 2: as contribuições a que se referem os incisos I e II do art. 22 da Lei n. 8.212/91 (Previdência Social e RAT), incidentes sobre a remuneração dos trabalhadores contratados exclusivamente para a colheita da produção dos cooperados, são substituídas pelas incidentes sobre a comercialização da produção, a cargo dos cooperados.

2.2.4. Agroindústrias de piscicultura, carcinicultura, suinocultura e avicultura, inclusive sob a forma de cooperativa, e cooperativas de crédito

A empresa está obrigada a prestar informações, em GFIP distintas, relativas às atividades de criação (FPAS 787), abate (FPAS 531) e industrialização (FPAS 507). Os quadros 6, 7 e 8 a seguir mostram quais códigos FPAS e de terceiros devem ser informados em cada GFIP.

QUADRO 6 — REMUNERAÇÃO DA MÃO-DE-OBRA EMPREGADA NO SETOR RURAL (CRIAÇÃO)

FPAS 787 Alíquotas - contribuição sobre a remuneração de segurados: Previdência Social:.......... 20% RAT: ....variável Código terceiros:......... 0515 ou 4099 (se cooperativa) Salário-educação:.......... 2,5% INCRA: .... 0,2% SENAR/SESCOOP ....2,5% Total Terceiros: 5,2%	Setor rural da cooperativa que desenvolva atividade não relacionada no Decreto-Lei n. 1.146/70. Setor rural das agroindústrias de piscicultura, carcinicultura, suinocultura e avicultura. Cooperativas de crédito de quaisquer modalidades. Nota: a cooperativa contribuirá com 2,5% para o SESCOOP, e não para o SENAR.

QUADRO 7 — REMUNERAÇÃO DA MÃO-DE-OBRA EMPREGADA NO ABATE

FPAS 531 Alíquotas- contribuição sobre a remuneração de segurados: Previdência Social:. .... 20% RAT: .... variável Código terceiros:............ 0003 Salário-educação:......... 2,5% INCRA: .... 2,7% Total Terceiros: 5,2%	Matadouro ou abatedouro e o setor de abate de animal de qualquer espécie, inclusive das agroindústrias de piscicultura, carcinicultura, suinocultura e avicultura, e charqueada.

QUADRO 8 — REMUNERAÇÃO DA MÃO-DE-OBRA EMPREGADA NO SETOR INDUSTRIAL

FPAS 507 Alíquotas - contribuição sobre a remuneração de segurados: Previdência Social:.......... 20% RAT: .... variável Código terceiros:... 0079 ou 4163 (se cooperativa) Salário-educação:.......... 2,5% INCRA: .... 0,2% SENAI: .... 1,0% SESI:.............................. 1,5% SEBRAE: .... 0,60% Total Terceiros:............. 5,8%	Setor industrial da cooperativa que desenvolva atividade não relacionada no Decreto-Lei n. 1.146/70. Setor industrial das agroindústrias de piscicultura, carcinicultura, suinocultura e avicultura. Nota: a cooperativa contribuirá com 2,5% para o SESCOOP, e não para o SENAI e SESI.

2.2.5. Agroindústrias de florestamento e reflorestamento sujeitas à contribuição substitutiva instituída pela Lei n. 10.256, de 2001

A empresa deverá declarar os seguintes fatos geradores: GFIP 1 — código FPAS 604:

a) receita bruta oriunda da comercialização da produção (de todo o empreendimento), a fim de recolher as contribuições devidas à seguridade social (2,6%) e ao Senar (0,25%); e

b) valor total da remuneração de empregados e demais segurados do setor rural, a fim de recolher as contribuições devidas ao FNDE (2,5%) e ao Incra (0,2%). GFIP 2 — código FPAS 833: valor total da remuneração de empregados e demais segurados do setor industrial, a fim de recolher as contribuições devidas ao FNDE (2,5%), Incra (0,2%), Senai (1,0%), Sesi (1,5%) e Sebrae (0,6%). Sobre a remuneração dos trabalhadores, em ambas as atividades, são devidas, ainda, as contribuições dos trabalhadores, as quais devem ser descontadas e recolhidas pela empresa (quadros 9 e 10).

QUADRO 9 — REMUNERAÇÃO DA MÃO-DE-OBRA EMPREGADA NO SETOR RURAL — COM SUBSTITUIÇÃO

FPAS 604 Alíquotas - contribuição sobre a remuneração de segurados (terceiros): Previdência Social: .... 0% RAT: .... 0% Código terceiros:.......... 0003 Salário-educação:.......... 2,5% INCRA:......................... 0,2% Total terceiros: .... 2,7% art. 1º § 1º; Lei n. 2.613/55, art. 2º inciso II. GFIP 1	Contribuições sobre a remuneração de segurados: Setor rural da agroindústria de florestamento e reflorestamento, quando aplicável a substituição na forma do art. 22-A da Lei n. 8.212/91; Sociedade cooperativa de produtores rurais (exclusivamente em relação aos trabalhadores contratados para a colheita da produção de seus cooperados), a partir da competência novembro / 2001; Tomador de serviço de trabalhador avulso - contribuição sobre a remuneração de trabalhador avulso vinculado à área rural. Aplicável a substituição a que se refere o art. 22-A da Lei n. 8.212/91 para recolhimento das contribuições devidas à seguridade social e ao Decreto 6.003/2006, SENAR. Contribuições sobre a comercialização da produção - informar receita total do empreendimento (rural e industrial) nesta GFIP. Alíquotas: Previdência Social: 2,5%; RAT: 0,1%; SENAR: 0,25%.

QUADRO 10 — REMUNERAÇÃO DA MÃO-DE-OBRA DO SETOR INDUSTRIAL — COM SUBSTITUIÇÃO

FPAS 833 Alíquotas - contribuição sobre a remuneração de segurados (terceiros): Previdência Social: .... 0% RAT: .... 0% Código terceiros:.......... 0079 ou 4163 (se cooperativa) Salário-educação:.......... 2,5% INCRA: .... 0,2% SENAI: .... 1,0% SESI: .... 1,5% SEBRAE: .... 0,6% Total Terceiros: .... 5,8% GFIP 2	Contribuições sobre a remuneração de segurados: Setor industrial da agroindústria não relacionada no *caput* do art. 2º do Decreto-Lei n. 1.146/70, a partir da competência novembro / 2001, exceto as agroindústrias de piscicultura, carcinicultura, suinocultura e avicultura, inclusive sob a forma de cooperativa. Setor industrial da agroindústria de florestamento e reflorestamento quando aplicável a substituição a que se refere o art. 22-A da Lei n. 8.212/91. Tomador de serviço de trabalhador avulso: contribuição sobre a remuneração de trabalhador avulso vinculado à agroindústria não relacionada no *caput* do art. 2º do Decreto-Lei n. 1.146/70.

2.2.6. Agroindústrias de florestamento e reflorestamento não sujeitas à contribuição substitutiva instituída pela Lei n. 10.256, de 2001

Haverá incidência de contribuições para a seguridade social e terceiros sobre o valor total da remuneração de segurados, que deverá ser declarada separadamente:

a) GFIP 1: FPAS 787: valor total da remuneração de empregados e demais segurados do setor rural, sobre a qual incidirão contribuições para a Previdência Social 20%, RAT variável, salário-educação 2,5%, INCRA 0,2% e Senar 2,5%;

b) GFIP 2: FPAS 507: valor total da remuneração de empregados e demais segurados do setor industrial, sobre a qual incidirão contribuições para a Previdência Social 20%, RAT variável, salárioeducação 2,5%, Incra 0,2%, Senai 1,0%, Sesi 1,5% e Sebrae 0,6%. A empresa é obrigada a descontar e recolher as contribuições dos empregados, incidentes sobre seu salário-de-contribuição (quadros 11 e 12).

QUADRO 11 — REMUNERAÇÃO DA MÃO-DE-OBRA EMPREGADA NO SETOR RURAL — SEM SUBSTITUIÇÃO

FPAS 787 Alíquotas - contribuição sobre a remuneração de segurados: Previdência Social: .... 20% RAT: .... variável Código terceiros:... 0515 ou 4099 (se cooperativa) Salário-educação: .... 2,5% INCRA: .... 0,2% SENAR: .... 2,5% Total Terceiros: .... 5,2% Obs. a cooperativa contribuirá com 2,5% para o SESCOOP, e não para o SENAR.	Sindicato, Federação e Confederação patronal rural. Atividade cooperativista rural. Setor rural da cooperativa que desenvolva atividade não relacionada no Dec-Lei n. 1.146/70. Setor rural das agroindústrias de piscicultura, carcinicultura, suinocultura e avicultura. Setor rural da agroindústria de florestamento e reflorestamento, quando não aplicável a substituição a que se refere o art. 22-A da Lei n. 8.212/91. Prestador de mão-de-obra rural legalmente constituído como pessoa jurídica, a partir da Competência n. 8/1994. Produtor rural PJ e agroindústria, exclusivamente em relação aos empregados envolvidos na prestação de serviços rurais ou agroindustriais, caracterizados ou não como atividade autônoma, a partir da competência novembro / 2001. Setor rural da atividade desenvolvida pelo produtor PJ excluído da substituição a que se refere o art. 22-A da Lei n. 8.212/91, por ter atividade econômica autônoma (comercial, industrial ou de serviços).

QUADRO 12 — REMUNERAÇÃO DA MÃO-DE-OBRA DO SETOR INDUSTRIAL — SEM SUBSTITUIÇÃO

FPAS 507 Alíquotas - contribuição sobre a remuneração de segurados: Previdência Social:...... 20% Código de terceiros 0079 (ou 4163 se cooperativa). RAT: .... variável Salário-educação:...... 2,5% INCRA: .... 0,2% SENAI: .... 1,0% SESI: .... 1,5% SEBRAE: .... 0,60% Total Terceiros: 5,8%	Contribuições sobre a remuneração de segurados: Setor industrial da agroindústria de florestamento e reflorestamento quando não aplicável a substituição, na forma do art. 22-A da Lei n. 8.212/91. Nota: a cooperativa contribuirá com 2,5% para o SESCOOP, e não para o SENAI/SESI.

2.2.7. Outras agroindústrias

Agroindústria que desenvolva atividade não relacionada nos itens II, IV, V e VI terá como FPAS de enquadramento o 604 (setor rural) e 833 (setor industrial).

A empresa está obrigada às seguintes declarações: GFIP 1 — FPAS 604:

a) receita bruta oriunda da comercialização da produção (de todo o empreendimento), a fim de recolher as contribuições devidas à seguridade social (2,6%) e ao SENAR (0,25%); e

b) valor total da remuneração de empregados e demais segurados do setor rural, a fim de recolher as contribuições devidas ao FNDE (2,5%) e ao Incra (0,2%). GFIP 2 — FPAS 833: valor total da remuneração de empregados e demais segurados do setor industrial, a fim de recolher as contribuições devidas ao FNDE (2,5%), INCRA (0,2%), Senai (1,0%), Sesi (1,5%) e Sebrae (0,6%). São devidas, ainda, em ambas as atividades, as contribuições dos trabalhadores, as quais devem ser descontadas e recolhidas pelo empregador (quadros 13 e 14).

QUADRO 13 — OUTRAS AGROINDÚSTRIAS — REMUNERAÇÃO DA MÃO-DE-OBRA EMPREGADA NO SETOR RURAL

FPAS 604 Alíquotas - contribuição sobre a remuneração de segurados (terceiros): Previdência Social:...... 0% RAT: .... 0% Código terceiros:..... 0003 Salário-educação:.... 2,5% INCRA: .... 0,2% Total terceiros:........ 2,7% GFIP 1	PRODUTOR RURAL, pessoa física e jurídica, inclusive na atividade de criação de pescado em cativeiro, em relação a todos os seus empregados, exceto o produtor rural pessoa jurídica que explore outra atividade econômica autônoma comercial, de serviços ou industrial. SETOR RURAL DA AGROINDÚSTRIA não relacionada no *caput* do art. 2º do Decreto-Lei n. 1.146/70, a partir da competência novembro / 2001, exceto as agroindústrias (inclusive sob a forma de cooperativa) de piscicultura, carcinicultura, suinocultura e avicultura. SETOR RURAL DA AGROINDÚSTRIA de florestamento e reflorestamento, quando aplicável a substituição na forma do art. 22-A da Lei n. 8.212/91. SOCIEDADE COOPERATIVA DE PRODUTORES RURAIS, exclusivamente em relação aos empregados contratados para a colheita da produção de seus cooperados (consórcio simplificado de produtores rurais), a partir da competência novembro / 2001. TOMADOR DE SERVIÇO DE TRABALHADOR AVULSO - contribuição sobre a remuneração de trabalhador avulso vinculado à área rural. Contribuições sobre a comercialização da produção - informar receita total do empreendimento (rural e industrial) nesta GFIP. Alíquotas: Previdência Social: 2,5%; RAT: 0,1%; SENAR: 0,25%. IN MPS/SRP 03/2005 art. 250 § 5º.

QUADRO 14 — OUTRAS AGROINDÚSTRIAS — REMUNERAÇÃO DA MÃO-DE-OBRA DO SETOR INDUSTRIAL

FPAS 833 Alíquotas - contribuição sobre a remuneração de segurados (terceiros): Previdência Social: .... 0% RAT: .... 0% Código terceiros:... 0079 ou 4163 se cooperativa. Salário-educação:......... 2,5% INCRA: .... 0,2% SENAI: .... 1,0% SESI: .... 1,5% SEBRAE: .... 0,6% Total Terceiros: .... 5,8% GFIP 2	Contribuições sobre a remuneração de segurados: Setor industrial da agroindústria não relacionada no *caput* do art. 2º do Decreto-Lei n. 1.146/70, a partir da competência novembro / 2001, exceto as agroindústrias de piscicultura, carcinicultura, suinocultura e avicultura, inclusive sob a forma de cooperativa. Setor industrial da agroindústria de florestamento e reflorestamento quando aplicável a substituição a que se refere o art. 22-A da Lei n. 8.212/91. Tomador de serviço de trabalhador avulso: contribuição sobre a remuneração de trabalhador avulso vinculado à agroindústria não relacionada no *caput* do art. 2º do Decreto-Lei n. 1.146/70.

2.2.8. Entidades beneficentes de assistência social com isenção

Entidades em gozo regular de isenção, concedida na forma do art. 55 da Lei n. 8.212, de 1991, enquadram-se no código FPAS 639, independentemente da atividade desenvolvida. Não há incidência de contribuições previdenciárias ou de terceiros a cargo da empresa. Subsiste, porém, a obrigação de descontar e recolher as contribuições dos empregados e demais segurados que lhe prestem serviços, incidentes sobre seu salário-de-contribuição, e outras que a lei lhe atribua responsabilidade pelo recolhimento (quadro 15).

QUADRO 15 — ENTIDADES BENEFICENTES DE ASSISTÊNCIA SOCIAL (COM ISENÇÃO)

FPAS 639 Previdência Social:......... 0,0% RAT:............................. 0,0% Código terceiros: 0000	Entidades beneficentes de assistência social, com isenção concedida na forma do art. 55 da Lei n. 8.212, de 1991. Nota: a entidade é obrigada a descontar e recolher as contribuições dos segurados empregados, incidentes sobre sua remuneração, bem assim outras que a lei lhe atribua responsabilidade pelo recolhimento.

2.2.9. Clubes de futebol profissional e associação desportiva que mantenham equipe profissional em qualquer modalidade

Para estes, as contribuições a cargo da empresa, incidentes sobre a folha de salários (art. 22 da Lei n. 8.212, de 1991), são substituídas pela incidente sobre a receita bruta de espetáculos desportivos de que a associação participe em todo território nacional, em qualquer modalidade desportiva, inclusive jogos internacionais, e de qualquer forma de patrocínio, licenciamento de uso de marcas e símbolos, publicidade, propaganda e transmissão de espetáculos desportivos.

A responsabilidade pelas retenções e recolhimentos é da entidade promotora do espetáculo ou da empresa ou entidade que repassar recursos ao clube ou associação desportiva em decorrência do evento. A alíquota é de 5% e o prazo para recolhimento é de até 2 (dois) dias úteis após a realização do evento. As demais entidades desportivas (que não mantenham equipe profissional em qualquer modalidade) continuam a recolher as contribuições devidas à seguridade social e a terceiros sobre a folha de salários.

FPAS de enquadramento: 647. O clube ou associação é obrigado a recolher as contribuições devidas a terceiros, incidentes sobre a folha de salários de empregados, atletas ou não (as quais não são substituídas pela contribuição de 5% (cinco) incidente sobre aqueles eventos), bem assim a descontar e recolher as contribuições desses empregados, incidentes sobre seu salário-de-contribuição (quadros 16 e 17).

QUADRO 16 — CLUBES DE FUTEBOL PROFISSIONAL E ASSOCIAÇÕES DESPORTIVAS PROFISSIONAIS DE QUALQUER MODALIDADE (CONTRIBUIÇÕES INCIDENTES SOBRE A FOLHA DE SALÁRIO)

FPAS 647 Alíquotas - contribuição sobre a remuneração de segurados (terceiros): Previdência Social: .... 0% RAT: .... 0% Código terceiros:........... 0099 Salário-educação:......... 2,5% INCRA: .... 0,2% SESC: .... 1,5% SEBRAE: .... 0,3% Total Terceiros: 4,5%	Clubes de futebol profissional e associações desportivas profissionais de qualquer modalidade: contribuições incidentes sobre a folha de salários de empregados, atletas ou não, devidas a terceiros. Nota: a empresa é obrigada a descontar e recolher a contribuição do empregado, atleta ou não, incidente sobre seu salário-de-contribuição.

QUADRO 17 — CLUBES DE FUTEBOL PROFISSIONAL E ASSOCIAÇÕES DESPORTIVAS PROFISSIONAIS DE QUALQUER MODALIDADE (CONTRIBUIÇÕES INCIDENTES SOBRE A RECEITA BRUTA DE ESPETÁCULOS DESPORTIVOS)

FPAS 779 Alíquotas - contribuição sobre a receita bruta de espetáculos desportivos: Previdência Social: .... 5% RAT: .... 0% Obs. o FPAS 779 é atribuído pelo sistema.	Clubes de futebol profissional e associações desportivas profissionais de qualquer modalidade: contribuições incidentes sobre a receita bruta de espetáculos desportivos de que a associação participe em todo território nacional, em qualquer modalidade desportiva, inclusive jogos internacionais, e de qualquer forma de patrocínio, licenciamento de uso de marcas e símbolos, publicidade, propaganda e transmissão de espetáculos desportivos. Nota 1: cabe ao clube ou associação prestar as informações relativas ao evento (data de realização, local, valor da receita bruta). Nota 2: cabe à entidade promotora ou à empresa ou entidade que repassar recursos ao clube ou associação fazer as retenções e recolher o montante devido em até 2 (dois) dias úteis após a realização do evento.

2.2.10. Órgãos do poder público e equiparados (união, estados e municípios e respectivas autarquias e fundações públicas, OAB e conselhos de fiscalização de profissão regulamentada)

Contribuintes não sujeitos ao pagamento de contribuições a terceiros. FPAS 582, código de terceiros 0000. Alíquotas: Previdência Social: 20%, RAT variável (quadro 18).

Enquadram-se no FPAS 582 as missões diplomáticas estrangeiras no Brasil e seus respectivos membros em relação aos quais não haja tratado, convenção ou outro acordo internacional garantindo isenção de multa moratória, de acordo com o art. 239 § 9º do Decreto n. 3.048/99, com a redação dada pelo Decreto n. 6.042, de 2007.

QUADRO 18 — (ÓRGÃOS DO PODER PÚBLICO E EQUIPARADOS)

FPAS 582 Alíquotas - contribuição sobre a remuneração de segurados: Previdência Social:.......... 20% RAT: .... variável Terceiros: 0,0%	Órgãos do poder público e equiparados (União, Estados e Municípios e respectivas autarquias e fundações públicas, OAB e Conselhos de fiscalização de profissão regulamentada). Missões diplomáticas ou repartições consulares de carreira estrangeira e órgão a elas subordinados no Brasil, e seus respectivos membros, em relação aos quais não haja tratado, convenção ou outro acordo internacional garantindo isenção de multa moratória. Organismo oficial brasileiro e internacional do qual o Brasil seja membro efetivo e mantenha, no exterior, brasileiro civil que trabalhe para a União, ainda que lá domiciliado e contratado - (SEM ACORDO DE ISENÇÃO). Repartição diplomática brasileira sediada no exterior que contrata auxiliares locais (SEM ACORDO DE ISENÇÃO). Nota: contribuintes enquadrados neste FPAS estão sujeitos às disposições do art. 219 do Decreto n. 3.048, de 1999.

2.2.11. Organismos internacionais e outras instituições extraterritoriais com acordo internacional de isenção (missões diplomáticas, repartições consulares ou diplomáticas nacionais ou internacionais)

Código FPAS criado em razão da edição do Decreto n. 6.042, de 2007, que deu nova redação ao art. 239, § 9º, do Decreto n. 3.048/99, após o qual apenas as instituições extraterritoriais em relação às quais houver acordo internacional de isenção não se sujeitam ao pagamento de multa moratória, em caso de recolhimento em atraso.

QUADRO 19 — MISSÕES DIPLOMÁTICAS OU REPARTIÇÕES CONSULARES DE CARREIRA ESTRANGEIRA E ÓRGÃO A ELAS SUBORDINADOS NO BRASIL

FPAS 876 Alíquotas - contribuição sobre a remuneração de segurados: Previdência Social:.......... 20% RAT: .... variável Terceiros: .... 0,0% Contribuição sobre a folha de salários.	Missões diplomáticas ou repartições consulares de carreira estrangeira e órgão a elas subordinados no Brasil, e seus respectivos membros, em relação aos quais haja tratado, convenção ou outro acordo internacional garantindo isenção de multa moratória. Organismo oficial brasileiro e internacional do qual o Brasil seja membro efetivo e mantenha, no exterior, brasileiro civil que trabalhe para a União, ainda que lá domiciliado e contratado - (COM ACORDO DE ISENÇÃO). Repartição diplomática brasileira sediada no exterior que contrata auxiliares locais (COM ACORDO DE ISENÇÃO).

2.2.12. Produtores rurais pessoa física e jurídica

FPAS 604, código de terceiros 0003 (quadro 20) — contribuições incidentes sobre a folha.

FPAS 744 — gerado pelo sistema, com base na declaração da receita bruta proveniente da comercialização da produção.

O produtor rural pessoa física ou jurídica está sujeito ao recolhimento da contribuição substitutiva imposta pela Lei n. 10.256, de 2001, incidente sobre a receita bruta proveniente da comercialização da produção rural, devida à Previdência Social, RAT e Senar, bem assim das contribuições devidas a terceiros (FNDE 2,5% e Incra 0,2%), incidentes sobre a folha de salários. Obriga-se também a descontar e a recolher as contribuições de empregados e demais segurados a seu serviço, incidentes sobre seu salário-de-contribuição.

Não se enquadram no FPAS 604:

a) O produtor rural pessoa jurídica que explora outra atividade econômica autônoma comercial, industrial ou de serviços; e

b) Agroindústrias, inclusive sob a forma de cooperativa, de piscicultura, carcinicultura, suinocultura e avicultura.

QUADRO 20 — PRODUTOR RURAL, PESSOA FÍSICA E JURÍDICA

FPAS 604 Alíquotas - contribuição sobre a remuneração de segurados (terceiros): Previdência Social: .... 0% RAT: .... 0% Código terceiros:............ 0003 Salário-educação:.......... 2,5% INCRA: .... 0,2% Total terceiros: 2,7%	Produtor rural, pessoa física e jurídica, inclusive na atividade de a criação de pescado em cativeiro, em relação a todos os seus empregados, exceto o produtor rural pessoa jurídica que explore outra atividade econômica autônoma comercial, industrial ou de serviços. Setor rural da agroindústria não relacionada no *caput* do art. 2º do Decreto-Lei n. 1.146/70, a partir da competência novembro / 2001, exceto as agroindústrias (inclusive sob a forma de cooperativa) de piscicultura, carcinicultura, suinocultura e avicultura. Setor rural da agroindústria de florestamento e reflorestamento, quando aplicável a substituição na forma do art. 22-A da Lei n. 8.212/91. Sociedade cooperativa de produtores rurais (exclusivamente em relação aos trabalhadores contratados para a colheita da produção de seus cooperados), a partir da competência novembro / 2001; Tomador de serviço de trabalhador avulso - contribuição sobre a remuneração de trabalhador avulso vinculado à área rural. Nota: contribuições sobre a comercialização da produção rural - informar receita bruta nesta GFIP. Ver alíquotas no Anexo III da IN 03/2005 para o FPAS 744.

2.2.13. Tomador de serviços de transportador rodoviário autônomo

Além das contribuições devidas à Previdência e a terceiros, de acordo com o FPAS de enquadramento, a empresa ou equiparado que contratar serviços de transportador rodoviário autônomo se obriga ao recolhimento da contribuição devida à Previdência Social, correspondente a 20% sobre sua remuneração, bem assim a descontar e a recolher a contribuição do transportador autônomo para o Sest e Senat, de acordo com o FPAS 620 (quadro 21).

QUADRO 21 — CONTRIBUIÇÕES INCIDENTES SOBRE A REMUNERAÇÃO

FPAS 620 Alíquotas - contribuição sobre a remuneração de segurados: Previdência Social:.......... 20% RAT: .... 0% Código terceiros: .... 3072 SEST: .... 1,5% SENAT: .... 1,0% Total terceiros: 2,5%	Contribuições incidentes sobre a remuneração de transportador rodoviário autônomo. Tomador de serviço de transportador rodoviário autônomo (contribuição previdenciária a cargo da empresa tomadora e contribuição descontada do transportador autônomo para o SEST e SENAT). Nota: a contribuição devida à Previdência Social é paga pelo tomador e a devida a terceiros é paga pelo transportador autônomo.

2.2.14. Empresa de trabalho temporário

A empresa de trabalho temporário se sujeita ao pagamento das contribuições previstas nos incisos I e II do art. 22 da Lei n. 8.212, de 1991, incidentes sobre a remuneração total dos trabalhadores temporários.

QUADRO 22 — CONTRIBUIÇÕES INCIDENTES SOBRE A REMUNERAÇÃO

FPAS 655 Alíquotas - contribuição sobre a remuneração de segurados: Previdência Social:.......... 20% RAT: .... variável Código terceiros: .... 0001 FNDE 2,5%	Contribuições incidentes sobre a remuneração de trabalhadores temporários. Empresa de trabalho temporário (Lei n. 6.019, de 1974). Nota: a empresa de trabalho temporário é obrigada a descontar e recolher contribuição do trabalhador temporário, incidente sobre seu salário-de-contribuição.

2.2.15. Órgão gestor de mão-de-obra e tomador de serviços de trabalhadores avulsos

O enquadramento no FPAS é definido em função da categoria do trabalhador avulso e não em função da atividade econômica do tomador da mão-de-obra.

QUADRO 23 — CONTRIBUIÇÕES INCIDENTES SOBRE A REMUNERAÇÃO

FPAS 680 Alíquotas - contribuição sobre a remuneração de segurados: Previdência Social:.......... 20% RAT: .... variável Código terceiros: .... 0131 FNDE .... 2,5% INCRA: .... 0,2% DPC: .... 2,5% Total terceiros: 5,2%	Contribuições incidentes sobre a remuneração de trabalhadores avulsos vinculados à Diretoria de Portos e Costas (DPC). Órgão Gestor de Mão-de-Obra (OGMO) com relação às contribuições incidentes sobre a remuneração de trabalhador avulso vinculado à Diretoria de Portos e Costas. Nota 1: O OGMO ou tomador é obrigado a descontar e recolher a contribuição do trabalhador avulso e demais segurados a seu serviço, incidente sobre seu salário-de-contribuição. Nota 2: em caso de tomador de mão-de-obra, se a atividade econômica estiver enquadrada em outro FPAS, a remuneração dos trabalhadores avulsos deverá ser discriminada separadamente da dos empregados regulares.

3. TABELA 1 (INDÚSTRIA, COMÉRCIO E PRESTAÇÃO DE SERVIÇOS)

Relaciona os códigos CNAE das atividades, os correspondentes códigos FPAS e os percentuais de contribuição para o financiamento de aposentadorias especiais e dos benefícios decorrentes dos riscos ambientais do trabalho, previstos no inciso II do art. 22 da Lei n. 8.212, de 1991.

Os códigos FPAS são listados em ordem numérica e se vinculam ao código CNAE da atividade à qual correspondem. Para fins do disposto no art. 137 §§ 1º e 2º da IN MPS/SRP 03/2005 deverá o sujeito passivo observar rigorosamente o código CNAE de sua atividade a fim de identificar o código FPAS atribuído pela Tabela 1. Se o código CNAE da atividade não for encontrado na Tabela 1 ou se a descrição da atividade a ele atribuída não corresponder ao objeto social do sujeito passivo, o enquadramento deverá ser feito de acordo com a Tabela 2.

TABELA 1 — FPAS 507 (PARTE I)

ANEXO II - IN n. 3/05 - TABELA 1			
CNAE	RAT	FPAS	Descrição da atividade
0500-3/01	2,00%	507	Extração de carvão mineral
0500-3/02	2,00%	507	Beneficiamento de carvão mineral
0600-0/01	2,00%	507	Extração de petróleo e gás natural
0600-0/02	2,00%	507	Extração e beneficiamento de xisto
0600-0/03	2,00%	507	Extração e beneficiamento de areias betuminosas
0710-3/01	2,00%	507	Extração de minério de ferro
0710-3/02	2,00%	507	Pelotização, sinterização e outros beneficiamentos de minério de ferro
0721-9/01	2,00%	507	Extração de minério de alumínio
0721-9/02	2,00%	507	Beneficiamento de minério de alumínio
0722-7/01	2,00%	507	Extração de minério de estanho
0722-7/02	2,00%	507	Beneficiamento de minério de estanho
0723-5/01	2,00%	507	Extração de minério de manganês
0723-5/02	2,00%	507	Beneficiamento de minério de manganês
0724-3/01	2,00%	507	Extração de minério de metais preciosos
0724-3/02	2,00%	507	Beneficiamento de minério de metais preciosos
0725-1/00	2,00%	507	Extração de minerais radioativos
0729-4/01	2,00%	507	Extração de minérios de nióbio e titânio
0729-4/02	2,00%	507	Extração de minério de tungstênio
0729-4/03	2,00%	507	Extração de minério de níquel
0729-4/04	2,00%	507	Extração de minérios de cobre, chumbo, zinco e outros minerais metálicos não-ferrosos não especificados anteriormente
0729-4/05	2,00%	507	Beneficiamento de minérios de cobre, chumbo, zinco e outros minerais metálicos não-ferrosos não especificados anteriormente
0810-0/01	2,00%	507	Extração de ardósia e beneficiamento associado
0810-0/02	2,00%	507	Extração de granito e beneficiamento associado
0810-0/03	2,00%	507	Extração de mármore e beneficiamento associado
0810-0/04	2,00%	507	Extração de calcário e dolomita e beneficiamento associado
0810-0/05	2,00%	507	Extração de gesso e caulim
0810-0/06	2,00%	507	Extração de areia, cascalho ou pedregulho e beneficiamento associado
0810-0/07	2,00%	507	Extração de argila e beneficiamento associado
0810-0/08	2,00%	507	Extração de saibro e beneficiamento associado
0810-0/09	2,00%	507	Extração de basalto e beneficiamento associado

ANEXO II - IN n. 3/05 - TABELA 1			
CNAE	RAT	FPAS	Descrição da atividade
0810-0/10	2,00%	507	Beneficiamento de gesso e caulim associado à extração
0810-0/99	2,00%	507	Extração e britamento de pedras e outros materiais para construção e beneficiamento associado
0891-6/00	2,00%	507	Extração de minerais para fabricação de adubos, fertilizantes e outros produtos químicos
0892-4/01	2,00%	507	Extração de sal marinho
0892-4/02	2,00%	507	Extração de sal-gema
0892-4/03	2,00%	507	Refino e outros tratamentos do sal
0893-2/00	2,00%	507	Extração de gemas (pedras preciosas e semipreciosas)
0899-1/01	2,00%	507	Extração de grafita
0899-1/02	2,00%	507	Extração de quartzo
0899-1/03	2,00%	507	Extração de amianto
0899-1/99	2,00%	507	Extração de outros minerais não-metálicos não especificados anteriormente
0910-6/00	2,00%	507	Atividades de apoio à extração de petróleo e gás natural
0990-4/01	2,00%	507	Atividades de apoio à extração de minério de ferro
0990-4/02	2,00%	507	Atividades de apoio à extração de minerais metálicos não-ferrosos
0990-4/03	2,00%	507	Atividades de apoio à extração de minerais não-metálicos
1011-2/01	3,00%	507	Frigorífico - abate de bovinos (setor industrial)
1011-2/02	3,00%	507	Frigorífico - abate de eqüinos (setor industrial)
1011-2/03	3,00%	507	Frigorífico - abate de ovinos e caprinos (setor industrial)
1011-2/04	3,00%	507	Frigorífico - abate de bufalinos (setor industrial)
1012-1/01	3,00%	507	Abate de aves (setor industrial)
1012-1/02	3,00%	507	Abate de pequenos animais (setor industrial)
1012-1/03	3,00%	507	Frigorífico - abate de suínos (setor industrial)
1013-9/01	3,00%	507	Fabricação de produtos de carne
1013-9/02	3,00%	507	Preparação de subprodutos do abate
1020-1/01	2,00%	507	Preservação de peixes, crustáceos e moluscos
1020-1/02	2,00%	507	Fabricação de conservas de peixes, crustáceos e moluscos
1031-7/00	2,00%	507	Fabricação de conservas de frutas - indústria
1032-5/01	2,00%	507	Fabricação de conservas de palmito - indústria
1032-5/99	2,00%	507	Fabricação de conservas de legumes e outros vegetais - indústria
1033-3/01	2,00%	507	Fabricação de sucos concentrados de frutas, hortaliças e legumes - ind
1033-3/02	2,00%	507	Fabricação de sucos de frutas, hortaliças e legumes - indústria
1041-4/00	2,00%	507	Fabricação de óleos vegetais em bruto, exceto óleo de milho - indústria
1042-2/00	2,00%	507	Fabricação de óleos vegetais refinados, exceto óleo de milho - indústria
1043-1/00	2,00%	507	Fabricação de margarina e outras gorduras vegetais e de óleos não-comestíveis de animais - indústria
1053-8/00	2,00%	507	Fabricação de sorvetes e outros gelados comestíveis
1061-9/02	2,00%	507	Fabricação de produtos do arroz - indústria
1066-0/00	2,00%	507	Fabricação de alimentos para animais
1091-1/00	2,00%	507	Fabricação de produtos de panificação
1092-9/00	2,00%	507	Fabricação de biscoitos e bolachas
1093-7/01	2,00%	507	Fabricação de produtos derivados do cacau e de chocolates - indústria
1093-7/02	2,00%	507	Fabricação de frutas cristalizadas, balas e semelhantes
1094-5/00	2,00%	507	Fabricação de massas alimentícias
1095-3/00	2,00%	507	Fabricação de especiarias, molhos, temperos e condimentos
1096-1/00	2,00%	507	Fabricação de alimentos e pratos prontos
1099-6/01	2,00%	507	Fabricação de vinagres
1099-6/02	2,00%	507	Fabricação de pós alimentícios

ANEXO II - IN n. 3/05 - TABELA 1			
CNAE	RAT	FPAS	Descrição da atividade
1099-6/03	2,00%	507	Fabricação de fermentos e leveduras
1099-6/04	2,00%	507	Fabricação de gelo comum
1099-6/06	2,00%	507	Fabricação de adoçantes naturais e artificiais
1099-6/99	2,00%	507	Fabricação de outros produtos alimentícios não especificados anteriormente
1111-9/01	2,00%	507	Fabricação de aguardente de cana-de-açúcar - indústria
1111-9/02	2,00%	507	Fabricação de outras aguardentes e bebidas destiladas
1113-5/01	2,00%	507	Fabricação de malte, inclusive malte uísque
1113-5/02	2,00%	507	Fabricação de cervejas e chopes
1121-6/00	2,00%	507	Fabricação de águas envasadas
1122-4/01	2,00%	507	Fabricação de refrigerantes
1122-4/02	2,00%	507	Fabricação de chá mate e outros chás prontos para consumo
1122-4/03	2,00%	507	Fabricação de refrescos, xaropes e pós para refrescos, exceto refrescos de frutas
1122-4/99	2,00%	507	Fabricação de outras bebidas não-alcoólicas não especificadas anteriormente
1210-7/00	3,00%	507	Processamento industrial do fumo - indústria
1220-4/01	3,00%	507	Fabricação de cigarros - indústria
1220-4/02	3,00%	507	Fabricação de cigarrilhas e charutos - indústria
1220-4/03	3,00%	507	Fabricação de filtros para cigarros - indústria
1313-8/00	2,00%	507	Fiação de fibras artificiais e sintéticas
1314-6/00	2,00%	507	Fabricação de linhas para costurar e bordar
1321-9/00	2,00%	507	Tecelagem de fios de algodão - indústria
1322-7/00	2,00%	507	Tecelagem de fios de fibras têxteis naturais, exceto algodão - indústria
1323-5/00	2,00%	507	Tecelagem de fios de fibras artificiais e sintéticas
1330-8/00	2,00%	507	Fabricação de tecidos de malha
1340-5/01	2,00%	507	Estamparia e texturização em fios, tecidos, artefatos têxteis e peças do vestuário
1340-5/02	2,00%	507	Alvejamento, tingimento e torção em fios, tecidos, artefatos têxteis e peças do vestuário
1340-5/99	2,00%	507	Outros serviços de acabamento em fios, tecidos, artefatos têxteis e peças do vestuário
1351-1/00	2,00%	507	Fabricação de artefatos têxteis para uso doméstico
1352-9/00	2,00%	507	Fabricação de artefatos de tapeçaria
1353-7/00	2,00%	507	Fabricação de artefatos de cordoaria
1354-5/00	2,00%	507	Fabricação de tecidos especiais, inclusive artefatos
1359-6/00	2,00%	507	Fabricação de outros produtos têxteis não especificados anteriormente
1411-8/01	2,00%	507	Confecção de roupas íntimas
1411-8/02	2,00%	507	Facção de roupas íntimas
1412-6/01	2,00%	507	Confecção de peças do vestuário, exceto roupas íntimas e as confeccionadas sob medida
1412-6/02	2,00%	507	Confecção, sob medida, de peças do vestuário, exceto roupas íntimas
1412-6/03	2,00%	507	Facção de peças do vestuário, exceto roupas íntimas
1413-4/01	2,00%	507	Confecção de roupas profissionais, exceto sob medida
1413-4/02	2,00%	507	Confecção, sob medida, de roupas profissionais
1413-4/03	2,00%	507	Facção de roupas profissionais
1414-2/00	2,00%	507	Fabricação de acessórios do vestuário, exceto para segurança e proteção
1421-5/00	2,00%	507	Fabricação de meias

ANEXO II - IN n. 3/05 - TABELA 1			
CNAE	RAT	FPAS	Descrição da atividade
1422-3/00	2,00%	507	Fabricação de artigos do vestuário, produzidos em malharias e tricotagens, exceto meias
1510-6/00	3,00%	507	Curtimento e outras preparações de couro
1521-1/00	2,00%	507	Fabricação de artigos para viagem, bolsas e semelhantes de qualquer material
1529-7/00	2,00%	507	Fabricação de artefatos de couro não especificados anteriormente
1531-9/01	2,00%	507	Fabricação de calçados de couro
1531-9/02	2,00%	507	Acabamento de calçados de couro sob contrato
1532-7/00	2,00%	507	Fabricação de tênis de qualquer material
1533-5/00	2,00%	507	Fabricação de calçados de material sintético
1539-4/00	2,00%	507	Fabricação de calçados de materiais não especificados anteriormente
1540-8/00	2,00%	507	Fabricação de partes para calçados, de qualquer material
1610-2/01	2,00%	507	Serrarias com desdobramento de madeira
1610-2/02	2,00%	507	Serrarias sem desdobramento de madeira
1621-8/00	2,00%	507	Fabricação de madeira laminada e de chapas de madeira compensada, prensada e aglomerada
1622-6/01	2,00%	507	Fabricação de casas de madeira pré-fabricadas
1622-6/02	2,00%	507	Fabricação de esquadrias de madeira e de peças de madeira para instalações industriais e comerciais
1622-6/99	2,00%	507	Fabricação de outros artigos de carpintaria para construção
1623-4/00	2,00%	507	Fabricação de artefatos de tanoaria e de embalagens de madeira
1629-3/01	2,00%	507	Fabricação de artefatos diversos de madeira, exceto móveis
1629-3/02	2,00%	507	Fabricação de artefatos diversos de cortiça, bambu, palha, vime e outros materiais trançados, exceto móveis
1710-9/00	2,00%	507	Fabricação de celulose e outras pastas para a fabricação de papel
1721-4/00	2,00%	507	Fabricação de papel
1722-2/00	2,00%	507	Fabricação de cartolina e papel-cartão
1731-1/00	3,00%	507	Fabricação de embalagens de papel
1732-0/00	3,00%	507	Fabricação de embalagens de cartolina e papel-cartão
1733-8/00	3,00%	507	Fabricação de chapas e de embalagens de papelão ondulado
1741-9/01	2,00%	507	Fabricação de formulários contínuos
1741-9/02	2,00%	507	Fabricação de produtos de papel, cartolina, papel-cartão e papelão ondulado para uso comercial e de escritório, exceto formulário contínuo
1742-7/01	2,00%	507	Fabricação de fraldas descartáveis
1742-7/02	2,00%	507	Fabricação de absorventes higiênicos
1742-7/99	2,00%	507	Fabricação de produtos de papel para uso doméstico e higiênico-sanitário não especificados anteriormente
1749-4/00	2,00%	507	Fabricação de produtos de pastas celulósicas, papel, cartolina, papel-cartão e papelão ondulado não especificados anteriormente
1811-3/01	2,00%	507	Impressão de jornais
1811-3/02	2,00%	507	Impressão de livros, revistas e outras publicações periódicas
1812-1/00	2,00%	507	Impressão de material de segurança
1813-0/01	2,00%	507	Impressão de material para uso publicitário
1813-0/99	2,00%	507	Impressão de material para outros usos
1821-1/00	1,00%	507	Serviços de pré-impressão
1822-9/00	1,00%	507	Serviços de acabamentos gráficos
1830-0/01	1,00%	507	Reprodução de som em qualquer suporte
1830-0/02	1,00%	507	Reprodução de vídeo em qualquer suporte
1830-0/03	1,00%	507	Reprodução de *software* em qualquer suporte
1910-1/00	2,00%	507	Coquerias

ANEXO II - IN n. 3/05 - TABELA 1			
CNAE	RAT	FPAS	Descrição da atividade
1921-7/00	2,00%	507	Fabricação de produtos do refino de petróleo
1922-5/01	2,00%	507	Formulação de combustíveis
1922-5/02	2,00%	507	Rerrefino de óleos lubrificantes
1922-5/99	2,00%	507	Fabricação de outros produtos derivados do petróleo, exceto produtos do refino
1931-4/00	2,00%	507	Fabricação de álcool - indústria
1932-2/00	2,00%	507	Fabricação de biocombustíveis, exceto álcool
2011-8/00	2,00%	507	Fabricação de cloro e álcalis
2012-6/00	2,00%	507	Fabricação de intermediários para fertilizantes
2013-4/00	2,00%	507	Fabricação de adubos e fertilizantes
2014-2/00	2,00%	507	Fabricação de gases industriais
2019-3/01	2,00%	507	Elaboração de combustíveis nucleares
2019-3/99	2,00%	507	Fabricação de outros produtos químicos inorgânicos não especificados anteriormente
2021-5/00	2,00%	507	Fabricação de produtos petroquímicos básicos
2022-3/00	2,00%	507	Fabricação de intermediários para plastificantes, resinas e fibras
2029-1/00	2,00%	507	Fabricação de produtos químicos orgânicos não especificados anteriormente
2031-2/00	2,00%	507	Fabricação de resinas termoplásticas
2032-1/00	2,00%	507	Fabricação de resinas termofixas
2033-9/00	2,00%	507	Fabricação de elastômeros
2040-1/00	2,00%	507	Fabricação de fibras artificiais e sintéticas
2051-7/00	2,00%	507	Fabricação de defensivos agrícolas
2052-5/00	2,00%	507	Fabricação de desinfestantes domissanitários
2061-4/00	2,00%	507	Fabricação de sabões e detergentes sintéticos
2062-2/00	2,00%	507	Fabricação de produtos de limpeza e polimento
2063-1/00	2,00%	507	Fabricação de cosméticos, produtos de perfumaria e de higiene pessoal
2071-1/00	2,00%	507	Fabricação de tintas, vernizes, esmaltes e lacas
2072-0/00	2,00%	507	Fabricação de tintas de impressão
2073-8/00	2,00%	507	Fabricação de impermeabilizantes, solventes e produtos afins
2091-6/00	2,00%	507	Fabricação de adesivos e selantes
2092-4/01	2,00%	507	Fabricação de pólvoras, explosivos e detonantes
2092-4/02	2,00%	507	Fabricação de artigos pirotécnicos
2092-4/03	2,00%	507	Fabricação de fósforos de segurança
2093-2/00	2,00%	507	Fabricação de aditivos de uso industrial
2094-1/00	2,00%	507	Fabricação de catalisadores
2099-1/01	2,00%	507	Fabricação de chapas, filmes, papéis e outros materiais e produtos químicos para fotografia
2099-1/99	2,00%	507	Fabricação de outros produtos químicos não especificados anteriormente
2110-6/00	2,00%	507	Fabricação de produtos farmoquímicos
2121-1/01	2,00%	507	Fabricação de medicamentos alopáticos para uso humano
2121-1/02	2,00%	507	Fabricação de medicamentos homeopáticos para uso humano
2121-1/03	2,00%	507	Fabricação de medicamentos fitoterápicos para uso humano - indústria
2122-0/00	2,00%	507	Fabricação de medicamentos para uso veterinário
2123-8/00	2,00%	507	Fabricação de preparações farmacêuticas
2211-1/00	2,00%	507	Fabricação de pneumáticos e de câmaras-de-ar
2212-9/00	2,00%	507	Reforma de pneumáticos usados
2219-6/00	2,00%	507	Fabricação de artefatos de borracha não especificados anteriormente
2221-8/00	2,00%	507	Fabricação de laminados planos e tubulares de material plástico
2222-6/00	2,00%	507	Fabricação de embalagens de material plástico

ANEXO II - IN n. 3/05 - TABELA 1			
CNAE	RAT	FPAS	Descrição da atividade
2223-4/00	2,00%	507	Fabricação de tubos e acessórios de material plástico para uso na construção
2229-3/01	2,00%	507	Fabricação de artefatos de material plástico para uso pessoal e doméstico
2229-3/02	2,00%	507	Fabricação de artefatos de material plástico para usos industriais
2229-3/03	2,00%	507	Fabricação de artefatos de material plástico para uso na construção, exceto tubos e acessórios
2229-3/99	2,00%	507	Fabricação de artefatos de material plástico para outros usos não especificados anteriormente
2311-7/00	1,00%	507	Fabricação de vidro plano e de segurança
2312-5/00	1,00%	507	Fabricação de embalagens de vidro
2319-2/00	1,00%	507	Fabricação de artigos de vidro
2320-6/00	3,00%	507	Fabricação de cimento
2330-3/01	3,00%	507	Fabricação de estruturas pré-moldadas de concreto armado, em série e sob encomenda
2330-3/02	3,00%	507	Fabricação de artefatos de cimento para uso na construção
2330-3/03	3,00%	507	Fabricação de artefatos de fibrocimento para uso na construção
2330-3/04	3,00%	507	Fabricação de casas pré-moldadas de concreto
2330-3/05	3,00%	507	Preparação de massa de concreto e argamassa para construção
2330-3/99	3,00%	507	Fabricação de outros artefatos e produtos de concreto, cimento, fibrocimento, gesso e materiais semelhantes
2341-9/00	3,00%	507	Fabricação de produtos cerâmicos refratários
2342-7/01	3,00%	507	Fabricação de azulejos e pisos
2342-7/02	3,00%	507	Fabricação de artefatos de cerâmica e barro cozido para uso na construção, exceto azulejos e pisos
2349-4/01	3,00%	507	Fabricação de material sanitário de cerâmica
2349-4/99	3,00%	507	Fabricação de produtos cerâmicos não-refratários não especificados anteriormente
2391-5/01	2,00%	507	Britamento de pedras, exceto associado à extração
2391-5/02	2,00%	507	Aparelhamento de pedras para construção, exceto associado à extração
2391-5/03	2,00%	507	Aparelhamento de placas e execução de trabalhos em mármore, granito, ardósia e outras pedras
2392-3/00	2,00%	507	Fabricação de cal e gesso
2399-1/01	2,00%	507	Decoração, lapidação, gravação, vitrificação e outros trabalhos em cerâmica, louça, vidro e cristal
2399-1/99	2,00%	507	Fabricação de outros produtos de minerais não-metálicos não especificados anteriormente
2411-3/00	1,00%	507	Produção de ferro-gusa
2412-1/00	1,00%	507	Produção de ferroligas
2421-1/00	3,00%	507	Produção de semi-acabados de aço
2422-9/01	3,00%	507	Produção de laminados planos de aço ao carbono, revestidos ou não
2422-9/02	3,00%	507	Produção de laminados planos de aços especiais
2423-7/01	3,00%	507	Produção de tubos de aço sem costura
2423-7/02	3,00%	507	Produção de laminados longos de aço, exceto tubos
2424-5/01	3,00%	507	Produção de arames de aço
2424-5/02	3,00%	507	Produção de relaminados, trefilados e perfilados de aço, exceto arames
2431-8/00	2,00%	507	Produção de tubos de aço com costura
2439-3/00	2,00%	507	Produção de outros tubos de ferro e aço
2441-5/01	2,00%	507	Produção de alumínio e suas ligas em formas primárias
2441-5/02	2,00%	507	Produção de laminados de alumínio

ANEXO II - IN n. 3/05 - TABELA 1

CNAE	RAT	FPAS	Descrição da atividade
2442-3/00	2,00%	507	Metalurgia dos metais preciosos
2443-1/00	2,00%	507	Metalurgia do cobre
2449-1/01	2,00%	507	Produção de zinco em formas primárias
2449-1/02	2,00%	507	Produção de laminados de zinco
2449-1/03	2,00%	507	Produção de soldas e ânodos para galvanoplastia
2449-1/99	2,00%	507	Metalurgia de outros metais não-ferrosos e suas ligas não especificados anteriormente
2451-2/00	2,00%	507	Fundição de ferro e aço
2452-1/00	2,00%	507	Fundição de metais não-ferrosos e suas ligas
2511-0/00	2,00%	507	Fabricação de estruturas metálicas
2512-8/00	2,00%	507	Fabricação de esquadrias de metal
2513-6/00	2,00%	507	Fabricação de obras de caldeiraria pesada
2521-7/00	2,00%	507	Fabricação de tanques, reservatórios metálicos e caldeiras para aquecimento central
2522-5/00	2,00%	507	Fabricação de caldeiras geradoras de vapor, exceto para aquecimento central e para veículos
2531-4/01	2,00%	507	Produção de forjados de aço
2531-4/02	2,00%	507	Produção de forjados de metais não-ferrosos e suas ligas
2532-2/01	2,00%	507	Produção de artefatos estampados de metal
2532-2/02	2,00%	507	Metalurgia do pó
2539-0/00	2,00%	507	Serviços de usinagem, solda, tratamento e revestimento em metais
2541-1/00	2,00%	507	Fabricação de artigos de cutelaria
2542-0/00	2,00%	507	Fabricação de artigos de serralheria, exceto esquadrias
2543-8/00	2,00%	507	Fabricação de ferramentas
2550-1/01	2,00%	507	Fabricação de equipamento bélico pesado, exceto veículos militares de combate
2550-1/02	2,00%	507	Fabricação de armas de fogo e munições
2591-8/00	2,00%	507	Fabricação de embalagens metálicas
2592-6/01	2,00%	507	Fabricação de produtos de trefilados de metal padronizados
2592-6/02	2,00%	507	Fabricação de produtos de trefilados de metal, exceto padronizados
2593-4/00	2,00%	507	Fabricação de artigos de metal para uso doméstico e pessoal
2599-3/01	2,00%	507	Serviços de confecção de armações metálicas para a construção
2599-3/99	2,00%	507	Fabricação de outros produtos de metal não especificados anteriormente
2610-8/00	1,00%	507	Fabricação de componentes eletrônicos
2621-3/00	1,00%	507	Fabricação de equipamentos de informática
2622-1/00	1,00%	507	Fabricação de periféricos para equipamentos de informática
2631-1/00	2,00%	507	Fabricação de equipamentos transmissores de comunicação, peças e acessórios
2632-9/00	2,00%	507	Fabricação de aparelhos telefônicos e de outros equipamentos de comunicação, peças e acessórios
2640-0/00	2,00%	507	Fabricação de aparelhos de recepção, reprodução, gravação e amplificação de áudio e vídeo
2651-5/00	1,00%	507	Fabricação de aparelhos e equipamentos de medida, teste e controle
2652-3/00	1,00%	507	Fabricação de cronômetros e relógios
2660-4/00	1,00%	507	Fabricação de aparelhos eletromédicos e eletroterapêuticos e equipamentos de irradiação
2670-1/01	1,00%	507	Fabricação de equipamentos e instrumentos ópticos, peças e acessórios
2670-1/02	1,00%	507	Fabricação de aparelhos fotográficos e cinematográficos, peças e acessórios
2680-9/00	1,00%	507	Fabricação de mídias virgens, magnéticas e ópticas

ANEXO II - IN n. 3/05 - TABELA 1			
CNAE	RAT	FPAS	Descrição da atividade
2710-4/01	2,00%	507	Fabricação de geradores de corrente contínua e alternada, peças e acessórios
2710-4/02	2,00%	507	Fabricação de transformadores, indutores, conversores, sincronizadores e semelhantes, peças e acessórios
2710-4/03	2,00%	507	Fabricação de motores elétricos, peças e acessórios
2721-0/00	2,00%	507	Fabricação de pilhas, baterias e acumuladores elétricos, exceto para veículos automotores
2722-8/01	2,00%	507	Fabricação de baterias e acumuladores para veículos automotores
2722-8/02	2,00%	507	Recondicionamento de baterias e acumuladores para veículos automotores
2731-7/00	2,00%	507	Fabricação de aparelhos e equipamentos para distribuição e controle de energia elétrica
2732-5/00	2,00%	507	Fabricação de material elétrico para instalações em circuito de consumo
2733-3/00	2,00%	507	Fabricação de fios, cabos e condutores elétricos isolados
2740-6/01	2,00%	507	Fabricação de lâmpadas
2740-6/02	2,00%	507	Fabricação de luminárias e outros equipamentos de iluminação
2751-1/00	3,00%	507	Fabricação de fogões, refrigeradores e máquinas de lavar e secar para uso doméstico, peças e acessórios
2759-7/01	3,00%	507	Fabricação de aparelhos elétricos de uso pessoal, peças e acessórios
2759-7/99	3,00%	507	Fabricação de outros aparelhos eletrodomésticos não especificados anteriormente, peças e acessórios
2790-2/01	2,00%	507	Fabricação de eletrodos, contatos e outros artigos de carvão e grafita para uso elétrico, eletroímãs e isoladores
2790-2/02	2,00%	507	Fabricação de equipamentos para sinalização e alarme
2790-2/99	2,00%	507	Fabricação de outros equipamentos e aparelhos elétricos não especificados anteriormente
2811-9/00	2,00%	507	Fabricação de motores e turbinas, peças e acessórios, exceto para aviões e veículos rodoviários
2812-7/00	2,00%	507	Fabricação de equipamentos hidráulicos e pneumáticos, peças e acessórios, exceto válvulas
2813-5/00	2,00%	507	Fabricação de válvulas, registros e dispositivos semelhantes, peças e acessórios
2814-3/01	2,00%	507	Fabricação de compressores para uso industrial, peças e acessórios
2814-3/02	2,00%	507	Fabricação de compressores para uso não-industrial, peças e acessórios
2815-1/01	2,00%	507	Fabricação de rolamentos para fins industriais
2815-1/02	2,00%	507	Fabricação de equipamentos de transmissão para fins industriais, exceto rolamentos
2821-6/01	2,00%	507	Fabricação de fornos industriais, aparelhos e equipamentos não-elétricos para instalações térmicas, peças e acessórios
2821-6/02	2,00%	507	Fabricação de estufas e fornos elétricos para fins industriais, peças e acessórios
2822-4/01	2,00%	507	Fabricação de máquinas, equipamentos e aparelhos para transporte e elevação de pessoas, peças e acessórios
2822-4/02	2,00%	507	Fabricação de máquinas, equipamentos e aparelhos para transporte e elevação de cargas, peças e acessórios
2823-2/00	2,00%	507	Fabricação de máquinas e aparelhos de refrigeração e ventilação para uso industrial e comercial, peças e acessórios
2824-1/01	2,00%	507	Fabricação de aparelhos e equipamentos de ar condicionado para uso industrial
2824-1/02	2,00%	507	Fabricação de aparelhos e equipamentos de ar condicionado para uso não-industrial

ANEXO II - IN n. 3/05 - TABELA 1			
CNAE	RAT	FPAS	Descrição da atividade
2825-9/00	2,00%	507	Fabricação de máquinas e equipamentos para saneamento básico e ambiental, peças e acessórios
2829-1/01	2,00%	507	Fabricação de máquinas de escrever, calcular e outros equipamentos não-eletrônicos para escritório, peças e acessórios
2829-1/99	2,00%	507	Fabricação de outras máquinas e equipamentos de uso geral não especificados anteriormente, peças e acessórios
2831-3/00	2,00%	507	Fabricação de tratores agrícolas, peças e acessórios
2832-1/00	2,00%	507	Fabricação de equipamentos para irrigação agrícola, peças e acessórios
2833-0/00	2,00%	507	Fabricação de máquinas e equipamentos para a agricultura e pecuária, peças e acessórios, exceto para irrigação
2840-2/00	2,00%	507	Fabricação de máquinas-ferramenta, peças e acessórios
2851-8/00	2,00%	507	Fabricação de máquinas e equipamentos para a prospecção e extração de petróleo, peças e acessórios
2852-6/00	2,00%	507	Fabricação de outras máquinas e equipamentos para uso na extração mineral, peças e acessórios, exceto na extração de petróleo
2853-4/00	2,00%	507	Fabricação de tratores, peças e acessórios, exceto agrícolas
2854-2/00	2,00%	507	Fabricação de máquinas e equipamentos para terraplenagem, pavimentação e construção, peças e acessórios, exceto tratores
2861-5/00	2,00%	507	Fabricação de máquinas para a indústria metalúrgica, peças e acessórios, exceto máquinas-ferramenta
2862-3/00	2,00%	507	Fabricação de máquinas e equipamentos para as indústrias de alimentos, bebidas e fumo, peças e acessórios
2863-1/00	2,00%	507	Fabricação de máquinas e equipamentos para a indústria têxtil, peças e acessórios
2864-0/00	2,00%	507	Fabricação de máquinas e equipamentos para as indústrias do vestuário, do couro e de calçados, peças e acessórios
2865-8/00	2,00%	507	Fabricação de máquinas e equipamentos para as indústrias de celulose, papel e papelão e artefatos, peças e acessórios
2866-6/00	2,00%	507	Fabricação de máquinas e equipamentos para a indústria do plástico, peças e acessórios
2869-1/00	2,00%	507	Fabricação de máquinas e equipamentos para uso industrial específico não especificados anteriormente, peças e acessórios
2910-7/01	2,00%	507	Fabricação de automóveis, camionetas e utilitários
2910-7/02	2,00%	507	Fabricação de chassis com motor para automóveis, camionetas e utilitários
2910-7/03	2,00%	507	Fabricação de motores para automóveis, camionetas e utilitários
2920-4/01	1,00%	507	Fabricação de caminhões e ônibus
2920-4/02	1,00%	507	Fabricação de motores para caminhões e ônibus
2930-1/01	2,00%	507	Fabricação de cabines, carrocerias e reboques para caminhões
2930-1/02	2,00%	507	Fabricação de carrocerias para ônibus
2930-1/03	2,00%	507	Fabricação de cabines, carrocerias e reboques para outros veículos automotores, exceto caminhões e ônibus
2941-7/00	2,00%	507	Fabricação de peças e acessórios para o sistema motor de veículos automotores
2942-5/00	2,00%	507	Fabricação de peças e acessórios para os sistemas de marcha e transmissão de veículos automotores
2943-3/00	2,00%	507	Fabricação de peças e acessórios para o sistema de freios de veículos automotores
2944-1/00	2,00%	507	Fabricação de peças e acessórios para o sistema de direção e suspensão de veículos automotores

ANEXO II - IN n. 3/05 - TABELA 1			
CNAE	RAT	FPAS	Descrição da atividade
2945-0/00	2,00%	507	Fabricação de material elétrico e eletrônico para veículos automotores, exceto baterias
2949-2/01	2,00%	507	Fabricação de bancos e estofados para veículos automotores
2949-2/99	2,00%	507	Fabricação de outras peças e acessórios para veículos automotores não especificadas anteriormente
2950-6/00	2,00%	507	Recondicionamento e recuperação de motores para veículos automotores
3011-3/01	2,00%	507	Construção de embarcações de grande porte
3011-3/02	2,00%	507	Construção de embarcações para uso comercial e para usos especiais, exceto de grande porte
3012-1/00	2,00%	507	Construção de embarcações para esporte e lazer
3031-8/00	1,00%	507	Fabricação de locomotivas, vagões e outros materiais rodantes
3032-6/00	1,00%	507	Fabricação de peças e acessórios para veículos ferroviários
3050-4/00	2,00%	507	Fabricação de veículos militares de combate
3091-1/00	1,00%	507	Fabricação de motocicletas, peças e acessórios
3092-0/00	1,00%	507	Fabricação de bicicletas e triciclos não-motorizados, peças e acessórios
3099-7/00	1,00%	507	Fabricação de equipamentos de transporte não especificados anteriormente
3101-2/00	2,00%	507	Fabricação de móveis com predominância de madeira
3102-1/00	2,00%	507	Fabricação de móveis com predominância de metal
3103-9/00	2,00%	507	Fabricação de móveis de outros materiais, exceto madeira e metal
3104-7/00	2,00%	507	Fabricação de colchões
3211-6/01	1,00%	507	Lapidação de gemas
3211-6/02	1,00%	507	Fabricação de artefatos de joalheria e ourivesaria
3211-6/03	1,00%	507	Cunhagem de moedas e medalhas
3212-4/00	1,00%	507	Fabricação de bijuterias e artefatos semelhantes
3220-5/00	1,00%	507	Fabricação de instrumentos musicais, peças e acessórios
3230-2/00	2,00%	507	Fabricação de artefatos para pesca e esporte
3240-0/01	1,00%	507	Fabricação de jogos eletrônicos
3240-0/02	1,00%	507	Fabricação de mesas de bilhar, de sinuca e acessórios não associada à locação
3240-0/03	1,00%	507	Fabricação de mesas de bilhar, de sinuca e acessórios associada à locação
3240-0/99	1,00%	507	Fabricação de outros brinquedos e jogos recreativos não especificados anteriormente
3250-7/01	2,00%	507	Fabricação de instrumentos não-eletrônicos e utensílios para uso médico, cirúrgico, odontológico e de laboratório
3250-7/02	2,00%	507	Fabricação de mobiliário para uso médico, cirúrgico, odontológico e de laboratório
3250-7/03	2,00%	507	Fabricação de aparelhos e utensílios para correção de defeitos físicos e aparelhos ortopédicos em geral sob encomenda
3250-7/04	2,00%	507	Fabricação de aparelhos e utensílios para correção de defeitos físicos e aparelhos ortopédicos em geral, exceto sob encomenda
3250-7/05	2,00%	507	Fabricação de materiais para medicina e odontologia
3250-7/07	2,00%	507	Fabricação de artigos ópticos
3250-7/08	2,00%	507	Fabricação de artefatos de tecido não tecido para uso odonto-médico-hospitalar
3291-4/00	1,00%	507	Fabricação de escovas, pincéis e vassouras
3292-2/01	1,00%	507	Fabricação de roupas de proteção e segurança e resistentes a fogo
3292-2/02	1,00%	507	Fabricação de equipamentos e acessórios para segurança pessoal e profissional

ANEXO II - IN n. 3/05 - TABELA 1			
CNAE	RAT	FPAS	Descrição da atividade
3299-0/01	1,00%	507	Fabricação de guarda-chuvas e similares
3299-0/02	1,00%	507	Fabricação de canetas, lápis e outros artigos para escritório
3299-0/03	1,00%	507	Fabricação de letras, letreiros e placas de qualquer material, exceto luminosos
3299-0/04	1,00%	507	Fabricação de painéis e letreiros luminosos
3299-0/05	1,00%	507	Fabricação de aviamentos para costura
3299-0/99	1,00%	507	Fabricação de produtos diversos não especificados anteriormente
3311-2/00	1,00%	507	Manutenção e reparação de tanques, reservatórios metálicos e caldeiras, exceto para veículos
3312-1/01	1,00%	507	Manutenção e reparação de equipamentos transmissores de comunicação
3312-1/02	1,00%	507	Manutenção e reparação de aparelhos e instrumentos de medida, teste e controle
3312-1/03	1,00%	507	Manutenção e reparação de aparelhos eletromédicos e eletroterapêuticos e equipamentos de irradiação
3312-1/04	1,00%	507	Manutenção e reparação de equipamentos e instrumentos ópticos
3313-9/01	1,00%	507	Manutenção e reparação de geradores, transformadores e motores elétricos
3313-9/02	1,00%	507	Manutenção e reparação de baterias e acumuladores elétricos, exceto para veículos
3313-9/99	1,00%	507	Manutenção e reparação de máquinas, aparelhos e materiais elétricos não especificados anteriormente
3314-7/01	1,00%	507	Manutenção e reparação de máquinas motrizes não-elétricas
3314-7/02	1,00%	507	Manutenção e reparação de equipamentos hidráulicos e pneumáticos, exceto válvulas
3314-7/03	1,00%	507	Manutenção e reparação de válvulas industriais
3314-7/04	1,00%	507	Manutenção e reparação de compressores
3314-7/05	1,00%	507	Manutenção e reparação de equipamentos de transmissão para fins industriais
3314-7/06	1,00%	507	Manutenção e reparação de máquinas, aparelhos e equipamentos para instalações térmicas
3314-7/07	1,00%	507	Manutenção e reparação de máquinas e aparelhos de refrigeração e ventilação para uso industrial e comercial
3314-7/08	1,00%	507	Manutenção e reparação de máquinas, equipamentos e aparelhos para transporte e elevação de cargas
3314-7/09	1,00%	507	Manutenção e reparação de máquinas de escrever, calcular e de outros equipamentos não-eletrônicos para escritório
3314-7/10	1,00%	507	Manutenção e reparação de máquinas e equipamentos para uso geral não especificados anteriormente
3314-7/11	1,00%	507	Manutenção e reparação de máquinas e equipamentos para agricultura e pecuária
3314-7/12	1,00%	507	Manutenção e reparação de tratores agrícolas
3314-7/13	1,00%	507	Manutenção e reparação de máquinas-ferramenta
3314-7/14	1,00%	507	Manutenção e reparação de máquinas e equipamentos para a prospecção e extração de petróleo
3314-7/15	1,00%	507	Manutenção e reparação de máquinas e equipamentos para uso na extração mineral, exceto na extração de petróleo
3314-7/16	1,00%	507	Manutenção e reparação de tratores, exceto agrícolas
3314-7/17	1,00%	507	Manutenção e reparação de máquinas e equipamentos de terraplenagem, pavimentação e construção, exceto tratores

ANEXO II - IN n. 3/05 - TABELA 1			
CNAE	RAT	FPAS	Descrição da atividade
3314-7/18	1,00%	507	Manutenção e reparação de máquinas para a indústria metalúrgica, exceto máquinas-ferramenta
3314-7/19	1,00%	507	Manutenção e reparação de máquinas e equipamentos para as indústrias de alimentos, bebidas e fumo
3314-7/20	1,00%	507	Manutenção e reparação de máquinas e equipamentos para a indústria têxtil, do vestuário, do couro e calçados
3314-7/21	1,00%	507	Manutenção e reparação de máquinas e aparelhos para a indústria de celulose, papel e papelão e artefatos
3314-7/22	1,00%	507	Manutenção e reparação de máquinas e aparelhos para a indústria do plástico
3314-7/99	1,00%	507	Manutenção e reparação de outras máquinas e equipamentos para usos industriais não especificados anteriormente
3315-5/00	1,00%	507	Manutenção e reparação de veículos ferroviários
3319-8/00	1,00%	507	Manutenção e reparação de equipamentos e produtos não especificados anteriormente
3321-0/00	2,00%	507	Instalação de máquinas e equipamentos industriais
3329-5/01	2,00%	507	Serviços de montagem de móveis de qualquer material
3329-5/99	2,00%	507	Instalação de outros equipamentos não especificados anteriormente
3511-5/00	2,00%	507	Geração de energia elétrica
3512-3/00	2,00%	507	Transmissão de energia elétrica
3513-1/00	2,00%	507	Comércio atacadista de energia elétrica
3514-0/00	2,00%	507	Distribuição de energia elétrica
3520-4/01	1,00%	507	Produção de gás; processamento de gás natural
3530-1/00	1,00%	507	Produção e distribuição de vapor, água quente e ar condicionado
3600-6/01	2,00%	507	Captação, tratamento e distribuição de água
3701-1/00	3,00%	507	Gestão de redes de esgoto
3821-1/00	3,00%	507	Tratamento e disposição de resíduos não-perigosos
3822-0/00	3,00%	507	Tratamento e disposição de resíduos perigosos
3831-9/01	3,00%	507	Recuperação de sucatas de alumínio
3831-9/99	3,00%	507	Recuperação de materiais metálicos, exceto alumínio
3832-7/00	3,00%	507	Recuperação de materiais plásticos
3839-4/01	3,00%	507	Usinas de compostagem
3839-4/99	3,00%	507	Recuperação de materiais não especificados anteriormente
3900-5/00	3,00%	507	Descontaminação e outros serviços de gestão de resíduos
4120-4/00	3,00%	507	Construção de edifícios
4211-1/01	2,00%	507	Construção de rodovias e ferrovias
4211-1/02	2,00%	507	Pintura para sinalização em pistas rodoviárias e aeroportos
4212-0/00	2,00%	507	Construção de obras-de-arte especiais
4213-8/00	2,00%	507	Obras de urbanização - ruas, praças e calçadas
4221-9/01	3,00%	507	Construção de barragens e represas para geração de energia elétrica
4221-9/02	3,00%	507	Construção de estações e redes de distribuição de energia elétrica
4221-9/03	3,00%	507	Manutenção de redes de distribuição de energia elétrica
4221-9/04	3,00%	507	Construção de estações e redes de telecomunicações
4221-9/05	3,00%	507	Manutenção de estações e redes de telecomunicações
4222-7/01	3,00%	507	Construção de redes de abastecimento de água, coleta de esgoto e construções correlatas, exceto obras de irrigação
4222-7/02	3,00%	507	Obras de irrigação
4223-5/00	3,00%	507	Construção de redes de transportes por dutos, exceto para água e esgoto
4291-0/00	3,00%	507	Obras portuárias, marítimas e fluviais

ANEXO II - IN n. 3/05 - TABELA 1			
CNAE	RAT	FPAS	Descrição da atividade
4292-8/01	3,00%	507	Montagem de estruturas metálicas
4292-8/02	3,00%	507	Obras de montagem industrial
4299-5/01	3,00%	507	Construção de instalações esportivas e recreativas
4299-5/99	3,00%	507	Outras obras de engenharia civil não especificadas anteriormente
4311-8/01	2,00%	507	Demolição de edifícios e outras estruturas
4311-8/02	2,00%	507	Preparação de canteiro e limpeza de terreno
4312-6/00	2,00%	507	Perfurações e sondagens
4313-4/00	2,00%	507	Obras de terraplenagem
4319-3/00	2,00%	507	Serviços de preparação do terreno não especificados anteriormente
4321-5/00	2,00%	507	Instalação e manutenção elétrica
4322-3/01	2,00%	507	Instalações hidráulicas, sanitárias e de gás
4322-3/02	2,00%	507	Instalação e manutenção de sistemas centrais de ar condicionado, de ventilação e refrigeração
4322-3/03	2,00%	507	Instalações de sistema de prevenção contra incêndio
4329-1/01	2,00%	507	Instalação de painéis publicitários
4329-1/02	2,00%	507	Instalação de equipamentos para orientação à navegação marítima, fluvial e lacustre
4329-1/03	2,00%	507	Instalação, manutenção e reparação de elevadores, escadas e esteiras rolantes, exceto de fabricação própria
4329-1/04	2,00%	507	Montagem e instalação de sistemas e equipamentos de iluminação e sinalização em vias públicas, portos e aeroportos
4329-1/05	2,00%	507	Tratamentos térmicos, acústicos ou de vibração
4329-1/99	2,00%	507	Outras obras de instalações em construções não especificadas anteriormente
4330-4/01	2,00%	507	Impermeabilização em obras de engenharia civil
4330-4/02	2,00%	507	Instalação de portas, janelas, tetos, divisórias e armários embutidos de qualquer material
4330-4/03	2,00%	507	Obras de acabamento em gesso e estuque
4330-4/04	2,00%	507	Serviços de pintura de edifícios em geral
4330-4/05	2,00%	507	Aplicação de revestimentos e de resinas em interiores e exteriores
4330-4/99	2,00%	507	Outras obras de acabamento da construção
4391-6/00	3,00%	507	Obras de fundações
4399-1/01	3,00%	507	Administração de obras
4399-1/02	3,00%	507	Montagem e desmontagem de andaimes e outras estruturas temporárias
4399-1/03	3,00%	507	Obras de alvenaria
4399-1/04	3,00%	507	Serviços de operação e fornecimento de equipamentos para transporte e elevação de cargas e pessoas para uso em obras
4399-1/05	3,00%	507	Perfuração e construção de poços de água
4399-1/99	3,00%	507	Serviços especializados para construção não especificados anteriormente
4520-0/01	2,00%	507	Serviços de manutenção e reparação mecânica de veículos automotores
4520-0/02	2,00%	507	Serviços de lanternagem ou funilaria e pintura de veículos automotores
4520-0/03	2,00%	507	Serviços de manutenção e reparação elétrica de veículos automotores
4520-0/04	2,00%	507	Serviços de alinhamento e balanceamento de veículos automotores
4520-0/06	2,00%	507	Serviços de borracharia para veículos automotores
4520-0/07	2,00%	507	Serviços de instalação, manutenção e reparação de acessórios para veículos automotores
4543-9/00	2,00%	507	Manutenção e reparação de motocicletas e motonetas
4721-1/01	1,00%	507	Padaria e confeitaria com predominância de produção própria
4911-6/00	1,00%	507	Transporte ferroviário de carga

ANEXO II - IN n. 3/05 - TABELA 1			
CNAE	RAT	FPAS	Descrição da atividade
4912-4/01	1,00%	507	Transporte ferroviário de passageiros intermunicipal e interestadual
4912-4/02	1,00%	507	Transporte ferroviário de passageiros municipal e em região metropolitana
4912-4/03	1,00%	507	Transporte metroviário
4940-0/00	1,00%	507	Transporte dutoviário
4950-7/00	1,00%	507	Trens turísticos, teleféricos e similares
5221-4/00	1,00%	507	Concessionárias de rodovias, pontes, túneis e serviços relacionados
5310-5/01	3,00%	507	Atividades do Correio Nacional
5310-5/02	3,00%	507	Atividades de franqueadas e permissionárias do Correio Nacional
5620-1/01	1,00%	507	Fornecimento de alimentos preparados preponderantemente para empresas
5911-1/01	1,00%	507	Estúdios cinematográficos - Ind. Cinematográficas, inclusive laboratórios (art. 577 Dec. Lei n. 5.452/43, gr.16 CNI)
6110-8/01	2,00%	507	Serviços de telefonia fixa comutada - STFC
6110-8/02	2,00%	507	Serviços de redes de transporte de telecomunicações - SRTT
6110-8/03	2,00%	507	Serviços de comunicação multimídia - SCM
6110-8/99	2,00%	507	Serviços de telecomunicações por fio não especificados anteriormente
6120-5/01	2,00%	507	Telefonia móvel celular
6120-5/02	2,00%	507	Serviço móvel especializado - SME
6120-5/99	2,00%	507	Serviços de telecomunicações sem fio não especificados anteriormente
6130-2/00	2,00%	507	Telecomunicações por satélite
6190-6/01	2,00%	507	Provedores de acesso às redes de comunicações
6190-6/02	2,00%	507	Provedores de voz sobre protocolo internet - Voip
6190-6/99	2,00%	507	Outras atividades de telecomunicações não especificadas anteriormente
6202-3/00	1,00%	507	Desenvolvimento e licenciamento de programas de computador customizáveis
6203-1/00	1,00%	507	Desenvolvimento e licenciamento de programas de computador não-customizáveis
7112-0/00	1,00%	507	Serviços de engenharia, inclusive engenharia consultiva (art. 577 Dec. Lei n. 5.452/43, gr. 3 CNI)
9102-3/02	1,00%	507	Restauração e conservação de lugares e prédios históricos

TABELA 1 — FPAS 515

ANEXO II - IN n. 3/05 - TABELA 1			
CNAE	RAT	FPAS	Descrição da atividade
3250-7/06	2,00%	515	Serviços de prótese dentária - Pessoa Jurídica
3520-4/02	1,00%	515	Distribuição de combustíveis gasosos por redes urbanas
3702-9/00	3,00%	515	Atividades relacionadas a esgoto, exceto a gestão de redes
3811-4/00	3,00%	515	Coleta de resíduos não-perigosos
3812-2/00	3,00%	515	Coleta de resíduos perigosos
4110-7/00	2,00%	515	Incorporação de empreendimentos imobiliários
4511-1/01	2,00%	515	Comércio a varejo de automóveis, camionetas e utilitários novos
4511-1/02	2,00%	515	Comércio a varejo de automóveis, camionetas e utilitários usados
4511-1/03	2,00%	515	Comércio por atacado de automóveis, camionetas e utilitários novos e usados
4511-1/04	2,00%	515	Comércio por atacado de caminhões novos e usados
4511-1/05	2,00%	515	Comércio por atacado de reboques e semi-reboques novos e usados
4511-1/06	2,00%	515	Comércio por atacado de ônibus e microônibus novos e usados

ANEXO II - IN n. 3/05 - TABELA 1			
CNAE	RAT	FPAS	Descrição da atividade
4512-9/01	2,00%	515	Representantes comerciais e agentes do comércio de veículos automotores
4512-9/02	2,00%	515	Comércio sob consignação de veículos automotores
4520-0/05	2,00%	515	Serviços de lavagem, lubrificação e polimento de veículos automotores
4530-7/01	2,00%	515	Comércio por atacado de peças e acessórios novos para veículos automotores
4530-7/02	2,00%	515	Comércio por atacado de pneumáticos e câmaras-de-ar
4530-7/03	2,00%	515	Comércio a varejo de peças e acessórios novos para veículos automotores
4530-7/04	2,00%	515	Comércio a varejo de peças e acessórios usados para veículos automotores
4530-7/05	2,00%	515	Comércio a varejo de pneumáticos e câmaras-de-ar
4530-7/06	2,00%	515	Representantes comerciais e agentes do comércio de peças e acessórios novos e usados para veículos automotores
4541-2/01	2,00%	515	Comércio por atacado de motocicletas e motonetas
4541-2/02	2,00%	515	Comércio por atacado de peças e acessórios para motocicletas e motonetas
4541-2/03	2,00%	515	Comércio a varejo de motocicletas e motonetas novas
4541-2/04	2,00%	515	Comércio a varejo de motocicletas e motonetas usadas
4541-2/05	2,00%	515	Comércio a varejo de peças e acessórios para motocicletas e motonetas
4542-1/01	2,00%	515	Representantes comerciais e agentes do comércio de motocicletas e motonetas, peças e acessórios
4542-1/02	2,00%	515	Comércio sob consignação de motocicletas e motonetas
4611-7/00	2,00%	515	Representantes comerciais e agentes do comércio de matérias-primas agrícolas e animais vivos
4612-5/00	2,00%	515	Representantes comerciais e agentes do comércio de combustíveis, minerais, produtos siderúrgicos e químicos
4613-3/00	2,00%	515	Representantes comerciais e agentes do comércio de madeira, material de construção e ferragens
4614-1/00	2,00%	515	Representantes comerciais e agentes do comércio de máquinas, equipamentos, embarcações
4615-0/00	2,00%	515	Representantes comerciais e agentes do comércio de eletrodomésticos, móveis e artigos de uso doméstico
4616-8/00	2,00%	515	Representantes comerciais e agentes do comércio de têxteis, vestuário, calçados e artigos de viagem
4617-6/00	2,00%	515	Representantes comerciais e agentes do comércio de produtos alimentícios, bebidas e fumo
4618-4/01	2,00%	515	Representantes comerciais e agentes do comércio de medicamentos, cosméticos e produtos de perfumaria
4618-4/02	2,00%	515	Representantes comerciais e agentes do comércio de instrumentos e materiais odonto-médico-hospitalares
4618-4/03	2,00%	515	Representantes comerciais e agentes do comércio de jornais, revistas e outras publicações
4618-4/99	2,00%	515	Outros representantes comerciais e agentes do comércio especializado em produtos não especificados anteriormente
4619-2/00	2,00%	515	Representantes comerciais e agentes do comércio de mercadorias em geral não especializado
4621-4/00	2,00%	515	Comércio atacadista de café em grão
4622-2/00	2,00%	515	Comércio atacadista de soja
4623-1/01	2,00%	515	Comércio atacadista de animais vivos

ANEXO II - IN n. 3/05 - TABELA 1			
CNAE	RAT	FPAS	Descrição da atividade
4623-1/02	2,00%	515	Comércio atacadista de couros, lãs, peles e outros subprodutos não-comestíveis de origem animal
4623-1/03	2,00%	515	Comércio atacadista de algodão
4623-1/04	2,00%	515	Comércio atacadista de fumo em folha não beneficiado
4623-1/05	2,00%	515	Comércio atacadista de cacau
4623-1/06	2,00%	515	Comércio atacadista de sementes, flores, plantas e gramas
4623-1/07	2,00%	515	Comércio atacadista de sisal
4623-1/08	2,00%	515	Comércio atacadista de matérias-primas agrícolas com atividade de fracionamento e acondicionamento associada
4623-1/09	2,00%	515	Comércio atacadista de alimentos para animais
4623-1/99	2,00%	515	Comércio atacadista de matérias-primas agrícolas não especificadas anteriormente
4631-1/00	2,00%	515	Comércio atacadista de leite e laticínios
4632-0/01	2,00%	515	Comércio atacadista de cereais e leguminosas beneficiados
4632-0/02	2,00%	515	Comércio atacadista de farinhas, amidos e féculas
4632-0/03	2,00%	515	Comércio atacadista de cereais e leguminosas beneficiados, farinhas, amidos e féculas, com atividade de fracionamento e acondicionamento associada
4633-8/01	2,00%	515	Comércio atacadista de frutas, verduras, raízes, tubérculos, hortaliças e legumes frescos
4633-8/02	2,00%	515	Comércio atacadista de aves vivas e ovos
4633-8/03	2,00%	515	Comércio atacadista de coelhos e outros pequenos animais vivos para alimentação
4634-6/01	1,00%	515	Comércio atacadista de carnes bovinas e suínas e derivados
4634-6/02	1,00%	515	Comércio atacadista de aves abatidas e derivados
4634-6/03	1,00%	515	Comércio atacadista de pescados e frutos do mar
4634-6/99	1,00%	515	Comércio atacadista de carnes e derivados de outros animais
4635-4/01	1,00%	515	Comércio atacadista de água mineral
4635-4/02	1,00%	515	Comércio atacadista de cerveja, chope e refrigerante
4635-4/03	1,00%	515	Comércio atacadista de bebidas com atividade de fracionamento e acondicionamento associada
4635-4/99	1,00%	515	Comércio atacadista de bebidas não especificadas anteriormente
4636-2/01	1,00%	515	Comércio atacadista de fumo beneficiado
4636-2/02	1,00%	515	Comércio atacadista de cigarros, cigarrilhas e charutos
4637-1/01	1,00%	515	Comércio atacadista de café torrado, moído e solúvel
4637-1/02	1,00%	515	Comércio atacadista de açúcar
4637-1/03	1,00%	515	Comércio atacadista de óleos e gorduras
4637-1/04	1,00%	515	Comércio atacadista de pães, bolos, biscoitos e similares
4637-1/05	1,00%	515	Comércio atacadista de massas alimentícias
4637-1/06	1,00%	515	Comércio atacadista de sorvetes
4637-1/07	1,00%	515	Comércio atacadista de chocolates, confeitos, balas, bombons e semelhantes
4637-1/99	1,00%	515	Comércio atacadista especializado em outros produtos alimentícios não especificados anteriormente
4639-7/01	1,00%	515	Comércio atacadista de produtos alimentícios em geral
4639-7/02	1,00%	515	Comércio atacadista de produtos alimentícios em geral, com atividade de fracionamento e acondicionamento associada
4641-9/01	1,00%	515	Comércio atacadista de tecidos
4641-9/02	1,00%	515	Comércio atacadista de artigos de cama, mesa e banho
4641-9/03	1,00%	515	Comércio atacadista de artigos de armarinho

ANEXO II - IN n. 3/05 - TABELA 1			
CNAE	RAT	FPAS	Descrição da atividade
4642-7/01	1,00%	515	Comércio atacadista de artigos do vestuário e acessórios, exceto profissionais e de segurança
4642-7/02	1,00%	515	Comércio atacadista de roupas e acessórios para uso profissional e de segurança do trabalho
4643-5/01	1,00%	515	Comércio atacadista de calçados
4643-5/02	1,00%	515	Comércio atacadista de bolsas, malas e artigos de viagem
4644-3/01	1,00%	515	Comércio atacadista de medicamentos e drogas de uso humano
4644-3/02	1,00%	515	Comércio atacadista de medicamentos e drogas de uso veterinário
4645-1/01	1,00%	515	Comércio atacadista de instrumentos e materiais para uso médico, cirúrgico, hospitalar e de laboratórios
4645-1/02	1,00%	515	Comércio atacadista de próteses e artigos de ortopedia
4645-1/03	1,00%	515	Comércio atacadista de produtos odontológicos
4646-0/01	1,00%	515	Comércio atacadista de cosméticos e produtos de perfumaria
4646-0/02	1,00%	515	Comércio atacadista de produtos de higiene pessoal
4647-8/01	1,00%	515	Comércio atacadista de artigos de escritório e de papelaria
4647-8/02	1,00%	515	Comércio atacadista de livros, jornais e outras publicações
4649-4/01	1,00%	515	Comércio atacadista de equipamentos elétricos de uso pessoal e doméstico
4649-4/02	1,00%	515	Comércio atacadista de aparelhos eletrônicos de uso pessoal e doméstico
4649-4/03	1,00%	515	Comércio atacadista de bicicletas, triciclos e outros veículos recreativos
4649-4/04	1,00%	515	Comércio atacadista de móveis e artigos de colchoaria
4649-4/05	1,00%	515	Comércio atacadista de artigos de tapeçaria; persianas e cortinas
4649-4/06	1,00%	515	Comércio atacadista de lustres, luminárias e abajures
4649-4/07	1,00%	515	Comércio atacadista de filmes, CDs, DVDs, fitas e discos
4649-4/08	1,00%	515	Comércio atacadista de produtos de higiene, limpeza e conservação domiciliar
4649-4/09	1,00%	515	Comércio atacadista de produtos de higiene, limpeza e conservação domiciliar, com atividade de fracionamento e acondicionamento associada
4649-4/10	1,00%	515	Comércio atacadista de jóias, relógios e bijuterias, inclusive pedras preciosas e semipreciosas lapidadas
4649-4/99	1,00%	515	Comércio atacadista de outros equipamentos e artigos de uso pessoal e doméstico não especificados anteriormente
4651-6/01	1,00%	515	Comércio atacadista de equipamentos de informática
4651-6/02	1,00%	515	Comércio atacadista de suprimentos para informática
4652-4/00	1,00%	515	Comércio atacadista de componentes eletrônicos e equipamentos de telefonia e comunicação
4661-3/00	1,00%	515	Comércio atacadista de máquinas, aparelhos e equipamentos para uso agropecuário; partes e peças
4662-1/00	1,00%	515	Comércio atacadista de máquinas, equipamentos para terraplenagem, mineração e construção; partes e peças
4663-0/00	1,00%	515	Comércio atacadista de máquinas e equipamentos para uso industrial; partes e peças
4664-8/00	1,00%	515	Comércio atacadista de máquinas, aparelhos e equipamentos para uso odonto-médico-hospitalar; partes e peças
4665-6/00	1,00%	515	Comércio atacadista de máquinas e equipamentos para uso comercial; partes e peças
4669-9/01	1,00%	515	Comércio atacadista de bombas e compressores; partes e peças
4669-9/99	1,00%	515	Comércio atacadista de outras máquinas e equipamentos não especificados anteriormente; partes e peças
4671-1/00	1,00%	515	Comércio atacadista de madeira e produtos derivados

ANEXO II - IN n. 3/05 - TABELA 1			
CNAE	RAT	FPAS	Descrição da atividade
4672-9/00	1,00%	515	Comércio atacadista de ferragens e ferramentas
4673-7/00	1,00%	515	Comércio atacadista de material elétrico
4674-5/00	1,00%	515	Comércio atacadista de cimento
4679-6/01	1,00%	515	Comércio atacadista de tintas, vernizes e similares
4679-6/02	1,00%	515	Comércio atacadista de mármores e granitos
4679-6/03	1,00%	515	Comércio atacadista de vidros, espelhos e vitrais
4679-6/04	1,00%	515	Comércio atacadista especializado de materiais de construção não especificados anteriormente
4679-6/99	1,00%	515	Comércio atacadista de materiais de construção em geral
4681-8/01	1,00%	515	Comércio atac de álcool carburante, biodiesel, gasolina e demais derivados de petróleo, exceto lubrificantes, não realizado por transportador retalhista (TRR) exceto pessoal de transporte
4681-8/02	1,00%	515	Comércio atacadista de combustíveis realizado por transportador retalhista (TRR) exceto pessoal de transporte
4681-8/03	1,00%	515	Comércio atacadista de combustíveis de origem vegetal, exceto álcool carburante exceto pessoal de transporte
4681-8/04	1,00%	515	Comércio atacadista de combustíveis de origem mineral em bruto exceto pessoal de transporte
4681-8/05	1,00%	515	Comércio atacadista de lubrificantes exceto pessoal de transporte
4682-6/00	1,00%	515	Comércio atacadista de gás liqüefeito de petróleo (GLP) exceto pessoal de transporte
4683-4/00	1,00%	515	Comércio atacadista de defensivos agrícolas, adubos, fertilizantes e corretivos do solo
4684-2/01	1,00%	515	Comércio atacadista de resinas e elastômeros
4684-2/02	1,00%	515	Comércio atacadista de solventes
4684-2/99	1,00%	515	Comércio atacadista de outros produtos químicos e petroquímicos não especificados anteriormente
4685-1/00	1,00%	515	Comércio atacadista de produtos siderúrgicos e metalúrgicos, exceto para construção
4686-9/01	1,00%	515	Comércio atacadista de papel e papelão em bruto
4686-9/02	1,00%	515	Comércio atacadista de embalagens
4687-7/01	1,00%	515	Comércio atacadista de resíduos de papel e papelão
4687-7/02	1,00%	515	Comércio atacadista de resíduos e sucatas não-metálicos, exceto de papel e papelão
4687-7/03	1,00%	515	Comércio atacadista de resíduos e sucatas metálicos
4689-3/01	1,00%	515	Comércio atacadista de produtos da extração mineral, exceto combustíveis
4689-3/02	1,00%	515	Comércio atacadista de fios e fibras têxteis beneficiados
4689-3/99	1,00%	515	Comércio atacadista especializado em outros produtos intermediários não especificados anteriormente
4691-5/00	1,00%	515	Comércio atacadista de mercadorias em geral, com predominância de produtos alimentícios
4692-3/00	1,00%	515	Comércio atacadista de mercadorias em geral, com predominância de insumos agropecuários
4693-1/00	1,00%	515	Comércio atacadista de mercadorias em geral, sem predominância de alimentos ou de insumos agropecuários
4711-3/01	2,00%	515	Comércio varejista de mercadorias em geral, com predominância de produtos alimentícios - hipermercados
4711-3/02	2,00%	515	Comércio varejista de mercadorias em geral, com predominância de produtos alimentícios - supermercados

ANEXO II - IN n. 3/05 - TABELA 1			
CNAE	RAT	FPAS	Descrição da atividade
4712-1/00	1,00%	515	Comércio varejista de mercadorias em geral, com predominância de produtos alimentícios - minimercados, mercearias e armazéns
4713-0/01	1,00%	515	Lojas de departamentos ou magazines
4713-0/02	1,00%	515	Lojas de variedades, exceto lojas de departamentos ou magazines
4713-0/03	1,00%	515	Lojas *duty free* de aeroportos internacionais
4721-1/02	1,00%	515	Padaria e confeitaria com predominância de revenda
4721-1/03	1,00%	515	Comércio varejista de laticínios e frios
4721-1/04	1,00%	515	Comércio varejista de doces, balas, bombons e semelhantes
4722-9/01	1,00%	515	Comércio varejista de carnes - açougues
4722-9/02	1,00%	515	Peixaria
4723-7/00	1,00%	515	Comércio varejista de bebidas
4724-5/00	1,00%	515	Comércio varejista de hortifrutigranjeiros
4729-6/01	1,00%	515	Tabacaria
4729-6/99	1,00%	515	Comércio varejista de produtos alimentícios em geral ou especializado em produtos alimentícios não especificados anteriormente
4731-8/00	1,00%	515	Comércio varejista de combustíveis para veículos automotores
4732-6/00	1,00%	515	Comércio varejista de lubrificantes
4741-5/00	1,00%	515	Comércio varejista de tintas e materiais para pintura
4742-3/00	1,00%	515	Comércio varejista de material elétrico
4743-1/00	1,00%	515	Comércio varejista de vidros
4744-0/01	1,00%	515	Comércio varejista de ferragens e ferramentas
4744-0/02	1,00%	515	Comércio varejista de madeira e artefatos
4744-0/03	1,00%	515	Comércio varejista de materiais hidráulicos
4744-0/04	1,00%	515	Comércio varejista de cal, areia, pedra britada, tijolos e telhas
4744-0/05	1,00%	515	Comércio varejista de materiais de construção não especificados anteriormente
4744-0/99	1,00%	515	Comércio varejista de materiais de construção em geral
4751-2/00	1,00%	515	Comércio varejista especializado de equipamentos e suprimentos de informática
4752-1/00	1,00%	515	Comércio varejista especializado de equipamentos de telefonia e comunicação
4753-9/00	1,00%	515	Comércio varejista especializado de eletrodomésticos e equipamentos de áudio e vídeo
4754-7/01	1,00%	515	Comércio varejista de móveis
4754-7/02	1,00%	515	Comércio varejista de artigos de colchoaria
4754-7/03	1,00%	515	Comércio varejista de artigos de iluminação
4755-5/01	1,00%	515	Comércio varejista de tecidos
4755-5/02	1,00%	515	Comercio varejista de artigos de armarinho
4755-5/03	1,00%	515	Comercio varejista de artigos de cama, mesa e banho
4756-3/00	1,00%	515	Comércio varejista especializado de instrumentos musicais e acessórios
4757-1/00	1,00%	515	Comércio varejista especializado de peças e acessórios para aparelhos eletroeletrônicos para uso doméstico, exceto informática e comunicação
4759-8/01	1,00%	515	Comércio varejista de artigos de tapeçaria, cortinas e persianas
4759-8/99	1,00%	515	Comércio varejista de outros artigos de uso doméstico não especificados anteriormente
4761-0/01	1,00%	515	Comércio varejista de livros
4761-0/02	1,00%	515	Comércio varejista de jornais e revistas
4761-0/03	1,00%	515	Comércio varejista de artigos de papelaria
4762-8/00	1,00%	515	Comércio varejista de discos, CDs, DVDs e fitas
4763-6/01	1,00%	515	Comércio varejista de brinquedos e artigos recreativos

ANEXO II - IN n. 3/05 - TABELA 1			
CNAE	RAT	FPAS	Descrição da atividade
4763-6/02	1,00%	515	Comércio varejista de artigos esportivos
4763-6/03	1,00%	515	Comércio varejista de bicicletas e triciclos; peças e acessórios
4763-6/04	1,00%	515	Comércio varejista de artigos de caça, pesca e *camping*
4763-6/05	1,00%	515	Comércio varejista de embarcações e outros veículos recreativos; peças e acessórios
4771-7/01	1,00%	515	Comércio varejista de produtos farmacêuticos, sem manipulação de fórmulas
4771-7/02	1,00%	515	Comércio varejista de produtos farmacêuticos, com manipulação de fórmulas
4771-7/03	1,00%	515	Comércio varejista de produtos farmacêuticos homeopáticos
4771-7/04	1,00%	515	Comércio varejista de medicamentos veterinários
4772-5/00	1,00%	515	Comércio varejista de cosméticos, produtos de perfumaria e de higiene pessoal
4773-3/00	1,00%	515	Comércio varejista de artigos médicos e ortopédicos
4774-1/00	1,00%	515	Comércio varejista de artigos de óptica
4781-4/00	1,00%	515	Comércio varejista de artigos do vestuário e acessórios
4782-2/01	1,00%	515	Comércio varejista de calçados
4782-2/02	1,00%	515	Comércio varejista de artigos de viagem
4783-1/01	1,00%	515	Comércio varejista de artigos de joalheria
4783-1/02	1,00%	515	Comércio varejista de artigos de relojoaria
4784-9/00	1,00%	515	Comércio varejista de gás liqüefeito de petróleo (GLP)
4785-7/01	1,00%	515	Comércio varejista de antigüidades
4785-7/99	1,00%	515	Comércio varejista de outros artigos usados
4789-0/01	1,00%	515	Comércio varejista de suvenires, bijuterias e artesanatos
4789-0/02	1,00%	515	Comércio varejista de plantas e flores naturais
4789-0/03	1,00%	515	Comércio varejista de objetos de arte
4789-0/04	1,00%	515	Comércio varejista de animais vivos e de artigos e alimentos para animais de estimação
4789-0/05	1,00%	515	Comércio varejista de produtos saneantes domissanitários
4789-0/06	1,00%	515	Comércio varejista de fogos de artifício e artigos pirotécnicos
4789-0/07	1,00%	515	Comércio varejista de equipamentos para escritório
4789-0/08	1,00%	515	Comércio varejista de artigos fotográficos e para filmagem
4789-0/09	1,00%	515	Comércio varejista de armas e munições
4789-0/99	1,00%	515	Comércio varejista de outros produtos não especificados anteriormente
5211-7/01	2,00%	515	Armazéns gerais - emissão de *warrant*
5211-7/02	2,00%	515	Guarda-móveis
5211-7/99	2,00%	515	Depósitos de mercadorias para terceiros, exceto armazéns gerais e guarda-móveis
5222-2/00	1,00%	515	Terminais rodoviários e ferroviários
5223-1/00	1,00%	515	Estacionamento de veículos
5229-0/01	1,00%	515	Serviços de apoio ao transporte por táxi, inclusive centrais de chamada
5229-0/99	1,00%	515	Outras atividades auxiliares dos transportes terrestres não especificadas anteriormente
5250-8/01	1,00%	515	Comissaria de despachos
5250-8/02	1,00%	515	Atividades de despachantes aduaneiros
5250-8/03	1,00%	515	Agenciamento de cargas, exceto para o transporte marítimo
5250-8/04	1,00%	515	Organização logística do transporte de carga
5250-8/05	1,00%	515	Operador de transporte multimodal - OTM
5510-8/01	1,00%	515	Hotéis
5510-8/02	1,00%	515	Apart-hotéis

ANEXO II - IN n. 3/05 - TABELA 1			
CNAE	RAT	FPAS	Descrição da atividade
5510-8/03	1,00%	515	Motéis
5590-6/01	1,00%	515	Albergues, exceto assistenciais
5590-6/02	1,00%	515	*Campings*
5590-6/03	1,00%	515	Pensões (alojamento)
5590-6/99	1,00%	515	Outros alojamentos não especificados anteriormente
5611-2/01	1,00%	515	Restaurantes e similares
5611-2/02	1,00%	515	Bares e outros estabelecimentos especializados em servir bebidas
5611-2/03	1,00%	515	Lanchonetes, casas de chá, de sucos e similares
5612-1/00	1,00%	515	Serviços ambulantes de alimentação
5620-1/02	1,00%	515	Serviços de alimentação para eventos e recepções - bufê
5620-1/03	1,00%	515	Cantinas - serviços de alimentação privativos
5620-1/04	1,00%	515	Fornecimento de alimentos preparados preponderantemente para consumo domiciliar
6022-5/02	3,00%	515	Atividades relacionadas à televisão por assinatura, exceto programadoras
6141-8/00	2,00%	515	Operadoras de televisão por assinatura por cabo
6142-6/00	2,00%	515	Operadoras de televisão por assinatura por microondas
6143-4/00	2,00%	515	Operadoras de televisão por assinatura por satélite
6201-5/00	1,00%	515	Desenvolvimento de programas de computador sob encomenda
6204-0/00	1,00%	515	Consultoria em tecnologia da informação
6209-1/00	1,00%	515	Suporte técnico, manutenção e outros serviços em tecnologia da informação
6311-9/00	1,00%	515	Tratamento de dados, provedores de serviços de aplicação e serviços de hospedagem na internet
6319-4/00	1,00%	515	Portais, provedores de conteúdo e outros serviços de informação na internet
6399-2/00	1,00%	515	Outras atividades de prestação de serviços de informação não especificadas anteriormente
6434-4/00	1,00%	515	Agências de fomento
8423-0/00	2,00%	515	Justiça (Terceirizações em presídios)
8591-1/00	1,00%	515	Ensino de esportes
8592-9/01	1,00%	515	Ensino de dança
8592-9/02	1,00%	515	Ensino de artes cênicas, exceto dança
8592-9/03	1,00%	515	Ensino de música
8592-9/99	1,00%	515	Ensino de arte e cultura não especificado anteriormente
8593-7/00	1,00%	515	Ensino de idiomas
8599-6/01	1,00%	515	Formação de condutores
8599-6/02	1,00%	515	Cursos de pilotagem
8599-6/03	1,00%	515	Treinamento em informática
8599-6/04	1,00%	515	Treinamento em desenvolvimento profissional e gerencial
8599-6/05	1,00%	515	Cursos preparatórios para concursos
8599-6/99	1,00%	515	Outras atividades de ensino não especificadas anteriormente
8610-1/01	2,00%	515	Atividades de atendimento hospitalar, exceto pronto-socorro e unidades para atendimento a urgências
8610-1/02	2,00%	515	Atividades de atendimento em pronto-socorro e unidades hospitalares para atendimento a urgências
8621-6/01	2,00%	515	UTI móvel
8621-6/02	2,00%	515	Serviços móveis de atendimento a urgências, exceto por UTI móvel
8630-5/01	2,00%	515	Atividade médica ambulatorial com recursos para realização de procedimentos cirúrgicos

ANEXO II - IN n. 3/05 - TABELA 1			
CNAE	RAT	FPAS	Descrição da atividade
8630-5/02	2,00%	515	Atividade médica ambulatorial com recursos para realização de exames complementares
8630-5/03	2,00%	515	Atividade médica ambulatorial restrita a consultas - Pessoa Jurídica
8630-5/04	2,00%	515	Atividade odontológica com recursos para realização de procedimentos cirúrgicos - Pessoa Jurídica
8630-5/05	2,00%	515	Atividade odontológica sem recursos para realização de procedimentos cirúrgicos - Pessoa Jurídica
8630-5/06	2,00%	515	Serviços de vacinação e imunização humana
8630-5/07	2,00%	515	Atividades de reprodução humana assistida
8630-5/99	2,00%	515	Atividades de atenção ambulatorial não especificadas anteriormente
8640-2/01	1,00%	515	Laboratórios de anatomia patológica e citológica
8640-2/02	1,00%	515	Laboratórios clínicos
8640-2/03	1,00%	515	Serviços de diálise e nefrologia
8640-2/04	1,00%	515	Serviços de tomografia
8640-2/05	1,00%	515	Serviços de diagnóstico por imagem com uso de radiação ionizante, exceto tomografia
8640-2/06	1,00%	515	Serviços de ressonância magnética
8640-2/07	1,00%	515	Serviços de diagnóstico por imagem sem uso de radiação ionizante, exceto ressonância magnética
8640-2/08	1,00%	515	Serviços de diagnóstico por registro gráfico - ECG, EEG e outros exames análogos
8640-2/09	1,00%	515	Serviços de diagnóstico por métodos ópticos - endoscopia e outros exames análogos
8640-2/10	1,00%	515	Serviços de quimioterapia
8640-2/11	1,00%	515	Serviços de radioterapia
8640-2/12	1,00%	515	Serviços de hemoterapia
8640-2/13	1,00%	515	Serviços de litotripsia
8640-2/14	1,00%	515	Serviços de bancos de células e tecidos humanos
8640-2/99	1,00%	515	Atividades de serviços de complementação diagnóstica e terapêutica não especificadas anteriormente
8650-0/01	1,00%	515	Atividades de enfermagem - Pessoa Jurídica
8650-0/02	1,00%	515	Atividades de profissionais da nutrição - Pessoa Jurídica
8650-0/03	1,00%	515	Atividades de psicologia e psicanálise - Pessoa Jurídica
8650-0/04	1,00%	515	Atividades de fisioterapia - Pessoa Jurídica
8650-0/05	1,00%	515	Atividades de terapia ocupacional - Pessoa Jurídica
8650-0/06	1,00%	515	Atividades de fonoaudiologia - Pessoa Jurídica
8650-0/07	1,00%	515	Atividades de terapia de nutrição enteral e parenteral - Pessoa Jurídica
8650-0/99	1,00%	515	Atividades de profissionais da área de saúde não especificadas anteriormente
8660-7/00	1,00%	515	Atividades de apoio à gestão de saúde
8690-9/01	1,00%	515	Atividades de práticas integrativas e complementares em saúde humana
8690-9/02	1,00%	515	Atividades de bancos de leite humano
8690-9/99	1,00%	515	Outras atividades de atenção à saúde humana não especificadas anteriormente
8711-5/01	1,00%	515	Clínicas e residências geriátricas
8711-5/02	1,00%	515	Instituições de longa permanência para idosos
8711-5/03	1,00%	515	Atividades de assistência a deficientes físicos, imunodeprimidos e convalescentes
8711-5/04	1,00%	515	Centros de apoio a pacientes com câncer e com Aids

ANEXO II - IN n. 3/05 - TABELA 1			
CNAE	RAT	FPAS	Descrição da atividade
8712-3/00	1,00%	515	Atividades de fornecimento de infra-estrutura de apoio e assistência a paciente no domicílio
8720-4/01	1,00%	515	Atividades de centros de assistência psicossocial
8720-4/99	1,00%	515	Atividades de assistência psicossocial e à saúde a portadores de distúrbios psíquicos, deficiência mental e dependência química não especificadas anteriormente - Pessoa Jurídica
8730-1/01	1,00%	515	Orfanatos
8730-1/02	1,00%	515	Albergues assistenciais
8730-1/99	1,00%	515	Atividades de assistência social prestadas em residências coletivas e particulares não especificadas anteriormente
8800-6/00	1,00%	515	Serviços de assistência social sem alojamento
9001-9/06	3,00%	515	Atividades de sonorização e de iluminação
9003-5/00	3,00%	515	Gestão de espaços para artes cênicas, espetáculos e outras atividades artísticas
9200-3/01	1,00%	515	Casas de bingo
9200-3/02	1,00%	515	Exploração de apostas em corridas de cavalos
9200-3/99	1,00%	515	Exploração de jogos de azar e apostas não especificados anteriormente
9311-5/00	1,00%	515	Gestão de instalações de esportes
9319-1/01	1,00%	515	Produção e promoção de eventos esportivos
9319-1/99	1,00%	515	Outras atividades esportivas não especificadas anteriormente
9321-2/00	1,00%	515	Parques de diversão e parques temáticos
9329-8/01	1,00%	515	Discotecas, danceterias, salões de dança e similares
9329-8/02	1,00%	515	Exploração de boliches
9329-8/03	1,00%	515	Exploração de jogos de sinuca, bilhar e similares
9329-8/04	1,00%	515	Exploração de jogos eletrônicos recreativos
9329-8/99	1,00%	515	Outras atividades de recreação e lazer não especificadas anteriormente
9491-0/00	1,00%	515	Atividades de organizações religiosas
9492-8/00	1,00%	515	Atividades de organizações políticas
9511-8/00	1,00%	515	Reparação e manutenção de computadores e de equipamentos periféricos
9512-6/00	1,00%	515	Reparação e manutenção de equipamentos de comunicação
9521-5/00	1,00%	515	Reparação e manutenção de equipamentos eletroeletrônicos de uso pessoal e doméstico
9529-1/01	1,00%	515	Reparação de calçados, bolsas e artigos de viagem
9529-1/02	1,00%	515	Chaveiros
9529-1/03	1,00%	515	Reparação de relógios
9529-1/04	1,00%	515	Reparação de bicicletas, triciclos e outros veículos não-motorizados
9529-1/05	1,00%	515	Reparação de artigos do mobiliário
9529-1/06	1,00%	515	Reparação de jóias
9529-1/99	1,00%	515	Reparação e manutenção de outros objetos e equipamentos pessoais e domésticos não especificados anteriormente
9601-7/01	1,00%	515	Lavanderias
9601-7/02	1,00%	515	Tinturarias
9601-7/03	1,00%	515	Toalheiros
9602-5/01	1,00%	515	Cabeleireiros
9602-5/02	1,00%	515	Outras atividades de tratamento de beleza
9603-3/01	1,00%	515	Gestão e manutenção de cemitérios
9603-3/02	1,00%	515	Serviços de cremação
9603-3/03	1,00%	515	Serviços de sepultamento
9603-3/04	1,00%	515	Serviços de funerárias
9603-3/05	1,00%	515	Serviços de somatoconservação

ANEXO II - IN n. 3/05 - TABELA 1			
CNAE	RAT	FPAS	Descrição da atividade
9603-3/05	1,00%	515	Serviços de somatoconservação
9603-3/99	1,00%	515	Atividades funerárias e serviços relacionados não especificados anteriormente
9609-2/01	1,00%	515	Clínicas de estética e similares
9609-2/02	1,00%	515	Agências matrimoniais
9609-2/03	1,00%	515	Alojamento, higiene e embelezamento de animais
9609-2/04	1,00%	515	Exploração de máquinas de serviços pessoais acionadas por moeda
9609-2/99	1,00%	515	Outras atividades de serviços pessoais não especificadas anteriormente

TABELA — FPAS 523, 531, 540, 558, 566, 574, 582, 590, 604 E 612

ANEXO II - IN n. 3/2005 - TABELA 1			
CNAE	RAT	FPAS	Descrição da atividade
9411-1/00	1,00%	523	Atividades de organizações associativas patronais e empresariais (566 Se vinculada ao ex IAPC)
9412-0/00	1,00%	523	Atividades de organizações associativas profissionais (566 Se vinculada ao ex IAPC)
9420-1/00	3,00%	523	Atividades de organizações sindicais (566 Se vinculada ao ex IAPC)
0210-1/07	2,00%	531	Extração de madeira em florestas plantadas
0210-1/08	2,00%	531	Produção de carvão vegetal - florestas plantadas
0220-9/01	3,00%	531	Extração de madeira em florestas nativas
0220-9/02	3,00%	531	Produção de carvão vegetal - florestas nativas
1011-2/01	3,00%	531	Frigorífico - abate de bovinos (setor de abate)
1011-2/02	3,00%	531	Frigorífico - abate de eqüinos (setor de abate)
1011-2/03	3,00%	531	Frigorífico - abate de ovinos e caprinos (setor de abate)
1011-2/04	3,00%	531	Frigorífico - abate de bufalinos (setor de abate)
1011-2/05	3,00%	531	Matadouro - abate de reses sob contrato, exceto abate de suínos
1012-1/01	3,00%	531	Abate de aves (setor de abate)
1012-1/02	3,00%	531	Abate de pequenos animais (setor de abate)
1012-1/03	3,00%	531	Frigorífico - abate de suínos (setor de abate)
1012-1/04	3,00%	531	Matadouro - abate de suínos sob contrato
1051-1/00	2,00%	531	Preparação do leite (825 se Agroindustria)
1061-9/01	2,00%	531	Beneficiamento de arroz (825 se Agroindustria)
0311-6/01	2,00%	540	Pesca de peixes em água salgada
3317-1/01	1,00%	540	Manutenção e reparação de embarcações e estruturas flutuantes
3317-1/02	1,00%	540	Manutenção e reparação de embarcações para esporte e lazer
5011-4/01	1,00%	540	Transporte marítimo de cabotagem - Carga
5011-4/02	1,00%	540	Transporte marítimo de cabotagem - passageiros
5012-2/01	1,00%	540	Transporte marítimo de longo curso - Carga
5012-2/02	1,00%	540	Transporte marítimo de longo curso - Passageiros
5021-1/01	1,00%	540	Transporte por navegação interior de carga, municipal, exceto travessia
5021-1/02	1,00%	540	Transporte por navegação interior de carga, intermunicipal, interestadual e internacional, exceto travessia
5022-0/01	1,00%	540	Transporte por navegação interior de passageiros em linhas regulares, municipal, exceto travessia
5022-0/02	1,00%	540	Transporte por navegação interior de passageiros em linhas regulares, intermunicipal, interestadual e internacional, exceto travessia
5030-1/01	1,00%	540	Navegação de apoio marítimo
5030-1/02	1,00%	540	Navegação de apoio portuário

ANEXO II - IN n. 3/2005 - TABELA 1			
CNAE	RAT	FPAS	Descrição da atividade
5091-2/01	2,00%	540	Transporte por navegação de travessia, municipal
5091-2/02	2,00%	540	Transporte por navegação de travessia, intermunicipal
5099-8/01	2,00%	540	Transporte aquaviário para passeios turísticos
5099-8/99	2,00%	540	Outros transportes aquaviários não especificados anteriormente
5231-1/01	1,00%	540	Administração da infra-estrutura portuária
5231-1/02	1,00%	540	Operações de terminais
5232-0/00	1,00%	540	Atividades de agenciamento marítimo
5239-7/00	1,00%	540	Atividades auxiliares dos transportes aquaviários não especificadas anteriormente
7420-0/02	1,00%	540	Atividades de produção de fotografias submarinas
7490-1/02	1,00%	540	Escafandria e mergulho
9412-0/00	2,00%	540	Atividades de organizações associativas profissionais (empregados permanentes do Ogmo)
3041-5/00	1,00%	558	Fabricação de aeronaves
3042-3/00	1,00%	558	Fabricação de turbinas, motores e outros componentes e peças para aeronaves
3316-3/01	1,00%	558	Manutenção e reparação de aeronaves, exceto a manutenção na pista
3316-3/02	1,00%	558	Manutenção de aeronaves na pista
4614-1/00	2,00%	558	Representantes comerciais e agentes do comércio de aeronaves
5111-1/00	3,00%	558	Transporte aéreo de passageiros regular
5112-9/01	3,00%	558	Serviço de táxi aéreo e locação de aeronaves com tripulação
5112-9/99	3,00%	558	Outros serviços de transporte aéreo de passageiros não-regular
5120-0/00	2,00%	558	Transporte aéreo de carga
5130-7/00	1,00%	558	Transporte espacial
5240-1/01	1,00%	558	Operação dos aeroportos e campos de aterrissagem
5240-1/99	1,00%	558	Atividades auxiliares dos transportes aéreos, exceto operação dos aeroportos e campos de aterrissagem
7420-0/02	1,00%	558	Atividades de produção de fotografias aéreas
7719-5/02	1,00%	558	Locação de aeronaves sem tripulação
3250-7/06	2,00%	566	Serviços de prótese dentária - Pessoa Física
5811-5/00	1,00%	566	Edição de livros
5812-3/00	1,00%	566	Edição de jornais
5813-1/00	1,00%	566	Edição de revistas
5819-1/00	1,00%	566	Edição de cadastros, listas e outros produtos gráficos
5829-8/00	1,00%	566	Edição de cadastros, listas e outros produtos gráficos
5911-1/02	1,00%	566	Produção de filmes para publicidade
5911-1/99	1,00%	566	Atividades de produção cinematográfica, de vídeos e de programas de televisão não especificadas anteriormente
5912-0/01	1,00%	566	Serviços de dublagem
5912-0/02	1,00%	566	Serviços de mixagem sonora em produção audiovisual
5912-0/99	1,00%	566	Atividades de pós-produção cinematográfica, de vídeos e de programas de televisão não especificadas anteriormente
5913-8/00	1,00%	566	Distribuição cinematográfica, de vídeo e de programas de televisão
5914-6/00	1,00%	566	Atividades de exibição cinematográfica
5920-1/00	1,00%	566	Atividades de gravação de som e de edição de música
6010-1/00	1,00%	566	Atividades de rádio
6021-7/00	3,00%	566	Atividades de televisão aberta
6022-5/01	3,00%	566	Programadoras
6391-7/00	1,00%	566	Agências de notícias
6611-8/01	1,00%	566	Bolsa de valores

ANEXO II - IN n. 3/2005 - TABELA 1			
CNAE	RAT	FPAS	Descrição da atividade
6611-8/02	1,00%	566	Bolsa de mercadorias
6611-8/03	1,00%	566	Bolsa de mercadorias e futuros
6611-8/04	1,00%	566	Administração de mercados de balcão organizados
6621-5/01	1,00%	566	Peritos e avaliadores de seguros - Pessoa Física
6621-5/02	1,00%	566	Auditoria e consultoria atuarial - Pessoa Física
6821-8/01	1,00%	566	Corretagem na compra e venda e avaliação de imóveis - Pessoa Física
6821-8/02	1,00%	566	Corretagem no aluguel de imóveis - Pessoa Física
6911-7/01	1,00%	566	Serviços advocatícios - Pessoa Física
6920-6/01	1,00%	566	Atividades de contabilidade - Pessoa Física
6920-6/02	1,00%	566	Atividades de consultoria e auditoria contábil e tributária - Pessoa Física
7020-4/00	1,00%	566	Atividades de consultoria em gestão empresarial, exceto consultoria técnica específica - Pessoa Física
7111-1/00	1,00%	566	Serviços de arquitetura - Pessoa Física
7119-7/01	1,00%	566	Serviços de cartografia, topografia e geodésia - Pessoa Física
7119-7/02	1,00%	566	Atividades de estudos geológicos - Pessoa Física
7119-7/03	1,00%	566	Serviços de desenho técnico relacionados à arquitetura e engenharia - Pessoa Física
7119-7/04	1,00%	566	Serviços de perícia técnica relacionados à segurança do trabalho - Pessoa Física
7119-7/99	1,00%	566	Atividades técnicas relacionadas à engenharia e arquitetura não especificadas anteriormente - Pessoa Física
7120-1/00	3,00%	566	Testes e análises técnicas - Pessoa Física
7220-7/00	1,00%	566	Pesquisa e desenvolvimento experimental em ciências sociais e humanas - Pessoa Física
7311-4/00	1,00%	566	Agências de publicidade
7312-2/00	1,00%	566	Agenciamento de espaços para publicidade, exceto em veículos de comunicação
7319-0/01	1,00%	566	Criação de estandes para feiras e exposições
7319-0/03	1,00%	566	*Marketing* direto
7319-0/99	1,00%	566	Outras atividades de publicidade não especificadas anteriormente
7410-2/01	1,00%	566	*Design*
7410-2/02	1,00%	566	Decoração de interiores
7420-0/01	1,00%	566	Atividades de produção de fotografias, exceto aérea e submarina
7420-0/03	1,00%	566	Laboratórios fotográficos
7420-0/04	1,00%	566	Filmagem de festas e eventos
7490-1/01	1,00%	566	Serviços de tradução, interpretação e similares
7490-1/03	1,00%	566	Serviços de agronomia e de consultoria às atividades agrícolas e pecuárias - Pessoa Física
7500-1/00	1,00%	566	Atividades veterinárias - Pessoa Física
8112-5/00	3,00%	566	Condomínios prediais
8511-2/00	1,00%	566	Educação infantil - creche
8512-1/00	1,00%	566	Educação infantil - pré-escola
8550-3/01	1,00%	566	Administração de caixas escolares
8550-3/02	1,00%	566	Atividades de apoio à educação, exceto caixas escolares
8630-5/03	2,00%	566	Atividade médica ambulatorial restrita a consultas - Pessoa Física
8630-5/04	2,00%	566	Atividade odontológica com recursos para realização de procedimentos cirúrgicos - Pessoa Física
8630-5/05	2,00%	566	Atividade odontológica sem recursos para realização de procedimentos cirúrgicos - Pessoa Física
8650-0/01	1,00%	566	Atividades de enfermagem - Pessoa Física

ANEXO II - IN n. 3/2005 - TABELA 1			
CNAE	RAT	FPAS	Descrição da atividade
8650-0/02	1,00%	566	Atividades de profissionais da nutrição - Pessoa Física
8650-0/03	1,00%	566	Atividades de psicologia e psicanálise - Pessoa Física
8650-0/04	1,00%	566	Atividades de fisioterapia - Pessoa Física
8650-0/05	1,00%	566	Atividades de terapia ocupacional - Pessoa Física
8650-0/06	1,00%	566	Atividades de fonoaudiologia - Pessoa Física
8650-0/07	1,00%	566	Atividades de terapia de nutrição enteral e parenteral - Pessoa Física
8711-5/05	1,00%	566	Condomínios residenciais para idosos
8720-4/99	1,00%	566	Atividades de assistência psicossocial e à saúde a portadores de distúrbios psíquicos, deficiência mental e dependência química não especificadas anteriormente - Pessoa Física
9001-9/01	3,00%	566	Produção teatral
9001-9/02	3,00%	566	Produção musical
9001-9/03	3,00%	566	Produção de espetáculos de dança
9001-9/04	3,00%	566	Produção de espetáculos circenses, de marionetes e similares
9001-9/05	3,00%	566	Produção de espetáculos de rodeios, vaquejadas e similares
9001-9/99	3,00%	566	Artes cênicas, espetáculos e atividades complementares não especificados anteriormente
9002-7/01	3,00%	566	Atividades de artistas plásticos, jornalistas independentes e escritores
9002-7/02	3,00%	566	Restauração de obras de arte
9101-5/00	1,00%	566	Atividades de bibliotecas e arquivos
9102-3/01	1,00%	566	Atividades de museus e de exploração de lugares e prédios históricos e atrações similares
9103-1/00	1,00%	566	Atividades de jardins botânicos, zoológicos, parques nacionais, reservas ecológicas e áreas de proteção ambiental
9312-3/00	1,00%	566	Clubes sociais, esportivos e similares (647-Futebol profissional)
9313-1/00	1,00%	566	Atividades de condicionamento físico
9411-1/00	1,00%	566	Atividades de organizações associativas patronais e empresariais (523 Se não vinculada ao ex IAPC)
9412-0/00	1,00%	566	Atividades de organizações associativas profissionais (523 Se não vinculada ao ex IAPC)
9420-1/00	3,00%	566	Atividades de organizações sindicais (523 Se não vinculada ao ex IAPC)
9430-8/00	1,00%	566	Atividades de associações de defesa de direitos sociais
9493-6/00	1,00%	566	Atividades de organizações associativas ligadas à cultura e à arte
9499-5/00	1,00%	566	Atividades associativas não especificadas anteriormente
8513-9/00	1,00%	574	Ensino fundamental
8520-1/00	1,00%	574	Ensino médio
8531-7/00	1,00%	574	Educação superior - graduação
8532-5/00	1,00%	574	Educação superior - graduação e pós-graduação
8533-3/00	1,00%	574	Educação superior - pós-graduação e extensão
8541-4/00	1,00%	574	Educação profissional de nível técnico
8542-2/00	1,00%	574	Educação profissional de nível tecnológico
6410-7/00	1,00%	582	Banco Central
8411-6/00	2,00%	582	Administração pública em geral
8412-4/00	2,00%	582	Regulação das atividades de saúde, educação, serviços culturais e outros serviços sociais
8413-2/00	2,00%	582	Regulação das atividades econômicas
8421-3/00	2,00%	582	Relações exteriores
8422-1/00	2,00%	582	Defesa
8423-0/00	2,00%	582	Justiça
8424-8/00	2,00%	582	Segurança e ordem pública

ANEXO II - IN n. 3/2005 - TABELA 1			
CNAE	RAT	FPAS	Descrição da atividade
8425-6/00	2,00%	582	Defesa Civil
8430-2/00	2,00%	582	Seguridade social obrigatória
9900-8/00	1,00%	582	Organismos internacionais e outras instituições extraterritoriais sem acordo internacional de isenção (com acordo: FPAS 876)
6912-5/00	1,00%	590	Cartórios
0111-3/01	2,00%	604	Cultivo de arroz
0111-3/02	2,00%	604	Cultivo de milho
0111-3/03	2,00%	604	Cultivo de trigo
0111-3/99	2,00%	604	Cultivo de outros cereais não especificados anteriormente
0112-1/01	2,00%	604	Cultivo de algodão herbáceo
0112-1/02	2,00%	604	Cultivo de juta
0112-1/99	2,00%	604	Cultivo de outras fibras de lavoura temporária não especificadas anteriormente
0113-0/00	2,00%	604	Cultivo de cana-de-açúcar
0114-8/00	2,00%	604	Cultivo de fumo
0115-6/00	2,00%	604	Cultivo de soja
0116-4/01	2,00%	604	Cultivo de amendoim
0116-4/02	2,00%	604	Cultivo de girassol
0116-4/03	2,00%	604	Cultivo de mamona
0116-4/99	2,00%	604	Cultivo de outras oleaginosas de lavoura temporária não especificadas anteriormente
0119-9/01	2,00%	604	Cultivo de abacaxi
0119-9/02	2,00%	604	Cultivo de alho
0119-9/03	2,00%	604	Cultivo de batata-inglesa
0119-9/04	2,00%	604	Cultivo de cebola
0119-9/05	2,00%	604	Cultivo de feijão
0119-9/06	2,00%	604	Cultivo de mandioca
0119-9/07	2,00%	604	Cultivo de melão
0119-9/08	2,00%	604	Cultivo de melancia
0119-9/09	2,00%	604	Cultivo de tomate rasteiro
0119-9/99	2,00%	604	Cultivo de outras plantas de lavoura temporária não especificadas anteriormente
0121-1/01	1,00%	604	Horticultura, exceto morango
0121-1/02	1,00%	604	Cultivo de morango
0122-9/00	1,00%	604	Cultivo de flores e plantas ornamentais
0131-8/00	2,00%	604	Cultivo de laranja
0132-6/00	1,00%	604	Cultivo de uva
0133-4/01	1,00%	604	Cultivo de açaí
0133-4/02	1,00%	604	Cultivo de banana
0133-4/03	1,00%	604	Cultivo de caju
0133-4/04	1,00%	604	Cultivo de cítricos, exceto laranja
0133-4/05	1,00%	604	Cultivo de coco-da-baía
0133-4/06	1,00%	604	Cultivo de guaraná
0133-4/07	1,00%	604	Cultivo de maçã
0133-4/08	1,00%	604	Cultivo de mamão
0133-4/09	1,00%	604	Cultivo de maracujá
0133-4/10	1,00%	604	Cultivo de manga
0133-4/11	1,00%	604	Cultivo de pêssego
0133-4/99	1,00%	604	Cultivo de frutas de lavoura permanente não especificadas anteriormente
0134-2/00	1,00%	604	Cultivo de café

ANEXO II - IN n. 3/2005 - TABELA 1			
CNAE	RAT	FPAS	Descrição da atividade
0135-1/00	1,00%	604	Cultivo de cacau
0139-3/01	1,00%	604	Cultivo de chá-da-índia
0139-3/02	1,00%	604	Cultivo de erva-mate
0139-3/03	1,00%	604	Cultivo de pimenta-do-reino
0139-3/04	1,00%	604	Cultivo de plantas para condimento, exceto pimenta-do-reino
0139-3/05	1,00%	604	Cultivo de dendê
0139-3/06	1,00%	604	Cultivo de seringueira
0139-3/99	1,00%	604	Cultivo de outras plantas de lavoura permanente não especificadas anteriormente
0141-5/01	2,00%	604	Produção de sementes certificadas, exceto de forrageiras para pasto
0141-5/02	2,00%	604	Produção de sementes certificadas de forrageiras para formação de pasto
0142-3/00	2,00%	604	Produção de mudas e outras formas de propagação vegetal, certificadas
0151-2/01	1,00%	604	Criação de bovinos para corte
0151-2/02	1,00%	604	Criação de bovinos para leite
0151-2/03	1,00%	604	Criação de bovinos, exceto para corte e leite
0152-1/01	1,00%	604	Criação de bufalinos
0152-1/02	1,00%	604	Criação de eqüinos
0152-1/03	1,00%	604	Criação de asininos e muares
0153-9/01	1,00%	604	Criação de caprinos
0153-9/02	1,00%	604	Criação de ovinos, inclusive para produção de lã
0154-7/00	1,00%	604	Criação de suínos
0155-5/01	1,00%	604	Criação de frangos para corte
0155-5/02	1,00%	604	Produção de pintos de um dia
0155-5/03	1,00%	604	Criação de outros galináceos, exceto para corte
0155-5/04	1,00%	604	Criação de aves, exceto galináceos
0155-5/05	1,00%	604	Produção de ovos
0159-8/01	1,00%	604	Apicultura
0159-8/02	1,00%	604	Criação de animais de estimação
0159-8/03	1,00%	604	Criação de escargô
0159-8/04	1,00%	604	Criação de bicho-da-seda
0159-8/99	1,00%	604	Criação de outros animais não especificados anteriormente
0170-9/00	1,00%	604	Caça e serviços relacionados
0210-1/01	2,00%	604	Cultivo de eucalipto
0210-1/02	2,00%	604	Cultivo de acácia-negra
0210-1/03	2,00%	604	Cultivo de pinus
0210-1/04	2,00%	604	Cultivo de teca
0210-1/05	2,00%	604	Cultivo de espécies madeireiras, exceto eucalipto, acácia-negra, pinus e teca
0210-1/06	2,00%	604	Cultivo de mudas em viveiros florestais
0210-1/09	2,00%	604	Produção de casca de acácia-negra - florestas plantadas
0210-1/99	2,00%	604	Produção de produtos não-madeireiros não especificados anteriormente em florestas plantadas
0220-9/03	3,00%	604	Coleta de castanha-do-pará em florestas nativas
0220-9/04	3,00%	604	Coleta de látex em florestas nativas
0220-9/05	3,00%	604	Coleta de palmito em florestas nativas
0220-9/06	3,00%	604	Conservação de florestas nativas
0220-9/99	3,00%	604	Coleta de produtos não-madeireiros não especificados anteriormente em florestas nativas
0311-6/02	2,00%	604	Pesca de crustáceos e moluscos em água salgada
0311-6/03	2,00%	604	Coleta de outros produtos marinhos

ANEXO II - IN n. 3/2005 - TABELA 1			
CNAE	RAT	FPAS	Descrição da atividade
0312-4/01	2,00%	604	Pesca de peixes em água doce
0312-4/02	2,00%	604	Pesca de crustáceos e moluscos em água doce
0312-4/03	2,00%	604	Coleta de outros produtos aquáticos de água doce
0321-3/01	2,00%	604	Criação de peixes em água salgada e salobra
0321-3/02	2,00%	604	Criação de camarões em água salgada e salobra
0321-3/03	2,00%	604	Criação de ostras e mexilhões em água salgada e salobra
0321-3/04	2,00%	604	Criação de peixes ornamentais em água salgada e salobra
0321-3/99	2,00%	604	Cultivos e semicultivos da aqüicultura em água salgada e salobra não especificados anteriormente
0322-1/01	2,00%	604	Criação de peixes em água doce
0322-1/02	2,00%	604	Criação de camarões em água doce
0322-1/03	2,00%	604	Criação de ostras e mexilhões em água doce
0322-1/04	2,00%	604	Criação de peixes ornamentais em água doce
0322-1/05	2,00%	604	Ranicultura
0322-1/06	2,00%	604	Criação de jacaré
0322-1/99	2,00%	604	Cultivos e semicultivos da aqüicultura em água doce não especificados anteriormente
3600-6/02	2,00%	612	Distribuição de água por caminhões
4681-8/01	1,00%	612	Pessoal de Tranporte no Com. Atac. de álcool carburante, biodiesel, gasolina e demais derivados de petróleo, exceto lubrificantes, não realizado por transportador retalhista (TRR)
4681-8/02	1,00%	612	Pessoal de Tranporte no Comércio atacadista de combustíveis realizado por transportador retalhista (TRR)
4681-8/03	1,00%	612	Pessoal de Tranporte no Comércio atacadista de combustíveis de origem vegetal, exceto álcool carburante
4681-8/04	1,00%	612	Pessoal de Tranporte no Comércio atacadista de combustíveis de origem mineral em bruto
4681-8/05	1,00%	612	Pessoal de Tranporte no Comércio atacadista de lubrificantes
4682-6/00	1,00%	612	Pessoal de Tranporte no Comércio atacadista de gás liqüefeito de petróleo (GLP)
4921-3/01	3,00%	612	Transporte rodoviário coletivo de passageiros, com itinerário fixo, municipal
4921-3/02	3,00%	612	Transporte rodoviário coletivo de passageiros, com itinerário fixo, intermunicipal em região metropolitana
4922-1/01	3,00%	612	Transporte rodoviário coletivo de passageiros, com itinerário fixo, intermunicipal, exceto em região metropolitana
4922-1/02	3,00%	612	Transporte rodoviário coletivo de passageiros, com itinerário fixo, interestadual
4922-1/03	3,00%	612	Transporte rodoviário coletivo de passageiros, com itinerário fixo, internacional
4923-0/01	3,00%	612	Serviço de táxi
4923-0/02	3,00%	612	Serviço de transporte de passageiros - locação de automóveis com motorista
4924-8/00	3,00%	612	Transporte escolar
4929-9/01	3,00%	612	Transporte rodoviário coletivo de passageiros, sob regime de fretamento, municipal
4929-9/02	3,00%	612	Transporte rodoviário coletivo de passageiros, sob regime de fretamento, intermunicipal, interestadual e internacional
4929-9/03	3,00%	612	Organização de excursões em veículos rodoviários próprios, municipal
4929-9/04	3,00%	612	Organização de excursões em veículos rodoviários próprios, intermunicipal, interestadual e internacional

TABELA 2 (ATIVIDADES ESPECIAIS)

Para essas atividades não há, necessariamente, correspondência entre os códigos CNAE e FPAS. Os códigos FPAS de tais atividades foram atribuídos com base no Decreto-Lei n. 1.146, de 1970 e na Lei n. 10.256, de 2001, tendo em vista características especiais relacionadas à sua tributação e as circunstâncias sob as quais se desenvolvem.

O recolhimento de contribuições a terceiros será feito de acordo com o código FPAS atribuído à atividade, qualquer que seja a tabela de enquadramento. Tratando-se de pessoa jurídica que empregue no processo produtivo do bem ou serviço mais de uma atividade (exemplo: rural e industrial), será necessário discriminar separadamente, na GFIP, a remuneração de empregados e demais segurados de cada atividade, e recolher as contribuições decorrentes com base no respectivo código FPAS.

Dúvidas e questões relacionadas a enquadramento de atividade no FPAS serão dirimidas pela Divisão de Tributação (Disit) da SRRF do domicílio do sujeito passivo, quando a hipótese não configurar procedimento de consulta, caso em que se observarão as disposições da IN RFB n. 740, de 2007.

TABELA 2

ANEXO II - IN n. 3/2005 - TABELA 2			
CNAE	RAT	FPAS	Descrição da atividade
1062-7/00	2,00%	507	Fabricação de derivados do trigo - indústria
1063-5/00	2,00%	507	Fabricação de farinha de mandioca e derivados - indústria
1064-3/00	2,00%	507	Fabricação de farinha de milho e derivados - indústria
1065-1/01	2,00%	507	Fabricação de amidos e féculas de vegetais - indústria
1065-1/02	2,00%	507	Fabricação de óleo de milho (bruto) - indústria
1065-1/03	2,00%	507	Fabricação de óleo de milho refinado - indústria
1069-4/00	2,00%	507	Moagem e fabricação de outros produtos de origem vegetal - indústria
1071-6/00	3,00%	507	Fabricação de açúcar - indústria
1072-4/02	3,00%	507	Fabricação de açúcar de cereais (dextrose) e de beterraba - indústria
1081-3/02	2,00%	507	Torrefação e moagem de café - indústria
1082-1/00	2,00%	507	Fabricação de produtos a base de café
1099-6/01	2,00%	507	Fabricação de vinagres - indústria
1099-6/05	2,00%	507	Fabricação de produtos para infusão (chá, mate, etc.)
1112-7/00	2,00%	507	Fabricação de vinho - indústria
1220-4/99	3,00%	507	Fabricação de outros produtos do fumo - indústria
1311-1/00	2,00%	507	Fiação de fibras de algodão - indústria
1312-0/00	2,00%	507	Fiação de fibras têxteis naturais - indústria
5821-2/00	1,00%	507	Impressão de livros
5822-1/00	1,00%	507	Impressão de jornais
5823-9/00	1,00%	507	Impressão de revistas
5829-8/00	1,00%	507	Impressão de cadastros, listas e outros produtos gráficos
1051-1/00	2,00%	531	Preparação do leite - indústria rudimentar
1052-0/00	2,00%	531	Fabricação de laticínios - indústria rudimentar
1061-9/01	2,00%	531	Beneficiamento de arroz - indústria rudimentar
1062-7/00	2,00%	531	Moagem de trigo - indústria rudimentar
1064-3/00	2,00%	531	Beneficiamento do milho - indústria rudimentar

ANEXO II - IN n. 3/2005 - TABELA 2			
CNAE	RAT	FPAS	Descrição da atividade
1072-4/01	3,00%	531	Fabricação de açúcar de cana - indústria rudimentar
1081-3/01	2,00%	531	Beneficiamento de café - indústria rudimentar
1099-6/05	2,00%	531	Beneficiamento de chá, mate, etc. - indústria rudimentar
1311-1/00	2,00%	531	Preparação de fibras de algodão - indústria rudimentar
1312-0/00	2,00%	531	Preparação de fibras têxteis naturais - indústria rudimentar
6424-7/02	1,00%	787	Cooperativas centrais de crédito
6424-7/03	1,00%	787	Cooperativas de crédito mútuo
6424-7/04	1,00%	787	Cooperativas de crédito rural
1051-1/00	2,00%	825	Preparação do leite - agroindústria (rudimentar)
1052-0/00	2,00%	825	Fabricação de laticínios - agroindústria (rudimentar)
1061-9/01	2,00%	825	Beneficiamento de arroz - agroindústria (rudimentar)
1062-7/00	2,00%	825	Moagem de trigo - agroindústria (rudimentar)
1064-3/00	2,00%	825	Beneficiamento do milho - agroindústria (rudimentar)
1072-4/01	3,00%	825	Fabricação de açúcar de cana - agroindústria (rudimentar)
1081-3/01	2,00%	825	Beneficiamento de café - agroindústria (rudimentar)
1099-6/05	2,00%	825	Beneficiamento de chá, mate, etc. - agroindústria (rudimentar)
1311-1/00	2,00%	825	Preparação de fibras de algodão - agroindústria (rudimentar)
1312-0/00	2,00%	825	Preparação de fibras têxteis naturais - agroindústria (rudimentar)
1062-7/00	2,00%	833	Fabricação de derivados do trigo - agroindústria
1063-5/00	2,00%	833	Fabricação de farinha de mandioca e derivados - agroindústria
1064-3/00	2,00%	833	Fabricação de farinha de milho e derivados - agroindustria
1065-1/01	2,00%	833	Fabricação de amidos e féculas de vegetais - agroindústria
1065-1/02	2,00%	833	Fabricação de óleo de milho (bruto) - agroindústria
1065-1/03	2,00%	833	Fabricação de óleo de milho refinado - agroindustria
1069-4/00	2,00%	833	Moagem e fabricação de outros produtos de origem vegetal – agroindústria
1071-6/00	3,00%	833	Fabricação de açúcar - agroindústria
1072-4/02	3,00%	833	Fabricação de açúcar de cereais (dextrose) e de beterraba – agroindústria
1081-3/02	2,00%	833	Torrefação e moagem de café - agroindústria
1099-6/01	2,00%	833	Fabricação de vinagres - agroindústria
1112-7/00	2,00%	833	Fabricação de vinho - agroindústria
1220-4/99	3,00%	833	Fabricação de outros produtos do fumo - agroindústria
1311-1/00	2,00%	833	Fiação de fibras de algodão - agroindústria
1312-0/00	2,00%	833	Fiação de fibras têxteis naturais - agroindústria

3 — TABELA DE ALÍQUOTAS PARA TERCEIROS (ANEXO III DA INSTRUÇÃO NORMATIVA SRP N. 3/2005)

ANEXO III

Notas: 1 — Anexo aprovado pela Instrução Normativa MF/RFB n. 739/2007.

TABELA DE ALÍQUOTAS POR CÓDIGOS FPAS

CÓDIGO DO FPAS	ALÍQUOTAS (%)															
	Prev. Social	GIIL-RAT	Salário-Educação	Incra	Senai	Sesi	Senac	Sesc	Sebrae	DPC	Fundo Aeroviário	Senar	SEST	Senat	Sescoop	Total outras Ent. ou Fundos
	***	***	0001	0002	0004	0008	0016	0032	0064	0128	0256	0512	1024	2048	4096	
507	20	Variável	2,5	0,2	1,0	1,5	***	***	0,6	***	***	***	***	***	***	5,8
507 Cooperativa	20	Variável	2,5	0,2	***	***	***	***	0,6	***	***	***	***	***	2,5	5,8
515	20	Variável	2,5	0,2	***	***	1,0	1,5	0,6	***	***	***	***	***	***	5,8
515 Cooperativa	20	Variável	2,5	0,2	***	***	***	***	0,6	***	***	***	***	***	2,5	5,8
523	20	Variável	2,5	0,2	***	***	***	***	***	***	***	***	***	***	***	2,7
531	20	Variável	2,5	2,7	***	***	***	***	***	***	***	***	***	***	***	5,2
540	20	Variável	2,5	0,2	***	***	***	***	***	2,5	***	***	***	***	***	5,2
558	20	Variável	2,5	0,2	***	***	***	***	***	***	2,5	***	***	***	***	5,2
566	20	Variável	2,5	0,2	***	***	***	1,5	0,3	***	***	***	***	***	***	4,5
566 Cooperativa	20	Variável	2,5	0,2	***	***	***	***	0,3	***	***	***	***	***	2,5	5,5
574	20	Variável	2,5	0,2	***	***	***	1,5	0,3	***	***	***	***	***	***	4,5
574 Cooperativa	20	Variável	2,5	0,2	***	***	***	***	0,3	***	***	***	***	***	2,5	5,5
582	20	Variável	***	***	***	***	***	***	***	***	***	***	***	***	***	***
590	20	Variável	2,5	***	***	***	***	***	***	***	***	***	***	***	***	2,5
604	***	***	2,5	0,2	***	***	***	***	***	***	***	***	***	***	***	2,7
612	20	Variável	2,5	0,2	***	***	***	***	0,6	***	***	***	1,5	1,0	***	5,8
612 Cooperativa	20	Variável	2,5	0,2	***	***	***	***	0,6	***	***	***	***	***	2,5	5,8
620	20	***	***	***	***	***	***	***	***	***	***	***	1,5	1,0	***	2,5
639	***	***	***	***	***	***	***	***	***	***	***	***	***	***	***	***
647	***	***	2,5	0,2	***	***	***	1,5	0,3	***	***	***	***	***	***	4,5
655	20	Variável	2,5		***	***	***	***	***	***	***	***	***	***	***	2,5
680	20	Variável	2,5	0,2	***	***	***	***	***	2,5	***	***	***	***	***	5,2
736	22,5	Variável	2,5	0,2	***	***	***	***	***	***	***	***	***	***	***	2,7
744 Seg. special	2,0	0,1	***	***	***	***	***	***	***	***	***	0,2	***	***	***	0,2
744 Pessoa Física	2,0	0,1	***	***	***	***	***	***	***	***	***	0,2	***	***	***	0,2
744 Pes. urídica	2,5	0,1	***	***	***	***	***	***	***	***	***	0,25	***	***	***	0,25
744 groindústria	2,5	0,1	***	***	***	***	***	***	***	***	***	0,25	***	***	***	0,25
779	5,0	***	***	***	***	***	***	***	***	***	***	***	***	***	***	***
787	20	Variável	2,5	0,2	***	***	***	***	***	***	***	2,5	***	***	***	5,2
787 Cooperativa	20	Variável	2,5	0,2	***	***	***	***	***	***	***	***	***	***	2,5	5,2
795 Cooperativa	20	Variável	2,5	2,7	***	***	***	***	***	***	***	***	***	***	2,5	7,7
825	***	***	2,5	2,7	***	***	***	***	***	***	***	***	***	***	***	5,2
833	***	***	2,5	0,2	1,0	1,5	***	***	0,6	***	***	***	***	***	***	5,8
876	20	Variável	***	***	***	***	***	***	***	***	***	***	***	***	***	***

4 — CÓDIGOS DE PAGAMENTOS — PREENCHIMENTO DA GPS — GUIA DA PREVIDÊNCIA SOCIAL (ANEXO I DA INSTRUÇÃO NORMATIVA SRP N. 3/05)

ANEXO I

Obs.: Anexo aprovado pela Instrução Normativa MF/RFB n. 739/2007.

RELAÇÃO DE CÓDIGOS DE PAGAMENTO

Código	Descrição
1007	Contribuinte Individual - Recolhimento Mensal NIT/PIS/PASEP
1104	Contribuinte Individual - Recolhimento Trimestral - NIT/PIS/PASEP
1120	Contribuinte Individual - Recolhimento Mensal - Com dedução de 45% (Lei n. 9.876/99) - NIT/PIS/PASEP
1147	Contribuinte Individual - Recolhimento Trimestral - Com dedução de 45% (Lei n. 9.876/99) - NIT/PIS/PASEP
1163	Contribuinte Individual (autônomo que não presta serviço à empresa) - Opção: Aposentadoria apenas por idade (art. 80 da LC 123 de 14/12/2006) - Recolhimento Mensal - NIT/PIS/PASEP
1180	Contribuinte Individual (autônomo que não presta serviço à empresa) - Opção: Aposentadoria apenas por idade (art. 80 da LC 123 de 14/12/2006) - Recolhimento Trimestral - NIT/PIS/PASEP
1201	GRC Trabalhador Pessoa Física (Contribuinte Individual, Facultativo, Empregado Doméstico, Segurado Especial) - DEBCAD (Preenchimento exclusivo pela Previdência Social)
1406	Facultativo Mensal - NIT/PIS/PASEP
1457	Facultativo Trimestral - NIT/PIS/PASEP
1473	Facultativo - Opção: Aposentadoria apenas por idade (art. 80 da LC 123 de 14/12/2006) - Recolhimento Mensal - NIT/PIS/PASEP
1490	Facultativo - Opção: Aposentadoria apenas por idade (art. 80 da LC 123 de 14/12/2006) - Recolhimento Trimestral - NIT/PIS/PASEP
1503	Segurado Especial Mensal - NIT/PIS/PASEP
1554	Segurado Especial Trimestral - NIT/PIS/PASEP
1600	Empregado Doméstico Mensal - NIT/PIS/PASEP
1651	Empregado Doméstico Trimestral - NIT/PIS/PASEP - (que recebe até um salário mínimo)
1708	Reclamatória Trabalhista - NIT/PIS/PASEP
1759	Acréscimos Legais de Contribuinte Individual, Doméstico, Facultativo e Segurado Especial - Lei n. 8.212/91 - NIT/PIS/PASEP
2003	Simples - CNPJ
2011	Empresas Optantes pelo Simples - CNPJ - Recolhimento sobre Aquisição de Produto Rural de Produtor Rural Pessoa Física
2020	Empresas Optantes pelo Simples - CNPJ - Recolhimento sobre Contratação de Transportador Rodoviário Autônomo
2100	Empresas em Geral - CNPJ
2119	Empresas em Geral - CNPJ - Pagamento exclusivo para Outras Entidades (SESC, SESI, SENAI, etc.)
2127	Cooperativa de trabalho - CNPJ - Contribuição descontada do cooperado - Lei 10.666/2003
2143	Empresas em Geral - CNPJ - Pagamento Exclusivo de empresas conveniadas com o FNDE - Competências anteriores a 01/2007 (Dec. 6.003/2006)
2208	Empresas em Geral - CEI
2216	Empresas em Geral - CEI - Pagamento exclusivo para Outras Entidades (SESC, SESI, SENAI, etc.)
2240	Empresas em Geral - CEI - Pagamento Exclusivo de empresas conveniadas com o FNDE para competências anteriores a 01/2007 (Dec. 6.003/2006)
2305	Filantrópicas com Isenção - CNPJ
2321	Filantrópicas com Isenção - CEI
2402	Órgaos do Poder Público - CNPJ

Código	Descrição
2429	Órgãos do Poder Público - CEI
2437	Órgãos do Poder Público - CNPJ - Recolhimento sobre Aquisição de Produto Rural do Produtor Rural Pessoa Física.
2445	Órgão do Poder Público CNPJ - Recolhimento sobre Contratação de Transportador Rodoviário Autônomo
2500	Associação Desportiva que Mantém Equipe de Futebol Profissional - Receita Bruta a Título de Patrocínio, Licenciamento de Uso de Marcas e Símbolos, Publicidade, Propaganda e Transmissão de Espetáculo - CNPJ - Retenção e recolhimento efetuado por empresa patrocinadora em seu próprio nome
2550	Associação Desportiva que Mantém Equipe de Futebol Profissional - Receita Bruta de Espetáculos Desportivos - CNPJ - Retenção e recolhimento efetuado por entidade promotora do espetáculo (Federação ou Confederação), em seu próprio nome
2607	Comercialização da Produção Rural - CNPJ
2615	Comercialização da Produção Rural - CNPJ - Pagamento exclusivo para Outras Entidades (SENAR)
2631	Contribuição Retida sobre a NF/Fatura da Empresa Prestadora de Serviço - CNPJ
2640	Contribuição Retida sobre NF/Fatura da Prestadora de Serviço - CNPJ - Uso Exclusivo do Órgão do Poder Público - Administração Direta, Autarquia e Fundação Federal, Estadual, do Distrito Federal ou Municipal (contratante do serviço).
2658	Contribuição Retida sobre a NF/Fatura da Empresa Prestadora de Serviço - CEI
2682	Contribuição Retida sobre NF/Fatura da Prestadora de Serviço - CEI (Uso Exclusivo do Órgão do Poder Público) - Administração Direta, Autarquia e Fundação Federal, Estadual, do Distrito Federal ou Municipal (contratante do serviço).
2704	Comercialização da Produção Rural - CEI
2712	Comercialização da Produção Rural - CEI - Pagamento exclusivo para Outras Entidades (SENAR)
2801	Reclamatória Trabalhista - CEI
2810	Reclamatória Trabalhista - CEI - Pagamento exclusivo para Outras Entidades (SESC, SESI, SENAI, etc.).
2852	Acordo Perante Comissão de Conciliação Prévia, Dissídio ou Acordo Coletivo e Convenção Coletiva - CEI
2879	Acordo Perante Comissão de Conciliação Prévia, Dissídio ou Acordo Coletivo e Convenção Coletiva - CEI - Pagamento exclusivo para Outras Entidades (SESC, SESI, SENAI, etc.).
2909	Reclamatória Trabalhista - CNPJ
2917	Reclamatória Trabalhista - CNPJ Pagamento exclusivo para Outras Entidades (SESC, SESI, SENAI, etc.)
2950	Acordo Perante Comissão de Conciliação Prévia, Dissídio ou Acordo Coletivo e Convenção Coletiva - CNPJ
2976	Acordo Perante Comissão de Conciliação Prévia, Dissídio ou Acordo Coletivo e Convenção Coletiva - CNPJ - Pagamento exclusivo para Outras Entidades (SESC, SESI, SENAI, etc.)
3000	ACAL - CNPJ
3107	ACAL - CEI
3204	GRC Contribuição de Empresa Normal - DEBCAD (Preenchimento exclusivo pelo órgão emissor)
4006	Pagamento de Débito - DEBCAD (Preenchimento exclusivo pelo órgão emissor)
4103	Pagamento de Débito - CNPJ (Preenchimento exclusivo pelo órgão emissor)
4200	Pagamento de Débito Administrativo - Número do Título de Cobrança (Preenchimento exclusivo pelo órgão emissor)
4308	Pagamento de Parcelamento Administrativo - Número do Título de Cobrança (Preenchimento exclusivo pelo órgão emissor)
4316	Pagamento de Parcelamento de Clube de Futebol - CNPJ - (5% da Receita Bruta destinada ao Clube de Futebol) - Art. 2º da Lei n. 8.641/1993
4995	Depósito Recursal Extrajudicial - Número do Título de Cobrança - Pagamento exclusivo na Caixa Econômica (CBC=104)

Código	Descrição
5037	Recuperação de Despesas de Exercícios Anteriores - CNPJ - Uso exclusivo no SIAF
5045	Repasse da Secretaria do Tesouro Nacional - STN - das Contribuições Previdenciárias Relativas ao SIMPLES - CNPJ - Uso exclusivo no SIAFI
5053	Custas Judiciais - Sucumbência - CNPJ - Uso exclusivo no SIAFI
5061	Repasse da Secretaria do Tesouro Nacional - STN - das Receitas Provenientes da CPMF Relativas aos Recolhimentos de Contribuições Previdenciárias - CNPJ - Uso exclusivo no SIAFI
5070	Repasse da Secretaria do Tesouro Nacional - STN - das Contribuições Previdenciárias Relativas ao SIMPLES/PAES - CNPJ - Uso exclusivo no SIAFI
5088	Contribuição da Rede Hospitalar Repassada pelo Fundo Nacional de Saúde - CNPJ - Uso exclusivo no SIAFI
5096	Multas Contratuais - CNPJ - Uso exclusivo no SIAFI ou via STN0018, por determinação expressa do INSS
5100	REFIS - Repasse de Contribuições Previdenciárias Efetuado pela STN de Parcela sobre Faturamento - CNPJ - Uso exclusivo no SIAFI
5118	REFIS - Repasse de Contribuições Previdenciárias Efetuado pela STN de Parcela Fixa - CNPJ - Uso exclusivo no SIAFI
5126	FIES - Repasse de Contribuições Previdenciárias Efetuadas pela STN Referente à Conversão de Títulos - CNPJ - Uso exclusivo no SIAFI
5134	CDP - Repasse de Contribuições Previdenciárias Efetuado pela STN Referente à Conversão de Títulos - CNPJ - Uso exclusivo no SIAFI
6009	Pagamento de Dívida Ativa Débito - Referência (Preenchimento exclusivo pelo órgão emissor)
6106	Pagamento de Dívida Ativa Parcelamento - Referência (Preenchimento exclusivo pelo órgão emissor)
6203	Pagamento de Dívida Ativa Ação Judicial - Referência (Preenchimento exclusivo pelo órgão emissor)
6300	Pagamento de Dívida Ativa Cobrança Amigável - Referência (Preenchimento exclusivo pelo órgão emissor)
6408	Conversão em receita de depósito judicial - casos anteriores à Lei n. 9.703/98- CNPJ
6432	Conversão em Receita de Depósito Judicial - Casos Anteriores à Lei n. 9.703/98 - CEI
6440	Conversão em Receita de Depósito Judicial - Casos Anteriores à Lei n. 9.703/98 - DEB-CAD
6459	Conversão em Receita de Depósito Judicial - Casos Anteriores à Lei n. 9.703/98 - NB
6467	Conversão em Receita de Depósito Judicial - Casos Anteriores à Lei n. 9.703/98 - NIT/PIS/PASEP
6505	COMPREV - Pagamento de Dívida Ativa - Parcelamento de Regime Próprio de Previdência Social RPPS - Órgão do Poder Público - Referência
6513	COMPREV - Pagamento de Dívida Ativa - Não Parcelada de Regime Próprio de Previdência Social RPPS - Órgão do Poder Público - Referência
6602	Levantamento Recebimento de Sucumbência/Honorário Advocatício - Dívida Ativa - CNPJ
6610	Levantamento Recebimento de Sucumbência/Honorário Advocatício - Dívida Ativa - CPF
6629	Levantamento Recebimento de Sucumbência/Honorário Advocatício - Dívida Ativa - CEI
6670	Reembolso de 1% do FNDE - Dívida Ativa - CNPJ
6700	Devolução/Restituição ao INSS de Valores Pagos por Precatórios e RPV - CNPJ
6718	Devolução/Restituição ao INSS de Valores Pagos por Precatórios e RPV - CPF
6742	Valores Devidos por Prefeituras ao INSS Referente a Precatórios e RPV - CNPJ
6750	Valores Devidos por Prefeituras ao INSS Referente a Precatórios e RPV - CPF
7307	COMPREV - Recolhimento Efetuado por RPPS - Órgão do Poder Público - CNPJ
7315	COMPREV - Recolhimento Efetuado por RPPS - Órgão do Poder Público - Estoque - CNPJ
8001	Financiamento Imobiliário - Referência (Preenchimento exclusivo pelo órgão emissor)
8109	Aluguéis - Referência (Preenchimento exclusivo pelo órgão emissor)
8133	Condomínio a Título de Reembolso - Referência (Preenchimento exclusivo pelo órgão emissor)
8141	Parcelamento de Financiamento Imobiliário - Referência (Preenchimento exclusivo pelo órgão emissor)
8150	Parcelamento de Aluguéis - Referência (Preenchimento exclusivo pelo órgão emissor)
8168	Taxa de Ocupação - Referência (Preenchimento exclusivo pelo órgão emissor)

Código	Descrição
8168	Taxa de Ocupação - Referência (Preenchimento exclusivo pelo órgão emissor)
8176	Impostos e Taxas a Título de Reembolso - Referência (Preenchimento exclusivo pelo órgão emissor)
8206	Alienação de Bens Imóveis - Referência (Preenchimento exclusivo pelo órgão emissor)
8214	Alienação de Bens Imóveis - CNPJ
8222	Alienação de Bens Imóveis - CPF
8257	Alienação de Bens Móveis - Referência (Preenchimento exclusivo pelo órgão emissor)
8303	Aluguéis de Bens de Uso Especial - CNPJ
8311	Aluguéis de Bens de Uso Especial - CPF
8346	Aluguéis de Bens Dominicais - CNPJ
8354	Aluguéis de Bens Dominicais - CPF
8362	Taxa de Ocupação de Bens Dominicais - CNPJ
8370	Taxa de Ocupação de Bens Dominicais - CPF
8400	Parcelamento de Aluguéis de Bens de Uso Especial - CNPJ
8419	Parcelamento de Aluguéis de Bens de Uso Especial - CPF
8443	Parcelamento de Aluguéis de Bens Dominicais - CNPJ
8451	Parcelamento de Aluguéis de Bens Dominicais - CPF
8605	Dividendos - Patrimônio - CNPJ
8907	Recuperação de Despesas de Exercícios Anteriores - CNPJ
8915	Recuperação de Despesas de Exercícios Anteriores - CPF
8940	Multas Contratuais - CNPJ
8958	Multas Contratuais - CPF
9008	Benefício - NB (Preenchimento exclusivo pelo órgão emissor)
9016	Devolução de Pagamento de Benefício Referente a Depósito Judicial Efetuado pelo INSS - NB (Preenchimento exclusivo pelo órgão emissor)
9105	Devolução de Benefícios não Pagos - CONVÊNIOS - CNPJ
9113	Devolução de Benefícios não Pagos - CONVÊNIOS - NB
9202	Devolução de Benefícios não Pagos - ACORDOS INTERNACIONAIS - CNPJ
9210	Devolução de Benefícios não Pagos - ACORDOS INTERNACIONAIS - NB

5 — CONTRIBUIÇÃO DEVIDA PELO PRODUTOR RURAL A PARTIR DE 1º.11.1991, INCIDENTE SOBRE A COMERCIALIZAÇÃO DA PRODUÇÃO RURAL (ANEXO IV DA INSTRUÇÃO NORMATIVA SRP N. 3/05)

ANEXO IV

Obs.: Anexo aprovado pela Instrução Normativa MF/RFB n. 739/2007.

CONTRIBUIÇÃO SOBRE A PRODUÇÃO RURAL A PARTIR DE 1º.11.91

Contribuinte	Fundamentação	Período	Alíquotas				FPAS
			Previdência	RAT	Senar	Total	
Produtor Rural Pessoa Jurídica (5)	**Art. 25 da Lei n. 8.870/94(1) (2)**	1º.8.94 a 31.12.01	2.5%	0.1%	0,1%	2.7%	744
	Art. 25 Lei n. 8.870/94 com a redação Lei n. 10.256/01	1º.1.02 a...	2,5%	0,1%	0,25%	2,85%	744

Contribuinte	Fundamentação	Período	Alíquotas: Previdência	RAT	Senar	Total	FPAS
Produtor Rural Pessoa Física – Equiparado a Trabalhador Autônomo (contribuinte individual a partir de 29.11.99)	Art. 1º da Lei n. 8.540/92 (3)	1º.4.93 a 11.1.97	2,0%	0,1%	0,1%	2,2%	744
	Art. 25 da Lei n. 8.212/91 e MP n. 1.523/96 (4)	12.1.97 a 10.12.97	2,5%	0,1%	0,1%	2,7%	744
	Art. 25 da Lei n. 8.212/91 e Lei n. 9.528 de 10/12/97	11.12.97 a 1º.12.01	2,0%	0,1%	0,1%	2,2%	744
	Art. 25 da Lei n. 8.212/91, Art. 6º da Lei n. 9.528/97 com a redação da Lei n. 10.256/01	1º.1.02 a ...	2,0%	0,1%	0,2%	2,3%	744
Produtor Rural Pessoa Física - Segurado Especial	Art. 25 da Lei n. 8.212/91	1º.11.91 a 31.3.93	3,0%			3,0%	744
	Art. 1º da Lei n. 8.540/92	1º.4.93 a 30.6.94	2,0%	0,1%		2,1%	744
	Art. 2º da Lei n. 8.861/94	1º.7.94 a 11.1.97	2,2%	0,1%		2,3%	744
	Art. 25 da Lei n. 8.212/91 e MP n. 1.523/96(4)	12.1.97 a 10.12.97	2,5%	0,1%	0,1%	2,7%	744
	Art. 25 da Lei n. 8.212/91 e Lei n. 9.528 de 10.12.97	11.12.97 a 31.12.01	2,0%	0,1%	0,1%	2,2%	744
	Art. 25 da Lei n. 8.212/91, Art. 6º da Lei n. 9.528/97 com a redação da Lei n. 10.256/01	1º.1.02 a ...	2,0%	0,1%	0,2%	2,3%	744
Agroindústria (5)	Art. 22-A da Lei n. 8.212/91	1º.11.01 a 31.12.01	2,5%	0,1%	-	2,6%	744
	acrescentado pela Lei n. 10.256/01 (6)	1º.1.02 a 31.8.03	2,5%	0,1%	0,25%	2,85%	744
	Art. 22-A da Lei n. 8.212/91 acrescentado pela Lei n. 10.256/01, alterado pela Lei n. 10.684/03(7)	1º.9.03 a ...	2,5%	0,1%	0,25%	2,85%	744

NOTAS: (1) Excluídas as agroindústrias (Decisão do STF na ADIN 1.103-1/6000).

(2) De 1º.11.91 a 31.7.94, a contribuição do produtor rural pessoa jurídica era apenas sobre a folha de pagamento.

(3) De 1º.11.1991 a 31.3.1993, a contribuição do produtor rural pessoa física — equiparado a autônomo era apenas sobre a folha de pagamento.

(4) Art. 25 da Lei n. 8.212/91 na redação dada pelo art. 1º da MP n. 1.523 de 11.10.1996, publicada no DOU de 14.10.1996, c/c art. 4º da MP, convertida na Lei n. 9.528 de 10.12.1997, com alteração para 2,0% da alíquota do produtor rural pessoa física e do segurado especial.

(5) A prestação de serviços a terceiros pelas agroindústrias e pelos produtores rurais pessoas jurídicas está sujeita às contribuições sociais calculadas sobre a remuneração dos segurados, sendo que a receita bruta correspondente aos serviços prestados a terceiros é excluída da base de cálculo da contribuição sobre a comercialização da produção. Fica excluído da substituição, devendo contribuir sobre a remuneração dos segurados, o produtor rural pessoa jurídica que tem outra atividade econômica.

(6) O fato gerador das contribuições ocorre na comercialização da produção própria e adquirida de terceiros, industrializada ou não, pela agroindústria, a partir de 1º de novembro de 2001; a contribuição para o SENAR, todavia, em face do princípio da anualidade, é devida a partir de 1º de janeiro de 2002. Excluídas as agroindústrias, inclusive sob a forma de cooperativa, de piscicultura, carcinicultura, suinocultura e avicultura, que permanecem com a obrigação do recolhimento sobre a folha de pagamento, setor agrário e industrial (art. 22-A, § 4º da Lei n. 8.212/91, acrescentado pela Lei n. 10.256/2001).

(7) A Lei n. 10.684/03, alterou o art. 22-A da Lei n. 8.212/91, na redação da Lei n. 10.256/01, para excluir, a partir de 1º de setembro de 2003, as pessoas jurídicas que se dediquem apenas ao florestamento e reflorestamento como fonte de matéria-prima para industrialização própria mediante a utilização de processo industrial que modifique a natureza química da madeira ou a transforme em pasta celulósica, ainda que comercialize resíduos vegetais ou sobras ou partes da produção rural (exceto se a receita bruta decorrente desta comercialização represente um por cento ou mais de sua receita bruta proveniente da comercialização da produção).

6 — CONTRIBUIÇÃO DEVIDA PELOS PRODUTORES RURAIS A PARTIR DE 1º.11.1991, INCIDENTE SOBRE A FOLHA DE PAGAMENTO (ANEXO V DA INSTRUÇÃO NORMATIVA SRP N. 3/05)

ANEXO V

Obs.: Anexo aprovado pela Instrução Normativa MF/RFB n. 739/2007.

CONTRIBUIÇÃO SOBRE A FOLHA DE PAGAMENTO A PARTIR DE 1º.11.91

Contribuinte	Período	Folha de PGTO	FPAS	Prev. Social			Terceiros							
				Seg.	Emp.	RAT	S. Ed. 0001	Incra 0002	Senai 0004	Sesi 0008	Sebrae 0064	DPC 0128	Senar 0512	Sescoop 4096
Agroindústrias relacionadas no art. 2º do Decreto-Lei n. 1.146/70	11.91 a 5.92	TOTAL	531	VAR	20,0	VAR	2,5	2,7						
	6.92 a 31.10.01	S. IND.	531	VAR	20,0	VAR	2,5	2,7						
		S. RUR.	795	VAR	20,0	VAR	2,5	2,7					2,5	
	1º.11.01 a	total	825	VAR	Substituída		2,5	2,7					Subst.	
Demais agro-indústrias, ex-ceto, a partir de 1º.11/01, as de	11.91 a 12.91	TOTAL	507	VAR	20,0	VAR	2,5	0,2	1,0	1,5	0,2			
	1º.92 a 5.92	TOTAL	507	VAR	20,0	VAR	2,5	0,2	1,0	1,5	0,4			
	6.92 a 12.92	S. IND.	507	VAR	20,0	VAR	2,5	0,2	1,0	1,5	0,4	--	-	
		S.RUR.	787	VAR	20,0	VAR	2,5	0,2	-	-	-	--	2,5	
piscicultura, carcinicultura, suinocultura e avicultura	1º.93 a 31.10.01	S. IND.	507	VAR	20,0	VAR	2,5	0,2	1,0	1,5	0,6			
		S. RUR.	787	VAR	20,0	VAR	2,5	0,2					2,5	
	1º.11.01	S. IND	833	VAR	Substituída		2,5	0,2	1,0	1,5	0,6			
		S.RUR	604	VAR	Substituída		2,5	0,2					Subst.	
Agroindústria de piscicultura, carcinicultura, suinocultura e avicultura, in-clusive seus matadouros e abatedouros (1)	1º.11.01 a 31.7.05	S.IND	531	VAR	20,0	VAR	2,5	2,7						
		S.RUR.	795	VAR	20,0	VAR	2,5	2,7					2,5	
	1º.8.05 a ...	S.IND	507	VAR	20,0	VAR	2,5	0,2	1,0	1,5	0,6			
		S.RUR.	787	VAR	20,0	VAR	2,5	0,2					2,5	
		S.ABATE	531	VAR	20,0	VAR	2,5	2,7						
Agroindústria de flores-tamento e reflorestamento quando não	1º.9.03 a 31.7.05	S.IND.	531	VAR	20,0	VAR	2,5	2,7						
		S.RUR.	795	VAR	20,0	VAR	2,5	2,7					2,5	
aplicável a substituição, na forma do Art. 22-A da Lei 8.212/91 (2)	1º.8.05 a ...	S.IND.	507	VAR	20,0	VAR	2,5	0,2	1,0	1,5	0,6			
		S.RUR.	787	VAR	20,0	VAR	2,5	0,2					2,5	

Contribuinte	Período	Folha de PGTO	FPAS	Prev. Social			Terceiros								Total
				Seg.	Emp.	RAT	S. Ed. 0001	Incra 0002	Senai 0004	Sesi 0008	Sebrae 0064	DPC 0128	Senar 0512	Sescoop 4096	
Cooperativa rural relacionada no art. 2º do Decreto-Lei n. 1.146/70 (3)	11.91 a 5.92	TOTAL	531	VAR	20,0	VAR	2,5	2,7							5,2
	6.92 a 8.96	S.IND.	531	VAR	20,0	VAR	2,5	2,7							5,2
	6.92 a 2.97	S.RUR.	795	VAR	20,0	VAR	2,5	2,7					2,5		7,7
	9.96 a 2.97	S.IND.	817	VAR	20,0	VAR	2,5	2,7					2,5		7,7
	3.97 a 11.99	TOTAL	795	VAR	20,0	VAR	2,5	2,7					2,5		7,7
	12.99 a ...	TOTAL(3)	795	VAR	20,0	VAR	2,5	2,7						2,5	7,7
Cooperativa rural não relacionada.no art. 2º Decreto-Lei n. 1.146/70 (4)	6.92 a 11.99	TOTAL	787	VAR	20,0	VAR	2,5	0,2					2,5		5,2
	12.99 a 7.05	TOTAL	787	VAR	20,0	VAR	2,5	0,2						2,5	5,2
	1º.8.05 a ...	S.RURAL	787	VAR	20,0	VAR	2,5	0,2						2,5	5,2
		S. IND	507	VAR	20,0	VAR	2,5	0,2			0,6			2,5	5,8
Coop. produtores rurais em relação aos empregados contratados para a colheita dos seus cooperados (5)	1º.7.01 a ..	TOTAL	604	VAR			2,5	0,2							2,7
Produtor rural pessoa jurídica	11.91 a 5.92	TOTAL	523	VAR	20,0	VAR	2,5	0,2							2,7
	6.92 a 7.94	TOTAL	787	VAR	20,0	VAR	2,5	0,2					2,5		5,2
	8.94 a	TOTAL	604	VAR			2,5	0,2							2,7
Produtor rural pessoa jurídica com atividade econômica autônoma (6)	1º.11.01 a ...	S.RURAL	787	VAR	20,0	VAR	2,5	0,2					2,5		5,2

Contribuinte	Período	Folha de PGTO	FPAS	Prev. Social			Terceiros								Total
				Seg.	Emp.	RAT	S. Ed. 0001	Incra 0002	Senai 0004	Sesi 0008	Sebrae 0064	DPC 0128	Senar 0512	Sescoop 4096	
Produtor rural pessoa jurídica e Agroindústrias em relação aos empregados utilizados na prestação de serviços (7)	1º.11.01 a ...	TOTAL (7)	787	VAR	20,0	VAR	2,5	0,2					2,5		5,2
Produtor rural pessoa física - equiparado a autônomo (cont. Individual a partir de 29.11.99)	11/91 a 5.92	TOTAL	523	VAR	20,0	3,0	2,5	0,2							2,7
	6.92 a 3.93	TOTAL	787	VAR	20,0	3,0	2,5	0,2					2,5		5,2
	4.93 a	TOTAL	604	VAR			2,5	0,2							2,7
Consórcio simplificado de produtores rurais	1º.7.01 a ...	TOTAL	604	VAR			2,5	0,2							2,7
Garimpeiro	11.91 a 12.91	TOTAL	507	VAR	20,0	3,0	2,5	0,2	1,0	1,5	0,2				5,4
	1º.92 a 1292	TOTAL	507	VAR	20,0	3,0	2,5	0,2	1,0	1,5	0,4				5,6
	1º.93 a	TOTAL	507	VAR	20,0	3,0	2,5	0,2	1,0	1,5	0,6				5,8
Empresa de captura de pescado	11.91 a 7.94	TOTAL	540	VAR	20,0	VAR	2,5	0,2				2,5			5,2
	8.94 a 8.96	TOTAL	604	VAR			2,5	0,2							2,7
	9.96 a 11.97	TOTAL	809	VAR			2,5	0,2				2,5			5,2
	12.97 a	TOTAL	540	VAR	20,0	VAR	2,5	0,2				2,5			5,2
Empresa prestadora de serviços rurais	8.94 a ...	TOTAL	787	VAR	20,0	VAR	2,5	0,2					2,5		5,2

Notas:

1) As agroindústrias de piscicultura, carcinicultura, suinocultura e avicultura, inclusive sob a forma de sociedades cooperativas, permanecem com a obrigação de recolhimento sobre a folha de pagamento, setor agrário e industrial (art. 22-A § 4º da Lei n. 8.212/91, acrescentado pela Lei n. 10.256/01);

2) As agroindústrias de florestamento e reflorestamento, quando sujeitas a contribuição sobre a comercialização da produção na forma do art. 22-A da Lei n. 8.212/91, deverão utilizar os mesmos códigos previstos para as demais agroindústrias (não relacionadas), para qualquer período.

3) Os estabelecimentos industrial e rural da cooperativa relacionada no DL n. 1.146/70 serão enquadrados no FPAS 795, ficando os demais enquadrados no código FPAS da respectiva atividade com recolhimento para o SESCOOP.

4) Os demais estabelecimentos da cooperativa não relacionada serão enquadrados no código FPAS da respectiva atividade com recolhimento para o SESCOOP.

5) As cooperativas de produtores rurais, continuam a recolher as contribuições relativas aos seus empregados permanentes, na forma do art. 22 da Lei n. 8.212/91 (empregado, empresa, RAT e outras entidades ou fundos).

6) O Produtor Rural Pessoa Jurídica que desenvolve outra atividade econômica autônoma, contribuirá integralmente sobre a remuneração dos segurados, enquadrando-se no código FPAS 787 em relação a atividade rural, devendo ser observado o respectivo código para outra(s) a(s) atividade(s) econômica(s) autônoma(s).

7) A prestação de serviços a terceiros pelas agroindústrias e pelos produtores rurais pessoa jurídica, está sujeita às contribuições previstas no art. 22 da Lei n. 8.212/91(empregado, empresa, RAT e outras entidades ou fundos), apenas sobre a folha de pagamento dos segurados envolvidos na prestação de serviços. Em conseqüência, a receita bruta correspondente aos serviços prestados a terceiros é excluída da base de cálculo da contribuição sobre acomercialização da produção. O código FPAS 787 será utilizado para os serviços rurais e agroindustriais.

7 — CLASSIFICAÇÃO DOS AGENTES NOCIVOS — DIREITO À APOSENTADORIA ESPECIAL

7.1. Quadro Anexo ao Decreto n. 53.831/64

Código	Campo de Aplicação	Serviços e Atividades Profissionais	Classificação	Tempo de Trabalho Mínimo	Observações
1.0.0	AGENTES				
1.1.0	FÍSICOS				
1.1.1	CALOR Operações em locais com temperatura excessivamente alta, capaz de ser nociva à saúde e proveniente de fontes artificiais.		Insalubre	25 anos	Jornada normal em locais com TE acima de 28º. Artigos 165, 187 e 234, da CLT. Portaria Ministerial n. 30 de 7.2.58 e 262, de 6.8.62.
1.1.2	FRIO Operações em locais com temperatura excessivamente baixa, capaz de ser nociva à saúde e proveniente de fontes artificiais.	Trabalhos na indústria do frio - operadores de câmaras frigoríficas e outros.	Insalubre	25 anos	Jornada normal em locais com temperatura inferior a 12º centígrados. Art. 165 e 187, da CLT e Portaria Ministerial n. 262, de 6.8.62.
1.1.3	UMIDADE Operações em locais com umidade excessiva, capaz de ser nociva à saúde e proveniente de fontes artificiais.	Trabalhos em contato direto e permanente com água - lavadores, tintureiros, operários nas salinas e outros.	Insalubre	25 anos	Jornada normal em locais com umidade excessiva. Art. 187 da CLT e Portaria Ministerial n. 262, de 6.8.62.

Código	Campo de Aplicação	Serviços e Atividades Profissionais	Classificação	Tempo de Trabalho Mínimo	Observações
1.0.0	AGENTES				
1.1.4	RADIAÇÃO Operações em locais com radiações capazes de serem nocivas à saúde – infravermelho, ultravioleta, raios X, rádium e substâncias radiativas.	Trabalhos expostos a radiações para fins industriais, diagnósticos e terapêuticos – Operadores de raio X, de rádium e substâncias radiativas, soldadores com arco elétrico e com oxiacetilênio, aeroviários de manutenção de aeronaves e motores, turbohélices eoutros.	Insalubre	25 anos	Jornada normal ou especial fixada em lei – Lei n. 1.234 (*) de 14 de novembro de 1950; Lei n. 3.999 (*) de 15.12.61; Art. 187, da CLT; Decreto n. 1.232, de 22 de junho de 1962 e Portaria Ministerial n. 262, de 6 de agosto de 1962.
1.1.5	TREPIDAÇÃO Operações em trepidações capazes de serem nocivas a saúde.	Trepidações e vibrações industriais – Operadores de perfuratrizes e marteletes pneumáticos, e outros.	Insalubre	25 anos	Jornada normal com máquinas acionadas por ar comprimido e velocidade acima de 120 golpes por minutos. Art. 187 da CLT. Portaria Ministerial n. 262, de 6.8.62.
1.1.6	RUÍDO Operações em locais com ruído excessivo capas de ser nocivo à saúde.	Trepidações sujeitos aos efeitos de ruídos industriais excessivos – caldereiros, operadores de máquinas pneumáticas, de motores – turbinas e outros.	Insalubre	25 anos	Jornada normal ou especial fixada em lei em locais com ruídos acima de 80 decibéis. Decreto n. 1.232, de 22 de junho de 1962. Portaria Ministerial n. 262, de 6.8.62 e Art. 187 da CLT.
1.1.7	PRESSÃO Operações em locais com pressão atmosférica anormal capaz de ser nociva à saúde.	Trabalhos em ambientes com alta ou baixa pressão – escafandristas, mergulhadores, operadores em caixões ou tubulações pneumáticos e outros.	Insalubre	25 anos	Jornada normal ou especial fixada em lei – Arts. 187 e 219 CLT. Portaria Ministerial n. 73, de 2 de janeiro de 1960 e 262, de 6.8.62.
1.1.8	ELETRICIDADE Operações em locais com eletricidade em condições de perigo de vida.	Trabalhos permanentes em instalações ou equipamentos elétricos com riscos de acidentes – Eletricistas, cabistas, montadores e outros.	Perigoso	25 anos	Jornada normal ou especial fixada em lei em serviços expostos a tensão superior a 250 volts. Arts. 187, 195 e 196 da CLT. Portaria Ministerial n. 34, de 8.4.54.
1.2.0	QUÍMICOS				
1.2.1	ARSÊNICO Operações com arsênico e seus compostos.	I - Extração.	Insalubre	20 anos	Jornada normal. Art. 187 CLT. Portaria Ministerial 262, de 6.8.62.
		II - Fabricação de seus compostos e derivados - Tintas, parasiticidas e inseticidas etc.	Insalubre	20 anos	
		III - Emprego de derivados arsenicais - Pintura, galvanotécnica, depilação, empalhamento, etc.	Insalubre	25 anos	
1.2.2	BERÍLIO Operações com berílio e seus compostos.	Trabalhos permanentes expostos a poeiras e fumos - Fundição de ligas metálicas.	Insalubre	25 anos	Jornada normal. Art. 187 CLT. Portaria Ministerial n. 262, de 6.8.62.

Código	Campo de Aplicação	Serviços e Atividades Profissionais	Classificação	Tempo de Trabalho Mínimo	Observações
1.0.0	AGENTES				
1.2.3	CÁDMIO Operações com cádmio e seus compostos.	Trabalhos permanentes expostos a poeiras e fumos - Fundição de ligas metálicas.	Insalubre	25 anos	Jornada normal. Art. 187 CLT. Portaria Ministerial n. 262, de 6.8.62.
1.2.4	CHUMBO Operações com chumbo, seus sais e ligas.	I - Fundição, refino, moldagens, trefiliação e laminação.	Insalubre	20 anos	Jornada normal. Art. 187 CLT. Portaria Ministerial n. 262, de 6.8.62.
		II - Fabricação de artefatos e de produtos de chumbo - baterias, acumuladores, tintas e etc.		25 anos	
		III - Limpeza, raspagens e demais trabalhos em tanques de gasolina contendo chumbo, tetra etil, polimento e acabamento de ligas de chumbo etc.		25 anos	
		IV - Soldagem e dessoldagem com ligas à base de chumbo, vulcanização da borracha, tinturaria, estamparia, pintura e outros.		25 anos	
1.2.5	CROMO Operações com cromo e seus sais.	Trabalhos permanentes expostos ao tóxico - Fabricação, tanagem de couros, cromagem eletrolítica de metais e outras.	Insalubre	25 anos	Jornada normal. Art. 187 CLT. Portaria Ministerial 262, de 6-8-62.
1.2.6	FÓSFORO Operações com fósforo e seus compostos.	I - Extração e depuração do fósforo branco e seus compostos.	Insalubre	20 anos	Jornada normal. Art. 187 CLT. Portaria Ministerial 262, de 6-8-62.
		II - Fabricação de produtos fosforados asfixiantes, tóxicos, incendiários ou explosivos.	Insalubre Perigoso		
		III - Emprego de líquidos, pastas, pós e gases à base de fósforo branco para destruição de ratos e parasitas.	Insalubre	25 anos	
1.2.7	MANGANÊS Operações com o manganês.	Trabalhos permanentes expostos à poeiras ou fumos do manganês e seus compostos (bióxido) - Metalurgia, cerâmica, indústria de vidros e outras.	Insalubre	25 anos	Jornada normal. Art. 187 CLT. Portaria Ministerial 262, de 6-8-62.
1.2.8	MERCÚRIO Operações com mercúrio, seus sais e amálgamas.	I - Extração e tratamento de amálgamas e compostos - Cloreto e fulminato de Hg.	Insalubre Perigoso	20 anos	Jornada normal. Art. 187 CLT. Portaria Ministerial 262, de 6-8-62.
		II - Emprego de amálgama e derivados, galvanoplastia, estanhagem e outros.	Insalubre	25 anos	
1.2.9	OUTROS TÓXICOS INOGÂNICOS Operações com outros tóxicos inogârnicos capazes de fazerem mal à saúde.	Trabalhos permanentes expostos às poeiras, gazes, vapores, neblina e fumos de outros metais, metalóide halogenos e seus eletrólitos tóxicos - ácidos, base e sais - Relação das substâncias nocivas publicadas no Regulamento Tipo de Segurança da OIT.	Insalubre	25 anos	Jornada normal. Art. 187 CLT. Portaria Ministerial 262, de 6-8-62.

<table>
<tr><th>Código</th><th>Campo de Aplicação</th><th>Serviços e Atividades Profissionais</th><th>Classifi-cação</th><th>Tempo de Trabalho Mínimo</th><th>Observações</th></tr>
<tr><td>1.0.0</td><td colspan="5">AGENTES</td></tr>
<tr><td rowspan="3">1.2.10</td><td rowspan="3">POEIRAS MINERAIS NOCIVAS
Operações industriais com desprendimento de poeiras capazes de fazerem mal à saúde - Silica, carvão, cimento, asbesto e talco.</td><td>I - Trabalhos permanentes no subsolo em operações de corte, furação, desmonte e carregamento nas frentes de trabalho.</td><td>Insalubre
Perigoso
Penoso</td><td>15 anos</td><td rowspan="2">Jornada normal especial fixada em Lei. Arts. 187 e 293 da Portaria Ministerial 262, de 5-1-60: 49 e 31, de 25-3-60: e 6-8-62.</td></tr>
<tr><td>II - Trabalhos permanentes em locais de subsolo afastados das frentes de trabalho, galerias, rampas, poços, depósitos, etc ...</td><td>Insalubre
Penoso</td><td>20 anos</td></tr>
<tr><td>III - Trabalhos permanentes a céu aberto. Corte, furação, desmonte, carregamento, britagem, classificação, carga e descarga de silos, transportadores de correias e teleférreos, moagem, calcinação, ensacamento e outras.</td><td>Insalubre</td><td>25 anos</td><td></td></tr>
<tr><td>1.2.11</td><td>TÓXICOS ORGÂNICOS
Operações executadas com derivados tóxicos do carbono - Nomenclatura Internacional.
I - Hidrocarbonetos (ano, eno, ino)
II - Ácidos carboxílicos (oico)
III - Alcoois (ol)
IV - Aldehydos (al)
V - Cetona (ona)
VI - Esteres (com sais em ato - ilia)
VII - Éteres (óxidos - oxi)
VIII - Amidas - amidos
IX - Aminas - aminas
X - Nitrilas e isonitrilas (nitrilas e carbilaminas)
XI - Compostos organo - metálicos halogenados, metalódicos halogenados, metalóidicos e nitrados.</td><td>Trabalhos permanentes expostos às poeireiras: gases, vapores, neblinas e fumos de derivados do carbono constantes da Relação Internancional das Substâncias Nocivas publicada no Regulamento Tipo de Segurança da O.I.T - Tais como: cloreto de metila, tetracloreto de carbono, tricoloroetileno, clorofórmio, bromureto de netila, nitrobenzeno, gasolina, alcoois, acetona, acetatos, pentano, metano, hexano, sulfureto de carbono, etc.</td><td>Insalubre</td><td>25 anos</td><td>Jornada normal. Art. 187 CLT. Portaria Ministerial 262, de 6-8-62.</td></tr>
</table>

Código	Campo de Aplicação	Serviços e Atividades Profissionais	Classifi-cação	Tempo de Trabalho Mínimo	Observações
1.0.0	AGENTES				
1.3.0	BIOLÓGICOS				
1.3.1	CARBÚNCULO, BRUCELA MORNO E TÉTANO Operações industriais com animais ou produtos oriundos de animais infectados.	Trabalhos permanentes expostos ao contato direto com germes infecciosos - Assistência Veterinária, serviços em matadouros, cavalariças e outros.	Insalubre	25 anos	Jornada normal. Art. 187 CLT. Portaria Ministerial 262, de 6-8-62.
1.3.2	GERMES INFECCIOSOS OU PARASITÁRIOS HUMANOS - ANIMAIS Serviços de Assistência Médica, Odontológica e Hospitalar em que haja contato obrigatório com organismos doentes ou com materiais infecto-contagiantes.	Trabalhos permanentes expostos ao contato com doentes ou materiais infecto-contagiantes - assistência médico, odontológica, hospitalar e outras atividades afins.	Insalubre	25 anos	Jornada normal ou especial fixada em Lei. Lei n. 3.999, de 15-12-61. Art. 187 CLT. Portaria Ministerial 262, de 6-8-62.
2.0.0	OCUPAÇÕES				
2.1.0	LIBERAIS, TÉCNICOS, ASSEMELHADAS				
2.1.1	ENGENHARIA	Engenheiros de Construção Civil, de minas, de metalurgia, Eletricistas.	Insalubre	25 anos	Jornada normal ou especial fixada em Lei. Decreto n. 46.131 (*), de 3-6-59.
2.1.2	QUÍMICA	Químicos, Toxicologistas, Podologistas.	Insalubre	25 anos	Jornada normal ou especial fixada em Lei. Decreto n. 48.285 (*), de 1960.
2.1.3	MEDICINA, ODONTOLOGIA, ENFERMAGEM	Médicos, Dentistas, Enfermeiros.	Insalubre	25 anos	Jornada normal ou especial fixada em Lei. Decreto n. 43.185 (*), de 6-2-58.
2.1.4	MAGISTÉRIO	Professores.	Penoso	25 anos	Jornada normal ou especial fixada em Lei Estadual, GB, 286; RJ, 1.870, de 25-4. Art. 318, da Consolidação das Leis do Trabalho.
2.2.0	AGRÍCOLAS, FLORESTAIS, AQUÁTICAS				
2.2.1	AGRICULTURA	Trabalhadores na agropecuária.	Insalubre	25 anos	Jornada normal.
2.2.2	CAÇA	Trabalhadores florestais, caçadores.	Perigoso	25 anos	Jornada normal.
2.2.3	PESCA	Pescadores	Perigoso	25 anos	Jornada normal.
2.3.0	PERFURAÇÃO, CONSTRUÇÃO CIVIL. ASSEMELHADOS				
2.3.1	ESCAVAÇÕES DE SUPERFÍCIE - POÇOS	Trabalhadores em túneis e galerias.	Insalubre Perigoso	20 anos	Jornada normal ou especial, fixada em Lei. Art. 295. CLT
2.3.2	ESCAVAÇÕES DE SUBSOLO - TÚNEIS	Trabalhadores em escavações à céu aberto.	Insalubre	25 anos	Jornada normal.
2.3.3	EDIFÍCIOS, BARRAGENS, PONTES	Trabalhadores em edifícios, barragens, pontes, torres.	Perigoso	25 anos	Jornada normal.

Código	Campo de Aplicação	Serviços e Atividades Profissionais	Classificação	Tempo de Trabalho Mínimo	Observações
1.0.0	AGENTES				
2.4.0	TRANSPORTES E COMUNICAÇÕES				
2.4.1	TRANSPORTES AÉREO	Aeronautas, Aeroviários de serviços de pista e de oficinas, de manutenção, de conservação, de carga e descarga, de recepção e de despacho de aeronaves.	Perigoso	25 anos	Jornada normal ou especial, fixada em Lei. Lei n. 3.501, (*) de 21-12-58; Lei n. 2.573, (*) de 15-8-55; Decretos n.s 50.660 (*), de 26-6-61 e 1.232, de 22-6-62.
2.4.2	TRANSPORTES MARÍTIMO, FLUVIAL E LACUSTRE	Marítimos de convés de máquinas, de câmara e de saúde - Operários de construção e reparos navais.	Insalubre	25 anos	Jornada normal ou especial fixada em Lei. Art. 243 CLT. Decretos n. 52.475 (*). de 13-9-63; 52.700 (*) de 18-10-63 e 53.514 (*), de 30-1-64.
2.4.3	TRANSPORTES FERROVIÁRIO	Maquinistas, Guarda-freios, trabalhadores da via permanente.	Insalubre	25 anos	Jornada normal ou especial fixada em Lei. Artigo 238, CLT.
2.4.4	TRANSPORTES RODOVIÁRIO	Motorneiros e condutores de bondes. Motoristas e cobradores de ônibus. Motoristas e ajudantes de caminhão.	Penoso	25 anos	Jornada normal.
2.4.5	TELEGRAFIA, TELEFONIA, RÁDIO COMUNICAÇÃO.	Telegrafista, telefonista, rádio operadores de telecomunicações.	Insalubre	25 anos	Jornada normal ou especial, fixada em Lei. Artigo 227 da CLT. Portaria Ministerial 20, de 6-8-62.
2.5.0	ARTESANATO E OUTRAS OCUPAÇÕES QUALIFICADAS				
2.5.1	LAVANDERIA E TINTURARIA	Lavadores, passadores, calandristas, tintureiros.	Insalubre	25 anos	Jornada normal.
2.5.2	FUNDIÇÃO, COZIMENTO, LAMINAÇÃO, TREFILAÇÃO, MOLDAGEM	Trabalhadores nas indústrias metalúrgicas, de vidro, de cerâmica e de plásticos-fundidores, laminadores, moldadores, trefiladores, forjadores.	Insalubre	25 anos	Jornada normal.
2.5.3	SOLDAGEM, GALVANIZAÇÃO, CALDERARIA	Trabalhadores nas indústrias metalúrgicas, de vidro, de cerâmica e de plásticos - soldadores, galvanizadores, chapeadores, caldeireiros.	Insalubre	25 anos	Jornada normal.
2.5.4	PINTURA	Pintores de Pistola.	Insalubre	25 anos	Jornada normal.
2.5.5	COMPOSIÇÃO TIPOGRÁFICA E MACÂNICA, LINOTIPIA, ESTEREOTIPIA, ELETROTIPIA, LITOGRAFIA E OFF-SETT, FOTOGRAVURA, ROTOGRAVURA E GRAVURA, ENCADERNAÇÃO E IMPRESSÃO EM GERAL.	Trabalhadores permanentes nas indústrias poligráficas: Linotipistas, monotipistas, tipográficas, impressores, margeadores, montadores, compositores, pautadores, gravadores, granitadores, galvanotipistas, frezadores, titulistas.	Insalubre	25 anos	Jornada normal.

Código	Campo de Aplicação	Serviços e Atividades Profissionais	Classificação	Tempo de Trabalho Mínimo	Observações
1.0.0	AGENTES				
2.5.6	ESTIVA E ARMAZENAMENTO.	Estivadores, Arrumadores, Trabalhadores de capatazia, Consertadores, Conferentes.	Perigoso	25 anos	Jornada normal ou especial, fixada em Lei. Art. 278, CLT; item VII quadro II, do Art. 65 do Decreto n. 48.959-A (*), de 29-9-60.
2.5.7	EXTINÇÃO DE FOGO, GUARDA.	Bombeiros, Investigadores, Guardas	Perigoso	25 anos	Jornada normal.

7.2. Anexos I e II do Decreto n. 83.080/79

ANEXO I
CLASSIFICAÇÃO DAS ATIVIDADES PROFISSIONAIS SEGUNDO OS AGENTES NOCIVOS

CÓDIGO	CAMPO DE APLICAÇÃO	ATIVIDADE PROFISSIONAL (TRABALHADORES OCUPADOS EM CARÁTER PERMANENTE)	TEMPO MÍNIMO DE TRABALHO
1.0.0	AGENTES NOCIVOS		
1.1.0	FÍSICOS		
1.1.1	CALOR	Indústria metalúrgica e mecânica (atividades discriminadas nos códigos 2.5.1 e 2.5.2 do Anexo II). Fabricação de vidros e cristais (atividades discriminadas no código 2.5.5 do Anexo II). Alimentação de caldeiras a vapor a carvão ou a lenha.	25 anos
1.1.2	FRIO	Câmaras frigoríficas e fabricação de gelo.	25 anos
1.1.3	RADIAÇÕES IONIZANTES	Extração de minerais radioativos (tratamento, purificação, isolamento e preparo para distribuição). Operações com reatores nucleares com fontes de nêutrons ou de outras radiações corpusculares. Trabalhos executados com exposições aos raios X, rádio e substâncias radioativas para fins industriais, terapêuticos e diagnósticos. Fabricação de ampolas de raios x e radioterapia (inspeção de qualidade). Fabricação e manipulação de produtos químicos e farmacêuticos radioativos (urânio, rádon, mesotório, tório x, césio 137 e outros). Fabricação e aplicação de produtos luminescentes radíferos. Pesquisas e estudos dos raios x e substâncias radioativas em laboratórios.	25 anos
1.1.4	TREPIDAÇÃO	Trabalhos com perfuratrizes e marteletes pneumáticos.	25 anos
1.1.5	RUÍDO	Calderaria (atividades discriminadas no código 2.5.2 do Anexo II). Trabalhos em usinas geradoras de eletricidade (sala de turbinas e geradores). Trabalhos com exposição permanente a ruído acima de 90 db. Operação com máquinas pneumáticas (atividades discriminadas entre as do código 2.5.3 do Anexo II). Trabalhos em cabinas de prova de motores de avião.	25 anos
1.1.6	PRESSÃO ATMOSFÉRICA	Trabalhos em caixões ou câmaras pneumáticas subaquáticas e em tubulações pneumáticos. Operação com uso de escafandro. Operação de mergulho Trabalho sob ar comprimido em túneis pressurizados.	20 anos

CÓDIGO	CAMPO DE APLICAÇÃO	ATIVIDADE PROFISSIONAL (TRABALHADORES OCUPADOS EM CARÁTER PERMANENTE)	TEMPO MÍNIMO DE TRABALHO
1.0.0	AGENTES NOCIVOS		
1.2.0	QUÍMICOS		
1.2.1	ARSÊNICO	Metalurgia de minérios arsenicais. Extração de arsênico. Fabricação de compostos de arsênico. Fabricação de tintas à base de compostos de arsênico (atividades discriminadas no Código 2.5.6 do Anexo II). Fabricação e aplicação de produtos inseticidas, parasiticidas e raticidas à base de compostos de arsênico.	25 anos
1.2.2	BERÍLIO OU GLICINIO	Extração, trituração e tratamento de berílio: Fabricação de ligas de berílio e seus compostos. Fundição de ligas metálicas. Utilização do berílio ou seus compostos na fabricação de tubos fluorescentes, de ampolas de raios x e de vidros especiais.	25 anos
1.2.3	CÁDMIO	Extração, tratamento e preparação de ligas de cádmio. Fundição de ligas metálicas. Fabricação de compostos de cádmio. Solda com cádmio. Utilização de cádmio em revestimentos metálicos.	25 anos
1.2.4	CHUMBO	Extração de chumbo. Fabricação e emprego de chumbo tetraetila ou tetramatila. Fabricação de objetos e artefatos de chumbo. Fabricação de acumuladores, pilhas e baterias elétricas contendo chumbo ou compostos de chumbo. Fabricação de tintas, esmaltes e vernizes à base de compostos de chumbo (atividades discriminadas no código 2.5.6 do Anexo II). Fundição e laminação de chumbo, zinco-velho, cobre e latão. Limpeza, raspagem e reparação de tanques de mistura e armazenamento de gasolina contendo chumbo tetraetila. Metalurgia e refinação de chumbo. Vulcanização de borracha pelo litargírio ou outros compostos de chumbo.	25 anos
1.2.5	CROMO	Fabricação de ácimo crômico, de cromatos e bicromatos.	25 anos
1.2.6	FÓSFORO	Extração e preparação de fósforo branco e seus compostos. Fabricação e aplicação de produtos fosforados e organofosforados, inseticidas, parasíticidas e ratívidas. Fabricação de projéteis incendiários, explosivos e gases asfixiantes à base de fósforo branco.	25 anos
1.2.7	MANGANÊS	Extração, tratamento e trituração do minério por processos manuais ou semi-aumáticos. Fabricação de compostos de manganês. Fabricação de pilhas secas contendo compostos de manganês. Fabricação de vidros especiais, indústrias de cerâmica e outras operações com exposição permanente a poeiras de pirolusita ou de outros compostos de manganês.	25 anos
1.2.8	MERCÚRIO	Extração e fabricação de compostos de mercúrio. Fabricação de espoletas com fulminato de mercúrio. Fabricação de tintas à base de composto de mercúrio. Fabricação de solda à base de mercúrio. Fabricação de aparelhos de mercúrio: Barômetro, manômetro, termômetro, interruptor, lâmpadas, válvulas eletrônicas, ampolas de raios x e outros. Amalgamação de zinco para fabricação de eletródios, pilhas e acumuladores. Douração e estanhagem de espelhos à base de mercúrio. Empalhamento de animais com sais de mercúrio. Recuperação de mercúrio por destilação de resíduos industriais.	25 anos

CÓDIGO	CAMPO DE APLICAÇÃO	ATIVIDADE PROFISSIONAL (TRABALHADORES OCUPADOS EM CARÁTER PERMANENTE)	TEMPO MÍNIMO DE TRABALHO
1.0.0	AGENTES NOCIVOS		
1.2.8	MERCÚRIO	Tratamento a quente das amálgamas de ouro e prata para recuperação desses metais preciosos. Secretagem de pelos, crinas e plumas, feltragem à base de compostos de mercúrio.	25 anos
1.2.9	OURO	Redução, separação e fundição do ouro	25 anos
1.2.10	HIDROCARBONETOS E OUTROS COMPOSTOS DE CARBONO	Fabricação de benzol, toluoi, xilol (benzeno, tolueno e xileno). Fabricação e aplicação de inseticidas clorados derivados de hidrocarbonetos. Fabricação e aplicação de inseticidas e fungicidas derivados de ácido carbônico. Fabricação de derivados halogenados de hidrocarbonetos alifáticos: cloreto de metila, brometo de metila, clorofórmio, tetracloreto de carbono, dicloretano, tetracloretano, tricloretileno e bromofórmio. Fabricação e aplicação de inseticida à base de sulfeto de carbono. Fabricação de seda artificial (viscose) Fabricação de sulfeto de carbono. Fabricação de carbonilida. Fabricação de gás de iluminação. Fabricação de solventes para tintas, lacas e vernizes, contendo benzol, toluol e xilol.	25 anos
1.2.11	OUTROS TÓXICOS, ASSOCIAÇÃO DE AGENTES	Fabricação de flúor e ácido fluorídrico, cloro e ácido clorídrico e bromo e ácido bromídrico. Aplicação de revestimentos metálicos, eletroplastia, compreendendo: niquelagem, cromagem, douração, anodização de alumínio e outras operações assemelhadas (atividades discriminadas no código 2.5.4 do Anexo II). Pintura a pistola – associação de solventes e hidrocarbonados e partículas suspensas (atividades discriminadas entre as do código 2.5.3 do Anexo II). Trabalhos em galerias e tanques de esgoto (monóxido de carbono, gás metano, gás sulfídrico e outros). Solda elétrica e a oxiacetileno (fumos metálicos). Indústrias têxteis: alvejadores, tintureiros, lavadores e estampadores a mão.	25 anos
1.2.12	SÍLICA, SILICATOS, CARVÃO, CIMENTO E AMIANTO	Extração de minérios (atividades discriminadas nos códigos 2.3.1 a 2.3.5 do anexo II). Extração de rochas amiantíferas (furação, corte, desmonte, trituração, peneiramento e manipulação). Extração, trituração e moagem de talco. Decapagem, limpeza de metais, foscamento de vidros com jatos de areia (atividades discriminadas entre as do código 2.5.3 do Anexo II). Fabricação de cimento Fabricação de guarnições para freios, materiais isolantes e produtos de fibrocimento. Fabricação de material refratário para fornos, chaminés e cadinhos, recuperação de resíduos. Fabricação de mós, rebolos, saponáceos, pós e pastas para polimento de metais. Moagem e manipulação de sílica na indústria de vidros, porcelana e outros produtos cerâmicos. Mistura, cardagem, fiação e tecelagem de amianto. Trabalho em pedreiras (atividades discriminadas no código 2.3.4 do anexo II). Trabalho em construção de túneis (atividades discriminadas nos códigos 2.3.3 e 2.3.4 do Anexo II).	15, 20 ou 25 anos 25 anos 25 anos

CÓDIGO	CAMPO DE APLICAÇÃO	ATIVIDADE PROFISSIONAL (TRABALHADORES OCUPADOS EM CARÁTER PERMANENTE)	TEMPO MÍNIMO DE TRABALHO
1.0.0	AGENTES NOCIVOS		
1.3.0	BIOLÓGICOS		
1.3.1	CARBÚNCULO BRUCELA, MORMO, TUBERCULOSE E TÉTANO	Trabalhos permanentes em que haja contato com produtos de animais infectados. Trabalhos permanentes em que haja contados com carnes, vísceras, glândulas, sangue, ossos, pelos dejeções de animais infectados (atividades discriminadas entre as do código 2.1.3 do Anexo II: médicos, veterinários, enfermeiros e técnicos de laboratório).	25 anos
1.3.2	ANIMAIS DOENTES E MATERIAIS INFECTO-CONTAGIANTES	Trabalhos permanentes expostos ao contato com animais doentes ou materiais infecto-contagiantes (atividades discriminadas entre as do código 2.1.3 do Anexo II: médicos, veterinários, enfermeiros e técnicos de laboratório).	
1.3.3	PREPARAÇÃO DE SOROS, VACINAS, E OUTROS PRODUTOS	Trabalhos permanentes em laboratórios com animais destinados ao preparo de soro, vacinas e outros produtos (atividades discriminadas entre as do código 2.1.3 do Anexo II: médicos-laboratoristas, técnicos de laboratórios, biologistas).	25 anos
1.3.4	DOENTES OU MATERIAIS INFECTO-CONTAGIANTES	Trabalhos em que haja contato permanente com doentes ou materiais infecto-contagiantes (atividades discriminadas entre as do código 2.1.3 do Anexo II: médicos-laboratoristas (patologistas), técnicos de laboratório, dentistas, enfermeiros).	25 anos
1.3.5	GERMES	Trabalhos nos gabinetes de autópsia, de anatomia e anátomo-histopatologia (atividades discriminadas entre as do código 2.1.3 do Anexo II: médicos-toxicologistas, técnicos de laboratório de anatomopatologia ou histopatologia, técnicos de laboratório de gabinetes de necropsia, técnicos de anatomia).	25 anos

ANEXO II
CLASSIFICAÇÃO DAS ATIVIDADES PROFISSIONAIS SEGUNDO OS GRUPOS PROFISSIONAIS

CÓDIGO	ATIVIDADE PROFISSIONAL	TEMPO MÍNIMO DE TRABALHO
2.0.0	GRUPOS PROFISSIONAIS	
2.1.0	PROFISSIONAIS LIBERAIS E TÉCNICOS	
2.1.1	ENGENHARIA Engenheiros-químicos. Engenheiros-metalúrgicos. Engenheiros de minas.	25 anos
2.1.2	QUÍMICA-RADIOATIVIDADE Químicos-industriais. Químicos-toxicologistas. Técnicos em laboratórios de análises. Técnicos em laboratórios químicos Técnicos em radioatividade.	25 anos
2.1.3	MEDICINA-ODONTOLOGIA-FARMÁCIA E BIOQUÍMICA-ENFERMAGEM-VETERINÁRIA Médicos (expostos aos agentes nocivos - Código 1.3.0 do Anexo I). Médicos-anatomopatologistas ou histopatologistas.	25 anos

CÓDIGO	ATIVIDADE PROFISSIONAL	TEMPO MÍNIMO DE TRABALHO
2.0.0	GRUPOS PROFISSIONAIS	
2.1.3	Médicos-toxicologistas. Médicos-laboratoristas (patologistas). Médicos-radiologistas ou radioterapeutas. Técnicos de raio x. Técnicos de laboratório de anatomopatologia ou histopatologia. Farmacêuticos-toxicologistas e bioquímicos. Técnicos de laboratório de gabinete de necropsia. Técnicos de anatomia. Dentistas (expostos aos agentes nocivos – código 1.3.0 do Anexo I). Enfermeiros (expostos aos agentes nocivos – código 1.3.0 do Anexo I). Médicos-veterinários (expostos aos agentes nocivos – código 1.3.0 do Anexo I).	25 anos
2.2.0	PESCA	
2.2.1	PESCADORES	25 anos
2.3.0	EXTRAÇÃO DE MINÉRIOS	
2.3.1	MINEIROS DE SUBSOLO (Operações de corte, furação e desmonte e atividades de manobras nos pontos de transferências de cargas e viradores e outras atividades exercidas na frente de trabalho) Perfuradores de rochas, cortadores de rochas, carregadores, britadores, cavouqueiros e choqueiros.	15 anos
2.3.2	TRABALHADORES PERMANENTES EM LOCAIS DE SUBSOLO, AFASTADOS DAS FRENTES DE TRABALHO (GALERIAS, RAMPAS, POÇOS, DEPÓSITOS) Motoristas, carregadores, condutores de vagonetas, carregadores de explosivos, encarregados do fogo (blasters), eletricistas, engatores, bombeiros, madeireiros e outros profissionais com atribuições permanentes em minas de subsolo.	20 anos
2.3.3	MINEIROS DE SUPERFÍCIE Trabalhadores no exercício de atividades de extração em minas ou depósitos minerais na superfície. Perfuradores de rochas, cortadores de rochas, carregadores, operadores de escavadeiras, motoreiros, condutores de vagonetas, britadores, carregadores de explosivos, encarregados do fogo (blastera) e outros profissionais com atribuições permanentes de extração em minas ou depósitos minerais na superfície.	25 anos
2.3.4	TRABALHADORES EM PEDREIRAS, TÚNEIS, GALERIAS Perfuradores, covouqueiros, canteiros, encarregados do fogo (blasters) e operadores de pás mecânicas.	25 anos
2.3.5	TRABALHADORES EM EXTRAÇÃO DE PETRÓLEO Trabalhadores ocupados em caráter permanente na perfuração de poços petrolíferos e na extração de petróleo.	25 anos
2.4.0	TRANSPORTES	
2.4.1	TRANSPORTE FERROVIÁRIO Maquinista de máquinas acionadas a lenha ou a carvão. Foguista:	25 anos
2.4.2	TRANSPORTE URBANO E RODOVIÁRIO Motorista de ônibus e de caminhões de cargas (ocupados em caráter permanente).	25 anos
2.4.3	TRANSPORTE AÉREO Aeronautas	25 anos

CÓDIGO	ATIVIDADE PROFISSIONAL	TEMPO MÍNIMO DE TRABALHO
2.0.0	GRUPOS PROFISSIONAIS	
2.4.4	TRANSPORTE MARÍTIMO Foguistas. Trabalhadores em casa de máquinas.	25 anos
2.4.5	TRANSPORTE MANUAL DE CARGA NA ÁREA PORTUÁRIA. Estivadores (trabalhadores ocupados em caráter permanente, em embarcações, no carregamento e descarregamento de carga). Arrumadores e ensacadores. Operadores de carga e descarga nos portos.	25 anos
2.5.0	ARTÍFICES, TRABALHADORES OCUPADOS EM DIVERSOS PROCESSOS DE PRODUÇÃO E OUTROS	
2.5.1	INDÚSTRIAS METALÚRGICAS E MECÂNICAS (Aciarias, fundições de ferro e metais não ferrosos, laminações, forneiros, mãos de forno, reservas de forno, fundidores, soldadores, lingoteiros, tenazeiros, caçambeiros, amarradores, dobradores e desbastadores. Rebarbadores, esmerilhadores, marteleteiros de rebarbação. Operadores de tambores rotativos e outras máquinas de rebarbação. Operadores de máquinas para fabricação de tubos por centrifugação. Operadores de pontes rolantes ou de equipamentos para transporte de peças e caçambas com metal liquefeito, nos recintos de aciarias, fundições e laminações. Operadores nos fornos de recozimento ou de têmpera-recozedores, temperadores.	25 anos
2.5.2	FERRARIAS, ESTAMPARIAS DE METAL À QUENTE E CALDEIRARIA. Ferreiros, marteleiros, forjadores, estampadores, caldeireiros e prensadores. Operadores de forno de recozimento, de têmpera, de cementação, forneiros, recozedores, temperadores, cementadores. Operadores de pontes rolantes ou talha elétrica.	25 anos
2.5.3	OERAÇÕES DIVERSAS Operadores de máquinas pneumáticas. Rebitadores com marteletes pneumáticos. Cortadores de chapa a oxiacetileno. Esmerilhadores. Soldadores (solda elétrica e a oxiacetileno). Operadores de jatos de areia com exposição direta à poeira. Pintores a pistola (com solventes hidrocarbonados e tintas tóxicas). Foguistas.	25 anos
2.5.4	APLICAÇÃO DE REVESTIMENTOS METÁLICOS E ELETROPLASTIA Galvanizadores, niqueladores, cromadores, cobreadores, estanhadores, douradores e profissionais em trabalhos de exposição permanente nos locais.	25 anos
2.5.5	FABRICAÇÃO DE VIDROS E CRISTAIS Vidreiros, operadores de forno, forneiros, sopradores de vidros e cristais. Operadores de máquinas de fabricação de vidro plano, sacadores de vidros e cristais, operadores de máquinas de soprar vidros e outros profissionais em trabalhos permanentes nos recintos de fabricação de vidros e cristais.	25 anos
2.5.6	FABRICAÇÃO DE TINTAS, ESMALTES E VERNIZES Trituradores, moedores, operadores de máquinas moedoras, misturadores, preparadores, envasilhadores e outros profissionais em trabalhos de exposição permanente nos recintos de fabricação.	25 anos
2.5.7	PREPARAÇÃO DE COUROS Caleadores de couros. Curtidores de couros. Trabalhadores em tanagem de couros.	25 anos

CÓDIGO	ATIVIDADE PROFISSIONAL	TEMPO MÍNIMO DE TRABALHO
2.0.0	GRUPOS PROFISSIONAIS	
2.5.8	INDÚSTRIA GRÁFICA E EDITORIAL Monotipistas, linotipistas, fundidores de monotipo, fundidores de linotipo, fundidores de estereotipia, eletrotipistas, estereotipistas, galvanotipistas, titulistas, compositores, biqueiros, chapistas, tipógrafos, caixistas, distribuidores, paginadores, emendadores, impressores, minervistas, prelistas, ludistas, litógrafos e fotogravadores.	25 anos

7.3. Anexo IV do Decreto n. 2.172/97

ANEXO IV
CLASSIFICAÇÃO DOS AGENTES NOCIVOS

CÓDIGO	AGENTE NOCIVO	TEMPO DE EXPOSIÇÃO
1.0.0	AGENTES QUÍMICOS O que determina o benefício é a presença do agente no processo produtivo e no meio ambiente de trabalho. As atividades listadas são exemplificavas nas quais pode haver a exposição.	
1.0.1	ARSÊNIO E SEUS COMPOSTOS	25 ANOS
	a) extração de arsênio e seus compostos tóxicos; b) metalurgia de minérios arsenicais; c) utilização de hidrogênio arseniado (arsina) em sínteses orgânicas e no processamento de componentes eletrônicos; d) fabricação e preparação de tintas e lacas; e) fabricação, preparação e aplicação de inseticidas, herbicidas, parasiticidas e raticidas coma utilização de compostos de arsênio; f) produção de vidros, ligas de chumbo e medicamentos com a utilização de compostos de arsênio; g) conservação e curtume de peles, tratamento e preservação da madeira com a utilização de compostos de arsênio.	
1.0.2	ASBESTOS	20 ANOS
	a) extração, processamento e manipulação de rochas amiantíferas; b) fabricação de guarnições para freios, embreagens e materiais isolantes contendo asbestos; c) fabricação de produtos de fibrocimento; d) mistura, cardagem, fiação e tecelagem de fibras de asbestos.	
1.0.3	BENZENO E SEUS COMPOSTOS TÓXICOS	25 ANOS
	a) produção e processamento de benzeno;	

b)utilização de benzeno como matéria prima em sínteses orgânicas e na produção de derivados;

c) utilização de benzeno como insumo na extração de óleos vegetais e álcoois;

d) utilização de produtos que contenham benzeno, como colas, tintas, vernizes, produtos gráficos e solventes;

e) produção e utilização de clorobenzenos e derivados;

f) fabricação e vulcanização de artefatos de borracha;

g) fabricação e recauchutagem de pneumáticos.

1.0.4 BERÍLIO E SEUS COMPOSTOS TÓXICOS 25 ANOS

---

a) extração, trituração e tratamento de berílio;

b) fabricação de compostos e ligas de berílio;

c) fabricação de tubos fluorescentes e de ampolas de raio X;

d) fabricação de queimadores e moderadores de reatores nucleares;

e) fabricação de vidros e porcelanas para isolantes térmicos;

f) utilização do berílio na indústria aeroespacial.

1.0.5 BROMO E SEUS COMPOSTOS TÓXICOS 25 ANOS

---

a) fabricação e emprego do bromo e do ácido brômico.

1.0.6 CÁDMIO E SEUS COMPOSTOS TÓXICOS 25 ANOS

---

a) extração, tratamento e preparação de ligas de cádmio;

b) fabricação de compostos de cádmio;

c) utilização de eletrodos de cádmio em soldas;

d) utilização de cádmio no revestimento eletrolítico de metais;

e) utilização de cádmio como pigmento e estabilizador na indústria do plástico;

f) fabricação de eletrodos de baterias alcalinas de níquel-cádmio.

1.0.7 CARVÃO MINERAL E SEUS DERIVADOS 25 ANOS

---

a) extração, fabricação, beneficiamento e utilização de carvão mineral, piche, alcatrão, betume e breu;

b) extração, produção e utilização de óleos minerais e parafinas;

c) extração e utilização de antraceno e negro de fumo;

d) produção de coque.

1.0.8 CHUMBO E SEUS COMPOSTOS TÓXICOS 25 ANOS

---

a) extração e processamento de minério de chumbo;

b) metalurgia e fabricação de ligas e compostos de chumbo;

c) fabricação e reformas de acumuladores elétricos;

d) fabricação e emprego de chumbo-tetraetila e chumbo-tetrametila;

e) fabricação de tintas, esmaltes e vernizes à base de compostos de chumbo;

f) pintura com pistola empregando tintas com pigmentos de chumbo;

g) fabricação de objetos e artefatos de chumbo e suas ligas;

h) vulcanização da borracha pelo litargírio ou outros compostos de chumbo;

i) utilização de chumbo em processos de soldagem;

j) fabricação de vidro, cristal e esmalte vitrificado;

l) fabricação de pérolas artificiais;

m) fabricação e utilização de aditivos à base de chumbo para a indústria de plásticos.

1.0.9 CLORO E SEUS COMPOSTOS TÓXICOS 25 ANOS

---

a) fabricação e emprego de defensivos organoclorados;

b) fabricação e emprego de cloroetilaminas (mostardas nitrogenadas);

c) fabricação e manuseio de bifenis policlorados (PCB);

d) fabricação e emprego de cloreto de vinil como monômero na fabricação de policloreto de vinil (PVC) e outras resinas e como intermediário em produções químicas ou como solvente orgânico;

e) fabricação de policloroprene;

f) fabricação e emprego de clorofórmio (triclorometano) e de tetracloreto de carbono.

1.0.10 CROMO E SEUS COMPOSTOS TÓXICOS 25 ANOS

---

a) fabricação, emprego industrial, manipulação de cromo, ácido crômico, cromatos e bicromatos;

b) fabricação de ligas de ferro-cromo;

c) revestimento eletrolítico de metais e polimento de superfícies cromadas;

d) pintura com pistola utilizando tintas com pigmentos de cromo;

e) soldagem de aço inoxidável.

1.0.11 DISSULFETO DE CARBONO 25 ANOS

---

a) fabricação e utilização de dissulfeto de carbono;

b) fabricação de viscose e seda artificial (raiom);

c) fabricação e emprego de solventes, inseticidas e herbicidas contendo dissulfeto de carbono;

d) fabricação de vernizes, resinas, sais de amoníaco, de tetracloreto de carbono, de vidros óticos e produtos têxteis com uso de dissulfeto de carbono.

1.0.12 FÓSFORO E SEUS COMPOSTOS TÓXICOS 25 ANOS

---

a) extração e preparação de fósforo branco e seus compostos;

b) fabricação e aplicação de produtos fosforados e organofosforados (sínteses orgânicas, fertilizantes e praguicidas);

c) fabricação de munições e armamentos explosivos.

1.0.13	IODO	25 ANOS

a) fabricação e emprego industrial do iodo.

1.0.14	MANGANÊS E SEUS COMPOSTOS	25 ANOS

a) extração e beneficiamento de minérios de manganês;

b) fabricação de ligas e compostos de manganês;

c) fabricação de pilhas secas e acumuladores;

d) preparação de permanganato de potássio e de corantes;

e) fabricação de vidros especiais e cerâmicas;

f) utilização de eletrodos contendo manganês;

g) fabricação de tintas e fertilizantes.

1.0.15	MERCÚRIO E SEUS COMPOSTOS	25 ANOS

a) extração e utilização de mercúrio e fabricação de seus compostos;

b) fabricação de espoletas com fulminato de mercúrio;

c) fabricação de tintas com pigmento contendo mercúrio;

d) fabricação e manutenção de aparelhos de medição e de laboratório;

e) fabricação de lâmpadas, válvulas eletrônicas e ampolas de raio X;

f) fabricação de minuterias, acumuladores e retificadores de corrente;

g) utilização como agente catalítico e de eletrólise;

h) douração, prateamento, bronzeamento e estanhagem de espelhos e metais;

i) curtimento e feltragem do couro e conservação da madeira;

j) recuperação do mercúrio;

l) amalgamação do zinco.

m) tratamento a quente de amálgamas de metais;

n) fabricação e aplicação de fungicidas.

1.0.16	NÍQUEL E SEUS COMPOSTOS TÓXICOS	25 ANOS

a) extração e beneficiamento do níquel;

b) niquelagem de metais;

c) fabricação de acumuladores de níquel-cádmio.

1.0.17	PETRÓLEO, XISTO BETUMINOSO, GÁS NATURAL E SEUS DERIVADOS	25 ANOS

a) extração, processamento, beneficiamento e atividades de manutenção realizadas em unidades de extração, plantas petrolíferas e petroquímicas.

b) beneficiamento e aplicação de misturas asfálticas contendo hidrocarbonetos policíclicos.

1.0.18	SÍLICA LIVRE	25 ANOS

a) extração de minérios a céu aberto;

b) beneficiamento e tratamento de produtos minerais geradores de poeiras contendo sílica livre cristalizada;

c) tratamento, decapagem e limpeza de metais e fosqueamento de vidros com jatos de areia;

d) fabricação, processamento, aplicação e recuperação de materiais refratários;

e) fabricação de mós, rebolos e de pós e pastas para polimento;

f) fabricação de vidros e cerâmicas;

g) construção de túneis;

h) desbaste e corte a seco de materiais contendo sílica.

1.0.19	OUTRAS SUBSTÂNCIAS QUÍMICAS	25 ANOS

GRUPO I — ESTIRENO; BUTADIENO-ESTIRENO; ACRILONITRILA; 1-3 BUTADIENO; CLOROPRENO; MERCAPTANOS, n-HEXANO, DIISOCIANATO DE TOLUENO (TDI); AMINAS AROMÁTICAS

a) fabricação e vulcanização de artefatos de borracha;

b) fabricação e recauchutagem de pneus.

GRUPO II — AMINAS AROMÁTICAS, AMINOBIFENILA, AURAMINA, AZATIOPRINA, BIS (CLORO METIL) ÉTER, 1-4 BUTANODIOL DIMETANOSULFONATO (MILERAN), CICLOFOSFAMIDA, CLOROAMBUCIL, DIETILESTILBESTROL, ACRONITRILA, NITRONAFTILAMINA 4-DIMETIL-AMINOAZOBENZENO, BENZOPIRENO, BETAPROPIOLACTONA, BISCLOROETILETER, BISCLOROMETIL CLOROMETILETER, DIANIZIDINA, DICLOROBENZIDINA, DIETILSULFATO, DIMETILSULFATO, ETILENOAMINA, ETILENOTIUREIA, FENACETINA, IODETO DE METILA, ETILNITROSURÉIAS, METILENO-ORTOCLOROANILINA (MOCA), NITROSAMINA, ORTOTOLUIDINA, OXIMETALONA, PROCARBAZINA, PROPANOSULTONA, 1-3-BUTADIENO, ÓXIDO DE ETILENO, ESTILBENZENO, DIISOCIANATO DE TOLUENO (TDI), CREOSOTO, 4-AMINODIFENIL, BENZIDINA, BETANAFTILAMINA, ESTIRENO, 1-CLORO-2, 4 — NITRODIFENIL, 3-POXIPROPANO

a) manufatura de magenta (anilina e orto-toluidina);

b) fabricação de fibras sintéticas;

c) sínteses químicas;

d) fabricação da borracha e espumas;

e) fabricação de plásticos;

f) produção de medicamentos;

g) operações de preservação da madeira com creosoto;

h) esterilização de materiais cirúrgicos.

2.0.0	AGENTES FÍSICOS

Exposição acima dos limites de tolerância especificados ou às atividades descritas.

2.0.1	RUÍDO	25 ANOS
	a) exposição permanente a níveis de ruído acima de 90 decibéis.	
2.0.2	VIBRAÇÕES	25 ANOS
	a) trabalhos com perfuratrizes e marteletes pneumáticos.	
2.0.3	RADIAÇÕES IONIZANTES	25 ANOS
	a) extração e beneficiamento de minerais radioativos; b) atividades em minerações com exposição ao radônio; c) realização de manutenção e supervisão em unidades de extração, tratamento e beneficiamento de minerais radioativos com exposição às radiações ionizantes; d) operações com reatores nucleares ou com fontes radioativas; e) trabalhos realizados com exposição aos raios Alfa, Beta, Gama e X, aos nêutrons e às substâncias radioativas para fins industriais, terapêuticos e diagnósticos; f) fabricação e manipulação de produtos radioativos; g) pesquisas e estudos com radiações ionizantes em laboratórios.	
2.0.4	TEMPERATURAS ANORMAIS	25 ANOS
	a) trabalhos com exposição ao calor acima dos limites de tolerância estabelecidos na NR-15, da Portaria n. 3.214/78.	
2.0.5	PRESSÃO ATMOSFÉRICA ANORMAL	25 ANOS
	a) trabalhos em caixões ou câmaras hiperbáricas; b) trabalhos em tubulões ou túneis sob ar comprimido; c) operações de mergulho com o uso de escafandros ou outros equipamentos.	
3.0.0	BIOLÓGICOS	
	Exposição aos agentes citados unicamente nas atividades relacionadas.	
3.0.1	MICROORGANISMOS E PARASITAS INFECCIOSOS VIVOS E SUAS TOXINAS	25 ANOS
	a) trabalhos em estabelecimentos de saúde em contato com pacientes portadores de doenças infecto-contagiosas ou com manuseio de materiais contaminados; b) trabalhos com animais infectados para tratamento ou para o preparo de soro, vacinas e outros produtos; c) trabalhos em laboratórios de autópsia, de anatomia e anátomo-histologia; d) trabalho de exumação de corpos e manipulação de resíduos de animais deteriorados;	

e) trabalhos em galerias, fossas e tanques de esgoto;

f) esvaziamento de biodigestores;

g) coleta e industrialização do lixo.

4.0.0 ASSOCIAÇÃO DE AGENTES

Exposição aos agentes combinados exclusivamente nas atividades especificadas.

4.0.1 FÍSICOS, QUÍMICOS E BIOLÓGICOS 20 ANOS

a) mineração subterrânea cujas atividades sejam exercidas afastadas das frentes de produção.

4.0.2 FÍSICOS, QUÍMICOS E BIOLÓGICOS 15 ANOS

a) trabalhos em atividades permanentes no subsolo de minerações subterrâneas em frente de produção.

7.4. Anexo IV do Decreto n. 3.048/99

ANEXO IV

CLASSIFICAÇÃO DOS AGENTES NOCIVOS — TEMPO DE EXPOSIÇÃO

1.0.0 — AGENTES QUÍMICOS

O que determina o direito ao benefício é a exposição do trabalhador ao agente nocivo presente no ambiente de trabalho e no processo produtivo, em nível de concentração superior aos limites de tolerância estabelecidos.

O rol de agentes nocivos é exaustivo, enquanto que as atividades listadas, nas quais pode haver a exposição, é exemplificativa. *(Redação dada pelo Decreto n. 3.265, de 29.11.1999).*

1.0.1 — ARSÊNIO E SEUS COMPOSTOS 25 ANOS

a) extração de arsênio e seus compostos tóxicos;

b) metalurgia de minérios arsenicais;

c) utilização de hidrogênio arseniado (arsina) em sínteses orgânicas e no processamento de componentes eletrônicos;

d) fabricação e preparação de tintas e lacas;

e) fabricação, preparação e aplicação de inseticidas, herbicidas, parasiticidas e raticidas com a utilização de compostos de arsênio;

f) produção de vidros, ligas de chumbo e medicamentos com a utilização de compostos de arsênio;

g) conservação e curtume de peles, tratamento e preservação da madeira com a utilização de compostos de arsênio.

1.0.2 — ASBESTOS	20 ANOS

a) extração, processamento e manipulação de rochas amiantíferas;

b) fabricação de guarnições para freios, embreagens e materiais isolantes contendo asbestos;

c) fabricação de produtos de fibrocimento;

d) mistura, cardagem, fiação e tecelagem de fibras de asbestos.

1.0.3 — BENZENO E SEUS COMPOSTOS TÓXICOS	25 ANOS

a) produção e processamento de benzeno;

b) utilização de benzeno como matéria-prima em sínteses orgânicas e na produção de derivados;

c) utilização de benzeno como insumo na extração de óleos vegetais e álcoois;

d) utilização de produtos que contenham benzeno, como colas, tintas, vernizes, produtos gráficos e solventes;

e) produção e utilização de clorobenzenos e derivados;

f) fabricação e vulcanização de artefatos de borracha;

g) fabricação e recauchutagem de pneumáticos.

1.0.4 — BERÍLIO E SEUS COMPOSTOS TÓXICOS	25 ANOS

a) extração, trituração e tratamento de berílio;

b) fabricação de compostos e ligas de berílio;

c) fabricação de tubos fluorescentes e de ampolas de raio X;

d) fabricação de queimadores e moderadores de reatores nucleares;

e) fabricação de vidros e porcelanas para isolantes térmicos;

f) utilização do berílio na indústria aeroespacial.

1.0.5 — BROMO E SEUS COMPOSTOS TÓXICOS	25 ANOS

a) fabricação e emprego do bromo e do ácido brômico.

1.0.6 — CÁDMIO E SEUS COMPOSTOS TÓXICOS	25 ANOS

a) extração, tratamento e preparação de ligas de cádmio;

b) fabricação de compostos de cádmio;

c) utilização de eletrodos de cádmio em soldas;

d) utilização de cádmio no revestimento eletrolítico de metais;

e) utilização de cádmio como pigmento e estabilizador na indústria do plástico;

f) fabricação de eletrodos de baterias alcalinas de níquel-cádmio.

1.0.7 — CARVÃO MINERAL E SEUS DERIVADOS	25 ANOS

a) extração, fabricação, beneficiamento e utilização de carvão mineral, piche, alcatrão, betume e breu;

b) extração, produção e utilização de óleos minerais e parafinas;

c) extração e utilização de antraceno e negro de fumo;

d) produção de coque.

1.0.8 — CHUMBO E SEUS COMPOSTOS TÓXICOS 25 ANOS

a) extração e processamento de minério de chumbo;

b) metalurgia e fabricação de ligas e compostos de chumbo;

c) fabricação e reformas de acumuladores elétricos;

d) fabricação e emprego de chumbo-tetraetila e chumbo-tetrametila;

e) fabricação de tintas, esmaltes e vernizes à base de compostos de chumbo;

f) pintura com pistola empregando tintas com pigmentos de chumbo;

g) fabricação de objetos e artefatos de chumbo e suas ligas;

h) vulcanização da borracha pelo litargírio ou outros compostos de chumbo;

i) utilização de chumbo em processos de soldagem;

j) fabricação de vidro, cristal e esmalte vitrificado;

k) fabricação de pérolas artificiais;

l) fabricação e utilização de aditivos à base de chumbo para a indústria de plásticos.

1.0.9 — CLORO E SEUS COMPOSTOS TÓXICOS 25 ANOS

a) fabricação e emprego de defensivos organoclorados;

b) fabricação e emprego de cloroetilaminas (mostardas nitrogenadas);

c) fabricação e manuseio de bifenis policlorados (PCB);

d) fabricação e emprego de cloreto de vinil como monômero na fabricação de policloreto de vinil (PVC) e outras resinas e como intermediário em produções químicas ou como solvente orgânico;

e) fabricação de policloroprene;

f) fabricação e emprego de clorofórmio (triclorometano) e de tetracloreto de carbono.

1.0.10 — CROMO E SEUS COMPOSTOS TÓXICOS 25 ANOS

a) fabricação, emprego industrial, manipulação de cromo, ácido crômico, cromatos e bicromatos;

b) fabricação de ligas de ferro-cromo;

c) revestimento eletrolítico de metais e polimento de superfícies cromadas;

d) pintura com pistola utilizando tintas com pigmentos de cromo;

e) soldagem de aço inoxidável.

1.0.11 — DISSULFETO DE CARBONO 25 ANOS

a) fabricação e utilização de dissulfeto de carbono;

b) fabricação de viscose e seda artificial (raiom);

c) fabricação e emprego de solventes, inseticidas e herbicidas contendo dissulfeto de carbono;

d) fabricação de vernizes, resinas, sais de amoníaco, de tetracloreto de carbono, de vidros óticos e produtos têxteis com uso de dissulfeto de carbono.

1.0.12 — FÓSFORO E SEUS COMPOSTOS TÓXICOS 25 ANOS

a) extração e preparação de fósforo branco e seus compostos;

b) fabricação e aplicação de produtos fosforados e organofosforados (sínteses orgânicas, fertilizantes e praguicidas);

c) fabricação de munições e armamentos explosivos.

1.0.13 — IODO — 25 ANOS

a) fabricação e emprego industrial do iodo.

1.0.14 — MANGANÊS E SEUS COMPOSTOS 25 ANOS

a) extração e beneficiamento de minérios de manganês;

b) fabricação de ligas e compostos de manganês;

c) fabricação de pilhas secas e acumuladores;

d) preparação de permanganato de potássio e de corantes;

e) fabricação de vidros especiais e cerâmicas;

f) utilização de eletrodos contendo manganês;

g) fabricação de tintas e fertilizantes.

1.0.15 — MERCÚRIO E SEUS COMPOSTOS 25 ANOS

a) extração e utilização de mercúrio e fabricação de seus compostos;

b) fabricação de espoletas com fulminato de mercúrio;

c) fabricação de tintas com pigmento contendo mercúrio;

d) fabricação e manutenção de aparelhos de medição e de laboratório;

e) fabricação de lâmpadas, válvulas eletrônicas e ampolas de raio X;

f) fabricação de minuterias, acumuladores e retificadores de corrente;

g) utilização como agente catalítico e de eletrólise;

h) douração, prateamento, bronzeamento e estanhagem de espelhos e metais;

i) curtimento e feltragem do couro e conservação da madeira;

j) recuperação do mercúrio;

k) amalgamação do zinco;

l) tratamento a quente de amálgamas de metais;

m) fabricação e aplicação de fungicidas.

1.0.16 — NÍQUEL E SEUS COMPOSTOS TÓXICOS 25 ANOS

a) extração e beneficiamento do níquel;

b) niquelagem de metais;

c) fabricação de acumuladores de níquel-cádmio.

1.0.17 — PETRÓLEO, XISTO BETUMINOSO, GÁS NATURAL E SEUS DERIVADOS 25 ANOS

a) extração, processamento, beneficiamento e atividades de manutenção realizadas em unidades de extração, plantas petrolíferas e petroquímicas;

b) beneficiamento e aplicação de misturas asfálticas contendo hidrocarbonetos policíclicos.

1.0.18 — SÍLICA LIVRE 25 ANOS

a) extração de minérios a céu aberto;

b) beneficiamento e tratamento de produtos minerais geradores de poeiras contendo sílica livre cristalizada;

c) tratamento, decapagem e limpeza de metais e fosqueamento de vidros com jatos de areia;

d) fabricação, processamento, aplicação e recuperação de materiais refratários;

e) fabricação de mós, rebolos e de pós e pastas para polimento;

f) fabricação de vidros e cerâmicas;

g) construção de túneis;

h) desbaste e corte a seco de materiais contendo sílica.

1.0.19 — OUTRAS SUBSTÂNCIAS QUÍMICAS 25 ANOS

GRUPO I — ESTIRENO; BUTADIENO-ESTIRENO; ACRILONITRILA; 1-3 BUTADIENO; CLOROPRENO; MERCAPTANOS, n-HEXANO, DIISOCIANATO DE TOLUENO (TDI); AMINAS AROMÁTICAS

a) fabricação e vulcanização de artefatos de borracha;

b) fabricação e recauchutagem de pneus.

GRUPO II — AMINAS AROMÁTICAS, AMINOBIFENILA, AURAMINA, AZATIOPRINA, BIS (CLORO METIL) ÉTER, 1-4 BUTANODIOL, DIMETANOSULFONATO (MILERAN), CICLOFOSFAMIDA, CLOROAMBUCIL, DIETILESTIL-BESTROL, ACRONITRILA, NITRONAFTILAMINA 4-DIMETIL-AMINOAZOBENZENO, BENZOPIRENO, BETA-PROPIOLACTONA, BISCLOROETILETER, BISCLOROMETIL, CLOROMETILETER, DIANIZIDINA, DICLOROBENZIDINA, DIETILSULFATO, DIMETILSULFATO, ETILENOAMINA, ETILENOTIUREIA, FENACETINA, IODETO DE METILA, ETILNITROSURÉIAS, METILENO-ORTOCLOROANILINA (MOCA), NITROSAMINA, ORTOTOLUIDINA, OXIME-TALONA, PROCARBAZINA, PROPANOSULTONA, 1-3-BUTADIENO, ÓXIDO DE ETILENO, ESTILBENZENO, DIISOCIANATO DE TOLUENO (TDI), CREOSOTO, 4-AMINODIFENIL, BENZIDINA, BETANAFTILAMINA, ESTIRENO, 1-CLORO-2, 4 — NITRODIFENIL, 3-POXIPRO-PANO

a) manufatura de magenta (anilina e ortotoluidina);

b) fabricação de fibras sintéticas;

c) sínteses químicas;

d) fabricação da borracha e espumas;

e) fabricação de plásticos;

f) produção de medicamentos;

g) operações de preservação da madeira com creosoto;

h) esterilização de materiais cirúrgicos.

2.0.0 — AGENTES FÍSICOS	
Exposição acima dos limites de tolerância especificados ou às atividades descritas.	
2.0.1 — RUÍDO	25 ANOS
a) exposição a Níveis de Exposição Normalizados (NEN) superiores a 85 dB(A). *(Alínea com redação dada pelo Decreto n. 4.882, de 18.11.2003 — DOU de 19.11.2003).* Redação original: a) exposição permanente a níveis de ruído acima de 90 decibéis.	
2.0.2 — VIBRAÇÕES	25 ANOS
a) trabalhos com perfuratrizes e marteletes pneumáticos.	
2.0.3 — RADIAÇÕES IONIZANTES	25 ANOS
a) extração e beneficiamento de minerais radioativos; b) atividades em minerações com exposição ao radônio; c) realização de manutenção e supervisão em unidades de extração, tratamento e beneficiamento de minerais radioativos com exposição às radiações ionizantes; d) operações com reatores nucleares ou com fontes radioativas; e) trabalhos realizados com exposição aos raios Alfa, Beta, Gama e X, aos nêutrons e às substâncias radioativas para fins industriais, terapêuticos e diagnósticos; f) fabricação e manipulação de produtos radioativos; g) pesquisas e estudos com radiações ionizantes em laboratórios.	
2.0.4 — TEMPERATURAS ANORMAIS	25 ANOS
a) trabalhos com exposição ao calor acima dos limites de tolerância estabelecidos na NR-15, da Portaria n. 3.214/78.	
2.0.5 — PRESSÃO ATMOSFÉRICA ANORMAL	25 ANOS
a) trabalhos em caixões ou câmaras hiperbáricas; b) trabalhos em tubulões ou túneis sob ar comprimido; c) operações de mergulho com o uso de escafandros ou outros equipamentos.	

3.0.0 — BIOLÓGICOS

Exposição aos agentes citados unicamente nas atividades relacionadas.

3.0.1 — MICROORGANISMOS E PARASITAS INFECTO-CONTAGIOSOS VIVOS E SUAS TOXINAS 25 ANOS *(Item com redação dada pelo Decreto n. 4.882, de 18.11.2003 — DOU de 19.11.2003).*

Redação original:

3.0.1 — MICROORGANISMOS E PARASITAS INFECCIOSOS VIVOS E SUAS TOXINAS 25 ANOS

a) trabalhos em estabelecimentos de saúde em contato com pacientes portadores de doenças infecto-contagiosas ou com manuseio de materiais contaminados;

b) trabalhos com animais infectados para tratamento ou para o preparo de soro, vacinas e outros produtos;

c) trabalhos em laboratórios de autópsia, de anatomia e anátomo-histologia;

d) trabalho de exumação de corpos e manipulação de resíduos de animais deteriorados;

e) trabalhos em galerias, fossas e tanques de esgoto;

f) esvaziamento de biodigestores;

g) coleta e industrialização do lixo.

4.0.0 — ASSOCIAÇÃO DE AGENTES

Nas associações de agentes que estejam acima do nível de tolerância, será considerado o enquadramento relativo ao que exigir menor tempo de exposição. *(Item com redação dada pelo Decreto n. 4.882, de 18.11.2003 — DOU de 19.11.2003).*

Redação original:

4.0.0 — ASSOCIAÇÃO DE AGENTES

Exposição aos agentes combinados exclusivamente nas atividades especificadas.

4.0.1 — FÍSICOS, QUÍMICOS E BIOLÓGICOS 20 ANOS

a) mineração subterrânea cujas atividades sejam exercidas afastadas das frentes de produção.

4.0.2 — FÍSICOS, QUÍMICOS E BIOLÓGICOS 15 ANOS

a) trabalhos em atividades permanentes no subsolo de minerações subterrâneas em frente de produção.

8 — RELAÇÃO DAS SITUAÇÕES QUE POSSIBILITAM A CONCESSÃO DO BENEFÍCIO DE AUXÍLIO-ACIDENTE (ANEXO III DO DECRETO N. 3.048/99)

ANEXO III
RELAÇÃO DAS SITUAÇÕES QUE DÃO DIREITO AO AUXÍLIO-ACIDENTE

QUADRO N. 1

APARELHO VISUAL

Situações:

a) acuidade visual, após correção, igual ou inferior a 0,2 no olho acidentado;

b) acuidade visual, após correção, igual ou inferior a 0,5 em ambos os olhos, quando ambos tiverem sido acidentados;

c) acuidade visual, após correção, igual ou inferior a 0,5 no olho acidentado, quando a do outro olho for igual a 0,5 ou menos, após correção;

d) lesão da musculatura extrínseca do olho, acarretando paresia ou paralisia;

e) lesão bilateral das vias lacrimais, com ou sem fístulas, ou unilateral com fístula.

NOTAS:

I - A acuidade visual restante é avaliada pela escala de Wecker, em décimos, e após a correção por lentes.

II - A nubécula e o leucoma são analisados em função a redução da acuidade ou do prejuízo estético que acarretam, de acordo com os quadros respectivos.

QUADRO N. 2

APARELHO AUDITIVO

Trauma Acústico

a) perda da audição no ouvido acidentado;

b) redução da audição em grau médio ou superior em ambos os ouvidos, quando os dois tiverem sido acidentados;

c) redução da audição, em grau médio ou superior, no ouvido acidentado, quando a audição do outro estiver também reduzida em grau médio ou superior.

NOTAS:

I - A capacidade auditiva em cada ouvido é avaliada mediante audiometria apenas aérea, nas freqüências de 500, 1.000, 2.000 e 3.000 Hertz.

II - A redução da audição, em cada ouvido, é avaliada pela média aritmética dos valores, em decibéis, encontrados nas freqüências de 500, 1.000, 2.000 e 3.000 Hertz, segundo adaptação da classsificação de Davis & Silvermann, 1970.

Audição normal - até vinte e cinco decibéis.

Redução em grau mínimo - vinte e seis a quarenta decibéis;

Redução em grau médio - quarenta e um a setenta decibéis;

Redução em grau máximo - setenta e um a noventa decibéis;

Perda de audição - mais de noventa decibéis.

QUADRO N. 3

APARELHO DA FONAÇÃO

Situação

Perturbação da palavra em grau médio ou máximo, desde que comprovada por métodos clínicos objetivos.

QUADRO N. 4

PREJUÍZO ESTÉTICO

Situações:

Prejuízo estético, em grau médio ou máximo, quando atingidos crânios, e/ou face, e/ou pescoço ou perda de dentes quando há também deformação da arcada dentária que impede o uso de prótese.

NOTAS:

I - Só é considerada como prejuízo estético a lesão que determina apreciável modificação estética do segmento corpóreo atingido, acarretando aspecto desagradável, tendo-se em conta sexo, idade e profissão do acidentado.

II - A perda anatômica de membro, a redução de movimentos articulares ou a alteração da capacidade funcional de membro não são considerados como prejuízo estético, podendo, porém, ser enquadradas, se for o caso, nos quadros respectivos.

QUADRO N. 5

PERDAS DE SEGMENTOS DE MEMBROS

Situações:

a) perda de segmento ao nível ou acima do carpo;

b) perda de segmento do primeiro quirodáctilo, desde que atingida a falange proximal; *(Alínea com redação dada pelo **Decreto** n. 4.032, de 26.11.2001 - DOU de 27.11.2001)*

c) perda de segmentos de dois quirodáctilos, desde que atingida a falange proximal em pelo menos um deles; *(Alínea com redação dada pelo **Decreto** n. 4.032, de 26.11.2001 - DOU de 27.11.2001)*

d) perda de segmento do segundo quirodáctilo, desde que atingida a falange proximal; *(Alínea com redação dada pelo **Decreto** n. 4.032, de 26.11.2001 - DOU de 27.11.2001)*

e) perda de segmento de três ou mais falanges, de três ou mais quirodáctilos;

f) perda de segmento ao nível ou acima do tarso;

g) perda de segmento do primeiro pododáctilo, desde que atingida a falange proximal; *(Alínea com redação dada pelo **Decreto** n. 4.032, de 26.11.2001 - DOU de 27.11.2001)*

h) perda de segmento de dois pododáctilos, desde que atingida a falange proximal em ambos; *(Alínea com redação dada pelo **Decreto** n. 4.032, de 26.11.2001 - DOU de 27.11.2001)*

i) perda de segmento de três ou mais falanges, de três ou mais pododáctilos.

Redação original:

b) perda de segmento do primeiro quirodáctilo, desde que atingida a falange distal;

c) perda de segmentos de dois quirodáctilos, desde que atingida a falange distal em pelo menos um deles;

d) perda de segmento do segundo quirodáctilo, desde que atingida a falange distal;

g) perda de segmento do primeiro pododáctilo, desde que atingida a falange distal;

h) perda de segmento de dois pododáctilos, desde que atingida a falange distal em ambos;

NOTA:

Para efeito de enquadramento, a perda parcial de parte óssea de um segmento equivale à perda do segmento. A perda parcial de partes moles sem perda de parte óssea do segmento não é considerada para efeito de enquadramento.

QUADRO N. 6

ALTERAÇÕES ARTICULARES

Situações:

a) redução em grau médio ou superior dos movimentos da mandíbula;

b) redução em grau máximo dos movimentos do segmento cervical da coluna vertebral;

c) redução em grau máximo dos movimentos do segmento lombo-sacro da coluna vertebral;

d) redução em grau médio ou superior dos movimentos das articulações do ombro ou do cotovelo;

e) redução em grau médio ou superior dos movimentos de pronação e/ou de supinação do antebraço;

f) redução em grau máximo dos movimentos do primeiro e/ou do segundo quirodáctilo, desde que atingidas as articulações metacarpo-falangeana e falange-falangeana;

g) redução em grau médio ou superior dos movimentos das articulações coxo-femural e/ou joelho, e/ou tíbio-társica.

NOTAS:

I - Os graus de redução de movimentos articulares referidos neste quadro são avaliados de acordo com os seguintes critérios:

Grau máximo: redução acima de dois terços da amplitude normal do movimento da articulação;

Grau médio: redução de mais de um terço e até dois terços da amplitude normal do movimento da articulação;

Grau mínimo: redução de até um terço da amplitude normal do movimento da articulação.

II - A redução de movimentos do cotovelo, de pronação e supinação do antebraço, punho, joelho e tíbio-társica, secundária a uma fratura de osso longo do membro, consolidada em posição viciosa e com desvio de eixo, também é enquadrada dentro dos limites estabelecidos.

QUADRO N. 7
ENCURTAMENTO DE MEMBRO INFERIOR Situações: Encurtamento de mais de 4 cm (quatro centímetros).
NOTA:
A preexistência de lesão de bacia deve ser considerada quando da avaliação do encurtamento.

QUADRO N. 8
REDUÇÃO DA FORÇA E/OU DA CAPACIDADE FUNCIONAL DOS MEMBROS Situações: a) redução da força e/ou da capacidade funcional da mão, do punho, do antebraço ou de todo o membro superior em grau sofrível ou inferior da classificação de desempenho muscular; b) redução da força e/ou da capacidade funcional do primeiro quirodáctilo em grau sofrível ou inferior; c) redução da força e/ou da capacidade funcional do pé, da perna ou de todo o membro inferior em grau sofrível ou inferior.
NOTAS:
I - Esta classificação se aplica a situações decorrentes de comprometimento muscular ou neurológico. Não se aplica a alterações decorrentes de lesões articulares ou de perdas anatômicas constantes dos quadros próprios. II - Na avaliação de redução da força ou da capacidade funcional é utilizada a classificação da carta de desempenho muscular da The National Foundation for Infantile Paralysis, adotada pelas Sociedades Internacionais de Ortopedia e Traumatologia, e a seguir transcrita: Desempenho muscular Grau 5 - Normal - cem por cento - Amplitude completa de movimento contra a gravidade e contra grande resistência. Grau 4 - Bom - setenta e cinco por cento - Amplitude completa de movimento contra a gravidade e contra alguma resistência. Grau 3 - Sofrível - cinqüenta por cento - Amplitude completa de movimento contra a gravidade sem opor resistência. Grau 2 - Pobre - vinte e cinco por cento - Amplitude completa de movimento quando eliminada a gravidade. Grau 1 - Traços - dez por cento - Evidência de leve contração. Nenhum movimento articular. Grau 0 (zero) - zero por cento - Nenhuma evidência de contração. Grau E ou EG - zero por cento - Espasmo ou espasmo grave. Grau C ou CG - Contratura ou contratura grave. III - O enquadramento dos casos de grau sofrível ou inferior abrange, na prática, os casos de redução em que há impossibilidade de movimento contra alguma força de resistência além da força de gravidade.

QUADRO N. 9
OUTROS APARELHOS E SISTEMAS Situações: a) segmentectomia pulmonar que acarrete redução em grau médio ou superior da capacidade funcional respiratória; devidamente correlacionada à sua atividade laborativa. b) perda do segmento do aparelho digestivo cuja localização ou extensão traz repercussões sobre a nutrição e o estado geral.
DOENÇAS PROFISSIONAIS E AS DO TRABALHO
As doenças profissionais e as do trabalho, que após consolidações das lesões resultem seqüelas permanentes com redução da capacidade de trabalho, deverão ser enquadradas conforme o art. 104 deste Regulamento.

9 — TABELA DE SALÁRIO-DE-CONTRIBUIÇÃO — HISTÓRICO

Tabela vigente para fatos geradores a contar de 1º.3.2008* (Portaria n. 77, de 11.3.2008 – DOU de 12.3.2008)	
Salário-de-Contribuição (R$)	**Alíquota para Fins de Recolhimento ao INSS (%)**
até 911,70	8,00
de 911,70 até 1.519,50	9,00
de 1.519,50 até 3.038,99	11,00
* A partir de 1º de janeiro de 2008 o valor dos benefícios de prestação continuada e de prestação única até R$ 3.800,00 (três mil e oitocentos reais) não terá o acréscimo do valor da Contribuição Provisória sobre Movimentação ou Transmissão de Valores e de Créditos e Direitos de Natureza Financeira - CPMF de que trata a Lei n. 9.311, de 24 de outubro de 1996.	

Tabela vigente para fatos geradores a contar de 1º.1.2008* (Portaria n. 501, de 28.12.2007 – DOU de 31.12.2007)	
Salário-de-Contribuição (R$)	**Alíquota para Fins de Recolhimento ao INSS (%)**
até 868,29	8,00
de 868,30 até 1.447,14	9,00
de 1.447,15 até 2.894,28	11,00
* A partir de 1º de janeiro de 2008 o valor dos benefícios de prestação continuada e de prestação única até R$ 3.800,00 (três mil e oitocentos reais) não terá o acréscimo do valor da Contribuição Provisória sobre Movimentação ou Transmissão de Valores e de Créditos e Direitos de Natureza Financeira - CPMF de que trata a Lei n. 9.311, de 24 de outubro de 1996.	

Tabela Vigente para Fatos Geradores a Contar de 1º.4.2007 (Portaria n. 142, de 11.04.2007 – DOU de 12.04.2007)	
Salário-de-Contribuição (R$)	Alíquota para Fins de Recolhimento ao INSS (%)
até 868,29	7,65*
de 868,30 até 1.140,00	8,65*
de 1.140,01 até 1.447,14	9,00
de 1.447,15 até 2.894,28	11,00
* A alíquota é reduzida apenas para salários e remunerações até três salários mínimos, em função do disposto no inciso II do art. 17 da Lei n. 9.311, de 1996.	

Tabela Vigente no Período de 01.08.2006 a 31.03.2007 (Portaria n. 342, de 16.08.2006 – DOU de 17.08.2006)	
Salário-de-Contribuição (R$)	Alíquota para Fins de Recolhimento ao INSS (%)
até 840,55	7,65*
de 840,56 até 1.050,00	8,65*
de 1.050,01 até 1.400,91	9,00
de 1.400,92 até 2.801,82	11,00
* A alíquota é reduzida apenas para salários e remunerações até três salários mínimos, em função do disposto no inciso II do art. 17 da Lei n. 9.311, de 1996.	

Tabela Vigente no Período de 01.04.2006 a 31.07.2006 (Portaria n. 119, de 18.04.2006 – DOU de 19.04.2006)	
Salário-de-Contribuição (R$)	Alíquota para Fins de Recolhimento ao INSS (%)
até 840,47	7,65*
de 840,48 até 1.050,00	8,65*
de 1.050,01 até 1.400,77	9,00
de 1.400,78 até 2.801,56	11,00
* A alíquota é reduzida apenas para salários e remunerações até três salários mínimos, em função do disposto no inciso II do art. 17 da Lei n. 9.311, de 1996.	

Tabela Vigente no Período de 01.05.2005 a 31.03.2006 (Portaria n. 822, de 11.05.2005 – DOU de 12.05.2005)	
Salário-de-Contribuição (R$)	Alíquota para Fins de Recolhimento ao INSS (%)
até 800,45	7,65*
de 800,46 até 900,00	8,65*
de 900,01 até 1.334,07	9,00
de 1.334,08 até 2.668,15	11,00
* A alíquota é reduzida apenas para salários e remunerações até três salários mínimos, em função do disposto no inciso II do art. 17 da Lei n. 9.311, de 1996.	

Tabela Vigente no Período de 01.05.2004 a 30.04.2005 (Portaria n. 479, de 07.05.2004 – DOU de 10.05.2004)	
Salário-de-Contribuição (R$)	Alíquota para Fins de Recolhimento ao INSS (%)
até 752,62	7,65*
de 752,63 até 780,00	8,65*
de 780,01 até 1.254,36	9,00
de 1.254,37 até 2.508,72	11,00
* A alíquota é reduzida apenas para salários e remunerações até três salários mínimos, em função do disposto no inciso II do art. 17 da Lei n. 9.311, de 1996.	

Tabela Vigente no Período de 01.01.2004 a 30.04.2004 (Portaria n. 12, de 06.01.2004 – DOU de 08.01.2004)	
Salário-de-Contribuição (R$)	Alíquota para Fins de Recolhimento ao INSS (%)
até 720,00	7,65*
de 720,01 até 1.200,00	9,00
de 1.200,01 até 2.400,00	11,00
* A alíquota é reduzida apenas para salários e remunerações até três salários mínimos, em função do disposto no inciso II do art. 17 da Lei n. 9.311, de 1996.	

Tabela Vigente no Período de 01.06.2003 a 31.12.2003 (Portaria n. 727, de 30.05.2003 – DOU de 02.06.2003)	
Salário-de-Contribuição (R$)	Alíquota para Fins de Recolhimento ao INSS (%)
até 560,81	7,65*
de 560,82 até 720,00	8,65*
de 720,01 até 934,67	9,00
de 934,68 até 1.869,34	11,00
* A alíquota é reduzida apenas para salários e remunerações até três salários mínimos, em função do disposto no inciso II do art. 17 da Lei n. 9.311, de 1996.	

Tabela Vigente no Período de 01.04.2003 a 31.05.2003 (Portaria n. 348, de 08.04.2003 – DOU de 10.04.2003)	
Salário-de-Contribuição (R$)	Alíquota para Fins de Recolhimento ao INSS (%)
até 468,47	7,65*
de 468,48 até 720,00	8,65*
de 720,01 até 780,78	9,00
de 780,79 até 1.561,56	11,00
* A alíquota é reduzida apenas para salários e remunerações até três salários mínimos, em função do disposto no inciso II do art. 17 da Lei n. 9.311, de 1996.	

Tabela Vigente no Período de 01.06.2002 a 31.03.2003 (Portaria n. 525, de 29.05.2002 – DOU de 31.05.2002 e Portaria n. 610, de 14.06.2002 - DOU de 18.06.2002)	
Salário-de-Contribuição (R$)	Alíquota para Fins de Recolhimento ao INSS (%)
até 468,47	7,65*
de 468,48 até 600,00	8,65*
de 600,01 até 780,78	9,00
de 780,79 até 1.561,56	11,00
* A alíquota é reduzida apenas para salários e remunerações até três salários mínimos, em função do disposto no inciso II do art. 17 da Lei n. 9.311, de 1996.	

Tabela Vigente no Período de 01.04.2002 a 31.05.2002 (Portaria n. 288, de 28.03.2002 – DOU de 02.04.2002)	
Salário-de-Contribuição (R$)	Alíquota para Fins de Recolhimento ao INSS (%)
até 429,00	7,65*
de 429,01 até 600,00	8,65*
de 600,01 até 715,00	9,00
de 715,01 até 1.430,00	11,00
* A alíquota é reduzida apenas para salários e remunerações até três salários mínimos, em função do disposto no inciso II do art. 17 da Lei n. 9.311, de 1996.	

Tabela Vigente no Período de 01.06.2001 a 31.03.2002 (Portaria n. 1.987, de 04.06.2001 – DOU de 05.06.2001)	
Salário-de-Contribuição (R$)	Alíquota para Fins de Recolhimento ao INSS (%)
até 429,00	7,65*
de 429,01 até 540,00	8,65*
de 540,01 até 715,00	9,00
de 715,01 até 1.430,00	11,00
* A alíquota é reduzida apenas para salários e remunerações até três salários mínimos, em função do disposto no inciso II do art. 17 da Lei n. 9.311, de 1996.	

Tabela Vigente no Período de 01.04.2001 a 31.05.2001 (Portaria n. 908, de 30.03.2001 - DOU de 02.04.2001)	
Salário-de-Contribuição (R$)	Alíquota para Fins de Recolhimento ao INSS (%)
até 398,48	7,65*
de 398,49 até 540,00	8,65*
de 540,01 até 664,13	9,00
de 664,14 até 1.328,25	11,00
* A alíquota é reduzida apenas para salários e remunerações até três salários mínimos, em função do disposto no inciso II do art. 17 da Lei n. 9.311, de 1996.	

Tabela Vigente no Período de 18.03.2001 a 31.03.2001 (Portaria n. 845, de 15.03.2001 – DOU de 19.03.2001)	
Salário-de-Contribuição (R$)	Alíquota para Fins de Recolhimento ao INSS (%)
até 398,48	7,65*
de 398,49 até 453,00	8,65*
de 453,01 até 664,13	9,00
de 664,14 até 1.328,25	11,00
* A alíquota é reduzida apenas para salários e remunerações até três salários mínimos, em função do disposto no inciso II do art. 17 da Lei n. 9.311, de 1996.	

Tabela Vigente no Período de 17.06.2000 a 17.03.2001 (Portaria n. 6.211, de 25.05.2000 – DOU de 26.05.2000)	
Salário-de-Contribuição (R$)	Alíquota para Fins de Recolhimento ao INSS (%)
até 398,48	7,72*
de 398,49 até 453,00	8,73*
de 453,01 até 664,13	9,00
de 664,14 até 1.328,25	11,00
* A alíquota é reduzida apenas para salários e remunerações até três salários mínimos, em função do disposto no inciso II do art. 17 da Lei n. 9.311, de 1996.	

Tabela Vigente no Período de 01.06.2000 a 16.06.2000 (Portaria n. 6.211, de 25.05.2000 – DOU de 26.05.2000)	
Salário-de-Contribuição (R$)	Alíquota para Fins de Recolhimento ao INSS(%)
até 398,48	7,65*
de 398,49 até 453,00	8,65*
de 453,01 até 664,13	9,00
de 664,14 até 1.328,25	11,00
* A alíquota é reduzida apenas para salários e remunerações até três salários mínimos, em função do disposto no inciso II do art. 17 da Lei n. 9.311, de 1996.	

Tabela Vigente no Período de 01.05.2000 a 31.05.2000 (Portaria n. 5.107, de 11.04.2000 - DOU de 12.04.2000)	
Salário-de-Contribuição (R$)	Alíquota para Fins de Recolhimento ao INSS (%)
até 376,60	7,65*
de 376,61 até 453,00	8,65*
de 453,01 até 627,66	9,00
de 627,67 até 1.255,32	11,00
* A alíquota é reduzida apenas para salários e remunerações até três salários mínimos, em função do disposto no inciso II do art. 17 da Lei n. 9.311, de 1996.	

Tabela Vigente no Período de 01.04.2000 a 30.04.2000 (Portaria n. 5.107, de 11.04.2000 - DOU de 12.04.2000)	
Salário-de-Contribuição (R$)	Alíquota para Fins de Recolhimento ao INSS (%)
até 376,60	7,65*
de 376,61 até 450,00	8,65*
de 450,01 até 627,66	9,00
de 627,67 até 1.255,32	11,00
* A alíquota é reduzida apenas para salários e remunerações até três salários mínimos, em função do disposto no inciso II do art. 17 da Lei n. 9.311, de 1996.	

Tabela Vigente no Período de 17.06.1999 a 31.03.2000 (Portaria n. 5.326, de 16.06.1999 - DOU de 17.06.1999)	
Salário-de-Contribuição (R$)	Alíquota para Fins de Recolhimento ao INSS (%)
até 376,60	7,65*
de 376,61 até 408,00	8,65*
de 408,01 até 627,66	9,00
de 627,67 até 1.255,32	11,00
* A alíquota é reduzida apenas para salários e remunerações até três salários mínimos, em função do disposto no inciso II do art. 17 da Lei n. 9.311, de 1996.	

Tabela Vigente no Período de 01.06.1999 a 16.06.1999 (Portaria n. 5.188, de 06.05.1999 - DOU de 10.05.1999)	
Salário-de-Contribuição (R$)	Alíquota para Fins de Recolhimento ao INSS (%)
até 376,60	8,00
de 376,61 até 627,66	9,00
de 627,67 até 1.255,32	11,00

Tabela Vigente no Período de 01.05.1999 a 31.05.1999 (Portaria n. 5.188, de 06.05.1999 - DOU de 10.05.1999)	
Salário-de-Contribuição (R$)	Alíquota para Fins de Recolhimento ao INSS (%)
até 360,00	8,00
de 360,01 até 600,00	9,00
de 600,01 até 1.200,00	11,00

Tabela Vigente no Período de 01.01.1999 a 30.04.1999 (Portaria n. 4.946, de 06.01.1999 - DOU de 07.01.1999)	
Salário-de-Contribuição (R$)	Alíquota para Fins de Recolhimento ao INSS (%)
até 360,00	8,00
de 360,01 até 600,00	9,00
de 600,01 até 1.200,00	11,00

Tabela Vigente no Período de 16.12.1998 a 31.12.1998 (Portaria n. 4.883, de 16.12.1998 - DOU de 17.12.1998)	
Salário-de-Contribuição (R$)	Alíquota para Fins de Recolhimento ao INSS (%)
até 360,00	7,82*
de 360,01 até 390,00	8,82*
de 390,01 até 600,00	9,00
de 600,01 até 1.200,00	11,00
* A alíquota é reduzida apenas para salários e remunerações até três salários mínimos, em função do disposto no inciso II do art. 17 da Lei n. 9.311, de 1996.	

Tabela Vigente no Período de 01.06.1998 a 15.12.1998 (Portaria n. 4.479, de 04.06.1998 - DOU de 05.06.1998)	
Salário-de-Contribuição (R$)	Alíquota para Fins de Recolhimento ao INSS (%)
até 324,45	7,82*
de 324,46 até 390,00	8,82*
de 390,01 até 540,75	9,00
de 540,76 até 1.081,50	11,00
* A alíquota é reduzida apenas para salários e remunerações até três salários mínimos, em função do disposto no inciso II do art. 17 da Lei n. 9.311, de 1996.	

Tabela Vigente no Período de 01.05.1998 a 31.05.1998 (Portaria n. 4.448, de 07.05.1998 - DOU de 08.05.1998)	
Salário-de-Contribuição (R$)	Alíquota para Fins de Recolhimento ao INSS (%)
até 309,56	7,82*
de 309,57 até 390,00	8,82*
de 390,01 até 515,93	9,00
de 515,94 até 1.031,87	11,00
* A alíquota é reduzida apenas para salários e remunerações até três salários mínimos, em função do disposto no inciso II do art. 17 da Lei n. 9.311, de 1996.	

Tabela Vigente no Período de 01.06.1997 a 30.04.1998 (Portaria n. 3.964, de 05.06.1997 - DOU de 05.06.1997)	
Salário-de-Contribuição (R$)	Alíquota para Fins de Recolhimento ao INSS (%)
até 309,56	7,82*
de 309,57 até 360,00	8,82*
de 360,01 até 515,93	9,00
de 515,94 até 1.031,87	11,00
* A alíquota é reduzida apenas para salários e remunerações até três salários mínimos, em função do disposto no inciso II do art. 17 da Lei n. 9.311, de 1996.	

Tabela Vigente no Período de 01.05.1997 a 31.05.1997 (Portaria n. 3.926, de 14.05.1997 - DOU de 15.05.1997)	
Salário-de-Contribuição (R$)	Alíquota para Fins de Recolhimento ao INSS (%)
até 287,27	7,82*
de 287,28 até 360,00	8,82*
de 360,01 até 478,78	9,00
de 478,79 até 957,56	11,00
* A alíquota é reduzida apenas para salários e remunerações até três salários mínimos, em função do disposto no inciso II do art. 17 da Lei n. 9.311, de 1996.	

Tabela Vigente no Período de 23.01.1997 a 30.04.1997 (Portaria Interministerial MF/MPAS n. 16, de 21.01.1997 - DOU de 22.01.1997)	
Salário-de-Contribuição (R$)	Alíquota para Fins de Recolhimento ao INSS (%)
até 287,27	7,82*
de 287,28 até 336,00	8,82*
de 336,01 até 478,78	9,00
de 478,79 até 957,56	11,00
* A alíquota é reduzida apenas para salários e remunerações até três salários mínimos, em função do disposto no inciso II do art. 17 da Lei n. 9.311, de 1996.	

10 — TABELAS DE SALÁRIO-BASE — HISTÓRICO

Tabela Vigente para Fatos Geradores a Contar de 01.12.2002 a 31.03.2003 (Portaria n. 1.251, de 4.12.2002 - DOU de 05.12.2002)				
Classe	N. Mínimo de Meses de Permanência	Salário-Base (R$)	Alíquota (%)	Contribuição (R$)
1 a 8	12 meses	de R$ 200,00 a R$ 1.249,26	20 %	de R$ 40,00 a R$ 249,85
9	12 meses	R$ 1.405,40	20 %	R$ 281,08
10	-	R$ 1.561,56	20 %	R$ 312,31

Tabela Vigente para Fatos Geradores a Contar de 01.06.2002 (Portaria n. 525, de 29.05.2002 - DOU de 31.05.2002)				
Classe	N. Mínimo de Meses de Permanência	Salário-Base (R$)	Alíquota (%)	Contribuição (R$)
1 a 6	12 meses	de R$ 200,00 a R$ 936,94	20 %	de R$ 40,00 a R$ 187,39
7	12 meses	R$ 1.093,08	20 %	R$ 218,62
8	24 meses	R$ 1.249,26	20 %	R$ 249,85
9	24 meses	R$ 1.405,40	20 %	R$ 281,08
10	-	R$ 1.561,56	20 %	R$ 312,31

Tabela Vigente para Fatos Geradores a Contar de 01.04.2002 (Portaria n. 288, de 28.03.2002 - DOU de 02.04.2002)				
Classe	N Mínimo de Meses de Permanência	Salário-Base (R$)	Alíquota (%)	Contribuição (R$)
1 a 6	12 meses	de R$ 200,00 a R$ 858,00	20 %	de R$ 40,00 a R$ 171,60
7	12 meses	R$ 1.000,99	20 %	R$ 200,20
8	24 meses	R$ 1.144,01	20 %	R$ 228,80
9	24 meses	R$ 1.287,00	20 %	R$ 257,40
10	-	R$ 1.430,00	20 %	R$ 286,00

Tabela Vigente para Fatos Geradores a Contar de 01.12.2001 (Portaria n. 3.680, de 30.11.2001 - DOU de 21.11.2001)				
Classe	N. Mínimo de Meses de Permanência	Salário-Base (R$)	Alíquota (%)	Contribuição (R$)
1 a 6	12 meses	de R$ 180,00 a R$ 858,00	20 %	de R$ 36,00 a R$ 171,60
7	12 meses	R$ 1.000,99	20 %	R$ 200,20
8	24 meses	R$ 1.144,01	20 %	R$ 228,80
9	24 meses	R$ 1.287,00	20 %	R$ 257,40
10	-	R$ 1.430,00	20 %	R$ 286,00

Tabela Vigente para Fatos Geradores a Contar de 01.06.2001 (Portaria n. 1.987, de 04.06.2001 - DOU de 05.06.2001)				
Classe	N. Mínimo de Meses de Permanência	Salário-Base (R$)	Alíquota (%)	Contribuição (R$)
1 a 5	12 meses	de R$ 180,00 a R$ 715,00	20 %	de R$ 36,00 a R$ 143,00
6	24 meses	R$ 858,00	20 %	R$ 171,60
7	24 meses	R$ 1.000,99	20 %	R$ 200,20
8	36 meses	R$ 1.144,01	20 %	R$ 228,80
9	36 meses	R$ 1.287,00	20 %	R$ 257,40
10	-	R$ 1.430,00	20 %	R$ 286,00

Tabela Vigente para Fatos Geradores a Contar de 01.04.2001 (Portaria n. 908, de 30.03.2001 - DOU de 02.04.2001)				
Classe	N. Mínimo de Meses de Permanência	Salário-Base (R$)	Alíquota (%)	Contribuição (R$)
1 a 5	12 meses	de R$ 180,00 a R$ 664,13	20 %	de R$ 36,00 a R$ 132,83
6	24 meses	R$ 796,95	20 %	R$ 159,39
7	24 meses	R$ 929,77	20 %	R$ 185,95
8	36 meses	R$ 1.062,61	20 %	R$ 212,52
9	36 meses	R$ 1.195,43	20 %	R$ 239,09
10	-	R$ 1.328,25	20 %	R$ 265,65

Tabela Vigente para Fatos Geradores a Contar de 01.12.2000 (Portaria n. 8.680, de 13.11.2000 - DOU de 14.11.2000)				
Classe	N. Mínimo de Meses de Permanência	Salário-Base (R$)	Alíquota (%)	Contribuição (R$)
1 a 5	12 meses	de R$ 151,00 a R$ 664,13	20 %	de R$ 30,20 a R$ 132,83
6	24 meses	R$ 796,95	20 %	R$ 159,39
7	24 meses	R$ 929,77	20 %	R$ 185,95
8	36 meses	R$ 1.062,61	20 %	R$ 212,52
9	36 meses	R$ 1.195,43	20 %	R$ 239,09
10	-	R$ 1.328,25	20 %	R$ 265,65

11 – TABELAS DE REAJUSTES DOS BENEFÍCIOS

Vigência	Legislação	Início do Benefício	Reajuste dos Benefícios
01.03.2008	Portaria Interministerial MPS/GM n. 77/08	fev/2008	0,51%
		jan/2008	1,20%
		dez/2007	2,19%
		nov/2007	2,62%
		out/2007	2,93%
		set/2007	3,19%
		ago/2007	3,80%
		jul/2007	4,13%
		jun/2007	4,45%
		maio/2007	4,73%
		abr/2007	5,00%

Vigência	Legislação	Início do Benefício	Reajuste dos Benefícios
01.04.2007	Portaria MPS/GM n. 142/07	mar/2007	0,44%
		fev/2007	0,86%
		jan/2007	1,36%
		dez/2006	1,98%
		nov/2006	2,41%
		out/2006	2,85%
		set/2006	3,02%
		ago/2006	3,00%
		jul/2006	3,11%
		jun/2006	3,04%
		maio/2006	3,17%
		abr/2006	3,30%

Vigência	Legislação	Início do Benefício	Reajuste dos Benefícios
01.08.2006	Portaria MPS/GM n. 342/2006	mar/2006*	2,017%
		fev/2006*	2,251%
		jan/2006*	2,640%
		dez/2005*	3,050%
		nov/2005*	3,607%
		out/2005*	4,208%
		set/2005*	4,364%
		ago/2005*	4,364%
		jul/2005*	4,395%
		jun/2005*	4,280%
		maio/2005*	5,010%

* Para os benefícios que tenham sofrido majoração devido à elevação do salário mínimo, na forma da Portaria MPS/GM n. 119/2006, o referido aumento deverá ser compensado quando da aplicação desta tabela – 2º do art. 1º do Decreto n. 5.872/2006.

Vigência	Legislação	Início do Benefício	Reajuste dos Benefícios
01.04.2006	Portaria MPS/GM n. 119/2006	mar/2006	2,007%
		fev/2006	2,241%
		jan/2006	2,630%
		dez/2005	3,040%
		nov/2005	3,597%
		out/2005	4,198%
		set/2005	4,354%
		ago/2005	4,354%
		jul/2005	4,385%
		jun/2005	4,270%
		maio/2005	5%

Vigência	Legislação	Início do Benefício	Reajuste dos Benefícios
01.05.2005	Portaria MPS/GM n. 822/2005	abr/2005	0,670%
		mar/2005	1,405%
		fev/2005	1,851%
		jan/2005	2,432%
		dez/2004	3,313%
		nov/2004	3,767%
		out/2004	3,944%
		set/2004	4,120%
		ago/2004	4,641%
		jul/2004	5,405%
		jun/2004	5,932%
		maio/2004	6,355%

Vigênci9a	Legislação	Início do Benefício	Reajuste dos Benefícios
01.05.2004	Portaria MPAS/GM n. 479/2004	abr/2004	0,37%
		mar/2004	0,94%
		fev/2004	1,34%
		jan/2004	2,18%
		dez/2003	2,73%
		nov/2003	3,11%
		out/2003	3,51%
		set/2003	4,36%
		ago/2003	4,55%
		jul/2003	4,59%
		jun/2003	4,53%

Vigência	Legislação	Início do Benefício	Reajuste dos Benefícios
01.06.2003	Portaria MPAS/GM n. 727/2003	maio/2003	0,38%
		abr/2003	1,17%
		mar/2003	3,16%
		fev/2003	4,67%
		jan/2003	7,25%
		dez/2002	10,15%
		nov/2002	13,88%
		out/2002	15,67%
		set/2002	16,63%
		ago/2002	17,63%
		jul/2002	18,98%
		jun/2002	19,71%

Vigência	Legislação	Início do Benefício	Reajuste dos Benefícios
01.06.2002	Portaria MPAS/GM n. 525/2002	maio/2002	0,25%
		abr/2002	0,93%
		mar/2002	1,56%
		fev/2002	1,87%
		jan/2002	2,96%
		dez/2001	3,72%
		nov/2001	5,06%
		out/2001	6,05%
		set/2001	6,52%
		ago/2001	7,36%
		jul/2001	8,55%
		jun/2001	9,20%

Vigência	Legislação	Início do Benefício	Reajuste dos Benefícios
01.06.2001	Portaria MPAS/GM n. 1.987/2001	maio/2001	0,50%
		abr/2001	1,34%
		mar/2001	1,83%
		fev/2001	2,33%
		jan/2001	3,12%
		dez/2000	3,68%
		nov/2000	3,99%
		out/2000	4,15%
		set/2000	4,60%
		ago/200	5,87%
		jul/2000	7,34%
		jun/2000	7,66%

Vigência	Legislação	Início do Benefício	Reajuste dos Benefícios
01.06.2000	Portaria MPAS/GM n. 6.211/2000	maio/2000	0,47%
		abr/200	0,95%
		mar/2000	1,42%
		fev/2000	1,90%
		jan/2000	2,38%
		dez/1999	2,86%
		nov/1999	3,35%
		out/1999	3,84%
		set/1999	4,33%
		ago/1999	4,82%
		jul/1999	5,31%
		jun/1999	5,81%

Vigência	Legislação	Início do Benefício	Reajuste dos Benefícios
01.05.1999	Portaria MPAS/GM n. 5.188/1999	maio/1999	0,38%
		abr/1999	0,75%
		mar/1999	1,13%
		fev/1999	1,51%
		jan/1999	1,90%
		dez/1998	2,28%
		nov/1998	2,66%
		out/1998	3,05%
		set/1998	3,44%
		ago/1998	3,83%
		jul/19998	4,22%
		jun/1998	4,61%

Vigência	Legislação	Início do Benefício	Reajuste dos Benefícios
01.06.1998	Portaria MPAS/GM n. 4.478/1998	maio/1998	0,39%
		abr/1998	0,79%
		mar/1998	1,18%
		fev/1998	1,58%
		jan/1998	1,98%
		dez/1997	2,38%
		nov/1997	2,78%
		out/1997	3,18%
		set/1997	3,59%
		ago/1997	3,99%
		jul/1997	4,40%
		jun/1997	4,81%

Vigência	Legislação	Início do Benefício	Reajuste dos Benefícios
01.06.1997	Portaria MPAS/GM n. 3.971/1997	maio/1997	0,58%
		abr/1997	1,16%
		mar/1997	1,74%
		fev/1997	2,33%
		jan/1997	2,92%
		dez/1996	3,51%
		nov/1996	4,11%
		out/1996	4,71%
		set/1996	5,31%
		ago/1996	5,92%
		jul/1996	6,53%
		jun/1996	7,14%
		maio/1996	7,76%

Vigência	Legislação	Início do Benefício	Reajuste dos Benefícios
01.05.1996	Portaria MPAS/GM n. 3.253/1996	abr/1996	4,09%
		mar/1996	4,3157%
		fev/1996	5,1110%
		jan/1996	6,9967%
		dez/1995	7,2902%
		nov/1995	8,7141%
		out/1995	8,9603%
		set/1995	7,7824%
		ago/1995	9,1715%
		jul/1995	11,6149%
		jun/1995	14,5403%
		maio/1995	15%

Vigência	Legislação	Início do Benefício	Reajuste dos Benefícios
01.05.1995	Portaria MPAS/GM n. 2.005/1995	abr/1995	12,3916%
		mar/1995	13,9764%
		fev/1995	15,1647%
		jan/1995	17,0270%
		dez/1994	19,5899%
		nov/1994	23,5004%
		out/1994	25,7975%
		set/1994	27,6970%
		ago/1994	34,6693%
		jul/1994	42,8572%

12 – TÁBUA DE MORTALIDADE (PARA CÁLCULO DO FATOR PREVIDENCIÁRIO)

TÁBUA DE MORTALIDADE 2006 (AMBOS OS SEXOS) RESOLUÇÃO N. 8, 30.11.2007 — DOU DE 3.12.2007

Idades Exatas (X)	Probabilidades de Morte entre Duas Idades Exatas Q (X,N) (Por Mil)	Óbitos D(X,N)	l(X)	L(X,N)	T(X)	Expectativa de Vida à Idade X E(X)
0	24,891	2489	100000	97821	7228448	72,3
1	2,292	224	97511	97363	7130626	73,1
2	1,255	122	97215	97157	7033264	72,3
3	0,922	90	97100	97069	6936106	71,4
4	0,699	68	97038	97019	6839037	70,5
5	0,479	46	97000	96977	6742018	69,5
6	0,385	37	96954	96935	6645041	68,5
7	0,314	30	96917	96901	6548105	67,6
8	0,281	27	96886	96873	6451204	66,6
9	0,273	26	96859	96846	6354331	65,6
10	0,275	27	96832	96819	6257486	64,6
11	0,283	27	96806	96792	6160667	63,6
12	0,314	30	96778	96763	6063874	62,7
13	0,430	42	96748	96727	5967111	61,7
14	0,557	54	96706	96679	5870384	60,7
15	0,781	75	96652	96615	5773705	59,7
16	0,963	93	96577	96531	5677090	58,8
17	1,133	109	96484	96429	5580559	57,8
18	1,278	123	96375	96313	5484130	56,9
19	1,403	135	96252	96184	5387817	56,0
20	1,530	147	96116	96043	5291633	55,1
21	1,657	159	95969	95890	5195590	54,1
22	1,756	168	95810	95726	5099700	53,2
23	1,817	174	95642	95555	5003974	52,3
24	1,852	177	95468	95380	4908418	51,4
25	1,877	179	95291	95202	4813039	50,5
26	1,907	181	95113	95022	4717836	49,6
27	1,945	185	94931	94839	4622814	48,7
28	1,998	189	94747	94652	4527976	47,8
29	2,065	195	94557	94460	4433324	46,9
30	2,139	202	94362	94261	4338864	46,0
31	2,219	209	94160	94056	4244603	45,1
32	2,305	217	93951	93843	4150547	44,2
33	2,400	225	93735	93622	4056704	43,3
34	2,492	233	93510	93393	3963082	42,4
35	2,616	244	93277	93155	3869689	41,5
36	2,752	256	93033	92905	3776534	40,6
37	2,899	269	92777	92642	3683629	39,7
38	3,081	285	92508	92365	3590987	38,8
39	3,275	302	92223	92072	3498622	37,9
40	3,481	320	91921	91761	3406550	37,1
41	3,730	342	91601	91430	3314790	36,2

Idades Exatas (X)	Probabilidades de Morte entre Duas Idades Exatas Q (X,N) (Por Mil)	Óbitos D(X,N)	I(X)	L(X,N)	T(X)	Expectativa de Vida à Idade X E(X)
42	3,986	364	91259	91077	3223360	35,3
43	4,268	388	90895	90701	3132283	34,5
44	4,573	414	90507	90300	3041581	33,6
45	4,907	442	90094	89872	2951281	32,8
46	5,264	472	89651	89415	2861408	31,9
47	5,629	502	89180	88929	2771993	31,1
48	5,997	532	88678	88412	2683064	30,3
49	6,378	562	88146	87865	2594653	29,4
50	6,781	594	87584	87287	2506788	28,6
51	7,228	629	86990	86675	2419501	27,8
52	7,738	668	86361	86027	2332826	27,0
53	8,326	713	85693	85336	2246799	26,2
54	8,985	764	84979	84597	2161464	25,4
55	9,701	817	84216	83807	2076866	24,7
56	10,457	872	83399	82963	1993059	23,9
57	11,251	929	82527	82062	1910097	23,1
58	12,078	986	81598	81105	1828035	22,4
59	12,949	1044	80612	80090	1746929	21,7
60	13,887	1105	79569	79016	1666839	20,9
61	14,904	1169	78464	77879	1587823	20,2
62	15,997	1236	77294	76676	1509944	19,5
63	17,176	1306	76058	75405	1433268	18,8
64	18,452	1379	74751	74062	1357863	18,2
65	19,805	1453	73372	72645	1283802	17,5
66	21,276	1530	71919	71154	1211156	16,8
67	22,948	1615	70389	69581	1140002	16,2
68	24,870	1710	68773	67918	1070421	15,6
69	27,027	1813	67063	66157	1002503	14,9
70	29,359	1916	65251	64293	936346	14,4
71	31,839	2016	63335	62327	872054	13,8
72	34,509	2116	61318	60260	809727	13,2
73	37,378	2213	59202	58096	749467	12,7
74	40,462	2306	56989	55836	691371	12,1
75	43,769	2393	54684	53487	635534	11,6
76	47,327	2475	52290	51053	582048	11,1
77	51,179	2550	49815	48541	530995	10,7
78	55,366	2617	47266	45957	482454	10,2
79	59,910	2675	44649	43249	436497	9,8
80 ou mais	1,000	41982	41849	393248	393248	9,4

Fonte: IBGE, Diretoria de Pesquisas (DPE), Coordenação de População e Indicadores Sociais (COPIS).

Notas: N = 1

Q(X, N) = Probabilidades de morte entre as idades exatas X e X+N.

I(X) = Número de sobreviventes à idade exata X.

D(X, N) = Número de óbitos ocorridos entre as idades X e X+N.

L(X, N) = Número de pessoas-anos vividos entre as idades X e X+N.

T(X) = Número de pessoas-anos vividos a partir da idade X.

E(X) = Expectativa de vida à idade X.

Índice Alfabético-Remissivo

A

B

C

P

R

S

U

W

Produção Gráfica e Editoração Eletrônica: **R. P. TIEZZI**

Capa: **FÁBIO GIGLIO**

Impressão: **HR GRÁFICA E EDITORA**